PEQUEÑO DICCIONARIO KAPELUSZ DE LA LENGUA ESPAÑOLA

PEQUEÑO DICCIONARIO KAPELUSZ DE LA LENGUA ESPAÑOLA

Kapelusz EDITORA S.A.

Departamento de Ediciones
Revisión y actualización: María Emma Barbería
Coordinación: Jorge Darrigrán

San José 831 (1076).
ISBN 950 - 13 - 9510 - 3
Hecho el depósito que establece la ley 11 723
Libro de edición Argentina. Impreso en Argentina

PRESENTACIÓN

El idioma no permanece estático. Su material lingüístico evoluciona con un ritmo que en las últimas décadas se ha acelerado notablemente: muchos vocablos van cayendo en desuso, otros cambian su sentido original hasta significar, precisamente, lo contrario de lo que denotaban antes; los inventos, las técnicas y los nuevos objetos que crea el hombre deben recibir denominaciones adecuadas.

El idioma español integra el patrimonio de todos cuantos lo reconocen como su lengua materna. Manejarlo correcta y discretamente es defenderlo de ajenas intromisiones.

Los diccionarios lexicográficos resultan imprescindibles para averiguar significados de voces o de locuciones, para comprobar la ortografía de palabras de dudosa escritura, o para establecer, en principio, funciones y accidentes gramaticales.

El PEQUEÑO DICCIONARIO, cuya *segunda edición* presentamos, ha sido revisado y actualizado sobre la base de la última edición del Diccionario de la Real Academia y de boletines posteriores. Además de las numerosas voces incorporadas, ofrece como novedad la supresión de la CH y la LL como letras independientes y su inclusión en la C y la L, respectivamente, tal como ha sido aprobado en Madrid por la Asociación de Academias de la Lengua Española en abril de 1994.

En él se definen en forma clara, concisa y didáctica alrededor de veintisiete mil voces; se eliminan los términos arcaicos, dialectales y vulgares; se omiten los vocablos cuya configuración morfológico-semántica se ajusta a las reglas de derivación de tipo mecánico (diminutivos, aumentativos y despectivos; superlativos y participios regulares; adverbios terminados en *–mente*), y se evitan las voces y locuciones extranjeras. Se recogen, en cambio, los términos técnicos de empleo corriente, particularmente los requeridos por el caudal de nociones básicas que integran los programas de estudio; los regionalismos vastamente difundidos o especialmente representativos de países o de amplias zonas de América, y un número considerable de sinónimos y antónimos.

El PEQUEÑO DICCIONARIO KAPELUSZ fue pensado como un idóneo instrumento de trabajo, cómodo y eficiente; ofrece la seguridad de que no ha de defraudar a quienes se confíen a su información actualizada, medida y veraz.

KAPELUSZ editora

ABREVIATURAS Y SIGNOS USADOS EN ESTE DICCIONARIO

Términos gramaticales

adj. .... adjetivo, adjetiva
adv. .... adverbio, adverbial
ambig. ... ambiguo (la tilde; el tilde)
antón. .... antónimo, antónimos
com. ...... común
compar. . comparativo
conj. ...... conjunción
coord. .... coordinante
f. .... femenino, femenina
fam. .... familiar
interj. ..... interjección
intr. .... intransitivo
irreg. ...... irregular
loc. .... locución
m. .... masculino, masculina
m. o f. ..... masculino o femenino (el azucarero; la azucarera)
m. y f. .... masculino y femenino (el artista; la artista)
n. .... neutro
pl. .... plural
prep. ..... preposición
prnl. ...... pronominal
prop. ..... propio
s. .... sustantivo, sustantiva
sinón. .... sinónimo, sinónimos
subord. .. subordinante
superl .... superlativo
tr. .... transitivo
unipers. . unipersonal
v. .... verbo, verbal

Signos

● Se utiliza para señalar la separación de acepciones.
/ Se emplea para indicar uso alternativo; por ejemplo:
adj./s. .... adjetivo usado también como sustantivo.
v.tr./intr. .... verbo transitivo usado también como intransitivo.

a *s.f.* Vocal, primera letra del abecedario español (*pl.* aes). • *prep.* Señala, fundamentalmente, dirección o tendencia.
ababol *s.m.* Amapola.
abacá *s.m.* Cierta planta textil tropical, parecida al plátano.
abacería *s.f.* Comercio donde se venden comestibles.
ábaco *s.m.* Tablero contador. • Parte superior del capitel de una columna.
abad *s.m.* Superior de un monasterio.
abadejo *s.m.* Bacalao. • Reyezuelo.
abadesa *s.f.* Superiora de ciertas comunidades de religiosas.
abadía *s.f.* Dignidad de abad o de abadesa. • Iglesia, territorio, etc., regidos por un abad o una abadesa.
abajeño, ña *adj./s. América* Natural de las costas o de las tierras bajas.
abajo *adv.* En, o hacia, un lugar o una parte inferiores [antón.: *arriba*].
abalanzarse *v.prnl.* Lanzarse o arrojarse violentamente.
abalorio *s.m.* Cuenta de vidrio agujereada, para hacer adornos.
abanderado, da *s.* Persona que lleva la bandera en actos públicos.
abandonado, da *adj.* Dejado, descuidado.
abandonar *v.tr.* Dejar sin protección; desamparar, descuidar. • Renunciar, desistir. • *prnl.* Dejarse dominar o dirigir; entregarse.
abandono *s.m.* Acción de abandonar. Descuido, negligencia.
abanicar *v.tr.* Hacer aire con el abanico.
abanico *s.m.* Instrumento manual, plegable, para hacer o hacerse aire.
abanto *s.m.* Ave parecida al buitre.
abaratar *v.tr.* Reducir el precio.
abarca *s.f.* Calzado rústico de cuero u otro material.
abarcar *v.tr.* Rodear con los brazos. • Alcanzar a ver o a conocer. • Contener, comprender.
abarrotar *v.tr.* Asegurar con abarrotes. • Atestar, colmar.
abarrote *s.m.* Fardo pequeño para asegurar la estiba en un barco.
abastecer *v.tr.* Proporcionar víveres u otras cosas; aprovisionar.
abasto *s.m.* Suministro de cosas necesarias.
abatatar *v.tr./prnl. fam. América* Turbar, intimidar.
abate *s.m.* Eclesiástico de ciertas órdenes. • Clérigo extranjero.
abatí *s.m.* Cierto tipo de maíz que se cultiva en América del Sur. • *América* Maíz.
abatido, da *adj.* Sin ánimo; deprimido.
abatir *v.tr.* Hacer caer, derribar. • Matar, vencer. • *tr./prnl.* Desanimar, desmoralizar.
abdicar *v.tr./intr.* Abandonar dignidades, ideas, etc.
abdomen *s.m.* Cavidad del cuerpo que encierra principalmente el aparato digestivo.
abducción *s.f.* Movimiento por el cual un miembro u otro órgano se apartan del plano medio del cuerpo.
abecé *s.m.* Abecedario. • Rudimentos de cualquier clase de conocimientos.
abecedario *s.m.* Serie ordenada de las letras de un idioma. • Cartel o librito

con esa serie de letras, para aprender a leer.

abedul *s.m.* Árbol ornamental de cuya corteza se extrae una esencia que se emplea para curtir.

abeja *s.f.* Insecto, algunas de cuyas especies viven en colmenas y elaboran miel y cera.

abejar *s.m.* Colmenar.

abejaruco *s.m.* Cierta ave que se alimenta de abejas.

abejorro *s.m.* Insecto muy zumbador.

aberración *s.f.* Desviación de lo conveniente o normal; extravío. • Diferencia entre la posición real de un astro y aquella en que es visto.

aberrar *v. intr.* Desviarse, extraviarse.

abertura *s.f.* Separación entre las partes de una cosa o entre dos cosas próximas; hendidura, grieta.

abetinote *s.m.* Resina líquida que se extrae de la corteza del abeto.

abeto *s.m.* Árbol forestal y ornamental de tronco alto y recto, ramas horizontales y frutos en forma de piñas.

abey *s.m.* Árbol de las Antillas, de gran porte, cuya madera se usa en carpintería.

abicharse *v. prnl. América* Agusanarse.

abiertamente *adv.* Sin reservas, de manera franca.

abierto, ta *adj.* No cerrado. • Raso, llano. • Espontáneo, franco.

abigarrado, da *adj.* De varios colores mal combinados. • Confuso, heterogéneo.

abigeato *s.m.* Hurto de ganado.

abismal *adj.* Relativo al abismo, en especial a las grandes profundidades oceánicas.

abismar *v. tr.* Hundir en un abismo. • *prnl.* Abstraerse.

abismo *s.m.* Profundidad grande. • Cosa incomprensible.

abjurar *v.tr./intr.* Abandonar con solemnidad una doctrina, una opinión, una creencia, etc.; renegar.

ablación *s.f.* Extirpación de una parte enferma del cuerpo.

ablandar *v.tr./prnl.* Poner blanda una cosa. • Moderar, suavizar.

ablativo *s.m.* Caso de la declinación que indica el complemento circunstancial.

ablución *s.f.* Purificación ritual por medio del agua.

ablusado, da *adj.* Dicho de la parte superior de un vestido, flojo o suelto.

abnegación *s.f.* Actitud del que renuncia a sus intereses en beneficio ajeno; altruismo.

abnegado, da *adj.* Que actúa con abnegación.

abocado *adj.* Dícese del vino que no es ni seco ni dulce.

abocar *v.tr.* Asir con la boca. • Aproximar, acercar. • Comenzar a entrar en un puerto, camino, etc. • *prnl.* Disponerse a solucionar un problema.

abochornar *v.tr./prnl.* Causar malestar el calor excesivo. • Avergonzar.

abogacía *s.f.* Profesión del abogado.

abogado, da *s.* Profesional graduado en derecho. • Defensor.

abogar *v.intr.* Defender en un juicio. • Hablar en favor de una persona o de una cosa; interceder.

abolengo *s.m.* Ascendencia ilustre; alcurnia, linaje.

abolición *s.f.* Acción de abolir.

abolicionismo *s.m.* Doctrina que pretende dejar sin vigencia una ley o una costumbre; en especial, la que defendía la supresión de la esclavitud.

abolir *v.tr.* Anular, derogar.

abolladura *s.f.* Efecto de abollar.

abollar *v.tr./prnl.* Hacer hundimientos en la superficie de una cosa.

abombar *v.tr.* Dar forma convexa. • *tr./prnl. fam.* Aturdir.

abominar *v. tr./intr.* Reprobar enérgicamente. • Aborrecer, odiar.

abonar *v.tr.* Calificar una cosa de buena; acreditar. • Fertilizar la tierra. • Pagar. • *tr./prnl.* Inscribir a una persona, mediante pago, para que disfrute periódicamente de un servicio o un espectáculo.

abono *s.m.* Acción de abonar. • Derecho del que se abona a un servicio o a un espectáculo. • Sustancia para fertilizar la tierra.

abordar *v.tr./intr.* Acercarse un barco a otro hasta tocarlo. • Atracar. • *tr.* Dirigirse a una persona para hablarle. • Tratar un asunto difícil.

aborigen *adj.* Originario del territorio en que vive. • *s.m. y f.* Primitivo habitante de un país.
aborrecer *v.tr.* Tener aversión; detestar, odiar.
abortar *v.intr.* Interrumpirse el embarazo antes de que el producto de la concepción pueda vivir separado de la madre. • Fracasar.
aborto *s.m.* Acción y efecto de abortar. • Cosa malograda.
abotagarse *v.prnl.* Hincharse el cuerpo.
abotinado, da *adj.* Dícese del calzado que cubre el empeine y se sujeta con cordones.
abotonar *v.tr.* Cerrar una prenda con botones. • *intr.* Echar botones o yemas las plantas.
abovedado, da *adj.* En forma de bóveda.
abovedar *v.tr.* Dar figura de bóveda. • Cubrir una construcción con bóveda.
abra *s.f.* Bahía pequeña. • Abertura ancha entre dos montañas • *América* Lugar despejado en un bosque.
abrasador, ra *adj.* Que abrasa.
abrasar *v.tr./prnl.* Reducir a brasa; quemar. • Secar una planta el calor o frío excesivos. • *prnl.* Estar muy alterado por una pasión.
abrasión *s.f.* Acción y efecto de desgastar por fricción.
abrasivo, va *adj.* Relativo a la abrasión, o que la produce.
abrazadera *s.f.* Pieza que sirve para asegurar alguna cosa, ciñéndola.
abrazar *v.tr.* Rodear con los brazos. • Abarcar, comprender. • Seguir una profesión o adherir a una idea, religión, etc.
abrazo *s.m.* Acción de abrazar.
abrelatas *s.m.* Utensilio de metal para abrir envases de hojalata.
abrevadero *s.m.* Sitio adonde va a beber el ganado.
abrevar *v.tr.* Dar de beber al ganado.
abreviar *v.tr.* Hacer algo más breve, en espacio o tiempo; acortar, reducir. • *intr.* Apurarse, apresurarse.
abreviatura *s.f.* Representación escrita de una palabra con sólo una o algunas de sus letras.
abriboca *s.m. y f./adj. América* Persona muy distraída.
abrigar *v.tr./prnl.* Resguardar del frío, de la lluvia, etc. • Proteger, cuidar.
abrigo *s.m.* Cosa que abriga o resguarda. • Prenda que sirve para abrigar. • Amparo, protección.
abril *s.m.* Cuarto mes del año.
abrillantar *v.tr.* Dar brillo.
abrir *v.tr.* Descubrir lo que está cerrado u oculto. • Separar dos partes de una cosa. • Extender lo que está plegado o cerrado. • Permitir el paso por un lugar. • Hacer un agujero o hendidura. • Encabezar una marcha o una acción. • Comenzar ciertas actividades.
abrochar *v.tr.* Cerrar con broches o botones.
abrogar *v.tr.* Abolir o anular una ley.
abrojo *s.m.* Planta espinosa de fruto esférico provisto de fuertes púas. • Ese fruto.
abrumar *v.tr.* Agobiar a una persona con una carga penosa, trabajo excesivo, etc.
abrupto, ta *adj.* Escarpado, con pendiente pronunciada.
absceso *s.m.* Acumulación de pus en un tejido orgánico.
abscisa *s.f.* Una de las dos coordenadas cartesianas que se emplean para fijar la posición de un punto en el plano.
ábside *s.ambig.* Parte saliente de la fachada posterior de un templo.
absolución *s.f.* Acción y efecto de absolver.
absolutismo *s.m.* Sistema de gobierno sin limitación de facultades.
absoluto, ta *adj.* Independiente de toda relación con otra cosa [antón.: *relativo*]. • Sin límite ni restricción. • Autoritario, dominante.
absolver *v.tr.* Considerar libre de culpa u obligación; perdonar, eximir.
absorber *v.tr.* Atraer un cuerpo a otro y retener en su masa las moléculas en estado líquido o gaseoso. • Consumir enteramente. • Cautivar, atraer sobre sí.
absorción *s.f.* Acción de absorber.
absorto, ta *adj.* Admirado, pasmado. • Abstraído.
abstemio, mia *adj.* Que no toma bebidas alcohólicas.
abstención *s.f.* Acción de abstenerse.
abstenerse *v.prnl.* Privarse de alguna cosa.

abstergente *adj./s.m.* Que absterge.
absterger *v.tr.* Limpiar una superficie orgánica de materias adheridas a ella.
abstinencia *s.f.* Acción de abstenerse de algo por motivos religiosos o morales.
abstracción *s.f.* Acción de abstraer.
abstracto, ta *adj.* No concreto; que sólo se concibe por medio de una operación mental.
abstraer *v.tr.* Considerar una cualidad, estado o acción con independencia del objeto en que existen. • *prnl.* Ensimismarse, reconcentrarse.
abstraído, da *adj.* Concentrado en sus pensamientos.
abstruso, sa *adj.* De difícil comprensión.
absurdo, da *adj.* Contrario a la razón o a la lógica. • *s.m.* Dicho o hecho ilógicos.
abubilla *s.f.* Ave insectívora con una cresta en abanico y pico largo curvado.
abuchear *v.tr.* Manifestar desagrado o protesta en forma ruidosa.
abuelo, la *s.* Progenitor del padre o de la madre.
abulia *s.f.* Falta de voluntad o energía; apatía.
abúlico, ca *adj.* Que adolece de abulia; apático.
abultado, da *adj.* De mucho bulto o volumen.
abultar *v.tr.* Aumentar el bulto de una cosa. • Inflar, exagerar. • *intr.* Tener o hacer bulto.
abundancia *s.f.* Gran cantidad de alguna cosa.
abundante *adj.* Que abunda.
abundar *v.intr.* Existir algo en mucha cantidad. • Tener abundancia de una cosa.
aburrido, da *adj./s.* Dícese de la persona que se aburre. • *adj.* Que aburre o cansa.
aburrimiento *s.m.* Hastío, tedio.
aburrir *v.tr./prnl.* Cansar, hastiar.
abusar *v.intr.* Hacer uso excesivo o indebido de alguna cosa, o aprovecharse de una persona.
abusivo, va *adj.* Que constituye un abuso. • Que abusa.
abuso *s.m.* Acción y efecto de abusar.
abyección *s.f.* Bajeza, vileza.
abyecto, ta *adj.* Bajo, despreciable, vil.
acá *adv.* En este lugar.
acabado, da *adj.* Perfecto, completo. • Viejo, destruido. • *s.m.* Acción de perfeccionar una obra.
acabar *v.tr./intr./prnl.* Dar fin, concluir, terminar. • *tr./prnl.* Consumir. • *intr.* Morir, extinguirse.
acacia *s.f.* Árbol o arbusto de hojas pequeñas y flores dispuestas en capítulos.
academia *s.f.* Sociedad científica, literaria o artística, de carácter oficial. • Establecimiento donde se dan enseñanzas de cualquier clase.
académico, ca *adj.* Relativo a la academia. • *s.* Miembro de una academia.
acaecer *v.intr.* Acontecer, ocurrir.
acaecimiento *s.m.* Acontecimiento, suceso.
acalambrarse *v.prnl.* Contraerse los músculos a causa de un calambre.
acalorado, da *adj.* Congestionado por el calor excesivo. • Muy excitado o enojado.
acalorar *v.tr.* Dar o causar calor. • *tr./prnl.* Sofocar. • Exaltar, excitar.
acallar *v.tr.* Hacer callar. • Calmar al que llora, se queja, etc.
acampanado, da *adj.* En forma de campana.
acampar *v.intr./tr.* Detenerse en el campo, o en otro lugar despoblado, alojándose generalmente en tiendas.
acanalado, da *adj.* Que tiene forma de canal. • Con canales o estrías.
acanalador *s.m.* Máquina o instrumento para labrar canales o estrías.
acanalar *v.tr.* Hacer canales o estrías. • Dar forma de canal.
acantilado, da *adj./s.m.* Dícese de la costa cortada verticalmente.
acanto *s.m.* Planta de hojas muy grandes y espinosas.
acantonamiento *s.m.* Acción y efecto de acantonar. • Lugar donde hay tropas acantonadas.
acantonar *v.tr./prnl.* Distribuir y alojar las tropas para que descansen.
acaparador, ra *adj./s.* Que acapara.
acaparamiento *s.m.* Acción y efecto de acaparar.
acaparar *v.tr.* Acumular o retener cosas en cantidad superior a la necesaria.

acápite *s.m. América* Título o párrafo aparte en un escrito.
acaramelar *v.tr.* Cubrir con caramelo. • *prnl.* Mostrarse muy galante y obsequioso.
acariciar *v.tr.* Hacer caricias. • Referido a deseos, proyectos, etc., pensar en ellos.
acaricida *adj.* / *s.m.* Dícese de la sustancia usada para combatir los ácaros que atacan las plantas cultivadas.
ácaro *s.m.* Arácnido de cuerpo pequeño y abdomen poco diferenciado.
acarrear *v.tr.* Trasportar de un sitio a otro. • Ocasionar.
acarreo *s.m.* Acción de acarrear.
acaso *s.m.* Casualidad. • *adv.* Quizá, tal vez.
acatar *v.tr.* Tributar sumisión o respeto a una persona o poder; obedecer.
acatarrarse *v.prnl.* Contraer catarro.
acaudalado, da *adj.* Que tiene mucho dinero o caudal.
acaudillar *v.tr.* Mandar o guiar un grupo de gente.
acceder *v.intr.* Consentir en lo que otro pide o quiere. • Entrar a un lugar.
accesible *adj.* Que tiene acceso. • De fácil acceso o trato.
accésit *s.m.* En un certamen, recompensa inmediatamente inferior al premio.
acceso *s.m.* Acción de llegar o entrar. • Entrada, paso. • Aparición súbita de cierto estado físico o moral; ataque.
accesorio, ria *adj.* Que depende de una cosa principal. • *s.m.* Utensilio o instrumento auxiliares.
accidentado, da *adj.* Dícese de los sucesos con muchos accidentes o incidentes. • Abrupto, escarpado. • Que ha sufrido un accidente o percance.
accidental *adj.* Que no es esencial. • Casual.
accidentar *v.tr.* Producir accidente a una persona. • *prnl.* Sufrir un accidente.
accidente *s.m.* Cualidad o circunstancia no esenciales. • Suceso imprevisto; contratiempo, percance. • Enfermedad repentina. • En música, cada uno de los signos que se pone delante de las notas para alterar su altura. • En gramática, modificación en la forma de algunas clases de palabras, para expresar tiempo, modo, número, género, etc.
acción *s.f.* Acto, operación. • Efecto de la actividad de una cosa en otra. • Cosa que se realiza; hecho. • Cualquier operación militar. • Conjunto de sucesos y peripecias que constituyen el argumento de una obra literaria. • Derecho a pedir una cosa en un juicio. • Cada una de las partes en que está dividido el capital de las sociedades anónimas, cooperativas, etc.
accionamiento *s.m.* Acción y efecto de hacer funcionar un mecanismo.
accionar *v.intr.* Hacer movimientos y gestos para hacer entender alguna cosa. • *tr.* Poner en funcionamiento un mecanismo o parte de él.
accionista *s.m. y f.* El que posee acciones de una empresa.
acebo *s.m.* Árbol o arbusto de hojas espinosas y flores blancas.
acecinar *v.tr.* Salar carnes y exponerlas al aire y al humo para que se conserven.
acechanza *s.f.* Acecho.
acechar *v.tr.* Observar con cautela.
acecho *s.m.* Acción de acechar.
acedar *v.tr.* / *prnl.* Poner ácida o agria una cosa.
acedo, da *adj.* Ácido. • Áspero, desapacible.
acefalía *s.f.* Cualidad de acéfalo.
acéfalo, la *adj.* Falto de cabeza.
aceitar *v.tr.* Untar con aceite.
aceite *s.m.* Líquido graso que se extrae de la aceituna. • Nombre de varias sustancias grasas de origen animal, vegetal o mineral.
aceitero, ra *adj.* Relativo al aceite. s. Persona que vende aceite. • *f.* Recipiente para el aceite. • *pl.* Vinagreras.
aceituna *s.f.* Fruto del olivo.
aceitunado, da *adj.* De color semejante al de la aceituna verde.
aceituno *s.m.* Olivo.
aceleración *s.f.* Acción y efecto de acelerar. • Cociente entre la variación de la velocidad y el tiempo en que se produce.
acelerador, ra *adj.* Que acelera. • *s.m.* Mecanismo que regula la potencia de un motor para que este trabaje a la velocidad requerida.

acelerar *v.tr.* Aumentar la velocidad. • Anticipar, precipitar.
acelga *s.f.* Planta herbácea comestible, de hojas anchas y jugosas.
acémila *s.f.* Bestia de carga, en especial la mula. • Persona torpe.
acendrado, da *adj.* Depurado.
acendrar *v.tr.* Depurar los metales. • *tr./prnl.* Dejar sin mancha ni defecto.
acento *s.m.* Mayor intensidad para pronunciar una sílaba en el interior de una palabra o para marcar el compás de ciertos sonidos musicales. • Tilde ortográfico. • Tono particular que distingue el modo de hablar de un país o una región.
acentuación *s.f.* Acción y efecto de acentuar.
acentuado, da *adj.* Muy perceptible.
acentuar *v.tr.* Poner acento prosódico u ortográfico a las palabras. • Recalcar, subrayar.
aceña *s.f.* Molino harinero movido por agua.
acepción *s.f.* Cada uno de los significados que puede tener una palabra.
aceptación *s.f.* Acción de aceptar. • Aprobación.
aceptar *v.tr.* Recibir una persona voluntariamente lo que le dan o proponen. • Admitir. • Obligarse a pagar una letra de cambio.
acepto, ta *adj.* Agradable.
acequia *s.f.* Canal para conducir agua.
acera *s.f.* Parte de la calle destinada al tránsito de peatones.
acerado, da *adj.* De acero o semejante a él.
acerar *v.tr.* Comunicar al hierro las propiedades del acero. • Fortalecer moralmente.
acerbo, ba *adj.* De sabor agrio o amargo. • Riguroso, cruel.
acerca de *loc.prep.* Respecto del tema o la cosa de que se trata.
acercar *v.tr./prnl.* Poner a menor distancia; aproximar.
acería *s.f.* Fábrica de acero.
acerico *s.m.* Almohadilla para clavar en ella alfileres o agujas.
acero *s.m.* Aleación de hierro y carbono. • Arma blanca.
acérrimo, ma *adj.superl.irreg. de acre.* • Fervoroso, tenaz.
acertado, da *adj.* Que se hace con acierto o sensatez; atinado.
acertar *v.intr./tr.* Dar en el punto o lugar adecuado. • Encontrar.
acertijo *s.m.* Adivinanza.
acervo *s.m.* Motón de cosas menudas. • Patrimonio.
acetato *s.m.* Sal o éster formados por la combinación del ácido acético con una base.
acético, ca *adj.* Relativo al vinagre y sus derivados.
acetileno *s.m.* Hidrocarburo gaseoso usado para soldaduras, alumbrado, etc.
acetona *s.f.* Líquido incoloro, inflamable, que se usa como solvente.
achacar *v.tr.* Atribuir sin fundamento.
achacoso, sa *adj.* Que padece achaques o indisposiciones habituales.
achaflanar *v.tr.* Dar forma de chaflán.
achaparrado, da *adj.* Dícese de las cosas bajas y extendidas.
achaque *s.m.* Indisposición o enfermedad habitual no graves.
achatamiento *s.m.* Acción y efecto de achatar.
achatar *v.tr./prnl.* Poner chata alguna cosa.
achicar *v.tr./prnl.* Hacer más pequeño. • Amilanar, acobardar. • *tr.* Extraer el agua acumulada en minas, barcos, etc.
achicoria *s.f.* Planta de hojas comestibles, con cuyas raíces tostadas se prepara una bebida estomacal.
achicharrar *v.tr./prnl.* Freír o asar excesivamente. • *prnl.* Reducirse a brasa.
achinado, da *adj./s.* Dícese del mestizo de blanco e indio.
achispar *v.tr./prnl.* Poner ebrio.
acholado, da *adj.* *América* Que tiene la tez igual a la del cholo.
achuchar *v.tr.fam.* Aplastar, estrujar. • *prnl.* *América* Estremecerse por el frío o la fiebre.
achucharrar *v.tr.fam.* *América* Aplastar, estrujar.
achura *s.f.* *América* Entrañas comestibles de un animal vacuno o lanar.
aciago, ga *adj.* Que anuncia desgracia.
acíbar *s.m.* Áloe.

acicalado, da *adj.* Muy pulcro o extremadamente arreglado.
acicalar *v.tr.* Limpiar o pulir. • Adornar.
acicate *s.m.* Espuela con una sola punta de hierro. • Incentivo.
acicatear *v.tr.* Servir de acicate o estímulo; estimular.
acicular *adj.* Que tiene forma de aguja.
acidez *s.f.* Cualidad de ácido.
ácido, da *adj.* Que tiene el sabor del vinagre o es parecido a él; agrio. • *s.m.* Compuesto hidrogenado que forma sales con las bases químicas.
acidular *v.tr. / prnl.* Dar a una sustancia una ligera acidez.
acídulo, la *adj.* Ligeramente ácido.
acierto *s.m.* Acción y efecto de acertar. • Habilidad, destreza, tino.
acimut *s.m.* En astronomía, ángulo que forma el círculo vertical de un astro o de un punto del firmamento con el círculo del meridiano del lugar.
aclamación *s.f.* Acción de aclamar.
aclamar *v.tr.* Mostrar una multitud su aprobación con voces, aplausos, etc. • Proclamar.
aclaración *s.f.* Acción y efecto de aclarar.
aclarar *v.tr. / prnl.* Hacer que algo se vuelva más claro o perceptible. • *tr.* Volver a enjuagar. • *intr. unipers.* Disiparse las nubes. • Amanecer.
aclaratorio, ria *adj.* Que aclara.
aclimatación *s.f.* Acción y efecto de aclimatar.
aclimatar *v.tr. / prnl.* Acostumbrar a un ser orgánico a otro clima o ambiente.
acné o **acne** *s.f.* Enfermedad de la piel caracterizada por la inflamación de las glándulas sebáceas.
acobardar *v.tr. / prnl.* Amedrentar, asustar.
acodar *v.tr. / prnl.* Apoyar un codo o los dos. • *tr.* Enterrar una rama sin separarla de su tronco para que eche raíces. • Acodillar un objeto de metal.
acodillar *v.tr.* Doblar en forma de ángulo objetos de metal. • *América* Clavar las espuelas en los codillos de la cabalgadura.
acodo *s.m.* Acción y efecto de acodar. Rama que ha sido acodada.
acogedor, ra *adj.* Que acoge. • Dícese de los lugares gratos para estar en ellos.
acoger *v.tr.* Recibir en la casa o admitir en compañía. • Aceptar. • *prnl.* Refugiarse.
acogida *s.f.* Acción de acoger.
acogimiento *s.m.* Acogida.
acogotar *v.tr.* Matar a una persona o un animal con una herida o un golpe en el cogote. • *fam.* Sujetar por el cogote.
acolchado *s.m.* Obra que se hace poniendo lana, algodón, etc., entre dos telas, y pespunteando después.
acolchar *v.tr.* Hacer un acolchado.
acólito *s.m.* Ministro de la Iglesia que ha sido facultado para servir en el altar. • Monaguillo.
acollarar *v.tr.* Poner collar a los perros o a otros animales. • Unir unos perros a otros por sus collares.
acometer *v.tr.* Atacar con ímpetu. • Emprender acciones arriesgadas. • Llegar repentinamente una enfermedad, un deseo, etc.
acometida *s.f.* Acción de acometer.
acometividad *s.f.* Propensión a acometer o atacar.
acomodado, da *adj.* De precio conveniente. • Adinerado.
acomodador, ra *s.* Persona que indica sus asientos a los asistentes a un espectáculo.
acomodar *v.tr.* Ordenar. • *tr. / prnl.* Instalar en sitio conveniente. • Adaptar. • *intr.* Convenir. • *prnl.* Conformarse, avenirse.
acomodaticio, cia *adj.* Que se acomoda fácilmente a cualquier situación.
acomodo *s.m.* Empleo. • Conveniencia.
acompañamiento *s.m.* Acción de acompañar. • Séquito. • Comparsa. • Sostén de una melodía principal.
acompañante *adj. / s.m. y f.* Que acompaña.
acompañar *v.tr.* Ir o estar con una persona. • Adjuntar. • Ejecutar el acompañamiento musical.
acompasado, da *adj.* Hecho o puesto siguiendo un compás. • Pausado.
acompasar *v.tr.* Medir las cosas según un ritmo o compás.
acomplejar *v.tr. / prnl.* Causar a una persona un complejo síquico o una inhibición.
acondicionado, da *adj.* Que está en las

condiciones debidas. • Dícese del aire que tiene condiciones de temperatura y humedad apropiadas.
acondicionador *s.m.* Aparato para climatizar un recinto.
acondicionar *v.tr.* Poner una cosa en condiciones adecuadas para un fin.
acongojar *v.tr./prnl.* Afligir.
acónito *s.m.* Planta herbácea de flores azules; es venenosa y tiene propiedades medicinales.
aconsejable *adj.* Que conviene aconsejar; conveniente.
aconsejar *v.tr.* Dar consejo. • *prnl.* Pedir o tomar consejo.
aconsonantar *v.intr.* Tener una palabra rima consonante con respecto a otra. • *tr.* Emplear en la rima palabras consonantes.
acontecer *v.intr.* Producirse un hecho; suceder.
acontecimiento *s.m.* Hecho importante.
acopiador, ra *adj./s.* Que acopia.
acopiar *v.tr.* Reunir en cantidad; almacenar.
acopio *s.m.* Acción y efecto de acopiar.
acoplado *s.m.* *América* Vehículo sin motor, destinado a ser remolcado por otro.
acoplar *v.tr.* Ajustar o unir dos piezas o aparatos.
acoquinar *v.tr./prnl.* *fam.* Amilanar, acobardar.
acorazado *s.m.* Barco de guerra blindado y de grandes dimensiones.
acorazar *v.tr.* Revestir con planchas de hierro o de acero barcos de guerra, fortificaciones, etc.
acordada *s.f.* Orden expedida por un tribunal superior a otro inferior. • Plantilla para trazar curvas.
acordar *v.tr.* Resolver, decidir, convenir. • Conciliar una cosa con otra. • En pintura, armonizar los tonos. • *prnl.* Recordar.
acorde *adj.* Conforme. • En música, pintura, etc., con armonía. • *s.m.* En música, conjunto de tres o más sonidos que suenan en forma simultánea.
acordeón *s.m.* Instrumento musical de viento, con fuelle y teclado.
acordonar *v.tr.* Ceñir con un cordón dos partes de una prenda. • Aislar un lugar con un cordón de gente, por razones militares, sanitarias, etc.
acorralar *v.tr.* Encerrar el ganado en el corral. • Cercar a una persona para impedirle escapar. • Confundir. • Intimidar.
acortamiento *s.m.* Acción de acortar.
acortar *v.tr./prnl.* Hacer menor la longitud, duración o cantidad de algo.
acosar *v.tr.* Perseguir con insistencia a una persona o un animal. • Asediar, importunar.
acoso *s.m.* Acción de acosar.
acostar *v.tr./prnl.* Echar o tender, en especial en la cama. • Arrimar. • *intr./prnl.* Acercarse a la costa.
acostumbrar *v.tr./prnl.* Hacer que una persona adquiera costumbre de una cosa, o adquirir esa costumbre. • *intr.* Tener costumbre; soler.
1. acotación *s.f.* Acción y efecto de poner cotos o mojones.
2. acotación *s.f.* Nota puesta al margen de un escrito.
1. acotar *v.tr.* Poner mojones en un terreno.
2. acotar *v.tr.* Poner acotaciones a un texto.
ácrata *adj./s.m. y f.* Anarquista.
acre *adj.* Fuerte y picante al gusto y al olfato. • Agrio, áspero. • *s.m.* Medida inglesa de superficie.
acrecentamiento *s.m.* Acción y efecto de acrecentar.
acrecentar *v.tr./prnl.* Aumentar.
acrecer *v.tr./intr./prnl.* Hacer más grande, intenso o importante; acrecentar.
acreditado, da *adj.* Que tiene crédito o reputación.
acreditar *v.tr.* Demostrar la certeza o realidad de una cosa. • Garantizar. • En contabilidad, admitir como pago.
acreedor, ra *adj.* Merecedor. • *adj./s.* Que tiene derecho a pedir el cumplimiento de una obligación.
acribillar *v.tr.* Abrir agujeros como en una criba. • *fam.* Molestar mucho.
acrílico, ca *adj./s.m.* Dícese del ácido en forma de líquido incoloro, que interviene en la elaboración de sustancias plásticas para la industria.
acrimonia *s.f.* Cualidad de acre. • Aspereza en la actitud o en el trato.

acriollado, da *adj.* Dícese del extranjero que ha adoptado los usos y costumbres del criollo.
acriollarse *v.prnl.* Adaptarse a los usos y costumbres del criollo.
acrisolar *v.tr.* Purificar los metales en el crisol. • Limpiar, depurar.
acritud *s.f.* Acrimonia.
acrobacia *s.f.* Ejercicio del acróbata.
acróbata *s.m. y f.* Gimnasta que realiza ejercicios de equilibrio.
acrofobia *s.f.* Horror a las alturas.
acromático, ca *adj.* Dícese del cristal o instrumento óptico que permiten ver las imágenes sin iridiscencias.
acromatismo *s.m.* Cualidad de acromático.
acromegalia *s.f.* Enfermedad crónica caracterizada por un gran desarrollo de la mandíbula y las extremidades.
acrónimo *s.m.* Sigla formada por las iniciales de una palabra (y a veces las letras que les siguen), con las cuales se forma un nombre.
acrópolis *s.f.* Sitio fortificado en la parte más alta de las ciudades griegas.
acróstico, ca *adj./s.m.* Dícese de la composición literaria en la cual ciertas letras en determinada colocación forman un nombre o una frase.
acrotera *s.f.* Pedestal que, en un frontón, sirve de base a una estatua u otro adorno.
acta *s.f.* Relación escrita de lo sucedido, tratado o acordado en una junta o reunión.
actinia *s.f.* Celenterado que se fija a las rocas por un extremo, y posee en el otro numerosos tentáculos urticantes.
actinio *s.m.* Elemento radiactivo, producto de la desintegración del uranio (símbolo: *Ac*).
actitud *s.f.* Postura del cuerpo • Sentimiento o estado de ánimo.
activar *v.tr.* Acelerar, avivar. • Hacer radiactivos un cuerpo o una sustancia.
actividad *s.f.* Capacidad para obrar. • Cualidad de activo. • Conjunto de tareas propias de una persona o entidad.
activista *s.m. y f.* Agitador político.
activo, va *adj.* Que obra o puede obrar. • Rápido, eficaz. • *s.m.* Conjunto de bienes que posee una persona o una entidad.
acto *s.m.* Hecho o acción. • Hecho público. • Parte de una obra de teatro.
actor, ra *s./adj.* En un juicio, demandante.
actor, triz *s.* Persona que representa un papel en el teatro, en el cine o en la televisión.
actuación *s.f.* Acción y efecto de actuar.
actual *adj.* Presente, que existe o se usa ahora.
actualidad *s.f.* Cualidad de actual. • Tiempo presente.
actualizar *v.tr.* Hacer actual o de interés actual una cosa.
actuar *v.intr.* Realizar acciones. • Realizar la función propia de su oficio o naturaleza.
actuario *s.m.* Auxiliar judicial.
acuarela *s.f.* Pintura hecha sobre papel o cartón, con colores trasparentes diluidos en agua.
acuario *s.m.* Depósito de agua donde viven animales y vegetales acuáticos.
acuartelar *v.tr./prnl.* Instalar a la tropa en los cuarteles. • *tr.* Obligar a la tropa a que permanezca en el cuartel.
acuático, ca *adj.* Relativo al agua. • Que vive en el agua.
acuatizaje *s.m.* Acción y efecto de acuatizar.
acuatizar *v.intr.* Posarse un hidroavión en el agua.
acuciante *adj.* Que acucia.
acuciar *v.tr.* Impulsar a realizar algo de inmediato. • Desear.
acudir *v.intr.* Ir alguien a un lugar donde es esperado, o donde se lo necesita. • Apelar, recurrir.
acueducto *s.m.* Conducto artificial que lleva agua a un lugar determinado.
ácueo, a *adj.* Acuoso.
acuerdo *s.m.* Resolución tomada entre dos o más personas, o por los tribunales o juntas. • Decisión individual. • Armonía. • Cordura.
acuidad *s.f.* Perspicacia, agudeza.
acullá *adv.* Allá.
aculturación *s.f.* Asimilación de elementos culturales de un grupo humano por otro.

acumulación *s.f.* Acción y efecto de acumular.
acumulador, ra adj./s. Que acumula. • *s.m.* Aparato que acumula energía.
acumular *v.tr. / prnl.* Ir aumentando la cantidad de ciertas cosas.
acunar *v.tr.* Mecer al niño en la cuna o en los brazos.
acuñación *s.f.* Acción de acuñar.
1. acuñar *v.tr.* Imprimir y sellar con un cuño monedas, medallas, etc. • Fabricar o mandar hacer moneda.
2. acuñar *v.tr.* Meter cuñas.
acuosidad *s.f.* Cualidad de acuoso.
acuoso, sa *adj.* De agua, o que tiene agua.
acupuntura *s.f.* Serie de punciones que se hacen en el cuerpo humano con fines terapéuticos.
acurrucarse *v.prnl.* Encogerse por frío, por temor, etc.
acusación *s.f.* Acción de acusar.
acusado, da *s.* Persona a quien se acusa o procesa judicialmente.
acusador, ra *adj. / s.* Que acusa.
acusar *v.tr.* Atribuir a una persona delito o culpa. • Tachar, tildar. • Comunicar la recepción de cartas, expedientes, etc.
acusativo *s.m.* Caso de la declinación que indica el complemento directo.
acuse *s.m.* Acción de acusar; en especial, recibo de cartas.
acústica *s.f.* Parte de la física que estudia los sonidos.
acústico, ca *adj.* Relativo al órgano del oído, a la acústica o al sonido.
acutángulo *adj.* Dícese del triángulo cuyos tres ángulos son agudos.
1. adagio *s.m.* Frase breve y aguda de sabiduría popular.
2. adagio *adv.* En música, con movimiento lento.
adalid *s.m.* Jefe que guía gente de guerra; caudillo.
adán *s.m.fam.* Hombre apático o descuidado en su arreglo personal.
adaptación *s.f.* Acción de adaptar.
adaptar *v.tr. / prnl.* Acomodar, ajustar dos cosas entre sí.
adaraja *s.f.* Piedra saliente que se deja al construir una pared para poder continuarla.
adecuado, da *adj.* Oportuno, apropiado.
adecuar *v.tr. / prnl.* Adaptar.
adefesio *s.m.fam.* Extravagancia. • *fam.* Persona o cosa de aspecto ridículo.
adelantado, da *adj.* Precoz. • *s.m.* Jefe de una expedición durante la conquista de América.
adelantar *v.tr. / prnl.* Mover o llevar hacia adelante. • Anticipar. • Aventajar. • *intr.* Andar con más velocidad que la usual. • Progresar.
adelante *adv.* Más allá. • *interj.* Indicación de permiso para entrar en alguna parte o para continuar una acción.
adelanto *s.m.* Avance, progreso. • Anticipo.
adelfa *s.f.* Arbusto ornamental de hojas tóxicas y flores de varios colores.
adelgazar *v.tr.* Poner delgado. • *intr.* Ponerse delgado.
ademán *s.m.* Movimiento que denota una actitud o una intención.
además *adv.* A más de esto o aquello.
adentrarse *v.prnl.* Penetrar en el interior de alguna cosa o lugar.
adentro *adv.* Hacia, o en, lo interior. • *s.m.pl.* Lo interior del ánimo.
adepto, ta *adj. / s.* Que pertenece a alguna secta o asociación. • Partidario de alguna persona o idea.
aderezar *v.tr.* Adornar. • Disponer, preparar. • Condimentar.
adeudar *v.tr.* Tener deudas. • En contabilidad, debitar en una cuenta.
adherencia *s.f.* Acción de adherir o adherirse.
adherente *adj.* Que se adhiere o que adhiere.
adherir *v.tr. / intr. / prnl.* Unir una cosa con otra. • *prnl.* Abrazar una doctrina.
adhesión *s.f.* Acción de adherir o adherirse.
adhesivo, va *adj.* Que es capaz de adherirse o pegarse. • *s.m.* Sustancia que sirve para pegar.
adicción *s.f.* Hábito del que no puede evitar tomar drogas.
adición *s.f.* Acción de añadir. • En matemática, suma.
adicional *adj.* Dícese de lo que se añade a una cosa.
adicionar *v.tr.* Añadir, agregar.

adicto, ta *adj./s.* Partidario.
adiestrado, da *adj.* Ejercitado para algo; enseñado.
adiestrar *v.tr./prnl.* Hacer diestro.
adinerado, da *adj.* Que tiene mucho dinero; rico, acaudalado.
adiós *s.m.* Despedida. • *interj.* Saludo de despedida.
adiposidad *s.f.* Grasa superflua; gordura.
adiposo, sa *adj.* Dícese del tejido formado por células que contienen grasa. • Gordo, obeso.
aditamento *s.m.* Añadidura.
aditivo, va *adj.* Que puede o debe añadirse. • *s.m.* Sustancia que se agrega a otra para mejorar sus cualidades.
adivinador, ra *adj./s.* Que adivina.
adivinanza *s.f.* Frase, versos, dibujos, etc., cuyo sentido debe descifrarse [sinón.: *acertijo*].
adivinar *v.tr.* Descubrir algo oculto por medios supersticiosos o por conjeturas.
adivino, na *s.* Persona que adivina.
adjetivo, va *adj.* Relativo al adjetivo. • *s.m.* Clase de palabras que califican o determinan al sustantivo.
adjudicación *s.f.* Acción de adjudicar o adjudicarse.
adjudicar *v.tr.* Otorgar a alguien cierta cosa que le corresponde. • *prnl.* Obtener, ganar. • Apropiarse.
adjuntar *v.tr.* Enviar juntamente con un escrito notas, facturas, etc.
adjunto, ta *adj.* Que va o está unido con otra cosa; junto.
adminículo *s.m.* Objeto pequeño que sirve de ayuda para algún fin.
administración *s.f.* Acción y efecto de administrar. • Cargo y oficina del administrador.
administrador, ra *adj./s.* Que administra.
administrar *v.tr.* Dirigir los bienes de una persona o una entidad. • Dar o recetar medicamentos. • Conferir los sacramentos.
admirable *adj.* Digno de admiración.
admiración *s.f.* Acción de admirar. • En gramática, signo ortográfico que indica la entonación exclamativa (¡!).
admirar *v.tr.* Sentir gran estimación hacia alguien o algo. • *tr./prnl.* Causar o experimentar sorpresa [sinón.: *asombrar*].
admirativo, va *adj.* Dícese de lo que implica o expresa admiración.
admisible *adj.* Que puede ser admitido.
admisión *s.f.* Acción de admitir.
admitir *v.tr.* Recibir, aceptar. • Permitir.
admonición *s.f.* Palabras con que se amonesta a alguien.
adobar *v.tr.* Poner una carne en adobo. • Arreglar un asunto. • Curtir las pieles.
adobe *s.m.* Ladrillo de barro o arcilla con paja, sin cocer.
adobo *s.m.* Acción y efecto de adobar • Salsa para sazonar y conservar las carnes.
adocenado, da *adj.* De escaso mérito; vulgar, mediocre.
adocenar *v.tr.* Disponer u ordenar por docenas. • *prnl.* Hacerse mediocre, vulgar.
adoctrinar *v.tr.* Impartir a alguien conocimientos acerca de cómo debe obrar; instruir, aleccionar.
adolecer *v.intr.* Padecer alguna enfermedad crónica. • Tener algún defecto.
adolescencia *s.f.* Edad que sucede a la niñez y precede a la juventud.
adolescente *adj./s.m. y f.* Que está en la adolescencia.
adonde *adv.* Pronombre relativo que indica el lugar hacia el cual se dirige una acción.
adónde *adv.* Pronombre interrogativo usado para averiguar el lugar hacia el cual se dirige una acción.
adondequiera *adv.* A cualquier parte.
adonis *s.m.* Joven muy hermoso.
adopción *s.f.* Acción de adoptar.
adoptar *v.tr.* Tomar alguien como hijo. • Admitir una idea, una doctrina o una costumbre. • Referido a acuerdos o resoluciones, tomarlos.
adoptivo, va *adj.* Dícese de la persona adoptada o de la que adopta.
adoquín *s.m.* Piedra de forma prismática, para pavimentar.
adoquinado *s.m.* Pavimento de adoquines.
adorable *adj.* Digno de adoración. • Que inspira cariño y simpatía.
adoración *s.f.* Acción de adorar.

adorar *v.tr.* Rendir culto a Dios. • Amar con pasión.
adormecer *v.tr.* Causar sueño. • Calmar una pena o un dolor. • *prnl.* Empezar a dormirse.
adormecimiento *s.m.* Acción y efecto de adormecer o adormecerse.
adormidera *s.f.* Planta anual de cuyos frutos inmaduros se extrae el opio.
adormilarse v.*prnl.* Dormirse a medias.
adornar *v.tr.* Embellecer con adornos. • Servir algo de adorno.
adorno *s.m.* Lo que sirve para embellecer.
adosar *v.tr.* Colocar una cosa, por su parte de atrás, contra otra.
adquirir *v.tr.* Llegar a poseer algo por dinero, trabajo u otros medios; comprar, conseguir.
adquisición *s.f.* Acción y efecto de adquirir. • Cosa adquirida.
adquisitivo, va *adj.* Que sirve para adquirir.
adrede *adv.* Con deliberada intención.
adrenalina *s.f.* Hormona segregada por las glándulas suprarrenales.
adscribir *v.tr.* Atribuir. • *tr.* / *prnl.* Agregar a una persona a cierto servicio o trabajo.
adscripción *s.f.* Acción de adscribir o adscribirse.
adscripto, ta *adj.* Adscrito.
adscrito, ta *adj.* Dícese de la persona destinada a prestar servicios en determinada dependencia.
adsorber *v.tr.* Retener la superficie de un sólido moléculas de un gas o un líquido.
adsorción *s.f.* Acción y efecto de adsorber.
aduana *s.f.* Oficina pública donde se registran los artículos que se importan y exportan, y donde se cobran los aranceles correspondientes.
aducción *s.f.* Movimiento por el cual un miembro u otro órgano se acercan al plano medio del cuerpo.
aducir *v.tr.* Dar una razón o un motivo que prueben o justifiquen algo.
adueñarse *v.prnl.* Hacerse dueño de una cosa; apoderarse.
adulación *s.f.* Acción y efecto de adular.
adulador, ra *adj.* / *s.* Que adula.
adular *v.tr.* Alabar a alguien exageradamente, sin sinceridad.
adulón, na *adj.* / *s. fam.* Adulador.
adulonería *s.f.* Adulación servil.
adulteración *s.f.* Acción y efecto de adulterar.
adulterar *v.tr.* Quitarle a una cosa su pureza o autenticidad.
adulterio *s.m.* Violación de la fidelidad conyugal.
adulto, ta *adj.* / *s.* Dícese de la persona o animal que han alcanzado su pleno desarrollo.
adusto, ta *adj.* Serio, severo en el trato. • Austero, sobrio.
advenedizo, za *adj.* / *s.* Dícese del que llega a un sitio o situación que no le son propios o naturales.
advenimiento *s.m.* Llegada, venida. • Ascenso al poder de un soberano.
adventicio, cia *adj.* Que sucede o se produce accidentalmente.
adventismo *s.m.* Secta cristiana estadounidense que espera un segundo advenimiento de Jesucristo.
adventista *adj.* / *s.m. y f.* Que profesa el adventismo.
adverbial *adj.* Relativo al adverbio. • En gramática, dícese del predicado formado por un adverbio.
adverbio *s.m.* Clase de las palabras que modifican directamente al verbo, al adjetivo o a otro adverbio.
adversario, ria *s.* Contrario, rival.
adversativo, va *adj.* En gramática, dícese de las conjunciones que indican oposición.
adversidad *s.f.* Cualidad de adverso. • Suceso o situación adversos; infortunio, desdicha.
adverso, sa *adj.* Que va contra lo que uno desea o se propone.
advertencia *s.f.* Acción de advertir.
advertido, da *adj.* Dícese del que sabe lo que le conviene hacer; avisado.
advertir *v.tr.* Hacer notar, indicar, avisar. • Observar, notar.
advocación *s.f.* Título que se da a un templo, capilla o altar.
adyacente *adj.* Que está tocando con otra cosa; inmediato, contiguo. • Se di-

ce de los dos ángulos que tienen un lado común y cuyos lados no comunes son semirrectas opuestas.

aeda *s.m.* Poeta épico de la antigua Grecia.

aeración *s.f.* Acción de suministrar aire. • Acción curativa del aire.

aéreo, a *adj.* Relativo al aire. • De poco peso o materia; ligero, vaporoso.

aeróbic o **aerobic** *s.m.* Cierta técnica gimnástica acompañada de música.

aerobio, bia *adj./s.m.* Dícese del organismo que necesita el oxígeno del aire para vivir.

aerodeslizador *s.m.* Vehículo terrestre o acuático que se desplaza a escasa altura del suelo o del agua merced a una capa de aire comprimido.

aerodinámica *s.f.* Parte de la mecánica que estudia el movimiento del aire u otros gases.

aerodinámico, ca *adj.* Relativo a la aerodinámica. • Dícese de los cuerpos que tienen forma adecuada para disminuir la resistencia del aire.

aeródromo *s.m.* Terreno provisto de las instalaciones necesarias para el despegue y aterrizaje de aviones.

aeroespacial *adj.* Relativo a la aeronáutica y a la astronáutica, o al aire y al espacio extraterrestre.

aerógrafo *s.m.* Pulverizador de aire comprimido, usado para aplicar pinturas líquidas.

aerolínea *s.f.* Itinerario recorrido regularmente por aviones. • Compañía de transporte aéreo.

aerolito *s.m.* Masa mineral procedente de los espacios interplanetarios, que cae sobre la Tierra.

aeromodelismo *s.m.* Deporte que consiste en la construcción y prueba de pequeños modelos de aviones.

aeronauta *s.m. y f.* Piloto o tripulante de una aeronave.

aeronáutica *s.f.* Navegación aérea. • Instalaciones y servicios destinados al transporte aéreo. • Cuerpo militar que utiliza ese medio. • Ciencia que trata de la navegación aérea.

aeronaval *adj.* Relativo juntamente a la aviación y a la marina.

aeronave *s.f.* Vehículo capaz de sustentarse o moverse en el espacio atmosférico.

aeroplano *s.m.* Avión.

aeropostal *adj.* Relativo al correo aéreo.

aeropuerto *s.m.* Aeródromo que sirve de estación para el tráfico aéreo y que posee servicios permanentes.

aerosol *s.m.* Suspensión de partículas microscópicas en el aire u otro gas.

aerostática *s.f.* Parte de la mecánica que estudia el equilibrio dinámico de los gases.

aeróstato o **aerostato** *s.m.* Aparato constituido por un globo lleno de gas, que puede elevarse en la atmósfera.

aerotecnia *s.f.* Técnica que trata de la construcción de aeronaves.

aerotransportar *v.tr.* Aerotrasportar.

aerotrasportar *v.tr.* Trasportar por vía aérea.

aerovía *s.f.* Itinerario recorrido regularmente por aviones.

afabilidad *s.f.* Cualidad de afable.

afable *adj.* Amable, agradable en el trato.

afamado, da *adj.* Famoso, renombrado.

afán *s.m.* Ahínco, empeño. • Anhelo vehemente.

afanarse *v.prnl.* Hacer algo con afán.

afanoso, sa *adj.* Muy penoso o trabajoso. • Que se afana.

afasia *s.f.* Lesión cerebral que afecta la expresión de las palabras.

afear *v.tr./prnl.* Causar u originar fealdad. • *tr.* Reprochar algo a alguien.

afección *s.f.* Afición o inclinación del sentimiento. • Alteración de la salud.

afectación *s.f.* Acción de afectar o simular. • Falta de sencillez y naturalidad.

afectado, da *adj.* Falto de sencillez y naturalidad.

afectar *v.tr.* Poner demasiado cuidado en las palabras, los movimientos, etc. • Fingir, simular. • Atañer. • Producir un efecto, generalmente negativo, en alguna cosa o en el organismo.

afectivo, va *adj.* Relativo al afecto o a la sensibilidad.

afecto, ta *adj.* Que siente gran estimación por una persona o cosa. • *s.m.* Cualquier sentimiento o emoción. •

Sentimiento intermedio entre la simpatía y el cariño.
afectuoso, sa *adj.* Cariñoso, amoroso.
afeitada *s.f.* Acción y efecto de afeitar o raer la barba.
afeitadora *s.f.* Máquina de afeitar eléctrica.
afeitar *v.tr.* Cortar a ras de la piel el pelo de la barba o de otra parte del cuerpo.
afeite *s.m.* Cualquier arreglo para embellecer. • Cosmético.
afelio *s.m.* Punto más distante del Sol en la órbita de un planeta.
afelpado, da *adj.* Semejante a la felpa.
afelpar *v.tr.* Dar a una tela aspecto de felpa o de terciopelo.
afeminado, da *adj.* Dícese del hombre que tiene aspecto o gestos femeninos.
afeminar *v.tr./prnl.* Hacer perder a alguien energía o características varoniles.
aferente *adj.* Que conduce.
aféresis *s.f.* Supresión de una o más letras al comienzo de una palabra.
aferrar *v.tr./prnl.* Asir con fuerza, agarrar. • *prnl.* Obstinarse.
afgano, na *adj./s.* Del Afganistán (Asia).
afianzar *v.tr.* Dar fianza por alguien. • *tr./prnl.* Poner algo más firme y seguro.
afiche *s.m.* Cartel o anuncio fijados en sitios públicos.
afición *s.f.* Inclinación a una persona o cosa que gustan o atraen.
aficionado, da *adj./s.* Que se dedica a alguna actividad sin tenerla por oficio o profesión. • Que gusta de un determinado espectáculo y lo frecuenta.
aficionar *v.tr./prnl.* Hacer adquirir alguna afición o costumbre.
afijo *s.m.* En gramática, cualquier prefijo, infijo o sufijo.
afilado *s.m.* Acción y efecto de afilar.
afilador, ra *adj./s.* Que afila. • *s.f.* Máquina para afilar.
afilar *v.tr.* Hacer filo o punta en alguna cosa. • *prnl.* Adelgazarse alguna parte del cuerpo. • *tr./intr. fam. América* Enamorar, cortejar. • Adular.
afiliación *s.f.* Acción y efecto de afiliar o afiliarse.
afiliar *v.t./prnl.* Hacer miembro de una asociación, partido político, etc.
afiligranado, da *adj.* De filigrana o semejante a ella.
afiligranar *v.tr.* Trabajar una cosa en filigrana. • Pulir, embellecer.
afín *adj.* Que tiene características comunes con otra cosa; semejante, similar. • *s.m. y f.* Pariente por afinidad.
afinación *s.f.* Acción de afinar.
afinador, ra *adj./s.* Que afina; en especial, instrumentos musicales.
afinar *v.tr./prnl.* Hacer más fino o delgado. • Educar. • *tr.* Purificar los metales. • Poner en el tono exacto un instrumento musical.
afincar *v.intr./prnl.* Adquirir fincas. • *prnl.* Radicarse, establecerse.
afinidad *s.f.* Cualidad de afín; semejanza, similitud. • Vínculo familiar que contrae una persona con los parientes de su cónyuge.
afirmación *s.f.* Acción de afirmar. • Palabra con que se afirma.
afirmar *v.tr.* Decir que sí o dar por cierto [antón.: *negar*]. • *tr./prnl.* Hacer que una cosa quede firme, bien apoyada.
afirmativo, va *adj.* Que afirma o da por cierta una cosa. • En gramática, dícese del adverbio que expresa afirmación.
aflautar *v.tr./prnl.* Hacer más agudos la voz o el sonido.
aflicción *s.f.* Efecto de afligir; congoja, desconsuelo.
aflictivo, va *adj.* Que aflige.
afligir *v.tr./prnl.* Causar sufrimiento o angustia; acongojar.
aflojar *v.tr./prnl.* Poner floja una cosa. • *intr.* Perder intensidad, ceder. • Hacer una cosa con menos ahínco.
aflorar *v.intr.* Aparecer en la superficie un filón de mineral. • Brotar el agua subterránea.
afluencia *s.f.* Acción de afluir. • Abundancia, en especial de palabras.
afluente *adj.* Que afluye. • *s.m.* Río que desemboca en otro principal.
afluir *v.intr.* Acudir en abundancia o en gran cantidad. • Verter un río su caudal.
afonía *s.f.* Falta de voz.
afónico, ca *adj.* Dicho de personas, falto de voz accidentalmente.
aforar *v.tr.* Valorar una finca o mercan-

cías para el pago de gravámenes. • Calcular la capacidad de un receptáculo, una habitación o un local.

aforismo *s.m.* Frase breve, de contenido doctrinal; máxima, sentencia.

aforístico, ca *adj.* Con carácter de aforismo.

aforo *s.m.* Acción de aforar.

afortunado, da *adj.* Que tiene buena suerte o fortuna, o que es resultado de ellas; feliz, venturoso.

afrecho *s.m.* Salvado.

afrenta *s.f.* Insulto, agravio. • Acción o circunstancias que provocan vergüenza o deshonra.

afrentar *v.tr.* Causar afrenta.

africano, na *adj. / s.* De África.

afrontar *v.tr.* Poner una cosa frente a otra. • No eludir un peligro, una dificultad, etc.; enfrentar.

afta *s.f.* Pequeña úlcera blanquecina que se forma sobre ciertas mucosas, como la de la boca.

aftoso, sa *adj.* Que padece aftas. • *s.f.* Glosopeda.

afuera *adv.* En la parte externa de algo, o hacia el exterior [antón.: *adentro*]. • Se emplea en tono exclamativo para que alguien se retire de un lugar. • *s.f.pl.* Alrededores de una población.

agachar *v.tr.* Inclinar hacia abajo una parte del cuerpo. • *prnl.* Encogerse, doblando el cuerpo hacia el suelo.

agalla *s.f.* Tumor que se forma en ciertos vegetales. • Branquia. • *pl. fam.* Ánimo valeroso.

agámico, ca *adj.* Dícese de las plantas que no poseen órganos sexuales • Dícese de la forma de reproducción de esas plantas.

ágape *s.m.* Convite de caridad entre los primeros cristianos. • Banquete.

agar-agar *s.m.* Sustancia que se extrae de las algas; se usa en preparaciones farmacéuticas y en la industria alimentaria.

agárico *s.m.* Hongo parásito de ciertos árboles.

agarrada *s.f. fam.* Discusión violenta, riña.

agarradera *s.f.* Asa o mango de un objeto para tomarlo.

agarrado, da *adj. fam.* Avaro, tacaño.

agarrador *s.m.* Utensilio con el que se agarra una cosa que quema o ensucia.

agarrar *v.tr./prnl.* Asir con fuerza una cosa. • *intr.* Arraigar, prender una planta.

agarrotar *v.tr.* Apretar las cuerdas de un fardo, retorciéndolas con un palo. • *tr./prnl.* Poner rígido un miembro del cuerpo.

agasajar *v.tr.* Tratar a alguien de manera afectuosa. • Obsequiar.

agasajo *s.m.* Acción y efecto de agasajar. • Regalo, presente.

ágata *s.f.* Variedad de cuarzo, de brillo vítreo y gran dureza, usada en joyería.

agave *s.m.* Pita.

agazaparse *v.prnl.* Agacharse para quedar oculto.

agencia *s.f.* Empresa que gestiona asuntos de sus clientes. • Sucursal o delegación de una empresa.

agenciar *v.tr. / prnl.* Proporcionar u obtener una cosa con diligencia y habilidad.

agenda *s.f.* Libreta o cuaderno en que se anotan cosas, para recordarlas.

agente *adj./s.m.* Que obra o tiene capacidad para producir una acción. • *s.m. y f.* El que realiza una gestión por cuenta de otro.

agigantado, da *adj.* De gran estatura. • Dícese de las cosas o calidades sobresalientes.

ágil *adj.* Ligero, suelto en los movimientos.

agilidad *s.f.* Cualidad de ágil [sinón.: *ligereza, rapidez*].

agilizar *v.tr.* Hacer ágil. • Facilitar la realización de una cosa.

agio *s.m.* Negociación de monedas, divisas, valores, etc. • Agiotaje.

agiotaje *s.m.* Especulación abusiva.

agiotista *s.m. y f.* Persona que efectúa agio o especulación.

agitación *s.f.* Acción y efecto de agitar.

agitador, ra *adj./s.* Que agita.

agitar *v.tr.* Mover una cosa con violencia. • Inquietar, perturbar.

aglifo, fa *adj.* Dícese de los colmillos de ciertos ofidios, que carecen de canal para expulsar el veneno.

aglomeración *s.f.* Acción y efecto de aglomerar o aglomerarse.
aglomerado *s.m.* Cuerpo compacto y resistente formado por partículas que se agrupan por compresión. • Losa o ladrillo moldeados.
aglomerante *adj./s.m.* Dícese de los materiales capaces de unir fragmentos de diversas sustancias y dar cohesión al conjunto.
aglomerar *v.tr./prnl.* Reunir, amontonar. • Unir fragmentos de diversas sustancias con un aglomerante.
aglutinante *adj./s.m.* Que aglutina.
aglutinar *v.tr./prnl.* Unir o pegar una cosa con otra. • Aunar, reunir.
agnado, da *adj./s.* Dícese de los parientes consanguíneos por línea del varón.
agnosticismo *s.m.* Doctrina filosófica que sostiene la imposibilidad del conocimiento fuera de los límites de la experiencia sensible.
agnóstico, ca *adj.* Relativo al agnosticismo. • *adj. / s.* Adepto al agnosticismo.
agobiador, ra *adj.* Que agobia.
agobiar *v.tr. / prnl.* Doblar o inclinar hacia el suelo; encorvar. • *tr.* Causar gran fatiga, oprimir.
agobio *s.m.* Acción de agobiar.
agolpamiento *s.m.* Acción de agolparse.
agolparse *v.prnl.* Juntarse de golpe varias cosas o personas. • Venir juntas y repentinamente varias cosas.
agonía *s.f.* Padecimiento del moribundo. • Congoja, desasosiego.
agónico, ca *adj.* Propio de la agonía.
agonizar *v.intr.* Estar en agonía.
agorar *v.tr.* Predecir el futuro.
agorero, ra *adj./s.* Que adivina por agüeros. • *adj.* Que anuncia desdichas.
agostar *v.tr./prnl.* Secar las plantas el exceso de calor.
agosto *s.m.* Octavo mes del año.
agotador, ra *adj.* Capaz de agotar las fuerzas de una persona.
agotamiento *s.m.* Acción de agotar. • Estado de agotado.
agotar *v.tr.* Extraer totalmente el agua de un lugar. • Gastar, consumir. • *tr./prnl.* Debilitar en extremo.
agracejo *s.m.* Uva que no llega a madurar. • Arbusto espinoso de bayas comestibles.
agraciado, da *adj.* Que tiene cierta belleza y atractivo.
agraciar *v.tr.* Hacer que una persona o cosa parezcan más agradables. • Otorgar una gracia o merced.
agradable *adj.* Que agrada.
agradar *v.intr.* Causar placer o ser placentero; gustar.
agradecer *v.tr.* Sentir y expresar gratitud.
agradecido, da *adj.* Que agradece.
agradecimiento *s.m.* Acción y efecto de agradecer [sinón.: *gratitud*].
agrado *s.m.* Gusto, placer, complacencia.
agrandar *v.tr./prnl.* Hacer que algo sea o parezca más grande; ampliar, aumentar.
agrario, ria *adj.* Relativo al campo [sinón.: *rural*].
agravante *adj./s.* ambig. Que agrava.
agravar *v.tr./prnl.* Hacer que el estado de algo sea más grave; empeorar.
agraviar *v.tr.* Cometer un agravio. • *prnl.* Ofenderse, resentirse.
agravio *s.m.* Ofensa. • Perjuicio.
agredir *v.tr.* Cometer una agresión.
agregado *s.m.* Conjunto de varias cosas. • Funcionario especializado que sirve en una misión diplomática. • Añadidura.
agregar *v.tr.* Añadir, incorporar.
agremiación *s.f.* Acción y efecto de agremiar o agremiarse.
agremiar *v.tr./prnl.* Reunir en gremio.
agresión *s.f.* Acto de lanzarse contra una persona para herirla, golpearla o causarle algún daño [sinón.: *ataque*].
agresividad *s.f.* Propensión a agredir.
agresivo, va *adj.* Propenso a ofender. • Que implica agresión o ataque.
agresor, ra *adj./s.* Dícese del que comete una agresión.
agreste *adj.* Campestre. • Dícese del terreno escabroso o inculto. • Dícese de la persona ruda, tosca.
agriar *v.tr./prnl.* Poner agria una cosa. • Amargar.
agrícola *adj.* Relativo a la agricultura o a los agricultores.
agricultor, ra *s.* Persona que cultiva la tierra.
agricultura *s.f.* Técnica del cultivo y explotación de la tierra.

agridulce *adj.* De sabor mezclado de agrio y dulce.
agrietar *v.tr./prnl.* Hacer una o varias grietas en una cosa; rajar.
agrimensor *s.m.* Perito en agrimensura.
agrimensura *s.f.* Técnica de medir las tierras.
agrio, gria *adj.* Ácido. • Acre, desabrido. • Áspero.
agrisado, da *adj.* Grisáceo.
agro *s.m.* Campo, o tierra de cultivo.
agronomía *s.f.* Conjunto de conocimientos científicos y técnicos que tratan de la producción y cultivo de la tierra.
agrónomo, ma *s.* Técnico que se dedica a la agronomía. • *adj.* Dícese del ingeniero especializado en agronomía.
agropecuario, ria *adj.* Relacionado con la agricultura y la ganadería.
agrupación *s.f.* Acción de agrupar o agruparse. • Asociación.
agrupar *v.tr./prnl.* Reunir en grupo. • *prnl.* Constituir una agrupación o asociación.
agua *s.f.* Líquido incoloro, inodoro e insípido, constituido por dos átomos de hidrógeno y uno de oxígeno. • Lluvia. • *pl.* Reflejos de ciertas telas, plumas, etc.
aguacate *s.m.* Árbol americano cuyo fruto, la palta, es comestible.
aguacero *s.m.* Lluvia repentina y abundante, de corta duración; chaparrón.
aguachento, ta *adj. América* Que ha perdido su sabor por exceso de agua.
aguada *s.f.* Sitio para aprovisionarse de agua. • Provisión de agua potable que lleva un buque. • Pintura hecha con color diluido en agua.
aguadero *s.m.* Abrevadero.
aguador, ra *s.* Persona que distribuye o vende agua.
aguafiestas *s.m. y f.* Persona que perturba la alegría de otros.
aguafuerte *s. ambig.* Grabado realizado con ácido nítrico.
aguafuertista *s.m. y f.* Persona que realiza aguafuertes.
aguaitar *v.tr.* Acechar. • Mirar atentamente.
aguaje *s.m.* Lugar donde suelen beber los animales salvajes. • Corriente impetuosa del mar.
aguamarina *s.f.* Variedad de berilo, de color azul verdoso claro.
aguantar *v.tr.* Sostener. • Soportar, tolerar. • *tr./prnl.* Reprimir un impulso.
aguante *s.m.* Capacidad para aguantar o aguantarse.
aguar *v.tr.* Referido al vino, la leche, etc., mezclarles agua. • Frustrar, estropear.
aguardar *v.tr. / intr.* Estar o permanecer en un lugar esperando a una persona o una cosa. • Conceder un plazo.
aguardentoso, sa *adj.* De aguardiente o como el aguardiente. • Dícese de la voz áspera o ronca.
aguardiente *s.m.* Bebida alcohólica que se obtiene por destilación del vino o de otras sustancias fermentables.
aguaribá *s.m.* Aguaribay.
aguaribay *s.m.* Árbol sudamericano de follaje persistente, que los incas consideraban sagrado.
aguarrás *s.m.* Aceite volátil de trementina, obtenido de la resina de diversos pinos.
aguaturma *s.f.* Planta herbácea, de gruesos tubérculos comestibles.
aguaviva *s.f. América* Medusa.
agudeza *s.f.* Cualidad de agudo. • Perspicacia. • Dicho ingenioso.
agudizar *v.tr.* Hacer aguda una cosa. • *prnl.* Tomar carácter agudo la evolución de una enfermedad.
agudo, da *adj.* Fino, penetrante. • Ingenioso, perspicaz. • Dícese del dolor intenso y breve. • Dícese de la enfermedad grave que no se prolonga durante largo tiempo. • Dícese del ángulo menor que un ángulo recto. • Dícese de la palabra acentuada en la última sílaba.
agüero *s.m.* Presagio. • Pronóstico supersticioso; augurio.
aguerrido, da *adj.* Ejercitado en la guerra.
aguerrir *v.tr. / prnl.* Acostumbrar a los soldados bisoños a las prácticas de la guerra.
aguijón *s.m.* Estímulo o aliciente. • Extremidad puntiaguda que poseen ciertos artrópodos, con la que atacan o se defienden. • Púa de una planta.
aguijonear *v.tr.* Estimular a las caballerías con una vara. • Estimular, incitar.

águila *s.f.* Ave rapaz, de vista muy aguda; es excelente cazadora y vive en las altas cumbres.
aguileño, ña *adj.* De rostro largo y afilado, o de nariz delgada y curva.
aguilucho *s.m.* Cría del águila.
aguinaldo *s.m.* Regalo que se da en Navidad o Reyes. • *América* Sobresueldo establecido por ley, que se da a los trabajadores.
aguja *s.f.* Utensilio para coser, consistente en una varilla de acero, con punta en un extremo y en el otro un agujero por donde pasa el hilo. • Obelisco o chapitel. • Riel movible para desviar trenes. • Brújula.
agujerear *v.tr.* Hacer uno o más agujeros.
agujero *s.m.* Abertura más o menos redonda.
agusanarse *v.prnl.* Criar gusanos alguna cosa.
agustino, na *adj./s.* Dícese de los religiosos de la orden de San Agustín.
agutí *s.m.* Cierto roedor americano que produce daños en los sembrados.
aguzado, da *adj.* Agudo, penetrante. • Ingenioso, perspicaz.
aguzanieves *s.m.* Pájaro insectívoro, de color blanco y negro, muy difundido en Europa.
aguzar *v.tr.* Sacar punta, afilar. • Estimular la inteligencia o los sentidos.
ah *interj.* Se usa para expresar cualquier impresión o emoción.
aherrojar *v.tr.* Aprisionar con hierros a una persona. • Someter u oprimir.
aherrumbrarse *v.prnl.* Herrumbrarse.
ahí *adv.* En ese lugar, a ese lugar. • En esto o en eso.
ahijado, da *s.* Hijo adoptivo. • Una persona, respecto de sus padrinos.
ahijar *v.tr.* Adoptar, prohijar.
ahijuna *interj. América* Expresa admiración o enojo.
ahincar *v.tr.* Instar con ahínco a hacer algo. • *prnl.* Apresurarse.
ahínco *s.m.* Actitud del que hace algo poniendo en ello toda su voluntad [sinón.: *afán, empeño*].
ahíto, ta *adj.* Que ha comido con exceso [sinón.: *harto*].
ahogado, da *adj.* Estrecho, sin ventilación. • *s.* Persona muerta por asfixia, en especial en el agua.
ahogar *v.tr./prnl.* Matar a una persona impidiéndole respirar. • Sofocar. • Angustiar. • *tr.* Apagar el fuego.
ahogo *s.m.* Opresión en el pecho. • Congoja o agobio. • Penuria, escasez.
ahondar *v.intr.* Penetrar hasta muy adentro; hundirse. • *tr.* Hacer más hondo. • *intr. / tr.* Profundizar.
ahonde *s.m.* Acción de ahondar.
ahora *adv.* En este momento, en el tiempo presente.
ahorcado, da *s.* Persona que ha sido ejecutada en la horca.
ahorcar *v.tr.* Matar a una persona colgándola de una cuerda por el cuello.
ahorquillar *v.tr./prnl.* Bifurcar en forma de horquilla. • *tr.* Apuntalar con horquillas.
ahorrar *v.tr.* Reservar una parte del dinero del que se dispone. • Evitar un gasto. • *tr./prnl.* Librar, excusar.
ahorrativo, va *adj.* Inclinado a ahorrar.
ahorrista *s.m. y f. América* Persona que tiene cuenta de ahorros en un establecimiento de crédito.
ahorro *s.m.* Acción de ahorrar. • Cantidad de dinero que se ahorra.
ahuecar *v.tr.* Poner hueco; vaciar.
ahumado, da *adj.* De color semejante al del humo. • *s.m.* Acción de ahumar.
ahumar *v.tr./prnl.* Llenar de humo. • Exponer a la acción del humo. • *intr.* Humear.
ahusado, da *adj.* En forma de huso.
ahusar *v.tr./prnl.* Dar forma de huso.
ahuyentar *v.tr.* Hacer huir, alejar.
aimara *adj. / s.m. y f.* Dícese de un pueblo que habita el altiplano andino (región entre Perú y Bolivia). • *s.m.* Lengua de ese pueblo.
aindiado, da *adj.* Que tiene el color de la piel y las facciones propias de los indios.
airado, da *adj.* Que está enfadado. • Dícese de la vida licenciosa.
aire *s.m.* Gas incoloro, inodoro e insípido, que forma la atmósfera. • Viento. • Aspecto, apariencia. • Garbo, gallardía. • Música popular.

aireación *s.f.* Acción de airear.
airear *v.tr.* Poner una cosa al aire [sinón.: *orear*]. • Ventilar.
airoso, sa *adj.* Garboso. • Que lleva a cabo una empresa con éxito.
aislado, da *adj.* Que no forma parte de un conjunto.
aislador, ra *adj.* Que aísla. • *s.m.* Pieza o aparato que sirve para aislar.
aislamiento *s.m.* Acción y efecto de aislar.
aislar *v.tr.* Dejar solo, separar. • *tr./prnl.* Retirar a una persona del trato con las demás. • Impedir la propagación del calor, electricidad, sonido, etc.
ajá *interj. fam.* Expresa asentimiento.
ajar *v.tr.* Quitar a una cosa su aspecto de nueva. • Deslucir.
ajear *v.intr.* Emitir la perdiz un grito de queja cuando se ve perseguida.
ajedrecista *s.m. y f.* Jugador de ajedrez.
ajedrez *s.m.* Juego que se practica entre dos personas, que mueven dieciséis piezas cada una, sobre un tablero de sesenta y cuatro escaques blancos y negros.
ajedrezado, da *adj.* Que forma cuadros de dos colores alternados.
ajenjo *s.m.* Planta medicinal de sabor amargo. • Bebida alcohólica que se prepara con esa planta.
ajeno, na *adj.* Que pertenece a otro. • Impropio, extraño.
ajetrearse *v.prnl.* Realizar una actividad física intensa, ir de un lado a otro.
ajetreo *s.m.* Acción de ajetrearse.
ají *s.m.* Planta herbácea de origen americano, de fruto comestible [sinón.: *pimiento*].
ajillo *s.m.* Condimento compuesto de ajo machacado, ají molido, pan rallado, aceite, vinagre y sal.
ajimez *s.m.* Ventana arqueada dividida por una columna.
ajo *s.m.* Planta herbácea cuyo bulbo, de olor y sabor característicos, se usa como condimento.
ajó Voz onomatopéyica con que se imitan los primeros balbuceos de los niños.
ajonjolí *s.m.* Planta herbácea, de flores blancas o rosadas; de sus semillas se obtiene un aceite comestible.
ajuar *s.m.* Muebles y ropas de una casa, en especial los que lleva la novia.
ajustado, da *adj.* Ceñido, apretado. • Justo, recto.
ajustador, ra *adj.* Que ajusta.
ajustar *v.tr./prnl.* Colocar una cosa de modo que corresponda con otra; adaptar. • *tr.* Llegar a un acuerdo sobre algo; acordar, concertar.
ajuste *s.m.* Acción y efecto de ajustar.
ajusticiar *v.tr.* Aplicar a una persona la pena de muerte [sinón.: ejecutar].
al Contracción de la preposición *a* y el artículo *el*.
ala *s.f.* Órgano locomotor de algunos animales, adaptado para el vuelo. • Parte de una cosa —avión, sombrero, etc.— que se parece a un ala. • Parte lateral de un edificio o de un ejército.
alabancioso, sa *adj.* Jactancioso.
alabanza *s.f.* Acción y efecto de alabar. • Expresión con que se alaba [sinón.: *elogio*].
alabar *v.tr.* Elogiar, celebrar con palabras. • *prnl.* Jactarse.
alabarda *s.f.* Antigua arma de ataque similar a una lanza, cuya moharra tiene una cuchilla trasversal.
alabastro *s.m.* Variedad de yeso, traslúcida y de brillo ceroso.
álabe *s.m.* Rama de árbol curvada hacia la tierra. • Paleta de una rueda hidráulica.
alabeado, da *adj.* Que tiene alabeo. • Dícese del par de rectas no coplanares.
alabearse *v.prnl.* Torcerse o combarse.
alabeo *s.m.* Defecto que toma una pieza, en especial la madera, al alabearse.
alacena *s.f.* Pequeño armario, por lo común empotrado en la pared, donde se guardan comestibles.
alacrán *s.m.* Especie de escorpión que posee un aguijón con el que produce una picadura ponzoñosa.
alado, da *adj.* Que está provisto de alas o que tiene forma de ala.
alambicado, da *adj.* Dado con escasez y poco a poco. • De expresión rebuscada y sutil.
alambicar *v.tr.* Destilar. • Examinar detenidamente. • Referido al lenguaje, hacerlo rebuscado y sutil.

alambique *s.m.* Aparato utilizado para destilar un líquido.
alambrada *s.f.* Defensa hecha con una red de alambre.
alambre *s.m.* Hilo de metal.
alambrecarril *s.m.* Funicular aéreo compuesto por vagonetas de trasporte que llevan carga o pasajeros.
alameda *s.f.* Sitio poblado de álamos. • Paseo con árboles.
álamo *s.m.* Árbol de gran altura cuya madera, blanca y liviana, es muy resistente y se la utiliza en construcción.
alano, na *adj.*/s. Dícese de un pueblo de origen germánico que invadió la península ibérica. • *s.m./adj.* Perro, de gran tamaño y ágil, que resulta del cruzamiento del dogo y el lebrel.
alarde *s.m.* Ostentación, gala.
alardear *v. intr.* Hacer alarde.
alargamiento *s.m.* Acción y efecto de alargar.
alargar *v.tr./prnl.* Hacer más larga una cosa; prolongar [antón.: *acortar*].
alarido *s.m.* Grito muy fuerte de dolor, rabia, etc.
alarife *s.m.* Maestro de obras en albañilería.
alarma *s.f.* Señal con que se avisa un peligro. • Susto, sobresalto.
alarmar *v.tr.* Dar la señal de alarma. • *tr./prnl.* Producir alarma.
alarmista *adj. / s.m. y f.* Que difunde noticias alarmantes o que se alarma con facilidad.
alazán, na *adj.*/s. Dícese del caballo que tiene pelaje de color canela.
alba *s.f.* Primera luz del día; amanecer. • Túnica de lienzo blanco que usan los sacerdotes de la Iglesia católica para celebrar los oficios.
albacea *s.m. y f.* Persona designada en un testamento para hacer cumplir la última voluntad del testador.
albacora *s.f.* Bonito (pez).
albahaca *s.f.* Planta muy aromática, que se usa como condimento.
albanés, sa *adj.*/s. De Albania (Europa).
albañal *s.m.* Conducto que da salida a las aguas residuales.
albañil *s.m.* Obrero cuyo oficio es la albañilería.
albañilería *s.f.* Arte y técnica de construir edificios.
albarda *s.f.* Pieza principal del aparejo de las caballerías de carga.
albardilla *s.f.* Silla para domar potros. • Tejadillo puesto sobre un muro para protegerlo de la lluvia.
albaricoque *s.m.* Fruto del albaricoquero.
albaricoquero *s.m.* Árbol de flores blancas; su fruto, el albaricoque, es comestible.
albatros *s.m.* Ave de los mares fríos del sur, que se alimenta de peces y mariscos.
albayalde *s.m.* Carbonato de plomo de color blanco, usado en la fabricación de pinturas.
albedrío *s.m.* Facultad del hombre de obrar por propia determinación.
alberca *s.f.* Depósito artificial de agua.
albérchigo *s.m.* Fruto del alberchiguero. • Alberchiguero.
alberchiguero *s.m.* Árbol, variedad del melocotonero, cuyo fruto, el albérchigo, es comestible.
albergar *v.tr.* Dar albergue; alojar, hospedar.
albergue *s.m.* Lugar donde alguien se hospeda o resguarda; hospedaje.
albinismo *s.m.* Falta o disminución congénita del pigmento de la piel, los ojos y el pelo.
albino, na *adj.*/s. Que presenta albinismo.
albo, ba *adj.* Blanco.
albóndiga *s.f.* Pequeña bola de carne o pescado picados, con huevo y otros ingredientes, que se guisa o fríe.
albor *s.m.* Blancura. • Luz del alba.
alborada *s.f.* Alba, amanecer. • Música o poema para celebrar el alba.
alborear *v.intr. unipers.* Amanecer.
albornoz *s.m.* Especie de capa con capucha.
alborotado, da *adj.* Que obra precipitadamente y sin reflexión. • Revuelto, desordenado.
alborotar *v.tr./prnl.* Excitar, inquietar. • *intr.* Causar alboroto.
alboroto *s.m.* Ruido causado por gente que ríe o grita. • Bataola, desorden.

alborozar *v.tr.* Causar alborozo.
alborozo *s.m.* Demostración ruidosa de gran alegría.
albricias *s.f.pl.* Regalo que se da con motivo de un suceso feliz. • *interj.* Expresa júbilo.
albufera *s.f.* Laguna de aguas saladas en tierras bajas junto al mar.
álbum *s.m.* Libro en blanco cuyas hojas se llenan con fotografías, sellos, firmas, poemas, etc.
albumen *s.m.* Tejido que rodea el embrión de las semillas y lo nutre cuando la semilla germina.
albúmina *s.f.* Sustancia compuesta de carbono, nitrógeno, oxígeno, hidrógeno y azufre, que es el componente principal de la clara de huevo y se halla también en la sangre y en la leche humanas.
albur *s.m.* Pez de río comestible, originario de Asia. • Contingencia, azar.
albura *s.f.* Blancura.• Clara de huevo. • Porción del tronco de un árbol, que se halla debajo de la corteza y está formada por capas; por ella circula la savia.
alcachofa *s.f.* Planta de huerta, perenne, cuyos capítulos inmaduros son comestibles. [sinón.: *alcaucil*].
alcaide *s.m.* El que estaba encargado de la guardia de un castillo o una fortaleza.
alcaidía *s.f.* Cargo del alcaide. • Edificio o sitio donde cumplía sus funciones.
alcalde, esa *s.* Presidente del ayuntamiento de un pueblo o municipio.
alcaldía *s.f.* Cargo del alcalde. • Edificio donde desempeña sus funciones.
álcali *s.m.* Sustancia básica capaz de formar sales con los ácidos.
alcalinidad *s.f.* Cualidad de alcalino.
alcalino, na *adj.* Que contiene álcali o tiene sus propiedades.
alcaloide *s.m.* Nombre de diversos compuestos orgánicos nitrogenados básicos; suelen ser tóxicos, pero algunos se usan en medicina.
alcance *s.m.* Acción de alcanzar. • Distancia a que llega la acción o eficacia de una cosa. • Importancia, trascendencia. • Capacidad, inteligencia.
alcancía *s.f.* Recipiente cerrado, con una ranura por donde se echan monedas para guardarlas.
alcanfor *s.m.* Sustancia blanca sólida, cristalina, volátil y de olor característico, que se usa en medicina y como insecticida.
alcanforado, da *adj.* Que contiene alcanfor.
alcanforero *s.m.* Árbol ornamental de gran porte, del que se obtiene el alcanfor.
alcantarilla *s.f.* Paso dejado debajo de un camino, por donde corre el agua de las lluvias. • Conducto subterráneo para recoger las aguas residuales y de lluvia.
alcanzar *v.tr.* Llegar a juntarse con una persona o cosa que va delante. • Llegar a igualarse con otro. • Tocar alguna cosa que está alta o alejada. • Conseguir, lograr. • Comprender, entender. • *tr./intr.* Llegar hasta cierto punto. • *intr.* Ser suficiente, bastar.
alcaparra *s.f.* Arbusto de tallos espinosos y flores blancas, cuyas yemas se usan como condimento.
alcaraván *s.m.* Ave zancuda muy común en España.
alcaravea *s.f.* Planta de frutos muy aromáticos que se usan como condimento y en la fabricación de licores.
alcarraza *s.f.* Vasija de barro para tener fresca el agua.
alcarria *s.f.* Terreno alto, generalmente raso.
alcatraz *s.m.* Ave gregaria que se zambulle velozmente desde gran altura.
alcaucil *s.m.* Alcachofa.
alcázar *s.m.* Recinto fortificado; fortaleza. • Palacio real.
alce *s.m.* Mamífero de gran talla y peso, parecido al ciervo.
alcoba *s.f.* Dormitorio.
alcohol *s.m.* Líquido incoloro, inflamable, que se obtiene de la destilación de distintas sustancias azucaradas y se usa como combustible, desinfectante, etcétera.
alcoholar *v.tr.* Obtener alcohol de una sustancia, por destilación o fermentación.
alcohólico, ca *adj.* Relativo al alcohol. •

Que contiene alcohol. • *adj. / s.* Que bebe demasiado alcohol.
alcoholímetro *s.m.* Aerómetro para medir la cantidad de alcohol que contiene un líquido.
alcoholismo *s.m.* Abuso de bebidas alcohólicas. • Enfermedad causada por ese abuso.
alcoholizado, da *adj.* Que padece alcoholismo.
alcoholizar *v.tr.* Echar alcohol en otro líquido.
alcor *s.m.* Colina, collado.
Alcorán *s. prop. m.* Corán.
alcornoque *s.m.* Árbol siempre verde, de copa irregular, cuya corteza está formada por corcho. • *s.m. / adj. fam.* Persona de poca inteligencia.
alcotán *s.m.* Especie de halcón.
alcurnia *s.f.* Abolengo.
alcuza *s.f.* Vasija en que se pone el aceite que se usa diariamente.
aldaba *s.f.* Pieza de metal colocada en las puertas para llamar; llamador. • Aldabilla.
aldabilla *s.f.* Ganchito que, al entrar en una hembrilla, mantiene cerradas una puerta o una ventana.
aldea *s.f.* Pueblo muy pequeño, con poca población.
aldeano, na *adj.* Relativo a una aldea. • *s.* Persona nacida en una aldea.
aldehído *s.m./adj.* Nombre de ciertos compuestos orgánicos derivados de hidrocarburos.
aleación *s.f.* Acción y efecto de alear metales.
alear *v.intr.* Mezclar un metal con otros elementos, generalmente metálicos.
aleatorio, ria *adj.* Que depende de la suerte o el azar.
aleccionar *v.tr.* Enseñar, instruir.
alecrín *s.m.* Pez del mar Caribe, carnívoro y muy voraz.
aledaño, ña *adj.* Lindante. • *s.m.pl.* Terreno que rodea una población.
alegar *v.tr.* Citar hechos, méritos, etc., para probar o disculpar alguna cosa.
alegato *s.m.* Escrito o discurso en que se expone un argumento.
alegoría *s.f.* Ficción por la que una cosa representa o significa otra diferente. • Obra literaria desarrollada sobre esa ficción.
alegórico, ca *adj.* Relativo a la alegoría, o que la contiene.
alegrar *v.tr. / prnl.* Causar alegría. • Animar, avivar.
alegre *adj.* Que siente, manifiesta o causa alegría. • Excitado por la bebida.
alegría *s.f.* Sentimiento de satisfacción por un hecho favorable. • Ajonjolí.
alegro *adv.* En música, con movimiento moderadamente vivo.
alejamiento *s.m.* Acción de alejar.
alejandrino, na *adj. / s.* De Alejandría (antigua ciudad de Egipto). • *adj./s.m.* Dícese del verso de catorce sílabas.
alejar *v.t. / prnl.* Poner o llevar lejos o más lejos [antón.: *acercar*].
alelado, da *adj.* Lelo, tonto.
alelar *v.tr.* Poner lelo.
alelí *s.m.* Planta de jardín de flores blancas, azules, rojas o moradas.
aleluya *interj.* Voz usada por la Iglesia católica como exclamación de júbilo en los oficios divinos.
alemán, na *adj. / s.* De Alemania.
alentado, da *adj.* Animoso, valiente.
alentar *v.intr.* Aspirar y espirar el aire. • *tr.* Infundir a alguien aliento o valor; animar.
alerce *s.m.* Árbol de forma piramidal, alto y con ramas abiertas, cuyo fruto es una piña.
alergia *s.f.* Conjunto de erupciones o de fenómenos respiratorios y nerviosos, producidos en un organismo por una sensibilidad especial a ciertas sustancias, gérmenes, etc.
alero *s.m.* Parte inferior del tejado, que sobresale de la pared. • Parte saliente en los costados de algunos vehículos, que preserva de las salpicaduras de barro.
alerta *adv. / adj.* Con vigilancia y atención. • *s.m.* Orden para que se vigile.
alertar *v.tr.* Poner alerta.
aleta *s.f.* Cada una de las membranas que tienen los peces para nadar.
aletargar *v.tr. / prnl.* Producir letargo, o padecerlo.
aletear *v.intr.* Mover las aves las alas sin echar a volar.

aleteo *s.m.* Acción de aletear.
aleve *adj.* Alevoso.
alevín *s.m.* Cría de ciertos peces, utilizada para repoblar ríos y lagos.
alevosía *s.f.* Perfidia, traición.
alevoso, sa *adj.* Que comete alevosía. • Hecho con alevosía.
alfa *s.f.* Primera letra del alfabeto griego (α).
alfabéticamente *adv.* Por el orden del alfabeto.
alfabético, ca *adj.* Relativo al alfabeto.
alfabeto *s.m.* Serie de las letras de un idioma según un orden establecido.
alfajor *s.m.* *América* Golosina compuesta de dos discos de masa unidos con dulces diversos.
alfalfa *s.f.* Planta herbácea cultivada para forraje.
alfalfal *s.m.* Alfalfar.
alfalfar *s.m.* Campo sembrado de alfalfa.
alfaneque *s.m.* Ave parecida al halcón.
alfanje *s.m.* Sable ancho, curvo y corto, usado en Oriente.
alfaque *s.m.* Banco de arena en la desembocadura de un río.
alfaquí *s.m.* Entre los mahometanos, doctor o sabio de la ley del Corán.
alfarería *s.f.* Arte y actividad del alfarero. • Taller donde trabaja.
alfarero, ra *s.* El que fabrica vasijas y otros objetos de barro.
alfarjía *s.f.* Madero usado en la construcción de marcos de puertas y ventanas.
alféizar *s.m.* Corte plano del muro, alrededor de una puerta o ventana, en especial el de la parte inferior de la ventana.
alfeñique *s.m.* Barra de pasta de azúcar, retorcida y cocida. • Persona de aspecto débil.
alférez *s.m.* Grado inicial de la carrera de los oficiales en algunas fuerzas armadas.
alfil *s.m.* Pieza del juego de ajedrez que se mueve diagonalmente por las casillas de su color.
alfiler *s.m.* Objeto de metal muy delgado y con punta en un extremo, para sujetar telas, adornos, papeles, etc.
alfiletero *s.m.* Canuto donde se guardan alfileres y agujas. • *América* Acerico.
alfombra *s.f.* Tejido con que se cubre el piso para adorno o abrigo.
alfóncigo *s.m.* Árbol de hojas caducas, cuyo fruto tiene una almendra pequeña, comestible, llamada *pistacho*.
alforfón *s.m.* Planta herbácea, de cuyo fruto se obtiene una harina con la que se hace pan.
alforja *s.f.* Especie de bolsa que se cuelga al hombro o se coloca sobre las caballerías para trasportar cosas.
alforza *s.f.* Pliegue en una tela, cosido paralelo al doblez.
alga *s.f.* Planta acuática con clorofila, que puede ser microscópica o llegar a tener cientos de metros.
algara *s.f.* En la Edad Media, tropa de caballería que recorría y saqueaba la tierra enemiga.
algarabía *s.f.* Nombre que daban los cristianos de España a la lengua árabe. • Lengua o escritura ininteligibles. • Bulla.
algarroba *s.f.* Planta de flores blancas y semillas parduscas. • Fruto del algarrobo.
algarrobo *s.m.* Árbol cultivado por su fruto, que es alimenticio y forrajero y tiene uso industrial.
algazara *s.f.* Gritería, bulla.
álgebra *s.f.* Parte de la matemática, considerada como una generalización de la aritmética, que se funda en la representación de los números por letras, y que permite resolver problemas no accesibles a la aritmética.
algebraico, ca *adj.* Relativo al álgebra.
álgido, da *adj.* En medicina, acompañado de frío intenso en el cuerpo. • Crítico, culminante.
algo *s.m.* Pronombre indefinido que representa, en oposición a "nada", una cosa cualquiera. • Denota cantidad indeterminada. • *adv.* No completamente, un poco.
algodón *s.m.* Nombre de ciertos arbustos o pequeños árboles, cuyo fruto es una cápsula con semillas cubiertas de pelos largos y densos. • Sustancia fibrosa, blanca y suave, que recubre esas semillas y constituye una materia textil.

algodonal *s.m.* Campo sembrado de algodón.
algodonero, ra *adj.* Relativo al algodón. • *s.* Persona que comercia con algodón. • *m.* Algodón (planta).
algodonoso, sa *adj.* Suave como el algodón.
algoritmia *s.f.* Técnica del cálculo aritmético y algebraico.
algoritmo *s.m.* Procedimiento de cálculo expresado por símbolos o reglas.
alguacil *s.m.* Oficial inferior de justicia que ejecuta las órdenes de un juez o un tribunal. • Empleado subalterno de un ayuntamiento.
alguien *s.m.* Pronombre indefinido que designa, en oposición a "nadie", a una persona cualquiera.
algún *adj.* Apócope de alguno.
alguno, na *s./adj.* Pronombre indefinido que designa a una persona o cosa indeterminadas.
alhaja *s.f.* Joya • Adorno o mueble de mucho valor.
alhajar *v.tr.* Adornar con alhajas.
alhajero, ra *s.m. o f. América* Estuche o caja para guardar alhajas.
alharaca *s.f.* Demostración excesiva de un sentimiento o una impresión; aspaviento.
alhelí *s.m.* Alelí.
alheña *s.f.* Arbusto tintóreo de flores blancas y perfumadas.
alhucema *s.f.* Espliego.
aliáceo, a *adj.* Relativo al ajo, o de olor o sabor semejantes.
aliado, da *adj./s.* Dícese de la persona, país, ejército, etc., miembros de una alianza.
alianza *s.f.* Acuerdo basado en la ayuda mutua. • Vínculo que se establece por casamiento.
aliarse *v.prnl.* Formar una alianza.
alias Adverbio latino que significa "por otro nombre". • *s.m.* Apodo.
alicaído, da *adj.* Con las alas caídas. • Falto de fuerzas o de ánimo.
alicatado *s.m.* Revestimiento ornamental de pared, hecho con azulejos.
alicate *s.m.* Tenacilla metálica que se usa para sujetar objetos pequeños, cortar alambres, etc.
alicates *s.m.pl.* Alicate.
aliciente *s.m.* Estímulo, incentivo.
alicuanta *adj.* Dícese de la cantidad que no es submúltiplo de otra.
alícuota *adj.* Dícese de la cantidad que es submúltiplo de otra.
alienable *adj.* Enajenable.
alienación *s.f.* Acción de alienar. • Cualquier afección mental que produce incapacidad para actuar normalmente.
alienado, da *adj./s.* Enajenado.
alienar *v.tr./prnl.* Enajenar.
alienígena *adj./s.m. y f.* Extraterrestre
alienígeno, na *adj.* Extraño, no natural.
alienista *adj./s.m. y f.* Dícese del médico especializado en enfermedades mentales.
aliento *s.m.* Acción de alentar. • Respiración. • Capacidad para realizar esfuerzos; ánimo.
aligación *s.f.* Unión de una cosa con otra; ligazón.
aligator *s.m.* Cierto reptil americano parecido al caimán.
aligeramiento *s.m.* Acción de aligerar.
aligerar *v.tr.* Hacer más liviano. • Acelerar, apresurar. • Aliviar, moderar.
1. alijar *s.m.* Dehesa.
2. alijar *v.tr.* Aligerar la carga de un barco.
alijo *s.m.* Acción de alijar. • Conjunto de cosas de contrabando.
alimaña *s.f.* Animal perjudicial.
alimentación *s.f.* Acción de alimentar.
alimentar *v.tr./prnl.* Dar alimento; nutrir.
alimentario, ria *adj.* Propio de la alimentación.
alimenticio, cia *adj.* Que alimenta; nutricio.
alimento *s.m.* Cualquier sustancia que toma un ser vivo para subsistir. • Pábulo.
alimoche *s.m.* Especie de buitre europeo.
alindar *v.tr.* Señalar los lindes de un lugar. • *intr.* Lindar.
alineación *s.f.* Acción de alinear.
alinear *v.tr./prnl.* Situar cosas en línea recta.
aliñar *v.tr.* Arreglar, adornar. • Aderezar, condimentar.

aliño *s.m.* Acción y efecto de aliñar. • Condimento.
1. alisar *s.m.* Lugar poblado de alisos.
2. alisar *v.tr.* Poner lisa alguna cosa. • Pulir.
aliscafo o **alíscafo** *s.m.* Hidroala.
alisios *adj. / s.m.pl.* Dícese de los vientos que soplan desde la zona de altas presiones hacia las zonas ecuatoriales.
alisma *s.f.* Planta acuática, común en los terrenos pantanosos y en los estanques.
aliso *s.m.* Árbol forestal y ornamental de hojas caducas y tronco grueso.
alistamiento *s.m.* Acción y efecto de alistar. • En milicia, conjunto de los jóvenes alistados anualmente.
1. alistar *v.tr.* Incluir en una lista. • *tr. / prnl.* Inscribir para el servicio militar.
2. alistar *v.tr.* Dejar lista una cosa. • Prevenir, disponer.
aliviadero *s.m.* Desagüe para el exceso de agua de los embalses y canales.
aliviar *v.tr.* Aligerar. • Disminuir el padecimiento de una persona.
alivio *s.m.* Acción de aliviar.
alizar *s.m.* Friso de azulejos.
aljaba *s.f.* Carcaj. • *América* Fucsia.
aljama *s.f.* Reunión de moros o de judíos. • Judería o morería. • Mezquita. • Sinagoga.
aljamía *s.f.* Nombre que daban a la lengua castellana los moros que vivían en España. • Lo escrito en castellano con caracteres arábigos.
aljamiado, da *adj.* Escrito en aljamía.
aljez *s.m.* Piedra o mineral de yeso.
aljibe *s.m.* Depósito subterráneo para recoger agua de lluvia o de manantial; cisterna. • Barco con cisterna.
allá *adv.* En un lugar alejado del que habla. • En tiempo pasado.
allanamiento *s.m.* Acción y efecto de allanar.
allanar *v.tr.* Quitar las desigualdades de un terreno. • Vencer una dificultad. • Permitir la entrada. • Entrar por la fuerza en una casa ajena, a veces con orden judicial. • *prnl.* Desplomarse. • Avenirse, someterse.
allegado, da *adj.* Cercano, próximo. • *s.* Pariente, familiar.
allegar *v.tr.* Amontonar, juntar. • *tr. / prnl.* Arrimar, acercar.
allende *adv.* Al otro lado. • *prep.* Más allá de, de la parte de allá de.
allí *adv.* En un lugar alejado del que habla. • A aquel lugar. • Entonces, en tal ocasión.
alma *s.f.* Sustancia inmaterial e inmortal que constituye la esencia del hombre. • Principio vital de una cosa. • Individuo, persona. • Parte interior de algunos objetos.
almacén *s.m.* Local donde se guardan o se venden mercaderías.
almacenaje *s.m.* Acción y efecto de almacenar. • En comercio, derecho que se paga por almacenar.
almacenar *v.tr.* Poner cosas en un almacén o un depósito. • Reunir o guardar cosas.
almacenero, ra *s.* Almacenista. • *América* Dueño de un almacén.
almacenista *s.m. y f.* Persona que almacena y vende cierta mercancía.
1. almáciga *s.f.* Especie de resina aromática que se extrae del lentisco.
2. almáciga *s.f.* Lugar donde se siembran las semillas de las plantas para trasplantarlas después.
almádena *s.f.* Mazo de hierro.
almadía *s.f.* Cierta canoa usada en la India. • Armadía, balsa.
almadraba *s.f.* Pesca de atunes. • Lugar donde se realiza. • Cerco de redes para la pesca del atún.
almagre *s.m.* Óxido rojo de hierro, usado en la fabricación de pintura.
almanaque *s.m.* Registro o catálogo de todos los días del año distribuidos por meses; calendario.
almeja *s.f.* Molusco bivalvo comestible que vive en lugares arenosos.
almena *s.f.* Cada uno de los prismas que coronan los muros de las fortalezas.
almenado, da *adj.* Con almenas, o con adornos de esa forma.
almenara *s.f.* Fuego que se enciende en las atalayas como señal.
almendra *s.f.* Fruto, hueso y semilla del almendro. • Semilla de una drupa.
almendrado, da *adj.* En forma de almendra. • *s.m.* Pasta de almendras.

almendro *s.m.* Árbol de fruto en drupa y semillas comestibles.
almendruco *s.m.* Fruto aún tierno del almendro.
almete *s.m.* Pieza de la armadura antigua que cubría toda la cabeza.
almez *s.m.* Árbol de copa ancha y fruto comestible; su madera se usa en ebanistería.
almiar *s.m.* Pajar descubierto.
almíbar *s.m.* Cocimiento de azúcar en agua, muy usado en repostería.
almibarado, da *adj.* Empalagoso, meloso, excesivamente amable.
almibarar *v.tr.* Cubrir con almíbar. • *tr. / prnl.* Suavizar las palabras.
almidón *s.m.* Hidrato de carbono que se encuentra en las raíces y semillas de ciertas plantas.
almidonar *v.tr.* Impregnar la ropa con almidón desleído.
alminar *s.m.* Torre de las mezquitas.
almiranta *s.f.* Nave que lleva la insignia del jefe de una fuerza naval.
almirantazgo *s.m.* Dignidad de almirante. • Conjunto de los almirantes de una nación. • Alto tribunal de la armada.
almirante *s.m.* El más alto grado de la jerarquía naval.
almirez *s.m.* Mortero de metal.
almizcle *s.m.* Sustancia muy olorosa que se extrae del almizclero.
almizclero, ra *adj.* Que huele a almizcle. • *s.m.* Mamífero parecido al ciervo, que posee una glándula abdominal que segrega el almizcle.
almocafre *s.m.* Instrumento de labranza para escardar y limpiar la tierra.
almohada *s.f.* Saco relleno de una materia blanda, que se pone en la cama para apoyar la cabeza.
almohade *adj. / s.m. y f.* Dícese de los miembros de una tribu musulmana del siglo XII que derrotó a los almorávides y fundó su propio imperio sobre la España árabe.
almohadilla *s.f.* Almohada pequeña para diversos usos.
almohadillar *v.tr.* En arquitectura, labrar los sillares. • Acolchar.
almohadón *s.m.* Almohada grande.
almohaza *s.f.* Instrumento que se usa para limpiar las caballerías.
almoneda *s.f.* Subasta de bienes muebles.
almorrana *s.f.* Hemorroide.
almorzar *v.intr. / tr.* Comer en el almuerzo.
almuecín *s.m.* Musulmán que convoca a la oración desde el alminar.
almuédano *s.m.* Almuecín.
almuerzo *s.m.* Comida que se toma a mediodía o en las primeras horas de la tarde.
alocado, da *adj.* Que revela falta de cordura.
alocución *s.f.* Discurso breve dirigido por un superior a sus subordinados.
áloe o **aloe** *s.m.* Planta perenne de cuyas hojas se extrae un jugo amargo de propiedades medicinales.
aloja *s.f.* Refresco de agua, miel, especias, etc.
alojamiento *s.m.* Acción de alojar. • Casa o lugar donde se está alojado.
alojar *v.tr.* Albergar.
alondra *s.f.* Pájaro cantor de plumaje pardo o negro, de canto muy melodioso.
alópata *adj. / s.m. y f.* Que practica la alopatía.
alopatía *s.f.* Procedimiento terapéutico opuesto a la homeopatía.
alopecia *s.f.* Pérdida total o parcial del pelo.
aloque *adj./s.m.* Dícese del vino de color rojo claro o de la mezcla de tinto y blanco.
alotropía *s.f.* Propiedad de algunos elementos simples de presentarse en formas distintas, como el carbono, que puede ser diamante, grafito o carbón.
1. alpaca *s.f.* Mamífero domesticable originario del altiplano andino, de pelo sedoso y largo. • Tejido hecho con ese pelo. • Tela de algodón, algo brillante.
2. alpaca *s.f.* Aleación de cinc, cobre y níquel.
alpargata *s.f.* Calzado de tela rústica con la suela de cáñamo.
alpestre *adj.* Propio de los Alpes o de las altas montañas; alpino.
alpinismo *s.m.* Deporte que consiste en escalar montañas; montañismo.

alpinista *s.m. y f.* Persona que se dedica al alpinismo.
alpino, na *adj.* Relativo a los Alpes o a las altas montañas.
alpiste *s.m.* Planta anual cuyas semillas sirven de alimento a las aves.
alquería *s.f.* Casa de campo para labranza o granja situada lejos de poblado.
alquermes *s.m.* Licor de mesa muy excitante, que se colorea con quermes.
alquilar *v.tr.* Dar o tomar una cosa para usarla por un tiempo determinado y por un precio convenido.
alquiler *s.m.* Acción de alquilar. • Precio por el que se alquila una cosa.
alquimia *s.m.* Química mágica con la que, en la Edad Media, se pretendía hallar la piedra filosofal y la panacea universal.
alquimista *adj./s.m. y f.* Dícese de la persona que practicaba la alquimia.
alquitrán *s.m.* Sustancia viscosa de color oscuro, que se obtiene de la destilación de la hulla o de la madera.
alquitranado, da *adj.* De alquitrán o impregnado de él.
alrededor *adv.* Indica la situación de personas o cosas que circundan a otras. • Cerca, aproximadamente. • *s.m.* Con respecto a un punto de referencia, el espacio que lo circunda. • *pl.* Contornos de un lugar; inmediaciones.
alta *s.f.* En los hospitales, orden por la que se declara curado al enfermo. • Ingreso o reingreso de un miembro en una asociación, club, etc., o entrada al servicio activo de un militar.
altamente *adv.* En gran medida.
altanería *s.f.* Cualidad o actitud de altanero. • Caza con halcones.
altanero, ra *adj.* Altivo, arrogante. • Dícese de las aves que vuelan alto.
altano *adj./s.m.* Dícese del viento que sopla del mar a la tierra y viceversa.
altar *s.m.* Lugar para los sacrificios. • Mesa o piedra consagradas para celebrar la misa.
altavoz *s.m.* Aparato para reproducir y amplificar los sonidos.
alteración *s.f.* Acción de alterar.
alterar *v.tr.* Cambiar o modificar la esencia o forma de una cosa. • Descomponer una sustancia. • *tr./prnl.* Perturbar, trastornar.
altercado *s.m.* Disputa.
altercar *v.intr.* Disputar.
alternación *s.f.* Acción de alternar.
alternador *s.m.* Máquina que genera una corriente eléctrica alterna.
alternancia *s.f.* Sucesión alternada.
alternar *v.intr./tr.* Sucederse por turno dos o más cosas, repitiéndose una después de otra. • *intr.* Tratarse las personas; relacionarse.
alternativa *s.f.* Acción o derecho de alternar. • Opción entre dos cosas.
alternativo, va *adj.* Que se dice, hace o sucede con alternación.
alteza *s.f.* Altura, nobleza. • Tratamiento dado a los príncipes.
altibajos *s.m.pl.* Elevaciones y depresiones en un terreno. • Cambios bruscos de fortuna.
altillo *s.m.* Construcción situada en la parte más alta de una casa, una tienda, etc., para guardar cosas en desuso; desván.
altímetro *s.m.* Instrumento para medir la altura sobre el nivel del mar.
altipampa *s.f. América* Altiplanicie.
altiplanicie *s.f.* Meseta muy extensa.
altiplano *s.m.* Altiplanicie.
altísimo, ma *adj. superl.* de *alto.* • el *Altísimo*: Dios.
altisonante *adj.* Dícese del lenguaje o estilo afectadamente solemnes y elevados; grandilocuente.
altitud *s.f.* Distancia vertical de un punto de la Tierra con respecto al nivel del mar. • Altura de una región del espacio con respecto a la superficie terrestre.
altivez *s.f.* Cualidad de altivo.
altivo, va *adj.* Orgulloso, soberbio.
alto *s.m.* Detención, parada.
alto, ta *adj.* Elevado sobre la tierra. • Dícese del objeto cuya dimensión vertical es grande. • De gran estatura. • Superior en su género o línea. • Caro. • *s.m.* Altura (dimensión). • *adv.* En lugar superior. • En voz fuerte.
altocúmulo *s.m.* Nube de altura media, en forma de vellones de lana.
altoestrato *s.m.* Nube de altura media, en forma de estrato.

altoparlante *s.m. América* Altavoz.
altorrelieve *s.m.* Escultura en relieve hecha sobre una superficie.
altruismo *s.m.* Abnegación.
altruista *adj.* Relativo al altruismo. • *adj./s.m. y f.* Que obra con altruismo.
altura *s.f.* Cualidad de alto. • Medida vertical de una persona, animal o cosa. • Cumbre. • Paraje elevado. • Altitud. • Dimensión de un cuerpo, perpendicular a su base. • Grado de elevación de un sonido.
alubia *s.f.* Judía, poroto.
alucinación *s.f.* Acción y efecto de alucinar. • Percepción imaginaria.
alucinar *v.tr./prnl.* Impresionar o producir percepciones imaginarias. • Atraer irresistiblemente. • *intr.* Ofuscarse, desvariar.
alud *s.m.* Masa de nieve que se derrumba de las montañas; avalancha.
aludido, da *adj.* Que ha sido objeto de una alusión.
aludir *v.intr./tr.* Referirse a una persona o una cosa.
alumbrado *s.m.* Conjunto de luces de un lugar. • Sistema de iluminación.
alumbramiento *s.m.* Acción de alumbrar. • Parto de la mujer.
alumbrar *v.tr.* Iluminar. • Acompañar con luz a una persona. • Descubrir y sacar a la superficie lo que estaba bajo tierra, en especial, aguas. • *intr.* Parir la mujer.
alumbre *s.m.* Sulfato doble de potasio y aluminio hidratado, que se usa en la industria como astringente.
alúmina *s.f.* Óxido de aluminio.
aluminio *s.m.* Metal liviano, maleable y muy resistente a la corrosión (símbolo: *Al*).
alumnado *s.m.* Conjunto de alumnos.
alumno, na s. Discípulo.
alunado, da *adj.* Lunático, maniático. • *fam. América* Enojado, disgustado.
alunizaje *s.m.* Acción de alunizar.
alunizar *v.intr.* Posarse una astronave sobre el suelo de la Luna.
alusión *s.f.* Acción y efecto de aludir.
alusivo, va *adj.* Que alude.
aluvial *adj.* Relativo al aluvión.
aluvión *s.m.* Afluencia brusca y fuerte de agua.
álveo *s.m.* Cauce o lecho de un río.
alveolar *adj.* Relativo a los alveolos.
alveolo o **alvéolo** *s.m.* Celdilla de un panal. • Cavidad de la mandíbula en que se inserta un diente.
alverja *s.f.* Arveja.
alverjilla *s.f. América* Planta herbácea trepadora, de flores muy perfumadas.
alza *s.f.* Acción de alzar el precio. • Regla que se fija al cañón de un arma de fuego para precisar la puntería.
alzada *s.f.* Altura de las caballerías. • En derecho, recurso de apelación.
alzado, da *adj.* Dícese del sistema de contratación de una obra por un precio global. • *s.m.* Diseño sin perspectiva de un edificio, una máquina, etc., vistos de frente.
alzamiento *s.m.* Sublevación • Puja en una subasta.
alzaprima *s.f.* Palanca para mover cosas pesadas.
alzar *v.tr.* Levantar. • Aumentar el precio. • Quitar, recoger. • *tr./intr.* En la misa, elevar la hostia y el cáliz. • *prnl.* Sublevarse.
ama *s.f.* Nodriza. • Señora de la casa o de la familia. • Dueña. • Criada principal.
amabilidad *s.f.* Cualidad de amable.
amable *adj.* Que merece o inspira amor. • Afable, atento.
amado, da *adj.* Muy querido. • *s.* Persona amada.
amadrinar *v.tr.* Hacer de madrina.
amaestrar *v.tr.* Enseñar a los animales; adiestrar.
amagar *v.tr./intr.* Insinuar una persona lo que va a hacer o decir. • *intr. unipers.* Haber señales de que va a ocurrir una cosa.
amago *s.m.* Acción de amagar. • Comienzo o indicio de una cosa.
amahuaca *adj./s.m. y f.* Dícese de las tribus de indios que habitan en las márgenes del río Ucayali (Perú).
amainar *v.tr.* Recoger las velas de un barco. • *intr.* Aflojar la fuerza del viento. • Ceder en un empeño.
amalgama *s.f.* Aleación de mercurio con uno o más metales. • Mezcla.
amalgamar *v.tr./prnl.* Hacer una amalgama. • Unir, mezclar.

amamantar *v.tr.* Dar de mamar.
amancay *s.m.* Planta sudamericana, especie de narciso, de flores amarillas o anaranjadas.
amanecer *v.intr.unipers.* Empezar a aparecer la luz del día; alborear, clarear. • *s.m.* Momento en que amanece; alba, madrugada.
amanerado, da *adj.* Afectado, falto de espontaneidad.
amaneramiento *s.m.* Acción de amanerarse. • Cualidad de amanerado.
amanerarse *v.prnl.* Hacerse amanerado.
amansar *v.tr.* Hacer manso a un animal; domar. • *tr / prnl.* Apaciguar, aquietar.
amante *adj. / s.m. y f.* Que ama. • *s.m. y f.* Hombre o mujer que tienen relaciones amorosas irregulares.
amanuense *s.m. y f.* Persona que se dedica a escribir lo que otro le dicta.
amañar *v.tr.* Presentar un asunto con maña, o con trampa y falsedad. • *prnl.* Darse maña para hacer una cosa.
amapola *s.f.* Nombre de varias plantas herbáceas de flores blancas, amarillas o rojas; de una de las especies se extrae el opio.
amar *v.tr. / intr.* Sentir amor; querer. • *tr.* Gustar algo entrañablemente.
amaraje *s.m.* Acción de amarar.
amaranto *s.m.* Planta ornamental de flores rojas o amarillas en forma de cresta. • *s.m./adj.* Color carmesí.
amarar *v.intr.* Posarse sobre el agua un avión, una astronave, etc.
amargado, da *adj.* Dícese de la persona malhumorada o pesimista.
amargar *v.tr.* Comunicar sabor amargo. • *tr. / prnl.* Causar amargura.
amargo, ga *adj.* De sabor desagradable como el de la quinina. • Que causa o siente pena o disgusto.
amargor *s.m.* Cualidad de lo que tiene sabor amargo. • Amargura.
amargura *s.f.* Sentimiento de pena causado por un desengaño, una desilusión, etc.; aflicción, pesadumbre.
amarilis *s.f.* Planta bulbosa de jardín, de flores con suave perfume y colores muy vivos.
amarillento, ta *adj.* Que tira a amarillo.
amarillo, lla *adj. / s.m.* Dícese del color semejante al del oro o el limón.
amarra *s.f.* Cuerda o cable para sujetar una embarcación.
amarradero *s.m.* Poste, argolla o lugar donde se amarra una cosa; en especial, un barco.
amarrar *v.tr.* Atar y sujetar una cosa con amarras; en especial, un barco.
amarre *s.m.* Acción de amarrar.
amartelar *v.tr.*/prnl. Atormentar a una persona, en especial con celos. • Enamorar.
amartillar *v.tr.* Martillar. • Poner el mecanismo de disparo de un arma en condiciones de ser accionado.
amasadora *s.f.* Máquina industrial para amasar.
amasar *v.tr.* Formar una masa mezclando harina, yeso, tierra, etc., con agua u otro líquido.
amasijo *s.m.* Porción de masa. • *fam.* Mezcla confusa de cosas o ideas.
amatista *s.f.* Variedad de cuarzo trasparente, de color violeta.
amatorio, ria *adj.* Relativo al amor.
amazona *s.f.* En la mitología griega, mujer de cierta tribu guerrera. • Mujer de espíritu varonil. • Mujer que monta a caballo.
amazónico, ca *adj.* Del río Amazonas y de sus territorios contiguos.
ambages (sin) *loc. adv.* Abiertamente, sin rodeos.
ámbar *s.m.* Resina fósil de color amarillento, dura y quebradiza.
ambarino, na *adj.* De aspecto o color semejantes a los del ámbar.
ambición *s.f.* Deseo apasionado de poseer poder, riqueza, fama, etc.
ambicionar *v.tr.* Desear algo apasionadamente; anhelar, ansiar.
ambicioso, sa *adj.*/s. Dícese de la persona dominada por la ambición.
ambidextro, tra *adj. / s.* Dícese de la persona que usa indistintamente ambas manos.
ambiental *adj.* Relativo al ambiente.
ambientar *v.tr.* En arte, sugerir mediante detalles una época, lugar o sociedad determinados. • tr. / *prnl.* Adaptar o acostumbrar a un medio desconocido.
ambiente *s.m.* Aire que rodea los cuerpos. • Circunstancias que rodean a las personas o cosas.

ambigüedad *s.f.* Cualidad de ambiguo.
ambiguo, gua *adj.* Que puede interpretarse de distintos modos. • Dícese de los sustantivos que pueden usarse como masculinos o femeninos.
ámbito *s.m.* Conjunto de los límites de un espacio. • Espacio comprendido dentro de límites determinados.
ambivalencia *s.f.* Condición de lo que se presta a dos interpretaciones distintas.
ambliopía *s.f.* Debilidad o disminución de la vista.
ambo *s.m.* Traje masculino que consta de chaqueta y pantalón.
ambos, as *adj.pl.* / *s.* El uno y el otro; los dos.
ambrosía o **ambrosia** *s.f.* En la mitología griega, cierto manjar de los dioses.
ambulacro *s.m.* Corredor o pasillo en las catacumbas. • Órgano locomotor de los erizos de mar.
ambulancia *s.f.* Vehículo destinado al trasporte de heridos y enfermos. • Hospital militar móvil.
ambulante *adj.* Que va de un lugar a otro, sin tener asiento fijo.
ameba *s.f.* Animal unicelular que emite seudópodos, con los que se desplaza y alimenta.
amedrentar *v.tr.* / *prnl.* Infundir miedo; asustar, atemorizar.
amén Palabra hebrea que se dice al final de una plegaria con el significado de "así sea". • *adv.* Además.
amenaza *s.f.* Acción de amenazar.
amenazar *v.tr.* / *intr.* Dar a entender a alquien que se le va a hacer algún mal. • *unipers.* Haber indicios de que ocurrirá algo malo o desagradable.
amenguar *v.tr.* / *intr.* Disminuir. • *tr.* Deshonrar, denigrar.
amenizar *v.tr.* Hacer ameno.
ameno, na *adj.* Que causa deleite; grato, placentero.
amento *s.m.* Inflorescencia péndula con flores unisexuales, como la del nogal y el sauce.
americanismo *s.m.* Vocablo, giro, rasgo fonético, etc., propios de los americanos.
americanista *s.m. y f.* Persona que estudia las lenguas y culturas de América.
americano, na *adj.* / *s.* De América. • *s.f* Chaqueta de hombre.
americio *s.m.* Elemento radiactivo artificial derivado del plutonio (símbolo: *Am*)
amerindio, dia *adj.* / *s.* Dícese de los pueblos que habitaban América antes de la llegada de los españoles.
amerizaje *s.m.* Acción y efecto de amerizar.
amerizar *v. intr.* Posarse en el mar un hidroavión o una astronave.
ametralladora *s.f.* Arma de fuego automática que dispara con gran rapidez.
ametrallar *v.tr.* Disparar metralla contra alguien o algo.
amianto *s.m.* Mineral que se presenta en fibras flexibles; es muy resistente al fuego.
amigable *adj.* Amistoso.
amígdala *s.f.* Cada una de las dos glándulas situadas en la parte posterior del paladar.
amigdalitis *s.f.* Inflamación de las amígdalas.
amigo, ga *adj.* / *s.* Que tiene amistad. • *adj.* Amistoso. • Que gusta mucho de algo. • *s.* Amante.
amiláceo, a *adj.* Que contiene almidón o que es de su naturaleza.
amilanar *v.tr.* / *prnl.* Causar miedo o inseguridad; acobardar, atemorizar.
aminorar *v.tr.* Disminuir una cosa, en sentido material o inmaterial.
amistad *s.f.* Relación entre personas, afectuosa y confiada. • *pl.* Personas con las que se tiene esa relación.
amistoso, sa *adj.* Propio de amigos.
amnesia *s.f.* Pérdida total o parcial de la memoria.
amnistía *s.f.* Perdón decretado por el gobierno para cierta clase de delitos, en especial políticos.
amnistiar *v.tr.* Conceder amnistía.
amo *s.m.* Dueño. • Señor de la casa o de la familia.
amoblar *v.tr.* Amueblar.
amodorrado, da *adj.* Que tiene modorra o somnolencia.
amodorramiento *s.m.* Acción y efecto de amodorrarse.
amodorrarse *v.prnl.* Caer alguien en un sueño muy pesado.

amohinar *v.tr./prnl.* Causar mohína o enfado.
amojonar *v.tr.* Marcar con mojones los límites de una propiedad.
amojosarse *v.prnl.* *América* Enmohecerse.
amolar *v.tr.* Afilar con la muela. • *tr./prnl. fam.* Molestar, fastidiar.
amoldar *v.tr.* Ajustar a un molde. • Realizar algo adecuándolo a otra cosa. • *prnl.* Aceptar alguien circunstancias desfavorables.
amonedar *v.tr.* Convertir un metal en moneda.
amonestación *s.f.* Acción de amonestar.
amonestar *v.tr.* Reprender a alguien intimándolo a enmendarse. • Publicar en la iglesia los nombres de las personas que contraerán matrimonio o se ordenarán.
amoniacal *adj.* Relativo al amoníaco.
amoníaco o **amoniaco** *s.m.* Gas incoloro de olor picante, constituido por nitrógeno e hidrógeno.
amonita *s.f.* Concha fósil de forma espiral, de un molusco extinguido.
amontonamiento *s.m.* Acción de amontonar. • Reunión desordenada de cosas; montón, aglomeración.
amontonar *v.tr.* Recoger cosas y disponerlas en montón, sin orden. • *prnl.* Ponerse cosas o personas formando montón.
amor *s.m.* Afecto o inclinación intensos hacia una persona o cosa. • Atracción afectiva entre personas del sexo opuesto. • Suavidad en el trato.
amoral *adj.* Que carece de sentido o preocupación morales.
amoratado, da *adj.* De color morado.
amordazar *v.tr.* Poner mordaza.
amorfo, fa *adj.* Sin forma regular o bien determinada [sinón.: *informe*].
amoroso, sa *adj.* Que siente amor. • Que denota o manifiesta amor.
amortajar *v.tr.* Poner la mortaja a un cadáver.
amortecer *v.tr.* Amortiguar o moderar.
amortiguador, ra *adj.* Que amortigua. • *s.m.* Dispositivo que reduce los efectos de un choque, sacudidas, etc.
amortiguar *v.tr./prnl.* Reducir la violencia o la intensidad de algo.
amortización *s.f.* Acción de amortizar. • Procedimiento por el que se extingue una deuda mediante el pago de cuotas.
amortizar *v.tr.* Pagar una deuda.
amoscarse *v.prnl. fam.* Molestarse u ofenderse.
amostazar *v.tr./prnl. fam.* Irritar, enojar.
amotinar *v.tr./prnl.* Alzar en motín; sublevar.
amovible *adj.* Que puede ser separado del lugar o cargo que ocupa.
ampalagua *s.f.* *América* Serpiente de gran longitud, que es inofensiva para el hombre.
amparar *v.tr./prnl.* Proteger, defender.
amparo *s.m.* Acción de amparar. • Persona o cosa que amparan.
ampelografía *s.f.* Conjunto de conocimientos botánicos sobre la vid y su cultivo.
ampère *s.m.* Unidad básica de intensidad de corriente eléctrica en el Sistema Internacional.
amperímetro *s.m.* Instrumento para medir la intensidad de la corriente eléctrica.
amperio *s.m.* Castellanización de la palabra *ampère*.
ampliación *s.f.* Acción de ampliar.
ampliadora *s.f.* Aparato para ampliar fotografías.
ampliar *v.tr.* Agrandar, extender. • Aumentar la intensidad de un sonido. • Reproducir una fotografía, dibujo, etc., en tamaño mayor.
amplificación *s.f.* Acción y efecto de amplificar.
amplificador, ra *adj./s.* Que amplifica. • *s.m.* Nombre que reciben diversos tipos de aparatos que amplían señales acústicas, eléctricas, etc.
amplificar *v.tr.* Ampliar, en especial un sonido.
amplio, plia *adj.* Extenso, espacioso. • Dicho de prendas de vestir, holgado.
amplitud *s.f.* Cualidad de amplio. • Medida del espacio que abarca una cosa.
ampolla *s.f.* Levantamiento de la piel, lleno de líquido. • Vasija de cuerpo redondo y cuello largo. • Tubito de vidrio herméticamente cerrado que contiene un medicamento inyectable.

ampollar *v.tr.* / *prnl.* Hacer ampollas en la piel.
ampolleta *s.f.* Reloj de arena.
ampulosidad *s.f.* Cualidad de ampuloso.
ampuloso, sa *adj.* Dícese del lenguaje o del estilo redundantes, pomposos, y de quien los usa.
amputación *s.f.* Acción de amputar.
amputar *v.tr.* Cortar, separándolo completamente del cuerpo, un miembro o parte de él.
amueblar *v.tr.* Instalar los muebles necesarios en algún lugar.
amuleto *s.m.* Objeto que se lleva encima porque se le atribuyen poderes sobrenaturales.
amura *s.f.* Parte del buque donde se estrecha para formar la proa.
amurallar *v.tr.* Rodear de murallas.
amusgar *v.tr.* / *intr.* Echar hacia atrás las orejas un animal.
ana Palabra usada en recetas medicinales para indicar que ciertos ingredientes van en partes iguales.
anabaptista *adj.* / *s.m. y f.* De una rama del protestantismo que cree que los niños no deben ser bautizados hasta tener uso de razón.
anaconda *s.f.* Serpiente acuática americana, no venenosa, de gran longitud.
anacoreta *s.m. y f.* Persona que vive en lugar apartado, dedicada a la meditación.
anacrónico, ca *adj.* Que no corresponde a la época en que se sitúa.
anacronismo *s.m.* Cualidad de anacrónico.
ánade *s.ambig.* Pato.
anaerobio *adj.* / *s.m.* Dícese de los microorganismos que pueden vivir sin oxígeno.
anagrama *s.m.* Trasformación de una palabra en otra por trasposición de sus letras.
anal *adj.* Relativo al ano.
anales *s.m.pl.* Relatos históricos dispuestos por años.
analfabetismo *s.m.* Falta de instrucción elemental en un país.
analfabeto, ta *adj.* / *s.* Dícese del que no sabe leer.
analgesia *s.f.* Insensibilidad para el dolor.
analgésico, ca *adj.* / *s.m.* Que quita o calma el dolor físico.
análisis *s.m.* Procedimiento que consiste en estudiar o examinar una cosa considerando sus partes separadamente. • Examen químico o bacteriológico de secreciones, tejidos orgánicos, etc.
analista *s.m. y f.* Persona que hace análisis químicos o médicos. • Persona que realiza análisis informáticos.
analítico, ca *adj.* Relativo al análisis.
analizar *v.tr.* Hacer un análisis.
analogía *s.f.* Semejanza entre cosas en algún aspecto; similitud, parecido. • Parte de la gramática que estudia la estructura de las palabras [sinón.: *morfología*].
análogo, ga *adj.* Qué tiene analogía.
ananá *s.m.* Planta herbácea cuyo fruto es una piña muy sabrosa y fragante.
ananás *s.m.* Ananá.
anaquel *s.m.* Estante.
anaranjado, da *adj.* / *s.m.* Dícese del color similar al de la naranja.
anarquía *s.f.* Ausencia de gobierno en un estado. • Desorden o confusión por ausencia o debilidad de la autoridad pública.
anárquico, ca *adj.* Relativo a la anarquía.
anarquista *adj.* / *s.m. y f.* Que propugna la supresión del Estado.
anatema *s. ambig.* Excomunión. • Condenación moral contra alguien.
anatemizar *v.tr.* Decretar el anatema contra alguien. • Maldecir.
anatomía *s.f.* Ciencia que estudia la conformación externa y la estructura de un organismo. • Disección del cuerpo humano o animal.
anatómico, ca *adj.* Relativo a la anatomía.
anca *s.f.* Cada una de las dos mitades posteriores y laterales de los caballos y otros animales. • Grupa.
ancestral *adj.* Relativo a los antepasados.
ancianidad *s.f.* Vejez.
anciano, na *adj.* / *s.* Dícese de la persona que tiene muchos años.
ancla *s.f.* Utensilio de hierro en forma de gancho doble, con una cadena o ca-

bo, que se echa al agua para que se hunda en el fondo y sujete la nave [sinón.: *áncora*].

ancladero *s.m.* Lugar donde se puede anclar [sinón.: *fondeadero*].

anclaje *s.m.* Acción de anclar.

anclar *v.intr.* Echar el ancla.

ancón *s.m.* Ensenada pequeña.

áncora *s.f.* Ancla. • Pieza de relojería, rígida y con forma de ancla.

ancho, cha *adj.* Que tiene mucha o demasiada anchura. • *s.m.* Anchura.

anchoa *s.f.* Pequeño pez marino, de cuerpo alargado y comprimido; se come fresco o en conserva.

anchura *s.f.* Dimensión de una superficie, considerada de derecha a izquierda, o viceversa. • Amplitud, extensión o capacidad grandes.

anchuroso, sa *adj.* Muy ancho o espacioso.

andador, ra *adj.* / *s.* Andariego. • *s.m.* Armazón de formas diversas, donde se pone al niño para que aprenda a caminar sin caerse.

andamiada *s.f.* Conjunto de andamios de una obra.

andamiaje *s.m.* Andamiada.

andamio *s.m.* Tablón sostenido por cuerdas o vigas, que se emplea en la construcción de edificios.

andana *s.f.* Capa o fila de algunas cosas.

andanada *s.f.* Descarga de la batería de un costado de un buque de guerra.

andante *adj.* Que anda. • *adv.* En música, con movimiento moderadamente lento.

andantino *adv.* En música, con movimiento algo más animado que el del andante.

andanza *s.f.* Viaje o expedición azarosos. • *pl.* Vicisitudes.

andar *v.intr.* / *tr.* Ir de un sitio a otro dando pasos. • *intr.* Funcionar un mecanismo. • Seguir su curso las cosas inanimadas. • *s.m.* Acción o manera de andar.

andariego, ga *adj.* / *s.* Aficionado a andar o viajar.

andarín, na *adj.* / *s.* fam. Andador, andariego.

andarivel *s.m.* Cuerda entre las dos orillas de un río o canal para guiar manualmente una embarcación, trasladar una cesta, etc.

andas *s.f.pl.* Angarillas.

andén *s.m.* Plataforma a cada lado de las vías en las estaciones ferroviarias, o a lo largo de un muelle.

andinismo *s.m.* Montañismo que se practica en la cordillera de los Andes.

andinista *s.m.* y *f.* Persona que practica el andinismo.

andino, na *adj.* De la cordillera de los Andes.

andorrano, na *adj.* / *s.* De Andorra (Europa).

andrajo *s.m.* Pedazo de ropa muy usada; harapo.

andrajoso, sa *adj.* Vestido con andrajos; harapiento.

androceo *s.m.* Conjunto de los estambres de una flor.

andrógino, na *adj.* Dícese del organismo animal o vegetal que reúne en sí mismo los dos sexos.

androide *s.m.* Autómata de figura de hombre.

andurrial *s.m.* Paraje apartado al que es difícil llegar.

anea *s.f.* Planta palustre cuyas hojas se usan para hacer esteras.

anécdota *s.f.* Relato breve de un suceso curioso o interesante.

anecdótico, ca *adj.* Relativo a la anécdota. • Que sólo vale como anécdota.

anegadizo, za *adj.* Que se anega o inunda con facilidad.

anegar *v.tr.* / *prnl.* Cubrir de agua un lugar; inundar.

anejar *v.tr.* Anexar.

anejo, ja *adj.* / *s.* Anexo.

anemia *s.f.* Deficiencia de glóbulos rojos en la sangre.

anémico, ca *adj.* / *s.* Que padece anemia.

anemófilo, la *adj.* Dícese de las plantas cuya polinización la efectúa el viento.

anemómetro *s.m.* Instrumento usado para medir la velocidad del viento.

anémona o **anemona** *s.f.* Planta herbácea de rizomas tuberosos y flores vistosas. • Actinia.

anemone *s.f.* Anémona.

aneroide *adj.* / *s.m.* Dícese del barómetro basado en las deformaciones de una cápsula metálica en la que se ha hecho el vacío.

anestesia *s.f.* Pérdida total o parcial de la sensibilidad orgánica.

anestesista *s.m. y f.* Médico especializado que administra la anestesia.

aneurisma *s. ambig.* Dilatación anormal de las paredes de una arteria.

anexar *v.tr.* Unir o agregar una cosa a otra.

anexión *s.f.* Acción de anexar.

anexo, xa *adj. / s.* Unido o agregado a otra cosa, con dependencia o relación respecto de ella.

anfetamina *s.f.* Droga estimulante del sistema nervioso central.

anfibio, bia *adj.* Dícese de la planta o el animal capaces de vivir dentro o fuera del agua. • *adj. / s.m.* Batracio.

anfibología *s.f.* Doble sentido o ambigüedad en una palabra o una expresión.

anfibológico, ca *adj.* Que tiene o implica anfibología.

anfiteatro *s.m.* Edificio para celebrar espectáculos, de forma redonda o elíptica, con gradas alrededor.

anfitrión, na *s.* El que tiene invitados a su mesa.

ánfora *s.f.* Cántaro alto y estrecho, usado por los griegos y romanos.

anfractuoso, sa *adj.* Dicho en especial de terrenos, sinuoso, quebrado, desigual.

angarillas *s.f.pl.* Armazón formada por dos varas paralelas entre las que hay un tablero sobre el que se trasporta carga.

ángel *s.m.* Espíritu celeste creado por Dios para su ministerio. • Gracia, simpatía.

angelical *adj.* Como de ángel.

angina *s.f.* Inflamación de la faringe y las amígdalas.

angiospermo, ma *adj. / s.f.* Dícese de las plantas fanerógamas que tienen las semillas dentro del fruto.

anglicanismo *s.m.* Rama del protestantismo predominante en Inglaterra.

anglicano, na *adj.* Perteneciente al anglicanismo. • *adj. / s.* Que lo profesa.

anglicismo *s.m.* Palabra o giro propios del idioma inglés.

angloamericano, na *adj.* Relativo a los ingleses y americanos. • *adj. / s.* De Estados Unidos de América.

anglófilo, la *adj. / s.* Que simpatiza con Inglaterra y los ingleses.

anglófono, na *adj.* Se aplica a personas o países que tienen el inglés como lengua nativa.

anglosajón, na *adj. / s.* Dícese del descendiente de los germanos que invadieron Inglaterra en el siglo V.

angostar *v.tr. / prnl.* Hacer angosta o más angosta una cosa.

angosto, ta *adj.* De poca anchura [sinón.: *estrecho*; antón.: *ancho*].

angostura *s.f.* Cualidad de angosto.

anguila *s.f.* Pez de cuerpo más o menos cilíndrico, algunas de cuyas especies viven en los ríos pero desovan en el mar.

angula *s.f.* Cría de la anguila.

angular *adj.* Relativo al ángulo. • En forma de ángulo.

ángulo *s.m.* Cada una de las dos regiones del plano determinadas por dos semirrectas de origen común. • Rincón. • Esquina o arista.

anguloso, sa *adj.* Que tiene ángulos.

angurria *s.f. América* Deseo intenso o violento de una cosa, en especial de comida o riquezas.

angustia *s.f.* Desazón acompañada de un gran sufrimiento; congoja, aflicción.

angustiado, da *adj.* Que sufre angustia.

angustiar *v.tr. / prnl.* Causar angustia, o sentirla.

anhelante *adj.* Que tiene respiración fatigosa. • Que desea algo con vehemencia.

anhelar *v.intr.* Jadear. • *tr. / intr.* Desear algo con vehemencia.

anhelo *s.m.* Deseo vehemente de algo.

anhídrido *s.m.* Producto que resulta de la combinación de un no metal con el oxígeno.

anhidro, dra *adj.* Que no contiene agua.

anidar *v.intr. / prnl.* Hacer nido las aves, o vivir en él. • Habitar en cierto lugar.

anilina *s.f.* Sustancia líquida, incolora y venenosa, que se usa para fabricar colorantes, productos farmacéuticos, etc.

anilla *s.f.* Anillo o argolla grandes.
anillado, da *adj.* Que tiene anillos o que tiene forma de anillo.
anillo *s.m.* Pieza de metal o de otra materia en forma de circunferencia, en especial la que se lleva como adorno en los dedos. • En zoología, segmento.
ánima *s.f.* Alma; en especial, la de los muertos. • Parte hueca de algunas cosas.
animación *s.f.* Acción y efecto de animar. • Estado de ánimo propicio a la alegría. • Afluencia de gente a un lugar.
animado, da *adj.* Dotado de alma o de vida. • Con buena disposición. • Divertido. • Dicho de una cosa inanimada, dotada de movimiento.
animador, ra *adj. / s.* Que anima. • *s.* En el teatro, la radio y la televisión, el que conduce el programa.
animadversión *s.f.* Actitud de ánimo en contra de alguien o algo; animosidad.
animal *adj.* Relativo a los seres dotados de sensibilidad y movimiento voluntario. • Dícese de la parte sensitiva de un ser viviente. • *s.m.* Ser orgánico que vive y siente, y se mueve por propio impulso. • Por oposición a "hombre", cualquier otro animal. • *adj. / s.m. y f.* Dícese de la persona ignorante o grosera.
animalada *s.f.fam.* Dicho o hecho necios.
animar *v.tr.* Infundir alma o vida a un ser. • *tr. / prnl.* Infundir ánimo o animación.
anímico, ca *adj.* Síquico.
ánimo *s.m.* Alma, considerada como asiento de la vida racional. • Capacidad o resolución para sobrellevar dificultades, desarrollar una actividad, etc. • Intención, propósito.
animosidad *s.f.* Animadversión.
animoso, sa *adj.* Dícese del que tiene ánimo para sobrellevar dificultades o emprender cosas; decidido, resuelto.
aniñado, da *adj.* De aspecto o conducta semejantes a los de un niño.
aniquilación *s.f.* Acción de aniquilar.
aniquilar *v.tr.* Destruir algo por completo. • Dejar sin energía.
anís *s.m.* Planta herbácea anual, de frutos muy aromáticos. • Aguardiente anisado.
anisado, da *adj.* Aromatizado con anís. • *s.m.* Aguardiente aromatizado con anís.
aniversario, ria *adj.* Anual. • *s.m.* Día en que se cumplen años desde un suceso.
ano *s.m.* Orificio terminal del intestino, por el que se expelen los excrementos.
anoche *adv.* En la noche de ayer.
anochecer *v.intr. unipers.* Empezar a faltar la luz del día, llegar la noche [sinón.: *oscurecer*]. • *s.m.* Tiempo en que anochece.
anodino, na *adj./s.m.* Que calma o elimina el dolor. • *adj.* Que carece de expresión o interés.
anodizado, da *adj./s.m.* Dícese del metal protegido por una fina película de óxido. • *s.m.* Esa misma película.
ánodo *s.m.* Polo o electrodo positivos de un generador de electricidad o de una cuba electrolítica, respectivamente.
anofeles *adj./s.* Dícese de los mosquitos cuyas hembras son trasmisoras del paludismo.
anomalía *s.f.* Irregularidad.
anómalo, la *adj.* Irregular, anormal.
anonadar *v.tr. / prnl.* Dejar a una persona incapaz de pensar, trabajar, etc.
anonimato *s.m.* Carácter o condición de anónimo.
anónimo, ma *adj.* Dícese de la obra o escrito de autor no conocido. • Dícese del autor cuyo nombre se desconoce. • *s.m.* Carta o escrito sin firma. • Situación del que oculta su nombre.
anormal *adj.* No normal. • En medicina, morboso y patológico.
anotación *s.f.* Acción de anotar.
anotar *v.tr.* Poner notas. • Poner por escrito algo; apuntar. • *tr. / prnl.* Inscribir.
anquilosis *s.f.* Privación o disminución del movimiento de una articulación móvil.
ánsar *s.m.* Ganso salvaje.
ansia *s.f.* Malestar físico indefinido, que se manifiesta por desasosiego. • Angustia, aflicción. • Anhelo.
ansiar *v.tr.* Desear intensamente; anhelar.
ansiedad *s.f.* Estado de inquietud o impaciencia • Angustia, desasosiego.

ansiolítico, ca *adj. / s.m.* Que disuelve o calma la ansiedad.

ansioso, sa *adj.* Con ansia o ansiedad. • Dícese del que tiene deseos exagerados de tener u obtener cosas; codicioso.

anta *s.f.* Mamífero rumiante que posee una cornamenta muy desarrollada. • Menhir. • Pilastra de un edificio o un templo.

antagónico, ca *adj.* Que denota o implica antagonismo; contrario, opuesto.

antagonismo *s.m.* Oposición entre doctrinas u opiniones.

antagonista *s.m. y f.* Persona o cosa opuestas a otra; adversario, contrario.

antaño *adv.* Antiguamente, en otros tiempos.

antártico, ca *adj.* De la Antártida.

1. ante *s.m.* Anta, mamífero rumiante. • Búfalo. • Piel de algunos animales adobada y curtida.

2. ante *prep.* Delante de o en presencia de. • En comparación con, respecto de.

anteanoche *adv.* En la noche entre anteayer y ayer.

anteayer *adv.* En el día que precedió al de ayer.

antebrazo *s.m.* Parte del brazo entre el codo y la muñeca.

antecedente *adj.* Que antecede. • *s.m.* Acción, dicho o circunstancia anteriores que sirven para juzgar hechos posteriores.

anteceder *v.tr.* Preceder.

antecesor, ra *adj.* Anterior en el tiempo. • *s.* Persona que precedió a otra en un puesto o cargo. • Antepasado, ascendiente.

anteco, ca *adj. / s.* Dícese de los habitantes de la Tierra que se hallan en un mismo meridiano, equidistantes del ecuador, pero en hemisferios distintos.

antedata *s.f.* Fecha falsa, anterior a la verdadera, puesta en un documento.

antedicho, cha *adj.* Dicho con anterioridad.

antediluviano, na *adj.* Anterior al diluvio universal. • Muy antiguo o pasado de moda.

antelación *s.f.* Anticipación con que sucede una cosa respecto de otra.

antemano (de) *loc.adv.* Con anticipación, antes de cierta cosa consabida.

antemeridiano, na *adj.* Anterior al mediodía.

antena *s.f.* Entena. • Dispositivo metálico para recibir o emitir ondas electromagnéticas. • Órganos en número par, articulados y sensoriales, situados en la cabeza de muchos artrópodos.

anteojera *s.f.* Cada una de las piezas de cuero que tapan lateralmente los ojos de las caballerías.

anteojo *s.m.* Instrumento óptico para ver objetos lejanos. • *pl.* Instrumento óptico compuesto de dos lentes, una para cada ojo, y una armadura que las sostiene, usado para corregir una visión insuficiente.

antepasado *s.m.* Con respecto a una persona, otra de quien desciende.

antepecho *s.m.* Pretil. • Reborde de una ventana en que se apoyan los codos.

antepenúltimo, ma *adj.* Inmediatamente anterior al último.

anteponer *v.tr.* Poner una cosa antes que otra o delante de otra.

anteportada *s.f.* Hoja que precede a la portada de un libro; portadilla.

antepretérito *s.m.* Pretérito anterior del indicativo o pretérito pluscuamperfecto del subjuntivo.

anteproyecto *s.m.* Trabajos preliminares para redactar un proyecto.

antepuerto *s.m.* Terreno elevado que precede al puerto en una cordillera. • Lugar frente a la boca de un puerto.

antera *s.f.* Parte del estambre, donde se forma y está contenido el polen.

anterior *adj.* Que precede en lugar o tiempo a otra cosa.

anterioridad *s.f.* Cualidad o estado de anterior.

antes *adv.* Denota prioridad en el tiempo o en el espacio. • Indica preferencia.

antesala *s.f.* Pieza situada delante de la sala.

antiaéreo, a *adj.* Dícese de los elementos y armas utilizados en la lucha contra los ataques aéreos.

antialcohólico, ca *adj.* Contrario al alcoholismo.

antibiótico, ca *adj. / s.m.* Dícese de las sustancias que destruyen ciertos microorganismos o impiden su desarrollo y multiplicación.

anticiclón *s.m.* Área de alta presión barométrica, que produce vientos.

anticipación *s.f.* Acción de anticipar.

anticipar *v.tr.* Hacer algo, o fijar fecha para hacerlo, antes de lo previsto. • Entregar dinero antes de tiempo. • *prnl.* Adelantarse.

anticipo *s.m.* Acción de anticipar. • Dinero anticipado.

anticlinal *adj.* En geología, dícese de la parte elevada o convexa de un pliegue.

anticonstitucional *adj.* Contrario a lo que establece la constitución.

anticristo *s.m.* Enemigo de Jesucristo y de su Iglesia, que aparecerá cerca del fin del mundo.

anticuado, da *adj.* Dícese de lo que ya no se usa o estila.

anticuario, ria *s.* Perito en cosas antiguas; en especial, el que las colecciona o comercia con ellas.

antídoto *s.m.* Medicamento que contrarresta en el organismo los efectos de un veneno; contraveneno.

antiestético, ca *adj.* Contrario a la estética; feo.

antifaz *s.m.* Velo o máscara, en especial de seda negra, que cubre la cara.

antífona *s.f.* Versículo que se canta o reza antes y después de un salmo.

antífrasis *s.f.* Figura retórica que expresa una cosa para significar otra contraria.

antigualla *s.f.* En sentido despectivo, cosa antigua o muy remota.

antiguamente *adv.* En tiempos pasados.

antigüedad *s.f.* Cualidad de antiguo. • Tiempo antiguo. • Tiempo que alguien lleva en un empleo.

antiguo, gua *adj.* Que existe u ocurre desde hace mucho tiempo. • Que existió u ocurrió en tiempo remoto.

antihéroe *s.m.* En una obra literaria, personaje que muestra valores opuestos a los del héroe.

antilogía *s.f.* Contradicción entre dos textos o expresiones.

antílope *s.m.* Mamífero originario de África; tiene cuerpo esbelto, pelo corto y cuernos.

antillano, na *adj./s.* De las Antillas (América).

antimonio *s.m.* Metal de color blanco azulado y brillante, que se usa en diversas aleaciones (símbolo: *Sb*).

antinatural *adj.* Contrario a lo natural.

antinomia *s.f.* Contradicción entre dos leyes o entre dos principios.

antipapa *s.m.* Papa ilegítimo que pretende ser reconocido como verdadero.

antiparras *s.f.pl.fam.* Anteojos, gafas.

antipatía *s.f.* Sentimiento de rechazo que se experimenta hacia alguien o algo. • Cualidad de antipático.

antipático, ca *adj.* Que causa antipatía en los demás.

antipirético, ca *adj./s.m.* Dícese del medicamento que baja la fiebre.

antípoda *adj./s.m. y f.* Dícese del habitante de la Tierra que vive, con respecto a otro, en lugar diametralmente opuesto.

antirrábico, ca *adj.* Dícese del medicamento o del tratamiento que se emplean contra la rabia.

antisemita *adj./s.m. y f.* Adversario de los judíos, su cultura y su influencia.

antisepsia *s.f.* Conjunto de medidas terapéuticas e higiénicas destinadas a destruir los microbios perjudiciales.

antiséptico, ca *adj./s.m.* Que impide el desarrollo de microbios; desinfectante.

antisísmico, ca *adj.* Asísmico.

antisocial *adj. s.m. y f.* Contrario a la sociedad o al orden social.

antítesis *s.f.* Oposición de dos conceptos. • Persona o cosa completamente opuestas a otra.

antitético, ca *adj.* Que denota o implica antítesis.

antojadizo, za *adj.* Propenso a tener antojos.

antojarse *v.prnl.* Ser una cosa objeto de deseo vehemente. • Ofrecerse a la consideración como probable alguna cosa.

antojo *s.m.* Deseo caprichoso o pasajero de una cosa. • Mancha congénita en la piel.

antología *s.f.* Colección de trozos literarios de un autor, de un género, de una época, etc.

antónimo, ma *adj./s.m.* Con respecto a

una palabra, dícese de otra que expresa lo opuesto.
antonomasia *s.f.* Figura retórica que consiste en poner el nombre apelativo en lugar del propio o viceversa.
antorcha *s.f.* Hacha o tea con un extremo encendido, que se usa para dar luz.
antracita *s.f.* Carbón fósil, seco y poco bituminoso, que arde sin humo y con gran desprendimiento de calor.
ántrax *s.m.* Infección del tejido celular subcutáneo, con abundante formación de pus.
antro *s.m.* Caverna, gruta o cueva.
antropofagia *s.f.* Hábito o circunstancia de comer carne humana [sinón.: *canibalismo*]. • Cualidad de antropófago.
antropófago, ga *adj./s.* Dícese del que come carne humana [sinón.: *caníbal*].
antropoide *adj./s.m.* De forma y características semejantes a las del hombre, como el orangután y el gorila.
antropología *s.f.* Ciencia que estudia al hombre como ser social y cultural.
antropólogo, ga *s.* El que se dedica a la antropología.
antropometría *s.f.* Tratado de las medidas y proporciones del cuerpo humano.
antropomorfo, fa *adj./s.m.* Que tiene forma o apariencia humanas. [sinón.: *antropoide*].
antropónimo, ma *adj./s.m.* Dícese de los nombres propios de persona.
anual *adj.* Que sucede o se repite cada año, o dura un año.
anualidad *s.f.* Cuota que se abona todos los años para amortizar una deuda, o que se impone para formar un capital. • Cualidad de anual.
anuario *s.m.* Publicación anual.
anubarrado, da *adj.* Nublado.
anublar *v.tr./prnl.* Nublar.
anudar *v.tr.* Unir por medio de nudos. • Juntar. • Continuar lo interrumpido.
anuencia *s.f.* Consentimiento o conformidad para hacer una cosa.
anuente *adj.* Que consiente; conforme.
anulación *s.f.* Acción de anular.
1. anular *adj.* En forma de anillo. • *adj./s.m.* Dícese del dedo de la mano inmediato al meñique.
2. anular *v.tr.* Dejar nulo o sin validez. • Abolir, derogar o revocar una disposición. • Incapacitar, desautorizar.
anunciación *s.f.* Acción de anunciar.
anunciador, ra *adj./s.* Que anuncia.
anunciante *s.m. y f.* Persona que anuncia; en especial, la que publica anuncios comerciales.
anunciar *v.tr.* Dar a conocer que algo ocurre o va a ocurrir. • Hacer saber una cosa. • Pronosticar. • Publicar.
anuncio *s.m.* Acción y efecto de anunciar. • Conjunto de palabras o signos con que se anuncia. • Presagio.
anuo, nua *adj.* Anual.
anverso *s.m.* Cara principal de una moneda o una medalla.
anzuelo *s.m.* Pequeño gancho en el que se pone el cebo para pescar.
añadido *s.m.* Añadidura.
añadidura *s.f.* Lo que se añade a otra cosa; agregado, añadido.
añadir *v.tr.* Unir una cosa a otra, con la que queda formando un todo o un conjunto; agregar, incorporar.
añejar *v.tr./prnl.* Hacer añeja alguna cosa.
añejo, ja *adj.* Dicho de ciertas cosas en que la vejez es buena cualidad, viejo. • Sabido o existente desde hace mucho tiempo.
añicos *s.m.pl.* Pedazos pequeños en que se divide una cosa al romperse.
añil *s.m.* Cierto arbusto del que se obtiene un colorante azul. • *adj./s.m.* Dícese del color como el de ese colorante.
año *s.m.* Tiempo que emplea la Tierra en dar una vuelta alrededor del Sol. • Período de doce meses. • *pl.* Edad o vejez.
añojo, ja *s.* Cordero o becerro de un año.
añoranza *s.f.* Acción de añorar. • Sentimiento del que añora; nostalgia.
añorar *v.tr./intr.* Recordar con tristeza a una persona o cosa queridas y ausentes.
añoso, sa *adj.* De muchos años; dícese, en especial, de los árboles y su tronco.
aorta *s.f.* Arteria mayor del organismo, que nace en el ventrículo izquierdo del corazón.
aovado, da *adj.* En forma de huevo.
aovar *v.tr.* Poner huevos las aves o los insectos.

apabullar *v.tr.* Hacer que una persona se sienta avergonzada o confusa.
apacentar *v.tr.* Pastorear. *prnl.* Pacer.
apacible *adj.* Que carece de brusquedad o violencia; reposado. • Sin preocupaciones o disgustos. • Dicho del tiempo, viento, etc., agradable o tranquilo.
apaciguar *v.tr.* Restablecer la paz entre quienes pelean; pacificar. • Calmar a una persona enfurecida; serenar. • *tr./prnl.* Disminuir la intensidad de un sufrimiento, físico o moral.
apache *adj./s.m. y f.* Dícese de una tribu de indios de América del Norte. • *s.m.* Nombre que se daba a la gente de mal vivir de París.
apadrinar *v.tr.* Hacer de padrino. • Apoyar ideas, proyectos, etc.; patrocinar.
apagado, da *adj.* Falto de entusiasmo y alegría. • Dicho de un color, poco vivo.
apagar *v.tr./prnl.* Extinguir el fuego, la luz, etc. • Aplacar. • *tr.* Suavizar en las pinturas los colores muy vivos. • Desconectar un circuito eléctrico.
apagón *s.m.* Extinción súbita de las luces en un lugar.
apaisado, da *adj.* Dícese de la figura u objeto de forma rectangular cuya base es mayor que su altura.
apalabrar *v.tr.* Concertar de palabra alguna cosa.
apalear *v.tr.* Aventar el grano con pala para limpiarlo. • Golpear con un palo.
apañar *v.tr.* Asir. • Adueñarse de una cosa ilícitamente. • Asear, acicalar. • Arreglar lo que está roto. • *prnl. fam.* Darse maña.
aparador *s.m.* Mueble para guardar el servicio de la mesa. • Escaparate de un comercio.
aparar *v.tr.* Preparar. • Coser las piezas del calzado.
aparato *s.m.* Instrumento o conjunto de instrumentos o piezas que sirven para realizar cierto trabajo o función. • Conjunto de órganos diferentes que, en los animales, realizan una función vital determinada. • Ostentación.
aparatoso, sa *adj.* Ostentoso.
aparcadero *s.m.* Lugar destinado para aparcar vehículos.
aparcar *v.tr.* Descargar, clasificar y acomodar los abastecimientos militares en almacenes, depósitos, etc. • Colocar transitoriamente un vehículo en un lugar público o privado; estacionar.
aparcería *s.f.* Contrato por el que el dueño de una finca la cede en explotación participando de una proporción del beneficio.
aparcero, ra *s.* El que tiene contrato de aparcería con otro. • *América* Compañero y amigo, en especial entre la gente de campo.
aparear *v.tr.* Ajustar o igualar dos cosas. • *tr./prnl.* Juntar dos animales de distinto sexo para que hagan cría.
aparecer *v.intr.* Dejarse ver algo que estaba oculto. • Comenzar a existir cierta cosa. • Ir a un lugar. • Ser hallado algo que se había perdido.
aparecido *s.m.* Espectro de un difunto.
aparejado, da *adj.* Adecuado, conveniente.
aparejar *v.tr.* Preparar, disponer. • Poner el aparejo a una caballería o a una embarcación.
aparejo *s.m.* Acción de aparejar. • Guarniciones de las caballerías [sinón.: *arneses, arreos*]. • Conjunto de palos, velas, etc., de un barco. • Sistema de poleas.
aparentar *v.tr.* Mostrar un estado de ánimo, un sentimiento o una actitud que no se tienen realmente. • Referido a la edad de una persona, tener esta el aspecto correspondiente a esa edad. • *intr.* Simular riqueza.
aparente *adj.* Como se presenta a la vista. • Que no existe, o es de otra manera.
aparición *s.f.* Acción de aparecer. • Espectro, fantasma.
apariencia *s.f.* Lo que una persona, cosa o situación muestran exteriormente. • Aspecto lujoso de alguna cosa.
apartadero *s.m.* Lugar que, en los caminos, vías férreas, etc., sirve para que, al apartarse las personas, los trenes, etc., den paso a otros.
apartado, da *adj.* Que no está junto a lo que se expresa. • Dicho de una persona, retraído, distante. • *s.m.* Párrafo que, dentro de un escrito, trata un aspecto del mismo.

apartamento *s.m.* Vivienda que forma parte de un edificio donde hay otras semejantes.
apartamiento *s.m.* Acción de apartar. • Estado de apartado. • Apartamento.
apartar *v.tr.* Poner a alguien o algo lejos o separados con respecto a un punto de referencia. • *prnl.* Rehuir el trato con la gente.
aparte *adv.* En otro lugar. • Separadamente o por separado. • *s.m.* Párrafo.
apasionado, da *adj.* Que tiene carácter de pasión. • Que se entusiasma mucho por una cosa. • Carente de imparcialidad.
apasionar *v.tr./prnl.* Provocar un sentimiento vehemente, o experimentarlo.
apatía *s.f.* Indolencia, dejadez. • Falta de voluntad o de energía.
apático, ca *adj.* Que adolece de apatía; abúlico, indiferente.
apátrida *adj./s.m. y f.* Dícese del que no tiene patria o actúa como si no la tuviera. • Sin nacionalidad.
apeadero *s.m.* Poyo para montar o desmontar. • Sitio donde los trenes se detienen para que suban o bajen pasajeros.
apear *v.tr.* Sostener con armazones o maderos un edificio; apuntalar. • *prnl.* Bajarse de una caballería o de un vehículo.
apechugar *v.intr. fam.* Hacer o soportar una cosa que desagrada.
apedrear *v.tr.* Arrojar piedras. • *prnl.* Estropearse las cosechas por el granizo.
apegarse *v.prnl.* Tomar afecto, encariñarse.
apego *s.m.* Afecto o afición.
apelación *s.f.* Acción de apelar.
apelar *v.intr.* Recurrir a alguien o algo para conseguir lo que se desea. • *intr./tr.* Pedir a un juez o tribunal superior la revisión de una sentencia.
apelativo, va *adj./s.m.* Dícese del sobrenombre o nombre que se dan a una persona además del que lleva legalmente. • Dícese del nombre o sustantivo común. • *s.m.* Apellido.
apelmazar *v.tr./prnl.* Poner menos esponjoso de lo que debe estar.
apelotonar *v.tr./prnl.* Hacer que se formen pelotones o grumos en algo.
apellido *s.m.* Nombre de familia que se trasmite de padres a hijos.
apenado, da *adj.* Que siente pena.
apenar *v.tr./prnl.* Causar pena.
apenas *adv.* Casi no. • Escasamente, a lo sumo. • Se usa para denotar la sucesión inmediata de dos acciones.
apéndice *s.m.* Cosa añadida a otra, de la cual es parte dependiente o accesoria. • Parte saliente de un órgano, en especial, la extremidad del intestino ciego.
apendicitis *s.f.* Inflamación del apéndice cecal.
apeñuscar *v.tr./prnl.* Amontonar, apiñar.
apeo *s.m.* Armazón o sostén con que se apea una construcción.
apercibimiento *s.m.* Acción y efecto de apercibir.
apercibir *v.tr.* Preparar o disponer. • Advertir, avisar. • Prevenir acerca de una sanción en caso de que se incurra en falta.
apereá *s.m.* Mamífero roedor sin cola, que ataca los sembrados.
apergaminado, da *adj.* Semejante al pergamino.
aperitivo, va *adj.*/s.m. Que abre el apetito. *s.m.* Bebida que se toma antes de una comida.
apero *s.m.* Conjunto de instrumentos para la labranza. • *América* Aparejo o arreo de lujo para montar.
aperrear *v.tr.* Azuzar perros contra personas o animales. • *tr./prnl.fam.* Agobiar o fatigar.
apersonarse *v.prnl.* Acudir a un lugar; presentarse. • En derecho, comparecer.
apertura *s.f.* Acción de abrir. • Acto con que se da comienzo a una actividad; inauguración.
apesadumbrar *v.tr./prnl.* Causar aflicción o disgusto; afligir.
apestar *v.tr.* Contagiar la peste. • *intr./tr. fam.* Oler muy mal.
apestillar *v.tr. América* Asir a una persona de modo que no pueda escaparse. • *fam.* Amonestar de palabra.
apétalo, la *adj.* Dícese de la flor desprovista de pétalos.
apetecer *v.tr.* Desear tener alguna cosa. • *intr.* Inspirar algo deseos de gustarlo, tenerlo o hacerlo.

apetecible *adj.* Digno de ser apetecido.
apetencia *s.f.* Deseo de una cosa.
apetito *s.m.* Impulso que lleva a satisfacer algún deseo o necesidad. • Gana de comer.
apetitoso, sa *adj.* Dícese de las cosas que despiertan ganas de comerlas.
ápex *s.m.* Punto de la esfera celeste hacia el cual se dirige el Sol.
apiadarse *v.prnl.* Sentir piedad por una persona; compadecerse.
apical *adj.* Relativo a un ápice.
ápice *s.m.* Extremo superior o punta de una cosa. • Parte pequeñísima.
apicultor, ra *s.* El que se dedica a la apicultura.
apicultura *s.f.* Cría de abejas.
apilar *v.tr.* Poner una cosa sobre otra formando una pila o montón.
apiñar *v.tr./prnl.* Agrupar estrechamente.
apio *s.m.* Planta herbácea de cultivo, de hojas y vainas comestibles.
apisonador, ra *adj.* Que apisona. • *s.m.* Pisón. • *f.* Máquina para apisonar pavimentos.
apisonar *v.tr.* Apretar o hacer más compacto el material con que se hace el pavimento.
aplanadera *s.f.* Instrumento para aplanar el suelo.
aplanador, ra *adj./s.* Dícese de la máquina para aplanar planchas. • *s.f. América* Apisonadora.
aplanar *v.tr.* Poner llana una superficie; allanar, igualar. • Aplastar. • *fam.* Dejar pasmado. • *prnl.* Perder el vigor, desalentarse.
aplastante *adj.* Que aplasta.
aplastar *v.tr.* Deformar una cosa por presión o golpe, disminuyendo su espesor. • Abatir o abrumar.
aplaudir *v.tr./intr.* Palmotear en señal de aprobación o adhesión. • Alabar, aprobar.
aplauso *s.m.* Acción de aplaudir.
aplazar *v.tr.* Diferir o postergar la realización de algo. • *América* No aprobar a un alumno en un examen.
aplazo *s.m. América* Suspensión en un examen.
aplicación *s.f.* Acción de aplicar o aplicarse. • Servicio al que puede destinarse una cosa. • Adorno superpuesto.
aplicado, da *adj.* Que se dedica con afán al trabajo o al estudio.
aplicar *v.tr.* Poner una cosa sobre otra o en contacto con otra. • Asignar un nombre. • Emplear una cosa para lograr un determinado fin. • Referir a un caso particular lo que se ha dicho en general. • *prnl.* Poner interés en hacer alguna cosa.
aplique *s.m.* Lámpara que se fija en una pared.
aplomado, da *adj.* Que actúa con aplomo.
aplomo *s.m.* Verticalidad. • Sensatez y seguridad con que alguien actúa.
apocado, da *adj.* Tímido, de poco ánimo.
Apocalipsis *s.prop.m.* Último de los libros del Nuevo Testamento. • *com.* Situación espantosa o tremenda.
apocalíptico, ca *adj.* Relativo al Apocalipsis. • Terrorífico, espantoso.
apocopar *v.tr./prnl.* Producir apócope.
apócope *s.f.* Supresión de uno o más sonidos al final de una palabra.
apócrifo, fa *adj.* Dícese del libro, escrito, etc., que no son del autor u origen que se les atribuyen; falsificado, no auténtico.
apodar *v.tr.* Aplicar un apodo. • *prnl.* Ser conocido por un apodo.
apoderado, da *adj./s.* Dícese del que tiene poderes de otro para representarlo y actuar en su nombre.
apoderar *v.tr.* Otorgar un mandato o un poder. • *prnl.* Tomar para sí una cosa ajena; adueñarse.
apodo *s.m.* Sobrenombre, mote.
apófisis *s.f.* Parte saliente de un hueso.
apogeo *s.m.* Punto en que la Luna y el Sol se hallan a mayor distancia de la Tierra. • Grado máximo que puede alcanzar una cosa.
apolillarse *v.prnl.* Ser una cosa agujereada o destruida por la polilla.
apolíneo, a *adj.* Relativo al dios Apolo. • Dícese de la belleza masculina o del que la posee.
apolítico, ca *adj.* Que carece de carácter político. • *adj./s.* Que no se interesa por la política.

apología *s.f.* Alabanza o defensa.
apólogo *s.m.* Narración alegórica con una enseñanza moral.
apoltronarse *v.prnl.* Hacerse perezoso.
aponeurosis *s.f.* Membrana que envuelve y sostiene los músculos.
apoplejía *s.f.* Paralización de la función cerebral, causada por un derrame sanguíneo en el encéfalo.
aporcar *v.tr.* Cubrir con tierra ciertas hortalizas para que se pongan tiernas.
aporrear *v.tr.fam.* Golpear con una porra o de otra manera. • *prnl. fam.* Atarearse con exceso.
aportación *s.f.* Aporte. • Conjunto de bienes aportados.
aportar *v.tr.* Contribuir con una parte a algo que se posee o se hace en común. • Presentar pruebas para defender una cosa.
aporte *s.m.* Acción de aportar o contribuir.
aposentar *v.tr. / prnl.* Hospedar, albergar.
aposento *s.m.* Habitación de una vivienda.
aposición *s.f.* Yuxtaposición de dos o más sustantivos, o construcciones sustantivas, que denotan una misma cosa.
apósito *s.m.* Medicamento que se aplica exteriormente y se sujeta con vendas. • Segundo elemento de una aposición.
apostadero *s.m.* Paraje donde hay gente apostada. • Puerto donde se reúnen varios buques de guerra.
apostar *v.tr. / prnl.* Poner a alguien en un lugar con un fin específico. • *tr. / intr.* Pactar entre sí dos o más personas que quien acertare algo, ganará dinero u otra cosa.
apostasía *s.f.* Acción de apostatar.
apóstata *s.m. y f.* El que comete apostasía.
apostatar *v.intr.* Abandonar la doctrina cristiana; renegar.
apostilla *s.f.* Nota o acotación que se añaden a un texto.
apóstol *s.m.* Nombre dado a cada uno de los discípulos de Jesucristo. • El que propaga un ideal o doctrina.
apostolado *s.m.* Actividad de los apóstoles.
apostólico, ca *adj.* Relativo a los apóstoles o al papa.
apóstrofe *s. ambig.* Invocación breve y vehemente, dirigida a una persona, que se intercala en un discurso. • Dicterio.
apóstrofo *s.m.* Signo ortográfico con que se indica la elisión de una vocal.
apostura *s.f.* Actitud y aspecto de una persona. • Cualidad de apuesto.
apotegma *s.m.* Máxima o sentencia breves.
apotema *s.f.* Perpendicular trazada desde el centro de un polígono regular a uno de sus lados.
apoteósico, ca *adj.* Perteneciente a la apoteosis.
apoteosis *s.f.* Deificación. • Muestras de adhesión a una persona, con grandes honores y alabanzas.
apoyar *v.tr. / intr. / prnl.* Hacer que una cosa descanse su peso sobre otra. • *tr.* Aducir algo como prueba. • Fundamentar, sostener. • Favorecer, ayudar.
apoyo *s.m.* Acción de apoyar o apoyarse. • Protección, auxilio.
apreciable *adj.* Que es lo bastante grande, intenso o importante para ser notado. • Digno de aprecio.
apreciar *v.tr.* Formar juicio de la magnitud, importancia, etc., de una cosa. • Estimar, valorar.
aprecio *s.m.* Acción de apreciar o estimar. • Valoración, estimación.
aprehender *v.tr.* Asir, tomar. • Apresar. • Percibir a través de los sentidos o la inteligencia.
aprehensión *s.f.* Acción de aprehender.
apremiante *adj.* Que apremia.
apremiar *v.tr.* Compeler a una persona a que haga cierta cosa de prisa; urgir.
apremio *s.m.* Acción de apremiar. • Recargo en un impuesto, tasa, etc., por demora en el pago.
aprender *v.tr. / intr.* Adquirir el conocimiento de una cosa por medio del estudio, la experiencia o el ejercicio.
aprendiz, za *s.* Persona que aprende un oficio.
aprendizaje *s.m.* Acción de aprender. • Conjunto de ejercicios que se realizan para aprender, y tiempo que duran.

aprensión *s.f.* Temor exagerado a un peligro o una amenaza. • Reparo, prejuicio. • Aprehensión.
aprensivo, va *adj./s.* Que tiene aprensión.
apresar *v.tr.* Tomar algo un animal con las garras o con los colmillos. • Tomar prisionero. • Tomar por fuerza una nave enemiga.
aprestar *v.tr./prnl.* Preparar o disponer algo para ser utilizado. • *tr.* Poner apresto en las telas.
apresto *s.m.* Preparación o disposición para alguna cosa. • Sustancia que se usa para mejorar la calidad del papel, el cuero o los tejidos.
apresurar *v.tr./prnl.* Dar prisa; apurar.
apretado, da *adj.* Ceñido, ajustado. • *fam.* Mezquino.
apretar *v.tr.* Estrechar contra el pecho. • Hacer presión sobre una cosa y alrededor de ella. • Hacer que una cosa ocupe menor volumen. • *intr.* Ser muy exigente o tratar con rigor. • Ser muy intenso un dolor o el frío, el calor, etc.
apretón *s.m.* Acción de apretar fuerte y rápidamente.
apretujar *v.tr.* fam. Estrujar. • *prnl.* Oprimirse varias personas en un lugar estrecho.
apretujón *s.m. fam.* Acción y efecto de apretujar o apretujarse.
aprieto *s.m.* Situación conflictiva o de necesidad; apuro.
aprisa *adv.* Con prisa, rápidamente.
aprisionar *v.tr.* Sujetar a una persona con grillos, o ponerla en prisión. • Apretar y sujetar una cosa a otra.
aprobado *s.m.* Calificación mínima de suficiencia en un examen.
aprobar *v.tr.* Expresar conformidad con cierta cosa. • Considerar apto después de un examen o ejercicio.
aprontar *v.tr.* Disponer con prontitud. • Entregar algo sin dilación.
apropiado, da *adj.* Adecuado para un fin o un uso.
apropiarse *v.prnl.* Tomar una persona para sí una cosa que no le pertenece; adueñarse, apoderarse.
aprovechamiento *s.m.* Acción de aprovechar.
aprovechar *v.tr.* Sacar provecho u obtener el máximo provecho. • *intr.* Servir para algo. • *prnl.* Utilizar con abuso.
aprovisionamiento *s.m.* Acción de aprovisionar.
aprovisionar *v.tr.* Abastecer.
aproximación *s.f.* Acción de aproximar.
aproximar *v.tr./prnl.* Poner cerca o más cerca; acercar.
ápside *s.m.* Cada uno de los dos extremos del eje mayor de la órbita de un astro.
áptero, ra *adj.* Que carece de alas.
aptitud *s.f.* Conjunto de condiciones que permiten desempeñar una función o desarrollar una actividad.
apto, ta *adj.* Útil, capaz.
apuesta *s.f.* Acción de apostar. • Cosa o dinero que se apuestan.
apuesto, ta *adj.* Que tiene muy buena presencia. • Ataviado, adornado.
apunarse *v.prnl. América* Padecer puna o mal de montaña.
apuntador, ra *adj./s.* Que apunta. • *s.* En el teatro, el que lee a los actores lo que tienen que decir. • Traspunte.
apuntalamiento *s.m.* Acción y efecto de apuntalar. • Apeo.
apuntalar *v.tr.* Reforzar o asegurar con puntales; apear.
apuntar *v.intr./tr.* Estar una cosa con el extremo dirigido hacia un lugar. • Estar un arma dirigida hacia el objeto que se desea alcanzar con ella. • *intr.* Señalar con el dedo. • Empezar a manifestarse alguna cosa. • *tr.* Inscribir. • Anotar lo que se debe recordar. • Dictar a otro lo que debe decir.
apunte *s.m.* Escrito breve. • Dibujo o pintura hechos rápidamente. • En el teatro, apuntador.
apurado, da *adj.* Que está en un apuro. • Agobiado por el exceso de tareas.
apurar *v.tr.* Depurar o purificar. • Llegar hasta el último extremo de una cosa. • Causar sensación de impotencia. • Incitar a trabajar apresuradamente. • Molestar, impacientar. • *intr.* Ser difícil de soportar. • *tr./prnl.* Dar prisa.
apuro *s.m.* Situación conflictiva; dificultad. • Necesidad de dinero u otra cosa. • Prisa, urgencia, apremio.

apurón *s.m. América* Momento crítico, trance. • Mucha prisa.
aquejar *v.tr.* Sufrir una enfermedad, un padecimiento o un vicio.
aquel, lla, llo, llos, llas *adj. / s.* Formas del pronombre demostrativo que designan lo que está lejos del hablante y del oyente.
aquél, lla, llos, llas Formas sustantivas del pronombre demostrativo *aquel*.
aquelarre *s.m.* Reunión nocturna de brujas y brujos.
aquello *s.m.* Pronombre demostrativo neutro.
aquende *adv.* En la parte de acá. • *prep.* Más acá de, de la parte de acá.
aquenio *s.m.* Fruto seco, indehiscente, con una sola semilla no adherida al pericarpio.
aquerenciarse *v.prnl.* Tomar querencia o afición a un lugar.
aquí *adv.* En este lugar, acá.
aquiescencia *s.f.* Conformidad con lo que otro dice o hace.
aquiescente *adj.* Que consiente.
aquietar *v.tr. / prnl.* Poner calmo o quieto.
aquilatar *v.tr.* Medir los quilates. • Apreciar las cualidades de una persona.
aquilón *s.m.* Polo norte. • Viento norte.
1. ara *s.f.* Altar.
2. ara *s.f.* Ave subtropical de gran tamaño, de plumaje de variados colores.
árabe *adj. / s.m. y f.* De Arabia (Asia).
arabesco, ca *adj.* Arábigo. • *s.m.* Decoración arquitectónica que se basa en dibujos geométricos combinados con follajes, volutas, etc.
arábigo, ga *adj.* Relativo a Arabia. • Dícese del sistema de numeración que utiliza los símbolos del 0 al 9, para expresar un número. • Dícese de la goma que se extrae de una acacia; se usa en adhesivos, barnices, etc.
arácnido, da *adj. / s.m.* Dícese del invertebrado artrópodo, de cuatro pares de patas.
aracnoides *adj. / s.f.* Dícese de una de las membranas meníngeas que envuelven el encéfalo.
arado *s.m.* Instrumento o máquina agrícolas para arar.
araguato *s.m.* Mono aullador americano.
arahuaco, ca *adj. / s.* Dícese de un pueblo que habitó desde el alto Paraguay hasta las islas Lucayas.
arancel *s.m.* Tarifa para el cobro de ciertos servicios oficiales o particulares.
arancelario, ria *adj.* Relativo al arancel.
arándano *s.m.* Arbusto pequeño con cuyas bayas se hace vino.
arandela *s.f.* Pieza en forma de disco perforado para diversos usos.
araña *s.f.* Animal invertebrado de abdomen no segmentado, que teje telas para cazar a sus presas. • Lámpara colgante, de varios brazos.
arañar *v.tr.* Herir o rasguñar ligeramente con las uñas, un alfiler, etc.
arañazo *s.m.* Acción de arañar. • Señal que queda al arañar.
arar *v.tr.* Formar surcos en la tierra con el arado.
arara *s.m.* Ave trepadora de hermosos colores.
araucano, na *adj./s.* Dícese de un pueblo originario del sur de Chile. • *s.m.* Lengua hablada por ese pueblo.
araucaria *s.f.* Árbol de gran altura, originario de América del Sur y Oceanía.
arbitraje *s.m.* Acción o facultad de arbitrar. • Juicio del árbitro.
arbitrar *v.tr.* Proceder por libre elección. • *tr. / intr.* Actuar o juzgar como árbitro. • *prnl.* Encontrar la manera de hacer algo.
arbitrariedad *s.f.* Cualidad de arbitrario. • Acción arbitraria.
arbitrario, ria *adj.* Hecho por voluntad o por capricho, sin sujeción a leyes, normas o razones.
arbitrio *s.m.* Sentencia de un árbitro. • Facultad de decidir. • Medio para resolver un asunto. • Tributo o impuesto.
árbitro, tra *adj. / s.* Que puede obrar con independencia. • *s.m.* Juez en una disputa. • En los deportes, el que cuida de la aplicación del reglamento.
árbol *s.m.* Vegetal leñoso que se ramifica a cierta altura del suelo. • Pieza mecánica que sirve de eje en una máquina. • Palo o mástil de un buque.
arbolado, da *adj.* Que está poblado de árboles. • *s.m.* Conjunto de árboles.

arboladura *s.f.* Conjunto de palos y vergas de un buque.
arboleda *s.f.* Sitio con árboles.
arbóreo, a *adj.* Relativo al árbol.
arborescencia *s.f.* Cualidad de arborescente.
arborescente *adj.* Que crece como árbol o tiene sus características.
arboricida *adj./s.m.* Que destruye los árboles.
arborícola *adj.* Que vive en los árboles.
arboricultura *s.f.* Cultivo de los árboles.
arbusto *s.m.* Vegetal leñoso, de poca altura, que se ramifica desde la base.
arca *s.f.* Caja grande de madera o de metal, con tapa y cerradura. • Caja de caudales.
arcabucero *s.m.* Soldado armado de arcabuz.
arcabuz *s.m.* Arma antigua semejante al fusil.
arcada *s.f.* Serie de arcos o columnas. • Arco de un puente. • Contracción violenta del estómago que excita a vómito.
arcaico, ca *adj.* Muy antiguo y primitivo; anticuado.
arcaísmo *s.m.* Palabra o giro anticuados. • Limitación de lo antiguo.
arcángel *s.m.* Espíritu bienaventurado de orden superior a los ángeles.
arcano, na *adj.* Secreto, recóndito. • *s.m.* Lo que no se puede comprender ni descubrir; misterio.
arce *s.m.* Árbol de madera dura y valiosa.
arcediano *s.m.* Una de las dignidades en las iglesias catedrales.
arcilla *s.f.* Mineral constituido por silicatos de aluminio y otros elementos.
arcilloso, sa *adj.* Que tiene arcilla o se asemeja a ella.
arcipreste *s.m.* Cierta dignidad eclesiástica. • Presbítero con atribuciones sobre un territorio determinado.
arco *s.m.* Porción de una curva. • Estructura arquitectónica con forma curva. • Arma para disparar flechas. • Varilla de madera, provista de cerdas, que sirve para tocar el violín y otros instrumentos musicales. • En deportes, meta o portería.
arcón *s.m.* Arca grande.
archiduque, esa *s.* Príncipe o princesa de ciertas casas reales.
archipiélago *s.m.* Conjunto de islas agrupadas en una parte del mar.
archivador *s.m.* Mueble de oficina, caja o carpeta para archivar documentos, fichas, etc.
archivar *v.tr.* Guardar papeles, fichas o documentos en un archivo.
archivero, ra *s.* Persona que tiene a su cargo un archivo.
archivista *s.m.* y *f.* Archivero.
archivo *s.m.* Lugar donde se guardan libros y documentos. • Conjunto de esos libros y documentos. • En informática, espacio en la memoria de un ordenador para almacenar información.
archivolta *s.f.* Conjunto de molduras y adornos que decoran un arco.
arder *v.intr.* Estar una cosa encendida. • Sentir vivos deseos de algo.
ardid *s.m.* Astucia, arte o maña para lograr algo.
ardido, da *adj.* Valiente, intrépido. • *América* Irritado, enojado.
ardiente *adj.* Que arde. • Que causa ardor. • Apasionado, vehemente.
ardilla *s.f.* Mamífero roedor, arborícola, que utiliza las manos para llevar el alimento a la boca.
1. ardimiento *s.m.* Acción de arder.
2. ardimiento *s.m.* Valor, intrepidez, denuedo.
ardite *s.m.* Moneda antigua de escaso valor. • *no importar o no valer un ardite*: No importar o no valer nada.
ardor *s.m.* Calor grande. • Ansia, viveza. • Vehemencia. • Valentía, valor.
ardoroso, sa *adj.* Que tiene ardor. • Apasionado, fervoroso.
arduo, dua *adj.* Que exige mucho esfuerzo o es muy difícil.
área *s.f.* Espacio de tierra comprendido entre ciertos límites. • En geometría, superficie limitada, y su medida. • Medida agraria equivalente a cien metros cuadrados.
arena *s.f.* Conjunto de partículas de roca. • Lugar de un combate o una lucha. • Redondel de una plaza de toros.
arenal *s.m.* Extensión grande de terreno arenoso. • Suelo de arena movediza.

arenero, ra *adj. / s.* Que trasporta arena, o que la vende.
arenga *s.f.* Discurso que se pronuncia para enardecer los ánimos.
arengar *v.tr.* Dirigir una arenga.
arenilla *s.f.* Arena menuda.
arenisco, ca *adj.* Que tiene mezcla de arena. • *s.f.* Detrito de las rocas.
arenoso, sa *adj.* Que tiene arena o es de su naturaleza.
arenque *s.m.* Pez comestible, parecido a la sardina, pero de mayor tamaño.
areómetro *s.m.* Instrumento para medir la densidad de los líquidos.
arete *s.m.* Aro pequeño que llevan las mujeres como adorno en el lóbulo de la oreja.
argamasa *s.f.* Mezcla de cal, arena y agua, que se usa en albañilería.
arganeo *s.m.* Argolla en el extremo superior del ancla.
argelino, na *adj. / s.* De Argelia o de Argel (África).
argentado, da *adj.* Plateado.
argentífero, ra *adj.* Que contiene plata.
argentinismo *s.m.* Palabra o expresión peculiares del español de los argentinos.
argentino, na *adj.* Plateado. • Dícese del sonido, en especial el de la voz, claro y sonoro. • *adj. / s.* De la Argentina (América).
argolla *s.f.* Aro grueso que sirve para amarrar o asir una cosa.
argón *s.m.* Elemento gaseoso que se encuentra en la atmósfera (símbolo: *Ar*).
argucia *s.f.* Argumento falso bien presentado; sutileza, sofisma.
argüir *v.tr.* Deducir una cosa de otra. • Demostrar. • *tr. / intr.* Argumentar. • *intr.* Poner argumentos en contra de una opinión.
argumentación *s.f.* Acción y efecto de argumentar. • Conjunto de argumentos.
argumentar *v.tr. / intr.* Exponer razones o argumentos para probar una cosa.
argumento *s.m.* Razonamiento para demostrar una cosa. • Asunto de que trata una obra.
aria *s.f.* Composición musical para ser cantada por una sola voz.
aridez *s.f.* Cualidad de árido.
árido, da *adj.* Seco, estéril. • Aburrido, monótono. • Falto de vegetación. • *s.m.pl.* Semillas, granos y frutos secos.
ariete *s.m.* Máquina militar antigua para derrumbar murallas.
ario, ria *adj./s.* Indoeuropeo.
arisco, ca *adj.* Aspero, intratable. • Indómito, montaraz. • *América* Receloso, miedoso.
arista *s.f.* Recta que resulta de la intersección de dos planos. • Filamento del cascabillo del grano de los cereales.
aristocracia *s.f.* Gobierno de las personas más notables del estado. • Clase noble de una nación.
aristócrata *s.m. y f.* Individuo de la aristocracia.
aristocrático, ca *adj.* Perteneciente o relativo a la aristocracia.
aritmética *s.f.* Rama de la matemática que trata la teoría de los números y las operaciones fundamentales que con estos pueden efectuarse.
aritmético, ca *adj.* Perteneciente o relativo a la aritmética.
arlequín *s.m.* Personaje de la antigua comedia italiana, con traje a cuadros y antifaz. • *fam.* Persona ridícula.
arma *s.f.* Instrumento, medio o máquina para atacar o defenderse. • Cuerpo militar. • Cualquiera de las defensas naturales de los animales. • *pl.* Blasones de un escudo. • *arma blanca* La de hoja de acero.
armada *s.f.* Conjunto de las fuerzas navales de una nación.
armadía *s.f.* Conjunto de maderos unidos para poder conducirlos a flote.
armadillo *s.m.* Mamífero americano que tiene el cuerpo cubierto por un caparazón de placas córneas.
armador *s.m.* Persona que arma o equipa una nave. • Persona o empresa propietarias de barcos.
armadura *s.f.* Vestimenta de hierro que usaban los antiguos guerreros. • Armazón, en especial de un tejado.
armamento *s.m.* Conjunto de armas y municiones.
armar *v.tr. / prnl.* Proveer de armas a una persona o a un país. • Preparar

para la guerra. • Juntar entre sí las diferentes piezas de una cosa. • *tr.* Proveer a un barco de lo necesario para operar. • Urdir algo subrepticiamente. • *prnl.* Proveerse de lo necesario para un fin.

armario *s.m.* Mueble, generalmente cerrado, con puertas, anaqueles, cajones, etcétera.

armazón *s. ambig.* Conjunto de piezas para sostener un objeto, o sobre las cuales se arma una cosa.

armella *s.f.* Pieza en forma de anillo, con una espiga para clavarla o atornillarla.

armería *s.f.* Establecimiento donde se venden armas y municiones. • Museo de armas. • Arte de fabricarlas.

armero *s.m.* El que fabrica, arregla, vende o custodia armas. • Mueble para colocarlas.

armiño *s.m.* Mamífero carnívoro cuyo finísimo pelaje se utiliza en peletería.

armisticio *s.m.* Suspensión de la lucha por acuerdo de las partes beligerantes.

armonía *s.f.* Perfecta correspondencia entre las partes de un todo • Combinación de sonidos acordes. • Técnica de la formación de los acordes musicales. • Amistad, avenencia.

armónica *s.f.* Instrumento musical de viento que tiene orificios con lengüetas.

armónico, ca *adj.* Armonioso.

armonio *s.m.* Órgano pequeño, con apariencia de piano.

armonioso, sa *adj.* Que tiene armonía. • Agradable al oído.

armonizar *v.tr.* Poner en armonía. • *intr.* Estar en armonía.

arnés *s.m.* Armadura para la guerra. • *pl.* Guarniciones de las caballerías.

árnica *s.f.* Cierta planta de uso medicinal. • Tintura hecha con las flores de esa planta.

aro *s.m.* Pieza de hierro u otra materia rígida, en forma de circunferencia. • *América* Arete.

aroma *s.m.* Olor agradable; fragancia, perfume. • *f.* Flor del aromo.

aromático, ca *adj.* Que tiene aroma.

aromo *s.m.* Árbol forestal y ornamental, de flores amarillas y perfumadas.

arpa *s.f.* Instrumento musical con cuerdas verticales que se pulsan con ambas manos.

arpado, da *adj.* Con el borde dentado.

arpegio *s.m.* Sucesión rápida de sonidos musicales acordes.

arpía *s.f.* Monstruo fabuloso con rostro de mujer y cuerpo de ave de rapiña. • *fam.* Mujer perversa, o fea y flaca.

arpillera *s.f.* Tejido muy basto de estopa o de cáñamo.

arpista *s.m. y f.* Músico que toca el arpa.

arpón *s.m.* Instrumento de pesca con ganchos de hierro en la punta, para cobrar especies marinas de considerable tamaño.

arponar *v.tr.* Pescar con arpón.

arponear *v.tr.* Arponar.

arponero *s.m.* El que fabrica arpones. • El que pesca con arpón.

1. arquear *v.tr.* Dar forma de arco a una cosa. • *prnl.* Tomar forma de arco.

2. arquear *v.tr.* Medir la cabida de un barco.

1. arqueo *s.m.* Acción y efecto de arquear o dar forma de arco.

2. arqueo *s.m.* Acción de arquear o medir. • Cabida de un barco.

3. arqueo *s.m.* Inventario de dinero y otros valores, con fines de control.

arqueología *s.f.* Ciencia que estudia los monumentos y testimonios no escritos de la antigüedad.

arqueólogo, ga s. Persona que se dedica a la arqueología.

arquero *s.m.* Soldado que peleaba con arco y flecha. • En varios deportes, jugador que defiende la meta o arco.

arquetipo *s.m.* Ejemplar ideal de cualquier cosa o especie; prototipo.

arquidiócesis *s.f.* Diócesis arzobispal.

arquitecto, ta *s.* Profesional graduado en arquitectura.

arquitectónico, ca *adj.* Relativo a la arquitectura.

arquitectura *s.f.* Arte y ciencia de proyectar y dirigir la construcción de edificios, monumentos, etc.

arrabal *s.m.* Parte extrema de un barrio. • *pl.* Afueras.

arrabalero, ra *adj.*/s. Que habita en un arrabal. • *fam.* De modales vulgares.

arrabio *s.m.* Hierro colado.

arraigar *v.intr.* Echar raíces una planta. • *intr./prnl.* Hacerse muy firme un afecto. • *prnl.* Establecerse en un lugar.
arraigo *s.m.* Acción de arraigar.
arramblar *v.tr.* Dejar los ríos, arroyos o torrentes, el suelo cubierto de arena. • *tr./intr. fam.* Llevarse todo lo que hay en un lugar.
arrancada *s.f.* Partida violenta de una persona o un animal. • Comienzo del movimiento de una máquina o un vehículo.
arrancar *v.tr.* Sacar algo de raíz. • Quitar con violencia; arrebatar. • *intr.* Partir. • Iniciarse el funcionamiento de una máquina.
arranque *s.m.* Acción de arrancar. • Comienzo u origen de algo. • Impulso súbito.
arras *s.f.pl.* Lo que se da como prenda o seña al ajustar un contrato.
arrasar *v.tr.* Alisar. • Llenar un recipiente hasta el borde. • Destruir totalmente un edificio, un territorio, etc.
arrastrado, da *adj. fam.* Lleno de penurias.• *fam.* Maldito, condenado.
arrastrar *v.tr.* Llevar a una persona o cosa tras de sí, tirando de ella. • *prnl.* Moverse rozando el suelo con el cuerpo. • Humillarse indignamente.
arrastre *s.m.* Acción de arrastrar.
arrayán *s.m.* Mirto. • Árbol o arbusto característicos de las zonas australes de la Argentina y Chile.
arreada *s.f. América* Acción de arrear el ganado.
arreador *s.m.* Arriero. • *América* Látigo para arrear ganado.
1. arrear *v.tr.* Poner arreos.
2. arrear *v.tr.* Estimular a las caballerías para que anden.
arrebatado, da *adj.* Impetuoso, irreflexivo. • Encolerizado y violento. • Dicho del rostro o de su color, rojo.
arrebatar *v.tr.* Tomar o quitar con violencia. • *tr./prnl.* Embelesar. • *prnl.* Encolerizarse.
arrebato *s.m.* Pérdida pasajera del dominio de sí mismo. • Arrobamiento.
arrebol *s.m.* Coloración rojiza de las nubes. • Rubor de las mejillas.
arrebujar *v.tr.* Arrugar alguna cosa. • *tr./prnl.* Cubrir y envolver a una persona con la ropa.
arreciar *v.intr.* Hacerse más fuerte o violento.
arrecife *s.m.* Banco formado en el mar por rocas y poliperos, casi a flor de agua.
arredrar *v.tr./prnl.* Retraer, hacer volver atrás. • Amedrentar.
arreglado, da *adj.* Conforme a regla. • Ordenado o adornado.
arreglar *v.tr.* Sujetar a regla. • Poner en orden. • Acordar, concertar. • Poner nuevamente en condiciones de uso componer, reparar.
arreglo. *s.m.* Acción de arreglar. • Regla, orden. • Conciliación, acuerdo avenencia.
arrellanarse *v.prnl.* Acomodarse en un asiento extendiéndose en él.
arremangar *v.tr./prnl.* Remangar.
arremeter *v. intr.* Atacar con ímpetu.
arremetida *s.f.* Acción de arremeter.
arremolinarse *v.prnl.* Amontonarse en desorden personas, animales o cosas en movimiento.
arrendador, ra *adj./s.* Que da en arrendamiento una cosa. • Arrendatario.
arrendajo *s.m.* Pájaro que imita la voz de otras aves.
arrendamiento *s.m.* Acción de arrendar. • Contrato por el cual se arrienda. • Precio en que se arrienda.
arrendar *v.tr.* Alquilar.
arrendatario, ria *adj./s.* Que toma alguna cosa en arrendamiento.
1. arreo *s.m.* Atavío, adorno. • *pl.* Guarniciones de las caballerías.
2. arreo *s.m. América* Acción de arrear ganado.
arrepentimiento *s.m.* Acción de arrepentirse. • Estado del que se arrepiente.
arrepentirse *v.prnl.* Sentir pesar por algo que se ha hecho o ha dejado de hacerse.
arrestar *v.tr.* Poner preso; detener. • *prnl.* Arrojarse a ejecutar una acción ardua o peligrosa.
arresto *s.m.* Acción de arrestar. • Situación de arrestado. • *pl.* Determinación valerosa de realizar algo difícil.
arrevesado, da *adj.* Enrevesado.

arriar *v.tr.* Bajar las velas o las banderas.

arriba *adv.* En lo alto, en la parte superior. • Hacia lo alto. • Antes, en un escrito. • *interj.* Se usa para estimular a subir, levantarse o animarse.

arribar *v.intr.* Llegar a un lugar; en especial, una nave a un puerto.

arribeño, ña *adj. / s. América* Natural de las tierras altas.

arribista *s.m. y f.* Persona ambiciosa que progresa sin escrúpulos.

arribo *s.m.* Llegada.

arriendo *s.m.* Arrendamiento.

arriero *s.m.* Hombre que trajina con bestias de carga.

arriesgado, da *adj.* Que está expuesto a riesgos y peligros.

arriesgar *v.tr. / prnl.* Poner en riesgo; exponer. • Aventurar.

arrimar *v.tr. / prnl.* Poner cerca o casi tocándose; acercar. • *tr.* Arrumbar, arrinconar.

arrimo *s.m.* Acción de arrimar. • Proximidad. • Apoyo o amparo.

arrinconar *v.tr.* Poner en un rincón o en un lugar apartado. • Acorralar a una persona. • Poner fuera de uso; arrumbar.

arriscado, da *adj.* Lleno de riscos. • Atrevido o resuelto.

arritmia *s.f.* Falta de ritmo regular, en especial, del corazón.

arroba *s.f.* Unidad antigua de masa, de unos 12 kilogramos, variable según las regiones.

arrobamiento *s.m.* Efecto de arrobar. • Éxtasis.

arrobar *v.tr. / prnl.* Embelesar.

arrobo *s.m.* Arrobamiento.

arrodillarse *v.prnl.* Ponerse de rodillas.

arrogancia *s.f.* Cualidad y actitud de arrogante.

arrogante *adj.* Soberbio, altanero. • Valiente. • Airoso, gallardo.

arrogarse *v.prnl.* Atribuirse facultades.

arrojadizo, za *adj.* Que puede ser arrojado con facilidad.

arrojado, da *adj.* Intrépido, resuelto.

arrojar *v.tr.* Lanzar algo con violencia. • Despedir una cosa algo de sí. • Expulsar. • *fam.* Vomitar. • *prnl.* Lanzarse o precipitarse con violencia.

arrojo *s.m.* Intrepidez, osadía.

arrollado *s.m. América* Lonja de carne vacuna adobada y cocida. • Masa de confitería, delgada, rellena y arrollada.

arrollador, ra *adj.* Que arrolla.

arrollar *v.tr.* Enrollar. • Pasar una cosa en movimiento dañando todo lo que se le opone.

arropar *v.tr. / prnl.* Cubrir o abrigar con ropa.

arrope *s.m.* Mosto cocido. • *América* Dulce hecho con el zumo de ciertas frutas.

arrostrar *v.tr.* Afrontar o enfrentar peligros, molestias, etc.

arroyo *s.m.* Pequeña corriente de agua dulce.

arroz *s.m.* Planta anual que se cultiva en terrenos anegables; sus granos constituyen uno de los más importantes alimentos del hombre.

arrozal *s.m.* Terreno sembrado de arroz.

arruar *v.intr.* Gruñir el jabalí cuando es perseguido.

arruga *s.f.* Pliegue irregular en una cosa flexible. • Pliegue de la piel del cuerpo.

arrugar *v.tr. / prnl.* Hacer arrugas.

arruinar *v.tr. / prnl.* Causar o sufrir ruina. • Dañar o destruir.

arrullar *v.tr.* Cortejar con arrullo el palomo o el tórtolo. • Hacer dormir a un niño con un canto suave.

arrullo *s.m.* Canto monótono de los palomos y los tórtolos para atraer a las hembras. • Canto que arrulla.

arrumaco *s.m. fam.* Demostración de cariño hecha con palabras o gestos.

1. arrumbar *v.tr.* Poner una cosa inútil en lugar retirado.

2. arrumbar *v.intr.* En marina, fijar el rumbo de un barco.

arsenal *s.m.* Taller donde se construyen o reparan embarcaciones. • Depósito de armas de guerra.

arsénico *s.m.* No metal sólido y quebradizo, muy tóxico (símbolo: *As*).

arte *s.ambig* (en *pl.* es *f.*) Modo con que se hace algo. • Actividad mediante la cual el hombre se expresa estéticamente. • Conjunto de obras artísticas de una época, un país, etc. • Habilidad, maña. • *bellas artes* La pintura, la escultura y la arquitectura.

artefacto *s.m.* Artificio o máquina hechos con cierto arte.
artejo *s.m.* Nudillo. • En los artrópodos, cada una de las partes de los apéndices articulados.
artemisa *s.f.* Planta herbácea aromática y de propiedades medicinales.
arteria *s.f.* Vaso o conducto que lleva la sangre desde el corazón a distintas partes del organismo. • Calle importante.
artería *s.f.* Astucia, maña.
arterial *adj.* Relativo a las arterias.
arteriola *s.f.* Arteria pequeña.
arteriosclerosis *s.f.* Endurecimiento patológico de las arterias.
artero, ra *adj.* Astuto, mañoso.
artesa *s.f.* Cajón de madera para amasar el pan y para otros usos.
artesanal *adj.* Relativo a la artesanía.
artesanía *s.f.* Arte y obra de un artesano. • Conjunto de los artesanos.
artesano, na *adj.* Artesanal. • *s.* Persona que se dedica a un oficio manual.
artesiano, na *adj./s.m.* Dícese del pozo de agua en el cual esta brota libremente por su abertura.
artesón *s.m.* Adorno poligonal que se pone en techos y bóvedas.
artesonado, da *adj.* Adornado con artesones.
ártico, ca *adj.* Relativo al polo norte.
articulación *s.f.* Acción de articular. • Unión móvil de dos piezas mecánicas. • Unión de dos o más huesos entre sí.
articulado, da *adj.* Que tiene articulaciones. • *s.m.* Serie de artículos de una ley; un tratado, etc.
articular *adj.* Relativo a las articulaciones. • *v.tr./prnl.* Unir o enlazar dos cosas, en especial, dos piezas de un mecanismo. • *tr.* Pronunciar los sonidos con claridad.
articulista *s.m. y f.* Escritor de artículos para periódicos.
artículo *s.m.* Parte numerada de un tratado, una ley, etc. • Cada una de las divisiones de un diccionario encabezadas con un vocablo. • Escrito de cierta extensión. • Objeto comerciable. • Clase de las palabras antepuestas al sustantivo, que señalan su género y número.
artífice *s.m. y f.* Persona que es causa de algo. • Artesano.
artificial *adj.* Hecho por el hombre. • Poco sincero; afectado, falso.
artificio *s.m.* Habilidad o ingenio para obtener determinado efecto. • Cosa con que se trata de ocultar lo natural.
artificioso, sa *adj.* Hecho con artificio, sin naturalidad.
artilugio *s.m.* Mecanismo de poca importancia o provisional. • Ardid o maña.
artillar *v.tr.* Armar con artillería.
artillería *s.f.* Arte de construir, conservar y usar armas y máquinas de guerra. • Conjunto de esos elementos. • Cuerpo militar destinado a su servicio.
artillero *s.m.* El que tiene por profesión la artillería. • Soldado del arma de artillería.
artimaña *s.f.* Engaño hábil, ardid. • Trampa para cazar animales.
artista *s.m. y f.* Persona que ejercita alguna de las bellas artes.
artístico, ca *adj.* Relativo al arte, en especial a las bellas artes.
artrítico, ca *adj./s.* Que padece artritis.
artritis *s.f.* Inflamación de las articulaciones.
artritismo *s.m.* Conjunto de enfermedades ocasionadas por deficiencias de los procesos metabólicos.
artrópodo, da *adj./s.m.* Dícese del animal invertebrado, con cuerpo y apéndices articulados.
arveja *s.f.* Planta anual, trepadora, cultivada para alimentación del ganado. • *América* Guisante.
arzobispado *s.m.* Dignidad de arzobispo, territorio de su jurisdicción y palacio que habita.
arzobispal *adj.* Relativo al arzobispo.
arzobispo *s.m.* Prelado revestido de dignidad superior a la de los obispos.
arzón *s.m.* Cierta pieza de la silla de montar.
as *s.m.* Antigua moneda romana. • Naipe que lleva el número uno. • *fam.* El que sobresale en alguna actividad.
asa *s.f.* Parte sobresaliente de ciertos objetos, que sirve para asirlos.
asadera *s.f.* Fuente en que se asa la carne.

asado *s.m.* Carne asada. • *América* Fiesta en el campo en la que se sirven asado y achuras.
asador *s.m.* Utensilio donde se pone al fuego lo que se quiere asar.
asalariado, da *adj.* / *s.* Dícese del que recibe un salario por su trabajo.
asaltante *adj.* / *s.m. y f.* Dícese del que asalta para robar.
asaltar *v.tr.* Atacar una plaza, una fortaleza, etc. • Atacar repentinamente a alguien, en especial para robarle • Ocurrir súbitamente a alguien un pensamiento, una enfermedad, etc.
asalto *s.m.* Acción de asaltar. • En esgrima, combate simulado.
asamblea *s.f.* Reunión de personas convocadas para un fin determinado.
asambleísta *s.m. y f.* Persona que integra una asamblea.
asar *v.tr.* Cocer alimentos mediante la acción directa del fuego. • *tr.* / *prnl.* Causar mucho calor, o sentirlo.
asbesto *s.m.* Mineral similar al amianto.
ascendencia *s.f.* Con respecto a alguien, conjunto de personas de las que desciende.
ascendente *adj.* Que asciende.
ascender *v.intr.* Ir a un sitio más alto. • Pasar a un cargo, posición social, etc., superiores. • *tr.* Promover a un empleo superior.
ascensión *s.f.* Ascenso. • *prop.* Ascenso de Jesucristo a los cielos.
ascenso *s.m.* Acción de ascender.
ascensor *s.m.* Aparato para elevar personas o cosas.
ascensorista *s.m. y f.* Persona que maneja o repara ascensores.
asceta *s.m. y f.* Persona que practica el ascetismo.
ascético, ca *adj.* Relativo al ascetismo o a los ascetas.
ascetismo *s.m.* Doctrina moral que predica la austeridad y la perfección espiritual.
asco *s.m.* Sensación desagradable que incita a vomitar. • Repulsión, repugnancia.
ascua *s.f.* Brasa.
aseado, da *adj.* Limpio y ordenado.
asear *v.tr.* Limpiar y ordenar.
asechanza *s.f.* Engaño para atraer a alguien a una situación dañosa.
asecho *s.m.* Asechanza.
asediar *v.tr.* Sitiar. • Molestar con preguntas, pretensiones, etc.
asedio *s.m.* Acción de asediar.
asegurado, da *adj.*/s. Que ha contratado un seguro.
asegurar *v.tr.* Dejar segura o fija una cosa; afianzar, afirmar. • Preservar. • Resguardar de pérdida o desgracia mediante un seguro. • *tr.* / *prnl.* Dejar seguro a alguien de la certeza de una cosa.
asemejar *v.tr.* Hacer una cosa semejante a otra. • *prnl.* Semejar, parecerse.
asentado, da *adj.* Juicioso.
asentar *v.tr.* / *prnl.* Sentar. • Colocar a alguien en una dignidad. • Fijar en un sitio. • Establecer una población. • *tr.* Aplanar, alisar. • Anotar algo para que conste. • Afirmar o dar por cierto.
asentimiento *s.m.* Acción de asentir.
asentir *v.intr.* Mostrarse de acuerdo con lo que otro afirma o propone.
aseo *s.m.* Acción de asear. • Estado de aseado; pulcritud.
asépalo, la *adj.* Dícese de la flor que carece de sépalos.
asepsia *s.f.* Ausencia de gérmenes infecciosos. • Conjunto de procedimientos para mantener una cosa libre de gérmenes infecciosos.
aséptico, ca *adj.* Relativo a la asepsia.
asequible *adj.* Accesible.
aserción *s.f.* Aseveración.
aserradero *s.m.* Lugar donde se asierra, en especial madera.
aserrar *v.tr.* Cortar con la sierra madera u otros materiales.
aserrín *s.m.* Conjunto de partículas que se desprenden de la madera o de otro material al aserrarlos.
aserto *s.m.* Aseveración.
asesinar *v.tr.* Matar con alevosía y premeditación.
asesinato *s.m.* Acción de asesinar.
asesino, na *adj.* / *s.* Que asesina.
asesor, ra *adj.* / *s.* Que asesora.
asesoramiento *s.m.* Acción de asesorar.
asesorar *v.tr.* Dar consejo sobre asuntos de su competencia. • *prnl.* Tomar consejo de alguien competente.

asestar *v.tr.* Descargar un golpe, un tiro, etc.
aseveración *s.f.* Acción de aseverar; aserción, aserto.
aseverar *v.tr.* Dar por cierta una cosa; afirmar, asegurar.
asexuado, da *adj.* Sin diferenciación de sexo, o que carece de sexo.
asexual *adj.* Asexuado. • Que se reproduce sin intervención del sexo.
asfaltar *v.tr.* Recubrir con asfalto.
asfalto *s.m.* Especie de betún negro que se emplea para pavimentar.
asfixia *s.f.* Suspensión de la respiración por estrangulamiento, acción de gases irrespirables, etc.
asfixiante *adj.* Que asfixia.
asfixiar *v.tr./prnl.* Producir asfixia.
así *adv.* De esta manera. • *conj. subord.* Aunque.
asiático, ca *adj./s.* De Asia.
asidero *s.m.* Asa, mango. • Justificación o apoyo.
asiduidad *s.f.* Cualidad de asiduo.
asiduo, dua *adj.* Frecuente, constante.
asiento *s.m.* Acción de asentar. • Mueble o cualquier cosa que se usa para sentarse en ellos. • Lugar donde está asentado algo. • Poso de un líquido. • Anotación.
asignación *s.f.* Acción de asignar. • Cantidad de dinero que se destina a sueldo u otro fin.
asignar *v.tr.* Determinar lo que corresponde a una persona o cosa. • Determinar que alguien o algo ocupen cierto lugar o cierta función.
asignatura *s.f.* Cada una de las ciencias o actividades que forman un plan de estudios.
asilar *v.tr.* Internar en un asilo. • *tr./prnl.* Dar asilo, o tomarlo alguien.
asilo *s.m.* Establecimiento de beneficencia donde se recoge a los desamparados. • Acción de asilar. • Amparo, refugio.
asimetría *s.f.* Falta de simetría.
asimétrico, ca *adj.* Que no tiene simetría.
asimilado, da *adj./s.* Dícese de la persona civil que ejerce su profesión en dependencias militares.
asimilar *v.tr.* Considerar algo como similar a otra cosa. • Convertir los organismos vivientes en materia propia las sustancias nutritivas que toman para su desarrollo.
asimismo *adv.* También, del mismo modo.
asíntota *s.f.* Recta a la que se aproxima cada vez más una curva sin llegar a cortarla.
asir *v.tr./prnl.* Sujetar, agarrar.
asirio, ria *adj./s.* De Asiria (región del Asia antigua).
asísmico, ca *adj.* Dícese de las construcciones que resisten los sismos de relativa intensidad.
asistencia *s.f.* Acción de asistir a cierto lugar. • Conjunto de las personas que asisten a un lugar. • Auxilio, ayuda.
asistente, ta *adj./s.* Que asiste. • *s.m.* Soldado destinado al servicio personal de un oficial.
asistir *v.intr.* Concurrir. • *tr.* Acompañar a alguien prestándole ciertos servicios. • Auxiliar, socorrer.
asma *s.f.* Enfermedad que se manifiesta por accesos de sofocación.
asmático, ca *adj./s.* Que padece asma.
asnal *adj.* Relativo al asno.
asno, na *s.* Animal parecido al caballo, pero más pequeño, que se emplea como animal de carga. • *s./adj.* Persona de poco entendimiento.
asociación *s.f.* Acción de asociar. • Conjunto de personas que se unen para un fin común.
asociado, da *adj./s.* Que acompaña a otro en una comisión. • *s.* El que forma parte de una asociación.
asocial *adj.* Que no se integra al cuerpo social.
asociar *v.tr./prnl.* Unir a personas o cosas para un determinado fin.
asolar *v.tr.* Destruir totalmente; arrasar, devastar.
asolear *v.tr.* Poner una cosa al sol. • *prnl.* Acalorarse por andar al sol.
asomar *v.intr.* Empezar a mostrarse. • *tr./prnl.* Dejar ver algo por una abertura o por detrás de alguna parte.
asombrar *v.tr./prnl.* Impresionar algo extraordinario o inesperado.

asombro *s.m.* Acción de asombrar. • Cosa que asombra.
asombroso, sa *adj.* Que causa asombro.
asomo *s.m.* Indicio o señal.
asonada *s.f.* Levantamiento para protestar contra las autoridades.
asonancia *s.f.* Rima entre dos o más vocablos cuyas vocales son iguales a partir de la última acentuada.
asonantar *v.intr.* Tener asonancia. • *tr.* Emplear palabras asonantes.
asonante *adj.* Que tiene asonancia.
aspa *s.f.* Conjunto de dos maderos cruzados en forma de X. • En los molinos de viento, armazón exterior de esa forma. • Instrumento usado para hacer madejas.
aspaviento *s.m.* Demostración exagerada de admiración, temor, etc.
aspecto *s.m.* Manera de mostrarse una persona o cosa a la vista o a la consideración; apariencia.
aspereza *s.f.* Cualidad de áspero.
asperjar *v.tr.* Rociar un líquido.
áspero, ra *adj.* No suave al tacto. • Desagradable por su falta de suavidad o dulzura.
aspersión *s.f.* Acción de asperjar.
aspersor *s.m.* Aparato para asperjar; en especial, el que se usa para riego.
áspid *s.m.* Cierta víbora africana muy venenosa.
aspillera *s.f.* Abertura estrecha en un muro, para disparar por ella.
aspiración *s.f.* Acción de aspirar o introducir el aire en los pulmones. • Deseo de obtener algo.
aspirador, ra *adj./s.f.* Dícese del aparato que quita el polvo, absorbiéndolo.
aspirante *adj.* Que aspira. • *s.m. y f.* Persona que aspira a obtener un empleo, título, etc.
aspirar *v.tr./intr.* Introducir el aire de la respiración en los pulmones a través de la nariz o la boca. • Absorber una máquina gases, líquidos o polvo. • *intr.* Desear algo haciendo lo necesario para conseguirlo.
aspirina *s.f.* Sustancia blanca, poco soluble en agua, que se usa en medicina como analgésico, antipirético y antiinflamatorio.
asquear *v.tr./prnl.* Causar asco.
asquerosidad *s.f.* Suciedad que produce asco.
asqueroso, sa *adj.* Que produce asco; repelente, repugnante.
asta *s.f.* Palo de la lanza u otra arma semejante. • Palo de la bandera. • Cuerno que tienen algunos animales.
astado, da *adj./s.* Que tiene astas o cuernos.
ástato *s.m.* Elemento radiactivo muy inestable (símbolo: *At*).
astenia *s.f.* Debilidad general del organismo.
asterisco *s.m.* Signo ortográfico en forma de pequeña estrella (*).
asteroide *s.m.* Cualquier planeta pequeño perteneciente al sistema solar.
astigmatismo *s.m.* Defecto del cristalino del ojo, o de una lente, que origina deformación de las imágenes.
astil *s.m.* Mango largo de las palas, azadas, etc. • Eje de la pluma de ave.
astilla *s.f.* Fragmento que se desprende de un objeto de madera que se rompe.
astillar *v.tr./prnl.* Hacer astillas.
astillero *s.m.* Establecimiento donde se construyen y reparan barcos.
astracán *s.m.* Piel muy fina y de pelo rizado, que se obtiene del cordero nonato o recién nacido, de raza caracul.
astrágalo *s.m.* Uno de los huesos del tarso. • Cordón o anillo que rodean una columna.
astral *adj.* Relativo a los astros.
astricción *s.f.* Acción de astringir.
astringir *v.tr.* Contraer los tejidos orgánicos. • Sujetar, constreñir.
astro *s.m.* Cualquiera de los cuerpos celestes del universo. • Persona que se destaca en el teatro, deporte, etc.
astrofísica *s.f.* Parte de la astronomía que estudia la naturaleza y evolución de los astros.
astrolabio *s.m.* Instrumento astronómico para medir la altura de los astros sobre el horizonte.
astrología *s.f.* Ciencia que estudia la posible influencia de los astros sobre los acontecimientos y las personas.
astrólogo, ga *s.* Persona que cultiva la astrología.

astronauta *s.m.* y f. Tripulante de una astronave [sinón.: *cosmonauta*].
astronáutica *s.f.* Navegación en el espacio extraterrestre, y ciencia que la estudia.
astronave *s.f.* Vehículo para navegar por el espacio cósmico.
astronomía *s.f.* Ciencia que estudia los astros que existen en el espacio.
astrónomo, ma *s.* Persona que se dedica a la astronomía.
astucia *s.f.* Cualidad de astuto. • Ardid, artimaña.
astuto, ta *adj.* Hábil para conseguir lo que desea con engaños y ardides.
asueto *s.m.* Vacación por una tarde, un día o un tiempo breve.
asumir *v.tr.* Tomar para sí alguna responsabilidad o trabajo.
asunceño, ña *adj.*/*s.* De Asunción (Paraguay).
asunción *s.f.* Acción de asumir. • *prop.* Elevación de la Virgen María a los cielos.
asunto *s.m.* Cosa de que se trata. • Argumento. • Actividad lucrativa.
asustadizo, za *adj.* Que se asusta con facilidad.
asustar *v.tr.*/*prnl.* Dar o causar susto.
atabal *s.m.* Especie de tambor con un solo parche. • Timbal.
atacar *v.tr.* Obrar para causar algún daño; acometer, embestir. • Apretar una cosa dentro de un recipiente. • Criticar, impugnar. • Sobrevenir una enfermedad, un deseo, etc.
atadero *s.m.* Cosa que se usa para atar. • Parte por donde se ata algo.
atado *s.m.* Conjunto de cosas atadas.
atadura *s.f.* Acción de atar. • Ligadura.
ataguía *s.f.* Dique provisional para contener el agua durante la construcción de una obra hidráulica.
atajada *s.f.* *América* Acción de atajar.
atajar *v.intr.* Ir por un atajo. • *tr.* Impedir el paso de una persona saliendo a su encuentro por un atajo. • Detener la acción de una persona o el curso de una cosa.
atajo *s.m.* Camino más corto.
atalaya *s.f.* Torre o eminencia para vigilar la lejanía. • *m.* Vigía.
atañer *v.intr.* Incumbir, concernir.
ataque *s.m.* Acción de atacar. • Acción de sobrevenir una enfermedad, un sentimiento, etc.; acceso.
atar *v.tr.* Unir o sujetar con hilo, cuerda, soga, etc. • *tr.*/*prnl.* Impedir el movimiento o la acción.
atardecer *v.intr.unipers.* Empezar a debilitarse la luz del día. • *s.m.* Última hora de la tarde.
atarear *v.tr.* Señalar una tarea. • *tr.*/*prnl.* Hacer trabajar mucho, o entregarse mucho a un trabajo.
atascadero *s.m.* Lugar cenagoso donde es fácil atascarse. • Estorbo.
atascamiento *s.m.* Acción de atascar.
atascar *v.tr.*/*prnl.* Obstruir una cosa el paso por un conducto, camino, etc. • *prnl.* Quedarse detenido por un obstáculo.
ataúd *s.m.* Caja en que se pone un cadáver, féretro.
ataviar *v.tr.* Vestir y adornar; engalanar.
atávico, ca *adj.* Que procede de antepasados lejanos.
atavismo *s.m.* Semejanza con los ascendientes más lejanos.
ataxia *s.f.* Falta de coordinación de los movimientos voluntarios.
ateísmo *s.m.* Opinión o doctrina del que es ateo.
atelaje *s.m.* Guarniciones de las bestias de tiro y de carga.
ateles *s.m.* Cierto mono muy ágil que tiene cola y patas prensiles.
atemorizar *v.tr.*/*prnl.* Causar temor, o sentirlo; asustar.
atemperar *v.tr.* Moderar, templar. • Hacer que una cosa se corresponda con otra.
atenacear *v.tr.* Torturar. • Afligir a una persona el remordimiento, una pena, etc.
atención *s.f.* Acción y facultad de atender. • Demostración de respeto y cortesía. • *interj.* Se usa para avisar.
atender *v.intr.*/*tr.* Aplicar los sentidos y la mente a las cosas que suceden o se hacen. • Tener en cuenta cierta circunstancia, deseo, opinión, etc. • Cuidar.

ateneo *s.m.* Asociación científica, artística o literaria.
atenerse v.*prnl.* Ajustarse una persona en su conducta a ciertas reglas. • Conformarse con las consecuencias de una acción.
ateniense *adj.* / *s.m. y f.* De Atenas (Grecia).
atentado *s.m.* Acción de atentar. • Agresión al Estado o a una autoridad.
atentar *v.intr.* Cometer un atentado. menoscabar un principio, un derecho, etcétera.
atentatorio, ria *adj.* Que atenta contra alguna cosa.
atento, ta *adj.* Que pone atención. • Cortés, amable.
atenuación *s.f.* Acción de atenuar.
atenuar *v.tr.* Hacer más leve la fuerza, intensidad o importancia de algo.
ateo, a *adj.* / *s.* Que no cree en la existencia de Dios.
aterciopelado, da *adj.* Semejante al terciopelo.
aterirse *v.prnl.* Paralizarse por el frío excesivo.
atérmano, na *adj.* Atérmico.
atérmico, ca *adj.* Que difícilmente da paso al calor.
aterrador, ra *adj.* Que aterra.
aterrajar *v.tr.* Hacer roscas o molduras con la terraja.
aterrar *v.intr.* Bajar hasta el suelo. • *tr.* / *prnl.* Aterrorizar.
aterrizaje *s.m.* Acción de aterrizar.
aterrizar *v.intr.* Posarse sobre la tierra un avión.
aterrorizar *v.tr.* / *prnl.* Causar terror, o sentirlo; aterrar, horrorizar.
atesorar *v.tr.* Reunir y guardar cosas de valor.
atestar *v.tr.* Llenar una cosa totalmente apretando el contenido.
atestiguar *v.tr.* Afirmar cierta cosa como testigo; declarar.
atezado, da *adj.* Que tiene la piel muy tostada por el sol. • De color negro.
atiborrar *v.tr.* / *prnl.* Llenar totalmente, en especial con cosas inútiles; abarrotar, atestar. • Hacer comer en exceso; hartar.
ático, ca *adj.* / *s.* Del Ática (Grecia).
atildado, da *adj.* Muy pulcro o excesivamente arreglado.
atildar *v.tr.* Arreglar a una persona cuidadosa o excesivamente.
atinar *v.intr.* Acertar con un proyectil. • Encontrar por casualidad lo que se busca o necesita.
atinente *adj.* Que se refiere a determinada cosa; referente, relativo.
atingente *adj.* Atinente.
atípico, ca *adj.* Que no pertenece a un tipo determinado: *un hecho atípico*.
atiplado, da *adj.* Dícese de la voz o el sonido muy agudos.
atiplar *v.tr.* / *prnl.* Elevar la voz o el sonido de un instrumento hasta el registro de la tiple.
atisbar *v.tr.* Mirar con cuidado y disimulo.
atisbo *s.m.* Acción de atisbar. • Comienzo todavía débil de una cosa; indicio, vislumbre.
atizar *v.tr.* Avivar la lumbre removiendo los tizones o la ceniza. • Excitar pasiones o discordias.
atlante *s.m.* En arquitectura, estatua de hombre usada como columna.
atlántico, ca *adj.* Relativo al océano Atlántico.
atlas *s.m.* Colección de mapas geográficos.
atleta *s.m. y f.* Persona que practica deportes en los que se emplea la fuerza, la velocidad o la destreza físicas. • Persona robusta y fuerte.
atlético, ca *adj.* Relativo al atleta o al atletismo.
atletismo *s.m.* Deporte que comprende carreras, saltos y lanzamientos.
atmósfera o **atmosfera** *s.f.* Envoltura gaseosa que rodea la Tierra.
atmosférico, ca *adj.* Relativo a la atmósfera.
atole *s.m.* En América, bebida hecha con harina hervida en agua o leche.
atolón *s.m.* Isla de coral.
atolondrado, da *adj.* Aturdido.
atolondrar *v.tr.*/*prnl.* Aturdir.
atolladero *s.m.* Atascadero (lugar). • Situación incómoda o difícil.
atómico, ca *adj.* Relativo al átomo.
atomizar *v.tr.* Dividir en partes muy pe-

queñas. • Esparcir un líquido en gotas pequeñísimas; pulverizar.
átomo *s.m.* Partícula elemental de la materia, que conserva sus cualidades y puede intervenir en las reacciones químicas. • Cosa muy pequeña.
atonía *s.f.* Debilidad de los tejidos orgánicos. • Falta de voluntad o energía.
atónito, ta *adj.* Estupefacto.
átono, na *adj.* Dícese de las vocales, sílabas o partículas que no se pronuncian acentuadas.
atontamiento *s.m.* Estado de atontado.
atontar *v.tr./prnl.* Dejar tonto. • Aturdir.
atorar *v.tr./intr./prnl.* Atascar. • *prnl.* Atragantarse.
atormentar *v.tr.* Dar tormento a un reo para que confiese. • Causar mucho dolor o inquietud.
atornillar *v.tr.* Hacer girar un tornillo para introducirlo en un sitio. • Sujetar con tornillos.
atorrante *s.m.fam. América* Vagabundo harapiento. • Persona sin escrúpulos ni vergüenza.
atosigar *v.tr.* Envenenar. • Fatigar a alguien dándole muchas tareas.
atrabiliario, ria *adj.* Irascible, irritable.
atracadero *s.m.* Lugar para amarrar una embarcación.
atracador, ra *s.* El que asalta para robar; asaltante.
1. atracar *v.tr./intr.* Arrimar un barco a tierra o a otro barco. • *tr.* Asaltar a una persona para robarle.
2. atracar *v.tr./prnl.* Hacer comer y beber con exceso.
atracción *s.f.* Acción de atraer. • Cosa o fuerza que atraen.
atraco *s.m.* Acción de atracar o asaltar.
atractivo, va *adj.* Agradable, grato. • *s.m.* Cualidad de una persona o cosa que las hace deseables.
atraer *v.tr.* Traer hacia sí una cosa. • Provocar ciertos sentimientos o la atención de los demás.
atragantarse *v.prnl.* Tener en la garganta una cosa que la obstruye.
atrancar *v.tr.* Asegurar con una tranca. • *tr./prnl.* Atascar.
atrapamoscas *s.m.* Planta americana cuyas hojas atrapan insectos y los digieren.
atrapar *v.tr.* Apresar, capturar. • *fam.* Atraer con astucia.
atraque *s.m.* Acción de atracar un barco. • Muelle donde se atraca.
atrás *adv.* En la parte posterior. • Expresa tiempo pasado.
atrasado, da *adj.* Situado más atrás de lo normal. • No actual.
atrasar *v.tr.* Retardar. • *intr./prnl.* Marchar más lentamente de lo habitual. • *prnl.* Quedarse atrás.
atraso *s.m.* Efecto de atrasar. • *pl.* Rentas vencidas y no cobradas.
atravesado, da *adj.* Que es un poco bizco. • De mala intención o mal carácter.
atravesar *v.tr.* Pasar por un lugar de un lado al otro; cruzar. • Hacer pasar de parte a parte. • Poner algo oblicuamente. • *tr./prnl.* Interponer.
atrayente *adj.* Que atrae; atractivo, encantador.
atreverse *v/prnl.* Determinarse a hacer una cosa difícil o arriesgada. • Insolentarse.
atrevido, da *adj./s.* Que se atreve; audaz, osado. • Insolente.
atrevimiento *s.m.* Acción de atreverse.
atribución *s.f.* Acción de atribuir. • Facultad que una persona tiene por su cargo.
atribuir *v.tr.* Culpar, imputar o achacar cierta cosa. • Suponer ciertas cualidades en una persona o cosa. • Asignar una función.
atribular *v.tr./prnl.* Acongojar, angustiar.
atributivo, va *adj.* Que indica un atributo o cualidad.
atributo *s.m.* Cualidad propia de un ser. • Insignia, símbolo. • Modificador directo de un vocablo; en especial, el adjetivo que modifica a un sustantivo.
atrición *s.f.* Dolor por haber pecado y merecido castigo.
atril *s.m.* Soporte donde se colocan libros o papeles abiertos para leerlos con comodidad.
atrincherar *v.tr.* Fortificar con trincheras. • *prnl.* Resguardarse del enemigo en una trinchera.
atrio *s.m.* Patio interior de los conventos y otros edificios. • Pórtico de entrada de algunos templos y palacios.

atrito, ta *adj.* Que siente atrición.
atrocidad *s.f.* Cualidad de atroz. • Dicho o hecho atroces.
atrofia *s.f.* Falta de desarrollo o reducción de tamaño de un órgano.
atrofiar *v.tr./prnl.* Producir atrofia.
atronar *v.tr.* Producir un ruido que ensordece.
atropellado, da *adj.* Que actúa con precipitación.
atropellar *v.tr.* Pasar por encima de alguien o algo, causándoles daño. • Empujar o derribar. • Agraviar abusando de la fuerza o poder. • *prnl.* Apresurarse en exceso.
atropello *s.m.* Acción de atropellar.
atroz *adj.* Cruel, inhumano. • Tan intenso o malo, que no se puede soportar.
atuendo *s.m.* Conjunto de vestidos y adornos que se pone una persona.
atufar *v.tr./prnl. fam.* Enojar, irritar.
atún *s.m.* Pez marino, comestible, cuya pesca se hace en gran escala por el valor económico de su carne.
aturdido, da *adj.* Que actúa sin serenidad o sin reflexión.
aturdimiento *s.m.* Perturbación momentánea producida por un golpe, una gran emoción, etc. • Falta de serenidad.
aturdir *v.tr.* Provocar aturdimiento.
aturullar *v.tr./prnl. fam.* Turbar, confundir.
atusar *v.tr.* Alisar el peinado, el bigote, etc. • Recortar el pelo.
audacia *s.f.* Cualidad de audaz; atrevimiento, osadía.
audaz *adj./s.m. y f.* Capaz de enfrentar cualquier dificultad o peligro; osado, valiente.
audible *adj.* Dícese de los sonidos que pueden ser oídos por el hombre.
audición *s.f.* Acción de oír. • Facultad de oír. • Concierto o recital públicos.
audiencia *s.f.* Acto de recibir una autoridad a una persona y oír lo que esta expone. • Cierto tribunal de justicia. • Conjunto de personas que atienden un programa de radio o televisión.
audífono *s.m.* Aparato que se aplica al oído para mejorar la audición.
audimetría *s.f.* Medición de la sensibilidad auditiva de una persona.
audio *s.m.* Apócope de *audiofrecuencia*.
audiofrecuencia *s.f.* Frecuencia correspondiente a la de los sonidos que percibe el oído humano.
audiovisual *adj./s.m.* Que se refiere conjuntamente al oído y a la vista.
auditivo, va *adj.* Relativo al oído.
auditor *s.m.* Persona designada para efectuar la revisión de la contabilidad de una empresa.
auditorio *s.m.* Conjunto de oyentes. • Sala destinada a conciertos, conferencias, etc.
auge *s.m.* Momento de mayor grandeza de algo; apogeo, plenitud.
augurar *v.tr.* Anunciar algo que ha de suceder; predecir.
augurio *s.m.* Anuncio de algo que ha de ocurrir.
augusto, ta *adj.* Que merece veneración.
aula *s.f.* Salón para dar clase.
áulico, ca *adj.* Perteneciente a la corte o al palacio.
aullar *v.intr.* Dar aullidos.
aullido *s.m.* Voz prolongada y quejumbrosa del lobo o del perro.
aumentar *v.tr/intr.* Hacer que una cosa se vuelva más grande, importante, etc.; acrecentar, incrementar.
aumentativo, va *adj.* Que aumenta. • *adj./s.m.* Dícese de las palabras que presentan una cosa agrandada en tamaño, intensidad, etc.
aumento *s.m.* Acción y efecto de aumentar.
aun *adv.* Inclusive.
aún *adv.* Todavía.
aunar *v.tr.* Hacer concordar cosas distintas para un mismo fin.
aunque *conj.* Por más que, no obstante.
1. aura *s.f.* Viento suave y fresco.
2. aura *s.f.* Especie de buitre de América.
áureo, a *adj.* De oro.
aureola o **auréola** *s.f.* Círculo luminoso que se representa detrás de la cabeza de las imágenes santas. • Fama o gloria que rodean a una persona.
aurícula *s.f.* Cada una de las dos cavidades situadas en la parte superior del corazón.
1. auricular *adj.* Relativo al oído. • *s.m.*

En telefonía, radio, etc., aparato que se aplica al oído para escuchar.
2. auricular *adj.* De la aurícula.
aurífero, ra *adj.* Que lleva o contiene oro.
auriga *s.m.* Cochero.
aurora *s.f.* Luz rosada que precede a la salida del Sol. • Primeros tiempos de alguna cosa.
auscultación *s.f.* Acción de auscultar.
auscultar *v.tr.* Escuchar los sonidos del tórax o del abdomen para descubrir enfermedades.
ausencia *s.f.* Estado de ausente o tiempo en que se está ausente.
ausentarse *v.prnl.* Irse temporariamente de un lugar.
ausente *adj.* / *s.m. y f.* Que no está en un sitio determinado.
auspiciar *v.tr.* Proteger, patrocinar.
auspicio *s.m.* Agüero, augurio. • Protección que ofrece cierta autoridad para impulsar una empresa; patrocinio.
austeridad *s.f.* Cualidad de austero.
austero, ra *adj.* Que se limita sólo a lo necesario, prescindiendo de lo superfluo. • Rígido, severo.
austral *adj.* Perteneciente al hemisferio sur.
australiano, na *adj.* / *s.* De Australia (Oceanía).
austriaco, ca o **austríaco, ca** *adj.* / *s.* De Austria (Europa).
autarquía *s.f.* Autosuficiencia económica de un país. • Condición legal de un ente que le permite administrarse por sí mismo.
autárquico, ca *adj.* Relativo a la autarquía.
autenticar *v.tr.* Legitimar un documento o una firma.
autenticidad *s.f.* Cualidad de auténtico.
auténtico, ca *adj.* Legítimo, verdadero. • Autorizado o legalizado.
1. auto *s.m.* Resolución de un juez. • Obra dramática breve, generalmente alegórica y con tema religioso.
2. auto *s.m.* Apócope de automóvil.
autobiografía *s.f.* Biografía de una persona escrita por ella misma.
autobomba *s.f.* Vehículo automóvil provisto de los elementos necesarios para combatir incendios.
autobús *s.m.* Ómnibus.
autocar *s.m.* Ómnibus para el servicio de carretera, generalmente usado en turismo.
autocine *s.m.* Cinematógrafo al aire libre en que se puede ver el filme desde el automóvil.
autoclave *s.f.* Aparato para esterilizar a altas temperaturas.
autocracia *s.f.* Sistema de gobierno basado en la voluntad de un solo hombre.
autócrata *s.m. y f.* Persona que ejerce por sí sola la autoridad suprema de un Estado.
autocrítica *s.f.* Crítica de sí mismo, o de la propia obra.
autóctono, na *adj.* Originario del país en que vive; nativo.
autodidacto, ta *adj.* / *s.* Que se ha instruido por sí mismo.
autódromo *s.m.* Pista destinada a carreras de automóviles.
autógeno, na *adj.* Dícese de la soldadura metálica hecha sin aplicación de material de naturaleza extraña a la de las piezas que se sueldan.
autógrafo, fa *adj.* / *s.m.* Dícese de lo escrito de propia mano del autor. • *s.m.* Firma de alguien famoso.
automación *s.f.* Mecanización industrial de las actividades humanas.
automático, ca *adj.* Dícese de los mecanismos que efectúan determinadas operaciones sin la intervención humana. • No voluntario o no deliberado; maquinal, mecánico.
automatismo *s.m.* Cualidad de automático.
automatizar *v.tr.* Utilizar en la industria máquinas y procesos de fabricación automáticos.
automotor, ra *adj.* / *s.m.* Dícese de la máquina, aparato o vehículo que funcionan por sus propios medios, sin intervención de fuerzas exteriores.
automotriz *adj. f.* Automotora.
automóvil *adj.* Que se mueve por sí mismo. • *s.m.* Vehículo automotor montado sobre ruedas neumáticas y propulsado por un motor mecánico.
automovilismo *s.m.* Conjunto de conocimientos sobre la construcción, funcio-

namiento y manejo de los automóviles. • Deporte en el que compiten automóviles.

automovilista *s.m. y f.* Persona que conduce un automóvil.

autonomía *s.f.* Estado del país, provincia o municipio que gozan de independencia política. • Condición de la persona, entidad o cosa que no dependen de otras para cumplir una función.

autopista *s.f.* Carretera para la circulación de automóviles a gran velocidad.

autopropulsión *s.f.* Propiedad de un aparato o vehículo, de ser propulsados por sus propios medios.

autopsia *s.f.* Examen anatómico y patológico de un cadáver.

autor, ra *s.* El que ha realizado una obra literaria, artística, científica, etc. • El que es causa de algo.

autoridad *s.f.* Facultad de gobernar o mandar. • Persona o entidad con esa facultad. • Predicamento.

autoritario, ria *adj.* Que impone a otros su autoridad.

autorización *s.f.* Acción de autorizar.

autorizar *v.tr.* Permitir que se haga una cosa. • Facultar. • Dar fe el notario en un documento.

autorretrato *s.m.* Retrato que un pintor o un escritor hacen de sí mismos.

autosuficiencia *s.f.* Estado del que se basta a sí mismo.

autovía *s.f.* Vagón ferroviario automotor. • Autopista.

auxiliar *v.tr.* Ayudar, socorrer. • *adj.* Que sirve como ayuda o complemento de cosas consideradas principales; accesorio, complementario. • *s.m. y f. / adj.* Funcionario subalterno.

auxilio *s.m.* Ayuda, socorro.

aval *s.m.* Firma en un documento que garantiza una operación de crédito.

avalancha *s.f.* Alud.

avalar *v.tr.* Garantizar por medio de un aval.

avalorar *v.tr.* Realzar, valorizar.

avaluar *v.tr.* Valuar.

avalúo *s.m.* Valuación.

avance *s.m.* Acción de avanzar. • Anticipo de dinero. • Fragmentos de un filme que se proyectan antes de su estreno.

avanzar *v.intr.* Ir hacia adelante; progresar. • *tr.* Mover hacia adelante.

avaricia *s.f.* Cualidad de avaro.

avaricioso, sa *adj.* Avaro.

avariento, ta *adj.* Avaro.

avaro, ra *adj. / s.* Que tiene afán inmoderado de ganar dinero y atesorar riquezas.

avasallador, ra *adj. / s.* Que avasalla.

avasallar *v.tr.* Imponer obediencia por la fuerza; sojuzgar, someter.

ave *s.f.* Vertebrado de sangre caliente, ovíparo, con alas, plumas y pico.

avecinarse *v.prnl.* Referido a fechas o sucesos, aproximarse.

avecindar *v.tr.* Inscribir a una persona como vecino de una población. • *prnl.* Establecerse como vecino.

avechucho *s.m.* Ave fea; pajarraco. • *fam.* Persona desagradable.

avejentar *v.tr. / prnl.* Poner o hacer parecer viejo antes de tiempo.

avellana *s.f.* Fruto del avellano.

avellano *s.m.* Arbusto muy ramificado que se cultiva por su fruto —la avellana— y su madera.

avemaría *s.f.* Oración a la Virgen María. • Cuentas del rosario.

avena *s.f.* Planta gramínea cultivada para alimento del hombre y el ganado.

avenencia *s.f.* Acuerdo, conformidad. • Cosa que se establece como consecuencia de un acuerdo.

avenida *s.f.* Crecida, creciente. • Calle ancha con árboles a los lados.

avenir *v.tr. / prnl.* Poner de acuerdo a personas que discuten. • *prnl.* Conformarse con cierta cosa o ciertas condiciones. • Armonizar, concordar.

aventajado, da *adj.* Que se destaca entre los de su clase.

aventajar *v.tr.* Sobrepasar, superar.

aventar *v.tr.* Echar al viento alguna cosa para que se disperse, en especial los granos y la paja.

aventura *s.f.* Acontecimiento extraño. • Empresa que presenta riesgos.

aventurar *v.tr. / prnl.* Arriesgar, comprometer. • *prnl.* Arriesgarse, atreverse.

aventurero, ra *adj. / s.* Que busca aventuras. • Que trata de elevarse socialmente por cualquier medio.

avergonzar *v.tr. / prnl.* Causar vergüenza.
avería *s.f.* Daño o desperfecto en un mecanismo. • Deterioro de una mercancía, que le quita valor.
averiar *v.tr. / prnl.* Causar avería.
averiguación *s.f.* Acción de averiguar.
averiguar *v.tr.* Llegar a saber por medio de deducciones o gestiones.
averno *s.m.* Infierno.
aversión *s.f.* Rechazo, repugnancia.
avestruz *s.m.* Ave corredora de gran tamaño, cuyo plumaje tiene gran valor comercial.
avezarse *v.prnl.* Acostumbrarse a cosas difíciles.
aviación *s.f.* Navegación aérea con aparatos más pesados que el aire.
aviador, ra *s. / adj.* Persona que conduce un avión.
aviar *v.tr.* Proveer de lo necesario. • Arreglar, acicalar.
avícola *adj.* Relativo a la avicultura.
avicultor, ra *s.* Persona que se dedica a la avicultura.
avicultura *s.f.* Arte de criar aves.
avidez *s.f.* Cualidad de ávido.
ávido, da *adj.* Que desea intensamente una cosa.
avieso, sa *adj.* Torcido, irregular. • Inclinado a hacer daño.
avío *s.m.* Acción de aviar. • Provisión de cualquier cosa. • *pl.* Cosas necesarias para hacer algo.
avión *s.m.* Aeronave más pesada que el aire, provista de alas.
avisado, da *adj.* Listo, sagaz.
avisar *v.tr.* Dar noticia de un hecho; anunciar. • Hacer conocer un peligro, o decir algo que conviene tener en cuenta; advertir.
aviso *s.m.* Acción de avisar. • Indicio, señal. • Escrito, palabras, etc., con que se avisa algo. • *América* Anuncio comercial.
avispa *s.f.* Insecto provisto de un aguijón, cuya picadura es molesta y dolorosa.
avispado, da *adj.* Despierto, vivo.
avispero *s.m.* Panal y nido de las avispas.
avistar *v.tr.* Alcanzar a ver a la distancia; descubrir, divisar.
avitaminosis *s.f.* Trastornos causados en el organismo por la falta de alguna vitamina.
avivar *v.tr. / prnl.* Hacer más vivo o fuerte. • Hacer más perspicaz o sutil el espíritu, la inteligencia, etc.
avizor, ra *adj.* Que avizora.
avizorar *v.tr.* Mirar con intensidad a todas partes para descubrir algo.
avutarda *s.f.* Ave zancuda que corre velozmente.
axial *adj.* Relativo al eje.
axil *adj.* Axial.
axila *s.f.* Concavidad del cuerpo situada debajo del brazo, en el punto de unión de este con el tronco.
axioma *s.m.* Premisa que se considera evidente y verdadera sin necesidad de demostrarla.
axiomático, ca *adj.* Tan evidente que no necesita demostración.
axón *s.m.* Prolongación filiforme de la neurona, que trasmite los impulsos nerviosos.
ay *interj.* Expresa dolor, pena o amenaza.
ayer *adv.* En el día anterior a aquel en que se habla. • En el tiempo pasado.
ayo, ya *s.* Persona encargada del cuidado y crianza de niños.
ayuda *s.f.* Acción de ayudar. • Persona o cosa que ayudan.
ayudante *s.m. y f.* Persona que ayuda.
ayudantía *s.f.* Cargo de ayudante.
ayudar *v.tr.* Contribuir para que algo suceda o se haga. • Auxiliar, socorrer.
ayunar *v.intr.* Abstenerse de comer o beber un cierto tiempo.
ayuno *s.m.* Acción de ayunar.
ayuntamiento *s.m.* Corporación que tiene a su cargo el gobierno de un municipio.
azabache *s.m.* Variedad de lignito, muy compacta, dura y de color negro, usada para escultura y objetos de adorno.
azada *s.f.* Pala de hierro con un mango largo, que se usa para cavar y remover la tierra.
azadón *s.m.* Azada grande.
azafata *s.f.* Camarera calificada que atiende a los viajeros en un avión, tren, etcétera.

azafrán *s.m.* Planta pequeña rizomatosa; los estilos de sus flores se usan como condimento, para teñir y en medicina.
azahar *s.m.* Flor del naranjo, el limonero y el cidro; es blanca y perfumada.
azalea *s.f.* Arbusto de flores vistosas, que se cultiva como adorno.
azar *s.m.* Casualidad. • Desgracia o contratiempo imprevistos.
azaroso, sa *adj.* Lleno de peligros o contratiempos.
azimut *s.m.* Acimut.
ázoe *s.m.* Nitrógeno.
azogar *v.tr.* Cubrir con azogue. • *prnl.* Intoxicarse con los vapores del azogue.
azogue *s.m.* Mercurio.
azor *s.m.* Ave rapaz que se utilizaba en cetrería.
azoramiento *s.m.* Acción de azorar.
azorar *v.tr. / prnl.* Turbar o avergonzar a una persona.
azoro *s.m. América* Azoramiento.
azotaina *s.f.* Serie de azotes.
azotar *v.tr.* Dar azotes. • Golpear.
azote *s.m.* Vara, látigo, etc., usados para castigar. • Calamidad, flagelo.
azotea *s.f.* Techo plano de un edificio, sobre el que se puede caminar.
azteca *adj./s.m. y f.* Dícese del principal pueblo que habitaba en México a la llegada de los españoles. • *s.m.* Lengua de ese pueblo.
azúcar *s.ambig.* Sustancia sólida, blanca, muy dulce, que se extrae de la caña de azúcar, la remolacha y otros vegetales.
azucarado, da *adj.* Que contiene azúcar.
azucarar *v.tr.* Endulzar con azúcar.
azucarero, ra *adj.* Relativo al azúcar. • *s.m. o f.* Recipiente para servir al azúcar en la mesa.
azucena *s.f.* Planta perenne, de flores grandes, blancas y perfumadas.
azuela *s.f.* Herramienta de carpintero, para desbastar la madera.
azufre *s.m.* No metal sólido de color amarillo, duro y muy frágil, que se electriza fácilmente (símbolo: *S*).
azul *adj. / s.m.* Dícese del color que tiene el cielo sin nubes.
azulado, da *adj.* De color azul, o que tira a azul.
azular *v.tr.* Dar color azul.
azulear *v.intr.* Mostrarse a cierta distancia algo que es azul. • Tirar a azul.
azulejar *v.tr.* Revestir con azulejos.
azulejo *s.m.* Baldosa pequeña, delgada y vidriada, de colores variados.
azulete *s.m.* Polvo de añil que se usa para dar color azulado a la ropa blanca después de lavarla.
azulino, na *adj.* Que tira a azul.
azur *adj. / s.m.* En heráldica, azul oscuro.
azuzar *v.tr.* Incitar a los perros para que ataquen. • Incitar a una persona para que luche con otra.

b *s.f.* Consonante, segunda letra del abecedario español. Su nombre es *be*.

baba *s.f.* Saliva que fluye de la boca del hombre y otros mamíferos. • Viscosidad que producen ciertos animales.

babear *v.intr.* Echar baba.

babel *s.ambig. fam.* Lugar en que hay gran desorden y confusión.

babero *s.m.* Prenda que se pone sobre el pecho de los niños para que no se manchen.

babia (estar en) *loc.v. fam.* Estar distraído y como ajeno a lo que ocurre.

babieca *s.m. y f. fam.* Persona boba, tonta.

babilonio, nia *adj./s.* De Babilonia (Asia antigua). • *s.m.* Lengua hablada en esa región.

babor *s.m.* Lado izquierdo de un buque, mirando de popa a proa.

babosa *s.f.* Molusco terrestre que carece de caparazón y segrega una baba espesa; es muy perjudicial para las plantas.

babosear *v.tr.* Llenar de babas. • *intr. fam.* Mostrarse muy enamorado o excesivamente obsequioso.

baboso, sa *adj.* Que segrega mucha baba. • *adj./s.m. fam.* Enamorado o muy obsequioso.

babucha *s.f.* Zapato liviano y sin tacón, usado en especial por los moros.

babuino *s.m.* Mono africano muy ruidoso, de pelaje grisáceo.

baca *s.f.* Sitio en la parte superior de las diligencias y otros coches. • Cubierta que resguarda ese sitio.

bacalao *s.m.* Pez marino de aguas frías y templadas; es comestible y de él se obtiene aceite.

bacanal *adj.* Relativo a Baco (dios del vino). • *s.f.* Fiesta desenfrenada y lujuriosa; orgía. • *pl.* Fiestas celebradas en la antigüedad en honor del dios Baco.

bacante *s.f.* Sacerdotisa de Baco. • Mujer que participaba en las bacanales.

bacará *s.m.* Cierto juego de naipes.

bache *s.m.* Hoyo que se forma en las calles y caminos debido al intenso transito. • *fam.* Momento difícil en alguna actividad.

bachear *v.tr.* Rellenar los baches de las calles y caminos.

bacheo *s.m.* Acción de bachear.

bachiller *s.m. y f.* Persona que ha finalizado los estudios secundarios.

bachillerato *s.m.* Grado de bachiller. • Estudios necesarios para obtenerlo.

bacía *s.f.* Vasija baja y de borde ancho. • Vasija semejante usada por los barberos.

bacilar *adj.* Relativo a los bacilos. • En biología, en forma de bastoncillo.

bacilo *s.m.* Bacteria en forma de bastoncillo; muchas son patógenas.

bacín *s.m.* Vaso alto y cilíndrico para excrementos. • Vasija pequeña, en especial la usada para pedir limosna.

bacinete *s.m.* Pieza de la armadura que cubría la cabeza.

bacteria *s.f.* Nombre genérico de los microorganismos sin clorofila y de diversas formas; muchos de ellos son patógenos.

bactericida *adj./s.m.* Que destruye las bacterias.

bacteriología *s.f.* Parte de la microbiología que estudia las bacterias.

bacteriólogo, ga *s.* El que se dedica a la bacteriología.

báculo *s.m.* Palo o bastón curvos en la parte superior. • Cayado que usan los obispos como símbolo de autoridad.

badajo *s.m.* Pieza de metal que cuelga en el interior de las campanas y cencerros y que, al golpearlos, los hace sonar.

badana *s.f.* Piel de oveja o de carnero, curtida y teñida.

badén *s.m.* Cauce que atraviesa a una carretera para dar paso a un caudal de agua. • Zanja que forma en un terreno el paso del agua de lluvia.

badulaque *s.m./adj. fam.* Persona de poco juicio.

bagaje *s.m.* Equipaje militar de las tropas. • Suma de conocimientos que posee una persona.

bagatela *s.f.* Cosa de poca importancia y valor; insignificancia.

bagazo *s.m.* Cáscara de la cápsula del lino. • Residuo de ciertos tallos y frutos luego de ser exprimidos.

bagre *s.m.* Pez frecuente en los ríos americanos, carente de escamas y con largas barbillas.

bagual, la *adj./s. América* Dícese del animal indómito. • *s.f.* Canción popular de Bolivia y el norte de la Argentina, semejante a la vidala.

bah Interjección que denota incredulidad o desdén.

bahía *s.f.* Gran extensión de mar que entra en la costa y sirve de refugio a las embarcaciones.

bailable *adj.* Que se puede bailar. • *s.m.* Danza que forma parte de un espectáculo.

bailador, ra *adj./s.* Que baila. • *s.* Bailarín profesional que ejecuta bailes populares de España; en especial, andaluces.

bailar *v.intr./tr.* Mover el cuerpo con ritmo, generalmente al compás de una música; danzar. • *intr.* Moverse o agitarse una cosa sin salir de un espacio reducido.

bailarín, na *s.* Persona que ejercita el arte de bailar.

baile *s.m.* Acción y arte de bailar. • Cada una de las diferentes danzas. • Fiesta en que se baila.

bailecito *s.m.* Danza y canción del norte argentino que se baila en parejas sueltas.

baja *s.f.* Disminución del precio o valor de una cosa. • Cese de una persona en una profesión, empresa, etc. • En milicia, pérdida por muerte o desaparición.

bajá *s.m.* En Turquía, título de honor.

bajada *s.f.* Acción de bajar. • Camino, calle o sitio por donde se baja.

bajamar *s.f.* Nivel mínimo que alcanzan las aguas del mar durante el reflujo.

bajante *adj.* Que baja. • *s.f. América* Descenso del nivel de las aguas de un río, de un lago o del mar.

bajar *v.intr./tr./prnl.* Ir de un lugar a otro que está más bajo. • *intr./tr.* Disminuir la intensidad, la cantidad o el valor de una cosa. • *tr.* Llevar una cosa hacia abajo.

bajel *s.m.* Barco.

bajeza *s.f.* Cualidad de bajo o despreciable, o acción de esa naturaleza.

bajío *s.m.* En los mares, ríos o lagos, elevación de los fondos, que impide el paso de las embarcaciones. • *América* Terreno bajo.

bajo, ja *adj.* De poca altura. • Situado en un lugar inferior. • Inclinado hacia abajo. • Dicho de un sonido, grave o de poca intensidad. • Dicho de personas o de sus actos, vil, despreciable. • *s.m.* Sitio hondo. • Bajío. • La más grave de las voces humanas. • Cantante que posee esa voz. • *adv.* En voz baja. • Preposición usada con el sentido de "debajo de".

bajón *s.m.* Fagot. • Disminución brusca de la salud, las energías, etc.

bajorrelieve *s.m.* Escultura hecha sobre una superficie, en que las figuras resaltan poco del plano de fondo.

bala *s.f.* Proyectil de las armas de fuego. • Fardo. • Paquete o fardo de diez resmas de papel.

balada *s.f.* Composición poética en la que se cantan sucesos legendarios.

baladí *adj.* De poco valor o interés; trivial.

baladronada *s.f.* Hecho o dicho de quien,

siendo cobarde, aparenta valentía.

balalaica *s.f.* Instrumento musical de cuerdas y caja triangular, popular en Rusia.

balance *s.m.* Movimiento de un cuerpo que se inclina hacia uno u otro lado. • Operación contable que sirve para determinar el estado de una empresa, negocio, etc.

balancear *v.intr./tr./prnl.* Hacer movimientos hacia uno u otro lado; en especial, las embarcaciones. • *tr.* Poner una cosa en equilibrio.

balanceo *s.m.* Acción de balancear.

balancín *s.m.* Palo largo que usan los volatineros para mantener el equilibrio. • Máquina pequeña para acuñar monedas. • Mecedora.

balandra *s.f.* Embarcación con cubierta de un solo palo y velas cangreja y foque.

balandro *s.m.* Balandra pequeña.

bálano o **balano** *s.m.* Parte extrema del pene; glande.

balanza *s.f.* Instrumento que sirve para medir la masa o peso de un cuerpo.

balar *v.intr.* Dar balidos.

balasto *s.m.* Capa de grava, sobre la que se asientan las traviesas del ferrocarril

balata *s.f.* Árbol americano de copa densa y ramas horizontales, del que se extrae látex.

balaustrada *s.f.* Serie de balaustres que se usan como protección en balcones, escaleras, etc.

balaustre o **balaústre** *s.m.* Cada una de las pequeñas columnas de una balaustrada.

balazo *s.m.* Disparo de bala de un arma de fuego. • Herida causada por una bala.

balboa *s.m.* Unidad monetaria de Panamá.

balbucear *v.intr./tr.* Hablar con pronunciación dificultosa y entrecortada. • Articular el bebé sonidos incomprensibles.

balbuceo *s.m.* Acción y efecto de balbucear.

balbucir *v.intr./tr.* Balbucear.

balcón *s.m.* En un edificio, plataforma voladiza, protegida por una barandilla, que prolonga el piso de una habitación fuera de la fachada.

balconear *v.tr./intr.* Observar desde un balcón, puerta o ventana, hacia la calle.

baldado, da *adj.* Tullido, impedido.

baldadura *s.f.* Impedimento físico del que está baldado.

baldaquín *s.m.* Especie de dosel de seda; en especial, el que se coloca sobre un altar o un trono.

baldaquino *s.m.* Baldaquín.

baldar *v.tr./prnl.* Impedir una enfermedad o un accidente el uso de algún miembro.

baldazo *s.m.* Acción de arrojar el contenido de un balde.

balde *s.m.* Cubo que se usa para sacar y trasportar agua.

balde (de) *loc. adv.* Gratis. • *en balde loc. adv.* Inútilmente.

baldear *v.tr.* Echar agua con un balde. Extraer con baldes el agua de una excavación.

baldío, a *adj./s.m.* Dícese del terreno abandonado. • *adj.* Vano, inútil. • *s.m. América* Terreno urbano sin edificar.

baldón *s.m.* Afrenta, deshonra.

baldosa *s.f.* Losa que se usa para revestir pisos.

balear *v.tr. América* Disparar balas. • Herir o matar con balas.

balero *s.m. América* Boliche (juguete).

balido *s.m.* Voz de varios animales: carnero, cordero, oveja, cabra, gamo y ciervo.

balística *s.f.* Ciencia que estudia el movimiento de un cuerpo lanzado al espacio; en especial, la trayectoria de los proyectiles y de los cohetes espaciales.

baliza *s.f.* Señal fija o flotante que indica a los navegantes ciertos puntos o rumbos en la navegación. • Señal luminosa, mecánica, etc., con la que se indica un peligro o se marca una ruta para los vehículos aéreos o terrestres.

balizar *v.tr.* Señalar con balizas.

ballena *s.f.* Mamífero cetáceo marino, de gran tamaño, sin dientes, pero con unas láminas córneas muy largas; de él se obtienen aceites y grasa. • Cada una de esas láminas córneas.

ballenato *s.m.* Cría de la ballena.

ballenero, ra *adj.* Relativo a la pesca de la ballena. • *s.m./adj.* Buque equipado para cazar e industrializar ballenas. • *s.m.* Pescador de ballenas.

ballesta *s.f.* Antigua máquina de guerra para lanzar piedras y flechas. • Especie de arco con que se arrojaban flechas impulsadas por la fuerza elástica de un muelle. • Muelle de un vehículo.

balneario, ria *adj.* Relativo a los baños públicos; en especial, a los medicinales. • *s.m.* Lugar público donde se toman baños.

balompié *s.m.* Fútbol.

balón *s.m.* Pelota de cuero, que se usa en varios deportes. • Recipiente flexible que se usa para almacenar gases. • Garrafa.

baloncesto *s.m.* Juego entre dos equipos de cinco jugadores cada uno, quienes, con la mano, tratan de introducir una pelota en el aro contrario.

balonmano *s.m.* Deporte de pelota semejante al fútbol, que se juega con las manos entre dos equipos de once jugadores cada uno.

balonvolea *s.m.* Voleibol.

1. balsa *s.f.* Hueco del terreno que se llena de agua.

2. balsa *s.f.* Conjunto de maderos que, unidos estrechamente entre sí, forman una plataforma flotante.

balsámico, ca *adj.* Que tiene bálsamo o produce su efecto.

balsamina *s.f.* Planta herbácea medicinal, cuyos frutos estallan y arrojan la semilla. • Planta anual con tallos sarmentosos, provista de zarcillos trepadores.

bálsamo *s.m.* Sustancia aromática, resinosa, que fluye de ciertas plantas. • Consuelo, alivio.

baluarte *s.m.* Bastión. • Lo que sirve para defender o consolidar una cosa.

balustrín *s.m. América* Compás para trazar circunferencias pequeñas.

bamba *s.f.* Baile popular iberoamericano.

bambalina *s.f.* Lienzo pintado que cuelga de uno a otro lado del escenario de un teatro.

bambolearse *v.prnl.* Moverse de un lado a otro, sin cambiar de sitio; tambalearse.

bamboleo *s.m.* Acción de bambolearse.

bambolla *s.f. fam.* Ostentación excesiva de valores más aparentes que reales.

bambú *s.m.* Planta originaria de la India, leñosa y de gran porte; con sus cañas se construyen casas, muebles, etc.

banana *s.f. América* Plátano (planta tropical). • Fruto de esa planta.

banano *s.m.* Plátano (planta tropical). • Cambur.

banasta *s.f.* Cesto grande de mimbre.

banca *s.f.* Sistema bancario de un país. • Actividad que abarca todo lo relacionado con transacciones comerciales y financieras. • Cierto juego de naipes. • *América* Banco (asiento).

bancada *s.f.* Asiento de las embarcaciones de remo.

bancal *s.m.* Cada uno de los cuadrados en que se divide un terreno de cultivo. • En las sierras y terrenos en pendiente, rellano de tierra para cultivar.

bancario, ria *adj.* Relativo a los bancos comerciales.

bancarrota *s.f.* Quiebra de un comercio. • Desastre, ruina.

banco *s.m.* Asiento largo y estrecho. • Mesa de trabajo de un obrero o un artesano. • Elevación extensa del fondo de los mares y ríos formada por acumulación de sedimentos. • Cardumen. • Establecimiento financiero o de crédito.

1. banda *s.f.* Tira de tela u otro material flexible. • Cinta ancha cruzada sobre el pecho, que se lleva como distintivo.

2. banda *s.f.* Grupo de gente armada. • Cuerpo de músicos y sus instrumentos. • Lado, costado.

bandada *s.f.* Conjunto de aves que vuelan juntas. • Cardumen.

bandazo *s.m.* Inclinación brusca de un buque sobre uno de sus lados.

bandeja *s.f.* Pieza plana con un pequeño reborde, que se usa para presentar una cosa, servir una comida, etc.

bandera *s.f.* Lienzo que, sujeto a un asta, sirve de insignia.

bandería *s.f.* Bando, facción.

banderilla *s.f.* Palo delgado con un gancho de hierro en la punta que el torero clava en la cerviz del toro.

banderillero *s.m.* Torero que clava las banderillas al toro.

banderín *s.m.* Bandera pequeña y triangular. • Bandera pequeña utilizada como distintivo.
banderola *s.f.* Bandera pequeña. • Montante (ventana).
bandido *s.m.* Bandolero. • *fam.* Persona que engaña o estafa.
1. bando *s.m.* Anuncio, orden o edicto, publicados por una autoridad.
2. bando *s.m.* Grupo de gente en lucha o en oposición de ideas contra otras personas; facción.
bandolera *s.f.* Correa que cruza el pecho y la espalda y se usa para colgar un arma.
bandolerismo *s.m.* Existencia continuada de bandoleros en un lugar, y actos de violencia que cometen.
bandolero *s.m.* Malhechor que roba o mata en despoblados.
bandoneón *s.m.* Instrumento musical de viento semejante al acordeón, pero con botones a ambos lados.
bandurria *s.f.* Instrumento musical de cuerda, semejante a la guitarra, pero de menor tamaño y caja redondeada.
banjo *s.m.* Instrumento musical de cuerda, con caja cilíndrica.
banquero *s.m.* El que se dedica a operaciones bancarias. • En ciertos juegos de azar, el que tiene el mazo de naipes.
banqueta *s.f.* Asiento sin respaldo.
banquete *s.m.* Comida de agasajo. • Comida espléndida; festín.
banquillo *s.m.* Asiento en que se coloca el acusado ante el tribunal.
banquina *s.f.* Faja de tierra que limita por los lados a una carretera.
bañadera *s.f.* *América* Bañera.
bañado *s.m.* *América* Terreno húmedo, generalmente cenagoso, inundado por las aguas fluviales.
bañar *v.tr.* Sumergir una cosa o introducir el cuerpo en agua u otro líquido. • Tocar algún paraje el agua del mar, de un río, etc. • Dar de lleno la luz sobre algo.
bañera *s.f.* Recipiente de tamaño apropiado para bañar o lavar el cuerpo.
baño *s.m.* Acción de bañar. • Bañera. • Líquido en que se baña. • Capa de otra materia con que se recubre un objeto. • Lugar donde se puede bañar.
baobab *s.m.* Árbol tropical de gran porte y tronco muy grueso.
baptisterio *s.m.* Lugar donde se bautiza.
baquelita *s.f.* Resina sintética de gran dureza y resistencia; es excelente aislante de la electricidad.
baqueta *s.f.* Varilla que sirve para limpiar el interior del cañón de un arma de fuego. • *pl.* Palillos con que se tocan los instrumentos de percusión.
baquetear *v.tr. fam.* Maltratar a una persona o molestarla mucho.
baquía *s.f.* Conocimiento práctico de los caminos y accidentes geográficos de una región. • *América* Habilidad para trabajos manuales.
baquiano, na *adj./s.* Conocedor de los caminos, accidentes geográficos, etc., de una región. • *s.m.* Guía para transitar por ellos. • *adj.* Dícese del que es experto en una cosa.
báquico, ca *adj.* Relativo a Baco (dios del vino). • Relativo al vino o a la borrachera.
1. bar *s.m.* Lugar donde se toman bebidas o cosas de comer.
2. bar *s.m.* Unidad de presión usada en especial para medir la presión atmosférica.
barahúnda *s.f.* Baraúnda.
baraja *s.f.* Conjunto de naipes con que se juega.
barajar *v.tr.* Mezclar los naipes antes de repartirlos. • Mezclar o mencionar muchos nombres, cifras u otros datos.
baranda *s.f.* Barandal superior de una balaustrada. • Moldura que se coloca en el alféizar de una ventana. • Barandilla.
barandal *s.m.* Cada uno de los largueros entre los que se disponen los balaustres de una barandilla. • Barandilla.
barandilla *s.f.* Antepecho compuesto de balaustres y barandales que los sujetan, usado para protección de balcones, escaleras, etc.
baratija *s.f.* Cosa menuda y de poco precio o valor.
baratillo *s.m.* Puesto donde se venden cosas a bajo precio. • Conjunto de esas cosas.
barato, ta *adj.* Que cuesta poco dinero. •

s.m. Baratillo. • *adv.* Por poco precio. *s.f. América* Venta a bajo precio.
baraúnda *s.f.* Ruido o confusión grandes.
barba *s.f.* Parte de la cara situada debajo de la boca. • Pelo que nace en esa parte de la cara y en las mejillas. • Ballena (lámina córnea).
barbacana *s.f.* En las antiguas fortalezas, obra de fortificación avanzada y aislada, para defensa. • Tronera.
barbacoa *s.f.* Parrilla usada para asar al aire libre carne o pescado. • *América* Vivienda construida sobre árboles.
barbado, da *adj. / s.* Que tiene barba.
barbaridad *s.f.* Cualidad de bárbaro. • Dicho o hecho imprudentes, insultantes o brutales.
barbarie *s.f.* Estado de un pueblo que carece de cultura. • Fiereza, crueldad.
barbarismo *s.m.* Error lingüístico que consiste en pronunciar o escribir mal las palabras, o emplear vocablos impropios.
bárbaro, ra *adj.*/s. Dícese del individuo de los pueblos germánicos que invadieron el Imperio Romano en el siglo V. • *adj.* Dícese del que usa el vigor físico y no la inteligencia. • Cruel.
barbechar *v.tr.* Arar la tierra para que descanse. • Arar la tierra disponiéndola para la siembra.
barbecho *s.m.* Tierra que se deja sin cultivar durante un tiempo para que descanse. • Acción de barbechar.
barbería *s.f.* Peluquería.
barbero *s.m.* Peluquero.
barbijo *s.m. América* Barboquejo. • Pañuelo que rodea la cara y se ata por debajo de la barbilla.
barbilampiño *adj.* De poca o ninguna barba.
barbilla *s.f.* Parte de la cara situada debajo de la boca. • Barbas pequeñas que forman las plumas de las aves. • Punta de la barba.
barbitúrico *adj.* Dícese de un ácido cuyos derivados tienen propiedades hipnóticas y sedantes. • *s.m.* Cualquiera de esos derivados.
barbo *s.m.* Pez de río, de pequeño tamaño y carne comestible.
barboquejo *s.m.* Cinta con que se sujetan el sombrero, la gorra, etc., por debajo de la barbilla.
barbudo, da *adj.* Que tiene mucha barba.
barca *s.f.* Embarcación pequeña.
barcarola *s.f.* Canción popular de los gondoleros venecianos.
barcaza *s.f.* Lanchón para trasportar cargas y para otros servicios.
barcelonés, sa *adj. / s.* De Barcelona (España).
barco *s.m.* Cualquier embarcación, en especial la de cierto porte.
bardo *s.m.* Poeta de los antiguos celtas. • Poeta.
bargueño *s.m.* Mueble con cajones pequeños.
baria *s.f.* Unidad de presión, en el sistema cegesimal.
baricentro *s.m.* Centro de gravedad. • En geometría, punto de intersección de las medianas del triángulo.
bario *s.m.* Metal blanco plateado, cuyas sales, exceptuando el sulfato, son tóxicas; se usa en aleaciones (símbolo: *Ba*).
barisfera *s.f.* Una de las capas interiores de la Tierra.
barítono *s.m.* Voz media entre la de tenor y la de bajo. • Cantante que posee esa voz.
barlovento *s.m.* En marina, parte de donde viene el viento, con respecto a un lugar determinado.
barniz *s.m.* Disolución de ciertas resinas en un líquido volátil, que se usa para impermeabilizar y dar lustre.
barnizar *v.tr.* Recubrir con barniz.
baro *s.m.* Castellanización de la palabra *bar* (unidad).
barógrafo *s.m.* Barómetro registrador.
barométrico, ca *adj.* Relativo al barómetro o a la presión atmosférica.
barómetro *s.m.* Aparato para medir la presión atmosférica.
barón, esa *s.* Título de nobleza inferior al de vizconde. f. Mujer de un barón.
barquero, ra *s.* Persona que conduce una barca.
barquilla *s.f.* Embarcación pequeña. • Cesto pendiente del globo aerostático, donde van sus tripulantes.
barquillo *s.m.* Trozo de masa dulce tos-

tada, doblada en forma de barco o de canuto.
barquinazo *s.m.* Tumbo violento o vuelco de un carruaje.
barra *s.f.* Pieza larga y delgada, de forma prismática o cilíndrica. • La que está delante del mostrador en los bares. • Bloque de oro, plata u otro metal sin labrar. • Palanca de hierro. • Bajío, banco. • *América* Grupo de amigos.
barrabás *s.m. fam.* Persona mala o díscola.
barrabasada *s.f. fam.* Acción de la que resulta un gran perjuicio.
barraca *s.f.* Albergue rústico. • *América* Depósito para almacenar mercaderías en forma temporaria.
barranca *s.f.* Barranco.
barranco *s.m.* Pendiente abrupta; barranca, despeñadero. • Cauce profundo hecho en el terreno por las aguas de lluvia.
barrena *s.f.* Instrumento de acero para taladrar.
barrenar *v.tr.* Perforar con barrena o con barreno.
barrendero, ra *s.* Persona que tiene por oficio barrer las calles.
barreno *s.m.* Barrena de gran tamaño. • Agujero hecho con barrena o con barreno. • Agujero relleno con un explosivo, que se hace en un lugar para volarlo.
barrer *v.tr.* Quitar del suelo, con la escoba, polvo, basura, etc. • Quitar completamente. • Arrastrar por algún sitio. • Llevarse todo lo que hay en un lugar.
barrera *s.f.* Valla baja que separa un lugar de otro. • Obstáculo.
barreta *s.f.* Barra que usan como palanca los mineros, albañiles, etc.
barriada *s.f.* Parte de una ciudad o un pueblo conocida con un nombre peculiar.
barrial *s.m.* Barrizal.
barrica *s.f.* Tonel mediano.
barricada *s.f.* Amontonamiento de cosas diversas, para refugiarse tras él o dificultar el paso.
barriga *s.f. fam.* Vientre.
barril *s.m.* Recipiente de madera para conservar y trasportar líquidos y otras mercancías; tonel.
barrilete *s.m.* Cometa (juguete). • Instrumento de carpintería para sujetar piezas.
barrio *s.m.* Parte de una ciudad o de un pueblo grande. • Parte extrema de una población; arrabal.
barritar *v.intr.* Emitir el elefante o el rinoceronte su voz característica.
barrito *s.m.* Voz del elefante y el rinoceronte.
barrizal *s.m.* Sitio cubierto de barro.
1. barro *s.m.* Mezcla de tierra y agua; fango, lodo.
2. barro *s.m.* Granillo que sale en el rostro o en la espalda.
barroco, ca *adj./s.m.* En bellas artes, dícese del estilo caracterizado por el exceso de adornos y la complicación formal.
barroso, sa *adj.* Que tiene barro. • De color de barro.
barrote *s.m.* Barra gruesa con que se aseguran una puerta, una ventana, etc.
barruntar *v.tr.* Presentir o prever por alguna señal o indicio.
bártulos *s.m.pl. fam.* Cosas heterogéneas de uso corriente.
barullo *s.m. fam.* Confusión, desorden.
basa *s.f.* Pieza inferior de una columna, formada por un plinto y molduras.
basalto *s.m.* Roca volcánica muy dura, de color negro o verdoso oscuro.
basamento *s.m.* Conjunto de las piezas que forman la basa y el pedestal de una columna.
basar *v.tr/prnl.* Asentar una cosa sobre una base. • Fundar, apoyar.
basca *s.f.* Náusea.
báscula *s.f.* Aparato para medir grandes pesos, provisto de una plataforma.
bascular *v.intr.* Moverse algo de un lado a otro, en sentido vertical.
base *s.f.* Parte de un objeto, o pieza separada de él, sobre la cual está sostenido. • Fundamento. • En matemática, número que ha de ser elevado a una potencia. • En química, sustancia de cualidades opuestas a las de los ácidos, y que al combinarse con ellos forma sales.
básico, ca *adj.* Fundamental. • En química, que tiene las características y propiedades de las bases.

basílica *s.f.* Nombre de las primeras iglesias cristianas. • Iglesia que goza de determinados privilegios.
basilisco *s.m.* Animal fabuloso al que se atribuía la propiedad de matar con la mirada. • Cierto reptil sudamericano.
basquetbol *s.m.* Baloncesto.
1. basta *interj.* Expresa desagrado u orden de que cese algo.
2. basta *s.f.* Hilván. • Cada una de las puntadas que se dan en un colchón para mantener el relleno repartido.
bastante *adj.* Que basta; suficiente. • *adj./adv.* En cantidad apreciable.
bastar *v.intr.* Ser suficiente.
bastarda *adj./s.f.* Dícese de la letra de mano inclinada hacia la derecha.
bastardilla *adj./s.f.* Dícese de la letra de imprenta que imita a la bastarda.
bastardo, da *adj.* Que se aparta o degenera de su origen o naturaleza. • *s. / adj.* Hijo natural.
bastidor *s.m.* Armazón en la que se fijan telas para pintar, bordar, etc. • Armazón de madera, con tela o papel pintados, con la que se forma la decoración lateral en el escenario de un teatro.
bastimento *s.m.* Provisión para una ciudad sitiada, un ejército, etc. • Barco.
bastión *s.m.* Fortificación antigua en la parte posterior de una muralla [sinón: *baluarte*].
basto *s.m.* Especie de albarda que se pone a las caballerías de carga. • *pl.* Uno de los palos de la baraja española.
basto, ta *adj.* Grosero, vulgar. • Ordinario, tosco.
bastón *s.m.* Palo, generalmente con puño y contera, que sirve para apoyarse al andar.
bastonero, ra *s.* El que hace o vende bastones. • El que dirige ciertos bailes.
basura *s.f.* Suciedad o conjunto de desperdicios.
basural *s.m. América* Sitio donde se arroja y amontona la basura.
basurero *s.m.* El que recoge la basura de las casas. • Sitio donde se arroja y amontona la basura.
bata *s.f.* Vestidura larga y holgada usada para estar en la casa.
batacazo *s.m.* Golpe fuerte que da alguien cuando cae. • *fam. América* Triunfo inesperado.
batahola *s.f.* Bataola.
batalla *s.f.* Lucha entre fuerzas militares enemigas.
batallar *v.intr.* Pelear en una batalla. • Porfiar, pugnar.
batallón *s.m.* En milicia, conjunto homogéneo de compañías pertenecientes a un arma.
batán *s.m.* Máquina textil para desengrasar y dar cuerpo a los paños.
bataola *s.f.* Alboroto, bulla.
batata *s.f.* Planta herbácea con raíces tuberosas comestibles.
bate *s.m.* Palo para golpear la pelota en ciertos deportes.
batea *s.f.* Bandeja. • *América* Artesa para lavar.
bateador *s.m.* Jugador que maneja el bate en ciertos deportes como el béisbol.
batear *v.tr.* Golpear la pelota con el bate.
batería *s.f.* Conjunto de piezas de artillería, o de los instrumentos de percusión de una orquesta, o de utensilios de cocina, etc. • Conjunto de pilas eléctricas conectadas en serie. • Acumulador eléctrico.
batida *s.f.* Acción de batir o registrar un terreno.
batido *s.m.* Acción de batir. • Huevos batidos. • Bebida que se hace batiendo helado, leche u otros ingredientes.
batidor, ra *adj. / s.* Que bate. • *s.m.* En milicia, integrante de una patrulla que hace batidas • *f.* Aparato eléctrico que bate o tritura comestibles.
batiente *adj.* Que bate. • *s.m.* Parte del marco de una puerta o una ventana, en la que golpea la hoja al cerrarse. • Lugar donde baten las olas.
batifondo *s.m. fam. América* Barullo, desorden.
batímetro *s.m.* Aparato para determinar las profundidades marinas.
batir *v.tr.* Golpear sobre una cosa. • Dar la lluvia, el viento, etc., contra algo. • Martillar una pieza metálica. • Revolver una sustancia para que se condense o se disuelva. • Registrar un lugar

para buscar caza o realizar operaciones militares. • Derrotar. • *prnl.* Combatir.
batiscafo *s.m.* Aparato sumergible para explorar las profundidades marinas.
batisfera *s.f.* Batiscafo de forma esférica.
batista *s.f.* Tela fina de algodón o de hilo.
batón *s.m.* *América* Especie de bata que usan las mujeres.
batracio, cia *adj./s.m.* Dícese del animal vertebrado acuático, que respira por branquias en el estado larval, y es terrestre en el estado adulto.
batuque *s.m.* *fam.* *América* Alboroto, bochinche.
baturro, rra *s.* Campesino aragonés.
batuta *s.f.* Varilla con que el director de una orquesta marca el compás.
baúl *s.m.* Especie de caja de madera, para guardar ropa o llevar equipaje. • *América* Espacio cerrado en un automóvil para llevar cargas.
bauprés *s.m.* Palo que sobresale de la proa de un barco.
bautismal *adj.* Relativo al bautismo.
bautismo *s.m.* Sacramento de la Iglesia católica, que confiere el carácter de cristiano al que lo recibe.
bautizar *v.tr.* Administrar el sacramento del bautismo. • Poner nombre a una persona o una cosa.
bautizo *s.m.* Acción de bautizar.
bauxita *s.f.* Óxido hidratado de aluminio, del que se obtiene el aluminio.
baya *s.f.* Fruto de ciertas plantas, carnoso y jugoso, con muchas semillas en su interior.
bayeta *s.f.* Tela de lana, rústica y poco tupida.
bayo, ya *adj./s.m.* De color blanco amarillento.
bayoneta *s.f.* Especie de cuchilla que se adosa al cañón del fusil.
baza *s.f.* En ciertos juegos de naipes, número de cartas que recoge el que gana la mano.
bazar *s.m.* En Oriente, mercado público. • Tienda en que se venden productos diversos.
bazo *s.m.* Víscera abdominal que produce glóbulos blancos y destruye los glóbulos rojos que ya no sirven.
bazuca *s.f.* Arma portátil para lanz proyectiles contra tanques de guerr fortificaciones, etc.
be *s.f.* Nombre de la letra *b*.
beatificar *v.tr.* Declarar el papa a algú siervo de Dios digno de recibir el cult de los fieles.
beatitud *s.f.* Bienaventuranza eterna.
beato, ta *adj.* Feliz. • *adj./s.* Que ha si do beatificado. • *s.* Persona que exage ra en las prácticas religiosas.
bebé *s.m.* Niño muy pequeño.
bebe, ba *s.* Bebé.
bebedero *s.m.* Recipiente donde bebe las aves.
bebedor, ra *adj./s.* Que abusa de las be bidas alcohólicas.
beber *v.tr/intr.* Ingerir un líquido.
bebida *s.f.* Cualquier líquido que se be be.
bebido, da *adj.* Casi ebrio.
beca *s.f.* Pensión temporal que se conce de a estudiantes, artistas, etc., par completar sus estudios.
becacina *s.f.* Ave zancuda de Améric del Sur.
becada *s.f.* Ave migratorio de plumaj rojizo.
becado, da *s./adj.* Becario.
becar *v.tr.* Conceder una beca.
becario, ria *s.* Persona que disfruta d una beca.
becerro, rra *s.* Cría de la vaca, de meno de un año. • Piel de ternero curtida.
becuadro *s.m.* En música, signo (♮) qu indica que una nota vuelve a su ento nación natural.
bedel *s.m.* Empleado subalterno qu cuida del orden, horarios, etc., en esta blecimientos de enseñanza.
beduino, na *adj./s.* Dícese de los árabe nómadas de Arabia, Siria y norte d África.
befa *s.f.* Burla grosera.
befar *v.tr./prnl.* Hacer burla.
begonia *s.f.* Planta perenne, ornamental, de hojas grandes de diversos colores.
beige *adj.* Se aplica al color castaño claro.
béisbol *s.m.* Juego deportivo entre dos equipos de nueve jugadores cada uno,

que consiste en lanzar, batear y atrapar una pelota.

beisbolista *s.m./adj. América* Jugador de béisbol.

bejuco *s.m.* Planta trepadora, de tallos largos y flexibles que se usan en cestería, para hacer cuerdas, etc.

bel *s.m.* Unidad técnica de intensidad del sonido.

belcebú *s.m.* Demonio, diablo.

beldad *s.f.* Belleza, en especial la de la mujer. • Mujer de gran belleza.

belén *s.m.* Representación del nacimiento de Jesucristo. • Desorden, confusión.

beleño *s.m.* Planta herbácea que contiene —en especial, la raíz— una sustancia narcótica.

belga *adj./s.m. y f.* De Bélgica (Europa).

bélico, ca *adj.* Relativo a la guerra.

belicoso, sa *adj.* Inclinado a la guerra. • Agresivo, pendenciero.

beligerancia *s.f.* Cualidad de beligerante.

beligerante *adj./s.m. y f.* Dícese del país que está en guerra con otro.

belio *s.m.* Castellanización de la palabra *bel.*

bellaco, ca *adj. / s.* Ruin. • Astuto.

belladona *s.f.* Planta herbácea de la que se obtienen varios alcaloides.

bellaquería *s.f.* Ruindad, vileza.

belleza *s.f.* Cualidad de bello.

bello, lla *adj.* Dícese de las cosas que, captadas por la percepción o la inteligencia, causan deleite.

bellota *s.f.* Fruto del roble y la encina.

bemol *s.m.* En música, signo (♭) que desciende la entonación de la nota un semitono.

benceno *s.m.* Hidrocarburo volátil e inflamable, que se usa como solvente y en la industria química.

bencina *s.f.* Líquido incoloro, inflamable, aromático, constituido por una mezcla de ciertos hidrocarburos.

bendecir *v.tr.* Desear bien a una persona [antón.: *maldecir*]. • Invocar la protección divina en favor de una persona o cosa.

bendición *s.f.* Acción de bendecir.

bendito, ta *adj.* Que ha sido bendecido. • Bienaventurado.

benedictino, na *adj. / s.* Dícese de los monjes de la orden de San Benito.

benefactor, ra *adj. / s.* Que hace bien a otro.

beneficencia *s.f.* Virtud de hacer el bien. • Organización para proteger y auxiliar a los desvalidos.

beneficiar *v.tr.* Hacer bien a una persona; favorecer.

beneficiario, ria *s.* Persona a cuyo favor se halla un contrato de seguro, una donación, etc.

beneficio *s.m.* Bien que se hace o se recibe. • Ganancia, provecho.

beneficioso, sa *adj.* Que hace bien.

benéfico, ca *adj.* Beneficioso. • Relativo a la beneficencia.

benemérito, ta *adj.* Digno de gran estima o recompensa.

beneplácito *s.m.* Aprobación, permiso.

benevolencia *s.f.* Actitud benévola.

benévolo, la *adj.* Con buena voluntad o afecto hacia una persona o cosa sobre las que tiene influencia. • Indulgente, tolerante.

bengala *s.f.* Luz artificial en forma de chispas de diversos colores. • Rota (planta).

bengalí *adj./s.m. y f.* De Bengala (Asia). • *s.m.* Lengua hablada por ese pueblo.

benignidad *s.f.* Cualidad de benigno.

benigno, na *adj.* Benévolo. • No riguroso, no grave.

benjamín, na *s.* Hijo menor de una familia y, generalmente, el más mimado.

benjuí *s.m.* Resina vegetal que se usa en perfumería y como medicamento balsámico.

benteveo *s.m.* Pájaro americano insectívoro, de pico fuerte y cola larga.

benzol *s.m.* Benceno.

beodo, da *adj. / s.* Borracho, ebrio.

berberecho *s.m.* Cierto molusco pequeño, comestible.

berbiquí *s.m.* Taladro de mano en forma de manubrio doblado en arco.

berenjena *s.f.* Planta de huerta, de fruto comestible, alargado y de piel violácea.

berenjenal *s.m.* Sitio plantado de berenjenas. • *fam.* Asunto complicado.

bergamota *s.f.* Variedad de pera, muy

jugosa y aromática. • Variedad de lima.
bergamoto *s.m.* Peral que produce la bergamota. • Arbusto que produce la bergamota, variedad de lima.
bergantín *s.m.* Velero de dos palos y bauprés.
berilio *s.m.* Metal liviano, de color blanco, que se usa en tecnología espacial, instrumentos quirúrgicos, etc. (símbolo: *Be*).
berilo *s.m.* Silicato de alúmina y berilio, que se considera piedra preciosa.
berlina *s.f.* Coche cerrado con cuatro ruedas y dos asientos.
berlinés, sa *adj. / s.* De Berlín (Alemania).
bermejo, ja *adj.* Rubio rojizo.
bermellón *s.m.* Cinabrio pulverizado, de color rojo vivo, usado en pintura.
berquelio *s.m.* Elemento radiactivo artificial (símbolo: *Bk*).
berrea *s.f.* Acción de berrear. • Grito del ciervo.
berrear *v.intr.* Dar berridos.
berreo *s.m.* Acción de berrear.
berrido *s.m.* Voz del becerro y otros animales. • Grito o canto desaforados.
berrinche *s.m. fam.* Enojo grande, en especial de un niño.
berro *s.m.* Planta herbácea de sitios húmedos, que se come en ensalada.
besar *v.tr.* Tocar con los labios a una persona o cosa en señal de cariño o saludo.
beso *s.m.* Acción y efecto de besar.
bestia *s.f.* Animal cuadrúpedo; en especial, el de carga. • *s.m. y f. / adj.* Persona ruda e ignorante.
bestial *adj.* Propio de bestia.
bestialidad *s.f.* Cualidad de bestial. • Acción bestial.
best-séller s.m. Obra literaria de gran éxito y mucha venta.
besugo *s.m.* Pez marino de carne muy apreciada.
beta *s.f.* Segunda letra del alfabeto griego (β).
betlemita *adj./s.m. y f.* De Belén (Jordania).
betún *s.m.* Nombre de varias sustancias naturales que arden con llama y olor peculiares. • Pasta o líquido para dar brillo al calzado.
bey *s.m.* Soberano o gobernador turco.
bezo *s.m.* Labio grueso.
biberón *s.m.* Botella pequeña con la que toman la leche los lactantes.
Biblia *s.prop.f.* La Sagrada Escritura, o sea los libros canónicos del Antiguo y Nuevo Testamento.
bíblico, ca *adj.* Relativo a la Biblia.
bibliofilia *s.f.* Afición a los libros.
bibliófilo, la *s.* Persona aficionada a los libros.
bibliografía *s.f.* Descripción de las características materiales de un libro. • Catálogo de libros sobre cierta materia.
bibliorato *s.m. América* Carpeta para guardar documentos.
biblioteca *s.f.* Conjunto ordenado de libros. • Mueble donde se colocan. • Local apropiado para la lectura de libros.
bibliotecario, ria *s.* El que se encarga del cuidado de una biblioteca.
bicarbonato *s.m.* Sal del ácido carbónico, que conserva átomos de hidrógeno en sus moléculas.
bíceps *adj./s.m.* Dícese del músculo formado por dos masas carnosas; en especial, el músculo flexor del brazo.
bichar *v.tr. / intr. América* Vichar.
bichero *s.m.* En marina, palo con un gancho en la punta, que se usa para atracar.
bicho *s.m. fam.* Animal pequeño. • *fam.* Cualquier animal.
bicicleta *s.f.* Vehículo de dos ruedas que se accionan por medio de pedales.
bicoca *s.f.* Cosa de poco valor. • Cosa obtenida a bajo costo; ganga.
bicolor *adj.* De dos colores.
bicóncavo, va *adj.* Dícese del cuerpo que tiene dos caras cóncavas opuestas.
biconvexo, xa *adj.* Dícese del cuerpo que tiene dos caras convexas opuestas.
bicornio *s.m.* Sombrero de dos picos.
bicromía *s.f.* Impresión en dos colores.
bidé *s.m.* Artefacto sanitario para aseo personal.
bidón *s.m.* Recipiente con cierre hermético, para trasportar líquidos.
biela *s.f.* Pieza en forma de barra, destinada a trasformar un movimiento rectilíneo en otro circular.
bien *s.m.* En filosofía, valor moral su-

premo. • Lo que es bueno, favorable o beneficioso. • *adv.* De manera conveniente o acertada. • *s.m.pl.* Conjunto de todo lo que posee una persona.

ienal *adj.* Que sucede cada bienio, o que dura un bienio. • *s.f.* Exposición artística que se repite cada dos años.

ienaventurado, da *adj.* Dichoso, feliz. • *adj./s.* Que goza de la bienaventuranza eterna. • *s.* Persona cándida.

ienaventuranza *s.f.* Vista y posesión de Dios en el cielo. • Felicidad humana.

ienestar *s.m.* Estado del que está bien, sano, con energías, etc. • Vida cómoda, holgada.

ienhechor, ra *adj./s.* Benefactor.

ienio *s.m.* Período de dos años.

ienvenido, da *adj.* Recibido con placer. • *s.f.* Llegada feliz. • Saludo con que se recibe a una persona.

ies *s.m.* Trozo de tela cortado en forma diagonal respecto del hilo.

ifásico, ca *adj.* Dícese del sistema de dos corrientes eléctricas alternas iguales producidas por el mismo generador.

ife *s.m. América* Bisté • Sopapo, bofetada.

ífido, da *adj.* Dícese de lo que está hendido o dividido en dos partes.

ifocal *adj.* Que tiene dos focos; dícese, en especial, de la lente que sirve para corregir la visión de cerca y de lejos.

bifurcación *s.f.* Acción de bifurcarse. • Punto en que algo se bifurca.

bifurcarse *v.prnl.* Dividirse una cosa en dos ramales o puntas.

biga *s.f.* Carruaje romano de dos caballos.

bígamo, ma *adj./s.* Dícese del que se casa por segunda vez, subsistiendo el primer matrimonio.

bigornia *s.f.* Yunque con dos puntas opuestas.

bigote *s.m.* Conjunto de pelos que nacen sobre el labio superior.

biguá *s.m.* Nombre de varias aves acuáticas americanas, que tienen cuello alargado, alas anchas y patas cortas.

bija *s.f.* Árbol de América tropical, de cuyas semillas se extrae un colorante rojo usado para teñir.

bilabial *adj.* Dícese de la consonante que tiene su punto de articulación en los labios.

biliar *adj.* Relativo a la bilis.

bilingüe *adj.* Que habla dos lenguas. • Escrito en dos idiomas.

bilis *s.f.* Humor segregado por el hígado; es de sabor amargo y color amarillo verdoso.

billar *s.m.* Juego que consiste en hacer rodar sobre una mesa rectangular unas bolas de marfil impulsadas por un taco de madera. • Esa mesa.

billarda *s.f.* Juego de la tala.

billete *s.m.* Carta breve. • Tarjeta para entrar en un espectáculo o para viajar en un vehículo. • Papel impreso que representa una cantidad de moneda legal. • Papel que acredita la participación en una lotería.

billetera *s.f.* Cartera pequeña para llevar billetes.

billón *s.m./adj.* Un millón de millones. • En algunos países, mil millones.

bimano, na o **bímano, na** *adj.* De dos manos; dícese solo del ser humano.

bimensual *adj.* Que se produce o aparece dos veces al mes.

bimestral *adj.* Que sucede cada bimestre, o dura un bimestre.

bimestre *s.m.* Período de dos meses.

bimotor *s.m./adj.* Avión provisto de dos motores.

binario, ria *adj.* Compuesto de dos elementos, símbolos o entidades.

bingo *s.m.* Juego de mesa, de azar, parecido a la lotería.

binocular *adj.* Dícese de la visión con los dos ojos. • *s.m.pl.* Aparato para ver objetos lejanos.

binóculo *s.m.* Anteojo con cristales para ambos ojos.

binomio *s.m.* Polinomio de dos términos.

binza *s.f.* Película muy delgada que recubre el bulbo de la cebolla. • Película que cubre interiormente la cáscara del huevo.

biodegradable *adj.* Dícese en especial de los detergentes que pierden sus propiedades nocivas en contacto con el ambiente.

biografía *s.f.* Historia de la vida de una persona.

biógrafo, fa *s.* El que escribe una biografía.
biología *s.f.* Ciencia que estudia los seres vivos.
biológico, ca *adj.* Relativo a la biología.
biólogo, ga *s.* El que se dedica a la biología.
biombo *s.m.* Mampara compuesta de varias hojas plegables.
biónica *s.f.* Rama de la ingeniería, que aplica los principios de la organización de los seres vivos a la construcción de aparatos y sistemas artificiales.
bioquímica *s.f.* Ciencia que trata de los fenómenos químicos que se producen en los seres vivos.
biorritmo *s.m.* Ciclo periódico de fenómenos fisiológicos.
biotipo *s.m.* Animal o vegetal que se consideran característicos de su especie o raza.
bípedo, da *adj.* Que tiene dos pies.
biplano *s.m./adj.* Avión con dos alas o planos paralelos de sustentación.
birlar *v.tr.* Hurtar o quitar algo con engaños.
birreta *s.f.* Bonete cuadrangular usado por los clérigos.
birrete *s.m.* Birreta. • Gorro. • Gorro con una borla que usan ciertos magistrados, catedráticos, etc.
bis *adv.* Indica que una cosa debe repetirse.
bisabuelo, la *s.* Progenitor del abuelo o de la abuela.
bisagra *s.f.* Gozne.
biscocho *s.m.* Bizcocho.
bisector, triz *adj.* / *s. f.* Que divide en dos partes iguales.
bisel *s.m.* Corte oblicuo en el borde de una plancha o lámina.
bisexual *adj.* Dícese del organismo que tiene los órganos reproductores de los dos sexos.
bisiesto *adj.* Dícese del año de 366 días.
bisílabo, ba *adj./s.m.* Dícese del vocablo o del verso de dos sílabas.
bismuto *s.m.* Metal blanco plateado, mal conductor de la electricidad; se usa en aleaciones y en medicina (símbolo: *Bi*).
bisnieto, ta *s.* Hijo del nieto o de la nieta.
bisonte *s.m.* Mamífero de cabeza gran y cuernos cortos; tiene la parte anteri del cuerpo muy abultada.
bisoño, ña *adj.*/s. Dícese del soldado r cién ingresado en el ejército. • Nova novel.
bisté *s.m.* Bistec.
bistec *s.m.* Lonja de carne de vaca, fri o asada en la parrilla.
bisturí *s.m.* Instrumento cortante usa en cirugía para hacer incisiones.
bisutería *s.f.* Objetos de adorno pers nal, hechos de materiales no precioso
bitácora *s.f.* En marina, armario don va colocada la brújula.
bíter *s.m.* Cierto licor amargo.
bitumen *s.m.* Mezcla natural de hidr carburos.
bituminoso, sa *adj.* Que tiene bitume o betún.
bivalvo, va *adj./s.m.* Que tiene dos va vas.
bizantino, na *adj.* / *s.* De Bizancio (a tualmente Constantinopla).
bizarría *s.f.* Cualidad de bizarro.
bizarro, rra *adj.* Valiente, gallardo.
bizco, ca *adj.* / *s.* Que padece estrabism
bizcocho *s.m.* Torta liviana y esponjos • Pan sin levadura que se cuece dos v ces.
bizcochuelo *s.m.* *América* Torta, bizc cho.
biznieto, ta *s.* Bisnieto.
blanco, ca *adj./s.m.* Dícese del color se mejante al de la nieve. • *adj.*/s. Dícese del individuo perteneciente a la raz blanca. • *s.m.* Objeto sobre el que s dispara. • Espacio sin llenar en un es crito. • *f.* En música, figura equivalen te a dos negras.
blancura *s.f.* Cualidad de blanco.
blancuzco, ca *adj.* Que tira a blanco.
blandir *v.tr.* Sostener en la mano un ar ma u otra cosa, haciéndola vibrar.
blando, da *adj.* Que cede fácilmente a l presión. • Falto de fuerza o de severi dad.
blandura *s.f.* Cualidad de blando.
blanquear *v.tr.* Poner blanco. • Pinta las paredes con cal. • Legalizar los bie nes o ganancias obtenidos irregular mente.

anquecino, na *adj.* Que tira a blanco.
anqueo *s.m.* Acción de blanquear.
asfemar *v.intr.* Decir blasfemias.
asfemia *s.f.* Expresión injuriosa, en especial contra Dios o las cosas sagradas.
asfemo, ma *adj.* / *s.* Que contiene blasfemias, o que las dice.
asón *s.m.* Conjunto de todo lo relacionado con los escudos de armas. • Escudo de armas. • Gloria, honor.
edo *s.m.* Planta anual de hojas comestibles. • Cosa insignificante.
lindado, da *adj.* Que está protegido con blindaje.
lindaje *s.m.* Revestimiento de acero con que se recubre los tanques de guerra, las fortificaciones, etc.
lindar *v.tr.* Proteger con blindaje.
loc *s.m.* Bloque de hojas de papel.
londo, da *adj.* Rubio.
loque *s.m.* Trozo grande de piedra sin labrar. • Taco de hojas de papel pegadas por uno de sus cantos. • Unión ocasional de varios países, partidos políticos, etc.
loquear *v.tr.* Inmovilizar. • En milicia, cortar todo género de comunicaciones del enemigo.
loqueo *s.m.* Acción de bloquear.
lusa *s.f.* Prenda de vestir femenina que cubre la parte superior del cuerpo.
oa *s.f.* Serpiente gigante no venenosa, que mata por constricción.
oato *s.m.* Ostentación de riqueza.
obalicón, na *adj. fam.* Muy bobo.
obear *v.intr.* Hacer o decir boberías.
obería *s.f.* Dicho o hecho propios de una persona boba.
obina *s.f.* Carrete para bobinar.
obinar *v.tr.* Enrollar o devanar hilos, alambres, etc., en una bobina.
bobo, ba *adj.* / *s.* De escasa inteligencia. • Muy cándido.
oca *s.f.* Abertura del aparato digestivo por donde se reciben los alimentos. • Entrada o salida. • Abertura, agujero.
ocacalle *s.f.* Entrada de una calle. • Calle secundaria.
ocadillo *s.m.* Panecillo abierto y relleno con jamón, queso, etc. • Comida ligera. • *América* Dulce de guayaba.
bocado *s.m.* Porción de comida que cabe en la boca. • Mordisco. • Parte del freno que entra en la boca de las caballerías.
bocal *s.m.* Jarra de boca ancha.
bocamanga *s.f.* Abertura de la manga por donde salen la mano o el brazo.
bocanada *s.f.* Porción de aire, humo o líquido que se echa de la boca de una vez, o que sale por una abertura.
boceto *s.m.* Bosquejo, en especial de una obra pictórica.
bocha *s.f.* Cada una de las bolas de madera, que se usan en el juego de bochas. • *pl.* Juego que consiste en arrimar esas bolas a otra más pequeña, llamada *boliche*.
bochín *s.m.* *América* Bola más pequeña del juego de bochas; boliche.
bochinche *s.m.* Barullo, desorden.
bochorno *s.m.* Viento muy caliente. • Calor sofocante. • Sofocación. • Vergüenza.
bochornoso, sa *adj.* Que causa bochorno.
bocina *s.f.* Instrumento en forma de cono, que se acerca a la boca para que la voz sea oída de lejos. • Aparato de los automóviles, para producir señales sonoras.
bocio *s.m.* Tumor del cuello, causado por la hipertrofia de la tiroides.
bocón, na *adj. fam.* De boca grande, o que habla mucho. • *s.m.* Especie de sardina del Caribe, de boca y ojos muy grandes.
boda *s.f.* Casamiento, y fiesta con que se celebra.
bodega *s.f.* Establecimiento donde se fabrica o vende vino. • Espacio interior de los buques, donde se estiba la carga.
bodegón *s.m.* Establecimiento donde se sirven comidas baratas. • Taberna.
bodeguero, ra *s.* Dueño de una bodega de vinos.
bodrio *s.m.* Guiso mal aderezado.• *fam.* Cualquier cosa mal hecha.
bofe *s.m.* Pulmón, en especial el de las reses muertas destinadas al consumo.
bofetada *s.f.* Golpe dado en la cara con la mano abierta. • Desaire u ofensa.
bofetón *s.m.* Bofetada fuerte.

boga *s.f.* Acción de bogar. • Moda pasajera. • Pez de mar de cuerpo comprimido. • Cierto pez de río, de carne comestible.

bogar *v.intr.* Remar.

bogotano, na *adj. / s.* De Bogotá (Colombia).

bohemio, mia *adj. / s.* De Bohemia (Rep. Checa). • Gitano. • Dícese del que vive irregular y desordenadamente. • *s.f.* Ese género de vida.

bohío *s.m.* En América, pequeña cabaña sin otra abertura que la puerta.

boicot *s.m.* Boicoteo.

boicotear *v.tr.* Privar a una persona, empresa o nación, de toda relación comercial o social, para obligarlas a ceder en lo que de ellas se exige.

boina *s.f.* Gorra chata sin visera.

boj *s.m.* Arbusto ornamental, de hojas persistentes y madera muy apreciada.

boje *s.m.* Conjunto de dos o tres pares de ruedas que forman un carretón. • Boj.

bol *s.m.* Ponchera. • Tazón sin asas.

bola *s.f.* Cuerpo esférico. • *fam.* Embuste.

bolazo *s.m.* Golpe de bola. • *fam. América* Mentira, embuste.

bolchevique *adj./s.m. y f.* Partidario del bolchevismo.

bolcheviquismo *s.m.* Bolchevismo.

bolchevismo *s.m.* Sistema de gobierno implantado en la ex Unión Soviética.

boldo *s.m.* Arbusto originario de Chile, con cuyas hojas se hace una infusión digestiva.

boleadoras *s.f.pl.* Arma arrojadiza para apresar animales, que consiste en varias bolas de piedra unidas por correas.

bolear *v.tr. América* Arrojar las boleadoras a un animal.

bolero *s.m.* Baile popular español, de movimiento lento. • Danza popular cubana de ritmo sincopado. • Chaquetilla de mujer.

boleta *s.f.* Especie de libranza para cobrar una cosa. • *América* Cédula electoral para emitir el voto.

boletería *s.f. América* Lugar donde se despachan boletos.

boletero, ra *s. América* Taquillero.

boletín *s.m.* Publicación periódica sobr una materia determinada.

boleto *s.m.* Billete de teatro, tren, etc.

boliche *s.m.* Bola pequeña usada en e juego de bochas. • Juego de bolos. • Ju guete compuesto de una bola taladrad sujeta con un cordel a un palito que s procura insertar en ella. • *América* Es tablecimiento de inferior categoría.

bólido *s.m.* Aerolito que cae a tierra estalla en la atmósfera.

bolígrafo *s.m.* Especie de estilográfic cargada con una tinta especial, y un bolita metálica en la punta.

bolilla *s.f. América* Bola pequeña nume rada que se usa en los sorteos. • Cada una de las partes de un programa de estudio.

bolita *s.f. América* Canica.

bolívar *s.m.* Unidad monetaria de Venezuela.

bolivianismo *s.m.* Palabra o expresión peculiares del español de los bolivianos.

boliviano, na *adj. / s.* De Bolivia (América).

bollo *s.m.* Panecillo esponjoso amasado con azúcar, harina, etc. • Abolladura. • *fam.* Chichón.

bolo *s.m.* Trozo de madera torneada, con base plana para que se tenga en pie. • *pl.* Juego que consiste en derribar varios bolos con una o varias bolas.

bolsa *s.f.* Especie de talega o saco para llevar o guardar diversas cosas. • Arruga o pliegue de una ropa. • Organismo donde se compran y venden valores, títulos, etc.

bolsillo *s.m.* Bolsa pequeña que se cose superpuesta a la ropa. • Monedero. • *fam.* Dinero o bienes.

bolsista *s.m. y f.* El que se dedica a operaciones bursátiles.

bolso *s.m.* Bolsa de mano, provista de cierre, que usan las mujeres.

bolsón *s.m. América* Bolsa grande de mano, para llevar objetos.

bomba *s.f.* Proyectil con material explosivo. • Máquina para extraer o elevar fluidos.

bombacha *s.f. América* Braga femenina. • Pantalón muy ancho, ceñido en los tobillos, de uso rural.

bombarda *s.f.* Cañón antiguo con un tubo corto de gran calibre.
bombardear *v.tr.* Arrojar bombas.
bombardeo *s.m.* Acción de bombardear.
bombardero, ra *adj./s.m.* Dícese del barco o el avión especialmente equipados para trasportar y lanzar bombas.
bombear *v.tr.* Elevar un líquido por medio de una bomba. • Bombardear.
bombero *s.m.* Integrante del cuerpo encargado de extinguir incendios.
bombilla *s.f.* Lámpara eléctrica. • Tubo delgado de metal para tomar mate, usado en América.
bombo *s.m.* Caja esférica y giratoria donde se ponen las bolas de un sorteo. • Tambor muy grande, que se percute con una maza.
bombón *s.m.* Trozo de chocolate, a veces relleno de licor o crema.
bombonera *s.f.* Cajita para bombones.
bonachón, na *adj. / s. fam.* Dócil, amable, poco enérgico.
bonaerense *adj./s.m. y f.* De Buenos Aires (Argentina).
bonanza *s.f.* Estado del mar o del tiempo cuando están serenos. • Prosperidad.
bondad *s.f.* Cualidad de bueno. • Inclinación a hacer el bien.
bondadoso, sa *adj.* Bueno, amable.
bonete *s.m.* Especie de gorro puntiagudo. • Segunda cavidad del estómago de los rumiantes.
bongó *s.m.* Instrumento de percusión cubano, formado por dos tambores que se percuten con los dedos.
boniato *s.m.* Batata.
bonificación *s.f.* Aumento extra de salario. • Disminución en el precio de una mercadería; rebaja.
bonificar *v.tr.* Otorgar una bonificación o un descuento. • Abonar la tierra.
bonito, ta *adj.* Lindo, grato. • *s.m.* Pez de carne comestible, parecido al atún.
bono *s.m.* Vale que se canjea por algún artículo. • Título de una deuda.
bonsái *s.m.* Planta ornamental sometida a una técnica de cultivo que impide su crecimiento.
bonzo *s.m.* Sacerdote budista.
boqueada *s.f.* Acción de boquear un moribundo.
boquear *v.intr.* Abrir repetidamente la boca, en especial un moribundo.
boquera *s.f.* Escoriación que se produce en la comisura de los labios.
boquerón *s.m.* Abertura grande. • Pez comestible, parecido a la anchoa.
boquete *s.m.* Entrada o paso estrechos. • Abertura irregular; agujero.
boquiabierto, ta *adj.* Asombrado, pasmado.
boquilla *s.f.* Pieza por donde se sopla en algunos instrumentos musicales de viento. • Tubito para fumar cigarrillos.
borato *s.m.* Sal del ácido bórico.
bórax *s.m.* Sal compuesta de ácido bórico, sosa y agua, que tiene propiedades antisépticas.
borbotar *v.intr.* Hervir o salir el agua a borbotones y haciendo ruido.
borbotear *v.intr.* Borbotar.
borbotón *s.m.* Hinchamiento que se forma en la superficie del agua al hervir.
borceguí *s.m.* Calzado atado con cordones, que llega hasta más arriba del tobillo.
borda *s.f.* Canto superior del costado del buque.
bordado *s.m.* Acción de bordar. • Labor de aguja hecha sobre tela u otro material.
bordalesa *s.f. América* Bordelesa.
bordar *v.tr. / intr.* Hacer bordados. • *tr.* Ejecutar algo con perfección.
borde *s.m.* Orilla de una cosa.
bordear *v.tr.* Ir por el borde, o cerca de él. • Estar cerca de algo. • Dar bordadas.
bordelés, sa *adj. / s.* De Burdeos (Francia). • *s.f.* Barrica de vino.
bordo *s.m.* Costado exterior de un barco.
bordón *s.m.* Bastón muy alto. • En los instrumentos musicales de cuerda, cualquiera de las cuerdas gruesas que producen los sonidos más graves.
bordona *s.f. América* Cualquiera de las tres cuerdas gruesas de la guitarra.
boreal *adj.* Relativo al hemisferio septentrional.
bórico, ca *adj.* Ácido compuesto de boro, oxígeno e hidrógeno.
borincano, na *adj. / s.* Puertorriqueño.
borinqueño, ña *adj. / s.* Puertorriqueño.

borla *s.f.* Adorno formado por un conjunto de hilos o de cordoncillos sujetos por uno de sus extremos.

borne *s.m.* Pieza terminal metálica de una línea o aparato eléctricos, que sirve para hacer las conexiones.

boro *s.m.* No metal cuyos cristales son casi tan duros como el diamante (símbolo: *B*).

borra *s.f.* Cordera de un año. Parte más corta de la lana. • Pelo de cabra. • Pelusa; en especial, la de la cápsula del algodón. • Sedimento.

borrachera *s.f.* Efecto de emborracharse.

borracho, cha *adj./s.* Que ha tomado bebidas alcohólicas en exceso; beodo. • Que se emborracha habitualmente.

borrador *s.m.* Escrito al que se hacen correcciones. • Utensilio escolar para borrar los encerados.

borrar *v.tr.* Hacer desaparecer por algún medio lo escrito o dibujado. • Tachar lo escrito.

borrasca *s.f.* Tempestad en el mar.

borrascoso, sa *adj.* Que causa borrascas. • Aplicado a reuniones, épocas, etc., agitado, violento.

borrego, ga *s.* Cría de la oveja, que tiene entre uno y dos años.

borrico, ca *s.* Asno. • *fam.* Persona muy torpe o necia.

borrón *s.m.* Mancha de tinta sobre el papel. • Acción o suceso indignos que dañan el honor. • Borrador.

borronear *v.tr.* Escribir o dibujar sin propósito determinado.

borroso, sa *adj.* Lleno de borra o de sedimento. • Desdibujado, impreciso.

boscoso, sa *adj.* Cubierto de bosques.

bosque *s.m.* Sitio poblado de árboles y matas. • Abundancia desordenada de algo.

bosquejar *v.tr.* Hacer el bosquejo de algo. • Exponer una idea con vaguedad.

bosquejo *s.m.* Esquema de una obra de arte, o de un concepto o idea.

bosquimano, na *adj./s.* Dícese de un grupo primitivo que habita en el sur de África.

bosta *s.f.* Excremento del ganado.

bostezar *v.intr.* Abrir involuntariamente la boca con inspiración y espiración lentas y profundas.

bostezo *s.m.* Acción de bostezar.

1. bota *s.f.* Odre para vino, con un brocal, por donde se bebe. • Cuba para líquidos.

2. bota *s.f.* Calzado que cubre el pie y la pierna o parte de ella.

botadura *s.f.* Acción de botar un barco.

botánica *s.f.* Ciencia que trata de los vegetales.

botánico, ca *adj.* Relativo a la botánica. • *s.* Persona que se dedica a la botánica.

botar *v.tr.* Arrojar o echar fuera a una persona o cosa. • Echar al agua un barco por primera vez. • Rebotar.

botarate *s.m./adj. fam.* Persona de poco juicio; badulaque.

1. bote *s.m.* Acción de botar o rebotar. • Golpe dado con una lanza o una pica.

2. bote *s.m.* Vasija pequeña para guardar medicinas, pomadas, etc.

3. bote *s.m.* Barco pequeño y sin cubierta impulsado con remos o hélice.

botella *s.f.* Recipiente de vidrio para líquidos, con el cuello angosto.

botero *s.m.* Patrón de un bote.

botica *s.f.* Farmacia.

boticario, ria *s.* Farmacéutico.

botija *s.f.* Vasija de barro, redonda y de cuello corto y angosto. • *m. y f. fam. América* Niño.

botijo *s.m.* Vasija de barro, abultada, con asa, boca y pitón para beber [sinón.: *porrón*].

1. botín *s.m.* Calzado abotinado que cubre la parte superior del pie y parte de la pierna.

2. botín *s.m.* Conjunto de los despojos tomados al ejército vencido.

botiquín *s.m.* Mueble o caja donde se guardan medicinas para casos de urgencia.

botón *s.m.* Yema o capullo de una planta. • Pieza pequeña para sujetar la ropa. • Pulsador que hace sonar un timbre, enciende una luz, etc.

botones *s.m.* Muchacho que lleva recados en los hoteles.

botulismo *s.m.* Intoxicación muy grave de origen alimentario, causada por las conservas en malas condiciones.

boutique *s.f.* Tienda de ropa de moda.
bóveda *s.f.* Construcción arquitectónica en forma de superficie curva. • Cripta donde se entierra a los muertos.
bovedilla *s.f.* Pequeña bóveda entre dos vigas contiguas del techo.
bóvido, da *adj./s.m.* Dícese del mamífero rumiante con patas terminadas en pezuñas y cuernos huecos, no ramificados, como la cabra, el cordero y los bovinos.
bovino, na *adj.* Relativo al toro o a la vaca. • *adj./s.m.* Dícese del bóvido de gran tamaño, como el buey y el búfalo.
boxeador *s.m.* Atleta que se dedica al boxeo. [sinón.: *púgil*].
boxear *v.intr.* Disputar un combate de boxeo.
boxeo *s.m.* Deporte que consiste en luchar entre sí dos hombres a puñetazos, según ciertas reglas.
boya *s.f.* Señal flotante sujeta al fondo del mar, de un río, etc.
boyada *s.f.* Manada de bueyes.
boyar *v.intr.* Volver a flotar el barco que ha estado en seco o sumergido.
boyero *s.m.* El que cuida bueyes o los conduce. • *América* Pajaro de plumaje negro, que suele acompañar al ganado cuando pace.
bozal *s.m.* Pieza que se pone en la boca a los perros para que no muerdan, o a las bestias de carga para que no dañen los sembrados.
bozo *s.m.* Vello que aparece en la parte superior del labio.
braceada *s.f.* Movimiento vigoroso dado con los brazos al nadar, remar, etc.: brazada.
bracear *v.intr.* Mover repetidamente los brazos. • Nadar con los brazos fuera del agua. • Doblar el caballo las manos elevándolas al andar.
braceo *s.m.* Acción de bracear.
bracero *s.m.* Persona que le da el brazo a otra. • Peón de campo; jornalero.
bráctea *s.f.* Hoja modificada de ciertas plantas, que difiere de la hoja verdadera por su forma, color y consistencia.
braga *s.f.* Calzón de hombre. • Prenda interior femenina. • Pañal.
braguero *s.m.* Aparato o vendaje para contener las hernias.
bragueta *s.f.* Abertura delantera del pantalón.
brahmán *s.m.* Individuo de la casta más elevada de la India.
brahmanismo *s.m.* Religión de la India, cuyo dios supremo es Brahma.
bramante *s.m.* Cordel de cáñamo.
bramar *v.intr.* Dar bramidos.
bramido *s.m.* Voz del toro y de otros animales salvajes. • Grito de una persona enfurecida. • Ruido fuerte del mar o del viento agitados.
branquia *s.f.* Órgano respiratorio de muchos animales acuáticos.
branquial *adj.* Relativo a las branquias.
braquial *adj.* Relativo al brazo.
brasa *s.f.* Trozo de leña o de carbón, que arde sin llama.
brasero *s.m.* Recipiente de metal donde se hace lumbre para calentarse.
brasil *s.m.* Árbol tropical que se caracteriza por el color rojo fuerte de su madera.
brasileño, ña *adj. / s.* Del Brasil (América).
brasilero, ra *adj. / s.* Brasileño.
bravata *s.f.* Amenaza hecha con jactancia.
bravío, a *adj.* Indómito.
bravo, va *adj.* Esforzado, valiente. • Difícil de domesticar. • Digno de ponderación; magnífico. • *interj.* Indica satisfacción o aprobación.
bravucón, na *adj. / s. fam.* Que presume de valiente; matón.
bravura *s.f.* Cualidad de bravo. • Bravata.
braza *s.f.* Medida marina de longitud, equivalente a 1,67 metros.
brazada *s.f.* Braceada. • Lo que se puede abarcar y llevar con los brazos.
brazal *s.m.* Brazalete de tela. • Acequia para riego. • Pieza de la armadura que cubría el brazo.
brazalete *s.m.* Pulsera. • Banda de tela usada en el brazo como distintivo o señal de luto.
brazo *s.m.* Miembro del cuerpo que comprende desde el hombro hasta la mano. • Pata delantera de los cuadrúpedos. • Parte de una cosa, que tiene forma de brazo.
brea *s.f.* Sustancia viscosa obtenida por destilación de ciertas maderas.

brebaje *s.m.* Bebida desagradable.
brécol *s.m.* Planta herbácea cuyas inflorescencias son comestibles.
brecha *s.f.* Abertura irregular en una muralla o una pared.
brega *s.f.* Acción de bregar.
bregar *v.intr.* Trajinar. • Reñir. • Luchar contra las dificultades.
breña *s.f.* Tierra quebrada y llena de maleza.
brete *s.m.* Aprieto, apuro.
breva *s.f.* Primero de los dos frutos que da anualmente la higuera.
breve *adj.* De poca duración o extensión. • *s.m.* Documento pontificio. • *en breve loc. adv.* Muy pronto.
brevedad *s.f.* Cualidad de breve.
breviario *s.m.* Compendio de una materia. • Libro de rezo eclesiástico.
brezo *s.m.* Arbusto ornamental de flores blancas o lilas.
bribón, na *adj. / s.* Que engaña o estafa.
bribonada *s.f.* Acción de un bribón.
bricolaje *s.m.* Actividad manual casera que consiste en hacer obras de carpintería, electricidad, etc.
brida *s.f.* Freno del caballo, con las riendas y el correaje.
brigada *s.f.* Unidad de combate de un arma determinada. • Grupo de obreros que dirige un capataz.
brigadier *s.m.* Alto grado de la aviación militar.
brillante *adj.* Que brilla. • Sobresaliente. • *s.m.* Diamante tallado.
brillantina *s.f.* Cosmético para dar brillo al cabello.
brillar *v.intr.* Despedir rayos de luz. • Sobresalir, destacarse.
brillo *s.m.* Resplandor. • Lucimiento.
brin *s.m.* Tela de lino, ordinaria y gruesa.
brincar *v.intr.* Levantarse en el aire con rapidez y volver a caer.
brinco *s.m.* Acción de brincar.
brindar *v.intr.* Beber a la salud de una persona. • *tr.* Ofrecer afecto, ayuda, etcétera. • *prnl.* Ofrecerse para hacer algo.
brindis *s.m.* Acción de brindar antes de beber.
brío *s.m.* Pujanza. • Ánimo, valor.
briofito, ta *adj./s.f.* Dícese de las plantas que carecen de flores, raíces y tejidos para conducir la savia, como los musgos.
brioso, sa *adj.* Que tiene brío.
brisa *s.f.* Viento suave.
brisca *s.f.* Cierto juego de naipes.
británico, ca *adj. / s.* De Gran Bretaña (Europa).
brizna *s.f.* Filamento o trozo muy delgado de una cosa.
broca *s.f.* Barrena de los taladros.
brocado *s.m.* Tela de seda entretejida con hilos de oro o de plata.
brocal *s.m.* Antepecho que rodea la boca de un pozo. • Cuello de la bota de cuero para beber por él.
brocato *s.m.* Brocado.
bróculi *s.m.* Brécol.
brocha *s.f.* Escobilla de cerdas que sirve para pintar, afeitar, etc.
broche *s.m.* Conjunto de dos piezas de metal que enganchan entre sí, y que sirve, por ejemplo, para cerrar una prenda.
broma *s.f.* Alegría, diversión. • Burla, chanza.
bromatología *s.f.* Ciencia que estudia los alimentos.
bromear *v.intr.* Hacer bromas.
bromista *adj./s. m. y f.* Aficionado a hacer bromas.
bromo *s.m.* No metal líquido de color rojizo, muy corrosivo, que despide vapores tóxicos (símbolo: *Br*).
bromuro *s.m.* Combinación del bromo con un radical simple o compuesto.
bronca *s.f. fam.* Riña o reprimenda violentas. • Alboroto, escándalo.
bronce *s.m.* Aleación de cobre con estaño u otros metales.
bronceado, da *adj.* De color del bronce.
bronceador, ra *adj. / s.m.* Que broncea.
broncear *v.tr.* Dar color de bronce.
bronco, ca *adj.* Dícese del sonido áspero y grave.
bronconeumonía *s.f.* Inflamación de los bronquios y de los alveolos pulmonares.
bronquial *adj.* Relativo a los bronquios.
bronquio *s.m.* Cada una de las dos ramas de bifurcación de la tráquea.

bronquiolo o **bronquíolo** *s.m.* Última ramificación de los bronquios.
bronquitis *s.f.* Inflamación de la mucosa de los bronquios.
brontosaurio *s.m.* Reptil fósil americano, de gran tamaño.
broquel *s.m.* Escudo pequeño.
broqueta *s.f.* Aguja donde se ensartan aves o trozos de carne para asarlos.
brotar *v.intr.* Salir la planta de la tierra. • Nacer las hojas o los renuevos. • Manar. • Surgir, aparecer.
brote *s.m.* En botánica, vástago que está creciendo. • Acción de brotar.
brótola *s.f.* *América* Pez marino de carne muy estimada.
broza *s.f.* Despojo de las plantas. • Desecho. • Maleza.
brucelosis *s.f.* Enfermedad infecciosa de ciertos animales, trasmisible al hombre por medio de la carne, la leche, etc.
bruces (de) *loc. adv.* Tendido con la cara hacia el suelo.
brujería *s.f.* Hechicería.
brujo, ja *s.* Persona que practica la hechicería. • *f. fam.* Mujer fea y vieja.
brújula *s.f.* Aguja magnética que indica siempre el norte. • Guía.
bruma *s.f.* Niebla sobre el mar.
brumoso, sa *adj.* Con bruma.
bruno, na *adj.* De color negro u oscuro.
bruñido *s.m.* Acción de bruñir.
bruñir *v.tr.* Lustrar, pulimentar.
brusco, ca *adj.* Falto de amabilidad; áspero. • Repentino. • *s.m.* Arbusto ornamental de fruto en baya de color rojo.
brusquedad *s.f.* Cualidad de brusco.
brutal *adj.* Violento, cruel.
brutalidad *s.f.* Cualidad de bruto. • Acción violenta o cruel.
bruto, ta *adj. / s.* Poco inteligente, necio. • Tosco, sin pulir. • Dícese del peso de algo sin rebajar la tara, el envase, etc. • *s.m.* Animal cuadrúpedo.
bubón *s.m.* Tumor purulento y voluminoso.
bubónico, ca *adj.* Relativo a los bubones. • Dícese de la peste o enfermedad infecciosa producida por las pulgas de las ratas.
bucal *adj.* Relativo a la boca.
bucanero *s.m.* Pirata que, en los siglos XVII y XVIII, saqueaba las posesiones españolas de ultramar.
búcaro *s.m.* Cierta arcilla muy olorosa. • Vasija hecha con esa arcilla.
bucear *v.intr.* Nadar por debajo del agua. • Explorar, investigar un tema.
buceo *s.m.* Acción de bucear.
buche *s.m.* Ensanchamiento del estómago de las aves. • Estómago de algunos cuadrúpedos. • Líquido que cabe en la boca.
bucio *s.m.* Cierto caracol marino.
bucle *s.m.* Rizo de pelo en espiral.
bucólico, ca *adj.* Dícese de la poesía que trata de asuntos de la vida campestre. • *adj. / s.* Dícese del poeta que la compone.
budín *s.m.* Postre hecho con pan, leche, azúcar, huevos y otros ingredientes.
budinera *s.f.* Molde para hacer budines.
budismo *s.m.* Doctrina filosófica creada por Buda en la India.
budista *adj.* Relativo al budismo. • *s.m. y f.* El que profesa el budismo.
buen *adj.* Apócope de *bueno*.
buenaventura *s.f.* Buena suerte. • Adivinación del porvenir que hacen las gitanas.
bueno, na *adj.* Que actúa bien desde el punto de vista moral. • Adecuado. • Apetecible o sabroso. • Sano.
buey *s.m.* Toro castrado.
bufa *s.f.* Burla, bufonada.
búfalo, la *s.* Mamífero originario de Asia, que presenta una pequeña giba dorsal y gran cornamenta.
bufanda *s.f.* Prenda para abrigar el cuello y la boca.
bufar *v.intr.* Resoplar con furor el toro y otros animales. • *fam.* Manifestar enojo ruidosamente.
bufé *s.m.* En una fiesta, comidas y bebidas dispuestas sobre la mesa. • Local para tomar comidas sencillas.
bufete *s.m.* Mesa de escribir, con cajones. • Despacho de un abogado.
bufido *s.m.* Voz del animal que bufa. • *fam.* Expresión de enojo.
bufo, fa *adj.* Cómico y grotesco.
bufón, na *s.* Persona que divertía a los reyes y señores. • Persona que procura hacer reír a otras.
bufonada *s.f.* Dicho o hecho propios de un bufón.
buharda *s.f.* Buhardilla.

buhardilla *s.f.* Ventana que sobresale en un tejado. • Desván.
búho *s.m.* Ave rapaz nocturna, de pico curvo y ojos grandes.
buhonero *s.m.* Vendedor ambulante de baratijas.
buitre *s.m.* Ave rapaz, de cuello desnudo, que se alimenta de carroña.
buje *s.m.* Pieza cilíndrica de metal, que reduce los efectos del rozamiento en una máquina o un vehículo.
bujía *s.f.* Vela de cera blanca. • Dispositivo que produce la chispa eléctrica en ciertos motores. • Unidad de intensidad luminosa.
bula *s.f.* Documento pontificio sobre materia de fe o de interés general.
bulbo *s.m.* Yema vegetal subterránea. • En anatomía, protuberancia.
bulevar *s.m.* Calle ancha con árboles.
búlgaro, ra *adj. / s.* De Bulgaria (Europa). • *s.m.* Lengua hablada en ese país.
bulla *s.f.* Algarabía, gritería.
bullabesa *s.f.* Sopa de pescados y mariscos, fuertemente sazonada.
bullicio *s.m.* Bulla, gritería.
bullicioso, sa *adj.* Que produce bullicio. • Alborotador, inquieto.
bullir *v.intr.* Hervir un líquido. • Moverse mucho. • Tener gran actividad.
bulto *s.m.* Volumen de una cosa. • Elevación en una superficie. • Fardo, baúl, etc. • Cuerpo que se distingue en forma imprecisa.
bumerán *s.m.* Arma arrojadiza que, al ser lanzada, vuelve al punto de partida.
búnker *s.m.* Refugio para protegerse de bombardeos.
buñuelo *s.m.* Masa frita esponjosa, hecha con harina, agua y otros ingredientes.
buque *s.m.* Barco de gran tamaño y con cubierta, que puede realizar navegaciones importantes.
buraco *s.m. fam.* Agujero.
burbuja *s.f.* Glóbulo de aire u otro gas, que se forma en una superficie.
burbujear *v.intr.* Hacer burbujas.
burdo, da *adj.* Tosco, basto, áspero.
bureta *s.f.* En los laboratorios, tubo de vidrio, graduado, para medir el volumen de los reactivos.
burgo *s.m.* Población pequeña, dependiente de otra mayor.
burgomaestre *s.m.* Alcalde de algunas ciudades europeas.
burgués, sa *adj. / s.* De un burgo. • Dícese del ciudadano de la clase media, acomodada o rica. • *adj.* Relativo a la burguesía.
burguesía *s.f.* Conjunto de burgueses.
buril *s.m.* Instrumento puntiagudo de acero para grabar los metales.
burla *s.f.* Acción o palabras con que se intenta poner en ridículo a alguien. • Engaño.
burlador, ra *adj. / s.* Que burla o engaña.
burlar *v.tr.* Engañar. • Frustrar o eludir. • *prnl.* Hacer burlas; mofarse.
burlesco, ca *adj.* Festivo, jocoso.
burlón, na *adj. / s.* Inclinado a decir o hacer burlas, o que expresa burla.
burocracia *s.f.* Influencia excesiva de la administración pública en los asuntos del Estado.
burócrata *s.m. y f.* Persona que pertenece a la burocracia.
burrada *s.f.* Manada de burros. • *fam.* Dicho o hecho necios o equivocados.
burro, rra *s.* Asno. • *s. / adj.* Persona ignorante. • *fam. América* Caballo de carrera.
bursátil *adj.* Relativo a las operaciones en la bolsa de valores.
busca *s.f.* Acción de buscar.
buscar *v.tr.* Hacer esfuerzos para encontrar a una persona o una cosa.
busilis *s.m. fam.* Punto en que consiste la dificultad de un asunto.
búsqueda *s.f.* Acción de buscar; en especial, durante una investigación.
busto *s.m.* Escultura o pintura de la cabeza y parte superior del tórax. • Parte superior del cuerpo humano.
butaca *s.f.* Silla de brazos con el respaldo inclinado hacia atrás.
butano *s.m./adj.* Hidrocarburo saturado, gaseoso e inflamable, que se usa como combustible.
butifarra *s.f.* Embutido, generalmente de carne de cerdo.
buzo *s.m.* El que trabaja sumergido en el agua con un traje especial.
buzón *s.m.* Abertura para echar las cartas del correo y recipiente que las recoge. • Tapón que permite la entrada o salida de un líquido.

C

c *s.f.* Consonante, tercera letra del abecedario español. Su nombre es *ce*. • Letra que, en la numeración romana, equivale a ciento.
cabal *adj.* Ajustado a peso o medida. • Completo. • Íntegro.
cábala *s.f.* Cálculo supersticioso para adivinar o acertar. • Conjetura, suposición.
cabalgadura *s.f.* Animal sobre el que se cabalga.
cabalgar *v.intr./tr.* Andar a caballo.
cabalgata *s.f.* Grupo de personas que van cabalgando.
cabalístico, ca *adj.* Relativo a la cábala. • Enigmático, oculto.
caballa *s.f.* Pez cuya carne rojiza se consume fresca o en conserva.
caballada *s.f.* Manada de caballos.
caballar *adj.* Relativo al caballo.
caballeresco, ca *adj.* Propio de caballero.
caballería *s.f.* Bestia en la que se cabalga. • Cuerpo de soldados a caballo. • Regla de los caballeros que en la Edad Media hacían profesión de las armas.
caballeriza *s.f.* Sitio destinado a los caballos.
caballerizo *s.m.* El que está encargado de una caballeriza.
caballero, ra *adj.* Que cabalga. • *s.m.* Hombre perteneciente a la nobleza. • El que se comporta con nobleza y generosidad.
caballerosidad *s.f.* Cualidad o proceder de caballero.
caballete *s.m.* Lomo del tejado. • Armazón o trípode para sostener un cuadro. • Prominencia en la parte media de la nariz.
caballo. *s.m.* Mamífero doméstico, herbívoro, con crines largas en el cuello y la cola, que se utiliza como animal de carga y de tiro. • Cierta pieza del ajedrez.
cabaña *s.f.* Vivienda tosca hecha con troncos, ramas, cañas, etc. • *América* Establecimiento rural para la cría de ganado de raza.
cabecear *v.intr.* Mover la cabeza. • Moverse un barco de proa a popa, bajando y subiendo alternativamente una y otra.
cabecera *s.f.* Parte principal o principio de una cosa. • Parte de la cama donde se ponen las almohadas.
cabecilla *s.m.* Jefe de rebeldes.
cabellera *s.f.* Conjunto de cabellos. • Ráfaga luminosa que rodea a un cometa.
cabello *s.m.* Cada uno de los pelos que crece en la cabeza del ser humano. • Conjunto de esos pelos.
cabelludo, da *adj.* Que tiene mucho cabello.
caber *v.intr.* Tener espacio suficiente para colocarse en un sitio o pasar a través de él. • Corresponder a alguien una cosa.
cabestrillo *s.m.* Banda o armazón para sostener la mano o el brazo lastimados.
cabestro *s.m.* Correa atada a la cabeza de la caballería.
cabeza *s.f.* Parte superior del cuerpo humano, y la superior o anterior de muchos animales. • Persona o cosa principales. • Parte extrema o superior. • *fam.* Talento, inteligencia.

cabezazo *s.m.* Golpe dado con la cabeza, en especial en el fútbol.
cabezón, na *adj./s. fam.* De cabeza grande. • *fam.* Obstinado, terco.
cabida *s.f.* Espacio o capacidad de una cosa para contener otra.
cabildante *s.m. América* Regidor, concejal.
cabildear *v.intr.* Hacer gestiones para conseguir algo de un cuerpo colegiado.
cabildeo *s.m.* Acción de cabildear.
cabildo *s.m.* Corporación que rige un municipio. • Cuerpo de eclesiásticos de una catedral.
cabina *s.f.* Recinto pequeño para usos muy diversos, como la caja de un ascensor, el recinto de pilotaje de un avión, etcétera.
cabizbajo, ja *adv.* Que lleva la cabeza inclinada hacia abajo, por estar preocupado, triste o avergonzado.
cable *s.m.* Cordón formado por alambres retorcidos, para conducir electricidad, establecer líneas telefónicas, etc. • Maroma.
cablegrafiar *v.tr./intr.* Enviar un cablegrama.
cablegrama *s.m.* Telegrama trasmitido por cable submarino.
cabo *s.m.* Extremo de un objeto alargado. • Parte de tierra que penetra en el mar. • En marina, cuerda. • Categoría militar inmediatamente superior a la del soldado.
cabotaje *s.m.* Navegación —marítima, fluvial o aérea— entre ciudades de una misma nación.
cabra *s.f.* Mamífero rumiante, de cuernos cortos y retorcidos, muy ágil.
cabrear *v.tr./prnl. fam.* Hacer enojar.
cabrero, ra *s.* Pastor de cabras. • *adj. fam. América* Enojado.
cabrestante *s.m.* Torno de eje vertical para mover grandes pesos.
cabria *s.f.* Máquina para levantar pesos.
cabrío, a *adj.* Relativo a las cabras. • Dícese del macho de la cabra.
cabriola *s.f.* En la danza, salto que dan los bailarines entrecruzando rápidamente los pies en el aire. • Voltereta.
cabritilla *s.f.* Piel curtida de cabrito o de otro animal pequeño.
cabrito *s.m.* Cría de la cabra.
cabrón *s.m.* Macho de la cabra.
cabruno, na *adj.* Relativo a la cabra.
caburé *s.m.* Ave rapaz diurna, pequeña y chillona.
caca *s.f. fam.* Excremento humano, en especial el de los niños.
cacahuete *s.m.* Planta herbácea, de cuyas semillas se obtiene aceite [sinón.: *maní*].
cacalote *s.m.* Cuervo de México. • *América* Roseta de maíz.
cacao *s.m.* Árbol de América, de grandes frutos carnosos cuyas semillas se utilizan para elaborar el chocolate.
cacarear *v.intr.* Dar voces repetidas el gallo y la gallina.
cacatúa *s.f.* Papagayo de plumaje blanco, con una cresta de plumas eréctiles, rojas y amarillas, en la cabeza.
cacería *s.f.* Partida de caza.
cacerola *s.f.* Recipiente de metal con asas o mango, para cocinar.
cacha *s.f.* Cada una de las dos piezas que forman el mango de algunos cuchillos, la culata de los revólveres, etc.
cachada *s.f. América* Cornada. • *fam.* Burla, mofa.
cachafaz, za *s./adj. fam. América* Pícaro, descarado, atrevido.
cachalote *s.m.* Mamífero cetáceo de gran tamaño, del que se utilizan su carne y aceite.
cachar *v.tr.* Partir en pedazos pequeños. • *fam. América* Burlar, ridiculizar.
cacharro *s.m.* Vasija tosca. • *fam.* Aparato viejo y que funciona mal.
cachaza *s.f.* Lentitud en la forma de obrar. • Flema, pachorra.
cachazudo, da *adj./s.* Que tiene cachaza.
cachear *v.tr.* Registrar a una persona para quitarle las armas.
cachemir *s.m.* Casimir.
cachetada *s.f.* Bofetada.
cachete *s.m.* Golpe con la mano abierta, en la cara o en la cabeza. • Mejilla, en especial si es abultada.
cachetear *v.tr.* Dar cachetes.
cachiporra *s.f.* Palo con un extremo abultado [sinón.: *porra*].
cachivache *s.m.* Trasto viejo.

cacho *s.m.* Pedazo pequeño de una cosa. • *América* Racimo de frutos del plátano o banano. • Cuerno.

cachorro, rra *s.* Cría de ciertos mamíferos, en especial del perro.

cacicazgo *s.m.* Dignidad de cacique. • Territorio que gobierna.

cacique *s.m.* Jefe en algunas tribus de indios. • *fam.* Persona con influencia excesiva en los asuntos políticos.

caco *s.m. fam.* Ladrón diestro.

cacofonía *s.f.* Defecto o vicio del lenguaje que consiste en la repetición frecuente de las mismas letras o sílabas. • Mezcla discorde de sonidos musicales.

cacto *s.m.* Planta arborescente de tallos carnosos con surcos profundos.

cactus *s.m.* Cacto.

cacumen *s.m. fam.* Inteligencia, perspicacia, ingenio.

cacuy *s.m. América* Ave nocturna de canto triste y quejumbroso.

cada *adj.* Pronombre indefinido que designa a una persona o cosa por separado, con relación a otras de su especie.

cadalso *s.m.* Tablado para un acto solemne. • Patíbulo.

cadáver *s.m.* Cuerpo muerto.

cadavérico, ca *adj.* De cadáver, o que parece un cadáver.

cadena *s.f.* Serie de eslabones enlazados entre sí. • Serie de cosas o sucesos.

cadencia *s.f.* Serie de sonidos o movimientos que se suceden regularmente. • Efecto de tener un verso la acentuación que le corresponde.

cadencioso, sa *adj.* Que tiene cadencia.

cadeneta *s.f.* Labor de punto en forma de cadena.

cadera *s.f.* Cada una de las dos partes salientes formadas a los lados del cuerpo, sobre los muslos.

cadete *s.m.* Alumno de una academia militar. *América* Aprendiz o mandadero de comercio.

cadillo *s.m.* Planta de flores rojas y fruto espinoso.

cadmio *s.m.* Metal de color blanco azulado, dúctil y maleable (símbolo: *Cd*).

caducar *v.intr.* Perder su validez una ley, documento, etc. • Arruinarse una cosa por el uso.

caduceo *s.m.* Varilla con dos alas, rodeada de dos culebras, atributo de Mercurio, dios del comercio.

caduco, ca *adj.* Que ha caducado. • Decrépito. • Perecedero. • En botánica, dícese de las hojas que caen todos los años.

caer *v.intr./prnl.* Venir un cuerpo de arriba abajo por la acción de su propio peso. • Estar colgada una cosa. • *intr.* Llegar a su fin. • Morir en la guerra. • Llegar a comprender algo.

café *s.m.* Cafeto. • Semilla del cafeto. • Infusión hecha con esas semillas tostadas y molidas. • Cafetería.

cafeína *s.f.* Alcaloide que se obtiene del café, el té y otros vegetales.

cafetal *s.m.* Lugar poblado de cafetos.

cafetera *s.f.* Recipiente en que se prepara o sirve café.

cafetería *s.f.* Establecimiento donde se sirven café y otras bebidas.

cafetero, ra *adj.* Relativo al café. • *s.* Dueño de un café. • El que vende café en un sitio público.

cafetín *s.m.* Establecimiento de poca importancia, donde se sirven bebidas.

cafeto *s.m.* Pequeño árbol o arbusto, originario de Abisinia; su fruto es una baya roja cuya semilla es el café.

cáfila *s.f. fam.* Multitud de gente, animales o carruajes, en especial en marcha.

cafre *adj./s.m. y f.* Dícese de los habitantes, de raza negra, de la parte oriental del África del Sur.

caftán *s.m.* Túnica usada por los moros y los turcos.

cagar *v.intr./prnl./tr. fam.* Evacuar el vientre. • *tr. fam.* Echar a perder una cosa.

caída *s.f.* Acción y efecto de caer. • Declive, bajada. • Manera de caer las telas, cortinas, etcétera.

caído, da *adj.* Desfallecido, amilanado. • Muerto en la guerra.

caimán *s.m.* Especie de cocodrilo de América tropical.

cairel *s.m.* Peluca. • Fleco de adorno para vestidos. • Pieza de cristal, pendiente, de algunos artefactos de iluminación.

caja *s.f.* Recipiente cerrado para guardar cosas. • Lugar para cobros o pagos en bancos, comercios, etc. • En un carruaje, lugar donde van los pasajeros. • Tambor (instrumento musical).

cajero, ra *s.* Persona encargada de cobrar y pagar en un banco, comercio, etcétera.

cajetilla *s.f.* Paquete pequeño de cigarrillos o de tabaco picado.

cajón *s.m.* Caja de madera grande y tosca. • Caja que se puede sacar y meter en los huecos de ciertos muebles. • *América* Ataúd.

cajonera *s.f.* Mueble constituido por cajones.

cal *s.f.* Sustancia sólida, blanca, alcalina y muy cáustica.

1. cala *s.f.* Acción de calar. • Pedazo cortado de una fruta para probarla. • Fondo de un barco.

2. cala *s.f.* Ensenada pequeña.

3. cala *s.f.* Planta de jardín, cuyas inflorescencias están recubiertas por una bráctea grande y blanca.

calabacera *s.f.* Planta de tallos rastreros con zarcillos, y hojas anchas, cuyos frutos son comestibles.

calabaza *s.f.* Calabacera. • Fruto de la calabacera.

calabozo *s.m.* Lugar seguro para encerrar presos.

calado *s.m.* Labor en tela, papel, etc., que se hace sacando hilos o calando. • Profundidad a que llega la parte sumergida de un barco. • En un puerto, canal, etc., altura del agua con respecto al fondo.

calafatear *v.tr.* Cubrir con estopa y brea las junturas de las tablas de un barco.

calafateo *s.m.* Acción de calafatear.

calamar *s.m.* Molusco comestible, con una concha interna y diez tentáculos, que arroja un líquido oscuro cuando se irrita.

calambre *s.m.* Contracción involuntaria, dolorosa y pasajera de un músculo.

calamidad *s.f.* Desastre, desgracia.

calamitoso, sa *adj.* Funesto.

calandra *s.f.* Calandria (máquina).

1. calandria *s.f.* Pájaro cantor parecido a la alondra.

2. calandria *s.f.* Máquina para prensar y satinar ciertas telas o el papel.

calaña *s.f.* Manera de ser.

cálao *s.m.* Ave que tiene sobre el pico un gran apéndice córneo.

calar *v.tr.* Perforar. • Cortar un pedazo de ciertas frutas para probarlas. • *fam.* Comprender el motivo de una cosa. • *tr./prnl.* Mojar completamente. • *prnl.* Ajustarse bien el sombrero, los anteojos, etc.

calavera *s.f.* Conjunto de los huesos de la cabeza. • *m. fam.* Hombre juerguista y mujeriego.

calcáneo *s.m.* Hueso del tarso que forma el talón del pie.

calcañar *s.m.* Parte posterior de la planta del pie.

calcar *v.tr.* Sacar copia de un dibujo, relieve, etc., por contacto del original con el papel o tela adonde serán llevados. • Copiar, imitar.

calcáreo, a *adj.* Que contiene cal.

calce *s.m.* Cuña. • Llanta de la rueda.

calceta *s.f.* Media de punto que llega hasta la rodilla.

calcetín *s.m.* Calceta o media corta.

calchaquí *adj./s.m. y f.* Dícese de un pueblo indígena que habitaba al norte de la Argentina.

calcificar *v.tr.* Dar a un tejido orgánico propiedades calcáreas.

calcinación *s.f.* Acción de calcinar.

calcinar *v.tr.* Someter al calor los minerales para que se desprendan las sustancias volátiles.

calcio *s.m.* Metal blanco que se halla en el yeso, el mármol, etc. (símbolo: *Ca*).

calco *s.m.* Copia que se obtiene calcando.

calcomanía *s.f.* Procedimiento para pasar estampas de un papel a un objeto.

calculador, ra *adj. / s.* Que calcula. • *s.f.* Máquina para efectuar cálculos.

calcular *v.tr.* Efectuar cálculos. • Conjeturar.

calculista *s.m. y f.* Persona que hace la parte de cálculo de un proyecto de ingeniería, economía, etc.

cálculo *s.m.* Cuenta o investigación matemáticas. • Conjetura. • Concreción anormal que se forma en ciertos órganos.

caldear *v.tr./prnl.* Calentar mucho.
caldén *s.m.* Árbol de madera dura, usada como combustible y en carpintería.
caldeo, a *adj./s.* De Caldea (región de Asia antigua). • *s.m.* Acción de caldear.
caldera *s.f.* Recipiente metálico, grande y redondo, para calentar líquidos. • En las máquinas de vapor, recipiente donde hierve el agua.
calderería *s.f.* Oficio del calderero.
calderero, ra *s.* Persona que hace o arregla calderas.
calderilla *s.f.* Conjunto de monedas de poco valor.
caldero *s.m.* Caldera pequeña.
calderón *s.m.* En música, signo (𝄐) que indica la mayor duración de una nota o un silencio.
caldo *s.m.* Líquido que resulta de cocer en agua carne y verduras. • Jugo vegetal que se utiliza para elaborar vino, sidra, etc.
calefacción *s.f.* Acción de calentar. • Instalación para calentar un edificio.
calefactor *s.m.* Aparato para calentar las habitaciones.
calefón *s.m. América* Aparato eléctrico o de gas para calentar agua.
caleidoscopio *s.m.* Calidoscopio.
calendario *s.m.* Sistema de normas para expresar el tiempo en años, meses y días. • Almanaque.
calendas *s.f./pl.* En el antiguo cómputo romano y en el eclesiástico, el primer día de cada mes.
caléndula *s.f.* Planta de jardín, de flores doradas o amarillas.
calentador *s.m.* Artefacto para calentar.
calentamiento *s.m.* Acción de calentar.
calentar *v.tr./prnl.* Elevar la temperatura.
calentura *s.f.* Fiebre.
caleño, ña *adj. / s.* De Cali (Colombia).
calera *s.f.* Cantera que da la piedra caliza.
calesa *s.f.* Carruaje abierto y con capota.
calesita *s.f. América* Tiovivo.
caleta *s.f.* Cala o ensenada pequeña.
caletre *s.m. fam.* Tino, capacidad, discernimiento.
calibrador *s.m.* Instrumento para calibrar.
calibrar *v.tr.* Medir el calibre de armas, tubos, etc.
calibre *s.m.* Diámetro interior del cañón de las armas de fuego o de otros objetos huecos.
calicanto *s.m.* Mampostería.
calidad *s.f.* Manera de ser. • Clase, índole.
calidez *s.f.* Cualidad de cálido.
cálido, da *adj.* Que da calor o tiene alta temperatura. • Afectuoso, cordial.
calidoscopio *s.m.* Tubo con espejos en su interior que, al ser girado hace que por uno de sus extremos se vean multiplicados los fragmentos de vidrio que tiene en el otro extremo.
caliente *adj.* Que tiene o produce calor.
califa *s.m.* Título de los príncipes mahometanos que gobernaron como sucesores de Mahoma.
califato *s.m.* Dignidad y territorio del califa, y tiempo que gobernaba.
calificación *s.f.* Acción de calificar.
calificado, da *adj.* Que tiene prestigio o es apto para algo.
calificar *v.tr.* Atribuir cierta cualidad. • Asignar un grado o una nota en relación con cierta escala.
calificativo, va *adj.* Que califica. • *adj./s.m.* Dícese del adjetivo que expresa cualidades.
californio *s.m.* Elemento radiactivo sintético (símbolo: *Cf*).
caligrafía *s.f.* Arte de escribir a mano con letra bien formada.
calígrafo, fa *s.* Perito en caligrafía.
calistenia *s.f.* Ejercicio físico para desarrollar la fuerza muscular.
cáliz *s.m.* En la misa, vaso sagrado donde se pone el vino. • Verticilo externo de la flor.
caliza *s.f.* Roca formada por calcita.
calizo, za *adj.* Que contiene cal.
callado, da *adj.* Silencioso, reservado.
callar *v.intr./prnl.* Guardar silencio.• Cesar de hablar, gritar, sonar, etc. • *tr.* No decir una cosa.
calle *s.f.* Camino entre dos hileras de casas, paredes o árboles.
calleja *s.f.* Calle estrecha o corta.
callejear *v.intr.* Vagar por las calles.
callejero, ra *adj.* Que ocurre en la calle.• Aficionado a callejear.

callejón *s.m.* Calle muy estrecha.
callicida *s.m.* Sustancia para extirpar los callos de la piel.
callo *s.m.* Endurecimiento de la piel, en especial, en pies y manos. • *pl.* Trozos del estómago de la vaca o el carnero, que se comen guisados.
callosidad *s.f.* Callo; en especial, si es extenso y tiene poco espesor.
calma *s.f.* Tranquilidad, sosiego. • Estado de la atmósfera cuando no hay viento.
calmante *adj./s.m.* Que calma. • Que mitiga el dolor o la excitación; analgésico, sedante.
calmar *v.tr./prnl.* Apaciguar, tranquilizar. • Aliviar.
calmo, ma *adj.* Calmoso.
calmoso, sa *adj.* Que está en calma. • Que obra con tranquilidad.
caló *s.m.* Lenguaje de los gitanos.
calor *s.m.* Forma de la energía que produce la dilatación de los cuerpos, la variación de temperatura, etc. • Sensación del cuerpo sometido a esa energía. • Elevación de la temperatura normal del cuerpo o del ambiente. • Afecto, cariño. • Vehemencia.
caloría *s.f.* Unidad de medida del calor.
calórico, ca *adj.* Relativo al calor.
calorífero, ra *adj.* Que conduce y propaga el calor. • *s.m.* Aparato usado para producir calor.
calorífico, ca *adj.* Que produce y distribuye calor.
calorimetría *s.f.* Técnica para la medición de cantidades de calor.
calorímetro *s.m.* Instrumento para medir cantidades de calor.
calostro *s.m.* Primera leche de la hembra, después del parto.
calumnia *s.f.* Acusación falsa.
calumniador, ra *adj. / s.* Que calumnia.
calumniar *v.tr.* Atribuir falsamente a una persona intenciones o actos deshonrosos.
calumnioso, sa *adj.* Que contiene calumnia.
caluroso, sa *adj.* Que tiene o causa calor. • Que denota adhesión o afecto.
calvario *s.m.* Vía crucis. • Padecimiento intenso y prolongado.
calvicie *s.f.* Falta de cabello.
calvinismo *s.m.* Doctrina protestante que niega el libre albedrío y enseña la predestinación.
calvinista *adj.* Relativo al calvinismo.• *adj./s.m.* y *f.* Adepto a él.
calvo, va *adj. / s.* Que tiene la cabeza sin pelo. • *s.f.* Parte del cráneo de la que se ha caído el pelo.
calza *s.f.* Prenda de vestir que cubría el muslo y la pierna, o solo el muslo. • Cuña.
calzada *s.f.* Camino ancho y empedrado. • Parte de la calle comprendida entre dos aceras.
calzado *s.m.* Todo género de zapato, zapatilla o alpargata que cubre y protege el pie.
calzador *s.m.* Utensilio que ayuda a poner el calzado en el pie.
calzar *v.tr.* Poner o llevar puestos el calzado, las medias, los guantes o las espuelas. • Poner una cuña.
calzón *s.m.* Especie de pantalón corto.
calzoncillos *s.m.pl.* Prenda interior de hombre, en forma de calzón.
1. cama *s.f.* Mueble donde las personas se acuestan para dormir y descansar. • Sitio donde se echan a descansar los animales.
2. cama *s.f.* Varilla del freno, en cuyos extremos van sujetas las riendas. • Pieza curva del arado.
camada *s.f.* Hijuelos de un animal nacidos al mismo tiempo. • Conjunto de cosas extendidas horizontalmente; capa.
camafeo *s.m.* Figura tallada en relieve sobre una piedra preciosa.
camaleón *s.m.* Reptil cuya piel puede cambiar de color. • *fam.* Persona que cambia fácilmente de opinión.
camalote *s.m. América* Nombre con que se designan varias especies de plantas flotantes o palustres.
camándula *s.f. fam.* Astucia.
camandulear *v.intr. América* Actuar con hipocresía.
camandulero, ra *adj./s. fam.* Dícese de la persona hipócrita y astuta.
cámara *s.f.* Habitación principal de una casa o un palacio. • Cuerpo legislador en algunos gobiernos. • Junta que regula ciertos asuntos. • Anillo de goma

hueco y con aire, que forma parte de los neumáticos. • Nombre que reciben diversos aparatos empleados en fotografía, cinematografía, etc.

camarada *s.m.* y *f.* Compañero.

camaradería *s.f.* Relación propia de camaradas; compañerismo.

camarero, ra *s.* Oficial de la cámara del Papa. • Criado que trabaja en hoteles, barcos, etc. • Mozo de café.

camarilla *s.f.* Grupo de personas que influyen subrepticiamente en las decisiones de una autoridad.

camarín *s.m.* En los teatros, cuarto donde se visten los actores. • En las iglesias, habitación para guardar las ropas y joyas de una imagen, o capilla detrás de un altar.

camarista *s.m. y f.* Miembro de una cámara judicial de apelaciones o de un tribunal de justicia.

camarlengo *s.m.* Cardenal que preside la Cámara Apostólica.

camarógrafo, fa *s.* Operador cinematográfico o de televisión.

camarón *s.m.* Pequeño crustáceo comestible, que se vuelve rojo por cocción.

camarote *s.m.* Dormitorio de barco.

cambalache *s.m. fam.* Trueque de objetos de escaso valor. • *América* Comercio donde se compran y venden cosas usadas.

cambalachear *v.tr. fam.* Hacer cambalaches o trueques.

cambiante *adj.* Que cambia. • *s.m. pl.* Variación en los colores o reflejos. • *m.* y *f.* Cambista.

cambiar *v.tr. / intr.* Permutar una cosa por otra. • Variar, alterar. • *prnl. América* Mudarse.

cambiazo *s.m.* Cambio fraudulento.

cambio *s.m.* Acción de cambiar. • Dinero menudo. • Permuta de la moneda de un país por la de otro.

cambista *s.m.* y *f.*Persona dedicada a cambiar moneda. • *América* Guardagujas.

cámbrico, ca *adj./s.m.* Dícese del primer período de la era paleozoica. • *adj.* Relativo a ese período.

cambur *s.m.* Árbol parecido al plátano, de fruto comestible.

camelia *s.f.* Arbusto ornamental de flores sin olor, blancas, rosadas o rojas.

camelo *s.m. fam.* Cosa buena o verdadera solo en apariencia. • *fam.* Galanteo.

camello, lla *s.* Mamífero rumiante, robusto y resistente al ayuno, con dos jorobas de grasa en el lomo que le sirven de reserva alimenticia.

camerino *s.m.* En los teatros, camarín.

camero, ra *adj.* Dícese de la cama grande, y de lo relacionado con ella.

camilla *s.f.* Cama angosta y portátil para trasportar enfermos.

caminante *adj./s.m.* y *f.* Que camina. • *s.m.* Ave chilena parecida a la alondra.

caminar *v.intr./tr.* Ir a pie de un sitio a otro. • *intr.* Seguir las cosas su curso.

caminata *s.f.* Recorrido largo a pie.

camino *s.m.* Banda de terreno para ir de un sitio a otro. • Recorrido, trayecto. • Medio para hacer o conseguir algo; procedimiento.

camión *s.m.* Vehículo automotor para trasportar cargas pesadas.

camioneta *s.f.* Camión pequeño.

camisa *s.f.* Prenda de vestir con cuello y mangas que cubre la parte superior del cuerpo. • Cualquier revestimiento en forma de película. • Piel de la serpiente después de la muda.

camisería *s.f.* Establecimiento donde se venden o hacen camisas.

camiseta *s.f.* Prenda interior de punto, sin cuello.

camisón *s.m.* Camisa larga para dormir.

camoatí *s.m.* Avispa muy común en América. • Nido de esa avispa.

camorra *s.f. fam.* Riña, reyerta.

camorrear *v.intr. fam. América* Provocar riñas o reyertas.

camorrero, ra adj./s. fam. Que provoca camorras.

camorrista *adj. / s.m. y f. fam.* Camorrero.

camote *s.m. América* Batata (planta). • Bulbo o yema subterránea. • *fam.* Enamoramiento.

campal *adj.* Dícese de la batalla general y decisiva.

campamento *s.m.* Acción de acampar. • Lugar donde se acampa.

campana *s.f.* Instrumento metálico, en

forma de copa invertida, que suena al ser golpeado por un badajo.

campanada *s.f.* Cada toque de una campana • Novedad o acción que provocan escándalo.

campanario *s.m.* Torre o espadaña donde se colocan las campanas.

campanero *s.m.* El que tiene por oficio hacer o tocar las campanas.

campanilla *s.f.* Campana pequeña. • Adorno en forma de campana. • Flor acampanada de ciertas plantas.

campante *adj. fam.* Ufano, satisfecho.

campanudo, da *adj.* Acampanado. • *fam.* Ampuloso.

campánula *s.f.* Cierta planta ornamental, herbácea y perenne.

campaña *s.f.* Campo llano. • Acciones para lograr un fin determinado. • Operación militar, y tiempo que dura.

campechano, na *adj.* Que trata a todos con llaneza y buen humor.

campeche *s.m.* Árbol americano cuya madera se usa para teñir.

campeón, na *s.* Vencedor en competiciones deportivas. • Defensor de una causa. • *m.* Paladín. • Héroe famoso.

campeonato *s.m.* Certamen deportivo.

campero, ra *adj.* Relativo al campo. • *América* Muy ducho en las labores del campo. • *s.f.* Chaqueta.

campesino, na • *adj.* Campestre • *adj. / s.* Que vive y trabaja en el campo.

campestre *adj.* Propio del campo.

campiña *s.f.* Espacio grande de tierra llana cultivable.

campo *s.m.* Terreno extenso fuera de poblado. • Campiña. • Terreno para determinado uso. • Área de cierta actividad. • Espacio real o imaginario de una cosa material o inmaterial.

camposanto *s.m.* Cementerio de los católicos.

camuatí *s.f.* Camoatí.

camuflar *v.tr.* Dar a una cosa la apariencia de otra.

can *s.m.* Perro (mamífero).

cana *s.f.* Pelo que se ha vuelto blanco.

canadiense *adj./s.m. y f.* Del Canadá (América).

canal *s.* ambig. Cauce artificial de agua para diversos usos. • *m.* Paso natural o artificial para comunicar dos mares dar entrada a un puerto, etc. • Conducto del cuerpo. • Banda de frecuencia para emisiones de televisión. • Estría de una columna.

canaleta *s.f.* *América* Canalón.

canalizar *v.tr.* Abrir canales. • Regularizar el cauce de un río o un arroyo. • Encaminar opiniones, iniciativas, etc.

canalón *s.m.* Canal del alero de un tejado para evacuar el agua de lluvia.

canalla *s.f.* *fam.* Gente baja, ruin. • *adj./s.m.* Que comete vilezas.

canallada *s.f.* Acción o dicho propios de un canalla.

canallesco, ca *adj.* Propio de la canalla o de un canalla.

canana *s.f.* Cinturón ancho para llevar cartuchos.

canapé *s.m.* Asiento largo y mullido. • Rebanada de pan con algún ingrediente comestible.

canaricultura *s.f.* Cría de canarios.

canario, ria *adj.* De las islas Canarias (España). • *s.m.* Pájaro cantor, generalmente de plumaje amarillo.

canasta *s.f.* Cesta de boca ancha, con asa. • Cierto juego de naipes.

canasto *s.m.* Canasta grande, alta, con dos asas.

canavá *s.m.* *América* Cañamazo.

cancán *s.m.* Danza teatral francesa, alegre y atrevida.

cancel *s.m.* Puerta doble. • *América* Puerta que separa el zaguán del resto de la vivienda.

cancela *s.f.* Verja en el umbral de una casa.

cancelar *v.tr.* Dejar sin efecto un compromiso o una obligación. • Saldar una deuda.

cáncer *s.m.* Tumor maligno que invade y destruye los tejidos.

cancerígeno, na *adj.* Que produce cáncer.

cancha *s.f.* Terreno, local o sitio llanos y despejados, en especial para practicar deportes.

canchero, ra *adj. / s. fam. América* Que es ducho y experto en una actividad.

canciller *s.m.* Primer ministro o encargado de las relaciones exteriores de un

Estado. • Empleado auxiliar en delegaciones diplomáticas.
cancillería *s.f.* Cargo y residencia del canciller • Organismo que dirige la política exterior de un país.
canción *s.f.* Composición poética que se puede adaptar a una música. • Música con que se canta esa composición.
cancionero *s.m.* Colección de canciones y poesías.
cancionista *s.m.* y *f.* Persona que compone o canta canciones.
candado *s.m.* Cerradura suelta con llave, que asegura puertas, ventanas, etcétera.
candeal *adj./s.m.* Dícese de un trigo que da harina o pan de superior calidad.
candela *s.f.* Vela para alumbrar. • Candelero. • Lumbre o fuego.
candelabro *s.m.* Candelero de dos o más brazos.
candelero *s.m.* Utensilio para sostener una vela o candela.
candente *adj.* Que despide luz roja o blanca por la acción del calor. • Que despierta mucho interés.
candidato, ta *s.* Persona que pretende un cargo o distinción, o que es propuesta para ellos.
candidatura *s.f.* Aspiración a una dignidad o cargo. • Reunión de candidatos.
candidez *s.f.* Cualidad de cándido.
cándido, da *adj.* En lenguaje poético, blanco, puro. • Que no tiene malicia.
candil *s.m.* Lámpara de aceite formada por un recipiente con un pico por donde asoma la mecha.
candileja *s.f.* Recipiente del candil, que contiene el aceite. • *pl.* Fila de luces en el proscenio del teatro.
candombe *s.m.* Danza ritual que bailaban los negros de Buenos Aires y Montevideo.
candombero, ra *adj./*s. *América* Dícese de los negros que participaban de los candombes.
candor *s.m.* Cualidad de puro, inocente o ingenuo.
candoroso, sa *adj.* Que tiene candor.
canela *s.f.* Corteza del canelo; es muy aromática y se usa como condimento.
canelo, la *adj.* De color de canela. • *s.m.* Árbol cuya corteza constituye la canela.
canelón *s.m.* Rollo de pasta de harina con diversos rellenos. • Canalón. • Carámbano largo y puntiagudo.
canesú *s.m.* Pieza superior de un vestido o una blusa.
canevá *s.m. América* Cañamazo.
cangilón *s.m.* Vasija de la noria.
cangrejo *s.m.* Crustáceo decápodo comestible, con gruesas pinzas.
canguro *s.m.* Mamífero originario de Australia, que tiene las patas traseras mucho más largas que las delanteras.
caníbal *adj./s.m.* y *f.* Antropófago. • *fam.* Salvaje y cruel.
canibalismo *s.m.* Antropofagia. • Ferocidad, crueldad.
canica *s.f.* Bolita de vidrio con que juegan los niños. • *pl.* Juego con esas bolitas.
canícula *s.f.* Época más calurosa del año.
canilla *s.f.* Hueso largo de la pierna o el brazo, en especial la tibia. • Carrete para devanar hilo. • Caño pequeño para sacar vino de las cubas. • *América* Grifo (llave).
canillita *s.m. América* Vendedor callejero de periódicos.
canino, na *adj.* Propio del perro. • *adj./s.m.* Colmillo.
canje *s.m.* Acción de canjear.
canjear *v.tr.* Cambiar, hacer trueque.
cano, na *adj.* Que tiene canas.
canoa *s.f.* Embarcación de remo, muy estrecha.
canon *s.m.* Regla o precepto. • Decisión de un concilio de la Iglesia. • Parte de la misa. • Renta o pensión.
canónico, ca *adj.* Relativo a los cánones eclesiásticos.
canónigo *s.m.* Clérigo de una iglesia catedral.
canonizar *v.tr.* Declarar el Papa santa a una persona ya beatificada.
canoro, ra *adj.* Dícese de las aves que cantan. • Melodioso.
canoso, sa *adj.* Que tiene abundantes canas.
cansado, da *adj.* Que tiene las fuerzas físicas o mentales disminuidas. • Que cansa o fastidia.

cansancio *s.m.* Efecto de cansar o cansarse. • Sensación de estar cansado.
cansar *v.tr./prnl.* Disminuir las fuerzas físicas o mentales. • Fastidiar, hartar.
cansino, na *adj.* Lento o perezoso.
cantante *s.m. y f.* Persona que canta; en especial, ante el público.
cantar *v.intr./tr.* Emitir con la boca sonidos musicales. • Alabar en verso o en prosa. • *s.m.* Breve composición poética que puede ser cantada.
cantárida *s.f.* Insecto de cuerpo alargado y color verde brillante, usado antiguamente en medicina.
cántaro *s.m.* Vasija grande de vientre abultado y boca y pie estrechos.
cantata *s.f.* Obra musical lírico-vocal, con acompañamiento instrumental.
cantera *s.f.* Sitio de donde se extrae piedra.
cantero *s.m.* Hombre que pica y labra piedras.
cántico *s.m.* Canto religioso de gracias o de exaltación.
cantidad *s.f.* Propiedad de lo que es capaz de aumentar o disminuir. • Cierto número de unidades o porción de una cosa. • *fam.* Porción o número grande de una cosa.
cantiga o **cántiga** *s.f.* Antigua composición poética destinada al canto.
cantilena *s.f.* Composición poética breve para ser cantada. • *fam.* Repetición molesta e inoportuna.
cantimplora *s.f.* Recipiente aplanado de cuello estrecho, para llevar bebida.
cantina *s.f.* Puesto público para venta de bebidas y comestibles. • Restaurante de poca categoría.
cantinela *s.f. fam.* Cantilena.
cantinero, ra *s.* El que atiende una cantina.
1. canto *s.m.* Acción y efecto de cantar. • Arte de cantar. • Poema heroico.
2. canto *s.m.* Lado, borde, grosor o esquina de una cosa. • En un cuchillo o sable, lado opuesto al filo. • Corte del libro, opuesto al lomo. • Trozo de piedra.
cantón *s.m.* Esquina de un edificio. • En Francia y Suiza, subdivisión administrativa.
cantor, ra *adj. / s.* Que canta, en especia por oficio. • Dícese de las aves que emi ten sonidos melodiosos.
canturrear *v.intr. fam.* Cantar en vo baja.
cánula *s.f.* Caña pequeña. • Tubo termi nal o extremo de las jeringas.
canutillo *s.m.* Tubito de vidrio para tra bajos de pasamanería.
canuto *s.m.* Trozo de caña cortado entr dos nudos. • Tubo de cualquier mate ria, corto y no muy grueso.
caña *s.f.* Tallo de las plantas gramíneas en general hueco y nudoso. • Nombr de diversos objetos cilíndricos alarga dos, como la caña de pescar. • Canill del brazo o la pierna. • Parte de la bo ta que cubre la pierna. • *caña de azúcar* Planta gramínea tropical, de cuyo tallos se extrae azúcar.
cañada *s.f.* Terreno bajo entre dos serranías o lomas.
cañadón *s.m. América* Depresión del terreno que forma el cauce de un arroyo.
cañamazo *s.m.* Tejido ralo dispuesto para bordar sobre él.
cañamelar *s.m.* Plantación de caña de azúcar.
cañamiel *s.f.* Caña de azúcar.
cáñamo *s.m.* Planta herbácea de cuyos tallos se obtiene una fibra textil.
cañamón *s.m.* Semilla del cáñamo, que se da como alimento a los pájaros.
cañaveral *s.m.* Sitio poblado de cañas. • Plantación de caña de azúcar.
cañería *s.f.* Conjunto de caños para distribuir agua o gas.
cañero, ra *adj.* Relativo al cultivo, elaboración y comercio de la caña de azúcar.
cañizo *s.m.* Tejido de cañas usado, en especial, para construir techos.
caño *s.m.* Tubo corto.
cañón *s.m.* Objeto en forma de tubo. • Pieza de artillería para lanzar proyectiles. • Garganta profunda excavada por un río.
cañonazo *s.m.* Disparo hecho con cañón. • *América fam.* Noticia inesperada.
cañonear *v.tr.* Disparar los cañones.
cañoneo *s.m.* Acción de cañonear.
cañonero, ra *adj./s.f.* Dícese del buque o lancha armados con cañones.

cao *s.m. América* Ave carnívora parecida al cuervo.
caoba *s.f.* Árbol americano de gran porte, cuya madera, de color rojizo, se usa en ebanistería.
caolín *s.m.* Arcilla blanca que se utiliza para fabricar la porcelana.
caos *s.m.* Estado de gran desorden y confusión.
caótico, ca *adj.* Relativo al caos.
capa *s.f.* Prenda de abrigo suelta, sin mangas y abierta por delante. • Porción uniforme de una sustancia con que se recubre algo. • Cada una de las partes superpuestas que constituyen una cosa.
capacidad *s.f.* Posibilidad de contener una cantidad de algo. •Extensión o espacio de algún sitio. • Aptitud o talento.
capacitación *s.f.* Acción de capacitar.
capacitar *v.tr./prnl.* Hacer apto a alguien. • *tr.* Dar a una persona derecho para algo.
capar *v.tr.* Castrar.
caparazón *s.m.* Cubierta dura que protege el cuerpo de los crustáceos, los quelonios, etc.
capataz, za *s.* Persona que dirige y vigila a un grupo de obreros.
capaz *adj.* Que tiene capacidad. • De un modo de ser tal, que se puede esperar un resultado determinado. • Apto, inteligente.
capcioso, sa *adj.* Falaz, engañoso.
capear *v.tr.* Sortear con habilidad peligros, dificultades, etc.
capelina *s.f. América* Sombrero de mujer; en especial, el de alas anchas.
capelo *s.m.* Sombrero rojo, insignia de los cardenales de la Iglesia católica.
capellada *s.f.* Parte superior del calzado, que cubre el pie.
capellán *s.m.* Sacerdote que obtiene una capellanía. • Sacerdote que dice misa en un oratorio privado, o que se desempeña en las fuerzas armadas.
capellanía *s.f.* Fundación para el cumplimiento de cargas pías.
caperuza *s.f.* Gorro que remata en una punta inclinada hacia atrás.
capicúa *adj./s.m.* Dícese de la cifra, palabra o frase que tienen el mismo valor o significado de derecha a izquierda o de izquierda a derecha.
capilar *adj.* Relativo al cabello. • Que tiene diámetro comparable al de un cabello.
capilaridad *s.f.* Cualidad de capilar. • Propiedad de los sólidos de atraer a los líquidos que los mojan y repeler a los que no los mojan.
capilla *s.f.* Iglesia pequeña. • Lugar para el culto religioso en un palacio, una cárcel, un hospital, etc.
capital *adj.* Relativo a la cabeza. • Muy importante. • *adj./s.f.* Dícese de la población donde reside el gobierno de una nación, provincia, etc. • *s.m.* Dinero que posee alguien y puede producir una renta. • Conjunto de bienes usados para la producción de bienes y servicios.
capitalismo *s.m.* Sistema económico basado en el predominio del capital como elemento de producción.
capitalista *adj.* Relativo al capital o al capitalismo. • *adj./s.m. y f.* Dícese del que provee el capital en un negocio.
capitalizar *v.tr.* Agregar al capital los intereses devengados, para que produzcan nuevos intereses.
capitán *s.m.* Oficial militar que manda una compañía, un escuadrón o una escuadrilla. • Grado del escalafón naval. • El que manda un buque mercante o un avión civil.
capitana *s.f./adj.* Nave de guerra en la que iza su insignia un jefe naval.
capitanear *v.tr.* Mandar o guiar como capitán.
capitel *s.m.* Parte superior de una columna.
capitolio *s.m.* Edificio majestuoso. • Acrópolis.
capitulación *s.f.* Acción de capitular. • Pacto, convenio.
1. capitular *adj.* Relativo a un capítulo o cabildo.
2. capitular *v.intr.* Rendirse. • Hacer un convenio con una persona.
capítulo *s.m.* Asamblea de religiosos de una orden; cabildo. • Cada una de las partes numeradas en que se divide una obra literaria, científica, etc.

capó *s.m.* En un automóvil, parte de la carrocería que cubre el motor.
capón *adj./s.m.* Que ha sido castrado.
caporal *s.m.* El que tiene bajo su mando a un grupo de gente.
capota *s.f.* Cubierta plegable de algunos carruajes y automóviles. • Cierto sombrero femenino.
capotar *v.intr.* Dar el automóvil o el avión media vuelta y quedar con las ruedas hacia arriba.
capote *s.m.* Capa con mangas • Especie de gabán militar. • Capa corta de torero.
cappa *s.f.* Décima letra del alfabeto griego (κ).
capricho *s.m.* Idea o propósito no razonables. • Antojo o deseo vehemente.
caprichoso, sa *adj.* Propenso a tener caprichos. • Injustificado, arbitrario.
caprino, na *adj.* Cabruno.
cápsula *s.f.* Casquete cilíndrico para cerrar herméticamente una botella. • Cilindro de metal que contiene la carga de un proyectil. • Fruto seco, dehiscente. • Membrana conjuntiva fibrosa en forma de saco. • Cabina hermética, tripulada, para vuelos espaciales.
captar *v.tr.* Percibir por medio de los sentidos. • Recibir ondas, sonidos, imágenes por radiotelefonía y televisión. •Entender, comprender. • Atraer los afectos o la atención.
captura *s.f.* Acción de capturar.
capturar *v.tr.* Apoderarse de una persona o un animal, a los que se persigue.
capucha *s.f.* Gorro prendido al cuello de una prenda, que puede echarse a la espalda.
capuchino, na *adj. / s.* Dícese de los religiosos de la rama más austera de la orden franciscana.
capuchón *s.m.* Capucha. • Objeto con que se cubre el extremo de una cosa.
capulí *s.m.* Árbol americano, de buena madera y fruto comestible.
capulina *s.f.* Fruto del capulí.
capullo *s.m.* Yema floral a punto de abrirse. • Envoltura que hacen las larvas de algunos insectos, como el gusano de seda.
caquexia *s.f.* En medicina, alteración grave de la nutrición.
1. caqui *s.m.* Árbol de fruto comestible, muy dulce y carnoso.
2. caqui *s.m.* Tela de color ocre, que se usa para uniformes militares.
cara *s.f.* Parte delantera de la cabeza de las personas y de algunos animales. • Semblante. • Aspecto de una cosa. Frente de ciertas cosas. • En las monedas, anverso. • Cualquier superficie plana que limita un cuerpo geométrico.
carabela *s.f.* Antiguo barco de vela con tres mástiles.
carabina *s.f.* Arma de fuego portátil, más corta que el fusil.
carabinero *s.m.* En algunos países, soldado fronterizo que reprime el contrabando.
caracol *s.m.* Molusco protegido por una concha en espiral. • Movimiento en redondo del caballo. • Cavidad del oído interno.
caracola *s.f.* Concha de un caracol marino de gran tamaño, que sirve de bocina.
caracolear *v.intr.* Hacer giros o caracoles el caballo.
caracolillo *s.m.* Planta trepadora de flores grandes y perfumadas. • Cierto tipo de café.
carácter *s.m.* Manera de ser que distingue a una persona o cosa de otras. • Conjunto de rasgos o cualidades que indican la naturaleza de las personas o cosas. • Energía, entereza. • Signo de escritura. • Letra de imprenta.
característica *s.f.* Cualidad por la que se distingue a una persona o cosa. • Actriz que representa papeles de persona de edad.
característico, ca *adj.* Dícese de lo que caracteriza; distintivo, peculiar.
caracterizar *v.tr.* Describir a una persona o cosa por sus rasgos distintivos. • *tr./prnl.* Vestir, maquillar, etc., a alguien para que represente cierto papel.
caracú *s.m. América* Tuétano de los animales y hueso que lo contiene.
caracul *adj./s.m.* Dícese de la raza ovina originaria de Asia, de pelo rizado, cuya piel es muy apreciada en peletería.
caradura *adj. / s.m. y f. fam.* Cínico, sinvergüenza, audaz.
caramba *interj.* Expresa extrañeza o enfado.

carámbano *s.m.* Pedazo de hielo puntiagudo que cuelga en algún sitio.

carambola *s.f.* Lance del juego de billar, en que la bola con que se juega toca a las otras dos.

caramelo *s.m.* Azúcar hecho almíbar y endurecido al enfriarse.

caramillo *s.m.* Flauta rústica de caña o madera.

carancho *s.m.* *América* Ave rapaz que se alimenta de carroña.

caranday *s.m.* *América* Palmera de cuyas hojas se obtiene crin vegetal.

carao *s.m.* *América* Árbol de flores rosadas y frutos leñosos que contienen una especie de maleza.

carapacho *s.m.* Caparazón de ciertos animales, como la tortuga y el cangrejo.

caraqueño, ña *adj. / s.* De Caracas (Venezuela).

carátula *s.f.* Careta, máscara. • Portada de un libro.

carau o **caraú** *s.m.* Ave zancuda americana, de pico largo y curvo.

caravana *s.f.* Grupo numeroso de gente, caballerías o coches que marchan juntos.

caray *interj. fam.* Caramba.

carbón *s.m.* Carbono impuro, sólido, negro y combustible, que resulta de la combustión incompleta de la leña (carbón vegetal), o que procede de depósitos de materias orgánicas fósiles (carbón mineral).

carbonada *s.f.* *América* Guisado de carne, zapallo, choclo, papas y arroz.

carbonatado, da *adj. / s.m.* Se aplica al mineral resultante de la combinación de una base con ácido carbónico.

carbonato s.m. Sal o éster del ácido carbónico.

carboncillo *s.m.* Palillo carbonizado que se usa para dibujar.

carbónico, ca *adj.* Se aplica a las combinaciones en las que entra el carbono.

carbonífero, ra *adj.* Dícese del terreno que contiene carbón mineral.

carbonilla *s.f.* Carbón menudo. • *América* Carboncillo.

carbonizar *v.tr./prnl.* Reducir a carbón una sustancia orgánica.

carbono *s.m.* Elemento no metal, componente esencial de todas las sustancias orgánicas (símbolo: *C*).

carbunclo *s.m.* Rubí. • Carbunco.

carbunco *s.m.* Enfermedad infecciosa grave de los animales, en especial vacunos, que se trasmite al hombre.

carburador *s.m.* Dispositivo de ciertos motores, que dosifica la mezcla de aire y gasolina vaporizada.

carburante *adj./s.m.* Dícese de los combustibles que se usan en los motores de explosión.

carburar *v.tr.* Mezclar un carburante con la proporción adecuada de aire para que sea inflamable o combustible.

carburo *s.m.* Combinación del carbono con otro elemento.

carcaj *s.m.* Caja para llevar flechas.

carcajada *s.f.* Risa impetuosa y ruidosa.

carcamal *s.m./adj. fam.* Persona vieja y achacosa.

carcamán *s.m./adj. fam. América* Carcamal.

carcasa *s.f.* Bomba incendiaria. • Armazón que protege ciertas piezas móviles.

cárcel *s.f.* Edificio destinado a custodiar a los presos; presidio, prisión.

carcelario, ria *adj.* De la cárcel.

carcelero, ra *adj.* Persona que cuida de la cárcel y vigila a los presos.

carcinoma *s.m.* Cáncer del tejido epitelial.

carcoma *s.f.* Insecto, cuya larva ataca la madera de los muebles. • Cosa que destruye lentamente.

carcomer *v.tr.* Roer madera la carcoma. • Corroer, destruir.

carda *s.f.* Acción de cardar. • Utensilio o máquina para cardar.

cardán *s.m.* Articulación mecánica empleada en los automóviles para trasmitir el movimiento de rotación del motor al eje posterior.

cardar *v.tr.* Limpiar y peinar las fibras textiles que deben hilarse.

1. cardenal *s.m.* Cada uno de los prelados que componen el Sacro Colegio de consejeros del Papa. • *América* Pájaro de garganta y copete rojos.

2. cardenal *s.m.* Mancha morada que se forma en el cuerpo a causa de un golpe.

cardenillo *s.m.* Sustancia venenosa de color verdoso o azulado, que se forma sobre los objetos de cobre.
cárdeno, na *adj./s.m.* Morado.
cardíaco, ca o **cardiaco, ca** *adj.* Relativo al corazón. • *adj. / s.* Que sufre una afección del corazón.
cardias *s.m.* Orificio superior del estómago, que comunica con el esófago.
cárdigan *s.m.* Chaqueta larga y sin solapas.
cardinal *adj.* Principal, fundamental. • Dícese de los cuatro puntos imaginarios que dividen el horizonte. • *adj./s.m.* Dícese de los números que indican cantidad y no orden.
cardiología *s.f.* Parte de la medicina que estudia el corazón y sus afecciones.
cardiopatía *s.f.* Nombre genérico de las enfermedades del corazón.
cardo *s.m.* Planta espinosa de flores azules o violadas, con tallos y hojas comestibles.
cardumen *s.m.* Multitud de peces que van juntos.
carear *v.tr.* Interrogar juntas a dos o más personas para confrontar lo que dicen.
carecer *v.intr.* No tener cierta cosa.
carenado *s.m.* Acción de carenar.
carenar *v.tr.* Reparar y calafatear un buque.
carencia *s.f.* Falta de algo.
careo *s.m.* Acción de carear.
carestía *s.f.* Falta o escasez de una cosa. • Circunstancia de estar cara una cosa.
careta *s.f.* Máscara con que se cubre la cara.
carey *s.m.* Especie de tortuga marina. • Lámina córnea del caparazón de esa tortuga.
carga *s.f.* Acción de cargar. • Cosa con que se carga algo. • Gravamen, impuesto. • Cantidad de pólvora que se pone en el cañón de un arma de fuego. • En milicia, ataque impetuoso y decidido.
cargamento *s.m.* Conjunto de mercancías que se trasportan o embarcan.
cargar *v.tr.* Poner cosas sobre una persona, un animal o un vehículo para que las trasporten. • Introducir la carga en un arma de fuego. • Imponer un grava men. • Debitar. • Hacer aguantar una cosa que pesa o molesta. • *intr.* Acometer, arremeter. • *tr./prnl. fam.* Fastidiar, cansar.
cargazón *s.f.* Aglomeración de nubes. • Pesadez de cabeza o estómago. • *América* Abundancia de adornos.
cargo *s.m.* Acusación, imputación. • Función, empleo o dignidad. • Obligación de hacer algo. • Débito.
cargosear *v.tr. fam. América* Insistir en un pedido, molestar.
cargoso, sa *adj.* Que causa disgusto o fatiga. • Gravoso, oneroso.
carguero *adj./s.m.* Barco, tren, etc., de carga
cariacontecido, da *adj.* Que muestra tristeza en la cara.
cariar *v.tr./prnl.* Producir caries.
cariátide *s.f.* Escultura de una figura humana, que sirve de columna.
caribe *adj./s.m. y f.* Dícese de un pueblo que habitaba en las Antillas.
caricatura *s.f.* Retrato de una persona, con exageración de sus rasgos característicos.
caricia *s.f.* Toque suave con la mano, con que se demuestra cariño.
caridad *s.f.* Amor a Dios y al prójimo. • Virtud que hace ayudar a los desvalidos. • Limosna.
caries *s.f.* Destrucción progresiva de los tejidos del diente.
carilla *s.f.* Cara de una hoja de papel.
carillón *s.m.* Conjunto de campanas que producen sonidos melodiosos.
cariño *s.m.* Afecto, apego, amor.
cariñoso, sa *adj.* Afectuoso.
carioca *adj./s.m. y f.* De Río de Janeiro (Brasil).
cariocinesis *s.f.* Reproducción de las células por división indirecta.
caritativo, va *adj.* Que obra con caridad.
cariz *s.m.* Aspecto que presentan una cosa o un asunto.
carlanca *s.f.* Collar con puntas que se pone a los perros para defenderlos de las mordeduras de los lobos.
carlinga *s.f.* Cabina del avión.
carmelita *adj./s.m. y f.* Dícese de los religiosos de la orden del Carmen.
carmesí *adj./s.m.* Dícese del color que se parece al de la grana.

carmín *s.m.* Materia colorante de un rojo intenso, que se obtiene de la cochinilla. • *s.m./adj.* Ese color.
carnada *s.f.* Cebo animal para pescar o cazar.
carnal *adj.* Relativo a la carne [antón.: *espiritual*]. • Terrenal.
carnaval *s.m.* Los tres días que preceden a la cuaresma, que se celebran con mascaradas y bailes.
carnavalesco, ca *adj.* Propio del carnaval.
carnavalito *s.m.* Danza y canto colectivos de origen boliviano y popularizados en el norte de la Argentina.
carne *s.f.* Parte blanda muscular del cuerpo humano y animal. • Parte comestible del cuerpo de ciertos animales. • Parte blanda de las frutas; pulpa.
carné *s.m.* Documento que acredita la identidad de alguien o la pertenencia a una entidad. • Librito de notas.
carnear *v.tr.* Matar las reses para aprovechar su carne.
carnero *s.m.* Mamífero bóvido, rumiante, con cuernos anillados y lana espesa.
carnestolendas *s.f.pl.* Carnaval.
carnet *s.m.* (Galicismo) Carné.
carnicería *s.f.* Local donde se vende carne al por menor. • Matanza.
carnicero, ra *adj. / s.* Carnívoro. *s.* • Persona que vende carne.
carnívoro, ra *adj. / s.* Que se alimenta de carne. • Dícese de los animales que matan a otros para comérselos.
carnosidad *s.f.* Exceso de carne en alguna parte del cuerpo.
carnoso, sa *adj.* De mucha carne.
caro, ra *adj.* Que excede del valor normal. • De precio elevado. • Muy querido.
carótida *s.f.* Cada una de las dos arterias principales que llevan la sangre a la cabeza.
carozo *s.m. América* Hueso del durazno, la ciruela, etc.
1. carpa *s.f.* Pez comestible de agua dulce.
2. carpa *s.f. América* Tienda para alojarse en el campo.
carpelo *s.m.* Hoja modificada que forma el gineceo de la flor y encierra los óvulos.
carpeta *s.f.* Cubierta de tela para mesas u otros muebles. • Par de cubiertas entre las que se guardan papeles.
carpidor *s.m. América* Herramienta para carpir.
carpincho *s.m. América* Mamífero roedor de gran tamaño, que vive junto a ríos y lagunas.
carpintería *s.f.* Oficio de carpintero. • Taller del carpintero.
carpintero, ra *s.* Persona que tiene el oficio de trabajar la madera.
carpir *v.tr. América* Limpiar la tierra con el carpidor.
carpo *s.m.* Conjunto de los ocho huesos cortos que forman la muñeca.
carqueja *s.f.* Arbusto dioico de 30 a 60 cm de altura.
carraca *s.f.* Barco viejo. • Artefacto deteriorado.
carraleja *s.f.* Insecto de color negro, usado en veterinaria por sus propiedades terapéuticas.
carraspear *v.intr.* Tener carraspera.
carraspera *s.f.* Irritación de la garganta que obliga a toser.
carrera *s.f.* Acción de correr. • Recorrido de un astro. • Competición de velocidad. • Conjunto de estudios para ejercer una profesión. • Línea de puntos que se sueltan en un tejido.
carrero *s.m.* El que guía los animales que tiran de un carro.
carreta *s.f.* Carro tosco, angosto y bajo, con dos ruedas.
carrete *s.m.* Cilindro para arrollar hilo, alambre, etc.
carretel *s.m. América* Carrete para hilos de coser.
carretera *s.f.* Camino ancho, pavimentado, para el tránsito de vehículos.
carretilla *s.f.* Carrito de mano con una o dos ruedas, y dos varas posteriores para guiarlo.
carril *s.m.* Surco que deja en el suelo la rueda de un carruaje. • Riel, vía.
carrillo *s.m.* Parte carnosa a cada lado de la cara.
carrillón *s.m. América* Carillón.
carrizo *s.m.* Planta parecida a la caña, que crece en suelos húmedos.
carro *s.m.* Vehículo para el trasporte, constituido por una plataforma sobre

dos o cuatro ruedas, y varas para enganchar la caballería que tira de él.

carrocería *s.f.* Parte del automóvil donde van los pasajeros, que cubre el motor y forma los guardabarros.

carromato *s.m.* Carro grande y resistente, con toldo, para llevar carga. • *fam.* Carruaje grande e incómodo.

carroña *s.f.* Carne corrompida; en especial, la de los animales.

carroza *s.f.* Coche grande y lujoso.

carrozar *v.tr.* Poner la carrocería a un vehículo.

carruaje *s.m.* Vehículo montado sobre ruedas.

carta *s.f.* Escrito privado que una persona dirige a otra. • Ley en que se conceden derechos fundamentales. • Mapa. • Naipe.

cartabón *s.m.* Escuadra en forma de triángulo rectángulo, que se usa para hacer dibujos lineales.

cartaginés, sa *adj./s.* De Cartago (antigua ciudad de África).

cartapacio *s.m.* Cuaderno de apuntes. • Funda para papeles y libros.

cartel *s.m.* Escrito o dibujo con un anuncio, para ser exhibido en lugares públicos. • Lámina mural para enseñar.

cartelera *s.f.* Armazón donde se fijan carteles. • Sección de los periódicos donde se anuncian espectáculos.

cárter *s.m.* Cubierta que protege las piezas de un mecanismo.

cartera *s.f.* Utensilio de bolsillo, de material flexible, para llevar billetes. • Utensilio con asas para llevar documentos, libros, etc. • Cargo de un ministro. • *América* Bolso que usan las mujeres.

carterista, *s.m. y f.* Ladrón de carteras de bolsillo.

cartero, ra *s.* Persona que reparte las cartas del servicio de correos.

cartilaginoso, sa *adj.* De la naturaleza del cartílago.

cartílago *s.m.* En anatomía, tejido elástico y resistente.

cartilla *s.f.* Librito para aprender a leer. • Tratado elemental. • Libreta para anotaciones.

cartografía *s.f.* Ciencia de trazar mapas.

cartógrafo, fa *s.* Persona que se dedica a la cartografía.

cartomancia o **cartomancía** *s.f.* Adivinación por medio de cartas o naipes.

cartón *s.m.* Hoja de diferentes grosores, formada por capas de pasta de papel pegadas y comprimidas.

cartoné *s.m.* Encuadernación hecha con tapas de cartón y forro de papel.

cartuchera *s.f.* Caja para llevar cartuchos. • Canana. • Caja para útiles escolares.

cartucho *s.m.* Tubo que contiene la carga y el proyectil de un arma de fuego. • Cucurucho.

cartujo, ja *adj./s.m.* Dícese de los monjes pertenencientes a la orden de la Cartuja. • *s.f.* Monasterio o convento de esa orden.

cartulina *s.f.* Cartón delgado.

carúncula *s.f.* Formación carnosa que tienen en la cabeza ciertas aves, como el gallo y el pavo.

casa *s.f.* Edificio destinado a vivienda. • Establecimiento comercial o industrial. • Escaque.

casaca *s.f.* Prenda de vestir ceñida al cuerpo, con mangas largas y faldones.

casado, da *adj./s.* Que ha contraído matrimonio.

casal *s.m.* Casa de campo. • *América* Referido a ciertos animales pequeños, pareja de macho y hembra.

casamiento *s.m.* Acción de casar o casarse.

casar *v.tr.* Celebrar el sacerdote o el juez un matrimonio. • *intr./prnl.* Contraer matrimonio dos personas. • *intr.* Concordar, armonizar.

cascabel *s.m.* Bola hueca de metal, con un trocito de hierro dentro que produce un tintineo.

cascabillo *s.m.* Cascabel. • Cascarilla de los granos de trigo, cebada, etc. • Cúpula de la bellota.

cascada *s.f.* Caída de una corriente de agua por brusco desnivel de su cauce.

cascado, da *adj.* Dícese de la voz o el sonido con poca fuerza y sonoridad.

cascajo *s.m.* Fragmentos menudos de piedra o cualquier cosa dura. • Cosa rota, vieja o inservible.

cascanueces *s.m.* Utensilio para cascar nueces u otros frutos secos.
cascar *v.tr./prnl.* Romper una cosa quebradiza. • *tr. fam.* Pegar, golpear.
cáscara *s.f.* Corteza o cubierta de algunas cosas, como frutos, semillas, etc.
cascarilla *s.f.* Cubierta delgada de algunas cosas. • Corteza del cascarillo, aromática y medicinal.
cascarillo *s.m.* Arbusto del que se extrae la cascarilla.
cascarón *s.m.* Cáscara del huevo.
cascarrabias *s.m. y f./adj. fam.* Persona que se encoleriza fácilmente.
casco *s.m.* Pieza resistente para proteger la cabeza. • Parte córnea del pie y la mano de las caballerías. • Cuerpo de una nave o un avión. • Tonel para contener líquidos. • Trozo de una vasija rota. • *América* En una hacienda, conjunto de los edificios centrales.
cascote *s.m.* Fragmentos de ladrillos, piedras, etc., que se usan en construcción.
caseína *s.f.* Proteína de la leche.
caserío *s.m.* Conjunto de casas que no llegan a constituir un pueblo.
casero, ra *adj.* Que se hace en casa. • Que permanece mucho en su casa. • *s.* Propietario de una casa, en relación con sus inquilinos. • El que cuida una casa en ausencia de su dueño.
caserón *s.m.* Casa grande y destartalada.
caseta *s.f.* Casa pequeña destinada a algún servicio especial.
casete *s. ambig.* Cajita de material plástico que contiene una cinta magnética para el registro o reproducción del sonido.
casetera *s.f.* Dispositivo donde se inserta el casete para su grabación o lectura.
casi *adv.* Aproximadamente, por poco.
casilla *s.f.* Caseta. • Casa, escaque.
casillero *s.m.* Mueble con divisiones para guardar papeles u otros objetos.
casimir *s.m.* Tela muy fina, generalmente de lana.
casino *s.m.* Lugar donde se reúnen miembros de una asociación para jugar, conversar, etc. • Casa de juego.
caso *s.m.* Ocasión. • Suceso. • Asunto de que se trata. • Relación sintáctica que un nombre mantiene con otra palabra según la función que desempeña en la oración.
caspa *s.f.* Escamitas blancuzcas que se forman en el cuero cabelludo.
cáspita *interj.* Expresa sorpresa o enfado.
casquete *s.m.* Gorro ajustado. • Cada una de las dos partes en que queda dividida una superficie esférica cortada por un plano.
casquijo *s.m.* Conjunto de piedra menuda.
casquillo *s.m.* Pieza circular con que se protege o refuerza el extremo de algo. • Pieza metálica de las bombillas eléctricas, para enroscarlas.
casquivano, na *adj. / s. fam.* Que tiene poco juicio. • Dicho de la mujer, coqueta y frívola.
casta *s.f.* Abolengo. • En ciertos países, cada una de las clases sociales en que se halla dividida la población.
castaña *s.f.* Fruto del castaño. • Damajuana.
castañazo *s.m. fam.* Puñetazo.
castañetear *v.tr.* Tocar las castañuelas. • *intr.* Sonarle a uno los dientes.
castaño, ña *adj./s.m.* Del color de la castaña. • *s.m.* Árbol de gran porte, cuyo fruto, la castaña, es comestible.
castañuela *s.f.* Instrumento musical de percusión compuesto de dos piezas, que se hace repicar con los dedos.
castellanización *s.f.* Acción de castellanizar.
castellanizar *v.tr./prnl.* Dar carácter castellano. • *tr.* Dar forma castellana a una palabra de otro idioma.
castellano, na *adj. / s.* De Castilla (España). • *adj./s.m.* Dícese de la lengua nacional de España y de los países hispanoamericanos.
castidad *s.f.* Cualidad de casto.
castigar *v.tr.* Infligir una pena al que ha cometido un delito o una falta. • Mortificar.
castigo *s.m.* Pena con que se castiga.
castillo *s.m.* Edificio fortificado y cercado de murallas.

castizo, za *adj.* Dícese del lenguaje, costumbres, etc., de un país o región, cuando son genuinos y puros.
casto, ta *adj.* Puro, honesto, opuesto a la sensualidad.
castor *s.m.* Mamífero roedor acuático de considerable tamaño y pelo muy fino.
castrar *v.tr.* Extirpar los órganos genitales.
castrense *adj.* Relativo al ejército.
casual *adj.* Que ocurre por casualidad.
casualidad *s.f.* Combinación de circunstancias no previstas; azar.
casuarina *s.f.* Árbol ornamental, con hojas pequeñas en forma de escamas.
casuario *s.m.* Ave corredora de plumaje negro, más pequeña que el avestruz.
casuística *s.f.* Conjunto de casos particulares a los que se aplica una teoría, una regla, etc. • Parte de la teología que trata de los casos de conciencia.
casulla *s.f.* Vestidura que se pone el sacerdote sobre las demás para celebrar la misa.
catabolismo *s.m.* Conjunto de procesos bioquímicos que trasforman la materia viviente en sustancia de desecho.
cataclismo *s.m.* Gran perturbación de la corteza terrestre. • Desastre de grandes proporciones.
catacumbas *s.f.pl.* Pasajes subterráneos donde los primitivos cristianos, en especial en Roma, practicaban el culto y enterraban a sus muertos.
catador, ra *adj. / s.* Que cata.
catadura *s.f.* Acción de catar. • En sentido despectivo, aspecto de una persona.
catafalco *s.m.* Representación de un sepulcro que se instala en la iglesia para celebrar un funeral.
catalán, na *adj. / s.* De Cataluña (España). • Lengua de los catalanes.
catalejo *s.m.* Anteojo para mirar a larga distancia.
catalepsia *s.f.* Estado de suspensión total del movimiento y la sensibilidad.
catalizador, ra *adj./s.m.* Dícese de la sustancia capaz de acelerar o retardar una reacción química.
catalogar *v.tr.* Redactar un catálogo. • Incluir en un catálogo.
catálogo *s.m.* Lista en la que se enumeran ordenadamente libros u otras cosas.
catamarán *s.m.* Embarcación con dos flotadores acoplados.
cataplasma *s.f.* Tópico blando, calmante o emoliente, que se aplica sobre la piel con fines terapéuticos.
catapulta *s.f.* Antigua máquina de guerra, con la que se arrojaban piedras o saetas.
catar *v.tr.* Probar, gustar una cosa.
catarata *s.f.* Caída grande y brusca de una corriente de agua en algún accidente del terreno. • Opacidad del cristalino del ojo.
catarro *s.m.* Inflamación de las membranas mucosas, con exudación mucosa o purulenta.
catastro *s.m.* Registro estatal de las propiedades inmuebles.
catástrofe *s.f.* Suceso en que hay desgracias y gran destrucción.
catastrófico, ca *adj.* Desastroso.
catear *v.tr.* Buscar algo. • *América* Explorar un terreno para buscar yacimientos mineros.
catecismo *s.m.* Libro que explica la doctrina cristiana.
cátedra *s.f.* Asiento elevado desde donde el profesor enseña. • Aula. • Cargo y función del profesor.
catedral *adj./s.f.* Dícese de la iglesia principal de una diócesis.
catedrático, ca *s.* El que tiene a su cargo una cátedra; profesor.
categoría *s.f.* Cada uno de los grupos en que se pueden clasificar cosas o personas. • Cada una de las jerarquías de una profesión.
categórico, ca *adj.* Rotundo, terminante.
catequismo *s.m.* Enseñanza oral de la doctrina cristiana.
catequizar *v.tr.* Instruir en la doctrina cristiana.
caterva *s.f.* En sentido despectivo, conjunto de muchas personas o cosas.
cateto *s.m.* Cada uno de los lados perpendiculares de un triángulo rectángulo.
catita *s.f.* *América* Nombre de varias especies de loros pequeños.
cátodo *s.m.* Polo negativo de una pila o de otra fuente de electricidad.

atolicismo *s.m.* Religión católica. • Cualidad de católico.

atólico, ca *adj.* Dícese de la religión revelada por Jesucristo y conservada por la Iglesia católica. • *adj.* / *s.* Que profesa esa religión.

atorce *adj./s.m.* Diez y cuatro. • Decimocuarto día del mes.

atre *s.m.* Cama plegable para una sola persona.

aucásico, ca *adj.* / *s.* Dícese de la raza blanca, por creérsela oriunda del Cáucaso.

auce *s.m.* Lecho de los ríos y arroyos. • Zanja, acequia.

aucho *s.m.* Sustancia viscosa que se halla en el látex de muchas plantas.

aución *s.f.* Precaución, cautela. • En derecho, garantía.

audal *s.m.* Cantidad de agua que mana o corre. • Cantidad de dinero que se posee; capital. • Abundancia de algo.

audaloso, sa *adj.* Dícese de la corriente de mucha agua.

audillaje *s.m.* Mando de un caudillo. • *América* Influencia de un cacique político.

audillo *s.m.* El que dirige y tiene mando sobre un grupo de gente.

ausa *s.f.* Cosa o suceso que originan algo. • Motivo, razón. • En derecho, pleito.

ausal *adj.* Dícese de la vinculación de causa a efecto entre dos o más cosas.

ausalidad *s.f.* Relación entre causa y efecto.

ausar *v.tr.* Ser causa u origen.

austicidad *s.f.* Cualidad de cáustico.

áustico, ca *adj./s.m.* Dícese de la sustancia que destruye o quema los tejidos orgánicos. • *adj.* Mordaz.

autela *s.f.* Precaución y reserva para proceder.

autelar *adj.* En Derecho, preventivo.

auterio *s.m.* En medicina, medio usado para quemar o destruir un tejido orgánico.

auterizar *v.tr.* Curar con el cauterio.

autivador, ra *adj.* Que cautiva con su gracia o encanto.

autivar *v.tr.* Tomar cautivo. • Atraer la atención o la simpatía en forma irresistible.

cautiverio *s.m.* Estado de cautivo.

cautividad *s.f.* Cautiverio.

cautivo, va *adj.* / *s.* Prisionero.

cauto, ta *adj.* Que obra con cautela.

cava *adj./s.f.* Dícese de cada una de las dos venas más importantes del cuerpo.

cavar *v.tr.* Abrir o remover la tierra con la azada u otro instrumento. • *intr.* Ahondar, penetrar.

caverna *s.f.* Cavidad natural, profunda y, a veces, subterránea. • Hueco en un órgano.

cavernícola *adj./s.m. y f.* Que habita en cavernas.

cavernoso, sa *adj.* De la caverna o que tiene cavernas. • Dícese de la voz o cualquier sonido sordo y bronco.

caviar *s.m.* Manjar hecho originariamente de huevas de esturión.

cavidad *s.f.* Espacio hueco dentro de un cuerpo cualquiera.

cavilar *v.tr.* / *intr.* Pensar con preocupación en un asunto.

cayado *s.m.* Bastón curvo en la parte superior, usado por los pastores. • Báculo de los obispos.

cayo *s.m.* Isla rasa y anegadiza, muy común en el mar de las Antillas.

cayote *s.m.* Planta trepadora, con cuyos frutos se elaboran dulces.

caza *s.f.* Acción de cazar. • Animales que se cazan. • *m.* Avión de guerra veloz.

cazador, ra *s.* Persona que va a cazar. • *f.* Chaqueta de tela fuerte.

cazar *v.tr.* Perseguir ciertos animales para matarlos o apresarlos.

cazoleta *s.f.* Pieza de la espada y el sable, entre el puño y la hoja, para proteger la mano.

cazón *s.m.* Pez parecido al tiburón, muy voraz y temible.

cazuela *s.f.* Recipiente de cocina más ancho que hondo, usado para guisar.

ce *s.f.* Nombre de la letra *ce*.

cebada *s.f.* Planta gramínea usada como forraje, y de la que se obtiene la malta con que se elabora la cerveza.

cebado, da *adj.* *América* Dícese de la fiera que por haber probado carne humana es más temible.

cebar *v.tr.* Alimentar animales para engordarlos y aprovechar su carne. • Poner en un anzuelo, en una trampa, etc., la sustancia para atraer a los animales. • Poner el explosivo en las armas de fuego, torpedos, etc. • *prnl.* Encarnizarse. • *tr. América* Preparar el mate para tomarlo.

cebellina *adj./s.f.* Dícese de una marta de pelaje largo y fino muy estimado en peletería.

cebo *s.m.* Comida con que se atrae a los animales, o se ceba el anzuelo, la trampa, etc. • Porción de explosivo de ciertas armas. • Señuelo.

cebolla *s.f.* Planta de huerta cultivada por sus bulbos comestibles.

cebra *s.f.* Animal parecido al asno, con pelaje amarillento con rayas negras.

cebú *s.m.* Mamífero parecido al buey, que tiene una giba adiposa sobre el lomo.

ceca *s.f.* Casa donde se acuña moneda. • *América* Reverso de una moneda.

cecal *adj.* Relativo al intestino ciego.

cecear *v.intr.* Pronunciar la *s* como *c*.

ceceo *s.m.* Acción de cecear.

cecina *s.f.* Carne salada y seca.

cedazo *s.m.* Aro que sujeta una tela —a veces metálica—, usado para cerner.

ceder *v.tr.* Dar una cosa voluntariamente. • Trasferir bienes o derechos. • *intr.* Disminuir, moderarse. • Rendirse, claudicar.

cedilla *s.f.* Letra de la antigua escritura española, que es una *c* con una virgulilla debajo (ç). • Esa virgulilla.

cedro *s.m.* Árbol de gran porte, de tronco recto, ramas horizontales y madera muy valiosa.

cedrón *s.m.* Árbol americano que tiene propiedades medicinales.

cédula *s.f.* Documento legal de identificación. • Comunicación judicial con la que se cita ante un tribunal.

cefalalgia *s.f.* Dolor de cabeza.

cefalea *s.f.* Cefalalgia violenta y tenaz.

cefálico, ca *adj.* Perteneciente a la cabeza.

cefalotórax *s.m.* Parte del cuerpo de los crustáceos y arácnidos formada por la cabeza y el tórax.

céfiro *s.m.* Viento suave y apacible.

cegar *v.tr.* Dejar ciego. • *tr./prnl.* Obstruir un pozo, una cañería, etc. • Obcecar, ofuscar.

cegato, a *adj. / s. fam.* Que ve muy poco.

cegesimal *adj.* Dícese del sistema de medidas que tiene por unidades fundamentales el centímetro, el gramo masa y el segundo.

cegueda *s.f.* Ceguera.

ceguera *s.f.* Falta total del sentido de la vista. • Ofuscación, pasión.

ceiba *s.f.* Árbol americano cuyos frutos tienen una fibra semejante al algodón.

ceibo *s.m.* Seibo.

ceja *s.f.* Borde superior de la cuenca del ojo, cubierto de pelo. • Ese pelo. • Borde saliente de algunas cosas.

cejar *v.intr.* Retroceder. • Ceder.

cejijunto, ta *adj.* Que tiene las cejas muy juntas. • Ceñudo.

celada *s.f.* Pieza de la armadura que cubría la cabeza. • Emboscada o trampa.

celador, ra *adj.* Que cela o vigila. • *s.* Persona que vigila la conducta de alumnos de un colegio, de presos, etc.

celaje *s.m.* Conjunto de nubes tenues.

celar *v.tr.* Observar y vigilar a una persona por desconfiar de ella.

celda *s.f.* Cuarto individual en los conventos, prisiones, etc. • Celdilla.

celdilla *s.f.* Cada una de las casillas de un panal de abejas, avispas u otros insectos.

celebración *s.f.* Acción de celebrar.

celebrar *v.tr.* Alabar, aplaudir. • Festejar. • Realizar juntas, reuniones, etc. Efectuar el sacerdote los oficios divinos; en especial, la misa.

célebre *adj.* Muy conocido, famoso.

celebridad *s.f.* Cualidad de célebre. Persona célebre.

celeridad *s.f.* Rapidez.

celeste *adj.* Perteneciente al cielo o al espacio. • *adj./s.m.* Dícese del color semejante al del cielo.

celestial *adj.* Perteneciente al cielo en el sentido religioso. • Perfecto, delicioso.

celíaco, ca o **celiaco, ca** *adj.* Relativo al vientre y a los intestinos.

celibato *s.m.* Soltería.

célibe *adj./s.m. y f.* Soltero.

celo *s.m.* Esmero, cuidado. • Tendenci

a la procreación en los animales. • *pl.* Sospechas sobre la fidelidad del que se ama.

celofán *s.m.* Película muy delgada obtenida de derivados de la celulosa.

celosía *s.f.* Enrejado de tablitas de madera o de láminas de metal, que se coloca en las ventanas.

celoso, sa *adj.* Que pone celo en algo. • Que siente celos.

celta *adj./s.m.* y *f.* Dícese de un antiguo pueblo establecido en el occidente de Europa.

céltico, ca *adj.* Relativo a los celtas.

célula *s.f.* Unidad anatómica y fisiológica primordial de los seres vivos. • Pequeña celda o cavidad.

celular *adj.* De las células.

celuloide *s.m.* Sustancia sólida, muy elástica, de gran aplicación en la industria.

celulosa *s.f.* Sustancia sólida que forma la envoltura de las células de los vegetales.

cementerio *s.m.* Lugar destinado a enterrar a los muertos.

cemento *s.m.* Mezcla de arcilla y cal, que se endurece al agregarle agua y se usa en construcción.

cena *s.f.* Última comida del día, que se toma por la noche.

cenáculo *s.m.* Sala en que Jesucristo celebró su última cena. • Reunión de artistas, escritores, etc.

cenagal *s.m.* Fangal, lodazal.

cenagoso, sa *adj.* Lleno de cieno.

cenar *v.intr.* Tomar la cena. • *tr.* Comer en la cena cierta cosa.

cencerro *s.m.* Campanilla que llevan colgada al cuello las reses.

cendal *s.m.* Tela de seda o hilo, muy fina y trasparente.

cenefa *s.f.* Banda de adorno puesta en el borde de cortinas, faldas, etc.

cenicero *s.m.* Recipiente donde se recogen o se echan las cenizas.

ceniciento, ta *adj.* De color ceniza.

cenit *s.m.* Punto del hemisferio celeste que corresponde verticalmente al lugar en que se halla el observador.

ceniza *s.f.* Polvo grisáceo que queda de una combustión completa.

cenobio *s.m.* Monasterio.

cenobita *s.m. y f.* Monje o monja que viven en un cenobio.

cenozoico, ca *adj./s.m.* Dícese de la última era geológica, cuya duración se estima en sesenta millones de años. • *adj.* Relativo a esa era.

censar *v.tr.* Incluir en un censo. • *intr.* Hacer un censo.

censista *s.m. y f.* Funcionario que interviene en la confección de censos.

censo *s.m.* Lista de la población o de las riquezas de una nación. • Registro de los ciudadanos que votan.

censor *s.m.* Antiguo funcionario romano. • Funcionario público encargado de censurar impresos, filmes, etc. • Hombre propenso a juzgar severamente.

censura *s.f.* Acción de censurar. • Organismo del Estado o de la Iglesia encargado de censurar.

censurar *v.tr.* Juzgar algo desde un punto de vista político o moral. • Desaprobar, reprobar.

centauro *s.m.* Monstruo mitológico griego, mitad hombre y mitad caballo.

centavo, va *adj./s.m.* Centésimo (parte o cociente). • *s.m.* Moneda que vale la centésima parte de la unidad.

centella *s.f.* Descarga eléctrica entre las nubes. • Chispa.

centellear *v.intr.* Despedir destellos; titilar.

centelleo *s.m.* Acción de centellear.

centena *s.f.* Conjunto de cien unidades.

centenar *s.m.* Centena.

centenario, ria *adj. / s.* Que tiene cien años o más. • *s.m.* Fecha en que se cumplen uno o más centenares de años de un suceso.

centeno *s.m.* Planta gramínea anual, forrajera, parecida al trigo.

centesimal *adj.* Relativo al centésimo. • Que está dividido en cien partes iguales.

centésimo, ma *adj./s.m.* Que sigue al nonagésimo noveno. • Dícese de la parte o cociente que resulta de dividir un todo por ciento.

centiárea *s.f.* Centésima parte del área.

centígrado, da *adj.* Que está dividido en cien grados iguales. • Dícese del grado que es unidad de la escala termométrica Celsius.

centigramo *s.m.* Centésima parte del gramo.

centilitro *s.m.* Centésima parte del litro.

centímetro *s.m.* Centésima parte del metro.

céntimo, ma *adj./s.m.* Centésimo (parte o cociente). • *s.m.* Moneda que vale la centésima parte de la unidad.

centinela *s. ambig.* Soldado que custodia un lugar. • Persona que observa y vigila algo.

centolla *s.f.* Especie de cangrejo marino, muy estimado por su carne.

centrado, da *adj.* Que tiene el centro exactamente en el sitio debido. • Equilibrado, sensato.

central *adj.* Céntrico. • *s.f.* Establecimiento principal del que dependen otros subsidiarios. • Conjunto de instalaciones de una planta industrial, de comunicaciones, etc.

centralita *s.f.* Pequeña central telefónica para pocos usuarios.

centralizar *v.tr.* Reunir varias cosas en un centro común.

centrar *v.tr.* Colocar una cosa con su centro en la posición debida. • Determinar el centro de algo.

céntrico, ca *adj.* Que constituye el centro de algo, o está en él.

centrifugar *v.tr.* Someter a la acción de una fuerza centrífuga.

centrífugo, ga *adj.* Que aleja del centro. • En física, dícese de la fuerza que aleja del centro de un sistema a los componentes de este.

centrípeto, ta *adj.* Que se dirige hacia el centro. • En física, dícese de la fuerza que acerca al centro de un sistema a los componentes de este.

centro *s.m.* Punto medio de una cosa. • Referido a una circunferencia, punto de su plano que equidista de todos los puntos de ella. • Lugar o persona de donde parten o a donde convergen ciertas acciones o cosas. • Sociedad, organización.

centroamericano, na *adj. / s.* De América Central.

centuplicar *v.tr.* Hacer una cosa cien veces mayor. • Multiplicar una cantidad por ciento.

céntuplo, pla *adj./s.m.* Dícese del producto de un número o cantidad por ciento.

centuria *s.f.* Período de cien años. • En la antigua Roma, unidad militar formada por cien hombres.

ceñir *v.tr.* Apretar o ajustar una cosa al cuerpo. • Rodear. • *prnl.* Mantenerse dentro de ciertos límites.

ceño *s.m.* Gesto de enojo, que consiste en arrugar el entrecejo.

ceñudo, da *adj.* Que tiene ceño. • Que tiene aspecto amenazador.

cepa *s.f.* Base del tronco o del tallo de la planta, que está hundida en la tierra y unida a las raíces. • Tronco de la vid.

cepillar *v.tr.* Limpiar o alisar con el cepillo.

cepillo *s.m.* Utensilio para limpiar, hecho con manojos de cerda. • Herramienta de carpintería para pulir la madera. • Caja para recoger limosnas.

cepo *s.m.* Trampa para cazar animales. • Utensilio de tormento que aprisionaba el cuello o los pies del condenado. • Cepillo para limosnas. • Madero sobre el que se asienta el yunque.

cera *s.f.* Sustancia sólida que segregan las abejas para formar los panales. • Sustancia parecida a ella. • Cerumen.

cerámica *s.f.* Arte y técnica de fabricar objetos de barro o arcilla.

cerbatana *s.f.* Canuto para disparar bolitas o flechas soplando con fuerza por un extremo.

cerca *s.f.* Construcción que se pone alrededor de un sitio. • *adv.* Denota proximidad en el tiempo o en el espacio.

cercado *s.m.* Terreno rodeado con una cerca. • Muro, tapia.

cercanía *s.f.* Cualidad de cercano. • *pl.* Territorio que rodea una población.

cercano, na *adj.* Que está cerca [sinón.: *próximo*; antón.: *lejano*].

cercar *v.tr.* Rodear un sitio con cerca. • Sitiar una ciudad.

cercenar *v.tr.* Cortar las extremidades de una cosa. • Disminuir una cosa quitándole una parte.

cerciorarse *v. prnl.* Asegurarse de algo.

rco *s.m.* Lo que ciñe o rodea. • Aro. • arco de una puerta o ventana. • Aseo o sitio de una ciudad.

rcopiteco *s.m.* Mono con abazones, de ola larga y movimientos ligeros y graosos.

rda *s.f.* Pelo grueso y duro de algunos nimales.

rdo, da *s.* Mamífero doméstico, muy til por su carne y cuero, y por los pro-uctos que de él se obtienen. • *fam.* ersona sucia o grosera.

real *adj./s.m.* Dícese de las plantas ue tienen granos harinosos —como el rigo, el centeno, etc—, y de esos granos.

rebelo *s.m.* Órgano del encéfalo, siuado debajo y detrás del cerebro.

rebral *adj.* Relativo al cerebro. • *dj./s.m. y f.* Dícese de la persona en la ue predomina la actividad mental.

rebro *s.m.* Órgano del encéfalo que cupa la mayor parte de la cavidad craneana y es el centro del sistema nervioo. • Talento, inteligencia.

rebroespinal *adj.* Relativo al cerebro a la médula espinal.

eremonia *s.f.* Acto solemne. • Saludo de cortesía y respeto.

eremonial *adj.* Relativo a las ceremonias. • *s.m.* Conjunto de ceremonias.

eremonioso, sa *adj.* Dícese del que gusta de ceremonias.

éreo, a *adj.* De cera o de aspecto parecido al de la cera.

ereza *s.f.* Fruto del cerezo, de color encarnado; es dulce y comestible. • *adj./s.m.* De color semejante al de ese fruto.

erezo *s.m.* Árbol de hojas caducas y tronco liso; su fruto es la cereza.

erilla *s.f.* Vela de cera delgada y larga. • Fósforo para encender.

erio *s.m.* Metal dúctil y maleable de color gris (símbolo: *Ce*).

erner *v.tr.* Separar con el cedazo lo más fino de lo más grueso. • *intr. unipers.* Llover suavemente. • *prnl.* Pender sobre alguien un mal.

ernidor *s.m.* *América* Cedazo.

ernir *v.tr.* Cerner.

ero *s.m.* En el sistema de numeración decimal, signo que indica la ausencia de unidades. • Valor desde el cual se cuentan las unidades de una escala.

cerote *s.m.* Mezcla de pez y cera o aceite, como la usada por los zapateros.

cerrado, da *adj.* Que no tiene comunicación con el exterior, o impide el paso. • Que está rodeado o cercado de casas, montañas, etc. • Nublado. • Reservado, introvertido.

cerradura *s.f.* Mecanismo que se fija en las puertas, ventanas, etc., para cerrarlas.

cerrajería *s.f.* Oficio del cerrajero.

cerrar *v.tr.* Hacer que lo que estaba abierto deje de estarlo. • Encoger, doblar o plegar. • Impedir el paso por un lugar. • Poner término, concluir. • *intr./prnl.* Cicatrizarse una herida. • *prnl.* Nublarse.

cerrazón *s.f.* Estado de la atmósfera muy cargada de nubes. • *América* Niebla muy espesa.

cerril *adj.* Dícese del terreno escabroso. • Dícese del ganado sin domar. • Grosero, rústico.

cerro *s.m.* Elevación del terreno —generalmente aislada— de poca altura.

cerrojo *s.m.* Pequeña barra de hierro para bloquear puertas, ventanas, etc.

certamen *s.m.* Desafío entre personas. • Discusión sobre temas literarios. • Competición, concurso.

certero, ra *adj.* Diestro y seguro en tirar. • Que se ajusta a lo verdadero.

certeza *s.f.* Cualidad de cierto. • Certidumbre.

certidumbre *s.f.* Conocimiento cierto de una cosa; seguridad, certeza.

certificación *s.f.* Acción de certificar. • Documento con que se certifica.

certificado, da *adj.* Dícese de la carta o paquete que se certifican.

certificar *v.tr.* Declarar cierta una cosa. • Registrar envíos por correo.

cerúleo, a *adj.* Dícese del color azul del cielo o del mar.

cerumen *s.m.* Cera de los oídos.

cerval *adj.* Relativo al ciervo. • Dícese del miedo muy grande.

cervantino, na *adj.* Propio y característico de Cervantes como escritor.

cervato *s.m.* Ciervo menor de seis meses.
cervecería *s.f.* Fábrica de cerveza. • Establecimiento donde se sirve cerveza.
cervecero, ra *s.* El que hace o vende cerveza.
cerveza *s.f.* Bebida alcohólica hecha con cebada u otros cereales fermentados y aromatizados con lúpulo.
cervical *adj.* Relativo a la región del cuello.
cerviz *s.f.* Parte posterior del cuello.
cesación *s.f.* Acción de cesar.
cesante *adj.* Que cesa. • *adj./s.m. y f.* Que ha quedado sin trabajo.
cesantía *s.f.* Estado de cesante.• Sanción que priva a alguien de un cargo.
cesar *v.intr.* Acabarse. • Dejar de hacer lo que se está haciendo. • Verse privado de desempeñar un cargo.
césar *s.m.* Título de dignidad de los emperadores romanos.
cese *s.m.* Cesación en un cargo.
cesio *s.m.* Metal alcalino, plateado, blando y dúctil (símbolo: *Cs*).
cesión *s.f.* Renuncia de una cosa en favor de otra persona.
césped *s.m.* Hierba corta y espesa, que cubre el suelo.
cesta *s.f.* Recipiente tejido con mimbres, juncos, etc. • Pala cóncava que se usa en el juego de pelota.
cesto *s.m.* Cesta grande.
ceta *s.f.* Nombre de la letra *z*. • Sexta letra del alfabeto griego (ζ).
cetáceo, a *adj./s.m.* Dícese de los mamíferos marinos de cuerpo parecido al de los peces, con los miembros anteriores trasformados en aletas, y el cuerpo terminado en una sola aleta horizontal, como la ballena y el delfín.
cetario *s.m.* Lugar donde los cetáceos crían a sus hijos.
cetrería *s.f.* Caza con halcones y otras aves de rapiña.
cetrino, na *adj.* De color amarillo verdoso. • Melancólico, adusto.
cetro *s.m.* Vara usada como insignia de dignidad por un soberano.
chabacano, na *adj.* Grosero, de mal gusto.
chacal *s.m.* Mamífero carnívoro de pelaje amarillento y blanco, semejante al lobo.
chacarero, ra *s./adj. América* Dueño una chacra. • *s.f.* Danza folclórica c lla de pareja suelta.
chacho, cha *s. fam.* Muchacho, adol cente. • *f. fam.* Niñera. • *fam.* Cria
chacina *s.f.* Carne salada y seca.
chacinado *s.m. América* Chacina.
chaco *s.m.* Nombre con que se desig una extensa llanura de América Sur, de vegetación arbórea.
chacota *s.f.* Bulla acompañada de ris bromas o burlas.
chacotear *v.intr.* Burlarse de algo o alguien, o divertirse con bulla.
chacra *s.f. América* Extensión de tier dedicada a cultivos anuales en forr intensiva. • Granja, finca.
chafalonía *s.f.* Conjunto de objetos servibles de plata u oro, para fundir.
chafalote *s.m. América* Espada ancha cuchillo grande. • Pez de río, de col amarillo verdoso y cuerpo alargado.
chaflán *s.m.* Cara que resulta de secc nar una arista o una esquina de cuerpo, un edificio, etc. • Bisel.
chagrín *s.m.* Cuero de cabra de super cie graneada o que imita pieles de otr animales.
chagual *s.m. América* Cierta planta tallos comestibles.
chaira *s.f.* Cuchilla que usan los zapat ros para cortar suela. • Instrumento acero para afilar cuchillos.
chajá *s.m. América* Ave zancuda de c lor gris claro y andar lento.
chal *s.m.* Prenda de seda, lana, etc., la ga y angosta, usada por las mujeres p ra cubrir los hombros.
chala *s.f. América* Hoja que envuelve mazorca del maíz.
chalado, da *adj. fam.* Que no está en s sano juicio. • *fam.* Muy enamorado.
chalán, na *adj. / s.* Que negocia con ast cia en compras y ventas, en especial d caballos.
chalana *s.f.* Embarcación menor par trasportes en sitio de poco calado.
chalar *v.tr./prnl. fam.* Enloquecer a ur persona. • *fam.* Enamorar.
chalchal *s.m.* Arbusto ornamental orig nario de la Argentina, cuyos frutos so comestibles.

alchalero *s.m. América* Especie de orzal de color pardo por arriba y colos claros en el vientre, que tiene un ermoso canto.

alé *s.m.* Casa de madera de estilo sui-, que consta de dos plantas. • Casa e recreo, generalmente con jardín.

aleco *s.m.* Prenda de vestir sin manas, que se usa sobre la camisa.

alet *s.m.* Chalé.

alina *s.f.* Corbata ancha de caídas laras. • *América* Chal angosto.

alupa *s.f.* Barco pequeño con cubierta dos palos. • Lancha.

amaco, ca *s. América* Persona joven o uchacho.

amamé *s.m.* Danza y canción del litoal argentino, derivadas de la polca paaguaya.

ambelán *s.m.* Noble que acompañaba l rey y cuidaba de todo lo referido al oberano y al palacio.

ambergo *s.m.* Sombrero de ala ancha vantada por un lado.

ambón, na *adj./s.m. fam.* Poco hábil, n especial, en el juego.

amico *s.m. América* Arbusto silvese, cuyo fruto es tóxico para el hombre el ganado.

amiza *s.f.* Leña menuda. • Hierba edicinal que crece en sitios húmedos.

amizo *s.m.* Árbol o leño chamuscados. Choza con techo de chamizas, cañas, tc. • *fam.* Vivienda pobre.

champán *s.m.* Embarcación grande, le fondo plano, para navegar por los íos.

champán *s.m.* Champaña.

ampaña *s.m.* Vino espumoso, blanco o osado, originario de Francia.

ampiñón *s.m.* Nombre de ciertos honos y setas comestibles.

ampú *s.m.* Preparado jabonoso emleado para lavar el cabello.

amuchina *s.f.* Cosa de poco valor. • *mérica* Populacho. • Reunión de niios.

hamuscar *v.tr./prnl.* Quemar algo por a parte exterior o por la punta.

haná *adj./s.m. y f.* Dícese de un pueblo ndígena que habitaba la región mesootamica argentina.

chance *s.f. América* Posibilidad de obtener ganancias en una cosa.

chancho, cha *s. América* Cerdo.

chanchullo *s.m.* Acción o negocio ilícitos.

chancleta *s.f.* Zapatilla sin talón.

chanclo *s.m.* Zapato de madera para andar en el barro. • Zapato de goma que protege de la lluvia.

chané *adj./s.m. y f.* Dícese de un pueblo indígena que habitaba Bolivia y la región chaqueña argentina.

changa *s.f. América* Trabajo temporario y de poca importancia. • Ocupación del changador.

changador *s.m. América* Maletero.

chango, ga *s. América* Niño o muchacho.

changüí *s.m. fam.* Chasco o engaño. • *fam. América* Ventaja en el juego.

chantaje *s.m.* Amenaza de difamación pública por la que se pretende sacar dinero u otro provecho.

chantajear *v.tr.* Hacer chantaje.

chantillí *s.m.* Crema de leche batida con azúcar; se usa en repostería.

chanza *s.f.* Dicho gracioso y festivo; broma. • Hecho burlesco.

chañar *s.m.* Árbol americano cuyo fruto es una drupa comestible con la que también se preparan bebidas fermentadas.

chapa *s.f.* Hoja de metal, madera, u otros materiales.

chapalear *v.intr.* Chapotear.

chaparro *s.m.* Mata de encina o de roble, muy ramificada y de poca altura. • Cierto arbusto de América Central, de flores en racimo.

chaparrón *s.m.* Lluvia fuerte y de corta duración. • Afluencia grande de cosas.

chapetón, na *adj. /s.* Decíase del español o del europeo recién llegados a América.

chapinismo *s.m. América* Costumbre o modo de hablar propios de los guatemaltecos.

chapista *s.m.* El que trabaja la chapa.

chapitel *s.m.* Remate de una torre, con forma de cono o de pirámide. • Capitel de una columna.

chapotear *v.intr.* Golpear en el agua con

los pies o con las manos, de manera que salpique.
chapucear *v.tr.* Hacer un trabajo de prisa y mal, o sin limpieza.
chapucería *s.f.* Cualidad de chapucero. • Trabajo mal hecho o sucio. • Embuste.
chapucero, ra *adj.* Hecho con descuido o poca limpieza. • *adj./s.* Que trabaja mal y de prisa. • Embustero.
chapurrear *v.tr.* Hablar incorrectamente un idioma extranjero.
chapuzar *v.tr./intr./prnl.* Zambullir a una persona de cabeza en el agua.
chapuzón *s.m.* Acción y efecto de chapuzar; zambullida.
chaqué *s.m.* Especie de levita con dos faldones que se angostan hacia abajo desde la cintura.
chaqueta *s.f.* Prenda de vestir con mangas, que llega hasta las caderas.
chaquetilla *s.f.* Chaqueta corta.
charabón *s.m. América* Cría del ñandú.
charada *s.f.* Acertijo en que se trata de adivinar una palabra por algunos indicios dados.
charanga *s.f.* Banda de música, constituida por instrumentos de viento y de percusión metálicos.
charango *s.m.* Especie de guitarra pequeña cuya caja está hecha con el caparazón de un armadillo.
charca *s.f.* Charco grande de agua, formado en un hoyo del terreno.
charcas *s.m. pl./adj.* Indios de América meridional sujetos al imperio de los Incas.
charco *s.m.* Agua u otro líquido detenidos en una cavidad de la tierra o en el piso.
charla *s.f.* Habla abundante, insustancial y vana. • Conversación poco formal.
charlar *v.intr.* Hablar demasiado, sin sustancia y fuera de propósito. • Conversar sobre algo intrascendente.
charlatán, na *adj./s.* Que habla demasiado. • Embaucador.
charnela *s.f.* Gozne.
charol *s.m.* Barniz muy lustroso. • Cuero tratado con ese barniz.
charque *s.m. América* Charqui.
charqui *s.m. América* Tasajo.
charrasca *s.f. fam.* Sable u otra arm que hace ruido al ser desenvainada.
charretera *s.f.* Insignia militar con fl cos que va sobre el hombro del unifo me. • Jarretera.
charro, rra *adj.* De colores chillones, recargado, de mal gusto. • *s.m.* En M xico, hombre de campo.
charrúa *adj./s.m. y f.* Dícese de un gru de tribus indígenas que habitaban Uruguay y la provincia argentina c Entre Ríos.
chárter adj. En aviación, se aplica vuelo fletado al margen de los vuel regulares.
chascarrillo *s.m.* Anécdota picante, cuento corto y agudo.
chasco *s.m.* Burla que se hace a a guien. • Decepción, fiasco.
chasis *s.m.* Bastidor para placas fot gráficas. • Armazón metálica que so tiene la carrocería del automóvil.
chasque *s.m. América* Chasqui.
chasquear *v.tr.* Dar un chasco; burlar. Dejar a una persona sin lo que espera ba. • *intr.* Dar chasquidos.
chasqui *s.m. América* Mensajero que so lía ir a caballo.
chasquido *s.m.* Sonido que produce e látigo al sacudirlo en el aire. • Ruid seco y súbito.
chata *s.f.* Bacín plano que usan en la ca ma los enfermos. • *América* Carr grande y chato. • Embarcación de car ga, de poco calado.
chatarra *s.f.* Escoria que deja el minera de hierro. • Hierro viejo.
chato, ta *adj.* De forma menos promi nente, alta o aguda que lo normal o co rriente. • *s.m.* Vaso ancho y bajo.
chau *interj. fam.* Se usa como saludo d despedida.
chaucha *s.f. América* Judía tierna qu se come con la vaina. • *fam.* Suma mu pequeña de dinero.
chaveta *s.f.* Clavo hundido que se fija separando y doblando sus dos mitades
1. che *s.f.* Nombre de la letra *ch*.
2. che *interj. fam. América* Se usa para llamar a alguien. • *fam.* Expresa asom bro.

chelín *s.m.* Unidad monetaria de Austria. • Antigua moneda inglesa.
cheque *s.m.* Documento comercial en forma de orden de pago, emitido contra un banco.
chequear *v.tr. América* Verificar, examinar. • Librar cheques.
chevió o **cheviot** *s.m.* Tela de lana ligera y suave al tacto.
chibcha *adj./s.m. y f.* Dícese de las tribus indígenas que habitaban en las inmediaciones de Bogotá (Colombia).
chicana *s.f.* Procedimiento de mala fe. • Broma o chanza.
chicle *s.m.* Látex del zapote. • Pastilla de goma blanda y aromatizada, que se mastica.
chico, ca *adj.* Pequeño o de poco tamaño. • *s.* Niño o muchacho.
chicote *s.m.* Trozo corto de conductor eléctrico. • *América* Látigo.
chicha *s.f.* Bebida alcohólica americana hecha con frutas, cereales, etc., fermentados.
chicharra *s.f.* Cigarra. • Especie de timbre de sonido amortiguado.
chicharrón *s.f.* Residuo de la grasa del cerdo. • Vianda muy quemada.
chichimeca *adj./s.m. y f.* Dícese de una tribu indígena que habitaba al norte y al oeste de México.
chichón *s.m.* Bulto que se forma en la cabeza por efecto de un golpe.
chifla *s.f.* Acción de silbar. • Especie de silbato.
chiflado, da *adj. / s. fam.* Que tiene la razón algo perturbada.
chiflar *v.intr.* Silbar con la chifla o con la boca. • *tr.* Manifestar desaprobación el público. • *prnl. fam.* Trastornarse.
chiflido *s.m.* Silbido.
chile *s.m.* Ají.
chilenismo *s.m.* Palabra o expresión peculiares del español de los chilenos.
chileno, na *adj. / s.* De Chile (América).
chillar *v.intr.* Dar chillidos. • Chirriar. • *fam.* Hablar a una persona de mala manera.
chillido *s.m.* Sonido agudo y desapacible que se emite por la boca.
chillón, na *adj. / s. fam.* Que chilla mucho. • *adj.* Dícese del sonido agudo y desagradable. • Dicho de los colores, demasiado vivos y mal combinados.
chimango *s.m. América* Ave rapaz de unos treinta centímetros de largo, cuyo grito es desagradable.
chimenea *s.f.* Conducto vertical para dar salida al humo. • Hueco en el que se hace fuego para calentarse; hogar.
chimpancé *s.m.* Mono antropomorfo, de cuerpo robusto cubierto de pelo negro; es muy domesticable.
chimú *adj./s.m. y f.* Dícese de un pueblo indígena preincaico que habitaba al norte del Perú.
china *s.f.* Piedra pequeña; guijarro.
chinche *s.f.* Insecto nocturno, parásito del hombre y de ciertos animales, de picadura molesta. • Clavo pequeño de cabeza plana y grande.
chinchilla *s.f.* Mamífero roedor semejante a la ardilla, de pelo suave y abundante; su piel es muy valiosa.
chinchorro *s.m.* Embarcación de remos muy pequeña.
chinchulín *s.m. América* Intestino delgado, ovino o vacuno, que se come asado.
chinela *s.f.* Zapatilla sin talón, de suela liviana, que se usa en la casa.
chinesco, ca *adj.* De la China o parecido a las cosas de la China. • Dícese de las sombras de figuras proyectadas, sobre un telón, desde la parte opuesta al espectador.
chingar *v.tr. América* Cortar el rabo a un animal. • *intr.* Estar desparejo el borde inferior de un vestido.
chingolo *s.m. América* Pájaro pequeño, de hermoso canto y plumaje gris y blanco.
chino, na *adj. / s.* De la China (Asia). • *s.m.* Grupo de lenguas habladas en la China.
chipá *s.m. América* Torta de maíz o mandioca, rellena de queso.
chiquero *s.m.* Establo para cerdos.
chiquilín, na *s.* Niño pequeño.
chiquillo, lla *s.* Niño o muchacho.
chiriguano, na *adj. / s.* Dícese de una tribu guaraní que habita Bolivia y el noroeste argentino.
chirimbolo *s.m. fam.* Objeto que no se

sabe cómo denominar. • *pl. fam.* Utensilios para realizar un trabajo.

chirimoya *s.f.* Fruto del chirimoyo, carnoso y de gusto agradable.

chirimoyo *s.m.* Pequeño árbol que se cultiva en el Perú y el Ecuador; su fruto es la chirimoya.

chiripa *s.f.* En el juego, acierto casual.

chiripá *s.m.* Prenda usada antiguamente por los gauchos en el Río de la Plata, consistente en un paño que pasa entre las piernas y se sujeta en la cintura.

chirle *adj. fam.* Insípido o desabrido. • *fam.* Insustancial. • *América* Dícese de la sustancia poco densa.

chirlo *s.m.* Herida o cicatriz en la cara. • *América* Bofetada.

chirola *s.f. América* Moneda de poco valor.

chirriar *v.intr.* Producir un ruido fuerte y desagradable un cuerpo duro al ser frotado con otro, o una sustancia al penetrarla un calor intenso. • Chillar los pájaros.

chirrido *s.m.* Sonido causado al chirriar.

1. chisme *s.m.* Noticia que se cuenta para desprestigiar a una persona o indisponerla con otra.

2. chisme *s.m. fam.* Utensilio de poca importancia.

chismear *v.intr.* Chismorrear.

chismorrear *v.intr.* Contar chismes.

chismoso, sa *adj. / s.* Que es aficionado a contar chismes.

chispa *s.f.* Partícula incandescente que se desprende de un cuerpo inflamado. • Agudeza de ingenio. • Partícula de cualquier cosa. • *fam.* Borrachera.

chispazo *s.m.* Acción de saltar la chispa.

chispeante *adj.* Que chispea. • Ingenioso.

chispear *v.intr.* Arrojar chispas. • Brillar mucho.

chisporrotear *v.intr.* Despedir chispas reiteradamente.

chistar *v.intr.* Hablar o hacer ademán de hablar.

chiste *s.m.* Dicho agudo o gracioso. • Burla o chanza.

chistera *s.f.* Sombrero de copa alta.

chistoso, sa *adj.* Aficionado a decir chistes. • Que tiene gracia.

chivato *s.m.* Chivo entre los seis meses y el año.

chivo, va *s.* Cría de la cabra.

chocante *adj.* Que choca. • Que causa extrañeza o desagrado.

chocar *v.intr.* Juntarse violentamente dos cuerpos. • Entrar en lucha dos fuerzas enemigas. • Discutir dos personas. • Causar disgusto o extrañeza.

chocarrería *s.f.* Cualidad de chocarrero.

chocarrero, ra *adj.* Que tiene gracia grosera; chabacano.

chochear *v.intr.* Estar chocho.

chochera *s.f.* Estado de chocho. • Acción propia del que está chocho.

chocho, cha *adj.* Que tiene debilitadas o perdidas las facultades mentales por vejez. • *fam.* Que tiene gran cariño por alguien.

choclo *s.m. América* Mazorca tierna del maíz.

chocolate *s.m.* Pasta de cacao y azúcar molidos, aromatizada con canela o vainilla. • Bebida hecha con esa pasta. • *adj./s.m.* Dícese del color semejante al de esa pasta.

chocolatín *s.m.* Tableta delgada de chocolate.

chófer o **chofer** *s.m.* Conductor de un auto.

cholga *s.f. América* Especie de mejillón comestible de gran tamaño, común en las costas patagónicas.

cholo, la *adj. / s. América* Dícese del mestizo y del indio civilizados.

chomba *s.f. América* Especie de blusa con abertura en la delantera.

chompa s.f. *América* Jersey ligero, con abotonadura al cuello.

chono, na *adj. / s.* Dícese de una tribu araucana que habita el archipiélago de Chonos, al sur de Chile.

choque *s.m.* Acción y efecto de chocar. • Enfrentamiento o conflicto. • Acción militar de corta duración.

chorizo *s.m.* Embutido de carne de cerdo picada y adobada.

chorlito *s.m.* Nombre común de diversas aves pequeñas, zancudas, de cabeza chica, plumaje vario, patas finas y pico recto y largo.

chorlo *s.m.* Chorlito.

chorrear *v.intr./tr.* Salir o caer un líquido formando chorro. • Gotear un líquido.

chorro *s.m.* Porción de un líquido, gas, etc., que sale con fuerza y continuidad. • Flujo abundante de algo.

choto, ta *s.* Cría de la vaca o de la cabra, mientras mama.

choza *s.f.* Vivienda tosca y rústica, ubicada fuera del poblado y hecha con estacas, barro, paja, etc.

chozno, na *s.* Hijo del tataranieto.

chubasco *s.m.* Lluvia intensa; chaparrón. • Nubarrón oscuro. • Racha de contratiempos y pesares.

chúcaro, ra *adj. América* Huraño, arisco.

chuchería *s.f.* Objeto de poca importancia, pero delicado y primoroso.

chucho *s.m. fam.* Perro. • *América* Paludismo. • Escalofrío. • *fam.* Miedo, temor.

chucrú (Germanismo.) *s.m.* Comida hecha con coles picadas y fermentadas.

chueca *s.f.* Tocón de un árbol. • Hueso redondeado que se articula con otro. • *fam.* Burla o chasco.

chueco, ca *adj. América* Que tiene las piernas torcidas.

chufa *s.f.* Planta herbácea, cultivada por sus tubérculos, con los que se preparan bebidas refrescantes.

chuleta *s.f.* Costilla de una res, con carne.

chulo, la *adj. / s.* Que se conduce con soltura y desenfado. • Dícese del individuo de las clases bajas de Madrid.

chumbar *v.intr. América* Ladrar el perro. *tr.* Incitarlo a que lo haga.

chuña *s.f.* Nombre de diversas aves zancudas semejantes a la grulla.

chuño *s.m. América* Fécula de papa. • Fécula de maíz, y alimento que con ella se prepara.

chupado, da *adj.* Muy flaco.

chupar *v.tr.* Extraer jugo u otra sustancia de una cosa, con los labios o el órgano adecuado.

chupete *s.m.* Tetina del biberón. • Especie de tetina que se da a chupar a los niños de pecho.

chupetín *s.m. América* Caramelo duro ensartado en un palito.

chupón, na *adj. fam.* Que chupa. • *s.m.* Rama que se forma en la base de un tronco y quita la savia a otras.

churrasco *s.m.* Trozo de carne asada.

churrasquear *v.intr. América* Preparar y comer churrascos.

churriguerismo *s.m.* Estilo artístico barroco, caracterizado por una excesiva ornamentación.

churro *s.m.* Trozo de masa frita, de forma cilíndrica estriada.

churumbel *s.m.fam.* Niño o muchacho.

chusco, ca *adj. / s.* Gracioso. • *s.m.* Pan que se da a los soldados, presos, etc.

chusma *s.f.* Gente grosera y despreciable.

chusmear *v.intr.fam. América* Espiar a otros y chismorrear sobre ellos.

chuzo *s.m.* Palo con un pincho de hierro en un extremo, usado como arma.

cianhídrico, ca *adj.* Dícese del ácido formado por carbono, nitrógeno e hidrógeno; es muy tóxico.

cianosis *s.f.* Coloración azulada de la piel, por falta de oxigenación de la sangre.

cianuro *s.m.* Sal del ácido cianhídrico; es un poderoso veneno.

ciar *v.intr.* Andar hacia atrás; retroceder.

ciático, ca *adj.* Relativo a la cadera. • *adj./s.m.* Dícese del nervio más grueso y largo del cuerpo. • *s.f.* Inflamación y dolor intenso de ese nervio.

cibernética *s.f.* Ciencia que estudia comparativamente los sistemas de comunicación y regulación de los seres vivos con sistemas electrónicos semejantes a aquellos. • Arte de construir y manejar aparatos que efectúan electrónicamente operaciones muy complejas.

cicatear *v.intr.* Gastar lo menos posible.

cicatriz *s.f.* Señal que deja una herida cerrada.

cicatrizar *v.tr. / intr. / prnl.* Cerrar una herida por completo.

cícero *s.m.* Unidad de medida tipográfica, que tiene doce puntos y equivale a 4,5 milímetros.

cicerone *s.m. y f.* El que enseña y explica lo más interesante de un lugar, un museo, etc. [sinón.: *guía*].

ciclamen *s.m.* Planta herbácea perenne, de flores rosadas, rojas o purpúreas.
ciclamor *s.m.* Árbol ornamental de follaje caduco y flores rojas.
cíclico, ca *adj.* Relativo a un ciclo. • Que se produce en ciclos.
ciclismo *s.m.* Deporte consistente en competir en carreras de bicicleta.
ciclista *s.m.* y *f.* Persona que practica el ciclismo.
ciclo *s.m.* Serie de acciones, sucesos o fenómenos que, una vez terminada, se repite en el mismo orden. • Período que se considera acabado.
ciclón *s.m.* Huracán.
cíclope o **ciclope** *s.m.* Gigante mitológico que tenía un solo ojo en medio de la frente.
ciclópeo, a *adj.* Relativo a los cíclopes. • Gigantesco.
ciclotrón *s.m.* Aparato que comunica gran velocidad a las partículas electrizadas, facilitando la desintegración del átomo.
cicuta *s.f.* Planta venenosa de hojas fétidas y flores blancas.
cidra *s.f.* Fruto del cidro, que se usa para aromatizar bebidas.
cidro *s.m.* Árbol de hojas duras y agudas, cuyo fruto es la cidra.
ciego, ga *adj.* / *s.* Privado de la vista. • *adj.* Ofuscado. • Obstruido.
cielito *s.m.* Danza folclórica argentina, de pareja suelta.
cielo *s.m.* Espacio azul y diáfano de día, que parece rodear la Tierra. • Lugar en que los bienaventurados gozan de la presencia de Dios. • Parte superior que cubre algunas cosas.
ciempiés *s.m.* Pequeño animal terrestre, de cuerpo aplastado y alargado, con quince a veinte segmentos y un par de patas en cada uno de ellos.
cien *adj./s.m.* Apócope de ciento.
ciénaga *s.f.* Terreno cubierto de cieno.
ciencia *s.f.* Conocimiento de las cosas por sus causas. • Conjunto sistematizado de conocimientos. • Saber, erudición.
cienmilésimo, ma *adj./s.m.* Dícese de la parte o cociente que resulta de dividir un todo por cien mil.
cieno *s.m.* Barro, fango, lodo.
científico, ca *adj.* Relativo a la ciencia • *adj.* / *s.* El que se dedica a la ciencia.
ciento *adj./s.m.* Noventa y diez. • *s.m.* Centena.
cierne *s.m.* Caída del polen de la flor.
cierre *s.m.* Acción y efecto de cerrar. • Dispositivo para cerrar algo.
cierto, ta *adj.* Que no se pone en duda, verdadero. • Adjetivo indefinido que sustituye una determinación no establecida.
ciervo, va *s.* Mamífero rumiante originario de Europa y Asia; el macho tiene cuernos ramificados.
cierzo *s.m.* Viento frío y seco.
cifra *s.f.* Cada uno de los símbolos con que se representan los números en un sistema de numeración. • Conjunto de signos para trasmitir mensajes secretos; clave. • Monograma.
cifrado, da *adj.* Escrito en cifra o en clave.
cifrar *v.tr.* Escribir en cifra. • Hacer consistir una cosa en otra.
cigarra *s.f.* Insecto de cabeza ancha y alas membranosas, que produce un sonido estridente.
cigarrera *s.f.* Caja para guardar cigarros o cigarrillos.
cigarrería *s.f.* *América* Comercio en que se venden cigarros y cigarrillos.
cigarrillo *s.m.* Tabaco picado, envuelto en una hojita de papel.
cigarro *s.m.* Rollo de hojas de tabaco, para fumar.
cigoto *s.f.* Óvulo fecundado.
cigüeña *s.f.* Ave migratoria, de cuerpo robusto, patas rojas, fuertes y muy largas, y plumaje blanco.
cigüeñal *s.m.* Eje principal de un motor, provisto de varios codos, en cada uno de los cuales se articula una biela.
ciliado, da *adj.* Dícese de las células provistas de cilios vibrátiles. • *adj./s.m.* Dícese del animal que tiene cilios, como el paramecio.
ciliar *adj.* Relativo a las cejas o a los cilios, o parecido a ellos.
cilindrada *s.f.* Capacidad máxima de los cilindros de ciertos motores.
cilíndrico, ca *adj.* Relativo al cilindro. • En forma de cilindro.

cilindro *s.m.* Cuerpo limitado por una superficie curva y dos planos paralelos que, al seccionarla, determinan sus bases. • Cámara tubular dentro de la cual se mueve un émbolo.
cilio *s.m.* Filamento protoplasmático, generalmente vibrátil, de algunos protozoarios.
cima *s.f.* La parte más alta de una montaña, un árbol, etc. • Estado más alto al que se puede llegar.
cimarrón, na *adj. / s. América* Dícese del animal salvaje.
címbalo *s.m.* Instrumento musical de percusión compuesto de dos platillos de metal.
cimborrio *s.m.* Cuerpo cilíndrico que soporta a la cúpula de un edificio. • En arquitectura, cúpula.
cimbra *s.f.* Armazón que sostiene el peso de un arco u otra construcción.
1. cimbrar *v.tr.* Colocar cimbras.
2. cimbrar *v.tr. / intr. / prnl.* Hacer vibrar una vara u otra cosa flexible.
cimbreante *adj.* Flexible.
cimbrear *v.tr. / intr./prnl.* Cimbrar o vibrar.
cimentación *s.f.* Acción y efecto de cimentar. • Cimiento de un edificio.
cimentar *v.tr.* Poner los cimientos de un edificio. • Estabilizar virtudes, principios, etc.
cimiento *s.m.* Parte de un edificio, muro, etc., que está debajo de la tierra y sobre la cual descansa toda la obra. • Principio y raíz de una cosa.
cimitarra *s.f.* Sable curvo usado por turcos y persas.
cinabrio *s.m.* Metal compuesto de azufre y mercurio.
cinacina *s.f.* Árbol espinoso que se cultiva para formar setos.
cinamomo *s.m.* Árbol de madera dura y aromática, con flores violetas en racimo [sinón.: *paraíso*].
cinc *s.m.* Metal muy brillante, de color blanco azulado (símbolo: *Zn*).
cincel *s.m.* Herramienta de acero para grabar metales y piedras.
cincelar *v.tr.* Labrar con cincel.
cincha *s.f.* Faja para asegurar la silla sobre la cabalgadura.
cinchar *v.tr.* Poner la cincha. • Asegurar con aros de hierro. • *intr. fam. América* Trabajar esforzadamente.
cincho *s.m.* Faja ancha para ceñir el estómago. • Aro de chapa para asegurar barriles, ruedas, etc.
cinco *adj./s.m.* Cuatro y uno. • Quinto día del mes.
cincuenta *adj./s.m.* Cinco veces diez.
cincuentenario *s.m.* Fecha en que se cumplen cincuenta años de algún acontecimiento.
cincuentón, na *adj. / s.* Que tiene alrededor de cincuenta años.
cine *s.m.* Apócope de *cinematógrafo* y de *cinematografía*.
cineasta *s.m. y f.* Director, productor, actor, etc., de películas cinematográficas.
cinegético, ca *adj.* Relativo a la caza.
cinematografía *s.f.* Arte, técnica e industria del cinematógrafo.
cinematográfico, ca *adj.* Relativo al cinematógrafo o a la cinematografía.
cinematógrafo *s.m.* Aparato proyector de fotografías o dibujos filmados en serie, los que, al sucederse rápidamente en una pantalla, permiten representar el movimiento. • Local público donde se exhiben películas cinematográficas.
cinerario, ria *adj.* Destinado a encerrar cenizas de cadáveres.
cinético, ca *adj.* Relativo al movimiento • *s.f.* Parte de la mecánica que estudia el movimiento.
cíngaro, ra *adj. / s.* Gitano, en especial el de Europa central.
cínico, ca *adj.* Descarado, inmoral.
cinismo *s.m.* Cualidad de cínico.
cinta *s.f.* Tejido de tela largo y angosto para atar o adornar. • Tira de papel, celuloide u otra materia flexible. • Película cinematográfica.
cintillo *s.m.* Cordoncillo que adorna los sombreros. • Sortija pequeña de metal con piedras preciosas.
cinto *s.m.* Cinturón para sujetar una prenda.
cintura *s.f.* Parte más estrecha del cuerpo humano, por encima de las caderas.
cinturón *s.m.* Correa para sujetar una prenda a la cintura. • Serie de cosas que rodean algo.

ciprés *s.m.* Árbol forestal de gran altura y copa cónica.
circense *adj.* Relativo al circo.
circo *s.m.* En la antigua Roma, lugar destinado a los juegos públicos. • Recinto circular para efectuar ejercicios ecuestres y gimnásticos, exhibir animales amaestrados, etc.
circonio *s.m.* Metal duro, lustroso y grisáceo, que se usa en tecnología nuclear (símbolo: *Zr*).
circuir *v.tr.* Circundar.
circuito *s.m.* Espacio comprendido dentro de un perímetro. • Recorrido de una corriente eléctrica.
circulación *s.f.* Acción de circular. • Paso de personas y vehículos por las vías públicas.
1. circular *adj.* Relativo al círculo. • *s.f.* Nota o comunicación para informar sobre algo a diversas personas.
2. circular *v.intr.* Moverse en circuito. • Ir y venir. • Propagarse una noticia.
circulatorio, ria *adj.* Relativo a la circulación, en especial a la circulación de la sangre.
círculo *s.m.* Región del plano limitada por una circunferencia. • Circunferencia.• Ambiente, esfera. • Asociación de personas que desarrollan cierta actividad.
circuncentro *s.m.* En un polígono, centro de su circunferencia circunscrita.
circuncidar *v.tr.* Realizar una circuncisión.
circuncisión *s.f.* Acto de cortar una porción del prepucio. • Festividad que conmemora la Circuncisión de Jesucristo.
circundar *v.tr.* Rodear.
circunferencia *s.f.* Curva plana cerrada cuyos puntos equidistan de otro llamado centro.
circunflejo *adj./s.m.* Dícese de cierto acento ortográfico (^).
circunloquio *s.m.* Manera de decir algo con muchas explicaciones.
circunnavegar *v.tr.* Navegar alrededor de una isla, archipiélago, etc. • Dar un buque la vuelta al mundo.
circunscribir *v.tr.* Trazar una figura alrededor de otra, de modo que la toque sin cortarla. • *tr./prnl.* Reducir a ciertos límites.
circunscripción *s.f.* Acción de circunscribir. • División administrativa, militar, etc., de un territorio.
circunspección *s.f.* Cualidad de circunspecto.
circunspecto, ta *adj.* Reservado, digno, prudente.
circunstancia *s.f.* Accidente de tiempo, lugar, etc., que influye en algo. • *pl.* Estado de las cosas.
circunstancial *adj.* Que depende de una circunstancia. • *adj./s.m.* Dícese de cierto complemento gramatical que denota una circunstancia de la acción.
circunstante *adj.* Que está alrededor. • *s.m. y f. pl.* Personas que están presentes.
circunvalación *s.f.* Acción de circunvalar.
circunvalar *v.tr.* Rodear o cercar una ciudad, fortaleza, etc.
circunvolar *v.tr.* Volar alrededor.
circunvolución *s.f.* Vuelta o rodeo de alguna cosa.
cirio *s.m.* Vela de cera, larga y gruesa.
cirro *s.m.* Nube blanca y alta, de aspecto filamentoso.
ciruela *s.f.* Fruto del ciruelo.
ciruelo *s.m.* Árbol de hojas caducas y flores blancas, cuyo fruto, la ciruela, es una drupa jugosa y comestible.
cirugía *s.f.* Parte de la medicina que trata las enfermedades por medio de operaciones manuales e instrumentales.
cirujano, na *s.* Médico especializado en cirugía.
cisco *s.m.* Carbón vegetal menudo. • *fam.* Alboroto, reyerta.
cisma *s.m.* División o separación entre los miembros de una comunidad. • Discordia o desacuerdo.
cisne *s.m.* Ave de hermoso plumaje, cuello largo y porte majestuoso.
cisterna *s.f.* Depósito subterráneo de agua.
cisura *s.f.* Hendidura muy fina.
cita *s.f.* Acuerdo de lugar, día y hora para encontrarse. • Palabras reproducidas con determinado fin.
citación *s.f.* Acción de concertar una cita.
citar *v.tr.* Concertar una cita o encuentro. • Mencionar o reproducir una cita.

cítara *s.f.* Antiguo instrumento musical de cuerda, que se tocaba con púa.
cítrico, ca *adj.* Relativo al limón. • Dícese del ácido contenido en varios frutos. • *adj./s.m.pl.* Dícese de las frutas agrias y de las plantas que las producen.
ciudad *s.f.* Población importante.
ciudadanía *s.f.* Cualidad de ciudadano. • Conjunto de los derechos, garantías y obligaciones de los ciudadanos.
ciudadano, na *adj.* Relativo a la ciudad o a sus habitantes. • *s.* Habitante de una ciudad.
ciudadela *s.f.* Recinto fortificado dentro de una plaza o una ciudad.
cívico, ca *adj.* Relativo a la ciudadanía. • Civil.
civil *adj.* Relativo a la ciudad o a los ciudadanos. • Que no es eclesiástico o militar. • Atento, cortés.
civilización *s.f.* Acción de civilizar. • Desarrollo social y cultural de un pueblo.
civilizar *v.tr.* Sacar del estado salvaje a un pueblo. • Educar, pulir.
civismo *s.m.* Preocupación por las instituciones e intereses de la patria.
cizalla *s.f.* Tijera grande y fuerte o guillotina para cortar metales.
cizaña *s.f.* Planta herbácea de granos venenosos. • Causa de discordia.
clamar *v.intr.* Quejarse o dar voces lastimeras. • *intr./tr.* Pedir con vehemencia. • Exigir, necesitar.
clamor *s.m.* Grito de queja o de dolor. • Conjunto confuso de gritos.
clamoreo *s.m.* Clamor continuado.
clamoroso, sa *adj.* Acompañado de clamor. • Vocinglero.
clan *s.m.* Tribu, familia.
clandestino, na *adj.* Secreto o ilegal.
clara *s.f.* Sustancia líquida y trasparente que rodea la yema del huevo.
claraboya *s.f.* Ventana abierta en el techo o en lo alto de las paredes.
clarear *v.intr.unipers.* Comenzar a amanecer; alborear. • *prnl.* Volverse trasparente.
clarete *adj./s.m.* Dícese del vino tinto claro.
claridad *s.f.* Cualidad de claro.
clarificar *v.tr.* Depurar un líquido. • Aclarar algo.
clarín *s.m.* Instrumento musical metálico, de viento, de sonido agudo.
clarinete *s.m.* Instrumento de viento, con tubo cilíndrico y embocadura con lengüeta.
clarión *s.m.* Pasta de yeso y greda, para escribir sobre encerados; tiza.
clarividencia *s.f.* Facultad extraordinaria para percibir o prever algo. • Penetración, perspicacia.
clarividente *adj./s.m. y f.* Que posee clarividencia.
claro, ra *adj.* Con mucha luz. • Límpido. • No espeso. • Dícese de los colores poco intensos. • Ilustre. • Ralo. • Que se comprende fácilmente. • Indudable. • *s.m.* Espacio libre entre algunas cosas.
clase *s.f.* Cada uno de los conjuntos de seres o de cosas con características comunes. • Grupo de alumnos que reciben la misma enseñanza. • Aula. • Lección del profesor a sus alumnos.
clásico, ca *adj./s.m.* Dícese de los autores y de las obras que se consideran, en arte y en literatura, un modelo digno de imitación.
clasificación *s.f.* Acción y efecto de clasificar.
clasificado, da *adj.* Secreto, reservado. • *s.m.* Anuncio por líneas o palabras en la prensa periódica.
clasificar *v.tr.* Ordenar por clases.
claudicación *s.f.* Acción de claudicar.
claudicar *v.intr.* Faltar a los propios deberes o principios. • Ceder, flaquear.
claustro *s.m.* Galería cubierta de un convento. •Estado monástico. • Junta de profesores de una universidad.
claustrofobia *s.f.* Temor patológico a los lugares cerrados.
cláusula *s.f.* Cada una de las disposiciones de un contrato u otro documento. • En gramática, oración.
clausura *s.f.* Acción de clausurar. • Recinto interior de los conventos.
clausurar *v.tr.* Cerrar por orden de una autoridad. • Dar por finalizado un congreso, tribunal, etc.
clava *s.f.* Palo tosco usado como arma. • Elemento de madera, en forma de botella, para realizar ejercicios gimnásticos.

clavar *v.tr.* Introducir un clavo u otra cosa con punta en un cuerpo. • Asegurar con clavos.
clave *s.f.* Cifra, código. • Piedra más alta de una bóveda. • Signo musical que determina el nombre de las notas. • *m.* Clavicémbalo.
clavel *s.m.* Planta herbácea con flores perfumadas y de diversos colores.
clavero *s.m.* Árbol que produce los clavos usados como condimento.
clavicémbalo *s.m.* Antiguo instrumento musical de cuerda, con uno o dos teclados.
clavicordio *s.m.* Antiguo instrumento musical, precursor del piano.
clavícula *s.f.* Hueso que va desde el esternón hasta el omóplato.
clavija *s.f.* Trozo cilíndrico de metal, madera, etc., para ensamblar o asegurar algo.
clavo *s.m.* Pieza metálica larga y delgada, con punta, para unir elementos, colgar cosas, etc. • Capullo seco de la flor del clavero, que se usa como condimento.
clemencia *s.f.* Inclinación a moderar el rigor del castigo; indulgencia.
clemente *adj.* Que tiene clemencia.
clepsidra *s.f.* Reloj de agua.
cleptomanía *s.f.* Tendencia patológica a robar objetos.
clerecía *s.f.* Clero.
clerical *adj.* Relativo a los clérigos.
clérigo *s.m.* El que ha recibido las órdenes sagradas.
clero *s.m.* Clase sacerdotal en la Iglesia católica. • Conjunto de los clérigos.
cliché *s.m.* Clisé.
cliente, ta *s.* Persona o entidad que habitualmente compran en un establecimiento. • Persona que utiliza los servicios de un profesional.
clientela *s.f.* Conjunto de clientes.
clima *s.m.* Conjunto de las condiciones atmosféricas de un lugar.
climaterio *s.m.* Período de la vida que precede y sigue a la extinción de la función genética.
climatizar *v.tr.* Dar a un espacio cerrado las condiciones adecuadas de temperatura, humedad y presión.
climatología *s.f.* Estudio de los climas.
clínica *s.f.* Parte práctica de la enseñanza de la medicina. • Hospital privado; policlínica, sanatorio.
clínico, ca *adj.* Relativo a la clínica o enseñanza práctica de la medicina. • *s./adj.* Médico que se dedica a la clínica o medicina práctica.
clipe *s.m.* Utensilio para sujetar papeles. • Especie de horquilla para sujetar el pelo.
clisé *s.m.* En artes gráficas, plancha metalica para imprimir. • Idea o expresión demasiado repetidas.
cloaca *s.f.* Conjunto de canales y sumideros por donde salen las aguas sucias de una ciudad.
clon *s.m.* Payaso.
cloqueo *s.m.* Cacareo sordo de la gallina clueca.
clorato *s.m.* Sal del ácido clórico y un metal.
clorhídrico, ca *adj.* Dícese del ácido corrosivo compuesto de cloro e hidrógeno.
clórico, ca *adj.* Relativo al cloro.
cloro *s.m.* No metal gaseoso, de color verde amarillento y olor fuerte y sofocante (símbolo: *Cl*).
clorofila *s.f.* Pigmento verde que se halla en las células de la mayor parte de las plantas.
cloroformo *s.m.* Líquido incoloro usado en medicina como anestésico.
clorosis *s.f.* Enfermedad de las adolescentes, caracterizada por anemia. • Falta de clorofila en los vegetales.
cloruro *s.m.* Sal o éster del ácido clorhídrico.
clóset *s.m. América* Armario empotrado.
club *s.m.* Nombre de algunas asociaciones deportivas, sociales, de recreo o políticas (pl. *clubs* o *clubes*).
clueco, ca *adj./s.f.* Dícese de las aves, en especial de las gallinas, cuando empollan o cuidan la pollada.
coacción *s.f.* Procedimiento violento para obligar a hacer o dejar de hacer algo.
coaccionar *v.tr.* Ejercer coacción.
coadjutor, ra s./*adj.* Persona que ayuda a otra en el desempeño de su cargo.
coadyuvar *v.tr.* Colaborar en la realización de algo; contribuir.

coagular *v.tr./prnl.* Solidificar algunos líquidos; cuajar.
coágulo *s.m.* Sangre coagulada. • Grumo de un líquido.
coalición *s.f.* Alianza, liga.
coaligarse *v.prnl.* Coligarse.
coartar *v.tr.* Cohibir, limitar.
coatí *s.m. América* Mamífero carnívoro de cabeza larga y nariz prolongada, que es perjudicial para los sembrados.
coautor, ra *s.* Autor con otro.
coaxial *adj.* Dícese de dos o más cosas que tienen un eje común. • Dícese del cable eléctrico con dos conductores, usado en telecomunicaciones.
cobalto *s.m.* Metal gris, duro y dúctil, empleado en aleaciones (símbolo: *Co*).
cobarde *adj./s.m. y f.* Que siente miedo ante los peligros y los elude.
cobardía *s.f.* Cualidad de cobarde.
cobaya *s.ambig.* Mamífero roedor, muy prolífero, de pelaje pardo rojizo; se lo utiliza para experimentos.
cobertizo *s.m.* Tejado que sobresale del muro. • Techo que resguarda de la intemperie.
cobertor *s.m.* Colcha o manta de cama.
cobertura *s.f.* Cosa con que se cubre algo. • Recaudos para cubrir un riesgo.
cobija *s.f.* Cosa con que se cubre algo. Pluma de un ave. • Teja curva del tejado. • *América* Manta para la cama.
cobijar *v.tr./prnl.* Cubrir o tapar. • Servir de albergue, refugio o protección; albergar, guarecer.
cobra *s.f.* Serpiente muy venenosa.
cobranza *s.f.* Acción de cobrar.
cobrar *v.tr.* Recibir dinero como pago. • Adquirir o lograr. • *tr./prnl.* Recuperar lo perdido.
cobre *s.m.* Metal de color rojizo, dúctil y maleable (símbolo: *Cu*).
cobrizo, za *adj./s.m.* Del color del cobre. • *adj.* Que contiene cobre.
coca *s.f.* Arbusto originario de Perú y Bolivia, de cuyas hojas se extrae la cocaína.
cocaína *s.f.* Alcaloide que se extrae de la coca, usado como anestésico local.
cocción *s.f.* Acción y efecto de cocer.
cocear *v.intr.* Dar coces.
cocer *v.tr.* Someter a la acción del calor; en especial, un alimento crudo. • *intr.* Hervir.
coche *s.m.* Carruaje de cuatro ruedas, automóvil o de tracción animal. • Vagón de tren.
cochera *s.f.* Lugar para guardar los coches.
cochero *s.m.* Persona que guía un coche tirado por caballos.
cochinada *s.f. fam.* Cosa sucia. • *fam.* Acción ruin y perjudicial.
cochinilla *s.f.* Insecto del cual se extrae una sustancia colorante roja.
cochinillo *s.m.* Lechón.
cochino, na *s.* Cerdo (mamífero). • *adj. / s. fam.* Que es física o moralmente sucio.
cochura *s.f.* Cocción en horno.
cocido *s.m.* Comida hecha hirviendo carne, garbanzos, verduras, tocino, etc.; puchero.
cociente *s.m.* Resultado de dividir dos números o cantidades.
cocimiento *s.m.* Cocción. • Líquido cocido con hierbas medicinales.
cocina *s.f.* Lugar donde se preparan las comidas. • Dispositivo para cocer y asar las comidas.
cocinar *v.tr. / intr.* Preparar las comidas.
1. coco *s.m.* Fruto del cocotero. • Cocotero.
2. coco *s.m.* Gusano de semillas y frutas. • Bacteria esferoidal.
3. coco *s.m.* Ser fantástico con que se asusta a los niños.
cocobacilo *s.m.* Microbio en forma de bastón corto.
cocodrilo *s.m.* Reptil grande y voraz; muy veloz en el agua.
cocotero *s.m.* Palmera americana cuyo fruto, el coco, es comestible.
cóctel o **coctel** *s.m.* Bebida compuesta de licores y otros ingredientes. • Reunión social donde se sirven esas bebidas.
coctelera *s.f.* Vasija para mezclar las bebidas que componen un cóctel.
cocuyo *s.m.* Insecto americano con dos órganos luminosos en el abdomen.
codearse *v.prnl.* Tratarse de igual a igual con otra persona.
codeudor, ra *s.* El que participa en una deuda con otra u otras personas.

códice *s.m.* Libro antiguo manuscrito.

codicia *s.f.* Deseo exagerado; en especial, de riquezas. • Deseo vehemente.

codiciar *v.tr.* Desear muy intensamente riquezas u otras cosas.

codificar *v.tr.* Reunir las leyes en un código. • Poner un escrito en clave, usando un código convenido.

código *s.m.* Colección ordenada de las leyes de un país. • Conjunto de reglas y normas sobre cualquier materia. • Sistema de signos y de reglas para comunicarse.

codo *s.m.* Parte posterior de la articulación del brazo con el antebrazo. • Coyuntura del brazo de los cuadrúpedos. • Nombre de diversos objetos doblados en forma de ángulo.

codorniz *s.f.* Ave gregaria de carne muy sabrosa.

coeducación *s.f.* Educación impartida en común a jóvenes de ambos sexos.

coeficiente *adj.* Que juntamente con otra cosa produce un efecto. • *s.m.* Constante que se coloca preferentemente en primer lugar en una expresión algebraica, y que la afecta como factor. • Valor constante.

coercer *v.tr.* Contener, refrenar.

coerción *s.f.* Acción de reprimir o refrenar por la fuerza.

coercitivo, va *adj.* Que sirve o se emplea para reprimir.

coetáneo, a *adj./s.* Que es de la misma época.

coexistir *v.intr.* Existir varias personas o cosas al mismo tiempo.

cofa *s.f.* En marina, plataforma colocada en el palo de un barco.

cofia *s.f.* Prenda de diversas formas para recoger el pelo.

cofrade *s.m. y f.* Persona que pertenece a una cofradía. • Camarada.

cofradía *s.f.* Congregación religiosa que se dedica a obras de piedad.

cofre *s.m.* Especie de arca para guardar objetos de valor, en especial joyas.

coger *v.tr.* Tomar, asir. • Apresar, prender. • Recoger cosas, en especial los frutos del campo. • Captar, entender. • Hallar, sorprender. • Herir el toro con los cuernos. • Referido a animales, cubrir el macho a la hembra

cogollo *s.m.* Parte interior de alguna hortalizas. • Brote de un vegetal. • I mejor de una cosa.

cogote *s.m.* Parte posterior del cuello.

cohechar *v.tr.* Sobornar a un juez o a u funcionario público.

cohecho *s.m.* Acción y efecto de coh char o dejarse cohechar.

coherencia *s.f.* Relación entre cosas partes que forman un conjunto con un dad y sin contradicciones.

cohesión *s.f.* Acción y efecto de adheri se las cosas entre sí. • Unión íntim entre las moléculas de un cuerpo. Fuerza que la produce.

cohete *s.m.* Artificio pirotécnico lleno d pólvora, que estalla con fuerte estampi do. • Artefacto para impulsar proyecti les, naves espaciales, etc.

cohibir *v.tr./prnl.* Refrenar, reprimi contener.

cohombro *s.m.* Planta hortense, varie dad de pepino.

cohonestar *v.tr.* Dar apariencia de bue no u honesto.

coígüe o **coigüé** *s.m.* Árbol forestal d gran porte, que crece en los bosque australes de Chile y la Argentina.

coíhue o **coihué** *s.m.* Coígüe.

coincidencia *s.f.* Acción de coincidir.

coincidir *v.intr.* Ocurrir al mismo tiem po o concurrir simultáneamente en u mismo sitio. • Estar de acuerdo. • Ajustarse una cosa con otra.

coito *s.m.* Unión sexual del hombre co la mujer.

cojear *v.intr.* Caminar de un modo irre gular [sinón.: *renquear*].

cojera *s.f.* Defecto del que cojea.

cojín *s.m.* Almohadón.

cojinete *s.m.* Almohadilla. • Pieza d metal para sujetar los rieles a las tra viesas o durmientes del ferrocarril. • Pieza en que se apoya y gira el eje d una maquinaria.

cojo, ja *adj./s.* Que cojea.

col *s.f.* Planta hortense comestible, d pencas gruesas.

1. cola *s.f.* Prolongación posterior de cuerpo de los vertebrados. • Conjunt de plumas que tienen las aves en la raadilla. • Parte posterior de algo. • péndice luminoso de un cometa. • Hi-era de personas que esperan turno.

cola *s.f.* Pasta para pegar.

olaboración *s.f.* Acción de colaborar.

olaborar *v.intr.* Trabajar con otra u tras personas.

olación *s.f.* Acción de conferir un bene-icio, título o dignidad. • Cotejo. • Co-nida liviana; refacción.

olacionar *v.tr.* Hacer colación de un be-eficio, título o dignidad. • Cotejar. • ertificar un telegrama.

olada *s.f.* Blanqueo con lejía de la ropa avada. • Acción de verter acero u otro netal en fusión.

olador *s.m.* Utensilio que se usa para olar líquidos.

olagogo, ga *adj./s.m.* Dícese del medi-amento que provoca la evacuación de a bilis.

olapso *s.m.* En medicina, debilita-niento súbito de las fuerzas vitales. • aralización transitoria de los nego-ios.

olar *v.tr.* Pasar un líquido por un cola-lor. • Blanquear la ropa con lejía. • *rnl. fam.* Introducirse a escondidas.

olateral *adj.* Dícese de las cosas situa-las a uno y otro lado de otra principal. • Dícese del pariente que no lo es por ínea recta.

olcha *s.f.* Cobertura de una cama.

olchón *s.m.* Especie de saco relleno, ara dormir sobre él.

olchoneta *s.f.* Colchón de poco espesor.

olección *s.f.* Conjunto de cosas de la nisma clase.

oleccionar *v.tr.* Formar una colección.

oleccionista *s.m. y f.* Persona que co-ecciona determinadas cosas.

olecta *s.f.* Recaudación de donativos oluntarios. • Oración de la misa.

olectar *v.tr.* Recaudar donativos.

olectivero *s.m. América* Conductor de n colectivo.

olectividad *s.f.* Conjunto de los habi-antes de un lugar o un país. • Grupo ocial con rasgos e intereses comunes; omunidad.

olectivismo *s.m.* Doctrina política y conómica que pretende confiar al Es-tado el control y la distribución de la ri-queza.

colectivo, va *adj.* De una colectividad. • *adj./s.m.* Dícese del sustantivo que, en singular, denota pluralidad. • *s.m. América* Ómnibus pequeño para el trasporte urbano.

colector, ra *adj./s.* Que recoge. • Que hace una colección. • Recaudador. • *s.m.* Conducto principal que recoge las aguas sobrantes del riego.

colédoco *s.m.* Conducto que lleva la bi-lis hasta el duodeno.

colega *s.m. y f.* Persona de la misma profesión que otra.

colegiado, da *adj.* Que pertenece a una corporación o colegio.

colegial *adj.* Relativo al colegio.

colegial, la *s.* Alumno de una escuela primaria o secundaria.

colegiarse *v.prnl.* Constituirse en cole-gio las personas de una misma profe-sión.

colegio *s.m.* Establecimiento dedicado a la enseñanza o al estudio. • Corpora-ción de personas que pertenecen a la misma profesión.

colegir *v.tr.* Deducir, inferir.

colegislador, ra *adj.* Dícese del cuerpo que legisla con otro.

cólera *s.f.* Enojo muy violento; ira. • *m.* Enfermedad infecciosa grave.

colérico, ca *adj./s.* Furioso o irascible. • Atacado de cólera.

colesterol *s.m.* Líquido de las grasas animales, bilis, tejido nervioso, etc.

coleta *s.f.* Trenza de pelo en la parte posterior de la cabeza.

coletazo *s.m.* Golpe dado con la cola. • Última manifestación de una activi-dad.

colgadura *s.f.* Tapiz o tela para adornar paredes, balcones, etc.

colgajo *s.m.* Trapo o cosa que cuelgan.

colgar *v.intr.* Estar en el aire; pender. • *tr.* Suspender una cosa de otra. • *fam.* • Ahorcar. • *fam.* Hacer responsable, im-putar.

colibrí *s.m.* Pájaro americano muy pe-queño; es insectívoro y tiene colores brillantes [sinón.: *pájaro mosca*, *pica-flor*].

cólico, ca *adj.* Relativo al colon. • *s.m.* Dolor agudo en el intestino, el hígado o el riñón.
coliflor *s.f.* Variedad de col.
coligarse *v.prnl.* Confederarse.
coligüe *s.m.* Planta americana con cuyas cañas se hacen muebles, bastones, etcétera.
colilla *s.f.* Punta del cigarro o del cigarrillo, que se deja sin fumar.
colina *s.f.* Elevación natural del terreno, menor que una montaña.
colindante *adj.* Dícese de los campos o edificios que colindan.
colindar *v.intr.* Tener un edificio, campo, etc., un límite común con otro.
colirio *s.m.* Medicamento líquido para las enfermedades de los ojos.
coliseo *s.m.* Anfiteatro romano. • Teatro de cierta importancia.
colisión *s.f.* Choque de dos cuerpos, o de dos grupos antagónicos. • Enfrentamiento o conflicto.
colitis *s.f.* Inflamación del intestino.
colla *adj./s.m. y f.* Dícese del indígena de las altas mesetas andinas de la Argentina, Bolivia y Perú.
collado *s.m.* Cerro, colina. • Depresión suave por donde se puede atravesar una sierra.
collar *s.m.* Adorno que rodea el cuello. • Aro para ceñir el pescuezo de los animales domésticos.
colmar *v.tr.* Llenar hasta rebasar los bordes. • Dar en abundancia.
colmena *s.f.* Vivienda de las abejas, en la cual fabrican sus panales.
colmenar *s.m.* Lugar donde están las colmenas.
colmillo *s.m.* Diente agudo de los mamíferos, entre los molares y los incisivos. • Incisivo del elefante, en forma de cuerno.
colmo *s.m.* Lo que rebasa la medida de algo.
colobo *s.m. América* Mono de cuerpo delgado y cola muy larga.
colocación *s.f.* Acción y efecto de colocar. • Puesto o empleo.
colocar *v.tr.* Poner en su lugar. • Proporcionar un empleo. •Invertir dinero. • Vender mercancías.
colodión *s.m.* Solución de nitrocelulo[illegible] en éter y alcohol, con la que se prep[illegible]ran placas fotográficas.
colofón *s.m.* Nota al final de un lib[illegible] con el nombre del impresor, lugar y f[illegible]cha de la publicación, etc.
coloidal *adj.* Relativo a los coloides.
coloide *s.m./adj.* Sustancia que, en u[illegible] solvente, se disgrega pero no se disue[illegible]ve.
colombiano, na *adj./s.* De Colomb[illegible] (América).
colombianismo *s.m.* Palabra o expre[illegible]sión peculiares del español de los c[illegible]lombianos.
colombino, na *adj.* Relativo a Cristób[illegible] Colón.
colombófilo, la *adj.* Relativo a la cría [illegible] adiestramiento de las palomas.
colon *s.m.* Porción del intestino entre [illegible] ciego y el recto.
colón *s.m.* Unidad monetaria de Cos[illegible] Rica.
colonia *s.f.* Grupo de gente establecid[illegible] en una región para poblarla o cultiva[illegible]la. • Esa región. • Territorio fuera [illegible] un país pero dependiente de él. • Co[illegible]junto de los naturales de un país qu[illegible] viven en otro. • Agrupación de anim[illegible]les pequeños o de células que vive[illegible] juntos.
colonial *adj.* Relativo a la colonia.
colonización *s.f.* Acción de colonizar.
colonizar *v.tr.* Establecer colonias en u[illegible] país o un territorio.
colono *s.m.* Integrante de una coloni[illegible] de personas. • Hombre contratado p[illegible]ra cultivar tierras ajenas.
coloquial *adj.* Relativo al coloquio. • D[illegible]cese del lenguaje propio de la convers[illegible]ción.
coloquio *s.m.* Plática, conversación. Reunión en que se debate un tema.
color *s.m.* Sensación visual que produ[illegible]cen sobre la retina los rayos de luz r[illegible]flejados por un cuerpo. • Sustanci[illegible] preparada para pintar. • Colorido [illegible] una pintura.
coloración *s.f.* Acción de colorear.
colorado, da *adj./s.m.* De color rojo.
colorante *adj./s.m.* Que da color o sirv[illegible] para teñir.

colorear *v.tr.* Dar color o teñir.
colorido *s.m.* Disposición e intensidad de los colores de una pintura u otra cosa.
colosal *adj.* Que tiene gran magnitud. • Extraordinario, magnífico.
coloso *s.m.* Estatua de magnitud superior a la normal. • Persona o cosa de cualidades extraordinarias.
columbrar *v.tr.* Divisar una cosa.
columna *s.f.* Elemento arquitectónico largo y delgado, generalmente cilíndrico, para sostén o decoración. • Serie de cosas colocadas en orden. • En artes gráficas, división vertical de una página. • En milicia, tropa dispuesta para operar.
columnata *s.f.* Serie de columnas.
columpiar *v.tr.* Balancear.
columpio *s.m.* Asiento colgante para balancearse.
1. coma *s.f.* Signo ortográfico (,) que indica la división de las frases.
2. coma *s.m.* Pérdida de la conciencia, de la movilidad y de la sensibilidad, debido a diversas causas.
comadre *s.f.* Madrina de un niño con respecto al padrino y a los padres. • Partera. • *fam.* Vecina o amiga.
comadrear *v.intr. fam.* Charlar o murmurar; en especial las mujeres.
comadreja *s.f.* Mamífero carnívoro nocturno de cuerpo bajo y largo, cola prensil y pelaje oscuro.
comadrona *s.f.* Partera.
comandancia *s.f.* Cargo, oficina o jurisdicción del comandante.
comandante *s.m.* Persona que ejerce el comando de tropas. • Cierto grado jerárquico superior en las fuerzas armadas.
comandar *v.tr.* En milicia, mandar un ejército, una flota, una escuadrilla aérea, etcétera.
comandita *s.f.* Cierta sociedad mercantil.
comanditario, ria *adj.* Relativo a la comandita.
comando *s.m.* Mando militar. • Grupo de tropas seleccionadas.
comarca *s.f.* División de territorio que comprende varias poblaciones.
comatoso, sa *adj.* Relativo al coma.
comba *s.f.* Inflexión que toman algunos cuerpos sólidos al encorvarse.
combar *v.tr./prnl.* Curvar una cosa.
combate *s.m.* Pelea. • Acción bélica.
combatiente *adj./s.m. y f.* Que combate.
combatir *v.intr.* Luchar, pelear. • Acometer, embestir.
combativo, va *adj.* Dispuesto a la lucha o a la polémica.
combinación *s.f.* Acción y efecto de combinar. • Prenda interior femenina.
combinado, da *adj.* Que resulta de una combinación. • *s.m.* Cóctel. • *América* Aparato compuesto de un receptor de radiotelefonía, un magnetófono, un gramófono y, a veces, un televisor.
combinar *v.tr.* Unir para formar un conjunto armónico o eficaz. • *tr./prnl.* En química, hacer reaccionar dos o más sustancias. • *prnl.* Ponerse de acuerdo.
comburente *adj./s.m.* Que provoca o activa la combustión.
combustible *adj.* Que arde o puede arder. • *adj./s.m.* Dícese de la sustancia capaz de producir energía calorífica.
combustión *s.f.* Acción y efecto de arder o quemarse un cuerpo.
comedia *s.f.* Obra teatral de asunto ligero y final feliz. • Farsa, engaño.
comediante, ta *s.* Actor de teatro o de cine. • Farsante.
comedido, da *adj.* Atento, prudente.
comediógrafo, fa *s.* Escritor de comedias.
comedirse *v.prnl.* Comportarse con cortesía, prudencia y moderación. • Ofrecerse para alguna cosa.
comedor, ra *adj. / s.* Que come mucho. • *s.m.* Habitación donde se come.
comensal *s.m. y f.* Cada una de las personas que comen en una misma mesa.
comentar *v.tr.* Dar explicaciones y opiniones acerca de una cosa.
comentario *s.m.* Lo que se dice o escribe sobre una obra, discurso, etc. • *pl.* Conversaciones sobre personas o sucesos de la vida diaria.
comentarista *s.m. y f.* Periodista o publicista que dice o escribe comentarios.
comenzar *v.intr.* Tener principio algo que antes no existía. • *tr.* Dar principio a una cosa.
comer *v.tr. / intr.* Tomar alimentos. *intr.* Tomar la comida principal del día. • *tr.* En física o en química, corroer una ma-

teria. • *fam.* Torturar a alguien un vicio, una pasión, etc.
comercial *adj.* Relativo al comercio.
comercializar *v.tr.* Dar a un producto las condiciones adecuadas para su venta.
comerciante *adj./s.m. y f.* Que comercia.
comerciar *v.intr.* Efectuar operaciones comerciales.
comercio *s.m.* Ejercicio habitual de actos de comercio. • Establecimiento comercial. • Conjunto de comerciantes de una ciudad. • Trato de la gente entre sí.
comestible *adj.* Que se puede comer. • *s.m.pl.* Productos naturales e industriales para comer.
cometa *s.m.* Cuerpo celeste formado por un núcleo y una cola luminosa. • *f.* Juguete de cañas y papel, que los niños remontan en el aire con un hilo.
cometer *v.tr.* Incurrir en una falta, delito o desacierto. • Dar comisión mercantil.
cometido *s.m.* Comisión o encargo.
comezón *s.f.* Picazón, ardor. • Intranquilidad síquica, desasosiego
cómic *s.m.* Serie o secuencia de viñetas con desarrollo narrativo.
comicial *adj.* Relativo a los comicios.
comicidad *s.f.* Cualidad de cómico.
comicios *s.m.pl.* Asamblea de los antiguos romanos. • Reuniones y actividades electorales.
cómico, ca *adj.* Relativo a la comedia. • Que hace reír. • *s.* Actor o actriz que representan comedias.
comida *s.f.* Alimento. • Acción de comer. • Comida principal del día.
comidilla *s.f.* Tema de murmuración.
comienzo *s.m.* Acción de comenzar.
comillas *s.f.pl.* Signo ortográfico (“ ” o « ») con que se encierran las citas o ejemplos.
comino *s.m.* Planta herbácea de semillas aromáticas usadas como condimento.
comisaría *s.f.* Cargo, oficina, edificio y distrito de un comisario.
comisario *s.m.* Persona que desempeña un cargo por delegación de una autoridad. • Funcionario policial de alta jerarquía.
comisión *s.f.* Acción de cometer. • Encargo. • Conjunto de personas delegadas para algo. • Cierto contrato comercial. • Lo que se paga por concretar una venta, un cobro, etc.
comisionado, da *adj./s.* Encargado de una comisión.
comisionar *v.tr.* Dar una comisión o encargo.
comisionista *s.m.* y *f.* Persona que realiza comisiones comerciales.
comisura *s.f.* Punto de unión de los labios, párpados u otras partes semejantes del cuerpo.
comité *s.m.* Conjunto reducido de delegados. • Lugar donde se reúnen.
comitiva *s.f.* Grupo de personas que participa en una ceremonia oficial o que acompaña a un personaje.
como *adv.* Conforme, según. • A semejanza de. • En calidad de, con el carácter de. • Aproximadamente, casi.
cómo *adv.* Expresa interrogación, exclamación o admiración.
cómoda *s.f.* Mueble con cajones para guardar ropa.
comodidad *s.f.* Cualidad de cómodo. • *pl.* Cosas o circunstancias necesarias para vivir cómodo.
comodín *s.m.* En algunos juegos de naipes, carta que puede asumir el valor de cualquier otra. • Cosa que sirve para fines diversos.
cómodo, da *adj.* Que se puede usar o realizar sin esfuerzo. • Confortable, proporcionado o conveniente.
comodón, na *adj./s. fam.* Exageradamente aficionado a la comodidad.
comodoro *s.m.* En algunos países, cierto grado jerárquico superior de la marina de guerra o de la fuerza aérea.
compactar *v.tr.* Hacer compacta una cosa.
compacto, ta *adj.* Consistente, macizo o denso.
compadecer *v.tr./prnl.* Sentir lástima o pena por la desgracia de otros. • *prnl.* Ser compatible una cosa con otra.
compadre *s.m.* Padrino de un niño con respecto a los padres y a la madrina. • *América* Amigo o compañero.
compadrear *v.intr.* Hacer o tener amis-

tad; en especial, con fines poco lícitos. • *América* Jactarse o exhibirse de manera excesiva.

compadrito *s.m. América* Hombre engreído, fanfarrón y pendenciero.

compaginar *v.tr./prnl.* Ordenar cosas que tienen una relación mutua. • *tr.* En imprenta, formar las páginas de un libro o un periódico.

compañerismo *s.m.* Vínculo y amistad entre compañeros.

compañero, ra *s.* Persona que se acompaña con otra para algún fin. • En juegos y deportes, integrante de un equipo con respecto a los demás.

compañía *s.f.* Acción y efecto de acompañar. • Lo que acompaña. • Sociedad o empresa. • Cuerpo de actores de teatro. • Cierta agrupación militar.

comparación *s.f.* Acción de comparar.

comparar *v.tr.* Apreciar las relaciones, diferencias o semejanzas entre dos o más cosas.

comparativo, va *adj.* Que contiene una comparación. • *adj./s.m.* Dícese de uno de los grados de significación del adjetivo.

comparecer *v.intr.* Presentarse en un lugar; en especial, llamado por una autoridad.

comparsa *s.f.* Conjunto de máscaras de carnaval u otros días festivos. • Grupo de personas que intervienen como acompañamiento en una representación teatral. • *m. y f.* Cada una de esas personas.

compartimento *s.m.* Acción de compartir. • División de un espacio.

compartir *v.tr.* Tener, usar o consumir una cosa con otro u otros. • Tener la misma opinión o sentimiento.

compás *s.m.* Instrumento para dibujar curvas y tomar distancias. • Brújula. • Cada uno de los períodos de tiempo iguales en que se divide la escritura musical.

compasión *s.f.* Pena por el dolor de otro; lástima, piedad.

compasivo, va *adj.* Que tiene compasión.

compatibilidad *s.f.* Cualidad de compatible.

compatible *adj.* Que tiene aptitud para unirse con algo o alguien sin inconvenientes.

compatriota *s.m. y f.* El que tiene la misma patria que otro.

compeler *v.tr.* Obligar por la fuerza.

compendiar *v.tr.* Reducir una cosa a lo esencial; sintetizar.

compendio *s.m.* Tratado breve sobre una materia; resumen.

compenetrarse *v.prnl.* Identificarse con las ideas o sentimientos de otro. • Penetrar las partículas de una sustancia entre las de otra.

compensación *s.f.* Acción y efecto de compensar.

compensar *v.tr.* Hacer una cosa para neutralizar los efectos de otra. • Resarcir, indemnizar.

competencia *s.f.* Acción de competir. • Cualidad de competente. • Incumbencia. • *América* Competición deportiva.

competente *adj.* Que es apto o tiene autoridad legal para hacer algo. • Idóneo.

competer *v.intr.* Incumbir.

competición *s.f.* Acción de competir.

competidor, ra *adj. / s.* Que compite.

competir *v.intr.* Oponerse entre sí los que aspiran a una misma cosa.

compilar *v.tr.* Reunir en una obra partes de otras, o varios textos análogos. • Reunir datos estadísticos.

complacencia *s.f.* Satisfacción. • Tolerancia.

complacer *v.tr.* Proporcionar satisfacción. • *prnl.* Sentir placer.

complaciente *adj.* Que complace.

complejidad *s.f.* Cualidad de complejo.

complejo, ja *adj.* Formado por partes o por varias cosas. • Que tiene relaciones diversas y complicadas.

complementar *v.tr.* Agregar un complemento a una cosa.

complementario, ria *adj.* Que complementa. • En matemática, dícese de cada uno de los dos ángulos o arcos cuya suma es igual a 90 grados.

complemento *s.m.* Cosa, cualidad o circunstancia con que se completa o se contribuye a completar otra. • Con respecto a un ángulo, lo que le falta para valer 90 grados.

completar *v.tr.* Hacer completo; acabar.
completo, ta *adj.* Con todas las partes o individuos que componen la totalidad; entero, íntegro. • Con todas las buenas cualidades necesarias; cabal.
complexión *s.f.* Constitución fisiológica de cada individuo.
complicación *s.f.* Acción de complicar. • Fenómeno patológico que agrava una operación o una enfermedad.
complicado, da *adj.* Formado de muchas partes. • Difícil de resolver. • Que tiene carácter raro, difícil.
complicar *v.tr./prnl.* Hacer que algo se vuelva difícil o confuso. • Mezclar a alguien en un asunto.
cómplice *s.m. y f.* El que participa o ayuda en la comisión de un delito o facilita su ejecución.
complicidad *s.f.* Condición de cómplice.
complot *s.m.* Pacto secreto para obrar contra alguien o algo; conjuración.
complotar *v.intr. / prnl.* Tramar un complot.
componedor, ra *s.* Persona que compone. • *m.* En artes gráficas, regla con un borde y un tope en cada extremo, en la que se componen las líneas de tipografía.
componente *adj./s.m.* Que forma parte de una cosa.
componer *v.tr.* Formar de varias cosas una, juntándolas y ordenándolas. • Producir obras musicales o literarias. • En artes gráficas, reproducir un texto por medio de los caracteres tipográficos. • Reparar, arreglar. • *prnl.* Estar una cosa formada por partes o individuos.
comportamiento *s.m.* Modo de comportarse; conducta, proceder.
comportarse *v.prnl.* Actuar de cierta manera; conducirse, portarse.
composición *s.f.* Acción de componer. • Obra literaria o musical. • En imprenta, líneas o planas compuestas.
compositor, ra *s.* Persona que compone obras musicales. • *América* Preparador de caballos de carrera.
compostura *s.f.* Acción y efecto de componer o formar juntando partes. • Arreglo. • Manera de comportarse.
compota *s.f.* Dulce hecho con fruta cocida en agua y azúcar.
compra *s.f.* Acción de comprar. • Conjunto de cosas compradas.
comprador, ra *adj. / s.* Que compra.
comprar *v.tr.* Adquirir una cosa mediante dinero. • Sobornar.
compraventa *s.f.* Contrato bilateral por el cual se adquiere una cosa, abonando una suma de dinero.
comprender *v.tr.* Contener dentro de sí. • Percibir el significado de algo. • Justificar los actos de otro.
comprensión *s.f.* Acción de comprender.
comprensivo, va *adj.* Que comprende.
compresa *s.f.* Trozo de lienzo con algún medicamento, que se aplica sobre una herida.
compresión *s.f.* Acción de comprimir.
compresor, ra *adj. / s.* Que comprime. • *s.m.* Máquina para comprimir gases.
comprimido, da *adj.* Reducido a menor volumen; achatado. • *s.m.* Pastilla pequeña que se obtiene comprimiendo ingredientes pulverizados.
comprimir *v.tr./prnl.* Reducir mediante presión el volumen de una cosa. • *prnl.* Contenerse, dominarse.
comprobación *s.f.* Acción de comprobar.
comprobante *s.m.* Cosa que sirve para comprobar.
comprobar *v.tr.* Proporcionar certeza a un conocimiento anterior o a una suposición. • Demostrar la certeza de una cosa cotejándola con otra.
comprometer *v.tr.* Poner a alguien en la necesidad de hacer algo inconveniente. • *prnl.* Sentirse obligado a hacer algo.
compromiso *s.m.* Obligación contraída. • Situación difícil.
comprovinciano, na *s.* Persona de la misma provincia que otra.
compuerta *s.f.* Media puerta, en forma de antepecho. • Portón movible de canales, presas, etc.
compuesto, ta *adj.* Formado por varias cosas o elementos. • Dícese de las construcciones gramaticales que tienen más de un núcleo.
compulsa *s.f.* Acción de compulsar.
compulsar *v.tr.* Comparar, cotejar.
compulsión *s.f.* Acción de compeler.

ompulsivo, va *adj.* Que compele.
ompungido, da *adj.* Apenado, afligido.
omputación *s.f.* Cómputo. • Sistema le procesamiento de datos basado en el iso de computadoras electrónicas.
omputador, ra *adj./s.* Que computa. • *s.m. o f.* Aparato electrónico que realiza operaciones matemáticas y lógicas con gran rapidez.
omputadorizar *v.tr.* Someter datos al tratamiento de una computadora.
omputar *v.tr.* Expresar una magnitud con ciertas unidades o medidas. • Hallar un valor por medio del cálculo. • Tomar en cuenta.
omputarizar *v.tr.* Computadorizar.
ómputo *s.m.* Cálculo, cuenta.
omulgar *v.tr.* Dar la comunión. • *intr.* Recibirla. • Compartir las mismas ideas con otro.
omún *adj.* Compartido por varias personas o cosas. • Acostumbrado, corriente. • Ordinario. • Dícese del sustantivo que designa seres o cosas que pertenecen a la misma clase. • *s.m.* La mayor parte. • Retrete.
omuna *s.f.* Municipio.
omunal *adj.* Compartido por varios; común. • Relativo a la comuna.
omunicación *s.f.* Acción de comunicar. • Trato entre dos personas. • Medio por el cual las cosas se comunican entre sí. • Escrito por el que se comunica algo.
omunicado *s.m.* Información que se envía a la prensa para que sea divulgada; aviso, comunicación.
omunicar *v.tr.* Hacer saber algo. • Hacer a otro partícipe de una cosa. • *tr./intr./prnl.* Hacer posible el paso entre dos o más recintos.
omunicativo, va *adj.* Propenso a comunicar sus estados de ánimo. • Accesible en el trato con los demás.
omunidad *s.f.* Cualidad de lo que pertenece a varios. • Agrupación de personas que viven juntas y bajo ciertas reglas. • Grupo social en que uno vive.
omunión *s.f.* Identidad de ideas o propósitos. • Sacramento en que los fieles reciben la eucaristía.
omunismo *s.m.* Sistema de gobierno que se basa en la abolición del derecho de propiedad privada.
comunista *adj.* Relativo al comunismo. • *adj./s.m. y f.* Partidario del comunismo.
con *prep.* Señala, fundamentalmente, medio o instrumento empleado para algo.
conato *s.m.* Acción que no llega a cumplirse; intento.
concavidad *s.f.* Cualidad de cóncavo. • Parte cóncava de una cosa.
cóncavo, va *adj.* Que tiene superficie más ahuecada en el centro que en los bordes [antón.: *convexo*].
concebir *v.tr./intr.* Dar existencia a un nuevo ser. • *tr.* Formar ideas en la mente o comenzar a sentir afectos. • Imaginar.
conceder *v.tr.* Dar o permitir una cosa • Admitir algo como cierto. • Atribuir cierta cualidad a algo.
concejal *s.m. y f.* Miembro de un concejo.
concejo *s.m.* Corporación encargada de administrar un municipio.
concelebrar *v.tr.* Celebrar una misa varios sacerdotes a la vez.
concentración *s.f.* Acción y efecto de concentrar.
concentrar *v.tr.* Reunir en un lugar lo que está disperso. • *tr./prnl.* Dirigir el pensamiento hacia algo. • En química, aumentar la cantidad de soluto.
concéntrico, ca *adj.* Dícese de las figuras que tienen un mismo centro.
concepción *s.f.* Acción y efecto de concebir.
concepto *s.m.* Idea. • Juicio sobre una persona o cosa.
conceptuoso, sa *adj.* Rico en conceptos; sentencioso, agudo.
concerniente *adj.* Que concierne.
concernir *v.intr.* Ser una cosa, una función, etc., de la incumbencia de alguien.
concertar *v.tr.* Arreglar u ordenar las partes de una cosa. • *tr./prnl.* Convenir, acordar. • *tr./intr.* Acordar sonidos. • *intr.* Estar de acuerdo una opinión con otra.
concertina *s.f.* Instrumento musical parecido al acordeón.

concertista *s.m. y f.* Músico que da conciertos.
concesión *s.f.* Acción de conceder. • Cosa concedida. • Otorgamiento que hace una empresa a otra para comercializar sus productos.
concesionario, ria *adj. / s.* Que disfruta una concesión.
concha *s.f.* Caparazón de los moluscos y otros animales. • Carey. • Sitio donde se ubica el apuntador, en el proscenio del teatro.
conchabar *v.tr./prnl.* Juntar a varias personas para un fin censurable. • *América* Contratar para un trabajo subalterno.
conchabo *s.m. América* Empleo subalterno.
conciencia *s.f.* Conocimiento que uno tiene de sí mismo y de las cosas. • Facultad de conocer valores morales.
concienciar *v.tr. / prnl.* Hacer a alguien o hacerse consciente de algo.
concienzudo, da *adj.* Que hace las cosas con rectitud.
concierto *s.m.* Acción de concertar; acuerdo. • Ejecución de obras musicales en público. • Obra musical para orquesta.
conciliábulo *s.m.* Reunión para tratar algo secretamente.
conciliación *s.f.* Acción de conciliar.
conciliador, ra *adj.* Que concilia.
1. conciliar *adj.* De un concilio. • *s.m.* El que asiste a un concilio.
2. conciliar *v.tr.* Poner de acuerdo. • *tr./prnl.* Inspirar cierto sentimiento.
concilio *s.m.* Asamblea de eclesiásticos que delibera sobre cuestiones religiosas.
concisión *s.f.* Cualidad de conciso.
conciso, sa *adj.* Expresado con precisión y brevedad.
concitar *v.tr./prnl.* Excitar contra sí mismo —o contra otro— un sentimiento adverso.
conciudadano, na *s.* Cada uno de los ciudadanos de una misma ciudad o país, respecto de los demás.
conclave o **cónclave** *s.m.* Asamblea en que los cardenales eligen papa. • Reunión para tratar algo importante.
concluir *v.tr.* Dejar una cosa totalment[e] hecha. • Inferir, deducir. • *intr.* Tene[r] algo cierto remate.
conclusión *s.f.* Acción de concluir. • De[-]cisión a la que se llega.
concluyente *adj.* Que no admite duda n[i] discusión.
concomitancia *s.f.* Acción de acompaña[r] una cosa a otra, o de obrar junto a ella.
concordancia *s.f.* Acción de concorda[r]. • Conformidad de accidentes gramati[-]cales entre dos o más palabras varia[-]bles.
concordar *v.tr.* Poner de acuerdo lo qu[e] no lo está. • *intr.* Estar de acuerdo do[s] o más personas. • Tener relación lo[s] accidentes gramaticales de dos o má[s] palabras variables.
concordato *s.m.* Convenio entre el go[-]bierno y la Santa Sede sobre asunto[s] eclesiásticos.
concordia *s.f.* Conformidad, unión. • Convenio entre litigantes.
concreción *s.f.* Acción de concretar. • Acumulación de partículas alrededo[r] de un punto.
concretar *v.tr.* Hacer que una cosa abs[-]tracta se haga concreta. • Reducir a l[o] esencial. • Precisar. • *prnl.* Limitarse.
concretizar *v.tr.* Concretar.
concreto, ta *adj.* Dícese de lo que es e[n] su realidad completa y actual. • *s.m. América* Hormigón.
conculcar *v.tr.* Actuar en contra de una ley, principio, etc.; quebrantar.
concuñado, da *s.* Cónyuge de una per[-]sona respecto del cónyuge de otra, her[-]mana de la primera.
concupiscencia *s.f.* Apetito de bienes terrenales o de placeres deshonestos.
concurrencia *s.f.* Acción de concurrir. • Grupo de gente que acude a un lugar.
concurrente *adj./s.m. y f.* Que concurre.
concurrido, da *adj.* Dícese de lugares, espectáculos, etc., adonde concurre el público.
concurrir *v.intr.* Reunirse varias cosas en un lugar, o en una persona ciertas cualidades. • Contribuir a un fin.
concursante *adj./s.m. y f.* Que concursa.
concursar *v.intr.* Tomar parte en un concurso o certamen.

concurso *s.m.* Concurrencia de gente. • Certamen, competencia.
condado *s.m.* Dignidad y territorio de conde.
condal *adj.* Perteneciente al conde.
conde, sa *s.* Título nobiliario.
condecoración *s.f.* Acción de condecorar. • Insignia de honor y distinción.
condecorar *v.tr.* Conceder una insignia de honor y distinción.
condena *s.f.* Acción de condenar. • Castigo impuesto al condenado.
condenado, da *adj./s.* Réprobo.
condenar *v.tr.* Declarar culpable e imponer una pena. • Reprobar. • Tapiar una puerta o una ventana. • *prnl.* Incurrir en el castigo eterno.
condenatorio, ria *adj.* Que puede motivar condena.
condensación *s.f.* Acción de condensar. • Paso de un vapor al estado líquido.
condensador, ra *adj.* Que condensa. • *s.m.* Dispositivo que acumula cargas eléctricas de signos contrarios.
condensar *v.tr./prnl.* Reducir una cosa a menor volumen o extensión y darle mayor consistencia. • Convertir un vapor en líquido. • *tr.* Sintetizar.
condescendencia *s.f.* Acción de condescender.
condescender *v.intr.* Adaptarse a los deseos de otro.
condescendiente *adj.* Complaciente.
condición *s.f.* Modo de ser de una cosa o un género de cosas; índole. • Situación en que se halla una persona. • Cosa necesaria para que exista otra. • *pl.* Cualidades, aptitudes.
condicional *adj.* Sujeto a una condición.
condicionar *v.tr.* Hacer depender una cosa de cierta condición; supeditar. • Corresponder una cosa a otra.
cóndilo *s.m.* Protuberancia redondeada de un hueso, que encaja en el hueco de otro.
condimentar *v.tr.* Poner condimentos.
condimento *s.m.* Lo que se utiliza para dar sabor a la comida.
condiscípulo, la *s.* Persona que estudia o ha estudiado con otra.
condolencia *s.f.* Participación en el dolor ajeno. • Pésame.
condolerse *v.prnl.* Participar en el pesar de alguien que sufre.
1. condominio *s.m.* Derecho de propiedad sobre una cosa que corresponde a varias personas.
2. condominio *s.m.* *América* Edificio poseído en régimen de propiedad horizontal.
condonar *v.tr.* En derecho, perdonar una pena o una deuda.
cóndor *s.m.* Ave rapaz americana muy grande, de plumaje negro, cabeza y cuello sin plumas, y pico curvo.
conducción *s.f.* Acción de conducir.
conducir *v.tr.* Trasportar personas, animales o cosas. • Guiar la marcha por el sitio debido. • Servir de conducto para un fluido. • Guiar un automóvil. • *prnl.* Comportarse de cierta manera.
conducta *s.f.* Manera de proceder; comportamiento.
conductibilidad *s.f.* Propiedad de los materiales para trasmitir el calor o la electricidad.
conductividad *s.f.* Conductibilidad.
conducto *s.m.* Canal o tubo por donde circula un fluido u otras cosas. • Estructura en forma de tubo o canal, del organismo de las personas, animales y vegetales.
conductor, ra *adj./s.* Que conduce. • *adj./s.m.* Que trasmite —bien o mal— el calor, el sonido o la electricidad.
conectar *v.tr.* Establecer contacto entre dos cosas, o unirlas.
conejillo *s.m.* Diminutivo de conejo.• *conejillo de Indias* Cobaya.
conejo, ja *s.* Mamífero roedor, de orejas largas, ojos vivaces, patas fuertes y cola corta; es domesticable.
conexión *s.f.* Relación o enlace entre cosas o personas.
conexo, xa *adj.* Que tiene conexión.
confabulación *s.f.* Acción de confabularse.
confabularse *v.prnl.* Ponerse de acuerdo para actuar contra otro.
confección *s.f.* Acción de confeccionar.
confeccionar *v.tr.* Hacer algo combinando sus partes o elementos. • Hacer prendas de vestir.
confederación *s.f.* Alianza o pacto entre personas o países. • Unión de países.

confederado, da *adj./s.* Que pertenece a una confederación.
confederar *v.tr./prnl.* Formar una confederación.
conferencia *s.f.* Reunión de varias personas para tratar algo importante. • Disertación.
conferenciante *s.m. y f.* Persona que diserta en público sobre un tema.
conferenciar *v.intr.* Celebrar una conferencia, o darla.
conferencista *s.m. y f. América* Conferenciante.
conferir *v.tr.* Otorgar ciertas atribuciones o dignidades; conceder.
confesar *v.tr.* Manifestar algo que se tiene oculto. • Reconocer un delito. • Recibir el sacerdote la confesión de una persona. • *tr./prnl.* Declarar los pecados a un sacerdote.
confesión *s.f.* Acción de confesar o confesarse.
confesionario *s.m.* En las iglesias, pequeño recinto donde el confesor recibe la confesión de los penitentes.
confeso, sa *adj./s.* Dícese del que ha confesado su delito o culpa. • Dícese del judío convertido al cristianismo.
confesonario *s.m.* Confesionario.
confesor *s.m.* Sacerdote que confiesa a los penitentes. • Cristiano que profesa públicamente su fe.
confeti *s.m.* Pedacitos de papel de color que se arrojan en ciertas fiestas.
confiado, da *adj.* Propenso a confiar en la gente. • Que tiene confianza en sí mismo.
confianza *s.f.* Estado o actitud del que confía. • Familiaridad en el trato.
confiar *v.intr.* Suponer que ocurrirá algo deseado. • Suponer lealtad o capacidad en alguien. • *tr.* Depositar algo al cuidado de uno. • *prnl.* Decir alguien los pensamientos íntimos.
confidencia *s.f.* Revelación hecha a alguien en forma reservada.
confidencial *adj.* Que se hace o dice en confidencia.
confidente, ta *s.* Persona a quien se confía un secreto. • Espía.
configuración *s.f.* Acción de configurar. • Disposición de las partes que componen algo.
configurar *v.tr.* Dar determinada figura o forma a una cosa.
confín *adj.* Que confina con un punto, lugar o territorio. • *s.m.* Límite, término. • Punto más lejano adonde alcanza la vista.
confinado, da *adj./s.* Que sufre la pena de confinamiento.
confinamiento *s.m.* Acción y efecto de confinar.
confinar *v.intr.* Limitar, lindar. • *tr.* Desterrar a alguien prohibiéndole la salida de ciertos límites.
confirmación *s.f.* Acción de confirmar. • Uno de los siete sacramentos de la Iglesia católica.
confirmar *v.tr.* Corroborar la certeza de un hecho. • Dar validez a algo. • Dar mayor firmeza. • Administrar el sacramento de la confirmación.
confiscar *v.tr.* Apoderarse el Estado de los bienes de una persona o sociedad.
confitar *v.tr.* Cubrir frutas con un baño de azúcar, o cocerlas en almíbar.
confite *s.m.* Golosina hecha de azúcar y algún otro ingrediente.
confitería *s.f.* Local donde se elaboran o venden pasteles, golosinas, etc.
confitura *s.f.* Fruta u otra cosa confitada.
conflagración *s.f.* Incendio. • Perturbación violenta de pueblos o naciones.
conflictivo, va *adj.* Que origina conflictos. • Relativo al conflicto.
conflicto *s.m.* Situación de desacuerdo constante entre personas. • Situación difícil. • Estado de guerra entre naciones.
confluencia *s.f.* Acción de confluir. • Lugar donde confluyen dos o más ríos, caminos, etc.
confluir *v.intr.* Juntarse ríos o caminos. • Concurrir gente a un lugar.
conformación *s.f.* Disposición de las partes que forman una cosa.
conformar *v.tr.* Dar forma. • Hacer que se igualen dos cosas. • *tr./prnl.* Contentar.
conforme *adj.* Que se adapta a algo, o actúa como corresponde; acorde. • Que halla satisfactorio lo que otro piensa; concorde. • *s.m.* Asentimiento que se pone al pie de un escrito.

onformidad *s.f.* Relación entre personas o cosas que se corresponden entre sí. • Aprobación. • Resignación.
onfort (Galicismo) *s.m.* Comodidad o bienestar.
onfortable *adj.* Que proporciona comodidad; cómodo.
onfortar *v.tr./prnl.* Dar fuerzas; animar, consolar.
onfraternidad *s.f.* Amistad íntima; hermandad.
onfraternizar *v.intr.* Tratarse varias personas como hermanos.
onfrontación *s.f.* Acción de confrontar.
onfrontar *v.tr.* Comparar, cotejar. • Carear a dos personas.
onfucianismo *s.m.* Doctrina del filósofo chino Confucio y de sus adeptos.
onfundir *v.tr./prnl.* Mezclar diversas cosas. • Tomar una cosa por otra. • Desconcertar a alguien.
onfusión *s.f.* Falta de claridad, de orden o de precisión.
onfusionismo *s.m.* Oscuridad en las ideas o en el lenguaje.
onfuso, sa *adj.* Falto de claridad, de orden o de precisión. • Perplejo, turbado. • Avergonzado por algo.
conga *s.f.* Danza popular cubana que se acompaña con tambores.
congelación *s.f.* Acción de congelar.
congelar *v.tr. / intr. / prnl.* Convertir en hielo un líquido. • *tr.* Someter los alimentos a temperaturas muy bajas, para facilitar su conservación. • Inmovilizar los precios o salarios.
congénere *adj./s.m. y f.* Del mismo género o de un mismo origen.
congeniar *v.intr.* Ser de un mismo genio o carácter; simpatizar.
congénito, ta *adj.* Nacido con uno.
congestión *s.f.* Acumulación de sangre en una parte del organismo. • Concurrencia excesiva de gente, vehículos, etc.
conglomerado *s.m.* Acción de conglomerar. • Roca sedimentaria formada por cantos.
conglomerante *adj./s.m.* Aglomerante.
conglomerar *v.tr./prnl.* Unir los fragmentos con un conglomerante.
conglutinar *v.tr./prnl.* Pegar o reunir partículas; aglutinar.
congoja *s.f.* Padecimiento moral; angustia. • Desmayo pasajero.
congraciar *v.tr./prnl.* Atraer el afecto de una persona.
congratulación *s.f.* Acción de congratular.
congratular *v.tr./prnl.* Expresar a una persona que se comparte su alegría; felicitar.
congregación *s.f.* Agrupación de varias personas. • Reunión de los monasterios de una misma orden religiosa. • Cofradía.
congregar *v.tr./prnl.* Reunir, juntar.
congresal *s.m.* y *f.* *América* Congresista.
congresista *s.m. y f.* Miembro de un congreso.
congreso *s.m.* Reunión de varias personas para tratar algo. • Asamblea legislativa y edificio donde funciona.
congrio *s.m.* Pez marino, con una franja negra en las aletas dorsal y anal; su carne es muy estimada.
congruente *adj.* Que está en correspondencia con otra cosa determinada. • Dícese de las figuras que coinciden cuando se las trasporta una sobre otra.
cónico, ca *adj.* Relativo al cono o que tiene su forma. • *s.f.* Cierto tipo de curva plana, como la elipse, la parábola, etcétera.
conífero, ra *adj./s.f.* Dícese de los árboles y arbustos que tienen las flores femeninas en conos o estróbilos leñosos, como el pino y el ciprés.
conjetura *s.f.* Juicio que se forma por señales o indicios.
conjetural *adj.* Fundado en conjeturas.
conjeturar *v.tr.* Formarse idea de una cosa por medio de indicios o noticias.
conjugación *s.f.* Acción de conjugar. • Conjunto de las formas con que el verbo expresa modo, tiempo, número y persona.
conjugar *v.tr.* Unir o coordinar cosas. • Poner en serie ordenada las distintas formas de un verbo en sus accidentes de modo, tiempo, número y persona.
conjunción *s.f.* Coincidencia. • Posición de dos cuerpos celestes cuando tienen la misma longitud. • Parte de la ora-

ción que enlaza las palabras y oraciones.

conjuntiva *s.f.* Membrana mucosa que tapiza los párpados y la superficie anterior del ojo.

conjuntivitis *s.f.* Inflamación de la conjuntiva.

conjuntivo, va *adj.* Que junta o une. • Relativo a la conjunción.

conjunto, ta *adj.* Que va unido a otra cosa, contiguo. • *s.m.* La totalidad de algo, sin atender a sus partes o detalles.

conjura *s.f.* Conjuración.

conjuración *s.f.* Conspiración, confabulación.

conjurado, da *adj./s.* Que participa en una conjuración.

conjurar *v.tr.* Exorcizar. • Alejar un peligro. • *intr./prnl.* Unirse para actuar contra algo o alguien.

conjuro *s.m.* Acción y efecto de conjurar o exorcizar. • Palabras supersticiosas para realizar hechicerías.

conllevar *v.tr.* Ayudar a soportar trabajos. • Sufrir pacientemente.

conmemoración *s.f.* Acción de conmemorar. • Recuerdo que se hace de un santo o una festividad.

conmemorar *v.tr.* Recordar a una persona o suceso.

conmemorativo, va *adj.* Dícese de los actos, monumentos, etc., destinados a conmemorar a una persona o un hecho.

conmensurable *adj.* Que puede medirse.

conmigo *adv.* Pronombre personal usado con el significado de "en compañía de la primera persona singular".

conminar *v.tr.* Amenazar con un castigo para obligar a obedecer.

conminatorio, ria *adj./s.* Que incluye conminación o amenaza.

conmiseración *s.f.* Compasión.

conmoción *s.f.* Acción de conmover. • Alteración del orden público.

conmover *v.tr./prnl.* Hacer temblar una cosa firmemente apoyada. • Causar una alteración afectiva.

conmutación *s.f.* Acción de conmutar.

conmutador, ra *adj.* Que sirve para conmutar. • *s.m.* Dispositivo destinado a modificar conexiones eléctricas. • *América* Centralita telefónica.

conmutar *v.tr.* Cambiar una cosa por otra; permutar.

connacional *adj./s.m. y f.* De la misma nación que otra persona.

connatural *adj.* Propio de la naturaleza de un ser.

connivencia *s.f.* Complicidad por tolerancia. • Confabulación.

connotación *s.f.* Acción de connotar. • Parentesco lejano.

connotar *v.tr.* Implicar una idea o una palabra a otra complementaria.

cono *s.m.* Cuerpo limitado por una superficie cónica y un plano que la secciona. • Cualquier cosa en forma de cono. • Estróbilo.

conocedor, ra *adj.* Entendido, experto.

conocer *v.tr./intr.* Tener idea cierta de una cosa; saber. • Percibir por el entendimiento. • *tr.* Tener trato con alguien.

conocido, da *adj.* Que muchos lo conocen. • *s.* Persona con la que se tiene trato pero no amistad.

conocimiento *s.m.* Acción y efecto de conocer. • Entendimiento.

conque *conj.* Denota consecuencia.

conquista *s.f.* Acción de conquistar. • Persona o cosa conquistadas.

conquistador, ra *adj./s.* Que conquista.

conquistar *v.tr.* Obtener o ganar por medio de las armas. • Lograr el amor o la voluntad de alguien.

consabido, da *adj.* Conocido anteriormente. • Acostumbrado, habitual.

consagración *s.f.* Acción de consagrar.

consagrar *v.tr.* Dar carácter o fin sagrados. • Dedicar a Dios. • Pronunciar el sacerdote las palabras rituales de la consagración del pan y el vino en la misa. • *prnl.* Entregarse por completo a algo.

consanguíneo, a *adj./s.* Que es pariente por consaguinidad.

consanguinidad *s.f.* Parentesco entre personas que tienen antepasados comunes.

consciente *adj.* Que obra con conciencia de sí mismo y de sus actos.

conscripción *s.f.* *América* Reclutamiento militar.

conscripto *s.m.* *América* Joven reclutado para prestar servicio en la milicia.

consecución *s.f.* Acción de conseguir.

consecuencia *s.f.* Hecho que necesariamente procede de otro. • Idea que procede de otra.

consecuente *adj.* Que sigue algo. • Que se comporta de acuerdo con sus principios.

consecutivo, va *adj.* Que se sucede sin interrupción. • Que sigue inmediatamente. • Dícese de cada uno de los dos ángulos que tienen un vértice y un lado comunes.

conseguir *v.tr.* Obtener, lograr.

consejero, ra *s.* Persona que aconseja. • El que forma parte de un consejo.

consejo *s.m.* Parecer u opinión dados para que se haga o se deje de hacer algo. • Conjunto de personas para aconsejar, dirigir, gobernar, etc.

consenso *s.m.* Consentimiento.

consentido, da *adj.* Mimado. • Demasiado tolerante.

consentimiento *s.m.* Acción y efecto de consentir.

consentir *v.tr. / intr.* Permitir una cosa. • *tr.* Ser demasiado indulgente. • *prnl.* Perder consistencia o agrietarse.

conserje *s.m.* El que cuida y limpia un edificio o un establecimiento.

conserva *s.f.* Alimento preparado y envasado de manera tal que dure mucho tiempo.

conservador, ra *adj. / s.* Que conserva. • Dícese del que mantiene la tradición y se opone a los cambios. • *s.m.* El encargado de guardar los objetos de un museo.

conservadorismo *s.m.* Doctrina política que tiende a mantener las instituciones ya establecidas.

conservar *v.tr./prnl.* Hacer que dure una cosa; mantener. • *tr.* Tener guardado. • Hacer conservas.

conservatorio *s.m.* Establecimiento para la enseñanza de la música, teatro y artes conexas.

considerable *adj.* Digno de consideración. • Grande, cuantioso.

consideración *s.f.* Acción de considerar.

considerado, da *adj.* Estimado por los que lo rodean. • Respetuoso.

considerando *s.m.* Fundamento o motivo en que se apoyan una ley o un dictamen.

considerar *v.tr.* Pensar, reflexionar. • Conceptuar, juzgar. • Tener y mostrar estima.

consigna *s.f.* En milicia, orden. • Lugar en las estaciones para guardar paquetes, bultos, etc.

consignación *s.f.* Acción de consignar.

consignar *v.tr.* Designar el sitio adonde se enviará algo. • Poner en depósito. • Poner por escrito. • Asignar una cantidad de dinero. • Dejar una mercadería para que sea vendida.

consignatario, ria *s./adj.* El que recibe algo en consignación.

consigo *adv.* Pronombre personal reflexivo de tercera persona equivalente a "con él mismo".

consiguiente *adj.* Que se deduce de algo expresado o consabido.

consistencia *s.f.* Cualidad de las cosas estructuradas de manera sólida. • Estabilidad, coherencia.

consistente *adj.* Que consiste en algo. • Que tiene consistencia.

consistir *v.intr.* Estar una cosa fundada o incluida en otra.

consistorio *s.m.* Consejo de los cardenales con asistencia del Papa.

consocio, cia *s.* Socio junto con otro.

consola *s.f.* Mesa de adorno. • Dispositivo que contiene los instrumentos para el control y operación de una máquina.

consolar *v.tr./prnl.* Proporcionar ayuda para soportar una pena.

consolidar *v.tr.* Dar firmeza y solidez.

consonancia *s.f.* Relación entre cosas que armonizan. • Efecto armonioso que producen varios sonidos ejecutados simultáneamente. • Coincidencia total del sonido de dos palabras a partir de la vocal acentuada.

consonante *adj.* Que está en consonancia con otra cosa. • *adj./s.f.* Dícese de las letras que no pueden pronunciarse sin el auxilio de una vocal.

consorcio *s.m.* Unión de cosas que contribuyen a un mismo fin. • Asociación.

consorte *s.m. y f.* Partícipe con otro de la misma suerte. • Cónyuge.

conspicuo, cua *adj.* Sobresaliente, notable.

conspiración *s.f.* Acción de conspirar.
conspirar *v.intr.* Unirse contra alguien para dañarlo; en especial, contra una autoridad. • Contribuir varias cosas a un mismo resultado, generalmente malo.
1. constancia *s.f.* Firmeza y perseverancia. • Certeza.
2. constancia *s.f.* Circunstancia de hacer constar algo.
constante *adj.* Que no varía. • Firme, perseverante.
constar *v.intr.* Ser cierto y sabido. • Quedar registrado por escrito. • Estar formado de varias cosas.
constatar *v.tr.* Establecer la veracidad de un hecho. • Hacer constar.
constelación *s.f.* Grupo de estrellas que parece formar una figura en el cielo.
consternación *s.f.* Acción y efecto de consternar o consternarse.
consternar *v.tr./prnl.* Causar algo indignación, pena o pesar.
constipación *s.f.* Constipado. • Estreñimiento.
constipado *s.m.* Catarro, resfriado.
constiparse *v.prnl.* Contraer constipación.
constitución *s.f.* Acción y efecto de constituir. • Ley fundamental de un estado. • Naturaleza física de una persona.
constitucional *adj.* Inherente a la constitución de una persona. • Que se ajusta a la constitución de un estado, o es propio de ella.
constituir *v.tr.* Ser parte de una cosa, o aquello en que consiste. • *prnl.* Convertirse.
constituyente *adj.* Que constituye. • Dícese de la asamblea, parlamento, etc., convocados para redactar o reformar la constitución de un estado.
constreñir *v.tr.* Forzar, obligar. • Apretar fuertemente.
constricción *s.f.* Constreñimiento. • Acción y efecto de encoger.
constrictor, ra *adj.* Que produce constricción.
construcción *s.f.* Acción y efecto de construir. • Obra construida.
constructivo, va *adj.* Que sirve para construir.
constructor, ra *adj. / s.* Que construye.
construir *v.tr.* Hacer una cosa con l elementos necesarios; edificar. • Ord nar las palabras según las reglas gr maticales.
consuegro, gra *s.* Progenitor de un có yuge respecto a los progenitores d otro.
consuelo *s.m.* Acción de consolar. • L que consuela.
consuetudinario, ria *adj.* Que es de co tumbre o proviene de la costumbre.
cónsul *s.m.* En la antigua Roma, magi trado. • Agente diplomático que prot ge a las personas de su país, y sus int reses, en una nación extranjera.
consulado *s.m.* Cargo y oficina del cón sul.
consular *adj.* Relativo al cónsul.
consulta *s.f.* Acción de consultar.
consultar *v.tr.* Pedir su parecer a a guien. • Deliberar. • Buscar datos e un texto.
consultivo, va *adj.* Establecido para se consultado.
consultor, ra *adj. / s.* Asesor.
consultorio *s.m.* Local en que el médic atiende a sus pacientes.
consumación *s.f.* Acción de consumar. Extinción total.
consumado, da *adj.* Que realiza lo suy a la perfección.
consumar *v.tr.* Realizar por complet una acción.
consumición *s.f.* Acción de consumir. • Lo que se consume en un bar, restau rante, etcétera.
consumir *v.tr.* Gastar. • *tr./prnl.* Hace que algo desaparezca, o destruirlo.
consumo *s.m.* Gasto de cosas que s destruyen con el uso.
consunción *s.f.* Acción de consumir. • Extenuación y enflaquecimiento.
consuno (de) *loc. adv.* Juntamente, d común acuerdo.
consustancial *adj.* Que es inherente a una persona o cosa; connatural.
contabilidad *s.f.* Sistema para registra las operaciones de una empresa o una institución.
contabilizar *v.tr.* Asentar una operación en los libros de contabilidad.
contable *adj.* Que puede ser contado. •

Relativo a la contabilidad. • *s.m. y f.* El que lleva el registro de la contabilidad.

contacto *s.m.* Relación establecida entre cosas que se tocan. • Trato que se establece entre personas.

contado, da *adj.* Poco. • *al contado: loc. adv.* Con pago inmediato.

contador, ra *adj./s.* Que cuenta o sirve para contar. • *s.m.* Tablero con alambres y bolitas usado para enseñar a contar. • *m. y f.* El que lleva la contabilidad de una empresa.

contaduría *s.f.* Oficio y oficina del contador.

contagiar *v.tr./prnl.* Trasmitir una enfermedad infecciosa. • Trasmitir una costumbre, un vicio, etc.

contagio *s.m.* Acción y efecto de contagiar.

contagioso, sa *adj.* Que puede trasmitirse por contagio.

contaminación *s.f.* Acción de contaminar o contaminarse.

contaminar *v.tr. / prnl.* Alterar la pureza de una cosa; corromper. • Contagiar un vicio.

contante *adj.* Dicho del dinero, efectivo.

contar *v.intr.* Decir los números en orden. • *tr.* Enumerar los elementos que componen un conjunto. • Referir un suceso. • *tr. / prnl.* Estar incluido entre determinadas personas o cosas. • *intr.* Disponer de cierta cosa.

contemplación *s.f.* Acción de contemplar. • *pl.* Miramientos.

contemplar *v.tr.* Mirar algo de modo especial. • Meditar intensamente sobre las cosas divinas.

contemplativo, va *adj.* Inclinado a la contemplación y a la meditación. • Especulativo o teórico. • Que complace a otros.

contemporáneo, a *adj. / s.* Que existe al mismo tiempo que otra persona o cosa. • De la época actual.

contemporizar *v.intr.* Acomodarse a la manera de ser o de actuar de otra persona.

contención *s.f.* Acción de contener.

contencioso, sa *adj.* Inclinado a contender o discutir. • Que es objeto de litigio.

contender *v.intr.* Competir, luchar, rivalizar. • Debatir, discurrir.

contendiente *adj. / s.m. y f.* Que contiende.

contenedor *s.m.* Recipiente muy grande para almacenar y trasportar mercaderías.

contener *v.tr.* Llevar o encerrar dentro de sí. • Refrenar o suspender el movimiento o impulso. • *prnl.* Dominarse.

contenido, da *adj.* Poco propenso a demostrar lo que siente, piensa o sabe. • *s.m.* Lo que una cosa contiene dentro de sí. • Tema de un escrito o discurso.

contentar *v.tr.* Proporcionar alegría o satisfacción. • *prnl.* Conformarse.

contento, ta *adj.* Alegre, satisfecho. • *s.m.* Efecto de contentar.

conteo *s.m.* Cálculo, valoración.

contera *s.f.* Pieza de material resistente de la punta de ciertos objetos; regatón.

contertulio, lia *s.* El que asiste con otros a la misma tertulia.

contestación *s.f.* Acción de contestar.

contestador *s.m.* Aparato que, conectado al teléfono, emite automáticamente mensajes grabados y registra las llamadas recibidas.

contestar *v.tr.* Responder a lo que se pregunta. • *intr.* Oponer objeciones contra lo mandado o establecido. • Atestiguar lo que otros dicen.

contexto *s.m.* Con respecto a una o varias palabras, el resto del texto.

contextura *s.f.* Estructura de un tejido orgánico. • Configuración corporal de una persona.

contienda *s.f.* Acción de contender. • Guerra, lucha armada.

contigo *adv.* Pronombre personal usado con el significado de "en compañía de la segunda persona singular".

contiguo, gua *adj.* Que está junto a una cosa determinada.

continencia *s.f.* Moderación, templanza.

continental *adj.* Perteneciente o relativo a un continente.

continente *adj.* Moderado, templado. • *s.m.* Cosa que contiene a otra. • Cada una de las grandes extensiones de tierras emergidas en la superficie terrestre, rodeadas por océanos.

contingencia *s.f.* Cualidad de contingente. • Cosa que puede suceder o no suceder; posibilidad. • Riesgo, peligro.

contingente *adj.* Posible. • *s.m.* Parte proporcional asignada en un pago colectivo. • *América* Grupo de soldados.
continuación *s.f.* Acción y efecto de continuar.
continuar *v.tr.* Proseguir la actividad empezada. • *intr.* Estar todavía en cierto estado o sitio. • Prolongarse.
continuidad *s.f.* Cualidad de continuo.
continuo, nua *adj.* Que se extiende o dura sin interrupción. • Frecuente.
contonearse *v.prnl.* Hacer al andar movimientos con las caderas y los hombros.
contoneo *s.m.* Acción de contonearse.
contorno *s.m.* Línea formada por el límite de un dibujo, un objeto o una superficie. • Medida de esa línea. • *pl.* Territorio que rodea a un lugar.
contorsión *s.f.* Movimiento irregular y convulsivo del cuerpo o de una parte de él.
contra *prep.* Denota fundamentalmente oposición o contrariedad.
contraalmirante *s.m.* Contralmirante.
contraatacar *v.intr./tr.* En la guerra, reaccionar ofensivamente contra el avance del enemigo.
contraataque *s.m.* Acción de contraatacar.
contrabajo *s.m.* Instrumento musical de cuerda y de arco, de gran tamaño y de sonido muy grave.
contrabalancear *v.tr.* Contrapesar, equilibrar. • Compensar.
contrabandista *adj./s.m. y f.* Que practica el contrabando.
contrabando *s.m.* Introducción clandestina en un país de mercaderías prohibidas o sin pagar los derechos de aduana.
contracción *s.f.* Acción de contraer. • Unión de dos palabras en una, con pérdida de una vocal. • Sinéresis.
contráctil *adj.* Que puede contraerse.
contractual *adj.* Procedente del contrato o derivado de él.
contradecir *v.tr. / intr.* Decir lo contrario de lo que otro afirma; refutar. • Desmentir.
contradicción *s.f.* Acción y efecto de contradecir. • Oposición.
contradictorio, ria *adj.* Que está en contradicción con otra cosa.
contraer *v.tr./prnl.* Disminuir, encoger • *tr.* Adquirir una costumbre, enfermedad, etc. • Asumir obligaciones o compromisos.
contraespionaje *s.m.* Actividad secreta que hace un país para descubrir el espionaje de otro.
contrafuerte *s.m.* Pilar para reforzar un muro. • Refuerzo interior del calzado.
contragolpe *s.m.* Golpe dado en respuesta a otro.
contrahecho, cha *adj.* Que tiene el cuerpo torcido; giboso.
contraindicar *v.tr.* Recomendar abstenerse de cierta cosa.
contralmirante *s.m.* Uno de los grados superiores de la jerarquía naval.
contralor *s.m.* *América* Control, inspección.
contralto *s.f.* La más grave de las voces femeninas. • Cantante que posee esa voz.
contraluz *s.f.* Aspecto de una cosa vista desde el lado opuesto a aquel de donde procede la luz.
contramaestre *s.m.* Hombre de mar que dirige a los marineros. • Capataz en algunos talleres.
contramano (a) *loc. adv.* En dirección contraria a la establecida por la autoridad.
contramarcha *s.f.* Marcha en sentido contrario, o hacia atrás.
contraorden *s.f.* Orden que revoca otra anterior.
contrapartida *s.f.* Lo que produce efectos contrarios a otra cosa; compensación.
contrapelo (a) *loc. adv.* En dirección contraria a la inclinación natural del pelo.
contrapeso *s.m.* Peso para equilibrar otro peso o una carga.
contraponer *v.tr.* Oponer una cosa a otra. • Comparar, cotejar.
contraposición *s.f.* Acción de contraponer.
contraproducente *adj.* De efecto contrario al que se desea.
contrapunto *s.m.* Melodía que se contrapone a otra dada. • *América* Desafío poético entre dos payadores.

contrariar *v.tr.* Oponerse a los deseos de los demás. • Disgustar.
contrariedad *s.f.* Relación entre cosas contrarias. • Contratiempo, percance. • Disgusto.
contrario, ria *adj.* Que se opone. • Que perjudica. • *adj. / s.* Adversario, enemigo.
contrarrestar *v.tr.* Hacer frente y oposición; resistir.
contrasentido *s.m.* Interpretación contraria al sentido natural de las palabras.
contraseña *s.f.* Señal para ser reconocido.
contrastar *v.intr.* Diferenciarse mucho dos cosas. • *tr.* Comprobar la exactitud de pesas y medidas o la ley de los metales preciosos y monedas.
contraste *s.m.* Acción de contrastar. • Relación entre cosas que contrastan. • Empleado que contrasta medidas y metales.
contrata *s.f.* Contrato; en especial, el de un servicio público.
contratación *s.f.* Acción de contratar.
contratar *v.tr.* Convenir, estipular. • Tomar a alguien para un trabajo.
contratiempo *s.m.* Percance.
contratista *s.m. y f.* El que realiza una obra o servicio por contrato.
contrato *s.m.* Convenio entre partes, por el cual se obligan a cumplir cierta cosa.
contravención *s.f.* Acción de contravenir.
contraveneno *s.m.* Antídoto.
contravenir *v.tr.* Obrar en contra de lo ordenado.
contrayente *adj./s.m. y f.* Que contrae, en especial matrimonio.
contribución *s.f.* Acción de contribuir. • Cantidad que se paga al Estado.
contribuir *v.intr.* Dar dinero para cierto fin. • Coadyuvar, cooperar.
contribuyente *adj./s.m. y f.* Que contribuye.
contrición *s.f.* Dolor y arrepentimiento por haber ofendido a Dios.
contrincante *s.m. y f.* Rival, adversario.
contristar *v.tr./prnl.* Entristecer.
contrito, ta *adj.* Que siente contrición.
control *s.m.* Acción de vigilar o dirigir cierta función o fenómeno. • Comprobación, inspección. • Dirección, dominio.
controlar *v.tr.* Ejercer control o vigilancia. • Dominar. • *prnl.* Contenerse.
controversia *s.f.* Debate, polémica.
controvertir *v.intr./tr.* Discutir en forma extensa y detallada.
contubernio *s.m.* Alianza o asociación censurables o ilícitas.
contumacia *s.f.* Cualidad de contumaz.
contumaz *adj.* Obstinado, porfiado.
contundente *adj.* Que sirve para golpear. • Concluyente, decisivo.
conturbar *v.tr./prnl.* Alterar, perturbar.
contusión *s.f.* Daño en el cuerpo producido por un golpe que no causa herida exterior.
contuso, sa *adj. / s.* Que ha sufrido una contusión.
convalecencia *s.f.* Estado de convaleciente.
convalecer *v.intr.* Recobrar las fuerzas perdidas por enfermedad.
convaleciente *adj./s.m. y f.* Que convalece.
convalidar *v.tr.* Confirmar como válida una cosa.
convección *s.f.* Movimiento de las partículas de un líquido o de un gas, que van desde los puntos calientes a los fríos, y viceversa.
convencer *v.tr./prnl.* Hacer que alguien crea algo o que lo haga; persuadir.
convencimiento *s.m.* Estado del que está convencido de algo.
convención *s.f.* Acción de convenir. • Asamblea nacional. • Reunión general de los representantes de una empresa.
convencional *adj.* Establecido por convenio, o costumbre, o de común acuerdo. • *s.m.* Miembro de una convención.
conveniencia *s.f.* Cualidad de conveniente. • Situación conveniente.
conveniente *adj.* Que conviene o es útil.
convenio *s.m.* Cosa convenida; acuerdo.
convenir *v.intr./tr.* Ser de la misma opinión que otro; estar de acuerdo. • *intr.* Ser adecuado o útil.
conventillo *s.m.* Casa vieja, habitada por varias familias pobres.

convento *s.m.* Casa donde viven monjes o monjas de una orden religiosa.
conventual *adj.* Relativo al convento.
convergencia *s.f.* Acción de converger.
convergente *adj.* Que converge.
converger *v.intr.* Unirse líneas, caminos, etc., en un mismo punto. • Concurrir a un fin.
convergir *v.intr.* Converger.
conversación *s.f.* Acción de conversar.
conversar *v.intr.* Hablar entre ellas dos o más personas; platicar.
conversión *s.f.* Acción de convertir. • En milicia, cambio de frente en una tropa.
converso, sa *adj. / s.* Que se ha convertido al cristianismo.
convertir *v.tr./prnl.* Hacer de una cosa otra distinta; mudar, trocar. • Hacer adoptar determinadas creencias.
convexidad *s.f.* Cualidad de convexo. • Parte convexa de una cosa.
convexo, xa *adj.* Que tiene superficie más prominente en el centro que en los bordes.
convicción *s.f.* Convencimiento.
convicto, ta *adj. / s.* Dícese del reo a quien se ha probado su delito.
convidado, da *s.* Persona que recibe un convite.
convidar *v.tr.* Invitar. • Incitar.
convincente *adj.* Que convence.
convite *s.m.* Acción de convidar. • Banquete a que uno es invitado.
convivencia *s.f.* Acción de convivir.
convivir *v.intr.* Vivir en compañía de otros.
convocar *v.tr.* Llamar a alguien para que concurra a un lugar.
convocatoria *s.f.* Anuncio en que se convoca.
convoy *s.m.* Escolta para protección. • Conjunto de los buques, vehículos y efectos escoltados.
convulsión *s.f.* Contracción y distensión involuntarias, violentas y alternadas de músculos del cuerpo. • Agitación violenta que trastorna la tranquilidad.
convulsionar *v.tr.* Producir convulsiones.
convulso, sa *adj.* Que sufre convulsiones. • Dícese de la tos cuyos accesos son violentos y sofocantes.
conyugal *adj.* Del matrimonio.
cónyuge *s.m. y f.* Respecto de una persona, la otra, con quien está casada.
coñac *s.m.* Bebida de alta graduación alcohólica.
cooperación *s.f.* Acción de cooperar.
cooperar *v.intr.* Obrar con otros para un fin determinado.
cooperativa *s.f.* Sociedad que suministra ciertos productos o servicios a sus asociados en condiciones beneficiosas.
coordenada *s.f.* Cada uno de los números que permiten determinar la posición de un punto en un plano o en el espacio.
coordinación *s.f.* Acción de coordinar.
coordinador, ra *adj. / s.* Que coordina.
coordinar *v.tr.* Disponer cosas de modo que resulten compatibles.
copa *s.f.* Vaso para beber sostenido por un pie. • Conjunto de las ramas de un árbol. • Parte hueca del sombrero, en que entra la cabeza. • *pl.* Uno de los cuatro palos de la baraja española.
copal *adj./s.m.* Dícese de ciertas resinas naturales usadas para fabricar lacas y barnices.
copar *v.tr.* Apresar sorpresivamente a un grupo de fuerzas enemigas. • En una elección, conseguir todos los puestos.
copartícipe *adj./s.m. y f.* Que participa con otros en alguna cosa.
copete *s.m.* Mechón de pelo levantado sobre la frente. • Penacho de las aves.
copetín *s.m.* Cóctel.
copia *s.f.* Cosa que se hace copiando. • Imitación. • Abundancia.
copiador, ra *adj. / s.* Que copia. • *s.m.* En contabilidad, libro usado para copiar escritos.
copiar *v.tr.* Hacer una cosa igual a otra, tomando esta como modelo. • Imitar.
copihue *s.m.* Arbusto trepador, de flores acampanadas, rojas o blancas.
copiloto *s.m.* Piloto auxiliar de un avión o un automóvil.
copioso, sa *adj.* Abundante.
copla *s.f.* Composición breve, generalmente de cuatro versos, para ser cantada con alguna música popular. • *pl. fam.* Versos.
coplanar *adj.* Dícese de los entes o figuras que están en un mismo plano.

opo *s.m.* Porción de lana u otro material para ser hilados. • Cada una de las porciones en que cae la nieve.
opón *s.m.* Copa grande para guardar las hostias consagradas.
opra *s.f.* Parte carnosa de la semilla del coco.
opretérito *s.m.* Pretérito imperfecto del modo indicativo.
opropietario, ria *adj. / s.* Que es propietario de algo junto con otro u otros.
opto, ta *adj. / s.* Dícese del cristiano de Egipto. • *s.m.* Idioma antiguo de los egipcios.
ópula *s.f.* Ligamento, unión. • Verbo copulativo. • Unión sexual.
opulativo, va *adj.* Que ata o junta una cosa con otra. • Dícese del verbo que va acompañado de un predicativo.
oque *s.m.* Carbón duro y esponjoso, obtenido por destilación seca de la hulla.
oqueta *adj./s.f.* Que se preocupa mucho de su arreglo personal.
oquetear *v.intr.* Tratar de agradar por vanidad.
oquetería *s.f.* Acción de coquetear.
oquetón, na *adj. fam.* Gracioso, atractivo, agradable.
oracero *s.m.* Soldado de caballería protegido por casco y coraza.
oraje *s.m.* Arrojo, valor. • Cólera, rabia.
orajudo, da *adj.* Valeroso. • Propenso a la cólera.
. coral *s.m.* Pólipo que vive en colonias y segrega una sustancia calcárea. • Secreción producida por esos pólipos, que forma arrecifes e islas. • *f.* Serpiente venenosa americana.
. coral *adj.* Del coro.
oralífero, ra *adj.* Dícese de las islas, rocas, etc., que tienen corales.
oralino, na *adj.* De coral o semejante a él.
orán *s.prop.m.* Libro sagrado de los mahometanos.
oraza *s.f.* Armadura que protegía el pecho y la espalda. • Blindaje.
orazón *s.m.* Órgano central del aparato circulatorio, que impulsa la sangre. • Medio, centro o interior de algo. • Sensibilidad afectiva. • Ánimo, valor.
corazonada *s.f. fam.* Presentimiento. • Impulso espontáneo.
corbata *s.f.* Banda de tela que se anuda alrededor del cuello como adorno.
corbeta *s.f.* Barco ligero de guerra, de menor tamaño que la fragata.
corcel *s.m.* Caballo veloz y brioso.
corchea *s.f.* En música, figura equivalente a dos semicorcheas.
corchete *s.m.* Broche formado por dos piezas. • Signo gráfico ([ ]), equivalente al paréntesis.
corcho *s.m.* Corteza del alcornoque. • Trozo cilíndrico de esa corteza, usado como tapón de botellas.
corcova *s.f.* Giba, joroba.
corcovado, da *adj. / s.* Que tiene corcova.
corcovear *v.intr.* Hacer corcovos.
corcovo *s.m.* Salto que dan algunos animales encorvando el lomo.
cordal *adj./s.f.* Dícese del tercer molar, llamado *muela de juicio*, que sale en el extremo de la mandíbula.
cordel *s.m.* Cuerda delgada.
cordero, ra *s.* Cría de la oveja, que tiene menos de un año.
cordial *adj.* Amable, afectuoso. • *adj./s.m.* Dícese de las bebidas que tonifican el corazón.
cordialidad *s.f.* Cualidad de cordial.
cordila *s.f.* Atún recién nacido.
cordillera *s.f.* Serie de montañas enlazadas entre sí.
córdoba *s.m.* Unidad monetaria de Nicaragua.
cordobés, sa *adj. / s.* De Córdoba (Argentina, Colombia y España).
cordón *s.m.* Cuerda redonda y delgada. • Conjunto de personas o cosas puestas a cierta distancia entre sí. • *América* Borde exterior de las aceras.
cordura *s.f.* Prudencia, sensatez.
corea *s.f.* Enfermedad nerviosa convulsiva.
corear *v.tr.* Acompañar con coros un canto o una composición musical.
coreografía *s.f.* Arte de componer danzas. • Arte de la danza.
coriáceo, a *adj./s.f.* De aspecto y consistencia de cuero.
corifeo *s.m.* El que guiaba el coro en las antiguas tragedias clásicas. • Persona que dirige a otras y las representa.

corindón *s.m.* Mineral duro compuesto de óxido de aluminio cristalizado.
corintio, tia *adj./s.* De Corinto (Grecia). • *adj.* Dícese de cierto orden arquitectónico.
corion *s.m.* Membrana exterior del embrión de los mamíferos, aves y reptiles.
corista *s.m. y f.* Cantante que forma parte de un coro.
coriza *s.f.* Catarro de la mucosa nasal.
cormo *s.m.* Eje de las plantas superiores.
cormorán *s.m.* Ave marina gregaria de pico largo y ganchudo.
cornada *s.f.* Golpe dado por un animal con los cuernos.
cornamenta *s.f.* Conjunto de los cuernos de un animal.
cornamusa *s.f.* Trompeta larga de metal, de tubo enroscado. • Instrumento musical rústico, parecido a la gaita.
córnea *s.f.* Membrana dura, convexa y trasparente, que forma la parte anterior del globo del ojo.
cornear *v.tr./intr.* Embestir con los cuernos.
corneja *s.f.* Pájaro parecido al cuervo, pero más pequeño.
córneo, a *adj.* De cuerno o parecido a él.
corneta *s.f.* Instrumento musical de viento, semejante al clarín. • *m.* El que toca ese instrumento, en especial en las fuerzas armadas.
cornete *s.m.* Lámina ósea del interior de las fosas nasales.
cornetín *s.m.* Instrumento musical de viento, que produce sonidos agudos.
cornezuelo *s.m.* Hongo parásito del centeno, del que se extraen la ergotina y otros alcaloides.
cornisa *s.f.* Elemento voladizo con molduras, que remata la parte superior de un edificio.
cornucopia *s.f.* Vaso en forma de cuerno, con flores y frutos, que simbolizaba la abundancia.
cornudo, da *adj.* Que tiene cuernos.
coro *s.m.* Conjunto de personas que se reúnen para cantar. • En las tragedias clásicas, conjunto de actores que acompañaban la acción principal. • Lugar de una iglesia donde se cantan los oficios.
corografía *s.f.* Descripción geográfica un país.
coroides *s.f.* Membrana del ojo situa entre la esclerótica y la retina.
corola *s.f.* Conjunto de los pétalos una flor.
corolario *s.m.* Proposición que se ded ce fácilmente de lo demostrado antes
corona *s.f.* Aro de metales preciosos, f res, ramas, etc., con que se ciñe la cab za. • Monarquía, reino. • Nombre diversas monedas. • Parte visible d diente.
coronación *s.f.* Acción de coronar a a guien. • Coronamiento.
coronamiento *s.m.* Acción con que te mina una cosa. • Adorno que rema un edificio.
coronar *v.tr.* Poner una corona en la c beza de alguien para dar por empeza su reinado. • Acabar, concluir. • Rem tar con adornos la parte superior de u edificio.
coronel *s.m.* Jefe de un regimiento.
coronilla *s.f.* Parte superior de la cab za.
corpiño *s.m.* Prenda ajustada y si mangas, que llega hasta la cintura. *América* Sostén que usan las mujeres
corporación *s.f.* Asociación, entidad, e especial las de carácter público.
corporativo, va *adj.* De una corpora ción.
corpóreo, a *adj.* Constituido por mate ria. • Relativo al cuerpo.
corpulento, ta *adj.* Que tiene cuerp grande.
Corpus *s.prop.m.* Celebración de la eu caristía, que la Iglesia realiza un jue ves.
corpúsculo *s.m.* Partícula mínima d materia.
corral *s.m.* Sitio cercado y descubiert para animales domésticos.
corralón *s.m.* Corral. • *América* Depósi to para materiales de construcción. Lugar cerrado donde se guardan carro y animales de tiro.
correa *s.f.* Tira de cuero.
correaje *s.m.* Conjunto de correas.
corrección *s.f.* Acción de corregir. • Cualidad de correcto.

orreccional *adj.* Que sirve para corregir. • Establecimiento penitenciario.
orrectivo, va *adj.* Que corrige. • *s.m.* Castigo o sanción leves.
orrecto, ta *adj.* Conforme a un modelo; sin errores. • Cortés.
orrector, ra *adj. / s.* Que corrige.
orredera *s.f.* Ranura por donde corre una pieza en un mecanismo.
orredor, ra *adj.* Que tiene aptitud para correr. • *s.* Persona que efectúa ventas por cuenta de terceros. • *m.* Pasillo de una casa.
orregir *v.tr.* Quitar los errores o las imperfecciones. • Amonestar, reprender.
orrelación *s.f.* Relación recíproca entre dos o más cosas.
orrelativo, va *adj.* Dícese de las cosas que tienen correlación entre sí.
orreligionario, ria *adj. / s.* Dícese de la persona que tiene la misma religión o las mismas ideas políticas que otra.
orrentada *s.f. América* Corriente impetuosa de un río.
orrentoso, sa *adj. América* Dícese del río de curso muy rápido.
orreo *s.m.* El que lleva la correspondencia. • Servicio público para el trasporte y distribución de la correspondencia.
orreoso, sa *adj.* Que se estira o se dobla con facilidad.
orrer *v.intr.* Ir o desplazarse velozmente de un lugar a otro. • Moverse un río, gases, etc., de una parte a otra. • Estar situado en una dirección. • Trascurrir el tiempo. • Circular, difundirse. • *tr.* Perseguir. • Hacer deslizar de un lado a otro. • Recorrer. • *tr./prnl.* Avergonzar, confundir. • *prnl.* Apartarse un poco de un lugar.
orrería *s.f.* Incursión armada en territorio enemigo.
orrespondencia *s.f.* Acción de corresponder. • Relación entre cosas que se corresponden. • Conjunto de cartas que se reciben o envían.
orresponder *v.intr.* Pertenecer. • Tener la relación adecuada con algo. • Pagar. • Tocar a alguien una cosa. • *prnl.* Tenerse dos personas afecto recíproco.
orresponsal *s.m. y f./adj.* El que mantiene correspondencia con otro. • Agente de otro en el comercio y en el periodismo.
corretaje *s.m.* Actividad del corredor de comercio.
corretear *v.intr. fam.* Correr de un lado para otro.
correveidile *s.m. y f. fam.* Persona que averigua asuntos privados y los cuenta.
corrida *s.f.* Acción de correr. • Lidia de toros en una plaza cerrada.
corrido, da *adj.* Sin interrupción. • Que siente vergüenza. • *fam.* Experimentado o astuto.
corriente *adj.* Que corre. • Común, usual. • *s.f.* Movimiento de traslación de una masa de agua o de aire. • Desplazamiento de la electricidad a través de un conductor. • Dirección de las ideas.
corrillo *s.m.* Grupo de personas que conversan, separadas de las demás.
corro *s.m.* Círculo formado por varias personas tomadas de la mano. • Cerco de gente que habla, o mira algo.
corroborar *v.tr.* Confirmar, ratificar.
corroer *v.tr.* Destruir gradualmente algo. • Consumir, roer.
corromper *v.tr./prnl.* Alterar o dañar la naturaleza de una cosa. • Pervertir. • *tr.* Sobornar.
corrosión *s.f.* Acción de corroer.
corrosivo, va *adj.* Que corroe. • Agresivo, mordaz.
corrugado, da *adj.* Con estrías de forma regular.
corrupción *s.f.* Acción de corromper.
corruptela *s.f.* Corrupción. • Falta de honradez.
corrupto, ta *adj.* Que ha sido corrompido.
corruptor, ra *adj. / s.* Que corrompe.
corsario, ria *adj.* Dícese del barco que se dedicaba al saqueo de naves con autorización de su gobierno. • *adj./s.m.* Dícese del capitán y la tripulación de ese barco.
corsé *s.m.* Prenda interior de mujer para ceñirse el cuerpo. • Cierto aparato ortopédico.
corso *s.m.* Saqueo de naves realizado por barcos autorizados por su gobierno.

• *América* Conjunto de carruajes y máscaras que desfilan en carnaval.
corso, sa *adj. / s.* De Córcega (Francia).
cortacircuitos *s.m.* Dispositivo que interrumpe la corriente eléctrica.
cortadera *s.f. América* Planta de hojas largas, que se cría en pantanos. • Planta con hojas de bordes filosos, que crece en terrenos bajos y húmedos.
cortadura *s.f.* Abertura que se hace al cortar; corte. • Separación entre montañas. • *pl.* Recortes de una cosa.
cortafierro *s.m. América* Cortafrío.
cortafrío *s.m.* Herramienta para cortar metales en frío.
cortapapeles *s.m.* Especie de cuchillo para cortar papeles.
cortapisa *s.f.* Limitación, traba.
cortaplumas *s.m.* Navaja pequeña.
cortar *v.tr. / intr.* Dividir o abrir con un utensilio con filo. • Atravesar, surcar. • Interrumpir el paso o la comunicación entre dos cosas. • Suprimir. • Separarse los ingredientes de salsas, cremas, etc.
1. corte *s.m.* Acción de cortar. • Abertura o señal que queda al cortar. • Filo de un instrumento. • Arte de cortar prendas de vestir.
2. corte *s.f.* Familia, comitiva y servidores de un soberano. • Lugar donde residen. • Galanteo. • *América* Tribunal de justicia.
cortedad *s.f.* Timidez.
cortejar *v.tr.* Agasajar con un fin interesado. • Galantear.
cortejo *s.m.* Séquito, comitiva. • Acción de cortejar.
cortés *adj.* Afable, atento.
cortesano, na *adj.* Relativo a la corte. • *adj. / s.* Que pertenece a la corte.
cortesía *s.f.* Cualidad de cortés.
corteza *s.f.* Parte externa del tronco y las ramas de los árboles y arbustos. • Capa exterior y dura de algunas cosas, como ciertas frutas, el pan, etc.
cortical *adj.* Relativo a la corteza.
cortijo *s.m.* Finca rústica con casa para los propietarios.
cortina *s.f.* Pieza de tela con que se cubren y adornan ventanas, puertas, etc.
cortinaje *s.m.* Conjunto de cortinas.
cortisona *s.f.* Cierta hormona con propiedades terapéuticas.
corto, ta *adj.* De poca longitud o duración [antón.: *largo*]. • Escaso. • Tímido, vergonzoso. • De poco talento.
cortocircuito *s.m.* Accidente producido cuando entran en contacto los dos polos de una instalación eléctrica y determinan una descarga.
cortometraje *s.m.* Filme de corta duración.
corva *s.f.* Parte de la pierna, opuesta a la rodilla, por donde se dobla.
corvejón *s.m.* Articulación de los cuadrúpedos, entre la pierna y la caña.
corvina *s.f.* Pez marino, cuya carne es muy apreciada.
corvo, va *adj.* Curvo.
corzo, za *s.* Mamífero rumiante, de cuernos cortos y muy veloz.
cosa *s.f.* Todo lo que tiene entidad. • Objeto inanimado.
cosaco, ca *adj. / s.* Dícese del habitante de varios distritos de Rusia. • *s.m.* Soldado ruso de infantería ligera.
coscoja *s.f.* Árbol semejante a la encina.
coscorrón *s.m.fam.* Golpe en la cabeza.
cosecante *s.f.* Función trigonométrica recíproca del seno.
cosecha *s.f.* Conjunto de frutos recogidos al madurar. • Acción de recogerlos.
cosechadora *s.f.* Máquina agrícola para recoger la cosecha de cereales.
cosechar *v.intr./tr.* Recoger la cosecha.
coseno *s.m.* Con respecto a un ángulo, cociente entre el cateto adyacente y la hipotenusa de un triángulo rectángulo construido sobre los lados del ángulo.
coser *v.tr.* Unir dos pedazos de tela por medio de un hilo enhebrado en una aguja.
cosificar *v.tr.* Considerar como cosa algo que no lo es.
cosmético, ca *adj./s.m.* Sustancia para embellecer el cutis, el cabello, etc.
cosmetología *s.f.* Estudio de todo lo que se relaciona con los cosméticos.
cósmico, ca *adj.* Relativo al cosmos.
cosmogonía *s.f.* Ciencia que estudia el origen y la evolución del universo.
cosmografía *s.f.* Descripción astronómica del universo.

cosmógrafo, fa *s.* Persona que se dedica a la cosmografía.

cosmología *s.f.* Parte de la filosofía que estudia los principios generales de constitución del universo.

cosmonauta *s.m. y f.* Astronauta.

cosmonáutica *s.f.* Astronáutica.

cosmonave *s.f.* Astronave.

cosmopolita *adj./s.m. y f.* Que considera a todo el mundo como su patria. • *adj.* Que es común a muchos países.

cosmos *s.m.* Mundo, universo.

cosmovisión *s.f.* Manera de ver e interpretar el mundo.

coso *s.m.* Lugar cercado donde se celebran fiestas o se lidian toros.

cospel *s.m.* Disco de metal para acuñar una moneda. • Disco de metal acuñado para usar en ciertos servicios públicos.

cosquillas *s.f.pl.* Sensación nerviosa que una sucesión de toques ligeros produce sobre ciertas partes del cuerpo.

cosquillear *v.tr./intr.* Hacer cosquillas.

cosquilleo *s.m.* Sensación de cosquillas.

cosquilloso, sa *adj.* Que siente cosquillas fácilmente.

1. costa *s.f.* Cantidad pagada por las consecuencias de cierta acción. • *pl.* Importe de los honorarios y gastos de un juicio.

2. costa *s.f.* Borde de la tierra bañada por océanos y mares.

costado *s.m.* Parte lateral del cuerpo humano. • Lado.

costal *s.m.* Perteneciente a las costillas. • *s.m.* Bolsa grande.

costanero, ra *adj.* Perteneciente a la costa.

costar *v.intr.* Ser adquirida una cosa por cierto precio.

costarricense *adj./s.m. y f.* De Costa Rica (América).

costarriqueñismo *s.m.* Palabra o expresión peculiares del español de los costarricenses.

costarriqueño, ña *adj./s.* Costarricense.

coste *s.m.* Precio, costa.

1. costear *v.tr.* Pagar el costo de algo.

2. costear *v.tr.* Navegar junto a la costa.

costero, ra *adj.* Costanero.

costilla *s.f.* Cada uno de los huesos largos y arqueados que limitan la cavidad torácica.

costillar *s.m.* Conjunto de costillas.

costo *s.m.* Precio, costa.

costoso, sa *adj.* Que cuesta mucho.

costra *s.f.* Recubrimiento duro que se forma en un cuerpo.

costumbre *s.f.* Hábito adquirido por la repetición de ciertos actos. • Práctica muy usada que adquiere fuerza de precepto.

costura *s.f.* Acción de coser. • Unión de dos piezas cosidas. •Prenda que se está cosiendo.

costurera *s.f.* Mujer que tiene por oficio coser ropa.

costurero *s.m.* Caja donde se guardan los utensilios para coser.

cota *s.f.* Coraza de cuero o de placas de hierro.

cotangente *s.f.* Función trigonométrica recíproca de la tangente.

cotejar *v.tr.* Comparar.

cotejo *s.m.* Acción de cotejar.

coterráneo, a *adj./s.* Persona de la misma región o país que otra.

cotidiano, na *adj.* De cada día.

cotiledón *s.m.* Primera hoja o cada una de las dos primeras hojas que aparecen al germinar una semilla.

cotillón *s.m.* Danza con figuras con que finalizaban los bailes de sociedad.

cotización *s.f.* Acción y efecto de cotizar.

cotizar *v.tr.* En la bolsa, publicar en voz alta el precio alcanzado por un valor. • *intr.* Pagar una cuota.

coto *s.m.* Terreno acotado. • Límite, término.

cotorra *s.f.* Ave americana, parecida al papagayo pero más pequeña. • *fam.* Persona muy habladora.

cotorrear *v.intr.fam.* Hablar mucho sin decir nada importante.

coturno *s.m.* Cierto calzado usado por griegos y romanos. • Calzado de suela muy gruesa que usaban los actores griegos y romanos.

coulomb *s.m.* Unidad de carga eléctrica.

covacha *s.f.* Cueva pequeña.

coxal *adj.* Relativo a la cadera.

coxis *s.m.* Hueso en que termina la columna vertebral.

coy *s.m.* Trozo de lona que, colgado por sus cuatro puntas, sirve de cama en los barcos.

coya *adj./s.m. y f.* Colla.
coyote *s.m.* Lobo de las praderas, originario de América del Norte.
coyunda *s.f.* Correa con que se sujetan los bueyes al yugo. • *fam.* Unión conyugal.
coyuntura *s.f.* Articulación movible de un hueso con otro. • Ocasión, oportunidad.
coyuntural *adj.* Relativo a la coyuntura u ocasión.
coyuyo *s.m. América* Especie de cigarra grande.
coz *s.f.* Golpe que da una caballería con una o ambas patas traseras.
craneal *adj.* Relativo al cráneo.
cráneo *s.m.* Conjunto de huesos que forman como una caja ovoide que contiene el encéfalo.
crápula *s.f.* Libertinaje. • *m.* Hombre de vida deshonesta.
craqueo *s.m.* Método de fraccionamiento de las moléculas pesadas de los hidrocarburos que constituyen el petróleo.
crascitar *v.intr.* Emitir su voz el cuervo.
craso, sa *adj.* Graso. • Dícese del error muy grave.
cráter *s.m.* Boca de un volcán, por donde arroja lava, cenizas, etc.
creación *s.f.* Acción de crear. • Cosa creada. • Conjunto de todas las cosas creadas.
creador, ra *adj. / s.* Que crea. • *s.prop.m.* Por antonomasia, Dios.
crear *v.tr.*• Producir algo de la nada. • Producir una obra artística, literaria, etc. • Iniciar una institución, actividad, etc.
crecer *v.intr.* Hacerse más grandes los seres orgánicos. • Adquirir mayor tamaño cierta cosa.
creces *s.f.pl.* Crecimiento o exceso.
crecida *s.f.* Aumento del caudal de agua de los ríos o arroyos.
crecido, da *adj.* Que llegó a un tamaño o cantidad grandes.
creciente *adj.* Que crece. • *s.f.* Crecida.
credencial *adj./s.f.* Que acredita.
crédito *s.m.* Aceptación de algo como verdadero. • Fama, reputación. • Derecho a recibir dinero o mercaderías, a cambio de compra o reintegro futuros • En contabilidad, anotación de un importe en el haber de una cuenta.
credo *s.m.* Exposición condensada de las principales verdades de la fe cristiana. • Conjunto de doctrinas.
credulidad *s.f.* Cualidad de crédulo.
crédulo, la *adj.* Que cree con facilidad.
creencia *s.f.* Idea subjetiva acerca de la existencia de algo. • *pl.* Credo, convicciones.
creer *v.tr. / intr.* Tener por cierta una cosa. • Opinar, pensar, juzgar. • *intr.* Tener fe.
creíble *adj.* Que puede creerse.
1. crema *s.f.* Sustancia grasa contenida en la leche. • Natillas espesas y aromatizadas. • Cosmético para el cutis.
2. crema *s.f.* Diéresis (signo ortográfico).
cremación *s.f.* Acción de cremar.
cremallera *s.f.* Barra dentada en la que engrana un piñón. • Cierre para vestidos, bolsos, etc.
cremar *v.tr.* Quemar cadáveres.
crematorio, ria *adj.* Relativo a la cremación. • *s.m.* Lugar donde se crema.
cremería *s.f. América* Quesería.
crémor *v.prnl.* Tartrato ácido de potasio, que se encuentra en la uva y otros frutos; se usa en medicina y en tintorería.
cremoso, sa *adj.* De aspecto de crema. • Que tiene mucha crema.
crencha *s.f.* Línea que divide el cabello en dos partes. • Cada una de esas partes.
creosota *s.f.* Líquido aceitoso y cáustico, usado para detener las hemorragias y combatir las caries.
crepitar *v.intr.* Producir ruidos semejantes a chasquidos, como los que hace la leña al arder.
crepuscular *adj.* Relativo al crepúsculo.
crepúsculo *s.m.* Claridad que precede a la salida del Sol, y la que sigue a la puesta del Sol. • Tiempo que dura.
crescendo *adv.* En música, aumentando gradualmente la intensidad del sonido.
creso *s.m.* Hombre muy rico.
crespo, pa *adj.* Dícese del cabello ensortijado o rizado.

crespón *s.m.* Gasa de aspecto ondulado y granuloso.
cresta *s.f.* Carnosidad de color rojo, de la cabeza de algunas aves. • Cima de una montaña.
creta *s.f.* Caliza terrosa usada en la fabricación de tiza, cementos y abonos.
cretáceo, a *adj./s.m.* Dícese del período superior de la era mesozoica.
cretinismo *s.m.* Enfermedad que se caracteriza por una marcada deficiencia del desarrollo orgánico y mental.
cretino, na *adj. / s.* Que padece cretinismo. • Necio, estúpido.
cretona *s.f.* Tela fuerte de algodón usada en tapicería.
creyente *adj./s.m. y f.* Que tiene fe religiosa.
cría *s.f.* Acción de criar animales. • Niño, mientras se está criando. • Animal recién nacido.
criadero *s.m.* Lugar destinado a la cría de animales. • Vivero. • Depósito de mineral.
criadilla *s.f.* Hongo comestible que se cría bajo tierra.
criado, da *s.* Persona empleada en el servicio doméstico.
criador, ra *adj. / s.* Que cría.
crianza *s.f.* Acción de criar. • Educación recibida.
criar *v.tr.* Amamantar. • Educar a un niño. • Alimentar y cuidar ciertos animales y fomentar su reproducción. • Cultivar y cuidar plantas.
criatura *s.f.* Todo ser o cosa creados por Dios. • Niño de poca edad.
criba *s.f.* Cedazo, tamiz.
cribar *v.tr.* Pasar granos, semillas, etc., por la criba.
cric *s.m.* Gato (máquina).
cricoides *adj./s.m.* Dícese del cartílago que forma la parte inferior de la laringe.
crimen *s.m.* Delito muy grave; en especial, el que consiste en matar a una persona.
criminal *adj.* Relativo al crimen. • *adj./s.m. y f.* Que ha cometido un crimen.
criminalista *adj./s.m. y f.* Dícese del abogado especializado en derecho penal.
criminología *s.f.* Ciencia que estudia los crímenes, sus causas y su represión.
crin *s.f.* Cerdas que tienen algunos animales en la parte superior del cuello.
criollismo *s.m.* Cualidad de criollo.
criollo, lla *adj. / s.* Dícese del hijo de padres europeos nacido en cualquier otra parte del mundo. • Dícese de los hispanoamericanos descendientes de padres europeos. • *adj.* Peculiar de Hispanoamérica.
crioterapia *s.f.* Método terapéutico basado en el uso de bajas temperaturas.
cripta *s.f.* Lugar subterráneo donde se enterraba a los muertos. • Capilla subterránea.
criptógamo, ma *adj./s.f.* Dícese de las plantas que no tienen flores.
criptograma *s.m.* Texto escrito en clave.
criptón *s.m.* Elemento que se halla en muy pequeñas proporciones en el aire (símbolo: *Kr*).
criquet *s.m.* Cierto juego de pelota.
crisálida *s.f.* Estado larval de ciertos insectos.
crisantemo *s.m.* Planta perenne de jardín, cultivada por sus flores.
crisis *s.f.* Cambio importante en el desarrollo de un proceso físico, histórico, etc. • Situación complicada o dificultosa.
crisma *s. ambig.* Óleo consagrado por un obispo. • *f. fam.* Cabeza.
crisol *s.m.* Recipiente para fundir y purificar ciertas sustancias a temperaturas muy elevadas.
crispación o **crispamiento** *s.m.* Efecto de crispar.
crispar *v.tr./prnl.* Causar contracción repentina en el tejido muscular.
cristal *s.m.* Vidrio muy puro, incoloro, brillante y trasparente. • Placa de vidrio para cubrir ventanas, cuadros, etc. • Cualquier cuerpo sólido que naturalmente tiene forma poliédrica.
cristalino, na *adj.* Perteneciente al cristal o parecido a él. • *s.m.* Cuerpo en forma de lente biconvexa, situado detrás de la pupila del ojo.
cristalizar *v.intr./prnl.* Tomar ciertas sustancias formas de cristales.
cristalografía *s.f.* Ciencia que estudia los cristales.

cristianar *v.tr.* Bautizar.
cristiandad *s.f.* Conjunto de todos los cristianos.
cristianismo *s.m.* Religión cristiana.
cristianizar *v.tr./prnl.* Evangelizar.
cristiano, na *adj.* Dícese de la doctrina de Jesucristo. • *adj. / s.* Que profesa el cristianismo.
Cristo *s.prop.m.* El hijo de Dios, hecho hombre. • *com.* Crucifijo.
criterio *s.m.* Norma para juzgar la verdad o valor de una cosa. • Discernimiento, juicio.
crítica *s.f.* Juicio sobre el valor de una obra, o sobre artistas, deportistas, etc. • Ataque, censura.
criticar *v.tr.* Juzgar una obra artística, científica, etc. • Censurar, reprobar.
crítico, ca *adj.* Perteneciente a la crisis o a la crítica. • *s.* Persona que se dedica a la crítica.
croar *v.intr.* Emitir la rana su voz característica.
croata *adj./s.m. y f.* De Croacia (Europa). • *s.m.* Lengua eslava hablada en Croacia.
crocante *adj.* Dícese de ciertos alimentos que crujen al ser masticados.
cromar *v.tr.* Recubrir un objeto metálico con una capa de cromo.
cromático, ca *adj.* Relativo a los colores. • Dícese de las lentes que presentan los objetos con irisaciones. • En música, que procede por semitonos.
cromo *s.m.* Metal duro y quebradizo, de color gris (símbolo: *Cr*).
cromosoma *s.m.* Cada uno de los corpúsculos que hay en el núcleo de las células en el momento de la mitosis.
crónica *s.f.* Relación ordenada de acontecimientos históricos. • Información periodística.
crónico, ca *adj.* Habitual, inveterado. • Dícese de las dolencias largas y de los vicios arraigados.
cronista *s.m. y f.* Autor de una crónica.
cronología *s.f.* Ciencia que determina el orden y las fechas de los sucesos históricos. • Serie de sucesos por el orden en que ocurrieron.
cronometrar *v.tr.* Medir el tiempo de una acción con el cronómetro.
cronometría *s.f.* Medida exacta del tiempo.
cronómetro *s.m.* Reloj de gran precisión.
croqueta *s.f.* Especie de albóndiga rebozada en huevo y pan rallado.
croquis *s.m.* Dibujo hecho a la ligera, en forma provisional.
crótalo *s.m.* Serpiente venenosa de América, con unos anillos en la cola, con los que hace un ruido particular.
cruce *s.m.* Acción de cruzar. • Punto en que se cruzan dos o más líneas.
cruceiro *s.m.* Unidad monetaria del Brasil.
crucero *s.m.* En una iglesia, espacio en que se cruzan la nave mayor y otra trasversal. • Buque de guerra de gran velocidad. • Viaje marítimo que se hace por turismo.
crucial *adj.* En forma de cruz. • Dícese del momento decisivo para algo.
crucificar *v.tr.* Clavar en una cruz a una persona para torturarla.
crucifijo *s.m.* Imagen de Jesucristo crucificado.
crucifixión *s.f.* Acción de crucificar.
crudeza *s.f.* Cualidad de crudo.
crudo, da *adj.* Que no está cocido. • Dícese del clima muy frío y destemplado. • *adj./s.m.* Dícese del material que no ha sido purificado.
cruel *adj.* Que hace sufrir.
crueldad *s.f.* Cualidad de cruel. • Acción cruel.
cruento, ta *adj.* Sangriento.
crujido *s.m.* Acción de crujir.
crujir *v.intr.* Hacer cierto ruido algunos cuerpos cuando se rompen.
crup *s.m.* Enfermedad infecciosa de la garganta.
crustáceo, a *adj.* Que tiene costra. • *adj./s.m.* Dícese del animal generalmente acuático, con caparazón, como el cangrejo y la langosta de mar.
cruz *s.f.* Figura formada por dos líneas que se atraviesan perpendicularmente. • Cruz de madera, en la que se clavaba a ciertos condenados. • Signo y enseña del cristianismo. • Insignia de ciertas órdenes militares y civiles. • Reverso de una moneda o medalla.

cruza *s.f.* *América* Reproducción entre animales de distinta raza.

cruzada *s.f.* Cada una de las expediciones militares que realizaron los cristianos para liberar Tierra Santa. • Campaña para conseguir un fin elevado.

cruzado, da *adj.* Atravesado por algo. • *s.m.* Guerrero de una cruzada.

cruzamiento *s.m.* Acción de cruzar.

cruzar *v.tr.* Atravesar. • Aparear animales de distintas razas. • *prnl.* Pasar dos personas o vehículos en dirección opuesta.

cruzeiro *s.m.* Cruceiro.

cu *s.f.* Nombre de la letra *q*.

cuaderna *s.f.* Cada una de las piezas curvas simétricas que forman el esqueleto del casco de un barco.

cuadernillo *s.m.* Conjunto de cinco pliegos de papel.

cuaderno *s.m.* Conjunto de varios pliegos de papel, cosidos.

cuadra *s.f.* Caballeriza. • Sala grande de un cuartel, hospital, etc. • *América* Espacio comprendido entre dos bocacalles.

cuadrado, da *adj.* Que tiene la forma de un cuadrado. • De sección cuadrada. • En matemática, dícese de la raíz de segundo grado. • *s.m.* Cuadrilátero regular. • Segunda potencia de un número.

cuadragésimo, ma *adj./s.m.* Que sigue en orden al trigésimo nono. • Dícese de cada una de las cuarenta partes iguales en que se divide un todo.

cuadrangular *adj.* Que tiene cuatro ángulos.

cuadrante *s.m.* Cuarta parte de un círculo comprendida entre dos radios perpendiculares. • Reloj solar trazado en un plano.

cuadrar *v.tr.* Dar a un objeto forma cuadrada. • En matemática, elevar al cuadrado. • *intr.* Ser adecuado o conveniente. • *prnl.* Ponerse alguien en posición erguida y con los talones juntos.

cuadrícula *s.f.* Conjunto de cuadrados que resultan de cortarse perpendicularmente dos series de rectas paralelas.

cuadriculado, da *adj.* Que tiene cuadrículas.

cuadriga *s.f.* Tiro de cuatro caballos. • Carro arrastrado de ese modo, usado en la antigüedad para las carreras.

cuadril *s.m.* Anca de las caballerizas y otros animales. • Hueso que forma el anca.

cuadrilátero *s.m.* Polígono de cuatro lados.

cuadrilla *s.f.* Conjunto de personas que realizan un trabajo.

cuadrilongo, ga *adj.* En forma de rectángulo. • *s.m.* Paralelogramo rectángulo.

cuadro, dra *adj.* En forma de cuadrado. • *s.m.* Cuadrado. • Pintura o dibujo hechos sobre papel, lienzo, etc. • Espectáculo de la naturaleza. • En algunas obras teatrales, cada una de las partes de un acto. • Bastidor de una bicicleta.

cuadrumano, na o **cuadrúmano, na** *adj./s.m.* Dícese de los mamíferos que tienen dedos prensiles en las cuatro extremidades, y el pulgar opuesto a los demás dedos.

cuadrúpedo, da *adj./s.m.* Dícese del animal de cuatro patas.

cuádruple *adj.* Cuádruplo.

cuadruplicar *v.tr.* Hacer cuádruple una cosa. • Multiplicar por cuatro una cantidad.

cuádruplo, pla *adj./s.m.* Dícese del producto de un número o cantidad por cuatro.

cuajada *s.f.* Parte grasa de la leche, que se separa del suero por la acción del calor o de ciertos fermentos.

1. cuajar *s.m.* Cuarta porción del estómago de los mamíferos rumiantes.

2. cuajar *v.tr./prnl.* Trabar o unir las partes de un líquido, para convertirlo en sólido. • *tr.* Poner encima de un objeto cosas que lo cubran casi por entero. • *intr.* Lograr una cosa considerable solidez o densidad.

cuajo *s.m.* Efecto de cuajar. • Sustancia con que se cuaja un líquido.

cual *s.* / *adj.* Pronombre relativo que, precedido de un artículo, encabeza ciertas proposiciones. • *adv.* Como.

cuál *s.m. y f./adj.* Pronombre interrogativo que inquiere por la determinación de algo.

cualidad *s.f.* Modo de ser que distingue a las personas o cosas.
cualitativo, va *adj.* Que denota cualidad.
cualquier *adj.* Apócope de *cualquiera*.
cualquiera *adj./s.m. y f.* Pronombre indefinido que designa a una persona o cosa indeterminadas (pl. *cualesquiera*).
cuan Adverbio correlativo de tan, que se emplea en comparaciones de igualdad.
cuán Adverbio exclamativo usado para encarecer la intensidad de algo.
cuando *adv.* En el tiempo en que.
cuándo *adv.* En qué tiempo.
cuantía *s.f.* Cantidad, en relación con la importancia de algo.
cuántico, ca *adj.* Dícese de las propiedades o fenómenos relativos a los cuantos de energía.
cuantioso, sa *adj.* Grande en cantidad o número.
cuantitativo, va *adj.* Relativo a la cantidad.
cuanto *s.m.* Cantidad elemental en que varía la energía de la materia cuando absorbe o emite radiación.
cuanto, ta *s. / adj.* Todas las personas que, o todo lo que. • *adj.* En correlación con *tanto*, denota equivalencia o igualdad.
cuánto, ta *adj. / s.* Se usa para inquirir por la cantidad o intensidad de algo o para expresar admiración.
cuáquero, ra *s. / adj.* Individuo de una secta protestante fundada en Inglaterra a fines del siglo XVII.
cuarenta *adj./s.m.* Cuatro veces diez.
cuarentavo, va *adj./s.m.* Dícese de cada una de las cuarenta partes iguales en que se divide un todo.
cuarentena *s.f.* Conjunto de cuarenta unidades. • Tiempo durante el cual se aísla a las personas, animales, buques, etc., que se cree portadores de alguna enfermedad infecciosa.
cuarentón, na *adj. / s.* Que tiene alrededor de cuarenta años.
cuaresma *s.f.* Período comprendido entre el Miércoles de Ceniza y el Domingo de Pascua.
cuarta *s.f.* Palmo • *América* Soga o cadena para arrastrar un vehículo empantanado.
cuartear *v.tr.* Dividir en cuatro partes. • *prnl.* Agrietarse.
cuartel *s.m.* Cada una de las partes en que se dividen ciertas cosas. • Edificio para el alojamiento de tropas.
cuartelazo *s.m.* *América* Rebelión militar.
cuarteta *s.f.* Estrofa de cuatro versos, generalmente octosílabos.
cuarteto *s.m.* Estrofa de cuatro versos de más de ocho sílabas. • Conjunto de cuatro instrumentos musicales o de cuatro cantantes.
cuartilla *s.f.* Cuarta parte de un pliego de papel.
cuarto, ta *adj./s.m.* Que sigue en orden al tercero. • Dícese de cada una de las cuatro partes iguales en que se divide un todo. • *s.m.* Habitación de una vivienda. • Cuarta parte del tiempo que tarda la Luna desde una a otra conjunción con el Sol.
cuarzo *s.m.* Mineral silíceo de brillo vítreo y gran dureza.
cuaternario, ria *adj./s.m.* Que consta de cuatro elementos. • Dícese del período geológico actual.
cuatrero *adj./s.m.* Dícese del ladrón de ganado.
cuatrillizo, za *adj. / s.* Dícese de cada uno de los hermanos nacidos de un parto cuádruple.
cuatrillón *s.m./adj.* Un millón de trillones.
cuatrimestre *s.m.* Período de cuatro meses.
cuatrimotor *adj./s.m.* Dícese del avión propulsado por cuatro motores.
cuatro *adj./s.m.* Tres y uno. • Cuarto día del mes.
cuatrocientos, tas *adj./s.m.* Cuatro veces ciento.
cuba *s.f.* Barril, tonel.
cubanismo *s.m.* Palabra o expresión peculiares del español de los cubanos.
cubano, na *adj./s.* De Cuba (América).
cubeta *s.f.* Recipiente rectangular poco profundo, usado en los laboratorios.
cúbico, ca *adj.* Relativo al cubo, o que tiene su forma. • Relativo al cubo o tercera potencia.
cubículo *s.m.* Recinto pequeño.

cubierta *s.f.* Cualquier cosa que sirve para cubrir. • Cada uno de los pisos de un barco. • Funda exterior de un neumático de automóvil, bicicleta, etc.
cubierto *s.m.* Techumbre. • Servicio de mesa de cada comensal. • Juego compuesto de cuchara, tenedor y cuchillo.
cubil *s.m.* Guarida de las fieras.
cubilete *s.m.* Especie de vaso de metal o cuero más ancho por la boca que por el fondo.
cubismo *s.m.* Movimiento artístico relacionado con las artes plásticas, cuyo estilo geométrico significó una importante renovación estética.
cubista *adj.* Relativo al cubismo. • *adj./s.m. y f.* Que sigue los principios del cubismo.
cubital *adj.* Relativo al codo.
cúbito *s.m.* Hueso largo que forma la parte interna del antebrazo.
1. cubo *s.m.* Recipiente con asa, en forma de cono truncado.
2. cubo *s.m.* Hexaedro regular. • Tercera potencia de un número.
cubrecama *s.m.* Colcha.
cubreobjeto *s.m.* Lámina delgada de vidrio con que se cubren las preparaciones microscópicas.
cubrir *v.tr.* Tapar u ocultar una cosa con otra. • Recorrer una distancia. • Ocupar, completar. • *tr./prnl.* Servir para precaverse de un riesgo o perjuicio. • *prnl.* Ponerse el sombrero, la gorra, etc.
cucaracha *s.f.* Insecto de regiones tropicales y subtropicales, que constituye una plaga doméstica.
cuchara *s.f.* Utensilio formado por una pieza cóncava y ovalada, y mango.
cucharón *s.m.* Cuchara grande usada para servir la sopa.
cuchichear *v/intr.* Hablar en voz muy baja o al oído.
cuchilla *s.f.* Instrumento cortante, de hoja ancha y con un solo filo. • Hoja de cualquier arma de corte. • *América* Elevación del terreno, de pendientes suaves.
cuchillo *s.m.* Instrumento cortante, de hoja con un solo filo, y mango.
cuclillas (en) *loc.adv.* En posición semejante a la de estar sentado, pero apoyándose en los talones.
cuclillo *s.m.* Ave originaria de Europa, que pone sus huevos en los nidos de otras aves.
cuco, ca *adj. fam.* Agradable y gracioso. • *adj./s.fam.* Astuto, taimado. • *s.m.* Cuclillo. • Ser fantástico con que se asusta a los niños.
cucurucho *s.m.* Receptáculo hecho con un papel u otro material enrollados en forma cónica.
cueca *s.f.* Baile folclórico chileno. • Zamacueca.
cuello *s.m.* Zona del cuerpo que une la cabeza con el tronco. • Parte de una prenda, o pieza suelta, que cubren esa zona. • Parte estrecha de alguna cosa.
cuenca *s.f.* Cavidad en que está cada uno de los ojos. • Territorio cuyas aguas afluyen a un mismo río, lago o mar.
cuenco *s.m.* Concavidad. • Vasija de barro, honda y ancha.
cuenta *s.f.* Acción de contar. • Operación aritmética elemental. • Conjunto de partidas que alguien tiene que cobrar a otro o que debe a otro. • Relación de partidas que muestran una actividad comercial. • Explicación o justificación de algo. • Incumbencia. • Pieza perforada con que se hacen collares, rosarios, etc.
cuentagotas *s.m.* Utensilio para verter un líquido gota a gota.
cuentahílos *s.m.* Lupa para contar los hilos de un tejido.
cuento *s.m.* Narración de algo sucedido. • Narración literaria breve. • *fam.* Chisme, habladuría.
cuerda *s.f.* Conjunto de fibras de cáñamo, esparto, etc., retorcidas juntas, usadas para atar cosas. • En ciertos instrumentos musicales, cada hilo de material flexible, que vibra al ser tocado. • Resorte de un reloj. • Segmento de recta que une dos puntos de una circunferencia.
cuerdo, da *adj./s.* Que está en su sano juicio. • *adj.* Juicioso, sensato.
cuerear *v.tr. América* Realizar las operaciones necesarias para obtener cueros secos.
cuerno *s.m.* Protuberancia ósea que tienen algunos mamíferos en la frente. • Trompa (instrumento musical).

cuero *s.m.* Piel de los animales; en especial, cuando ha sido curtida. • Odre.
cuerpear *v.tr. América* Esquivar un peligro.
cuerpo *s.m.* Cualquier porción limitada de materia. • Parte más voluminosa del hombre o de los animales. • Cadáver. • Conjunto de personas que forman una comunidad o se reúnen para algo. • Colección de cosas que forman una unidad. • Grosor. • Parte principal de una cosa. • Unidad militar. • Figura de tres dimensiones.
cuervo *s.m.* Pájaro omnívoro, de pico fuerte, y color negro brillante.
cuesco *s.m.* Hueso de las frutas.
cuesta *s.f.* Terreno inclinado.
cuestión *s.f.* Asunto que requiere una solución o una respuesta. • Dificultad, problema. • Discusión, disputa.
cuestionar *v.tr.* Discutir, controvertir.
cuestionario *s.m.* Lista de temas o cuestiones que hay que tratar. • Formulario de preguntas.
cueva *s.f.* Cavidad en el interior o en la superficie de la tierra. • Vivienda subterránea de animales. • Sótano.
cuidado *s.m.* Atención e interés para hacer bien una cosa; esmero. • Preocupación, intranquilidad. • Incumbencia. • Acción de cuidar.
cuidadoso, sa *adj.* Que tiene cuidado.
cuidar *v.tr./intr.* Poner atención en algo. • Ocuparse de una persona o cosa.
cuita *s.f.* Aflicción, pena.
cuitado, da *adj.* Apenado, afligido.
culata *s.f.* Ancas de una caballería. • Parte posterior de un arma de fuego.
culebra *s.f.* Reptil de pequeño o mediano tamaño, que se alimenta de huevos e invertebrados.
culebrear *v.intr.* Andar haciendo eses como la culebra.
culinario, ria *adj.* Relativo al arte de cocinar.
culminar *v.intr.* Llegar una cosa a la posición más alta que pueda tener.
culo *s.m. fam.* Nalgas de las personas o ancas de los animales. • Ano. • Parte posterior o inferior de algunos objetos.
culombio *s.m.* Castellanización de la palabra *coulomb.*

culpa *s.f.* Falta, delito, pecado. • Causa de un suceso o acción.
culpabilidad *s.f.* Cualidad de culpable.
culpable *adj./s.m. y f.* Que tiene culpa.
culpar *v.tr.* Atribuir una culpa.
culposo, sa *adj.* Dícese del delito cometido por negligencia o imprudencia.
cultivador, ra *adj./s.* Que se dedica al cultivo de la tierra o las plantas.
cultivar *v.tr.* Preparar la tierra para que produzca plantas y frutos. • Plantar y cuidar ciertas plantas. • Dedicarse a alguna actividad.
cultivo *s.m.* Acción de cultivar la tierra o las plantas. • Desarrollo experimental de microbios en un laboratorio.
culto, ta *adj.* Que posee cultura o instrucción. • *s.m.* Veneración religiosa y conjunto de ceremonias con que se tributa. • Gran admiración por algo.
cultura *s.f.* Conjunto de conocimientos y actividad espiritual de un hombre, un país o una época.
cultural *adj.* Relativo a la cultura.
cumbre *s.f.* Parte superior de una montaña; cima. • Apogeo, auge.
cumpleaños *s.m.* Aniversario del nacimiento de una persona.
cumplido, da *adj.* Cabal, completo. • Cortés. • *s.m.* Acto de cortesía.
cumplimentar *v.tr.* Cumplir una orden, un trámite, etc. • Felicitar o hacer una visita de cortesía.
cumplimiento *s.m.* Acción de cumplir. • Acto de cortesía; cumplido.
cumplir *v.tr./intr.* Hacer aquello a que uno está obligado. • *intr.* Hacer algo como deber de cortesía. • Terminar el plazo de una obligación. • *tr.* Alcanzar una edad determinada.
cúmulo *s.m.* Montón. • Conjunto de nubes blancas y redondeadas.
cuna *s.f.* Camita para niños, que puede mecerse. • Patria de una persona.
cundir *v.intr.* Extenderse, propagarse. • Aumentar una cosa su tamaño.
cuneiforme *adj.* En forma de cuña.
cuneta *s.f.* Zanja de desagüe a los lados de un camino o de una calzada.
cuña *s.f.* Pieza triangular que se usa para hender cuerpos sólidos, para ajustar, llenar un hueco, etc.

cuñado, da *s.* Hermano o hermana de un cónyuge, con respecto del otro.

cuño *s.m.* Troquel de acero para acuñar monedas, medallas, etc. • Señal que deja ese troquel.

cuota *s.f.* Parte de cada uno en un gasto colectivo. • Cada pago sucesivo con que se abona una deuda. • Suma que abonan los socios de un club.

cupé *s.m.* Berlina. • Automóvil de dos puertas.

cupla (Galicismo). *s.f.* Pieza roscada para acoplar dos tubos. • Sistema de dos fuerzas paralelas y sentido contrario.

cuplé *s.m.* Canción de melodía sencilla, muy popular en España.

cupo *s.m.* Parte asignada de una obligación o un servicio.

cupón *s.m.* Parte de una acción, título, etc., que se va cortando a cada vencimiento para canjearla por los intereses.

cúprico, ca *adj.* Dícese de ciertos compuestos de cobre.

cuprífero, ra *adj.* Que contiene cobre.

cúpula *s.f.* Bóveda semiesférica que cubre un edificio.

cura *s.m.* Sacerdote encargado del cuidado espiritual de una feligresía. • Sacerdote católico. • *f.* Curación.

curación *s.f.* Acción de curar.

curador, ra *adj. / s.* Que cuida algo. • *s.* Persona que cuida los bienes de un menor.

curandero, ra *s.* El que, sin ser médico, se dedica a curar.

curar *v.tr.* Hacer que una persona o animal recobren la salud. • Preparar las carnes y pescados para que se conserven. • Curtir los cueros. • *intr. / prnl.* Recobrar la salud un enfermo.

curare *s.m.* Veneno muy activo que se extrae de ciertos árboles; se usa en medicina como relajante muscular.

curativo, va *adj.* Que sirve para curar.

curato *s.m.* Cargo de cura párroco. • Parroquia.

cúrcuma *s.f.* Cierta planta herbácea. • Sustancia colorante que se extrae de esa planta.

cureña *s.f.* Armazón en que se monta una pieza de artillería.

curia *s.f.* Conjunto de abogados y otros funcionarios judiciales. • Tribunal eclesiástico.

curie *s.m.* Unidad de la actividad de una fuente radiactiva.

curio *s.m.* Castellanización de la palabra *curie*.

curiosear *v.intr.* Observar o averiguar lo que otros hacen o dicen.

curiosidad *s.f.* Deseo de saber o ver cosas o de enterarse de algo. • Objeto extraño o raro.

curioso, sa *adj.* Que tiene curiosidad. • Que excita el interés.

currículo *s.m.* Conjunto de títulos, cargos, que califican a una persona para determinada pretensión. • Plan de estudios.

cursar *v.tr.* Dar curso a un documento. • Estudiar una materia en un establecimiento docente.

cursi *adj.* Dícese de lo que, pretendiendo ser elegante, resulta afectado o ridículo.

cursilería *s.f.* Cualidad de cursi. • Acción o cosa cursis.

cursivo, va *adj./s.f.* Dícese de la escritura trazada a mano, enlazando las letras. • Bastardilla.

curso *s.m.* Movimiento de agua por un cauce; corriente. • Trascurso de una acción o proceso. • Movimiento de algo que pasa de una a otra persona. • En un establecimiento de enseñanza, período anual destinado a las clases.

curtiduría *s.f.* Taller donde se curten las pieles.

curtiembre *s.f.* *América* Curtiduría.

curtir *v.tr.* Adobar las pieles de los animales. • *tr./prnl.* Tostar la piel.

curva *s.f.* Línea que no es recta. • Tramo curvo de un camino, río, etc.

curvar *v.tr./prnl.* Dar forma curva a una cosa.

curvatura *s.f.* Cualidad de curvo. • Forma curva.

curvilíneo, a *adj.* Que tiene forma curva.

curvo, va *adj.* Que se aparta constantemente de la dirección recta, sin formar ángulos.

cuscuta *s.f.* Planta parásita que vive sobre otras cultivadas.

cúspide *s.f.* Cumbre puntiaguda de una montaña. • Vértice de un cono o una pirámide. • Punta de algunos objetos. • Apogeo.
custodia *s.f.* Acción de custodiar. • Persona que escolta o custodia. • Objeto litúrgico destinado a exponer el Santísimo Sacramento.
custodiar *v.tr.* Vigilar, guardar.
custodio *adj./s.m.* Que custodia.
cutáneo, a *adj.* Perteneciente o relativo al cutis.
cúter *s.m.* Barco de vela de un solo palo y andar ligero.
cutícula *s.f.* Capa exterior de la piel.
cutis *s.m.* Piel del rostro.
cuyo, ya *adj.* Pronombre relativo que equivale a "del cual" o "de quien".
cuzco *s.m.* Perro pequeño.
czarda *s.f.* Zarda.

d *s.f.* Consonante, cuarta letra del abecedario español. Su nombre es *de*.
dable *adj.* Posible.
dacron o **dacrón** *s.m.* Nombre registrado de una fibra sintética.
dactilar *adj.* Relativo a los dedos.
dactilografía *s.f.* Mecanografía.
dactilógrafo, fa *s.* Mecanógrafo.
dactiloscopia *s.f.* Sistema de identificación por medio de las impresiones digitales.
dádiva *s.f.* Regalo, obsequio.
dadivoso, sa *adj.* Generoso, desprendido.
dado *s.m.* Pieza cúbica usada en juegos de azar.
dado, da *adj.* Supuesto o admitido.
daga *s.f.* Especie de espada corta. • Hilera de ladrillos que se cuecen de una vez.
dalai-lama *s.m.* Nombre dado al sumo sacerdote budista, jefe espiritual en el Tíbet.
dalia *s.f.* Planta de jardín de hermosas flores sin aroma.
dálmata *adj./s.m. y f.* De Dalmacia (Europa).
daltónico, ca *adj./s.* Que padece daltonismo.
daltonismo *s.m.* Defecto visual congénito, por el cual se confunden o no se perciben algunos colores.
dama *s.f.* Mujer noble o distinguida. • Actriz. • En ajedrez, reina. • En el juego de damas, peón coronado. • *pl.* Juego que se realiza con fichas sobre un tablero.
damajuana *s.f.* Vasija de vidrio, de cuerpo abultado y cuello estrecho.
damasco *s.m.* Tela fuerte con dibujos brillantes bordados en el tejido. • *América* Variedad de albaricoque.
damasquinado *s.m.* Trabajo de ornamentación de metales finos sobre hierro o acero.
damero *s.m.* Tablero del juego de damas.
damisela *s.f.* Señorita joven.
damnificado, da *adj./s.* Dícese de la persona o cosa que han sufrido un daño grave.
damnificar *v.tr.* Causar daño.
dandi *s.m.* Hombre de extremada elegancia. • Petimetre.
danés, sa *adj./s.m.* Dinamarqués. • *s.m./adj.* Perro de gran talla, patas largas, cuerpo esbelto y pelo corto.
dantesco, ca *adj.* Relativo al poeta Dante. • Que causa horror.
danza *s.f.* Baile.
danzar *v.intr./tr.* Bailar.
danzarín, na *s.* El que danza con habilidad.
dañar *v.tr./prnl.* Causar perjuicio, dolor o molestia. • Echar a perder.
dañino, na *adj.* Que daña; nocivo.
daño *s.m.* Efecto de dañar. • *América* Maleficio.
dar *v.tr.* Hacer pasar algo que se tiene a otro; entregar. • Conceder, otorgar. • Producir fruto. • En los juegos de naipes, repartir las cartas a los jugadores. • Acertar, atinar. • *prnl.* Entregarse, aficionarse.
dardo *s.m.* Lanza corta arrojadiza. • Dicho irónico y agresivo.
dársena *s.f.* En un puerto, lugar desti-

nado para fondear, o para la carga y descarga de los barcos.
data *s.f.* Fecha.
datar *v.tr.* Poner data o fecha. • *intr.* Existir desde un momento determinado.
dátil *s.m.* Fruto de la palmera datilera.
datilera *adj./s.f.* Dícese de la palmera que produce dátiles.
dativo *s.m.* Uno de los casos de la declinación; indica el complemento indirecto.
dato *s.m.* Detalle o circunstancia necesarios para llegar al conocimiento de una cosa.
de *s.f.* Nombre de la letra *d.* • *prep.* Indica fundamentalmente posesión, contenido, origen, tema y causa.
deambular *v.intr.* Caminar sin objetivo determinado; vagar.
deán *s.m.* El que preside el cabildo después del prelado.
debajo *adv.* En un lugar o posición más bajos que otro.
debate *s.m.* Controversia, discusión.
debatir *v.tr.* Hablar de cierto tema, sosteniendo opiniones diferentes; discutir.
debe *s.m.* En contabilidad, sección donde se anotan las sumas que se cargan al titular de una cuenta.
1. deber *v.tr.* Estar obligado a dar una cosa.
2. deber *s.m.* Aquello a que está obligado el hombre por principios morales, naturales o establecidos.
débil *adj.* De poco vigor o fuerza. • Enfermizo, decaído.
debilidad *s.f.* Cualidad de débil. • Flaqueza.
debilitamiento *s.m.* Acción y efecto de debilitar o debilitarse.
debilitar *v.tr./prnl.* Disminuir la fuerza, vigor o eficacia.
debitar *v.tr.* En contabilidad, anotar una partida en el debe de una cuenta.
débito *s.m.* Deuda de dinero.
debut *s.m.* Primera presentación ante el público, o inicio de una actividad.
debutante *s.m. y f.* Persona que debuta.
debutar *v.intr.* Presentarse por primera vez ante el público, o iniciarse en una actividad.

década *s.f.* Serie de diez días o años.
decadencia *s.f.* Principio de debilidad ruina; declinación.
decadente *adj.* Que está decayendo.
decaedro *s.m.* Poliedro de diez caras.
decaer *v.intr.* Declinar.
decágono *s.m.* Polígono de diez lados
decagramo *s.m.* Múltiplo del gram equivalente a 10 gramos.
decaído, da *adj.* Debilitado físicamen o sin ánimo.
decaimiento *s.m.* Estado de decaído.
decalitro *s.m.* Múltiplo del litro, equiv lente a 10 litros.
decálogo *s.m.* Los diez mandamient de la ley de Dios. • Conjunto de di preceptos acerca de algo.
decámetro *s.m.* Múltiplo del metr equivalente a 10 metros.
decanato *s.m.* Cargo y despacho del d cano.
decano, na *s.* Director de alguna corp ración o facultad universitaria. • más antiguo de una comunidad.
decantar *v.tr.* Separar de un líquido poso o sedimento.
decapitar *v.tr.* Cortar la cabeza.
decápodo, da *adj./s.m.* Dícese del cru táceo que posee diez patas, como el la gostino.
decasílabo, ba *adj./s.m.* De diez sílaba
decatlón *s.m.* Competencia atlética qu consta de diez pruebas.
decelerar *v.tr.* Disminuir progresiv mente la velocidad de un móvil.
decena *s.f.* Conjunto de diez unidades
decencia *s.f.* Cualidad de decente.
decenio *s.m.* Período de diez años.
decente *adj.* Incapaz de cometer acci nes contrarias a la moral; honest honrado. • Digno, decoroso. • Que es limpio y ordenado.
decepción *s.f.* Pesar causado por un d sengaño o una desilusión. • Engañ mentira.
decepcionar *v.tr.* Causar decepción.
deceso *s.m.* Muerte natural.
dechado *s.m.* Muestra de algo que s copia. • Persona o cosa que reúnen u conjunto de cualidades.
deciárea *s.f.* Décima parte del área.
decibel *s.m.* Unidad de medida para e

presar la intensidad del sonido; equivale a la décima parte del bel.
decibelio *s.m.* Castellanización de la palabra *decibel*.
decidido, da *adj.* Que no se atemoriza ante las dificultades.
decidir *v.tr.* Formar juicio sobre algo dudoso; dirimir. • *tr./prnl.* Tomar una decisión.
decigramo *s.m.* Décima parte del gramo.
decilitro *s.m.* Décima parte del litro.
décima *s.f.* Cada una de las diez partes iguales en que se divide un todo. • Diezmo. • Combinación de diez versos octosílabos.
decimal *adj.* Dícese del cociente de dividir un todo por diez. • Dícese del sistema de numeración de base diez. • Dícese del sistema de medidas cuya unidad principal es el metro. • Dícese del quebrado cuyo denominador es una potencia de diez y puede escribirse en forma aparentemente entera.
decímetro *s.m.* Décima parte del metro.
décimo, ma *adj./s.m.* Que sigue en orden al noveno. • Dícese de cada una de las diez partes iguales en que se divide un todo. • *s.m.* Unidad decimal. • Moneda de algunos países.
decimoctavo, va *adj./s.* Que sigue en orden al decimoséptimo.
decimocuarto, ta *adj./s.m.* Que sigue en orden al decimotercero.
decimonono, na *adj./s.m.* Decimonoveno.
decimonoveno, na *adj./s.m.* Que sigue en orden al decimoctavo.
decimoquinto, ta *adj./s.m.* Que sigue en orden al decimocuarto.
decimoséptimo, ma *adj./s.m.* Que sigue en orden al decimosexto.
decimosexto, ta *adj./s.m.* Que sigue en orden al decimoquinto.
decimotercero, ra *adj./s.m.* Que sigue en orden al duodécimo.
decir *v.tr.* Manifestar el pensamiento con palabras. • Dar algo como seguro; afirmar, sostener. • Opinar. • *s.m.* Dicho oportuno e ingenioso.
decisión *s.f.* Acción de decidir o decidirse. • Estado de decidido.
decisivo, va *adj.* Que decide o resuelve; concluyente, terminante.
declamación *s.f.* Arte de declamar.
declamar *v.intr./tr.* Recitar en voz alta, con entonación y ademanes adecuados. • *intr.* Hablar con vehemencia.
declamatorio, ria *adj.* Dícese del tono y estilo enfáticos y exagerados; ampuloso, grandilocuente.
declaración *s.f.* Acción y efecto de declarar.
declarar *v.tr.* Decir o explicar algo. • *intr.* Atestiguar, deponer. • *prnl.* Confesar alguien su amor. • Aparecer abiertamente una cosa.
declinable *adj.* En gramática, dícese de la palabra que sufre variaciones formales para expresar la relación sintáctica del caso.
declinación *s.f.* Acción y efecto de declinar. • Serie ordenada de los casos gramaticales.
declinar *v.intr.* Inclinarse hacia abajo. Decaer, menguar. • *tr.* Rehusar. • Poner una palabra declinable en los distintos casos gramaticales.
declive *s.m.* Inclinación de un terreno u otra cosa; desnivel, pendiente.
decolar *v.intr.* Despegar un avión desde tierra.
decolorante *adj./s.m.* Que decolora.
decolorar *v.tr./prnl.* Quitar o rebajar el color a algo.
decomisar *v.tr.* Declarar que una cosa ha caído en decomiso.
decomiso *s.m.* Confiscación de algo, hecha por autoridad competente.
decoración *s.f.* Acción de decorar. • Telones, bambalinas, etc., que componen la escena en el teatro; decorado.
decorado *s.m.* Decoración.
decorador, ra *s.* El que decora.
decorar *v.tr.* Adornar, hermosear.
decoro *s.m.* Honor, respeto. • Formalidad y seriedad en el comportamiento. • Pudor, decencia.
decoroso, sa *adj.* Que tiene decoro.
decrecer *v.intr.* Menguar, disminuir.
decrépito, ta *adj.* Que ha decaído en sus facultades físicas y espirituales por causa de la edad. • Dícese de las cosas que han llegado a su decadencia.
decrepitud *s.f.* Estado de decrépito.
decrescendo *adv.* En música, disminuyendo la intensidad del sonido.

decretar *v.tr.* Disponer algo una autoridad.
decreto *s.m.* Disposición, decisión o resolución de una autoridad competente.
decúbito *s.m.* Posición horizontal del cuerpo.
décuplo, pla *adj. / s.m.* Que contiene un número diez veces.
decurso *s.m.* Sucesión del tiempo.
dedal *s.m.* Utensilio que protege el dedo para empujar la aguja.
dedicación *s.f.* Acción de dedicar. • Actitud del que se dedica intensamente a un trabajo.
dedicar *v.tr.* Destinar algo a Dios, al culto, etc.; ofrendar. • *tr. / prnl.* Aplicar a un uso o fin, o dedicarse a una ocupación.
dedicatoria *s.f.* Nota con que se dedica una obra.
dedillo (al) *loc.adv.* Con todo detalle y perfección.
dedo *s.m.* Cada una de las cinco partes en que terminan las manos y los pies.
deducción *s.f.* Acción de deducir. • Lo que se deduce de una cantidad.
deducir *v.tr. / prnl.* Sacar consecuencia de un principio; inferir. • Rebajar o descontar.
deductivo, va *adj.* Que obra o procede por deducción.
defasaje *s.m.* Falta de correspondencia o ajuste.
defasar *v.tr.* Producir defasaje.
defecar *v.intr.* Expeler los excrementos; deponer, evacuar.
defección *s.f.* Abandono desleal.
defectivo, va *adj.* Dícese del verbo de conjugación incompleta.
defecto *s.m.* Imperfección material o moral; falta.
defectuoso, sa *adj.* Que tiene algún defecto; imperfecto.
defender *v.tr.* Amparar, proteger. • Mantener una opinión que es combatida. • Alegar en favor de alguien.
defensa *s.f.* Acción y efecto de defender. • Arma u otra cosa que sirve para defenderse. • Obra de fortificación.
defensiva *s.f.* Actitud o situación del que solamente trata de defenderse.
defensivo, va *adj.* Que sirve para defend[e]
defensor, ra *adj. / s.* Que defiende.
deferencia *s.f.* Adhesión respetuos[a] consideración. • Muestra de cort[e]sía.
deficiencia *s.f.* Cualidad de deficiente.
deficiente *adj.* Que es incompleto o d[e]fectuoso.
déficit *s.m.* Lo que falta de ingresos p[a]ra equilibrar los gastos.
deficitario, ria *adj.* Que tiene déficit.
definición *s.f.* Acción de definir.
definido, da *adj.* Que tiene límites bie[n] claros.
definir *v.tr.* Fijar con claridad y exact[i]tud la naturaleza de algo o el signific[a]do de una palabra.
definitivo, va *adj.* Que ya está decidid[o] concluyente, terminante.
deflación *s.f.* Disminución del niv[el] general de los precios [antón.: *infl[a]ción*].
deflagración *s.f.* Acción y efecto de d[e]flagrar.
deflagrar *v.intr.* Arder rápidamente co[n] llama y chispas, pero sin explosión.
deformación *s.f.* Alteración de la form[a] o figura.
deformar *v.tr. / prnl.* Alterar la forma d[e] una cosa. • Tergiversar.
deforme *adj.* De forma desproporciona[da] o irregular.
deformidad *s.f.* Cualidad de deforme. Cosa deforme.
defraudación *s.f.* Acción y efecto de de[f]raudar.
defraudar *v.tr.* Privar a alguien de l[o] que le corresponde por derecho; enga[ñ]ñar, estafar. • Malversar. • Desilusio[n]nar, decepcionar.
defunción *s.f.* Muerte de una persona.
degeneración *s.f.* Acción de degenerar.
degenerado, da *adj. / s.* Dícese de la per[s]sona que padece anormalidades menta[les] o morales que provocan repugnan[cia] o rechazo.
degenerar *v.intr.* Pasar de un estado [a] otro peor; decaer, declinar.
deglución *s.f.* Acción de deglutir.
deglutir *v.tr.* Tragar alimentos.
degollar *v.tr.* Cortar la garganta o e[l] cuello. • Escotar los vestidos.

degradación *s.f.* Acción de degradar.
degradar *v.tr.* Quitar a alguien las dignidades y honores. • *tr./prnl.* Humillar, rebajar.
degustar *v.tr.* Probar alimentos o bebidas para apreciar el sabor.
dehesa *s.f.* Terreno acotado y destinado a que paste el ganado.
dehiscencia *s.f.* Acción de abrirse naturalmente alguna parte de la planta.
dehiscente *adj.* Que presenta dehiscencia.
deidad *s.f.* Divinidad.
deificar *v.tr.* Divinizar. • Ensalzar con exceso.
dejadez *s.f.* Falta de cuidado; abandono, desidia.
dejado, da *adj.* Que no cuida de sí mismo; negligente, descuidado.
dejar *v.tr.* Soltar una cosa, apartarse de ella. • Omitir. • Permitir, consentir. • Producir ganancia. • Abandonar, desamparar. • Legar. • Interrumpir lo empezado.
dejo *s.m.* Modo de hablar; acento. • Sabor que queda después de una comida.
del Contracción de la preposición *de* y el artículo *el*.
delación *s.f.* Denuncia, acusación.
delantal *s.m.* Prenda de vestir atada a la cintura, que protege la ropa. • Mandil.
delante *adv.* Con prioridad de lugar. • En la parte anterior. • Enfrente. • A la vista, en presencia de.
delantera *s.f.* Parte anterior de una cosa.
delantero, ra *adj./s.* Que está o va delante.
delatar *v.tr.* Denunciar al autor de un delito ante la autoridad.
delator, ra *adj./s.* Que delata.
delegación *s.f.* Acción y efecto de delegar. • Cargo u oficina del delegado.
delegado, da *adj./s.* Persona a quien se le delega un poder.
delegar *v.tr.* Autorizar uno a otro para que lo represente; comisionar.
deleitar *v.tr.* Causar deleite. • *prnl.* Encontrar deleite en algo.
deleite *s.m.* Placer del ánimo.
deletrear *v.intr./tr.* Pronunciar cada letra y sílaba de una palabra por separado.
deleznable *adj.* Que se rompe o deshace fácilmente.
delfín *s.m.* Mamífero marino —cetáceo— de unos tres metros de largo, que vive en aguas templadas.
delgadez *s.f.* Cualidad de delgado.
delgado, da *adj.* De pocas carnes; flaco. • De poco espesor.
deliberado, da *adj.* Voluntario, intencionado.
deliberante *adj.* Que delibera.
deliberar *v.intr.* Considerar atentamente las ventajas y desventajas de las cosas antes de tomar decisiones; debatir. • *tr.* Resolver algo con premeditación.
delicadeza *s.f.* Cualidad de delicado, o comportamiento de una persona delicada.
delicado, da *adj.* Fino, suave. • Débil, enfermizo. • Sabroso. • Difícil de contentar. • Primoroso, exquisito. • Escrupuloso.
delicia *s.f.* Deleite.
delicioso, sa *adj.* Capaz de causar delicia.
delictivo, va *adj.* Que constituye un delito.
delictuoso, sa *adj.* Delictivo.
delicuescente *adj.* Dícese de las sustancias que absorben la humedad del ambiente y forman una solución acuosa.
delimitar *v.tr.* Fijar los límites de una cosa, o entre dos cosas.
delincuencia *s.f.* Cualidad de delincuente. • Conjunto de delitos.
delincuente *s.m. y f./adj.* Persona que delinque.
delinear *v.tr.* Trazar las líneas generales de una figura.
delinquir *v.intr.* Cometer un delito.
delirante *adj.* Que delira.
delirar *v.intr.* Caer en estado de delirio. • Desatinar, disparatar.
delirio *s.m.* Perturbación de la mente en la que hay agitación, habla incoherente, etc. • Despropósito.
delírium trémens *loc. s.m.* Delirio producido generalmente por el alcoholismo y caracterizado por alucinaciones.
delito *s.m.* Quebrantamiento de la ley; culpa, crimen.
delta *s.f.* Cuarta letra del alfabeto grie-

go (δ) • *m.* Depósito de aluviones acumulado por un río en su desembocadura.

demacrado, da *adj.* Muy pálido.

demacrarse *v.prnl.* Ponerse demacrado.

demagogia *s.f.* Corrupción del gobierno democrático, que consiste en halagar al pueblo con promesas para dominarlo tiránicamente.

demagógico, ca *adj.* Relativo a la demagogia o al demagogo.

demagogo, ga *s.* Caudillo de una facción popular. • *s./adj.* Político que halaga al pueblo con sus promesas.

demanda *s.f.* Petición. • Pregunta. • Busca. • Cantidad de un producto, trabajo o servicio requeridos.

demandado, da *s.* Persona a quien se pide algo mediante juicio.

demandante *adj./s.m. y f.* Que demanda. • *s.m. y f.* Persona que demanda en juicio.

demandar *v.tr.* Pedir. • Preguntar. • Reclamar una cosa a una persona por medio de la justicia.

demarcación *s.f.* Acción y efecto de demarcar. • Terreno demarcado.

demarcar *v.tr.* Determinar los límites de un territorio.

demás *adj./s.* Pronombre indefinido que significa "otro" o "restante".

demasía *s.f.* Exceso.

demasiado, da *adj.* Que es mayor de lo necesario o conveniente. • *adv.* Con exceso.

demencia *s.f.* Locura.

demente *adj./s.m. y f.* Dícese del que tiene trastornada la razón.

democracia *s.f.* Sistema de gobierno en que el pueblo ejerce la soberanía por medio de sus representantes.

demócrata *adj./s.m. y f.* Partidario de la democracia.

democrático, ca *adj.* Relativo a la democracia.

demografía *s.f.* Estudio estadístico de la población de un país.

demoler *v.tr.* Destruir una construcción con las herramientas adecuadas; derribar, derruir.

demolición *s.f.* Acción de demoler.

demoníaco, ca o **demoniaco, ca** *adj.* Relativo al demonio.

demonio *s.m.* Diablo. • Entre los ant guos, cierto ser sobrenatural.

demora *s.f.* Acción y efecto de demora retraso, tardanza.

demorar *v.tr./prnl.* Hacer que una cos ocurra o se haga más tarde. • *prnl.* De tenerse en algún sitio.

demostración *s.f.* Acción de demostrar

demostrar *v.tr.* Probar o evidenciar l verdad de una cosa. • Manifestar algu na emoción. • Enseñar algo por la prá tica.

demostrativo, va *adj.* Que demuestra. *adj./s.m.* Dícese de los pronombre usados para mostrar o señalar algo.

demudado, da *adj.* Alterado por efect de una emoción.

demudar *v.tr.* Mudar o alterar. • *prn* Alterarse súbitamente la expresión o e color del semblante.

denario *s.m.* Antigua moneda roman que tuvo distintos valores.

dendrita *s.f.* Cada una de las prolonga ciones protoplasmáticas de la neurona

denegar *v.tr.* No conceder una cosa pe dida.

denigrante *adj.* Que denigra.

denigrar *v.tr.* Desacreditar la fama d una persona. • Injuriar, agraviar.

denodado, da *adj.* Intrépido, arrojado esforzado.

denominación *s.f.* Nombre que distin gue a las personas y las cosas.

denominador, ra *adj./s.* Que denomina • *s.m.* Divisor en un número fracciona rio.

denominar *v.tr.* Poner nombre a una co sa. • *prnl.* Llamarse.

denostar *v.tr.* Ofender gravemente con palabras; injuriar, insultar.

denotar *v.tr.* Significar o indicar.

densidad *s.f.* Cualidad de denso. • En física, cociente entre la masa y el volu men de un cuerpo.

densímetro *s.m.* Areómetro.

denso, sa *adj.* Compacto, espeso. • Que tiene mucho contenido o sustancia.

dentado, da *adj.* Que tiene dientes, o puntas semejantes a ellos.

dentadura *s.f.* Conjunto de los dientes de una persona o un animal.

dental *adj.* Relativo a los dientes.

dentellada *s.f.* Mordisco. • Señal que dejan los dientes al morder.
dentellear *v.tr.* Mordisquear.
dentición *s.f.* Acción de echar los dientes.
denticular *adj.* Con forma de dientes.
dentífrico, ca *adj./s.m.* Que sirve para limpiar los dientes.
dentina *s.f.* Marfil de los dientes.
dentista *s.m. y f./adj.* Odontólogo.
dentro *adv.* En la parte interior.
dentudo *s.m. América* Especie de tiburón, muy voraz y temible.
denuedo *s.m.* Brío, valor.
denuesto *s.m.* Acción de denostar.
denuncia *s.f.* Acción de denunciar.
denunciar *v.tr.* Dar a la autoridad noticia de un delito. • Hacer saber públicamente la situación irregular de una cosa.
deparar *v.tr.* Ofrecer, proporcionar. • Poner delante; presentar.
departamento *s.m.* Parte o división de un territorio, un edificio, etc. • Sector de una organización que cumple determinadas funciones. • *América* Apartamento.
departir *v.intr.* Conversar.
depauperar *v.tr.* Empobrecer. • *tr./prnl.* Debilitar el organismo.
dependencia *s.f.* Situación de depender. • Oficina dependiente de otra superior. • Habitación dedicada a los servicios de una casa.
depender *v.intr.* Estar condicionada o subordinada una cosa a otra. • Necesitar de la ayuda o protección de otro.
dependiente *adj.* Que depende de otro. • *s.* Empleado, en especial de un comercio.
depilar *v.tr./prnl.* Arrancar el pelo o el vello.
depilatorio, ria *adj./s.m.* Dícese de la sustancia que sirve para depilar.
deplorable *adj.* Digno de ser deplorado; lamentable.
deplorar *v.tr.* Sentir pena o disgusto por algún suceso.
deponer *v.tr.* Abandonar o apartar de sí. • Destituir; en especial, a una autoridad. • *intr.* Declarar ante un juez. • Defecar.
deportar *v.tr.* Desterrar a un sitio lejano.
deporte *s.m.* Recreación o pasatiempo, por lo común con ejercicio físico y al aire libre, y practicado en competición.
deportista *s.m. y f.* El que practica algún deporte.
deportivo, va *adj.* Relativo al deporte.
deposición *s.f.* Acción y efecto de deponer. • Evacuación de vientre.
depositar *v.tr.* Poner una cosa en un sitio determinado. • Entregar bienes a la custodia de una persona o una institución. • *tr./prnl.* Dejar sedimento.
depositario, ria *adj.* Perteneciente al depósito. • *s.* Persona en quien se deposita algo.
depósito *s.m.* Acción y efecto de depositar. • Cosa depositada. • Lugar donde se deposita.
depravado, da *adj./s.* Muy vicioso.
depravar *v.tr./prnl.* Corromper o pervertir a una persona.
deprecación *s.f.* Súplica ferviente.
deprecar *v.tr.* Rogar o suplicar.
depreciación *s.f.* Acción y efecto de depreciar.
depreciar *v.tr./prnl.* Disminuir el valor de una cosa.
depredación *s.f.* Pillaje, saqueo. • Exacción por abuso de autoridad.
depredador, ra *adj./s.* Que depreda. • Dícese del animal que caza y mata a otros para comérselos.
depredar *v.tr.* Robar con violencia.
depresión *s.f.* Acción y efecto de deprimir o deprimirse. • Hundimiento en un terreno u otra superficie.
depresivo, va *adj.* Que deprime.
deprimente *adj.* Depresivo.
deprimido, da *adj.* Que sufre decaimiento del ánimo.
deprimir *v.tr./prnl.* Reducir el volumen mediante la presión. • Quitar el ánimo; abatir.
deprisa *adv.* Aprisa.
depurar *v.tr.* Quitar las impurezas.
depurativo, va *adj./s.m.* Dícese del medicamento que depura.
derecha *s.f.* Mano derecha. • En política, sector más tradicional y moderado.
derechista *s.m. y f.* Persona partidaria de la derecha política.
derecho, cha *adj.* Dícese de la parte del

cuerpo opuesta a aquella en que el hombre siente latir el corazón. • Que está del lado derecho del observador. • Recto, no torcido. • *s.m.* Facultad del hombre de hacer o de exigir. • Conjunto de leyes, y ciencia que las estudia. • Lado principal de una tela, un papel, etc. • *adv.* Sin rodeos. • *s.m. pl.* Arancel oficial para ciertas cosas.

deriva *s.f.* Desvío de la nave de su rumbo correcto.

derivación *s.f.* Acción y efecto de derivar. • Consecuencia, deducción.

derivado, da *adj./s.m.* Dícese de la palabra que deriva de otra. • En química, dícese del producto que se obtiene de otro.

derivar *v.tr.* Desviar una cosa hacia una nueva dirección. • *intr./prnl.* En gramática, proceder una palabra de otra. • Tener su origen una cosa en otra.

dermatitis *s.f.* Inflamación de la piel.

dermatoesqueleto *s.m.* Piel muy endurecida, como la concha o el caparazón de algunos artrópodos y moluscos.

dermatología *s.f.* Estudio de las enfermedades de la piel.

dermatólogo, ga *s.* Médico especializado en dermatología.

dermis *s.f.* Capa profunda de la piel y las mucosas.

derogar *v.tr.* Anular una ley o disposición; abolir.

derramar *v.tr./prnl.* Verter un líquido o un sustancia desmenuzada. • Esparcir en desorden.

derrame *s.m.* Derramamiento. • Acumulación anormal de líquidos o gases orgánicos.

derrapar *v.intr.* En automovilismo, patinar un vehículo.

derredor *s.m.* Contorno o circuito.

derrengar *v.tr./prnl.* Lastimar los lomos o el espinazo. • Torcer, inclinar más a un lado que a otro.

derretir *v.tr./prnl.* Volver líquida una sustancia mediante el calor.

derribar *v.tr.* Hacer caer, tirar a tierra. • Derrocar. • Demoler.

derrocamiento *s.m.* Acción de derrocar.

derrocar *v.tr.* Sacar a una persona de su cargo o dignidad; derribar.

derrochador, ra *adj./s.* Que derrocha.

derrochar *v.tr.* Malgastar dinero u otros bienes; despilfarrar.

derroche *s.m.* Acción de derrochar.

derrota *s.f.* Acción y efecto de derrotar. Dirección que toma una embarcación. Camino, senda.

derrotar *v.tr.* Vencer al contrario; en especial, a un ejército.

derrotero *s.m.* Línea señalada en la carta náutica. • Derrota que sigue un barco.

derrotista *adj./s.m. y f.* Persona que propaga el desaliento.

derruir *v.tr.* Arruinar un edificio.

derrumbamiento *s.m.* Acción de derrumbar.

derrumbar *v.tr./prnl.* Precipitar, despeñar. • Derribar un edificio.

derrumbe *s.m.* Derrumbamiento.

derviche *s.m.* Especie de monje de una secta mahometana.

desabastecer *v.tr./prnl.* Dejar de proveer

desabotonar *v.tr./prnl.* Sacar el botón del ojal.

desabrido, da *adj.* Que carece de sabor insípido. • Sin gracia.

desabrigar *v.tr.* Quitar el abrigo.

desabrochar *v.tr.* Desprender los broches, botones, etc.

desacato *s.m.* Falta de respeto. • Delito de injuriar o amenazar a una autoridad.

desacelerar *v.tr.* Decelerar.

desacertado, da *adj.* Falto de acierto; equivocado, inadecuado.

desacertar *v.intr.* No tener acierto al obrar; errar.

desacierto *s.m.* Acción de desacertar. • Hecho o dicho desacertados.

desacomodar *v.tr.* Privar de la comodidad. • *América* Desarreglar lo que estaba en orden.

desacorde *adj.* Que no concuerda o armoniza con otra cosa.

desacostumbrar *v.tr./prnl.* Hacer perder o dejar cierta costumbre.

desacralizar *v.tr./prnl.* Dar carácter profano a algo que tenía carácter sagrado.

desacreditar *v.tr./prnl.* Hacer disminuir la buena reputación o el valor.

desactivar *v.tr.* Suprimir la actividad de un material o de un artefacto.

desacuerdo *s.m.* Falta de acuerdo; disconformidad. • Error, desacierto.
desafectar *v.tr.* Disponer el cese de un gravamen, de una hipoteca, etc. • Hacer que una persona deje de prestar sus servicios.
desafecto, ta *adj.* Que no siente estima. • *s.m.* Falta de cariño.
desafiar *v.tr.* Provocar una persona a otra para luchar, en especial con armas; retar. • Acometer una empresa dificultosa.
desafinar *v.intr./prnl.* Desviarse del tono debido la voz en el canto o un instrumento musical.
desafío *s.m.* Acción de desafiar.
desaforado, da *adj.* Que actúa sin someterse a ninguna ley. • Desmedido, desmesurado.
desafortunado, da *adj.* Que no tiene suerte; desgraciado.
desafuero *s.m.* Acción contra la ley o las buenas costumbres.
desagotar *v.tr.* Extraer el agua de un depósito.
desagradable *v.tr.* Que desagrada.
desagradar *v.intr.* Causar desagrado.
desagradecido, da *adj./s.* Que no agradece; ingrato.
desagrado *s.m.* Descontento o fastidio.
desagraviar *v.tr.* Reparar un agravio.
desagravio *s.m.* Acción de desagraviar.
desagregar *v.tr./prnl.* Separar o apartar una cosa de otra.
desaguadero *s.m.* Conducto o canal por donde salen las aguas.
desaguar *v.tr.* Extraer el agua de un lugar. • *intr.* Desembocar un río en el mar.
desagüe *s.m.* Acción de desaguar. • Desaguadero.
desaguisado *s.m.* Ofensa o atropello. • Destrozo o fechoría.
desahogado, da *adj.* Dícese del sitio espacioso. • Que tiene una buena situación económica.
desahogar *v.tr./prnl.* Manifestar una pena, una pasión, etc., para aliviarse de ellas.
desahogo *s.m.* Acción de desahogar. • Amplitud, expansión. • Buena situación económica.
desahuciar *v.tr.* Quitar toda esperanza. • Desalojar a un inquilino.
desairado, da *adj.* Que no resulta airoso en lo que pretendía. • Falto de garbo.
desairar *v.tr.* Humillar a una persona desatendiéndola; despreciar.
desaire *s.m.* Acción de desairar.
desalentador, ra *adj.* Que causa desaliento.
desalentar *v.tr.* Causar dificultad en la respiración. • *tr./prnl.* Quitar los deseos o las esperanzas.
desaliento *s.m.* Falta de ánimo; desánimo, abatimiento.
desalinear *v.tr./prnl.* Hacer perder la alineación.
desaliño *s.m.* Falta de cuidado en el arreglo personal; desidia.
desalmado, da *adj./s.* Que causa daño voluntariamente; inhumano.
desalojar *v.tr.* Dejar un sitio. • Hacer salir de un sitio a una persona o una cosa.
desalojo *s.m.* Acción y efecto de desalojar.
desamorado, da *adj.* Que no siente amor o no lo demuestra.
desamor *s.m.* Falta de amor o cariño. • Enemistad o antipatía.
desamparar *v.tr.* Dejar sin amparo al que lo busca o lo necesita.
desamparo *s.m.* Falta de recursos para subsistir, y de ayuda o apoyo.
desamueblar *v.tr.* Quitar los muebles.
desandar *v.tr.* Recorrer hacia atrás el camino ya andado.
desangrar *v.tr./prnl.* Sacar mucha cantidad de sangre, o perderla. • *tr.* Desaguar un lago, un estanque, etc. • Empobrecer disipando los bienes.
desanimado, da *adj.* Sin ánimo. • Falto de animación.
desanimar *v.tr./prnl.* Hacer perder el ánimo; desalentar.
desanudar *v.tr.* Desatar un nudo. • Resolver una situación confusa.
desapacible *adj.* Desagradable por su falta de suavidad.
desaparecer *v.intr.* Ocultarse a la vista o dejar de estar en un lugar.
desaparición *s.f.* Acción de desaparecer.
desapasionado, da *adj.* Que no se guía por la pasión; objetivo.

desapego *s.m.* Falta de interés, afición o afecto.
desapercibido, da *adj.* Desprovisto de lo necesario. • Inadvertido.
desaplicado, da *adj.* Que no pone esfuerzo o interés en el trabajo.
desaprensión *s.f.* Falta de preocupación por obrar justamente.
desaprensivo, va *adj.* Que actúa con desaprensión.
desaprobación *s.f.* Acción y efecto de desaprobar.
desaprobar *v.tr.* No aprobar.
desaprovechado, da *adj.* Que no produce el provecho que puede dar.
desaprovechar *v.tr.* No aprovechar algo o emplearlo mal; desperdiciar.
desarmable *adj.* Dícese del objeto que se puede desarmar.
desarmado, da *adj.* Desprovisto de armas.
desarmar *v.tr.* Quitar o hacer entregar las armas. • Aplacar los ánimos de una persona. • Desunir las piezas que componen un objeto.
desarme *s.m.* Acción de desarmar. • Arbitrio para mantener la paz entre las naciones mediante el control de armamentos.
desarraigado, da *adj.* Que no está ligado por afectos al sitio donde vive.
desarraigar *v.tr./prnl.* Arrancar una planta de raíz. • Desterrar. • Suprimir enteramente un vicio, una costumbre, etcétera.
desarrapado, da *adj.* Andrajoso, harapiento.
desarreglar *v.tr.* Deshacer el arreglo o disposición de algo.
desarreglo *s.m.* Falta de arreglo u orden.
desarrimar *v.tr.* Separar lo que está arrimado.
desarrollado, da *adj.* Dícese del país en el que se ha cumplido el proceso de desarrollo económico.
desarrollar *v.tr./prnl.* Perfeccionar, ampliar. • *tr.* Desenrollar. • Explicar una teoría, un tema, etc., en todos sus pormenores.
desarrollo *s.m.* Acción de desarrollar.
desarropar *v.tr./prnl.* Sacar de encima la ropa a alguien.
desarrugar *v.tr./prnl.* Quitar las arrugas.
desarticulado, da *adj.* Desorganizado o inconexo.
desarticular *v.tr.* Deshacer la articulación de dos o más huesos, las piezas de una máquina, etc. • Impedir que se realice un plan, una conspiración, etc.
desaseado, da *adj.* Falto de aseo.
desaseo *s.m.* Falta de aseo.
desasir *v.tr./prnl.* Desprender, soltar.
desasnar *v.tr. fam.* Quitar la rudeza e ignorancia a alguien por medio de la educación.
desasosegar *v.tr./prnl.* Quitar el sosiego; inquietar, intranquilizar.
desasosiego *s.m.* Falta de sosiego.
desastrado, da *adj.* Que viste en forma sucia y descuidada.
desastre *s.m.* Suceso infeliz y lamentable; calamidad, catástrofe.
desastroso, sa *adj.* Desgraciado, funesto.
desatar *v.tr./prnl.* Soltar lo que ata o está atado. • Poner en actividad lo que estaba quieto o contenido. • *prnl.* Perder la timidez y el temor. • Descomedirse.
desatascar *v.tr.* Sacar del atascadero.
desatención *s.f.* Falta de atención; distracción. • Descortesía.
desatender *v.tr.* No prestar atención a algo. • No cuidar a quien lo necesita.
desatento, ta *adj.* Que no presta atención. • Descortés.
desatinado, da *adj.* Falto de tino.
desatinar *v.intr.* Hacer o decir desatinos.
desatino *s.m.* Falta de tino.
desatrancar *v.tr.* Quitar la tranca a una puerta, ventana, etc.
desautorización *s.f.* Acción de desautorizar.
desautorizar *v.tr.* Quitar autoridad o poder a alguien.
desavenencia *s.f.* Falta de avenencia o acuerdo entre las personas.
desavenido, da *adj.* Que está enemistado o en desacuerdo con otro.
desavenir *v.tr./prnl.* Hacer que dos o más personas se enemisten.
desayunar *v.intr./tr./prnl.* Tomar el desayuno.

desayuno *s.m.* Alimento que se toma a primera hora de la mañana.
desazón *s.f.* Falta de sabor en las comidas. • Desasosiego, inquietud.
desbancar *v.tr.* Hacer perder a alguien la posición que ocupa, o la estimación de otra persona, ganándolas para sí.
desbandada *s.f.* Acción de desbandarse.
desbandarse *v.prnl.* Huir en desorden los que estaban juntos.
desbarajuste *s.m.* Confusión, desorden.
desbaratar *v.tr.* Deshacer o arruinar algo. • Introducir el desorden en un ejército enemigo. • *intr.* Disparatar.
desbarrancar *v.tr./prnl. América* Despeñar.
desbarrar *v.intr.* Deslizarse. • Decir o hacer disparates.
desbastar *v.tr.* Eliminar las partes bastas de una cosa que se va a labrar. • Quitar a alguien la tosquedad.
desbocado, da *adj. fam.* Que suele decir palabras indecentes u ofensivas.
desbocar *v.tr.* Romper la boca a una cosa. • *prnl.* No obedecer una caballería al freno y echarse a galopar sin control. • Perder la compostura en la conducta o en el lenguaje.
desbordamiento *s.m.* Acción de desbordar.
desbordar *v.intr./prnl.* Salir un líquido de los bordes del recipiente que lo contiene o del cauce por el que corre. • *prnl.* Exaltarse las pasiones o los estados de ánimo.
desbravar *v.tr.* Amansar, domar.
desbrozar *v.tr.* Limpiar algo de broza.
descabalgar *v.intr.* Bajarse de una cabalgadura; desmontar.
descabellado, da *adj.* Contrario a la razón o la prudencia.
descabezar *v.tr.* Cortar la cabeza. • Cortar la parte superior o la punta a algo.
descalabrar *v.tr.* Herir en la cabeza. • Causar un daño muy grande.
descalabro *s.m.* Contratiempo en el que se sufre gran daño.
descalcificar *v.tr./prnl.* Hacer perder el calcio a un tejido orgánico.
descalificar *v.tr.* Desacreditar. • Inhabilitar a alguien para realizar cierta actividad.
descalzar *v.tr.* Quitar el calzado.
descalzo, za *adj.* Con los pies desnudos.
descamación *s.f.* Caída de la piel en forma de laminillas.
descaminar *v.tr./prnl.* Apartar a alguien del camino que debe seguir.
descampado, da *adj./s.m.* Dícese del terreno limpio de vegetación y sin viviendas.
descansado, da *adj.* Que no demanda trabajo o esfuerzo.
descansar *v.intr.* Cesar en un trabajo o esfuerzo; reposar. • Dormir. • Confiar en alguien. • Estar apoyada una cosa sobre otra. • *tr.* Aliviar a otro de su trabajo.
descansillo *s.m.* Rellano de la escalera.
descanso *s.m.* Acción de descansar. • Alivio. • Rellano de la escalera.
descarado, da *adj.* Que se comporta con descaro.
descarga *s.f.* Acción de descargar.
descargar *v.tr.* Quitar o aliviar una carga. • Liberar de una obligación. • Disparar un arma de fuego o extraerle la carga. • Dar un golpe con violencia.
descargo *s.m.* Acción de descargar. • Excusa o respuesta del cargo que se le hace a alguien.
descarnado, na *adj.* Sin atenuaciones ni rodeos.
descarnar *v.tr.* Quitarle la carne a un hueso.
descarne *s.m. América* Parte interior del cuero, de la que se obtiene un producto de inferior calidad.
descaro *s.m.* Falta de pudor o de respeto en las palabras o las acciones.
descarozar *v.tr. América* Quitar el carozo o hueso a las frutas.
descarriar *v.tr./prnl.* Apartar del camino correcto o conveniente. • Apartar del rebaño una o más reses.
descarrilamiento *s.m.* Acción y efecto de descarrilar.
descarrilar *v.intr./prnl.* Salirse fuera del carril un tren u otro vehículo.
descarrío *s.m.* Acción de descarriar.
descartable *adj.* Que se puede descartar.
descartar *v.tr.* Desechar algo de entre varias cosas. • *prnl.* En ciertos juegos

de baraja, dejar las cartas inútiles sustituyéndolas por otras.

descascarar *adj.* Quitar la cáscara.

descastado, da *adj.* Que manifiesta poco cariño a los parientes, a los amigos, etcétera.

descendencia *s.f.* Conjunto de quienes proceden de una persona por generaciones sucesivas.

descendente *adj.* Que desciende.

descender *v.intr./tr.* Bajar. • *intr.* Tener alguien su origen en una persona o linaje determinados.

descendiente *s.m. y f.* Persona que desciende de otra por generaciones sucesivas.

descendimiento *s.m.* Acción de descender a alguien o algo.

descenso *s.m.* Acción de descender.

descentrado, da *adj.* Dícese del instrumento o pieza de una máquina cuyo centro se halla fuera de la posición debida.

descentralizar *v.tr.* Trasferir a diversas corporaciones ciertas funciones dependientes del poder central.

descentrar *v.tr./prnl.* Hacer que algo deje de estar centrado.

descerrajar *v.tr.* Arrancar una cerradura. • Disparar uno o más tiros.

descifrar *v.tr.* Interpretar el significado oculto de algo escrito en clave. • Comprender algo difícil.

desclavar *v.tr.* Desprender lo que está clavado.

descocado, da *adj./s.* Descarado.

descolgar *v.tr.* Quitar algo de donde está colgado. • *prnl.* Dejarse caer por una cuerda, una pendiente, etc.

descolocar *v.tr./prnl.* Separar a alguien o algo del lugar que ocupan.

descolorido, da *adj.* De color pálido.

descollante *adj.* Que descuella.

descollar *v.intr.* Sobresalir.

descomedido, da *adj.* Descortés. • Excesivo, desproporcionado.

descomedimiento *s.m.* Falta de respeto; descortesía.

descomedirse *v.prnl.* Faltar al respeto.

descompaginar *v.tr.* Desbaratar o frustrar algo.

descomponer *v.tr.* Separar las distintas partes de un todo. • Desarreglar. • *tr./prnl.* En química, trasformar una sustancia compuesta en otras más simples. • *prnl.* Hallarse un cuerpo animal o vegetal en estado de putrefacción. • Sentirse mal de salud. • Perder la serenidad.

descomposición *s.f.* Acción y efecto de descomponer.

descompostura *s.f.* Acción de descomponer o descomponerse. • Desaliño. • Excesiva desenvoltura.

descompresión *s.f.* Acción de descomprimir.

descomprimir *v.tr.* Disminuir o quitar la compresión a que está sometido un cuerpo.

descompuesto, ta *adj.* Que está averiado o imposibilitado de funcionar. • Irritado o enfurecido.

descomunal *adj.* Enorme, extraordinario.

desconcentrarse *v.prnl.* Dispersarse un grupo de gente concentrada en un lugar. • Dispersar la atención.

desconceptuar *v.tr./prnl.* Formar mal concepto de una persona.

desconcertante *adj.* Que desconcierta.

desconcertar *v.tr.* Descomponer el orden de personas o cosas. • *tr./prnl.* Confundir, sorprender.

desconcierto *s.m.* Desorden en las cosas. • Desorientación en las personas.

desconectado, da *adj.* Sin relación con cierta cosa.

desconectar *v.tr.* Interrumpir la conexión de una cosa con otra; en especial, una conexión eléctrica.

desconfiado, da *adj./s.* Que desconfía.

desconfianza *s.f.* Falta de confianza.

desconfiar *v.intr.* No confiar.

desconformidad *s.f.* Disconformidad.

descongelar *v.tr./prnl.* Hacer que cese la congelación de una cosa.

descongestión *s.f.* Acción de descongestionar.

descongestionar *v.tr.* Disminuir o quitar la congestión.

desconocer *v.tr.* No conocer. • Negar una persona su relación con alguien o algo.

desconocido, da *adj./s.* No conocido antes.

desconocimiento *s.m.* Acción de desconocer.
desconsideración *s.f.* Falta de consideración.
desconsiderado, da *adj./s.* Falto de consideración.
desconsolado, da *adj.* Que no tiene consuelo.
desconsolar *v.tr.* Causar desconsuelo. • *prnl.* Sentir desconsuelo.
desconsuelo *s.m.* Aflicción, angustia.
descontado (por) *loc. adv.* Se usa para afirmar mostrando seguridad o certeza.
descontaminar *v.tr.* Eliminar los elementos nocivos en algún cuerpo o lugar.
descontar *v.tr.* Restar algo de una cantidad de dinero, de una medida, etc. • Dar algo por seguro.
descontento, ta *adj.* Que está disconforme con algo. • *s.m.* Disgusto.
descontrolarse *v.prnl.* Perder alguien el dominio de sí mismo.
descorazonar *v.tr./prnl.* Desalentar, desanimar.
descorchar *v.tr.* Quitar el corcho que cierra una botella.
descorrer *v.tr.* Correr algo en sentido opuesto a aquel en que se ha corrido antes.
descortés *adj./s.m. y f.* Falto de cortesía.
descortesía *s.f.* Falta de cortesía.
descortezar *v.tr.* Quitar la corteza a árboles, frutas, etc.
descoser *v.tr./prnl.* Soltar una costura.
descoyuntar *v.tr./prnl.* Desencajar un hueso de su lugar; dislocar.
descrédito *s.m.* Desprestigio.
descreído, da *adj.* Que carece de fe o de creencias.
descremar *v.tr.* Quitar la crema a la leche.
describir *v.tr.* Representar a personas, animales o cosas por medio del lenguaje.
descripción *s.f.* Acción y efecto de describir.
descriptivo, va *adj.* Que describe.
descuajaringarse *v.prnl. fam.* Separarse las partes de una cosa. • *fam.* Desarticularse las partes del cuerpo humano por el cansancio o por una risa violenta.
descuartizar *v.tr.* Dividir un cuerpo en trozos.
descubierto, ta *adj.* Sin sombrero ni otra prenda que cubra la cabeza. • Dícese del lugar espacioso o despejado. • *s.m.* Déficit en una cuenta mercantil.
descubridor, ra *adj./s.* Que descubre.
descubrimiento *s.m.* Acción de descubrir. • Cosa descubierta.
descubrir *v.tr.* Dejar que se vea algo quitando lo que lo cubría. • Hacer patente una cosa encubierta u ocultada. • Hallar algo que está oculto o era desconocido. • Alcanzar a ver desde lejos.
descuento *s.m.* Acción de descontar. • Cantidad descontada; rebaja.
descuidado, da *adj./s.* Que no cuida su arreglo personal. • Negligente. • *adj.* Desprevenido.
descuidar *v.tr.* No cuidar.
descuido *s.m.* Falta de cuidado. • Inadvertencia. • Desidia, negligencia.
deschavetado, da *adj./s. fam. América* Que actúa de manera alocada.
desde *prep.* Indica el punto de origen de una acción en el tiempo o en el espacio.
desdecir *v.intr.* No convenir o no armonizar una cosa con otra. • *prnl.* Retractarse de lo dicho.
desdén *s.m.* Desprecio, menosprecio.
desdentado, da *adj.* Que no tiene dientes.
desdeñar *v.tr.* Tratar con desdén. • No tener en consideración.
desdeñoso, sa *adj./s.* Que manifiesta desdén.
desdibujar *v.tr./prnl.* Desvanecer los contornos de una cosa.
desdicha *s.f.* Desventura, infortunio.
desdichado, da *adj./s.* Infeliz, desgraciado.
desdoblamiento *s.m.* Acción de desdoblar.
desdoblar *v.tr.* Extender algo que estaba doblado. • Trasformar una cosa en dos o más cosas iguales.
desdoro *s.m.* Descrédito, vergüenza.
desdoroso, sa *adj.* Que causa desdoro.
deseable *adj.* Digno de ser deseado.
desear *v.tr.* Tender con el pensamiento al logro o realización de algo.
desecar *v.tr.* Secar o quitar la humedad.

desechar. • *v.tr.* Apartar de sí; rechazar. • Dejar algo por inútil.
desecho *s.m.* Resto que queda de una cosa después de haber elegido lo mejor. • Cosa dejada por inútil.
desembalar *v.tr.* Deshacer el embalaje.
desembarazado, da *adj.* Libre, despejado. • Que no se cohíbe fácilmente.
desembarazar *v.tr.* Dejar libre de impedimentos. • *prnl.* Apartar alguien de sí lo que le estorba.
desembarazo *s.m.* Desenvoltura.
desembarcadero *s.m.* Lugar destinado para desembarcar.
desembarcar *v.tr.* Descargar las cosas embarcadas. • *intr.* Salir de una embarcación.
desembarco *s.m.* Acción de desembarcar.
desembargar *v.tr.* Levantar un embargo.
desembarque *s.m.* Desembarco.
desembocadura *s.f.* Lugar por donde desemboca algo.
desembocar *v.intr.* Terminar un río, un camino, etc., en un sitio.
desembolsar *v.tr.* Sacar de la bolsa • Pagar una cantidad de dinero.
desembolso *s.m.* Cantidad de dinero entregada.
desembragar *v.tr.* Desconectar un mecanismo de su eje motor.
desembrague *s.m.* Acción de desembragar.
desembrollar *v.tr.* Deshacer o aclarar un embrollo.
desembuchar *v.tr. fam.* Decir alguien todo lo que sabe acerca de un asunto.
desemejante *adj.* No semejante.
desemejanza *s.f.* Relación entre cosas desemejantes.
desempacar *v.tr.* Sacar las mercaderías de las pacas o fardos en que están. • *América* Vaciar las valijas después de un viaje.
desempañar *v.tr.* Limpiar lo que está empañado.
desempaquetar *v.tr.* Desenvolver lo que está empaquetado.
desempatar *v.tr.* Deshacer un empate.
desempate *s.m.* Acción y efecto de desempatar.
desempeñar *v.tr.* Recuperar lo empeña do. • Dejar a alguien libre de deudas. *tr./prnl.* Realizar las funciones o accic nes propias de un empleo, profesiór etcétera.
desempeño *s.m.* Acción de desempeñar
desempleo *s.m.* Disminución o ausenci de ofertas de trabajo.
desencadenar *v.tr.* Quitar la cadena a que está sujeto con ella. • *tr./prnl.* Prc vocar una manifestación violenta d fuerzas materiales o espirituales.
desencajar *v.tr.* Sacar una cosa de dor de está encajada. • *prnl.* Alterarse e semblante por una pasión o un dolo muy intensos.
desencantar *v.tr./prnl.* Deshacer el en canto. • Desilusionar.
desencanto *s.m.* Acción de desencantar
desencolar *v.tr.* Despegar lo encolado.
desencontrarse *v.prnl. América* No en contrarse dos o más personas que s buscan o esperan encontrarse.
desencuadernar *v.tr.* Deshacer una en cuadernación.
desencuentro *s.m. América* Acción de desencontrarse.
desenchufar *v.tr.* Separar lo que est enchufado.
desenfadado, da *adj.* Desenvuelto, libre
desenfado *s.m.* Falta de timidez en la conducta; desparpajo.
desenfrenado, da *adj.* Sin contención n moderación.
desenfrenarse *v.prnl.* Caer en todo tip de vicios. • Manifestarse violentamen te una fuerza natural o una pasión.
desenfreno *s.m.* Acción de desenfre narse.
desenfundar *v.tr.* Quitar algo de su funda.
desenganchar *v.tr.* Soltar lo que est enganchado. • Quitar de un carruaje las caballerías.
desengañar *v.tr./prnl.* Hacer salir a alguien del engaño en que estaba. • Quitar las ilusiones.
desengaño *s.m.* Acción de desengañar.
desengranar *v.tr.* En mecánica, separar dos ruedas dentadas que estaban engranadas.
desengrasar *v.tr.* Quitar la grasa.

desenhebrar *v.tr.* Sacar la hebra de la aguja.
desenlace *s.m.* Final de una obra narrativa o dramática. • Final de un suceso cualquiera.
desenmarañar *v.tr./prnl.* Deshacer o aclarar lo que está enmarañado.
desenmascarar *v.tr./prnl.* Quitar la máscara. • Revelar los verdaderos deseos, sentimientos, etc., de alguien.
desenredar *v.tr.* Deshacer un enredo. • *prnl.* Salir de una dificultad.
desenrollar *v.tr./prnl.* Extender o soltar lo que estaba enrollado.
desenroscar *v.tr.* Extender lo que estaba enroscado. • Sacar un tornillo dándole vueltas.
desensillar *v.tr.* Quitar la silla a una caballería.
desentenderse *v.prnl.* Afectar ignorancia sobre algo. • No participar en un asunto.
desentendido, da *adj.* Que finge no darse cuenta de que alguien lo alude.
desenterrar *v.tr.* Sacar lo que está debajo de la tierra. • Recordar cosas olvidadas o silenciadas.
desentonar *v.intr.* Desafinar. • Estar una persona o cosa en contraste desagradable con lo que las rodea. • *prnl.* Levantar la voz faltando el respeto.
desentrañar *v.tr.* Llegar a penetrar el significado de algo; descifrar. • *prnl.* Desprenderse de todo y darlo.
desentumecer *v.tr./prnl.* Hacer que un miembro entumecido recobre su agilidad.
desenvainar *v.tr.* Sacar un arma blanca de su vaina.
desenvoltura *s.f.* Soltura y gracia en los movimientos. • Falta de timidez. • Falta de recato.
desenvolver *v.tr.* Sacar algo de su envoltura. • *tr./prnl.* Desarrollar una teoría, un tema, etc. • Aclarar algo. • *prnl.* Crecer, prosperar o progresar. • Obrar de cierta manera.
desenvolvimiento *s.m.* Acción y efecto de desenvolver.
desenvuelto, ta *adj.* Que se conduce con desenvoltura.
deseo *s.m.* Acción y efecto de desear.
desequilibrado, da *adj.* Falto de equilibrio.
desequilibrar *v.tr.* Hacer perder el equilibrio. • *tr./prnl.* Enloquecer.
desequilibrio *s.m.* Falta de equilibrio.
deserción *s.f.* Acción de desertar.
desertar *v.intr.* Abandonar su puesto un soldado. • Abandonar alguien una causa u obligación.
desértico, ca *adj.* Desierto, despoblado. • Propio del desierto.
desertor, ra *adj.* Dícese del que deserta; en especial, de un soldado.
desesperación *s.f.* Pérdida total de la esperanza. • Alteración extrema del ánimo ante algo irremediable.
desesperado, da *adj./s.* Que siente desesperación.
desesperanzar *v.tr./intr./prnl.* Hacer perder la esperanza a una persona.
desesperar *v.tr./intr./prnl.* Desesperanzar. • *tr./prnl.* Hacer perder la tranquilidad o la paciencia.
desestabilizar *v.tr.* Quitar la estabilidad.
desestimar *v.tr.* No estimar en la forma debida. • Rechazar una petición la autoridad.
desfachatado, da *adj.* Que se conduce con mucho descaro.
desfachatez *s.f.* Cualidad de desfachatado.
desfalco *s.m.* Apropiación fraudulenta de dinero o bienes en perjuicio de una persona.
desfallecer *v.intr.* Perder o ir perdiendo de a poco, la energía o el vigor. • Perder los ánimos; flaquear.
desfallecimiento *s.m.* Decaimiento o disminución total de las fuerzas.
desfasaje *s.m.* Defasaje.
desfasar *v.tr.* Defasar.
desfase *s.m.* Falta de correspondencia o ajuste respecto de las circunstancias del momento.
desfavorable *adj.* Que es contrario o perjudicial para alguien o algo.
desfigurar *v.tr.* Deformar. • Hacer parecer una cosa distinta de lo que es; disfrazar. • Volver imprecisa la forma de una cosa.
desfiladero *s.m.* Paso estrecho entre montañas.

desfilar *v.intr.* Marchar en fila; en especial, las tropas.
desfile *s.m.* Acción de desfilar.
desfondar *v.tr.* / *prnl.* Quitar o romper el fondo de una cosa.
desgaire *s.m.* Despreocupación en el vestir. • Ademán de desprecio.
desgajar *v.tr.* Separar la rama del tronco de donde nace. • Separar una cosa unida a otra. • *prnl.* Desprenderse.
desgana *s.f.* Inapetencia. • Falta de gana para hacer algo.
desganado, da *adj.* Inapetente. • Indolente.
desgano *s.m.* Desgana.
desgañitarse *v.prnl.* Enronquecerse. • *fam.* Gritar esforzándose mucho.
desgarbado, da *adj.* Falto de garbo.
desgarrador, ra *adj.* Que desgarra.
desgarrante *adj.* Que desgarra o causa intensa pena.
desgarrar *v.tr.* Romper cosas de poca consistencia; rasgar. • Causar una gran pena y compasión.
desgarro *s.m.* Rotura grande.
desgastar *v.tr.* Consumir poco a poco. • *prnl.* Perder fuerza o poder.
desgaste *s.m.* Acción y efecto de desgastar.
desglosar *v.tr.* Separar un asunto o un impreso de otros a los que están unidos.
desglose *s.m.* Acción de desglosar.
desgobierno *s.m.* Falta de gobierno. • Desorden en el modo de vivir.
desgracia *s.f.* Suceso que causa perjuicio o pena. • Desdicha, infortunio. • Pérdida del favor de alguien. • Suerte adversa.
desgraciado, da *adj.* / *s.* Que sufre una desgracia. • Desafortunado.
desgranar *v.tr.* Separar el grano de la espiga o del racimo. • *prnl.* Soltarse las cuentas ensartadas.
desgrasado, da *adj.* / *s.* Que se le ha quitado la grasa. • *s.m.* Acción y efecto de desgrasar.
desgrasar *v.tr.* Eliminar la grasa que ensucia, cubre o impregna algo.
desgravar *v.tr.* Liberar de un impuesto, o reducirlo.
desgreñado, da *adj.* Con los cabellos en desorden.
desgreñar *v.tr.* / *prnl.* Desordenar los ca bellos; despeinar.
desguarnecer *v.tr.* Sacar las guarnici nes a las caballerías. • Quitar las fue zas que guarnecen un sitio. • Quita las piezas esenciales de un instrumen to o un mecanismo.
desguarnecido, da *adj.* Que carece d medios de defensa.
desguazar *v.tr.* Desbastar una mader • Desarmar un buque.
deshabitado, da *adj.* Que no está habitad
deshabituar *v.tr.* / *prnl.* Perder el hábit de cierta cosa.
deshacer *v.tr.* Desarmar o desmontar. Desandar. • Desbaratar un ejército. Separar una cosa en sus partes. • Di solver. • *prnl.* Desvanecerse algo ant la vista. • Esforzarse mucho.
desharrapado, da *adj.* Desarrapado.
deshecho, cha *adj.* Sin hacer. • Roto en mal estado. • Muy afligido. • Mu cansado.
deshelar *v.tr.* / *prnl.* Fundir lo que est helado.
desheredado, da *s.* / *adj.* El que no tien bienes, o solo tiene los indispensables.
desheredar *v.tr.* Excluir a un hereder de la herencia.
deshidratación *s.f.* Acción y efecto d deshidratar.
deshidratante *adj.* / *s.m.* Que deshidra ta. • Dícese de las sustancias que qui tan el agua a otras.
deshidratar *v.tr.* / *prnl.* Eliminar agua d una sustancia por distintos métodos.
deshielo *s.m.* Efecto de deshelar.
deshilachar *v.tr.* Sacar hilachas de una tela. • *prnl.* Desprenderse las hilachas de una tela.
deshilar *v.tr.* Sacar hilos de un tejido, o sacarlos del borde para formar flecos. • Reducir a hilos una cosa.
deshilvanar *v.tr.* Quitar los hilvanes.
deshinchar *v.tr.* Sacar el contenido de un cuerpo hinchado. • *prnl.* Perder una cosa su hinchazón.
deshojar *v.tr.* Quitar las hojas a una cosa o los pétalos a una flor.
deshollinador, ra *adj.* / *s.* Que se dedica a deshollinar chimeneas. • *s.m.* Utensilio para deshollinar.

deshollinar *v.tr.* Quitar el hollín.
deshonestidad *s.f.* Cualidad de deshonesto. • Dicho o hecho deshonestos.
deshonesto, ta *adj.* No honesto.
deshonor *s.m.* Pérdida del honor. • Cosa que quita el honor.
deshonra *s.f.* Pérdida de la honra. • Cosa deshonrosa.
deshonrar *v.tr.* Quitar la honra o el honor a alguien.
deshonroso, sa *adj.* Que deshonra.
deshora (a) *loc. adv.* A una hora no acostumbrada o inoportuna.
deshumanizar *v.tr.* Privar a algo de las características humanas.
desiderativo, va *adj.* Que expresa o indica deseo.
desiderátum *s.m.* Lo mejor o lo más digno que se puede desear.
desidia *s.f.* Falta de cuidado en el arreglo, las cosas o la labor de una persona; descuido.
desierto, ta *adj.* Dícese del lugar donde no vive o no hay nadie. • *s.m.* Territorio extenso que carece de agua, por lo que es inhabitable.
designación *s.f.* Acción de designar.
designar *v.tr.* Destinar para un fin o una función específicos. • Ser útil para indicar algo. • Representar algo por la palabra.
designio *s.m.* Propósito, intención.
desigual *adj.* Con cambios o diferencias. • Inconstante, variable. • Dicho de una superficie, con desniveles o asperezas. • No equitativo.
desigualdad *s.f.* Cualidad de desigual. • Expresión matemática con que se indican las relaciones de mayor y menor.
desilusión *s.f.* Pérdida de las ilusiones; desengaño, decepción.
desilusionar *v.tr./prnl.* Quitar las ilusiones.
desimanar *v.tr.* Eliminar la magnetización de un cuerpo.
desimantar *v.tr.* Desimanar.
desinencia *s.f.* En gramática, terminación que se añade a la raíz de una palabra para derivar otras.
desinfección *s.f.* Acción y efecto de desinfectar.
desinfectante *adj./s.m.* Que destruye los gérmenes patógenos.
desinfectar *v.tr.* Hacer desaparecer una infección, destruyendo los gérmenes que la provocan.
desinflamar *v.tr.* Hacer desaparecer una inflamación.
desinflar *v.tr./prnl.* Sacar el aire u otra cosa del cuerpo que lo contiene.
desinformar *v.intr.* Dar información intencionadamente desvirtuada.
desintegración *s.f.* Acción y efecto de desintegrar.
desintegrar *v.tr.* Dividir algo en las partes o elementos que lo componen. • Desmenuzar una materia.
desinterés *s.m.* Falta de interés en lo material, o tendencia a compartir lo propio con los demás; generosidad.
desinteresado, da *adj.* Que se caracteriza por su desinterés.
desinteresarse *v.prnl.* Perder el interés que se tenía en algo.
desintoxicar *v.tr./prnl.* Combatir la intoxicación o sus efectos.
desistir *v.intr.* Renunciar a una empresa o un intento.
desleal *adj./s.m. y f.* Falto de lealtad; falso, infiel.
deslealtad *s.f.* Falta de lealtad.
desleír *v.tr.* Deshacer una sustancia sólida o en polvo en un líquido.
deslenguado, da *adj.* Que dice cosas indecentes o irrespetuosas.
desligar *v.tr./prnl.* Soltar las ligaduras. • Librar de una obligación o desentenderse de ella.
deslindar *v.tr.* Señalar los lindes o los límites de algo • Puntualizar una cuestión en sus detalles.
desliz *s.m.* Deslizamiento. • Error, falta o indiscreción.
deslizamiento *s.m.* Acción de deslizar. • Caída parcial de las laderas de un torrente o un río.
deslizar *v.tr./prnl.* Pasar suavemente una cosa sobre otra. • Poner o incluir algo como al descuido en una conversación, escrito, etc. • *prnl.* Trascurrir el tiempo. • Escaparse sin ser notado.
deslomar *v.tr./prnl.* Lastimar los lomos de un animal. • *prnl.* Trabajar o esforzarse mucho.

deslucido, da *adj.* Falto de brillo. Que no tiene lucimiento.
deslucir *v.tr./prnl.* Quitar el atractivo, la gracia o el brillo a una cosa. • Desacreditar a alguien.
deslumbramiento *s.m.* Acción y efecto de deslumbrar.
deslumbrar *v.tr./prnl.* Impedir el exceso de luz que alguien vea bien. • *tr.* Producir gran impresión una cosa.
deslustrar *v.tr.* Quitar el lustre. • Desprestigiar.
desmán *s.m.* Hecho cometido contra el orden público; desorden. • Acción agraviante.
desmandar *v.tr.* Revocar un mandato, un mando o un legado. • *prnl.* Desobedecer a una autoridad. • Desbandarse el ganado. • Propasarse.
desmantelar *v.tr.* Destruir la fortificación de una plaza. • Desamueblar un lugar. • Desarmar un buque o desarbolarlo.
desmañado, da *adj.* Falto de maña.
desmarcar *v.intr./prnl.* En deporte, eludir un jugador a un adversario.
desmayado, da *adj.* De color pálido o apagado. • Flojo o abandonado.
desmayar *v.tr.* Causar desmayo. • *intr.* Acobardarse. • *prnl.* Perder el sentido.
desmayo *s.m.* Pérdida transitoria del sentido. • Desaliento.
desmedido, da *adj.* Falto de medida, proporción o prudencia.
desmedirse *v.prnl.* Excederse. • Propasarse o insolentarse.
desmedrar *v.tr./prnl.* Deteriorar. • *intr.* Debilitarse o enflaquecer.
desmedro *s.m.* Deterioro.
desmejorar *v.tr.* Hacer perder la calidad o la perfección. • *intr./prnl.* Ir perdiendo la salud.
desmelenado, da *adj.* Con el cabello alborotado o revuelto.
desmembrar *v.tr.* Separar los miembros del cuerpo. • *tr./prnl.* Dividir un organismo social, económico, etc.
desmemoriado, da *adj./s.* Que tiene poca o ninguna memoria.
desmentida *s.f.* o **desmentido** *s.m.* Acción y efecto de desmentir.
desmentir *v.tr.* Decir que no es verdad lo que ha dicho alguien. • No corre ponder a lo esperado; desmerecer.
desmenuzar *v.tr.* Deshacer una cosa d solviéndola en partes muy menudas. Examinar detalladamente un asunto.
desmerecer *v.intr.* Perder una cosa pa te de su mérito. • Resultar algo inferi al hacer comparaciones. • *tr.* No mere cer un premio.
desmesurado, da *adj.* Mucho más gra de de lo necesario o lo común. • Fal de mesura o de respeto.
desmesurar *v.tr.* Desarreglar, descon poner. • *prnl.* Excederse.
desmigajar *v.tr.* Reducir a migajas.
desmilitarizar *v.tr.* Quitar el caráct militar.
desmitificar *v.tr.* Quitar atributos mít cos a aquello que los tenía.
desmochar *v.tr.* Quitar o cortar la pu ta o la parte superior de algo.
1. desmontar *v.tr.* Talar un monte, bo que, etc. • Allanar un terreno.
2. desmontar *v.tr.* Desarmar algo. *tr./intr./prnl.* Bajar de una caballerí
desmonte *s.m.* Acción de desmontar u monte o un terreno. • Terreno desmor tado.
desmoralización *s.f.* Acción y efecto d desmoralizar.
desmoralizar *v.tr.* Hacer perder la mo ral o las buenas costumbres. • *tr./prn* Desanimar.
desmoronamiento *s.m.* Acción y efect de desmoronar.
desmoronar *v.tr./prnl.* Deshacer y arruinar poco a poco.
desmovilizar *v.tr.* Licenciar a las tropa o a personas movilizadas.
desnatadora *s.f.* Máquina para obtene nata de la leche mediante una fuez centrífuga.
desnatar *v.tr.* Quitar la nata a la leche • Quitar las escorias de un metal.
desnaturalización *s.f.* Acción y efecto d desnaturalizar.
desnaturalizado, da *adj./s.* Que n muestra cariño por su familia.
desnaturalizar *v.tr.* Hacer perder a un cosa sus cualidades esenciales. • Alte rar un producto.
desnivel *s.m.* Desigualdad o falta de ni

vel entre los puntos de una superficie. • Depresión o elevación de un terreno.
desnivelar *v.tr.* Hacer que una o más cosas dejen de estar niveladas.
desnucar *v.tr.* Dislocar los huesos de la nuca. • *tr./prnl.* Causar la muerte por un golpe en la nuca.
desnudar *v.tr.* Dejar desnudo a alguien. • Quitar a una cosa lo que la cubre o adorna. • *prnl.* Desprenderse de algo.
desnudez *s.f.* Estado de desnudo.
desnudismo *s.m.* Práctica de andar desnudo para exponer el cuerpo a los agentes naturales.
desnudo, da *adj.* No vestido o muy poco vestido. • Falto de lo que cubre, adorna, etc. • Sin dobleces ni rodeos.
desnutrición *s.f.* Empobrecimiento del organismo por mala o escasa alimentación.
desnutrirse *v.prnl.* Perder reservas el organismo por no nutrirse.
desobedecer *v.tr.* No obedecer lo ordenado por la ley, un superior, etc.
desobediencia *s.f.* Acción de desobedecer.
desobediente *adj.* Que no obedece.
desocupación *s.f.* Estado de desocupado.
desocupado, da *adj.* No ocupado. • Sin nada que hacer. • *adj./s.* Que no tiene empleo.
desocupar *v.tr.* Marcharse alguien de un lugar, dejándolo libre. • Sacar lo que hay dentro de una cosa. • *prnl.* Quedar libre de una ocupación.
desodorante *adj./s.m.* Que suprime los olores desagradables.
desodorizar *v.tr.* Eliminar ciertos olores.
desoír *v.tr.* No prestar atención.
desolación *s.f.* Aflicción, desconsuelo.
desolador, ra *adj.* Que causa desolación.
desolar *v.tr.* Destruir los edificios, las plantaciones, etc., de un lugar. • *prnl.* Afligirse mucho.
desollado, da *adj. fam.* Descarado o desvergonzado.
desollar *v.tr.* Quitar la piel o parte de ella a una persona o a un animal.
desopilante *adj.* Que provoca mucha risa.
desorbitado, da *adj.* Excesivo, exagerado.
desorbitar *v.tr.* Hacer salir a una cosa de su órbita. • Dar mucha importancia a una cosa.
desorden *s.m.* Falta de orden. • Perturbación del orden público.
desordenado, da *adj.* Que no tiene orden, o procede sin él.
desordenar *v.tr.* Poner en desorden una cosa. • *prnl.* Excederse.
desorganización *s.f.* Acción y efecto de desorganizar.
desorganizar *v.tr.* Deshacer la organización de una cosa. • Cambiar las propiedades o caracteres.
desorientación *s.f.* Acción y efecto de desorientar.
desorientado, da *adj.* Que no sabe qué camino seguir o cómo actuar.
desorientar *v.tr./prnl.* Hacer perder la orientación. • Confundir, desconcertar.
desosar *v.tr.* Deshuesar.
desovar *v.intr.* Depositar sus huevos las hembras de los insectos, peces y anfibios.
desove *s.m.* Acción de desovar, y época en que se realiza.
desoxidar *v.tr.* Eliminar el óxido de un metal o de una aleación. • Quitar el oxígeno a una sustancia.
despabilado, da *adj.* Que no tiene ganas de dormir o está desvelado. • Avispado, despierto.
despabilar *v.tr.* Cortar la parte quemada del pabilo para que la vela dé más luz. • *tr./prnl.* Hacer perder la torpeza. • *prnl.* Despertarse o desvelarse.
despachar *v.tr.* Concluir un negocio u otra cosa. • Resolver un asunto. • En un comercio, atender a un cliente. • Enviar. • Despedir a una persona de un lugar.
despacho *s.m.* Acción de despachar. • Habitación destinada a despachar negocios, o para el estudio. • Comunicación oficial.
despachurrar *v.tr. fam.* Aplastar una cosa blanda.
despacio *adv.* Con lentitud. • Sin hacer ruido. • *América* En voz baja.
despampanante *adj. fam.* Que deslumbra o deja atónito.

despanchurrar *v.tr. fam.* Despachurrar.
despanzurrar *v.tr. fam.* Abrir o romper la panza a un animal o a una persona.
desparpajo *s.m.* Falta de timidez, o facilidad para tratar o hablar con otras personas.
desparramar *v.tr./prnl.* Dispersar lo que estaba junto; esparcir. • Disipar alguien sus bienes.
desparramo *s.m. fam. América* Acción y efecto de desparramar.
despatarrarse *s. prnl. fam.* Quedar con las piernas muy abiertas.
despavorido, da *adj.* Lleno de pavor; aterrorizado.
despavorir *v.tr./intr./prnl.* Llenar de pavor.
despectivo, va *adj.* Despreciativo. • *adj./s.m.* Dícese de las palabras que expresan desprecio por la cosa designada.
despechar *v.tr./prnl.* Causar o experimentar despecho.
despecho *s.m.* Enojo causado por algún desprecio o desengaño sufridos.
despechugar *v.tr.* Quitar la pechuga a un ave. • *prnl. fam.* Descubrirse la garganta y parte del pecho.
despedazar *v.tr.* Hacer pedazos una cosa violentamente.
despedida *s.f.* Acción y efecto de despedir.
despedir *v.tr.* Lanzar o arrojar una cosa. • Echar algo de sí; esparcir. • Quitar a una persona su empleo u ocupación. • Acompañar a alguien que se va, por cortesía.
despegar *v.tr./prnl.* Separar lo que estaba pegado. • *intr.* Iniciar el vuelo un avión; decolar.
despegue *s.m.* Acción de despegar un avión, helicóptero, cohete, etc.
despeinar *v.tr./prnl.* Deshacer el peinado o enmarañar el pelo.
despejado, da *adj.* Espacioso, ancho. • Dicho del cielo, sin nubes. • Que no tiene sueño.
despejar *v.tr.* Dejar libre un lugar. • Aclarar lo que estaba confuso. • En matemática, hallar el valor de una incógnita. • *prnl.* Quedar claro o sereno el tiempo.
despellejar *v.tr.* Quitar el pellejo o piel; desollar.
despenar *v.tr.* Quitar las penas. • *fa* Matar.
despensa *s.f.* Lugar de una casa, u barco, etc., donde se guardan los c mestibles. • Provisión de comestibles
despensero, ra *s.* Persona que se enca ga de la despensa.
despeñadero *s.m.* Pendiente abrup en el terreno; precipicio.
despeñar *v.tr./prnl.* Arrojar a una pe sona o una cosa desde un lugar alto.
desperdiciar *v.tr.* Emplear mal una c sa; desaprovechar, malgastar.
desperdicio *s.m.* Acción de desperd ciar. • Residuo que no se aprovecha.
desperdigar *v.tr.* Esparcir, desparra mar.
desperezarse *v.prnl.* Extender lo miembros para quitarse la pereza.
desperfecto *s.m.* Deterioro leve.
despersonalizar *v.tr.* Quitar el caráct o atributo de persona.
despertador, ra *adj.* Que despierta. *s.m.* Reloj que a una hora prefijad emite una señal sonora.
despertar *v.tr.* Interrumpir el sueño d que duerme. • Provocar recuerdos, ser saciones, ideas, etc. • *intr./prnl.* Deja de dormir.
despiadado, da *adj.* Que no tiene pie dad; cruel, inhumano.
despido *s.m.* Acción y efecto de despedi a alguien de un empleo.
despierto, ta *adj.* Listo, despabilado.
despilfarrar *v.tr.* Derrochar, malgasta dilapidar.
despilfarro *s.m.* Acción y efecto de des pilfarrar; derroche.
despintar *v.tr./prnl.* Borrar o raspar l pintado.
despistado, da *adj. fam.* Desorientad sobre algún asunto.
despistar *v.tr./prnl.* Hacer perder una pista. • Desorientar, desconcertar.
desplante *s.m.* Dicho o hecho arrogan tes o insolentes.
desplazamiento *s.m.* Acción de despla zar. • Volumen de agua que desplaza un barco.
desplazar *v.tr.* Mover a una persona

cosa de un sitio a otro. • Desalojar un barco una cantidad de agua equivalente al volumen de su parte sumergida.

esplegar *v.tr.* Extender lo que está plegado o arrollado. • Ejercitar cierta cualidad o aptitud.

espliegue *s.m.* Acción de desplegar.

esplomar *v.tr./prnl.* Hacer perder la posición vertical. • *prnl.* Caer una cosa de gran peso. • Arruinarse.

esplome *s.m.* Acción de desplomar.

esplumar *v.tr.* Quitar las plumas a un ave.

lesploblado *s.m.* Lugar no poblado.

espoblar *v.tr./prnl.* Disminuir o eliminar la población de un lugar. • Quitar de un lugar los árboles.

lespojar *v.tr.* Quitar a una persona algo que tiene. • *prnl.* Desprenderse de algo voluntariamente.

espojo *s.m.* Acción de despojar. • Botín del vencedor. • *pl.* Restos, residuos. • Cadáver.

lesportillar *v.tr.* Romper el canto o boca de una cosa.

lesposado, da *adj./s.* Recién casado.

lesposar *v.tr.* Unir el sacerdote en matrimonio. • *prnl.* Casarse.

lesposeer *v.tr.* Quitar a una persona lo que posee.

lesposorio *s.m.* Acción de desposarse. • Ceremonia con que se efectúa.

léspota *s.m.* Soberano absoluto. • Persona que abusa de su autoridad o poder.

lespótico, ca *adj.* Relativo al déspota o al despotismo.

lespotismo *s.m.* Autoridad absoluta. • Abuso de autoridad, poder o fuerza.

lespotricar *v.intr.* Hablar sin consideración ni reparo.

lespreciar *v.tr.* Desdeñar, menospreciar.

lespreciativo, va *adj.* Que muestra desprecio.

lesprecio *s.m.* Falta de aprecio. • Desdén, desaire.

lesprender *v.tr./prnl.* Separar lo que estaba unido. • Hacer salir de sí; despedir. • *prnl.* Ceder una cosa que se posee.

lesprendido, da *adj.* Inclinado a compartir sus cosas; generoso.

desprendimiento *s.m.* Desinterés, generosidad.

despreocupación *s.f.* Falta de preocupaciones.

despreocuparse *v.prnl.* Dejar de preocuparse, o tratar de no preocuparse.

desprestigiar *v.tr./prnl.* Quitar el prestigio o la fama; desacreditar.

desprestigio *s.m.* Acción y efecto de desprestigiar.

desprevenido, da *adj.* No prevenido para cierta cosa.

desproporción *s.f.* Falta de la proporción debida.

desproporcionado, da *adj.* No proporcionado.

despropósito *s.m.* Dicho o hecho desacertados e inoportunos.

desproveer *v.tr.* Despojar a una persona de algo que necesita.

desprovisto, ta *adj.* Que no tiene lo necesario.

después *adv.* Posteriormente en el espacio, el tiempo o la colocación. • *adj.* Posterior, siguiente.

despuntar *v.tr.* Cortar o sacar la punta a una cosa. • Empezar a brotar o manifestarse. • Sobresalir, descollar.

desquiciar *v.tr./prnl.* Sacar de su quicio alguna cosa. • Desordenar. • Alterar o perturbar a una persona.

desquicio *s.m. América* Gran desorden.

desquitar *v.tr./prnl.* Reintegrar a alguien lo perdido. • Vengarse de algún perjuicio sufrido.

desquite *s.m.* Acción de desquitar.

desratizar *v.tr.* Exterminar las ratas y ratones de un lugar.

destacado, da *adj.* Notable y distinguido.

destacamento *s.m.* Grupo de tropa que cumple una misión especial.

destacar *v.tr.* Separar una parte de la tropa para una misión. • *tr./prnl.* Llamar la atención sobre algo. • *prnl.* Distinguirse, sobresalir.

destajo *s.m.* Contrato de trabajo en que se paga por la tarea realizada.

destapador, ra *adj./s.m.* Que destapa.

destapar *v.tr.* Quitar la tapa o tapón de una cosa. • Descubrir lo que estaba tapado u oculto.

destape *s.m.* Acción de destapar.
destartalar *v.tr.* Desconcertar o descomponer las partes de un todo.
destellar *v.intr.* Despedir destellos.
destello *s.m.* Ráfaga de luz intensa y efímera. • Indicio momentáneo de una cualidad en una persona.
destemplado, da *adj.* Falto de armonía o de mesura. • Dícese del tiempo desapacible. • Dicho de las armas, sin temple.
destemplanza *s.f.* Estado de destemplado. • Falta de templanza. • Palabra o frases irritantes e inoportunas. • Cierta sensación de malestar.
destemplar *v.tr.* Alterar el orden o armonía de una cosa. • *tr./prnl.* Desafinar. • Perder su temple un metal. • Perder una persona la moderación.
desteñir *v.tr./prnl.* Borrar o apagar los colores de una cosa.
desterrado, da *adj.* Que sufre la pena de destierro.
desterrar *v.tr.* Expulsar a una persona de su país el gobierno. • Apartar de la mente.
destetar *v.tr.* Hacer que dejen de mamar los niños o los animales.
destete *s.m.* Acción de destetar.
destiempo (a) *loc. adv.* Fuera de tiempo o en momento inoportuno.
destierro *s.m.* Acción de desterrar. • Situación y residencia del que es desterrado.
destilación *s.f.* Acción de destilar.
destilar *v.tr.* Separar los componentes de un líquido mediante evaporación y condensación. • Filtrar un líquido. • *tr./intr.* Despedir un cuerpo un líquido gota a gota.
destilería *s.f.* Establecimiento industrial donde se destila.
destinar *v.tr.* Determinar para una persona o cosa un fin u ocupación específicos. • Designar a una persona para un trabajo.
destinatario, ria *s.* Persona a quien se envía alguna cosa.
destino *s.m.* Aplicación que se da a una cosa para un fin. • Sitio adonde se dirigen una persona o una cosa. • Empleo, ocupación. • Causa a la que se atribuye todo lo que sucede; hado, fortuna.

destitución *s.f.* Acción de destituir.
destituir *v.tr.* Separar de un cargo. Privar de cierta cosa.
destornillador *s.m.* Herramienta pa[illegible] tornillar y destornillar.
destornillar *v.tr.* Sacar un tornillo h[illegible]ciéndolo girar hacia afuera.
destrabar *v.tr.* Quitar las trabas. • De[illegible]prender una cosa de otra.
destreza *s.f.* Habilidad manual para h[illegible]cer ciertas cosas.
destripar *v.tr.* Abrir o sacar las tripas. Despachurrar.
destronamiento *s.m.* Acción de destr[illegible]nar.
destronar *v.tr.* Echar del trono a un re[illegible] • Quitar a una persona su prepond[illegible]rancia o su poder.
destrozar *v.tr.* Romper una cosa en tr[illegible]zos; despedazar. • Causar grave dañ[illegible] moral o físico. • Derrotar complet[illegible]mente al enemigo.
destrozo *s.m.* Efecto de destrozar.
destrozón, na *adj./s.* Que destroza mu[illegible]cho la ropa, los zapatos, etc.
destrucción *s.f.* Acción de destruir. Ruina grave e irreparable.
destructivo, va *adj.* Que destruye.
destructor, ra *adj./s.* Que destruye. *s.m.* Cierto buque de guerra armad[illegible] con artillería.
destruir *v.tr.* Arruinar, deshacer o des[illegible]trozar. • Hacer desaparecer algo n[illegible] material.
desuello *s.m.* Acción de desollar.
desuncir *v.tr.* Sacar el yugo a los anima[illegible]les.
desunir *v.tr.* Separar lo que estaba uni[illegible]do. • Introducir discordia.
desusado, da *adj.* Fuera de lo común. Que ha dejado de usarse.
desuso *s.m.* Falta de uso.
desvaído, da *adj.* Dicho de un color, pá[illegible]lido o descolorido. • Dícese de la perso[illegible]na alta y desgarbada.
desvalido, da *adj./s.* Que está en el de[illegible]samparo; menesteroso.
desvalijar *v.tr.* Robar el contenido d[illegible] una valija o baúl. • Despojar mediant[illegible] robo, engaño, etc.
desvalorización *s.f.* Acción de desvalori[illegible]zar.

desvalorizar *v.tr. / prnl.* Disminuir el valor de un bien cualquiera.
desván *s.m.* Planta más alta de algunas casas, inmediata al tejado.
desvanecer *v.tr. / prnl.* Hacer que una cosa desaparezca gradualmente. • *prnl.* Perderse la parte volátil de un cuerpo; evaporarse. • Desmayarse.
desvanecimiento *s.m.* Acción y efecto de desvanecer.
desvariar *v.intr.* Decir cosas sin sentido o disparates; delirar.
desvarío *s.m.* Estado del que desvaría. • Dicho o hecho disparatados.
desvelado, da *adj.* Falto de sueño.
desvelar *v.tr. / prnl.* No dejar dormir, o no poder dormir. • *prnl.* Poner gran cuidado por una persona o una cosa.
desvelo *s.m.* Privación del sueño. • Atención y cuidado por una persona o una cosa.
desvencijar *v.tr. / prnl.* Desunir o aflojar las partes de una cosa.
desventaja *s.f.* Diferencia perjudicial al comparar personas o cosas.
desventajoso, sa *adj.* Que acarrea desventaja.
desventura *s.f.* Desgracia, infortunio.
desventurado, da *adj.* Desdichado.
desvergonzado, da *adj.* Que habla o actúa con desvergüenza.
desvergüenza *s.f.* Falta de vergüenza; descaro. • Dicho o hecho atrevidos o insolentes.
desvestir *v.tr. / prnl.* Desnudar.
desviación *s.f.* Acción de desviar.
desviar *v.tr. / prnl.* Apartar del camino o dirección.
desvinculación *s.f.* Acción y efecto de desvincular.
desvincular *v.tr. / prnl.* Anular un vínculo. • *tr.* Librar de un gravamen u obligación.
desvío *s.m.* Desviación. • Camino o canal que se apartan del general. • Cambio de rieles en los ferrocarriles.
desvirtuar *v.tr.* Hacer perder a una cosa su virtud, fuerza o eficacia.
desvivirse *v.prnl.* Sentir mucha afición por una persona o una cosa.
detallar *v.tr.* Tratar o contar una cosa con detalles. • Vender mercadería al por menor.
detalle *s.m.* Circunstancia que completa un suceso; pormenor. • Cuenta o lista circunstanciada.
detallista *adj. / s.m. y f.* Que se preocupa de todos los detalles.
detección *s.f.* Acción de detectar.
detectar *v.tr.* Poner de manifiesto, por métodos físicos o químicos, lo que no puede ser observado directamente.
detective *s.m. y f.* Persona que se dedica a investigar crímenes, robos, etc.
detector, ra *adj.* Que detecta. • *s.m.* Nombre de ciertos aparatos destinados a detectar alguna cosa.
detención *s.f.* Detenimiento. • Privación provisional de la libertad.
detener *v.tr.* Arrestar. • *tr. / prnl.* Impedir la continuación de un movimiento o una acción. • *prnl.* Pararse a considerar una cosa.
detenido, da *s. / adj.* Persona que ha sido detenida o arrestada.
detenimiento *s.m.* Acción de detenerse. • Circunstancia de emplear tiempo y atención para hacer una cosa.
detentar *v.tr.* Usar o atribuirse una cosa ilegítimamente.
detergente *adj. / s.m.* Dícese de la sustancia química que limpia.
deterger *v.tr.* Limpiar sin producir abrasión ni corrosión.
deteriorar *v.tr.* Estropear, arruinar.
deterioro *s.m.* Acción de deteriorar.
determinación *s.f.* Acción de determinar. • Cosa que una persona resuelve hacer.
determinado, da *adj.* Que se determina con precisión; definido. • En gramática, dícese del elemento sintáctico que necesita de otro para tener un significado más preciso.
determinante *adj.* Que determina.
determinar *v.tr.* Expresar los términos en que tiene que hacerse o considerarse una cosa; fijar, establecer. • Conocer ciertas cosas partiendo de datos dados. • Causar, producir. • *tr. / prnl.* Decidir, resolver.
determinativo, va *adj.* Determinante. • *adj. / s.m.* En gramática, dícese de los adjetivos que indican la extensión de lo señalado por un sustantivo.

detersión *s.f.* Acción de deterger.
detersivo, va *adj./s.m.* Detersorio.
detersorio, ria *adj./s.m.* Dícese de lo que limpia o purifica, en especial una herida.
detestar *v.tr.* Sentir aversión violenta hacia alguien o algo.
detonación *s.f.* Acción de detonar.
detonador, ra *adj./s.m.* Dícese de lo que puede hacer detonar algo. • *s.m.* Tubo donde se aloja un fulminante para hacer estallar una carga explosiva.
detonante *adj./s.m.* Que detona. • *s.m.* Sustancia que puede hacer estallar una carga explosiva.
detonar *v.intr.* Producir un sonido como el de un disparo o un trueno. • Estallar, hacer explosión.
detracción *s.f.* Acción de infamar o desacreditar a una persona.
detractar *v.tr.* Denigrar, difamar.
detractor, ra *adj./s.* Dícese del que detracta a otra persona.
detrás *adv.* En la parte posterior. • En ausencia de una persona.
detrimento *s.m.* Destrucción leve. • Daño o perjuicio moral.
detrito *s.m.* Fragmento que resulta de la disgregación de una roca. • *pl.* Residuos de la descomposición de una cosa.
detritus *s.m.* detrito.
deuda *s.f.* Obligación de pagar o devolver algo. • Cantidad de dinero que se debe. • Pecado contra Dios.
deudo, da *s.* Pariente de alguien.
deudor, ra *adj./s.* Que debe. • *adj.* En contabilidad, dícese del saldo del debe superior al del haber.
deuterio *s.m.* Isótopo del hidrógeno.
deuterón *s.m.* Núcleo del deuterio.
devaluación *s.f.* Acción de devaluar.
devaluar *v.tr./prnl.* Disminuir el valor de una moneda o de otra cosa.
devanado *s.m.* Acción de devanar. • En electrotecnia, bobina.
devanar *v.tr.* Arrollar un hilo formando una madeja o un ovillo.
devaneo *s.m.* Distracción vana en que se pierde el tiempo. • Amorío.
devastación *s.f.* Acción de devastar.
devastador, ra *adj./s.* Que devasta.
devastar *v.tr.* Destruir cuanto hay en una población, un territorio, etc.; arrasar, asolar.
develar *v.tr.* Descubrir o revelar lo oculto o secreto.
devengar *v.tr.* Adquirir el derecho de percibir un salario, una retribución, etcétera.
devenir *v.intr.* Suceder, acaecer. • Llegar a ser o a convertirse en algo.
devoción *s.f.* Sentimiento en el que se funden amor, admiración y respeto. • Fervor religioso.
devocionario *s.m.* Libro de rezos.
devolución *s.f.* Acción de devolver.
devolver *v.tr.* Restituir. • Volver una cosa al estado anterior. • *fam.* Vomitar. • *intr./prnl. América* Regresar.
devónico, ca *adj./s.m.* Dícese del período correspondiente a la era paleozoica.
devorador, ra *adj./s.* Que devora.
devorar *v.tr.* Comer con avidez. • Destruir o consumir totalmente.
devoto, ta *adj./s.* Que siente devoción. • Que se dedica a las prácticas religiosas. • *adj.* Dícese del templo o la imagen que son objeto de devoción.
dextrina *s.f.* Sustancia formada en la hidrólisis de los almidones.
dextrosa *s.f.* Variedad de glucosa.
deyección *s.f.* Materias arrojadas por un volcán.
día *s.m.* Tiempo que la Tierra emplea en dar una vuelta sobre su eje. • Tiempo en que el Sol se encuentra en el horizonte. • Período de veinticuatro horas, con un número o un nombre. • Cumpleaños. • Festividad del santo de una persona.
diabetes *s.f.* Enfermedad caracterizada por un aumento de glucosa en la sangre y en la orina.
diabético, ca *adj./s.* Que padece diabetes.
diablesa *s.f.* Diablo hembra.
diablo *s.m.* Ángel privado de la gracia de Dios; demonio. • Persona de mal genio o muy traviesa o inquieta.
diablura *s.f.* Travesura.
diabólico, ca *adj.* Relativo al diablo. • Muy malo. • Perverso.
diaconato *s.m.* Jerarquía o atribuciones de diácono.

diácono *s.m.* Eclesiástico de grado inferior al de sacerdote.

diacrítico, ca *adj. / s.m.* Dícese del signo gramatical que da valor especial a otro signo escrito.

diadema *s.f.* Cinta que ceñía la cabeza de algunos reyes. • Corona. • Adorno femenino en forma de media corona.

diafanidad *s.f.* Cualidad de diáfano.

diáfano, na *adj.* Dícese del cuerpo que deja pasar la luz. • Límpido.

diafragma *s.m.* Músculo que separa la cavidad torácica de la abdominal. • Membrana que separa dos cavidades en un aparato o una máquina. • En óptica y fotografía, disco para regular la luz. • Membrana flexible de ciertos aparatos fonográficos. • En los teléfonos, bocinas, etc., membrana que produce el sonido.

diagnosis *s.f.* Conocimiento de los síntomas de las enfermedades.

diagnosticar *v.tr.* Hacer el diagnóstico de una enfermedad.

diagnóstico, ca *adj.* Relativo a la diagnosis. • *s.m.* Conjunto de síntomas patológicos. • Determinación de una enfermedad, hecha por el médico.

diagonal *adj. / s.f.* Dícese del segmento de recta cuyos extremos son dos puntos no consecutivos de un polígono, o dos vértices situados en caras distintas de un poliedro.

diagrama *s.m.* Dibujo geométrico que representa una serie de datos estadísticos, demuestra una proposición o resuelve un problema.

diaguita *adj./s.m. y f.* Dícese de un grupo indígena que habitaba en el noroeste de la Argentina.

dial *s.m.* Placa de los teléfonos o de ciertos receptores, con números, letras, etc., para establecer la conexión buscada.

dialectal *adj.* De un dialecto.

dialectalismo *s.m.* Cualidad de dialectal. • Palabra, expresión o modo de decir propios de un dialecto.

dialéctica *s.f.* Arte de discutir o dialogar, o de razonar lógicamente.

dialéctico, ca *adj.* Relativo a la dialéctica.

dialecto *s.m.* Cada una de las variedades regionales de un idioma.

dialipétala *adj.f.* Dícese de la corola cuyos pétalos no están soldados entre sí.

dialisépalo, la *adj.* Dícese del cáliz cuyos sépalos no están soldados entre sí.

diálisis *s.f.* En química, proceso para separar ciertas sustancias.

dialogar *v.intr.* Mantener un diálogo.

diálogo *s.m.* Conversación entre dos o más personas; coloquio.

diamante *s.m.* Piedra preciosa, traslúcida, muy brillante y de gran dureza, formada por carbono puro.

diamantífero, ra *adj.* Dícese del terreno en que hay diamantes.

diamantino, na *adj.* Relativo al diamante, o semejante a él.

diamela *s.f.* Arbusto trepador de flores blancas muy perfumadas.

diametral *adj.* Relativo al diámetro.

diametralmente *adj.* De un extremo hasta el opuesto. • Completamente.

diámetro *s.m.* Segmento de recta que pasa por el centro de una circunferencia y la divide en dos mitades.

diana *s.f.* Toque militar que se ejecuta al amanecer.

diapasón *s.m.* Utensilio para afinar voces e instrumentos musicales.

diapositiva *s.f.* Fotocopia positiva que se mira o proyecta por trasparencia.

diarero, ra *s. América* Vendedor de diarios.

diariamente *adv.* Cada día.

diariero, ra *s. América* Diarero.

diario, ria *adj.* Que corresponde a todos los días. • *s.m.* Periódico que se publica todos los días.

diarrea *s.f.* Evacuación intestinal líquida y frecuente.

diascopio *s.m.* Aparato óptico para la proyección de diapositivas y de otros objetos trasparentes.

diástole *s.f.* Movimiento de dilatación del corazón y de las arterias.

diatomea *s.f.* Grupo de ciertas algas unicelulares.

diatónico, ca *adj.* Dícese del intervalo musical entre dos notas de diferente nombre.

diatriba *s.f.* Discurso o escrito violentos e injuriosos.

dibujante *adj./s.m. y f.* Que dibuja.
dibujar *v.tr.* Delinear la figura de un cuerpo por medio de un lápiz, pluma, etc. • Describir algo inanimado.
dibujo *s.m.* Arte de dibujar. • Figura dibujada.
dicción *s.f.* Vocablo, voz. • Manera de hablar o de pronunciar.
diccionario *s.m.* Catálogo alfabético en que se definen las palabras de un idioma o de una materia.
dicha *s.f.* Felicidad.
dicho *s.m.* Lo que se dice; en especial, si es ingenioso. • Frase o sentencia.
dichoso, sa *adj.* Que tiene o siente dicha o felicidad. • *fam.* Enojoso.
diciembre *s.m.* Duodécimo mes del año.
diclino, na *adj.* Dícese de la flor unisexual, y de la planta que la tiene.
dicotiledóneo, a *adj./s.f.* Dícese de las plantas angiospermas cuyo embrión tiene dos cotiledones.
dicotomía *s.f.* Bifurcación.
dicromático, ca *adj.* Que tiene dos colores.
dictado *s.m.* Acción de dictar.
dictador *s.m.* Gobernante que recibe o asume todos los poderes.
dictadura *s.f.* Dignidad y cargo de dictador. • Tiempo que dura. • Gobierno absoluto que se ejerce al margen de las leyes.
dictáfono *s.m.* Aparato para registrar y reproducir conversaciones, dictados, etcétera.
dictamen *s.m.* Juicio u opinión.
dictaminar *v.intr.* Dar dictamen.
dictar *v.tr.* Leer o decir para que otro escriba. • Inspirar, sugerir. • Emitir una ley, un fallo, etc.
dictatorial *adj.* Relativo al dictador o a la dictadura.
dicterio *s.m.* Dicho insultante y provocativo; improperio.
didáctica *s.f.* Parte de la pedagogía que se ocupa de la enseñanza.
didáctico, ca *adj.* Relativo a la didáctica. • Adecuado para enseñar.
diecinueve *adj./s.m.* Diez y nueve. • Decimonoveno día del mes.
dieciocho *adj./s.m.* Diez y ocho. • Decimoctavo día del mes.
dieciséis *adj./s.m.* Diez y seis. • Dec mosexto día del mes.
diecisiete *adj./s.m.* Diez y siete. • Dec moséptimo día del mes.
diedro *adj.* Dícese del ángulo formac por dos semiplanos que tienen una re ta común.
dieléctrico, ca *adj./s.m.* Dícese del ma terial mal conductor de la elecricidad
diente *s.m.* Pieza ósea engastada en mandíbula del hombre y de otros vert brados. • Punta, parte o resalto de a gunas cosas.
dientudo *s.m. América* Nombre de dive sos peces con dientes cónicos fuertes.
diéresis *s.f.* Cierto signo ortográfico qu se coloca sobre una vocal (¨). • Pronur ciación en dos sílabas de las vocales d un diptongo.
diésel *adj./s.m.* Dícese de cierto motc de combustión interna usado en locc motoras, automóviles, etc.
diestra *s.f.* Mano derecha.
diestro, tra *adj.* Del lado derecho. • Há bil. • *s.m.* Torero.
1. dieta *s.f.* Régimen de comidas.
2. dieta *s.f.* En ciertos estados, junta congreso. • Retribución de ciertos fur cionarios.
dietética *s.f.* Parte de la medicina que s ocupa de la alimentación.
dietético, ca *adj.* De la dieta o de la die tética.
diez *adj./s.m.* Nueve y uno. • Décim día del mes.
diezmar *v.tr.* Separar, señalar o casti gar, de cada diez, uno. • Causar gra mortandad.
diezmilésimo, ma *adj./s.m.* Dícese d cada una de las diez mil partes iguale en que se divide un todo.
diezmilímetro *s.m.* Décima parte de u milímetro.
diezmo *s.m.* Derecho del diez por cient de los frutos que se pagaba al rey o a l Iglesia.
difamación *s.f.* Acción de difamar.
difamar *v.tr.* Decir o publicar cosas qu perjudican el honor de una persona.
difamatorio, ria *adj.* Que difama.
diferencia *s.f.* Cualidad o circunstanci por las cuales una cosa no es idéntica

otra. • Discrepancia entre dos o más personas. • En matemática, resultado de una resta.
diferenciación *s.f.* Acción y efecto de diferenciar.
diferencial *adj.* Que indica o constituye una diferencia. • *s.m.* Sistema de engranajes usado especialmente en los automóviles.
diferenciar *v.tr.* Hacer distinción o mostrar las diferencias. • Dar a cada persona o cosa su valor. • *prnl.* Destacarse, distinguirse.
diferendo *s.m.* En lenguaje forense, motivo por el cual se litiga. • *América* Desacuerdo, discrepancia.
diferente *adj.* No igual a otro. • No el mismo.
diferido, da *adj.* Aplazado, retardado.
diferir *v.tr.* Aplazar o suspender. • *intr.* Diferenciarse, distinguirse.
difícil *adj.* No fácil. • Dícese de la persona poco tratable.
dificultad *s.f.* Cualidad de difícil. • Obstáculo. • Duda u objeción.
dificultar *v.tr.* Hacer difícil algo. • Poner dificultades.
dificultoso, sa *adj.* Que presenta dificultades; arduo.
difracción *s.f.* Desviación del rayo luminoso al rozar el borde de un cuerpo opaco.
difteria *s.f.* Enfermedad infecciosa caracterizada por la formación de falsas membranas en las mucosas, en especial de la garganta.
diftérico, ca *adj.* Relativo a la difteria. • *adj. / s.* Que la padece.
difumar *v.tr.* Esfumar un trazo.
difumino *s.m.* Esfumino.
difundir *v.tr. / prnl.* Extender o derramar. • Divulgar una noticia, una moda, etc.
difunto, ta *adj. / s.* Dícese de la persona muerta.
difusión *s.f.* Acción de difundir.
difuso, sa *adj.* Dilatado y poco preciso. • Que abunda excesivamente en palabras.
difusor, ra *adj.* Que difunde.
digerir *v.tr.* Convertir los alimentos, en el tubo digestivo, en sustancias propias para la absorción y la nutrición. • Reflexionar.
digestión *s.f.* Acción y efecto de digerir los alimentos.
digestivo, va *adj.* De la digestión. • Dícese de las partes del organismo que atañen a la digestión. • *adj. / s.m.* Que ayuda a digerir.
digesto *s.m.* Conjunto de leyes u ordenanzas.
digitado, da *adj.* En forma de dedos. • Dícese de los mamíferos que tienen sueltos los dedos de los pies.
digital *adj.* Relativo a los dedos. • *s.f.* Planta herbácea de cuyas hojas se extrae la digitalina.
digitalina *s.f.* Glucósido contenido en las hojas de la digital; se usa en medicina.
digitígrado, da *adj. / s.m.* Dícese del mamífero que al caminar apoya solo los dedos, como el gato.
dígito *adj. / s.m.* Dícese del número menor de diez, que se expresa con una sola cifra.
dignarse *v.prnl.* Acceder al pedido de un inferior o tener una atención con él.
dignatario *s.m.* Persona que desempeña un cargo elevado.
dignidad *s.f.* Cualidad de digno. • Cargo honorífico y de autoridad.
dignificar *v.tr.* Dar dignidad.
digno, na *adj.* Que es merecedor de algo. • Proporcionado al mérito y condición. • Decente, honesto.
digresión *s.f.* Parte de un discurso o una exposición que se aparta del tema principal.
dije *s.m.* Alhaja pequeña para colgar de una cadena o una pulsera.
dilación *s.f.* Acción de retardar o detener por algún tiempo.
dilapidar *v.tr.* Despilfarrar.
dilatación *s.f.* Acción de dilatar.
dilatar *v.tr. / prnl.* Hacer que algo ocupe más tiempo o lugar. • Diferir, retardar.
dilecto, ta *adj.* Muy querido, o predilecto.
dilema *s.m.* Argumento formado por dos proposiciones contrarias. • Circunstancia de tener que elegir entre dos soluciones conflictivas.
diletante *adj. / s.m. y f.* Aficionado a las artes, en especial a la música. • Que cultiva como aficionado algún campo del saber.

diletantismo *s.m.* Condición o comportamiento de diletante.
diligencia *s.f.* Cualidad de diligente. • Actividad, negocio o trámite. • Antiguo coche grande de caballos, para el trasporte de viajeros.
diligenciar *v.tr.* Tramitar algún asunto.
diligente *adj.* Dispuesto, activo. • Pronto o ligero en el obrar.
dilucidar *v.tr.* Esclarecer.
diluente *adj.* / *s.m.* Que diluye.
diluir *v.tr.* / *prnl.* Desleír.
diluvial *adj.* Relativo al diluvio.
diluviano, na *adj.* Relativo al diluvio universal, o comparable con él.
diluviar *v.intr.unipers.* Llover violenta y abundantemente.
diluvio *s.m.* Inundación de la tierra causada por copiosas lluvias. • El universal, que se relata en la Biblia. • *fam.* Lluvia muy violenta y abundante. • *fam.* Afluencia grande de cosas.
dimanar *v.intr.* Manar el agua. • Tener origen, provenir.
dimensión *s.f.* Extensión de algo en determinado sentido. • Longitud, superficie y volumen.
dimensional *adj.* Relativo a la dimensión.
diminutivo, va *adj.* Que disminuye o empequeñece. • *adj.* / *s.m.* En gramática, dícese de los vocablos que disminuyen la significación de los positivos de que proceden.
diminuto, ta *adj.* Muy pequeño.
dimisión *s.f.* Acción de dimitir.
dimitente *adj.* / *s.m. y f.* Que dimite.
dimitir *v.tr.* / *intr.* Hacer abandono de un cargo, comisión, etc.
dimorfo, fa *adj.* En mineralogía, dícese de la sustancia que puede cristalizar en dos formas diferentes.
dina *s.f.* Cierta unidad de fuerza en el sistema cegesimal.
dinamarqués, sa *adj.* / *s.* De Dinamarca (Europa). • *s.m.* Lengua de ese país.
dinámica *s.f.* Parte de la mecánica que estudia los movimientos en relación con las fuerzas que los producen.
dinámico, ca *adj.* Del movimiento o de la dinámica.
dinamismo *s.m.* Cualidad de dinámico.
dinamita *s.f.* Explosivo de gran potencia a base de nitroglicerina.
dínamo o **dinamo** *s.f.* Máquina que trasforma la energía mecánica en eléctrica o viceversa.
dinamómetro *s.m.* Instrumento para medir las fuerzas motrices o la potencia de un motor.
dinastía *s.f.* Serie de reyes o de soberanos de una misma familia.
dineral *s.m.* Cantidad muy grande de dinero.
dinero *s.m.* La moneda corriente que se emplea legal y usualmente en el comercio. • *fam.* Caudal, fortuna.
dinosaurio *s.m.* Cierto reptil fósil de gran tamaño.
dintel *s.m.* Parte superior de las puertas, ventanas, etc.
diocesano, na *adj.* Relativo a la diócesis. • *adj.* / *s.m.* Dícese del obispo o arzobispo que tienen diócesis.
diócesis *s.f.* Territorio en que ejerce jurisdicción espiritual un prelado.
diodo *s.m.* Válvula electrónica que consta de dos electrodos.
dioico, ca *adj.* Dícese de las plantas que tienen flores unisexuales en pies separados, y de esas flores.
dionisíaco, ca o **dionisiaco, ca** *adj.* Relativo a Dionisos, dios del vino.
dioptría *s.f.* En óptica, unidad práctica de potencia de una lente.
dióptrica *s.f.* Parte de la óptica que estudia los fenómenos de la refracción de la luz.
Dios *s.prop.m.* Ser supremo, creador del universo. • *com.* Deidad de las religiones politeístas.
diosa *s.f.* Deidad del sexo femenino.
diosma *s.f.* Arbusto ornamental pequeño, de hojas aromáticas.
dipétalo, la *adj.* Dícese de la corola que tiene dos pétalos.
diplodoco *s.m.* Cierto dinosaurio herbívoro.
diploma *s.m.* Documento que acredita un grado académico, un premio, etc.
diplomacia *s.f.* Ciencia de los intereses y de las relaciones oficiales entre naciones. • Servicio de los Estados en sus relaciones internacionales. • Habilidad, tacto.

diplomar *v.tr.* Conceder un diploma. • *prnl.* Obtener un diploma.

diplomático, ca *adj.* Relativo al diploma o a la diplomacia. • *s.* / *adj.* Funcionario que interviene en los negocios internacionales del Estado.

dipsomanía *s.f.* Tendencia irresistible y patológica al abuso de bebidas alcohólicas.

dipsomaníaco, ca o **dipsomaniaco, ca** *adj.* / *s.* Que padece dipsomanía.

dipsómano, na *adj.* / *s.* Dipsomaníaco.

díptero, ra *adj.* / *s.m.* Dícese del insecto con un solo par de alas.

díptico *s.m.* Cuadro formado por dos tableros articulados entre sí.

diptongo *s.m.* Conjunto de dos vocales que se pronuncian en una sílaba.

diputación *s.f.* Ejercicio o duración del cargo de diputado. • Conjunto de diputados.

diputado, da *s.* Persona designada por los electores para representarlos en una cámara legislativa.

dique *s.m.* Reparo artificial para contener las aguas. • Parte de un puerto donde se reparan los barcos.

dirección *s.f.* Acción de dirigir. • Persona o grupo de personas que dirigen una empresa, un negocio, etc. • Cargo o despacho de director. • Camino, rumbo o trayectoria de algo. • Señas escritas sobre una carta, caja o paquete.

directivo, va *adj.* / *s.* Que tiene la función de dirigir. • *s.* Dirigente. • *f.* Junta de gobierno de una corporación, sociedad, etc. • Conjunto de instrucciones.

directo, ta *adj.* Que sigue siempre en línea recta. • Que no se detiene en los puntos intermedios. • Dícese del complemento gramatical que recibe la acción del verbo.

director, ra *adj.* / *s.* Que dirige. • *s.* Persona que dirige un negocio, establecimiento, etc.

directorio *s.m.* Junta directiva de algunas asociaciones, empresas, etc.

directriz *adj.f.* Que dirige. • *s.f.* Cierta línea que determina las condiciones de generación de otra. • Conjunto de instrucciones y normas.

dirigencia *s.f. América* Conjunto de dirigentes gremiales, políticos, etc.

dirigente *s.m. y f.* / *adj.* El que dirige.

dirigible *s.m.* Aeronave más ligera que el aire.

dirigir *v.tr.* Conducir, guiar. • Poner señas en una carta o un paquete. • Gobernar o regir. • *prnl.* Ir hacia un lugar o una dirección.

dirimir *v.tr.* Interrumpir o anular. • Zanjar una discusión.

discente *adj.* Que recibe enseñanza. • *s.m. y f.* Estudiante.

discernimiento *s.m.* Acción de discernir. • Capacidad para discernir.

discernir *v.tr.* Percibir la diferencia entre varias cosas.

disciplina *s.f.* Educación o instrucción. • Asignatura. • Observancia de las leyes y reglas.

disciplinar *v.tr.* Hacer guardar la disciplina.

disciplinario, ria *adj.* Que se hace para mantener la disciplina.

discípulo, la *s.* Persona que aprende bajo la dirección de un maestro.

disco *s.m.* Cuerpo cilíndrico y achatado de cualquier material. • Implemento de esa forma usado en atletismo. • Lámina circular para grabar sonidos.

discóbolo *s.m.* Atleta que lanza el disco.

discoidal *adj.* Con forma de disco.

díscolo, la *adj.* / *s.* Indócil.

disconforme *adj.* No conforme.

disconformidad *s.f.* Falta de conformidad o acuerdo.

discontinuidad *s.f.* Cualidad o estado de discontinuo.

discontinuo, nua *adj.* No continuo.

discordancia *s.f.* Acción y efecto de discordar.

discordante *adj.* Que no mantiene concordancia con las demás cosas de su especie.

discordar *v.intr.* Estar dos o más cosas en contraste desagradable. • Disentir en las opiniones.

discorde *adj.* Discordante. • En música, falto de consonancia.

discordia *s.f.* Desacuerdo.

discoteca *s.f.* Colección de discos. • Mueble o local en que se guarda. • Local público para bailar.

discreción *s.f.* Cualidad de discreto. Conducta discreta. • Capacidad de expresarse con agudeza o ingenio.

discrecional *adj.* Que se hace libre y prudencialmente.
discrepancia *s.f.* Circunstancia de discrepar las cosas o las personas.
discrepar *v.intr.* Estar en desacuerdo las cosas o las personas.
discreto, ta *adj./s.* Que hace o dice lo conveniente; mesurado. • Reservado o prudente.
discriminación *s.f.* Acción y efecto de discriminar.
discriminar *v.tr.* Diferenciar, discernir. • Dar trato de inferioridad por motivos raciales, religiosos, etc.
disculpa *s.f.* Excusa, explicación.
disculpar *v.tr./prnl.* Hallar o aducir una disculpa. • *tr.* Perdonar las faltas u ofensas.
discurrir *v.intr.* Caminar o pasar continuamente por un lugar. • Trascurrir. • Pensar, razonar. • *tr.* Idear o inventar.
discursear *v.intr.fam.* Pronunciar discursos.
discurso *s.m.* Acción o facultad de discurrir o razonar. • Resultado del ejercicio del habla. • Disertación, exposición. • Decurso o trascurso.
discusión *s.f.* Acción de discutir.
discutir *v.tr.* Examinar y debatir los distintos aspectos de un asunto. • *tr./intr.* Sostener opiniones contrarias en una conversación.
disecar *v.tr.* Dividir en partes un vegetal o el cuerpo muerto de un animal para estudiarlos. • Preparar animales muertos para su conservación.
disección *s.f.* Acción de disecar.
diseminar *v.tr./prnl.* Esparcir, desparramar.
disensión *s.f.* Falta de acuerdo en las opiniones o propósitos.
disenso *s.m.* Disentimiento.
disentería *s.f.* Enfermedad infecciosa del intestino.
disentimiento *s.m.* Acción de disentir.
disentir *v.intr.* Pensar de modo distinto que otro; discrepar.
diseñar *v.tr.* Hacer un diseño.
diseño *s.m.* Croquis, bosquejo.
disépalo, la *adj.* Dícese del cáliz o de la flor que tienen dos sépalos.
disertación *s.f.* Acción de disertar. • Exposición sobre cierto asunto, pronun ciada en público.
disertante *adj./s.m. y f.* Que diserta.
disertar *v.intr.* Discurrir metódicamen te sobre una materia, en especial ha blando en público.
disfasia *s.f.* Anomalía en el lenguaje causada por una lesión cerebral.
disfavor *s.m.* Acción o dicho que ocasio nan un perjuicio. • Desaire o desaten ción. • Pérdida del favor.
disfraz *s.m.* Artificio para desfigura una cosa. • Traje de máscara.
disfrazar *v.tr./prnl.* Cambiar el aspect común de personas o cosas. • Vesti con un disfraz. • *tr.* Simular sentimien tos, ideas, etc.
disfrutar *v.intr.* Sentir placer. • *intr./tr.* Tener salud, bienes, etc. • *tr.* Percibir obtener alguien el producto o provech de cierta cosa.
disgregación *s.f.* Acción y efecto de dis gregar.
disgregar *v.tr./prnl.* Dividir una mate ria en partes muy pequeñas. • Disper sar personas o cosas.
disgustar *v.tr.* Causar disgusto. • *prnl.* Enojarse una persona con otra.
disgusto *s.m.* Impresión desagradable • Falta de gusto para hacer algo. • Dis cusión en la que se intercambian que jas o reproches.
disidencia *s.f.* Acción de disidir. • Gra ve desacuerdo de opiniones.
disidente *adj./s.m. y f.* Que diside.
disidir *v.intr.* Apartarse de una doctri na, creencia, etc.
disimetría *s.f.* Falta de simetría.
disímil *adj.* No semejante; distinto.
disimilitud *s.f.* Desemejanza.
disimulación *s.f.* Acción y efecto de disi mular.
disimulado, da *adj./s.* Que disimula lo que siente.
disimular *v.tr.* Ocultar algo con astucia • Aparentar ignorancia. • Ser toleran te con las faltas ajenas.
disimulo *s.m.* Acción o actitud del que disimula.
disipación *s.f.* Acción de disipar. • Con ducta del que se entrega por entero a los placeres y diversiones.

disipado, da *adj./s.* Entregado a los placeres y diversiones.
disipador, ra *adj./s.* Que malgasta su dinero, sus bienes, etc.
disipar *v.tr./prnl.* Hacer que algo se desvanezca. • *tr.* Malgastar dinero o bienes.
disjunción *s.f.* En matemática, disyunción.
disjunto, ta *adj.* Disyunto.
dislalia *s.f.* Dificultad para hablar.
dislate *s.m.* Disparate.
dislexia *s.f.* Perturbación patológica del mecanismo de la lectura y la escritura.
dislocación *s.f.* Acción y efecto de dislocar.
dislocar *v.tr./prnl.* Sacar una cosa de su lugar; en especial, huesos y articulaciones.
disloque *s.m. fam.* El colmo del regocijo, la bulla, etc.
disminución *s.f.* Acción y efecto de disminuir.
disminuido, da *adj.* Dícese de la persona tenida en poca consideración, o que se siente ella misma insignificante en un lugar.
disminuir *v.tr./intr.* Hacer menor la cantidad, número, intensidad, etc., de una cosa.
disnea *s.f.* Dificultad al respirar.
disociación *s.f.* Acción y efecto de disociar.
disociar *v.tr./prnl.* Separar lo que estaba unido; desunir.
disoluble *adj.* Que se puede disolver.
disolución *s.f.* Acción de disolver. • Relajación de las costumbres.
disoluto, ta *adj./s.* Licencioso.
disolvente *adj./s.m.* Que disuelve.
disolver *v.tr./prnl.* Desunir las partículas de un cuerpo por medio de un líquido. • Deshacer los vínculos materiales o morales entre dos o más personas o cosas.
disonancia *s.f.* Sonido desagradable. • Falta de armonía.
disonar *v.intr.* Sonar desagradablemente. • Discrepar, desdecir.
dispar *adj.* Desigual, diferente.
disparada *s.f. América* Huida o salida precipitadas.
disparador *s.m.* Dispositivo para accionar el percutor de un arma de fuego, o para abrir el obturador de una cámara fotográfica.
disparar *v.tr./intr.* Hacer que un arma lance un proyectil. • *tr.* Arrojar con violencia. • *intr./prnl.* Marcharse o correr precipitadamente.
disparatado, da *adj.* Que constituye un disparate; absurdo.
disparatar *v.intr.* Decir o hacer disparates.
disparate *s.m.* Dicho o hecho contrarios a la razón; desatino.
disparidad *s.f.* Relación entre cosas dispares; diferencia.
disparo *s.m.* Acción de disparar un arma.
dispendio *s.m.* Gasto excesivo o innecesario, en especial de dinero.
dispendioso, sa *adj.* Costoso.
dispensa *s.f.* Acción de dispensar de una obligación, una prohibición, etc.
dispensar *v.tr.* Dar, conceder. • Absolver o excusar de una falta, delito, etc. • *tr./intr.* Eximir de una obligación o una disposición.
dispensario *s.m.* Establecimiento que presta asistencia médica gratuita.
dispepsia *s.f.* Enfermedad crónica caracterizada por la digestión trabajosa e imperfecta.
dispéptico, ca *adj.* Relativo a la dispepsia. • *adj./s.* Que la padece.
dispersar *v.tr./prnl.* Separar y desparramar. • Dividir la atención, actividad, etc., entre muchas cosas. • En milicia, desbaratar y hacer huir al ejército enemigo.
dispersión *s.f.* Acción de dispersar.
disperso, sa *adj.* Separado.
displasia *s.f.* En patología, anomalía en el desarrollo de un órgano.
displicencia *s.f.* Desagrado o indiferencia en el trato.
displicente *adj./s.m. y f.* Que muestra displicencia.
disponer *v.tr.* Colocar de modo conveniente; arreglar. • Mandar, ordenar. • *tr./prnl.* Preparar, prevenir. • *intr.* Hacer uso de algo.
disponibilidad *s.f.* Condición de disponible.

disponible *adj.* En condición de poder ser usado. • No ocupado o usado.
disposición *s.f.* Acción y efecto de disponer. • Orden, reglamentación o ley. • Estado de ánimo o aptitud para hacer algo.
dispositivo, va *adj.* Dícese de lo que dispone. • *s.m.* Mecanismo para obtener un resultado automático.
disprosio *s.m.* En química, cierto elemento metálico muy magnético (símbolo: *Dy*).
dispuesto, ta *adj.* Listo, pronto. • Preparado o con disposición para hacer algo.
disputa *s.f.* Acción de disputar.
disputar *v.intr.* Discutir con enojo o con vehemencia. • *tr.* Contender para lograr o defender algo.
disquete *s.m.* En informática, disco magnético portátil que se introduce en un ordenador para su grabación o lectura.
disquetera *s.f.* Dispositivo donde se inserta el disquete para su grabación o lectura.
disquisición *s.f.* Examen riguroso y detallado de una cuestión.
disruptor, ra *adj./s.m.* Que provoca la ruptura o apertura brusca de un circuito eléctrico.
distancia *s.f.* Porción de espacio o de tiempo que media entre dos cosas o dos sucesos. • Diferencia notable entre una cosa y otra.
distanciamiento *s.m.* Alejamiento físico o afectivo.
distanciar *v.tr./prnl.* Separar lo que estaba junto. • *prnl.* Separarse las personas por diversos motivos.
distante *adj.* Alejado, apartado. • Que rehúye un trato íntimo con los demás.
distar *v.intr.* Estar separada una cosa de otra por un espacio de lugar o de tiempo. • Diferenciarse notablemente una cosa de otra.
distender *v.tr.* Aflojar lo que estaba tenso o tirante. • *tr./prnl.* Producir una distensión.
distensión *s.f.* Acción y efecto de distender. • Estado doloroso de un músculo o una articulación.
distinción *s.f.* Acción de distinguir. • Condecoración, excepción, etc., conced das como honor. • Cualidad de disti guido. • Atención, cortesía.
distingo *s.m.* Reparo o distinción su que se oponen a cierta cosa.
distinguir *v.tr.* Reconocer como difere te. • Caracterizar algo. • Demostr especial aprecio. • Honrar, premiar. Divisar. • *prnl.* Sobresalir entre los d más.
distintivo, va *adj.* Que distingue. • *s.r* Insignia, señal, marca.
distinto, ta *adj.* No igual. • Que no es mismo. • Clara y fácilmente distingu ble.
distorsión *s.f.* Violenta torsión de ur parte del cuerpo.
distracción *s.f.* Acción de distraer. • E tretenimiento, solaz.
distraer *v.tr./prnl.* Divertir, entretene • *tr.* Atraer la atención. • Sustraer fo dos, dinero, etc.
distraído, da *adj./s.* Que se distrae co facilidad.
distribución *s.f.* Acción y efecto de di tribuir.
distribuidor, ra *adj./s.* Que distribuye.
distribuir *v.tr.* Repartir entre varios que corresponde a cada uno. • Dar a a go la colocación o destino convenientes
distributivo, va *adj.* Relativo a la distr bución. • Dícese de cierta propiedad d algunas operaciones matemáticas.
distrito *s.m.* Subdivisión administrativ o judicial de un territorio o una pobla ción.
disturbio *s.m.* Perturbación del orde público y de la tranquilidad.
disuadir *v.tr.* Inducir a cambiar de op nión o a desistir de algo.
disuasión *s.f.* Acción de disuadir.
disuasivo, va *adj.* Que disuade o pued disuadir.
disyunción *s.f.* Acción de desunir.
disyuntiva *s.f.* Alternativa entre dos co sas, por una de las cuales hay que op tar.
disyuntivo, va *adj.* Que desune o separa
disyunto, ta *adj.* En matemática, dícese de los conjuntos que no tienen elemen tos comunes, y cuya intersección es u conjunto vacío.

syuntor *s.m.* Interruptor automático le la corriente eléctrica.

tirambo *s.m.* Cierta composición poetia. • Alabanza exagerada.

uresis *s.f.* Emisión de la orina.

urético, ca *adj./s.m.* Que aumenta la ecreción y excreción de orina.

urno, na *adj.* Relativo al día.

vagación *s.f.* Acción de divagar.

vagar *v.intr.* Separarse, al hablar o al scribir, del asunto de que se trata. • Hablar con vaguedad.

ván *s.m.* Asiento largo y mullido, con razos o sin ellos.

vergencia *s.f.* Acción y efecto de divergir. • Diversidad de opiniones.

vergir *v.intr.* Ir apartándose unas de tras, dos o más líneas o superficies antón.: *converger*].

versidad *s.f.* Multiplicidad.

versificación *s.f.* Acción de diversificar.

versificar *v.tr./prnl.* Hacer que una cosa sea distinta de otra.

versión *s.f.* Acción de divertir. • Cosa que divierte.

verso, sa *adj.* Desemejante. • Que difiere en naturaleza, especie, número, etc. • *pl.* Más de dos; varios.

vertido, da *adj.* Que divierte. • De buen humor; animado.

ivertimiento *s.m.* Diversión. • Distracción momentánea de la atención.

ivertir *v.tr./prnl.* Hacer reír o predisponer a la risa. • Apartar la atención. • Entretener, recrear.

ividendo *s.m.* Número o cantidad que se dividen por otros. • Numerador de una fracción. • Parte de las ganancias de una compañía mercantil, que corresponde a cada acción.

ividir *v.tr.* Separar en dos o más partes. • Repartir. • Introducir la discordia. • En aritmética, averiguar cuántas veces un número o una cantidad están contenidos en otros.

ivieso *s.m. fam.* Forúnculo.

ivinidad *s.f.* En lenguaje filosófico, Dios. • Naturaleza y esencia del ser de Dios. • Dios pagano. • *fam.* Persona o cosa muy bellas.

ivinizar *v.tr.* Hacer o suponer divino, o rendir culto como a un dios.

divino, na *adj.* Relativo a Dios. • *fam.* Muy hermoso o bueno.

divisa *s.f.* Señal exterior para distinguir personas, grados y otras cosas. • Moneda extranjera.

divisar *v.tr.* Ver algo con poca claridad o a lo lejos.

divisibilidad *s.f.* Cualidad de divisible.

divisible *adj.* Que puede dividirse. • Dícese del número que puede ser dividido exactamente por otro.

división *s.f.* Acción de dividir. • En aritmética, operación de dividir. • En milicia, cierta unidad de combate. • Cada una de las partes o grupos en que se divide algo.

divisor, ra *adj./s.m.* En la operación de la división, dícese del número o de la cantidad que dividen a otros. • *s.m.* Denominador de una fracción.

divisorio, ria *adj.* Que sirve para dividir o separar.

divo, va *s.* Cantante de ópera de sobresaliente mérito.

divorciar *v.tr./prnl.* Separar judicialmente a un matrimonio.

divorcio *s.m.* Disolución del matrimonio. • Desacuerdo total.

divulgación *s.f.* Acción de divulgar.

divulgar *v.tr.* Propagar, difundir.

do *s.m.* En la escala musical diatónica sin alteraciones, primera nota.

dobladillar *v.tr.* Hacer un dobladillo.

dobladillo *s.m.* Pliegue que se hace doblando hacia adentro el borde de una prenda.

doblaje *s.m.* En una película cinematográfica, acción de poner en otro idioma las voces originales de los actores.

doblar *v.tr.* Aumentar una cosa al doble del tamaño que tenía. • Efectuar un doblaje. • Aplicar una sobre otra las dos partes de una cosa flexible. • Poner en ángulo. • Bajar, agachar. • Pasar al otro lado de una esquina, calle, etc. • *intr.* Cambiar de dirección. • Tocar a muerto las campanas. • *intr./prnl.* Ceder a la persuasión, a la fuerza o al interés.

doble *adj./s.m.* Dos veces mayor. • *adj.* Formado por dos cosas iguales o semejantes. • Dicho de flores, de más péta-

los que las sencillas. • *s.m.* Doblez de una cosa. • Toque de campanas por los muertos. • *m. y f.* Actor que sustituye a otro en una filmación.
doblegar *v.tr.* / *prnl.* Doblar o torcer algo que se resiste. • Someter.
doblez *s.m.* Efecto de doblar una cosa. • Parte que se dobla, y señal que deja. • *ambig.* Falsía.
doblón *s.m.* Antigua moneda de oro.
doce *adj.* / *s.m.* Diez y dos. • Duodécimo día del mes.
doceavo, va *adj.* / *s.m.* Dozavo.
docena *s.f.* Conjunto de doce unidades.
docencia *s.f.* Práctica y ejercicio del docente.
docente *adj.* De la enseñanza. • *adj.* / *s.m. y f.* Dícese de la persona que se dedica a la enseñanza.
dócil *adj.* Obediente, sumiso. • Dícese del material fácil de trabajar.
docilidad *s.f.* Cualidad de dócil.
docto, ta *adj.* / *s.* Erudito.
doctor, ra *s.* Persona que ha recibido el máximo grado universitario. • Médico.
doctorado *s.m.* Estudios para obtener el grado de doctor.
doctoral *adj.* De doctor o de doctorado. • Dícese del lenguaje enfático.
doctorarse *v.prnl.* Graduarse de doctor.
doctrina *s.f.* Enseñanza para instruir. • Ciencia o sabiduría. • Conjunto de las opiniones de uno o varios autores sobre cualquier materia.
doctrinario, ria *adj.* / *s.* Que sigue determinada doctrina.
documentación *s.f.* Acción de documentar. • Conjunto de documentos.
documental *adj.* Que se funda en documentos o se refiere a ellos. • *adj.* / *s.m.* Dícese de las películas cinematográficas con fines informativos.
documentar *v.tr.* Probar algo con documentos. • *tr.* / *prnl.* Instruir sobre los antecedentes de un asunto.
documento *s.m.* Testimonio escrito sobre un hecho pasado. • Escrito u otra cosa para comprobar algo.
dodecaedro *s.m.* Poliedro de doce caras.
dodecágono *s.m.* Polígono de doce lados.
dodecasílabo, ba *adj.* / *s.m.* De doce sílabas.
dogaresa *s.f.* Mujer del dux.
dogma *s.m.* Fundamento de toda ciencia, doctrina o religión. • Verdad revelada por Dios y reconocida como tal por la Iglesia católica.
dogmático, ca *adj.* Relativo al dogma. Que no admite cambiar sus creencias opiniones.
dogmatismo *s.m.* Cualidad de dogmático. • Conjunto de los dogmas de una religión o una ciencia.
dogmatizar *v.intr.* Expresar opiniones propias de manera dogmática.
dogo *s.m.* / *adj.* Perro guardián de cabeza grande y hocico achatado.
dólar *s.m.* Unidad monetaria de Canadá, Estados Unidos de América, varias islas del Caribe y algunos otros países.
dolencia *s.f.* Indisposición o enfermedad crónicas.
doler *v.intr.* Experimentar dolor una parte del cuerpo. • Causar dolor o pena. • *prnl.* Compadecerse del mal ajeno. • Lamentarse, quejarse.
dolmen *s.m.* Monumento megalítico en forma de mesa.
dolo *s.m.* Engaño o fraude.
dolomía *s.f.* Roca sedimentaria semejante a la caliza.
dolomita *s.f.* Dolomía.
dolor *s.m.* Sensación de padecimiento en una parte del cuerpo. • Aflicción. • Arrepentimiento por haber hecho u omitido algo.
doloroso, sa *adj.* Que causa dolor físico o espiritual. • Lamentable.
doloso, sa *adj.* Fraudulento.
doma *s.f.* Acción de domar un animal.
domador, ra *s.* Persona que doma un animal; en especial, en un circo.
domar *v.tr.* Amansar un animal bravío • Hacer dócil a alguien.
domesticar *v.tr.* Acostumbrar a un animal salvaje a convivir con el hombre y a obedecerlo. • Hacer tratable a una persona.
doméstico, ca *adj.* Relativo a la casa u hogar. • Dicho de un animal, que vive con el hombre. • *s.* Criado.
domiciliario, ria *adj.* Que se realiza en el domicilio del interesado.

miciliarse *v.prnl.* Tener una persona ı domicilio en un lugar.
micilio *s.m.* Casa donde vive una perɔna. • Morada estable de una entidad dministrativa. • Residencia legal de na persona o una sociedad.
minación *s.f.* Acción de dominar. • oder ejercido sobre un pueblo o una ación.
minador, ra *adj./s.* Que domina o retende dominar.
minante *adj.* Que domina. • Que preende avasallar. • Que sobresale.
minar *v.tr.* Tener bajo su poder. • Contener la fuerza de algo. • Conocer a ondo una cosa. • Abarcar con la vista. *intr.* Sobresalir o resaltar. • *prnl.* Reprimirse.
mingo *s.m.* Primer día de la semana.
minguero, ra *adj. fam.* Que suele ısarse en domingo.
minical *adj.* Del domingo.
minicanismo *s.m.* Palabra o expreión peculiares del español de los domiicanos.
minicano, na *adj./s.* De la República Dominicana (América).
ominico, ca *adj./s.* Dícese de los religiosos de la orden de Santo Domingo. • *adj./s.m. América* Dícese de cierta especie de plátano pequeño.
ominio *s.m.* Acción de dominar. • Facultad para disponer de una cosa. • Territorio bajo una dominación. • Campo de una actividad.
ominó *s.m.* Juego que se hace con veintiocho fichas rectangulares. • Túnica con capucha usada como disfraz.
omo *s.m.* En arquitectura, cúpula.
on *s.m.* Gracia, merced. • Habilidad o cualidad buena para hacer algo.
on, doña *s.* Tratamiento de respeto que se antepone al nombre de pila.
onación *s.f.* Acción y efecto de donar. • Cosa donada.
onaire *s.m.* Viveza o ingenio para hablar o escribir. • Dicho gracioso o agudo. • Garbo, gallardía.
onante *adj./s.m. y f.* Que dona.
onar *v.tr.* Traspasar voluntariamente una cosa o el derecho sobre ella.
onativo *s.m.* Cosa donada.
doncel *s.m.* Joven o adolescente.
doncella *s.f.* Mujer virgen. • Mujer joven. • Criada.
donde *adv.* En el lugar que, en el lugar del cual.
dónde *adv.* A qué lugar, en qué lugar, de qué lugar.
dondequiera *adv.* En todas partes.
donjuán *s.m.* Tenorio.
donjuanesco, ca *adj.* Propio de un donjuán.
donoso, sa *adj.* Que tiene gracia o donaire.
dopar *v.tr./prnl.* Drogar.
doquier *adv.* Dondequiera.
doquiera *adv.* Doquier.
dorada *s.f.* Pez marino comestible con una mancha dorada entre los ojos.
doradilla *s.f.* Helecho que crece en lugares secos y rocosos.
dorado, da *adj./s.m.* De color de oro. • *adj.* Esplendoroso o feliz. • *s.m.* Operación de dorar. • Pez marino comestible; tiene colores vivos con reflejos dorados. • *América* Pez comestible de gran tamaño, frecuente en los ríos de la cuenca del Plata.
dorar *v.tr.* Cubrir con oro, o dar aspecto de oro. • Tostar un alimento. • *prnl.* Tomar color dorado.
dórico, ca *adj.* Relativo a los dorios. • Dícese de cierto orden arquitectónico.
dorio, ria *adj./s.* Dícese de los integrantes de un pueblo de la Grecia antigua.
dormilón, na *adj./s.* Que duerme demasiado. • *s.m.* Pájaro de plumaje gris y cola larga.
dormir *v.intr./prnl./tr.* Estar, caer o hacer caer en el estado de suspensión de la actividad consciente. • *intr.* Pernoctar. • *prnl.* Adormecerse un miembro.
dormitar *v.intr.* Estar medio dormido.
dormitorio *s.m.* Habitación para dormir.
dorsal *adj.* Relativo al dorso, en especial del cuerpo.
dorso *s.m.* Envés o revés de una cosa. • Espalda de los vertebrados.
dos *adj./s.m.* Uno y uno. • Segundo día del mes.
dosaje *s.m.* En química, determinación de la cantidad de cierto elemento que hay en una sustancia.

dosar *v.tr.* En química, hacer un dosaje.

doscientos, tas *adj. / s.m.* Dos veces ciento.

dosel *s.m.* Ornamento en forma de techo colocado sobre un lecho, un trono, un altar, etc.

dosificar *v.tr.* Determinar las dosis.

dosis *s.f.* Cantidad de medicamento que se toma por vez. • Cantidad de una cosa, material o inmaterial.

dossier *s.m.* Informe o expediente.

dotación *s.f.* Acción de dotar. • Tripulación de un barco.

dotal *adj.* Relativo a la dote llevada por la mujer al casarse.

dotar *v.tr.* Dar dote a una mujer. • Asignar dinero o personal a una oficina, organismo, etc. • Adornar la naturaleza con dones o cualidades.

dote *s. ambig.* Bienes que aporta la mujer al matrimonio. • *pl.* Cualidades especiales de una persona.

dovela *s.f.* Sillar labrado en forma de cuña para la construcción de arcos y bóvedas.

dozavo, va *adj. / s.m.* Dícese de cada una de las doce partes iguales en que se divide un todo.

dracma *s.f.* Antigua moneda griega y romana. • Unidad monetaria de Grecia.

draconiano, na *adj.* Dicho de leyes o medidas de gobierno, excesivamente severo o cruel.

draga *s.f.* Máquina excavadora. • Barco que lleva esa máquina.

dragado *s.m.* Acción de dragar.

dragaminas *s.m.* Barco para limpiar de minas los mares, ríos, etc.

dragar *v.tr.* Excavar o limpiar el fondo de los puertos, canales, etc.

dragón *s.m.* Animal fabuloso con cuerpo de reptil y alas. • Soldado que combatía a pie o a caballo. • Especie de lagarto asiático.

dragonear *v.intr. América* Ejercer un cargo o una profesión sin tener el título correspondiente.

drama *s.m.* Obra escrita para ser representada. • Obra teatral de asunto triste. • Suceso conmovedor.

dramático, ca *adj.* Relativo al drama. De intensa angustia. • Capaz de conmover vivamente.

dramatismo *s.m.* Cualidad de dramá co.

dramatizar *v.tr.* Dar forma dramática Exagerar la gravedad de un hecho.

dramaturgia *s.f.* Género dramático. Arte de escribir obras dramáticas.

dramaturgo, ga *s.* Escritor de obras dı máticas.

drapear *v.tr.* Hacer pliegues en un ves do.

drástico, ca *adj.* Enérgico o radical.

drávida *adj. / s.m. y f.* Dícese de un gr po de pueblos que habitan en el sur la India y en Ceilán.

drenaje *s.m.* Acción de drenar.

drenar *v.tr.* Desaguar un terreno p medio de zanjas o cañerías. • En me cina, asegurar la salida de líquidos una herida, absceso, etc.

dril *s.m.* Cierta tela muy fuerte.

driza *s.f.* En marina, cuerda para izar arriar vergas, velas, etc.

droga *s.f.* Sustancia usada en medicin química, etc. • Medicamento estim lante, depresivo o narcótico.

drogadicto, ta *adj. / s.* Enviciado co drogas.

drogar *v.tr. / prnl.* Administrar drog estimulantes, narcóticos, etc.

droguería *s.f.* Preparación y comercio drogas medicinales. • Establecimien donde se venden.

dromedario *s.m.* Rumiante de Arabia del norte de África, parecido al camel pero con una sola joroba.

drosera *s.f.* Planta cuyas hojas le sirve para atrapar insectos.

drupa *s.f.* Fruto con mesocarpio carnos y endocarpio leñoso, que forma un hu so, como la cereza.

dual *adj.* Que consta de dos partes o qu tiene dos aspectos.

dualidad *s.f.* Reunión de dos caractere distintos en una persona o cosa.

dualismo *s.m.* Dualidad. • Nombre d ciertas doctrinas religiosas o filosóf cas.

dubitación *s.f.* Duda.

dubitativo, va *adj.* Que implica o denot duda.

ducado *s.m.* Título y territorio de un du que. • Antigua moneda de oro.

cal *adj.* Relativo al duque.
centésimo, ma *adj./s.m.* Dícese de ıda una de las doscientas partes iguas en que se divide un todo.
cha *s.f.* Chorro de agua que se hace ıer sobre el cuerpo para limpiarlo. • rtefacto usado para ese fin.
char *v.tr./prnl.* Dar una ducha.
cho, cha *adj.* Diestro, hábil.
ctil *adj.* Dícese de los metales que se ıeden extender en alambres, hilos o ıapas. • Fácil de doblar. • Dócil.
ctilidad *s.f.* Cualidad de dúctil.
da *s.f.* Acción de dudar. • Estado del ıe duda.
dar *v.tr./intr.* No estar seguro; vaciır. • *intr.* Desconfiar o recelar.
doso, sa *adj.* Incierto, inseguro. • ıe duda. • Que ofrece dudas.
ela *s.f.* Cada una de las tablas que ırman las paredes curvas de los tones, barriles, etc.
elista *s.m./adj.* Hombre que toma arte en un duelo.
duelo *s.m.* Combate entre dos persoas a consecuencia de un desafío.
duelo *s.m.* Dolor o aflicción. • Pesar or una muerte reciente. • Muestra exerior de ese pesar.
ende *s.m.* Ser imaginario que supuesımente habita en algunas casas. • Ser ıntástico de los cuentos. • Encanto ıisterioso e inefable.
eño, ña *s.* Propietario de una cosa. • l jefe de la casa o su mujer, respecto e los criados. • *f.* Antiguamente, señoa.
lce *adj.* De sabor semejante al del zúcar o la miel. • Que no es salado, margo o agrio. • Suave, agradable. • icho de personas, dócil o complaciene. • *s.m.* Fruta u otra cosa preparadas on azúcar o almíbar.
lcificar *v.tr.* Endulzar una cosa. • Migar o paliar.
lcinea *s.f. fam.* Mujer amada.
lía *s.f.* Culto de veneración a los santos.
lzaina *s.f.* Instrumento musical de iento, hecho de caña.
lzón, na *adj.* Empalagoso.
lzor *s.m.* Dulzura. • Sabor dulce.
lzura *s.f.* Cualidad de dulce.
duna *s.f.* Médano.
dúo *s.m.* Composición musical para dos cantantes o para dos ejecutantes instrumentales.
duodecimal *adj.* Relativo al número doce. • Dícese del sistema de numeración de base doce. • *adj./s.m.* Dícese de la duodécima parte de un todo.
duodécimo, ma *adj./s.m.* Que sigue en orden al undécimo. • Dícese de cada una de las doce partes iguales en que se divide un todo.
duodenal *adj.* Relativo al duodeno.
duodeno, na *adj.* Duodécimo. • *s.m.* Primera porción del intestino delgado.
dúplex *adj./s.m.* Dícese de cosas que constan de dos elementos; por ejemplo, de un apartamento de dos pisos.
duplicación *s.f.* Acción de duplicar.
duplicado *s.m.* Segundo documento, que se hace igual al primero.
duplicar *v.tr.* Aumentar al doble una cosa. • Multiplicar por dos.
dúplice *adj.* Doble.
duplicidad *s.f.* Doblez, falsedad. • Cualidad de doble.
duplo, pla *adj./s.m.* Dícese del producto de un número o cantidad por dos.
duque, esa *s.* Título de nobleza inferior al de príncipe y superior al de marqués. • *f.* Mujer de un duque.
durable *adj.* Duradero.
duración *s.f.* Acción de durar. • Tiempo que dura una cosa.
duradero, ra *adj.* Que dura o puede durar mucho.
duraluminio *s.m.* Aleación de aluminio con magnesio, cobre y manganeso.
duramadre *s.f.* Una de las meninges, que envuelve al encéfalo y a la médula espinal.
duramáter *s.f.* Duramadre.
duramen *s.m.* Parte más interna del tronco de un árbol.
durante *prep.* Expresa trascurso de tiempo; mientras.
durar *v.intr.* Continuar siendo, obrando, etc. • Subsistir, permanecer.
duraznero *s.m.* Árbol frutal, variedad del melocotón.
durazno *s.m.* Duraznero. • Fruto de ese árbol.

dureza *s.f.* Cualidad de duro. • Resistencia que opone un mineral a ser rayado por otro. • Severidad excesiva. • Callosidad.

durmiente *adj./s.m. y f.* Que duerme. • *s.m.* Madero sobre el cual se apoyan otros.

duro, ra *adj.* Difícil de cortar, rayar, aplastar o deformar. • No flexible Falto de suavidad. • Que exige mu esfuerzo o causa dolor. • Resistente Cruel o inhumano. • *s.m.* Moneda plata española. • *adv.* Con fuerza o v lencia.

dux *s.m.* Magistrado supremo en las tiguas repúblicas de Venecia y Géno

E

e *s.f.* Vocal, quinta letra del abecedario español (*pl.* ees). • Conjunción coordinante copulativa que remplaza a *y* ante voces que empiecen con *i* o *hi*.

ebanista *s.m.* El que trabaja en maderas finas como el ébano.

ebanistería *s.f.* Arte, obra o taller del ebanista.

ébano *s.m.* Árbol de gran porte, de madera sólida, negra y muy pesada, apreciada en ebanistería.

ebonita *s.f.* Caucho vulcanizado, negro y duro; se usa en la fabricación de válvulas, grifos, etc.

ebriedad *s.f.* Borrachera.

ebrio, bria *adj. / s.* Borracho. • *adj.* Trastornado por una pasión.

ebullición *s.f.* Trasformación de un líquido en gas por elevación de su temperatura.

ebúrneo, a *adj.* De marfil o parecido a él.

eccehomo *s.m.* Imagen de Jesucristo, coronado de espinas.

eccema *s.m.* Afección de la piel que se manifiesta por vesículas que forman una costra.

echar *v.tr.* Hacer que algo caiga en cierto sitio. • Hacer salir de sí; despedir. • Referido a un organismo, producir. • Expulsar de un lugar. • *prnl.* Arrojarse, precipitarse. • Acostarse, tenderse.

echarpe *s.m.* Bufanda.

eclecticismo *s.m.* Método consistente en reunir y conciliar opiniones y sistemas opuestos y divergentes.

ecléctico, ca *adj.* Relativo al eclecticismo. • *adj. / s.* Que lo profesa.

Eclesiastés *s. prop. m.* Uno de los libros del Antiguo Testamento.

eclesiástico, ca *adj.* Relativo a la Iglesia. • *s.m.* Clérigo.

eclipsar *v.tr.* Causar un astro el eclipse de otro. • Hacer que una cosa, por comparación con otra, se desmerezca. • *prnl.* Evadirse o desaparecer una persona o cosa.

eclipse *s.m.* Ocultamiento transitorio de un astro por otro que pasa delante de él.

eclíptica *s.f.* Círculo máximo de la esfera celeste, que señala el curso aparente del Sol.

eclíptico, ca *adj.* Relativo a la eclíptica.

eclosión *s.f.* Abertura de un capullo de flor o de crisálida. • Manifestación súbita de un fenómeno.

eco *s.m.* Repetición de un sonido por reflexión de las ondas sonoras.

ecografía *s.f.* Técnica de exploración del interior de un cuerpo mediante ondas electromagnéticas o acústicas, que se emplea en medicina.

ecología *s.f.* Ciencia que estudia las relaciones de los seres vivos entre sí y el medio en que viven.

ecológico, ca *adj.* Relativo a la ecología.

economato *s.m.* Cargo de ecónomo. • Tienda organizada en forma cooperativa, donde se vende a bajo precio.

economía *s.f.* Ciencia que se ocupa de la distribución y producción de bienes y servicios. • Administración prudente de los bienes. • Conjunto de los bienes de un país o una persona. • Ahorro de tiempo, trabajo, etc.

económico, ca *adj.* Relativo a la economía. • Que gasta poco. • De poco precio.
economista *s.m. y f.* Persona experta en economía política.
economizar *v.tr.* Gastar menos de lo que se dispone. • Reducir los gastos.
ecónomo, ma *s.* Administrador. • *s.m.* / *adj.* Sacerdote que gobierna una iglesia vacante.
ecosistema *s.m.* Comunidad de los seres vivos cuyos procesos vitales se relacionan entre sí y se desarrollan en función de los factores físicos de un mismo ambiente.
ecosonda *s.m.* Instrumento usado en navegación para medir la profundidad de un lugar.
ectoplasma *s.m.* Porción más externa del citoplasma de la célula.
ecuación *s.f.* En álgebra, igualdad que contiene una o más incógnitas.
ecuador *s.m.* Círculo máximo del globo terrestre, que equidista en todos sus puntos de los polos de la Tierra.
ecualizador *s.m.* Dispositivo que sirve para ecualizar el sonido en los aparatos de alta fidelidad.
ecualizar *v.tr.* Ajustar las frecuencias de reproducción de un sonido para igualarlo a su emisión originaria.
ecuánime *adj.* Que mantiene el ánimo tranquilo. • Imparcial.
ecuanimidad *s.f.* Cualidad de ecuánime.
ecuatorial *adj.* Relativo al ecuador.
ecuatorianismo *s.m.* Palabra o expresión peculiares del español de los ecuatorianos.
ecuatoriano, na *adj.* / *s.* Del Ecuador (América).
ecuestre *adj.* Relativo a la caballería o a la orden de caballería.
ecuménico, ca *adj.* Que se extiende a todo el mundo; universal.
eczema *s.m.* Eccema.
edad *s.f.* Tiempo que ha vivido alguien desde su nacimiento. • Período de la vida humana. • Período histórico.
edafología *s.f.* Estudio del suelo en relación con las plantas.
edecán *s.m.* Oficial que ayuda a una alta autoridad civil o militar.
edema *s.m.* Hinchazón de una parte del cuerpo.
edén *s.m.* Paraíso terrenal. • Sitio ameno y delicioso.
edición *s.f.* Acción de editar. • Conjunto de ejemplares de una obra, impresos de una vez.
edicto *s.m.* Mandato dado por autoridad competente. • Orden o noticia que se colocan en lugares públicos.
edificación *s.f.* Acción y efecto de edificar. • Conjunto de edificios.
edificante *adj.* Que sirve de buen ejemplo.
edificar *v.tr.* Construir un edificio.
edificio *s.m.* Obra construida para habitación u otros usos.
edil, la *s.* Concejal.
edilicio, cia *adj.* Relativo al edil. • *América* Relativo a las obras municipales.
editar *v.tr.* Publicar libros, periódicos, grabados, etc.
editor, ra *adj.* / *s.* Que edita.
editorial *adj.* Relativo al editor o a la edición. • *s.f.* Empresa editora. • *m.* Artículo sin firma de un diario, que expresa la opinión de este.
editorialista *s.m. y f.* Escritor que redacta los editoriales.
educación *s.f.* Acción y efecto de educar. • Conocimiento de ciertas reglas de trato social.
educador, ra *adj.* Que educa. • *s.* El que se dedica a educar.
educando, da *adj.* / *s.* Dícese del que está recibiendo educación.
educar *v.tr.* Desarrollar la inteligencia y formar el carácter de los niños. • Enseñar.
educativo, va *adj.* Que educa o sirve para educar.
edulcorante *adj.* / *s.m.* Dícese de la sustancia que endulza.
efe *s.f.* Nombre de la letra *f.*
efebo *s.m.* Adolescente.
efectismo *s.m.* Cualidad de efectista.
efectista *adj.* Que busca causar gran impresión en el ánimo.
efectivo, va *adj.* Dícese de lo que produce efecto o resultado. • Verdadero, auténtico. • Dícese del empleo fijo. • *s.m.* Dinero o ciertos valores. • *pl.* Fuerzas militares.

efecto *s.m.* Aquello que se produce por una causa; consecuencia, resultado. • Impresión del ánimo. • *pl.* Artículos de comercio. • Documentos mercantiles.
efectuar *v.tr.* Hacer una cosa.
efedrina *s.f.* Alcaloide que se obtiene de ciertas plantas.
efemérides *s.f. pl.* Escrito en que se refieren los hechos de cada día. • Sucesos ocurridos un número exacto de años antes de un día determinado.
eferente *adj.* En medicina, dícese de ciertos órganos que llevan sustancias a otros.
efervescencia *s.f.* Desprendimiento de burbujas a través de un líquido.
eficacia *s.f.* Cualidad de eficaz.
eficaz *adj.* Que produce el efecto esperado.
eficiencia *s.f.* Cualidad de eficiente.
eficiente *adj.* Que realiza debidamente aquello a que está destinado.
efigie *s.f.* Representación de una persona en dibujo, pintura o escultura.
efímero, ra *adj.* Que dura un solo día o tiene muy corta duración; fugaz.
efluvio *s.m.* Emisión de partículas diminutas. Emanación de algo inmaterial.
efusión *s.f.* Derramamiento de un líquido. • Expresión ostensible de sentimientos afectuosos.
efusivo, va *adj.* Que expresa o siente efusión; afectuoso, cordial.
égida o **egida** *s.f.* Escudo, arma defensiva. • Protección inmaterial dada por alguien o por algo.
egipcio, cia *adj. / s.* De Egipto (África). • *s.m.* Lengua hablada en ese país.
egiptología *s.f.* Estudio de las antigüedades de Egipto.
egiptólogo, ga *s.* Persona versada en egiptología.
égloga *s.f.* Composición poética del género bucólico.
egocentrismo *s.m.* Actitud de la persona que se considera el centro de la atención general.
egoísmo *s.m.* Condición de egoísta.
egoísta *adj. / s.m. y f.* Dícese del que siente un excesivo amor por sí mismo, y antepone su propio provecho al de los demás.
ególatra *adj. / s.m. y f.* Que siente o tiene egolatría.
egolatría *s.f.* Actitud del que se ama a sí mismo con exceso.
egregio, gia *adj.* Ilustre, insigne.
egresar *v.intr.* Salir de alguna parte. • *América* Graduarse.
egreso *s.m.* En contabilidad, partida de descargo en una cuenta. • *América* Acción y efecto de egresar o graduarse.
einstenio *s.m.* Elemento radiactivo perteneciente al grupo de las tierras raras (símbolo: *Es*).
eje *s.m.* Barra que atraviesa un cuerpo que gira alrededor de ella. • Línea que divide algo por la mitad. • Persona o cosa que son centro de una actividad.
ejecución *s.f.* Acción y efecto de ejecutar. • Manera de ejecutar una cosa.
ejecutante *adj. / s.m. y f.* Que ejecuta, en especial una obra musical.
ejecutar *v.tr.* Hacer una cosa que se ha proyectado. • Hacer algo con habilidad. • Tocar una música. • Ajusticiar. • Obligar por vía judicial a cumplir con algo.
ejecutivo, va *adj.* Que ejecuta o hace una cosa. • En ciertos sistemas de gobierno, dícese del poder que hace cumplir las leyes.
ejecutor, ra *adj.* Que ejecuta una cosa.
ejemplar *adj.* Que puede servir de ejemplo o escarmiento. • *s.m.* Cada uno de los individuos de una especie, un género, etc. • Cada uno de los libros, grabados, etc., sacados de un mismo original.
ejemplificar *v.tr.* Demostrar o autorizar con ejemplos alguna cosa.
ejemplo *s.m.* Cosa o hecho que se proponen para que se imiten, si son buenos, o se eviten, si son malos. • Hecho o texto que se citan para corroborar una afirmación.
ejercer *v.tr.* Practicar un oficio, facultad, virtud, etc. • Usar un derecho.
ejercicio *s.m.* Acción y efecto de ejercitar. • Actividad o movimiento corporales para mantener buen estado físico. • Trabajo que se hace para fijar un aprendizaje. • Tiempo en que rige una ley presupuestaria. • *pl.* Maniobras con que se adiestran los soldados.

ejercitar *v.tr.* Ejercer. • *prnl.* Adiestrarse.
ejército *s.m.* Fuerzas militares terrestres de una nación. • Conjunto de tropas.
ejido *s.m.* Campo contiguo a una comuna, de uso común.
el, la, lo; los, las *adj.* Formas del artículo determinado en sus tres géneros y ambos números.
él, ella, ello; ellos, ellas *s.* Formas del pronombre personal que designan a la tercera persona en sus tres géneros y ambos números.
elaboración *s.f.* Acción de elaborar.
elaborar *v.tr.* Preparar un producto. • Producir un órgano u organismo una sustancia natural. • Concebir algo complejo, como una teoría.
elasticidad *s.f.* Cualidad de elástico.
elástico, ca *adj.* Dícese del material que recupera su forma cuando cesa la fuerza que lo modificaba. • Que puede ajustarse a distintas circunstancias. • *s.m.* Cinta de goma.
ele *s.f.* Nombre de la letra *l*.
elección *s.f.* Acción de elegir.
electivo, va *adj.* Que se da por elección.
electo, ta *adj.* Dícese del elegido para un cargo, mientras no toma posesión.
elector, ra *adj./s.* Que elige o tiene derecho a elegir.
electorado *s.m.* Conjunto de electores.
electoral *adj.* Relativo a elecciones o electores.
electricidad *s.f.* Agente fundamental de la materia, en forma de cargas negativas y positivas, que generalmente se neutralizan y cuyo movimiento genera la llamada *corriente eléctrica*.
electricista *s.m. y f./adj.* Perito en las aplicaciones de la electricidad.
eléctrico, ca *adj.* Relativo a la electricidad. • Que tiene electricidad o funciona con ella.
electrificación *s.f.* Acción y efecto de electrificar.
electrificar *v.tr.* Proveer de electricidad. • Remplazar cualquier sistema de energía por la eléctrica.
electrizante *adj.* Que electriza o sirve para electrizar. • Excitante.
electrizar *v.tr./prnl.* Engendrar o comunicar electricidad. • Producir algo una emoción intensa.
electroacústica *s.f.* Estudio de las vibraciones acústicas producidas por la electricidad.
electrocardiograma *s.m.* Gráfico de la actividad eléctrica del corazón.
electrocoagulación *s.f.* En medicina, coagulación o destrucción de los tejidos por medio de corrientes eléctricas.
electrocución *s.f.* Acción y efecto de electrocutar.
electrocutar *v.tr./prnl.* Matar por medio de una descarga eléctrica.
electrodinámica *s.f.* Parte de la física que estudia la acción de las corrientes eléctricas.
electrodo o **eléctrodo** *s.m.* Elemento terminal de un circuito eléctrico. • Cada una de las dos piezas conductoras entre las cuales se establece una corriente eléctrica a través de un fluido.
electrodoméstico, ca *adj./s.m.* Dícese de ciertos aparatos eléctricos que se usan en el hogar.
electroencefalograma *s.m.* Gráfico de las corrientes eléctricas del encéfalo.
electrógeno, na *adj.* Que engendra electricidad.
electroimán *s.m.* Barra que se imana artificialmente por la acción de la corriente eléctrica.
electrólisis *s.f.* Descomposición química de una sustancia, producida por una corriente eléctrica.
electrólito *s.m.* Sustancia que se descompone por el paso de una corriente eléctrica.
electromagnetismo *s.m.* Parte de la física que estudia las relaciones entre las corrientes eléctricas y los campos magnéticos.
electromecánico, ca *adj.* Dícese de los mecanismos accionados por electricidad.
electromotor, ra *adj./s.m.* Dícese de la máquina que trasforma energía eléctrica en energía mecánica.
electromotriz *adj.f.* Que genera o trasforma energía eléctrica.
electrón *s.m.* Partícula elemental cargada de electricidad negativa, que forma parte del átomo.

electrónica *s.f.* Parte de la física que estudia los fenómenos en que intervienen electrones.
electrónico, ca *adj.* Relativo a los electrones o a la electrónica.
electroquímica *s.f.* Parte de la química que estudia los fenómenos relacionados con la electricidad.
electroscopio *s.m.* Aparato para detectar la existencia de cargas eléctricas en un cuerpo.
electrotecnia *s.f.* Ciencia que trata de las aplicaciones de los fenómenos eléctricos y magnéticos.
elefante, ta *s.* Mamífero paquidermo de gran tamaño, con la nariz prolongada en forma de trompa prensil, y dos colmillos muy grandes.
elefantiasis *s.f.* En medicina, crecimiento anormal de algunas partes del cuerpo.
elegancia *s.f.* Cualidad de elegante.
elegante *adj.* Que tiene gracia, distinción, sobriedad y buen gusto.
elegía *s.f.* Composición poética que expresa dolor por una muerte.
elegíaco, ca o **elegiaco, ca** *adj.* Relativo a la elegía. • Como de elegía.
elegir *v.tr.* Tomar selectivamente cierta cosa entre otras. • Nombrar a alguien por votación para un cargo.
elemental *adj.* Relativo al elemento. • Necesario en primer lugar para algo. • Integrado por unas pocas nociones básicas. • Evidente.
elemento *s.m.* Parte distinguible que constituye un todo. • Medio en que vive un ser. • Cada una de las sustancias químicas simples. • *pl.* Las fuerzas naturales. • Medios, recursos. • Nociones, rudimentos.
elenco *s.m.* Catálogo o índice. • Conjunto de artistas de una compañía teatral.
elevación *s.f.* Acción de elevar. • Altura de una cosa.
elevado, da *adj.* Levantado sobre un nivel. • Sublime. • Dícese de la expresión lingüística cuidada.
elevador, ra *adj.* Que eleva o sirve para elevar. • *adj./s.m.* Dícese del trasformador que aumenta el voltaje de una corriente eléctrica.
elevar *v.tr./prnl.* Trasladar de un lugar a otro más alto; levantar, subir. • *tr.* Dirigir un escrito a una autoridad. • Calcular la potencia de un número.
eliminar *v.tr.* Descartar o excluir a una persona o cosa de lo que forma parte. • Expulsar una sustancia tóxica del organismo.
eliminatorio, ria *adj.* Que elimina.
elipse *s.f.* En geometría, curva plana cerrada, simétrica respecto a dos ejes perpendiculares entre sí, con dos focos.
elipsis *s.f.* En gramática, omisión de una palabra en una construcción.
elipsoide *s.m.* Cuerpo geométrico cuyas secciones planas son elípticas.
elíptico, ca *adj.* Relativo a la elipse, o con su forma. • Relativo a la elipsis o que la contiene. • No expreso.
elite *s.f.* Grupo pequeño y muy seleccionado de personas.
élitro *s.m.* Cada una de las dos alas anteriores de ciertos insectos.
elixir o **elíxir** *s.m.* Medicamento compuesto por varias sustancias disueltas en alcohol. • Medicamento o remedio maravillosos.
ella *s.f.* Ver *él*.
elle *s.f.* Nombre de la letra *ll*.
ello *s.m.* Ver *él*.
elocución *s.f.* Manera de expresarse lingüísticamente.
elocuencia *s.f.* Capacidad y arte de expresar las ideas con claridad y exactitud. • Fuerza expresiva de otras cosas.
elocuente *adj.* Que tiene elocuencia.
elogiar *v.tr.* Hacer elogios; alabar.
elogio *s.m.* Atribución de una buena cualidad o mérito.
elogioso, sa *adj.* Que contiene elogio.
elucidación *s.f.* Acción de elucidar.
elucidar *v.tr.* Aclarar, esclarecer.
elucubración *s.f.* Lucubración.
elucubrar *v.tr.* Lucubrar.
eludir *v.tr.* Evitar una dificultad, una obligación, etc., con pretextos o con mañas.
elusivo, va *adj.* Que elude.
emanación *s.f.* Acción de emanar.
emanar *v.intr.* Desprenderse o provenir una cosa de otra que la contiene y le da principio.

emancipación *s.f.* Acción de emancipar.

emancipar *v.tr./prnl.* Liberar de la tutela, de la servidumbre o de otro tipo de dependencia.

embadurnar *v.tr.* Cubrir algo con una sustancia pegajosa o untuosa. • *fam.* Pintar sin arte ni destreza.

embajada *s.f.* Comunicación importante que alguien envía por medio de otro. • Cargo, residencia y oficinas del embajador.

embajador, ra *s.* Agente diplomático que representa al jefe de Estado del país que lo envía.

embalaje *s.m.* Acción de embalar o guardar. • Caja o cubierta con que se embala.

1. embalar *v.tr.* Guardar dentro de cajas o cubiertas los objetos para ser trasportados.

2. embalar *v.intr./prnl.* Aumentar la velocidad de un corredor o un vehículo.

embaldosar *v.tr.* Revestir un suelo con baldosas.

embalsamar *v.tr.* Acondicionar un cadáver para evitar su descomposición.

embalsar *v.tr./prnl.* Juntar agua u otro líquido formando balsa. • Rebalsar.

embalse *s.m.* Acción de embalsar. • Depósito artificial donde se almacenan las aguas de un río o un arroyo.

embanderar *v.tr.* Adornar con banderas. • *prnl. América* Tomar determinado partido.

embarazado, da *adj.* Cohibido o turbado. • *adj./s.f.* Dícese de la mujer encinta.

embarazar *v.tr.* Estorbar o impedir algo. • *prnl.* Cohibirse.

embarazo *s.m.* Aquello que embaraza. • Turbación. • Estado de la mujer encinta. • Tiempo que dura la gestación.

embarazoso, sa *adj.* Que embaraza.

embarcación *s.f.* Barco, nave.

embarcadero *s.m.* Lugar dispuesto para embarcar; muelle.

embarcar *v.tr./intr./prnl.* Ingresar gente, mercaderías, etc., en un barco. • *tr./prnl.* Incluir en un negocio.

embarco *s.m.* Embarque. • Ingreso de tropas en un barco, tren, etc.

embargar *v.tr.* Absorber u ocupar el interés, los sentimientos, etc. • Retener los bienes por mandato judicial.

embargo *s.m.* Acción de embargar los bienes.

embarque *s.m.* Acción de embarcar o ingresar.

embarrar *v.tr./prnl.* Recubrir o manchar con barro.

embarullar *v.tr. fam.* Mezclar con desorden y confusión cosas o ideas. • *prnl.* Aturdirse.

embate *s.m.* Acometida violenta del mar, los vientos, etc., o de una emoción intensa.

embaucar *v.tr.* Engañar con actos o palabras falaces.

embeber *v.tr.* Retener un cuerpo sólido en su masa un líquido. • Empapar. • Embutir, encajar. • *intr./prnl.* Encoger una tela. • *prnl.* Instruirse a fondo en una materia. • Abstraerse.

embelesar *v.tr./prnl.* Atraer a alguien intensamente; cautivar.

embeleso *s.m.* Efecto de embelesar.

embellecer *v.tr.* Hacer o poner bellas a una persona o cosa.

embestida *s.f.* Acción de embestir.

embestir *v.tr.* Arrojarse con ímpetu contra alguien o algo.

embicar *v.intr. América* Embestir derecho a tierra con un barco.

emblema *s.m.* Enseña, insignia. • Cualquier cosa que es representación simbólica de otra.

embobar *v.tr./prnl.* Embelesar.

embocadura *s.f.* Acción de embocar. • Entrada de un río, canal, etc. • Boquilla de un instrumento musical.

embocar *v.tr.* Meter una cosa por una boca, entrada u orificio. • Entrar por una parte estrecha.

embolia *s.f.* Obstrucción de un vaso sanguíneo ocasionada por un émbolo.

émbolo *s.m.* Pieza que se ajusta en el interior de un cilindro para comprimir un fluido o recibir de él un movimiento. • Coágulo de sangre, burbuja de gas, glóbulo de grasa, etc., que pueden causar una embolia.

embolsar *v.tr.* Meter algo en una bolsa. • Cobrar.

emborrachar *v.tr./prnl.* Poner borracho. • Atontar o adormecer.

emboscada *s.f.* Acción de emboscar. • Ataque corto y sorpresivo contra un enemigo. • Asechanza, celada.

emboscar *v.tr./prnl.* Ocultar gente en un lugar para atacar por sorpresa al enemigo.

embotar *v.tr./prnl.* Quitar su agudeza a los filos y puntas de las armas. • Hacer más débil y menos eficaz una cosa.

embotellar *v.tr.* Echar líquido en botellas. • Causar la inmovilización de personas, vehículos, etc., en un lugar.

embozar *v.tr.* Desfigurar u ocultar. • *prnl.* Cubrirse la parte inferior del rostro con una prenda.

embozo *s.m.* Prenda con que alguien se cubre la parte inferior del rostro.

embragar *v.tr.* Rodear un fardo, piedra, etc., con una cuerda. • Hacer que un eje motor trasmita el movimiento a otro eje por medio del embrague.

embrague *s.m.* Dispositivo mecánico que conecta o desconecta dos ejes de trasmisión.

embravecer *v.tr./prnl.* Enfurecer.

embretar *v.tr. América* Encerrar los animales en el brete o el corral.

embriagar *v.tr./prnl.* Emborrachar. • Enajenar, extasiar.

embriaguez *s.f.* Borrachera.

embrión *s.m.* Organismo que está en vías de desarrollo, desde la fecundación del óvulo hasta que tiene vida autónoma. • Principio todavía informe de una cosa.

embrionario, ria *adj.* Relativo al embrión.

embrollar *v.tr./prnl.* Confundir, enredar.

embrollo *s.m.* Enredo, lío. • Embuste.

embromar *v.tr.* Hacer bromas. • Engañar por diversión sin ánimo de dañar.

embrujar *v.tr.* Hechizar.

embrujo *s.m.* Hechizo.

embrutecer *v.tr./prnl.* Volver a alguien bruto o torpe.

embuchado *s.m.* Tripa rellena con carne de cerdo picada y condimentada.

embuchar *v.tr.* Rellenar una tripa de animal para hacer embuchados. • Meter comida en el buche de un ave. • *fam.* Engullir.

embudo *s.m.* Utensilio hueco en forma de cono invertido, para trasvasar líquidos sin derramarlos.

embuste *s.m.* Mentira burda.

embustero, ra *adj./s.* Que dice embustes.

embutido *s.m.* Acción de embutir. • Obra de madera, marfil, etc., que se hace encajando unas piezas en otras, de manera que formen diversas figuras. • Embuchado.

embutir *v.tr.* Meter una cosa dentro de otra apretando. • Embuchar (rellenar). • Meter en un material una pieza, de modo que quede bien sujeta.

eme *s.f.* Nombre de la letra *m.*

emergencia *s.f.* Caso imprevisto, de urgente solución.

emerger *v.intr.* Salir del agua o de otro líquido.

emérito, ta *adj.* Dícese del funcionario que, una vez retirado, recibe un premio o reconocimiento especial.

emersión *s.f.* Reaparición de un astro después de un eclipse.

emético, ca *adj./s.m.* Vomitivo.

emétrope *adj.* Dícese del ojo que tiene visión normal.

emetropía *s.f.* Condición del ojo normal.

emigración *s.f.* Acción de emigrar [antón.: *inmigración*].

emigrado, da *s.* El que vive fuera de su patria, en especial por razones políticas.

emigrante *s.m. y f./adj.* Persona que emigra • [antón.: *inmigrante*].

emigrar *v.intr.* Dejar alguien su propio país para establecerse en otro [antón.: *inmigrar*]. • Cambiar de clima o de lugar algunas especies animales.

eminencia *s.f.* Cualidad de eminente. • Parte más elevada del terreno. • Persona eminente. • Título de honor que se da a los cardenales.

eminente *adj.* Que es más alto que lo que lo rodea. • Que descuella por su valor, capacidad, etc.

emir *s.m.* Príncipe o caudillo árabe.

emirato *s.m.* Dignidad de emir. • Tiempo que dura su gobierno.

emisario, ria *s.* Persona enviada a un lugar para comunicar algo, cumplir una misión, etc.

emisión *s.f.* Acción de emitir. • Conjunto de títulos, valores, etc., que se ponen en circulación simultáneamente.
emisor, ra *adj.* / *s.* Que emite. • *s.f.* Estación de radio.
emitir *v.tr.* Arrojar, despedir. • Poner en circulación moneda, títulos públicos, etc. • Exponer juicios, opiniones, etc. • Radiar, trasmitir.
emoción *s.f.* Reacción afectiva intensa.
emocional *adj.* Relativo a la emoción.
emocionar *v.tr.* Causar emoción.
emoliente *adj.* / *s.m.* Que ablanda.
emolumento *s.m.* Remuneración, sueldo.
emotivo, va *adj.* Relativo a la emoción. • Que produce emoción.
empacar *v.tr.* Empaquetar, encajonar.
empacarse *v.prnl.* Enojarse y resistirse a hacer algo.
empachar *v.tr.* / *prnl.* Estorbar. • Indigestar. • *prnl.* Avergonzarse.
empacho *s.m.* Estorbo. • Indigestión. • Vergüenza que impide hacer algo.
empadronamiento *s.m.* Acción de empadronar.
empadronar *v.tr.* / *prnl.* Inscribir en un padrón.
empalagar *v.tr.* Desagradar una golosina o un postre por ser demasiado dulces. • Fastidiar.
empalagoso, sa *adj.* Que empalaga.
empalizada *s.f.* Serie de palos, estacas, etc., que sirve para cercar un terreno.
empalmar *v.tr.* Unir por sus extremos dos maderas, tubos, etc. para que queden uno a continuación de otro. • Combinar planes, ideas, etc. • *intr.* Unirse un tren, un camino, etc., con otro.
empalme *s.m.* Acción de empalmar. • Lugar donde se empalma.
empanada *s.f.* Comida consistente en una envoltura de masa rellena de carne, verdura, etc., cocida al horno o frita.
empanar *v.tr.* Encerrar en masa o pan. • Rebozar una vianda con pan rallado.
empantanar *v.tr.* / *prnl.* Llenar un terreno de agua. • Detener el curso de un asunto.
empañar *v.tr.* Envolver en pañales. • Quitar el brillo o la trasparencia a algo. • Oscurecer o disminuir la fama, el mérito, etc.
empapar *v.tr.* / *prnl.* Mojar algo hasta que quede penetrado de un líquido. • *tr.* Absorber. • *prnl.* Enterarse a fondo de algo.
empapelar *v.tr.* Cubrir algo con papel; en especial, las paredes.
1. empaque *s.m.* Acción de empacar.
2. empaque *s.m.* Seriedad con algo de afectación.
empaquetar *v.tr.* Hacer paquetes.
emparchar *v.tr.* Poner parches.
emparedado *s.m.* Porción de carne, jamón, etc., entre dos rebanadas de pan.
emparejar *v.tr.* Formar una pareja. • Poner cosas a un mismo nivel.
emparentar *v.intr.* Contraer parentesco por casamiento.
emparrado *s.m.* Armazón para sostener una parra.
emparvar *v.tr.* Poner en parva las mieses.
empastar *v.tr.* Cubrir de pasta. • Rellenar con una pasta especial un diente o muela cariados. • Encuadernar un libro en pasta.
empaste *s.m.* Acción de empastar.
empastelar *v.tr.* / *prnl.* En imprenta, mezclar los tipos de la composición.
empatar *v.intr.* Igualar los resultados de una votación, una competición deportiva, etc.
empate *s.m.* Acción de empatar.
empavesar *v.tr.* Engalanar un barco con adornos.
empavonado, da *adj.* Pavonado.
empavonar *v.tr.* Pavonar.
empecinado, da *adj.* Obstinado, terco.
empecinarse *v.prnl.* Obstinarse.
empedernido, da *adj.* Insensible, cruel. • Que tiene un vicio muy arraigado.
empedrar *v.tr.* Pavimentar el suelo con piedras.
empeine *s.m.* Parte superior del pie.
empellón *s.m.* Empujón.
empeñar *v.tr.* Dar o dejar algo en prenda. • Comprometer una persona su palabra prometiendo algo. • *tr.* / *prnl.* Insistir con tesón en algo. • Comenzar una lucha, una discusión, etc. • *prnl.* Sostener algo con terquedad. • Endeudarse.

npeño *s.m.* Acción de empeñar. • Afán. • Constancia, tesón.
npeñoso, sa *adj. América* Que muestra tesón para lograr algo.
mpeorar *v.tr./intr./prnl.* Poner peor [antón.: *mejorar*].
mpequeñecer *v.tr.* Hacer más pequeña una cosa.
nperador, triz *s.* Soberano de un imperio. • *f.* Mujer del emperador.
mperifollar *v.tr. fam.* Acicalar a una persona o cosa.
npero *conj. coord.* Sin embargo, no obstante.
mperrarse *v.prnl. fam.* Obstinarse o encapricharse.
mpezar *v.tr.* Dar principio; comenzar. • *intr.* Tener principio.
mpilchar *v.intr. fam. América* Vestir bien, con ropas costosas.
mpinado, da *adj.* Muy alto.
mpinar *v.tr.* Alzar, levantar. • *prnl.* Apoyarse sobre la punta de los pies y erguirse todo lo posible. • Llegar a gran altura un árbol, una montaña, etc.
mpíreo, a *adj./s.m.* Dícese del cielo. • *adj.* Celestial, divino, supremo.
mpírico, ca *adj.* Fundado en la experiencia. • Relativo al empirismo.
mpirismo *s.m.* Doctrina folosófica según la cual el conocimiento se funda en la experiencia.
mplasto *s.m.* Cataplasma hecha con materias grasas, resinas y jabones.
1. emplazamiento *s.m.* Acción de emplazar o citar.
2. emplazamiento *s.m.* Situación, ubicación.
1. emplazar *v.tr.* Citar a alguien en lugar y fecha determinados.
2. emplazar *v.tr.* Poner cierta cosa en determinado lugar.
empleado, da *s.* Persona que desempeña una ocupación pública o privada, por un sueldo.
empleador, ra *s.* Persona que da ubicación a obreros y empleados.
emplear *v.tr.* Usar, utilizar. • *tr./prnl.* Ocupar a alguien en cierto trabajo.
empleo *s.m.* Acción de emplear; uso. • Ocupación, destino.
emplomar *v.tr.* Cubrir, asegurar o soldar con plomo. • *América* Empastar un diente o una muela.
emplumar *v.tr.* Poner plumas. • *intr.* Echar plumas las aves.
empobrecer *v.tr./prnl.* Hacer pobre.
empobrecimiento *s.m.* Efecto de empobrecer.
empolvar *v.tr.* Cubrir algo de polvo.
empollar *v.tr.* Cubrir el ave los huevos con su cuerpo para calentarlos y para que nazcan los pollos; incubar.
emponchado, da *adj. América* Que está envuelto en un poncho.
emponzoñar *v.tr.* Dar ponzoña; envenenar. • Dañar o envilecer.
emporio *s.m.* Centro comercial importante. • Lugar importante por su riqueza, el auge de las ciencias y las artes, etc.
empotrar *v.tr.* Encajar una cosa en una pared o en el suelo.
emprendedor, ra *adj.* Que tiene iniciativa y decisión.
emprender *v.tr.* Comenzar algo que implica dificultad o esfuerzo.
empresa *s.f.* Cosa que se emprende. • Sociedad mercantil o industrial. • Divisa, emblema.
empresariado *s.m.* Conjunto de las empresas o de los empresarios de un lugar.
empresario, ria *s.* Persona que posee una empresa.
empréstito *s.m.* Préstamo que toma el Estado o una empresa, mediante la venta de valores mobiliarios.
empujar *v.tr.* Hacer fuerza contra una cosa para moverla, sostenerla o rechazarla.
empuje *s.m.* Acción de empujar. • Animo, brío.
empujón *s.m.* Golpe dado con fuerza a una persona o cosa para moverlas o apartarlas.
empuñadura *s.f.* Puño de la espada.
empuñar *v.tr.* Asir una cosa por el puño.
emú *s.m.* Cierta ave corredora y corpulenta de Australia.
emulación *s.f.* Acción de emular.
emular *v.tr.* Imitar las acciones de otros para igualarlas o superarlas.

émulo, la *s./adj.* El que procura imitar o exceder en mérito o valor a otro.

emulsión *s.f.* Líquido que contiene en suspensión pequeñas gotas o partículas de una sustancia insoluble en él.

en *prep.* Indica, fundamentalmente, lugar, tiempo y modo.

enagua *s.f.* Prenda interior de mujer, que se usa debajo de la falda.

enajenación *s.f.* Acción de enajenar. • Locura, alienación.

enajenado, da *adj./s.* Que sufre una alteración mental; alienado.

enajenar *v.tr.* Pasar a otro el dominio de una cosa. • Enloquecer, trastornar. • *prnl.* Desposeerse de algo.

enálage *s.f.* En gramática, figura que consiste en el uso no estrictamente correcto de alguna parte de la oración.

enaltecer *v.tr.* Ensalzar.

enamoradizo, za *adj.* Que se enamora con facilidad e inconstancia.

enamorado, da *adj./s.* Que siente amor.

enamorar *v.tr.* Despertar amor en una persona. • *prnl.* Empezar a sentir amor por alguien.

enancarse *v.prnl. América* Montar a las ancas.

enano, na *adj.* Diminuto. • *s./adj.* Persona de altura anormalmente pequeña.

enarbolar *v.tr.* Mantener en alto una bandera, un estandarte, etc.

enarcar *v.tr.* Dar forma de arco a una cosa; arquear.

enardecer *v.tr./prnl.* Excitar o avivar una pasión, una lucha, etc. • Inflamar una parte del cuerpo.

enarenar *v.tr.* Cubrir con arena. • *prnl.* Encallar una embarcación.

encabalgar *v.tr./intr.* Montar una cosa sobre otra.

encabezamiento *s.m.* Acción de encabezar. • Conjunto de palabras con que se inicia un escrito.

encabezar *v.tr.* Poner el encabezamiento de un escrito. • Registrar en el padrón. • Iniciar una suscripción o una lista. • *América* Promover y dirigir un motín.

encabritarse *v.prnl.* Empinarse un caballo por indocilidad o temor.

encadenar *v.tr.* Asegurar con cadena • *tr./prnl.* Ligar unas cosas con otra formando una serie.

encajar *v.tr./intr.* Meter una cosa dentro de otra en la que quede ajustada • *tr. fam.* Descargar sobre alguien u golpe, un arma, etc. • *prnl.* Meterse e un lugar del que no se puede salir.

encaje *s.m.* Acción de encajar. • Huec en que se mete una cosa. • Tejido d mallas que forma dibujos.

encajonar *v.tr.* Meter algo en cajones. Meter en un sitio angosto.

encalar *v.tr.* Blanquear con cal.

encalmarse *v.prnl.* Quedar en calma e mar o el viento.

encallar *v.intr.* Quedar detenido un barco en el fondo de arena, fango, piedra etc. • Atascarse un asunto.

encallecer *v.intr./prnl.* Endurecerse algo formando un callo.

encaminar *v.tr./prnl.* Dirigir hacia un sitio o fin determinados.

encanallar *v.tr./prnl.* Degradar, envilecer.

encandilar *v.tr./prnl.* Deslumbrar a alguien una luz intensa. • Dejar pasmado.

encanecer *v.intr.* Empezar a tener canas. • Envejecer una persona.

encantador, ra *adj.* Que hace encantamientos. • Muy agradable y ameno.

encantamiento *s.m.* Acción de encantar con artes mágicas.

encantar *v.tr.* Ejercitar poderes mágicos sobre alguien o algo. • Cautivar.

encanto *s.m.* Encantamiento. • Modo de ser o cualidades que hacen a alguien o algo atractivos y agradables.

encañonar *v.tr.* Dirigir una cosa para que entre por un conducto estrecho • Apuntar con un arma de fuego.

encapotarse *v.prnl.* Cubrirse con el capote. • Poner el rostro ceñudo. • *unipers.* Cubrirse el cielo de nubes oscuras.

encapricharse *v.prnl.* Empeñarse en un capricho.

encapuchar *v.tr./prnl.* Cubrir con una capucha.

encaramar *v.tr./prnl.* Elevar hasta un lugar difícil de alcanzar. • Elevar a puestos altos y honoríficos.

ncarar *v.tr.* Poner alguien o algo con as caras una enfrente de otra. • *tr./prnl.* Hacer frente a una dificulad. • *prnl.* Ponerse dos personas una nfrente a otra en actitudes contrarias.

ncarcelar *v.tr.* Meter en la cárcel.

ncarecer *v.tr.* Subir el precio de algo. • Alabar, ponderar. • Recomendar.

ncargado, da *s.* Persona que tiene a su argo el cuidado de una cosa, comercio, dificio de departamentos, etc.

ncargar *v.tr.* Poner una cosa al cuidado le alguien. • Pedir u ordenar que se aaga o suministre cierta cosa.

ncargo *s.m.* Acción de encargar. • Cosa encargada.

ncariñarse *v.prnl.* Empezar a sentir cariño.

ncarnación *s.f.* Acción de encarnar. • Personificación.

ncarnado, da *adj.* De color de carne. • *adj./s.m.* Rojo.

ncarnadura *s.f.* Disposición del tejido orgánico para cicatrizar una lesión.

ncarnar *v.tr.* Personificar, simbolizar. • *intr./prnl.* Hacerse hombre el Verbo Divino. • *intr.* Ir cerrándose y mejorando una herida.

ncarnizado, da *adj.* Ensangrentado. • Dícese de la batalla muy sangrienta.

ncarnizamiento *s.m.* Acción de encarnizarse. • Crueldad, ensañamiento.

ncarnizarse *v.prnl.* Enfurecerse en la lucha. • Mostrarse muy cruel.

ncarpetar *v.tr.* Guardar papeles en carpetas.

ncarrilar *v.tr.* Colocar un vehículo sobre los carriles. • Encaminar, encauzar.

ncartonado, da *adj.* Dícese de la encuadernación hecha con cartón cubierto de papel.

ncartonar *v.tr.* Poner cubiertas de cartón a un libro.

ncasillar *v.tr.* Poner en casillas. • Distribuir personas o cosas en distintos grupos.

ncasquetar *v.tr.* Meter bien en la cabeza el sombrero, la gorra, etc.

ncasquillar *v.tr. América* Herrar caballos o bueyes.

encastillarse *v.prnl.* Guarecerse en sitios de difícil acceso. • Perseverar con tesón y obstinación en una idea.

encastrar *v.tr.* Encajar, empotrar.

encausar *v.tr.* Procesar.

encáustico, ca *adj.* En pintura, dícese de la técnica en que se usa el fuego. • *s.m.* Preparado de cera para dar brillo a una superficie.

encauzar *v.tr.* Abrir cauce. • Dirigir una corriente por un cauce. • *tr./prnl.* Encaminar, encarrilar.

encefálico, ca *adj.* Relativo al encéfalo.

encefalitis *s.f.* Inflamación del encéfalo.

encéfalo *s.m.* Conjunto de órganos del sistema nervioso contenidos en el interior del cráneo.

encefalograma *s.m.* Placa radiográfica del encéfalo.

enceguecer *v.tr.* Dejar ciego. • *tr./prnl.* Ofuscar.

encelar *v.tr./prnl.* Poner celoso. • *prnl.* Estar en celo un animal.

encenagarse *v.prnl.* Meterse en el cieno. • Envilecerse.

encendedor *s.m.* Aparato usado para encender una materia combustible.

encender *v.tr.* Hacer que una cosa produzca luz o fuego; prender. • Conectar un circuito eléctrico. • *tr./prnl.* Causar ardor. • Incitar, exacerbar. • *prnl.* Ruborizarse.

encendido, da *adj.* De color rojo vivo. • *s.m.* Inflamación del carburante en un motor de explosión.

encerado *s.m.* Lienzo impermeabilizado con cera. • Lienzo o madera pintados que se usan en las aulas para escribir con tiza.

encerar *v.tr.* Aplicar una capa de cera.

encerradero *s.m.* Sitio donde se recogen los rebaños. • Toril.

encerrar *v.tr.* Meter a una persona o una cosa en un lugar de donde no puedan salir. • Contener, incluir.

encerrona *s.f. fam.* Encierro voluntario para algún fin.

encestar *v.tr.* En ciertos juegos, meter la pelota en el cesto o red.

enchapado, da *adj./s.m.* Que está cubierto de chapas. • *s.m.* Revestimiento de un metal con una delgadísima capa de otro metal, o de una madera con una lámina de otra más fina.

enchufar *v.tr.* Conectar un aparato a la corriente eléctrica mediante un enchufe. • Ajustar la boca de un caño en la de otro.

enchufe *s.m.* Dispositivo para establecer una conexión eléctrica.

encía *s.f.* Membrana mucosa que cubre la base de los dientes.

encíclica *s.f.* Carta que dirige el papa a los obispos o a los fieles.

enciclopedia *s.f.* Conjunto de todas las ciencias. • Obra en que se trata de muchas ciencias. • Diccionario enciclopédico.

enciclopédico, ca *adj.* Relativo a la enciclopedia.

enciclopedismo *s.m.* Movimiento filosófico del siglo XVIII, cuya doctrina encarnó el espíritu del racionalismo y del liberalismo de la época.

encierro *s.m.* Acción de encerrar. • Retiro, reclusión. • Lugar donde se encierra.

encima *adv.* En lugar o puesto superior. • Sobre sí. • Además.

encimar *v.tr./intr.* Poner una cosa en alto, o sobre otra.

encina *s.f.* Árbol de hojas persistentes y madera dura; su fruto es una bellota dulce o amarga, según las variedades.

encinta *adj. f.* Dícese de la mujer preñada.

enclaustrar *v.tr./prnl.* Encerrar en un claustro o convento.

enclavado, da *adj.* Dícese del sitio que está dentro del área de otro. • Que está encajado en otra cosa.

enclenque *adj.* Enfermizo, débil.

enclítico, ca *adj./s.m.* Dícese de las partículas o palabras átonas que se unen al vocablo precedente.

encobar *v.tr./prnl.* Empollar.

encocorar *v.tr./prnl. fam.* Causar mucho fastidio o molestia.

encofrado *s.m.* Revestimiento en el interior de una mina para contener la tierra. • Molde en que se vacía el hormigón hasta que fragua.

encoger *v.tr./intr./prnl.* Disminuir las dimensiones de algo. • *prnl.* Perder el ánimo, acobardarse.

encolar *v.tr.* Pegar con cola.

encolerizar *v.tr./prnl.* Poner colérico enfurecer, irritar.

encomendar *v.tr.* Encargar. • *prnl.* Ponerse al cuidado de alguien.

encomiar *v.tr.* Alabar, elogiar.

encomiástico, ca *adj.* Que alaba o contiene alabanza.

encomienda *s.f.* Acción de encomendar. • En América, grupo de indios que se daba mediante un contrato a alguno conquistadores. • *América* Paquete que se envía por correo.

encomio *s.m.* Alabanza, elogio.

enconar *v.tr./prnl.* Inflamar una herida o una llaga. • Irritar el ánimo contra una persona.

encono *s.m.* Rencor, resentimiento.

encontrado, da *adj.* Opuesto, contrario.

encontrar *v.tr.* Hallar lo que se buscaba. • Ver o descubrir sin buscar; topar. • *prnl.* Concurrir simultáneamente a un lugar dos o más personas. • Estar, hallarse. • Oponerse.

encontrón *s.m. fam.* Choque violento e involuntario.

encontronazo *s.m. fam.* Encontrón.

encopetado, da *adj. fam.* Encumbrado.

encordar *v.tr.* Poner cuerdas.

encorvar *v.tr./prnl.* Doblar una cosa poniéndola curva. • Doblar o inclinar la espalda.

encrespar *v.tr./prnl.* Rizar el pelo. • Erizar el pelo o el plumaje. • Levantar grandes olas. • Excitar, enfurecer.

encrucijada *s.f.* Lugar donde se cruzan dos o más caminos. • Situación en la que es difícil elegir.

encuadernación *s.f.* Acción de encuadernar. • Cubierta o tapa de un libro.

encuadernar *v.tr.* Unir y coser los pliegos de un libro y ponerles las tapas o cubiertas.

encuadrar *v.tr.* Encerrar en un marco o cuadro. • Determinar los límites de una cosa.

encuadre *s.m.* Acción de encuadrar. • Campo visual de un aparato óptico.

encuartelar *v.tr./prnl. América* Mantener a la tropa en los cuarteles.

encubridor, ra *adj./s.* Que encubre; en especial, un delito.

encubrimiento *s.m.* Acción de encubrir.
encubrir *v.tr.* Impedir que se sepa algo. • Hacerse responsable de encubrimiento de un delito.
encuentro *s.m.* Acción de encontrar. • Oposición o contradicción. • Choque.
encuesta *s.f.* Acopio de datos reunidos mediante consulta o interrogatorio.
encuestador, ra *s.* Persona que recoge datos para una encuesta.
encuestar *v.tr.* Someter a encuesta.
encumbrado, da *adj.* De elevada posición social.
encumbrar *v.tr./prnl.* Levantar en alto. • Enaltecer, ensalzar.
encurtido *s.m.* Fruto o legumbre conservados en vinagre.
ende (por) *loc. coord.* Por lo tanto.
endeble *adj.* De poca resistencia.
endecágono *s.m.* Polígono de once lados.
endecasílabo, ba *adj./s.m.* Dícese del verso de once sílabas.
endecha *s.f.* Poema o canción melancólicos que encierran un lamento.
endemia *s.f.* Enfermedad habitual en una región o un país.
endémico, ca *adj.* Relativo a la endemia.
endemoniado, da *adj./s.* Poseído del demonio. • *fam.* Malo, perverso.
endentar *v.tr.* Encajar los dientes de una cosa en los huecos de otra.
enderezar *v.tr.* Poner algo derecho o vertical. • Encaminar, orientar.
endeudarse *v.prnl.* Contraer deudas.
endiablado, da *adj. fam.* Perverso, endemoniado.
endibia *s.f.* Escarola.
endilgar *v.tr.* Dar o hacer soportar una cosa desagradable.
endiosar *v.tr.* Otorgar tratamiento o jerarquía de divinidad. • *prnl.* Ensoberbecerse.
endocardio *s.m.* Membrana que cubre las cavidades internas del corazón.
endocarpio *s.m.* Capa interna del pericarpio, que suele formar el hueso de algunos frutos.
endocrino, na *adj.* Dícese de las glándulas de secreción interna, que incorporan sus hormonas directamente a la sangre.
endocrinología *s.f.* Parte de la medicina que estudia las glándulas endocrinas.
endodermo *s.m.* Membrana embrionaria que formará el aparato respiratorio, el tubo digestivo y las glándulas anexas.
endogénesis *s.f.* Multiplicación celular dentro de una célula.
endógeno, na *adj.* Que se origina en el interior de algo.
endoplasma *s.m.* Parte interna del citoplasma.
endosar *v.tr.* Ceder un cheque, pagaré, etc., haciéndolo constar al dorso. • *fam.* Trasladar a otra persona una cosa molesta.
endoscopio *s.m.* Instrumento para explorar las cavidades internas del organismo.
endoso *s.m.* Acción de endosar un documento de crédito.
endotelio *s.m.* Tejido aplanado que recubre interiormente el corazón y los vasos sanguíneos y linfáticos.
endovenoso, sa *adj.* Que está o se coloca dentro de una vena.
endrina *s.f.* Fruto del endrino.
endrino, na *adj.* De color negro azulado. • *s.m.* Ciruelo silvestre.
enduido *s.m.* *América* Sustancia para preparar ciertas superficies antes de ser pintadas.
endulzar *v.tr.* Poner dulce una cosa. • Suavizar o atenuar un sufrimiento.
endurecer *v.tr./prnl.* Poner dura una cosa. • Hacer más apto para el trabajo; robustecer. • *prnl.* Hacerse cruel e insensible.
ene *s.f.* Nombre de la letra *n*. • *adj.* Dícese de ciertas cosas numerables para denotar una cantidad indeterminada.
eneaedro *s.m.* Poliedro de nueve caras.
eneágono *s.m.* Polígono de nueve lados.
enebrina *s.f.* Fruto del enebro.
enebro *s.m.* Arbusto ornamental de madera dura y aromática.
eneldo *s.m.* Planta herbácea aromática, con propiedades medicinales.
enema *s.f.* Lavativa.
enemigo, ga *adj.* Que se opone a algo. • *adj./s.* Que tiene antipatía a una persona o le desea un daño. • *s.m.* En mi-

licia, individuos, naciones, etc., respecto de sus oponentes.

enemistad *s.f.* Relación hostil entre dos o más personas.

enemistar *v.tr./prnl.* Hacer que una persona deje de ser amiga de otra.

energético, ca *adj.* Relativo a la energía.

energía *s.f.* Capacidad para realizar un trabajo o producir un efecto. • Vigor, fortaleza. • Agente físico capaz de trasformarse en trabajo mecánico.

enérgico, ca *adj.* Que tiene energía; que es de carácter fuerte.

energúmeno, na *s.* Persona encolerizada, furiosa.

enero *s.m.* Primer mes del año.

enervación *s.f.* Acción de enervar. • Agotamiento nervioso.

enervar *v.tr./prnl.* Quitar las fuerzas o el ánimo. • Poner nervioso.

enésimo, ma *adj.* Dícese del número indeterminado de veces que se repite una cosa.

enfadar *v.tr./prnl.* Causar enfado.

enfado *s.m.* Enojo o fastidio.

enfangar *v.tr./prnl.* Cubrir o manchar con fango. • *prnl. fam.* Entregarse a los vicios.

enfardar *v.tr.* Hacer fardos.

énfasis *s.m.* Fuerza de expresión con que, mediante el tono o el gesto, se realza lo que se dice.

enfático, ca *adj.* Dicho con énfasis.

enfatizar *v.tr.* Poner énfasis.

enfermar *v.intr./prnl.* Ponerse enfermo. • *tr.* Causar enfermedad.

enfermedad *s.f.* Alteración de la salud del cuerpo o de la mente.

enfermería *s.f.* Local o dependencia destinados a los enfermos.

enfermero, ra *s.* Persona que asiste a los enfermos y ayuda a los médicos.

enfermizo, za *adj.* Que tiene poca salud. • Malsano, morboso.

enfermo, ma *adj./s.* Que padece una enfermedad. • *adj.* Enfermizo.

enfervorizar *v.tr.* Infundir fervor o entusiasmo.

enfilar *v.tr.* Poner cosas en fila. • Ensartar. • *tr./intr./prnl.* Tomar una determinada dirección.

enfisema *s.m.* Infiltración de gases en un tejido.

enfiteusis *s.f.* Cesión del dominio útil de un inmueble mediante el pago de un canon.

enflaquecer *v.tr./intr./prnl.* Poner flaco. • Debilitar, enervar.

enfocar *v.tr.* Dirigir un foco de luz hacia una cosa. • Examinar o tratar un asunto. • Hacer que la imagen recogida por una lente sea clara.

enfrascarse *v.prnl.* Dedicarse a algo con total atención; abstraerse.

enfrentar *v.tr./prnl.* Poner frente a frente; en especial manifestando oposición. • Encarar una dificultad.

enfrente *adv.* En la parte opuesta; delante.

enfriamiento *s.m.* Acción de enfriar. • Indisposición producida por el frío.

enfriar *v.tr./prnl.* Poner fría una cosa. • Disminuir la intensidad de un afecto.

enfundar *v.tr.* Poner algo dentro de una funda.

enfurecer *v.tr./prnl.* Poner furioso. • *prnl.* Ponerse tempestuosos el viento, el mar, etc.

enfurruñarse *v.prnl. fam.* Enfadarse.

engalanar *v.tr.* Adornar.

enganchar *v.tr.* Sujetar una cosa con un gancho, o colgarla de él. • *fam.* Atraer con arte. • *tr./prnl.* Alistar como soldado.

enganche *s.m.* Acción de enganchar. • Pieza o aparato para enganchar.

engañar *v.tr.* Hacer creer una cosa que no es verdad. • Entretener, distraer. • *prnl.* No querer ver lo desagradable.

engañifa *s.f. fam.* Engaño que hace aparecer una cosa como buena.

engaño *s.m.* Acción y efecto de engañar.

engañoso, sa *adj.* Que engaña.

engarce *s.m.* Acción de engarzar. • Metal en que se engarza.

engarzar *v.tr.* Unir una cosa con otra formando cadena. • Engastar.

engastar *v.tr.* Embutir una cosa en otra; en especial, una piedra preciosa en un metal.

engaste *s.m.* Acción de engastar. • Guarnición de metal que sujeta la piedra que se engasta.

engatusar *v.tr. fam.* Ganar la benevolencia de una persona con halagos.
engendrar *v.tr.* Dar origen a un nuevo ser los animales superiores. • Causar, originar.
engendro *s.m.* Feto. • Criatura que nace con formas anormales. • Obra mal concebida y ejecutada.
englobar *v.tr.* Incluir varias cosas en una sola; reunir.
engolado, da *adj.* Dícese del habla que tiene resonancia en el fondo de la boca. • Presuntuoso, engreído.
engolfar *v.tr.* Meter un barco en un golfo. • *prnl.* Concentrar intensamente la atención en algo.
engolosinar *v.tr.* Excitar el deseo con una cosa atractiva. • *prnl.* Tomar gusto a una cosa.
engomar *v.tr.* Untar algo con goma.
engordar *v.tr.* Cebar animales. • *intr.* Ponerse gordo. • *fam.* Hacerse rico.
engorde *s.m.* Acción y efecto de engordar a los animales.
engorro *s.m.* Fastidio, molestia.
engorroso, sa *adj.* Fastidioso, molesto.
engranaje *s.m.* Efecto de engranar o endentar. • Conjunto de piezas que engranan. • Sistema de ruedas dentadas. • Enlace o trabazón de ideas, hechos, etcétera.
engranar *v.intr.* En mecánica, endentar. • Enlazar, relacionar.
engrandecer *v.tr./prnl.* Hacer más grande. • Enaltecer, exaltar.
engrapar *v.tr.* Asegurar con grapas.
engrasar *v.tr.* Untar o ensuciar con grasa. • Dar crasitud a algo.
engrase *s.m.* Acción de engrasar. • Sustancia lubricante.
engravar *v.tr.* Cubrir con grava.
engreído, da *adj.* Dícese del que, convencido de sus propios méritos, se muestra despectivo con los demás; petulante.
engreimiento *s.m.* Cualidad o estado de engreído.
engreír *v.tr./prnl.* Poner engreído; envanecer.
engrosar *v.intr./prnl.* Hacer más gruesa una persona o una cosa. • *tr.* Aumentar la cantidad de algo.
engrudo *s.m.* Masa de harina o almidón con agua, que se usa como sustancia adhesiva.
engullir *v.tr.* Tragar la comida precipitadamente, sin masticarla.
enharinar *v.tr./prnl.* Cubrir o manchar con harina.
enhebrar *v.tr.* Pasar la hebra por el ojo de la aguja. • Ensartar.
enhiesto, ta *adj.* Erguido.
enhorabuena *s.f.* Felicitación. • *adj.* Con felicidad.
enigma *s.m.* Dicho de sentido oculto, difícil de entender o adivinar.
enigmático, ca *adj.* Que encierra enigma; incomprensible.
enjabonar *v.tr.* Jabonar.
enjaezar *adj.* Poner los jaeces a las caballerías.
enjalbegar *v.tr.* Blanquear una pared con cal o yeso.
enjambre *s.m.* Conjunto de abejas con su reina, que salen para formar una nueva colonia. • Muchedumbre.
enjaretar *v.tr.* Pasar un cordón o una cinta por una jareta. • *fam.* Hacer algo muy de prisa.
enjaular *v.tr.* Encerrar en una jaula.
enjoyar *v.tr.* Adornar con joyas.
enjuagar *v.tr.* Limpiar con agua; en especial, una cosa jabonada. • *prnl.* Lavarse la boca y la dentadura con algún líquido.
enjuague *s.m.* Acción de enjuagar. • Negociación oculta e irregular.
enjugar *v.tr./prnl.* Quitar la humedad a una cosa. • Cancelar una deuda.
enjuiciar *v.tr.* Someter una cuestión a examen y juicio. • Someter a juicio legal una acción civil, administrativa o criminal.
enjundia *s.f.* Unto o grasa de cualquier animal. • Lo más sustancioso e importante de algo no material. • Fuerza, vigor.
enjundioso, sa *adj.* Que tiene enjundia.
enjuto, ta *adj.* Delgado.
enlace *s.m.* Acción de enlazar. • Unión, conexión. • Casamiento.
enladrillar *v.tr.* Pavimentar con ladrillos.
enlatar *v.tr.* Meter alguna cosa en un envase de hojalata.

enlazar *v.tr.* Sujetar con lazos. • Unir o relacionar cosas entre sí. • Aprisionar un animal echándole el lazo.
enlodar *v.tr./prnl.* Ensuciar o cubrir con lodo. • Manchar la honra.
enlodazar *v.tr./prnl.* Enlodar.
enloquecer *v.intr./tr./prnl.* Perder o hacer perder el juicio.
enlosar *v.tr.* Pavimentar con losas o baldosas; embaldosar.
enlozar *v.tr. América* Cubrir objetos de metal con un baño de esmalte vítreo.
enlucido *s.m.* Capa de yeso o argamasa que se aplica a las paredes.
enlucir *v.tr.* Aplicar un enlucido.
enlutar *v.tr./prnl.* Cubrir de luto. • Privar de luz; oscurecer. • Entristecer, afligir.
enmaderar *v.tr.* Cubrir con maderas.
enmarañar *v.tr./prnl.* Hacer que algo forme una maraña. • Complicar, embrollar.
enmarcar *v.tr.* Encuadrar.
enmascarado, da *adj. /s.* Dícese de la persona disfrazada.
enmascarar *v.tr./prnl.* Cubrir con una máscara. • Encubrir, disfrazar.
enmasillar *v.tr.* Sujetar vidrios o cubrir grietas con masilla.
enmendar *v.tr./prnl.* Quitar defectos o errores; corregir. • *tr.* Rectificar un tribunal una sentencia dada.
enmienda *s.f.* Corrección de un error o falta. • Rectificación en un escrito.
enmohecer *v.tr./prnl.* Cubrir de moho. • *prnl.* Hacerse inútil una cosa por falta de uso.
enmudecer *v.intr.* Perder el habla. • Guardar silencio. • *tr.* Hacer callar.
enmugrecer *v.tr./prnl.* Cubrir de mugre.
ennegrecer *v.tr./intr./prnl.* Poner negra una cosa.
ennoblecer *v.tr./prnl.* Hacer noble. • Dar esplendor; dignificar.
enojadizo, za *adj.* Que se enoja fácilmente.
enojar *v.tr./prnl.* Causar enojo.
enojo *s.m.* Enfado, ira. • Molestia, disgusto.
enojoso, sa *adj.* Que causa enojo.
enología *s.f.* Conjunto de conocimientos relativos a la elaboración de los vinos.
enólogo, ga *s.* Experto en enología.
enorgullecer *v.tr./prnl.* Llenar de orgullo.
enorme *adj.* Desmedido, excesivo.
enormidad *s.f.* Cualidad de enorme • Cosa desatinada o muy inexacta.
enquistarse *v.prnl.* Formarse un quiste
enramada *s.f.* Conjunto de las ramas de los árboles. • Cobertizo o adorno hechos con ramas.
enramar *v.tr.* Adornar o cubrir con ramas entretejidas y enlazadas.
enranciar *v.tr./prnl.* Poner rancio.
enrarecer *v.tr./prnl.* Hacer menos denso un cuerpo gaseoso. • *tr./intr./prnl.* Hacer que una cosa escasee.
enredadera *adj./s.f.* Dícese de la planta de tallo voluble o trepador que se enreda en cualquier objeto.
enredador, ra *adj.* Que enreda. • *fam* Chismoso, embustero.
enredar *v.tr./prnl.* Entrelazar en forma desordenada cosas largas, delgadas y flexibles. • Complicar, comprometer.
enredo *s.m.* Maraña de hilos u otras cosas flexibles. • Complicación, embrollo
enrejado *s.m.* Conjunto de rejas.
1. enrejar *v.tr.* Poner rejas o cercar con rejas.
2. enrejar *v.tr. América* Atar el ternero a la vaca para ordeñarla.
enrevesado, da *adj.* Con muchas vueltas; intrincado.
enriquecer *v.tr./prnl.* Hacer rico.
enriquecimiento *s.m.* Acción de enriquecer. • Técnica para hacer fisionable el uranio usado en las usinas nucleares.
enriscado, da *adj.* Lleno de riscos.
1. enristrar *v.tr.* Poner la lanza en el ristre para acometer.
2. enristrar *v.tr.* Hacer ristras con ajos, cebollas, etc.
enrocar *v.intr./tr.* En el ajedrez, mover simultáneamente el rey y la torre.
enrojecer *v.tr./prnl.* Poner rojo. • *intr.* Ponerse rojo de rabia, vergüenza, etc.
enrolar *v.tr./prnl.* Inscribir a alguien en el rol o lista de tripulantes de un barco mercante. • Reclutar, alistar.
enrollar *v.tr.* Envolver una cosa en forma de rollo, arrollar.

enronquecer *v.intr./prnl.* Ponerse ronco.

enroque *s.m.* Acción de enrocar.

enroscar *v.tr.* Poner en forma de rosca. • Introducir en un lugar una pieza con rosca y darle vuelta.

enrostrar *v.tr. América* Reprochar algo a una persona.

enrulado, da *adj. América* Dícese del cabello crespo o con rizos naturales.

enrular *v.tr./prnl. América* Rizar el cabello.

ensaimada *s.f.* Bollo dulce formado por una tira de pasta arrollada en forma de espiral.

ensalada *s.f.* Comida preparada con hortalizas aderezadas con sal, aceite, etc. • Mezcla confusa de cosas heterogéneas.

ensaladera *s.f.* Recipiente en que se sirve la ensalada.

ensalzar *v.tr.* Alabar a una persona ponderando sus cualidades o acciones; enaltecer, exaltar.

ensambladura *s.f.* Acción y efecto de ensamblar.

ensamblaje *s.m.* Ensambladura.

ensamblar *v.tr.* Unir dos cosas ajustando las partes salientes de una en partes entrantes de la otra.

ensanchar *v.tr.* Hacer más ancho. • *prnl.* Envanecerse.

ensanche *s.m.* Parte ampliada en una cosa, al ensancharla.

ensangrentar *v.tr./prnl.* Manchar con sangre.

ensañarse *v.prnl.* Extremar la crueldad al causar un daño.

ensartar *v.tr.* Pasar por un hilo cosas perforadas. • Atravesar un cuerpo con un instrumento cortante. • *fam. América* Hacer caer a alguien en un engaño o trampa.

ensayar *v.tr.* Comprobar, probar. • Hacer alguna cosa, que se repetirá en público, para aprender a ejecutarla. • Probar la calidad de los minerales o la ley de los metales preciosos.

ensaye *s.m.* Análisis de la calidad de los metales.

ensayo *s.m.* Acción de ensayar. • Escrito literario sobre un tema filosófico, histórico, etc. • Pruebas a que se someten los materiales para determinar su resistencia.

enseguida *adv.* Inmediatamente después del momento en que se habla.

ensenada *s.f.* Recodo de la costa en el que penetra el mar.

enseña *s.f.* Estandarte, insigna.

enseñanza *s.f.* Acción de enseñar. • Conjunto de métodos, medios y actividades destinados a enseñar. • Conjunto de ideas, ejemplos, etc., que alguien comunica.

enseñar *v.tr.* Hacer que alguien aprenda algo. • Mostrar.

enseñorearse *v.prnl.* Hacerse dueño de algo; adueñarse.

enseres *s.m. pl.* Muebles y utensilios necesarios en una casa o un local.

ensilar *v.tr.* Almacenar granos y forrajes en un silo.

ensillar *v.tr.* Poner la silla a una caballería.

ensimismarse *v.prnl.* Abstraerse.

ensoberbecer *v.tr./prnl.* Causar soberbia.

ensobrar *v.tr.* Colocar algo en un sobre.

ensombrecer *v.tr.* Cubrir de sombra; oscurecer.

ensoñación *s.f.* Estado del que se sumerge en un ensueño.

ensopar *v.tr.* Mojar el pan en vino, leche, etc. • *tr./prnl. América* Empapar.

ensordecer *v.tr.* Causar sordera.

ensortijar *v.tr.* Rizar el cabello, hilo, etc.

ensuciar *v.tr.* Poner sucia una cosa [antón.: *limpiar*].

ensueño *s.m.* Representación que imagina el que duerme; sueño. • Ilusión.

entablamento *s.m.* Conjunto de elementos que coronan un edificio.

entablar *v.tr.* Cubrir, cercar o asegurar con tablas. • Preparar o emprender.

entablillar *v.tr.* Asegurar con tablillas y vendaje un miembro del cuerpo para arreglar un hueso roto.

entalladura *s.f.* Corte en una pieza de madera para ensamblarla en otra.

1. entallar *v.tr.* Tallar figuras de relieve en madera, mármol, etc. • Hacer cortes en una pieza de madera para ensamblarla en otra. • Hacer cortes en algunos árboles para extraer la resina.

2. entallar *v.tr./intr./prnl.* Ajustar una prenda al talle.
entallecer *v.intr./prnl.* Echar tallos las plantas.
entarimado *s.m.* Suelo hecho de tablas ensambladas.
entarimar *v.tr.* Cubrir el suelo con tablas o tarimas.
entarugado *s.m.* Pavimento hecho con tarugos de madera.
ente *s.m.* Lo que es, existe o puede existir. • Persona física o jurídica.
enteco, ca *adj.* Enfermizo o endeble.
entenado, da *s.* Hijastro.
entendederas *s.f. pl. fam.* Entendimiento.
entender *v.tr.* Percibir el significado de algo, comprender. • Opinar, juzgar. intr. • Tener conocimiento de un tema; conocer. • Tener autoridad para ocuparse de algo. • *prnl.* Estar de acuerdo con alguien.
entendido, da *adj./s.* Que posee conocimientos sobre algo.
entendimiento *s.m.* Facultad de conocer y razonar.
entenebrecer *v.tr.* Oscurecer.
enteramente *adv.* Del todo, sin excluir nada.
enterar *v.tr./prnl.* Conocer o hacer que alguien conozca algo.
entereza *s.f.* Firmeza, integridad. • Serenidad, temple.
enteritis *s.f.* Inflamación del intestino.
enterizo, za *adj.* Hecho de una sola pieza.
enternecer *v.tr./prnl.* Hacer nacer en alguien sentimientos de ternura; conmover. • *tr.* Poner tierna una cosa.
entero, ra *adj.* Dícese de la cosa a la que no le falta ninguna parte; completo. • Que se mantiene invariable en sus determinaciones; íntegro.
enterocolitis *s.f.* Inflamación del intestino delgado y del colon.
enterrador *s.m.* Sepulturero.
enterramiento *s.m.* Acción de enterrar. • Sepultura.
enterrar *v.tr.* Poner una cosa debajo de la tierra. • Poner un cadáver en una sepultura; sepultar.
enterratorio *s.m. América* Cementerio antiguo de indígenas.
entesar *v.tr.* Poner tirante.
entibar *v.intr.* Estribar. • *tr.* En minería, apuntalar las excavaciones.
entibiar *v.tr./prnl.* Poner tibio.
entidad *s.f.* Ente. • Condición de ente. Asociación que desarrolla una determinada actividad.
entierro *s.m.* Acción de enterrar los cadáveres. • El cadáver que se lleva a enterrar y la gente que lo acompaña.
entintar *v.tr.* Cubrir con tinta. • Teñir.
entoldar *v.tr.* Cubrir con un toldo.
entomología *s.f.* Parte de la zoología que estudia los insectos.
entomólogo, ga *s.* Persona que se dedica a la entomología.
entonación *s.f.* Acción de entonar.
entonar *v.tr./intr.* Ajustar la voz al tono justo de la melodía. • *tr.* Dar vigor al organismo. • *intr.* En pintura, combinar bien los colores. • *prnl.* Engreírse
entonces *adv.* En aquel tiempo u ocasión. • *conj. coord.* Por consiguiente.
entorchado *s.m.* Bordado de hilos de oro o plata, que llevan en ciertos uniformes los militares.
entornar *v.tr.* Cerrar incompletamente • *tr./prnl.* Inclinar algo.
entorno *s.m.* Lo que rodea a una cosa.
entorpecer *v.tr./prnl.* Inclinar algo.
entorno *s.m.* Lo que rodea a una cosa.
entorpecer *v.tr./prnl.* Hacer torpe el movimiento de algo. • Dificultar.
entrada *s.f.* Acción de entrar. • Espacio por donde se entra [antón.: *salida*]. • Cantidad de dinero que ingresa. • Billete para entrar en una sala de espectáculos.
entramado *s.m.* Conjunto de piezas enlazadas entre sí, que forman la estructura de una pared o suelo.
entrambos, bas *adj./pl.* Ambos.
entrampar *v.tr./prnl.* Hacer caer en una trampa. • *prnl.* Endeudarse.
entrante *adj.* Que entra. • *s.m. y f.* Parte del borde o la superficie de una cosa, que entra hacia el interior de ella [antón.: *saliente*].
entraña *s.f.* Víscera. • Parte esencial de algo. • *pl.* La parte más oculta de un sitio. • Capacidad para tener sentimientos.

entrañable *adj.* Digno de un cariño profundo.
entrañar *v.tr.* Llevar dentro de sí.
entrar *v.intr.* Pasar al interior de algo [antón.: *salir*]. • Pasar a formar parte de un conjunto; ingresar. • Ser necesario para formar algo. • Comenzar, empezar. • *tr.* Introducir una cosa en el interior de otra.
entrazado, da *adj. América* Con *bien* o *mal,* de buena o mala raza.
entre *prep.* En medio de. • Dentro de.
entreabrir *v.tr.* Abrir un poco.
entreacto *s.m.* Intermedio entre dos actos de una representación teatral.
entrecano, na *adj.* Que empieza a encanecer.
entrecejo *s.m.* Espacio entre las cejas. • Ceño.
entrecerrar *v.tr.* Cerrar a medias.
entrechocar *v.tr.* Chocar dos cosas entre sí.
entrecomillar *v.tr.* Poner entre comillas una o varias palabras.
entrecortado, da *adj.* Dícese de la voz o el sonido que tienen intermitencias.
entrecortar *v.tr.* Cortar algo sin acabar de dividirlo. • *prnl.* Hablar con intermitencias.
entrecruzar *v.tr.* Cruzar dos o más cosas entre sí.
entredicho *s.m.* Prohibición de hacer o decir algo. • Cierta censura eclesiástica. • *América* Desentendimiento entre dos personas, instituciones o países.
entredós *s.m.* Tira bordada o de encaje, cosida entre dos telas.
entrefino, na *adj.* De calidad intermedia entre lo fino y lo ordinario. • Intermedio entre grueso y fino.
entrega *s.f.* Acción de entregar. • Fascículo.
entregar *v.tr.* Dar algo a alguien que lo pide, lo exige o tiene derecho a tenerlo. • *prnl.* Dedicarse, consagrarse.
entrelazar *v.tr./prnl.* Pasar hilos, cintas, etc., por encima y por debajo unos de otros.
entremés *s.m.* Comida liviana que se sirve antes de la principal. • Pieza de teatro jocosa, de un acto.
entremeter *v.tr./prnl.* Entrometer.
entremetido, da *adj./s.* Entrometido.
entremezclar *v.tr./prnl.* Mezclar una cosa con otra.
entrenador, ra *s.* El que entrena.
entrenamiento *s.m.* Acción de entrenar.
entrenar *v.tr./prnl.* Adiestrar para practicar un deporte.
entrepaño *s.m.* Parte de la pared comprendida entre dos pilastras o huecos.
entrepierna • *s.f.* Parte interior de los muslos.
entrepiso *s.m.* Piso que se construye quitando parte de la altura de otro, y queda entre este y el superior.
entresaca *s.f.* Acción de entresacar.
entresacar *v.tr.* Sacar unas cosas de entre otras.
entresuelo *s.m.* Piso situado entre la planta baja de un edificio y el primer piso.
entretanto *adv.* Mientras.
entretejer *v.tr.* Meter en la tela que se teje hilos u otros materiales distintos para formar un dibujo. • Entrelazar.
entretela *s.f.* Lienzo que se pone entre la tela y el forro de una prenda.
entretener *v.tr./prnl.* Tener a alguien detenido, impidiendo que haga algo. • Divertir, recrear.
entretenido, da *adj.* Que entretiene o divierte.
entretenimiento *s.m.* Acción de entretener. • Distracción, pasatiempo. • Mantenimiento.
entretiempo *s.m.* Tiempo intermedio entre los de frío o calor rigurosos.
entrever *v.tr.* Ver algo de manera imprecisa.
entreverado, da *adj.* Que tiene intercaladas cosas diferentes.
entreverar *v.tr.* Intercalar en alguna cosa otra diferente. • *prnl. América* Mezclarse desordenadamente personas, animales o cosas.
entrevero *s.m. América* Confusión, desorden.
entrevista *s.f.* Reunión de dos o más personas para tratar algún asunto.
entrevistarse *v.prnl.* Tener una entrevista con alguien.
entripado *s.m. fam.* Enojo que se mantiene guardado y no se manifiesta.

entristecer *v.tr./prnl.* Poner triste.
entrojar *v.tr.* Guardar frutos, cereales, etc., en la troje.
entrometer *v.tr.* Meter una cosa entre otras. • *prnl.* Intervenir indiscretamente en asuntos ajenos.
entrometido, da *adj./s.* Que se entromete.
entromparse *v.prnl. fam. América* Enfadarse.
entroncar *v.intr.* Tener o contraer parentesco con cierta persona o linaje. • Coincidir en un punto una cosa con otra.
entronizar *v.tr.* Elevar a alguien a la dignidad real. • Ensalzar.
entropía *s.f.* Magnitud termodinámica que mide la pérdida de la aptitud que, para producir trabajo, tiene la energía.
entubar *v.tr.* Poner tubos.
entuerto *s.m.* Agravio injusto.
entumecer *v.tr./prnl.* Impedir algo el movimiento de un miembro.
entumirse *v.prnl.* Quedarse un miembro entorpecido por haber estado encogido; adormecerse, dormirse.
entupir *v.tr./prnl.* Obstruir un conducto. • *tr.* Comprimir una cosa.
enturbiar *v.tr./prnl.* Poner turbio.
entusiasmar *v.tr./prnl.* Hacer que alguien sienta entusiasmo.
entusiasmo *s.m.* Exaltación del ánimo causada por una admiración o adhesión apasionadas.
entusiasta *adj./s.m. y f.* Que siente entusiasmo por algo.
enumeración *s.f.* Acción de enumerar. • Cómputo de cosas.
enumerar *v.tr.* Nombrar sucesiva y ordenadamente varias cosas.
enunciación *s.f.* Acción de enunciar.
enunciado *s.m.* Enunciación. • Términos con que se expone un problema.
enunciar *v.tr.* Expresar en forma concisa una idea, teoría, etc.
enuresis *s.f.* Micción involuntaria.
envainar *v.tr.* Meter en la vaina.
envalentonar *v.tr./prnl.* Infundir valentía y arrogancia.
envanecer *v.tr./prnl.* Poner vanidoso.
envarar *v.tr./prnl.* Poner rígido un miembro del cuerpo.
envasar *v.tr.* Poner en un envase.
envase *s.m.* Acción de envasar. • Recipiente en que se guarda o vende un mercancía.
envejecer *v.tr./intr.* Hacer viejo.
envejecimiento *s.m.* Acción y efecto d envejecer.
envenenamiento *s.m.* Acción y efecto d envenenar.
envenenar *v.tr./prnl.* Matar o enferma mediante la ingestión de veneno.
envergadura *s.f.* Distancia entre la puntas de las alas abiertas de un ave un avión. • En marina, ancho de un vela medido por la parte en que se ur a la verga. • Importancia de un asunto
envés *s.m.* Revés.
enviado, da *s.* Persona enviada por a guien con un mensaje o comisión.
enviar *v.tr.* Hacer que una persona o co sa lleguen a cierto lugar.
enviciar *v.tr./prnl.* Hacer que alguie adquiera un vicio; pervertir.
envidia *s.f.* Sufrimiento de una person porque otra posee algo que ella no tiene
envidiar *v.tr.* Sentir envidia.
envidioso, sa *adj./s.* Que siente envidia.
envilecer *v.tr./prnl.* Hacer vil o despreciable; degradar.
envío *s.m.* Acción de enviar. • Cosa qu se envía.
envión *s.m.* Empujón.
enviudar *v.intr.* Quedar viudo.
envoltorio *s.m.* Paquete, lío.
envoltura *s.f.* Capa exterior que envuelve una cosa.
envolvente *adj.* Que envuelve.
envolver *v.tr.* Cubrir una cosa a otra por todas partes. • Cubrir algo con un material flexible. • Comprometer a alguien en un asunto. • En milicia, rodear las líneas del enemigo.
enyesar *v.tr.* Cubrir con yeso. • Aplica a una parte del cuerpo un vendaje cor yeso para inmovilizarla.
enzarzar *v.tr.* Cubrir con zarzas. • *tr./prnl.* Malquistar a otros entre sí. • *prnl.* Enredarse en una discusión.
enzima *s.f.* Sustancia catalizadora que producen las células vivas.
eñe *s.f.* Nombre de la letra *ñ*.

oceno, na *adj. / s.m.* Dícese de la época geológica en que comienza el período terciario.
ólico, ca *adj.* Relativo a la Eólida (antiguo país del Asia Menor). • *s.m.* Antiguo dialecto griego hablado en la Eólida.
ozoico, ca *adj. / s.m.* Proterozoico.
pacta *s.f.* Número de días en que el año solar excede el lunar.
péntesis *s.f.* Adición de un sonido en medio de una palabra.
pica *s.f.* Literatura de género épico.
picardio *s.m.* Membrana serosa que cubre el corazón.
picarpio *s.m.* Capa externa del pericarpio de los frutos.
piceno *adj. / s.m.* Dícese de los sustantivos apelativos de animales que, con la misma terminación y el mismo artículo, designan al macho o a la hembra de una especie.
picentro *s.m.* Punto de la superficie terrestre desde donde se propaga un movimiento sísmico.
piciclo *s.m.* En el sistema astronómico de Tolomeo, círculo que se suponía describían los astros.
pico, ca *adj.* Dícese de la literatura que narra hechos heroicos.
picontinental *adj.* Dícese del mar, de poca profundidad, que cubre parte de los bloques continentales.
picureísmo *s.m.* Doctrina del filósofo griego Epicuro, que propone el placer como principio moral.
picúreo, a *adj. / s.* Que sigue la doctrina de Epicuro. • Que ama los placeres.
pidemia *s.f.* Enfermedad infecciosa que, durante cierto tiempo, ataca a un gran número de personas.
epidémico, ca *adj.* Relativo a la epidemia.
epidemiología *s.f.* Parte de la medicina que estudia las epidemias.
epidérmico, ca *adj.* Relativo a la epidermis.
epidermis *s.f.* Membrana que cubre la superficie externa del cuerpo. • En botánica, tejido que rodea los tallos, las hojas y el extremo de las raíces.
epidiascopio *s.m.* Aparato óptico para proyectar cuerpos opacos u objetos trasparentes.
Epifanía *s. prop. f.* Festividad en que la Iglesia celebra la adoración de los Reyes Magos.
epífisis *s.f.* Extremo de un hueso largo. • Órgano glandular del encéfalo.
epifito, ta *adj.* Dícese de los vegetales que viven sobre otras plantas, pero sin alimentarse de ellas.
epigastrio *s.m.* Región superior del abdomen.
epiglotis *s.f.* Cartílago de la laringe que tapa la glotis durante la deglución.
epígono *s.m.* El que sigue las huellas o enseñanzas de otro, en especial en lo científico, artístico o literario.
epígrafe *s.m.* Resumen que precede a cada capítulo de una obra. • Cita o texto breve que encabeza alguna obra literaria. • Inscripción.
epigrafía *s.f.* Ciencia que estudia e interpreta las inscripciones.
epigrama *s.m.* Composición poética breve, festiva o satírica.
epigramático, ca *adj.* Relativo al epigrama.
epilepsia *s.f.* Enfermedad caracterizada por convulsiones y pérdida del conocimiento.
epiléptico, ca *adj.* Relativo a la epilepsia. • *adj. / s.* Que la padece.
epilogar *v.tr.* Resumir una obra o un escrito; recapitular. • *tr. / intr.* Poner fin a algo.
epílogo *s.m.* Resumen o compendio. • Recapitulación, conclusión.
epinicio *s.m.* Canto de victoria.
episcopado *s.m.* Dignidad de obispo. • Duración de su gobierno. • Conjunto de obispos.
episcopal *adj.* Perteneciente o relativo al obispo.
episcopio *s.m.* Aparato óptico para proyectar cuerpos opacos.
episódico, ca *adj.* Perteneciente al episodio, o que lo constituye.
episodio *s.m.* En una obra literaria, suceso o acción secundarios. • Suceso o acción que se enlazan con otros.
epistaxis *s.f.* Hemorragia nasal.
epistemología *s.f.* Estudio crítico y filosófico de las ciencias.
epístola *s.f.* Carta. • Discurso escrito, en especial el de los apóstoles. • Com-

posición didáctica o satírica. • Parte de la misa.

epistolar *adj.* Relativo a la epístola.

epistolario *s.m.* Colección de epístolas o cartas.

epitafio *s.m.* Inscripción que se pone en una sepultura.

epitelial *adj.* Relativo al epitelio.

epitelio *s.m.* Tejido que reviste todas las superficies interiores y exteriores del organismo.

epíteto *s.m.* Adjetivo calificativo que agrega una cualidad propia de la cosa designada.

epítome *s.m.* Resumen o compendio de una obra extensa.

epizoario *s.m.* Animal que vive como parásito sobre el cuerpo de otro.

epizootia *s.f.* Enfermedad que, durante un tiempo, ataca a un gran número de animales.

época *s.f.* Cierto espacio de tiempo determinado de alguna manera. • Cierta parte del año designada de alguna forma; temporada. • En geología, subdivisión de un período.

epónimo, ma *adj.* Que da nombre a un pueblo, una época, etc.

epopeya *s.f.* Poema extenso de temas heroicos, legendarios, etc. • Acción importante y difícil.

épsilon *s.f.* Quinta letra del alfabeto griego (ε).

equiángulo, la *adj.* De ángulos iguales.

equidad *s.f.* Cualidad de justo e imparcial. • Moderación.

equidistante *adj.* Que equidista.

equidistar *v.intr.* Estar una o más cosas a igual distancia de otra u otras.

equilátero, ra *adj.* Dícese de la figura geométrica que tiene los lados iguales.

equilibrado, da *adj.* Ecuánime.

equilibrar *v.tr.* Poner en equilibrio. • Hacer que una cosa no supere ni exceda a otra.

equilibrio *s.m.* Estado de inmovilidad de un cuerpo sometido a la acción de dos fuerzas que se compensan mutuamente. • Armonía. • Cualidad de equilibrado.

equilibrista *s.m. y f.* El que es hábil en realizar ejercicios de equilibrio.

equimosis *s.f.* Mancha lívida en la p debida a un golpe, una hemorragia, e

equino, na *adj.* Relativo al caballo. *s.m.* Caballo.

equinoccial *adj.* Relativo al equinocc

equinoccio *s.m.* Época del año en que duración de los días es igual a la de noches.

equinodermo, ma *adj./s.m.* Dícese d invertebrado marino de simetría r dial, cubierto de púas o espinas, cor la estrella de mar.

equipaje *s.m.* Conjunto de valijas, ba les, etc., para los viajes.

equipamiento *s.m.* Acción de equipar.

equipar *v.tr.* Proveer de todo lo ind pensable.

equiparación *s.f.* Acción de equiparar.

equiparar *v.tr.* Considerar que algo igual o equivalente a una cosa.

equipo *s.m.* Conjunto de ropas, útile etc., para uso de una persona. • Co junto de herramientas, aparatos, et para hacer un trabajo. • Grupo de pe sonas organizadas para realizar un determinada actividad científica, lab ral, deportiva, etcétera.

equipotente *adj.* En matemática, díce de los conjuntos coordinables entre sí

equis *s.f.* Nombre de la letra *x*. • Núm ro desconocido, y signo con que se r presenta.

equitación *s.f.* Deporte o ejercicio d montar a caballo.

equitativo, va *adj.* Que tiene equidad.

equivalencia *s.f.* Cualidad de equivalent

equivalente *adj./s.m.* Que equivale otra cosa, que tiene igual valor, poter cia o eficacia. • Dícese de las figura planas y de los sólidos que tienen igua área o volumen y distinta forma.

equivaler *v.intr.* Ser una cosa igual otra en la estimación, medida, valo potencia, eficacia, etc.

equivocación *s.f.* Acción y efecto d equivocar. • Cosa dicha o hecha equi vocándose; error.

equivocar *v.tr./prnl.* Decir, hacer o to mar, por descuido o ignorancia, una co sa por otra; errar.

equívoco, ca *adj.* Ambiguo. • *s.m.* Voca blo que puede tener dos o más signifi ados.• Posibilidad de interpretar algo n varios sentidos.

era *s.f.* Período histórico que se emieza a contar desde un suceso imporante o un gran cambio.• División de a historia geológica.

era *s.f.* Lugar donde se trillan las mies. • Cuadro pequeño de tierra.

al, la *s.* Res vacuna de más de un año ero que no pasa de dos.

ario *s.m.* Conjunto de los bienes públios de una nación, provincia o municiio.

bio *s.m.* Elemento químico de carácter etálico, del grupo de las tierras raras símbolo: *Er*).

e *s.f.* Nombre de la letra *r*, en su prounciación suave.

ección *s.f.* Acción de erigir.

éctil *adj.* Que es capaz de levantarse o onerse rígido.

ecto, ta *adj.* Levantado o erguido. • Dícese de la planta o del tallo que creen verticalmente.

emita *s.m.* El que vive piadosamente n soledad; ermitaño.

g *s.m.* Unidad de trabajo en el sistema egesimal.

gio *s.m.* Castellanización de la palara *erg*.

gonomía *s.f.* Estudio de datos biológios y tecnológicos aplicados a problenas de mutua adaptación entre el ombre y la máquina.

guir *v.tr./prnl.* Poner en posición verical y derecha. • *prnl.* Estar en un lugar; elevarse.

ial *s.m./adj.* Terreno sin cultivar.

igir *v.tr.* Levantar, edificar. • Fundar, nstituir.

isipela *s.f.* Enfermedad infecciosa de a piel, acompañada de fiebre.

itema *s.m.* Inflamación de la piel debida a la dilatación de los vasos capilares.

itreo, a *adj.* Dícese del mar Rojo y de o relativo a él.

itrocito *s.m.* Hematíe.

izado, da *adj.* Lleno de púas, obstáculos, etc.

izar *v.tr./prnl.* Poner rígida y erecta una cosa.

erizo *s.m.* Mamífero insectívoro, con púas en el dorso y los costados del cuerpo, capaz de arrollarse en forma de bola.

ermita *s.f.* Santuario situado, generalmente, en despoblado.

ermitaño, ña *s.* El que vive en una ermita. • *m.* Eremita.

erogación *s.f.* Acción y efecto de erogar. • Gasto.

erogar *v.tr.* Distribuir, repartir.

erosión *s.f.* Desgaste en la superficie de un cuerpo, por la fricción de otro. • Desgaste del suelo por la acción del agua y el viento.

erosionar *v.tr.* Producir erosión.

erótico, ca *adj.* Relativo al amor.

erque *s.m.* Instrumento musical indígena, de viento, hecho con una caña hueca de unos tres metros de largo.

erquencho *s.m.* Instrumento musical indígena, de viento, hecho con un asta de vacuno y una caña.

errabundo, da *adj.* Errante.

erradicar *v.tr.* Arrancar de raíz.

errado, da *adj.* Que yerra.

errante *adj.* Que va de un lugar a otro, sin residencia fija.

errar *v.tr./intr.* No acertar. • *intr.* Ir de una parte a otra sin destino fijo; vagar.

errata *s.f.* Equivocación en lo impreso o manuscrito.

errático, ca *adj.* Errante.

errátil *adj.* Errante.

erre *s.f.* Nombre de la letra *r*, en su pronunciación fuerte.

erróneo, a *adj.* Que contiene error.

error *s.m.* Idea, opinión o creencia falsas. • Acción desacertada. • En matemática, aproximación.

eructar *v.intr.* Expeler con ruido por la boca los gases del aparato digestivo.

eructo *s.m.* Acción de eructar.

erudición *s.f.* Conocimientos amplios o profundos en diversos temas.

erudito, ta *adj./s.* Que tiene erudición.

erupción *s.f.* Aparición de granos y manchas en la piel. • Expulsión de lava por los cráteres de la superficie terrestre.

eruptivo, va *adj.* Relativo a la erupción.

esbeltez *s.f.* Cualidad de esbelto.

esbelto, ta *adj.* Alto, bien formado y de figura elegante.
esbozar *v.tr.* Hacer un esbozo. • Insinuar un gesto.
esbozo *s.m.* Descripción de un plan o dibujo hechos sin detalles.
escabeche *s.m.* Adobo de aceite, vinagre, laurel, etc., para conservar y dar sabor a carnes y pescados.
escabel *s.m.* Banquillo para apoyar los pies. • Taburete sin respaldo.
escabiosa *s.f.* Cierta planta herbácea ornamental, de raíz medicinal.
escabrosidad *s.f.* Cualidad de escabroso.
escabroso, sa *adj.* Dicho de terrenos, lleno de desigualdades. • Dícese del asunto de difícil resolución. • Que roza lo inmoral.
escabullirse *v.prnl.* Escaparse de entre las manos. • Irse con disimulo.
escafandra *s.f.* Nombre de diversos aparatos y vestimentas herméticas que permiten permanecer bajo el agua.
escafoides *s.m./adj.* Nombre de un hueso del carpo y otro del tarso.
escala *s.f.* Escalera de mano. • Serie de cosas ordenadas por un rasgo en común. • Puerto donde se detiene un buque. • Graduación de un instrumento. • Proporción entre las dimensiones de un mapa, plano, etc., y el objeto que representan. • Serie ordenada de sonidos.
escalada *s.f.* Acción de escalar.
escalafón *s.m.* Lista de los miembros de una corporación, clasificados según el grado, la antigüedad, etc.
escalar *v.tr.* Subir a gran altura. • Entrar en un lugar con violencia.• *adj.* Dícese de las cantidades que pueden ser ordenadas por sus medidas.
escaldado, da *adj. fam.* Escarmentado, receloso.
escaldadura *s.f.* Acción de escaldar.
escaldar *v.tr.* Arrojar agua hirviendo a una cosa, o sumergirla en agua hirviendo. • *tr./prnl.* Quemar.
escaleno *adj.* Dícese del triángulo cuyos tres lados son desiguales.
escalera *s.f.* Serie de escalones para subir o bajar.
escalfar *v.tr.* Cocer en agua hirvien los huevos sin la cáscara.
escalinata *s.f.* Escalera exterior de u solo tramo, de piedra o de mármol.
escalofriante *adj.* Que causa terror.
escalofrío *s.m.* Temblor con sensaci de frío.
escalón *s.m.* Peldaño.
escalonado, da *adj.* Que forma escalnes.
escalonamiento *s.m.* Acción de escalnar.
escalonar *v.tr./prnl.* Situar personas cosas ordenadamente de trecho en trcho.
escalope *s.m.* Lonja delgada de carn rebozada y frita.
escalpelo *s.m.* Instrumento cortan usado en cirugía.
escama *s.f.* Cada una de las placas de gadas y pequeñas, que cubren el cue po de ciertos animales. • Órgano veg tal semejante a una hojita.
escamar *v.tr.* Quitar las escamas. *tr./prnl.* Poner receloso.
escamoso, sa *adj.* Que posee escama o tiene forma de escama.
escamotear *v.tr.* Hacer desaparecer u objeto sin que lo noten los espectad res. • Robar con astucia.
escampar *v.tr.* Despejar un lugar. *intr. unipers.* Aclararse el cielo nublad y dejar de llover.
escampavía *s.f.* Pequeño barco guarda costas.
escanciar *v.tr.* Servir el vino.
escandalizar *v.tr.* Causar escándalo. *prnl.* Mostrarse indignado.
escándalo *s.m.* Gritería, tumulto. • Suceso que provoca indignación.
escandaloso, sa *adj.* Que grita much • Que causa indignación.
escandallo *s.m.* Plomada cónica que se arroja al agua para sondear el fond del mar o medir la profundidad.
escandinavo, va *adj./s.* De Escandinavia (Europa).
escandio *s.m.* Elemento químico de carácter metálico que forma sales astringentes (símbolo: *Sc*).
escaño *s.m.* Banco con respaldo. • Asiento de cada parlamentario en e congreso.

capada *s.f.* Acción de escapar.
scapar *v.intr./prnl.* Fugar, huir. • Sa-r de prisa. • Eludir. • *prnl.* Salirse un íquido o gas de donde están conteni-os.
scaparate *s.m.* Vidriera. • Vitrina don-e se exponen mercancías.
scapatoria *s.f.* Acción de escapar o uir. • *fam.* Modo de salir alguien de n aprieto.
scape *s.m.* Acción de escapar. • Pérdi-a de un gas o un líquido. • En un mo-or, salida por donde se eliminan los ases de la combustión.
scápula *s.f.* Omóplato.
scapular *adj.* Relativo a la escápula.
scapulario *s.m.* Distintivo que llevan lgunos religiosos. • Pedazo de tela con na imagen que se lleva colgado del uello.
scaque *s.m.* Cada una de las casillas lel tablero de ajedrez o de damas.
scara *s.f.* Costra que se forma sobre una llaga.
scarabajo *s.m.* Insecto de cuerpo ova-ado y comprimido, que se alimenta de stiércol.
scaramujo *s.m.* Arbusto silvestre, es-pecie de rosal, cuyo fruto se usa en me-licina.
scaramuza *s.f.* En la guerra, combate de poca importancia.
scarapela *s.f.* Divisa en forma de círcu-o hecha con cintas.
scarbadientes *s.m.* Mondadientes.
scarbar *v.tr./intr.* Remover la tierra. • Investigar lo oculto.
scarcela *s.f.* Bolsa que pendía de la cintura. • Mochila de cazador.
scarceo *s.m.* Movimiento del mar con pequeñas olas. • *América* Cabeceo del caballo. • *pl.* Acción de tratar un tema sin profundizarlo.
scarcha *s.f.* Rocío de la noche, congela-do.
scarchar *v.intr. unipers.* Formarse es-carcha. • *tr.* Preparar confituras de mo-do que el azúcar cristalice en lo exterior.
scarda *s.f.* Acción de escardar. • Azada pequeña para escardar.
scardar *v.tr.* Arrancar las hierbas per-judiciales de los sembrados.
escardillo *s.m.* Almocafre.
escariar *v.tr.* Agrandar o redondear un agujero abierto en un metal o el diáme-tro de un tubo.
escarificador *s.m.* Especie de rastrillo para cortar la tierra.
escarificar *v.tr.* Labrar la tierra con el escarificador. • Hacer incisiones super-ficiales en el cuerpo.
escarlata *adj.* Dícese del color rojo in-tenso.
escarlatina *s.f.* Enfermedad contagiosa caracterizada por angina y erupción cutánea.
escarmentar *v.tr.* Reprender y corregir con rigor. • *intr.* Tomar enseñanza de la experiencia vivida.
escarmiento *s.m.* Acción de escarmen-tar. • Castigo riguroso.
escarnecer *v.tr.* Insultar y burlarse de una persona.
escarnio *s.m.* Burla muy cruel.
escarola *s.f.* Cierta planta herbácea que se come en ensalada.
escarpa *s.f.* Declive áspero de un terreno.
escarpado, da *adj.* Dícese del terreno que tiene escarpa.
escarpar *v.tr.* Cortar un terreno deján-dolo en plano inclinado.
escarpelo *s.m.* Escalpelo. • Instrumen-to con filo dentado, que usan los escul-tores y carpinteros.
escarpia *s.f.* Clavo con la cabeza dobla-da en ángulo recto.
escarpidor *s.m.* Peine de púas largas y gruesas.
escarpín *s.m.* Zapato liviano con poca o ninguna armazón. • *América* Calcetín de bebé.
escasear *v.intr.* Estar escaso; faltar.• *tr.* Dar poco y de mala gana.
escasez *s.f.* Situación de escaso o insufi-ciente. • Falta de lo necesario para vivir.
escaso, sa *adj.* Poco o insuficiente. • Demasiado justo, o falto de algo.
escatimar *v.tr.* Dar lo menos posible de una cosa.
escayola *s.f.* Yeso calcinado que se em-plea en medicina ortopédica y en escul-tura.
escena *s.f.* Escenario del teatro. • Parte en que se divide un acto de la obra tea-

tral. • Arte teatral. • Lugar de una acción.
escenario *s.m.* Lugar del teatro en que se representa el espectáculo.
escénico, ca *adj.* Relativo a la escena.
escenificar *v.tr.* Dar forma escénica a una obra. • Disponer el escenario para representar una obra.
escenografía *s.f.* Arte de diseñar, pintar y realizar los decorados teatrales. • Conjunto de decorados.
escenógrafo, fa *s.* El que se dedica a la escenografía.
escepticismo *s.m.* Cualidad de escéptico. • Doctrina que sostiene la imposibilidad de conocer la verdad o la realidad de las cosas.
escéptico, ca *adj. / s.* Dado al escepticismo.
escindir *v.tr. / prnl.* Dividir o separar.
escisión *s.f.* Acción de escindir.
esclarecer *v.tr.* Poner en claro un asunto, doctrina, etc.; aclarar.
esclarecido, da *adj.* Ilustre, insigne.
esclavina *s.f.* Capa corta.
esclavitud *s.f.* Estado de esclavo. • Circunstancia de existir esclavos.
esclavizar *v.tr.* Reducir a la esclavitud. • Tener sometido a alguien haciéndolo trabajar mucho.
esclavo, va *adj. / s.* Dícese del que carecía de libertad, no gozaba de derechos y trabajaba para su dueño. • Sometido con rigor a un deber. • *s.f.* Pulsera en forma de argolla.
esclerosis *s.f.* Endurecimiento de un tejido del cuerpo humano.
esclerótica *s.f.* Membrana dura y blanquecina que recubre el ojo.
esclusa *s.f.* Construcción hecha en un canal de navegación para permitir el paso de los barcos de un tramo a otro de distinto nivel.
escoba *s.f.* Utensilio para barrer hecho con ramas flexibles atadas y sujetas a un palo.
escobajo *s.m.* Raspa del racimo después de quitarle los granos de uva.
escobén *s.m.* En marina, agujero por donde se desliza la cadena del ancla.
escobilla *s.f.* Escoba pequeña de cerdas o alambre. • Haz de hilos de cobre que sirve de contacto en ciertas máquina eléctricas.
escobillón *s.m.* Cepillo sujeto a un pal usado para barrer el suelo. • Cepil para limpiar el cañón de las armas d fuego.
escocer *v.intr. / prnl.* Irritarse una par te del cuerpo. • Experimentar dolor amargura.
escocés, sa *adj. / s.* De Escocia (Rein Unido).
escoda *s.f.* Especie de martillo para la brar piedras y picar paredes.
escofina *s.f.* Lima de dientes gruesos.
escoger *v.tr.* Elegir una o más persona o cosas entre otras.
escogido, da *adj.* Selecto.
escolar *adj.* Relativo al estudiante o a l escuela. • *s.m. y f.* Alumno de la escue la primaria.
escolaridad *s.f.* Situación de escolar período de tiempo que dura.
escolasticismo *s.m.* Doctrina filosófic medieval basada en las ideas de Aristó teles, que constituye la organización fi losófica de la doctrina cristiana.
escolástico, ca *adj.* Relativo al escolas ticismo.
escólex *s.m.* Cabeza de ciertos gusano parásitos, provista de ventosas.
escolio *s.m.* Nota que se pone a un tex to para explicarlo o comentarlo.
escoliosis *s.f.* Desviación lateral de la columna vertebral.
escollera *s.f.* Muro de piedras acumula das, que se interna en el mar y sirve d defensa contra el oleaje.
escollo *s.m.* Peñasco a flor de agua apenas sumergido. • Obstáculo.
escolopendra *s.f.* Ciempiés.
escolta *s.f.* Barcos u otros vehículos qu escoltan. • Séquito.
escoltar *v.tr.* Acompañar para resguar dar, proteger u honrar.
escombro *s.m.* Desecho de un edifici derribado o de la explotación de una mina o una cantera.
esconder *v.tr. / prnl.* Encubrir u ocultar
escondidas (a) *loc. adv.* Ocultamente sin ser visto.
escondite *s.m.* Lugar adecuado para es conderse o para guardar algo.

condrijo *s.m.* Escondite.
copeta *s.f.* Arma de fuego portátil de no o dos cañones.
copladura *s.f.* Corte hecho con el esco- o.
copleadura *s.f.* Escopladura.
coplo *s.m.* Herramienta cortante de ierro acerado para tallar madera y iedra.
cora *s.f.* En marina, puntal de un bar- o en construcción o en reparación. • nclinación de un barco.
corar *v.tr.* Apuntalar con escoras. • tr. Inclinarse un barco por acción del iento u otras causas.
corbuto *s.m.* Enfermedad causada or insuficiencia de vitamina C y que e caracteriza por debilidad general, emorragias, etc.
coria *s.f.* Residuo de la fundición de etales o de la combustión de la hulla. Lava esponjosa de los volcanes. • Co- a despreciable o vil.
coriación *s.f.* Lesión superficial en la iel o en una mucosa.
corpina *s.f.* Pez costero con aleta dor- al espinosa.
corpión *s.m.* Alacrán. • Pez semejan- e a la escorpina.
corzo *s.m.* Posición de una figura, ge- eralmente humana, cuando una parte e ella está vuelta con respecto al resto.
cotadura *s.f.* Escote en un vestido. • ntrante de una cosa.
cotar *v.tr.* Hacer escote en una pren- a de vestir; descotar.
cote *s.m.* Corte en el cuello de una renda de vestir; descote.
cotilla *s.f.* Cada una de las aberturas e las cubiertas de un barco.
cotillón *s.m.* Puerta en el suelo.
cozor *s.m.* Sensación dolorosa, como a que produce una quemadura. • Sen- imiento penoso.
criba *s.m.* Entre los hebreos, intérpre- e de la ley. • Entre los antiguos, copis- a o amanuense.
cribanía *s.f.* Oficio u oficina del escri- ano.
cribano, na *s.* Notario.
cribiente *s.m. y f.* Persona que tiene or oficio copiar o escribir al dictado.

escribir *v.tr.* Representar palabras, números, etc., por medio de letras u otros signos dibujados. • Comunicar por escrito. • Componer obras científicas, literarias o musicales.
escrito *s.m.* Carta, documento o cualquier papel escrito. • Obra científica o literaria. • Solicitud o alegato en un pleito.
escritor, ra *s.* Autor de obras literarias o científicas.
escritorio *s.m.* Mueble con cajones utilizado para escribir. • Oficina o despacho.
escritura *s.f.* Representación gráfica del lenguaje. • Instrumento público autorizado por un notario. • Sagrada Escritura: Biblia.
escriturar *v.tr.* Hacer constar por escritura pública y en forma legal.
escrofulosis *s.f.* Tuberculosis de los ganglios linfáticos.
escroto *s.m.* Bolsa de piel en que se alojan los testículos.
escrúpulo *s.m.* Temor o recelo de conciencia. • Exactitud en la averiguación o cumplimiento de algo.
escrupulosidad *s.f.* Exactitud en el examen de las cosas y en el cumplimiento de lo que se emprende.
escrupuloso, sa *adj.* Que tiene escrúpulos. • Exacto, meticuloso.
escrutar *v.tr.* Examinar con mucha atención. • En las elecciones, hacer el recuento de los votos.
escrutinio *s.m.* Acción y efecto de escrutar.
escuadra *s.f.* Instrumento de dibujo para trazar ángulos rectos • Cierto grupo de soldados • Conjunto de buques de guerra.
escuadrar *v.tr.* Trabajar o disponer algo en forma de ángulo recto.
escuadrilla *s.f.* Escuadra naval de buques pequeños • Grupo de aviones que vuelan y operan juntos.
escuadrón *s.m.* Cierta unidad de caballería. • Unidad aérea de un número importante de aviones.
escuálido, da *adj.* Flaco, macilento.
escualo *s.m.* Nombre de ciertos peces de cuerpo fusiforme y boca amplia con poderosos dientes, como el tiburón.

escucha *s.m.* Acción de escuchar. • Centinela nocturno.
escuchar *v.tr.* Oír, en especial con atención. • Atender a un aviso, consejo, etc.
escudar *v.tr./prnl.* Defender con el escudo. • Proteger de un peligro.
escudero *s.m.* Servidor que llevaba el escudo del señor. • Hidalgo, noble. • Criado que servía y acompañaba a su señora.
escudilla *s.f.* Vasija ancha y semiesférica para servir sopa.
escudo *s.m.* Arma defensiva que llevaba el combatiente en el brazo para proteger su cuerpo. • Amparo, defensa. • Unidad monetaria portuguesa. • Emblema o símbolo distintivo de una nación, provincia, ciudad, etc.
escudriñar *v.tr.* Examinar y averiguar con cuidado.
escuela *s.f.* Establecimiento de enseñanza. • Conjunto de profesores y alumnos en una misma enseñanza. • Método para enseñar. • Doctrina y sistema de un autor.
escuerzo *s.m.* Especie de sapo, de cuerpo voluminoso, que abunda en Argentina, Paraguay y Uruguay.
escueto, ta *adj.* Despojado. • Sin palabras innecesarias; conciso.
esculpir *v. tr.* Labrar, grabar o tallar una escultura.
escultor, ra *s.* Artista que realiza esculturas.
escultórico, ca *adj.* Relativo a la escultura.
escultura *s.f.* Arte de modelar, tallar y esculpir. • Obra del escultor.
escultural *adj.* Relativo a la escultura. • Como de escultura.
escupida *s.f.* Escupitajo, salivazo.
escupidera *s.f.* Recipiente para escupir en él.
escupir *v.intr./v.tr.* Arrojar saliva u otra cosa por la boca. • Despedir o arrojar, en especial con violencia.
escupitajo *s.m.* Porción de saliva, sangre o flema expulsada por la boca.
escurridizo, za *adj.* Que se escurre o desliza fácilmente.
escurrir *v.tr.* Verter las últimas gotas del líquido de una vasija. • Hacer que una cosa mojada deje caer el agua que contiene. • *intr./prnl.* Gotear un líquido. • Resbalar. • *prnl.* Escaparse alguien o caer algo.
escusado, da *adj.* Reservado o separado del uso común. • *s.m.* Retrete.
esdrújulo, la *adj./s.f.* Dícese de las palabras acentuadas en la antepenúltima sílaba.
ese *s.f.* Nombre de la letra *s.*
ese, esa; eso; esos, esas *adj./s.* Formas del pronombre demostrativo que designan lo que está cerca de la persona con quien se habla, o algo que se acaba de decir.
ése, ésa, ésos, ésas Formas sustantivas del pronombre demostrativo *ese.*
esencia *s.f.* Naturaleza de las cosas. • Lo permanente e invariable en ellas. • En química, sustancia vegetal y volátil de olor intenso.
esencial *adj.* Que constituye la esencia o naturaleza de algo. • Necesario, primordial. • En química, relativo a la esencia.
esfenoides *adj./s.m.* Dícese del hueso que forma las fosas nasales y las cuencas de los ojos.
esfera *s.f.* Cuerpo sólido limitado por una superficie curva cuyos puntos equidistan todos de otro interior llamado *centro.* • Ambiente de una persona. • Espacio al que se extiende una actividad o una influencia. • Círculo en que giran las manecillas del reloj.
esférico, ca *adj.* Relativo a la esfera o que tiene su forma.
esferográfica *s.f. América* Bolígrafo.
esferoide *s.m.* Cuerpo de forma parecida a una esfera achatada.
esferómetro *s.m.* Aparato para determinar la curvatura de una superficie esférica.
esfinge *s.f.* Animal fabuloso, con busto de mujer y cuerpo y pies de león.
esfínter *s.m.* Músculo en forma de anillo con que se abre o cierra el orificio de una cavidad del cuerpo.
esforzado, da *adj.* Que se esfuerza para superarse. • Valiente, animoso.
esforzar *v.tr./prnl.* Obligar a realizar algo que requiere mucha fuerza física, mental o espiritual.

esfuerzo *s.m.* Acción de esforzarse.
esfumar *v.tr.* Extender los trazos de lápiz con el esfumino. • Rebajar los tonos en un dibujo o una pintura. • *prnl.* Disiparse, desvanecerse.
esfumino *s.m.* Rollito de papel o de piel para esfumar los trazos de un dibujo.
esgrima *s.f.* Arte de jugar y manejar la espada, el sable y el florete.
esgrimir *v.tr.* Manejar algo, en especial un arma blanca; blandir.
esguince *s.m.* Ademán ágil con el cuerpo para evitar un golpe. • Distensión violenta de una articulación.
eslabón *s.m.* Pieza que enlazada con otras forma cadena.
eslabonar *v.tr./prnl.* Unir unos eslabones con otros para formar cadena. • Encadenar ideas, hechos, etc.
eslavo, va *adj./s.* Dícese de un pueblo antiguo del nordeste de Europa. • *adj.* Relativo a ese pueblo. • *s.m.* Grupo de lenguas indoeuropeas que se hablan en Europa oriental y central.
eslinga *s.f.* Cuerda gruesa con ganchos para levantar grandes pesos.
eslora *s.f.* Longitud de un barco.
eslovaco, ca *adj./s.* De Eslovaquia (Europa). • *s.m.* Lengua hablada en Eslovaquia.
esloveno, na *adj./s.* De Eslovenia (Europa). • *s.m.* Lengua hablada en Eslovenia.
esmaltar *v.tr.* Cubrir con esmalte.
esmalte *s.m.* Composición vítrea que, por fusión, se adhiere a la porcelana, loza, etc.
esmerado, da *adj.* Realizado con esmero. • Que se esmera en su trabajo.
esmeralda *s.f.* Piedra preciosa teñida de verde por el óxido de cromo.
esmerarse *v.prnl.* Poner especial cuidado en lo que se hace.
esmeril *s.m.* Roca negruzca y dura que se usa como abrasivo.
esmerilar *v.tr.* Pulir con esmeril.
esmero *s.m.* Cuidado extremo.
esmirriado, da *adj.* Muy delgado o poco desarrollado.
esmoquin *s.m.* Traje masculino de etiqueta, sin faldones.
esnob *adj./s.m. y f.* Que tiene exagerada admiración por todo lo que está de moda (*pl.* esnobs).
esnobismo *s.m.* Actitud de esnob.
eso *s.n.* Ver *ese* (pronombre).
esófago *s.m.* Conducto que comunica la faringe con el estómago.
esotérico, ca *adj.* Oculto, secreto.
espabilar *v.tr.* Despabilar.
espaciador *s.m.* En las máquinas de escribir, tecla que se pulsa para dejar espacios en blanco.
espacial *adj.* Relativo al espacio.
espaciar *v.tr.* Poner espacio entre las cosas, en el lugar o en el tiempo. • *tr./prnl.* Esparcir.
espacio *s.m.* Medio en que están los objetos sensibles. • Extensión que ocupa un cuerpo, o que media entre dos cosas. • Trascurso de tiempo.
espacioso, sa *adj.* Amplio, vasto. • Lento o pausado.
espada *s.f.* Arma blanca de hoja larga y recta. • *pl.* Uno de los palos de la baraja española.
espadachín *s.m.* El que maneja bien la espada.
espadaña *s.f.* Campanario formado por una sola pared.
espádice *s.m.* Inflorescencia en espiga, con un eje carnoso, y protegida por una espata herbácea, como la de la cala.
espadilla *s.f.* Especie de machete para quebrar el tallo del lino o del cáñamo.
espadín *s.m.* Espada de hoja estrecha.
espagueti *s.m.* Pasta alimenticia en cilindros macizos, largos y delgados, de harina de trigo.
espalda *s.f.* Parte posterior del tronco de los vertebrados. • Envés o parte posterior de una cosa.
espaldar *s.m.* Parte posterior de la coraza. • Enrejado en una pared para que trepen por el ciertas plantas. • Respaldo de una silla.
espaldarazo *s.m.* Golpe dado en la espalda para armar caballero.
espantada *s.f.* Huida repentina de un animal o de un grupo de animales.
espantadizo, za *adj.* Asustadizo.
espantajo *s.m.* Cosa que se pone para espantar a los pájaros. • *fam.* Persona fea o molesta.

espantapájaros *s.m.* Figura o muñeco para espantar a los pájaros de los sembrados.
espantar *v.tr.* Asustar y ahuyentar. • *tr/prnl.* Causar miedo; aterrorizar. • Admirar o maravillar.
espanto *s.m.* Miedo muy intenso; horror. • *América* Fantasma, aparecido.
espantoso, sa *adj.* Que causa espanto.
español, la *adj./s.* De España (Europa). • *s.m.* Lengua nacional de España y de la mayoría de los pueblos que integran el antiguo imperio español [sinón.: *castellano*].
españolismo *s.m.* Carácter genuinamente español. • Apego a las cosas características de España.
españolizar *v.tr./prnl.* Dar a una persona o cosa carácter español. • *prnl.* Tomar costumbres españolas.
esparadrapo *s.m.* Tela con una sustancia adhesiva para sujetar vendajes.
esparavel *s.m.* Red redonda para pescar. • Utensilio de albañilería.
esparcimiento *s.m.* Acción de esparcir. • Distracción o solaz.
esparcir *v.tr.* Arrojar o colocar cosas separadas. • Divulgar una noticia. • *tr./prnl.*Distraer o recrear.
espárrago *s.m.* Planta cultivada por sus vástagos, tiernos y comestibles. • Turión de esa planta.
espartano, na *adj./s.* De Esparta (Grecia antigua).
espartillo *s.m.* *América* Nombre de varias gramíneas de hojas filiformes y muy duras.
esparto *s.m.* Planta de hojas muy duras y tenaces usadas para hacer sogas, esteras, etc.
espasmo *s.m.* Contracción brusca e involuntaria de los músculos.
espasmódico, ca *adj.* Relativo al espasmo, o con espasmos.
espata *s.f.* Bráctea que envuelve ciertas inflorescencias.
espato *s.m.* Mineral de estructura laminar.
espátula *s.f.* Paleta pequeña de los pintores, farmacéuticos, etc.
especia *s.f.* Sustancia vegetal aromática para condimentar las comidas, como la pimienta, el azafrán, la vainilla, etc.
especial *adj.* Que se diferencia de lo común, acostumbrado o general.
especialidad *s.f.* Cualidad de especial. • Rama de una ciencia, arte o actividad a que se consagra una persona.
especialista *adj./s.m. y f.* Que se dedica a una especialidad.
especializarse *v.prnl.* Dedicarse a una especialidad.
especie *s.f.* Conjunto de cosas o de individuos que tienen uno o varios caracteres comunes; categoría, clase. • Cosa que se dice; noticia. • Asunto o negocio.
especificar *v.tr.* Expresar ciertos datos con precisión.
específico, ca *adj.* Que distingue una especie de otra. • *s.m.* Medicamento fabricado industrialmente.
espécimen *s.m.* Muestra o ejemplar (*pl.* especímenes).
especioso, sa *adj.* Precioso, perfecto. Engañoso, aparente.
espectacular *adj.* Que impresiona o asombra por algo determinado.
espectáculo *s.m.* Diversión o función públicas. • Lo que atrae la atención.
espectador, ra *adj./s.* Que presencia un espectáculo u otra cosa.
espectral *adj.* Relativo al espectro.
espectro *s.m.* Figura irreal o fantasma. • Conjunto de rayas de colores diferentes y yuxtapuestas, que resultan cuando la luz blanca atraviesa un prisma óptico. • Resultado de la dispersión de otras radiaciones.
espectrógrafo *s.m.* Cierto espectroscopio especial. • Aparato que obtiene el espectro de un sonido.
espectrograma *s.m.* Imagen fotográfica de un espectro luminoso. • Representación gráfica de un sonido.
espectrómetro *s.m.* Aparato para determinar la longitud de onda de un haz luminoso.
espectroscopio *s.m.* Aparato óptico para observar los espectros de las radiaciones.
especulación *s.f.* Acción de especular.
especulador, ra *adj./s.* Que especula o comercia.
especular *v.tr.* Comerciar con algo. • Procurar provecho o ganancia. • *tr.*

Pensar o reflexionar. • *adj.* Relativo al espejo.

espéculo *s.m.* Instrumento para examinar ciertas cavidades del cuerpo.

espejismo *s.m.* Fenómeno óptico por el cual los objetos lejanos dan una imagen invertida. • Ilusión engañosa.

espejo *s.m.* Lámina de vidrio azogada o de metal pulimentado, que reflejan la imagen de los objetos.

espejuelo *s.m.* Cierto yeso cristalizado. • *pl.* Anteojos, gafas.

espeleología *s.f.* Ciencia que estudia la formación de las cavernas.

espeleólogo, ga *s.* El que se dedica a la espeleología.

espeluznante *adj.* Que espeluzna. • Pavoroso, terrorífico.

espeluznar *v.tr.* Desordenar el pelo. • *tr./prnl.* Erizar el pelo o las plumas. • Causar mucho miedo.

espera *s.f.* Acción de esperar.

esperantista *adj.* Relativo al esperanto. • *s.m. y f.* Persona que habla esa lengua.

esperanto *s.m.* Lengua artificial creada a fines del siglo XIX.

esperanza *s.f.* Confianza en conseguir una cosa o en que suceda algo que se desea. • Virtud teologal por la cual confiamos en Dios.

esperanzado, da *adj.* Que tiene esperanzas de conseguir algo.

esperanzar *v.tr.* Dar o provocar esperanzas.

esperar *v.tr.* Estar en un sitio o detenerse en el obrar hasta que llegue alguien u ocurra algo. • Creer que sucederá alguna cosa favorable.

esperma *s.ambig.* Semen.

espermaceti *s.m.* Sustancia grasa del cráneo de algunos mamíferos, como la ballena y el cachalote.

espermatozoide *s.m.* Gameto masculino de los animales y de ciertas plantas.

esperpento *s.m. fam.* Persona o cosa ridículas o de mal aspecto.

espesar *v.tr./prnl.* Hacer más espeso, condensado o tupido.

espeso, sa *adj.* Que tiene mucha densidad. • Tupido. • Grueso o macizo.

espesor *s.m.* Grosor de un sólido. • Densidad o condensación.

espesura *s.f.* Cualidad de espeso. • Lugar poblado de árboles y matorrales.

espetar *v.tr.* Atravesar una cosa, en especial con el asador. • Endilgar.

espetera *s.f.* Tabla con ganchos para colgar utensilios de cocina.

espetón *s.m.* Hierro delgado y con punta, como un asador o un estoque.

espía *s.m y f.* Persona que espía; en especial, la que está al servicio de un Estado.

espiar *v.tr.* Observar con atención y disimulo lo que se dice y hace.

espícula *s.f.* Elemento calcáreo o silíceo que tienen las esponjas.

espichar *v.tr.* Pinchar. • *intr.fam.* Morir.

espiche *s.m.* Instrumento puntiagudo. • Espiga de madera para tapar un agujero.

espiga *s.f.* Inflorescencia de flores sésiles insertas a lo largo de un eje. • Parte puntiaguda de una herramienta, que se introduce en el mango. • Extremo adelgazado de un madero, que sirve para ensamblarlo en otras piezas.

espigado, da *adj.* En forma de espiga. • Alto y delgado.

espigar *v.tr./intr.* Recoger las espigas que quedan en el rastrojo. • *intr.* Empezar a formar espigas los cereales. • *prnl.* Crecer mucho.

espigón *s.m.* Construcción que penetra en el mar para defender su orilla.

espiguilla *s.f.* Inflorescencia de las gramíneas formada por las glumas y las flores.

espina *s.f.* Tallo u hoja modificados, duros y puntiagudos. • Pieza ósea, delgada y aguda, que forma el esqueleto de los peces. • Idea o sentimiento que atormentan.

espinaca *s.f.* Hortaliza anual de hojas comestibles.

espinal *adj.* De la columna vertebral o del espinazo.

espinazo *s.m.* Columna vertebral de los animales.

espineta *s.f.* Antiguo instrumento musical similar al clave, pero más pequeño.

espingarda *s.f.* Cierto cañón antiguo.• Antigua escopeta muy larga, de chispa.

espinilla *s.f.* Parte anterior de la canilla de la pierna. • Grano sobre la piel con un punto negro.

espinillo *s.m América* Árbol pequeño, muy espinoso, utilizado como leña.

espino *s.m.* Pequeño árbol espinoso, de flores blancas, que se emplea para hacer setos. • *América* Espinillo.

espinoso, sa *adj.* Que tiene espinas. Arduo, difícil.

espionaje *s.m* Acción de espiar.

espira *s.f.* Vuelta de una hélice o una espiral. • Espiral.

espiración *s.f.* Acción de espirar.

espiral *s.f. / adj.* Curva plana engendrada por un punto que gira alrededor de otro fijo, alejándose de él.

espirar *v.tr. / intr.* Expeler el aire inspirado.

espiritismo *s.m.* Creencia según la cual los espíritus de los muertos pueden comunicarse con los vivos.

espiritista *adj. / s.m. y f.* Que profesa el espiritismo.

espiritrompa *s.f.* Aparato bucal de las mariposas.

espíritu *s.m.* Alma racional. • Ser inmaterial dotado de razón. • Ánimo, valor. • Ingenio, vivacidad. • Esencia o tendencia general de una cosa. • Parte más pura y sutil que se extrae de algunas sustancias por destilación.

espiritual *adj.* Relativo al espíritu. • Dícese de las cosas en que predomina el espíritu.

espiritualidad *s.f.* Cualidad de espiritual.

espirómetro *s.m.* Aparato para medir la capacidad respiratoria.

espiroqueta *s.f.* Bacteria en forma de filamento flexible arrollado como una espiral.

espita *s.f.* Llave o grifo de las cubas u otros recipientes.

esplendente *adj.* Resplandeciente.

esplender *v.intr.* Resplandecer.

espléndido, da *adj.* Ostentoso, rumboso. • Que impresiona por lo hermoso, bueno o rico; magnífico.

esplendor *s.m.* Resplandor. • Cualidad de espléndido. • Auge, apogeo.

esplendoroso, sa *adj.* Resplandeciente, espléndido.

esplénico, ca *adj.* Relativo al bazo.

espliego *s.m.* Planta muy aromática d cuyas flores se extrae una esencia usa da en perfumería [sinón.: *lavándula*].

esplín *s.m.* Melancolía, tedio.

espolear *v.tr.* Estimular con las espu las a las cabalgaduras.

1. espoleta *s.f.* Detonador de las bon bas, granadas, etc.

2. espoleta *s.f.* Hueso de las aves forma do por las dos clavículas.

espolín *s.m.* Espuela fija en el tacón d la bota.

espolón *s.m.* Púa ósea en el tarso o en e extremo del ala de algunas aves. • Mu ro de protección a orillas de los mares ríos o precipicios. • Punta de la proa d una nave.

espolvorear *v.tr.* Esparcir una cosa he cha polvo sobre otra.

esponja *s.f.* Invertebrado acuático co cuerpo más o menos globoso y mucho poros. • Esqueleto de esos invertebra dos o imitación artificial que, por s elasticidad y porosidad, sirve com utensilio de limpieza.

esponjar *v.tr.* Poner esponjoso algú cuerpo.

esponjoso, sa *adj.* De consistencia po rosa y elástica como la de la esponja.

esponsales *s.m.pl.* Promesa mutua d casamiento que se hacen un hombre y una mujer.

espontaneidad *s.f.* Cualidad de espon táneo.

espontáneo, a *adj.* Que se produce vo luntariamente o sin una causa exte rior. • Que se deja llevar por sus afec tos. • Dicho de las plantas, que crecen sin cultivo.

espora *s.f.* Célula reproductora de las plantas criptógamas. • En algunos pro tozoarios, célula que produce los game tos.

esporádico, ca *adj.* Ocasional o aislado

esporo *s.m.* Espora.

esposar *v.tr.* Sujetar a una persona con esposas.

esposas *s.f.pl.* Pulseras de hierro uni das por una cadena con que se sujeta a los presos.

esposo, sa *s.* Con respecto a su cónyuge, persona casada.
espuela *s.f.* Instrumento de metal que se ajusta al talón del calzado para picar a la cabalgadura.
espuerta *s.f.* Recipiente con dos asas, hecho de esparto o palma.
espulgar *v.tr.* Quitar pulgas o piojos. • Examinar con cuidado.
espuma *s.f.* Burbujas que se forman en la superficie de un líquido. • Impurezas de algunas sustancias que sobrenadan cuando éstas hierven.
espumadera *s.f.* Paleta con agujeros para quitar la espuma.
espumante *adj.* Que hace espuma.
espumarajo *s.m.* Saliva espumosa arrojada por la boca.
espumoso, sa *adj.* Que hace o tiene mucha espuma.
espurio, ria *adj.* No legítimo.
esputar *v.tr.* Expectorar.
esputo *s.m.* Secreción de las vías respiratorias, que se arroja por la boca.
esqueje *s.m.* Trozo de tallo que se introduce en la tierra para formar una nueva planta.
esquela *s.f.* Carta breve.
esquelético, ca *adj.* Muy flaco. • Relativo al esqueleto.
esqueleto *s.m.* Armazón ósea y articulada del cuerpo de los animales vertebrados. • Armazón, soporte.
esquema *s.m.* Representación gráfica de cosas materiales o inmateriales, atendiendo sólo a los caracteres más significativos.
esquemático, ca *adj.* Hecho con rasgos generales, sin detalles.
esquematizar *v.tr.* Reducir algo a un esquema.
esquí *s.m.* Especie de patín muy largo que sirve para deslizarse sobre la nieve o el agua (*pl.* esquís o esquíes).
esquiador, ra *s.* Deportista que esquía.
esquiar *v.tr.* Patinar con esquíes.
esquicio *s.m.* Apunte, bosquejo.
esquife *s.m.* Pequeña embarcación que se lleva en un buque para saltar a tierra.
1. esquila *s.f.* Cencerro o campana pequeña.
2. esquila *s.f.* Acción de esquilar. • Tiempo en que se esquila.
esquilar *v.tr.* Cortar el pelo o la lana de los animales.
esquilmar *v.tr.* Empobrecer las plantas la tierra en que están. • Agotar una fuente de riqueza.
esquimal *adj.* / *s.m. y f.* Dícese de un pueblo que habita las costas árticas de América del Norte y Groenlandia.
esquina *s.f.* Sitio en que se unen dos superficies. • Intersección de dos calles en una ciudad.
esquirla *s.f.* Astilla de un hueso, una piedra, un cristal, etc.
esquisto *s.m.* Roca que se divide fácilmente en placas delgadas, como la pizarra.
esquivar *v.tr.* Evitar con habilidad hacer o que suceda algo.
esquivo, va *adj.* Que rehúye las muestras de afecto, las atenciones, etc.
esquizofito, ta *adj.* / *s.f.* Dícese de las plantas unicelulares cuya reproducción se realiza por una simple división.
esquizofrenia *s.f.* Enfermedad síquica caracterizada por el desdoblamiento de la personalidad.
esquizoide *adj.* Se aplica a una constitución mental que predispone a la esquizofrenia.
esquizotimia *s.f.* Tipo de personalidad que tiende a la disgregación de la esfera intelectual y de la afectiva.
esta *adj.* / *s.f.* Ver *este.*
ésta *s.f.* Ver *éste.*
estabilidad *s.f.* Cualidad de estable.
estabilizador, ra *adj.* Que estabiliza. • *s.m.* / *adj.* Nombre de diversos mecanismos usados en buques, aviones, etc., para aumentar la estabilidad.
estabilizar *v.tr.* / *prnl.* Hacer estable.
estable *adj.* Que dura o permanece en un lugar o estado.
establecer *v.tr.* Fundar, instituir. • Manifestar lo que se debe hacer. • *prnl.* Fijar residencia en un lugar.
establecimiento *s.m.* Acción de establecer. • Lugar donde se desarrolla una actividad comercial, industrial, educativa, etc.

establo *s.m.* Lugar cubierto en que se encierra al ganado.
estaca *s.f.* Palo con punta. • Rama que se planta para que se forme un nuevo árbol.
estacada *s.f.* Empalizada hecha de estacas hincadas en el suelo.
estacar *v.tr.* Fijar en el suelo una estaca y atar a ella una bestia. • *América* Sujetar con estacas.
estación *s.f.* Lugar fijo donde paran trenes, autobuses, etc. • Emisora de radiotelefonía o televisión. • Visita que se hace a las iglesias o altares. • Cada una de las cuatro divisiones del año. • Temporada.
estacional *adj.* Propio o característico de cualquier estación del año.
estacionamiento *s.m.* Acción de estacionar. Aparcamiento.
estacionar *v.tr. / prnl.* Colocar o detener en algún lugar.
estacionario, ria *adj.* Que permanece en el mismo estado o situación.
estada *s.f.* Estadía.
estadía *s.f.* Estancia o permanencia.
estadígrafo, fa *s.* Persona que se dedica a la estadística.
estadio *s.m.* Lugar público, con instalaciones adecuadas, donde se practican ciertos deportes. • Parte de un proceso o desarrollo; fase, etapa.
estadista *s.m. y f.* Persona versada en asuntos de Estado, en política, etc.
estadística *s.f.* Rama de la matemática que estudia cuantitativamente hechos de un mismo orden, para obtener indicaciones probables.
estado *s.m.* Modo de estar de una persona o cosa. • *prop.* Nación organizada políticamente. • *com.* En un país regido por el sistema federal, cada uno de sus territorios autonomos. • Manera de ser de los cuerpos que, según la mayor o menor cohesión de sus moléculas, son sólidos, líquidos o gaseosos.
estadounidense *adj. / s.m. y f.* De los Estados Unidos de América.
estadual *adj. América* Relativo a un estado federal.
estafa *s.f.* Acción y efecto de estafar.
estafador, ra *s.* El que estafa.
estafar *v.tr.* Pedir o sacar con engaño d nero o bienes.
estafeta *s.f.* Correo que iba a caballo. Oficina de correos de categoría inferic
estafilococo *s.m.* Tipo de bacterias p tógenas que se agrupan en racimos.
estalactita *s.f.* Concreción calcárea q pende del techo de las cavernas.
estalagmita *s.f.* Concreción calcárea e el suelo de las cavernas, que se dirig hacia el techo.
estallar *v.intr.* Romperse una cosa co estruendo. • Manifestarse con violen cia alguna cosa.
estambre *s.m.* Parte del vellón de lan compuesto de hebras largas. • Órgan masculino de la flor, que contiene el po len.
estamento *s.m.* Sector de una socieda definido por una función social común
estampa *s.f.* Figura impresa. • Figur total de una persona o un animal.
estampación *s.f.* Acción de estampar.
estampado *s.m.* Acción de estampar.
estampar *v.tr.* Dar forma a una planch metálica por presión o percusión. • Im primir una figura sobre papel, tela, etc • Dejar una señal o huella. • *fam* Arrojar.
estampida *s.f.* Estampido. • Divulga ción rápida de un hecho. • *Améric* Huida impetuosa.
estampido *s.m.* Ruido fuerte y seco, co mo el de un disparo.
estampilla *s.f.* Sello o cuño. • *Améric* Sello fiscal o de correos.
estampillar *v.tr.* Marcar con una estam pilla. • *América* Franquear la corres pondencia.
estancamiento *s.m.* Acción de estancar
estancar *v.tr. / prnl.* Detener el curso de una cosa. • *tr.* Prohibir la venta libre de algunas mercaderías, teniendo al guien el monopolio de su comercio.
estancia *s.f.* Habitación, sala. • Perma nencia en un lugar durante cierto tiem po. • Estrofa de versos heptasílabos y endecasílabos. • *América* Hacienda de campo.
estanciero, ra *s. América* Propietario de una estancia.

estanco, ca *adj.* Dícese del compartimento de una nave hermético a la entrada del agua. • *s.m.* Tienda donde se venden tabaco, cerillas, etc.
estándar *s.m.* Tipo, nivel. • *adj.* De nivel medio, común.
estandarizar *v.tr.* Ajustar a un tipo, modelo o nivel.
estandarte *s.m.* Bandera de una corporación civil, militar o religiosa.
estanque *s.m.* Receptáculo de agua construido como adorno de un jardín, o para criar peces, proveer al riego, etc.
estante *s.m.* Tabla que se fija horizontalmente en una pared o un mueble; anaquel.
estantería *s.f.* Conjunto de estantes.
estañar *v.tr.* Cubrir o soldar con estaño.
estaño *s.m.* Metal blando de color blanco, que se usa en metalurgia, para soldaduras, etc. (símbolo: *Sn*).
estaquear *v.tr. América.* Estirar un cuero entre estacas.
estar *v.intr.* Existir, permanecer o hallarse en un lugar o tiempo, o de cierto modo.
estarcir *v.tr./intr.* Estampar haciendo pasar la pintura por las partes caladas de una plantilla.
estatal *adj.* Relativo al Estado.
estática *s.f.* Parte de la mecánica que estudia las condiciones de equilibrio de las fuerzas.
estático, ca *adj.* Relativo a la estática. • Que permanece en el mismo estado.
estatificar *v.tr.* Poner bajo la administración del Estado.
estatismo *s.m.* Tendencia política que exalta la preeminencia del Estado en las actividades del país.
estatocisto *s.m.* Órgano del equilibrio de algunos invertebrados acuáticos.
estatua *s.f.* Obra de escultura.
estatuario, ria *adj.* De estatua. • *s.f.* Arte de hacer estatuas.
estatuir *v.tr.* Establecer, determinar.
estatura *s.f.* Medida vertical de una persona; altura, talla.
estatuto *s.m.* Conjunto de normas que rigen el funcionamiento de una entidad.
este *s.m/adj.* Punto cardinal del horizonte por donde aparece el Sol; oriente, levante.
este, esta, esto; estos, estas *adj./s.* Pronombres demostrativos que señalan cosas próximas a la persona que habla, o lo que se acaba de mencionar en el discurso.
éste, ésta; éstos, éstas Formas sustantivas del pronombre *este.*
esteárico, ca *adj.* Dícese del ácido orgánico que aparece en los lípidos bajo la forma de éster.
estearina *s.f.* Sustancia blanca constituida por derivados del ácido esteárico.
estegosaurio *s.m.* Dinosaurio caracterizado por presentar grandes placas dérmicas formando una cresta.
estela *s.f.* Rastro que deja tras sí en el agua una embarcación.
estelar *adj.* Relativo a las estrellas.
esténcil *s.m. América* Papel especial usado para imprimir con mimeógrafo.
estenografía *s.f.* Taquigrafía.
estenógrafo, fa *s.* Taquígrafo.
estenotipia *s.f.* Estenografía hecha a máquina.
estentóreo, a *adj.* Dícese de la voz o el sonido fuertes o retumbantes.
estepa *s.f.* Llanura con vegetación herbácea, propia de climas fríos.
estepario, ria *adj.* De la estepa.
éster *s.m* Compuesto orgánico originado en un ácido y un alcohol.
estera *s.f.* Tejido grueso de esparto, palma o junco.
1. estéreo *s.m.* Unidad de medida de leñas, equivalente a un metro cúbico.
2. estéreo *adj./s.m.* Apócope de estereofónico. • *m.* Estereofonía.
estereofonía *s.f.* Reproducción de los sonidos que da la sensación de relieve acústico.
estereoscopia *s.f.* Parte de la óptica que estudia la visión binocular.
estereoscopio *s.m.* Aparato óptico que permite observar imágenes con sensación de relieve.
estereotipado, da *adj.* Dícese del gesto, la expresión, etc., que se repiten como una fórmula.
estereotipar *v.tr.* En artes gráficas, fundir en una plancha la composición formada por caracteres movibles. • Imprimir con esas planchas.

estereotipia *s.f.* Técnica de estereotipar.
estereotipo *s.m.* Plancha estereotipada.
estéril *adj.* Que no da fruto. • Dícese del que está imposibilitado de reproducir su especie. • Aséptico.
esterilidad *s.f.* Cualidad de estéril.
esterilizar *v.tr.* Hacer estéril. • Destruir los gérmenes patógenos.
esterilla *s.f.* Trencilla de hilo de plata u oro. • Tejido de paja o palma.
esterlina *s.f. / adj.* Libra esterlina.
esternón *s.m.* Hueso plano situado en la parte media y anterior del tórax.
estero *s.m.* Terreno bajo e inundable. • *América* Terreno pantanoso.
esterradián *s.m.* Unidad de medida de ángulos sólidos.
estertor *s.m.* Respiración anhelante, propia de la agonía. • Ruido producido al pasar el aire por las vías respiratorias obstruidas.
estertóreo, a *adj.* Con estertores.
esteta *s.m. y f.* Persona que otorga valor esencial a lo bello.
estética *s.f.* Disciplina filosófica que trata de la belleza y la teoría fundamental del arte.
estético, ca *adj.* Relativo a la estética. • Artístico o bello.
estetoscopio *s.m.* Instrumento para auscultar.
esteva *s.f.* Pieza del arado; mancera.
estiaje *s.m.* Caudal mínimo o nivel más bajo de un curso de agua, un lago, etc.
estiba *s.f.* Acción de estibar.
estibador *s.m.* Obrero que estiba.
estibar *v.tr.* Distribuir convenientemente la carga en un barco.
estiércol *s.m.* Excremento animal. • Materias vegetales descompuestas, que sirven como abono.
estigma *s.m.* Marca o señal en el cuerpo. • Señal de deshonra. • Ápice del pistilo de la flor.
estigmatizar *v.tr.* Marcar con hierro candente. • Infamar, afrentar.
estilar *v.tr. / prnl.* Acostumbrar, usar.
estilete *s.m.* Punzón pequeño. • Puñal de hoja muy angosta.
estilista *s.m. y f.* Escritor de estilo elegante y pulcro.
estilística *s.f.* Disciplina que estudia el estilo literario y las expresiones lingüísticas en general.
estilizar *v.tr.* Reducir la representación artística de una cosa a sus elementos esenciales.
estilo *s.m.* Punzón para escribir sobre tablas enceradas. • Modo de hacer algo, peculiar de un artista, una época, una región, etc. • Prolongación del ovario de la flor. • *América* Cierta canción folclórica de tono lírico.
estilográfico, ca *adj. / s.f.* Dícese de la pluma de escribir cuya tinta fluye por capilaridad al presionar sobre el papel.
estima *s.f.* Estimación.
estimación *s.f.* Acción de estimar. • Aprecio, consideración.
estimar *v.tr.* Atribuir un valor determinado. • Tener una determinada opinión. • Sentir afecto; apreciar.
estimativo, va *adj.* Que valora o sirve para valorar. • *s.f.* Facultad síquica de apreciar el valor de algo.
estimulante *adj. / s.m.* Que estimula.
estimular *v.tr.* Animar, incitar. • Avivar una actividad o una función.
estímulo *s.m.* Lo que sirve para estimular; incentivo.
estío *s.m.* Verano.
estipe *s.m.* En botánica, sostén o pie de un órgano.
estipendio *s.m.* Paga que se da a una persona por su trabajo.
estípite *s.m.* Pilastra en forma de pirámide truncada con la base menor hacia abajo. • Tallo largo y sin ramas como el de las palmeras.
estíptico, ca *adj. / s.m.* Que tiene propiedades astringentes.
estípula *s.f.* Apéndice foliáceo que se forma sobre el pecíolo.
estipulación *s.f.* Convenio verbal. • Cláusula de un documento.
estipular *v.tr.* Determinar las condiciones de un trato. • Establecer por ley, decreto, etc.
estirado, da *adj.* Que está tenso. • Que afecta superioridad. • *s.m.* En metalurgia, trefilado.
estirar *v.tr.* Alargar una cosa poniéndola tensa. • Planchar la ropa ligeramen-

te. • *tr. / prnl.* Poner tensos los miembros para desentumecerlos. • *intr. / prnl.* Crecer un niño.
estirón *s.m.* Acción de estirar o alargar. • Crecimiento brusco o rápido de un niño.
estirpe *s.f.* Linaje, prosapia.
estival *adj.* Relativo al estío.
esto *s.n.* Ver *este*.
estocada *s.f.* Golpe dado con la punta de la espada o del estoque.
estofa *s.f.* Cierta tela de seda con dibujos en su tejido. • Calidad, clase.
estofado, da *adj. / s.m.* Dícese de la carne o del pescado guisados con aceite, cebolla, etc., y varias especias.
estoicismo *s.m.* Doctrina filosófica griega que sostenía el dominio de la razón sobre las pasiones. • Fortaleza ante la desgracia.
estoico, ca *adj. / s.* Que profesa el estoicismo. • *adj.* Propio del estoicismo.
estola *s.f.* Cierto ornamento sagrado. • Banda de piel usada por las mujeres para abrigarse el cuello.
estólido, da *adj.* Estúpido.
estolón *s.m.* Brote que nace en la base de un tallo y echa raíces que producen plantas.
estoma *s.m.* Poro microscópico de la epidermis de los vegetales.
estomacal *adj.* Del estómago.• Digestivo.
estómago *s.m.* Porción ensanchada del aparato digestivo, situada entre el esófago y el intestino.
estomatitis *s.f.* Inflamación de la mucosa bucal.
estopa *s.f.* Residuo que queda al rastrillar el lino, el cáñamo o el yute. • Jarcia vieja deshilada.
estoque *s.m.* Espada angosta con la que se hiere de punta.
estoquear *v.tr.* Herir con espada o estoque.
estoraque *s.m.* Árbol ornamental de hojas caducas, del que se extrae una resina de uso medicinal.
estorbar *v.tr.* Poner obstáculos en la ejecución de algo. • Incomodar, molestar.
estorbo *s.m.* Persona o cosa que estorba.
estornino *s.m.* Pájaro de plumaje negro con reflejos verdes y morados.
estornudar *v.intr.* Arrojar por la nariz y por la boca, con violencia y ruido, el aire de los pulmones.
estornudo *s.m.* Acción de estornudar.
estrabismo *s.m.* Defecto de la vista por el cual los dos ojos no se dirigen a la vez al mismo objeto.
estrado *s.m.* Tarima sobre la cual se coloca un sitial de honor. • *pl.* Sala de tribunales.
estrafalario, ria *adj.* Extravagante.
estragar *v.tr.* Causar estrago; arruinar, estropear.
estrago *s.m.* Daño muy grande.
estragón *s.m.* Planta aromática que se utiliza como condimento.
estrambote *s.m.* Conjunto de versos que se añaden al final de un poema.
estrambótico, ca *adj.* Extravagante.
estramonio *s.m.* Planta herbácea cuyas hojas se emplean para tratar afecciones asmáticas.
estrangulador, ra *adj. / s.* Que estrangula. • *s.m.* En un carburador, dispositivo que abre o cierra el paso del aire.
estrangulamiento *s.m.* Acción y efecto de estrangular.
estrangular *v.tr.* Ahogar oprimiendo el cuello hasta impedir la respiración. • En medicina, dificultar o impedir el paso por un conducto.
estrás *s.m.* Vidrio de fina calidad que, coloreado, imita ciertas gemas.
estratagema *s.f.* Ardid.
estratega *s.m.* Persona versada en estrategia.
estrategia *s.f.* Arte de dirigir las operaciones militares. • Habilidad para dirigir algo o resolverlo.
estratégico, ca adj. Relativo a la estrategia. • Dícese de los hechos, funciones, etc., de gran trascendencia.
estratificación *s.f.* Disposición de los estratos de un terreno.
estratificar *v.tr.* Disponer en estratos.
estrato *s.m.* Capa de nubes de color gris, de poco espesor y en forma de faja. • Masa mineral que forma los terrenos sedimentarios. • Capa de un yacimiento arqueológico o de fósiles. • Clase social.
estratosfera *s.f.* Alta región de la atmósfera.

estraza *s.f.* Papel muy basto, áspero y sin blanquear.
estrechar *v.tr./prnl.* Hacer más estrecho. • Aumentar el afecto o la unión entre personas. • *tr.* Acorralar. • Apretar con los brazos o las manos. • *prnl.* Apretarse en un sitio.
estrechez *s.f.* Cualidad de estrecho. • Escasez de medios económicos.
estrecho, cha *adj.* Que tiene poca anchura o amplitud. • Muy íntimo o cercano. • Rígido o muy limitado. • *s.m.* Paso angosto entre dos tierras, que comunica dos mares.
estregar *v.tr.* Frotar.
estrella *s.f.* Astro que brilla con luz propia. • Destino. • El que sobresale en una actividad. • Equinodermo marino cuyo cuerpo tiene la forma de una estrella de cinco puntas.
estrellado, da *adj.* En forma de estrella.
estrellar *v.tr./prnl.* Llenar de estrellas. • *tr.* Arrojar algo con violencia. • Freír los huevos. • *prnl.* Chocar contra una superficie dura.
estremecer *v.tr.* Conmover. • *tr./prnl.* Sobresaltar.
estrenar *v.tr.* Usar algo por primera vez. • Representar por primera vez un espectáculo. • *prnl.* Iniciarse en una profesión, oficio, etc.
estreno *s.m.* Acción de estrenar.
estreñimiento *s.m.* Acción de estreñir.
estreñir *v.tr./prnl.* Retrasar y dificultar la evacuación de los intestinos.
estrépito *s.m.* Ruido muy grande.
estrepitoso, sa *adj.* Que causa estrépito. • Muy espectacular.
estreptococo *s.m.* Nombre dado a las bacterias de forma redondeada que se agrupan en forma de cadena.
estreptomicina *s.f.* Antibiótico que tiene acción contra ciertos gérmenes patógenos.
estrés *s.m.* Sobrecarga física o mental debida a una enfermedad, la fatiga, etcétera.
estría *s.f.* Surco estrecho.
estriado, da *adj.* Con estrías.
estriar *v.tr./prnl.* Formar estrías.
estribación *s.f.* Ramal corto de montañas.
estribar *v.intr.* Descansar el peso de u cosa en otra. • Radicar, residir.
estribera *s.f.* *América* Correa de la si de montar, de la que pende el estribo
estribillo *s.m.* Verso que se repite de pués de cada estrofa. • Muletilla en lenguaje.
estribo *s.m.* Pieza de la silla de mont en la que se apoya el pie.
estribor *s.m.* Lado derecho de un buqu mirando de popa a proa.
estricnina *s.f.* Alcaloide muy tóxico qu se extrae de algunas plantas.
estrictez *s.f.* *América* Cualidad de e tricto.
estricto, ta *adj.* Exacto o riguroso, qu no admite excepciones.
estridencia *s.f.* Cualidad de estridente
estridente *adj.* Dícese del sonido agud fuerte y desagradable.
estro *s.m.* Capacidad creadora; inspira ción.
estróbilo *s.m.* Inflorescencia de ciert árboles, como la del pino.
estroboscopio *s.m.* Aparato para obse var objetos animados de movimiento muy rápidos como si no se movieran lo hicieran lentamente.
estrofa *s.f.* Conjunto de versos en que s distribuye una poesía.
estrógeno, na *adj./s.m.* Dícese de la hormonas producidas en el ovario.
estroncio *s.m.* Metal inestable, de colo blanco, que se disuelve en los ácido (símbolo: *Sr*).
estropajo *s.m.* Enredadera anual cuy fruto se utiliza para fregar. • Porción de esparto para fregar.
estropear *v.tr./prnl.* Poner inservible. • Lisiar. • Malograr.
estropicio *s.m.* *fam.* Destrozo estrepitoso, no premeditado.
estructura *s.f.* Distribución y ordenamiento de las partes de una cosa. • Armazón. • Configuración de un objeto de análisis científico, cuyos elementos mantienen relaciones sistemáticas.
estructural *adj.* Relativo a la estructura.
estructuralismo *s.m.* En lingüística, corriente que concibe al lenguaje como un conjunto de elementos que mantienen relaciones sistemáticas.

truendo *s.m.* Ruido ensordecedor.
truendoso, sa *adj.* Que causa es-uendo.
rujar *v.tr.* Apretar una cosa defor-ándola. • Exprimir.
uario *s.m.* Sección de un río que se ısancha considerablemente antes de ı desembocadura en el mar.
tucado, da *adj./s.m.* Recubierto con ıtuco. • *s.m.* Efecto de estucar.
tucar *v.tr.* Recubrir con estuco.
tuche *s.m.* Caja adecuada para guar-ar uno o varios objetos.
tuco *s.m.* Mezcla de yeso, cal, cola, :c., con que se recubren paredes inte-ores.
tudiantado *s.m.* Conjunto de los estu-antes de un lugar.
tudiante *s.m. y f.* Persona que cursa studios.
tudiantil *adj.* De estudiantes.
tudiantina *s.f.* Comparsa musical for-ıada por estudiantes.
tudiar *v.tr./intr.* Ejercitar la inteli-encia para comprender una cosa. • ecibir enseñanza. • *tr.* Leer con aten-ón para aprender.
tudio *s.m.* Acción de estudiar. • Obra ı que se estudia un tema. • Lugar onde trabajan o estudian un intelec-ıal o un artista.
tudioso, sa *adj.* Dedicado al estudio.
tufa *s.f.* Aparato de calefacción para alentar las habitaciones. • Invernácu-. • Autoclave. • Incubadora.
tulticia *s.f.* Necedad o tontería.
tulto, ta *adj.* Necio o tonto.
tupefacción *s.f.* Asombro, estupor.
tupefaciente *s.m.* Sustancia narcótica.
tupefacto, ta *adj.* Tan desconcertado ıe no sabe qué hacer o decir.
tupendo, da *adj.* Muy bueno o muy ermoso.
tupidez *s.f.* Cualidad de estúpido.
túpido, da *adj.* Falto de inteligencia, ecio, torpe.
tupor *s.m.* Estado de asombrado o de stupefacto. • En medicina, disminu-ón de la inteligencia.
turión *s.m.* Pez marino de carne co-estible; con sus huevas se prepara el aviar.
esvástica *adj./s.f.* Dícese de la cruz que tiene sus cuatro brazos doblados en ángulo recto.
eta *s.f.* Séptima letra del alfabeto griego (η).
etano *s.m.* Hidrocarburo formado por carbono e hidrógeno; se usa como combustible.
etapa *s.f.* Trayecto que se cubre en una marcha. • Cada parte en el desarrollo de una acción u obra.
etcétera Expresión que indica que se omite lo que queda por decir; en general, se usa con la abreviatura *etc.*
éter *s.m.* Espacio celeste. • Compuesto orgánico formado por la deshidratación de alcoholes.
etéreo, a *adj.* Relativo al espacio celeste. • Sutil o sublime.
eternidad *s.f.* Cualidad de eterno. • Tiempo infinito. • Vida del alma después de la muerte.
eternizar *v.tr./prnl.* Perpetuar.
eterno, na *adj.* Que no perece, que existirá siempre; inmortal. • Que no tuvo principio ni tendrá fin.
ética *s.f.* Parte de la filosofía que trata de la moral.
ético, ca *adj.* Relativo a la ética.
etílico, ca *adj.* Relativo al etilo. • Dícese del alcohol que se obtiene de la fermentación del mosto.
etilo *s.m./adj.* Radical monovalente formado por carbono e hidrógeno.
etimología *s.f.* Ciencia que estudia el origen y la derivación de las palabras.
etimológico, ca *adj.* Relativo a la etimología.
etiología *s.f.* Estudio sobre las causas de las enfermedades.
etíope *adj./s.m. y f.* De Etiopía (África).
etiqueta *s.f.* Ceremonial que se observa en los actos públicos o en ocasiones solemnes. • Marbete, rótulo.
etmoides *s.m.* Hueso que constituye la mayor parte de las fosas nasales y de las órbitas.
etnia *s.f.* Grupo humano cuyos integrantes están vinculados por lazos raciales o culturales.
étnico, ca adj. Relativo a la etnia. • Perteneciente a una nación o raza, o propio de ella.

etnografía *s.f.* Descripción de los diferentes pueblos, razas y culturas.
etnográfico, ca *adj.* Relativo a la etnografía.
etnología *s.f.* Disciplina que explica el quehacer humano.
etrusco, ca *adj./s.* De Etruria (región de Italia antigua).
eucalipto *s.m.* Árbol muy alto, de hojas olorosas y persistentes, de uso medicinal y madera muy apreciada.
eucaristía *s.f.* Sacramento instituido por Jesucristo en la Última Cena.
eufemismo *s.m.* Expresión más suave con que se sustituye otra grosera, ofensiva o malsonante.
eufonía *s.f.* Sonoridad agradable.
eufónico, ca *adj.* Que tiene eufonía.
euforbio *s.m.* Planta de tallo carnoso, de cuyo látex se extrae una resina de uso medicinal.
euforia *s.f.* Sensación de bienestar.
eugenesia *s.f.* Aplicación de las leyes biológicas de la herencia para mejorar la especie humana.
eunuco *s.m.* Hombre castrado.
eurasiático, ca *adj.* Euroasiático.
euritmia *s.f.* Proporción y armonía. • Regularidad del ritmo cardíaco.
euroasiático, ca *adj.* De Europa y Asia, consideradas como un todo geográfico.
europeizar *v.tr./prnl.* Llevar a un pueblo las costumbres y la cultura de Europa.
europeo, a *adj./s.* De Europa.
europio *s.m.* Elemento químico que no ha podido aún ser obtenido en estado metálico puro (símbolo: *Eu*).
euscalduna *adj./s.m.* Dícese del idioma vasco.
éuscaro, ra *adj./s.* Vasco. • *s.m.* Vascuence.
eusquera *s.m.* Idioma vasco. • *adj.* Relativo a ese idioma.
eutanasia *s.f.* Muerte sin sufrimiento físico, en especial la que así se provoca voluntariamente.
eventual *adj.* Sujeto a cualquier contingencia; no seguro.
eutrofia *s.f.* Buen estado de nutrición y desarrollo.
evacuación *s.f.* Acción de evacuar.
evacuar *v.tr.* Desocupar un sitio. • Retirar a las tropas de una ciudad, región, etc. • Defecar. • Realizar un trámite, una gestión, etc.
evadir *v.tr.* Evitar o eludir hacer algo. • *prnl.* Fugarse.
evaluación *s.f.* Acción de evaluar.
evaluar *v.tr.* Estimar, valuar.
evanescente *adj.* Que se desvanece o esfuma.
Evangelio *s.prop.m.* Doctrina de Jesucristo. • Narración de la vida y obra de Jesucristo, escrita por los apóstoles.
evangelista *s.m.* Cada uno de los cuatro autores de los Evangelios.
evangelizar *v.tr.* Predicar la doctrina de Jesucristo.
evaporación *s.f.* Acción de evaporar.
evaporar *v.tr./prnl.* Convertir un líquido en vapor. • Hacer que algo desaparezca.
evaporizar *v.tr./prnl.* Vaporizar.
evasión *s.f.* Acción de evadirse.
evasiva *s.f.* Recurso o medio para eludir una dificultad.
evasivo, va *adj.* Dícese de lo que se utiliza para eludir algo.
evento *s.m.* Suceso. • Hecho imprevisto.
eventual *adj.* Sujeto a cualquier contingencia; no seguro.
evidencia *s.f.* Cualidad de evidente.
evidenciar *v.tr.* Hacer ver que alguna cosa es evidente.
evidente *adj.* Que es tan claro y manifiesto, que resulta indudable.
evitar *v.tr.* Impedir que suceda algo desagradable. Rehuir.
evocación *s.f.* Acción de evocar.
evocar *v.tr.* Traer a la memoria algo ocurrido en el pasado.
evolución *s.f.* Cambio gradual de lo que pasa de un estado a otro. • Giro, vuelta. • Movimiento de tropas.
evolucionar *v.intr.* Hacer un cambio gradual. • Hacer evoluciones.
evolutivo, va *adj.* Que sucede o se hace por un cambio gradual.
ex Partícula que se antepone al nombre de un cargo para designar a quien lo tuvo y ya no lo tiene.
exabrupto *s.m.* Dicho o ademán bruscos e inesperados.

acción *s.f.* Cobro de multas, tributos, tc. • Cobro indebido y violento.

acerbación *s.f.* Acción de exacerbar.

acerbar *v.tr./prnl.* Causar un grave nojo; exasperar. • Hacer más fuerte n dolor, una enfermedad, etc.

actitud *s.f.* Cualidad de exacto.

acto, ta *adj.* Medido, calculado o expresado con rigor; justo. • Cabal, escruuloso. • Fiel o igual.

ageración *s.f.* Acción de exagerar.

agerar *v.tr./intr.* Dar proporciones xcesivas a una cosa.

altado, da *adj.* Que se exalta o apasioa en exceso.

altar *v.tr.* Elevar a mayor dignidad. nsalzar • *prnl.* Apasionarse, enardeerse.

amen *s.m.* Observación y estudio cuiladosos. • Prueba de suficiencia que se oma a una persona.

aminando, da *s.* El que se presenta a ın examen.

aminar *v.tr./prnl.* Someter a un exanen.

angüe *adj.* Desangrado o falto de sanre. • Exánime.

ánime *adj.* Sin vida o sin señal de vila. • Desmayado o muy debilitado.

antema *s.m.* Erupción cutánea.

asperación *s.f.* Acción de exasperar.

xasperar *v.tr./prnl.* Irritar, exacerbar.

xcarcelación *s.f.* Acción de excarcelar.

xcarcelar *v.tr.* Poner en libertad a un preso.

xcavación *s.f.* Acción de excavar. • Hoyo que resulta de excavar.

xcavar *v.tr.* Hacer cavidades u hoyos.

xcedente *adj./s.m.* Sobrante.

xceder *v.tr./intr.* Ser una persona o cosa superiores a otras. • *prnl.* Ir más allá de lo razonable.

xcelencia *s.f.* Cualidad de excelente. • Tratamiento honorífico.

xcelente *adj.* Que sobresale por sus cualidades; magnífico.

xcelentísimo, ma *adj./s.* Se aplica, como forma de tratamiento honorífico, a ciertos dignatarios.

xcelsitud *s.f.* Cualidad de excelso.

xcelso, sa *adj.* Muy elevado espiritualmente; sublime.

excentricidad *s.f.* Cualidad de excéntrico. • Dicho o hecho raros.

excéntrico, ca *adj.* Que está fuera del centro. • Raro, extravagante.

excepción *s.f.* Acción de exceptuar. • Cosa exceptuada.

excepcional *adj.* Que constituye excepción, o que es mayor o mejor que lo común; extraordinario.

excepto *adv.* Indica que algo constituye una excepción.

exceptuar *v.tr.* Indicar que alguien o algo quedan fuera de una regla común que debía abarcarlos.

excesivo, va *adj.* Que es mayor de lo conveniente o necesario.

exceso *s.m.* Lo que excede de una cosa; sobrante. • Abuso.

excipiente *s.m.* Sustancia sin acción terapéutica, que da a ciertos medicamentos consistencia, sabor, etc.

excitación *s.f.* Acción de excitar.

excitante *adj.* Que excita.

excitar *v.tr.* Estimular, provocar. • *tr./prnl.* Hacer perder la tranquilidad o el sosiego.

exclamación *s.f.* Palabra o frase que expresan una emoción.

exclamar *v.tr.* Proferir una exclamación.

exclamativo, va *adj.* Propio de la exclamación.

excluir *v.tr.* Quitar a alguien o algo del lugar donde les correspondería estar [antón.: *incluir*]. • Negar la posibilidad de algo.

exclusión *s.f.* Acción de excluir.

exclusivamente *adv.* Solamente.

exclusive *adv.* Con exclusión.

exclusivismo *s.m.* Obstinada adhesión a cierta cosa.

exclusivo, va *adj.* Que excluye cualquier otra cosa; único.

excomulgar *v.tr.* Apartar a alguien de la comunidad católica y del uso de los sacramentos. • *fam.* Declarar a una persona fuera del trato con otras.

excomunión *s.f.* Acción de excomulgar.

excoriación *s.f.* Escoriación.

excrecencia *s.f.* Carnosidad anormal que crece en una parte del cuerpo.

excreción *s.f.* Acción de excretar.

excremento *s.m.* Residuos del alimento que expulsa el cuerpo por las vías naturales.
excretar *v.intr.* Defecar. • Expeler las glándulas las sustancias elaboradas por ellas.
excretor, ra *adj.* Que excreta o sirve para excretar.
excretorio, ria *adj.* Excretor.
exculpar *v.tr.* Declarar inocente.
excursión *s.f.* Ida, por diversión, deporte o estudio, a algún lugar cercano, museo, etc.
excursionismo *s.m.* Práctica de las excursiones.
excursionista *s.m. y f.* Persona que hace excursiones.
excusa *s.f.* Disculpa, justificación.
1. excusado, da *adj.* Escusado.
2. excusado, da *adj.* Superfluo o inútil.
excusar *v.tr/prnl.* Disculpar, justificar. • *prnl.* Rehusar hacer algo. • *tr.* Evitar.
execrable *adj.* Que merece ser execrado.
execración *s.f.* Acción de execrar.
execrar *v.tr.* Condenar algo la autoridad religiosa. • Abominar.
exedra *s.f.* Construcción descubierta semicircular, con asientos fijos.
exégesis o **exegesis** *s.f.* Explicación o interpretación; en especial, la de la Biblia.
exégeta o **exegeta** *s.m. y f.* El que explica o interpreta un texto; en especial, la Biblia.
exención *s.f.* Acción de eximir.
exento, ta *adj.* Libre de algo perjudicial.
exequátur *s.m.* Aprobación que da la autoridad civil de un Estado a las bulas y breves pontificios. • Autorización que otorga el jefe de un estado a los representantes extranjeros para que puedan ejercer sus cargos.
exequias *s.f.pl.* Funerales.
exfoliación *s.f.* Acción de dividir una cosa en láminas o escamas.
exhalación *s.f.* Acción de exhalar. • Vapor o vaho. • Rayo o centella.
exhalar *v.tr.* Despedir gases, vapores u olores. • Dar suspiros, quejas, etc.
exhaustivo, va *adj.* Que agota lo tratado.
exhausto, ta *adj.* Muy fatigado, agotado. • Sin nada.
exhibición *s.f.* Acción de exhibir.
exhibir *v.tr.* Poner a la vista de la gente exponer, mostrar.
exhortación *s.f.* Acción de exhortar.
exhortar *v.tr.* Inducir con razones o ruegos a que se haga algo.
exhorto *s.m.* Comunicación que libra un juez a otro para que mande ejecutar lo que le pide.
exhumación *s.f.* Acción de exhumar.
exhumar *v.tr.* Desenterrar un cadáver. • Sacar a luz lo olvidado.
exigencia *s.f.* Acción de exigir.
exigente *adj.* Que exige demasiado.
exigir *v.tr.* Pedir imperiosamente.
exigüidad *s.f.* Cualidad de exiguo.
exiguo, gua *adj.* Insuficiente, escaso.
exiliado, da *adj.* / *s.* Que vive en el exilio.
exiliarse *v.prnl.* Abandonar alguien su país, generalmente por razones políticas.
exilio *s.m.* Acción de exiliarse. • Sitio en que vive el que se exilió.
eximición *s.f.* Exención.
eximio, mia *adj.* Sobresaliente, egregio.
eximir *v.tr.* Liberar de obligaciones, culpas, etc.
existencia *s.f.* Circunstancia de existir. • Vida del hombre. • *pl.* Mercancías almacenadas.
existencialismo *s.m.* Doctrina filosófica contemporánea que se centra en el análisis de la existencia del hombre.
existir *v.intr.* Tener realidad. • Tener vida; vivir.
éxito *s.m.* Resultado feliz de un negocio, actuación, etc.
exitoso, sa *adj.* Que tiene éxito.
éxodo *s.m.* Emigración de un pueblo. • *prop.* Libro de la Biblia donde se narra la salida de los israelitas de Egipto.
exoesqueleto *s.m.* Esqueleto que cubre la parte externa de algunos animales.
exoftalmia o **exoftalmía** *s.f.* Proyección anormal del globo ocular hacia fuera de la órbita.
exógeno, na *adj.* Que se origina en el exterior de algo, o se debe a una causa externa.
exonerar *v.tr.* Eximir. • Privar de un empleo, dignidad, etc.
exorbitante *adj.* Que es más grande de lo regular o razonable.

xorcismo *s.m.* Imprecación hecha contra el diablo por orden de la Iglesia.
xorcista *s.m.* Eclesiástico que tiene potestad para exorcizar.
xorcizar *v.tr./intr.* Usar exorcismos.
xordio *s.m.* Introducción, preámbulo.
xosfera *s.f.* Última región de la atmosfera terrestre.
xotérico, ca *adj.* Accesible a la gente antón.: *esotérico*].
xótico, ca *adj.* Que procede del extranjero. • Extraño o extravagante.
xpandir *v.tr./prnl.* Extender. • Difundir, propagar.
xpansión *s.f.* Acción de expandir. • Manifestación efusiva de un estado de ánimo. • Diversión, esparcimiento.
xpansivo, va *adj.* Que puede expandirse. • Comunicativo, efusivo.
xpatriado, da *adj./s.* Que abandona su patria.
xpatriarse *v.prnl.* Abandonar la patria.
xpectación *s.f.* Curiosidad o interés con que se espera algo.
xpectante *adj.* Que espera observando lo que ocurre.
xpectativa *s.f.* Esperanza de conseguir una cosa.
xpectoración *s.f.* Acción de expectorar. • Lo que es expectorado.
xpectorante *adj./s.m.* Dícese del medicamento que se usa para hacer expectorar.
xpectorar *v.tr./intr.* Arrojar por la boca las flemas y secreciones de las mucosas del aparato respiratorio.
xpedición *s.f.* Acción de expedir. • Cosa expedida. • Viaje de un conjunto de personas con un fin científico, militar, etcétera.
xpedicionario, ria *adj./s.* Que realiza una expedición.
xpedidor, ra *s.* Persona que expide.
xpediente *s.m.* Recurso, medio. • Tramitación administrativa. • Conjunto de documentos que corresponden a un asunto.
xpedir *v.tr.* Enviar, remitir. • Despachar asuntos. • Extender un documento.
xpeditivo, va *adj.* Que hace las cosas con eficacia y rapidez.
expedito, ta *adj.* Sin estorbos, libre. • Pronto a obrar.
expeler *v.tr.* Arrojar, lanzar.
expender *v.tr.* Vender al menudeo, despachar.
expendio *s.m. América* Acción de expender.
expensas *s.f.pl.* Gastos, costas.
experiencia *s.f.* Conocimiento que se adquiere con la práctica. • Acción y efecto de experimentar.
experimentación *s.f.* Acción de experimentar.
experimentado, da *adj.* Experto.
experimental *adj.* Fundado en experimentos. • Con carácter de experimento.
experimentar *v.tr.* Comprobar por la práctica o por medio de experimentos. • Percatarse de algo. • Tener cierta sensación.
experimento *s.m.* Operación que consiste en provocar un fenómeno para estudiarlo.
experto, ta *adj./s.* Que tiene conocimientos especiales de cierta cosa.
expiación *s.f.* Acción de expiar.
expiar *v.tr.* Sufrir el castigo correspondiente a una culpa, delito, etc.
expiración *s.f.* Acción de expirar.
expirar *v.intr.* Morir. • Terminar un período de tiempo.
explanada *s.f.* Espacio de terreno allanado.
explayar *v.tr./prnl.* Ensanchar, extender. • *prnl.* Desahogarse.
expletivo, va *adj.* Dícese de las palabras o expresiones no estrictamente necesarias para la comprensión de un sentido.
explicación *s.f.* Acción de explicar. • Disculpa.
explicar *v.tr.* Hablar sobre algo para hacerlo comprender. • Justificar. • Dar a conocer la causa de algo. • *prnl.* Comprender las razones de algo.
explícito, ta *adj.* Que expresa claramente algo.
exploración *s.f.* Acción de explorar.
explorador, ra *adj./s.* Que explora.
explorar *v.tr.* Tratar de descubrir cómo es una cosa, lo que hay en un lugar, etc.
explosión *s.f.* Acción de reventar con estruendo un recipiente por el aumento brusco de volumen de su contenido.

explosivo, va *adj. / s.m.* Que produce explosión.

explotación *s.f.* Acción y efecto de explotar o sacar utilidad.

explorar *v.tr.* Sacar utilidad. • Aprovecharse de alguien o algo. • *intr.* Hacer explosión.

expoliar *v.tr.* Quitar algo con injusticia y violencia; despojar.

exponente *adj. / s.m. y f.* Que expone. • *s.m.* En matemática número que, escrito arriba y a la derecha de otro, indica la potencia a que hay que elevar este.

exponer *v.tr.* Colocar una cosa para que sea vista o reciba la acción de un agente. • Explicar un tema. • *tr. / prnl.* Poner en peligro.

exportación *s.f.* Acción de exportar [antón.: *importación*].

exportador, ra *adj. / s.* Que exporta.

exportar *v.tr.* Vender productos del propio país a otro.

exposición *s.f.* Acción de exponer. • Exhibición de productos de la industria, el arte o la ciencia. • Espacio de tiempo durante el cual se expone a la luz una placa fotográfica para que se impresione.

exposímetro *s.m.* Instrumento portátil que regula la exposición de una toma fotográfica o cinematográfica.

expositivo, va *adj.* Que sirve para exponer o explicar algo.

expósito, ta *adj. / s.* Dícese del niño que es abandonado de recién nacido y criado en una institución benéfica.

expresar *v.tr. / prnl.* Dejar conocer lo que se piensa, siente o desea.

expresión *s.f.* Manifestación de lo que se siente, piensa o desea. • Acción de expresarse hablando. • Palabra o locución.

expresionismo *s.m.* Tendencia artística en que se exagera la expresión.

expresivo, va *adj.* Que manifiesta con viveza lo que siente o piensa. • Cariñoso, afectuoso.

expreso, sa *adj.* Que está dicho claramente. • *adj. / s.m.* Dícese del tren muy veloz. • *s.m.* Servicio de correo muy rápido.

exprimir *v.tr.* Extraer el jugo de una cosa.

expropiación *s.f.* Acción de expropiar.

expropiar *v.tr.* Quitar legalmente una cosa a su propietario, dándole a cambio una indemnización.

expugnar *v.tr.* Apoderarse por la fuerza de las armas de una ciudad, una fortaleza, etc.

expulsar *v.tr.* Obligar a alguien a irse de un lugar. • Expeler.

expulsión *s.f.* Acción de expulsar.

expurgar *v.tr.* Quitar de una cosa lo malo, erróneo, etc.

exquisitez *s.f.* Cualidad de exquisito.

exquisito, ta *adj.* De cualidades extraordinarias. • Agradable, delicioso. • Delicado.

extasiarse *v.prnl.* Experimentar un gran placer al contemplar, oír o saborear algo.

éxtasis *s.m.* Estado del alma embargada por un sentimiento de admiración, alegría, etc. • Unión mística con Dios.

extemporáneo, a *adj.* Intempestivo, inadecuado.

extender *v.tr.* Hacer que una cosa ocupe más lugar. • Esparcir lo que está junto. • Dar forma escrita a un documento. • *prnl.* Difundirse, propagarse. • Ocupar cierto espacio o tiempo.

extensión *s.f.* Acción de extender. • Parte del espacio que ocupa un cuerpo. • Superficie. • En matemática, enumeración.

extensivo, va *adj.* Que se extiende a más personas o cosas.

extenso, sa *adj.* Que ocupa un lugar, o mucho lugar, en el espacio.

extenuado, da *adj.* Muy débil o cansado.

extenuar *v.tr. / prnl.* Cansar hasta un grado extremo.

exterior *adj.* Que está en la parte de afuera. • Relativo al extranjero. • *s.m.* Parte de una cosa que queda a la vista. • Aspecto de una persona.

exteriorizar *v.tr.* Dejar conocer lo que se piensa o siente.

exterminar *v.tr.* Acabar completamente con algo. • Devastar.

exterminio *s.m.* Acción de exterminar.

externo, na *adj.* Exterior. • *adj. / s.* Dícese del alumno de un colegio que no reside en este.

tinción *s.f.* Acción de extinguir.
tinguidor *s.m.* *América* Extintor.
tinguir *v.tr./prnl.* Hacer que cesen el ıego o la luz, apagar. • Hacer que termine una cosa.
tinto, ta *adj.* Que se ha extinguido. • *dj./s.* Muerto.
tintor *s.m.* Aparato usado para apagar incendios [sinón.: *matafuego*].
tirpar *v.tr.* Quitar definitivamente na cosa perjudicial.
torsión *s.f.* Acción de obligar a otro a acer algo. • Molestia, trastorno.
tra *adj.* Extraordinario, óptimo. • *s.m.* osa que se añade a la principal. • *m. f.* Persona que trabaja como comparsa en el cine.
tracción *s.f.* Acción de extraer. • Origen, linaje.
tractar *v.tr.* Resumir.
tractivo, va *adj.* Dícese, en especial, e las industrias que extraen bienes xistentes en la naturaleza.
tracto *s.m.* Resumen de un escrito. • isolución concentrada de una sustania que se obtiene de una planta u otra osa.
tractor, ra *adj./s.* Que extrae. • *s.m.* parato para extraer gases de un recipiente, una habitación, etc.
tradición *s.f.* Entrega de un delincuene refugiado en un país a las autoridaes del país en que cometió el delito.
traer *v.tr.* Sacar lo que está contenido metido en un lugar. • En matemática, calcular la raíz de un número.
trajudicial *adj.* Que se hace fuera de a vía judicial.
tralimitarse *v.prnl.* Excederse en el so de facultades o atribuciones.
tramuros *adv.* Fuera del recinto de na población.
tranjero, ra *adj./s.* Dícese de las peronas y cosas de un país respecto de las e otro. • *s.m.* Cualquier parte del undo situada fuera del propio país.
trañar *v.tr./prnl.* Desterrar. • Causar xtrañeza. • *tr.* Sentir la falta de una ersona o cosa.
trañeza *s.f.* Efecto que causa algo exra o desacostumbrado.
extraño, ña *adj./s.* Que no pertenece a la nación, grupo, etc., considerados. • *adj.* Ajeno a la naturaleza o condición de una cosa. • Muy diferente de lo acostumbrado o normal.
extraoficial *adj.* No oficial.
extraordinario, ria *adj.* Fuera del orden natural o común; excepcional.
extraterrestre *adj.* Que está o se produce fuera de la Tierra.
extravagancia *s.f.* Cualidad de extravagante. • Cosa extravagante.
extravagante *adj.* Que hace cosas fuera de lo común, excéntrico.
extravasarse *v.prnl.* Salirse un líquido del vaso o conducto que lo contienen.
extravertido, da *adj./s.* Dícese de la persona cuyo interés, actividad, etc., se dirigen hacia el mundo exterior.
extraviar *v.tr./prnl.* Perder una cosa o no saber dónde se la puso. • *prnl.* Tomar un camino equivocado. • Tomar costumbres censurables.
extravío *s.m.* Acción de extraviar. • Trastorno, perturbación.
extremado, da *adj.* Que está en el extremo de una escala; excesivo.
extremar *v.tr.* Llevar al extremo.
extremaunción *s.f.* Sacramento de la Iglesia, que se administra a los moribundos.
extremidad *s.f.* Parte extrema de una cosa. • *pl.* Brazos, piernas, manos y pies del hombre. • Cabeza, pies, manos y cola de los animales.
extremismo *s.m.* Tendencia a tener actitudes ideas extremas, en especial en política.
extremo, ma *adj.* Dícese de la cualidad, estado o situación de una cosa, considerados con el grado máximo de una escala. • *s.m.* Parte de una cosa que está al principio o al final de ella. • Punto último al que pueden llegar alguien o algo. • *pl.* Demostración vehemente de un sentimiento.
extrínseco, ca *adj.* Externo, no esencial [antón.: *intrínseco*].
extrovertido, da *adj./s.* Extravertido.
extrudir *v.tr.* Dar forma a una masa metálica o plástica haciéndola salir por una abertura especial.

extrusión *s.f.* Acción de extrudir.
exuberancia *s.f.* Cualidad de exuberante.
exuberante *adj.* Muy abundante.
exudación *s.f.* Acción de exudar.
exudado *s.m.* Cosa exudada.
exudar *v.intr. / tr.* Salir un líquido a través de las paredes porosas del recipiente que lo contiene.
exultar *v.intr.* Mostrar gran alegría.
exvoto *s.m.* Ofrenda a Dios, la Virgen los santos en agradecimiento de un beneficio recibido.
eyacular *v.tr.* Lanzar con rapidez y fuerza el contenido de un órgano.
eyección *s.f.* Extracción y expulsión rápida de cosas que están dentro de otras.
eyector *s.m.* Aparato o dispositivo usado para extraer un fluido de un depósito.

F

f *s.f.* Consonante, sexta letra del abecedario español. Su nombre es *efe*.
fa *s.m.* En la escala musical diatónica sin alteraciones, cuarta nota.
fábrica *s.f.* Establecimiento donde se fabrica algo. • Cualquier obra hecha con piedra, ladrillo y argamasa.
fabricación *s.f.* Acción de fabricar.
fabricar *v.tr.* Producir objetos en serie por medios mecánicos.
fabril *adj.* Relativo a las fábricas y a sus operarios.
fábula *s.f.* Composición literaria con enseñanza moral. • Habladuría. • Relato falso. • Mito o leyenda.
fabuloso, sa *adj.* Falso, inventado. • Extraordinario. • Legendario.
faca *s.f.* Cuchillo curvo.
facción *s.f.* Cualquiera de las partes del rostro humano. • Gente amotinada.
faccioso, sa *adj./s.* Rebelde.
faceta *s.f.* Cada una de las caras de un poliedro. • Aspecto de un asunto.
facha *s.f.fam.* Aspecto. • *fam.* Adefesio.
fachada *s.f.* Aspecto exterior de un edificio. • Figura de una persona. • Portada de un libro.
facial *adj.* Del rostro.
fácil *adj.* Que no requiere esfuerzo; sencillo. • Muy probable.
facilidad *s.f.* Cualidad de fácil. • Oportunidad u ocasión propicias.
facilitar *v.tr.* Hacer fácil o posible.
facineroso, sa *s./adj.* Delincuente habitual. • *s.m.* Hombre malvado.
facón *s.m. América* Puñal grande.
facsímil *s.m.* Facsímile.
facsímile *s.m.* Reproducción exacta de una firma, dibujo, etc.
factible *adj.* Que se puede hacer.
factor *s.m.* Agente comercial. • Elemento que contribuye a un resultado. • Cantidad que se multiplica para obtener un producto.
factorear *v.tr.* Trasformar un número o expresión algebraica en producto de factores.
factoría *s.f.* Establecimiento comercial en un país colonial.
factótum *s.m.* Persona que, en un lugar o al servicio de alguien, desempeña todas las tareas.
factura *s.f.* Hechura. • Cuenta detallada de una compra o una venta.
facturar *v.tr.* Extender una factura comercial. • Registrar en las estaciones equipajes o mercancías para su expedición.
fácula *s.f.* Mancha brillante del Sol.
facultad *s.f.* Aptitud física o moral. • Poder o derecho. • Cada una de las secciones que componen una universidad.
facultar *v.tr./intr.* Autorizar.
facultativo, va *adj.* Perteneciente a una facultad universitaria. • Que no es obligación. • *s.m.* Médico.
facundia *s.f.* Facilidad de palabra.
fado *s.m.* Canción popular portuguesa.
faena *s.f.* Trabajo, tarea. • Cada serie de lances del torero. • *América* Matanza y preparación de las reses.
faenar *v.tr.* Matar y preparar las reses para el consumo.
faetón *s.m.* Carruaje de cuatro ruedas y dos asientos paralelos.

fagocito *s.m.* Célula capaz de digerir otras células, microorganismos, etc.
fagot *s.m.* Instrumento musical de viento, de madera.
fainá *s.m. América* Torta chata, de harina de garbanzos, que se hornea.
faisán *s.m.* Ave de hermoso plumaje, cola larga y carne muy apreciada.
faja *s.f.* Tira de tela con que se rodea o ciñe la cintura. • Tira de papel o tela.
fajar *v.tr.* Poner una faja.
1. fajina *s.f.* Conjunto de haces de mies. • Haz de ramas.
2. fajina *s.f.* Faena, tarea.
fajo *s.m.* Conjunto de cosas atadas.
fakir *s.m.* Faquir.
falacia *s.f.* Engaño. • Hábito de mentir. • Razonamiento errado.
falange *s.f.* Cuerpo de infantería de los griegos. • Personas reunidas para un fin. • Cada uno de los huesos de los dedos.
falangeta *s.f.* Tercera falange de los dedos.
falangina *s.f.* Segunda falange de los dedos.
falaz *adj.* Engañoso.
falda *s.f.* Parte del vestido de la cintura para abajo. • Regazo. • Parte baja de los montes o sierras.
faldeo *s.m. América* Falda de un monte.
faldero, ra *adj.* Relativo a la falda. • Dícese del perro pequeño.
faldón *s.m.* Parte baja de algunas prendas de vestir, que pende suelta.
falencia *s.f.* Equivocación, error.
falible *adj.* Que puede engañarse o equivocarse. • Que puede faltar o fallar.
1. falla *s.f.* Defecto material de una cosa. • Fractura del terreno por movimientos geológicos. • *América* Falta.
2. falla *s.f.* Monumento de madera y cartón, que se quema en las fiestas valencianas de San José.
1. fallar *v.tr.* Resolver un litigio.
2. fallar *v.intr.* Perder resistencia. • Frustrarse. • No cumplir con una obligación.
falleba *s.f.* Dispositivo para cerrar puertas y ventanas.
fallecer *v. intr.* Morir.
fallecimiento *s.m.* Muerte de una persona.
fallido, da *adj.* Fracasado. • *adj./s.* Quebrado comercialmente.
fallo *s.m.* Sentencia, resolución.
falluto, ta *adj. fam. América* Falso, hip crita.
falo *s.m.* Pene.
falsario, ria *adj/s.* Que falsea o falsific • Que miente.
falsear *v.tr.* Alterar algo de modo que r refleje la realidad. • Romper una c rradura. • *intr.* Perder resistencia.
falsedad *s.f.* Falta de verdad.
falsete *s.m.* Voz humana más aguda qu la natural.
falsía *s.f.* Deslealtad o hipocresía.
falsificación *s.f.* Acción y efecto de fals ficar.
falsificar *v.tr.* Hacer una cosa semejan a otra, para que pueda pasar por esta
falso, sa *adj.* Contrario a la verdad. No real, infundado. • Mentiroso, hip crita.
falta *s.f.* Carencia de una cosa. • Ac contrario al deber. • Equivocación. Inasistencia de alguien al lugar dond debería estar.
faltar *v.intr.* No estar una persona en u lugar, o no acudir a él. • No existir un cosa. • No cumplir. • Ofender. • Que dar un remanente de tiempo.
faltriquera *s.f.* Bolsillo del vestido.
falúa *s.f.* Embarcación menor de rem vela o motor.
falucho *s.m.* Embarcación costanera co una vela triangular. • *América* Som brero de gala utilizado por diplomát cos y jefes navales.
fama *s.f.* Opinión pública sobre una pe sona o cosa.
famélico, ca *adj.* Hambriento.
familia *s.f.* Grupo de personas empare tadas entre sí. • Prole. • En botánica zoología, unidad de clasificación.
familiar *adj.* De la familia. • Muy con cido. • *s.m.* Pariente.
familiaridad *s.f.* Trato sin ceremonias.
familiarizar *v.tr.* Hacer común una cosa • *prnl.* Acostumbrarse.
famoso, sa *adj.* Que tiene fama.
fámula *s.f.* Criada, doméstica.
fanal *s.m.* Farol grande. • Campana d vidrio para resguardar objetos.
fanático, ca *adj./s.* Que defiende tena mente sus creencias.

fanatismo *s.m.* Apasionamiento del fanático.
fanatizar *v.tr.* Hacer fanático.
fandango *s.m.* Baile español muy alegre. • *América* Desorden.
fanega *s.f.* Medida de capacidad para áridos.
fanerógamo, ma *adj./s.f.* Dícese de las plantas que poseen flores.
fanfarria *s.f. fam.* Fanfarronería. • Banda de música.
fanfarrón, na *adj./s. fam.* Que hace alarde de valor o riqueza.
fanfarronería *s.f.* Dicho o hecho propios del fanfarrón.
fangal *s.m.* Sitio lleno de fango.
fango *s.m.* Cieno, lodo. • *fam.* Descrédito.
fangoso, sa *adj.* Lleno de fango.
fantasear *v.intr.* Forjar cosas con la fantasía.
fantasía *s.f.* Facultad mental de representar cosas inexistentes. • Imagen así formada. • Adorno que imita una joya.
fantasioso, sa *adj. fam.* Vano, presuntuoso.
fantasma *s.m.* Ser irreal o imagen de un muerto que alguien cree ver.
fantasmagoría *s.f.* Arte de representar figuras por medio de una ilusión óptica.
fantástico, ca *adj.* Imaginario. • *fam.* Increíble, maravilloso.
fantoche *s.m.* Títere. • Persona grotesca.
faquir *s.m.* Asceta mahometano.
farad *s.m.* Unidad de capacidad eléctrica en el Sistema Internacional.
faradio *s.m.* Castellanización de la palabra *farad*.
farallón *s.m.* Roca dura que sobresale en el mar o en tierra firme.
farándula *s.f.* Profesión o mundo de los actores. • Compañía de cómicos ambulantes.
farandulero, ra *adj. / s. fam.* Comediante.
faraón *s.m.* Soberano del antiguo Egipto.
fardo *s.m.* Paquete grande.
farfolla *s.f.* Envoltura de las panojas del maíz. • Cosa de mucha apariencia.
farfullar *v.tr. fam.* Hablar de prisa y atropelladamente.
farináceo, a *adj.* De la naturaleza de la harina.
faringe *s.f.* Porción del aparato digestivo situada a continuación de la boca.
faringitis *s.f.* Inflamación de la faringe.
fariña *s.f. América* Harina de mandioca.
fariseo *s.m.* Miembro de una secta judía que afectaba rigor y austeridad. • Hombre hipócrita.
farmacéutico, ca *adj.* Relativo a la farmacia. • *s.* Persona que ha cursado la carrera de farmacia.
farmacia *s.f.* Ciencia que estudia la preparación y composición de los medicamentos. • Negocio donde se venden.
fármaco *s.m.* Medicamento.
farmacología *s.f.* Parte de la medicina que trata de los medicamentos.
farmacopea *s.f.* Libro oficial que trata de la preparación y prescripción de las sustancias medicinales.
faro *s.m.* Torre con luz en la parte superior, para guía de los navegantes. • Farol potente.
farol *s.m.* Dispositivo de vidrio en cuyo interior hay una luz.
farola *s.f.* Farol grande.
farolero, ra *s.* Persona que cuida faroles. • *s. / adj. fam.* Persona ostentosa.
farra *s.f. fam. América* Juerga, diversión.
fárrago *s.m.* Mezcla confusa de cosas.
farrear *v.intr. fam. América* Andar de farra.
farrista *adj./s.m. y f. América* Aficionado a las farras.
farruco, ca *adj. fam.* Valiente. • *s.f.* Canto y baile flamencos.
farsa *s.f.* Pieza cómica breve. • Engaño, simulación.
farsante *s.m. y f./adj.* Persona que finge; hipócrita.
fasces *s.f. pl.* Insignia del cónsul romano, que consistía en un haz de varas alrededor de un hacha.
fasciculado, da *adj.* En botánica, agrupado en forma de haz o manojo.
fascículo *s.m.* Cada uno de los cuadernillos en que se suele dividir y vender un libro. • Folleto. • Haz de fibras musculares.
fascinar *v.tr.* Dominar con la mirada. • Atraer de modo irresistible.
fascismo *s.m.* Movimiento político dictatorial que surgió en Italia después de la guerra de 1914.
fase *s.f.* Aspecto de un asunto, un fenó-

meno, etc. • Variación aparente de la forma de la Luna y algunos planetas.
fastidiar *v.tr./prnl.* Causar fastidio.
fastidio *s.m.* Sentimiento o sensación desagradables; molestia.
fastos *s.m. pl.* Especie de calendario de los antiguos romanos.
fastuoso, sa *adj.* Que ostenta lujo y riqueza.
fatal *adj.* Inevitable. • Malo y desgraciado. • Mortal.
fatalidad *s.f.* Fuerza superior; destino. • Desgracia.
fatalismo *s.m.* Doctrina según la cual todo lo determina el destino.
fatídico, ca *adj.* Que anuncia el porvenir. • Que anuncia desgracias.
fatiga *s.f.* Debilitamiento por un esfuerzo; cansancio. • Respiración difícil. • Trabajo o suceso penosos.
fatigar *v.tr./prnl.* Causar fatiga.
fatigoso, sa *adj.* Que provoca fatiga.
fatuidad *s.f.* Necedad. • Engreimiento.
fatuo, tua *adj. / s.* Falto de razón o de entendimiento. • Presuntuoso.
fauces *s.f. pl.* Parte posterior de la cavidad bucal de los mamíferos.
fauna *s.f.* Conjunto de todas las especies animales de un país o una región.
faunesco, ca *adj.* Propio del fauno.
fauno *s.m.* Divinidad campestre romana.
fausto, ta *adj.* Que causa alegría.
favor *s.m.* Ayuda o servicio. • Beneficio que concede una autoridad.
favorable *adj.* Que favorece.
favorecer *v.tr.* Prestar favores.
favoritismo *s.m.* Criterio injusto; preferencia.
favorito, ta *adj.* Que goza de preferencia; predilecto.
fax *s.m.* Telefacsímil.
faya *s.f.* Tejido grueso de seda.
faz *s.f.* Rostro, cara. • Anverso.
fe *s.f.* Virtud teologal por la cual se cree en las virtudes reveladas por Dios. • Creencia no confirmada por la experiencia. • Confianza. • Documento que certifica algo.
fealdad *s.f.* Cualidad de feo.
febrero *s.m.* Segundo mes del año.
febrífugo, ga *adj./s.m.* Dícese del medicamento que quita o combate la fiebre.
febril *adj.* Relativo a la fiebre. • Muy intenso.
fecal *adj.* De las heces o excrementos intestinales.
fecha *s.f.* Día determinado. • Indicación de un día determinado. • Tiempo o momento actuales.
fechar *v.tr.* Poner la fecha.
fechoría *s.f.* Atrocidad.
fécula *s.f.* Sustancia blanca que se extrae de las semillas, tubérculos y raíces de algunas plantas, como el maíz.
fecundación *s.f.* Acción de fecundar.
fecundar *v.tr.* Unirse los elementos reproductores masculino y femenino para dar origen a un nuevo ser. • Fecundizar.
fecundidad *s.f.* Cualidad de fecundo.
fecundizar *v.tr.* Hacer que una cosa sea productiva.
fecundo, da *adj.* Que puede fecundar. • Fértil.
federación *s.f.* Acción de federar. • Asociación de estados, entidades o personas.
federal *adj.* Federativo.
federalismo *s.m.* Sistema de confederación entre estados.
federar *v.tr./prnl.* Confederar.
federativo, va *adj.* Relativo a un federación.
fehaciente *adj.* Que prueba algo en forma indiscutible. • Fidedigno.
feldespato *s.m.* Mineral formado por aluminio y silicato de calcio.
felicidad *s.f.* Estado de ánimo causado por la posesión de un bien. • Buena suerte.
felicitación *s.f.* Acción de felicitar.
felicitar *v.tr.* Manifestar a una persona satisfacción por un suceso favorable para ella. • *prnl.* Congratularse.
feligrés, sa *s.* Persona que pertenece a una parroquia.
feligresía *s.f.* Conjunto de feligreses. • Jurisdicción de una parroquia.
felino, na *adj.* De gato o que parece de gato.
feliz *adj.* Que siente felicidad, o la causa. • Acertado, oportuno.
felón, na *adj./s.* Que comete felonía.
felonía *s.f.* Traición, deslealtad.

elpa *s.f.* Tela parecida al terciopelo.

elpudo, da *adj.* Afelpado. • *s.m.* Estera afelpada.

emenil *adj.* De mujer; femenino.

emenino, na *adj.* Propio de mujeres. • Dícese del ser dotado de órganos para ser fecundado. • En gramática, dícese de la categoría a la que pertenecen los nombres de seres de sexo femenino y otros que tienen la misma terminación.

emineidad *s.f.* Feminidad.

eminidad *s.f.* Cualidad de femenino.

eminismo *s.m.* Doctrina social que concede a las mujeres los mismos derechos que a los hombres.

emoral *adj.* Relativo al fémur.

émur *s.m.* Hueso largo del muslo.

enecer *v.tr.* Poner fin. • *intr.* Morir. • Acabarse una cosa.

enicio, cia *adj./s.* Dícese del pueblo establecido en Fenicia.

énico, ca *adj.* Dícese del ácido antiséptico que se obtiene por destilación del alquitrán de hulla.

énix *s.m.* Ave fabulosa que los antiguos creían con el poder de renacer de sus propias cenizas.

enol *s.m.* Cuerpo sólido que se extrae por destilación de los aceites del alquitrán; es antiséptico.

enómeno *s.m.* Suceso de cualquier tipo. • Ser anormal. • *fam.* Persona, cosa o suceso extraordinarios.

eo, a *adj.* Falto de belleza. • Que causa aversión. • *s.m. fam.* Desaire manifiesto.

eraz *adj.* Muy fértil; ubérrimo.

éretro *s.m.* Caja en que se lleva a enterrar a un muerto.

eria *s.f.* Cualquier día de la semana, excepto sábado y domingo. • Descanso del trabajo. • Mercado público. • Exposición de animales, productos, etc.

eriado, da *adj.* Dícese del día en que están cerrados los Tribunales. • Dícese del día de fiesta oficial o de la Iglesia.

eriante *adj./s.m. y f.* Que concurre a una feria para vender o comprar.

erino, na *adj.* De fiera, o como de fiera.

ermentación *s.f.* Acción de fermentar.

ermentar *v.intr./tr.* Trasformarse una sustancia orgánica por la acción de otra, llamada fermento.

fermento *s.m.* Sustancia orgánica capaz de producir fermentación.

fermio *s.m.* Elemento radiactivo artificial (símbolo: *Fm*).

ferocidad *s.f.* Cualidad de feroz. • Acción o dicho feroces.

feroz *adj.* Que causa pánico o gran destrozo.

férreo, a *adj.* Relativo al hierro. • Duro o resistente.

ferretería *s.f.* Comercio donde se venden herramientas, clavos, etc.

férrico, ca *adj.* Dícese de algunos compuestos del hierro.

ferrocarril *s.m.* Camino formado por dos barras de hierro paralelas. • Tren que rueda sobre él.

ferrocarrilero, ra *adj. América* Relativo al ferrocarril.

ferromagnético, ca *adj.* Dícese de las sustancias que, como el hierro y el níquel, se imanan bajo la acción de un campo magnético.

ferroso, sa *adj.* Dícese de ciertos compuestos del hierro.

ferroviario, ria *adj.* Relativo al ferrocarril. • *s.* Obrero o empleado de los ferrocarriles.

ferruginoso, sa *adj.* Que contiene hierro.

fértil *adj.* Que produce mucho.

fertilidad *s.f.* Cualidad de fértil.

fertilizante *adj./s.m.* Dícese de la sustancia que fertiliza la tierra.

fertilizar *v.tr.* Abonar la tierra.

férula *s.f.* Palmeta. • Planta perenne que produce una gomorresina de uso medicinal.

férvido, da *adj.* Ardiente.

ferviente *adj.* Fervoroso.

fervor *s.m.* Calor muy intenso. • Entusiasmo, devoción.

fervoroso, sa *adj.* Que tiene o siente fervor; ferviente.

festejar *v.tr.* Conmemorar, celebrar. • Agasajar, obsequiar. • Cortejar.

festejo *s.m.* Acción de festejar.

festín *s.m.* Fiesta con comida, baile y música. • Banquete.

festival *s.m.* Conjunto de fiestas y exhibiciones artísticas o deportivas.

festividad *s.f.* Cualidad de festivo. • Acto solemne para conmemorar algo.

festivo, va *adj.* Digno de ser celebrado. • Que causa alegría o risa.
festón *s.m.* Bordado, dibujo o recorte en forma de ondas.
festonear *v.tr.* Adornar con festón.
fetal *adj.* Relativo al feto.
fetiche *s.m.* Ídolo de ciertos pueblos primitivos.
fetichismo *s.m.* Culto a los fetiches.
fetidez *s.f.* Cualidad de fétido. • Mal olor.
fétido, da *adj.* Que huele mal.
feto *s.m.* Producto de la concepción de un ser desde el período embrionario hasta que nace.
feudal *adj.* Relativo al feudo.
feudalismo *s.m.* Sistema de gobierno y de organización de la propiedad basado en el feudo.
feudo *s.m.* En la Edad Media, contrato por el cual un señor concedía tierras en usufructo a sus vasallos a cambio de fidelidad y determinados servicios. • Tierra dada en feudo.
fez *s.m.* Gorro rojo usado por turcos y moros.
fi *s.f.* Vigesimoprimera letra del alfabeto griego (φ).
fiabilidad *s.f.* Cualidad de fiable.
fiable *adj.* Digno de confianza.
fiado (al) *loc. adv.* Sin pagar inmediatamente.
fiador, ra *s.* Persona que vende al fiado. • Garante. • *m.* Dispositivo con que se afirma una cosa. • *América* Bozal del caballo.
fiambre *s.m./adj.* Carne o pescado que después de cocidos se comen fríos.
fiambrera *s.f.* Cesta, caja o cacerola para llevar comida. • *América* Armario en el que los comestibles se mantienen ventilados.
fiambrería *s.f.* *América* Comercio donde se venden o preparan fiambres.
fianza *s.f.* Obligación que una persona contrae para garantizar otra ajena. • Prenda que garantiza el cumplimiento de una obligación.
fiar *v.tr.* Garantizar. • Vender al fiado. • *tr./intr./prnl.* Confiar.
fiasco *s.m.* Mal resultado; fracaso.
fibra *s.f.* Filamento de un tejido animal, vegetal o mineral. • *fam.* Vigor, energí
fibrina *s.f.* Sustancia albuminoide qu puede coagularse y se halla en la sangre, la linfa, etc.
fibrinógeno *s.m.* Sustancia proteic que interviene en la coagulación de sangre.
fibrocemento *s.m.* Mezcla de amianto cemento, que se usa en construcción.
fibroma *s.m.* Tumor formado por tejio fibroso.
ficción *s.f.* Acción de fingir. • Cosa imaginada. • Creación literaria.
ficha *s.f.* Pieza pequeña que se usa e ciertos juegos. • Tarjeta en la que s consignan ciertos datos.
fichar *v.tr.* Llenar una ficha con los datos de una persona.
fichero *s.m.* Caja o mueble donde s guardan las fichas.
ficticio, cia *adj.* Que no es real o auténtico; falso.
fidedigno, na *adj.* Digno de fe.
fideicomiso *s.m.* Disposición por la cua el testador deja la herencia encomendada a una persona, para que cumpl su voluntad.
fidelidad *s.f.* Cualidad de fiel. • Exactitud en la ejecución de algo.
fideo *s.m.* Pasta de harina hecha en forma de hilos, para sopa.
fiduciario, ria *adj.* Que depende de l confianza y crédito que merezca.
fiebre *s.f.* Aumento anormal de la temperatura del cuerpo. • Agitación, excitación.
fiel *adj.* Dícese de la persona en quien s puede confiar. • Exacto. • *adj./s.* Qu sigue una doctrina o religión. • *s.m* Aguja de ciertas balanzas.
fieltro *s.m.* Especie de paño que result de conglomerar borra, lana o pelo.
fiera *s.f.* Animal indómito y salvaje. Persona cruel y violenta.
fiereza *s.f.* Cualidad de fiero.
fiero, ra *adj.* Relativo a las fieras. Cruel. • Feo.
fierro *s.m.* *América* Hierro.
fiesta *s.f.* Reunión para celebrar algú acontecimiento. • Día de conmemoración nacional o religiosa. • Diversión. Caricia.

figón *s.m.* Bodegón, taberna.
figulino, na *adj./s.f.* De barro cocido.
figura *s.f.* Forma exterior. • Cosa dibujada o esculpida que representa algo. • Personaje. • Signo musical con que se representa el valor de las notas. • En matemática, conjunto de puntos del plano o del espacio.
figurado, da *adj.* Dícese del sentido de las palabras cuando denotan ideas distintas de la recta y literal.
figurante, ta *s.* En una representación teatral, persona que actúa en un acompañamiento.
figurar *v.intr.* Encontrarse, hallarse. • *tr.* Representar. • Aparentar. • *prnl.* Imaginarse.
figurín *s.m.* Dibujo o modelo para hacer ropas.
fija *s.f. América* Pronóstico seguro.
fijado *s.m.* Acción de fijar una imagen fotográfica luego del revelado.
fijar *v.tr.* Poner una cosa fija. • Precisar. • Dirigir la atención o la mirada. • Determinar, señalar. • *prnl.* Notar, reparar.
fijeza *s.f.* Firmeza, seguridad.
fila *s.f.* Hilera.
filamento *s.m.* Cuerpo filiforme. • Hilo conductor incandescente en el interior de una lámpara.
filantropía *s.f.* Cualidad y actividad del filántropo.
filantrópico, ca *adj.* Relativo a la filantropía.
filántropo *s.m.* Hombre que hace obras en bien de la humanidad.
filaria *s.f.* Gusano que parasita al hombre y a los animales y puede producirles enfermedades graves.
filarmonía *s.f.* Amor a la música.
filarmónico, ca *adj./s.* Dícese de la persona aficionada a la música. • *adj./s.f.* Dícese de las agrupaciones que fomentan la música o la ejecutan.
filatelia *s.f.* Afición a los sellos de correo y conocimiento de ellos.
filatelista *s.m.* y *f.* Persona que se dedica a la filatelia.
filete *s.m.* Adorno en forma de línea o lista. • Lonja delgada de carne o de pescado.
filetear *v.tr.* Adornar con filetes.
filiación *s.f.* Conjunto de datos que identifican a un individuo. • Procedencia.
filial *adj.* Relativo al hijo. • *adj./s.f.* Dícese del establecimiento que depende de una sede central.
filiar *v.tr.* Fichar.
filibustero *s.m.* Pirata que incursionaba en el mar de las Antillas en el siglo XVII.
filiforme *adj.* Con forma de hilos.
filigrana *s.f.* Labor muy delicada hecha con hilos de plata y oro. • Marca trasparente del papel.
filípica *s.f.* Represión, reprimenda.
filipinismo *s.m.* Palabra o expresión peculiares del español de los filipinos.
filipino, na *adj. /s.* De las islas Filipinas (Asia).
filisteo, a *adj./s.* Dícese de una nación enemiga de los israelitas.
filme *s.m.* Película cinematográfica.
filmina *s.f.* Diapositiva.
filmoteca *s.f.* Lugar donde se guardan ordenados los filmes.
filo *s.f.* Arista cortante de los cuchillos o instrumentos semejantes.
filófago, ga *adj.* Dícese del animal que se alimenta de hojas.
filogenia *s.f.* Formación sucesiva en la evolución de las especies.
filología *s.f.* Ciencia del lenguaje.
filón *s.m.* Masa de mineral que rellena una grieta de otra roca.
filoso, sa *adj.* Que tiene buen filo.
filosofar *v.intr.* Examinar, discurrir con filosofía.
filosofía *s.f.* Ciencia que estudia la esencia, causas y finalidad del universo. • Sistema filosófico.
filósofo, fa *s.* Persona que se dedica a la filosofía.
filoxera *s.f.* Cierto insecto que ataca las hojas y raíces de la vid.
filtración *s.f.* Acción de filtrar.
filtrar *v.tr.* Hacer pasar un líquido por un filtro. • *prnl.* Penetrar un líquido a través de un cuerpo sólido.
filtro *s.m.* Materia porosa a través de la cual se hace pasar un fluido para clarificarlo o depurarlo. • Pantalla que solo deja pasar ciertos rayos luminosos.
fin *s.m.* Terminación de una cosa; final. • Propósito, objetivo.

finado, da *s.* Persona muerta.
final *adj.* Que cierra, completa o perfecciona algo. • *s.m.* Fin, término.
finalidad *s.f.* Objetivo, meta.
finalista *s.m. y f./adj.* El que, en un certamen o selección, llega a la prueba final.
finalizar *v.tr./intr.* Dar fin o llegar a un fin; acabar.
financiar *v.tr.* Aportar fondos para una empresa. • Sufragar un gasto.
financiero, ra *adj.* Relativo a la hacienda pública, a la banca o a los grandes negocios. • *adj./s.* Que financia. • *s.* Persona experta en finanzas.
financista *s.m. y f. América* Financiero (persona).
finanzas *s.f. pl.* Caudales, bienes. • Hacienda pública.
finca *s.f.* Propiedad inmueble.
finés, sa *adj./s.* Finlandés.
fineza *s.f.* Finura. • Demostración de amistad o cariño.
fingido, da *adj.* Ficticio o hipócrita.
fingimiento *s.m.* Simulación.
fingir *v.tr.* Simular.
finiquitar *v.tr.* Saldar una cuenta. • Terminar algo.
finisecular *adj.* Relativo al fin de un siglo determinado.
finito, ta *adj.* Que tiene fin.
finlandés, sa *adj./s.* De Finlandia (Europa).
fino, na *adj.* De poco grosor o espesor. • Delgado y armonioso en sus formas. • Hábil en el trato social. • Delicado. • Puro.
finta *s.f.* Acto con el que se intenta simular cierta cosa.
finura *s.f.* Cualidad de fino.
fiordo *s.m.* Ensenada estrecha y profunda en la costa.
firma *s.f.* Nombre y apellido de una persona que esta pone al pie de un documento. • Empresa comercial.
firmamento *s.m.* Espacio en el que están los astros; cielo.
firmante *s.m. y f./adj.* El que firma una carta o un documento.
firmar *v.tr.* Poner alguien su firma al pie de una carta o documento.
firme *adj.* Que no vacila ni se mueve; fijo. • Que no se debilita. • *s.m.* Capa sólida de terreno.
firmeza *s.f.* Cualidad de firme. • Fortaleza, solidez. • Constancia.
firulete *s.m. América* Dibujo de líneas curvas. • Adorno innecesario.
fiscal *adj.* Relativo al fisco. • *s.m. y f.* Funcionario judicial encargado de los intereses del fisco. • *América* Interventor electoral.
fiscalía *s.f.* Oficio, cargo y oficina del fiscal.
fiscalizar *v.tr.* Desempeñar funciones de fiscal. • Investigar o criticar.
fisco *s.m.* Conjunto de bienes del Estado. • Tesorería del Estado.
fisgar *v.tr. fam.* Curiosear.
fisgón, na *adj./s. fam.* Dícese de la persona que fisgonea.
fisgonear *v.tr. fam.* Fisgar.
física *s.f.* Ciencia que estudia ciertas propiedades de la materia y la energía de los cuerpos, con prescindencia de la noción de sustancia.
físico, ca *adj.* Relativo a la física. • Que pertenece a la materia o al cuerpo. • *s.* Persona que se dedica al estudio de la física.• *m.* Aspecto de una persona.
fisicoquímica *s.f.* Ciencia que estudia los principios físicos que rigen los fenómenos químicos.
fisiognomía *s.f.* Estudio del carácter de una persona a través de su fisonomía.
fisiología *s.f.* Ciencia que estudia las funciones de los seres orgánicos y los fenómenos de la vida.
fisión *s.f.* Escisión del núcleo del átomo, acompañada de liberación de energía.
fisionable *adj.* Que puede ser sometido a fisión nuclear.
fisioterapia *s.f.* Conjunto de procedimientos terapéuticos que emplean principalmente los medios naturales (aire, agua, luz).
fisonomía *s.f.* Semblante.
fisonomista *adj./s.m. y f.* Que tiene facilidad para reconocer a las personas por su fisonomía.
fístula *s.f.* Llaga en forma de conducto estrecho.
fisura *s.f.* Hendidura en un mineral o una roca. • Fractura longitudinal de un hueso. • Grieta en el ano.

tófago, ga *adj./s.* Dícese del animal que se alimenta de vegetales.

togénesis *s.f.* Parte de la botánica que estudia el origen y la evolución de los vegetales.

tografía *s.f.* Descripción de las plantas.

acidez *s.f.* Cualidad de flácido.

ácido, da *adj.* Que carece de firmeza y tirantez.

laco, ca *adj.* Que tiene pocas carnes; delgado. • Endeble, flojo. • *s.m.* Defecto o pasión predominantes.

lagelar *v.tr.* Azotar • Fustigar.

lagelo *s.m.* Tira de cuero para azotar. • Desgracia. • Prolongación filiforme que constituye el órgano de locomoción de ciertos organismos unicelulares.

lagrante *adj.* Que se está ejecutando en el momento de que se habla. • De tal evidencia que no necesita pruebas.

flamante *adj.* De aspecto vistoso. • Nuevo, reciente.

flamear *v.intr.* Despedir llamar. • Ondear las velas o las banderas.

flamenco, ca *adj./s.* De Flandes (Bélgica). • *adj.* Dícese de la música y baile propios de los gitanos de Andalucía. • *s.m.* Lengua hablada en algunas zonas de Francia y Bélgica. • Ave zancuda de patas rojas, largas, y plumaje blanco.

flameo *s.m.* Acción de flamear.

flamígero, ra *adj.* Que arroja llamas, o tiene forma de llamas.

flámula *s.f.* Bandera pequeña.

flan *s.m.* Plato dulce hecho con yemas, leche y azúcar.

flanco *s.m.* Parte lateral de una cosa.

flanquear *v.tr.* Estar colocado a los flancos de algo.

flaquear *v.intr.* Perder la resistencia. • Aflojar, ceder.

flaqueza *s.f.* Cualidad de flaco. • Debilidad física o moral.

flato *s.m.* Acumulación molesta de gases en el aparato digestivo. • *América* Tristeza, melancolía.

flatulencia *s.f.* Afección o molestia del que tiene flatos.

flauta *s.f.* Instrumento musical de viento, en forma de tubo con orificios.

flautín *s.m.* Flauta pequeña de tono más agudo.

flautista *s.m. y f.* Músico que toca la flauta.

flebitis *s.f.* Inflamación de las venas.

flecha *s.f.* Arma arrojadiza formada por un asta con una punta afilada o dentada; se dispara con un arco. • Sagita.

flechar *v.tr.* Arrojar flechas. • Herir o matar con flechas. • *fam.* Inspirar amor súbitamente.

flechazo *s.m.* Disparo o herida de flecha. • *fam.* Amor repentino.

flechilla *s.m. América* Pasto duro de hojas punzantes.

fleco *s.m.* Adorno compuesto por una serie de hilos o cordoncillos que cuelgan.

fleje *s.m.* Cinta de hierro para precintar embalajes, reforzar toneles, etc.

flema *s.f.* Mucosidad que se arroja por la boca. • Calma, tranquilidad.

flemático, ca *adj.* Que procede con calma y lentitud.

flemón *s.m.* Inflamación aguda del tejido celular subcutáneo en cualquier parte del cuerpo.

flequillo *s.m.* Porción de pelo que cae sobre la frente.

fletador *s.m.* El que –en un contrato de fletamento– entrega las mercaderías que deben ser trasportadas.

fletamento *s.m.* Acción de fletar.

fletar *v.tr.* Alquilar un barco para enviarlo con mercaderías o viajeros. • *América* Alquilar un medio de trasporte. • *prnl.* Irse.

flete *s.m.* Precio del alquiler de una nave. • *América* Precio del alquiler de cualquier medio de trasporte. • Carga que se trasporta. • Caballo veloz.

fletero, ra *s.m./adj. América* Vehículo que se alquila para trasporte. • *s.m.* Dueño o conductor de ese tipo de vehículos.

flexibilidad *s.f.* Cualidad de flexible.

flexible *adj.* Que puede doblarse sin romperse.

flexión *s.f.* Acción de doblar. • Alteración que experimentan ciertas palabras para expresar sus distintas funciones.

flexor, ra *adj.* Que dobla o hace posible una flexión.

flirtear *v.intr.* Practicar el flirteo.

flirteo *s.m.* Trato de tipo amoroso, superficial e informal.
flóculo *s.m.* Imagen que se distingue en el disco del Sol, en forma de pequeñas masas blancas y redondas.
flojear *v.intr.* Flaquear.
flojedad *s.f.* Cualidad de flojo.
flojera *s.f. fam.* Debilidad física.
flojo, ja *adj.* Poco tirante o apretado. • Sin fuerza. • Escaso. • Lento o poco apto.
flor *s.f.* Órgano de reproducción de las plantas fanerógamas, que en su forma completa consta de cáliz, corola, androceo y gineceo. • Lo mejor de una cosa.
flora *s.f.* Conjunto de plantas de un país, mar o región.
floración *s.f.* Acción de florecer.
florear *v.tr.* Adornar con flores. • Separar lo mejor de una cosa.
florecer *v.intr./tr.* Dar flores las plantas. • Prosperar. • Existir una persona o cosa insignes. • *prnl.* Enmohecerse.
floreciente *adj.* Que florece. • *fam.* Favorable, próspero.
florentino, na *adj./s.* De Florencia (Italia).
floreo *s.m.* Conversación vana.
florería *s.f.* Comercio donde se venden flores y plantas de adorno.
florero, ra *s.* El que vende flores. • *m.* Vaso para ponerlas.
florescencia *s.f.* Momento en que se abre el capullo floral.
floresta *s.f.* Bosque, espesura.
florete *s.m.* Espada de hoja muy delgada.
floricultor, ra *s.* Persona que se dedica a cultivar flores.
floricultura *s.f.* Arte y oficio del floricultor.
florido, da *adj.* Que tiene flores. • Selecto. • Dícese del lenguaje muy adornado.
florilegio *s.m.* Colección de trozos literarios selectos.
florín *s.m.* Unidad monetaria de Holanda y de Hungría.
floripondio *s.m.* Flor grande, o adorno de mal gusto.
florón *s.m.* Adorno en forma de flor, que se usa en pintura y arquitectura.
flota *s.f.* Conjunto de barcos o de aviones de un país o una compañía.
flotación *s.f.* Acción de flotar.
flotador, ra *adj.* Que flota. • *s.m.* Dispositivo que permite flotar.
flotar *v.intr.* Mantenerse un cuerpo en la superficie de un líquido o en el aire sin caer. • Ondear al aire.
flotilla *s.f.* Flota de barcos pequeños o de aviones.
fluctuación *s.f.* Acción de fluctuar.
fluctuante *adj.* Que fluctúa.
fluctuar *v.intr.* Sufrir cambios de aumento o disminución. • Dudar, titubear. • Oscilar.
fluidez *s.f.* Cualidad de fluido. • Facilidad de movimiento y operación de los factores económicos.
fluido, da *adj./s.m.* Dícese de los cuerpos cuyas moléculas tienen poca coherencia, y toman la forma del recipiente que los contiene. • *adj.* Dícese del lenguaje o estilos corrientes y fáciles.
fluir *v.intr.* Correr un líquido por algún sitio o salir de él; brotar, manar. • Salir palabras de la boca de alguien u ocurrírsele ideas.
flujo *s.m.* Movimiento de los fluidos. • Movimiento de ascenso de la marea. • Abundancia excesiva.
fluminense *adj.* De Río de Janeiro (Brasil).
flúor *s.m.* No metal gaseoso, más pesado que el aire, tóxico y altamente corrosivo; se emplea en medicina (símbolo: *F*).
fluorescencia *s.f.* Propiedad de algunos cuerpos de mostrarse luminosos mientras reciben la excitación de ciertas radiaciones. • Esa luz.
fluorescente *adj.* Que posee fluorescencia.
fluorhídrico, ca *adj.* Dícese del ácido formado por hidrógeno y flúor.
fluvial *adj.* Relativo a los ríos.
fluxión *s.f.* Acumulación patológica de humores en un órgano del cuerpo.
fluyente *adj.* Que fluye.
fobia *s.f.* Aversión patológica hacia una cosa.
foca *s.f.* Mamífero anfibio de cabeza redonda, sin colmillos y con largos bigotes.
focal *adj.* Relativo al foco.
foco *s.m.* Punto donde convergen deter-

minados rayos de luz y calor. • Punto donde está concentrada una cosa y desde donde irradia su influencia. • Farol potente. • *América* Bombilla de alumbrado eléctrico.

fo, fa *adj.* Blando, esponjoso.

gata *s.f.* Fuego hecho con leña o combustible, que levanta llama. • Hornillo de pólvora.

gón *s.m.* Sitio en las cocinas para hacer fuego. • En las calderas de vapor, lugar que contiene el combustible. • *América* Reunión alrededor del fuego.

gonazo *s.m.* Fuego momentáneo de algunas sustancias al inflamarse.

gonero *s.m.* El que cuida el fogón en las máquinas de vapor.

gosidad *s.f.* Cualidad de fogoso.

goso, sa *adj.* Que procede con ímpetu; ardiente.

guear *v.tr./prnl.* Acostumbrar a la lucha. • *tr.* Limpiar un arma con fuego.

gueo *s.m.* Acción de foguear. • Carga sin proyectil.

guista *s.m. América* Fogonero.

ja *s.f.* Hoja de un expediente o de un escrito.

lclore *s.m.* Conjunto de tradiciones, creencias, etc., de carácter popular. • Ciencia que las estudia.

ólder *s.m. América* Carpeta para guardar legajos.

oliáceo, a *adj.* Relativo a las hojas de las plantas. • Semejante a ellas.

oliación *s.f.* Aparición de las hojas en las plantas. • Acción de foliar o numerar. • Serie numerada de los folios de un impreso.

. foliar *v.tr.* Numerar los folios de un libro o cuaderno.

. foliar *adj.* Relativo a las hojas de las plantas.

oliculina *s.f.* Estrógeno natural producido por los folículos del ovario.

olículo *s.m.* Glándula en forma de saco. • Fruto que se abre longitudinalmente.

olio *s.m.* Hoja de un libro, un cuaderno, etc. • Número indicador de una página.

olíolo *s.m.* Hojuela de una hoja compuesta.

ollaje *s.m.* Conjunto de las hojas de los árboles y otras plantas.

folletín *s.m.* Novela que se publica por partes en un periódico.

folleto *s.m.* Publicación no periódica de menos páginas que un libro.

fomentar *v.tr.* Dar calor. • Promover.

fomento *s.m.* Acción de fomentar. • Paño mojado que se aplica como remedio. • Pábulo, pasto.

fon *s.m.* Unidad de intensidad sonora, que corresponde al sonido de un decibel.

fonación *s.f.* Emisión de la voz.

fonda *s.f.* Establecimiento público donde se sirven comidas y se da hospedaje.

fondeadero *s.m.* Lugar donde pueden fondear los barcos.

fondear *v.intr.* Anclar. • *tr.* Reconocer el fondo del mar; sondear.

fondillos *s.m. pl.* Parte trasera de los pantalones.

fondo *s.m.* Parte inferior de una cosa hueca.• Parte de un edificio más alejada de la entrada. • Superficie sólida sobre la que descansa el agua del mar, río, etc. • Superficie sobre la cual resaltan dibujos y otros colores. • Lo principal de una cosa. • Dinero.

fonema *s.m.* Cada uno de los sonidos simples del lenguaje hablado.

fonética *s.f.* Parte de la lingüística que estudia los sonidos.

fonético, ca *adj.* De la fonética. • Dícese de la escritura cuyos signos representan sonidos.

foniatra *s.m. y f.* El que se dedica a la foniatría.

foniatría *s.f.* Parte de la medicina que trata los defectos y enfermedades de los órganos de la fonación.

fónico, ca *adj.* Relativo a la voz o a los sonidos del lenguaje.

fonocaptor *s.m.* Dispositivo que, aplicado al disco, reproduce eléctricamente las vibraciones registradas en este último.

fonógrafo *s.m.* Gramófono.

fonograma *s.m.* Sonido representado por una o más letras. • Grabación de las ondas sonoras en disco, cintas, etc.

fonomagnético, ca *adj.* Dícese del dispositivo que capta o reproduce los sonidos.

fontana *s.f.* Fuente, manantial.

fontanal *adj.* Relativo a la fuente. • *s.m.* Manantial.

fontanela *s.f.* En los niños, espacio sin osificar que media entre ciertos huesos del cráneo.

fontanería *s.f.* Técnica de conducir las aguas. • Conjunto de conductos por donde se distribuye el agua.

fontanero, ra *adj.* Relativo a las fuentes. • *s.m.* El que fabrica o repara cañerías.

forajido, da *s.* / *adj.* Facineroso.

foráneo, a *adj.* De un país que no es el propio.

forastero, ra *s.* / *adj.* Persona que viene de otro lugar, o vive en un lugar que no es el suyo.

forcejar *v.intr.* Forcejear.

forcejear *v.intr.* Hacer fuerza para vencer una resistencia. • Hacer oposición; resistir.

fórceps *s.m.* Instrumento en forma de tenaza, que se usa para la extracción de la criatura en los partos difíciles.

forense *adj.* Del foro. • *s.m. y f./adj.* Médico adscrito a un juzgado.

forestación *s.f.* *América* Acción y efecto de forestar.

forestal *adj.* Relativo a los bosques y al aprovechamiento de su madera.

forestar *v.tr.* Poblar con árboles.

forja *s.f.* Acción de forjar. • Taller en que se forjan metales. • Fragua de los plateros.

forjado, da *adj.* Dícese del metal sometido a forja. • *s.m.* Acción de forjar.

forjar *v.tr.* Dar forma al metal con el martillo. • Idear, imaginar.

forma *s.f.* Distribución de la materia de un cuerpo; figura. • Apariencia o aspecto. • Molde. • Formato. • *pl.* Modales, maneras.

formación *s.f.* Acción de formar. • Reunión ordenada de soldados, alumnos, etc. • Conjunto de rocas con caracteres comunes.

formal *adj.* Relativo a la forma. • Que tiene formalidad.

formalidad *s.f.* Manera de proceder. • Compostura, seriedad. • Exactitud.

formalismo *s.m.* Observancia rigurosa de las formalidades.

formalista *adj./s.m. y f.* Que se ajust escrupulosamente a las formas y trad ciones.

formalizar *v.tr.* Hacer formal una cosa, darle forma legal.

formar *v.tr./prnl.* Dar forma. • Const tuir, integrar. • Educar, adiestrar. Poner en orden a la tropa. • *intr.* Figu rar. *prnl.* Desarrollarse una persona.

formatear *v.tr.* En informática, dar u formato a un documento.

formativo, va *adj.* Que forma o da for ma.

formato *s.m.* Forma y dimensiones d un libro, un cuadro, etc.

fórmico, ca *adj.* Dícese del ácido orgáni co líquido, incoloro y cáustico, de us industrial.

formidable *adj.* Muy temible, asombro so o grande. • Bueno; agradable.

formio *s.m.* Planta herbácea de cuya hojas se obtiene una fibra textil.

formol *s.m.* Líquido antiséptico de olo fuerte y desagradable.

formón *s.m.* Especie de escoplo que se usa en carpintería.

fórmula *s.f.* Expresión precisa con que se condensa algo, o con la que se reali za o resuelve una cosa. • Receta. • Expresión matemática de una ley, un hecho científico, etc.

formular *v.tr.* Expresar algo con una fórmula. • Expresar con términos precisos. • Recetar.

formulario *s.m.* Recetario. • Hoja impresa, con espacio para poner datos.

formulismo *s.m.* Tendencia a dar importancia a la apariencia de las cosas.

fornido, da *adj.* Corpulento, robusto.

foro *s.m.* En la antigua Roma, plaza donde se trataban asuntos públicos y judiciales. • Sitio donde los tribunales administran justicia. • Ejercicio de la abogacía. • Fondo del escenario.

forraje *s.m.* Pasto fresco y verde que se da al ganado. • *América* Pasto seco para alimentar al ganado.

forrajero, ra *adj.* Dícese de las plantas que se usan como forraje.

forrar *v.tr.* Poner forro.

forro *s.m.* Resguardo o cubierta con que se reviste una cosa.

talecer *v.tr./prnl.* Fortificar, robustecer, vigorizar.
taleza *s.f.* Fuerza, vigor. • Entereza. Recinto fortificado.
tificación *s.f.* Acción de fortificar. • bra de defensa.
tificar *v.tr./prnl.* Dar vigor y fuerza. • Proteger con fortificaciones.
tín *s.m.* Fuerte pequeño.
tuito, ta *adj.* Casual, imprevisto, accidental.
tuna *s.f.* Destino. • Buena suerte. • nero, riqueza.
únculo *s.m.* Tumor purulento que se rma en la piel.
zado, da *adj.* Que se hace con esfuer y violencia. • No espontáneo.
zar *v.tr.* Obligar a una persona a que aga algo contra su voluntad. • Violentar.
zoso, sa *adj.* Inevitable, necesario.
zudo, da *adj.* Que tiene mucha fuerza.
a *s.f.* Cavidad abierta en la tierra. • Sepultura. • Cavidad del cuerpo humano.
sco, ca *adj.* Hosco. • De color oscuro ue tira al negro. • *s.f.* Niebla.
sfato *s.m.* Cualquier sal del ácido fosfórico.
sforecer *v.intr.* Despedir luz fosforescente.
sforera *s.f.* Caja para fósforos.
sforescencia *s.f.* Luminiscencia.
sforescente *adj.* Que tiene fosforescencia.
sforescer *v.intr.* Fosforecer.
sfórico, ca *adj.* Perteneciente o relativo al fósforo.
sforo *s.m.* Elemento no metálico que presenta en tres estados, uno de los uales se inflama en contacto con el aire (símbolo: *P*). • Cerilla.
sil *adj./s.m.* Dícese de los seres orgánicos que se encuentran petrificados en s capas terrestres.
silizarse *v.prnl.* Convertirse en fósil.
so *s.m.* Excavación que rodea una fortaleza. • Piso inferior del escenario. • oyo.
s.m. Unidad de iluminación del sistema cegesimal, equivalente a diez mil ux.
o *s.f.* Apócope de fotografía.

fotocomposición *s.f.* Sistema de composición tipográfica automática, basado en procedimientos fotográficos.
fotocopia *s.f.* Reproducción fotográfica instantánea de escritos, impresos, dibujos, etc.
fotofobia *s.f.* Aversión a la luz.
fotograbado *s.m.* Procedimiento fotográfico para grabar fotográficamente un clisé sobre planchas metálicas.
fotograbar *v.tr.* Grabar por medio de la fotografía.
fotografía *s.f.* Reproducción de imágenes recogidas en el fondo de una cámara oscura y fijadas, por la acción química de la luz, sobre una placa, película o papel. • Estampa que se obtiene por esa técnica.
fotografiar *v.tr.* Reproducir una imagen por medio de la fotografía.
fotograma *s.m.* Cada una de las imágenes de una película cinematográfica, considerada aisladamente.
fotómetro *s.m.* Instrumento óptico para medir la intensidad de la luz.
fotomontaje *s.m.* Combinación de fotografías para ilustrar un tema.
fotón *s.m.* Partícula elemental de luz, sin carga eléctrica, que se desprende del átomo cuando este se desintegra.
fotosfera *s.f.* Envoltura luminosa del Sol, que se supone formada de materia incandescente.
fotosíntesis *s.f.* Proceso de síntesis que realizan los vegetales, en el que la clorofila, por acción de la luz, produce hidratos de carbono, con desprendimiento de oxígeno.
fototipia *s.f.* Procedimiento para reproducir clisés fotográficos sobre una capa de gelatina, extendida sobre cristal o cobre.
fototropismo *s.m.* Movimiento de orientación que sufren las plantas por acción de la luz.
frac *s.m.* Vestimenta masculina de gala, con dos faldones.
fracasar *v.intr.* No dar una cosa el resultado que se esperaba. • No tener éxito; fallar.
fracaso *s.m.* Acción de fracasar.
fracción *s.f.* División en partes. • Parte

de un todo; porción. • Expresión algebraica que indica una división no efectuada o que no puede efectuarse. • Quebrado (número). • *fracción decimal* Quebrado cuyo denominador es una potencia de diez y puede escribirse en forma aparentemente entera. • *fracción ordinaria* La que no es decimal.
fraccionar *v.tr./prnl.* Dividir una cosa en partes.
fraccionario, ria *adj.* Relativo a la fracción. • Dícese del número que expresa partes de la unidad.
fractura *s.f.* Acción de fracturar.
fracturar *v.tr./prnl.* Romper o quebrar con esfuerzo una cosa.
fragancia *s.f.* Olor suave y delicioso; aroma, perfume.
fragata *s.f.* Buque de tres palos, con cofas y vergas en ellos.
frágil *adj.* Que se quiebra con facilidad; quebradizo. • Débil.
fragilidad *s.f.* Cualidad de frágil.
fragmentar *v.tr./prnl.* Dividir en partes o reducir a fragmentos.
fragmentario, ria *adj.* De un fragmento; incompleto, parcial.
fragmento *s.m.* Parte de una cosa o de un escrito; trozo.
fragor *s.m.* Estrépito, estruendo.
fragoroso, sa *adj.* Que produce fragor.
fragoso, sa *adj.* Lleno de malezas o peñascos.
fragua *s.f.* Fogón donde se calientan los metales para forjarlos.
fraguar *v.tr.* Tramar, urdir. • *intr.* Referido al hormigón y otras masas, trabarse y endurecerse.
fraile *s.m.* Religioso, monje.
frambuesa *s.f.* Fruto del frambueso.
frambueso *s.m.* Arbusto de flores blancas, cuyo fruto, la frambuesa, es comestible.
francachela *s.f. fam.* Comida con diversión.
francés, sa *adj./s.* De Francia (Europa). • *s.m.* Lengua hablada en ese país.
francio *s.m.* Metal alcalino inestable cuyos isótopos son radiactivos (símbolo: *Fr*).
franciscano, na *adj./s.* De la orden de San Francisco de Asís.
francmasón, na *s./adj.* Masón.
francmasonería *s.f.* Masonería.
franco, ca *adj.* Que no paga; exento. Sin impedimentos. • Leal en el trato *s.m.* Unidad monetaria de Franc Bélgica, Suiza y otros países.
francófilo, la *adj./s.* Que simpatiza c Francia o con los franceses.
francotirador, ra *s.* Combatiente que pertenece al ejército regular.
franela *s.f.* Paño fino y afelpado.
frangollo *s.m.* Trigo machacado y co do. • Cosa hecha de prisa y mal.
franja *s.f.* Banda, faja.
franklin *s.m.* Unidad de carga eléctric
franklinio *s.m.* Castellanización de palabra *franklin.*
franquear *v.tr.* Quitar los obstáculos impedimentos. • Poner sellos a lo q se remite por correo. • *prnl.* Revel una intimidad.
franqueo *s.m.* Acción de franquear l cartas o paquetes.
franqueza *s.f.* Sinceridad. • Tipo de tr to sin ceremonia.
franquicia *s.f.* Exención del pago de cie tos impuestos.
fraque *s.m.* Frac.
frasco *s.m.* Recipiente de vidrio.
frase *s.f.* Conjunto de palabras con se tido en sí mismo. • Período musical.
frasear *v.tr.* Formar frases.
fraseología *s.f.* Conjunto de frases, loc ciones, refranes, etc.
fratás *s.m.* Instrumento de madera pa fratasar.
fratasar *v.tr.* Alisar la superficie de revoque con el fratás.
fraternal *adj.* Propio de hermano; fratern
fraternidad *s.f.* Unión y amor entre he manos, o entre quienes se tratan con tales; hermandad.
fraternizar *v.intr.* Tener una relaci muy íntima, como de hermanos.
fraterno, na *adj.* Fraternal.
fratricida *adj./s.m. y f.* Dícese del que c mete fratricidio.
fratricidio *s.m.* Delito que consiste matar a un hermano.
fraude *s.m.* Engaño malicioso.
fraudulento, ta *adj.* Que se hace c fraude.

y *s.m.* Apócope de *fraile.*
zada *s.f.* Manta abrigada que se colo-
a sobre la cama.
ático, ca *adj.* Dícese de la capa de
gua ubicada en el nivel superior de la
orteza terrestre.
cuencia *s.f.* Repetición reiterada. •
úmero de veces que ocurre cierto fe-
ómeno en determinado intervalo de
empo.
cuentar *v.tr.* Hacer algo con frecuencia.
Concurrir frecuentemente a un sitio.
ecuente *adj.* Que sucede a menudo.
gadero *s.m.* Lugar para fregar.
egar *v.tr.* Restregar una cosa sobre
tra. • Limpiar la vajilla, los pisos,
tc. • *tr./prnl. América* Molestar, fas-
idiar.
egona *s.f.* Criada que friega.
eír *v.tr.* Cocinar una comida en aceite o
rasa hirviendo.
éjol *s.m.* Fríjol.
enar *v.tr.* Refrenar. • Disminuir o pa-
ar la marcha con el freno.
enesí *s.m.* Exaltación violenta de una
asión. • Delirio furioso.
enético, ca *adj.* Poseído de frenesí. •
urioso, rabioso.
enillo *s.m.* Membrana que sujeta la
engua por la parte inferior.
eno *s.m.* Mecanismo para moderar o
etener el movimiento de las máqui-
as, vehículos u otros móviles. • Lo que
mpide hacer algo.
ente *s.f.* Parte superior de la cara. • *m.*
Parte delantera de una cosa. • En la
uerra, lugar donde se combate.
eón *s.m.* Nombre de varios compuestos
rgánicos usados en equipos de refrige-
ación, insecticidas, etc.
fresa *s.f.* Planta herbácea perenne,
on hojas arrosetadas y frutos comesti-
bles de color rojo.
fresa *s.f.* Herramienta giratoria con
na o más aristas cortantes, para la-
brar metales.
esador, ra *s.* Operario que maneja fre-
adora. • *f.* Máquina provista de fresa
para labrar metales.
esar *v.tr.* Trabajar con la fresa.
esco, ca *adj.* Moderadamente frío. •
Reciente, nuevo. • *adj./s.* Desvergonza-
do. • *s.m.* Frío moderado. • Pintura he-
cha sobre estuco.
frescor *s.m.* Cualidad de lo que causa sensación de fresco.
frescura *s.f.* Cualidad de fresco.
fresno *s.m.* Árbol ornamental y forestal de madera muy elástica.
freudismo *s.m.* Doctrina sicológica del siquiatra austríaco Segismundo Freud, que desarrolla la teoría del sicoanálisis.
freza *s.f.* Desove. • Huevos o crías de peces y otros animales acuáticos.
friable *adj.* Que se desmenuza con facilidad.
frialdad *s.f.* Cualidad de frío. • Falta de afecto.
fricativo, va *adj.* Dícese de las consonantes producidas por la fricción del aire al pasar entre los órganos vocales, como *s* y *f.*
fricción *s.f.* Acción de friccionar. • Roce en un mecanismo.
friccionar *v.tr.* Frotar una parte del cuerpo.
friega *s.f.* Fricción sobre una parte del cuerpo, con fines curativos.
frigidez *s.f.* Cualidad de frío.
frigio, gia *adj./s.* De Frigia (región del Asia antigua).
frigoría *s.f.* Unidad térmica usada en la industria frigorífica.
frigorífico, ca *adj.* Que produce artificialmente gran descenso de la temperatura. • *s.m./adj.* Cámara en que se conservan alimentos en frío. • *s.m. América* Establecimiento industrial donde se preparan y conservan carnes.
frijol *s.m. América* fríjol.
fríjol *s.m.* Judía (planta).
frío, a *adj.* Dícese de los cuerpos de temperatura inferior a la del ambiente. • Desafecto, indiferente. • *s.m.* Temperatura muy baja. • Sensación que produce.
friolento, ta *adj.* Muy sensible al frío.
friolera *s.f.* Cosa poco importante.
frisa *s.f.* Tela ordinaria de lana. • *América* Pelo de ciertas telas.
frisar *v.tr.* Rizar el pelo de un tejido. • *intr.* Estar cerca de algo.
friso *s.m.* Elemento arquitectónico ubicado debajo de la cornisa. • Faja ornamental en una pared.

fritada *s.f.* Conjunto de cosas fritas.
frito *s.m.* Cosa que se ha hecho freír; fritura.
frivolidad *s.f.* Cualidad de frívolo.
frívolo, la *adj.* Que carece de seriedad. • Poco importante; superficial.
fronda *s.f.* Conjunto de hojas y ramas que forman espesura. • Hoja de los helechos.
frondosidad *s.f.* Cualidad de frondoso.
frondoso, sa *adj.* Abundante en hojas y ramas.
frontal *adj.* De la frente. • *s.m./adj.* Hueso que la forma.
frontera *s.f.* Límite.
fronterizo, za *adj.* Que está en la frontera. • Limítrofe.
frontispicio *s.m.* Fachada de un edificio.
frontón *s.m.* Pared para el juego de pelota. • En arquitectura, remate triangular.
frotar *v.tr./prnl.* Pasar repetidamente y con fuerza una cosa sobre otra.
frotis *s.m.* Preparación que se extiende sobre el portaobjeto del microscopio.
fructífero, ra *adj.* Que produce fruto.
fructificar *v.intr.* Dar fruto.
frugal *adj.* Parco en el comer y el beber. • Dícese de las comidas simples.
frugalidad *s.f.* Cualidad de frugal.
frugívoro, ra *adj.* Dícese del animal que se alimenta de frutos.
fruición *s.f.* Sentimiento de placer; goce.
frumentario, ria *adj.* Del trigo y otros cereales.
frunce *s.m.* Efecto de fruncir.
fruncir *v.tr.* Arrugar una tela estrechándola. • Arrugar el entrecejo.
fruslería *s.f.* Cosa de poco valor.
frustración *s.f.* Acción y efecto de frustrar o frustrarse.
frustrado, da *adj.* Fracasado o defraudado.
frustrar *v.tr.* Hacer que no se cumpla un proyecto. • *prnl.* No dar algo el resultado esperado.
fruta *s.f.* Fruto comestible.
frutal *adj./s.m.* Dícese de la planta, generalmente cultivada, que da frutas.
frutero, ra *adj.* De fruta, o para fruta. • *s.m. o f.* Recipiente para servir frutas. • *s.* Persona que vende frutas.
frutícola *adj.* Relativo a la fruticultur
fruticultura *s.f.* Cultivo de las plant frutales.
frutilla *s.f. América* Planta parecida a fresa, pero de frutos más grandes.
fruto *s.m.* Producto del desarrollo d ovario, después de fecundada la flor. Provecho, utilidad.
fucsia *s.f.* Arbusto ornamental, de flor colgantes de color rojo.
fucsina *s.f.* Colorante de color rojo osc ro para teñir lana y seda.
fuego *s.m.* Desprendimiento de calor luz producido por la combustión. • M teria encendida. • Incendio. • Dispa de un arma de fuego. • Ardor, ent siasmo.
fueguino, na *adj./s.* De Tierra del Fue (La Argentina).
fuel *s.m.* Combustible líquido obtenido p refinación y destilación del petróleo brut
fuelle *s.m.* Instrumento para recoger a re y lanzarlo con dirección determin da. • Pieza plegable para dar amplitu a ciertos objetos.
fuente *s.f.* Manantial. • Pila bautisma • Construcción para hacer salir agu por uno o varios caños. • Plato grand
fuer de (a) *loc. prep.* A modo de, en ca dad de, en virtud de.
fuera *adv.* Afuera. • *interj.* Se usa pa ahuyentar.
fuero *s.m.* Jurisdicción. • Compilació de leyes. • Privilegio que se otorgaba una provincia, villa, etc.
fuerte *adj.* Que tiene fuerza o poder. Que se sobrepone a contratiempos. Versado en una ciencia o arte. • *s.m* Recinto fortificado; fortaleza.
fuerza *s.f.* Capacidad para mover alg vigor. • Aplicación del poder físico moral, para obtener algo; esfuerzo. Acción que modifica el estado de repos o movimiento de un cuerpo. • *pl.* Gen de guerra.
fuga *s.f.* Acción de huir. • Escape de u fluido. • Cierta composición musical.
fugacidad *s.f.* Cualidad de fugaz.
fugar *v.intr./prnl.* Huir.
fugaz *adj.* De corta duración; efímero.
fugitivo, va *adj.* Que dura poco. • *adj./* Dícese de la persona que huye.

fulano, na *s.* Nombre para designar a una persona indeterminada.
fulcro *s.m.* Punto de apoyo de la palanca.
fulero, ra *adj. fam.* Inaceptable. • *fam. América* Feo, desagradable.
fulgor *s.m.* Brillo, resplandor.
fulgurar *v.intr.* Brillar mucho.
fullería *s.f.* Trampa en el juego.
fullero, ra *adj./s.* Que hace fullerías.
fulminante *adj.* Que fulmina. • Dícese de la enfermedad repentina y grave. • *adj./s.m.* Que estalla con explosión.
fulminar *v.tr.* Arrojar rayos. • Matar por descarga eléctrica. • Causar muerte repentina una enfermedad. • Dictar o imponer sentencias o excomuniones.
fulmíneo, a *adj.* Que participa de las propiedades del rayo.
fumada *s.f.* Porción de humo que se toma de una vez fumando.
fumar *v.tr./intr.* Aspirar y expeler el humo del tabaco. • *prnl. fam.* Gastar algo sin moderación.
fumaria *s.f.* Hierba de flores purpúreas y jugo amargo usado en medicina.
fumarola *s.f.* Grieta en la tierra, por donde salen gases.
fumigación *s.f.* Acción de fumigar.
fumigar *v.tr./intr.* Desinfectar algo usando humo, gas o vapor.
fumista *s.m.* El que hace o vende estufas, chimeneas, etc.
función *s.f.* Ejercicio de un empleo, oficio, misión, etc. • Actividad propia de un órgano o aparato de los seres vivos y de las máquinas. • Espectáculo público. • Cometido de una palabra en la oración. • En matemática, magnitud cuyos valores dependen del de otra u otras magnitudes variables.
funcional *adj.* Relativo a la función.
funcionar *v.intr.* Cumplir una cosa su función.
funcionario, ria *s.* Empleado público.
funda *s.f.* Cubierta con que se envuelve una cosa para resguardarla.
fundación *s.f.* Acción de fundar. • Obra benéfica, cultural, etc.
fundador, ra *adj./s.* Dícese de la persona que funda algo.
fundamental *adj.* Que sirve de fundamento; básico.
fundamentar *v.tr.* Echar los cimientos. • Dar las razones de algo.
fundamento *s.m.* Principio, base o cimiento de algo. • Razón de una cosa.
fundar *v.tr.* Empezar a edificar. • Establecer, instituir. • Apoyar con razones.
fundente *adj./s.m.* Que facilita la fundición.
fundición *s.f.* Acción de fundir. • Fábrica donde se funden los metales. • Aleación de hierro con carbono.
fundillos *s.m. pl.* Fondillos.
fundir *v.tr/intr./prnl.* Hacer líquido un sólido por calor; derretir. • Fusionar. • *tr.* Dar forma en moldes al metal fundido. • *prnl. América* Arruinarse.
fundo *s.m.* Heredad o finca rústica.
fúnebre *adj.* De los difuntos. • Muy triste; lúgubre.
funeral *adj.* Relativo al entierro. • *s.m.* Entierro con pompa.
funerario, ria *adj.* Relativo al entierro. • *s.f.* Empresa encargada de todo lo referente a un entierro.
funesto, ta *adj.* Que es origen de desgracia; nefasto.
fungible *adj.* Que se consume con el uso.
fungicida *adj./s.m.* Dícese de la sustancia que destruye los hongos.
fungosidad *s.f.* Carnosidad que se desarrolla en la piel o las heridas.
fungoso, sa *adj.* Perteneciente relativo a los hongos. • Esponjoso.
funguicida *adj. / s.m.* Fungicida.
funicular *adj./s.m.* Compuesto de cables o cuerdas. • Dícese del ferrocarril para zonas montañosas, que es arrastrado por cables.
furcio *s.m. América* Error de un actor o locutor al recitar o leer un texto.
furgón *s.m.* Vagón o vehículo cerrados, para trasporte de cargas.
furgoneta *s.f.* Camión pequeño.
furia *s.f.* Ira, cólera. • Actividad violenta. • En la mitología romana, divinidad infernal.
furibundo, da *adj.* Lleno de furia.
furioso, sa *adj.* Furibundo. • Violento, terrible.
furo *s.m.* Canal que une dos ríos.
furor *s.m.* Furia, ira. • Momento de mayor auge de una moda o costumbre.
furriel *s.m.* Suboficial o soldado que se ocupa de tareas generales de oficina.

furrier *s.m.* Furriel.
furtivo, va *adj.* Que se hace a escondidas. • Que obra a escondidas.
furúnculo *s.m.* Forúnculo.
fusa *s.f.* Figura musical que equivale a dos semifusas.
fusco, ca *adj.* Oscuro.
fuselaje *s.m.* Cuerpo del avión.
fusible *adj.* Que puede fundirse. • *s.m.* Hilo o chapa metálica de fácil fundición que se intercala en un circuito para interrumpir una corriente eléctrica excesiva.
fusiforme *adj.* De figura de huso.
fusil *s.m.* Arma de fuego portátil de cañón largo.
fusilamiento *s.m.* Acción de fusilar.
fusilar *v.tr.* Ejecutar a una persona con descarga de fusiles.
fusilería *s.f.* Conjunto de fusiles o de fusileros. • Descarga simultánea de varios fusiles.
fusilero *adj.* Relativo al fusil. • *s.m.* Soldado armado con fusil y bayoneta.
fusión *s.f.* Acción y efecto de fundir.
fusionar *v.tr./prnl.* Unir ideas, intereses o partidos; fundir.
fusta *s.f.* Vara flexible con una correa, para estimular a los caballos. • Leñ delgada.
fuste *s.m.* Madera. • Asta de lanza. Categoría de una persona. • Parte d una columna, entre el capitel y la bas
fustigar *v.tr.* Azotar con la fusta. • Censurar severamente.
fútbol o **futbol** *s.m.* Juego entre do equipos, cuyos integrantes deben im pulsar una pelota, con los pies, hasta arco del adversario.
futbolista *s.m. y f.* Jugador de fútbol.
futesa *s.f.* Fruslería, insignificancia pequeñez.
fútil *adj.* De poca importancia.
futileza *s.f.* Futilidad.
futilidad *s.f.* Cualidad de fútil. • Cos sin importancia.
futurismo *s.m.* Actitud espiritual, cultu ral, etc., orientada hacia el futuro. Cierto movimiento estético de princ pios del siglo XX.
futuro, ra *adj.* Que está por venir o suce der. • *adj./s.m.* Dícese del tiempo ver bal que expresa acción futura. • *s.m* Porvenir.
futurología *s.f.* Estudios para predeci científicamente el futuro del hombre.

G

g *s.f.* Consonante, séptima letra del abecedario español. Su nombre es *ge*.

gabán *s.m.* Prenda de abrigo que se pone encima de otras.

gabardina *s.f.* Cierta tela de tejido diagonal. • Sobretodo hecho con esa tela.

gabela *s.f.* Carga o gravamen.

gabinete *s.m.* Habitación donde se reciben visitas de confianza. • Sala donde se guarda una colección de objetos artísticos o científicos. • Conjunto de ministros.

gacela *s.f.* Antílope pequeño con cuernos anillados, originario de África y Asia.

gaceta *s.f.* Periódico que se ocupa de un ramo especial.

gacetilla *s.f.* Noticia breve en un periódico.

gacha *s.f.* Cualquier masa muy blanda. • *pl.* Comida hecha con harina, leche, miel, etcétera.

gacho, cha *adj.* Inclinado o doblado.

gadolinio *s.m.* Elemento que aún no se puede obtener en estado metálico puro (símbolo: *Gd*).

gafa *s.f.* Grapa. • *pl.* Anteojos con patillas para sujetarlos sobre las orejas.

gaita *s.f.* Instrumento musical de viento, formado por un fuelle al que van unidos varios tubos.

gaje *s.m.* Emolumento, salario.

gajo *s.m.* Rama de un árbol. • Cada uno de los grupos de uvas en que se divide el racimo. • Cada una de las partes en que se dividen internamente ciertos frutos.

gal *s.m.* Unidad de aceleración en el sistema cegesimal.

gala *s.f.* Adorno, ornato. • Lo más selecto de cierta cosa. • Gracia con que se hace o dice algo.

galáctico, ca *adj.* Relativo a las galaxias o a la Vía Láctea.

galactófago, ga *adj.* Que se alimenta de leche.

galaico, ca *adj.* Relativo a Galicia.

galalita *s.f.* Materia plástica, incombustible y aislante.

galán *adj.* Apócope de galano. • *s.m.* Hombre de buen aspecto. • Hombre que galantea a una mujer. • Actor que representa papeles principales serios.

galano, na *adj.* Que está bien arreglado. • Gracioso, ingenioso.

galante *adj.* Atento y obsequioso, en especial con las mujeres.

galantear *v.tr.* Cortejar un hombre a una mujer.

galantería *s.f.* Cualidad de galante. • Acción o dicho galantes.

galanura *s.f.* Gracia, gentileza.

galápago *s.m.* Reptil acuático parecido a la tortuga.

galardón *s.m.* Recompensa, premio.

galardonar *v.tr.* Otorgar un galardón; premiar.

galaxia *s.f.* Vía Láctea. • Cualquier formación estelar semejante.

galena *s.f.* Sulfuro de plomo natural.

galeno *s.m.* *fam.* Médico.

galeón *s.m.* Barco antiguo de vela, parecido a la galera.

galeote *s.m.* Condenado que remaba en las galeras.

galera *s.f.* Barco antiguo movido con velas y remos. • Carruaje grande de cuatro ruedas, generalmente cubierto. • Crustáceo marino de carne sabrosa. • En imprenta, tablilla en la que se colocan las líneas de tipografía para formar la galerada. • *América* Sombrero de copa alta y cilíndrica.

galerada *s.f.* En imprenta, composición que entra en una galera.

galería *s.f.* Pasillo amplio, descubierto o con vidrieras. • Pieza larga y espaciosa. • Camino subterráneo en una mina. • Local en que se exponen colecciones artísticas o de otro tipo. • En los teatros, sitio de las localidades más baratas.

galés, sa *adj./s.* De Gales (Reino Unido).

galga *s.f.* Palo grueso que sirve de freno a las ruedas de un carro.

galgo, ga *s./adj.* Perro muy veloz, de cuerpo y patas largos y delgados.

galguear *v.intr. fam. América* Sentir hambre. • *fam.* Buscar algo que se necesita mucho.

gálibo *s.m.* Arco de hierro que se suspende sobre una vía férrea para verificar si los vagones no exceden de la altura máxima para pasar por debajo de puentes y túneles.

galicismo *s.m.* Palabra o expresión del idioma francés empleadas en otra lengua.

galicista *adj./s.m. y f.* Que emplea galicismos con frecuencia.

gálico, ca *adj.* Perteneciente a la Galia (región de la antigua Europa).

galileo, a *adj./s.* De Galilea (antigua Palestina).

galimatías *s.m.* Lengua incomprensible.

galio *s.m.* Metal gris, estable en aire seco y soluble en álcalis (símbolo: *Ga*).

galladura *s.f.* Pequeño coágulo en la yema del huevo fecundado.

gallardete *s.m.* Bandera pequeña y triangular.

gallardía *s.f.* Cualidad de gallardo.

gallardo, da *adj.* Que tiene buena presencia; apuesto. • Valiente, bizarro.

gallareta *s.f.* Ave zancuda pequeña que tiene una placa córnea sobre el pico.

gallego, ga *adj./s.* De Galicia (España). • *s.m.* Lengua hablada en esa región.

galleta *s.f.* Pan sin levadura. • Pasta de harina, azúcar y otros ingredientes, que se cuece al horno.

galletita *s.f. América* Galleta pequeña.

gallina *s.f.* Ave doméstica hembra del gallo. • *m. fam.* Hombre cobarde.

gallináceo, a *adj.* Relativo a la gallina. • *adj./s.f.* Dícese del ave de vuelo corto, que es útil por su carne y los huevos que pone la hembra, como el pavo y el faisán.

gallinero, ra *s.* El que cría o vende gallinas. • *m.* Sitio donde se crían las aves de corral. • *fam.* Galería de los teatros.

gallineta *s.f. América* Cierta ave parecida a la gallareta.

gallipato *s.m.* Cierto batracio que vive en lugares cenagosos.

gallito *s.m. fam.* Bravucón.

gallo *s.m.* Ave doméstica con cresta roja y erguida. • *fam.* Gallito. • *fam.* Nota falsa dada al cantar o hablar.

galo, la *adj./s.* De la antigua Galia.

galocha *s.f. América* Chanclo.

1. galón *s.m.* Unidad inglesa de medida equivalente a 4,5 litros.

2. galón *s.m.* Cinta de adorno, de seda o de hilo dorado o plateado. • Cierto distintivo militar.

galop *s.m.* Galopa.

galopa *s.f.* Danza rápida de origen húngaro.

galopante *adj.* Que galopa. • Dícese de las enfermedades que provocan una muerte fulminante.

galopar *v.intr.* Ir a galope.

galope *s.m.* La marcha más veloz del caballo.

galpón *s.m. América* Construcción grande usada como depósito.

galvánico, ca *adj.* Relativo al galvanismo.

galvanismo *s.m.* Conjunto de fenómenos relacionados con la producción de corriente eléctrica por medios químicos.

galvanizar *v.tr.* Recubrir un metal con una capa ligera de otro por medios eléctricos, químicos, etc.

galvanocauterio *s.m.* Nombre de diversos instrumentos usados en medicina para cauterizar por medios eléctricos.

galvanómetro *s.m.* Aparato para medir la intensidad de una corriente eléctrica.

galvanoplastia *s.f.* Técnica de recubrir un cuerpo con una capa metálica, por electrólisis.

galvanotipia *s.f.* Procedimiento para la reproducción de clisés tipográficos mediante la técnica galvánica.
galvanotipo *s.m.* Clisé obtenido por galvanotipia.
gama *s.f.* Escala musical. • Sucesión gradual de colores.
gamada *adj.* / *s.f.* Esvástica.
gamba *s.f.* Crustáceo comestible, parecido al langostino.
gamberro, rra *adj.* / *s.* Libertino. • Que actúa con grosería.
gambeta *s.f.* Movimiento que se hace en la danza cruzando las piernas. • *América* Movimiento hecho con el cuerpo para evitar un obstáculo o una caída.
gambetear *v.intr.* Hacer gambetas.
gambito *s.m.* Cierto lance del juego de ajedrez.
gameto *s.m.* Célula reproductora sexual, masculina o femenina.
gamezno, na *s.* Gamo joven.
gamma *s.f.* Tercera letra del alfabeto griego (γ).
gammahexano *s.m.* Polvo blanco muy tóxico, insoluble en agua.
gamo, ma *s.* Mamífero rumiante parecido al ciervo.
gamopétalo, la *adj.* / *s.f.* Dícese de la flor cuyos pétalos están soldados entre sí.
gamosépalo, la *adj.* / *s.m.* Dícese del cáliz cuyos sépalos están soldados entre sí.
gamuza *s.f.* Mamífero rumiante parecido al antílope, con cuernos lisos y encorvados en la punta. • Piel de ese mamífero.
gamuzado, da *adj.* Dícese del cuero, tela, etc., que tienen el aspecto de la gamuza.
gana *s.f.* Deseo de hacer algo.
ganadería *s.f.* Cría del ganado. • Ganado de una región.
ganadero, ra *adj.* Relativo al ganado. • *s.* Propietario de ganado.
ganado *s.m.* Conjunto de animales domésticos cuadrúpedos, aprovechables económicamente.
ganancia *s.f.* Acción y efecto de ganar; en especial, en comercio.
ganancial *adj.* Propio de la ganancia.
ganancioso, sa *adj.* Que causa ganancias. • *adj.* / *s.* Que las obtiene.
ganapán *s.m.* Hombre que lleva recados o cargas para ganarse la vida.
ganar *v.tr.* Obtener o aumentar un beneficio con cualquier clase de comercio, industria o trabajo. • Conseguir o conquistar. • Captar la voluntad. • Llegar al lugar que se pretende. • *intr.* Mejorar. • Superar a otro en cierta cosa.
ganchillo *s.m.* Varilla con punta en forma de gancho, para tejer. • Labor hecha con ella.
gancho *s.m.* Instrumento curvo y puntiagudo, para prender, agarrar o colgar una cosa.
gandul, la *adj.* / *s. fam.* Holgazán, perezoso.
ganga *s.f.* Material no aprovechable que acompaña a los minerales cuando se los saca de la mina. • Cosa valiosa obtenida por poco precio o esfuerzo.
ganglio *s.m.* Nudo o abultamiento en el trayecto de los nervios, formado por la acumulación de células nerviosas.
gangrena *s.f.* Desorganización y muerte de cualquier órgano o tejido orgánico.
ganguear *v.intr.* Hablar con resonancia nasal.
ganoideo, a *adj.* / *s.m.* Dícese del pez de esqueleto óseo y cartilaginoso, como el esturión.
gansada *s.f. fam.* Hecho o dicho sin sentido o de poca seriedad.
ganso, sa *s.* Ave doméstica apreciada por su carne y su hígado. • *adj.* / *s. fam.* Gandul.
ganzúa *s.f.* Alambre doblado a modo de garfio, con que se pueden abrir ciertas cerraduras.
gañán *s.m.* Hombre que hace diversos trabajos en una hacienda. • Hombre fuerte y tosco.
gañido *s.m.* Grito quejumbroso del perro u otros animales cuando se los maltrata.
gañil *s.m.* Garganta de los animales.
gañir *v.intr.* Dar gañidos el perro y otros animales.
gañote *s.m. fam.* Garguero.
garabatear *v.intr.* / *tr.* Dibujar garabatos.

garabato *s.m.* Trazo irregular hecho con lápiz o pluma. • Garfio.
garaje *s.m.* Lugar donde se guardan automóviles.
garajista *s.m. y f. América* Persona que trabaja en un garaje.
garante *adj. / s.m. y f.* Que da garantía.
garantía *s.f.* Seguridad contra una eventualidad. • Lo que asegura el cumplimiento de un convenio. • Fianza.
garantir *v.tr.* Garantizar.
garantizar *v.tr.* Dar garantía. • Hacerse responsable de cumplir las obligaciones de otra persona si esta no lo hace.
garapiña *s.f.* Estado de un líquido que se solidifica formando grumos.
garapiñar *v.tr.* Hacer que un líquido llegue al estado de garapiña. • Bañar golosinas en un almíbar que forma grumos.
garbanzo *s.m.* Planta herbácea de semillas alimenticias.
garbo *s.m.* Gracia y desenvoltura.
garboso, sa *adj.* Que tiene garbo.
garceta *s.f.* Ave zancuda de plumaje blanco, con un penacho en la cabeza.
gardenia *s.f.* Arbusto ornamental de flores blancas muy perfumadas.
garduña *s.f.* Mamífero nocturno que destruye las crías de otros animales.
garete (ir al) *loc. v.* Quedar un barco al arbitrio del mar o del viento.
garfa *s.f.* Pieza que sostiene colgado el cable conductor de la corriente para los ferrocarriles eléctricos.
garfio *s.m.* Gancho de hierro para aferrar las cosas.
gargajo *s.m.* Flema casi coagulada que se expele de la garganta.
garganta *s.f.* Parte anterior externa e interna del cuello. • Espacio interno entre el velo del paladar y la entrada del esófago y de la laringe. • Estrechamiento de ciertas cosas. • Paso estrecho entre montañas, ríos, etc. • Ranura. • Ángulo que forman la pierna y la parte superior del pie.
gargantilla *s.f.* Collar corto que usan las mujeres.
gárgara *s.f.* Acción de mantener un líquido en la garganta, con la boca hacia arriba y arrojando aire para que se mueva.
gargarismo *s.m.* Acción y efecto de hacer gárgaras.
gárgola *s.f.* Caño de desagüe que sobresale de un tejado o una fuente.
garguero *s.m. fam.* Parte superior de la tráquea.
garita *s.f.* Casilla para abrigo de centinelas, vigilantes, etc.
garito *s.m.* Local donde se juega clandestinamente a juegos de azar.
garlopa *s.f.* Cepillo grande de carpintería, con mango.
garnacha *s.f.* Variedad de uva roja, muy dulce, y vino que se hace con ella.
garra *s.f.* Mano o pie de un animal, terminados en uñas fuertes y curvas.
garrafa *s.f.* Damajuana.
garrafal *adj.* Muy grande e inconveniente.
garrapata *s.f.* Cierto arácnido que es parásito de algunos animales, con cuya sangre se alimenta.
garrapatear *v.intr. / tr.* Garabatear.
garrido, da *adj.* Apuesto, arrogante.
garrocha *s.f.* Vara larga que utilizan ciertos atletas para saltar. • En tauromaquia, vara para picar toros.
garrón *s.m.* Espolón de algunas aves. • Parte de las reses, junto a la pezuña, por donde se cuelgan después de muertas.
garronear *v.tr. / intr. fam. América* Pedir y obtener algo como regalo.
garrote *s.m.* Palo grueso y fuerte. • Acción de apretar una ligadura retorciéndola con un palo. • Instrumento para ejecutar a los condenados a muerte estrangulándolos.
garrotillo *s.m.* Difteria.
garrucha *s.f.* Polea.
gárrulo, la *adj.* Dícese del ave que canta. • Que habla con exceso.
garúa *s.f. América* Llovizna.
garuar *v.intr. unipers. América* Lloviznar.
garufa *s.f. América* Diversión nocturna.
garza *s.f.* Ave zancuda de cuello largo y delgado, que vive a orillas de ríos y pantanos.
garzo, za *adj.* De color azulado.
garzota *s.f.* Cierta ave zancuda de regiones templadas.

gas *s.m.* Cuerpo que, a temperatura y presión normales, puede expandirse indefinidamente. • Combustible gaseoso para alumbrado y calefacción.

gasa *s.f.* Tela de tejido casi trasparente. • Tejido de algodón para vendajes.

gascón, na *adj./s.* De Gascuña (Francia).

gasear *v.tr.* Hacer que un líquido absorba cierta cantidad de gas. • Someter algo a la acción de gases tóxicos, lacrimógenos, etc.

gaseiforme *adj.* Que se halla en estado de gas.

gaseoso, sa *adj.* Gaseiforme. • Que contiene gas. • *s.f./adj.* Bebida refrescante, sin alcohol y efervescente.

gasificar *v.tr./prnl.* Convertir un líquido en gas.

gasista *s.m.* Persona que coloca o arregla artefactos de gas.

gasoducto *s.m.* Tubería para conducir gas natural o artificial a larga distancia.

gasógeno *s.m.* Aparato para obtener gases.

gasóleo *s.m.* Aceite combustible que se obtiene por destilación del alquitrán de petróleo.

gasolina *s.f.* Combustible líquido, volátil e inflamable, que se obtiene de la destilación del petróleo [sinón.: *nafta*].

gasolinera *s.f.* Lancha con motor de gasolina. • Local donde se vende gasolina.

gasómetro *s.m.* Instrumento para medir gas. • Depósito grande para almacenar el gas.

gastador, ra *adj. /s.* Que gasta dinero sin prudencia.

gastar *v.tr.* Emplear el dinero en una cosa. • Consumir, acabar. • Usar habitualmente. • *tr./prnl.* Desgastar. • *prnl.* Envejecer o perder energías.

gasto *s.m.* Acción de gastar. • Lo que se gasta.

gastralgia *s.f.* Dolor de estómago.

gástrico, ca *adj.* Perteneciente al estómago.

gastritis *s.f.* Inflamación aguda del estómago.

gastroenteritis *s.f.* Inflamación de la mucosa del estómago y de los intestinos.

gastroenterología *s.f.* Rama de la medicina que se ocupa de las enfermedades del aparato digestivo.

gastrointestinal *adj.* Perteneciente al estómago y a los intestinos.

gastronomía *s.f.* Práctica y conocimiento relacionados con el buen comer.

gastrónomo, ma *s.* Persona aficionada a comer bien, o conocedora de bebidas y comidas.

gatear *v.intr.* Andar a gatas. • Trepar como los gatos.

gatera *s.f.* Agujero hecho en una pared o puerta para que pasen los gatos.

gatillo *s.m.* Palanca curvada que provoca el disparo en un arma de fuego.

gato, ta *s.* Mamífero carnívoro, doméstico, astuto y hábil cazador de roedores. • *m.* Bolsa en que se guarda dinero. • Máquina elevadora portátil para alzar grandes cargas a pequeñas alturas. • Danza folclórica argentina. • *f.* Gatuña.

gatuña *s.f.* Planta herbácea, cuyas raíces se usan en medicina y como aperitivo.

gauchada *s.f.* *América* Acción propia de un gaucho. • Favor que se hace con desinterés.

gauchaje *s.m.* *América* Conjunto de gauchos.

gauchesco, ca *adj.* Perteneciente o relativo a los gauchos.

gaucho *s.m.* Hombre que habitaba en la pampa de la Argentina, el Uruguay y sur del Brasil.

gaucho, cha *adj.* Relativo al gaucho. • *América* Generoso y servicial.

gausio *s.m.* Castellanización de la palabra *gauss*.

gauss *s.m.* Unidad de inducción magnética en el sistema cegesimal.

gaveta *s.f.* Cajón de los escritorios.

gavilán *s.m.* Ave rapaz parecida al halcón. • Cada uno de los dos hierros que forman la cruz de la espada.

gavilla *s.f.* Conjunto atado de mieses o ramas. • Grupos de personas despreciables.

gaviota *s.f.* Ave acuática blanca, que es muy buena voladora.

gavota *s.f.* Antigua danza francesa.
gayola *s.f. fam.* Cárcel.
gazapera *s.f.* Madriguera de los conejos.
1. gazapo *s.m.* Conejo joven.
2. gazapo *s.m.* Error que comete por distracción el que habla o escribe.
gazmoñería *s.f.* Cualidad de gazmoño.
gazmoño, ña *adj. / s.* Mojigato.
gaznápiro, ra *adj. / s.* Torpe o necio.
gaznate *s.m. fam.* Garguero.
gazpacho *s.m.* Sopa fría de pan, aceite, vinagre, sal, ajo y verduras.
ge *s.f.* Nombre de la letra *ge*.
gea *s.f.* Conjunto de los componentes inorgánicos de un país o una región.
géiser *s.m.* Surtidor terminal intermitente, de origen volcánico.
gel *s.m.* Sustancia coloidal viscosa, parecida a la jalea.
gelatina *s.f.* Sustancia sólida e incolora, obtenida de la piel y de los huesos de los animales.
gelatinoso, sa *adj.* Que contiene gelatina, o se parece a ella.
gélido, da *adj.* Muy frío; helado.
gelinita *s.f.* Variedad de dinamita.
gema *s.f.* Yema de un vegetal. • Piedra preciosa. • *adj.* Dícese de la sal común.
gemación *s.f.* Reproducción asexual de algunas plantas e invertebrados. • En botánica, desarrollo de las yemas de un vegetal.
gemebundo, da *adj.* Que gime.
gemelo, la *adj. / s.* Dícese de cada uno de dos o más hermanos nacidos de un mismo parto. • *adj.* Dícese de dos partes, piezas o elementos iguales de una cosa. • *s.m. pl.* Juego de dos botones para los puños de las camisas. • Instrumento óptico binocular.
gemido *s.m.* Acción de gemir.
geminado, da *adj.* Partido, dividido.
gemir *v.intr.* Expresar dolor con voces lastimeras. • Aullar algunos animales.
gen *s.m.* Cada una de las partículas de los cromosomas, que condicionan la trasmisión de los caracteres hereditarios.
genciana *s.f.* Planta de hojas grandes y flores amarillas, cuyas raíces tienen propiedades medicinales.
gendarme *s.m.* Militar encargado del orden y la seguridad; en especial, en las fronteras. • En algunos países, agente de policía.
genealogía *s.f.* Serie de antepasados de una persona o un animal.
genealógico, ca *adj.* Relativo a la genealogía.
generación *s.f.* Acción de generar o engendrar. • Sucesión de descendientes en línea recta. • Conjunto de personas coetáneas.
generacional *adj.* Relativo a una generación de individuos.
generador, ra *adj.* Que genera o engendra. • *s.m.* Máquina trasformadora de energía.
general *adj.* Común a todos o para todos. • Muy difundido. • Impreciso. • *s.m.* Alto grado jerárquico militar.
generalato *s.m.* Grado de general. • Conjunto de generales.
generalidad *s.f.* Cualidad de general. • La casi totalidad de un conjunto. • *pl.* Cosa dicha o escrita sin precisión.
generalísimo *s.m.* En algunos países, máxima autoridad militar.
generalización *s.f.* Acción y efecto de generalizar.
generalizar *v.tr.* Hacer general o pública una cosa.
generar *v.tr.* Dar existencia a algo.
generativo, va *adj.* Que puede generar o producir algo.
generatriz *adj. / s.f.* En geometría, dícese de la línea o figura generadoras.
genérico, ca *adj.* De un mismo género, o común a muchas especies. • Relativo al género gramatical. • Dícese del sustantivo común.
género *s.m.* Grupo de cosas, seres o especies que tienen rasgos comunes. • Modo o manera. • Cualquier tela. • Mercadería. • Categoría gramatical según la cual los sustantivos y los adjetivos se dividen en masculinos, femeninos y neutros.
generosidad *s.f.* Cualidad de generoso.
generoso, sa *adj.* De ideas, actos, etc., nobles o elevados. • Que da lo que tiene. • De buena calidad.
génesis *s.f.* Origen o principio de una cosa. • *prop. m.* Primer libro del Antiguo Testamento.

genética *s.f.* Parte de la biología que trata de los problemas de la herencia.
genial *adj.* Del genio de una persona. • Extraordinario, notable.
genialidad *s.f.* Cualidad de genial. • Singularidad propia del carácter de una persona.
genio *s.m.* Carácter de una persona. • Aptitud intelectual o artística extraordinaria, y persona que la tiene.
genital *adj.* Que sirve para reproducción animal.
genitivo, va *adj.* Que puede engendrar o producir. • *s.m.* En gramática, caso de la declinación que indica posesión.
genitourinario, ria *adj.* Relativo a los órganos y a las vías genitales y urinarias.
genocidio *s.m.* Exterminio sistemático de un pueblo o cualquier otro grupo humano.
genoma *s.m.* Conjunto de los cromosomas provenientes de cada uno de los progenitores.
gente *s.f.* Conjunto de personas. • *fam.* Familia de una persona. • *adj. América* Decente, honesto, educado.
gentil *adj. / s.m. y f.* Idólatra o pagano. • *adj.* De buena presencia. • Amable y cortés.
gentileza *s.f.* Cualidad de gentil o apuesto. • Amabilidad y cortesía.
gentilhombre *s.m.* (*pl.* gentileshombres) Buen mozo. • Noble que servía a los reyes.
gentilicio, cia *adj.* De cierta gente o nación. • *adj. / s.m.* Dícese de los nombres que expresan nacionalidad o lugar de origen.
gentío *s.m.* Reunión de mucha gente.
gentuza *s.f.* Gente despreciable.
genuflexión *s.f.* Acción de doblar las rodillas en señal de reverencia.
genuino, na *adj.* Puro, legítimo.
geobotánica *s.f.* Fitogeografía.
geocéntrico, ca *adj.* Del centro de la Tierra.
geodesia *s.f.* Ciencia que trata de la forma y medidas de la Tierra.
geofísica *s.f.* Parte de la geología que estudia las propiedades físicas de la Tierra.
geogenia *s.f.* Parte de la geología que se ocupa del origen y formación de la Tierra.
geografía *s.f.* Ciencia que trata de la descripción de la Tierra.
geógrafo, fa *s.* Persona que se dedica al estudio de la geografía.
geoide *s.m.* Forma teórica de la Tierra determinada por la geodesia.
geología *s.f.* Ciencia que estudia la formación de la Tierra, los materiales que la componen y los cambios que ha sufrido desde su origen.
geólogo, ga *s.* Persona que se dedica al estudio de la geología.
geomagnetismo *s.m.* Magnetismo terrestre.
geometría *s.f.* Parte de la matemática que trata de la extensión de las figuras en sus tres dimensiones.
geopolítica *s.f.* Ciencia que estudia la influencia de los hechos geográficos y económicos en la política.
georama *s.m.* Globo terráqueo grande y hueco sobre cuya superficie interior está trazada la figura de la Tierra.
geórgica *s.f.* Obra literaria sobre asuntos agrícolas.
geotropismo *s.m.* Propiedad de tomar una dirección determinada bajo la influencia de la gravedad.
geranio *s.m.* Planta herbácea de jardín, con flores de color muy variado.
gerencia *s.f.* Cargo, actividad u oficina del gerente.
gerente *s.m. y f.* Director de un establecimiento mercantil.
geriatra *s.m. y f.* Médico especializado en geriatría.
geriatría *s.f.* Parte de la medicina que se ocupa de las enfermedades de la vejez.
gerifalte *s.m.* Especie de halcón de gran tamaño.
germanía *s.f.* Jerga o manera de hablar de los delincuentes.
germánico, ca *adj.* De Alemania o de los alemanes.
germanio *s.m.* Metal frágil de color blanco grisáceo (símbolo: *Ge*).
germanismo *s.m.* Palabra o giro alemanes empleados en otro idioma.
germano, na *adj. / s.* De Germania (Europa antigua). • Alemán.
germanófilo, la *adj. / s.* Que simpatiza con Alemania o con los alemanes.

germen *s.m.* Principio rudimentario de un nuevo ser orgánico. • Embrión de una semilla. • Comienzo, origen.
germinación *s.f.* Acción de germinar.
germinar *v.intr.* Crecer el embrión en la semilla de las plantas. • Desarrollarse una cosa no material.
gerontología *s.f.* Estudio de la vejez y los fenómenos que la caracterizan.
gerundio *s.m.* Derivado verbal terminado en *-ando* o en *-iendo* que expresa una acción en proceso.
gesta *s.f.* Conjunto de hazañas o hechos memorables de una persona o un grupo de personas.
gestación *s.f.* Acción y efecto de gestar.
gestar *v.tr./intr.* Llevar y sustentar la madre en su organismo al hijo hasta el parto. • *tr./prnl.* Preparar o elaborar un hecho, una obra, etc.
gesticular *v.intr.* Hacer gestos.
gestión *s.f.* Acción de gestionar.
gestionar *v.tr.* Hacer diligencias o trámites para obtener algo.
gesto *s.m.* Movimiento expresivo del rostro o de las manos. • Rasgo de carácter o de conducta. • Semblante.
gestor, ra *adj./s.* Que gestiona.
gestual *adj.* Relativo a los gestos. • Que se hace con gestos.
giba *s.f.* Joroba o deformación.
gibón *s.m.* Nombre de varios monos antropoides, con brazos muy largos y sin cola.
giboso, sa *adj./s.* Que tiene giba.
gigante *adj.* Muy grande; enorme.
gigante, ta *s.* Persona muy alta. • *m.* El que se destaca mucho en algo.
gigantesco, ca *adj.* De gigante.
gigantismo *s.m.* Enfermedad del desarrollo caracterizada por un crecimiento excesivo y anormal.
gilbert *s.m.* Cierta unidad electromagnética.
gilbertio *s.m.* Castellanización de la palabra *gilbert*.
gimnasia *s.f.* Arte de fortalecer y desarrollar el cuerpo por medio de ciertos ejercicios físicos.
gimnasio *s.m.* Lugar para la práctica de la gimnasia.
gimnasta *s.m. y f.* Persona que practica gimnasia.
gimnoto *s.m.* Pez parecido a la anguila, que produce descargas eléctricas.
gimotear *v.intr.* Gemir con frecuencia o sin causa justificada.
ginandra *adj. f.* Dícese de las flores cuyo androceo forma un solo cuerpo con el gineceo, como las orquídeas, y de las plantas que las poseen.
ginebra *s.f.* Bebida alcohólica aromatizada con bayas de enebro.
gineceo *s.m.* Entre los antiguos griegos, aposento de las mujeres. • Conjunto de los órganos femeninos de la flor.
ginecología *s.f.* Parte de la medicina que estudia las enfermedades del aparato reproductor femenino.
gingival *adj.* Relativo a las encías.
gira *s.f.* Excursión o viaje de recreo. • Serie de actuaciones, en distintos lugares, de una compañía teatral o de una persona.
giralda *s.f.* Veleta de torre con figura humana o animal.
girar *v.intr.* Moverse alrededor de algo. • Versar sobre cierto tema. • Cambiar la dirección inicial. • Realizar operaciones mercantiles. • *tr./intr.* Emitir una orden de pago.
girasol *s.m.* Planta de flores agrupadas en capítulos amarillos; de sus semillas se extrae un aceite comestible.
giratorio, ria *adj.* Que gira o se mueve alrededor de algo.
giro *s.m.* Acción de girar. • Estructura especial de la frase u oración. • Cierta orden de pago.
girocompás *s.m.* Aguja magnética que indica el norte verdadero.
giroscopio *s.m.* Aparato para demostrar la rotación del globo terrestre. • Aparato para apreciar los movimientos de giro del viento.
giróscopo *s.m.* Giroscopio.
giróstato *s.m.* Aparato aplicado en naves, torpedos, etc., para mantener una dirección constante.
gitanada *s.f.* Acción propia de gitanos. • Zalamería.
gitano, na *adj./s.* Dícese de los miembros de cierto pueblo errante que se extendió por Europa a fines del siglo XIII.
glaciación *s.f.* Formación de glaciares en determinada región y época.

glacial *adj.* Muy frío; helado. • Que hace helar. • Que no se emociona. • Relativo al glaciar.
glaciar *s.m.* Masa de hielo acumulado en las cumbres de las montañas.
gladiador *s.m.* Antiguamente, luchador de los circos romanos.
gladiolo o **gladíolo** *s.m.* Planta herbácea de jardín, con flores muy vistosas y de variados colores.
glande *s.m.* Bálano. • *f.* Bellota de ciertos árboles.
glándula *s.f.* Cada uno de los órganos de tejido epitelial, que elaboran y segregan ciertas sustancias.
glandular *adj.* De la glándula o de las glándulas.
glasé *adj.* Dícese de cierto papel muy terso y brillante. • Dícese de las frutas o dulces confitados. • *s.m.* Tafetán con mucho brillo.
glasear *v.tr.* Dar brillo.
glauco, ca *adj./s.m.* Dícese del color verde claro.
glaucoma *s.m.* Afección caracterizada por el endurecimiento del globo ocular.
gleba *s.f.* Terrón que se levanta con el arado. • Tierra cultivada.
glicerina *s.f.* Líquido incoloro y viscoso, de sabor dulce, que constituye las grasas.
glicina *s.f.* Planta de jardín, con flores azuladas en grandes racimos.
glicinia *s.f.* Glicina.
gliptodonte *s.m.* Mamífero fósil.
global *adj.* En conjunto o de conjunto; total.
globo *s.m.* Cuerpo esférico; en especial, la Tierra. • Cuerpo hueco y esférico, de cristal, para cubrir las bombas de luz eléctrica. • Cierto aparato aerostático.
globular *adj.* En forma de glóbulo. • Compuesto de glóbulos.
globulinas *s.f. pl.* Proteínas naturales de moléculas más o menos esféricas, como las albúminas.
glóbulo *s.m.* Pequeño cuerpo esférico. • Cada una de las células redondeadas que se encuentran en la sangre y en la linfa.
gloria *s.f.* Bienaventuranza. • Lugar de los bienaventurados. • Fama. • Esplendor o magnificencia. • Cosa que produce intenso placer. • Lo que ennoblece o ilustra. • *m.* Cántico o rezo de la misa.
glorieta *s.f.* Espacio cerrado cubierto de plantas enredaderas. • Plazoleta en un jardín.
glorificar *v.tr.* Ensalzar extraordinariamente. • Conferir gloria.
glorioso, sa *adj.* Que goza de Dios en la gloria. • Digno de gloria. • Que da gloria.
glosa *s.f.* Aclaración, explicación o comentario añadidos a un texto.
glosar *v.tr.* Hacer glosas.
glosario *s.m.* Catálogo de las palabras oscuras o desusadas de un texto acompañadas de una explicación.
glotis *s.f.* Abertura superior de la laringe.
glotón, na *adj./s.* Que come excesiva y vorazmente.
glucemia *s.f.* Cantidad de glucosa en la sangre.
glucógeno, na *adj.* Que produce azúcar o glucosa. • *s.m.* Hidrato de carbono existente en animales y plantas.
glucosa *s.f.* Azúcar de color blanco que se encuentra en la sangre humana y en muchos frutos maduros.
gluma *s.f.* Bráctea que protege a la espiguilla de ciertas plantas.
glumela *s.f.* Cada una de las dos brácteas que encierran la flor de algunas plantas.
gluten *s.m.* Sustancia pegajosa. • Albumen vegetal; es alimenticio.
glúteo, a *adj.* Perteneciente a la nalga.
glutinoso, sa *adj.* Que se pega con facilidad.
gneis *s.m.* Neis.
gnomo *s.m.* Nomo.
gnomon *s.m.* Nomon.
gnoseología *s.f.* Noseología.
gnosis *s.f.* Nosis.
gnosticismo *s.m.* Nosticismo.
gnóstico, ca *adj.* Nóstico.
gobelino *s.m.* Tapiz de gran calidad.
gobernación *s.f.* Acción de gobernar. • Ejercicio del gobierno. • En algunos países, cierta división territorial.
gobernador, ra *adj./s.* Que gobierna. •

s.m. Jefe superior de una provincia, ciudad o territorio.
gobernalle *s.m.* Timón de la nave.
gobernanta *s.f.* Mujer que administra una casa o una institución. • *América* Aya o institutriz.
gobernante *s.m. y f.* El que gobierna un país o participa del gobierno.
gobernar *v.tr.* Conducir, guiar o regir. • Manejar a una persona.
gobierno *s.m.* Acción y efecto de gobernar. • Forma política de gobierno de un país. • Conjunto de los que gobiernan el Estado. • Cargo de gobernador, distrito que rige y tiempo que dura su mando. • Gobernalle. • Docilidad de la nave al timón.
gobio *s.m.* Pez comestible que vive en el fondo de los ríos.
goce *s.m.* Acción de gozar.
godo, da *adj./s.* Dícese de un pueblo germánico que invadió el Imperio Romano y fundó reinos en Italia y en España. • *s.m. América* Nombre despectivo dado a los españoles durante las guerras por la independencia.
gofio *s.m.* Harina de maíz, trigo o cebada, tostada.
gol *s.m.* En fútbol y otros deportes, acción de introducir el balón en el arco para lograr un tanto.
gola *s.f.* Pieza de la armadura que protegía la garganta. • *fam.* Garganta del hombre. • Moldura en forma de S.
golear *v.intr.* Hacer gran cantidad de goles en un encuentro deportivo.
goleta *s.f.* Embarcación ligera con dos o tres palos.
golf *s.m.* Deporte que consiste en meter una pelota pequeña en una serie de hoyos espaciados, pegándole con palos especiales.
golfo *s.m.* Gran porción de mar que se interna en la tierra.
golfo, fa *s.* Muchacho o niño vagabundos o descarados. • Hombre o mujer jóvenes de mala vida.
golilla *s.f.* Adorno antiguo que rodeaba el cuello.
golondrina *s.f.* Pájaro insectívoro migratorio, de alas largas y puntiagudas. • Cierto pez marino.
golondrino *s.m.* Cría de la golondrina. • El que anda sin residencia fija. • Forúnculo en la axila.
golosina *s.f.* Manjar delicado o exquisito.
goloso, sa *adj./s.* Aficionado a comer golosinas. • *adj.* Apetitoso.
golpe *s.m.* Efecto del encuentro violento de dos cosas. • Infortunio repentino. • Abundancia de una cosa. • Latido del corazón.
golpeador *s.m. América* Aldaba para llamar a una puerta.
golpear *v.tr.* Dar un golpe o repetidos golpes.
golpetear *v.tr./intr.* Golpear en forma continuada, pero poco violenta.
golpeteo *s.m.* Acción y efecto de golpetear.
gollete *s.m.* Cuello de ciertas vasijas.
goma *s.f.* Sustancia viscosa de origen vegetal, que sirve para pegar.
gomería *s.f. América* Taller donde se venden y arreglan neumáticos de vehículos.
gomero, ra *adj.* Relativo a la goma. • *s.m. América* Nombre de cualquier árbol que produce goma.
gomorresina *s.f.* Mezcla natural de goma y resina, que producen algunas plantas.
gomosidad *s.f.* Cualidad de gomoso.
gomoso, sa *adj.* De goma, o parecido a ella.
gónada *s.f.* Glándula productora de los gametos o células sexuales.
góndola *s.f.* Cierta embarcación de recreo, usada en Venecia.
gondolero *s.m.* Hombre que guía una góndola.
gong *s.m.* Disco suspendido de metal, que suena al ser golpeado.
goniómetro *s.m.* Instrumento para medir ángulos.
gonococo *s.m.* Cierto microbio patógeno.
gordinflón, na *adj./s. fam.* Dícese de la persona muy gorda y mofletuda.
gordo, da *adj.* Que tiene mucha carne o grasa. • Que tiene sebo o grasa. • Muy grueso o corpulento. • *s.m.* Sebo o manteca del animal. • *fam.* Premio mayor de la lotería.

gordura *s.f.* Cualidad de gordo, o parte gorda de una cosa.
gorgojo *s.m.* Insecto muy perjudicial para los granos y semillas.
gorgorito *s.m.* Sonido agudo producido al cantar, hablar o reír.
gorgotear *v.intr.* Producir gorgoteos.
gorgoteo *s.m.* Sonido de la caída de un líquido sobre otro, o del movimiento de un líquido o un gas dentro de una cavidad.
gorguera *s.f.* Adorno de tela que se ponía alrededor del cuello.
gorila *s.m.* Mono antropoide de gran talla y pelaje pardo oscuro.
gorjear *v.intr.* Hacer gorgoritos al cantar los pájaros o las personas.
gorjeo *s.m.* Acción de gorjear.
gorra *s.f.* Prenda para cubrirse la cabeza, sin copa ni alas.
gorrión *s.m.* Pájaro muy voraz, de pico corto y cónico.
gorrista *adj. / s.m. y f.* Gorrión.
gorro *s.m.* Prenda de abrigo, sin ala ni visera, para cubrirse la cabeza.
gorrón, na *adj.* Que vive, come o se divierte a costa ajena.
gota *s.f.* Glóbulo de un líquido. • Enfermedad que causa hinchazón muy dolorosa en algunas articulaciones.
gotear *v.intr. / tr.* Caer un líquido gota a gota. • *intr. unipers.* Llover con gotas muy espaciadas. • *intr.* Dar o recibir una cosa en pequeñas cantidades.
gotera *s.f.* Filtración de agua en el interior de una habitación.
gotero *s.m. América* Cuentagotas.
gótico, ca *adj. / s.m.* Dícese de cierto estilo arquitectónico caracterizado por el uso del arco ojival.
gotoso, sa *adj. / s.* Que padece gota.
goyesco, ca *adj.* Propio del pintor español Francisco de Goya.
gozar *v.intr.* Sentir placer. • *tr. / intr.* Tener algo que da beneficios.
gozne *s.m.* Cierto herraje articulado de las hojas de puertas y ventanas.
gozo *s.m.* Alegría o placer.
gozoso, sa *adj.* Que causa o siente gozo. • Que se celebra con gozo.
grabación *s.f.* Acción y efecto de grabar un sonido.
grabado *s.m.* Arte y técnica de grabar. • Estampa obtenida por esa técnica.
grabador, ra *adj.* Que graba o sirve para grabar. • *s.* El que se dedica al arte del grabado. • *m.* Magnetófono.
grabar *v.tr.* Tallar o esculpir en hueco o en relieve. • Fijar en la mente. • Registrar los sonidos por medio de un disco, una cinta magnetofónica, etc.
gracejo *s.m.* Gracia o desenvoltura.
gracia *s.f.* Favor o protección hacia una persona. • Don otorgado por Dios a los hombres. • Indulto. • Atractivo personal. • Cualidad de provocar la risa. • Beneficio que se hace sin merecimiento. • Dicho agudo. • *pl.* Expresión de agradecimiento.
graciable *adj.* Que se da solo por voluntad del que lo concede.
grácil *adj.* Delgado y flexible.
gracioso, sa *adj.* Que tiene gracia. • *s.* Personaje teatral que hace reír, y actor que lo representa.
grada *s.f.* Peldaño o escalón. • Tarima al pie de un altar. • *pl.* Conjunto de escalones.
gradación *s.f.* Serie de cosas ordenadas gradualmente.
gradería *s.f.* Conjunto de gradas.
gradiente *s.m.* Relación de la diferencia de presión barométrica entre dos puntos. • *f. América* Pendiente, declive.
gradilla *s.f.* Marco para fabricar ladrillos. • Soporte para sostener tubos de ensayo.
1. grado *s.m.* Gusto o voluntad.
2. grado *s.m.* Escalón. • Cada uno de los estados, valores o cualidades que puede tener algo. • Clase o sección de una escuela. • Título de ciertos estudios. • Lugar en la jerarquía militar. • Cada una de las generaciones que marcan el parentesco entre las personas. • Unidad de medida de ciertas magnitudes. • Cada una de las partes en que se divide la circunferencia. • En gramática, variación en la intensidad de su significación que tienen los adjetivos y algunos adverbios.
graduación *s.f.* Acción de graduar. • Categoría de un militar en su carrera. • Cantidad proporcional de cierta cualidad o componente.

graduado, da *adj.* / *s.* Que ha alcanzado un grado universitario.
gradual *adj.* Que aumenta o disminuye de modo continuo, sin brusquedad.
graduar *v.tr.* Dar la intensidad que se desea. • Dividir y ordenar en grados. • *tr.* / *prnl.* Dar o recibir grados académicos.
grafía *s.f.* Letra o letras para representar un sonido en la escritura.
gráfico, ca *adj.* Relativo a la escritura o al dibujo. • De la imprenta • Expresivo, elocuente. • *s.m.* o *f.* Dibujo o figura. • Representación de datos por medio de líneas o de dibujos.
grafito *s.m.* Mineral de carbono, lustroso y de color negro grisáceo.
grafología *s.f.* Estudio del carácter de una persona por su escritura.
gragea *s.f.* Confite menudo. • Porción de medicamento recubierta de una sustancia de sabor agradable.
grajo, ja *s.* Ave parecida al cuervo, de color negro azulado y pico rojo.
grama *s.f.* Planta herbácea medicinal con flores en espigas filiformes.
gramática *s.f.* Arte de hablar y escribir correctamente una lengua. • Ciencia que estudia los elementos de una lengua y sus combinaciones.
gramatical *adj.* Relativo a la gramática.
gramil *s.m.* Instrumento usado en carpintería y metalurgia.
gramilla *s.f.* *América* Cierta planta que invade los cultivos.
gramíneo, a *adj.* / *s.f.* Dícese de ciertas plantas monocotiledóneas muy difundidas en todo el mundo, generalmente herbáceas, de tallos huecos y flores protegidas por glumas y glumelas, como la mayor parte de los cereales y las plantas forrajeras, la caña de azúcar, el bambú, etc.
gramo *s.m.* Unidad de masa equivalente a la milésima parte del kilogramo.
gramófono *s.m.* Aparato para reproducir los sonidos previamente registrados en un disco giratorio.
grampa *s.f.* Grapa, gancho.
gran *adj.* Apócope de *grande.*
grana *adj.* / *s.m.* Dícese del color rojo oscuro; granate. • *s.f.* Cochinilla (insecto). • Quermes.
granada *s.f.* Fruto del granado. • Pr yectil que contiene explosivos, gases t xicos o sustancias fumígenas.
granadero *s.m.* Soldado integrante c cuerpos especiales de caballería.
granadilla *s.f.* Planta enredadera de la regiones tropicales de América.
granadina *s.f.* Refresco hecho con zum de granada.
granadino, na *adj.* / *s.* De Granada (E paña).
granado, da *adj.* Notable o ilustre. • N muy joven, o adulto. • *s.m.* Arbusto pequeño árbol de flores rojas, cuyo fr to es la granada.
granalla *s.f.* Granos a que se reducen lo metales para su fundición.
granate *s.m.* Cierto mineral de variado colores usado como piedra preciosa. *adj.*/*s.m.* Dícese del color rojo oscuro.
grande *adj.* Que ocupa mucho espacio superficie. • Que excede a lo común regular.
grandeza *s.f.* Cualidad de grande. • Ex celencia moral.
grandilocuencia *s.f.* Elocuencia afecta da y solemne.
grandilocuente *adj.* Que habla o escrib con grandilocuencia.
grandiosidad *s.f.* Cualidad de gran dioso.
grandioso, sa *adj.* Imponente, extraor dinario.
grandullón, na *adj.* / *s.* Muy crecido par su edad.
graneado, da *adj.* Reducido a granos. • Salpicado de pintas. • Que tiene rugo sidades. • En milicia, dícese del fueg intenso y continuado.
granel (a) *loc. adv.* Sin envasar o medi exactamente. • En gran cantidad.
granero *s.m.* Depósito para guardar e grano. • Territorio abundante en ce reales.
granítico, ca *adj.* Relativo al granito. • Muy duro.
granito *s.m.* Roca ígnea y dura, formada por mica, cuarzo y feldespato.
granívoro, ra *adj.* Que se alimenta de granos y semillas.
granizada *s.f.* Precipitación de granizo.
granizado, da *adj.* / *s.m.* Dícese de cier-

›os postres o bebidas formados por una ›arte helada y una líquida.
'anizar *v.intr. unipers.* Caer granizo.
'anizo *s.m.* Agua congelada que cae de as nubes con violencia y en forma de ;ranos duros.
'anja *s.f.* Hacienda con huerta y, gene-'almente, establo. • Sitio para criar ınimales de corral. • Establecimiento londe se venden productos lácteos.
'anjear *v.tr.* Obtener ganancias traba-ando o traficando. • *prnl.* Atraerse :ierto sentimiento.
'anjero, ra *s.* Persona que tiene o cuida ına granja.
'ano *s.m.* Fruto y semilla de los cerea-es. • Fruto separable de una agrupa-:ión. • Partícula redondeada de una sustancia. • Tumorcillo.
'anuja *s.f.* Uva desgranada. • *m.* Golfo › pillo. • *m. y f.* Bribón.
ıranujiento, ta *adj.* Que tiene muchos granos.
ranulado, da *adj./s.m.* Dícese de las sustancias en forma de granos.
ránulo *s.m.* Grano muy pequeño. • Pe-queña gragea medicamentosa.
ranuloso, sa *adj.* Que está formado por gránulos.
ıranza *s.f.* Cierto carbón mineral lavado y clasificado. • *pl.* Residuos de las se-millas después de la criba.
. grapa *s.f.* Especie de gancho de metal para unir o sujetar algo.
:. grapa *s.f.* *América* Aguardiente de ca-lidad inferior.
ırasa *s.f.* Sustancia untuosa de origen mineral, vegetal o animal. • Mugre. • Lubricante graso.
ırasiento, ta *adj.* Que tiene grasa o está untado con ella.
ıraso, sa *adj.* De naturaleza de grasa. • Que tiene gordura.
ırasoso, sa *adj.* Grasiento o graso.
ıratificación *s.f.* Acción y efecto de gra-tificar.
ıratificar *v.tr.* Recompensar por un ser-vicio, en especial con dinero. • Dar gus-to; complacer.
ıratinar *v.tr.* Dorar en el horno una vianda.
ıratis *adv.* Sin pagar o sin cobrar por una cosa. • Sin mérito o sin esfuerzo.
gratitud *s.f.* Agradecimiento, reconoci-miento.
grato, ta *adj.* Que gusta; agradable.
gratuito, ta *adj.* Que se hace, se da o se recibe gratis. • Infundado.
grava *s.f.* Guijo. • Piedra machacada para pavimentar carreteras.
gravamen *s.m.* Carga u obligación. • Hi-poteca, embargo, etc., a que está sujeto un bien.
gravar *v.tr.* Imponer una carga, grava-men, etc., sobre una cosa.
grave *adj.* Que pesa. • Importante. • Que entraña peligro o perjuicio. • Se-rio, solemne. • Dícese del sonido bajo [antón.: *agudo*]. • *adj./s.f.* Dícese de las palabras acentuadas en la penúlti-ma sílaba.
gravedad *s.f.* Cualidad o estado de gra-ve. • Atracción gravitatoria de los cuer-pos hacia el centro de la Tierra.
gravidez *s.f.* Estado de la mujer o la hembra preñadas.
grávido, da *adj.* Que pesa por la carga que lleva o contiene; dícese, en espe-cial, de la mujer embarazada.
gravitación *s.f.* Acción de gravitar. • En física, fuerza de atracción entre los cuerpos.
gravitar *v.intr.* Apoyarse un cuerpo so-bre otro. • Recaer sobre alguien una obligación. • Inclinarse o pender una cosa sobre otra.
gravitatorio, ria *adj.* Relativo a la gravi-tación.
gravoso, sa *adj.* Molesto o costoso.
graznar *v.intr.* Dar graznidos.
graznido *s.m.* Voz de algunas aves, co-mo el cuervo, el grajo, etc.
greca *s.f.* Adorno geométrico formado por una faja en la que se repite un di-bujo compuesto de líneas rectas.
grecolatino, na *adj.* Relativo a griegos y latinos.
grecorromano, na *adj.* Relativo a grie-gos y romanos.
greda *s.f.* Arcilla arenosa de color pardo claro.
gregario, ria *adj.* Que vive en grupo. • Que sigue servilmente las ideas o ini-ciativas ajenas.
gregoriano, na *adj.* Dícese del calenda-

rio establecido por el papa Gregorio XIII, que usan hoy las naciones cristianas.

greguería *s.f.* Algarabía, bulla.

gremial *adj.* Del gremio. • *s.m.* Miembro de un gremio.

gremialismo *s.m.* Sistema de organización en gremios.

gremio *s.m.* Asociación de personas que ejercen una misma profesión u oficio.

greña *s.f.* Pelo enredado y desarreglado.

gres *s.m.* Pasta de arcilla y arena para fabricar cerámica refractaria.

gresca *s.f.* Riña. • Bulla o algazara.

grey *s.f.* (pl. *greyes*) Congregación de los fieles cristianos. • Conjunto de personas que tienen una característica o circunstancia en común.

griego, ga *adj./s.* De Grecia (Europa). • *s.m.* Lengua hablada en ese país.

grieta *s.f.* Abertura larga y angosta. • Resquebrajadura de la piel.

grifo *s.m.* Animal fabuloso, mitad águila y mitad león. • Llave para regular la salida de un líquido.

grilla *s.f.* En electrónica, rejilla para regular el flujo de electrones.

grillete *s.m.* Aro de hierro para asegurar una cadena a algo, en especial al pie de un presidario.

1. grillo *s.m.* Insecto de color negro rojizo; el macho produce un sonido agudo y monótono.

2. grillo *s.m.* Brote de las semillas, bulbos y tubérculos cuando germinan.

grillos *s.m. pl.* Conjunto de dos grilletes con un perno común, colocados en los pies de los presos.

grímpola *s.f.* En marina, gallardete que indica la dirección del viento.

gringo, ga *adj./s. fam.* Extranjero que no habla español. • *s.m. fam.* Lenguaje ininteligible.

gripal *adj.* Relativo a la gripe.

gripe *s.f.* Enfermedad epidémica aguda, con fiebre y síntomas catarrales.

gris *adj./s.m.* Dícese del color que resulta de mezclar el blanco con el negro. • *adj.* Triste o sombrío.

grisáceo, a *adj.* Que tira a gris.

grisú *s.m./adj.* Gas inflamable que se desprende de las minas de hulla.

grita *s.f.* Gritería; en especial, en demo tración de desagrado.

gritar *v.intr.* Levantar la voz por enojo como queja. • Emitir gritos.

gritería *s.f.* Mezcla de voces de person que gritan; vocerío.

griterío *s.m.* Gritería.

grito *s.m.* Sonido inarticulado, palabra frase proferidos en voz alta. • Voz p tente de los animales.

gro *s.m.* Tela de seda sin brillo.

groenlandés, sa *adj./s.* De Groenland

grosella *s.f.* Fruto del grosellero.

grosellero *s.m.* Arbusto ornamental flores amarillas, cuyo fruto es la gr sella.

grosería *s.f.* Cualidad de grosero.

grosero, ra *adj.* Que carece de refin miento; basto. • *adj./s.* Descortés o p co delicado.

grosor *s.m.* En un cuerpo de tres dime siones, la más pequeña de ellas. • E un cuerpo cilíndrico, diámetro.

grotesco, ca *adj.* Ridículo y extravage te. • Grosero, de mal gusto.

grúa *s.f.* Máquina para levantar y tra ladar grandes pesos.

gruesa *s.f.* Doce docenas.

grueso, sa *adj.* Gordo o grande. • *s.m.* Grosor de un cuerpo. • Parte princip y más fuerte de un todo.

gruiforme *adj./s.f.* Dícese del ave za cuda de cuello alargado y dedos con bordes membranosos, como la grulla.

gruir *v.intr.* Gritar las grullas.

grulla *s.f.* Ave zancuda migratoria, gran tamaño, que vuela con las patas el cuello extendidos.

grumete *s.m.* Aprendiz de marinero.

grumo *s.m.* Porción más compacta de u líquido.

gruñido *s.m.* Sonido que emite el cerd • Sonido amenazador o de enojo de u animal o una persona.

gruñir *v.intr.* Emitir gruñidos. • Refu fuñar.

gruñón, na *adj./s. fam.* Que gruñe co frecuencia.

grupa *s.f.* Parte trasera del lomo de un caballería; anca.

grupo *s.m.* Conjunto de seres o de cos que forman una unidad.

uta *s.f.* Cavidad profunda, natural o rtificial, en las rocas; caverna.

abirá *s.m. América* Árbol de follaje ersistente y fruto comestible de color marillo anaranjado.

acamayo *s.m. América* Especie de paagayo, de cuerpo rojo, pecho azul y erde, y cola muy larga.

acho, cha *s.* Cría de un animal. • *adj. mérica* Dícese de la cría que ha perdio a la madre. • *adj. / s.* Que ha quedao huérfano; expósito.

aco *s.m. América* Objeto de cerámica ncontrado en una sepultura indígena. • Ave rapaz de grito desagradable. • rbusto ornamental con propiedades nedicinales. • Ave gallinácea muy preciada por su carne.

adal *s.m.* Terreno de difícil tránsito o irculación. • Terreno arenoso que al lover se convierte en lodazal.

adaña *s.f.* Utensilio para segar, con uchilla curva y puntiaguda sujeta a n mango largo.

adañar *v.tr.* Segar con la guadaña.

adua *s.f. América* Nombre de ciertas lantas parecidas al bambú.

aicurú *adj. / s.m. y f.* Dícese de los rupos indígenas que poblaron la reión chaqueña de América del Sur.

aldo, da *adj.* De color amarillo.

alicho *s.m. América* Espíritu maligo. • Daño o maleficio.

ampa *s.f. América* Cuerno de animal acuno. • Vaso hecho con un cuerno.

anaco *s.m.* Mamífero rumiante, de elo largo, frecuente en la cordillera ndina.

ano *s.m.* Materia excrementicia de ves marinas usada como abono. • Abono artificial de propiedades simiares.

ante *s.m.* Prenda para abrigar la mao.

apear *v.intr. fam.* Ostentar ánimo o valentía. • *fam.* Fanfarronear.

apeza *s.f. fam.* Cualidad de guapo.

apo, pa *adj. / s. fam.* Intrépido. • *fam.* Bravucón o fanfarrón. • *fam.* Dícese de a persona bien parecida.

aracha *s.f.* Baile de ritmo sincopado, popular en Cuba y Puerto Rico.

guarangada *s.f. América* Dicho o hecho propios de un guarango.

guarango, ga *adj. / s. América* Mal educado, descarado.

guaraní *adj. / s.m. y f.* Dícese del individuo de unos pueblos indígenas que habitaron en ciertas regiones de Brasil, Argentina y Paraguay. • *s.m.* Lengua de esos pueblos. • Unidad monetaria del Paraguay.

guarapo *s.m. América* Jugo de la caña de azúcar.

guarda *s.m. y f.* Guardián de una cosa. • *f.* Acción de guardar o proteger. • Cosa que defiende o protege. • Guarnición de la espada. • Disco de la cerradura. • Hoja en blanco colocada al principio y al final de un libro. • *América* Ribete de una prenda de vestir.

guardabarrera *s.m. y f.* Persona que cuida las barreras del ferrocarril.

guardabarros *s.m.* Pieza de chapa que protege las ruedas de los vehículos.

guardabosque *s.m.* Guarda de bosque.

guardabrisas *s.m.* Parabrisas.

guardacostas *s.m.* Barco para la defensa del litoral de un país.

guardaespaldas *s.m.* Persona que protege a otra de una posible agresión.

guardaganado *s.m. América* Instalación ubicada en la entrada de las estancias, campos, etc., para impedir el paso de los animales.

guardagujas *s.m.* Empleado de ferrocarriles que maneja las agujas de las vías del tren.

guardameta *s.m.* Portero de un equipo de fútbol.

guardamonte *s.m.* Capote de campo. • En las armas de fuego, pieza de metal para proteger el disparador. • *América* Pieza de cuero que protege de la maleza las piernas del jinete.

guardamuebles *s.m.* Lugar para guardar muebles.

guardapolvo *s.m.* Prenda de vestir que se pone sobre la ropa para resguardarla del polvo.

guardapuntas *s.m.* Contera para preservar la punta del lápiz.

guardar *v.tr.* Cuidar, defender. • Poner una cosa en cierto sitio. • Conservar o reservar algo. • Observar y cumplir una obligación. • No gastar. • *prnl.* Precaverse.

guardarropa *s. ambig.* En un local público, cuarto para dejar los sombreros, abrigos, etc. • *m.* Armario donde se guarda la ropa.

guardavalla *s.m. América* Guardameta.

guardavía *s.m. y f.* Guardabarrera.

guardería *s.f.* Establecimiento donde se cuidan niños.

guardia *s.f.* Acción de guardar o defender. • Servicio de vigilancia, y conjunto de personas que lo prestan. • Nombre de ciertos cuerpos armados.

guardiamarina *s.m.* Primer grado del escalafón de oficiales de la marina de guerra.

guardián, na *s.* Persona que guarda o defiende una cosa.

guarecer *v.tr.* Proteger de algún peligro. • Dar refugio o albergue. • *prnl.* Resguardarse, cobijarse.

guarida *s.f.* Sitio donde se guarecen los animales. • Amparo o refugio.

guarismo *s.m.* Cifra arábiga que expresa una cantidad. • Cantidad expresada por dos o más cifras.

guarnecer *v.tr.* Poner guarnición o adornos. • Proveer o equipar.

guarnición *s.f.* Adorno. • Parte de la espada que protege la mano. • Tropa que defiende una plaza militar. • *pl.* Adornos de las caballerías.

guasa *s.f. fam.* Burla o ironía. • *fam.* Falta de gracia.

guasada *s.f. fam. América* Dicho o acción groseros.

guaso, sa *s.* En Chile, campesino. • *adj. fam. América* Grosero, tosco.

guasón, na *adj. / s. fam.* Burlón o bromista.

guatambú *s.m. América* Árbol de madera de color verde amarillento que se usa en carpintería.

guatemalteco, ca *adj. / s.* De Guatemala (América).

guatemaltequismo *s.m.* Palabra o expresión peculiares del español de los guatemaltecos.

guayaba *s.f.* Fruto del guayabo. • Dulce hecho con ese fruto.

guayabera *s.f.* Chaquetilla corta de tel liviana, originaria de Cuba.

guayabo *s.m.* Árbol americano de fo llaje persistente, cuyo fruto es la gua yaba.

guayacán *s.m.* Árbol de la Argentina, d madera muy dura y valiosa, y frutos ri cos en tanino. • Guayaco.

guayaco *s.m.* Árbol de América Central de madera de buena calidad.

guayacol *s.m.* Líquido aromático obte nido de la síntesis del alquitrán de ma dera.

gubernamental *adj.* Del gobierno.

gubia *s.f.* Formón de los carpinteros.

guepardo *s.m.* Mamífero carnívoro ori ginario de Asia y África.

guerra *s.f.* Lucha armada entre dos o más países o partidos. • Pugna o disi dencia.

guerrero, ra *adj.* Relativo a la guerra. • *adj. / s.* Que guerrea o que es aficionado a la guerra. • *s.m.* Militar.

guerrilla *s.f.* Tipo militar de lucha cuyo objetivo es hostigar al enemigo con ata ques sorpresivos de pequeños grupos armados. • Fuerza irregular organiza da en forma semejante.

guerrillero, ra *s.* El que sirve en una guerrilla o es jefe de ella.

gueto *s.m.* En algunas ciudades euro peas, barrio de judíos.

guía *s.m. y f.* Persona que muestra el ca mino. • El que enseña y dirige a otro. • *f.* Norma o pauta. • Lista impresa de datos.

guiar *v.tr.* Ir delante mostrando el cami no. • Dirigir o conducir. • *prnl.* Dejar se llevar; orientarse.

guija *s.f.* Piedra pequeña de las orillas y cauces de los ríos.

guijarro *s.m.* Piedra pequeña y lisa.

guillame *s.m.* Cepillo estrecho usado por los carpinteros.

guillotina *s.f.* Máquina para decapitar. • Máquina de cortar papel.

guillotinar *v.tr.* Decapitar con la guillotina. • Cortar papel con la guillotina.

guinche *s.m. América* Grúa.

guinda *s.f.* Fruto del guindo.

guindado *s.m. América* Bebida alcohólica hecha con guindas.

uindo *s.m.* Árbol parecido al cerezo, cuyo fruto, la guinda, es agridulce.
uinea *s.f.* Antigua moneda inglesa de oro.
uiñada *s.f.* Guiño. • Giro o desvío brusco de la proa de un buque.
uiñapo *s.m.* Andrajo que cuelga de un vestido. • Persona enfermiza o sin ánimo.
uiñar *v.tr.* Cerrar y abrir con rapidez un solo ojo. • *intr.* Dar guiñadas o giros el barco.
uiño *s.m.* Acción de guiñar un ojo.
uiñol *s.m.* Espectáculo de títeres.
uión *s.m.* Signo ortográfico (-) para cortar una palabra que continúa en el renglón siguiente o para unir las dos partes de una palabra compuesta. • Escrito breve usado como guía. • Argumento y detalles técnicos de una película cinematográfica.
uionista *s.m. y f.* Persona que escribe el guión de una película.
uipur (Galicismo.) *s.m.* Cierto encaje muy fino.
uirnalda *s.f.* Especie de corona abierta o cordón de flores u hojas entretejidas, usados como adorno.
uisado *s.m.* Guiso de carne o de pescado.
uisante *s.m.* Planta anual, trepadora, de semillas comestibles.
uisar *v.tr.* Cocer los alimentos en una salsa.
uiso *s.m.* Comida guisada.
üisqui *s.m.* Bebida alcohólica obtenida de la fermentación de granos de avena y cebada.
uita *s.f. fam.* Dinero.
uitarra *s.f.* Instrumento musical de seis cuerdas y caja de madera estrechada por el medio.
uitarreada *s.f. América* Reunión en la cual se toca la guitarra.
uitarrero, ra *s.* Persona que hace, arregla o vende guitarras.
uitarrista *s.m. y f.* Músico que toca la guitarra.
gula *s.f.* Apetito desordenado que incita a comer o a beber en exceso.
gulden *s.m.* Unidad monetaria de Holanda; florín.
gules *s.m. pl.* En heráldica, color rojo vivo.
gurí, sa *s. América* Niño, muchacho.
gurrumino, na *adj./s. fam.* Raquítico. • *fam. América* Dícese de la persona baja y esmirriada.
gusanillo *s.m.* Hilo rizado, de oro, plata, etc., para hacer ciertas labores.
gusano *s.m.* Animal invertebrado, reptante, de cuerpo cilíndrico y anillado. • Persona despreciable. • *gusano de seda* Larva de cierta mariposa, que produce la seda.
gusarapo, pa *s.* Cualquiera de los animales en forma de gusanos, que se crían en los líquidos.
gustación *s.f.* Acción de gustar.
gustar *v.tr.* Sentir el sabor de una cosa. • *intr.* Agradar. • Tener complacencia en algo.
gustativo, va *adj.* Del sentido del gusto.
gustazo *s.m. fam.* Gusto grande experimentado al hacer cierta cosa inconveniente o poco razonable.
gustillo *s.m.* Sabor secundario que percibe el paladar.
gusto *s.m.* Sentido corporal por el cual se percibe y distingue el sabor de las cosas. • Ese sabor. • Placer o deleite. • Propio arbitrio. • Facultad de sentir o apreciar lo bello. • Manera de apreciar algo. • Capricho o antojo.
gustoso, sa *adj.* Que tiene sabor agradable o intenso. • Satisfecho.
gutagamba *s.f.* Árbol de la India del que fluye una gomorresina sólida.
gutapercha *s.f.* Cierta goma traslúcida e impermeable. • Tela barnizada con esa goma.
gutural *adj.* Dícese de los sonidos producidos en la garganta.
guyanés, sa *adj./s.* De Guyana (América).

h *s.f.* Consonante, octava letra del abecedario español. Su nombre es *hache*; actualmente no tiene sonido.

haba *s.f.* Planta herbácea anual, con fruto en vaina, que se cultiva por sus semillas comestibles.

habanero, ra *adj.* De La Habana (Cuba). • *s.f.* Danza típica cubana.

habano, na *adj. / s.m.* Dícese del color del tabaco claro. • *s.m.* Cigarro elaborado en la isla de Cuba.

hábeas corpus *loc. s.m.* Derecho de un detenido de comparecer ante un juez para que este determine la legalidad de su detención.

1. haber Verbo auxiliar que se usa para formar los tiempos compuestos. • *tr. unipers.* Existir, estar u ocurrir. • Dicho del tiempo trascurrido, hacer.

2. haber *s.m.* Conjunto de bienes de una persona o entidad. • En contabilidad, parte de la cuenta correspondiente a las sumas que se acreditan. • *pl.* Retribución periódica; sueldo.

habichuela *s.f.* Judía (planta).

hábil *adj.* Capaz de hacer algo. • Dícese del día que no es feriado.

habilidad *s.f.* Cualidad de hábil; destreza.

habilidoso, sa *adj.* Que tiene habilidad.

habilitación *s.f.* Acción de habilitar. • *América* Participación en las ganancias acordada a ciertos empleados.

habilitado, da *adj. / s.* Que está autorizado para pagar sueldos, realizar gestiones jurídicas, etc. • *América* Que tiene habilitación.

habilitar *v.tr.* Hacer apto para cierto fin. • En derecho, capacitar a las personas para cierta función. • *América* Conceder habilitación.

habitación *s.f.* Acción de habitar. • Lugar en que se habita. • Cuarto o pieza de una vivienda.

habitáculo *s.m.* Sitio de condiciones apropiadas para que viva una especie animal o vegetal. • Cabina de una astronave.

habitante *s.m. y f.* El que habita en un lugar.

habitar *v.tr. / intr.* Vivir habitualmente en un lugar.

hábitat *s.m.* Región geográfica donde vive naturalmente una especie animal o vegetal.

hábito *s.m.* Costumbre. • Vestimenta de los religiosos.

habitual *adj.* Acostumbrado, usual.

habituar *v.tr. / prnl.* Acostumbrar.

habla *s.f.* Facultad de hablar. • Acción de hablar. • Idioma, lenguaje.

habladuría *s.f.* Cosa sin fundamento que se dice o se cuenta; lenguaje.

hablante *adj. / s.m. y f.* Que habla.

hablar *v.intr.* Emitir palabras para comunicarse. • Comunicarse utilizando cualquier medio. • Criticar o murmurar. • Ser novios. • *tr. / intr.* Tratar un tema. • *tr.* Poder expresarse en cierto idioma. • *prnl.* Tratarse.

hablista *s.m. y f.* Persona que se distingue por la propiedad y elegancia de su lenguaje.

hacedor, ra *s.* Persona que hace cierta cosa. • *Sumo* o *Supremo Hacedor:* Dios.
hacendado, da *adj./s.* Que posee tierras y fincas. • *s. América* Dueño de campos y ganados.
hacendoso, sa *adj.* Diligente en las faenas domésticas.
hacer *v.tr.* Dar existencia a una cosa, ya sea material o inmaterial. • Ejecutar una persona o cosa un movimiento, una acción, etc. • Componer o disponer algo. • *tr./prnl.* Trasformar en otra cosa. • *prnl.* Acostumbrarse. • *tr. unipers.* Estar el tiempo de cierta manera. • Haber trascurrido cierto tiempo.
1. hacha *s.f.* Mecha de esparto y alquitrán. • Vela de cera grande.
2. hacha *s.f.* Herramienta cortante con cuchilla trapezoidal.
hachar *v.tr.* Cortar con hacha.
hache *s.f.* Nombre de la letra *h*.
hachero *s.m.* El que trabaja con el hacha.
hachís *s.m.* Sustancia narcótica extraída de una variedad del cáñamo.
hacia *prep.* Señala dirección, tendencia o situación aproximada.
hacienda *s.f.* Finca agrícola. • Bienes que posee una persona. • Ganado; en especial, el de cada finca.
hacinar *v.tr.* Amontonar. • *prnl.* Reunirse gente apretadamente.
hada *s.f.* Ser fantástico que se representa bajo la forma de una mujer dotada de poderes mágicos.
hado *s.m.* Sino, fortuna.
hafnio *s.m.* Metal obtenido de los minerales del circonio (símbolo: *Hf*).
hagiografía *s.f.* Historia de las vidas de los santos.
haitiano, na *adj./s.* De Haití (América).
halagar *v.tr.* Dar muestras de afecto o estimación; lisonjear.
halago *s.m.* Acción de halagar. • Cosa que halaga.
halagüeño, ña *adj.* Que halaga. • Que promete satisfacción.
halar *v.tr.* En marina, tirar de un cabo, lona o remo.
halcón *s.m.* Ave rapaz muy agresiva, usada antiguamente en cetrería.
halda *s.f.* Falda del vestido.
hálito *s.m.* Aliento de una persona o de un animal. • Vapor que arroja cualquier cosa.
halitosis *s.f.* Mal olor del aliento.
hallar *v.tr.* Encontrar a una persona o cosa. • *prnl.* Estar en un lugar o de cierta manera.
hallazgo *s.m.* Acción de hallar. • Cosa hallada.
halo *s.m.* Aureola. • Corona luminosa que aparece alrededor del Sol y de la Luna.
halobios *s.m. pl.* Conjunto de todos los seres vivos del mar.
haloideo, a *adj.* Dícese de las sales formadas por combinación de un metal con un no metal.
hamaca *s.f.* Red o lona que, colgadas, sirven de cama o vehículo. • *América* Columpio. • Mecedora.
hamacar *v.tr./prnl. América* Columpiar. • Mecer.
hambre *s.f.* Necesidad o deseo de comer. • Deseo ardiente de una cosa.
hambriento, ta *adj./s.* Que tiene mucha hambre.
hamburguesa *s.f.* Albóndiga chata de carne picada.
hampa *s.f.* Conjunto de maleantes. • Género de vida de los maleantes.
hampón *s.m.* Persona del hampa.
hándbol (Anglicismo.) *s.m.* Balonmano.
hangar *s.m.* Cobertizo donde se guardan los aviones.
haragán, na *adj./s.* Que vive ocioso, o que evita el trabajo.
haraganear *v.intr.* Permanecer ocioso o trabajar muy poco.
haraganería *s.f.* Cualidad de haragán; holgazanería.
harapiento, ta *adj.* Lleno de harapos.
harapo *s.m.* Andrajo.
haraquiri *s.m.* En el Japón, suicidio ritual que consiste en abrirse el vientre con un arma blanca.
haras (Galicismo.) *s.m.* Establecimiento rural donde se crían caballos.
harén *s.m.* Entre los musulmanes, conjunto de las mujeres que dependen de un jefe de familia.
harina *s.f.* Polvo que resulta de moler semillas, tubérculos, etc.

harinero, ra *adj.* Relativo a la harina.
harinoso, sa *adj.* Que tiene harina. • De aspecto similar al de la harina.
harmonía *s.f.* Armonía.
harmónico, ca *adj.* Armónico. • *s.f.* Armónica.
harmonio *s.m.* Armonio.
harmonioso, sa *adj.* Armonioso.
harmonizar *v.tr.* Armonizar.
harnero *s.m.* Criba, cernidor.
harpa *s.f.* Arpa.
harpía *s.f.* Arpía.
harpillera *s.f.* Arpillera.
hartar *v.tr./prnl.* Saciar el apetito. • Cansar con el exceso de algo o su repetición; fastidiar.
hartazgo *s.m.* Acción de hartar.
harto, ta *adj.* Que ha comido hasta la saciedad. • Cansado de hacer o soportar una cosa.
hasta *prep.* Indica el término del cual no se pasa, con relación al espacio, al tiempo o la cantidad. • *adv.* Inclusive.
hastial *s.m.* Fachada en la que descansan las dos vertientes del tejado.
hastiar *v.tr./prnl.* Cansar, hartar.
hastío *s.m.* Repugnancia, tedio.
hatajo *s.m.* Conjunto pequeño de ganado. • Hato, conjunto.
hato *s.m.* Envoltorio que contiene ropa y enseres para cierto uso. • Rebaño. • Conjunto de cosas despreciables.
haya *s.f.* Árbol de gran porte y follaje caduco; es forestal y ornamental.
hayuco *s.m.* Fruto del haya.
1. haz *s.m.* Atado de mieses, leña, hierbas, etc. • Conjunto de rayos luminosos que tienen un mismo origen. • Conjunto de ciertas ondas, radiaciones, etc. • En biología, conjunto de fibras paralelas de un tejido.
2. haz *s.f.* Cara o faz anterior de las telas, las hojas, etc.
hazaña *s.f.* Acción valerosa; proeza.
hazmerreír *s.m.* Persona ridícula que sirve de diversión a cierta gente.
he Partícula que, unida a una circunstancia de lugar, sirve para señalar a una persona o cosa.
hebdomadario, ria *adj.* Semanal. • *s.m.* Semanario.
hebilla *s.f.* Pieza que sirve para ajustar correas, cinturones, etc.
hebra *s.f.* Trozo de hilo que puede ponerse en una aguja para coser. • Fibra de las materias textiles.
hebraico, ca *adj.* Relativo a los hebreos.
hebraísmo *s.m.* Judaísmo. • Giro o expresión propios de la lengua hebrea.
hebreo, a *adj./s.* Dícese del pueblo semítico que habitó Palestina, y de sus descendientes. • Que profesa la ley de Moisés; israelita, judío. • *s.m.* Lengua hablada por los hebreos.
hecatombe *s.f.* Sacrificio de cien víctimas que hacían los paganos. • Matanza. • Catástrofe en la que hay muchas víctimas.
hechicería *s.f.* Arte y práctica de hechizar; brujería.
hechicero, ra *s.* Persona que practica la hechicería; brujo. • *adj.* Muy atractivo, cautivante.
hechizar *v.tr.* Causar determinados efectos sobrenaturales por medio de actos supersticiosos; embrujar. • Cautivar, causar embeleso.
hechizo, za *adj.* Fingido, artificioso. • *s.m.* Acción y efecto de hechizar. • Cosa que hechiza.
hecho, cha *adj.* Que ha alcanzado su pleno desarrollo. • *s.m.* Acción, obra. • Acontecimiento, suceso.
hechura *s.f.* Acción de hacer. • Forma, configuración.
hectárea *s.f.* Múltiplo del área, equivalente a 100 áreas.
hectógrafo *s.m.* Dispositivo que sirve para obtener copias de un escrito o dibujo.
hectogramo *s.m.* Múltiplo del gramo, equivalente a 100 gramos.
hectolitro *s.m.* Múltiplo del litro, equivalente a 100 litros.
hectómetro *s.m.* Múltiplo del metro, equivalente a 100 metros.
heder *v.intr.* Despedir mal olor.
hediondo, da *adj.* Que despide mal olor; fétido.
hedor *s.m.* Olor desagradable; fetidez.
hegemonía *s.f.* Supremacía que un Estado ejerce sobre otro.

hégira *s.f.* Era de los mahometanos que se cuenta desde el 15 de julio del año 622.

helada *s.f.* Congelación del rocío producida por un frío intenso.

heladera *s.f.* Armario para conservar alimentos a baja temperatura; nevera.

heladería *s.f.* Establecimiento donde se hacen o venden helados.

helado, da *adj.* Muy frío. • *s.m.* Postre de consistencia pastosa que se sirve congelado.

helador, ra *adj.* Que hiela. • *s.f.* Máquina para hacer helados.

helar *v.tr./prnl.* Convertir en hielo por la acción del frío. • *tr.* Sobrecoger, pasmar. • *prnl.* Tener o pasar mucho frío.

helecho *s.m.* Planta sin flores, con frondas largas y rizomas carnosos.

helénico, ca *adj.* Relativo a Grecia; en especial, a la antigua Grecia.

helenismo *s.m.* Influencia de la antigua civilización griega en la cultura universal. • Grecismo.

heleno, na *adj./s.* Griego.

helero *s.m.* Glaciar.

hélice *s.f.* Curva que da vueltas a una superficie cilíndrica formando ángulos iguales con todas las generatrices. • Conjunto de aletas que giran alrededor de un eje y que sirven para la propulsión de aviones, barcos, etc.

helicoidal *adj.* En forma de hélice.

helicóptero *s.m.* Aparato aeronáutico sustentado y propulsado por hélices que giran horizontalmente.

helio *s.m.* Elemento gaseoso, liviano e incoloro, que se encuentra en la atmósfera solar (símbolo: *He*).

heliógrafo *s.m.* Instrumento para emitir señales mediante rayos de luz.

helioscopio *s.m.* Telescopio que permite observar el Sol.

helióstato *s.m.* Instrumento geodésico que refleja la luz solar en una direccion constante.

helioterapia *s.f.* Empleo terapéutico de las radiaciones solares.

heliotropismo *s.m.* Movimiento de los seres vegetales determinado por el Sol.

heliotropo *s.m.* Planta ornamental cuyas flores, de color violenta, son muy aromáticas.

helipuerto *s.m.* Aeródromo destinado a los helicópteros.

helminto *s.m.* Gusano.

helvecio, cia *adj./s.* De Helvecia (nombre antiguo de Suiza).

helvético, ca *adj./s.* Helvecio.

hemacrimo, ma *adj.* Dícese del animal cuya temperatura es variable y se adapta a la del ambiente.

hematemesis *s.f.* Vómito de sangre que procede del aparato digestivo.

hematíe *s.m.* Célula roja de la sangre de los vertebrados, glóbulo rojo.

hematófago, ga *adj.* Dícese de los animales que se alimentan de sangre.

hematología *s.f.* Parte de la medicina que estudia la sangre.

hematoma *s.m.* Tumor producido por la ruptura de vasos sanguíneos.

hematosis *s.f.* Proceso por el que la sangre venosa se convierte en arterial.

hembra *s.f./adj.* Animal de sexo femenino. • *s.f.* Pieza con un agujero en cuyo interior encaja otra. • Mujer.

hembrilla *s.f.* Pieza pequeña en la que se introduce otra.

hemeroteca *s.f.* Colección de diarios y otras publicaciones.

hemiciclo *s.m.* Semicírculo. • Espacio rodeado por gradas dispuestas en semicírculo.

hemiplejía o **hemiplejia** *s.f.* Parálisis que afecta la mitad del cuerpo.

hemisférico, ca *adj.* Relativo al hemisferio. • De forma de semiesfera.

hemisferio *s.m.* Mitad de una esfera. • Mitad de la Tierra, determinada por el ecuador o cualquier meridiano.

hemistiquio *s.m.* Mitad de un verso determinada por una cesura.

hemofilia *s.f.* Enfermedad de la sangre caracterizada por deficiencias en su coagulación.

hemoglobina *s.f.* Pigmento de los hematíes y del plasma de algunos invertebrados.

hemolinfa *s.f.* Líquido vital de los invertebrados.

hemorragia *s.f.* Pérdida de sangre en cualquier parte del cuerpo.

hemorroide *s.f.* Tumor vascular en el ano o el recto.

hemostático, ca *adj. / s.m.* Que sirve para contener una hemorragia.
hemoterapia *s.f.* Tratamiento terapéutico basado en la trasfusión de sangre.
henchir *v.tr.* Ocupar con una cosa un espacio, en especial cuando este se va agrandando; llenar.
hendedura *s.f.* Hendidura.
hender *v.tr. / prnl.* Partir un cuerpo en dos partes sin dividirlo completamente. • *tr.* Atravesar un fluido.
hendidura *s.f.* Abertura larga y angosta; fisura, grieta.
hendir *v.tr. / prnl.* Hender.
henequén *s.m.* Planta parecida a la pita, de la que se obtienen fibras textiles.
heno *s.m.* Planta forrajera con flores en panoja. • Hierba segada y secada que sirve de alimento al ganado.
henrio *s.m.* Castellanización de la palabra *henry*.
henry *s.m.* Unidad de inductancia en el Sistema Internacional.
hepático, ca *adj.* Relativo al hígado.
hepatitis *s.f.* Enfermedad infecciosa producida por virus que atacan el hígado.
heptaedro *s.m.* Poliedro de siete caras.
heptagonal *adj.* Relativo al heptágono. • En forma de heptágono.
heptágono *s.m.* Polígono de siete lados.
heptasílabo, ba *adj. / s.m.* Que tiene siete sílabas.
heráldica *s.f.* Ciencia que estudia los escudos de armas.
heraldo *s.m.* En las cortes medievales, persona que se ocupaba de trasmitir mensajes, ordenar ceremonias, etc. • Mensajero.
herbáceo, a *adj.* Dícese de la planta que tiene consistencia de hierba.
herbario, ria *adj.* Relativo a las hierbas. • *s.m.* Colección de plantas disecadas.
herbicida *adj. / s.m.* Dícese de la sustancia química que combate la maleza.
herbívoro, ra *adj. / s.m.* Dícese del animal que se alimenta de vegetales.
herboristería *s.f.* Establecimiento donde se venden plantas medicinales.
hercio *s.m.* Castellanización de la palabra *hertz*.
hercúleo, a *adj.* Relativo a Hércules. Muy fuerte y robusto.
hércules *s.m.* Hombre de fuerza extraordinaria.
heredad *s.f.* Conjunto de tierras, casas, etc., que pertenecen a un mismo dueño; hacienda.
heredar *v.tr.* Suceder legalmente en la posesión de bienes. • Recibir los seres vivos ciertos caracteres trasmitidos genéticamente por los progenitores.
heredero, ra *adj. / s.* Dícese del que ha heredado algo de otro.
hereditario, ria *adj.* Que se adquiere o puede adquirirse por herencia.
hereje *s.m. y f.* Cristiano que sostiene una herejía. • *adj. / s.m. y f.* Dícese de la persona que dice blasfemias.
herejía *s.f.* Doctrina contraria a los dogmas de la Iglesia Católica.
herencia *s.f.* Cosa que se hereda. • Derecho a heredar. • Trasmisión biológica de determinados caracteres.
heresiarca *s.m.* Autor de una herejía.
herético, ca *adj.* Relativo a la herejía o a los herejes.
herida *s.f.* Rotura o lesión de los tejidos orgánicos. • Aflicción, pena.
herir *v.tr.* Producir una herida. • Dicho de luz o de un sonido, alcanzar un cuerpo. • Afligir, apenar.
hermafrodita *adj. / s.m. y f.* Que tiene los órganos reproductores de los dos sexos.
hermanar *v.tr. / prnl.* Unir para tener un mismo fin o una relación armónica.
hermanastro, tra *s.* Hijo de uno de los cónyuges, respecto de los hijos del otro.
hermandad *s.f.* Parentesco entre hermanos. • Unión o amistad profundas. • Congregación o cofradía.
hermano, na *s.* Persona que, con respecto a otra, tiene los mismos padres. • Nombre que se dan entre sí los miembros de ciertas comunidades religiosas.
hermenéutica *s.f.* Arte de interpretar textos; en especial, los sagrados.
hermético, ca *adj.* Difícil de comprender, impenetrable. • Que cierra perfectamente una abertura. • Absolutamente cerrado.
hermetismo *s.m.* Cualidad de hermético o impenetrable.
hermosear *v.tr.* Poner hermoso.

hermoso, sa *adj.* Que tiene belleza y perfección. • Que denota nobleza o generosidad.
hermosura *s.f.* Cualidad de hermoso.
hernia *s.f.* Tumor debido a la salida de una víscera de su cavidad.
héroe, heroína *s.* Persona que ha realizado una acción valerosa o extraordinaria. • Protagonista de una obra literaria.
heroicidad *s.f.* Heroísmo. • Acción heroica.
heroico, ca *adj.* Relativo al héroe o a la heroína. • Épico.
heroína *s.f.* Alcaloide tóxico derivado de la morfina.
heroísmo *s.m.* Conjunto de cualidades propias del héroe o condición de héroe.
herpe o **herpes** *s. ambig.* Erupción cutánea acompañada de comezón y dolor.
herpetología *s.f.* Rama de la zoología que estudia los reptiles.
herradero *s.m.* Operación de marcar el ganado con el hierro. • Lugar donde se hace esa operación.
herrador *s.m.* El que tiene por oficio herrar las caballerías.
herradura *s.f.* Hierro casi semicircular que se clava en los cascos de las caballerías.
herraje *s.m.* Conjunto de piezas de hierro con que se guarnece algo.
herramental *s.m.* Conjunto de herramientas usadas en un oficio.
herramienta *s.f.* Cualquier instrumento de hierro o acero con que se hacen trabajos manuales.
herrar *v.tr.* Poner herraduras. • Marcar con un hierro candente al ganado. • Guarnecer algo con herrajes.
herrería *s.f.* Fábrica donde se trabaja el hierro. • Oficio y taller del herrero.
herrero *s.m.* El que labra el hierro.
herrumbrar *v.tr./prnl.* Cubrir de herrumbre. • Dar sabor de hierro.
herrumbre *s.f.* Óxido férrico, rojizo, que se forma en la superficie del hierro expuesto a la humedad.
hertz *s.m.* Cierta unidad de frecuencia en el Sistema Internacional.
hervidero *s.m.* Manantial de donde surge el agua con ruido y desprendimiento de burbujas. • Muchedumbre.
hervidor *s.m.* Utensilio de cocina para hervir líquidos.
hervir *v.intr./tr.* Estar un líquido en ebullición. • *intr.* Excitarse las pasiones o las personas. • Haber abundancia de seres o cosas en movimiento.
hervor *s.m.* Acción de hervir.
hesitar *v.intr.* Dudar, vacilar.
hesperidio *s.m.* Fruto carnoso característico de los cítricos, como la naranja.
heteróclito, ta *adj.* Sin armonía, heterogéneo.
heterodino, na *adj.* Dícese de los receptores de radiotelefonía que poseen un generador que rebaja la frecuencia de las ondas recibidas.
heterodoxia *s.f.* Desacuerdo con una doctrina que se considera como verdadera [antón.: *ortodoxia*].
heterodoxo, xa *adj.* Que se separa de la doctrina considerada verdadera [antón.: *ortodoxo*].
heterogéneo, a *adj.* Compuesto de partes de diversa naturaleza [antón.: *homogéneo*].
hético, ca *adj./s.* Tísico. • *adj.* Muy flaco.
heurística *s.f.* Investigación de documentos históricos.
hexaedro *s.m.* Poliedro de seis caras.
hexagonal *adj.* De forma de hexágono.
hexágono *s.m.* Polígono de seis lados.
hexámetro *s.m.* Verso de la poesía grecolatina que consta de seis pies.
hexápodo, da *adj.* Dícese del artrópodo de seis patas.
hexasílabo, ba *adj./s.m.* De seis sílabas.
hez *s.f.* Sedimento de algunos líquidos. • Personas o grupos considerados como despreciables. • *pl.* Excremento.
hialino, na *adj.* En biología y en física, trasparente como el vidrio.
hialoide *adj.* Dícese de la membrana que reviste el cuerpo vítreo del ojo.
hiato *s.m.* Pronunciación de dos vocales contiguas en sílabas distintas.
hibernación *s.f.* Acción de hibernar algunos animales. • Método terapéutico que hace descender la temperatura del cuerpo humano para facilitar ciertas operaciones.
hibernar *v.intr.* Invernar. • Pasar el invierno ciertos animales en estado de letargo.

híbrido, da *adj. / s.m.* Dícese del vegetal o animal que son producto de distintas especies. • Que está formado por elementos de distinta naturaleza.
hidalgo, ga *s.* Persona de noble alcurnia. • *adj.* De carácter noble.
hidalguía *s.f.* Condición de hidalgo. • Nobleza de carácter.
hidra *s.f.* Monstruo mitológico con siete cabezas. • Cierto animal de río, de la forma de pólipo, con varios tentáculos.
hidrargirio *s.m.* Antiguo nombre del mercurio.
hidratación *s.f.* Acción de hidratar.
hidratar *v.tr. / prnl.* Combinar una sustancia con agua.
hidrato *s.m.* Combinación de un cuerpo con el agua.
hidráulica *s.f.* Parte de la mecánica que estudia el equilibrio y el movimiento de los líquidos.
hidráulico, ca *adj.* Relativo a la hidráulica. • Que funciona o se mueve por impulso del agua.
hídrico, ca *adj.* Relativo al agua. • Que contiene agua o hidrógeno.
hidroala *s.m.* Embarcación provista de aletas en el casco que, cuando alcanza gran velocidad, navega fuera del agua [sinón.: *aliscafo, hidroplano*].
hidroavión *s.m.* Avión provisto de flotadores que le permiten despegar desde el agua y posarse sobre ella.
hidrocarburo *s.m.* Nombre de diversos compuestos orgánicos constituidos solo por carbono e hidrógeno.
hidrodinámica *s.f.* Parte de la mecánica que estudia el movimiento de los líquidos.
hidroelectricidad *s.f.* Energía eléctrica obtenida por medios hidráulicos.
hidrófilo, la *adj.* Que absorbe el agua fácilmente. • Dícese de las plantas que viven cerca del agua o sumergidas en ella.
hidrofobia *s.f.* Temor morboso al agua. • Rabia (enfermedad).
hidrófobo, ba *adj. / s.* Que padece hidrofobia.
hidrófugo, ga *adj.* Dícese de las sustancias que evitan la humedad.
hidrógeno *s.m.* Gas inflamable, incoloro, mucho más liviano que el aire y que se propaga fácilmente (símbolo: *H*).
hidrografía *s.f.* Parte de la geografía que estudia los mares, los lagos, etc.
hidrología *s.f.* Parte de las ciencias naturales que estudia el agua como elemento de la corteza terrestre.
hidropesía *s.f.* Acumulación anormal de líquido en cualquier cavidad del cuerpo.
hidroplano *s.m.* Hidroala. • Hidroavión.
hidrosfera *s.f.* Conjunto de las partes líquidas de la Tierra.
hidrostática *s.f.* Parte de la mecánica que estudia el equilibrio de los fluidos.
hidrostático, ca *adj.* Relativo a la hidrostática.
hidroterapia *s.f.* Tratamiento de las enfermedades por las propiedades de las aguas medicinales.
hidróxido *s.m.* Nombre de las sustancias resultantes de la combinación de un óxido básico con el agua.
hiedra *s.f.* Enredadera leñosa, siempre verde, con raíces adventicias.
hiel *s.f.* Bilis.
hielo *s.m.* Agua congelada o solidificada. • Frialdad.
hiena *s.f.* Mamífero carnívoro, semejante al lobo, con crines sobre el espinazo; se alimenta de carroña.
hierático, ca *adj.* Dícese de los gestos, las actitudes o el estilo severos o solemnes.
hierba *s.f.* Planta cuyo tallo no desarrolla tejido leñoso, por lo que sus órganos tienen consistencia blanda.
hierofante *s.m.* El que inicia a otro en asuntos recónditos.
hierosolimitano, na *adj. / s.* Jerosolimitano.
hierra *s.f.* Herradero (operación).
hierro *s.m.* Metal dúctil, de color gris azulado, abundante en la naturaleza (símbolo: *Fe*). • Arma, instrumento o pieza de hierro.
hígado *s.m.* Víscera que segrega la bilis. • *pl. fam.* Valentía.
higiene *s.f.* Parte de la medicina que tiene por objeto la conservación de la salud y la prevención de las enfermedades.
higienista *adj. / s.m. y f.* Que se dedica al estudio de la higiene.

higienizar *v.tr.* Preparar algo de forma que se adecue a las reglas higiénicas.
higo *s.m.* Segundo fruto de la higuera, que se forma en las ramas nuevas.
higrometría *s.f.* Estudio de la humedad atmosférica y de su medición.
higrómetro *s.m.* Instrumento para determinar el grado de humedad de un ambiente.
higroscópico, ca *adj.* Dícese de las sustancias que absorben humedad del ambiente.
higuera *s.f.* Árbol cuyos frutos, las brevas y los higos, son comestibles.
hijastro, tra *s.* Hijo de una unión anterior, respecto del otro cónyuge.
hijo, ja *s.* Persona o animal con respecto a sus padres. • Persona con respecto al lugar donde ha nacido. • *prop. m.* Segunda Persona de la Santísima Trinidad.
hijuela *s.f.* Reguera. • Parte que resulta de la división de una herencia.
hijuelo *s.m.* Retoño de una planta.
hilacha *s.f.* Hilo que se sale o cuelga de una tela. • Residuo, vestigio.
hilada *s.f.* Hilera, fila. • Serie horizontal de ladrillos o sillares.
hilado *s.m.* Fibra textil hilada. • Acción y efecto de hilar.
hilandería *s.f.* Técnica de hilar. • Fábrica o taller de hilados.
hilar *v.tr. / intr.* Trasformar en hilo las fibras textiles. • Formar su hebra la araña, el gusano de seda, etc.
hilarante *adj.* Que causa risa. • Dícese del gas empleado para anestesias de corta duración.
hilaridad *s.f.* Risa ruidosa.
hilera *s.f.* Conjunto de personas o cosas colocadas en línea; fila. • Aparato para convertir los metales en alambre.
hilo *s.m.* Hebra larga y delgada que se forma retorciendo fibras textiles. • Alambre delgado. • Hebra que producen ciertos insectos y arácnidos. • Chorro delgado. • Tela de lino o cáñamo. • Continuidad en un discurso.
hilván *s.m.* Costura provisoria de puntadas largas.
hilvanar *v.tr.* Unir con hilvanes. • Bosquejar.
himen *s.m.* Repliegue membranoso que cierra parcialmente el orificio externo de la vagina.
himeneo *s.m.* Ceremonia o acción de contraer matrimonio una pareja.
himno *s.m.* Composición poética o musical, solemne, escrita en alabanza de alguien o algo.
himplar *v.intr.* Emitir su voz la onza o la partera.
hincapié *s.m.* Acción de afirmar el pie para hacer fuerza con el resto del cuerpo.
hincar *v.tr.* Introducir o clavar algo en un lugar. • *tr. / prnl.* Apoyar con fuerza.
hincha *s.m. y f. fam.* Partidario entusiasta de un equipo deportivo. • *f. fam.* Antipatía.
hinchar *v.tr. / prnl.* Llenar de aire; inflar. • Aumentar el caudal de un río, arroyo, etc. • *prnl.* Aumentar de volumen una parte del cuerpo.
hinchazón *s.f.* Efecto de hincharse. • Engreimiento. • Afectación en el estilo.
hindú *adj. / s.m. y f.* Partidario del hinduismo. • De la India (Asia).
hinduismo *s.m.* Religión derivada del brahmanismo.
hinojo *s.m.* Planta herbácea aromática empleada como condimento.
hioides *s.m.* Hueso en forma de herradura, situado debajo de la lengua.
hipar *v.intr.* Tener hipo. • Gimotear.
hipérbaton *s.m.* En gramática, figura de construcción consistente en alterar el orden sintáctico regular.
hipérbola *s.f.* Curva simétrica compuesta de dos ramas abiertas dirigidas en sentido contrario.
hipérbole *s.f.* Figura retórica que consiste en exagerar la realidad de lo que se dice.
hiperbóreo, a *adj.* Dícese de las regiones cercanas al polo norte, y a sus habitantes, clima, etc.
hiperclorhidria *s.f.* Exceso de ácido clorhídrico en el jugo gástrico.
hipermercado *s.m.* Gran supermercado.
hipermetropía *s.f.* Defecto de visión por el que se perciben borrosos los objetos cercanos.
hipersensible *adj.* Que tiene sensibilidad excesiva.

hipertensión *s.f.* Aumento anormal de la tensión sanguínea.
hipertrofia *s.f.* Aumento excesivo del volumen de un órgano o un miembro.
hípico, ca *adj.* Relativo a los caballos o a la equitación.
hipismo *s.m.* Conjunto de conocimientos relativos a la cría y al adiestramiento del caballo.
hipnosis *s.f.* Estado de sueño artificial producido por distintos medios.
hipnótico, ca *adj.* Del hipnotismo o de la hipnosis. • *s.m.* Medicamento empleado para producir sueño.
hipnotismo *s.m.* Procedimiento por el que se produce hipnosis.
hipnotizar *v.tr.* Producir hipnosis. • Asombrar o fascinar a alguien.
hipo *s.m.* Movimiento convulsivo del diafragma que produce respiración interrumpida y con ruido.
hipocampo *s.m.* Pez marino con el cuerpo recubierto de placas óseas, cabeza erguida y cola arrollada en espiral.
hipocentro *s.m.* Zona profunda de la corteza terrestre.
hipoclorhidria *s.f.* Escasez de ácido clorhídrico en el jugo gástrico.
hipocondría *s.f.* Depresión anímica y preocupación obsesiva por la salud.
hipocondríaco, ca o **hipocondriaco, ca** *adj./s.* Que padece hipocondría. • *adj.* Relativo a los hipocondrios.
hipocondrio *s.m.* Cada una de las partes laterales y superiores del abdomen.
hipocresía *s.f.* Cualidad de hipócrita.
hipócrita *adj./s.m. y f.* Que aparenta o finge lo que no siente o lo que no es.
hipodérmico, ca *adj.* Que está o se pone debajo de la piel.
hipódromo *s.m.* Lugar destinado para carreras de caballos.
hipófisis *s.f.* Pequeña glándula unida a la base del encéfalo, que regula las glándulas endocrinas.
hipogastrio *s.m.* Parte inferior del abdomen.
hipogeo *s.m.* Bóveda subterránea donde se conservaban cadáveres.
hipogrifo *s.m.* Animal fabuloso, mitad grifo y mitad caballo.
hipopótamo *s.m.* Mamífero paquiderm de unos tres metros de largo, que viv en los ríos de África.
hipóstasis *s.f.* En teología, unión sus tancial de las personas de la Santísim Trinidad.
hipotálamo *s.m.* Región del encéfalo don de se encuentran los centros de las acti vidades fundamentales del organismo.
hipoteca *s.f.* Gravamen que pesa sobr un inmueble, cuando este sirve de ga rantía de una deuda.
hipotecar *v.tr.* Gravar bienes inmueble con una hipoteca.
hipotecario, ria *adj.* Relativo a la hipo teca.
hipotensión *s.f.* Tensión arterial infe rior a la normal.
hipotenusa *s.f.* En un triángulo rectán gulo, lado que se opone al ángulo recto
hipótesis *s.f.* Enunciación de la que s parte para llegar a una consecuencia suposición.
hipotético, ca *adj.* Relativo a la hipótesis, o que se funda en ella.
hipsómetro *s.m.* Instrumento para determinar la altitud de un lugar a parti del punto de ebullición del agua.
hirsuto, ta *adj.* Dícese del pelo grueso y rígido.
hisopar *v.tr.* Hisopear.
hisopear *v.tr.* Esparcir agua con el hisopo
hisopo *s.m.* Cierta mata muy aromática, usada en medicina. • Utensilio que se usa para esparcir agua bendita.
hispánico, ca *adj.* Relativo a España.
hispanidad *s.f.* Cualidad de español. • Conjunto de los pueblos de lengua y cultura españolas.
hispanismo *s.m.* Palabra o expresión peculiares de la lengua española. • Afición a España y a sus cosas.
hispano, na *adj./s.* Perteneciente o relativo a España.
hispanoamericano, na *adj./s.* De España y América. • *adj.* Dícese de los países de América en que se habla español.
hispanófilo, la *adj./s.* Dícese del amigo de España y de sus cosas.
hispanohablante *adj./s.m. y f.* Que habla español como lengua materna.

íspido, da *adj.* Hirsuto.

isteria *s.f.* Enfermedad síquica caracterizada por una sugestionabilidad exagerada.

istérico, ca *adj. / s.* Relativo a la histeria. • Que la padece.

isterismo *s.m.* Histeria.

istología *s.f.* Parte de la anatomía que estudia los tejidos orgánicos.

istólogo, ga *s.* Persona que se dedica a la histología.

istoria *s.f.* Conjunto de los sucesos ocurridos en el pasado, y narración cronológica de esos sucesos. • Narración de un hecho cualquiera. • *fam.* Chisme, enredo.

istoriador, ra *s.* El que investiga o escribe historia.

istorial *s.m.* Narración ordenada y detallada de un suceso. • *adj.* Perteneciente a la historia.

istoriar *v.tr.* Narrar la historia de algún hecho o persona.

istórico, ca *adj.* Relativo a la historia. • Que tuvo existencia real.

istorieta *s.f.* Anécdota o cuento corto. • Cuento ilustrado con dibujos. [sinón. *cómic*].

istoriografía *s.f.* Arte de escribir la historia. • Estudio bibliográfico y crítico sobre la historia y sus fuentes.

istrión, histrionisa *s.* Actor, en especial del teatro clásico. • *m.* Bufón, payaso.

ito *s.m.* Mojón o señal. • Hecho importante; jalón.

ocicar *v.tr.* Hozar. • *intr. fam.* Tropezar con un obstáculo o una dificultad. • *fam.* Fisgar.

ocico *s.m.* Parte saliente y más o menos alargada de la cara de los mamíferos, donde están la boca y la nariz.

ogaño *adv.* En la época actual [antón.: *antaño*].

ogar *s.m.* Sitio donde se hace fuego. • Lugar donde vive una persona en la intimidad.

ogareño, ña *adj.* De hogar. • Amante de la vida de hogar.

ogaza *s.f.* Pan grande.

oguera *s.f.* Fuego hecho en el suelo y al aire libre; fogata.

hoja *s.f.* Órgano de las plantas vasculares que nace lateralmente del tallo y de las ramas. • Lámina muy delgada de cualquier materia. • Cuchilla de las herramientas y de las armas blancas. • Parte que se abre y cierra de una puerta o ventana. • Papel impreso por sus dos caras.

hojalata *s.f.* Chapa de hierro delgada estañada por sus dos caras.

hojalatería *s.f.* Establecimiento donde se hacen piezas de hojalata.

hojaldre *s. ambig.* Masa con manteca, que al cocerse en el horno forma hojas.

hojarasca *s.f.* Conjunto de hojas secas caídas de los árboles. • Excesiva frondosidad de los árboles. • Cosa inútil.

hojear *v.tr.* Pasar ligeramente las hojas de un libro.

hola *interj.* Se usa a modo de saludo familiar.

holacanto *s.m.* Pez óseo carnívoro, de boca y escamas pequeñas.

holanda *s.f.* Cierta tela muy fina de algodón o hilo.

holandés, sa *adj. / s.* De Holanda (Europa). • *s.m.* Lengua hablada en ese país.

holgado, da *adj.* Ancho y amplio. • Que excede lo necesario; desahogado.

holganza *s.f.* Ociosidad. • Placer o diversión.

holgar *v.intr.* Estar ocioso. • Estar de más; sobrar. • Descansar. • *prnl.* Divertirse o entretenerse.

holgazán, na *adj. / s.* Haragán.

holgazanear *v.intr.* Haraganear.

holgorio *s.m.* Jolgorio.

holgura *s.f.* Cualidad o situación de holgado. • Buena situación económica.

hollar *v.tr.* Pisar. • Profanar un sitio pisándolo. • Humillar.

hollejo *s.m.* Pellejo de algunas frutas.

hollín *s.m.* Sustancia negra y grasa depositada por el humo.

holmio *s.m.* Cierto metal que tiene importantes propiedades magnéticas y eléctricas (símbolo: *Ho*).

holocausto *s.m.* Entre los judíos, sacrificio en que se quemaba un animal. • Ofrenda o sacrificio.

holoceno, na *adj. / s.m.* Dícese de la última época del período cuaternario.

hológrafo, fa *adj.* Ológrafo.
hombre *s.m.* Especie animal que se distingue de las demás por su desarrollo cerebral y síquico, su facultad de hablar y determinadas características físicas, como su posición vertical y erguida. • Varón. • Varón adulto.
hombrear *v.intr./tr.* Hacer fuerza con los hombros para sostener algo. • *intr./prnl.* Querer competir con otros.
hombrera *s.f.* Almohadilla que se pone en la ropa para levantar la parte correspondiente al hombro.
hombría *s.f.* Conjunto de ciertas cualidades morales que realzan a un hombre.
hombro *s.m.* Parte superior y lateral del tronco, donde se articula el brazo.
hombruno, na *adj.* Dicho de mujeres y de sus cosas, que parece un hombre o de hombre.
homenaje *s.m.* Demostración o acto de respeto o veneración. • Juramento de fidelidad hecho a un rey.
homeópata *adj./s.m. y f.* Dícese del médico que practica la homeopatía.
homeopatía *s.f.* Sistema terapéutico que consiste en tratar las enfermedades con dosis mínimas de ciertas sustancias.
homeotermo, ma *adj.* Dícese del animal cuya sangre conserva una temperatura casi constante, como los mamíferos y las aves.
homérico, ca *adj.* Del poeta griego Homero. • Extraordinario, espectacular.
homicida *adj./s.m. y f.* Que causa la muerte de una persona.
homicidio *s.m.* Hecho de dar muerte a una persona.
homilía *s.f.* Explicación o discurso sobre materias de religión.
homínido *adj./s.m.* Dícese del fósil que presenta características parecidas a las del hombre.
homófono, na *adj.* Dícese de las palabras que con distinta significación suenan de igual modo.
homogeneidad *s.f.* Cualidad de homogéneo.
homogeneizar *v.tr.* Trasformar en homogéneo.
homogéneo, a *adj.* No heterogéneo. • Dícese del compuesto cuyos elementos son de igual índole o condición.
homógrafo, fa *adj.* Dícese de las palabras de distinta significación que se escriben de igual manera.
homologación *s.f.* Acción y efecto de homologar.
homologar *v.tr.* Acatar las partes un fallo o sentencia. • Confirmar el juez un acto o convenio de las partes.
homólogo, ga *adj.* Que se corresponde o es similar.
homónimo, ma *adj.* Que tiene el mismo nombre que otra persona o cosa. • Dícese de las palabras que tienen igual forma y distinta significación.
homóptero, ra *adj./s.m.* Dícese del insecto con alas reducidas o sin ellas, como la cigarra.
homosexual *adj./s.m. y f.* Que tiene afinidad sexual por las personas de su mismo sexo.
honda *s.f.* Tira de un material flexible para arrojar piedras.
hondo, da *adj.* Que tiene profundidad. No superficial. • Dicho de un sentimiento, muy intenso.
hondonada *s.f.* Espacio de terreno hondo.
hondura *s.f.* Parte profunda de una cosa o un lugar.
hondureño, ña *adj./s.* De Honduras (América).
honestidad *s.f.* Cualidad de honesto.
honesto, ta *adj.* Que actúa de acuerdo con la moral. • Recatado, decente.
hongo *s.m.* Cierta planta sin clorofila; algunas especies son comestibles y otras, muy venenosas.
honor *s.m.* Cualidad moral de quien merece el respeto ajeno. • Honestidad y recato. • Buena reputación. • Dignidad o cargo. • *pl.* Homenaje.
honorable *adj.* Que merece ser honrado o acatado. • Digno o respetable.
honorario, ria *adj.* Que sirve para honrar. • No remunerado. • *s.m. pl.* Estipendio o sueldo por un trabajo.
honorífico, ca *adj.* Que confiere honor pero no es retribuido.
honra *s.f.* Aprecio y respeto de la propia dignidad.• Prestigio. • Honestidad de

las mujeres. • Demostración de estima. • *pl.* Exequias.
honradez *s.f.* Cualidad de honrado.
honrado, da *adj.* Honesto o probo.
honrar *v.tr.* Respetar o enaltecer. • Premiar el mérito de una persona. • *prnl.* Tener a honra ser o hacer algo.
honroso, sa *adj.* Que honra a quien lo tiene o realiza.
hopalanda *s.f.* Túnica larga y amplia.
hora *s.f.* Vigésima cuarta parte del día. • Momento determinado del día.
horadar *v.tr.* Perforar o taladrar.
horario, ria *adj.* Relativo a las horas • *s.m.* Manecilla del reloj que señala las horas. • Cuadro indicador de las horas para ejecutar ciertos actos.
horca *s.f.* Patíbulo. • Palo con dos puntas para sostener ramas, parrales, etc. • Instrumento de labranza.
horcajadas (a) *loc. adv.* Echando cada pierna por un lado.
horchata *s.f.* Bebida de almendras, chufas, etc., machacadas con agua y sazonadas con azúcar.
horda *s.f.* Comunidad nómade salvaje. • Grupo irregular de gente armada.
horizontal *adj.* Que está en el horizonte o paralelo a él.
horizonte *s.m.* Línea que limita la parte de la superficie terrestre visible desde cierto punto. • Superficie terrestre limitada por esa línea.
horma *s.f.* Molde para fabricar o formar algo.
hormiga *s.f.* Insecto con antenas acodadas y patas largas, que vive en sociedad bajo tierra.
hormigón *s.m.* Mezcla compuesta de piedras menudas y argamasa.
hormiguear *v.intr.* Producirse en cierta parte del cuerpo una sensación de hormigueo. • Bullir una multitud.
hormigueo *s.m.* Sensación de cosquilleo experimentada en alguna parte del cuerpo.
hormiguero, ra *adj.* Relativo a las hormigas. • *s.m.* Lugar donde viven las hormigas. • Multitud que se mueve desordenadamente.
hormona *s.f.* Producto de la secreción de ciertos órganos del cuerpo de animales y plantas, que inhibe o regula la actividad de otros órganos.
hornacina *s.f.* Hueco en un muro para colocar una estatua, una imagen, etc.
hornada *s.f.* Lo que se cuece de una vez en un horno.
hornalla *s.f.* *América* Horno metálico de las fábricas. • Parte inferior del horno, donde se acumula la ceniza. • Brasero empotrado en el fogón de la cocina.
hornear *v.tr.* Cocer una comida en el horno.
hornero *s.m.* *América* Pájaro de plumaje pardo y blanco, que hace su nido de barro y en forma de horno.
hornillo *s.m.* Recipiente especial donde se hace el fuego para guisar. • Horno manual empleado en laboratorios y para usos industriales.
horno *s.m.* Obra de mampostería o de metal para desecar, cocer, trasformar o fundir materias por medio del calor.
horóscopo *s.m.* Predicción del porvenir de una persona por la observación del estado de los astros, en especial en el momento de su nacimiento.
horqueta *s.f.* Horca para sostener ramas. • Parte del árbol donde se juntan el tronco y una rama gruesa formando ángulo agudo. • *América* Bifurcación de un camino.
horquilla *s.f.* Bifurcación de una cosa. • Horca u horqueta. • Trozo de alambre doblado para sujetar el pelo de las mujeres. • Pieza de forma bifurcada en un mecanismo.
horrendo, da *adj.* Horroroso.
hórreo *s.m.* Granero sostenido en el aire por pilares.
horrible *adj.* Muy impresionante por lo feo, lo trágico, lo cruel, etc.
hórrido, da *adj.* Horroroso.
horripilante *adj.* Que causa horror.
horripilar *v.tr./prnl.* Causar horror y espanto.
horror *s.m.* Miedo muy intenso. • Impresión muy fuerte producida por algo catastrófico o cruel. • Cosa desagradable. • *fam.* Aversión.
horrorizar *v.tr./prnl.* Causar horror.
horroroso, sa *adj.* Que causa horror.
hortaliza *s.f.* Cualquier planta hortense comestible.

hortelano, na *adj.* Hortense. • *s.* Persona que cultiva una huerta.
hortense *adj.* De la huerta.
hortensia *s.f.* Arbusto ornamental de flores azules o rosadas.
hortícola *adj.* Relativo a la horticultura.
horticultura *s.f.* Cultivo de las plantas de huerta.
hosco, ca *adj.* Áspero, intratable.
hospedaje *s.m.* Alojamiento y asistencia que se da a una persona.
hospedar *v.tr.* Dar alojamiento. • *prnl.* Estar alojado en un lugar.
hospedería *s.f.* Casa donde se da hospedaje mediante pago.
hospicio *s.m.* Casa que albergaba a pobres y peregrinos.
hospital *s.m.* Establecimiento donde se curan enfermos; en especial, los de atención gratuita.
hospitalario, ria *adj.* Que recibe con cordialidad a los visitantes o forasteros. • Del hospital.
hospitalidad *s.f.* Cualidad de hospitalario.
hospitalizar *v.tr.* Internar a una persona en un hospital.
hosquedad *s.f.* Cualidad de hosco.
hostal *s.m.* Hostería.
hostería *s.f.* Casa donde se da comida y alojamiento mediante pago.
hostia *s.f.* Oblea redonda ofrecida en el sacrificio de la misa o para la comunión de los fieles.
hostigar *v.tr.* Fustigar a las caballerías. • Excitar o acosar.
hostil *adj.* Contrario o enemigo.
hostilidad *s.f.* Cualidad de hostil. • *pl.* Ataque recíproco de pueblos o ejércitos en guerra.
hostilizar *v.tr.* Realizar actos hostiles; provocar.
hotel *s.m.* Establecimiento donde se hospeda transitoriamente la gente.
hotelería *s.f.* Industria que proporciona a los huéspedes alojamiento, comida, etc., mediante pago.
hotentote, ta *adj./s.* Dícese de un pueblo primitivo que habita en el sudoeste de África.
hoy *adv.* En el día presente. • En el tiempo o época presentes.
hoya *s.f.* Hoyo grande. • Fosa para enterrar uno o más cadáveres.
hoyo *s.m.* Concavidad de forma redondeada en la tierra o en otra superficie. • Hoya o fosa.
hoyuelo *s.m.* Hoyo en la barbilla o en las mejillas de algunas personas.
hoz *s.f.* Instrumento para segar, de hoja curva y filo muy agudo.
hozar *v.tr.* Levantar la tierra con el hocico, como hacen los cerdos.
huaco *s.m. América* Guaco.
huarpe *adj./s.m. y f.* Dícese del individuo de una tribu indígena de la Argentina.
huaso *s.m.* En Chile, campesino.
huaxteco, ca *adj./s.* Dícese del individuo de una tribu indígena de origen maya, que vive en México.
hucha *s.f.* Alcancía. • Dinero ahorrado.
hueco, ca *adj.* Cóncavo o vacío. • Dícese del sonido retumbante y profundo. • Esponjoso. • Presumido o vanidoso. • Dícese del lenguaje o estilo afectados que expresan ideas triviales. • *s.m.* Espacio cóncavo. • Intervalo de tiempo o de lugar. • *en hueco: loc. adv.* Sobre un hueco.
huecograbado *s.m.* Procedimiento de grabado para las máquinas rotativas.
huelga *s.f.* Interrupción colectiva del trabajo realizada por obreros o empleados de un mismo gremio.
huelguista *s.m. y f.* Persona que toma parte en una huelga.
huella *s.f.* Señal que dejan en el lugar donde se posan el pie de una persona o un animal u otra cosa. • Rastro o vestigio. • Plano del escalón. • Canción y baile de la Argentina.
huemul *s.m.* Mamífero rumiante parecido al ciervo, que vive en la región andina de la Argentina y Chile.
huérfano, na *s./adj.* Persona de menor edad a quien se le han muerto uno o ambos padres. • *adj.* Falto de determinada cosa necesaria.
huero, ra *adj.* Dícese del huevo no fecundado. • Vacío o insustancial.
huerta *s.f.* Huerto extenso.
huerto *s.m.* Pequeño terreno donde se cultivan verduras y árboles frutales.

hueso *s.m.* Cada uno de los órganos duros que conforman el esqueleto de los vertebrados. • Parte interior dura y compacta de algunas frutas. • *pl.* Restos de una persona muerta.
huesoso, sa *adj.* Relativo al hueso. • De huesos muy grandes.
huésped, da *s.* Persona que se hospeda en casa ajena. • Persona que hospeda a otra en su casa.
hueste *s.f.* Ejército en campaña. • Conjunto de los seguidores de una persona o de una causa.
huesudo, da *adj.* De huesos muy marcados.
hueva *s.f.* Masa que forman los huevos de algunos peces.
huevera *s.f.* Recipiente para servir o colocar huevos. • Conducto membranoso de las aves donde se forman la clara y la cáscara de los huevos.
huevo *s.m.* Célula inicial de todo ser vivo. • Huevo de gallina.
hugonote, ta *adj./s.* Dícese de los que en Francia seguían las doctrinas de Calvino.
huida *s.f.* Acción de huir.
huidizo, za *adj.* Que huye o tiende a huir.
huir *v.intr.* Marcharse rápidamente de un lugar por temor. • Fugarse. • Apartarse de algo malo o perjudicial.
hule *s.m.* Tela pintada al óleo y barnizada para hacerla impermeable. • *América* Caucho natural.
hulla *s.f.* Carbón mineral compacto y frágil, de color negro grisáceo.
humanidad *s.f.* Conjunto de todos los hombres. • Condición humana. • Compasión o caridad. • Corpulencia de una persona. • *pl.* Ciertas ramas del saber.
humanismo *s.m.* Conocimiento o cultivo de las humanidades. • Cierta doctrina del Renacimiento.
humanista *adj.* Relativo al humanismo. • *s.m. y f.* Persona que se dedica al estudio de las humanidades.
humanitario, ria *adj.* Caritativo.
humanizar *v.tr.* Hacer cierta cosa más humana, más agradable o menos dura. • *prnl.* Hacerse más humano.
humano, na *adj.* Del hombre o de la humanidad. • Propio de la condición imperfecta del hombre. • Compasivo.
humareda *s.f.* Masa grande de humo.
humear *v.intr.* Echar humo.
humectar *v.tr.* Humedecer.
humedad *s.f.* Cualidad de húmedo. • Agua que impregna un cuerpo. • Vapor de agua que existe en el aire.
humedecer *v.tr./prnl.* Mojar levemente una cosa.
húmedo, da *adj.* Ligeramente mojado. • Impregnado de vapor de agua.
húmero *s.m.* Hueso del brazo.
humidificar *v.tr.* Trasmitir humedad al ambiente.
humildad *s.f.* Cualidad de humilde. • Virtud derivada del sentimiento de nuestra bajeza.
humilde *adj.* Pobre, pero no miserable. • Que practica la virtud de la humanidad. • Que es sumiso.
humillación *s.f.* Acción de humillar.
humillar *v.tr.* Bajar una parte del cuerpo en señal de acatamiento. • Hacer sentir inferior a una persona. • *prnl.* Perder la dignidad por algo.
humita *s.f.* *América* Pasta de maíz mezclado con queso, tomate, ají, etc.
humo *s.m.* Producto gaseoso de la combustión de materias orgánicas. • Gas visible que desprende una cosa. • *pl.* Soberbia, vanidad o presunción.
humor *s.m.* Cualquier sustancia fluida de un organismo. • Estado de ánimo. • Buena disposición para algo.
humorada *s.f.* Dicho o hecho festivos, caprichosos o extravagantes.
humorismo *s.m.* Facultad de destacar el aspecto cómico o ridículo de algo.
humorista *adj./s.m. y f.* Que escribe o habla con humorismo.
humus *s.m.* Capa superficial del suelo; mantillo.
hundimiento *s.m.* Acción de hundir.
hundir *v.tr./prnl.* Sumir, meter en lo hondo. • Destruir o arruinar a una persona. • Hacer que una cosa fracase.
húngaro, ra *adj./s.* De Hungría (Europa). • *s.m.* Lengua hablada en ese país.
huno, na *adj./s.* Dícese de los individuos de un pueblo proveniente de Asia que en el siglo V invadió Europa.

huracán *s.m.* Viento impetuoso y temible que gira en grandes círculos.
huracanado, da *adj.* Que tiene la violencia de un huracán.
huraño, ña *adj.* Que evita el trato con la gente; insociable.
hurgar *v.tr.* Remover con los dedos. • *tr./intr. fam.* Fisgar, curiosear.
hurgón *s.m.* Utensilio para atizar la lumbre.
hurguete *s.m. América* Persona curiosa que se interesa por los secretos ajenos.
hurguetear *v.tr./intr. fam. América* Revolver cosas por curiosidad. • *fam.* Fisgar.
hurón *s.m.* Mamífero carnívoro, de cuerpo pequeño, flexible y prolongado.
huronear *v.intr.* Cazar con hurón. • *fam.* Curiosear o fisgar.
hurra *interj.* Expresa alegría o aprobación.
hurtadillas (a) *loc. adv.* Furtiva o disimuladamente.
hurtar *v.tr.* Robar sin violencia. • Apartar o desviar. • *prnl.* Evitar algo que causa disgusto o violencia.
hurto *s.m.* Acción de hurtar. • Cosa hurtada.
húsar *s.m.* Soldado de caballería ligera.
husmear *v.tr.* Rastrear con el olfato; olfatear. • *fam.* Fisgar.
huso *s.m.* Instrumento de madera o de hierro para devanar hilo.
hutía *s.f.* Mamífero roedor, parecido a la rata, que vive en las Antillas.

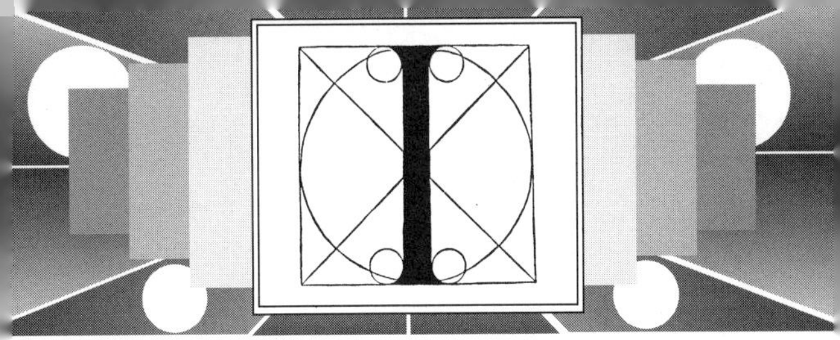

i *s.f.* Vocal, novena letra del abecedario español (*pl.* íes). • Letra que, en la numeración romana, equivale a uno.

ibérico, ca *adj.* De Iberia (antiguo nombre de España), o de los iberos.

ibero, ra o **íbero, ra** *adj./s.* Dícese del pueblo que desde el período neolítico ocupó el sur y el este de España para extenderse luego hacia el norte.

iberoamericano, na *adj./s.* De las naciones de América que antes formaron parte de los reinos de España y Portugal.

íbice *s.m.* Especie de cabra montés.

ibirá *s.m. América* Arbusto del que se obtiene una fibra textil.

ibis *s.f.* Ave zancuda muy venerada en el antiguo Egipto.

iceberg *s.m.* Masa de hielo que flota en el mar.

icono o **ícono** *s.m.* Representación sagrada pintada o hecha en relieve, venerada en las iglesias ortodoxas.

iconoclasta *adj./s.m. y f.* Que niega el culto a las imágenes sagradas.

iconografía *s.f.* Estudio y descripción de imágenes, retratos, etc.

iconoscopio *s.m.* Tubo catódico de la cámara de televisión.

icosaedro *s.m.* Poliedro de veinte caras.

ictericia *s.f.* Coloración amarilla de la piel, debido al aumento de pigmentos biliares en la sangre.

ictiología *s.f.* Parte de la zoología que trata de los peces.

ictiosaurio *s.m.* Reptil fósil de la era mesozoica, adaptado a la vida acuática.

ida *s.f.* Acción de ir.

idea *s.f.* Representación mental de una cosa. • Intención de hacer algo. • Opinión o juicio. • Habilidad para realizar algo.

ideal *adj.* Que solo existe en el pensamiento [antón.: *real*]. • Ejemplar, perfecto. • *s.m.* Modelo, prototipo.

idealismo *s.m.* Tendencia filosófica que considera la idea como principio del ser y del conocimiento. • Tendencia a idealizar la realidad.

idealista *adj.* Que idealiza la realidad. • *adj./s.m. y f.* Partidario del idealismo filosófico.

idealizar *v.tr.* Presentar las cosas como mejores de lo que son en realidad, o como perfectas.

idear *v.tr.* Hacer creaciones intelectuales. • Imaginar, inventar.

ideario *s.m.* Conjunto de las ideas principales de un autor, una doctrina, etc.

ídem *adv.* Pronombre de origen latino que se usa para indicar que debe repetirse algo dicho o escrito.

idéntico, ca *adj.* Exactamente igual o muy parecido.

identidad *s.f.* Cualidad de idéntico. • Conjunto de caracteres y circunstancias que distinguen a una persona o una cosa.

identificar *v.tr.* Comprobar que una persona o cosa son las mismas que se conocían. • Considerar como idénticas dos o más cosas.

ideografía *s.f.* Representación de frases o palabras por medio de ideogramas.

ideograma *s.m.* Signo con el cual, en la escritura de ciertas lenguas, se representan ideas en vez de sonidos.
ideología *s.f.* Conjunto sistematizado de ideas de una persona, doctrina, etc.
ideólogo, ga *s.* Persona que se atiene a ideas abstractas y vive fuera de la realidad.
idilio *s.m.* Composición poética de tema amoroso y de carácter tierno y delicado. • Coloquio amoroso.
idioma *s.m.* Lengua de un pueblo o país. • Modo particular de expresarse.
idiomático, ca *adj.* Propio del idioma.
idiosincrasia *s.f.* Modo de ser peculiar de alguien.
idiota *adj.* / *s.m. y f.* Dícese de la persona cuyo desarrollo mental está detenido en los tres años. • Muy poco inteligente.
idiotez *s.f.* Cualidad de idiota. • Dicho o hecho propios de un idiota.
idiotismo *s.m.* Forma o giro peculiares de un idioma, pero incorrectos gramaticalmente.
ido, da *adj. fam. América.* Que está ajeno a la realidad.
idólatra *adj.* / *s.m. y f.* Que adora ídolos.
idolatrar *v.tr.* Adorar ídolos. • Amar ciegamente a alguien o algo.
idolatría *s.f.* Adoración de ídolos. • Amor exagerado hacia una persona o cosa.
ídolo *s.f.* Figura de una deidad pagana a la que se rinde adoración. • Persona o cosa exageradamente amadas.
idoneidad *s.f.* Cualidad de idóneo.
idóneo, a *adj.* Que tiene las condiciones necesarias para cierto servicio; apto.
igarapés *s.m. pl. América* Canales paralelos al río Amazonas, destinados a la navegación.
iglesia *s.f.* Conjunto de los fieles, creencias y clero de la religión católica, regido por el papa. • Templo cristiano. • *prop.* Nombre dado a la Iglesia católica apostólica romana.
iglú (Voz esquimal) *s.m.* Vivienda en forma de cúpula, que los esquimales construyen con bloques de nieve compacta.
ignaro, ra *adj.* Ignorante.
ígneo, a *adj.* De fuego, o como de fuego. • De color de fuego.
ignición *s.f.* Acción de arder o quemarse
ignífugo, ga *adj.* Que protege contra la acción del fuego.
ignominia *s.f.* Deshonra pública.
ignominioso, sa *adj.* Que es causa de ignominia.
ignorancia *s.f.* Estado del que ignora cierta cosa. • Falta de instrucción.
ignorante *adj.* Que ignora cierta cosa. • *adj.* / *s.m. y f.* Que carece de instrucción.
ignorar *v.tr.* No saber cierta cosa.
ignoto, ta *adj.* No conocido o no descubierto.
igual *adj.* Que tiene la misma naturaleza, cantidad o calidad de otra cosa. • Que no varía o no tiene desniveles. • Muy parecido. • Proporcionado. • *adj.* / *s.m.* Dícese de la persona de la misma clase o condición sociales que otra. • En matemática, dícese del signo (=) que se usa para indicar la igualdad.
igualación *s.f.* Acción de igualar.
igualar *v.tr.* / *prnl.* Poner o hacer iguales a dos personas o cosas. • *tr.* Hacer liso o llano. • *tr.* / *intr.* / *prnl.* Ser una cosa igual o muy parecida a otra.
igualdad *s.f.* Cualidad de igual. • Circunstancia de ser iguales dos o más cosas. • En matemática, relación de equivalencia entre dos conjuntos constituidos por los mismos elementos.
igualitario, ria *adj.* Que entraña igualdad o tiende a ella.
igualitarismo *s.m.* Tendencia política que propugna la desaparición de las diferencias sociales.
iguana *s.f.* Reptil americano muy grande, parecido al lagarto.
iguanodonte *s.m.* Cierto reptil fósil.
ijada *s.f.* Cada una de las dos cavidades situadas entre las costillas falsas y la pelvis.
ijar *s.m.* Ijada.
ilación *s.f.* Relación entre ideas que se deducen una de otra, o que concuerdan.
ilativo, va *adj.* Que establece ilación.
ilegal *adj.* No legal o contrario a la ley.
ilegalidad *s.f.* Cualidad de ilegal. • Acto o cosa ilegales.
ilegible *adj.* Que no se puede leer.
ilegítimo, ma *adj.* No legítimo.

1. íleon *s.m.* Parte terminal del intestino delgado.
2. íleon *s.m.* Ilion.
ileso, sa *adj.* Que no ha recibido lesión o daño.
iletrado, da *adj.* / *s.* Falto de instrucción.
1. iliaco, ca o **ilíaco, ca** *adj.* Relativo al íleon (parte del intestino).
2. iliaco, ca o **ilíaco, ca** *adj.* / *s.m.* Dícese del hueso de la cadera formado por el ilion, el pubis y el isquion.
ilícito, ta *adj.* No permitido por inmoral o ilegal.
ilimitado, da *adj.* Que no tiene límites.
ilion *s.m.* Parte del coxal que forma la cadera.
iliquidez *s.f.* Escasez de recursos frente a las necesidades o los compromisos.
ilógico, ca *adj.* Que carece de lógica.
ilota *s.m. y f.* Nombre dado a los esclavos de los espartanos.
iluminación *s.f.* Acción de iluminar. • Conjunto de luces de un lugar.
iluminado, da *s.* Persona que se cree inspirada por un poder sobrenatural para hacer o decir algo trascendente.
iluminar *v.tr.* Alumbrar. • Adornar con luces. • Dar color a las figuras, letras, etc., de una estampa, fotografía, libro, etcétera.
ilusión *s.f.* Imagen engañosa formada en la mente acerca de algo real que se interpreta erróneamente. • Creencia o esperanza sin fundamentos.
ilusionar *v.tr.* / *prnl.* Hacer que alguien se forje ilusiones o esperanzas.
ilusionista *s.m. y f.* Prestidigitador.
iluso, sa *adj.* Que tiene esperanzas infundadas o excesivas.
ilusorio, ria *adj.* Que no existe en la realidad; imaginario.
ilustración *s.f.* Acción de ilustrar. • Dibujo, grabado, etc., que acompañan a un texto.
ilustrar *v.tr.* Proporcionar conocimientos a alguien. • Aclarar una cuestión. • Añadir a un escrito dibujos, láminas, etc., relacionados con el texto.
ilustrativo, va *adj.* Que proporciona conocimientos o datos acerca de algo.
ilustre *adj.* De mérito o fama notables; distinguido, insigne.
ilustrísimo, ma *adj.* / *s.* Dícese, como forma de tratamiento, de ciertos dignatarios; en especial, de los obispos.
imagen *s.f.* Representación en dibujo, escultura, etc., de una persona o cosa. • Representación en dibujo, escultura, etc., de Dios, la Virgen o los santos. • Figura de un objeto formada en un espejo, una pantalla, etc. • Representación mental de una persona o cosa.
imaginación *s.f.* Facultad de imaginar.
imaginar *v.tr.* Representarse mentalmente la imagen de una cosa real o inexistente. • Creer, sin fundamento, cierta cosa.
imaginaria *s.f.* En milicia, guardia suplente. • *m.* Soldado que, por turno, vela durante la noche.
imaginario, ria *adj.* Que solo existe en la imaginación.
imaginativa *s.f.* Facultad de imaginar.
imaginativo, va *adj.* Relativo a la imaginación. • Que tiene mucha imaginación.
imaginería *s.f.* Pintura o escultura de imágenes sagradas.
imago *s.m.* Estado adulto de un insecto.
imán *s.m.* Óxido de hierro natural, que atrae ciertos metales. • Barra imanada.
imanación *s.f.* Acción de imanar.
imanar *v.tr.* Dotar a un cuerpo de magnetismo.
imantación *s.f.* Imanación.
imantar *v.tr.* Imanar.
imbécil *adj.* / *s.m. y f.* Dícese de la persona con un retardo mental acentuado, pero menor que el del idiota. • Tonto.
imbecilidad *s.f.* Cualidad de imbécil. • Acción o dicho propios de un imbécil.
imberbe *adj.* Dícese del joven que todavía no tiene barba.
imbibición *s.f.* Acción de embeber.
imborrable *adj.* Que no se borra; indeleble.
imbricado, da *adj.* Dícese de las cosas parcialmente superpuestas.
imbricar *v.tr.* Colocar una serie de cosas de modo que estén parcialmente superpuestas, como las tejas de un tejado.
imbuir *v.tr.* / *prnl.* Trasmitir ciertas ideas o sentimientos.
imitación *s.f.* Acción de imitar.

imitador, ra *adj.* / *s.* Que imita.
imitar *v.tr.* Hacer una cosa a semejanza de otra.
impaciencia *s.f.* Falta de paciencia.
impacientar *v.tr.* / *prnl.* Hacer que alguien pierda la paciencia.
impaciente *adj.* Que no tiene paciencia.
impactar *v.tr.* Producir un choque. • Causar una fuerte impresión.
impacto *s.m.* Choque de un proyectil contra algo. • Impresión muy fuerte dejada por cierta acción o suceso.
impagable *adj.* Que no se puede pagar.
impala *s.m.* Especie de gacela de África.
impalpable *adj.* Que por ser fino y suave casi no produce sensación al tacto.
impar *adj.* Dícese de los números que no son múltiplos de dos. • Sin par, sin igual.
imparcial *adj.* Que juzga o procede sin parcialidad; ecuánime.
imparcialidad *s.f.* Cualidad de imparcial.
impartir *v.tr.* Dar o repartir.
impasible *adj.* Que no se turba; imperturbable.
impavidez *s.f.* Cualidad de impávido.
impávido, da *adj.* Que no tiene miedo ante algo capaz de asustar.
impecable *adj.* Que no tiene defecto o mancha. • Incapaz de pecar.
impedancia *s.f.* Oposición que encuentra una corriente alterna para circular en un circuito.
impedido, da *adj.* / *s.* Que no puede usar sus miembros o que no puede trabajar por incapacidad física; tullido.
impedimento *s.m.* Obstáculo, traba.
impedir *v.tr.* Hacer que algo no llegue a suceder o realizarse. • Dificultar el movimiento o el paso de algo por un lugar.
impelente *adj.* Que impele.
impeler *v.tr.* Empujar, impulsar. • Incitar a hacer algo.
impenetrable *v.tr.* Que no se puede penetrar. • Que no se puede comprender, conocer o descubrir.
impenitente *adj.* / *s.m. y f.* Que se obstina en el pecado. • *adj.* Que persevera en una mala costumbre.
impensado, da *adj.* Inesperado.
imperante *adj.* Que impera.
imperar *v.intr.* Gobernar como emperador. • Dominar, gobernar.
imperativo, va *adj.* Que da órdenes o impone su voluntad. • *adj.* / *s.m.* Dícese del modo verbal que expresa mandato ruego o consejo.
imperceptible *adj.* Que no se puede percibir.
imperdible *adj.* Que no se puede perder. • *s.m.* Alfiler que se abrocha.
imperdonable *adj.* Que no se puede perdonar.
imperecedero, ra *adj.* Que no perecerá; eterno.
imperfección *s.f.* Cualidad de imperfecto. • Defecto, falla.
imperfecto, ta *adj.* No perfecto.
imperial *adj.* Perteneciente al emperador o al imperio. • *s.f.* Asiento que tienen algunos carruajes sobre el techo.
imperialismo *s.m.* Sistema político y económico que pretende extender la dominación de un estado sobre otro.
impericia *s.f.* Falta de pericia.
imperio *s.m.* Acción de imperar. • Dignidad de emperador. • Tiempo que dura su mandato. • Conjunto de estados sometidos a un emperador.
imperioso, sa *adj.* Que manda con dureza o altanería. • Urgente.
impermeabilizar *v.tr.* Hacer que una cosa se vuelva impermeable.
impermeable *adj.* Que no puede ser atravesado por el agua u otros líquidos. • *s.m.* Sobretodo impermeable.
impersonal *adj.* Que no tiene personalidad. • No dirigido a una persona en particular. • Dícese del verbo unipersonal.
impertérrito, ta *adj.* Que no se asusta o altera; impávido.
impertinencia *s.f.* Dicho o acción no oportunos o inconvenientes. • Insolencia.
impertinente *adj.* Inoportuno o indiscreto. • Insolente. • *s.m. pl.* Anteojos con un mango para sostenerlos ante los ojos.
imperturbable *adj.* Que no pierde la tranquilidad.
impetrar *v.tr.* Solicitar algo encarecida y humildemente; rogar, suplicar.
ímpetu *s.m.* Fuerza con que alguien o algo se lanzan contra una cosa. • Energía que se pone en una acción.

impetuoso, sa *adj.* Que actúa con ímpetu; violento.
impío, a *adj.* Falto de piedad o compasión. • Falto de piedad o fe religiosas.
implacable *adj.* Que no se puede aplacar; inexorable.
implantación *s.f.* Acción de implantar.
implantar *v.tr.* Plantar. • Establecer, instituir. • Colocar en el cuerpo algún aparato o sustituto de órgano que ayude a su funcionamiento.
implante *s.m.* Acción y efecto de implantar.
implemento *s.m.* Utensilio.
implicancia *s.f. América* Acción de implicar.
implicar *v.tr.* Comprometer a alguien en cierto asunto. • Llevar en sí; significar. • *intr.* Impedir, obstar.
implícito, ta *adj.* Que se considera incluido en otra cosa, aunque no se lo especifique.
implorar *v.tr.* Pedir algo llorando o tratando de despertar compasión.
implume *adj.* Que no tiene plumas.
impolítico, ca *adj.* Falto de política o delicadeza.
impoluto, ta *adj.* Limpio, inmaculado.
imponderable *adj.* De valor tan grande, que excede toda ponderación; inestimable. • Que no se puede pesar.
imponencia *s.f. América* Aspecto majestuoso.
imponente *adj.* Que impone admiración o respeto por su magnitud, majestuosidad, etc.; grandioso, impresionante.
imponer *v.tr.* Poner una carga, obligación, castigo, etc. • Poner dinero a rédito o en depósito. • *tr./prnl.* Instruir en algo o informar sobre alguna cosa. • *intr.* Infundir respeto o miedo.
imponible *adj.* Susceptible de ser gravado con impuesto.
impopular *adj.* Que no es popular.
importación *s.f.* Acción de importar cosas de otro país.
importancia *s.f.* Cualidad de importante.
importante *adj.* Que tiene valor, interés o influencia.
importar *v.tr.* Introducir en un país cosas de otro. • *intr.* Tener valor o interés cierta persona o cosa. • Llegar a cierta suma el precio de algo.
importe *s.m.* Suma que vale una cosa.
importunar *v.tr.* Causar molestia con una cosa inoportuna.
importuno, na *adj.* Inoportuno. • Indiscreto o molesto.
imposibilidad *s.f.* Cualidad de imposible.
imposibilitar *v.tr.* Hacer imposible algo; impedir.
imposible *adj.* No posible. • Insoportable, insufrible.
imposición *s.f.* Acción de imponer.
imposta *s.f.* Hilada de sillería sobre la que se apoyan un arco o una bóveda.
impostor, ra *s./adj.* Persona que se hace pasar por alguien o algo que no es. • El que dice de otro cosas falsas para desacreditarlo.
impostura *s.f.* Acción de hacerse una persona pasar por alguien o algo que no es. • Calumnia, difamación.
impotente *adj.* Que no tiene poder o fuerza para algo.
impracticable *adj.* Que no se puede practicar o realizar; irrealizable. • Intransitable.
imprecación *s.f.* Exclamación con que se expresa el deseo de que alguien reciba un daño.
imprecar *v.tr./intr.* Proferir imprecaciones.
imprecisión *s.f.* Falta de precisión.
impregnar *v.tr.* Embeber, empapar. • Introducir en las moléculas de un cuerpo las de otro, sin que se produzca combinación entre ellas.
impremeditado, da *adj.* No premeditado.
imprenta *s.f.* Arte y actividad de imprimir. • Taller donde se imprime.
imprescindible *adj.* Dícese de aquello de lo que no se puede prescindir.
impresión *s.f.* Acción de imprimir. • Obra impresa. • Marca que deja una cosa en otra contra la que se aprieta. • Efecto que causan las cosas en los sentidos o en el ánimo.
impresionar *v.tr./prnl.* Causar una impresión en el ánimo. • Fijar una imagen en una placa fotográfica por medio de la luz.
impresionismo *s.m.* Corriente artística que trata de expresar la impresión que la naturaleza produce en los sentidos.

impreso *s.m.* Obra impresa.
impresor, ra *adj.* Que imprime. • *s.* Persona que tiene o dirige una imprenta. • El que hace trabajos de imprenta.
imprevisión *s.f.* Falta de previsión.
imprevisor, ra *adj.* Que no tiene previsión.
imprevisto, ta *adj.* Que sucede sin haber sido previsto; inesperado. • *s.m.* Gasto no previsto.
imprimar *v.tr.* Preparar una superficie que debe pintarse aplicándole una capa de ingredientes apropiados.
imprimir *v.tr.* Dejar en un sitio una marca. • Reproducir sobre papel, tela, etc., la superficie de las planchas de imprenta. • Hacer que algo quede fijado en la memoria o el ánimo de alguien. • Dar a una cosa cierto carácter, giro, etcétera.
ímprobo, ba *adj.* Falto de probidad, malvado. • Dícese del trabajo excesivo o continuado.
improcedencia *s.f.* Cualidad dé improcedente.
improcedente *adj.* Inoportuno, inadecuado. • No conforme a derecho.
improductivo, va *adj.* Que no produce.
impromptu *s.m.* Composición musical de forma libre y carácter lírico.
impronta *s.f.* Reproducción de una imagen sobre una materia blanda. • Marca peculiar que deja algo en el orden espiritual o moral.
improperio *s.m.* Injuria, insulto.
impropio, pia *adj.* Que no es propio de alguien o algo.
improrrogable *adj.* Que no se prorroga.
improvisación *s.f.* Acción de improvisar.
improvisar *v.tr./intr.* Hacer algo sin preparación previa.
improviso (de) *loc. adv.* Sin aviso o inesperadamente.
imprudencia *s.f.* Falta de prudencia.
imprudente *adj./s.m. y f.* Que carece de prudencia.
impúber *adj./s.m. y f.* Que no ha llegado aún a la pubertad.
impudicia *s.f.* Falta de pudor.
impúdico, ca *adj.* Que no tiene pudor. • Desvergonzado.
impudor *s.m.* Falta de pudor. • Desvergüenza.
impuesto *s.m.* Contribución pecuniaria que el Estado exige a los habitantes y destina a fines de interés público.
impugnación *s.f.* Acción de impugnar.
impugnar *adj.* Oponerse con argumentos a una cosa sostenida por otro; rebatir, refutar.
impulsar *v.tr.* Hacer que se mueva una cosa empujándola; impeler. • Estimular
impulsivo, va *adj./s.* Que obra sin reflexión.
impulso *s.m.* Acción de impulsar. • Móvil que lleva a la acción.
impune *adj.* Sin castigo.
impunidad *s.f.* Hecho de no recibir castigo una acción que lo merece.
impureza *s.f.* Cualidad de impuro. • Cosa que altera la pureza de otra.
impuro, ra *adj.* No puro.
imputación *s.f.* Acción de imputar. • Cosa imputada.
imputar *v.tr.* Atribuir a una persona una falta o delito. • Asignar un destino determinado a una cantidad de dinero.
imputrescible *adj.* Que no se pudre fácilmente.
inabordable *adj.* Que es imposible de abordar.
inacabable *adj.* Que no se acaba nunca.
inaccesible *adj.* No accesible; inalcanzable.
inacción *s.f.* Falta de acción; inactividad.
inaceptable *adj.* No aceptable.
inactividad *s.f.* Falta de actividad.
inactivo, va *adj.* Que no se mueve ni trabaja.
inadaptado, da *adj./s.* Que no se adapta a ciertas circunstancias.
inadecuado, da *adj.* No adecuado.
inadmisible *adj.* No admisible.
inadvertido, da *adj.* No advertido o notado. • Distraído.
inagotable *adj.* Que no se puede agotar.
inaguantable *adj.* Que no se puede aguantar; intolerable.
inalámbrico, ca *adj.* Dícese de los sistemas de comunicación eléctrica en los que no se usan alambres conductores.
inalcanzable *adj.* Que no se puede alcanzar.
inalienable *adj.* Que no se puede enajenar.

nalterable *adj.* Que no se altera, o no se puede alterar.
namovible *adj.* Dícese del cargo que no puede quitarse a quien lo ocupa.
nanición *s.f.* Debilidad extrema debida a la falta de alimentación.
nanimado, da *adj.* Que no es animal ni vegetal. • Sin vida.
napelable *adj.* Dícese de la sentencia o fallo que no se pueden apelar.
napetencia *s.f.* Falta de apetito.
napetente *adj.* Que tiene inapetencia.
napreciable *adj.* Que no se puede apreciar o distinguir. • De tanto valor, que no tiene precio.
narmónico, ca *adj.* Falto de armonía.
narticulado, da *adj.* No articulado.
nasequible *adj.* Que no se puede alcanzar o conseguir; inaccesible.
nasible *adj.* Imposible de asir.
naudito, ta *adj.* Que sorprende por lo audaz o escandaloso.
nauguración *s.f.* Acción de inaugurar. • Acto con que se inaugura algo.
naugural *adj.* De la inauguración.
naugurar *v.tr.* Abrir un establecimiento, o dar comienzo a una actividad.
nca *s.m.* Rey, príncipe o varón de estirpe regia entre los antiguos indios del Perú. • *m. y f.* Nombre que reciben esos indígenas.
ncaico, ca *adj.* Relativo a los incas.
ncalculable *adj.* Que no se puede calcular.
ncalificable *adj.* Dícese de la acción censurable que provoca indignación.
ncandescencia *s.f.* Cualidad y estado de un cuerpo que emite luz propia por estar sometido a altas temperaturas.
ncandescente *adj.* Que se halla en estado de incandescencia.
ncansable *adj.* Que no se cansa de hacer cierta cosa.
ncapacidad *s.f.* Cualidad de incapaz. • Falta de capacidad legal de una persona.
ncapacitar *v.tr.* Hacer incapaz. • Declarar la incapacidad legal de una persona para cierta cosa.
ncapaz *adj.* Falto de capacidad o de aptitud; inepto. • Falto de aptitud legal.
ncautación *s.f.* Acción de incautarse.
incautarse *v.prnl.* Tomar posesión de una cosa por orden de una autoridad competente.
incauto, ta *adj.* Ingenuo y fácil de engañar.
incendiar *v.tr.* Causar un incendio.
incendiario, ria *adj.* Que causa incendio. • Sedicioso.
incendio *s.m.* Fuego grande que destruye lo que no está destinado a arder.
incensario *s.m.* Pequeño brasero en cuyo interior se quema incienso.
incentivo *s.m.* Lo que mueve o estimula a hacer una cosa.
incentro *s.m.* Centro de la circunferencia inscrita en un triángulo.
incertidumbre *s.f.* Cualidad de incierto. • Estado del que duda o vacila.
incesante *adj.* Que no cesa; continuo.
incesto *s.m.* Relación sexual entre parientes entre los cuales está prohibido el matrimonio.
incidencia *s.f.* Acción de incidir. • Lo que ocurre durante el desarrollo de un asunto.
incidental *adj.* Que ocurre durante el curso de algo y no es parte esencial de ello.
incidente *s.m.* Cosa incidental. • Disputa, riña.
incidir *v.intr.* Chocar una cosa con otra a la que está dirigida. • Incurrir en un delito, error, etc. • Causar efecto una cosa en otra.
incienso *s.m.* Gomorresina que fluye de ciertos árboles y arbustos, y se quema como perfume en ceremonias religiosas.
incierto, ta *adj.* Que no se sabe con certeza; inseguro. • Impreciso, borroso.
incineración *s.f.* Acción de incinerar.
incinerar *adj.* Quemar una cosa hasta reducirla a cenizas.
incipiente *adj.* Que está empezando.
incisión *s.f.* Cortadura que se hace con un instrumento afilado.
incisivo, va *adj.* Punzante, mordaz. • *adj. / s.m.* Dícese del diente cuneiforme que, en número variable, poseen los mamíferos.
inciso, sa *adj.* Cortado. • *s.m.* En gramática, oración incidental. • Apartado en un texto legal, señalado con letras o números.

incitación *s.f.* Acción de incitar.
incitante *adj.* Que incita.
incitar *v.tr.* Impulsar, inducir.
incivil *adj.* Falto de civilidad o de educación.
inclemente *adj.* Falto de clemencia. • Dícese del tiempo o del clima rigurosos.
inclinación *s.f.* Acción de inclinar. • Afición, vocación. • Propensión.
inclinar *v.tr./prnl.* Apartar una cosa de su posición normal. • Persuadir a una persona a obrar de cierta manera. • *prnl.* Propender.
incluir *v.tr.* Poner una cosa dentro de otra. • Contener una cosa a otra. • En matemática, contener un conjunto a otro.
inclusión *s.f.* Acción de incluir. • Cosa incluida. • En matemática, relación entre dos conjuntos que se verifica cuando todo elemento del primero pertenece también al segundo.
inclusive *adv.* Incluyendo a una persona o cosa determinadas.
incluso, sa *adj.* Que está incluido en otra cosa. • *adv.* Inclusive.
incoar *v.tr.* En derecho, iniciar un proceso, un sumario, etc.
incógnito, ta *adj.* Que no es conocido; ignorado. • *s.f.* Cosa que no se sabe. • Valor desconocido de una ecuación o problema.
incognoscible *adj.* Que no se puede conocer.
incoherencia *s.f.* Falta de coherencia; incongruencia.
incoloro, ra *adj.* Que no tiene color.
incólume *adj.* Sin daño, lesión o deterioro; ileso.
incombustible *adj.* Que no se puede quemar.
incomodar *v.tr./prnl.* Causar incomodidad. • *prnl.* Enojarse.
incomodidad *s.f.* Falta de comodidad. • Malestar físico.
incómodo, da *adj.* Que produce incomodidad. • Molesto, disgustado.
incomparable *adj.* Que no se puede comparar.
incomparencia *s.f.* Hecho de no presentarse una persona ante la autoridad competente que la había citado.
incompatibilidad *s.f.* Cualidad de incompatible.
incompatible *adj.* No compatible. • Dícese de la ecuación o del sistema de ecuaciones que carecen de solución.
incompetente *adj.* No competente.
incomplejo, ja *adj.* Sin trabazón ni coherencia.
incompleto, ta *adj.* No completo.
incomprendido, da *adj.* Que no ha sido debidamente comprendido.
incomprensible *adj.* Que no se puede comprender.
incomunicación *s.f.* Falta de comunicación; aislamiento.
incomunicado, da *adj.* Que no tiene comunicación, o no puede comunicarse.
incomunicar *v.tr.* Privar de comunicación.
inconcebible *adj.* Que no se puede concebir o entender.
inconciliable *adj.* Dícese de una cosa que no puede conciliarse con otra.
inconcluso, sa *adj.* No concluido.
inconcuso, sa *adj.* Indudable.
incondicional *adj.* Dícese de lo que se hace sin aceptar condiciones, o sin imponerlas.
inconducente *adj.* Que no conduce a un fin o propósito determinados.
inconexión *s.f.* Falta de conexión o de relación.
inconexo, xa *adj.* Que no tiene conexión o relación con otra cosa. • Sin conexión o coherencia.
inconfesable *adj.* Que no puede confesarse por ser vergonzoso y vil.
inconfeso, sa *adj.* Que no confiesa el delito que se le imputa.
inconfundible *adj.* Que no se puede confundir con otras cosas de su género.
incongruencia *s.f.* Falta de congruencia. • Cosa incongruente.
incongruente *adj.* Dícese de la cosa que no guarda relación con otra. • Falto de conexión entre sus partes.
inconmensurable *adj.* Que no se puede medir. • Dícese de las cantidades cuyo cociente es un número irracional.
inconmovible *adj.* Que no se puede alterar ni conmover.
inconquistable *adj.* Que no se puede conquistar.

inconsciencia *s.f.* Estado en que el individuo pierde la facultad de darse cuenta de los estímulos exteriores y de sus propios actos.

inconsciente *adj.* No consciente. • Que está en estado de inconsciencia. • *adj.* / *s.m. y f.* Dícese de la persona irreflexiva o imprudente. • *s.m.* Estado profundo del siquismo, que escapa a la conciencia del individuo.

inconsecuencia *s.f.* Falta de consecuencia.

inconsecuente *adj.* Dícese de la persona cuya conducta no corresponde a sus ideas.

inconsistencia *s.f.* Falta de consistencia.

inconsistente *adj.* Falto de consistencia.

inconsolable *adj.* Tan afligido, que no puede consolarse.

inconstancia *s.f.* Falta de constancia.

inconstante *adj.* Que no tiene constancia; inestable.

inconstitucional *adj.* No concorde con la constitución de un estado.

inconsútil *adj.* Sin costura.

incontable *adj.* Que no se puede contar por ser muy numeroso. • Que no se puede relatar por ser deshonesto o inconveniente.

incontaminado, da *adj.* No contaminado.

incontenible *adj.* Que no se puede contener o refrenar.

incontestable *adj.* Que no se puede contestar u objetar; indiscutible, indudable.

incontinencia *s.f.* Falta de continencia. • Emisión involuntaria de la orina o de las heces.

incontinente *adj.* Incapaz de contener o reprimir sus pasiones.

incontrastable *adj.* Que no se puede discutir o negar.

incontrovertible *adj.* Que no se puede controvertir o negar.

inconveniencia *s.f.* Cualidad de inconveniente.

inconveniente *adj.* No conveniente; inoportuno, perjudicial. • Dícese del comportamiento o del lenguaje groseros. • *s.m.* Obstáculo para hacer una cosa.

incordio *s.m.* Tumor que se forma en los ganglios linfáticos.

incorporar *v.tr.* Unir una o varias cosas con otra para que formen un todo. • *tr.* / *prnl.* Levantar la parte superior del cuerpo o poner de pie el cuerpo que estaba tendido. • Hacer ingresar a una asociación, corporación, etc.

incorpóreo, a *adj.* No corpóreo; inmaterial.

incorrección *s.f.* Cualidad de incorrecto. • Dicho o acción incorrectos.

incorrecto, ta *adj.* No correcto, con errores o defectos. • No conforme a las normas morales o de cortesía.

incorregible *adj.* Que no puede o no quiere corregir sus vicios o defectos.

incorruptible *adj.* No corruptible.

incorrupto, ta *adj.* Que no está podrido. • No corrompido moralmente.

incredulidad *s.f.* Dificultad para creer, o aversión a hacerlo. • Falta de fe.

incrédulo, la *adj.* / *s.* Que no cree o que le cuesta creer. • Falto de fe.

increíble *adj.* Tan extraño, que difícilmente se puede creer.

incrementar *v.tr.* Aumentar.

incremento *s.m.* Acción y efecto de incrementar.

increpar *v.tr.* Reprender o insultar a una persona con dureza.

incriminar *v.tr.* Imputar a una persona un delito o una falta grave.

incruento, ta *adj.* No cruento, sin efusión de sangre.

incrustación *s.f.* Acción de incrustar. • Cosa incrustada.

incrustar *v.tr.* / *prnl.* Meter una cosa en otra; en especial, piedras o piezas de madera o metal. • Cubrir con una costra dura.

incubadora *s.f.* Aparato para incubar artificialmente los huevos de las aves. • Aparato en que se coloca a los niños nacidos prematuramente.

incubar *v.tr.* Empollar. • Someter los huevos de las aves al calor artificial para que se forme el polluelo.

incuestionable *adj.* Que no se puede cuestionar; indiscutible.

inculcar *v.tr.* Fijar con firmeza en la mente una idea, un sentimiento, etc.

inculpado, da *adj.* Que ha sido acusado o culpado de algo.

inculpar *v.tr.* Culpar.
inculto, ta *adj.* No cultivado. • De poca instrucción o de modales rústicos.
incultura *s.f.* Falta de cultivo o de cultura.
incumbencia *s.f.* Función u obligación que corresponden a determinada persona o institución.
incumbir *v.intr.* Corresponder a una persona o institución cierta actividad, función, etc.; concernir.
incunable *adj. / s.m.* Dícese de los libros impresos antes del siglo XVI.
incurable *adj. / s.m. y f.* Que no se puede curar.
incuria *s.f.* Falta de cuidado.
incurrir *v.intr.* Caer en un delito, un error, etc.
incursión *s.f.* Acción de incurrir. • Entrada de gente armada en un territorio enemigo.
indagar *v.tr.* Tratar de llegar a saber cierta cosa; averiguar.
indagatoria *s.f.* Declaración que hace ante la autoridad competente un acusado.
indebido, da *adj.* Que no se debe hacer. • Injusto, ilegal.
indecencia *s.f.* Falta de decencia. • Cosa o acción indecentes.
indecente *adj.* De mal aspecto, muy sucio. • Deshonesto, indecoroso.
indecible *adj.* Que no se puede decir, explicar o expresar.
indecisión *s.f.* Falta de decisión.
indeciso, sa *adj.* No decidido o resuelto. • Dícese de la persona irresoluta, vacilante.
indeclinable *adj.* Que debe hacerse o cumplirse necesariamente.
indecoroso, sa *adj.* Falto de decoro.
indefectible *adj.* Que no puede dejar de ser o suceder; inevitable.
indefenso, sa *adj.* Que carece de medios de defensa, o está sin defensa.
indefinible *adj.* Que no se puede definir; impreciso, vago.
indefinido, da *adj.* No definido o no preciso. • Que no tiene término; ilimitado. • *adj. / s.m.* Dícese de los pronombres que se refieren a un objeto de un modo general o dan idea de cantidad indeterminada. • Dícese del tiempo verbal de indicativo que expresa una acción ocurrida y terminada en el pasado.
indehiscente *adj.* En botánica, no dehiscente.
indeleble *adj.* Que no se puede borrar.
indemne *adj.* Que ha salido sin daño de algún peligro; ileso.
indemnización *s.f.* Acción de indemnizar. • Cantidad de dinero u otra cosa con que se indemniza.
indemnizar *v.tr.* Reparar legalmente por un daño que se ha causado.
independencia *s.f.* Falta de dependencia. • Libertad, autonomía.
independiente *adj.* Que no depende de otras personas o cosas. • Autónomo, libre.
independizar *v.tr.* Hacer independiente.
indescifrable *adj.* Que no se puede descifrar.
indescriptible *adj.* Que no se puede describir.
indeseable *adj.* Indigno de ser deseado.
indestructible *adj.* Que no se puede destruir.
indeterminación *s.f.* Falta de determinación en las cosas, o de decisión en las personas.
indeterminado, da *adj.* No determinado o limitado.
índex *s.m.* Índice. • *prop.* Catálogo de los libros prohibidos por la Iglesia católica.
indexación *s.f.* Actualización de los bienes y deudas conforme al deterioro del signo monetario.
indiada *s.f.* Conjunto de indios.
indiano, na *adj. / s.* De las Indias (nombre que daban los españoles a América).
indicación *s.f.* Acción de indicar. • Cosa con que se indica; señal.
indicador, ra *adj. / s.m.* Dícese de lo que indica o se usa para indicar algo.
indicar *v.tr.* Hacer saber una cosa con señales o palabras; señalar.
indicativo, va adj. Que indica o sirve para indicar. • *adj. / s.m.* Dícese del modo verbal que enuncia la acción como real.
índice *adj. / s.m.* Dícese del dedo de la mano inmediato al pulgar. • *s.m.* Señal de una cosa, un hecho, etc. • Catálogo

o tabla de las materias, los capítulos, etc., contenidos en un libro. • En la radicación, número que indica el grado de una raíz.

indicio *s.m.* Señal que da a conocer algo oculto o antes ignorado.

índico, ca *adj.* Relativo a la India (Asia).

indiferencia *s.f.* Estado de ánimo o actitud del que no siente atracción ni repulsión por una persona o cosa.

indiferente *adj.* Que siente indiferencia.

indígena *adj./s.m. y f.* Perteneciente a la raza originaria de un país.

indigencia *s.f.* Falta de medios para vivir; miseria, pobreza.

indigenismo *s.m.* Palabra o expresión indígenas incorporadas al idioma del pueblo invasor.

indigente *adj./s.m. y f.* Que está en la indigencia; pobre, menesteroso.

indigestar *v.tr./prnl.* Provocar indigestión.

indigestión *s.f.* Trastorno del organismo causado por la falta de una digestión adecuada.

indigesto, ta *adj.* Que se digiere con dificultad.

indignación *s.f.* Enojo violento causado por una acción injusta o reprobable.

indignar *v.tr./prnl.* Causar indignación.

indignidad *s.f.* Cualidad de indigno.

indigno, na *adj.* Dícese de lo que no es digno de determinada persona. • Que no merece cierta cosa. • Degradante para la dignidad humana.

índigo *s.m.* Añil.

indio *s.m.* Metal dúctil, soluble en ácidos y álcalis (símbolo: *In*).

indio, dia *adj./s.* De la India (Asia). • Dícese del antiguo poblador de América y de sus cosas.

indirecta *s.f.* Cosa que se dice con cierta intención pero sin expresarla claramente.

indirecto, ta *adj.* No directo. • Dícese del complemento gramatical que designa las personas o cosas sobre las que se ejerce indirectamente la acción del verbo.

indisciplina *s.f.* Falta de disciplina.

indisciplinado, da *adj.* Falto de disciplina.

indisciplinarse *v.prnl.* No sujetarse a la disciplina establecida.

indiscreción *s.f.* Falta de discreción. • Dicho o hecho indiscretos.

indiscreto, ta *adj./s.* Falto de discreción.

indiscutible *adj.* Que no se puede discutir, cuestionar o negar.

indisoluble *adj.* No soluble. • Que no se puede disolver o desunir.

indispensable *adj.* Dícese de aquello de lo que no se puede prescindir; necesario.

indisponer *v.tr./prnl.* Enemistar, malquistar. • Enfermar levemente.

indisposición *s.f.* Acción de indisponer. • Enfermedad leve y pasajera.

indispuesto, ta *adj.* Distanciado o enojado. • Levemente enfermo.

indisputable *adj.* Que no admite disputa.

indistinto, ta *adj.* Que no se distingue de otra cosa.

individual *adj.* Perteneciente al individuo.

individualidad *s.f.* Cualidad peculiar de una persona o una cosa.

individualismo *s.m.* Propensión a pensar u obrar por cuenta propia.

individualista *adj./s.m. y f.* Partidario del individualismo.

individualizar *v.tr.* Caracterizar o particularizar a un ser. • Determinar individuos de una especie.

individuo *s.m.* Cada miembro de una especie o género. • Miembro de una sociedad o corporación.

indivisible *adj.* Que no puede ser dividido.

indiviso, sa *adj.* No dividido en partes.

indo, da *adj./s.* De la India (Asia).

indócil *adj.* No dócil; díscolo.

indocto, ta *adj.* Ignorante, inculto.

indochino, na *adj./s.* De la península de Indochina (Asia).

indoeuropeo, a *adj.* Dícese de cada una de las razas y lenguas de origen común difundidas desde la India hasta el occidente europeo.

índole *s.f.* Inclinación natural propia de cada persona. • Naturaleza o condición de las cosas.

indolente *adj.* Perezoso, desidioso.

indoloro, ra *adj.* No doloroso.
indomable *adj.* Que no se puede domar.
indómito, ta *adj.* No domado, o que no se puede domar. • Difícil de sujetar o reprimir.
indonesio, sia *adj./s.* De Indonesia (Asia).
indubitable *adj.* Indudable.
inducción *s.f.* Acción de inducir. • Razonamiento que va de lo particular a lo general. • Acción de las cargas o corrientes eléctricas, unas sobre otras. • Influjo de las corrientes eléctricas sobre los imanes, y de estos sobre aquellas.
inducido, da *adj.* Dícese del campo magnético y de la corriente eléctrica generados por inducción electromagnética. • *s.m.* Circuito que gira en el campo magnético de una dínamo o de un motor, trasformando el trabajo mecánico en electricidad.
inducir *v.tr.* Instigar, incitar. • Razonar por inducción. • Producir un cuerpo electrizado fenómenos eléctricos en otro situado a cierta distancia de él.
inductivo, va *adj.* Relativo a la inducción. • Que procede por inducción.
inductor, ra *adj./s.* Que induce. • *s.m.* Cuerpo con cargas eléctricas que induce cargas sobre otros.
indudable *adj.* Que no se puede dudar.
indulgencia *s.f.* Cualidad de indulgente. • Perdón de los pecados que concede la Iglesia.
indulgente *adj.* Poco severo o poco exigente; tolerante.
indultar *v.tr.* Conceder un indulto.
indulto *s.m.* Perdón o gracia.
indumentaria *s.f.* Conjunto de prendas de vestir.
indumento *s.m.* Prenda de vestir.
industria *s.f.* Habilidad o destreza. • Empresa que produce y fabrica bienes. • Conjunto de las actividades industriales de una comunidad.
industrial *adj.* De la industria. • *s.m. y f.* Empresario de una industria.
industrialismo *s.m.* Período histórico en que ciertos inventos modificaron las estructuras socioeconómicas.
industrializar *v.tr.* Hacer que un producto se fabrique mecánicamente. • *tr./prnl.* Dar predominio a la industria de un país.
industrioso, sa *adj.* Muy trabajador.
induvia *s.f.* Parte de la flor que persiste en el fruto sin estar unida a él.
inédito, ta *adj.* Dícese de los escritos aún no publicados, o de sus autores.
ineducado, da *adj.* Grosero.
inefable *adj.* Que no se puede expresar con palabras.
ineficacia *s.f.* Cualidad de ineficaz.
ineficaz *adj.* No eficaz; inútil.
ineluctable *adj.* Ineludible.
ineludible *adj.* Que no se puede eludir o evitar; insoslayable.
inenarrable *adj.* Inefable.
inepcia *s.f.* Ineptitud.
ineptitud *s.f.* Cualidad de inepto.
inepto, ta *adj.* Que no sirve; inútil.
inequívoco, ca *adj.* Tan claro, que no se presta a dudas.
inercia *s.f.* Cualidad o estado de inerte. • Propiedad de los cuerpos de mantener invariable el estado de movimiento o de reposo. • Falta de energía.
inerme *adj.* Desarmado, indefenso.
inerte *adj.* Que no tiene vida.
inervación *s.f.* Acción de inervar.
inervar *v.tr.* Ejercer el sistema nervioso su acción sobre las funciones orgánicas.
inescrupuloso, sa *adj.* Que carece de escrúpulos. • Hecho sin escrúpulos.
inescrutable *adj.* Que no se puede llegar a saber o comprender.
inesperado, da *adj.* No esperado.
inestable *adj.* No estable, expuesto a cambios de posición o situación. • Dícese del que es inconstante.
inestimable *adj.* Que no puede ser estimado en todo su valor; inapreciable.
inexacto, ta *adj.* Falto de exactitud.
inexcusable *adj.* Que no se puede excusar o justificar. • Que no se puede eludir o dejar de hacer.
inexistente *adj.* Que no existe.
inexorable *adj.* Que no se deja conmover por ruegos; duro, implacable.
inexperiencia *s.f.* Falta de experiencia.
inexperto, ta *adj./s.* Falto de experiencia

inexplicable *adj.* Que no se puede explicar.
inexplorado, da *adj.* No explorado.
inexpresivo, va *adj.* Falto de expresividad, o poco afectuoso.
inexpugnable *adj.* Que no se puede conquistar por estar bien defendido.
inextinguible *adj.* Que no puede extinguirse.
inextricable *adj.* Tan complejo, que resulta difícil de desenmarañar.
infalible *adj.* Que no puede fallar o equivocarse.
infamante *adj.* Deshonroso o vergonzoso.
infamar *v.tr.* Quitar la honra y el buen nombre; difamar.
infame *adj.* Dícese del que piensa y obra con maldad o deslealtad.
infamia *s.f.* Cualidad de infame. • Deshonra, vergüenza. • Canallada.
infancia *s.f.* Edad del niño desde que nace hasta la adolescencia. • Los niños de esa edad.
infante, ta *s.* Niño pequeño. • Hijo o hija del rey, posteriores al primogénito. • *m.* Soldado de infantería.
infantería *s.f.* Tropa que sirve a pie en la milicia.
infanticida *adj. / s.m. y f.* Dícese del que comete infanticidio.
infanticidio *s.m.* Delito que consiste en matar a un niño.
infantil *adj.* De niño pequeño. • Como de niño pequeño; pueril.
infantilismo *s.m.* Persistencia anormal de los caracteres de la infancia en la edad adulta.
infarto *s.m.* Aumento de tamaño de un órgano enfermo. • Degeneración de un tejido por obstrucción de la circulación sanguínea.
infatigable *adj.* Incansable.
infatuar *v.tr. / prnl.* Engreír, envanecer.
infausto, ta *adj.* Aciago, funesto.
infección *s.f.* Enfermedad ocasionada por la presencia en el organismo de virus y bacterias patógenos.
infeccioso, sa *adj.* Relativo a la infección.
infectar *v.tr. / prnl.* Ocasionar una infección. • Corromper.
infecto, ta *adj.* Que tiene gérmenes infecciosos. • Que provoca aversión por su suciedad o corrupción.
infectocontagioso, sa *adj.* Dícese de las enfermedades que son infecciosas y contagiosas a la vez.
infecundo, da *adj.* No fecundo.
infeliz *adj. / s.m. y f.* Desgraciado. • Dícese de la persona buena y sin malicia. • *adj.* Que anuncia desgracia.
inferencia *s.f.* Efecto de inferir.
inferior *adj.* Situado más abajo que otra cosa. • Menor en cantidad, calidad u otro aspecto.
inferir *v.tr.* Causar un daño, herida, etc. • Deducir una cosa de otra.
infernal *adj.* Del infierno. • Muy malo.
ínfero, ra *adj.* Dícese del ovario de la flor, que queda por debajo de los pétalos.
infestar *v.tr.* Llevar a un sitio cosas que causan estragos. • Causar estragos o molestias. • Infectar.
inficionar *v.tr.* Contaminar o contagiar. • Corromper a una persona.
infidelidad *s.f.* Cualidad de infiel. • Acción infiel.
infidencia *s.f.* Infidelidad.
infiel *adj.* Falto de fidelidad. • *adj. / s.m. y f.* No cristiano.
infierno *s.m.* Lugar de castigo eterno para las almas de los malos.
infijo *s.m.* Afijo que se introduce en el interior de una palabra.
infiltración *s.f.* Acción y efecto de infiltrar.
infiltrar *v.tr. / prnl.* Introducir un líquido en una cosa. • Inculcar ciertas ideas. • *prnl.* Penetrar subrepticiamente las tropas en territorio enemigo.
ínfimo, ma *adj.* Muy bajo, último o peor.
infinidad *s.f.* Sinfín, multitud.
infinitesimal *adj.* Relativo a las cantidades infinitamente pequeñas. • Dícese del cálculo que comprende los cálculos diferencial e integral.
infinitivo *s.m.* Derivado verbal que expresa la acción pura y simple sin matices temporales.
infinito, ta *adj.* Que no tiene fin. • Enorme o numeroso. • *s.m.* Espacio ilimitado.
inflación *s.f.* Acción de inflar. • Desequilibrio económico caracterizado por el alza general de los precios y la disminución del valor adquisitivo del dinero.

inflacionario, ria *adj.* Relativo a la inflación monetaria.
inflador *s.m.* Bomba de aire.
inflamable *adj.* Que se inflama fácilmente.
inflamación *s.f.* Acción de inflamar. • Reacción orgánica en torno de un cuerpo extraño, caracterizada por enrojecimiento, calor y tumefacción.
inflamar *v.tr./prnl.* Arder algo con llama. • Excitar pasiones. • Causar inflamación en una parte del cuerpo.
inflamatorio, ria *adj.* Que causa inflamación o procede de ella.
inflar *v.tr./prnl.* Hinchar con aire o gas. • *tr.* Exagerar.
inflexible *adj.* Que no se puede doblar. • Dícese de la persona rígida.
inflexión *s.f.* Acción de doblarse un objeto. • Alteración en el tono de la voz. • Cada una de las terminaciones de una palabra variable.
infligir *v.tr.* Imponer o aplicar un castigo o una pena.
inflorescencia *s.f.* Disposición de las flores en la planta. • Agrupación natural de flores.
influencia *s.f.* Acción de influir. • Poder ejercido sobre alguien.
influenciar *v.tr.* Actuar sobre la manera de ser o de obrar de una persona.
influenza *s.f.* Gripe.
influir *v.intr.* Influenciar.
influjo *s.m.* Acción de influir.
influyente *adj.* Que influye.
información *s.f.* Acción de informar. Informe, noticia. • Investigación jurídica.
informal *adj./s.m. y f.* Que carece de formalidad. • Poco serio o solemne.
informalidad *s.f.* Cualidad de informal. • Acción informal.
informar *v.tr.* Dar datos o noticias.
informática *s.f.* Técnica del tratamiento de la información por medio de ordenadores.
informático, ca *adj.* Perteneciente o relativo a la informática.
informativo, va *adj.* Que proporciona información. • *s.m.* Audición de radio o televisión en la que se trasmiten noticias.
informe *adj.* Que no tiene forma regular. • *s.m.* Acción de informar. • Exposición ordenada de datos.
infortunado, da *adj./s.* Que tiene mala suerte. • *adj.* Que causa infortunio.
infortunio *s.m.* Situación del que sufre una pérdida muy grande.
infracción *s.f.* Acción con que se infringen una ley o una regla.
infractor, ra *adj./s.* Que comete una infracción; trasgresor.
infraestructura *s.f.* Conjunto de todo lo necesario para servir de base o poner en funcionamiento una obra mayor.
in fraganti *loc. adv.* En el mismo momento en que se está cometiendo un delito.
infraganti *adv.* In fraganti.
infrahumano, na *adj.* Que es más propio de animales o de fieras que de hombres.
infrangible *adj.* Que no se puede quebrar o quebrantar.
infranqueable *adj.* Imposible de pasar, salvar o superar.
infrarrojo, ja *adj.* Dícese de las radiaciones no visibles del espectro, de longitud de onda superior a la de la luz roja.
infrascripto, ta *adj./s.* Infrascrito.
infrascrito, ta *adj./s.* Dícese del que firma debajo de un escrito.
infringir *v.tr.* No cumplir una ley, disposición o promesa; trasgredir.
infructuoso, sa *adj.* Que no produce fruto o resultado.
infrutescencia *s.f.* Fruto que resulta de la unión de los ovarios de varias flores.
ínfula *s.f.* Cinta que pende de la mitra episcopal. • *pl.* Presunción.
infundado, da *adj.* Que no tiene fundamento o motivo.
infundio *s.m.* Noticia falsa y tendenciosa.
infundir *v.tr.* Causar algo cierto estado de ánimo o sentimiento.
infusible *adj.* Que no se puede fundir.
infusión *s.f.* Inmersión en un líquido caliente de una sustancia soluble. • Bebida así obtenida.
infuso, sa *adj.* Dícese de la sabiduría que Dios infunde en el alma.
infusorio *s.m.* Microorganismo que tiene cilios para su locomoción en un líquido.
ingeniar *v.tr.* Idear algo con ingenio. • *prnl.* Encontrar con ingenio la manera de conseguir algo.

ingeniería *s.f.* Técnica de construir puentes, caminos, máquinas y diversas construcciones.
ingeniero, ra *s.* Profesional que se dedica a la ingeniería.
ingenio *s.m.* Facultad de inventar o discurrir. • Gracia para narrar o expresar algo. • Máquina o artificio mecánico.
ingenioso, sa *adj.* Que tiene ingenio.
ingénito, ta *adj.* No engendrado. • Dicho de una cualidad, congénita.
ingente *adj.* De gran magnitud.
ingenuidad *s.f.* Cualidad o estado de ingenuo.
ingenuo, nua *adj./s.* Cándido, inocente.
ingerir *v.tr.* Introducir por la boca comida, bebida o medicamentos.
ingestión *s.f.* Acción de ingerir.
ingle *s.f.* Parte del cuerpo donde se une el abdomen con el muslo.
inglés, sa *adj./s.* De Inglaterra (Reino Unido). • *s.m.* Lengua hablada en el Reino Unido.
ingratitud *s.f.* Conducta del que es desagradecido. • Acción ingrata.
ingrato, ta *adj.* Desagradable. • *adj./s.* Desagradecido.
ingravidez *s.f.* Ausencia de peso real o aparente, que experimenta un cuerpo.
ingrávido, da *adj.* Sin peso o de muy poco peso.
ingrediente *s.m.* Cualquier cosa que entra en un compuesto.
ingresar *v.intr.* Entrar.
ingreso *s.m.* Acción de ingresar. • Entrada.
inguinal *adj.* Relativo a la ingle.
ingurgitar *v.tr.* Tragar los alimentos sin masticarlos.
inhábil *adj.* Falto de habilidad. • No apto para cierto cargo.
inhabilitar *v.tr.* Declarar a alguien inhábil para un cargo, empleo, etc.
inhabitable *adj.* No habitable.
inhabitado, da *adj.* Deshabitado.
inhalación *s.f.* Acción de inhalar.
inhalador *s.m.* Aparato para hacer inhalaciones.
inhalar *v.tr.* Aspirar un gas o un líquido pulverizado.
inherente *adj.* Que está muy unido a alguien o algo.
inhibición *s.f.* Acción de inhibir.
inhibir *v.tr.* Impedir a un juez la prosecución de la causa. • *tr./prnl.* Suspender un proceso fisiológico o sicológico. • *prnl.* Abstenerse.
inhibitorio, ria *adj.* Que inhibe jurídicamente.
inhospitalario, ria *adj.* No hospitalario. • Inhóspito.
inhospitalidad *s.f.* Falta de hospitalidad.
inhóspito, ta *adj.* Dicho de un lugar, que no es cómodo o seguro.
inhumación *s.f.* Acción de inhumar.
inhumano, na *adj.* Falto de humanidad o de compasión; despiadado.
inhumar *v.tr.* Enterrar un cadáver [antón.: *exhumar*].
iniciación *s.f.* Acción de iniciar.
iniciado, da *adj.* Que participa del conocimiento de alguna cosa secreta.
inicial *adj.* Que está o sucede al principio. • *adj./s.f.* Dícese de la letra con que empieza una palabra.
iniciar *v.tr.* Comenzar algo. • *tr./prnl.* Instruir a alguien en los primeros conocimientos de una cosa. • Instruir en una cosa secreta.
iniciativa *s.f.* Propuesta o estímulo para iniciar cierta cosa. • Acción de adelantarse a otros. • Cualidad del que es capaz de inventar o proponer actividades.
inicio *s.m.* Comienzo, principio.
inicuo, cua *adj.* No equitativo, injusto. • Malvado o cruel.
ininteligible *adj.* Incomprensible.
ininterrumpido, da *adj.* Sin interrupción.
iniquidad *s.f.* Cualidad de inicuo. • Acción inicua.
injerencia *s.f.* Intromisión.
injerir *v.tr.* Incluir una cosa en otra.
injertar *v.tr.* Injerir en una planta una parte de otra. • Implantar en un cuerpo humano partes tomadas de otra región del mismo cuerpo o del de otra persona.
injerto *s.m.* Acción de injertar. • Parte de una planta injerida en otra. • Planta injertada. • Parte orgánica injertada.
injuria *s.f.* Ultraje. • Daño.
injuriar *v.tr.* Ofender gravemente.

injurioso, sa *adj.* Que injuria.
injusticia *s.f.* Falta de justicia. • Acción injusta.
injustificado, da *adj.* No justificado.
injusto, ta *adj./s.* No justo o no imparcial.
inmaculado, da *adj.* Sin manchas o suciedad.
inmaduro, ra *adj.* No maduro.
inmanencia *s.f.* Cualidad de inmanente.
inmanente *adj.* Inherente a un ser.
inmarcesible *adj.* Que no puede marchitarse o perecer.
inmaterial *adj.* No material.
inmediación *s.f.* Cualidad de inmediato. • *pl.* Aledaños.
inmediato, ta *adj.* Que está al lado o muy cerca; contiguo. • Que sucede sin tardanza.
inmejorable *adj.* Tan bueno, que no puede ser mejor.
inmemorial *adj.* Tan antiguo, que no se sabe cuándo empezó.
inmensidad *s.f.* Cualidad de inmenso. • Extensión o número inmensos.
inmenso, sa *adj.* Tan grande, que es imposible de medir o contar.
inmerecido, da *adj.* No merecido.
inmersión *s.f.* Acción de meter algo en un líquido.
inmerso, sa *adj.* Que está sumergido en determinada cosa.
inmigración *s.f.* Acción de inmigrar.
inmigrante *adj./s.m. y f.* Dícese del que, procediendo de un país, se ha establecido en otro.
inmigrar *v.intr.* Llegar a un país, para establecerse en él, los que proceden de otro.
inminencia *s.f.* Hecho de ser inminente una cosa.
inminente *adj.* Que está amenazando o próximo a ocurrir.
inmiscuir *v.tr.* Mezclar una cosa con otra. • *prnl.* Entrometerse.
inmobiliario, ria *adj.* Perteneciente a cosas inmuebles. • *s.f.* Empresa que se dedica a vender, construir, arrendar y administrar viviendas.
inmoderado, da *adj.* Que no tiene moderación.
inmodestia *s.f.* Cualidad de inmodesto.
inmodesto, ta *adj.* No modesto.
inmolación *s.f.* Acción de inmolar.
inmolar *v.tr.* Ofrendar víctimas a los dioses; sacrificar. • *prnl.* Sacrificarse por un ideal o en provecho de otros.
inmoral *adj.* Que se opone a la moral.
inmoralidad *s.f.* Cualidad de inmoral. • Acción inmoral.
inmortal *adj.* No mortal, que no puede morir, eterno.
inmortalidad *s.f.* Cualidad de inmortal.
inmortalizar *v.tr./prnl.* Hacer inmortal.
inmotivado, da *adj.* Sin motivo.
inmóvil *adj.* Que no se mueve; fijo.
inmovilidad *s.f.* Cualidad de inmóvil.
inmovilizar *v.tr.* Hacer que algo quede inmóvil.
inmueble *adj./s.m.* Dícese de los bienes que no se trasportan, como el suelo y todo lo incorporado a él. • *s.m.* Casa o edificio.
inmundicia *s.f.* Cualidad de inmundo. • Cosa inmunda.
inmundo, da *adj.* Lleno de suciedad; asqueroso, repugnante.
inmune *adj.* No atacable por ciertas enfermedades.
inmunidad *s.f.* Cualidad de inmune.
inmunitario, ria *adj.* Perteneciente o relativo a la inmunidad.
inmunizar *v.tr.* Hacer inmune contra una enfermedad u otro daño.
inmunodeficiencia *s.f.* Disminución funcional en el organismo de los linfocitos B y T, de los productos de su biosíntesis o de alguna de sus actividades específicas.
inmutable *adj.* Que no cambia; invariable. • Impasible.
inmutar *v.tr.* Hacer variar una cosa. • *tr./prnl.* Impresionar intensamente.
innato, ta *adj.* Congénito.
innecesario, ria *adj.* No necesario.
innegable *adj.* Que no se puede negar, indiscutible, evidente.
innoble *adj.* Falto de nobleza.
innocuo, cua *adj.* Inocuo.
innominable *adj.* Que no se puede nombrar.
innominado, da *adj.* Que no tiene un nombre particular.
innovación *s.f.* Acción de innovar.

innovar *v.tr. / intr.* Introducir novedades en algo.
innumerable *adj.* Tan numeroso, que no se puede contar.
innúmero, ra *adj.* Innumerable.
inobservancia *s.f.* Falta de observancia.
inocencia *s.f.* Cualidad de inocente.
inocentada *s.f.* Acción o dicho muy ingenuos.
inocente *adj. / s.m. y f.* Que está libre de culpa o pecado. • *adj.* Falto de malicia. • Que no daña; inofensivo.
inocular *v.tr.* Introducir en un organismo, por medios artificiales, gérmenes de una enfermedad infecciosa.
inocultable *adj.* Que no se puede ocultar.
inocuo, cua *adj.* Que no hace daño.
inodoro, ra *adj.* Que no tiene olor.
inofensivo, va *adj.* Que no causa daño.
inoficioso, sa *adj. América* Inútil.
inolvidable *adj.* Que no se puede olvidar.
inoperante *adj.* Que no produce efecto.
inopia *s.f.* Pobreza, indigencia.
inopinado, da *adj.* Imprevisto, inesperado.
inoportuno, na *adj.* Falto de oportunidad.
inorgánico, ca *adj.* Dícese de los cuerpos sin órganos para la vida, como los minerales. • Dícese de la química que estudia los elementos de origen mineral. • Falto de organización.
inoxidable *adj.* Que no se puede oxidar.
inquebrantable *adj.* Que no se puede quebrantar.
inquietar *v.tr. / prnl.* Poner inquieto, intranquilizar.
inquieto, ta *adj.* Agitado, intranquilo. • Que por su naturaleza se mueve mucho.
inquietud *s.f.* Estado de inquieto. • *pl.* Preocupaciones de orden espiritual, artístico, etc.
inquilinato *s.m.* Alquiler de una casa. • *América* Conventillo.
inquilino, na *s.* Persona que toma en alquiler una casa o habitación.
inquina *s.f.* Sentimiento de aversión hacia una persona.
inquirir *v.tr.* Averiguar, indagar.
inquisición *s.f.* Acción de inquirir. • *prop.* Antiguo tribunal eclesiástico que castigaba los delitos contra la fe.
inquisidor, ra *adj.* Inquisitivo. • *s.m.* Juez de la Inquisición.
inquisitivo, va *adj.* Usado para inquirir.
insaciable *adj.* Imposible de saciar.
insalivar *v.tr.* Mezclar los alimentos con saliva en la boca.
insalubre *adj.* Perjudicial para la salud; malsano.
insania *s.f.* Locura.
insano, na *adj.* Loco, demente. • Malsano.
insatisfacción *s.f.* Falta de satisfacción.
insatisfecho, cha *adj.* No satisfecho.
inscribir *v.tr.* Escribir algo en piedra, metal, etc., grabar. • Escribir el nombre de alguien u otros datos en una lista o registro; anotar. • Trazar una figura geométrica, dentro de otra.
inscripción *s.f.* Acción de inscribir. • Escrito breve grabado en una piedra, moneda, etc.
inscripto, ta *adj.* Inscrito.
inscrito, ta *adj.* Con respecto a una curva, dícese del polígono cuyos vértices pertenecen a dicha curva. • Con respecto a un arco de circunferencia, dícese del ángulo cuyo vértice es un punto de ese arco, y cuyos lados pasan por los extremos del mismo.
insecticida *s.m. / adj.* Producto usado para matar insectos.
insectívoro, ra *adj. / s.m.* Dícese de los animales que se alimentan de insectos.
insecto *s.m.* Nombre de los artrópodos hexápodos con dos pares de alas y cuerpo dividido en tres partes articuladas entre sí.
inseguridad *s.f.* Falta de seguridad.
inseguro, ra *adj.* Falto de seguridad.
inseminación *s.f.* Introducción del semen en las vías genitales femeninas.
insensatez *s.f.* Cualidad de insensato. • Dicho o hechos insensatos.
insensato, ta *adj. / s.* Falto de sensatez y prudencia.
insensibilizar *v.tr.* Hacer insensible.
insensible *adj.* Que no tiene ninguna sensibilidad. • Imperceptible.
inseparable *adj.* Imposible o difícil de separar.

insepulto, ta *adj.* No sepultado.
inserción *s.f.* Acción de insertar.
insertar *v.tr.* Introducir una cosa en otra. • *prnl.* Introducirse un órgano entre las partes de otro.
inserto, ta *adj.* Que está insertado en algún lugar.
inservible *adj.* Que no sirve.
insidia *s.f.* Acción o palabras con que se intenta dañar.
insidioso, sa *adj./s.* Que emplea insidias. • *adj.* Que está hecho con insidia.
insigne *adj.* Destacado, eminente.
insignia *s.f.* Bandera o estandarte que distinguen a un grupo de personas. • Distintivo, divisa.
insignificancia *s.f.* Cualidad de insignificante. • Cosa muy pequeña o de muy poca importancia.
insignificante *adj.* De poca importancia. • Muy poco.
insinuación *s.f.* Acción de insinuar.
insinuar *v.tr.* Dar a entender algo sin expresarlo con claridad. • *prnl.* Introducirse insensiblemente en el ánimo de alguien un sentimiento, un vicio, etc.
insipidez *s.f.* Cualidad de insípido.
insípido, da *adj.* Falto de sabor. • Falto de gracia o interés; insustancial.
insistencia *s.f.* Acción de insistir.
insistente *adj.* Que insiste.
insistir *v.intr.* Decir algo reiteradamente. • Mantenerse firme en algo.
insobornable *adj.* Que no puede ser sobornado.
insociable *adj.* Que evita el trato con otras personas, huraño.
insocial *adj.* Insociable.
insolación *s.f.* Enfermedad ocasionada por un exceso de calor, en especial, por la acción del Sol sobre la cabeza.
insolar *v.tr.* Exponer una cosa a la acción del sol. • *prnl.* Sufrir una insolación.
insolencia *s.f.* Actitud de insolente. • Dicho o hecho insolentes.
insolentarse *v.prnl.* Mostrarse insolente con alguien.
insolente *adj./s.m. y f.* Que trata a otro sin el respeto y la consideración debidos.
insólito, ta *adj.* No común.
insoluble *adj.* Que no puede disolverse. • Que no se puede resolver.
insolvencia *s.f.* Cualidad de insolvente.
insolvente *adj./s.m. y f.* Que no tiene con qué pagar lo que adeuda.
insomne *adj.* Que sufre de insomnio.
insomnio *s.m.* Falta de sueño.
insondable *adj.* Tan profundo, que no se puede alcanzar su fondo. • Impenetrable, inescrutable.
insonorizar *v.tr.* Acondicionar un lugar para aislarlo acústicamente.
insoportable *adj.* Que no se puede soportar, inaguantable.
insoslayable *adj.* Que no se puede soslayar o evitar.
insostenible *adj.* Imposible de sostener o defender con razones.
inspección *s.f.* Acción de inspeccionar. • Cargo y oficina del inspector.
inspeccionar *v.tr.* Examinar atentamente una cosa.
inspector, ra *s.* Persona cuya función es inspeccionar algo.
inspiración *s.f.* Acción de inspirar. • Estímulo interior para la creación artística.
inspirar *v.tr.* Hacer entrar el aire en los pulmones; aspirar. • Infundir cierta idea, sentimiento o propósito. • *prnl.* Encontrar en cierta cosa un estímulo creador.
instalación *s.f.* Acción de instalar. • Conjunto de cosas instaladas.
instalar *v.tr.* Colocar una cosa de manera que pueda cumplir una función. • Poner en el sitio destinado a cierto servicio todo lo necesario. • *tr./prnl.* Alojar, establecer.
instancia *s.f.* Escrito en que se pide oficialmente algo. • Cada uno de los grados de jurisdicción en la administración de justicia.
instantáneo, a *adj.* Que aparece o se produce en solo un instante. • *s.f.* Fotografía que se impresiona en una fracción de segundo.
instante *s.m.* Fracción brevísima de tiempo.
instar *v.tr.* Pedir con insistencia.
instauración *s.f.* Acción de instaurar.
instaurar *v.tr.* Establecer cierto modo de gobernar o de obrar.
instigación *s.f.* Acción de instigar.

instigar *v.tr.* Incitar a alguien a hacer algo malo o violento.
instilar *v.tr.* Echar un líquido gota a gota.
instintivo, va *adj.* Que es efecto o resultado del instinto.
instinto *s.m.* Tendencia innata a realizar ciertas acciones. • Móvil espontáneo que se atribuye a una conducta, sentimiento, etc., y que no depende de la reflexión, educación o experiencia.
institución *s.f.* Organismo destinado a cumplir una función de interés público. • *pl.* Conjunto de los órganos de gobierno de un estado.
institucional *adj.* Perteneciente a la institución.
instituir *v.tr.* Dar principio a algo; en especial, establecer cierto derecho, régimen, sistema, etc. • Fundar una organización de interés público.
instituto *s.m.* Establecimiento donde se imparte la segunda enseñanza. • Corporación científica, artística, militar o religiosa.
institutriz *s.f.* Mujer encargada de la instrucción y educación de los niños de una familia.
instrucción *s.f.* Acción de instruir. • Conjunto de conocimientos adquiridos. • *pl.* Normas o indicaciones para ejecutar cierta actividad.
instructivo, va *adj.* Que instruye.
instructor, ra *adj. / s.* Que instruye.
instruido, da *adj.* Que tiene instrucción.
instruir *v.tr.* Proporcionar conocimientos; enseñar. • Tramitar un proceso según las reglas del derecho. • *intr. / prnl.* Informar.
instrumental *adj.* Relativo a los instrumentos. • *s.m.* Conjunto de instrumentos para determinado fin.
instrumentar *v.tr.* Arreglar una composición musical para varios instrumentos.
instrumentista *s.m. y f.* Músico que toca un instrumento.
instrumento *s.m.* Objeto que sirve para realizar un trabajo. • Persona o cosa que sirven de medio para conseguir un fin. • Documento legal para hacer constar un hecho. • Aparato o dispositivo para producir sonidos musicales. • *instrumento de cuerda* Aquel cuyo sonido se produce por vibración de las cuerdas, como el violín. • *instrumento de percusión* El que suena al golpear una membrana elástica, como el tambor. • *instrumento de viento* El que se hace sonar impeliendo aire dentro de él, como el clarinete.
insubordinación *s.f.* Acción de insubordinar.
insubordinar *v.tr. / prnl.* Hacer que alguien se rehúse a obedecer a su autoridad inmediata.
insubstancial *adj.* Insustancial.
insuficiencia *s.f.* Escasez, falta. • Falta de suficiencia para desempeñar una función.
insuficiente *adj.* No suficiente.
insuflar *v.tr.* Impulsar un gas, un líquido, etc., en un órgano o una cavidad del cuerpo.
insufrible *adj.* Que no se puede sufrir o aguantar.
ínsula *s.f.* Isla.
insular *adj. / s.m. y f.* Relativo a una isla.
insulina *s.f.* Hormona segregada por el páncreas, que se emplea en el tratamiento de la diabetes.
insulsez *s.f.* Cualidad de insulso.
insulso, sa *adj.* Insípido, insustancial.
insultar *v.tr.* Dirigir palabras ofensivas a alguien.
insulto *s.m.* Palabra o expresión para insultar.
insumir *v.tr.* Emplear insumos para producir bienes o prestar servicios.
insumiso, sa *adj.* Que no se somete.
insumo *s.m.* Materia prima, energía, etc., empleadas en la producción de bienes o prestación de servicios.
insurgente *adj. / s.m. y f.* Insurrecto, rebelde.
insurección *s.f.* Rebelión.
insurreccionar *v.tr.* Sublevar.
insurrecto, ta *adj. / s.* Insurgente, rebelde.
insustancial *adj.* Falto de sustancia o sabor. • Falto de importancia, de interés o de gracia.
insustituible *adj.* Que no se puede sustituir.
intachable *adj.* Que no da motivo de censura; irreprochable.

intacto, ta *adj.* No tocado. • Que no ha sufrido alteración o daño.
intangible *adj.* Que no debe ser tocado o menoscabado por su valor o dignidad.
integración *s.f.* Acción de integrar.
integral *adj.* Entero, completo. • *s.f. / adj.* En matemática, función cuya derivada es la función dada.
integrante *adj. / s.m. y f.* Que integra o forma parte de un todo.
integrar *v.tr.* Hacer un todo con partes distintas. • Formar las partes un todo.
integridad *s.f.* Cualidad de íntegro.
íntegro, gra *adj.* Dícese de la cosa a la que no le falta nada; entero. • Que no se aparta de lo que es justo o correcto.
intelectivo, va *adj.* Perteneciente a la acción de entender o a la inteligencia.
intelecto *s.m.* Facultad de conocer o entender.
intelectual *adj.* Relativo a la inteligencia o a los intelectuales. • *s.m. y f. / adj.* Persona que se dedica con preferencia a las ciencias y a las letras.
intelectualidad *s.f.* Conjunto de los intelectuales de cierto lugar, país, etc.
intelectualismo *s.m.* Cualidad de intelectual.
inteligencia *s.f.* Capacidad para comprender y adaptarse a problemas o situaciones nuevas. • Comprensión.
inteligente *adj.* Dotado de inteligencia. • Que tiene una inteligencia notable.
inteligible *adj.* Que se puede entender.
intemperancia *s.f.* Cualidad de intemperante.
intemperante *adj.* Falto de templanza. • Falto de tolerancia; intolerante.
intemperie *s.f.* Estado atmosférico o tiempo inclementes.
intempestivo, va *adj.* Que se hace u ocurre de manera repentina e inoportuna; extemporáneo.
intemporal *adj.* Independiente del curso del tiempo.
intención *s.f.* Determinación de la voluntad para hacer algo; propósito. • Idea de lo que se pretende conseguir con cierta acción.
intencionado, da *adj.* Dicho o hecho con cierta intención.
intencional *adj.* Con intención, o voluntario.
intendencia *s.f.* Cargo o jurisdicción de intendente. • Oficina o edificio donde trabaja el intendente.
intendente *s.m.* Administrador económico de ciertas empresas. • En América, principal autoridad política y administrativa de un municipio.
intensidad *s.f.* Cualidad de intenso. • Valor de las cantidades de ciertas magnitudes físicas.
intensificar *v.tr.* Hacer más intenso o activo algo.
intensivo, va *adj.* Que se hace más intenso o activo.
intenso, sa *adj.* Dícese de los fenómenos, acciones, sensaciones, etc., de mucha fuerza o de mucho efecto.
intentar *v.tr.* Tener intención de hacer una cosa. • Pretender.
intento *s.m.* Acción de intentar algo; tentativa. • Propósito.
intentona *s.m.* Intento, temerario; en especial, si se ha frustrado.
interacción *s.f.* Acción recíproca entre dos o más agentes, objetos, fuerzas, etcétera.
interactivo, va *adj.* Que actúa por interacción. • *adj. / s.m.* En informática se aplica a los programas que permiten una interacción entre el ordenador y el usuario.
intercalar *v.tr.* Poner una cosa entre otras.
intercambiar *v.tr.* Cambiar mutuamente ideas, proyectos, etc.
intercambio *s.m.* Acción de intercambiar. • Conjunto de las importaciones y exportaciones de un país.
interceder *v.intr.* Intervenir ante una persona en favor de alguien o algo.
intercelular *adj.* Que está u ocurre entre las células.
interceptar *v.tr.* Impedir que algo llegue a su destino.
interceptor, ra *adj.* Que intercepta.
intercesor, ra *adj. / s.* Que intercede ante alguien.
intercomunicador *s.m.* Aparato para la comunicación telefónica entre distintas dependencias de un mismo edificio.

tercontinental *adj.* Que está situado o e realiza entre dos continentes.

tercostal *adj.* Que está entre las costi-las.

terdental *adj.* Dícese de los sonidos ue se articulan acercando la punta de a lengua al borde de los incisivos supe-iores, como el de la *z.*

terdependencia *s.f.* Dependencia recí-roca.

terdicción *s.f.* Prohibición. • Declara-ión judicial de incapacidad, que inha-oilita a una persona para realizar cier-os actos.

terdicto, ta *s. América* Persona que se ncuentra en estado de interdicción.

terdigital *adj.* Dícese de las membra-nas o músculos situados entre los de-dos.

terdisciplinario, ria *adj.* Dícese de la actividad realizada en forma conjunta por especialistas de distintas discipli-nas científicas.

terés *s.m.* Valor o importancia que tie-ne una cosa para alguien. • Actitud de la persona a quien le importa cierta co-sa. • Beneficio, provecho. • Beneficio producido por un capital colocado a de-terminada tasa bancaria. • *pl.* Bienes, capital.

nteresado, da *adj. / s.* Que tiene interés en algo. • Que se deja llevar por el in-terés material o por un beneficio.

nteresar *v.intr.* Suscitar interés. • *tr. / prnl.* Hacer que alguien tenga inte-rés en algo. • Dar parte a alguien en un negocio.

nterestelar *adj.* Que está u ocurre entre las estrellas.

nterferencia *s.f.* Acción y efecto de in-terferir.

nterferir *v.tr.* Interponer algo en el ca-mino de una cosa, o en una acción. • *tr. / intr.* En física, superponerse una onda con otra.

nterin *s.m.* Tiempo que trascurre entre dos sucesos o acciones.

nterinato *s.m. América* Cargo provisio-nal y tiempo que dura.

nterino, na *adj. / s.* Que está desempe-ñando cierta función por algún tiempo.

interior *adj.* Que está dentro de una cosa [antón.: *exterior*]. • Que se desarrolla dentro de una nación. • Del espíritu. • *s.m.* Parte de adentro de una cosa.

interioridad *s.f.* Cualidad de interior. • Conjunto de pensamientos y senti-mientos de una persona.

interiorizar *v.tr. / prnl. América* Infor-mar de los detalles de algo.

interjección *s.f.* Clase de palabras que expresan emociones o impresiones sú-bitas.

interlinear *v.tr.* Escribir entre las líneas de un texto.

interlocutor, ra *s.* Con respecto a una persona, otra que conversa con ella.

interludio *s.m.* Pieza orquestal ejecuta-da en los entreactos de una comedia.

intermediario, ria *adj. / s.* Mediador. • Que interviene en el paso de las merca-derías del productor al consumidor.

intermedio, dia *adj.* Que está entre dos cosas. • *s.m.* Espacio o tiempo que es-tán entre dos objetos o dos acciones.

interminable *adj.* Que no tiene término.

intermitencia *s.f.* Cualidad de intermi-tente.

intermitente *adj.* Que aparece u obra con intervalos.

internación *s.f.* Acción de internar.

internacional *adj.* Relativo a varias o a todas las naciones.

internacionalizar *v.tr.* Convertir una co-sa en internacional.

internado *s.m.* Estado del alumno inter-no. • Establecimiento donde se alojan los alumnos internos.

internar *v.tr.* Trasladar al interior de un país. • Retener a alguien en determi-nado lugar. • *prnl.* Entrar en un lugar escondido.

interno, na *adj.* Que está u ocurre en el interior de una cosa. • *adj. / s.* Dícese del alumno que vive en un estableci-miento de enseñanza.

interoceánico, ca *adj.* Que pone en co-municación dos océanos.

interpelar *v.tr.* Pedir a alguien explica-ciones sobre cierto asunto en que ha in-tervenido.

interplanetario, ria *adj.* Que está u ocu-rre entre los planetas.

interpolar *v.tr.* Poner una cosa entre otras que están ordenadas; intercalar.
interponer *v.tr.* Poner algo entre dos personas o cosas para separarlas. • Emplear alguien su autoridad o influencia a favor de otra.
interpretar *v.tr.* Explicar el sentido de una cosa. • Representar un papel en el teatro o ejecutar una composición musical. • Traducir.
interpretativo, va *adj.* Que sirve para interpretar algo.
intérprete *s.m. y f.* Persona que interpreta el sentido de algo. • Actor o músico. • Persona que traduce a otras, en el idioma de estas, lo dicho en otro idioma.
interpuesto, ta *adj.* Que se interpone.
interregno *s.m.* Espacio de tiempo en que un Estado está sin soberano.
interrogación *s.f.* Pregunta. • Signo ortográfico (¿?) que se pone al comienzo y al fin de una oración interrogativa.
interrogante *adj.* Que interroga. • *s. ambig.* Pregunta.
interrogar *v.tr.* Preguntar.
interrogativo, *adj.* Que se emplea para interrogar. • *adj./s.m.* Dícese de los pronombres que indican una actitud interrogativa.
interrogatorio *s.m.* Acción de interrogar. • Serie de preguntas.
interrumpir *v.tr.* Suspender o impedir la continuación de una acción. • Impedir el paso por un lugar.
interrupción *s.f.* Acción de interrumpir.
interruptor, ra *adj.* Que sirve para interrumpir. • *s.m.* Aparato para interrumpir la corriente eléctrica.
intersecar *v.tr.* Efectuar una intersección.
intersección *s.f.* Encuentro de dos líneas, superficies o cuerpos que se cortan.
intersexual *adj.* Dícese del individuo en que están mezclados caracteres sexuales masculinos y femeninos.
intersticio *s.m.* Espacio angosto entre dos cuerpos o entre dos partes de un cuerpo.
intertropical *adj.* De los territorios situados entre los dos trópicos.
interurbano, na *adj.* Que está o se realiza entre distintas poblaciones.
intervalo *s.m.* Porción de tiempo o de espacio que hay entre dos cosas.
intervención *s.f.* Acción de intervenir
intervenir *v.intr.* Tomar parte en cier[illegible] asunto o actividad. • Interponer [illegible]guien su autoridad. • Interceder o m[illegible]diar por alguien. • *tr.* Hacer una oper[illegible]ción quirúrgica.
interventor, ra *adj./s.* Que interviene
intestinal *adj.* Relativo a los intestino[illegible]
intestino, na *adj.* Dicho de conflictos, [illegible]terno. • *s.m.* Conducto abdominal q[illegible] se extiende desde el estómago hasta [illegible] ano. • *intestino delgado* Primera par[illegible] del intestino. • *intestino grueso* Par[illegible] final del intestino.
intimación *s.f.* Acción de intimar.
intimar *v.tr.* Exigir con autoridad que [illegible] haga cierta cosa. • Trabar amistad í[illegible]tima.
intimidación *s.f.* Acción de intimidar.
intimidad *s.f.* Parte espiritual más r[illegible]servada de una persona.
intimidar *v.tr./prnl.* Infundir temor.
íntimo, ma *adj.* Dícese de la parte m[illegible] reservada de la vida anímica de u[illegible] persona. • Dícese de las personas o c[illegible]sas estrechamente unidas.
intitular *v.tr./prnl.* Poner título.
intocable *adj.* Que no se puede tocar.
intolerable *adj.* Que no se puede tolera[illegible] inaguantable, insoportable.
intolerancia *s.f.* Cualidad de intolera[illegible]te; intransigencia.
intolerante *adj./s.m. y f.* Falto de tol[illegible]rancia.
intoxicación *s.f.* Acción y efecto de int[illegible]xicar.
intoxicar *v.tr./prnl.* Envenenar.
intracelular *adj.* Dícese de los element[illegible] que existen en el interior de las célula[illegible]
intradós *s.m.* Superficie interior de u[illegible] arco, de una bóveda, etc.
intramuscular *adj.* Que está o se pon[illegible] en el interior de los músculos.
intranquilidad *s.f.* Falta de tranquil[illegible]dad.
intranquilizar *v.tr./prnl.* Poner intran[illegible]quilo.
intranquilo, la *adj.* Falto de tranquil[illegible]dad; inquieto.
intranscendencia *s.f.* Intrascendencia.

ranscendente *adj.* Intrascendente.
ransferible *adj.* Intrasferible.
ransigencia *s.f.* Cualidad de intransi-ente.
ransigente *adj.* Que no transige.
ransitable *adj.* Dícese del lugar por onde no se puede transitar.
ransitivo, va *adj.* Dícese del verbo ue no admite complemento directo.
ransmisible *adj.* Intrasmisible.
trascendencia *s.f.* Cualidad de intras-endente.
trascendente *adj.* Que no es trascen-ente o importante.
trasferible *adj.* Que no se trasfiere.
trasmisible *adj.* Que no puede ser rasmitido.
tratable *adj.* Dícese de la persona con a que es difícil tratar.
travenoso, sa *adj.* Que se efectúa en l interior de una vena.
travertido, da *adj.* Introvertido.
trepidez *s.f.* Cualidad de intrépido.
trépido, da *adj.* Que no se detiene an-e los peligros o dificultades.
triga *s.f.* Manejo cauteloso, maquina-ión. • Curiosidad intensa.
trigante *adj.* / *s.m.* y *f.* Que intriga.
trigar *v.intr.* Emplear medios astutos para conseguir algo o causar un daño. • *tr.* Provocar intensa curiosidad.
trincado, da *adj.* Complicado, confuso.
ntrincar *v.tr.* Enmarañar, enredar.
ntríngulis *s.m. fam.* Intención oculta de una conducta o acción.
ntrínseco, ca *adj.* Dícese de la cualidad que pertenece a una cosa por su propia naturaleza y no por circunstancias exteriores [antón.: *extrínseco*].
ntroducción *s.f.* Acción de introducir. • Prefacio, preámbulo.
ntroducir *v.tr.* Poner una cosa en otra; meter. • *tr.* / *prnl.* Hacer entrar a alguien.
ntroductor, ra *adj.* / *s.* Que introduce.
ntroito *s.m.* Introducción o prólogo. • Parte que lee el sacerdote al principio de la misa.
ntromisión *s.f.* Acción de entrometerse en asuntos ajenos.
ntrospección *s.f.* Observación que alguien hace de sus propios actos, estados de ánimo o conciencia.
introspectivo, va *adj.* Propio de la introspección.
introvertido, da *adj.* / *s.* Dícese del individuo volcado hacia su interior.
intrusión *s.f.* Acción de introducirse indebidamente en un lugar.
intruso, sa *adj.* / *s.* Dícese de la persona que está en un sitio sin tener derecho a ello.
intubación *s.f.* Acción de intubar.
intubar *v.tr.* Colocar un tubo metálico en la laringe para facilitar la respiración.
intuición *s.f.* Conocimiento repentino e instantáneo de una idea o verdad.
intuir *v.tr.* Conocer algo por intuición.
intuitivo, va *adj.* Relativo a la intuición.
intumescencia *s.f.* Hinchazón.
intumescente *adj.* Que se va hinchando.
inundación *s.f.* Acción y efecto de inundar.
inundar *v.tr.* / *prnl.* Cubrir el agua un lugar, saliendo de su cauce; anegar.
inusitado, da *adj.* Insólito.
inútil *adj.* / *s.m.* y *f.* Que no sirve.
inutilidad *s.f.* Cualidad de inútil.
inutilizar *v.tr.* Hacer inútil.
invadir *v.tr.* Entrar por fuerza en un sitio.• Ejercer injustificadamente funciones ajenas.
invalidar *v.tr.* Quitar validez.
invalidez *s.f.* Cualidad de inválido.
inválido, da *adj.* / *s.* Que ha perdido las fuerzas y la capacidad para trabajar. • *adj.* Nulo, por no reunir las condiciones exigidas por la ley.
invariable *adj.* Que se mantiene sin variación; constante.
invariante *adj.* / *s.m.* Dícese del elemento que no se modifica cuando se lo somete a una trasformación matemática, física o química.
invasión *s.f.* Acción de invadir.
invasor, ra *adj.* / *s.* Que invade.
invectiva *s.f.* Discurso o escrito violentos; diatriba.
invencible *adj.* Que no puede ser vencido.
invención *s.f.* Acción de inventar. • Cosa inventada por alguien.
inventar *v.tr.* Hallar o descubrir, algo nuevo o no conocido. • Imaginar cosas y sucesos, y narrarlos.
inventariar *v.tr.* Hacer un inventario.

inventario *s.m.* Lista de los bienes de una persona o una comunidad.
inventiva *s.f.* Facultad de inventar.
invento *s.m.* Cosa material inventada.
inventor, ra *adj. / s.* Que inventa.
inverecundo, da *adj.* Falto de vergüenza.
invernáculo *s.m.* Lugar cubierto donde se cultivan plantas al abrigo del frío.
invernada *s.f.* Temporada invernal. • *América* Sitio para que paste el ganado durante el invierno.
invernadero *s.m.* Sitio apropiado para invernar. • Invernáculo.
invernal *adj.* Relativo al invierno.
invernar *v.intr.* Pasar el invierno en cierto lugar.
inverosímil *adj.* Que no tiene apariencia de verdad.
inversión *s.f.* Acción de invertir.
inversionista *s.m. y f. / adj.* Persona que invierte para obtener rentas.
inverso, sa *adj.* Que está invertido.
inversor, ra *s. / adj.* Inversionista.
invertebrado, da *adj. / s.m.* Dícese de los animales sin columna vertebral, como los protozoarios, artrópodos, moluscos, etc.
invertido, da *adj.* Contrario a la posición o al orden normales.
invertir *v.tr.* Colocar una cosa en orden, posición o sentido opuestos a los que tenía. • Emplear capital en adquirir créditos, acciones, etc., para obtener una renta.
investidura *s.f.* Acción de investir.
investigación *s.f.* Acción de investigar.
investigador, ra *adj. / s.* Que investiga.
investigar *v.tr.* Hacer diligencias para llegar a saber algo.
investir *v.tr.* Conferir una dignidad o cargo honorífico.
inveterado, da *adj.* Dícese de hábitos, actitudes, etc., practicados desde mucho tiempo atrás.
invicto, ta *adj.* Nunca vencido.
invierno *s.m.* Estación del año que comienza en el solsticio del mismo nombre y termina en el equinoccio de primavera.
inviolabilidad *s.f.* Cualidad de inviolable.
inviolable *adj.* Que no se puede o no s debe violar.
invisible *adj.* Que no se puede ver.
invitación *s.f.* Acción de invitar. • Tarj ta con que se invita.
invitado, da *s.* Persona que ha recibid una invitación.
invitar *v.tr.* Llamar o llevar a alguien un sitio o acto agradables; convidar. Estimular a hacer algo.
invocación s.f. Acción de invocar.
invocar *v.tr.* Pedir ayuda. • Aludir cierta persona o cosa para apoyar un petición o justificar una acción.
involución *s.f.* Modificación retrógrad de un órgano o de todo el organismo.
involucrar *v.tr.* Abarcar o implicar a a guien. • Introducir en un discurso o es crito materias ajenas a ellos.
involucro *s.m.* Conjunto de brácteas dis puestas alrededor de una flor o de un inflorescencia.
involuntario, ria *adj.* No voluntario.
invulnerable *adj.* Que no puede ser heri do o dañado.
inyección *s.f.* Acción de inyectar. • Sus tancia que se inyecta.
inyectable *adj. / s.m.* Dícese de la sus tancia preparada para ser inyectada.
inyectar *v.tr.* Introducir un líquido o un gas con fuerza en el interior de un cuer po.
inyector *s.m. / adj.* Aparato para intro ducir o inyectar un fluido en un meca nismo.
ion *s.m.* Átomo que, al perder o ganar electrones, adquiere una carga eléctrica
ionización *s.f.* Acción de ionizar.
ionizar *v.tr. / prnl.* Convertir un átomo en ion.
iota *s.f.* Novena letra del alfabeto griego (ι).
ipecacuana *s.f.* Arbusto de América, de cuyos rizomas y raíces se extraen alcaloides usados en medicina.
ípsilon *s.f.* Vigésima letra del alfabeto griego (υ).
ir *v.intr.* Moverse hacia algún lugar. • Extenderse una cosa de un punto a otro. • Estar o funcionar de una manera determinada. • *prnl.* Marcharse, partir.
ira *s.f.* Cólera, furia, furor.

acundia *s.f.* Cualidad de iracundo.
acundo, da *adj.* Propenso a la ira, o dominado por ella.
raní *adj.* / *s.m. y f.* De Irán (Asia).
ranio, nia *adj.* / *s.* Del Irán antiguo (Asia).
raqués, sa *adj.* / *s.* Del Irak (Asia).
raquí *adj.* / *s.m. y f.* Iraqués.
rascible *adj.* Propenso a la ira; irritable, violento.
ridiado, da *adj.* Dícese de los metales que contienen iridio.
ridio *s.m.* Metal muy resistente a la fusión y poco dilatable (símbolo: *Ir*).
ridiscencia *s.f.* Efecto de la descomposición de la luz, producido en la superficie de algunos cuerpos.
ridiscente *adj.* Dícese de los cuerpos que presentan iridiscencia.
ris *s.m.* Membrana muscular coloreada del ojo, en cuyo centro está la pupila. • Arco de colores que a veces se forma en las nubes cuando el Sol refracta su luz en la lluvia.
risado, da *adj.* Iridiscente.
risar *v.intr.* / *prnl.* Producir o mostrar un cuerpo reflejos iridiscentes.
rlandés, sa *adj.* / *s.* De Irlanda (Europa).
ronía *s.f.* Burla fina y disimulada que da a entender lo contrario de lo que se dice.
irónico, ca *adj.* Que expresa ironía.
ironizar *v.tr.* / *intr.* Hablar con ironía.
rracional *adj.* No racional o no dotado de razón. • No razonable.
irradiación *s.f.* Acción de irradiar.
irradiar *v.tr.* Despedir un cuerpo radiaciones térmicas, luminosas, etc.
irrazonable *adj.* No razonable.
irreal *adj.* No real; fantástico.
irrealizable *adj.* Que no se puede realizar.
irrebatible *adj.* Tan claro, que no se puede rebatir; indiscutible.
irreconciliable *adj.* Que no puede o que no quiere reconciliarse. • Incompatible.
irrecuperable *adj.* Que no se puede recuperar.
irrecusable *adj.* Que no se puede recusar.
irreducible *adj.* Que no puede ser reducido.
irreductible *adj.* Irreducible. • Que no armoniza con otra cosa.
irreemplazable *adj.* Irremplazable.
irreflexión *s.f.* Falta de reflexión para obrar o hablar.
irreflexivo, va *adj.* Que habla u obra sin reflexionar.
irrefrenable *adj.* Que no se puede refrenar; incontenible.
irrefutable *adj.* Que no se puede refutar.
irregular *adj.* Falto de regularidad.
irregularidad *s.f.* Cualidad de irregular.
irrelevante *adj.* Que carece de importancia o significación.
irremediable *adj.* Imposible de remediar o reparar.
irremisible *adj.* Que no se puede perdonar; imperdonable.
irremplazable *adj.* No remplazable.
irrenunciable *adj.* Dícese de la cosa a la que no se puede o no se debe renunciar.
irreparable *adj.* Que no se puede reparar o compensar.
irreprensible *adj.* Que no merece reprensión.
irreprimible *adj.* Imposible de reprimir; irrefrenable.
irreprochable *adj.* Que no merece reproche; intachable.
irresistible *adj.* Que no se puede resistir.
irresoluto, ta *adj.* / *s.* Que carece de resolución; indeciso, vacilante.
irrespetuoso, sa *adj.* No respetuoso.
irrespirable *adj.* Que no se puede respirar.
irresponsabilidad *s.f.* Falta de responsabilidad.
irresponsable *adj.* Que no tiene responsabilidad.
irreverencia *s.f.* Cualidad de irreverente. • Dicho o hecho irreverentes.
irreverente *adj.* / *s.m. y f.* Que no tiene respeto por las cosas sagradas o muy respetables.
irreversible *adj.* No reversible.
irrevocable *adj.* Que no se puede revocar.
irrigación *s.f.* Acción de irrigar.
irrigador *s.m.* Instrumento para irrigar alguna parte del organismo.
irrigar *v.tr.* Rociar con agua u otro líquido alguna parte del organismo. • Regar un terreno.

irrisión *s.f.* Burla.
irrisorio, ria *adj.* Que provoca risa o burlas. • Muy pequeño.
irritable *adj.* Que se irrita con facilidad.
irritación *s.f.* Acción de irritar.
irritar *v.tr./prnl.* Exasperar, impacientar. • Causar inflamación en la piel o en cualquier órgano del cuerpo.
irrogar *v.tr.* Causar daño o perjuicio.
irrompible *adj.* Que no se puede romper.
irrumpir *v.intr.* Entrar violentamente en un lugar.
irrupción *s.f.* Acción de irrumpir.
irupé *s.m.* Planta acuática con grandes hojas flotantes, propia de América del Sur.
isba *s.f.* Vivienda rural de madera, propia del norte de Europa.
isla *s.f.* Porción de tierra rodeada enteramente por agua.
islam *s.m.* Conjunto de personas o pueblos que profesan el islamismo.
islámico, ca *adj.* Relativo al islam.
islamismo *s.m.* Conjunto de dogmas y preceptos que constituyen la religión de Mahoma.
islamita *adj./s.m. y f.* Que profesa el islamismo.
islandés, sa *adj./s.* De Islandia (Europa).
isleño, ña *adj./s.* De una isla.
islote *s.m.* Isla pequeña.
isóbara o **isobara** *s.f.* Línea imaginaria que une los puntos isobáricos.
isobárico, ca *adj.* Dícese de los puntos de igual presión atmosférica.
isóbata *s.f.* Línea imaginaria que une los puntos geográficos de igual profundidad marina.
isoca *s.f. América* Cierta oruga perjudicial para los cultivos.
isócrono, na *adj.* Dícese de los movimientos que se hacen en tiempos de igual duración.
isoédrico, ca *adj.* Dícese de los poliedros que tienen todas sus caras iguales.
isógono, na *adj.* Dícese de la figura que tiene ángulos iguales.
isolínea *s.f.* Línea imaginaria que une los puntos de la Tierra que poseen igual temperatura, presión, etc.
isomería *s.f.* Característica de las sustancias que, con igual composición química, tienen distintas propiedades según la disposición de los átomos en la molécula.
isósceles *adj.* Dícese del triángulo que tiene dos lados iguales.
isoterma *s.f.* Línea imaginaria que une los puntos geográficos de igual temperatura.
isótono, na *adj.* Dícese de los átomos y elementos que tienen en el núcleo el mismo número de neutrones.
isótopo *s.m.* Con respecto a un elemento químico, otro que tiene igual número atómico.
isoyeta *s.f.* Línea imaginaria que une los puntos geográficos de igual cantidad de lluvia.
isquion *s.m.* Hueso posterior e inferior de los tres que forman el coxal.
israelí *adj./s.m. y f.* De Israel (Asia).
israelita *adj./s.m. y f.* Hebreo, judío. • De Israel (Asia).
istmo *s.m.* Lengua de tierra que une dos continentes, o una península con un continente.
italianismo *s.m.* Palabra o expresión italianas usadas en otra lengua.
italiano, na *adj./s.* De Italia (Europa). • *s.m.* Lengua románica hablada en ese país.
itálico, ca *adj./s.* De Italia; en especial, de la antigua Italia. • *adj./s.f.* Bastardilla.
ítem Adverbio latino que significa “igualmente”, y con el que se inicia cada una de las divisiones de un escrito. • *s.m.* Cada una de esas divisiones.
iteración *s.f.* Acción de iterar.
iterar *v.tr.* Repetir algo.
iterativo, va *adj.* Que tiene la propiedad de repetirse.
iterbio *s.m.* Metal del grupo de las tierras raras (símbolo: *Yb*).
itinerario, ria *adj.* Perteneciente a los caminos. • *s.m.* Dirección y descripción de un camino.
itrio *s.m.* Metal gris oscuro usado en medicina y en tecnología nuclear (símbolo: *Y*).

ar *v.tr.* Hacer subir una cosa tirando le la cuerda o del cable de que está colgada.

quierdista *adj.* Relativo a la izquierda política. • *adj./s.m. y f.* Partidario de la izquierda política.

izquierdo, da *adj.* Dícese de lo que se halla del lado del corazón [antón.: *derecho*]. • *s.f.* Mano que está en la parte izquierda del cuerpo [antón.: *derecha*]. En la actividad política, partido o sector que proponen cambios radicales.

j *s.f.* Consonante, décima letra del abecedario español. Su nombre es *jota.*

jabalcón *s.m.* Madero inclinado y apoyado en otro vertical, para sostener un tercero horizontal u oblicuo.

jabalí, jabalina *s.* Mamífero paquidermo, especie de cerdo salvaje.

jabalina *s.f.* Lanza arrojadiza.

jabardillo *s.m.* Conjunto desordenado de insectos o aves.

jabato *s.m.* Cachorro de jabalí.

jábega *s.f.* Red para pescar.

jabí *s.m.* Árbol americano, cuya madera, rojiza y dura, se usa para construir embarcaciones.

jabillo *s.m.* Árbol americano, de madera blanda y fibrosa, que se usa para construir canoas.

jabón *s.m.* Sustancia para lavar, que se obtiene haciendo reaccionar grasa con un álcali.

jabonadura *s.f.* Acción de jabonar. • Espuma que se forma al lavar con jabón.

jabonar *v.tr.* Fregar la ropa u otra cosa con jabón y agua.

jaboncillo *s.m.* Pastilla de jabón aromático. • Barrita de esteatita, que se usa en costura para marcar las telas.

jabonero, ra *adj.* Del jabón. • *s.* El que vende o fabrica jabón. • *f.* Recipiente para poner el jabón.

jabonoso, sa *adj.* Que es de jabón o como el jabón.

jaborandi *s.m. América* Árbol cuyas hojas tienen uso medicinal.

jaca *s.f.* Caballo de poca alzada.

jacana *s.f.* Ave de cuello largo, que vive en pantanos en América del Sur.

jácara *s.f.* Romance alegre. • Cierta danza popular.

jacarandá *s.m.* Árbol ornamental de gran porte, cuya madera se usa en ebanistería.

jacarandoso, sa *adj. fam.* Alegre y desenvuelto.

jachalí *s.m.* Árbol americano de madera dura usada en ebanistería.

jacinto *s.m.* Planta herbácea de flores muy perfumadas de varios colores.

jaco *s.m.* Caballo pequeño y poco estimable.

jacobinismo *s.m.* Doctrina de los jacobinos.

jacobino, na *adj./s.* Dícese de los integrantes de la fracción más violenta y exaltada de la Revolución Francesa.

jactancia *s.f.* Cualidad o actitud de jactancioso.

jactancioso, sa *adj./s.* Que se jacta de algo.

jactarse *v.prnl.* Alabarse presuntuosamente alguien con respecto a la capacidad de hacer algo; alardear.

jaculatoria *s.f.* Oración breve y fervorosa.

jade *s.m.* Piedra muy dura, de color blanquecino o verdoso.

jadear *v.intr.* Respirar con dificultad y fatiga por cansancio, calor excesivo, etcétera.

jaez *s.m.* Adorno de las caballerías. • Calidad o propiedad de algo.

jagua *s.f.* Árbol de la América tropical, de frutos comestibles, con los que se preparan bebidas y dulces.

jaguar *s.m.* Mamífero carnívoro americano, muy sanguinario.

jaguareté *s.m. América* Jaguar.
jagüel *s.m. América* Depósito de agua para que beba el ganado.
jagüey *s.m. América* Depósito de agua.
jaiba *s.f.* Nombre dado a diferentes especies de cangrejos americanos.
jalapa *s.f.* Enredadera herbácea, cuyas raíces se usan en medicina como purgante.
jalbegue *s.m.* En construcción, lechada de cal para blanquear. • Blanqueo hecho con cal o arcilla blanca.
jalea *s.f.* Dulce de fruta trasparente y gelatinoso.
jaleo *s.m. fam.* Diversión bulliciosa. • *fam.* Discusión o pelea acompañadas de griterío.
jalón *s.m.* En topografía, vara con punta de hierro que se clava en un terreno para indicar puntos fijos.
jalonar *v.tr.* Colocar jalones.
jamaiquino, na *adj./s.* De Jamaica (América).
jamás *adv.* Nunca.
jamba *s.f.* Cada una de las piezas que, a cada lado de una puerta o ventana, sostienen el dintel o el arco.
jamelgo *s.m. fam.* Caballo flaco, de mala apariencia y poca utilidad.
jamón *s.m.* Pierna de cerdo salada y curada.
jangada *s.f.* Balsa formada por troncos de árboles.
japonés, sa *adj./s.* Del Japón (Asia).
jaque *s.m.* En el juego de ajedrez, lance en que el rey está amenazado por alguna pieza del contrario.
jaquear *v.tr.* En el juego de ajedrez, dar jaques.
jaqueca *s.f.* Cefalea intensa e intermitente.
jara *s.f.* Arbusto del que se extrae el ládano.
jarabe *s.m.* Bebida de agua y azúcar cocidos, con sustancias refrescantes o medicinales.
jaramago *s.m.* Hierba de flores pequeñas y amarillas.
jarana *s.f. fam.* Diversión bulliciosa. • *fam.* Pendencia, riña.
jaranear *v.intr. fam.* Estar o ir de jarana.
jarcia *s.f.* Aparejos y cabos de un buque.
jardín *s.m.* Terreno donde se cultivan plantas de adorno o de sombra.
jardinería *s.f.* Arte o actividad de cultivar los jardines.
jardinero, ra *s.* El que se dedica a la jardinería. • *f.* Mueble para macetas con plantas. • Carruaje descubierto.
jareta *s.f.* Dobladillo por donde pasa una cinta que ajusta la prenda.
jarifo, fa *adj.* Vistoso, adornado.
jarilla *s.f. América* Cierto arbusto resinoso usado como combustible.
jarra *s.f.* Vasija de cuello y boca anchos, con asa y pico.
jarrete *s.m.* Corva.
jarretera *s.f.* Liga con hebilla. • Nombre de una alta orden de caballería de Inglaterra.
jarro *s.m.* Vasija parecida a la jarra.
jarrón *s.m.* Vaso para adorno.
jaspe *s.m.* Piedra silícea generalmente veteada.
jaspeado, da *adj.* Que tiene vetas como el jaspe.
jaspear *v.tr.* Pintar imitando las vetas del jaspe.
jauja *s.f.* Situación de prosperidad y abundancia.
jaula *s.f.* Caja hecha con barras, listones o alambres, para encerrar animales.
jauría *s.f.* Conjunto de perros que se llevan en una cacería.
jazmín *s.m.* Arbusto ornamental de flores muy perfumadas.
jefatura *s.f.* Cargo de jefe.
jefe, fa *s.* Persona que manda a otras o tiene autoridad sobre ellas.
jején *s.m.* Mosquito tropical americano, de picadura muy irritante.
jenjibre *s.m.* Planta herbácea, cuyos rizomas se usan como condimento y en perfumería.
jenízaro, ra *adj. América* Dícese del hijo de mulato e india, o de indio y mulata.
jeque *s.m.* Entre algunos pueblos orientales, gobernador.
jerarca *s.m.* El que tiene una categoría importante en una organización.
jerarquía *s.f.* Orden y grados de poder, autoridad, etc.
jerarquizar *v.tr.* Organizar algo de acuerdo con cierta jerarquía.

jerez *s.m.* Vino blanco de buena calidad, originario de Jerez.
jerga *s.f.* Lenguaje especial de un grupo social o profesional diferenciado. • Jerigonza.
jergón *s.m.* Colchón relleno de paja, esparto, etc., y sin bastas.
jerigonza *s.f.* Lenguaje confuso y difícil de entender.
jeringa *s.f.* Instrumento para inyectar diversos líquidos.
jeroglífico, ca *adj.* Dícese de la escritura cuyos signos representan objetos o significados de las palabras. • *s.m.* Cada uno de esos signos.
jerosolimitano, na *adj.* / *s.* De Jerusalén (Israel).
jersey *s.m.* Chaleco de tejido de punto, con mangas.
jesuita *adj.* / *s.m.* Dícese del religioso de la Compañía de Jesús.
jesuítico, ca *adj.* Relativo a los jesuitas.
jeta *s.f. fam.* Boca muy abultada de una persona. • *fam.* Cara humana. • Hocico del cerdo.
jetón, na *adj. fam.* De labios abultados. • *América* Dícese de la persona de cara larga.
jetudo, da *adj.* Jetón.
ji *s.f.* Vigésima segunda letra del alfabeto griego *(χ)*.
jíbaro, ra *adj.* / *s.* Dícese de los individuos de unas tribus amazónicas, que practican la momificación y la reducción de cabezas humanas.
jibia *s.f.* Especie de calamar.
jícara *s.f.* Vasija pequeña para tomar chocolate.
jilguero *s.m.* Pájaro cantor, que se domestica fácilmente.
jineta *s.f.* Cierto modo de montar a caballo, con los estribos cortos.
jinete *s.m.* El que monta a caballo.
jinetear *v.intr.* Andar a caballo. • *tr. América* Domar potros.
jipipapa *s.f.* Fibra de las hojas de una planta de América del Sur, que se usa para tejer sombreros.
jira *s.f.* Merienda campestre.
jirafa *s.f.* Mamífero rumiante de cuello muy largo y patas anteriores más largas que las posteriores.
jirón *s.m.* Trozo desgarrado de un vestido o una tela.
jitanjáfora *s.f.* Nombre dado a conjuntos de palabras, onomatopeyas, etc., carentes de sentido pero dotadas de sonoridad musical.
jiu-jitsu *s.m.* Método de defensa personal, de origen japonés.
jocosidad *s.f.* Cualidad de jocoso. • Chiste o dicho jocosos.
jocoso, sa *adj.* Festivo, gracioso.
jocundo, da *adj.* Alegre y agradable.
jofaina *s.f.* Palangana.
jolgorio *s.m.* Diversión bulliciosa.
jónico, ca *adj.* / *s.* De Jonia (Grecia y Asia antiguas). • *adj.* Dícese de cierto orden arquitectónico.
jonio, nia *adj.* / *s.* Dícese de los individuos de un pueblo indoeuropeo que pobló una parte de la Grecia antigua.
jopo *s.m. América* Mechón de pelo abultado en lo alto de la cabeza.
jornada *s.f.* Camino que se recorre en un día, o de una vez. • Duración del trabajo diario.
jornal *s.m.* Remuneración que gana un obrero en un día de trabajo.
jornalero, ra *s.* Persona que trabaja cobrando un jornal.
joroba *s.f.* Prominencia anormal de la columna vertebral; corcova, giba.
jorobado, da *adj.* / *s.* Que tiene joroba.
jorobar *v.tr. fam.* Molestar.
joropo *s.m.* Baile popular venezolano de ritmo rápido y alegre.
1. jota *s.f.* Nombre de la letra *j*.
2. jota *s.f.* Danza popular española de ritmo vivo.
joule *s.m.* Unidad de trabajo, energía y cantidad de calor en el Sistema Internacional.
joven *adj.* / *s.m. y f.* De poca edad.
jovial *adj.* Que está de buen humor y dispuesto a bromear.
jovialidad *s.f.* Cualidad de jovial.
joya *s.f.* Objeto de adorno, hecho de materiales preciosos; alhaja.
joyería *s.f.* Establecimiento en que se hacen o venden joyas.
joyero, ra *s.* El que hace o vende joyas. • *m.* Estuche o caja para joyas.

juanete *s.m.* Hueso de la primera falange del dedo gordo del pie, cuando se tuerce hacia afuera y sobresale mucho.
jubilación *s.f.* Acción de jubilar.
1. jubilar *adj.* Relativo al jubileo.
2. jubilar *v.tr./prnl.* Eximir a alguien de la obligación de trabajar por razón de vejez o enfermedad, asignándole una remuneración periódica vitalicia.
jubilatorio, ria *adj.* Relativo a la jubilación.
jubileo *s.m.* Indulgencia plenaria y universal, concedida por el papa en ciertas ocasiones.
júbilo *s.m.* Alegría muy viva y ostensible; gozo.
jubiloso, sa *adj.* Lleno de júbilo.
jubón *s.m.* Prenda de vestir, corta y ajustada al cuerpo.
judaico, ca *adj.* Relativo a los judíos.
judaísmo *s.m.* Religión de los judíos.
judas *s.m.* Hombre traidor.
judería *s.f.* En España, barrio que ocupaban los judíos.
judía *s.f.* Planta herbácea cultivada para consumir sus frutos verdes, o sus semillas, tiernas o maduras.
judicatura *s.f.* Cargo de juez. • Cuerpo constituido por los jueces de un país.
judicial *adj.* En ciertos sistemas de gobierno, dícese del poder que administra justicia.
judío, a *adj./s.* Hebreo, israelita. • De la antigua Judea (Asia Menor).
judo *s.m.* Yudo.
judoka *s.m. y f.* Yudoca.
juego *s.m.* Acción de jugar. • Cualquier ejercicio recreativo sometido a ciertas reglas. • Conjunto de ciertas cosas que se usan juntas o combinándose. • Unión de dos cosas articuladas entre sí.
juerga *s.f.* Jarana, parranda.
jueves *s.m.* Quinto día de la semana.
juez *s.m. y f.* Funcionario encargado de aplicar la ley y administrar justicia. • Persona que, en un certamen, hace respetar las leyes que lo rigen.
jueza *s.f. América* Mujer que se desempeña como juez.
jugada *s.f.* Acción de jugar cuando toca el turno. • Mala acción para perjudicar a alguien.
jugador, ra *adj./s.* Que juega.
jugar *v.intr.* Hacer algo para entretenerse o divertirse. • *intr./tr.* Tomar parte en un juego sometido a reglas. • Funcionar o moverse una cosa que consta de piezas. • *tr.* En un juego, llevar a cabo una partida o usar una pieza, etc. • Manejar o usar cierta cosa. • *tr./prnl.* Arriesgar algo.
jugarreta *s.f. fam.* Jugada mal hecha, o acción malintencionada.
juglar, esa *s.* Artista ambulante que en los castillos y fiestas recitaba, cantaba y hacía juegos malabares.
jugo *s.m.* Parte líquida de las sustancias animales o vegetales. • Lo más sustancial o valioso de una cosa.
jugoso, sa *adj.* Que tiene mucho jugo.
juguete *s.m.* Objeto con que juegan los niños. • Composición musical o pieza teatral breves y ligeras.
juguetear *v.intr.* Entretenerse jugando con algo.
juguetería *s.f.* Lugar donde se venden juguetes.
juguetón, na *adj.* Inclinado a jugar o juguetear.
juicio *s.m.* Facultad mental que permite juzgar lo positivo y negativo de algo. • Opinión, parecer. • Tramitación de un pleito ante un juez.
juicioso, sa *adj.* Que piensa u obra con juicio; razonable.
julepe *s.m.* Cierto juego de naipes. • *fam.* Reprimenda, castigo. • *fam.* Susto, miedo.
juliano, na *adj.* Relativo a Julio César. • Dícese del calendario establecido por Julio César para todo el Imperio Romano.
1. julio *s.m.* Séptimo mes del año.
2. julio *s.m.* Castellanización de la palabra *joule.*
jumbo *s.m.* Avión muy grande de trasporte.
jumento *s.m.* Asno, burro.
juncal *s.m.* Sitio poblado de juncos.
1. junco *s.m.* Planta herbácea propia de lugares húmedos.
2. junco *s.m.* Embarcación pequeña, típica de China, Japón y otras regiones del Oriente.
jungla *s.f.* Selva tropical muy espesa.

junio *s.m.* Sexto mes del año.
junquillo *s.m.* Planta de jardín de flores amarillas o blancas, muy perfumadas.
junta *s.f.* Reunión de personas para tratar un asunto o negocio. • Conjunto de personas nombradas para dirigir una comunidad. • Juntura.
juntar *v.tr.* Poner juntas dos o más cosas. • Llegar a tener algo en cierta cantidad. • *tr. / prnl.* Congregar.
junto, ta *adj.* Unido, cercano o en el mismo lugar.
juntura *s.f.* Parte por donde se unen dos o más cosas.
jura *s.f.* Acción de jurar solemnemente la sumisión a ciertos preceptos u obligaciones.
jurado *s.m.* Tribunal no profesional que determina la inocencia o culpabilidad del acusado en juicios penales. • Tribunal que juzga los méritos en certámenes, concursos, etc.
juramentar *v.tr.* Tomar juramento. • *prnl.* Comprometerse recíprocamente con juramento.
juramento *s.m.* Expresión con que se jura algo. • Expresión proferida con odio o ira.
jurar *v.tr.* Afirmar o prometer algo, invocando la fe religiosa, el honor, etc. • *intr.* Proferir blasfemias.
jurásico, ca *adj. / s.m.* Dícese del período medio de la era mesozoica.
jurídico, ca *adj.* Relativo al derecho o a las leyes.
jurisconsulto *s.m.* Abogado.
jurisdicción *s.f.* Poder o autoridad para mandar o juzgar. • Territorio hasta donde alcanza la jurisdicción de un juez.
jurisdiccional *adj.* Relativo a la jurisdicción.
jurisprudencia *s.f.* Ciencia del derecho • Colección de sentencias judiciales.
jurista *s.m. y f.* Persona que se dedica a estudio del derecho.
justa *s.f.* Lucha a caballo entre dos caballeros armados con lanza. • Competición en alguna rama del saber.
justicia *s.f.* Cualidad de justo. • Manera justa de proceder. • Organización de que dispone el Estado para dirimir las diferencias entre las personas y castigar los delitos, de acuerdo con la ley y el derecho.
justiciero, ra *adj. / s.* Que cumple estrictamente con la justicia.
justificación *s.f.* Acción de justificar.
justificar *v.tr.* Hacer Dios justo al hombre mediante su gracia. • Probar algo con razones, testigos, etc. • *tr. / prnl.* Probar la inocencia de alguien.
justificativo, va *adj. / s.m.* Que sirve para justificar algo.
justipreciar *v.tr.* Asignar a una cosa cierto valor.
justiprecio *s.m.* Estimación del valor de alguna cosa.
justo, ta *adj.* Que está de acuerdo con los méritos de alguien. • Conforme al derecho o a la ley. • Cabal, exacto. • Que corresponde exactamente con algo. • *adj. / s.* Que vive según la ley de Dios.
juvenil *adj.* Propio de la juventud.
juventud *s.f.* Período de la vida humana que media entre la niñez y la madurez. • Conjunto de personas jóvenes. • Cualidad de joven.
juzgado *s.m.* Conjunto de los jueces y funcionarios encargados de administrar justicia. • Local en que ejercen sus funciones. • Oficina de un juez.
juzgar *v.tr.* Formar juicio sobre una cosa; opinar. • Dictar sentencia; sentenciar.

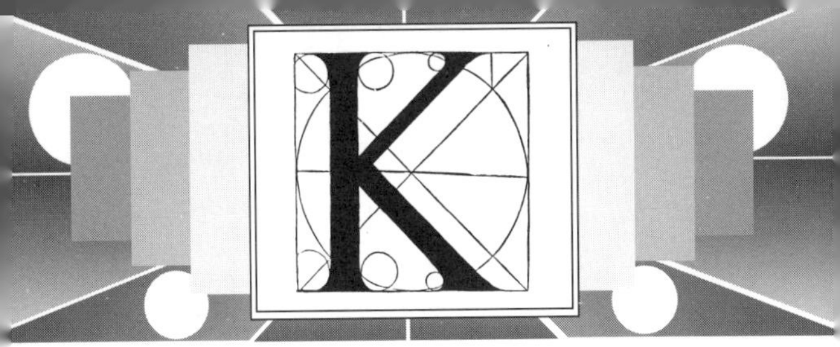

k *s.f.* Consonante, undécima letra del abecedario español. Su nombre es *ka*.
ka *s.f.* Nombre de la letra *k*.
kachampa *s.f.* Danza peruana de origen incaico y carácter guerrero.
kaigis *s.m. América* Variedad de cazón de Tierra del Fuego.
káiser *s.m.* Título que se daba al emperador de Alemania.
kaki *s.m.* Caqui.
kan *s.m.* Nombre dado a los soberanos tártaros.
kapoc *s.m.* Fibra algodonosa que se extrae del fruto de la ceiba.
kappa *s.f.* Cappa.
karate *s.m.* Método de defensa personal practicado también como deporte.
kelvin *s.m.* Unidad de temperatura termodinámica en el Sistema Internacional.
kermes *s.m.* Quermes.
kermese *s.f. América* Quermés.
kerosén *s.m. América* Querosén.
keroseno *s.m.* Queroseno.
khi *s.f.* Ji.
kiliárea *s.f.* Unidad agraria de superficie, equivalente a mil áreas.
kilo *s.m.* Kilogramo.
kilociclo *s.m.* Unidad de frecuencia equivalente a mil ciclos por segundo.
kilográmetro *s.m.* Unidad de trabajo mecánico y energía.
kilogramo *s.m.* Unidad fundamental de masa en el Sistema Internacional, equivalente a la masa del kilogramo patrón. • *kilogramo fuerza* Unidad de fuerza equivalente al peso del kilogramo patrón a nivel del mar y a 45° de latitud.
kilohercio *s.m.* Castellanización de la palabra *kilohertz*.
kilohertz *s.m.* Múltiplo del hertz, equivalente a mil hertz.
kilolitro *s.m.* Múltiplo del litro, equivalente a mil litros.
kilometraje *s.m.* Cantidad de kilómetros recorrida por un vehículo.
kilométrico, ca *adj.* Que se cuenta por kilómetros. • *fam.* Muy largo.
kilómetro *s.m.* Múltiplo del metro, equivalente a mil metros.
kilopondio *s.m.* Kilogramo fuerza.
kilovatio *s.m.* Castellanización de la palabra *kilowatt*.
kilovolt *s.m.* Múltiplo del volt, equivalente a mil volts.
kilovoltio *s.m.* Castellanización de la palabra *kilovolt*.
kilowatt *s.m.* Unidad de potencia en el Sistema Internacional, equivalente a mil watts.
kimono *s.m.* Quimono.
kinesiología *s.f.* Quinesiología.
kinesiólogo, ga *s.* Quinesiólogo.
kiosco *s.m.* Quiosco.
kirie *s.m.* Quirie.
kiwi *s.m.* Ave insectívora de Nueva Zelanda. • Quivi.
kriptón *s.m.* Criptón.
kurchatovio *s.m.* Elemento químico descubierto en 1964, que se obtiene bombardeando plutonio con iones de neón (símbolo: *Ku*).

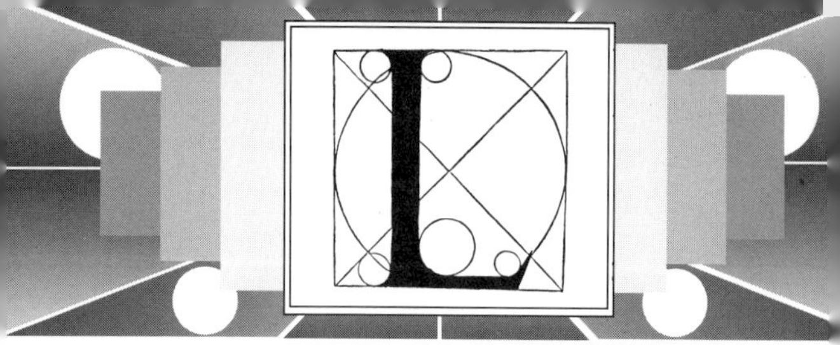

l *s.f.* Consonante, duodécima letra del abecedario español. Su nombre es *ele.* • Letra que, en la numeración romana, equivale a cincuenta.

la *adj.* Ver *el.* • *s.f.* Ver *él.* • *m.* En la escala diatónica sin alteraciones, sexta nota.

lábaro *s.m.* Estandarte de los emperadores romanos, con el monograma de Jesucristo.

laberíntico, ca *adj.* Enmarañado, confuso.

laberinto *s.m.* Lugar formado artificialmente por calle y encrucijadas, donde es difícil encontrar la salida. • Parte interna del oído.

labia *s.f. fam.* Verbosidad persuasiva.

labial *adj.* De los labios. • Dícese de los sonidos consonánticos en cuya articulación intervienen los labios.

lábil *adj.* Poco seguro o estable. • Dícese del compuesto químico fácil de trasformarse en otro más estable.

labio *s.m.* Cada una de las dos partes exteriores, carnosas y movibles de la boca, que cubren la dentadura. • Reborde de alguna cosa.

labiodental *adj.* Dícese del sonido consonántico que se articula acercando el labio inferior a los incisivos superiores.

labor *s.f.* Acción de trabajar. • Obra de costura, bordado, tejido, etc. • Tarea agrícola.

laborable *adj.* Dícese de los terrenos que se pueden cultivar.

laboral *adj.* Relativo al trabajo.

laborar *v.tr.* Cultivar la tierra.

laboratorio *s.m.* Local donde se hacen experimentos e investigaciones científicos y técnicos.

laborear *v.tr.* Labrar. • *intr.* Pasar un cabo por la roldana de un motón.

laboreo *s.m.* Cultivo de la tierra.

laborioso, sa *adj.* Aficionado al trabajo. • Que exige esfuerzo y trabajo.

laborismo *s.m.* Doctrina del partido socialista inglés.

laborista *adj.* Del laborismo. • *adj. / s.m. y f.* Partidario del laborismo.

labra *s.f.* Acción de labrar un material.

labrado, da *adj.* Dícese de las telas con alguna labor. • *s.m.* Tierra cultivada. • Acción de labrar adornos.

labrador, ra *s. / adj.* Persona que labra la tierra.

labrantío, a *adj. / s.m.* Dícese de la tierra cultivable.

labranza *s.f.* Cultivo de la tierra.

labrar *v.tr.* Trabajar un material. • Cultivar la tierra. • Hacer una cosa.

labriego, ga *s.* Labrador.

laca *s.f.* Resina vegetal con la que se prepara un barniz duro y brillante.

lacayo *s.m.* Criado de librea.

lacerar *v.tr.* Lastimar el cuerpo.

lacinia *s.f.* En botánica, cada uno de los segmentos en que se dividen las hojas, pétalos y sépalos.

laciniado, da *adj.* Que tiene lacinias.

lacio, cia *adj.* Marchito. • Dícese del cabello que no forma ondas.

lacónico, ca *adj.* Conciso, breve.

lacra *s.f.* Huella que deja una enfermedad. • Defecto o daño físicos o morales.

lacrar *v.tr.* Cerrar con lacre.

lacre *s.m.* Pasta que, derretida, se usa para sellar o cerrar documentos, sobres, etcétera.
lacrimal *adj.* De las lágrimas.
lacrimógeno, na *adj.* Que produce lagrimeo.
lacrimoso, sa *adj.* Que tiene lágrimas. • Que mueve a llanto. • Quejumbroso.
lactación *s.f.* Acción de lactar.
lactancia *s.f.* Lactación.
lactante *adj./s.m. y f.* Dícese del niño que está en el período de lactancia.
lactar *v.tr.* Criar una mujer a un niño con leche propia. • Alimentarse con leche los niños que aún no comen.
lacteado, da *adj.* Mezclado con leche.
lácteo, a *adj.* De leche. • Parecido a la leche; lechoso.
lacticinio *s.m.* Leche, o manjar compuesto con ella.
láctico, ca *adj.* Relativo a la leche.
lactosa *s.f.* Azúcar de la leche.
lacustre *adj.* Relativo a los lagos. • Que habita en ellos.
ládano *s.m.* Oleorresina que se extrae de la jara.
ladeado, da *adj.* Que está torcido o inclinado.
ladear *v.tr./prnl.* Inclinar o torcer. • *tr.* Andar por las laderas.
ladera *s.f.* Declive de un monte o de una montaña.
ladi *s.f.* Título de honor que se da en Inglaterra a las señoras de la nobleza.
ladilla *s.f.* Cierto insecto que vive parásito en las partes vellosas del cuerpo humano.
ladino, na *adj./s.m.* Decíase del castellano antiguo. • *adj.* Astuto, sagaz.
lado *s.m.* Parte lateral del cuerpo o de una cosa. • Sitio. • Aspecto que ofrece una cosa. • Anverso o reverso. • Cada una de las líneas que forman un ángulo o limitan una superficie.
ladrar *v.intr.* Dar ladridos.
ladrido *s.m.* Voz del perro.
ladrillo *s.m.* Prisma rectangular de arcilla cocida, que se usa en construcción.
ladrón, na *adj./s.* Que roba o hurta.
ladronera *s.f.* Escondite de ladrones.
lagaña *s.f.* Legaña.
lagar *s.m.* Lugar donde se procesan la uva, la manzana y la aceituna, para obtener vino, sidra o aceite.
lagartija *s.f.* Lagarto pequeño.
lagarto, ta *s.* Reptil terrestre de patas cortas.
lago *s.m.* Gran masa de agua depositada en hondonadas.
lágrima *s.f.* Gota de humor segregada por la glándula lagrimal, que vierten los ojos. • Gota de savia que destilan ciertas plantas después de la poda.
lagrimal *adj.* Lacrimal. • *s.m.* Borde del ojo, cerca de la nariz.
lagrimear *v.intr.* Derramar lágrimas.
lagrimeo *s.m.* Acción de lagrimear.
lagrimoso, sa *adj.* Dícese de los ojos tiernos y húmedos. • Lloroso.
laguna *s.f.* Lago pequeño. • Omisión.
lagunar *s.m.* Hueco en un techo artesonado.
laicismo *s.m.* Doctrina que tiende a reducir la influencia religiosa.
laico, ca *adj./s.* Que no pertenece al clero.
laja *s.f.* Piedra lisa y de poco espesor.
1. lama *s.f.* Cieno blando del fondo del agua. • Lodo de mineral molido.
2. lama *s.m.* Sacerdote budista de una secta del Tíbet.
lamaísmo *s.m.* Secta budista.
lambda *s.f.* Undécima letra del alfabeto griego (λ).
lamber *v.tr. América* Lamer.
lamentable *adj.* Que merece ser lamentado; deplorable.
lamentación *s.f.* Lamento.
lamentar *v.tr.* Experimentar contrariedad o pena. • *prnl.* Expresarlo con palabras.
lamento *s.m.* Expresión de pena o queja.
lamer *v.tr.* Pasar repetidamente la lengua por una cosa. • Tocar suavemente una cosa.
lamido, da *adj.* Flaco. • Relamido.
lámina *s.f.* Plancha delgada, en especial de metal. • *s.m.* Acción de laminar.
laminador, ra *adj.* Que lamina. • *s.f.* Máquina para reducir a láminas los metales maleables.
1. laminar *adj.* Con forma de lámina.

2. laminar *v.tr.* Convertir un metal en láminas. • Cubrir con láminas.
lampalagua *s.f.* *América* Ampalagua.
lámpara *s.f.* Utensilio que produce luz artificial. • Tubo electrónico de los aparatos de radio y televisión. • Cierto aparato usado para soldar.
lamparilla *s.f.* Dispositivo para iluminar débilmente.
lamparón *s.m.* Mancha de grasa en la ropa.
lampazo *s.m.* Planta herbácea, de hojas y raíces de uso medicinal.
lampiño, ña *adj.* Que no tiene barba. • Sin vello.
lamprea *s.f.* Pez marino de cuerpo cilíndrico y carne muy apreciada.
lana *s.f.* Pelo de las ovejas, carneros y otros animales. • Tejido que se hace con ese pelo.
lanar *adj.* Dícese de los animales que tienen o proporcionan lana.
lance *s.m.* Lanzamiento. • Hecho notable de la vida real. • En el juego, cada acción que tiene consecuencias para el desarrollo de él. • Suerte ejecutada por el torero.
lanceolado, da *adj.* En forma de punta de lanza.
lancero *s.m.* Soldado armado con lanza. • *pl.* Cierto baile de figuras.
lanceta *s.f.* Instrumento de cirugía con filo por ambos lados.
lancha *s.f.* Laja • Cierta embarcación pequeña.
lanchero, ra *s.* Conductor dueño de una lancha.
lanchón *s.m.* Lancha grande.
landa *s.f.* Llanura en la que sólo crecen plantas silvestres.
landó *s.m.* Carruaje de cuatro ruedas con capota.
lanero, ra *adj.* De lana o de la lana. • *s.* El que comercia en lanas.
langosta *s.f.* Insecto saltador que se alimenta de vegetales; constituye una plaga para la agricultura. • Crustáceo marino, de carne muy apreciada.
langostín *s.m.* Langostino.
langostino *s.m.* Crustáceo marino, más pequeño que la langosta, de carne muy delicada.
langostón *s.m.* Insecto semejante a la langosta.
languidecer *v.intr.* Perder las energías físicas o síquicas.
languidez *s.f.* Cualidad de lánguido.
lánguido, da *adj.* Débil, fatigado. • Falto de ánimo o alegría.
lanilla *s.f.* Tejido delgado de lana fina. • Pelillo del paño.
lanolina *s.f.* Sustancia untuosa que se extrae de la lana; se emplea en la preparación de pomadas y cosméticos.
lanoso, sa *adj.* Lanudo. • Que tiene aspecto de lana.
lantánido *s.m.* Cada uno de los elementos pertenecientes al grupo de las tierras raras; son muy parecidos al lantano.
lantano *s.m.* Elemento perteneciente al grupo de las tierras raras; se usa en aleaciones, aparatos electrónicos, fabricación de lentes, etc. (símbolo: *La*).
lanudo, da *adj.* Cubierto de abundante lana o vello; lanoso.
lanza *s.f.* Arma formada por un asta y un hierro puntiagudo. • Pértigo.
lanzacohetes *s.m./adj.* Aparato destinado a lanzar cohetes, proyectiles, satélites artificiales, etc. • *s.m.* Bazuca.
lanzadera *s.f.* Pieza del telar que conduce y estira el hilo de la trama.
lanzador, ra *adj./s.* Que lanza o arroja algo.
lanzallamas *s.m./adj.* Aparato que lanza un chorro líquido inflamado a corta distancia.
lanzamiento *s.m.* Acción de lanzar.
lanzar *v.tr.* Arrojar, tirar. • Hacer que se difunda cierta cosa. • *prnl.* Abalanzarse.
lanzatorpedos *s.m./adj.* Aparato para lanzar torpedos.
lanzón *s.m.* Lanza corta y gruesa.
lapa *s.f.* Lampazo. • Molusco marino comestible, de concha cónica, que vive adherido a las rocas.
lapacho *s.m.* Árbol sudamericano cuya madera se emplea en construcciones y en ebanistería.
lapicera *s.f.* *América* Portaplumas.
lapicero *s.m.* Lápiz. • Utensilio en que se coloca el lápiz. • *América* Portaplumas.
lápida *s.f.* Piedra llana en que se pone una inscripción.

lapidario, ria *adj.* Relativo a las piedras preciosas. • Dícese del lenguaje solemne y conciso. • *s.m.* El que labra piedras preciosas.
lapislázuli *s.m.* Mineral de color azul intenso; se usa en joyería.
lápiz *s.m.* Barrita de grafito u otra sustancia, que sirve para escribir o dibujar.
lapón, na *adj. / s.* De Laponia (Europa).
lapso *s.m.* Tiempo trascurrido entre dos límites.
lapsus *s.m.* Error cometido por descuido.
laqueado, da *adj.* Barnizado con laca. • *s.m.* Acción de laquear.
laquear *v.tr.* Recubrir con laca.
lar *s.m.* En la mitología romana, dios del hogar. • Sitio de la lumbre en la cocina. • *pl.* Casa en que se vive en familia.
larga *s.f.* Uno de los tacos del billar.
largada *s.f. América* Inicio de una competición deportiva.
largamente *adv.* Por largo tiempo. • Con abundancia.
largar *v.tr.* Aflojar, soltar. • *prnl.fam.* Irse precipitadamente.
largo, ga *adj.* Que tiene mucha longitud. • Que dura mucho tiempo. • Abundante. • Dadivoso. • *s.m.* Longitud. • *adv.* Por largo tiempo. • En música, con movimiento muy lento.
largometraje *s.m.* Filme cuya duración sobrepasa los sesenta minutos.
largor *s.m.* Longitud.
larguero *s.m.* Cada uno de los dos palos que se ponen a lo largo de una obra de carpintería. • Dintel.
largueza *s.f.* Generosidad, liberalidad.
larguirucho, cha *adj. fam.* Dícese de la persona alta, flaca y desgarbada.
largura *s.f.* Longitud.
laringe *s.f.* Órgano de la fonación situado entre la tráquea y la faringe.
laríngeo, a *adj.* Relativo a la laringe.
laringitis *s.f.* Inflamación de la laringe.
laringología *s.f.* Parte de la medicina que estudia las afecciones de la laringe.
laringoscopio *s.m.* Instrumento para examinar la laringe.
larva *s.f.* En animales que sufren metamorfosis, primera forma al salir del huevo.
larvado, da *adj.* Dícese de las enfermedades que presentan síntomas que ocultan su verdadera naturaleza.
larval *adj.* Relativo a la larva.
lascivia *s.f.* Conducta lasciva.
lascivo, va *adj. / s.* Impúdico, libidinoso, lujurioso.
láser *s.m.* Aparato que emite haces concentrados de luz de gran poder de penetración; es muy utilizado en cirugía, telecomunicaciones; etc. • *adj.* Dícese de los rayos emitidos por ese aparato.
lasitud *s.f.* Flojedad, desfallecimiento.
laso, sa *adj.* Lacio.
lástima *s.f.* Compasión por los dolores ajenos; conmiseración.
lastimadura *s.f.* Acción de lastimar.
lastimar *v.tr. / prnl.* Causar lesión o daño; herir. • Disgustar, apenar.
lastimero, ra *adj.* Quejumbroso.
lastimoso, sa *adj.* Que provoca lástima. • Digno de ser lamentado.
lastre *s.m.* Peso en un buque para que este se sumerja hasta donde convenga. • Cosa que estorba.
lata *s.f.* Hojalata. • Envase de ese material. • *fam.* Cosa fastidiosa.
latente *adj.* Oculto, escondido.
lateral *adj.* Lo que está situado a un lado o al costado.
latero, ra *adj.* Charlatán insufrible. • *s.m. América* Hojalatero.
látex *s.m.* Líquido lechoso que producen ciertas plantas, y que suele contener caucho, resinas, etc.
laticífero, ra *adj. / s.m.* Dícese de los vasos de los vegetales que conducen el látex.
latido *s.m.* Movimiento de contracción y dilatación del corazón y las arterias.
latifundio *s.m.* Propiedad rural muy grande y poco explotada.
latigazo *s.m.* Golpe dado con el látigo.
látigo *s.m.* Azote largo y flexible de cuero o cuerda.
latiguillo *s.m. fam.* Exageración empleada en la declamación o conversación.
latín *s.m.* Lengua del Lacio que hablaban los romanos, y de la cual derivan las lenguas romances.
latinidad *s.f.* Cultura o lengua latinas. • Conjunto de países latinos.

latinismo *s.m.* Palabra o giro peculiares de la lengua latina. • Empleo de tales giros en otro idioma.
latinizar *v.tr./prnl.* Introducir la lengua y la cultura latinas en otros países. • Dar forma latina a voces o giros de otro idioma.
latino, na *adj./s.* Del Lacio. • Del latín. • Dícese de los pueblos en que se hablan lenguas derivadas del latín.
latinoamericano, na *adj./s.* De Latinoamérica.
latir *v.intr.* Dar latidos el corazón y las arterias.
latitud *s.f.* Distancia que hay desde un punto de la superficie terrestre al ecuador. • La menor de las dos dimensiones principales que tienen las figuras planas.
lato, ta *adj.* Dilatado. • Amplio.
latón *s.m.* Aleación de cobre y cinc.
latoso, sa *adj.* Fastidioso, pesado.
latría *s.f.* Adoración que sólo se debe a Dios.
latrocinio *s.m.* Costumbre de hurtar o de defraudar.
laucha *s.f. América* Ratón.
laúd *s.m.* Instrumento musical de cuerda.
laudable *adj.* Digno de alabanza.
láudano *s.m.* Medicamento líquido, calmante, a base de opio.
laudar *v.tr.* Dictar sentencia.
laudatorio, ria *adj.* Que contiene o implica alabanza.
laudo *s.m.* Decisión dictada por un árbitro.
laurear *v.tr.* Coronar con laurel. • Conceder un premio.
laurel *s.m.* Árbol ornamental de follaje persistente; es aromático y sus hojas se usan como condimento. • Gloria, honor, victoria.
laurencio *s.m.* Elemento artificial radiactivo descubierto en 1961 (símbolo: *Lw*).
laureado, da *adj.* Coronado de laureles. • Que ha sido premiado.
lauro *s.m.* Gloria o fama.
lava *s.f.* Materia de fusión que sale de un volcán.
lavabo *s.m.* Utensilio para el aseo personal. • Cuarto para aseo.
lavacoches *s.m.* Persona encargada de lavar los coches en los garajes.
lavadero *s.m.* Lugar en que se lava. • *América* Zona del río donde se lavan las pepitas de oro.
lavado *s.m.* Acción de lavar.
lavador, ra *adj./s.* Que lava • *s.f.* Máquina para lavar la ropa.
lavamanos *s.m.* Lavabo pequeño para lavarse las manos. • Palangana.
lavanda *s.f.* Espliego.
lavandería *s.f.* Establecimiento para el lavado de ropa.
lavandina *s.f. América* Lejía que se emplea para blanquear la ropa.
lavándula *s.f.* Espliego.
lavaojos *s.m.* Copita de cristal para dar baños de medicamento a los ojos.
lavaplatos *s.ambig.* Máquina para lavar la vajilla.
lavar *v.tr.* Limpiar con agua u otro líquido. • Purificar.
lavarropas *s.m. América* Lavadora.
lavativa *s.f.* Agua que, con propósitos medicinales, se introduce por el ano. • Aparato que sirve para ello.
lavatorio *s.m.* Lavado. • Acción de lavarse los dedos el sacerdote en la misa. • *América* Lavabo.
laxante *adj.* Que laxa. • *s.m./adj.* Medicamento para mover el vientre.
laxar *v.tr.* Ablandar, aflojar.
laxo, xa *adj.* Sin la debida tensión o firmeza; flojo.
laya *s.f.* Cualidad de cierta persona o cosa.
lazada *s.f.* Nudo que se desata tirando de uno de los cabos.
lazareto *s.m.* Lugar donde se tiene en observación a los que vienen de sitios en que hay alguna epidemia. • Hospital de leprosos.
lazarillo *s.m.* Muchacho que guía a un ciego.
lazo *s.m.* Nudo de cinta para adorno. • Lazada. • Nudo corredizo para cazar o sujetar animales. • Unión, vínculo. • Ardid, trampa.
lazulita *s.f.* Lapislázuli.
le *s.m. y f.* Forma del pronombre personal de tercera persona, que desempeña en la oración la función de objeto indirecto *(pl.* les).

eal *adj.* / *s.m. y f.* Incapaz de traicionar; fiel.
ealtad *s.f.* Cualidad de leal.
ebrato *s.m.* Liebre joven.
ebrel *s.m.* / *adj.* Perro apto para la caza de animales pequeños.
ección *s.f.* Lo que el maestro enseña; clase. • Explicación. • Lectura.
echada *s.f.* Masa de cal o yeso, para blanquear. • Emulsión.
echal *adj.* Dícese del animal que aún mama.
eche *s.f.* Líquido de color blanco, que se forma en las mamas de las mujeres y de las hembras de los mamíferos para alimento de sus hijos.
echería *s.f.* Sitio donde se vende leche.
lechero, ra *adj.* Relativo a la leche. • Que contiene leche o tiene algunas de sus propiedades. • *s.* El que la vende. • *f.* Vasija para la leche.
lechigada *s.f.* Camada, cría.
lechiguana *s.f. América* Especie de avispa que produce miel.
lecho *s.m.* Cama para dormir. • Cauce de un río. • Estrato. • Porción de cosas extendidas unas sobre otras.
lechón, na *s.* Cría del cerdo, que todavía mama. • *m.* Cerdo.
lechoso, sa *adj.* Que tiene aspecto de leche. • Dícese de las plantas que tienen látex blanco.
lechucear *v.intr. fam. América* Espiar por curiosidad.
lechuga *s.f.* Planta de huerta que se come en ensalada.
lechuguino *s.m.* / *adj. fam.* Petimetre.
lechuza *s.f.* Ave rapaz nocturna, de cara blanca y ojos brillantes, que se alimenta de insectos y roedores.
lectivo, va *adj.* Dícese del período o los días en que hay clases.
lector, ra *adj.* / *s.* Que lee.
lectura *s.f.* Acción de leer. • Texto que se lee.
leer *v.tr.* Interpretar el sentido de los signos de un texto o de una obra musical, mentalmente o traduciéndolos en sonidos.
legación *s.f.* Cargo de legado. • Cargo diplomático. • Personal y oficina del legado.
legado *s.m.* Embajador, emisario. • Bien que se deja por testamento. • Lo que se trasmite a los sucesores.
legajo *s.m.* Conjunto de papeles referentes a un mismo asunto.
legal *adj.* Que está determinado por la ley o que se ajusta a ella. • Relacionado con la justicia.
legalidad *s.f.* Cualidad de legal. • Que se ajusta a las normas legales.
legalista *adj.* Que aplica las leyes literalmente.
legalización *s.f.* Acción de legalizar.
legalizar *v.tr.* Dar estado legal. • Garantizar la autenticidad de un documento, una firma, etc.
légamo *s.m.* Cieno, lodo, limo.
legaña *s.f.* Humor segregado por los párpados, que se cuaja en el borde de éstos.
legar *v.tr.* Donar. • Trasmitir a la posteridad cosas espirituales.
legatario, ria *s.* Persona a quien lega el testador.
legendario, ria *adj.* Relativo a las leyendas. • Fabuloso, fantástico.
legible *adj.* Que se puede leer.
legión *s.f.* Nombre de ciertos cuerpos de tropa. • Muchedumbre.
legionario, ria *adj.* Relativo a la legión. • *s.m.* Soldado miembro de una legión.
legislación *s.f.* Acción de legislar. • Conjunto de leyes de un país, o sobre una materia.
legislador, ra *adj.* / *s.* Que legisla.
legislar *v.intr.* Hacer o reformar leyes.
legislativo, va *adj.* En ciertos sistemas de gobierno, dícese del poder que redacta las leyes.
legislatura *s.f.* Período de funcionamiento de los cuerpos legislativos. • Lugar donde se reúnen esos cuerpos. • *América* Conjunto de diputados y senadores.
legista *s.m. y f.* Jurisperito.
legitimar *v.tr.* Probar la legitimidad de una cosa. • Hacer legítimo.
legitimidad *s.f.* Cualidad de legítimo.
legítimo, ma *adj.* Conforme a la ley. • Auténtico, genuino.
lego, ga *adj.* / *s.* Que no pertenece al clero; laico. • Ignorante, profano.

legua *s.f.* Unidad antigua de longitud, equivalente a 5 196 metros.
leguleyo, ya *s.* El que trata de leyes con poco conocimiento de ellas.
legumbre *s.f.* Fruto o semilla que se cría en vaina. • Hortaliza.
leguminoso, sa *adj./s.f.* Dícese de las plantas –árboles, arbustos o hierbas– con frutos en legumbre, como la soja, la alfalfa y el cacahuete.
leído, da *adj.* Dícese de la persona erudita y muy informada.
lejanía *s.f.* Parte remota de un lugar o paisaje.
lejano, na *adj.* Que está lejos.
lejía *s.f.* Agua con sales alcalinas disueltas, que sirve para limpiar.
lejos *adv.* A gran distancia.
lelo, la *adj./s.* Tonto, bobo.
lema *s.m.* Leyenda de un escudo, emblema o insignia.
lempira *s.m.* Unidad monetaria de Honduras.
lémur *s.m.* Mamífero cuadrumano, arborícola, frugívoro, de pequeño tamaño y costumbres nocturnas.
lencería *s.f.* Conjunto de lienzos. • Ropa interior de mujer y ropa de cama y de mesa. • Tienda donde se venden.
lencero, ra *s.* El que vende lienzos. • El que confecciona lencería.
lengua *s.f.* Órgano movible situado en la cavidad de la boca, que sirve para gustar, deglutir y articular los sonidos. • Idioma.
lenguado *s.m.* Pez comestible, de cuerpo muy comprimido, casi plano.
lenguaje *s.m.* Conjunto de signos o señales empleados para comunicar mensajes. • Facultad de expresar los pensamientos. • Modo de hablar. • Idioma.
lenguaraz *adj.* Atrevido en el hablar.
lengüeta *s.f.* Epiglotis. • En ciertos instrumentos de viento, laminilla que produce el sonido.
lenidad *s.f.* Falta de severidad.
lenificar *v.tr.* Suavizar un padecimiento físico o moral.
lenitivo, va *adj./s.m.* Que lenifica.
lente *s. ambig.* Cristal cóncavo o convexo usado en óptica. • *m.pl.* Anteojos.
lenteja *s.f.* Planta herbácea con fruto en vaina y semillas alimenticias.
lentejuela *s.f.* Pequeño disco de material brillante, para adornar la ropa.
lenticular *adj.* En forma de lenteja.
lentilla *s.f.* Lente pequeña y delgada, que se adapta por contacto a la córnea del ojo.
lentisco *s.m.* Arbusto de follaje persistente, del que se extrae la almáciga.
lentitud *s.f.* Cualidad de lento.
lento, ta *adj.* Poco veloz.
leña *s.f.* Conjunto de ramas o trozos de troncos secos que se usan para hacer fuego. • *fam.* Castigo.
leñador, ra *s.* El que corta leña.
leñera *s.f.* Sitio donde se guarda la leña. • Leña almacenada.
leño *s.m.* Trozo de un tronco o de una rama gruesa de árbol. • Madera.
leñoso, sa *adj.* Dícese de las partes endurecidas de un vegetal.
león, na *s.* Mamífero carnívoro de pelaje rojizo y cabeza grande; el macho tiene una larga melena en la nuca y el cuello.
leonado, da *adj.* De color amarillo o rubio rojizo, como el del león.
leonera *s.f.* Jaula para leones. • *fam.* Habitación desordenada.
leonino, na *adj.* Relativo al león. • Dícese del contrato poco equitativo.
leopardo *s.m.* Mamífero carnívoro, de pelaje de color rojizo con manchas negras; es cruel y sanguinario.
lepisma *s.f.* Insecto nocturno, cubierto de escamas plateadas; roe el cuero, el papel y el azúcar.
leporino, na *adj.* Relativo a la liebre. • Dícese del labio superior hendido por deformación congénita.
lepra *s.f.* Enfermedad que se manifiesta por manchas cutáneas, ulceraciones y caquexia.
leproso, sa *adj./s.* Que padece lepra.
lerdo, da *adj.* Lento en los movimientos. • Torpe para comprender.
lesbiana *adj./s.f.* Dícese de la mujer homosexual.
lesión *s.f.* Daño corporal. • Perjuicio.
lesionar *v.tr.* Causar una lesión o un perjuicio.
lesivo, va *adj.* Que daña o perjudica.
leso, sa *adj.* Que ha sido lesionado o agraviado.

letal *adj.* Mortal, mortífero.
letanía *s.f.* Oración compuesta de muchas invocaciones a Dios o a los santos.
letárgico, ca *adj.* Relativo al letargo.
letargo *s.m.* Estado de somnolencia profunda y prolongada.
letra *s.f.* Signo gráfico que representa en la escritura un sonido lingüístico. • Palabras de una canción. • Carácter tipográfico. • Documento mercantil de giro. • *pl.* Ciencia, saber.
letrado, da *adj./s.* Docto o instruido. • Legista, abogado.
letrero *s.m.* Palabra o texto breve para indicar o anunciar algo.
letrilla *s.f.* Composición de versos cortos.
letrina *s.f.* Lugar donde se expelen los excrementos.
leucemia *s.f.* Enfermedad grave caracterizada por el aumento permanente del número de leucocitos.
leucocito *s.m.* Célula de la sangre y de la linfa, de color claro, que asegura la defensa contra los microbios [sinón.: *glóbulo blanco*].
leucocitosis *s.f.* Aumento anormal de leucocitos en la sangre.
leucoma *s.m.* Mancha blanca en la córnea trasparente del ojo.
leudar *v.tr./prnl.* Hacer fermentar la masa poniéndole levadura.
leva *s.f.* Partida de las embarcaciones del puerto. • Acto de reclutar.
levadizo, za *adj.* Que puede levantarse.
levadura *s.f.* Microorganismo capaz de producir fermentaciones. • Masa con esos microorganismos, que hace fermentar la sustancia con que se la mezcla.
levantamiento *s.m.* Acción de levantar.• Sublevación.
levantar *v.tr.* Alzar, subir. • Enderezar. • Recoger. • Construir un edificio. • Causar, provocar. • Dejar sin efecto • *tr./prnl.* Sublevar. • *prnl.* Alzarse. • Ponerse de pie. • Dejar la cama.
levante *s.m.* Este (punto cardinal).
levantisco, ca *adj.* Inquieto, turbulento.
levar *v.tr.* Recoger el ancla. • *intr.* Zarpar. • *América* Fermentar la masa.
leve *adj.* Liviano, tenue. • De poca importancia.
levigación *s.f.* Operación de levigar.
levigar *v.tr.* Desleír en agua una materia en polvo.
levita *s.m.* Israelita de la tribu de Leví. • *f.* Prenda de vestir masculina, con faldones largos.
levitación *s.f.* Acción de levitar.
levitar *v.intr.* Elevarse en el espacio personas, animales o cosas sin intervención de agentes físicos conocidos.
levítico, ca *adj.* Relativo a los levitas.
levitón *s.m.* Levita de tela gruesa.
lexema *s.m.* Semantema. • Palabra (unidad sintáctica).
léxico *s.m.* Conjunto de las palabras de un idioma. • Caudal de voces o giros de una persona. • Diccionario.
lexicografía *s.f.* Técnica de componer diccionarios. • Principios teóricos en que se basa esa técnica.
lexicógrafo, fa *s.* Persona que se dedica al estudio de la lexicografía.
lexicón *s.m.* Diccionario.
ley *s.f.* Regla inmutable que cumplen los fenómenos naturales. • Precepto de la autoridad suprema, que permite o prohíbe algo. • Conjunto de doctrinas y mandamientos religiosos. • Cantidad de oro y plata finos, que las leyes fijan en las ligas de las monedas. • *fam.* Cariño.
leyenda *s.f.* Inscripción al pie de un grabado, en una moneda, lápida, etc. • Narración de sucesos fabulosos.
lezna *s.f.* Utensilio que usan los zapateros para perforar y coser.
liana *s.f.* Bejuco.
liar *v.tr.* Atar, envolver.
liásico, ca *adj./s.m.* Dícese de la edad inferior del período jurásico.
libación *s.f.* Acción de probar o beber un licor.
libamen *s.m.* Ofrenda en el sacrificio.
libanés, sa *adj./s.* Del Líbano (Asia).
libar *v.tr.* Chupar el jugo de una cosa.
libelo *s.m.* Escrito difamatorio.
libélula *s.f.* Insecto de alas trasparentes y colores brillantes.
líber *s.m.* Tejido de conducción de la savia elaborada.
liberación *s.f.* Acción de liberar.
liberal *adj.* Inclinado a dar; generoso. • *adj./s.* Partidario del liberalismo.

liberalidad *s.f.* Cualidad de liberal.
liberalismo *s.m.* Doctrina que defiende las libertades individuales y económicas.
liberar *v.tr.* Libertar. • Eximir de una obligación.
liberiano, na *adj./s.* De Liberia (África).
líbero, ra *adj.* Que es libre.
libérrimo, ma *adj. superl. irreg.* de *libre.*
libertad *s.f.* Facultad del hombre para obrar según su voluntad. • Estado de libre.
libertador, ra *adj./s.* Que liberta.
libertar *v.tr.* Dar o devolver la libertad.
libertario, ria *adj./s.* Partidario de la absoluta libertad individual, sin autoridad ni leyes.
libertinaje *s.m.* Comportamiento vicioso y deshonesto; desenfreno.
libertino, na *adj./s.* Dícese de la persona entregada al libertinaje.
liberto, ta *s.* Esclavo a quien se ha dado libertad.
libidinoso, sa *adj.* Lascivo, lujurioso.
libido *s.f.* Instinto o deseo sexuales.
libio, bia *adj./s.* De Libia (África).
libra *s.f.* Unidad de masa en el sistema inglés, equivalente a 0,4536 kilogramos. • Unidad monetaria de varios países. • *libra esterlina* Unidad monetaria del Reino Unido.
libración *s.f.* Oscilación de un cuerpo ligeramente desequilibrado.
librador, ra *s.* El que libra un cheque, un pagaré, etc.
libramiento *s.m.* Acción de librar. • Orden de pago.
libranza *s.f.* Orden de pago escrita.
librar *v.tr.* Dispensar, eximir. • Expedir sentencia o extender un documento. • *tr./prnl.* Salvar de un peligro.
libre *adj.* Que goza de libertad. • Que tiene autonomía política • Suelto • No ocupado. • Exento.
librea *s.f.* Uniforme de ciertos criados o empleados.
librecambio *s.m.* Comercio entre naciones, sin tarifas o trabas para la entrada o salida de productos.
librecambismo *s.m.* Doctrina que defiende el librecambio.
librepensador, ra *adj./s.* Partidario del librepensamiento.
librepensamiento *s.m.* Doctrina que reclama para la razón individual independencia de la autoridad religiosa.
librería *s.f.* Tienda en que se venden libros. • Biblioteca (mueble).
librero, ra *s.* El que vende libros.
libresco, ca *adj.* Que se basa en los libros y no en la realidad.
libreta *s.f.* Cuaderno pequeño para anotaciones.
libretista *s.m. y f.* Autor de libretos.
libreto *s.m.* Texto de una ópera, una película, etc.
librillo *s.m.* Bisagra pequeña.
libro *s.m.* Conjunto de hojas de papel, escritas o impresas, cosidas y encuadernadas. • Tercera cavidad del estómago de los rumiantes.
licencia *s.f.* Autorización, permiso. • Libertinaje.
licenciado, da *adj.* Eximido de cierto servicio. • *s.* El que ha obtenido un grado universitario que lo habilita para ejercer una profesión.
licenciamiento *s.m.* Acción de licenciar al personal militar.
licenciar *v.tr.* Dar licencia; en especial, a un soldado. • *prnl.* Obtener el grado de licenciado.
licenciatura *s.f.* Grado de licenciado. • Estudios para obtenerlo.
licencioso, sa *adj.* Libertino.
liceo *s.m.* Nombre de ciertos establecimientos de enseñanza media.
licitación *s.f.* Acción de licitar.
licitar *v.tr.* Ofrecer precio por una cosa en subasta. • *América* Vender en subasta.
lícito, ta *adj.* Legal.
licopodio *s.m.* Planta herbácea, cuyas esporas se usan en medicina.
licor *s.m.* Bebida alcohólica dulce, obtenida por destilación.
licorera *s.f.* Botella para licor.
licuación *s.f.* Acción de licuar.
licuador, ra *adj.* Que licua. • *s.f.* Máquina para licuar alimentos.
licuante *adj.* Dícese de las consonantes *(b, c, f, g, p* y *t)* que pueden agruparse con una líquida formando sílaba.
licuar *v.tr./prnl.* Convertir en líquida una sustancia sólida o gaseosa. • Fundir un metal.

cuefacción *s.f.* Licuación.
d *s.f.* Combate, pelea.
der *s.m.* Dirigente de un partido o grupo social.
derazgo *s.m.* Cualidad de líder.
dia *s.f.* Acción de lidiar; en especial, toros.
diador, ra *s.* El que lidia.
diar *v.intr.* Combatir, pelear • *intr./tr.* Torear.
iebre *s.f.* Mamífero roedor, herbívoro, parecido al conejo.
iendre *s.f.* Huevo de piojo.
ienzo *s.m.* Tela de lino, algodón o cáñamo. • Pintura hecha sobre esa tela.
iga *s.f.* Cinta elástica con que se sostienen las medias. • Unión, mezcla. • Aleación. • Coalición. • Materia viscosa para cazar pájaros. • Unión de soberanos, Estados o individuos hecha para determinado fin.
igado *s.m.* Enlace de las letras en la escritura. • Ejecución de una serie de notas musicales sin interrupción.
igadura *s.f.* Acción de ligar. • Atadura, traba.
igamento *s.m.* Haz fibroso que une los huesos de las articulaciones.
igar *v.tr.* Amarrar, atar. • Alear. • *prnl.* Unirse con algún fin.
igazón *s.f.* Unión estrecha.
igereza *s.f.* Cualidad de ligero. • Hecho o dicho irreflexivos.
igero, ra *adj.* Que tarda poco en hacer algo; rápido. • Que pesa poco; liviano. • De poca importancia.
ignificación *s.f.* Acción y efecto de lignificarse.
ignificarse *v. prnl.* En botánica, tomar consistencia de madera.
lignina *s.f.* Sustancia amorfa que, unida a la celulosa, forma el tejido leñoso.
lignito *s.m.* Carbón fósil de formación más reciente que la hulla.
ligustro *s.m.* Alheña. • Arbusto que se usa para formar cercos.
lija *s.f.* Pez marino de piel muy áspera. • Papel esmerilado para pulir.
lijadora *s.f./adj.* Máquina para alisar y pulir madera.
lijar *v.tr.* Alisar o pulir una cosa con lija.
lila *s.f.* Arbusto de flores olorosas. • *adj./s.m.* De color entre rosado y azul pálido.
liliputiense *adj./s.m. y f.* Dícese de la persona muy pequeña.
1. lima *s.f.* Herramienta de acero para desgastar o alisar.
2. lima *s.f.* Fruto del limero.
limadora *s.f.* Acepilladora pequeña para metales.
limadura *s.f.* Acción de limar. • *pl.* Partículas del metal limado.
limar *v.tr.* Pulir con la lima.
limaza *s.f.* Babosa.
limbo *s.m.* Lugar adonde van las almas de los que mueren sin ser bautizados antes de tener uso de razón. • Borde, orla. • Lámina de las hojas de las plantas.
limen *s.m.* Umbral.
limeño, ña *adj./s.* De Lima (Perú).
limero *s.m.* Árbol pequeño cuyo fruto, la lima, es parecido al limón pero algo dulce.
liminar *adj.* Relativo al dintel.
limitación *s.f.* Acción de limitar.
limitado, da *adj.* Pequeño. • Poco inteligente.
limitar *v.tr.* Poner o fijar límites. • *intr.* Lindar. • *prnl.* Ajustarse.
limitativo, va *adj.* Que pone límite.
límite *s.m.* Línea divisoria que separa dos países, provincias, etc.; frontera. • Fin, término.
limítrofe *adj.* Dícese del país o territorio que limitan con otro.
limo *s.m.* Lodo, fango.
limón *s.m.* Fruto del limonero.
limonada *s.f.* Bebida hecha con zumo de limón, agua y azúcar.
limonero, ra *s.* El que vende limones. • *m.* Árbol cuyo fruto es el limón.
limosna *s.f.* Dinero u otra cosa que se dan por caridad.
limosnero, ra *adj./s.* Inclinado a dar limosna. • Que pide limosna. • *s.* El encargado de recoger y distribuir limosnas.
limoso, sa *adj.* Lleno de limo.
limpiabotas *s.m.* Persona que lustra calzado.
limpiaparabrisas *s.m.* Dispositivo mecánico que limpia el parabrisas de un vehículo.

limpiar *v.tr.* Quitar la suciedad. • Quitar lo superfluo.
limpiauñas *s.m.* Utensilio para limpiar las uñas.
límpido, da *adj.* De gran trasparencia o pureza; claro.
limpieza *s.f.* Cualidad de limpio. • Acción de limpiar. • Precisión.
limpio, pia *adj.* Que no tiene mancha ni suciedad. • Sin mezcla. • Libre, exento. • Aseado, pulcro.
linaje *s.m.* Estirpe. • Clase o condición de una cosa.
linajudo, da *adj. fam.* Que es de linaje noble o presume de ello.
linaria *s.f.* Planta herbácea ornamental, parecida al lino.
linaza *s.f.* Semilla del lino, de la que se extrae el aceite usado para fabricar pinturas y barnices.
lince *s.m.* Mamífero carnívoro, parecido al gato, con las orejas terminadas en dos pinceles de pelos. • *m. y f.* Persona aguda y perspicaz.
linchamiento *s.m.* Acción de linchar.
linchar *v.tr.* Matar a alguien una muchedumbre enardecida.
lindante *adj.* Que linda.
lindar *v.tr.* Tener una cosa lindes comunes con otra; limitar.
linde *s. ambig.* Límite entre terrenos o edificios.
lindero, ra *adj.* Que linda con una cosa.
lindeza *s.f.* Cualidad de lindo. • Cosa linda.
lindo, da *adj.* Grato a la vista; bonito.
línea *s.f.* Sucesión continua de puntos. • Renglón. • Serie de personas o cosas situadas una detrás de otra o una al lado de la otra. • Vía de comunicaciones. • Serie de personas enlazadas por parentesco. • Tendencia.
lineal *adj.* Relativo a la línea. • Hecho con líneas.
lineamiento *s.m.* Conjunto de líneas que indican una forma o contorno.
linfa *s.f.* Cierto humor orgánico que circula por los vasos linfáticos.
linfático, ca *adj.* Relativo a la linfa.
linfocito *s.m.* Glóbulo blanco de la sangre y la linfa.
lingote *s.m.* Trozo de metal en bruto.
lingotera *s.f.* Molde para hacer lingotes.
lingual *adj.* Relativo a la lengua.
lingüista *s.m. y f.* Persona que se dedica a la lingüística.
lingüística *s.f.* Ciencia que estudia el lenguaje humano.
linimento *s.m.* Preparación de aceites o bálsamos, para hacer fricciones.
lino *s.m.* Planta anual, de la que se obtiene una fibra textil. • Tejido hecho con esa fibra. • *América* Linaza.
linóleo *s.m.* Tela de yute impermeabilizada.
linón *s.m.* Tejido muy fino de lino o algodón.
linotipia *s.f.* Máquina tipográfica de componer, que funde líneas enteras en un solo bloque.
linotipista *s.m. y f.* Persona que maneja una linotipia.
linotipo *s. ambig.* Linotipia.
linterna *s.f.* Farol de mano, con una sola cara de vidrio y un asa. • Utensilio portátil para iluminar, provisto de una bombilla y pilas eléctricas.
linyera *s.m. América.* Vagabundo que vive en la intemperie.
lío *s.m.* Conjunto de ropas o de otras cosas atadas. • *fam.* Embrollo.
lioso, sa *adj. fam.* Embrollador. • *fam.* Difícil de comprender o resolver.
lípidos *s.m.pl.* Nombre dado a las sustancias orgánicas llamadas grasas.
lipoideo, a *adj.* Que tiene aspecto de grasa.
lipoma *s.m.* Tumor adiposo, benigno.
lipotimia *s.f.* Pérdida súbita y pasajera del conocimiento, con debilitamiento de la respiración.
liquefacción *s.f.* Licuación.
liquen *s.m.* Organismo que resulta de la asociación de un hongo y un alga.
liquidación *s.f.* Acción de liquidar. • Venta con rebaja de precios.
liquidámbar *s.m.* Árbol ornamental del que se extrae una resina que se usa en medicina y perfumería.
liquidar *v.tr.* Hacer líquido un sólido o un gas; licuar. • Cesar en un negocio. • Saldar. • Vender a bajo precio. • Poner fin.
liquidez *s.f.* Cualidad de líquido.

líquido, da *adj.* / *s.m.* Dícese de los cuerpos cuyas moléculas se adaptan a la forma de la cavidad que los contiene. • Dícese del saldo que resulta de la comparación del debe con el haber. adj.• Dícese de las consonantes (*l* y *r*) que, precedidas de una licuante y seguidas de una vocal, forman sílabas con ellas.
1. lira *s.f.* Antiguo instrumento musical de cuerda.
2. lira *s.f.* Unidad monetaria de Italia, Turquía y Vaticano.
lírico, ca *adj.* Dícese de la poesía que expresa emociones y sentimientos, y del poeta que la compone. • *s.f.* Poesía del género lírico.
lirio *s.m.* Planta herbácea con flores azules, moradas o blancas.
lirismo *s.m.* Cualidad de lírico.
lirón *s.m.* Mamífero roedor que pasa el invierno aletargado.
lis *s.ambig.* Lirio.
lisa *s.f.* Cierto pez de río. • Mújol.
lisboeta *adj.* / *s.m. y f.* Lisbonés.
lisbonense *adj.* / *s.m. y f.* Lisbonés.
lisbonés, sa *adj.* / *s.* De Lisboa (Portugal).
lisiado, da *adj.* / *s.* Que ha perdido algún miembro, o ha quedado privado de su uso.
lisiar *v.tr.* Dejar lisiado.
lisis *s.f.* Terminación lenta y favorable de una enfermedad. • Destrucción de células.
liso, sa *adj.* Sin asperezas; llano, plano. • Sin realces o adornos.
lisonja *s.f.* Adulación.
lisonjear *v.tr.* Adular.
lisonjero, ra *adj.* Que lisonjea.
lista *s.f.* Dibujo en forma de banda o de línea. • Nómina, catálogo.
listado, da *adj.* Que tiene o forma listas.
listel *s.m.* Cierta moldura pequeña. • Borde de una moneda o medalla.
listo, ta *adj.* Dícese del que comprende y obra rápidamente. • En condiciones de hacer algo o de ser utilizado.
listón *s.m.* Tabla angosta y delgada. • En arquitectura, listel.
lisura *s.f.* Cualidad de liso. • *América* Dicho o acción desvergonzados.
litargirio *s.m.* Óxido de plomo fundido en láminas o escamas muy pequeñas.
litera *s.f.* Vehículo antiguo sin ruedas, con dos varas laterales, sostenido por personas o caballerías. • Camas fijas de buques, trenes, etc., dispuestas una encima de la otra.
literal *adj.* Textual.
literario, ria *adj.* Relativo a la literatura.
literato, ta *adj.* / *s.* Dícese del que se dedica a escribir obras literarias.
literatura *s.f.* Arte que emplea, como medio de comunicación, la palabra hablada o escrita. • Conjunto de obras literarias.
litiasis *s.f.* Formación de cálculos en las vías urinarias o biliares.
litigante *s.m. y f.* / *adj.* Persona que litiga.
litigar *v.tr.* / *intr.* Emprender o sostener un litigio.
litigio *s.m.* Contienda planteda ante un juez o tribunal; pleito.
litigioso, sa *adj.* Que está en litigio.
litio *s.m.* Metal blanco, alcalino; es el más ligero de los metales (símbolo: *Li*).
litogénesis *s.f.* Conjunto de fenómenos que dan origen a las rocas.
litografía *s.f.* Procedimiento de impresión en el que se utilizan piedra caliza o plancha de cinc y tinta grasa. • Grabado obtenido por este procedimiento. • Taller donde se realiza.
litografiar *v.tr.* Reproducir por medio de la litografía.
litología *s.f.* Parte de la geología que estudia las rocas; petrografía.
litoral *adj.* De la costa • *s.m.* Costa.
litosfera *s.f.* Manto sólido exterior de la Tierra.
litro *s.m.* Unidad de capacidad del sistema métrico decimal equivalente al volumen de un decímetro cúbico.
liturgia *s.f.* Conjunto de prácticas del culto divino y de las reglas a que este se halla sometido.
liviandad *s.f.* Cualidad de liviano.
liviano, na *adj.* De poco peso; ligero. • De poca importancia; leve. • Dícese de la mujer inconstante o infiel.
lividez *s.f.* Cualidad de lívido.
lívido, da *adj.* De color mezcla de rojo y azul. • Intensamente pálido.
1. liza *s.f.* Mújol.

2. liza *s.f.* Campo que se disponía para las lides.
llaga *s.f.* Herida de difícil cicatrización. • Cosa que causa pena.
llagar *v.tr.* Producir llaga.
1. llama *s.f.* Masa gaseosa en combustión que se eleva de los cuerpos que arden.
2. llama *s.f.* Mamífero rumiante de la cordillera de los Andes, que se utiliza para llevar cargas; se aprovechan su pelo, lana y leche.
llamada *s.f.* Acción de llamar • Advertencia al pie de un escrito. • Toque de clarín para que las tropas tomen las armas.
llamado *s.m.* Acción de llamar.
llamador *s.m.* Aldaba de las puertas.
llamamiento *s.m.* Llamado.
llamar *v.tr.* Dar voces o hacer ademanes para que alguien venga o atienda. • Convocar. • Dar nombre a alguien o algo. • Atraer. • *intr.* Golpear a una puerta o tocar el timbre para que abran. • *prnl.* Tener el nombre que se expresa.
llamarada *s.f.* Llama grande y momentánea. • Rubor pasajero.
llamativo, va *adj.* Que llama fuertemente la atención.
llamear *v.intr.* Echar llamas.
llampo *s.m.* *América* Polvo y parte menuda del mineral.
llana *s.f.* Instrumento del albañil para extender y alisar el material. • Cara de una hoja de papel.
llaneza *s.f.* Cualidad de la persona llana en su trato.
llano, na *adj.* Dícese de la superficie sin desniveles; liso. • Familiar, sencillo. • Comprensible. • Dícese de las palabras acentuadas en la penúltima sílaba; grave.
1. llanta *s.f.* Pieza circular de metal de las ruedas de un vehículo.
2. llanta *s.f.* Planta; en especial; la de semillero. • Variedad de col.
llantén *s.m.* Planta herbácea, que crece en sitios húmedos y con cuyas hojas se hace un cocimiento medicinal.
llanto *s.m.* Derramamiento de lágrimas.
llanura *s.f.* Extensión de terreno llano.
llave *s.f.* Elemento para accionar una cerradura. • Herramienta para aflojar y ajustar tuercas. • Válvula para controlar el paso de un fluido. • Mecanismo para disparar un arma. • Interruptor eléctrico. • Cierto signo empleado en matemática y en la escritura; corchete.
llavero *s.m.* Utensilio para sujetar las llaves.
llegada *s.f.* Acción de llegar.
llegar *v.intr.* Arribar a un lugar. • Durar hasta un momento. • Alcanzar una meta. • Venir. • *prnl.* Ir hasta un lugar, acercarse.
llenar *v.tr./prnl.* Ocupar un espacio vacío. • Poner muchas cosas en un sitio. tr. • Cumplir, satisfacer.
lleno, na *adj.* Dícese del objeto ocupado enteramente por una cosa. • Dícese del lugar muy ocupado. • Con abundancia. • *s.m.* Total concurrencia en un espectáculo.
lleta *s.f.* Tallo nuevo.
llevadero, ra *adj.* Soportable.
llevar *v.tr.* Trasladar, transportar. • Conducir, guiar. • Vestir una prenda. • Exigir una cosa cierto trabajo. • Tolerar o sufrir una cosa. • Durar un tiempo. • *prnl.* Avenirse bien o mal con otro.
llorar *v.intr./tr.* Derramar lágrimas. • *tr.* Sentir arrepentimiento; lamentar • Sentir pena.
lloriquear *v.intr.* Llorar sin fuerza y como sin ganas.
lloriqueo *s.m.* Acción de lloriquear, gimoteo.
lloro *s.m.* Acción de llorar.
llorón, na *adj./s.* Que llora mucho. • *s.f.pl.* *América* Espuelas grandes que usaban los gauchos.
lloroso, sa *adj.* Con señales de haber llorado.
llovedizo, za *adj.* Dícese de los techos donde se producen filtraciones de agua de lluvia. • Dícese del agua de lluvia.
llover *v.intr.* *unipers.* Caer agua de las nubes.
llovizna *s.f.* Lluvia menuda.
lloviznar *v. intr. unipers.* Caer llovizna.
lluvia *s.f.* Precipitación líquida proveniente de las nubes. • Afluencia de muchas cosas juntas. • *América* Ducha.

lluvioso, sa *adj.* Dícese del tiempo, clima o país de lluvias frecuentes.
lo *adj.* Forma neutra del artículo. • *s.m.* Forma del pronombre personal de tercera persona masculino (*él*). • *n.* Forma invariable del pronombre personal de tercera persona neutro (*ello*).
loa *s.f.* Alabanza, elogio.
loable *adj.* Digno de ser loado.
loar *v.tr.* Alabar, elogiar.
lobanillo *s.m.* Tumor indoloro y superficial.
lobato, ta *s.* Cachorro de lobo.
lobería *s.f.* Conjunto de lobos. • *América* Lugar habitado por lobos marinos o focas.
lobezno, na *s.* Lobato.
lobizón *s.m.* *América* Según creencia popular, séptimo hijo varón, que en ciertas noches se convierte en animal.
lobo, ba *s.* Mamífero carnívoro muy voraz, parecido al perro. • *lobo marino* Otaria.
lóbrego, ga *adj.* Muy oscuro. • Tenebroso.
lóbulo *s.m.* Cada una de las partes que, a manera de ondas, sobresale en el borde de una cosa. • Parte redondeada y saliente de un órgano.
lobuno, na *adj.* Del lobo o como de lobo.
locación *s.f.* Arrendamiento.
locador, ra *s. / adj.* *América* El que da su inmueble en alquiler.
local *adj.* Relativo a una parte y no al total. • Perteneciente al lugar. • *s.m.* Espacio cerrado y cubierto.
localidad *s.f.* Lugar poblado; pueblo. • Asiento en una sala de espectáculos.
localismo *s.m.* Preferencia exclusiva por el lugar, comarca o país propios. • Regionalismo (palabra).
localizar *v.tr. / prnl.* Fijar algo dentro de un área determinada. • Determinar el lugar en que están una persona o cosa.
locatario, ria *s.* El que toma algo en locación.
locativo, va *adj.* Relativo al arrendamiento. • *adj. / s.m.* En gramática, que expresa lugar.
locha *s.f.* Pez de aguas frías, de carne muy estimada.
loción *s.f.* Fricción o lavado de una parte del cuerpo. • Líquido para ese fin. • *América* Perfume poco concentrado.
loco, ca *adj. / s.* Que ha perdido la razón. • Imprudente, insensato.
locomoción *s.f.* Acción de trasladar o trasladarse de un sitio a otro.
locomotor, ra *adj.* Que sirve para la locomoción. • *s.f.* Máquina que arrastra los vagones de un tren.
locomotriz *adj.f.* Que sirve para la locomoción.
locomóvil *adj.* Que puede llevarse de un sitio a otro. • *s.m.* Máquina de vapor que suministra fuerza a las máquinas agrícolas.
locro *s.m.* *América* Guiso preparado con carne, papas, maíz, etc.
locuacidad *s.f.* Cualidad de locuaz.
locuaz *adj.* Que habla mucho.
locución *s.f.* Modo de hablar o expresarse. • Combinación inalterable de dos o más vocablos que representan una unidad conceptual.
locura *s.f.* Estado de loco. • Conducta disparatada o imprudente. • Cariño o entusiasmo exagerados.
locutor, ra *s.* En una emisora de radio o televisión, persona que da noticias, avisos, etcétera.
locutorio *s.m.* Recinto de un convento o de una cárcel, donde los visitantes pueden hablar con las monjas o los presos.
lodazal *s.m.* Barrizal.
lodo *s.m.* Barro formado por la lluvia.
logaritmación *s.f.* Operación inversa de la potenciación.
logaritmo *s.m.* Número que indica la potencia a que hay que elevar otro dado, para que resulte un tercero también conocido. • Resultado de la logaritmación.
logia *s.f.* Local donde se reúne una agrupación masónica. • Esa agrupación. • Reunión de masones.
lógica *s.f.* Parte de la filosofía que estudia las leyes, formas y modos del raciocinio.
lógico, ca *adj.* De la lógica. • Que es natural dentro de las circunstancias.
logística *s.f.* Parte de la conducción militar que se ocupa del trasporte y el abastecimiento de las tropas. • Lógica que usa el método y los símbolos de la matemática.

logogrifo *s.m.* Adivinanza que consiste en deducir una palabra de otras dadas como clave.
logomaquia *s.f.* Discusión en que se atiende a las palabras y no al fondo del asunto que se trata.
logotipo *s.m.* Conjunto de dos o más letras fundidas en una sola pieza para facilitar la composición manual. • Forma que caracteriza a un producto, una empresa, etcétera.
lograr *v.tr./prnl.* Conseguir, obtener.
logrero, ra *s.* Usurero.
logro *s.m.* Acción de lograr.
loma *s.f.* Elevación pequeña y prolongada del terreno.
lomada *s.f. América* Loma.
lombarda *s.f.* Bombarda.
lombriz *s.f.* Gusano de cuerpo cilíndrico y muy largo; vive bajo tierra y es útil a la agricultura.
lomera *s.f.* Correa en el lomo de la caballería.
lomillo *s.m. América* Par de almohadones rellenos con paja, que forma parte de la montura.
lomo *s.m.* Parte inferior y central de la espalda. • Espinazo de los cuadrúpedos. • En un libro, parte opuesta al corte de las hojas. • Parte de un cuchillo opuesta al filo. • Tierra que levanta al arado.
lona *s.f.* Tela fuerte usada para velas de barco, toldos, carpas, etc.
loncha *s.f.* Lonja.
londinense *adj./s.m. y f.* De Londres (Reino Unido).
loneta *s.f. América* Lona delgada.
longaniza *s.f.* Embutido de carne de cerdo picada y adobada.
longevidad *s.f.* Vida larga.
longevo, va *adj.* De edad muy avanzada.
longitud *s.f.* La mayor dimensión de una figura geométrica o de un objeto. • Distancia, en grados, de un lugar al meridiano de origen.
longitudinal *adj.* Colocado o hecho en la dirección de la longitud.
1. lonja *s.f.* Trozo largo, ancho y poco grueso que se corta de algo comestible. • *América* Tira de cuero, sin pelo.
2. lonja *s.f.* Edificio donde se hacen ventas al por mayor.
lontananza (en) *loc. adv.* A lo lejos.
loor *s.m.* Alabanza.
loquero, ra *s.* El que cuida locos. • *m. fam.* Barullo molesto.
lord *s.m.* Título de honor en Inglaterra (*pl.* lores).
lordosis *s.f.* Torcedura de la columna vertebral hacia adelante.
loriga *s.f.* Coraza de láminas de acero imbricadas.
loro *s.m.* Nombre de varias aves de plumaje de colores vivos y pico curvo; algunas especies aprenden a imitar la voz humana.
los *adj.* Ver *el.*
losa *s.f.* Piedra plana. • Entrepiso de hormigón armado. • Sepulcro.
losange *s.m.* Figura de rombo colocada con la diagonal mayor vertical.
loseta *s.f.* Losa pequeña para pavimentar.
lote *s.m.* Cada una de las partes en que se divide alguna cosa. • Conjunto de objetos que se venden juntos.
lotear *v.tr.* Dividir en lotes.
loteo *s.m.* Acción de lotear.
lotería *s.f.* Juego público de azar en el que se premian con dinero los números sorteados. • Establecimiento donde se venden billetes de ese juego.
loto *s.m.* Planta acuática de flores grandes y perfumadas y hojas flotantes.
loza *s.f.* Barro fino, cocido y barnizado, para fabricar platos, tazas, etc.
lozanía *s.f.* Verdor, frondosidad. • Vigor.
lozano, na *adj.* Que tiene lozanía.
lubricación *s.f.* Acción de lubricar.
lubricante *adj./s.m.* Que lubrica.
lubricar *v.tr.* Poner una cosa resbaladiza o deslizable; lubrificar.
lúbrico, ca *adj.* Resbaladizo. • Impúdico, obsceno. • Lujurioso.
lubrificación *s.f.* Lubricación.
lubrificante *adj./s.m.* Lubricante.
lubrificar *v.tr.* Lubricar.
lucero *s.m.* Cualquier astro brillante; en especial, el planeta Venus. • Lunar blanco en la frente de un cuadrúpedo.
lucha *s.f.* Acción de luchar. • Combate entre dos personas que tratan de derribarse.

luchador, ra *adj.* Que lucha. • *s.m.* Profesional de algún deporte de lucha.
luchar *v.intr.* Atacarse recíprocamente personas o animales. • Tratar de vencer dificultades, o de obtener alguna cosa.
lucidez *s.f.* Estado de lúcido.
lucido, da *adj.* Que posibilita el lucimiento de quien lo hace.
lúcido, da *adj.* Dícese de la inteligencia clara y coherente. • En condiciones de pensar con claridad.
luciérnaga *s.f.* Cierto insecto cuya hembra posee órganos luminosos debajo del abdomen.
lucimiento *s.m.* Acción de lucir o lucirse.
lucio *s.m.* Pez de agua dulce, muy voraz, de carne comestible.
lucir *v.intr.* Despedir luz. • Tener algo apariencia de cosa valiosa. • Corresponder un resultado al trabajo que cuesta. • *tr./prnl.* Mostrar con orgullo. • *tr.* Blanquear las paredes de yeso.
lucrar *v.intr./prnl.* Obtener lucro de un negocio o trabajo.
lucrativo, va *adj.* Que produce lucro.
lucro *s.m.* Utilidad material obtenida en un negocio; ganancia.
luctuoso, sa *adj.* Que causa pesar.
lucubración *s.f.* Acción de lucubrar.
lucubrar *v.tr.* Meditar o trabajar sobre temas filosóficos, científicos o artísticos.
lúcuma *s.f.* Fruto del lúcumo.
lúcumo *s.m.* Árbol de Chile y Perú; su fruto es comestible y se emplea para preparar refrescos.
ludibrio *s.m.* Mofa, escarnio.
lúdico, ca *adj.* Lúdicro.
lúdicro, cra *adj.* Relativo al juego.
ludión *s.m.* Aparato para comprobar la teoría del equilibrio de los cuerpos sumergidos en líquidos.
luego *adv.* Pronto. • Algo más tarde. • *conj. coord.* Se usa para expresar una consecuencia de lo dicho.
luengo, ga *adj.* Largo.
lugar *s.m.* Porción de espacio ocupado, o que puede estarlo. • Aldea o pueblo muy pequeños. • Motivo u ocasión.
lugareño, ña *adj./s.* De una población pequeña.
lugarteniente *s.m.* El que secunda a alguien en un cargo importante.
lúgubre *adj.* Dícese de lo relacionado con la muerte. • Triste, sombrío.
luisa *s.f.* Planta ornamental, con cuyas hojas se prepara una infusión tónica y estomacal.
lujo *s.m.* Ostentación en el manejo del dinero, en el vestir, etc.
lujoso, sa *adj.* De lujo o con lujo.
lujuria *s.f.* Apetito sexual exagerado o vicioso. • Abundancia excesiva de algunas cosas.
lujuriante *adj.* Abundante en exceso.
lujurioso, sa *adj.* Que tiene lujuria.
luma *s.f.* Árbol de los bosques de los Andes patagónicos, de madera dura y resistente.
lumbago *s.m.* Dolor en la región lumbar.
lumbar *adj.* De la región del cuerpo situada entre la cintura y las nalgas.
lumbre *s.f.* Fuego producido con una materia combustible. • Luz que emana de ese fuego.
lumbrera *s.f.* Cuerpo que despide luz. • Abertura en un techo, para aire y luz. • Persona muy inteligente.
lumen *s.m.* Unidad de flujo luminoso en el Sistema Internacional.
luminar *s.m./adj.* Astro que despide luz.
luminaria *s.f.* Luz que se pone como adorno.
lumínico, ca *adj.* Relativo a la luz. • *s.m.* Agente hipotético de los fenómenos de la luz.
luminiscencia *s.f.* Propiedad de emitir luz sin elevación de la temperatura.
luminosidad *s.f.* Cualidad de luminoso.
luminoso, sa *adj.* Que despide luz.
luminotecnia *s.f.* Técnica de la iluminación artificial para fines industriales, artísticos, etc.
Luna *s. prop. f.* Astro satélite de la Tierra. • *com.* Luz nocturna que ese satélite refleja de la que recibe del Sol. • Cristal de un espejo.
lunación *s.f.* Tiempo trascurrido entre dos novilunios consecutivos.
1. lunar *s.m.* Mancha oscura en la piel humana. • Imperfección, defecto.
2. lunar *adj.* De la Luna.
lunático, ca *adj./s.* Maníaco.
lunch (Anglicismo.) *s.m.* Comida ligera, generalmente fría.

lunes *s.m.* Segundo día de la semana.
luneta *s.f.* Cristal de los anteojos. • Butaca en la planta inferior de un teatro. • Adorno en figura de media luna.
lunfardo *s.m.* Jerga de ciertas regiones de la Argentina.
lúnula *s.f.* Parte blanquecina de la base de las uñas.
lupa *s.f.* Lente de aumento provista de una armazón y un mango.
lúpulo *s.m.* Planta trepadora cuya inflorescencia se usa para aromatizar la cerveza.
lupus *s.m.* Afección de la piel y mucosas, caracterizada por tubérculos que ulceran.
lusitano, na *adj. / s.* Portugués.
luso, sa *adj. / s.* Lusitano.
lustrabotas *s.m. América* Limpiabotas.
lustrar *v.tr.* Dar brillo a una cosa frotándola.
lustre *s.m.* Brillo de las cosas lustradas. • Honor, gloria.
lustrina *s.f.* Tela lustrosa.
lustro *s.m.* Período de cinco años [sinón.: *quinquenio*].
lustroso, sa *adj.* Que tiene lustre.
lutecio *s.m.* Elemento del grupo de las tierras raras; se usa en tecnología nuclear (símbolo: *Lu*).
luteranismo *s.m.* Rama del protestantismo que se basa en las teorías de Lutero.
luterano, na *adj. / s.* Que profesa el luteranismo.
luto *s.m.* Pena causada por la muerte de alguien; duelo • Señal exterior de esa pena.
lux *s.m.* Unidad de iluminación en el Sistema Internacional, equivalente a un lumen por metro cuadrado.
luxación *s.f.* Dislocación de una articulación.
luxar *v.tr.* Causar una luxación.
luxemburgués, sa *adj. / s.* De Luxemburgo (Europa).
luz *s.f.* Agente físico que ilumina los objetos y los hace visibles. • Claridad que irradia un cuerpo en combustión o incandescencia. • Utensilio para alumbrar. • Ventana o abertura por donde entra la luz en un edificio. • Cosa que ayuda a comprender otra. • *América* Distancia muy pequeña entre dos cosas.

M

m *s.f.* Consonante, decimotercera letra del abecedario español. Su nombre es *eme.* • Letra que, en la numeración romana, equivale a mil.

maca *s.f.* Señal que queda en la fruta por algún golpe o lesión.

macá *s.m. América* Nombre de varias aves acuáticas de patas cortas y membranas interdigitales.

macabro, bra *adj.* Que repugna o aterra por estar relacionado con la muerte.

macaco, ca *s.* Mono de rostro pequeño, hocico aplastado y pelaje tupido.

macadam *s.m.* Pavimento de piedras machacadas y prensadas, cubiertas con alquitrán.

macadán *s.m.* Macadam.

macana *s.f.* Garrote que usaban como arma los indígenas americanos. • *fam. América* Mentira, embuste.

macaneador, ra *adj./s. fam. América* Que acostumbra a decir macanas.

macanear *v.intr. fam. América* Decir macanas o mentiras.

macanudo, da *adj. fam. América* Estupendo, magnífico.

macarrón *s.m.* Pasta alimenticia de harina, en forma de tubo largo.

macedónico, ca *adj.* Relativo a Macedonia (región de la antigua Grecia).

macedonio, nia *adj./s.* Macedónico.• *s.f.* Ensalada de frutas.

maceración *s.f.* Acción de macerar.

macerar *v.tr.* Ablandar una cosa estrujándola o dejándola en remojo.

1. maceta *s.f.* Martillo grande.

2. maceta *s.f.* Recipiente de barro cocido donde se crían plantas.

macetero *s.m.* Soporte para macetas.

mach *s.m.* Unidad de velocidad de un avión o cohete en vuelo.

machacar *v.tr.* Golpear una cosa para deshacerla o aplastarla. • *intr.* Insistir inoportunamente en una cosa.

machete *s.m.* Arma blanca, de hoja ancha con un solo filo. • Cuchillo grande usado para desmontar.

machetero *s.m.* El que desmonta o corta la maleza con el machete.

machiega *s.f./adj.* Abeja reina.

machihembrar *v.tr.* Ensamblar dos tablas haciendo encajar la espiga de una en la ranura de la otra.

1. macho *s.m.* Animal de sexo masculino. • Planta que fecunda a otra. • Pieza que entra dentro de otra.

2. macho *s.m.* Mazo para forjar hierro. • Banco en que se apoya el yunque.

machona *s.f./adj. fam. América* Niña que se comporta como un varón.

machucar *v.tr.* Golpear una cosa, maltratándola y estropeándola.

machucón *s.m.* Efecto de machucar.

machucho, cha *adj. fam.* Entrado en años.

macilento, ta *adj.* Que está delgado y pálido.

macillo *s.m.* Pieza del piano que golpea la cuerda correspondiente.

macizo, za *adj.* Lleno, sin huecos. • Sólido, fuerte. • *s.m.* Cantero de parques y jardines. • Grupo de montañas.

macolla *s.f.* Conjunto de vástagos nacidos de la base de un mismo tallo.

macramé *s. m.* Tejido hecho con nudos más o menos complicados.

macrobiótica *s.f.* Sistema de prolongar la vida por medio de reglas higiénicas.
macrocéfalo, la *adj./s.* De cabeza muy grande con relación al cuerpo.
macrocosmos *s.m.* Universo.
macrogameto *s.m.* Célula sexual femenina; óvulo.
macromolécula *s.f.* Molécula gigante, de peso muy elevado.
macroscópico, ca *adj.* Que se puede observar sin emplear el microscopio.
mácula *s.f.* Mancha.
madapolán *s.m.* Cierta tela de algodón, blanca y resistente.
madeja *s.f.* Hilo o lana recogidos en vueltas iguales.
madera *s.f.* Parte sólida de los árboles, debajo de la corteza.
maderable *adj.* Dícese del árbol o del bosque que dan madera útil.
maderaje *s.m.* Conjunto de piezas de madera que se emplean en una construcción.
maderamen *s.m.* Maderaje.
maderero, ra *adj.* Relativo a la madera.
madero *s.m.* Pieza larga de madera.
madrastra *s.f.* Mujer del padre, respecto de los hijos que éste tuvo en un matrimonio anterior.
madre *s.f.* Mujer o hembra de cualquier especie, con respecto a sus hijos. • Tratamiento que se da a las religiosas de ciertas órdenes. • Cauce de un río o arroyo. • *s./adj.* Causa u origen de algo.
madreperla *s.f.* Molusco marino de valvas oscuras, que produce perlas.
madrépora *s.f.* Animal marino con forma de pólipo, cuyo exoesqueleto forma grandes masas calcáreas.
madreselva *s.f.* Planta trepadora ornamental, de flores perfumadas.
madrigal *s.m.* Composición poética breve, de tema amoroso.
madriguera *s.f.* Cueva de ciertos animales salvajes.
madrileño, ña *adj./s.* De Madrid (España).
madrina *s.f.* Mujer que presenta o asiste a una persona en ciertos sacramentos. • Protectora de una persona o institución. • *adj./s.f.* Dícese de la yegua que sirve de guía a una manada de ganado caballar.
madrinazgo *s.m.* Función y título de madrina.
madroño *s.m.* Arbusto de follaje persistente y frutos comestibles.
madrugada *s.f.* Amanecer, alba. • Acción de madrugar.
madrugar *v.intr.* Levantarse muy temprano. • *tr. fam.* Anticiparse.
madrugón *s.m. fam.* Acción de levantarse muy temprano.
maduración *s.f.* Acción de madurar. • Proceso por el cual el ser humano o los animales alcanzan el estado adulto.
madurar *v.tr./intr./prnl.* Poner maduro un fruto. • *tr.* Meditar un plan o proyecto.
madurez *s.f.* Cualidad de maduro. • Edad de la persona que ha alcanzado su plenitud vital. • Sensatez, prudencia.
maduro, ra *adj.* Que ha alcanzado la madurez. • Prudente, sensato.
maesa *s.f./adj.* Abeja reina.
maestranza *s.f.* Conjunto de talleres donde se construye y repara artillería. • Conjunto de operarios de esos talleres.
maestrazgo *s.m.* Dignidad y jurisdicción del maestre.
maestre *s.m.* Superior de algunas órdenes militares.
maestría *s.f.* Habilidad, destreza.
maestro, tra *s.* Persona que enseña una ciencia, arte u oficio; en especial, el que imparte la enseñanza primaria. • Persona sabia o diestra en un arte u oficio. • *adj.* Principal entre las cosas de su clase.
mafia *s.f.* Organización de criminales que tuvo su origen en Sicilia.
magacín *s.m.* Publicación periódica con artículos de diferentes autores.
magia *s.f.* Supuesta ciencia para realizar cosas sobrenaturales. • Atractivo, encanto.
magiar *adj./s.m. y f.* Húngaro.
mágico, ca *adj.* Relativo a la magia.
magisterio *s.m.* Cargo o profesión del maestro. • Conjunto de los maestros.
magistrado *s.m.* Funcionario de jerarquía en el orden civil. • Miembro superior de un tribunal de justicia.
magistral *adj.* Relativo al magisterio. • Dicho o hecho con maestría.

magistratura *s.f.* Cargo y dignidad de magistrado. • Conjunto de magistrados.
magma *s.m.* Masa que, a gran temperatura, se encuentra en el interior de la Tierra.
magnanimidad *s.f.* Cualidad de magnánimo.
magnánimo, ma *adj.* Dicho de personas, generoso; en especial, para perdonar agravios.
magnate *s.m.* Persona muy rica o poderosa.
magnesia *s.f.* Óxido de magnesio.
magnesio *s.m.* Metal maleable de color blanco plateado; arde con luz clara (símbolo: *Mg*).
magnético, ca *adj.* Relativo al magnetismo. • Que tiene las propiedades del imán.
magnetismo *s.m.* Conjunto de fenómenos de atracción y rechazo que ejercen los imanes y los conductores de electricidad. • Propiedad de algunos cuerpos de atraer a otros.
magnetizar *v.tr.* Imanar.
magneto *s.m.* Generador eléctrico de alto voltaje, usado en ciertos motores.
magnetofónico, ca *adj.* Dícese de los sistemas de registro y reproducción de sonidos por medios magnéticos.
magnetófono *s.m.* Aparato para registrar y reproducir sonidos, basado en la imanación.
magnetomotriz *adj. f.* Dícese de la fuerza eléctrica engendrada en circuitos magnéticos.
magnetosfera *s.f.* Espacio interplanetario sometido a las mismas fuerzas magnéticas que la Tierra.
magnificar *v.tr.* Alabar mucho. • Aumentar, exagerar.
magníficat *s.m.* Cántico que dirigió a Dios la Virgen María.
magnificencia *s.f.* Cualidad de magnífico.
magnífico, ca *adj.* Admirable, excelente. • Espléndido, suntuoso.
magnitud *s.f.* Toda propiedad de los cuerpos que puede medirse. • Grandeza, importancia. • Brillo aparente de una estrella.
magno, na *adj.* Grande, importante.
magnolia *s.f.* Árbol de flores blancas y perfumadas.
mago, ga *s.* Persona que ejerce la magia. • *adj./s.* Dícese de los tres reyes que adoraron en Belén a Jesús recién nacido.
magro, gra *adj.* Delgado, flaco. • Que no tiene grasa. • Escaso.
maguey *s.m. América* Pita.
magulladura *s.f.* Efecto de magullar.
magullamiento *s.m.* Magulladura.
magullar *v.tr./prnl.* Causar contusión a un cuerpo sin herirlo.
maharajá *s.m.* Título de los grandes príncipes de la India.
mahometano, na *adj./s.* Que profesa el mahometismo. • *adj.* Relativo a Mahoma o al mahometismo.
mahometismo *s.m.* Religión fundada por Mahoma.
maicena *s.f.* Fécula de maíz.
maitén *s.m.* Árbol originario de Chile y Argentina, de follaje persistente y flores púrpuras.
maitines *s.m. pl.* Primera de las horas canónicas.
maíz *s.m.* Planta anual cuyos granos, agrupados en mazorcas, constituyen un importante alimento del hombre.
maizal *s.m.* Terreno sembrado de maíz.
majada *s.f.* Aprisco. • *América* Manada de ganado ovino o caprino.
majadería *s.f.* Dicho o hecho imprudentes o necios.
majadero, ra *adj./s.* Que dice o hace majaderías.
majar *v.tr.* Machacar, triturar.
majestad *s.f.* Grandeza. • Título dado a Dios y a los soberanos.
majestuoso, sa *adj.* Que tiene majestad. • Que impone respeto, o impresiona.
majo, ja *adj. fam.* Lindo, vistoso. • *fam.* Simpático, cariñoso.
mal *adj.* Apócope de malo. • *s.m.* Lo que es contrario al bien, porque daña o se opone a la ley humana o divina. • *adv.* De modo contrario al debido o conveniente. • Difícilmente. • Insuficientemente, poco.
mala *s.f.* Maleta del correo.
malabarismo *s.m.* Arte de juegos de destreza en los que, por ejemplo, se mantienen objetos en equilibrio.
malabarista *s.m. y f.* Persona que hace juegos de malabarismo.

malacara *adj. y f. / adj. América* Caballo de pelaje rojizo y frente blanca.
malacate *s.m.* Dispositivo que permite aprovechar la energía animal para arrastrar el arado y otros usos.
malacostumbrado, da *adj.* Muy mimado.
málaga *s.m.* Cierto vino dulce.
malagradecido, da *adj.* Desagradecido, ingrato.
malagueña *s.f.* Danza popular española, similar al fandango.
malambo *s.m. América* Baile popular masculino que consiste en un hábil zapateo.
malandante *adj.* Desventurado, desafortunado.
malandanza *s.f.* Desventura, infortunio.
malandrín, na *adj. / s.* Maligno, perverso, traidor.
malaquita *s.f.* Carbonato de cobre, que se presenta como una piedra de color verde con vetas.
malar *adj. / s.m.* Dícese del hueso plano que constituye el pómulo.
malaria *s.f.* Paludismo.
malaventurado, da *adj.* Desventurado, desgraciado.
malayo, ya *adj. / s.* De Malaca y Malasia.
malbaratador, ra *adj.* Que malbarata.
malbaratar *v.tr.* Malvender. • Malgastar, derrochar.
malcriado, da *adj.* Dícese de los niños consentidos y mal educados.
malcriar *v.tr.* Educar mal a un niño, tolerando sus gustos y caprichos.
maldad *s.f.* Cualidad de malo. • Acción malvada e injusta.
maldecir *v.tr.* Echar maldiciones. • Reprobar una cosa; condenar. • *intr.* Hablar mal de una persona.
maldiciente *adj. / s.m. y f.* Que maldice o calumnia.
maldición *s.f.* Expresión con que se desea un mal a una persona.
maldito, ta *adj. / s.* Que tiene malas intenciones; perverso. • *fam.* Que causa disgusto o fastidio.
maleabilidad *s.f.* Cualidad de maleable.
maleable *adj.* Dícese de los metales que pueden extenderse en láminas finas.
maleante *adj. / s.m. y f.* Que habitualmente comete delitos.
malecón *s.m.* Espigón.
maledicencia *s.f.* Acción y práctica de maldecir o difamar.
maleficio *s.m.* Según creencia popular, daño causado por hechizos.
maléfico, ca *adj.* Perjudicial, dañino. • Que daña con maleficios.
malentendido *s.m.* Equívoco o desacuerdo en la interpretación de algo.
malestar *s.m.* Molestia o inquietud físicas o espirituales.
maleta *s.f.* Valija.
maletero *s.m.* Mozo de estación, que lleva los equipajes.
maletín *s.m.* Maleta pequeña.
malevaje *s.m. América* Gente de mal vivir.
malevo, va *s. / adj. América* Persona de mal vivir.
malevolencia *s.f.* Intención de causar daño con algo que se hace o dice.
malévolo, la *adj.* Que obra con malicia.
maleza *s.f.* Abundancia de hierbas malas. • Conjunto enredado y espeso de arbustos.
malformación *s.f.* Anomalía o deformidad del cuerpo.
malgache *adj. / s.m. y f.* De Madagascar (África).
malgastar *v.tr.* Gastar algo sin prudencia o inútilmente.
malhablado, da *adj.* Que tiene el hábito de decir expresiones soeces.
malhadado, da *adj.* Infeliz, desdichado.
malhechor, ra *adj. / s.* Que comete delitos; delincuente.
malherir *v.tr.* Herir gravemente.
malhumorado, da *adj.* Que está de mal humor.
malicia *s.f.* Intención de dañar o perjudicar. • Astucia, sagacidad.
maliciar *v.tr. / prnl.* Sospechar.
malicioso, sa *adj. / s.* Que tiene o contiene malicia.
malignidad *s.f.* Cualidad de maligno. • Propensión a pensar u obrar mal.
maligno, na *adj.* Pernicioso, nocivo. • Malintencionado.
malintencionado, da *adj. / s.* Que actúa con mala intención.

nalla *s.f.* Agujero del tejido de punto, de las redes, etc. • Tejido hecho con hilos, alambres, etc., que se enlazan entre sí. • *América* Traje de baño.
nalo, la *adj.* Que actúa contrariamente a la ley moral. • Que perjudica; nocivo, perjudicial. • Enfermo.
nalograr *v.tr.* No aprovechar una ocasión, tiempo, etc. • *prnl.* Frustrarse.
naloliente *adj.* Que exhala mal olor.
nalón *s.m. América* Irrupción o ataque inesperado de indígenas.
nalpensado, da *adj. / s.* Inclinado a pensar mal.
malquerencia *s.f.* Antipatía o mala voluntad hacia una persona o cosa.
malquerer *v.tr.* Tener antipatía hacia una persona o cosa.
malquistar *v.tr.* Enemistar a una persona con otra.
malquisto, ta *adj.* Que está mal visto por otras personas, o despierta enemistad o antipatía.
malsano, na *adj.* Perjudicial.
malsonante *adj.* Que suena mal. • Dícese de las palabras o expresiones indecentes o groseras.
malta *s.f.* Cebada germinada y tostada que se emplea para fabricar cerveza.
malteado, da *adj.* Mezclado con malta.
maltratar *v.tr.* Tratar mal causando daño.
maltrecho, cha *adj.* Que está en mal estado, físico o espiritual.
malva *s.f.* Planta herbácea cuyas hojas y flores tienen uso medicial.
malvado, da *adj.* Que causa daño a los demás; perverso.
malvavisco *s.m.* Arbusto cuyas raíces se usan en medicina.
malvender *adj.* Vender a bajo precio, con poca o ninguna ganancia.
malversación *s.f.* Acción de malversar.
malversar *v.tr.* Gastar ilícitamente los caudales públicos o de otra clase.
malvinense *adj. / s.m. y f.* Malvinero.
malvinero, ra *adj. / s.* De las islas Malvinas (Argentina).
malviviente *adj. / s.m. y f. América* Maleante.
malvón *s.m. América* Geranio.
mama *s.f.* Glándula par de los mamíferos, que en las hembras segrega la leche.
mamá *s.f. fam.* Madre (*pl.* mamás).
mamadera *s.f. América* Biberón.
mamado, da *adj. fam.* Ebrio, borracho.
mamar *v.tr. / intr.* Chupar la leche de las mamas.
mamario, ria *adj.* Relativo a las mamas.
mamarracho *s.m.* Persona o cosa de aspecto ridículo.
mambo *s.m.* Baile originario de Cuba, de ritmo vivo y sincopado.
mamboretá *s.m. América* Insecto de color verde, que se alimenta de otros insectos.
mameluco *s.m.* Soldado de cierta milicia egipcia de antiguo origen. • *América* Mono (prenda de vestir).
mamey *s.m.* Árbol americano de flores blancas y frutos carnosos.
mamífero, ra *adj. / s.m.* Dícese del animal vertebrado cuyas hembras alimentan a las crías con la leche de sus mamas, como el perro, el mono, el león, el murciélago, la foca y la ballena.
mamografía *s.f.* Radiografía de mama.
mamón, na *adj.* Que todavía mama o que mama mucho. • *s.m.* Árbol americano de frutos carnosos y comestibles.
mamotreto *s.m.* Armatoste. • *fam.* Libro o legajo muy voluminosos.
mampara *s.f.* Especie de cancel movible que se coloca en las habitaciones.
mamparo *s.m.* Tabique que divide en compartimentos el interior de un barco.
mamporro *s.m. fam.* Golpe o coscorrón que causan poco daño.
mampostería *s.f.* En albañilería, cierta obra hecha con mampuestos.
mampuesto, ta *adj.* Dícese del material empleado en mampostería. • *s.m.* Piedra sin labrar que se puede colocar en obra con la mano.
mamut *s.m.* Especie fósil de elefante.
maná *s.m.* Alimento que Dios envió al pueblo de Israel en el desierto.
manada *s.f.* Grupo de animales de una misma especie que andan juntos. • Grupo de cuadrúpedos domésticos.
managüense *adj. / s.m. y f.* De Managua (Nicaragua).
manantial *s.m.* Lugar donde brota agua.
manar *v.intr. / tr.* Salir un líquido de algún lugar.

manatí *s.m.* Mamífero acuático americano de unos tres metros de largo.
mancar *v.tr. / prnl.* Dejar mancos a una persona o un animal. • *tr. América* Fallar o errar.
mancarrón, na *adj.* Matalón.
mancebo *s.m.* Hombre muy joven o soltero.
mancera *s.f.* Esteva del arado.
mancha *s.f.* Señal de suciedad. • Parte de una superficie que se diferencia del resto de ella. • Deshonra.
manchar *v.tr.* Poner sucia o con manchas una cosa. • *tr. / intr.* Deshonrar o denigrar.
manchego, ga *adj. / s.* De la Mancha (España).
mancilla *s.f.* Mancha en el honor.
mancillar *v.tr.* Manchar el honor de una persona; deshonrar.
manco, ca *adj. / s.* Dícese de la persona o animal a quienes les falta un brazo o una mano, o los dos, o los tienen inutilizados. • *adj.* Incompleto.
mancomunar *v.tr. / prnl.* Unir personas, fuerzas o intereses para un fin.
mancomunidad *s.f.* Unión de personas o entidades para fines comunes.
mandadero, ra *s.* Persona que lleva encargos o mensajes.
mandado *s.m.* Encargo o comisión.
mandamiento *s.m.* Precepto u orden.• Cada uno de los preceptos morales del decálogo de Dios.
mandar *v.tr.* Ordenar o encargar la realización de algo. • Enviar. • *tr. / intr.* Legar en testamento.
mandarín *s.m.* El que gobernaba en algunos países asiáticos.
mandarina *s.f. / adj.* Fruto del mandarino.
mandarino *s.m.* Árbol pequeño, cuyo fruto es la mandarina.
mandatario, ria *s.* El que recibe la representación en un contrato. • El que manda o gobierna.
mandato *s.m.* Acción de mandar u ordenar. • Contrato por el cual una persona confía a otra su representación o la gestión de un negocio. • Encargo o delegación.
mandí *s.m. América* Especie de bagre de carne muy estimada.
mandíbula *s.f.* Cada una de las dos piezas óseas de la cabeza de los vertebrados, donde se implantan los dientes. •Apéndice bucal de los insectos.
mandil *s.m.* Delantal grande que usan algunos artesanos.
mandinga *s.m. fam. América* El diablo.
mandioca *s.f.* Arbusto americano cuyas raíces, carnosas y comestibles, se usan para elaborar la tapioca.
mando *s.m.* Autoridad para mandar u ordenar. • Ejercicio del poder. • El que tiene la facultad de mandar. • Dispositivo para el funcionamiento de un mecanismo.
mandoble *s.m.* En esgrima, golpe de espada u otra arma dado con ambas manos. • Espada muy grande.
mandolina *s.f.* Instrumento músico de cuatro cuerdas y de cuerpo curvado.
mandón, na *adj. / s.* Que es muy inclinado a mandar.
mandrágora *s.f.* Planta herbácea usada en medicina como narcótico.
1. mandril *s.m.* Mono de cola corta, hocico alargado y nariz roja y chata.
2. mandril *s.m.* Parte del torno donde se aseguran las piezas que se han de trabajar.
manducar *v.intr. / tr. fam.* Comer.
manea *s.f.* Maniota.
manear *v.tr.* Poner maneas o maniotas a un animal para que no huya.
manecilla *s.f.* Aguja o flecha del reloj y otros instrumentos para señalar las horas, los grados, etc.
manejar *v.tr.* Utilizar, usar. • Gobernar, dirigir o conducir. • *prnl.* Actuar de cierto modo.
manejo *s.m.* Acción de manejar o manejarse. • Maquinación, intriga.
manera *s.f.* Modo y forma con que se ejecuta o acaece una cosa. • Clase, especie. • *pl.* Modales.
manes *s.m. pl.* Entre los antiguos romanos, dioses infernales que purificaban las almas de los muertos, y esas almas.
manga *s.f.* Parte del vestido que cubre el brazo. • Tubo largo y flexible usado para riego. • Colador de tela. • Esparavel. • Tromba.

manganeso *s.m.* Metal usado en la fabricación del acero (símbolo: *Mn*).
manganeta *s.f. fam. América* Treta deshonesta.
mangangá *s.m. América* Insecto grande y velludo, cuya picadura causa fiebre, dolor y tumefacción.
manglar *s.m.* Terreno fangoso de zonas tropicales, cubierto por aguas que provienen de las mareas.
mangle *s.m.* Arbusto tropical propio de las marismas.
1. mango *s.m.* Parte saliente y alargada para asir un objeto.
2. mango *s.m.* Árbol originario de Asia, de fruto carnoso y comestible.
mangosta *s.f.* Mamífero carnívoro de África.
mangrullo *s.m. América* Especie de atalaya de los fortines y estancias.
manguear *v.tr. América* Obligar al ganado a entrar en un sito angosto. • *fam.* Pedir dinero prestado.
manguera *s.f.* Manga para riego.
manguito *s.m.* Pieza de piel para abrigar las manos de las mujeres.
manguruyú *s.m. América* Pez sin escamas y de carne sabrosa, que vive en el barro en ríos o arroyos.
maní *s.m.* Cacahuete (fruto).
manía *s.f.* Cierto síndrome de un trastorno mental. • Capricho o extravagancia. • Afición desmedida por algo.
maníaco, ca o **maniaco, ca** *adj. / s.* Que padece una manía.
maniatar *v.tr.* Atar las manos.
maniático, ca *adj. / s.* Que tiene manías.
manicomio *s.m.* Hospital para locos.
manicorto, ta *adj. / s. fam.* Tacaño.
manicurista *s.m. y f. América* Manicuro o manicura.
manicuro, ra *s.* El que se dedica a arreglar y embellecer las manos.
manido, da *adj.* Dicho de asuntos literarios, carente de originalidad.
manifestación *s.f.* Acción de manifestar. • Reunión pública y al aire libre.
manifestante *s.m. y f.* El que toma parte en una manifestación.
manifestar *v.tr.* Dar a conocer. • Mostrar una actitud o sentimiento.
manifiesto, ta *adj.* Evidente. • *s.m.* Documento para la opinión pública.
manigua *s.f. América* Conjunto confuso de bejucos y arbustos.
manija *s.f.* Mango de un objeto, en especial si sirve para moverlo o accionarlo.
manilargo, ga *adj. / s. fam.* Dadivoso.
manileño, ña *adj. / s.* De Manila (Filipinas).
manillar *s.m.* Pieza de la bicicleta para apoyar las manos.
maniobra *s.f.* Operación manual. • Intriga o manejo. • Faena hecha con los aparejos de un barco. • *pl.* Serie de ejercicios militares. • Operaciones ferroviarias.
maniobrar *v.intr.* Ejecutar maniobras.
maniota *s.f.* Cuerda o correa para atar las manos de un animal.
manipulación *s.f.* Acción de manipular.
manipulador, ra *adj. / s.* Que manipula. • *s.m.* Interruptor telegráfico manual.
manipular *v.tr. / intr.* Hacer algo con las manos. • *tr. / fam.* Manejar negocios.
manipuleo *s.m fam.* Manipulación.
maniquí *s.m.* Figura movible de madera que reproduce esquemáticamente el cuerpo humano, usada por pintores, modistas, etc.
manirroto, ta *adj. / s.* Despilfarrador.
manisero, ra *s. América* Persona que tuesta y vende maníes.
manivela *s.f.* Manubrio o manija. • Órgano mecánico que imprime un movimiento giratorio.
manjar *s.m.* Cualquier comestible. • Comida muy delicada o apetitosa.
mano *s.f.* Parte del cuerpo humano que comprende desde la muñeca hasta la punta de los dedos. • Pata delantera de los animales. • Destreza. • Poder o influencia. • Ayuda. • Capa de pintura, barniz, etc. • Operación para terminar algo. • Lado de una cosa.
manojo *s.m.* Haz de cosas que se puede tomar con la mano.
manómetro *s.m.* Instrumento para medir la presión de los gases.
manopla *s.f.* Pieza de la armadura que protegía la mano,
manosear *v.tr.* Tocar repetidamente con la mano. • Usar muchas veces, reiterar un tema, etc.

manotear *v.tr.* Golpear con la mano abierta. • *intr.* Agitar las manos al hablar.
manquedad *s.f.* Circunstancia de ser manco.
manquera *s.f.* Manquedad.
mansalva (a) *loc.adv.* Sin exponerse, sin peligro.
mansarda *s.f.* Cubierta con vertientes quebradas del desván de un edificio.
mansedumbre *s.f.* Cualidad de manso.
mansión *s.f.* Vivienda suntuosa.
manso, sa *adj.* No bravío. • Apacible o suave.
manta *s.f.* Cierta prenda de abrigo de tejido grueso y forma rectangular.
mantear *v.tr.* Lanzar al aire con una manta a una persona o muñeco.
manteca *s.f.* Sustancia grasa de la leche y de varios frutos. • Gordura o sebo de los animales. • Cierto producto lácteo graso y pastoso.
mantecado *s.m.* Bollo dulce hecho con harina y grasa de cerdo. • Helado de leche, huevos y azúcar.
mantecoso, sa *adj.* Que abunda en manteca o grasa.
mantel *s.m.* Tela u otro material con que se cubre la mesa para comer.
mantener *v.tr./prnl.* Sujetar una cosa para que no se caiga. • Sustentar una acción o posición. • Proveer de lo necesario para vivir. • Hacer que algo siga como era o estaba. • *prnl.* Sostenerse.
mantenimiento *s.m.* Acción de mantener. • Alimento o manuntención.
manteo *s.m.* Acción de mantear.
mantequero, ra *adj.* De la manteca. • *s.m. o f.* Recipiente para guardar y servir la manteca.
mantequilla *s.f.* Manteca de vaca.
mantilla *s.f.* Prenda de seda, tul, etc., para cubrir la cabeza de las mujeres.• Pieza de tela que se pone a los bebés por encima de los pañales.
mantillo *s.m.* Capa superficial del suelo. • Abono o fertilizante.
mantis *s.m.* Insecto de aparato bucal masticador y patas anteriores largas.
mantisa *s.f.* Parte decimal de un logaritmo.
manto *s.m.* Prenda de vestir larga y suelta. • Capa de mineral.
mantón *s.m.* Prenda de abrigo de mujer, que se pone sobre los hombros.
manuable *adj.* Fácil de manejar.
manual *adj.* Hecho con las manos. • Que trabaja con las manos. • *s.m.* Libro en que se compendian una o varias materias.
manubrio *s.m.* Manija de un utensilio o un instrumento. • Manillar.
manuelino, na *adj.* Dícese del estilo artístico desarrollado en Portugal durante el reinado de Manuel I.
manufactura *s.f.* Lo hecho a mano o a máquina. • Lugar donde se fabrica.
manufacturar *v.tr.* Hacer objetos con medios mecánicos; fabricar.
manumisión *s.f.* Acción de manumitir.
manumitir *v.tr.* Conceder la libertad a un esclavo; libertar.
manuscrito, ta *adj./s.m.* Escrito a mano.
manuntención *s.f.* Acción de mantener o dar de comer. • Alimento.
manzana *s.f.* Fruto del manzano. • En las poblaciones, conjunto aislado de casas contiguas. • En zonas urbanas, espacio cuadrado de terreno rodeado por cuatro calles.
manzanilla *s.f.* Hierba aromática cuyas inflorescencias se usan para hacer una infusión estomacal. • Vino blanco que se hace en Andalucía.
manzano *s.m.* Árbol cuyo fruto, la manzana, es un pomo comestible.
maña *s.f.* Destreza o habilidad. • Ardid. • Vicio o mala costumbre.
mañana *s.f.* Tiempo desde que sale el Sol hasta el mediodía. • Tiempo futuro. • *adv.* En el día que seguirá inmediatamente al de hoy.
mañanero, ra *adj.* Madrugador. • Relativo a la mañana.
mañanita *s.f.* Prenda de abrigo usada por las mujeres en la cama.
mañerear *v.intr. América* Actuar con maña.
mañoso, sa *adj.* Que hace las cosas con maña o habilidad. • Caprichoso.
mapa *s.m.* Representación geográfica reducida de la Tierra, o parte de ella, en una superficie plana.
mapamundi *s.m.* Mapa que representa toda la superficie terrestre en el mismo plano.

mapuche *s.m.* Lengua de los araucanos.

maqueta *s.f.* Reproducción reducida de una obra arquitectónica.

maquiavélico, ca *adj.* De Maquiavelo o del maquiavelismo.

maquiavelismo *s.f.* Doctrina del escritor y político Nicolás Maquiavelo. • Modo de proceder con astucia y perfidia.

maquillaje *s.m.* Acción de maquillar. • Cosméticos para maquillar.

maquillar *v.tr.* Aplicar cosméticos al rostro.

máquina *s.f.* Conjunto de piezas combinadas entre sí para aprovechar, dirigir o regular cualquier tipo de energía. • Locomotora.

maquinal *adj.* Dicho de actos y movimientos, ejecutados sin deliberación.

maquinar *v.tr.* Urdir o tramar.

maquinaria *s.f.* Conjunto de máquinas. • Mecanismo motor de un aparato.

maquinismo *s.m.* Empleo predominante de las máquinas en la industria.

maquinista *s.m. y f.* El que hace funcionar una máquina, en especial la del ferrocarril.

mar *s.ambig.* Masa de agua salada que cubre la mayor parte de la superficie terrestre. • Porción determinada de esa masa. • Abundancia extraordinaria de algo.

mara *s.m.* Mamífero roedor de patas largas, muy nervioso y asustadizo.

marabú *s.m.* Ave zancuda de África, parecida a la cigüeña.

maraca *s.f.* *América* Instrumento musical, formado por una calabaza seca con granos de maíz en su interior, y un mango.

maraña *s.f.* Lugar riscoso o cubierto de malezas. • Enredo.

marañón *s.m.* Cierto árbol americano de frutos comestibles.

marasmo *s.m.* Adelgazamiento excesivo del cuerpo humano. • Suspensión de la actividad; inmovilidad.

maratón *s.ambig.* En deportes, carrera pedestre de resistencia.

maravedí *s.m.* Antigua moneda española (*pl.* maravedíes, maravedís, maravedises).

maravilla *s.f.* Prodigio o portento. • Admiración.

maravillar *v.tr./prnl.* Admirar.

maravilloso, sa *adj.* Prodigioso. • Digno de admiración; estupendo.

marbete *s.m.* Etiqueta de papel.

marca *s.f.* Señal hecha en algo para caracterizarlo o indicar pertenencia. • Huella en un lugar. • Acción de marcar. • Utensilio para marcar.

marcación *s.f.* Acción de marcar.

marcador, ra *adj./s.m.* Que marca o sirve para marcar.

marcapaso *s.m.* Aparato eléctrico para corregir deficiencias en el funcionamiento del corazón.

marcar *v.tr.* Poner o dejar señales o huellas. • Determinar o fijar. • En deportes, hacer un tanto.

marcasita *s.f.* Pirita.

marcha *s.f.* Acción o manera de marchar. • Grado de velocidad en el movimiento. • Composición musical con ritmo adaptado al paso del hombre.

marchante *adj.* Mercantil. • *s.m. y f.* El que trafica o comercia. • *América* Cliente o parroquiano.

marchar *v.intr.* Andar o caminar. • Funcionar un mecanismo. • Caminar la tropa con cierto orden y compás. • *prnl.* Irse, partir.

marchitar *v.tr./prnl.* Hacer perder el vigor y la lozanía; ajar.

marchito, ta *adj.* Falto de vigor y lozanía.

marcial *adj.* Relativo a la guerra o a los militares, o propio de los militares. • Que camina con firmeza.

marciano, na *adj.* Relativo al planeta Marte o propio de él.

marco *s.m.* Unidad monetaria de Alemania y Finlandia. • Bastidor en que encajan una puerta o ventana. • Armazón de espejos y cuadros.

marea *s.f.* Movimiento periódico de ascenso y descenso del mar.

marear *v.tr.* Conducir un barco por el mar. • *tr./prnl.* Producir o sentir mareo.

marejada *s.f.* Movimiento tumultuoso del mar, con grandes olas.

maremagno *s.m. fam.* Abundancia, confusión o grandeza.

maremoto *s.m.* Terremoto submarino.
mareo *s.m.* Sensación de perturbación del equilibrio acompañada de náuseas o de vómitos. • *fam.* Fatiga mental o molestia.
marfil *s.m.* Sustancia ósea de color blanco amarillento que forma los dientes de los vertebrados, en especial los colmillos del elefante.
marfilina *s.f.* Pasta que imita al marfil y que lo remplaza en parte.
margarina *s.f.* Sustancia grasa comestible de origen animal o vegetal.
margarita *s.f.* Perla de los moluscos. • Planta herbácea de jardín, con flores de color amarillo y blanco.
margen *s. ambig.* Borde u orilla. • *m.* Espacio en blanco alrededor de una página manuscrita o impresa.
marginal *adj.* Relativo al margen. • Que ha sido excluido.
marginar *v.tr.* Dejar márgenes en un escrito. • Acotar un texto. • Poner o dejar aparte.
mariachi *s.m.* Cierta música popular mexicana. • Miembro de una orquesta popular que ejecuta esa música.
mariano, na *adj.* Relativo a la Virgen María en especial, a su culto.
marica *s.m.fam.* Hombre afeminado.
maridaje *s.m.* Unión y conformidad entre los casados. • Unión o correspondencia armónica de dos cosas.
marido *s.m.* Hombre casado, con respecto a su esposa.
mariguana *s.f.* Nombre de cierto cáñamo cuyas hojas, fumadas, producen un efecto alucinatorio y excitante.
marihuana *s.f.* Mariguana.
marimacho *s.m.fam.* Mujer de apariencia y modales masculinos.
marimba *s.f. América* Instrumento musical de percusión, formado por una serie de calabazas o de láminas de madera.
marina *s.f.* Parte de tierra junto al mar. • Arte de navegar. • Conjunto de los buques de una nación.
marinar *v.tr.* Dar cierta sazón al pescado para conservarlo.
marinería *s.f.* Profesión de los marineros. • Conjunto de marineros.
marinero, ra *adj.* Relativo a la marina, los marinos o los marineros. • *s.m.* El que trabaja en las maniobras de un barco.
marino, na *adj.* Perteneciente al mar. • *s.m.* El que se ejercita en la náutica, o sirve en la marina.
marioneta *s.f.* Títere.
mariposa *s.f.* Cualquier insecto lepidóptero adulto. • Lamparilla para alumbrar. • Tuerca para enroscar tornillos.
mariposear *v.intr.* Ser inconstante en gustos, afectos u ocupaciones.
mariposón *s.m.fam.* El que mariposea.
mariquita *s.f.* Insecto de cuerpo hemisférico con pintas negras.
mariscal *s.m.* En algunos países, grado superior del escalafón de oficiales militares.
marisco *s.m.* Cualquier molusco o crustáceo marino comestible.
marisma *s.f.* Terreno bajo y pantanoso que inundan las aguas del mar.
marital *adj.* Conyugal.
marítimo, ma *adj.* Del mar.
marmita *s.f.* Olla de metal, con tapa ajustada y una o dos asas.
mármol *s.m.* Roca que, pulida, se usa en decoración y escultura.
marmolería *s.f.* Taller donde se trabaja el mármol. • Conjunto de mármoles de un edificio.
marmóreo, a *adj.* De mármol, o parecido a él.
marmota *s.f.* Mamífero roedor que duerme durante el invierno. • Persona muy dormilona.
maroma *s.f.* Cuerda gruesa de esparto, cáñamo, etc.
marqués, sa *s.* Título de nobleza intermedio entre los de duque y conde.
marquesado *s.m.* Dignidad y territorio del marqués.
marquesina *s.f.* Cubierta que resguarda de la lluvia a las puertas, ventanas, etcétera.
marquetería *s.f.* Artesanía consistente en incrustar en madera pequeñas piezas de marfil, nácar, etc.
marrano, na *s.* Cerdo (mamífero). • *s/adj.fam.* Persona muy sucia y desaseada.

marrar *v.tr. / intr.* No resultar algo como se espera o desea; fallar.

marrasquino *s.m.* Licor de cerezas amargas y azúcar.

marrón *adj. / s.m.* De color castaño.

marroquí *adj. / s.m. y f.* De Marruecos (África). • *s.m.* Tafilete.

marroquinería *s.f.* Industria de los artículos de cuero.

marrullería *s.f.* Astucia para engañar a alguien halagándolo.

marsopa *s.f.* Cetáceo parecido al delfín.

marsupial *adj. / s.m. y f.* Dícese del mamífero vivíparo, cuyas crías se desarrollan en el interior de una bolsa que tienen las hembras, como el canguro y la zarigüeya.

marsupio *s.m.* Bolsa que poseen las hembras de los marsupiales.

marta *s.f.* Mamífero carnívoro, de cabeza pequeña y cuerpo cubierto de pelo suave y denso.

martes *s.m.* Tercer día de la semana.

martillar *v.tr.* Golpear con el martillo.

martilleo *s.m.* Acción de martillar. • Golpeteo.

martillero, ra *s. América* Agente de comercio que vende o remata en subasta.

martillo *s.m.* Herramienta formada por una cabeza de hierro y un mango. • Huesecillo del oído.

martineta *s.f. América* Especie de perdiz grande, con copete.

1. martinete *s.m.* Ave zancuda con una cresta de plumas rígidas.

2. martinete *s.m.* Máquina con un mazo de gran peso accionado mecánicamente. • Macillo.

martingala *s.f. fam.* Ardid con que se consigue algo.

martín pescador *loc. s.m.* Ave de pico recto, cola pequeña y plumaje verde azulado; se alimenta de peces.

mártir *s.m.* Persona que sufrió martirio.

martirio *s.m.* Muerte o torturas sufridas por defender alguien su religión o un ideal.

martirizar *v.tr.* Hacer sufrir martirio. • Mortificar.

martirologio *s.m.* Libro o catálogo de los mártires y santos.

marxismo *s.m.* Conjunto de las teorías sociales y económicas de Carlos Marx.

marzo *s.m.* Tercer mes del año.

mas *conj.coord.* Se usa con valor adversativo; pero.

más *adv. / adj.* Vocablo comparativo que denota aumento o superioridad. • *adj. / s.m.* Signo matemático (+) que indica la suma.

masa *s.f.* Mezcla homogénea obtenida al deshacer una sustancia sólida o un polvo en un líquido. • Mezcla de harina con agua, levadura, etc. • Cantidad de materia de un cuerpo. • Multitud.

masacrar *v.tr.* Matar a muchas personas.

masacre *s.f.* Acción de masacrar.

masaje *s.m.* Acción de friccionar el cuerpo con fines terapéuticos.

masajista *s.m. y f.* Persona que se dedica a dar masajes.

mascar *v.tr.* Masticar la comida.

máscara *s.f.* Figura de cartón, género, etc., para cubrir la cara. • El que se disfraza en carnaval.

mascarada *s.f.* Fiesta de máscaras.

mascarilla *s.f.* Vaciado escultórico que se hace sobre un rostro.

mascarón *s.f.* Ornamentación consistente en una cara de piedra o de otro material.

mascota *s.f.* Animal o cosa considerados como signo de buena suerte.

masculino, na *adj.* En los animales y en las plantas, dícese del elemento que fecunda. • De varón. • *adj. / s.m.* Dícese del género al que pertenecen los nombres de seres de sexo masculino y otros que tienen la misma terminación. • *adj.* Perteneciente a ese género gramatical.

mascullar *v.tr. / intr.* Hablar sin pronunciar claramente las palabras.

masera *s.f.* Artesa grande para amasar.

másico, ca *adj.* Relativo a la cantidad de materia de un cuerpo.

masilla *s.f.* Pasta hecha de tiza y aceite de linaza, para sujetar vidrios o cristales.

masita *s.f. América* Pastelillo dulce.

masivo, va *adj.* Relativo a las masas humanas, o hecho por ellas. • Que se aplica en gran cantidad.

maslo *s.m.* Tronco de la cola de algunos cuadrúpedos. • Raquis de la espiga del maíz.

masón, na *s. / adj.* Persona que pertenece a la masonería.

masonería *s.f.* Asociación secreta de origen incierto.

masónico, ca *adj.* Relativo a la masonería.

masoquismo *s.m.* Perversión en la que el goce se obtiene a través de sufrimientos físicos o morales.

masoquista *adj. / s.m. y f.* Que tiene tendencia al masoquismo.

mastelerillo *s.m.* En los barcos, palo menor agregado a un mastelero.

mastelero *s.m.* En los barcos, palo colocado sobre los principales.

masticación *s.f.* Acción de masticar.

masticador, ra *adj.* Que mastica. • Dícese del aparato bucal de ciertos animales, cuyas piezas duras permiten romper los alimentos, y de los que lo poseen.

masticar *v.tr.* Triturar la comida con los dientes. • Cavilar.

mástil *s.m.* Palo de un barco. • Cualquier palo vertical para sostener algo. • Parte más estrecha de ciertos instrumentos de cuerda.

mastín *s.m. / adj.* Perro guardián grande y fornido.

mastodonte *s.m.* Mamífero fósil de gran talla, semejante al elefante.

mastoides *s.m. / adj.* Apófisis del hueso temporal.

mastología *s.f.* Estudio de las funciones y enfermedades de la mama.

mastuerzo *s.m.* Cierta planta herbácea que se come en ensalada. • Berro.

masturbarse *v.prnl.* Procurarse solitariamente goce sexual.

mata *s.f.* Arbusto de poca altura. • Pie de una hierba muy ramificada.

mataco, ca *adj. / s.* Dícese del individuo de una tribu que habita la región chaqueña argentina.

matadero *s.m.* Establecimiento donde se matan y descuartizan las reses.

matador, ra *adj. / s.* Que mata. • *s.m.* Torero que mata al toro.

matafuego *s.m.* Extintor.

matalón, na *adj. / s.* Dícese de las caballerías flacas y endebles.

matambre *s.m.* *América* En la res, carne que cubre las costillas.

matamoscas *s.m.* Paleta con mango usada para matar moscas.

matanza *s.f.* Acción de matar a muchas personas o animales.

matar *v.tr.* Quitar la vida a una persona o un animal. • Atenuar. • Apagar el fuego o la luz. • Echar un naipe superior al del contrario.

matarife *s.m.* El que mata y descuartiza las reses en el matadero.

matasellos *s.m.* Plancha con que se inutilizan los sellos de correos. • Dibujo que se estampa con ella.

1. mate *s.m.* En el ajedrez, lance que pone término al juego. • *adj.* Apagado, sin brillo.

2. mate *s.m.* *América* Infusión de hojas de yerba mate. • Vasija donde se la toma. • Planta herbácea, cuyos frutos se usan para preparar la infusión.

matear *v.intr.* *América* Tomar mate.

matemática *s.f.* Ciencia que opera con cantidades calculadas y sus propiedades.

matemáticas *s.f.pl.* Matemática.

matemático, ca *adj.* Relativo a la matemática. • Exacto, preciso. • *s.* El que se dedica a la matemática.

materia *s.f.* Aquello de que una cosa está hecha. • Sustancia corpórea, opuesta al espíritu. • Cosa que se sabe o sobre la que se trata.

material *adj.* De materia o de la materia. • *s.m.* Materia necesaria para hacer algo.

materialidad *s.f.* Cualidad de material. • Apariencia de una cosa.

materialismo *s.m.* Doctrina filosófica que afirma que solo existe la materia. • Apego excesivo a los bienes materiales.

materialista *adj. / s.m. y f.* Partidario del materialismo. • Que solo se preocupa por los bienes materiales.

materializar *v.tr. / prnl.* Dar forma material a algo espiritual. • Concretar algo proyectado.

maternal *adj.* De madre o como de madre.

maternidad *s.f.* Circunstancia de ser madre.

materno, na *adj.* De la madre. • Dícese de la lengua hablada desde la primera infancia.
matero, ra *adj. América* Aficionado a tomar mate.
matete *s.m. América* Confusión.
matinal *adj.* De la mañana.
matiz *s.m.* Cada una de las gradaciones que se distinguen en un mismo color. • Aspecto perceptible que caracteriza a algo.
matizar *v.tr.* Combinar los colores y matices de las pinturas, los hilos, etc. • Dar un matiz. • Graduar los sonidos, los conceptos, etc.
matón *s.m.* Bravucón.
matorral *s.m.* Terreno inculto, cubierto de malezas y matas.
matraca *s.f.* Instrumento de madera que produce un ruido desapacible.
matraz *s.m.* Vasija de vidrio usada en los laboratorios.
matrero, ra *adj.* Astuto, suspicaz. • *adj. / s.m. América* Que se oculta huyendo de la justicia.
matriarcado *s.m.* Orden social primitivo basado en la primacía del parentesco por línea materna.
matricería *s.f.* Artesanía de la construcción de matrices.
matricidio *s.m.* Delito que consiste en matar a la propia madre.
matrícula *s.f.* Lista de nombres de personas, cosas o entidades, que se asientan para un fin. • Número que corresponde en un registro.
matricular *v.tr. / prnl.* Inscribir en una matrícula.
matrimonial *adj.* Relativo al matrimonio.
matrimonio *s.m.* Unión de un hombre y una mujer, legalizada por actos civiles o religiosos.
matriz *s.f.* Órgano hueco de la mujer y de las hembras de los mamíferos, donde se desarrolla el producto de la concepción. • Molde con que se da forma a un material.
matrizado *s.m.* Operación por la cual se estampa en caliente una plancha de metal sobre una matriz para que tome su forma.
matrona *s.f.* Madre de familia, noble y respetable. • Partera.
matungo, ga *adj. / s. América* Dícese del caballo flaco y débil.
maturrango, ga *adj. / s. América* Mal jinete.
matutino, na *adj.* Que ocurre o se hace por la mañana.
maula *s.m. y f. / adj.* Persona traidora o tramposa.
maullar *v.intr.* Dar maullidos el gato.
maullido *s.m.* Voz del gato.
máuser *s.m.* Fusil de repetición.
mausoleo *s.m* Sepulcro monumental.
maxilar *adj.* De la mandíbula. • *s.m. / adj.* Hueso de la mandíbula.
máxima *s.f.* Frase que expresa un principio moral o un consejo. • Norma moral o práctica.
máxime *adv.* Principalmente, más aún.
máximo, ma *adj. superl.* De *grande.* • Más grande, importante o numeroso. • *s.m.* Máximum.
máximum *s.m.* Punto más alto o mayor a que puede llegar algo.
maxvelio *s.m.* Castellanización de la palabra *maxwell.*
maxwell *s.m.* Unidad de flujo magnético en el sistema cegesimal.
maya *adj. / s.m. y f.* Dícese del individuo de las tribus que constituyeron una importante civilización de la América prehispánica.
mayestático, ca *adj.* Propio de la majestad.
mayéutica *s.f.* Método de inducción de conocimientos mediante preguntas al interlocutor o al alumno.
mayo *s.m.* Quinto mes del año.
mayólica *s.f.* Loza con esmalte metálico.
mayonesa *s.f. / adj.* Salsa de aceite y yemas de huevos crudos.
mayor *adj. compar. y superl.* de *grande.* • Más grande en cantidad, tamaño, intensidad o importancia. • *s.m.* Jefe de una comunidad o cuerpo. • *pl.* Antepasados.
mayoral *s.m.* Pastor principal de un rebaño. • Capataz de los trabajadores del campo.
mayorazgo *s.m.* Patrimonio familiar trasmitido al hijo mayor. • Hijo que hereda ese patrimonio.

mayordomía *s.f.* Cargo y oficina del mayordomo.
mayordomo *s.m.* Criado principal que administra una casa.
mayoría *s.f.* La mayor parte de los componentes de un grupo.
mayorista *adj. / s.m. y f.* Que compra o vende al por mayor.
mayoritario, ria *adj.* De la mayoría.
mayúsculo, la *adj.* Muy grande, mayor de lo ordinario. • *adj. / s.f.* Dícese de las letras de mayor tamaño que las comunes.
maza *s.f.* Cierta arma antigua. • Instrumento para golpear o machacar.
mazacote *s.m.* Cosa apelotonada o apretada. • Obra de arte tosca.
mazamorra *s.f.* Comida hecha con maíz hervido, leche y azúcar.
mazapán *s.m.* Turrón de almendras molidas y azúcar.
mazmorra *s.f.* Prisión subterránea.
mazo *s.m.* Martillo de madera. • Grupo de cosas puestas juntas.
mazorca *s.f.* Espiga cilíndrica, densa y apretada, como la del maíz.
mazurca *s.f.* Danza de ritmo vivo, originaria de Polonia.
me *s.m. y f.* Forma del pronombre personal de primera persona del singular, cuando actúa como complemento directo o indirecto.
meandro *s.m.* Curva de un río o un camino.
mear *v.intr. / prnl. fam.* Orinar.
mecánica *s.f.* Parte de la física que estudia el movimiento y el equilibrio de las fuerzas sobre los cuerpos. • Arte de construir o manejar máquinas.
mecanicismo *s.m.* Sistema biológico que explica los fenómenos vitales por las leyes de la mecánica.
mecánico, ca *adj.* Relativo a la mecánica, las máquinas o los mecanismos. • Maquinal. • *s.* El que se dedica a la mecánica.
mecanismo *s.m.* Combinación de las partes de una cosa destinada a producir un efecto o poner en funcionamiento algo.
mecanización *s.f.* Acción de mecanizar.
mecanizado *s.m.* Proceso de elaboración mecánica.
mecanizar *v.tr.* Aplicar el uso de las máquinas a una actividad. • *prnl.* Actuar como una máquina.
mecanografía *s.f.* Técnica de escribir a máquina.
mecanógrafo, fa *s.* Persona diestra en mecanografía.
mecedora *s.f.* Silla con brazos, para mecerse.
mecenas *s.m. y f.* Persona rica que protege a los literatos y artistas.
mecer *v.tr. / prnl.* Mover acompasadamente hacia uno y otro lado.
mecha *s.f.* Cuerda retorcida de fibras combustibles que arden en las lámparas o velas. • Mechón. • Lonja de tocino, jamón, etc. • Tubo inflamable para dar fuego a minas y barrenos. • *América* Broca.
mechar *v.tr.* Rellenar un ave o un trozo de carne con mechas de tocino, jamón etcétera.
mechera *s.f.* Ladrona de tiendas. • Máquina textil para estirar y torcer el material.
mechero *s.m.* Canuto por donde pasa la mecha para alumbrar. • Cañón de los candeleros. • Encendedor.
mechinal *s.m.* Agujero en una pared, para empotrar un andamio.
mechón *s.m.* Porción de pelos o de hebras de lana; mecha.
mechudo, da *adj. América* Desgreñado.
medalla *s.f.* Placa de metal acuñada con alguna figura o símbolo.
medallón *s.m.* Joya en forma de caja pequeña. • Bajorrelieve de forma redonda o elíptica.
médano *s.m.* Cordón de arena en la costa o en el interior de un territorio, producido por los vientos.
1. media *s.f.* Mitad de algunas cosas. • Promedio.
2. media *s.f.* Prenda de punto que cubre el pie y la pierna. • *América* Calcetín.
mediacaña *s.f.* Moldura cóncava de perfil semicircular. • Formón de boca arqueada.
mediación *s.f.* Acción de mediar.
mediador, ra *adj. / s.* Que media en favor de alguien o para arreglar una diferencia.

medialuna *s.f.* Bollo de masa en forma de media luna.

medianería *s.f.* Muro común que separa dos viviendas.

medianero, ra *adj.* Que está en medio de dos cosas. • *adj./s.* Mediador. • *s.f.* Medianería.

medianía *s.f.* Situación intermedia entre dos extremos.

mediano, na *adj.* De calidad o tamaño intermedio. • *s.f.* Segmento que, en un triángulo, une un vértice con el punto medio del lado opuesto.

medianoche *s.f.* Hora en que el Sol está en el punto opuesto al del mediodía.

mediante *adj.* Que media. • *prep.* Indica el medio con que se realiza algo.

mediar *v.intr.* Llegar a la mitad de algo. • Interceder. • Estar en medio de una cosa.

mediastino *s.m.* Espacio comprendido entre los pulmones, el diafragma y la columna vertebral.

mediato, ta *adj.* Dícese de la relación entre dos cosas o personas cuando hay alguna otra entre ellas.

mediatriz *s.f.* Recta perpendicular en el punto medio de un segmento.

medicación *s.f.* Administración terapéutica de los medicamentos.

medicamento *s.m.* Sustancia que produce efectos curativos.

medicamentoso, sa *adj.* Que puede usarse como medicamento.

medicar *v.tr.* Administrar medicamentos a un enfermo.

medicina *s.f.* Ciencia que trata sobre la prevención o curación de las enfermedades del ser humano. • Medicamento.

medicinal *adj.* Que tiene la propiedad de curar.

medición *s.f.* Acción de medir.

1. médico, ca *adj.* Relativo a la medicina o a los médicos. • *s.* Profesional graduado en medicina.

2. médico, ca *adj.* Perteneciente a la Media (Asia antigua). • Dícese de las guerras entre persas y griegos ocurridas en el siglo V a C.

medida *s.f.* Acción de medir. • Resultado numérico de una medición. • Proporción. • Prevención. • Mesura. • Comparación de una magnitud con otra tomada como unidad.

medidor, ra *adj./s.* Que mide. • *s.m. América* Contador de agua, gas o electricidad.

medieval *adj.* De la Edad Media.

medievo *s.m.* Edad Media.

medio, dia *adj.* Igual a la mitad de una cosa. • Situado entre dos extremos. • *s.m.* Punto de una cosa equidistante de sus extremos. • Lo que sirve para un fin. • Condiciones que rodean a personas, animales o cosas. • Círculo social. • *adv.* No completamente, un poco.

mediocre *adj.* Intermedio, mediano.

mediocridad *s.f.* Cualidad de mediocre.

mediodía *s.m.* Hora en que el Sol está en el punto más alto del horizonte. • Sur (punto cardinal).

medioeval *adj.* Medieval.

medioevo *s.m.* Edad Media.

mediofondo *s.m.* En el atletismo, carreras pedestres de media distancia.

mediomundo *s.m.* Cierto aparejo de pesca.

medir *v.tr.* Comparar una magnitud con otra de su misma clase, tomada como unidad. • *intr.* Tener cierta dimensión. • *tr./prnl.* Moderarse en acciones o palabras.

meditabundo, da *adj.* Que está en actitud de meditar.

meditación *s.f.* Acción de meditar.

meditar *v.tr./intr.* Pensar profundamente sobre algo; reflexionar.

mediterráneo, a *adj.* Rodeado de tierra. • Del mar Mediterráneo.

médium *s.m. y f.* Persona a la que se cree comunicada con los espíritus.

medo, da *adj./s.* De Media (Asia antigua).

medrar *v.intr.* Referido a plantas y animales, crecer. • Prosperar.

medroso, sa *adj./s.* Miedoso.

médula o **medula** *s.f.* Sustancia que ocupa la cavidad de los huesos. • Tejido que se halla en el centro de los tallos y la raíz.

medular *adj.* Relativo a la médula.

meduloso, sa *adj.* Que tiene médula.

medusa *s.f.* Animal acuático de cuerpo semiesférico y consistencia gelatinosa.

mefistofélico, ca *adj.* De Mefistófeles.
mefítico, ca *adj.* Dícese de lo que, respirado, puede causar daño.
megáfono *s.m.* Especie de bocina que amplifica la voz.
megalítico, ca *adj.* Propio del megalito o perteneciente a él.
megalito *s.m.* Monumento prehistórico hecho con grandes piedras sin labrar.
megalomanía *s.f.* Delirio o manía de poseer grandezas o poder.
megaterio *s.m.* Mamífero prehistórico, desdentado, que vivió en América del Sur.
megatón *s.m.* Unidad del poder explosivo de las bombas atómicas.
mejicanismo *s.m.* Mexicanismo.
mejicano, na *adj. / s.* Mexicano.
mejilla *s.f.* Prominencia en el rostro, por debajo de los ojos.
mejillón *s.m.* Molusco marino comestible, de valvas de color negro.
mejor *adj. compar. y superl.* de *bueno.* • *adv. compar.* de *bien.*
mejora *s.f.* Mejoramiento.
mejoramiento *s.m.* Acción de mejorar.
mejorana *s.f.* Planta herbácea perenne muy aromática, utilizada como condimento o con fines medicinales.
mejorar *v.tr. / intr.* Hacer pasar una cosa a un estado o posición mejores. • *v.tr. / intr. / prnl.* Recobrar la salud.
mejoría *s.f.* Alivio en una dolencia o enfermedad.
mejunje *s.m.* Cosmético o medicamento compuesto de varios ingredientes. • Brebaje o bebida desagradable.
melado, da *adj.* De color de miel. • *s.m. América* Jarabe que se obtiene en el proceso de la fabricación del azúcar.
melancolía *s.f.* Tristeza vaga y profunda.
melancólico, ca *adj.* Que tiene melancolía o es propenso a sentirla.
melanina *s.f.* Pigmento de ciertas células que produce la coloración de la piel, el cabello, etc.
1. melar *adj.* Dícese de ciertos frutos más dulces que otros de su especie.
2. melar *v.intr.* Dar consistencia de miel a los zumos de la caña de azúcar.
melaza *s.f.* Líquido espeso que queda como residuo de la fabricación del azúcar.
melcocha *s.f.* Miel concentrada. • *América* Arrope de higo de tuna.
melena *s.f.* Cabellera larga y suelta. • Crín del león.
melenudo, da *adj.* Que tiene melena.
melífero, ra *adj.* Que produce miel.
melificar *v.intr.* Hacer las abejas la miel.
melifluo, flua *adj.* Exageradamente amable o delicado.
meliloto *s.m.* Planta herbácea, bienal; es forrajera y melífera.
melindre *s.m.* Fritura hecha con harina y miel. • Remilgo.
melindroso, sa *adj. / s.* Que muestra melindres o excesiva delicadeza.
melinita *s.f.* Explosivo cuyo principal componente es el ácido pícrico.
mella *s.f.* Rotura o hendidura en el filo o borde de una cosa. • Daño, menoscabo.
mellar *v.tr. / prnl.* Hacer mella en una cosa. • Dañar, menoscabar.
mellizo, za *adj. / s.* Nacido del mismo parto.
melocotón *s.m.* Fruto del melocotonero. • Melocotonero.
melocotonero *s.m.* Variedad del pérsico.
melodía *s.f.* Sucesión ordenada de sonidos musicales que se oyen como un todo.
melodioso, sa *adj.* De sonido dulce y agradable al oído.
melodrama *s.m.* Ópera. • Obra dramática en la que se exageran los trozos sentimentales y patéticos.
melodramático, ca *adj.* Relativo al melodrama.
melómano, na *s.* Persona aficionada a la música.
melón *s.m.* Planta herbácea rastrera, cultivada por sus frutos comestibles.
meloso, sa *adj.* Semejante a la miel. • Dícese del modo de hablar exageradamente dulce y suave.
melva *s.f.* Pez semejante al atún, de carne comestible.
membrana *s.f.* Lámina delgada de cualquier material. • Lámina delgada de tejidos que forma o cubre ciertos órganos.
membranoso, sa *adj.* Compuesto de membranas. • Semejante a una membrana.

membrete *s.m.* Impresión, en el papel usado para escribir, del nombre y la dirección de una persona o entidad.
membrillero *s.m.* Membrillo.
membrillo *s.m.* Pequeño árbol cuyos frutos, amarillos y carnosos, se usan para hacer dulces y jaleas.
membrudo, da *adj.* Robusto, fornido.
memo, ma *adj.* / *s.* Tonto, simple.
memorable *adj.* Digno de ser recordado.
memorándum *s.m.* Libreta donde se anota lo que se quiere recordar. • Comunicación diplomática que resume el estado de una cuestión.
memoria *s.f.* Aptitud síquica que permite reproducir un estado de conciencia pasado. • Recuerdo. • Informe escrito en el que se expone sobre un asunto o actuación. • Dispositivo electrónico en el que se almacenan datos e instrucciones para usarlos posteriormente. • *pl.* Relato escrito que hace alguien, de recuerdos personales.
memorial *s.m.* Escrito en el que se pide algo. • Cuaderno de apuntes.
memorizar *v.tr.* Fijar en la memoria.
mena *s.f.* Mineral metalífero tal como se extrae del yacimiento.
ménade *s.f.* Bacante.
menaje *s.m.* Conjunto de los muebles y enseres de una casa.
mención *s.f.* Acción de nombrar o recordar una cosa. • Distinción inferior al premio.
mencionar *v.tr.* Hacer mención.
mendacidad *s.f.* Costumbre de mentir.
mendaz *adj.* Mentiroso.
mendelevio *s.m.* Elemento radiactivo artificial producido en el ciclotrón (símbolo: *Mv*).
mendicante *adj.* Que mendiga.
mendicidad *s.f.* Estado y condición de mendigo.
mendigar *v.tr.* / *intr.* Pedir limosna.
mendigo, ga *s.* Persona que habitualmente pide limosna.
mendrugo *s.m.* Trozo de pan duro.
menear *v.tr.* / *prnl.* Mover o agitar una cosa de un lado a otro.
meneo *s.m.* Acción de menear. • *fam.* Vapuleo, reprimenda.
menester *s.m.* Cosa que alguien necesita hacer. • Ocupación de alguien.
menesteroso, sa *adj.* / *s.* Que carece de recursos para subsistir.
menestral, la *s.* Artesano.
mengano, na *s.* Nombre para designar a una persona indeterminada.
mengua *s.f.* Disminución. • Descrédito, deshonra.
menguado, da *adj.* / *s.* Cobarde. • *s.m.* Punto que se disminuye en un tejido.
menguante *adj.* Que está menguando. • *América* Reflujo o marea baja.
menguar *v.intr.* / *tr.* Disminuir la dimensión, importancia, etc., de algo. • *intr.* Disminuir la superficie iluminada de la Luna.
menhir *s.m.* Megalito que consiste en una piedra hincada verticalmente en tierra.
meninge *s.f.* Cada una de las membranas que envuelven al encéfalo y la médula espinal.
meningitis *s.f.* Inflamación de las meninges.
menino, na *s.* Joven de la familia noble que servía a la reina, los infantes o las infantas.
menisco *s.m.* Vidrio cóncavo por una cara y convexo por la otra. • Disco cartilaginoso en la articulación de la rodilla.
menjunje *s.m.* Mejunje.
menopausia *s.f.* Cesación fisiológica de las menstruaciones.
menor *adj. compar. y superl.* de *pequeño.* • Dícese de la persona que tiene menos años que otra.
menos *adv.* / *adj.* Vocablo comparativo que expresa disminución o inferioridad. • *adv.* Se usa para indicar la resta de una cantidad. • Excepto. • *adj.* / *s.m.* Dícese del signo matemático (–) que indica una resta.
menoscabar *v.tr.* Quitar a algo parte de su integridad o valor.
menoscabo *s.m.* Disminución de la integridad o valor de algo.
menospreciar *v.tr.* Juzgar a una persona o cosa en menos de lo que vale. • Despreciar.
mensaje *s.m.* Noticia o comunicación que se envían a alguien.

mensajería *s.f.* Agencia que se ocupa de llevar mensajes.
mensajero, ra *s.* Persona que lleva recados o mensajes.
menstruación *s.f.* Sangre que evacuan mensualmente las mujeres y las hembras de algunos animales.
mensual *adj.* Que sucede cada mes. • Que dura un mes.
mensualidad *s.f.* Sueldo o salario de un mes.
ménsula *s.f.* Elemento arquitectónico que sirve de soporte a un balcón, una cornisa, etc.
mensura *s.f.* Medida.
mensurar *v.tr.* Medir.
menta *s.f.* Planta herbácea muy aromática empleada en medicina y como condimento.
mentado, da *adj.* Conocido, famoso.
mental *adj.* Relativo a la mente o la inteligencia.
mentalidad *s.f.* Capacidad mental. • Modo de pensar.
mentalizar *v.tr./prnl.* Preparar la mente de una manera determinada.
mentar *v.tr.* Nombrar o mencionar.
mente *s.f.* Facultad de pensar. • Intelecto, pensamiento.
mentecato, ta *adj./s.* Insensato, necio.
mentir *v.intr.* Decir lo contrario de lo que se tiene por verdadero.
mentira *s.f.* Expresión o manifestación contrarias a la verdad.
mentiroso, sa *adj./s.* Que tiene la costumbre de mentir.
mentís *s.m.* Voz o expresión con que se desmiente a una persona.
mentol *s.m.* Alcohol obtenido de la esencia de menta.
mentón *s.m.* Prominencia de la mandíbula inferior; barbilla.
mentor *s.m.* Consejero o guía de otro.
menú *s.m.* Minuta (de comidas) • En informática, lista que se ve en la pantalla de la computadora y sirve de guía para la selección de las operaciones.
menudear *v.intr.* Suceder una cosa con frecuencia. • *tr.* Hacer o ejecutar una cosa a menudo.
menudencia *s.f.* Minucia, nimiedad.
menudeo *s.m.* Acción de menudear. • Venta en cantidades pequeñas.
menudo, da *adj.* Pequeño, delgado. • De poca importancia. • *s.m. pl.* Entrañas de las reses o las aves muertas para el consumo.
meñique *adj./s.m.* Dícese del dedo más pequeño de la mano.
meollo *s.m.* Encefalo o médula. • Sustancia o contenido de una cosa. • Inteligencia, entendimiento.
mequetrefe *s.m. fam.* Hombre informal y de poco juicio.
meramente *adv.* Tan solo, simplemente.
mercachifle *s.m.* Buhonero. • Comerciante de poca importancia.
mercader, ra *s.* Comerciante.
mercadería *s.f.* Mercancía.
mercado *s.m.* Sitio público donde se reúne la gente para comprar y vender. • Lugar o país importantes por su actividad comercial.
mercancía *s.f.* Cualquiera de las cosas trasportables que son objeto de comercio.
mercante *adj.* Dícese del buque destinado al trasporte de mercancías. • Relativo al comercio marítimo.
mercantil *adj.* Relativo al comercio, los comerciantes o las mercancías.
mercantilismo *s.m.* Espíritu mercantil. • Teoría económica que se basa, sobre todo, en el desarrollo del comercio.
mercar *v.tr.* Comprar.
merced *s.f.* Dádiva, beneficio o perdón concedidos a una persona. • Voluntad, arbitrio.
mercenario, ria *adj./s.* Dícese de la tropa que sirve por dinero a un país extranjero.
merceología *s.f.* Disciplina que estudia la tecnología mercantil.
mercería *s.f.* Comercio de artículos para costura o adorno.
mercerizar *v.tr.* Tratar los hilos y tejidos de algodón con soda cáustica.
mercurial *adj.* Relativo al planeta Mercurio. • Relativo al mercurio.
mercurio *s.m.* Metal blanco y tóxico, líquido a la temperatura ambiente (símbolo: *Hg*).
merecedor, ra *adj.* Que merece determinada cosa.

merecer *v.tr.* Hacerse digno de un premio o un castigo.
merecido *s.m.* Castigo que se juzga digno o justo para alguien.
merecimiento *s.m.* Acción de merecer. • Mérito.
merendar *v.intr. / tr.* Comer la merienda.
merengue *s.m.* Manjar dulce hecho con claras batidas y azúcar.
meretriz *s.f.* Prostituta.
mergo *s.m.* Especie de cuervo marino.
meridiano, na *adj.* Relativo a la hora del mediodía. • Muy claro o luminoso. • *s.m.* Cualquiera de las circunferencias de la esfera terrestre que pasan por los polos.
meridional *adj. / s.m. y f.* Relativo al mediodía o sur.
merienda *s.f.* Comida ligera que se toma por la tarde.
merino, na *adj.* Dícese de una raza de ovejas y carneros productora de una lana fina y suave.
meristema *s.m.* Tejido vegetal de células que pueden dar origen a distintos tipos de tejidos.
mérito *s.m.* Acción, cualidad, etc., por la que una persona merece algo. • Valor de una cosa.
meritorio, ria *adj.* Digno de premio. • *s.m.* El que trabaja sin sueldo.
merluza *s.f.* Pez marino muy apreciado por su carne.
merma *s.f.* Acción de mermar.
mermar *v.intr. / tr.* Disminuir la cantidad, volumen, etc., de una cosa.
mermelada *s.f.* Dulce de frutas.
mero *s.m.* Pez marino propio del Mediterráneo, de carne muy apreciada.
mero, ra *adj.* Puro, sin nada más.
merodear *v.intr.* Recorrer ciertos lugares en busca de cosas para robar.
merodeo *s.m.* Acción de merodear.
mes *s.m.* Cada una de las doce partes en que se divide el año. • Lapso comprendido entre una fecha y la misma del mes siguiente.
mesa *s.f.* Mueble formado por un tablero horizontal sostenido por uno o varios pies. • Conjunto de personas que dirigen una asamblea.
mesada *s.f.* Mensualidad.
mesana *s. ambig.* Mástil próximo a la popa. • *f. / adj.* Vela que va contra ese mástil.
mesar *v.tr.* Tirar o arrancar el cabello o las barbas.
mescolanza *s.f. fam.* Mezcolanza.
mesenterio *s.m.* Repliegue del peritoneo.
meseta *s.f.* Terreno elevado y llano, de gran extensión. • Rellano.
mesiánico, ca *adj.* Relativo al Mesías o al mesianismo.
mesianismo *s.m.* Doctrina del Mesías.
Mesías *s. prop. m.* Para la religión judía, salvador descendiente de David. • Para el cristianismo, Jesucristo.
mesnada *s.f.* Grupo de gente de armas que servía a un rey o a un caballero.
mesocarpio *s.m.* Parte media del pericarpio de los frutos.
mesocracia *s.f.* Forma de gobierno en que tiene preponderancia la clase media.
mesodermo *s.m.* Lámina embrionaria situada entre el ectodermo y el endodermo.
mesolítico, ca *adj. / s.m.* Dícese del período posterior al paleolítico.
1. mesón *s.m.* Hostería.
2. mesón *s.m.* Partícula efímera con masa intermedia entre la del electrón y la del protón.
mesosfera *s.f.* Parte de la atmósfera entre los 30 y 80 kilómetros de altura.
mestizaje *s.m.* Cruzamiento de razas. • Conjunto de mestizos.
mestizo, za *adj. / s.* Dícese del hijo de padres de distinta raza.
mesura *s.f.* Prudencia, moderación.
mesurado, da *adj.* Que habla o actúa con mesura; prudente.
meta *s.f.* Término señalado a una carrera. • En deportes, portería. • Objetivo, finalidad.
metabolismo *s.m.* Conjunto de trasformaciones que se efectúan en las células del organismo.
metacarpo *s.m.* Parte de la mano entre el carpo y los dedos.
metafísica *s.f.* Parte de la filosofía que trata las ideas más generales sobre la esencia del universo.

metáfora *s.f.* Figura retórica que da a las palabras un sentido figurado, mediante una comparación tácita.
metafórico, ca *adj.* Relativo a la metáfora, o que la contiene.
metagalaxia *s.f.* Conjunto de todas las galaxias.
metal *s.m.* Cuerpo simple, generalmente sólido, brillante y, por lo común, buen conductor del calor y la electricidad. • Dinero. • Timbre de la voz.• *no metal* Elemento que carece por completo de los caracteres del metal.
metálico, ca *adj.* De metal o relativo al metal. • *s.m.* Moneda acuñada en oro, plata, níquel, etc.
metalífero, ra *adj.* Que contiene metal.
metalizar *v.tr. / prnl.* Hacer que un cuerpo adquiera propiedades metálicas.
metalografía *s.f.* Estudio de los metales y sus aleaciones.
metaloide *s.m.* No metal.
metalurgia *s.f.* Obtención y elaboración industrial de metales a partir de su estado natural.
metalúrgico, ca *adj.* Relativo a la metalurgia. • *s.m.* El que trabaja en metalurgia.
metamorfismo *s.m.* Proceso natural que trasforma unas rocas en otras.
metamoforsis *s.f.* Trasformación de una cosa en otra. • Trasformación que sufren algunos animales hasta alcanzar el estado adulto.
metano *s.m. / adj.* Hidrocarburo gaseoso producido por la descomposición de sustancias vegetales.
metaplasmo *s.m.* Alteración de una palabra por adición, supresión, etc., de los sonidos.
metapsíquica *s.f.* Estudio de los fenómenos síquicos que parecen producidos por percepciones extrasensoriales.
metástasis *s.f.* Extensión de ciertas afecciones a distintas partes del organismo.
metatarso *s.m.* Parte del pie entre el tarso y los dedos.
metempsicosis o **metempsícosis** *s.f.* Teoría según la cual el alma puede animar sucesivamente a varios individuos.
meteorito *s.m.* Nombre con que se designan los aerolitos, bólidos y estrellas fugaces.
meteoro o **metéoro** *s.m.* Cualquier fenómeno que se produce en la atmósfera.
meteorología *s.f.* Ciencia que estudia la atmósfera y los meteoros.
meter *v.tr.* Introducir una cosa dentro de otra. • Ocasionar, causar. • *tr. / prnl.* Comprometer, enredar. • *prnl.* Introducirse.
meterete, ta *s. fam. América* Persona entrometida.
meticuloso, sa *adj.* Muy escrupuloso y minucioso.
metido, da *adj. / s. América* Dícese de la persona entrometida.
metódico, ca *adj.* Hecho con método. • Que procede con orden y método.
metodismo *s.m.* Doctrina de una rama del protestantismo.
metodista *adj.* Relativo al metodismo. • *adj. / s.m. y f.* Que lo profesa.
metodizar *v.tr.* Poner orden y método en una cosa.
método *s.m.* Manera ordenada de hacer o proceder. • Conjunto de reglas para enseñar o aprender algo.
metodología *s.f.* En lógica, estudio de los métodos científicos.
metonimia *s.f.* Figura retórica que consiste en designar una cosa por el nombre de otra, como una causa por su efecto o el continente por el contenido.
metraje *s.m.* Longitud medida en metros.
metralla *s.f.* Munición pequeña, con la que se cargan las piezas de artillería.
metralleta *s.f.* Arma de fuego portátil, de gran velocidad de fuego.
métrica *s.f.* Versificación.
1. metro *s.m.* Verso. • Unidad fundamental de longitud en el Sistema Internacional. • Instrumento para medir, de un metro de longitud. • *metro cuadrado* Unidad de superficie en el Sistema Internacional. • *metro cúbico* Unidad de volumen en el Sistema Internacional.
2. metro *s.m.* Apócope de *metropolitano.*
metrología *s.f.* Disciplina que estudia las mediciones y los instrumentos para efectuarlas.

metrónomo *s.m.* Instrumento que indica la velocidad con que se debe ejecutar una obra musical.

métrico, ca *adj.* Relativo al metro o a la medida. • Relativo a la métrica.

metrópoli *s.f.* Ciudad capital de una nación.

metropolitano, na *adj.* Relativo a una metrópoli. • *s.m.* Arzobispo. • Tren subterráneo o aéreo de las ciudades.

mexicanismo *s.m.* Palabra o expresión peculiares del español de los mexicanos.

mexicano, na *adj. / s.* De México (América). • *s.m.* Azteca (lengua).

meyosis *s.f.* División de los gametos por la cual el espermatozoide y el óvulo poseen la mitad de los cromosomas de la especie.

mezcal *s.m.* Variedad de pita. • Aguardiente obtenido de esa planta.

mezcla *s.f.* Acción de mezclar. • En albañilería, argamasa o mortero.

mezclar *v.tr. / prnl.* Juntar o unir una cosa con otra.

mezcolanza *s.f. fam.* Mezcla extraña y confusa de personas o de cosas.

mezquinar *v.tr.* Escatimar lo necesario.

mezquindad *s.f.* Cualidad de mezquino. • Cosa o acción mezquinas.

mezquino, na *adj.* Avaro o miserable. • No generoso. • Exiguo.

mezquita *s.f.* Templo islámico.

mezquite *s.m.* Árbol americano del cual se obtienen madera y goma.

1. mi *s.m.* En la escala diatónica sin alteraciones, tercera nota.

2. mi Apócope del adjetivo posesivo *mío* cuando precede al nombre (*pl.* mis).

mí *s.m. y f.* Forma del pronombre personal de primera persona del singular.

mialgia *s.f.* Dolor muscular.

miasma *s.m.* Emanación fétida de cuerpos animales o de ciertas sustancias en descomposición.

mica *s.f.* Cierto silicato de aluminio, de brillo metálico.

micado *s.m.* Nombre dado al emperador del Japón.

micción *s.f.* Acción de orinar.

micelio *s.m.* Talo filamentoso de los hongos, sin clorofila.

mico, ca *s.* Mono de cola larga.

micosis *s.f.* Enfermedad ocasionada por un hongo parásito.

micra *s.f.* Micrón.

microbiano, na *s.f.* Relativo a los microbios.

microbio *s.m.* Ser unicelular microscópico que habita en el aire, el agua, la tierra y los organismos vivos.

microbiología *s.f.* Parte de la biología que estudia los microbios.

microcéfalo, la *adj.* De cabeza desproporcionadamente pequeña.

microcopia *s.f.* Reproducción fotográfica muy reducida de documentos, libros, etc., para ser archivados.

microcosmo *s.m.* El hombre, considerado como representación del universo o macrocosmo.

microcosmos *s.m.* Microcosmo.

microfilme *s.m.* Película no inflamable para hacer microcopias.

micrófono *s.m.* Dispositivo que trasforma los sonidos en señales eléctricas que pueden ser amplificadas.

microfotografía *s.f.* Fotografía de objetos microscópicos.

microgameto *s.m.* Espermatozoide.

micrométrico, ca *adj.* Relativo a longitudes muy pequeñas.

micrómetro *s.m.* Aparato para medir longitudes o separaciones angulares muy pequeñas.

micrón *s.m.* Milésima parte de un milímetro.

microonda *s.f.* Onda comprendida entre el infrarrojo y las ondas cortas de radiotelefonía.

microorganismo *s.m.* Microbio.

microscópico, ca *adj.* Del microscopio. • Que solo es visible con el microscopio. • Muy pequeño.

microscopio *s.m.* Instrumento óptico para observar muy aumentados objetos o seres diminutos.

microsurco *s.m.* Estría muy fina de un disco fonográfico. • Ese disco.

micrótomo *s.m.* Instrumento para cortar en láminas lo que ha de observarse con el microscopio.

microzoario, ria *adj. / s.m.* Dícese del ser vivo microscópico.

miedo *s.m.* Estado de angustia ante un peligro real o imaginario.
miedoso, sa *adj./s.* Propenso a sentir miedo.
miel *s.f.* Sustancia muy dulce que elaboran las abejas.
1. mielga *s.f.* Alfalfa.
2. mielga *s.f.* Pez de carne comestible, que posee dos aletas dorsales con una púa muy dura.
mielina *s.f.* Sustancia blanca que envuelve las fibras nerviosas.
mielitis *s.f.* Inflamación de la médula espinal.
miembro *s.m.* Cualquiera de las extremidades del hombre o de los animales, articuladas con el tronco. • Individuo de una corporación o cuerpo. • Parte de un todo unida por él.
mientras *adv.* Durante el tiempo en que.
miércoles *s.m.* Cuarto día de la semana.
mierda *s.f.* En lenguaje vulgar, excremento humano.
mies *s.f.* Cereal ya maduro. • Tiempo de siega y cosecha de granos.
miga *s.f.* Parte interior y más blanda del pan. • Migaja.
migaja *s.f.* Trozo pequeño de algo, en especial comestible. • *pl.* Sobras.
migración *s.f.* Emigración de un pueblo o de ciertos animales.
migratorio, ria *adj.* Que emigra. • De la migración.
mijo *s.m.* Planta herbácea cuyos granos se dan como alimento al ganado.
mikado *s.m.* Micado.
mil *adj./s.m.* Diez veces ciento. • Que sigue en orden al 999. • Dícese de un número grande e indeterminado de cosas. • *s.m.* Millar.
milagrero, ra *adj.* Que cree fácilmente en milagros. • *fam.* Que hace milagros.
milagro *s.m.* Acto del poder divino contra las leyes de la naturaleza. • Cosa maravillosa o extraordinaria.
milagroso, sa *adj.* Que sucede por milagro. • Extraordinario, asombroso. • Que obra o hace milagros.
milanesa *s.f.* Filete de carne rebozado con pan rallado y huevo, y frito.
milano *s.m.* Ave rapaz diurna de las regiones cálidas, de alas y cola largas. • Pez marino de cuerpo fusiforme.
milenario, ria *adj.* Que dura un milenio. • *s.m.* Milésimo aniversario.
milenio *s.m.* Período de mil años.
milésimo, ma *adj./s.m.* Que sigue en orden al 999º. • Dícese de cada una de las mil partes iguales en que se divide un todo.
milhojas *s.m.* Cierto pastel de masa de hojaldre.
milicia *s.f.* Arte de hacer la guerra. • Servicio o profesión militares. • Tropa o gente de guerra.
miliciano, na *adj.* De la milicia. • *s.m.* Individuo de una milicia.
miligramo *s.m.* Milésima parte del gramo.
mililitro *s.m.* Milésima parte del litro.
milimetrado, da *adj.* Dividido o graduado en milímetros.
milímetro *s.m.* Milésima parte del metro.
milimicrón *s.m.* Milésima parte del micrón.
militante *adj./s.m. y f.* Que milita.
1. militar *adj.* De la milicia o del ejército. • *s.m.* Persona cuya profesión es la milicia.
2. militar *v.intr.* Servir en una milicia. • Figurar en una agrupación.
militarismo *s.m.* Preponderancia de los militares, de la política militar o del espíritu militar en una nación.
militarizar *v.tr.* Inculcar el espíritu o la disciplina militares. • Organizar militarmente.
milla *s.f.* Medida terrestre de longitud equivalente a 1609,34 metros. • Medida marina internacional equivalente a 1852 metros.
millar *s.m.* Conjunto de mil unidades. • Número grande e indeterminado.
millón *adj./s.m.* Mil millares. • *s.m.* Número grande e indeterminado.
millonada *s.f.* Cantidad muy grande de algo, en especial de dinero.
millonario, ria *adj./s.* Que tiene millones; muy acaudalado. • *adj.* Que se cuenta por millones.
millonésimo, ma *adj./s.m.* Que sigue en orden al 999 999º. • Dícese de la parte o cociente que resultan de dividir un todo por un millón.

milonga *s.f.* Canto y danza del Río de la Plata de ritmo muy marcado.
milonguero, ra *s.* El que baila o canta milongas. • *adj./s. fam. América* Aficionado al baile.
milord *s.m.* Forma de tratamiento que se da a los lores (*pl.* milores).
milpa *s.f. América* Sembrado de maíz.
milpiés *s.m.* Animal invertebrado terrestre de cuerpo alargado, antenas pequeñas y unos cien pares de patas.
mimar *v.tr.* Acariciar o lisonjear. • Tratar con excesivo cariño y condescendencia.
mimbre *s.m.* Mimbrera. • Cada uno de los tallos de la mimbrera.
mimbrera *s.f.* Árbol de ramas largas y flexibles, usadas en cestería.
mimeógrafo *s.m.* Multicopista.
mimetismo *s.m.* Cualidad de algunos animales y plantas de asemejarse a los seres entre los cuales viven.
mímica *s.f.* Arte de imitar o de expresarse con gestos o actitudes.
mímico, ca *adj.* Relativo a la mímica. • Hecho con mímica.
mimo *s.m.* Actor que se expresa con mímica. • Cariño o lisonja.
mimodrama *s.m.* Pantomima teatral con gestos y movimientos.
mimoso, sa *adj.* Muy inclinado a hacer o recibir mimos.
mina *s.f.* Excavación para extraer minerales. • Criadero de minerales. • Artefacto de guerra explosivo. • Barrita de grafito de un lápiz. • Lugar donde abunda algo.
minador, ra *adj./s.* Que abre minas en un terreno o instala minas explosivas.
minar *v.tr.* Abrir minas en un terreno. • Colocar minas explosivas. • Consumir o destruir.
minarete *s.m.* Alminar.
mineral *adj./s.m.* Dícese de las sustancias naturales inorgánicas. • *s.m.* Parte útil en una explotación minera.
mineralogía *s.f.* Rama de las ciencias naturales que estudia los minerales.
minería *s.f.* Explotación de las minas. • Conjunto de las minas y explotación minera de una nación o una región.
minero, ra *adj.* Relativo a la minería. • *s.* El que trabaja en las minas. • El que posee o explota una mina.
minerva *s.f.* Pequeña máquina impresora.
mingitorio, ria *adj.* Relacionado con la micción. • *s.m.* Lugar para orinar.
mingo *s.m.* Cierta bola del juego de billar.
miniatura *s.f.* Pintura u otra cosa de tamaño reducido.
minifalda *s.f.* Falda muy corta.
minifundio *s.m.* Propiedad rural que por su reducido tamaño no permite una explotación eficiente.
minimizar *v.tr.* Empequeñecer o restar importancia.
mínimo, ma *adj. superl.* de *pequeño.* • Tan pequeño que no lo hay menor ni igual. • *s.m.* Mínimum.
mínimum *s.m.* La cantidad más pequeña que se toma o considera de una cosa.
minino, na *s. fam.* Gato (mamífero).
minio *s.m.* Óxido salino de plomo natural, de color rojo.
ministerial *adj.* Del ministerio, o de alguno de sus ministros.
ministerio *s.m.* Función u ocupación. • Cada uno de los departamentos en que se divide el gobierno de un estado. • Cargo de ministro. • Conjunto de ministros de un estado.
ministro, tra *s.* El que ejerce un ministerio.
minoría *s.f.* La menor parte de los integrantes de un grupo.
minoridad *s.f.* Condición de la persona que está en la menor edad legal.
minorista *adj./s.m. y f.* Que compra o vende al por menor.
minoritario, ria *adj.* De la minoría.
minotauro *s.m.* Monstruo mitológico con cabeza de toro y cuerpo de hombre.
minucia *s.f.* Insignificancia.
minucioso, sa *adj.* Detallista.
minué *s.m.* Antigua danza francesa de movimiento lento y elegante.
minuendo *s.m./adj.* En una resta, término del que se resta el sustraendo.
minúsculo, la *adj.* Muy pequeño. • *adj./s.f.* Dícese de la letra menor que la mayúscula, usada constantemente en la escritura.

minuta *s.f.* Borrador de un escrito. • En un restaurante, lista de las comidas. • Cuenta de los honorarios de un profesional.
minutero *s.m.* Manecilla que señala los minutos en un reloj.
minuto *s.m.* Sexagésima parte de la hora. • Sesentava parte del grado sexagesimal.
mío, a *adj.* / *s.* Pronombre posesivo de primera persona del singular.
miocardio *s.m.* Parte musculosa del corazón de los vertebrados.
miocarditis *s.f.* Inflamación del miocardio.
mioceno, na *adj.* / *s.m.* Dícese de la época del período terciario posterior al oligoceno.
miología *s.f.* Parte de la anatomía que estudia los músculos.
miope *adj.* / *s.m. y f.* Que padece miopía.
miopía *s.f.* Defecto de la vista por el cual solo pueden verse nítidamente los objetos muy próximos.
mira *s.f.* Pieza de las armas de fuego para precisar la puntería. • Intención o propósito.
mirada *s.f.* Acción de mirar.
mirado, da *adj.* Con los adverbios bien o mal, visto, considerado.
mirador *s.m.* Balcón cerrado. • Lugar para contemplar el paisaje.
miramiento *s.m.* Acción de mirar, atender o considerar algo. • Deferencia. • Cuidado o precaución.
mirar *v.tr.* Fijar la vista con atención. • *intr.* Tener un objetivo; atender. • Estar frente a cierta cosa.
mirasol *s.m.* Girasol.
miríada *s.f.* Cantidad muy grande, pero indefinida.
miriagramo *s.m.* Múltiplo del gramo, equivalente a diez mil gramos.
mirialitro *s.m.* Múltiplo del litro, equivalente a diez mil litros.
miriámetro *s.m.* Múltiplo del metro, equivalente a diez mil metros.
mirilla *s.f.* Abertura en una puerta, pared, etc., para ver del otro lado.
miriñaque *s.m.* Pieza de tela rígida, a veces con aros, que usaban las mujeres para ahuecar las faldas.
mirística *s.f.* Árbol cuya semilla es la nuez moscada.
mirlo *s.m.* Pájaro fácilmente domesticable y capaz de imitar sonidos.
mirón, na *adj.* / *s.* Que mira demasiado y con curiosidad.
mirra *s.f.* Cierta gomorresina aromática y medicinal.
mirto *s.m.* Arbusto oloroso de dos o tres metros de altura; arrayán.
misa *s.f.* Ceremonia principal de la liturgia católica.
misal *adj.* / *s.m.* Dícese del libro que contiene las ceremonias, oraciones y lecturas para la misa.
misantropía *s.f.* Cualidad o actitud de misántropo.
misántropo *s.m.* El que rehúye el trato con los demás.
misceláneo, a *adj.* Compuesto de cosas diferentes. • *s.f.* Mezcla de cosas heterogéneas.
miscible *adj.* Que se puede mezclar.
miserable *adj.* Muy pobre. • Desdichado, infeliz. • Sin valor ni fuerza. • Tacaño. • *adj.* / *s.m. y f.* Capaz de causar daño a los demás.
miserere *s.m.* Salmo que comienza con esta palabra, y canto solemne compuesto sobre él.
miseria *s.f.* Pobreza extremada. • Infortunio. • *fam.* Tacañería.
misericordia *s.f.* Piedad, benevolencia.
mísero, ra *adj.* Miserable.
misérrimo, ma *adj. superl.* de *mísero.*
misil o **mísil** *s.m.* Proyectil que funciona mediante autopropulsión.
misión *s.f.* Acción de enviar o encargar. • Actividad, servicio u obra elevados.
misionero, ra *adj.* Relativo a la misión que evangeliza. • *s.* El que predica el Evangelio.
misiva *s.f.* Carta personal.
mismo, ma *adj.* / *s.* Dícese de un nombre que indica que lo denotado por él es una sola persona o cosa y no otras. • *adj.* Igual, semejante.
misógino *adj.* / *s.m.* Dícese del hombre que odia a las mujeres.
mistela *s.f.* Bebida hecha con aguardiente, agua, azúcar y canela.

misterio *s.m.* Lo secreto, desconocido e inexplicable. • En la religión cristiana, lo inaccesible a la razón que debe ser objeto de fe. • Cada uno de los pasos de la vida, pasión y muerte de Jesucristo.
misterioso, sa *adj.* Rodeado de misterio.
mística *s.f.* Parte de la teología que trata de la vida espiritual y contemplativa.
misticismo *s.m.* Estado de las personas que se dedican a Dios o a las cosas espirituales.
místico, ca *adj.* Relativo a la mística. • *adj./s.* Que se dedica a la vida espiritual.
mistificar *v.tr.* Falsear, falsificar o deformar una cosa.
mistol *s.m.* Árbol con cuyos frutos se elaboran bebidas y dulces.
mita *s.f.* Cierta institución colonial hispanoamericana.
mitad *s.f.* Cada una de las dos partes iguales en que se divide un todo. • Centro o medio de una cosa.
mítico, ca *adj.* Del mito o de la mitología.
mitificar *v.tr.* Convertir en mito cualquier hecho natural.
mitigar *v.tr.* Calmar o aliviar.
mitin *s.m.* Reunión pública en la que se pronuncian discursos.
mito *s.m.* Leyenda simbólica. • Cosa inventada o inverosímil.
mitología *s.f.* Conjunto de mitos y leyendas en que participan dioses o héroes de la antigüedad.
mitomanía *s.f.* Manía de decir mentiras o de contar cosas inventadas.
mitón *s.m.* Especie de guante que deja los dedos libres.
mitosis *s.f.* División indirecta de la célula, en la que el núcleo conserva el mismo número de cromosomas.
mitra *s.f.* Gorro alto que usan ciertas dignidades eclesiásticas en las grandes solemnidades. • Dignidad de arzobispo o de obispo.
mitrado, da *adj.* Que puede usar mitra. • *s.m.* Arzobispo u obispo.
mitral *adj.* Dícese de cierta válvula que existe en la aurícula y el ventrículo izquierdos del corazón.
mixteco, ca *adj./s.* Dícese de los individuos de cierta tribu de indígenas mexicanos.
mixtela *s.f.* Mistela.
mixtificar *v.tr.* Mistificar.
mixtilíneo, a *adj.* Dícese de las figuras formadas por líneas rectas y curvas.
mixto, ta *adj.* Compuesto de dos o más cosas diferentes. • Dícese del número formado por la suma de un entero y un quebrado. • *s.m.* Cerilla, fósforo.
mixtura *s.f.* Mezcla de varias cosas.
mixturar *v.tr.* Mezclar o juntar.
mízcalo *s.m.* Hongo comestible de jugo lechoso amarillo rojizo.
mnemotecnia *s.f.* Nemotecnia.
mnemotécnico, ca *adj.* Nemotécnico.
moaré *s.m.* Muaré.
mobiliario, ria *adj.* Dicho de un bien, mueble. • Dícese de los valores mercantiles emitidos por ciertas sociedades o por el Estado. • *s.m.* Moblaje.
moblaje *s.m.* Conjunto de los muebles de una casa; mobiliario.
mocasín *s.m.* Calzado indio hecho de piel sin curtir. • Calzado moderno que lo imita.
mocedad *s.f.* Edad de la persona joven o todavía joven.
mocetón, na *s.* Persona joven, alta y corpulenta.
mocheta *s.f.* En algunas herramientas, parte opuesta a la del filo.
mochica *adj./s.m. y f.* Dícese de un pueblo indígena del Perú.
mochila *s.f.* Especie de bolsa sujeta a la espalda de excursionistas y soldados para llevar el equipo.
mochilero, ra *s.* Persona que viaja con mochila.
mocho, cha *adj.* Que carece de punta. • *s.m.* Extremo grueso y romo de un utensilio.
mochuelo *s.m.* Ave rapaz nocturna.
moción *s.f.* Acción de moverse o ser movido. • Proposición o petición que se hace en una asamblea.
moco *s.m.* Humor espeso y pegajoso que segregan las membranas mucosas.
mocoso, sa *adj.* Que tiene la nariz llena de mocos. • *s. fam.* Niño atrevido.
moda *s.f.* Conjunto de usos y costumbres característicos de una época o un lugar.

modal *adj.* Relativo al modo gramatical o al modo musical. • *s.m. pl.* Gestos y actitudes habituales.
modalidad *s.f.* Modo de ser o de manifestarse una cosa.
modelado *s.m.* Técnica de modelar. • Manera de estar formada una cosa.
modelar *v.tr./intr.* Formar figuras con un material blando; moldear. • *prnl.* Ajustarse a un modelo.
modelo *s.m.* Cosa de la que se hace otra igual. • Figura en barro que el escultor hace previamente a la obra definitiva. • *m. y f.* Persona que exhibe ropa. • *adj./s.m.* Que tiene una conducta digna de ser imitada.
moderación *s.f.* Mesura.
moderado, da *adj.* No exagerado.
moderador, ra *adj./s.* Que modera.
moderar *v.tr./prnl.* Quitar o apaciguar la violencia de algo.
modernidad *s.f.* Cualidad de moderno.
modernismo *s.m.* Afición a las cosas modernas. • Movimiento literario hispanoamericano caracterizado por la sonoridad del verso y la riqueza imaginativa y rítmica.
modernizar *v.tr.* Dar forma o aspecto moderno a algo antiguo.
moderno, na *adj.* De la época actual.
modestia *s.f.* Cualidad de modesto. • Pudor, recato.
modesto, ta *adj.* Que no está convencido de su valor o que no lo demuestra. • Que se conforma con poco.
módico, ca *adj.* Moderado.
modificación *s.f.* Acción de modificar.
modificador, ra *adj./s.* Que modifica. • *adj./s.m.* En gramática, dícese de la palabra que completa la significación de otra.
modificar *v.tr.* Hacer una cosa diferente de como era. • Completar la significación de una palabra. • *prnl.* Sufrir cambios un ser vivo.
modismo *s.m.* Expresión peculiar de una lengua, que presenta forma fija.
modista *s.m. y f.* Persona que hace ropa de mujer o crea modas.
modisto *s.m.* Hombre que hace ropa de mujer o crea modas.
modo *s.m.* Cada una de las variantes que pueden distinguirse en una acción o suceso. • Clase, especie. • Categoría del verbo que expresa las diferentes formas en que se manifiesta la acción verbal. • Disposición de los sonidos que forman una escala musical diatónica.
modorra *s.f.* Sueño muy pesado.
modoso, sa *adj.* Mesurado, respetuoso.
modulación *s.f.* Acción de modular. • En radiotelefonía, modificación periódica de la fase, la amplitud o la frecuencia de una onda.
modular *v.tr.* Emitir la voz con buena entonación. • En música, pasar de un tono a otro.
módulo *s.m.* Medida comparativa de las partes del cuerpo humano en las diferentes razas. • Piezas que se repiten en diversas construcciones para hacerlas más económicas.
mofa *s.f.* Burla hecha con desprecio.
mofarse *v.prnl.* Hacer mofa.
mofeta *s.f.* Mamífero sudamericano parecido a la comadreja, que segrega un líquido fétido.
moflete *s.m.* Carrillo carnoso.
mogol, la *adj./s.* Mongol.
mogólico, ca *adj.* Mongólico (de Mongolia).
mogote *s.m.* Montículo aislado, terminado en punta roma.
moharra *s.f.* Pieza de metal de la punta de la lanza o del asta de la bandera.
mohín *s.m.* Mueca o gesto.
mohíno, na *adj.* Triste, disgustado.
moho *s.m.* Hongo pequeño que se cría sobre ciertos cuerpos y produce su descomposición. • Capa de óxido que se forma sobre los metales.
mohoso, sa *adj.* Cubierto de moho.
moisés *s.m.* Cuna de mimbre, lona, etc., para niños muy pequeños.
mojadura *s.f.* Acción de mojar.
mojar *v.tr./prnl.* Adherirse un líquido a la superficie de un cuerpo, o penetrarlo.
mojarra *s.f.* Lancha pequeña. • Pez marino de cuerpo comprimido lateralmente.
mojarrita *s.f. América* Pez pequeño, común en ríos y lagunas.
mojiganga *s.f.* Fiesta pública con disfraces ridículos.

mojigato, ta *adj. / s.* Que afecta humildad. • Recatado en exceso.
mojón *s.m.* Señal de piedra que indica la dirección de un camino, los límites de un terreno, etc.
mol *s.m.* Cierta unidad química de cantidad de materia en el Sistema Internacional.
molar *adj.* Relativo a las muelas. • *s.m. / adj.* Cada uno de los dientes ubicados detrás de los caninos.
molde *s.m.* Objeto hueco que da forma a la sustancia vaciada en él.
moldear *v.tr.* Formar un objeto echando en un molde la materia con que se hace. • Modelar figuras.
moldura *s.f.* Estructura saliente, de diversos perfiles, usada como adorno en carpintería, albañilería, etc.
1. mole *adj.* Muelle, blando.
2. mole *s.f.* Cosa de gran tamaño.
molécula *s.f.* Porción mínima de una sustancia, que puede existir libremente sin cambiar su naturaleza química.
molecular *adj.* Relativo a la molécula. • Dícese del peso que resulta de la suma de los pesos atómicos de todos los átomos de una molécula.
moler *v.tr.* Triturar o desmenuzar. • Extenuar o dejar maltrecho.
molestar *v.tr. / prnl.* Fastidiar. • Contrariar u ofender. • *tr.* Incomodar. • Causar un dolor leve.
molestia *s.f.* Efecto de molestar.
molesto, ta *adj.* Que causa molestia o disgusto. • Que siente molestia.
molibdeno *s.m.* Metal de color y brillo plomizos, usado en la fabricación del acero (símbolo: *Mo*).
molicie *s.f.* Blandura. • Comodidad y placer excesivos en el vivir.
molienda *s.f.* Acción de moler. • Porción de una cosa que se ha de moler.
molinete *s.m.* Juguete con una especie de ruedita con aspas que gira movida por el viento. • *América* Torniquete para el paso de personas.
molinillo *s.m.* Instrumento pequeño para moler.
molino *s.m.* Máquina para moler o estrujar. • Edificio donde funciona.
mollar *adj.* Blando y quebradizo.
molle *s.m.* Árbol de ramas espinosas y flores verdosas.
molleja *s.f.* Excrecencia carnosa del ganado vacuno, formada por infarto de una glándula. • Estómago de las aves.
mollera *s.f.* Parte superior del cráneo. • *fam.* Inteligencia.
molusco *adj. / s.m.* Dícese de los animales invertebrados con el cuerpo blando, casi siempre recubierto por una concha, como el caracol.
momentáneo, a *adj.* Que dura solo un momento.
momento *s.m.* Fracción de tiempo muy breve. • Tiempo en que ocurre algo. • Oportunidad. • Tiempo presente.
momia *s.f.* Cadáver que se ha desecado y conservado.
momificar *v.tr. / prnl.* Convertir en momia un cadáver por procedimientos especiales.
monacal *adj.* Relativo a los monjes.
monacato *s.m.* Estado o profesión de monje. • Institución monástica.
monada *s.f.* Monería. • Zalamería, halago. • Cosa bonita y graciosa.
monaguillo *s.m.* Niño que ayuda en la misa y otros oficios religiosos.
monarca *s.m.* Gobernante que ejerce sus funciones por derecho hereditario.
monarquía *s.f.* Estado regido por un monarca. • Régimen político en que el poder es ejercido por un monarca con carácter vitalicio.
monárquico, ca *adj.* De la monarquía. • *adj. / s.* Partidario de ella.
monasterio *s.m.* Convento grande.
monástico, ca *adj.* Relativo al estado de los monjes o al monasterio.
monaural *adj.* Dícese del sistema de reproducción o grabación de sonidos por un solo canal.
mondadientes *s.m.* Palillo para limpiarse los dientes.
mondar *v.tr.* Limpiar una cosa sacando lo superfluo; en especial, la cáscara a las frutas. • Podar.
mondo, da *adj.* Limpio y libre de cosas superfluas.
mondongo *s.m.* Intestino y panza de las reses y del cerdo.

moneda *s.f.* Medida del valor de las cosas y servicios, medio de cambio e instrumento legal para hacer efectivos los pagos. • Pieza de metal para efectivizar esos pagos.
monedero *s.m.* El que hace moneda. • Pequeña bolsa para llevar dinero.
monegasco, ca *adj. / s.* De Mónaco (Europa).
monería *s.f.* Acción propia de mono. • Gesto gracioso de los niños.
monetario, ria *s.f.* De la moneda.
mongol, la *adj. / s.* De Mongolia (Asia).
mongólico, ca *adj.* Relativo a la Mongolia. • *adj. / s.* Que padece mongolismo.
mongolismo *s.m.* Afección congénita caracterizada por el aspecto mongoloide del rostro y un desarrollo mental deficiente.
mongoloide *adj. / s.m.* Dícese del grupo racial caracterizado por los ojos oblicuos y la piel amarilla.
monigote *s.m.* Hombre sin carácter. • Muñeco o figura grotescos.
monitor *s.m.* El que amonesta. • Aparato de control de emisiones radiales y televisivas.
monja *s.f.* Religiosa católica.
monje *s.m.* Anacoreta. • Religioso de una de las órdenes católicas.
mono, na *s.* Mamífero cuadrumano arborícola que vive en regiones cálidas. • *m.* Prenda de vestir usada por los obreros. • *adj. fam.* Lindo.
monoaural *adj.* Monaural.
monobloque *adj.* Hecho de una sola pieza. • *s.m. América* Vivienda colectiva, integrante de un grupo numeroso de edificios.
monocarril *adj. / s.m.* Dícese del ferrocarril cuyos vagones ruedan sobre un carril aéreo.
monocasco *s.m.* Carrocería de automóvil.
monocorde *adj.* Que tiene una sola cuerda. • Monótono, insistente.
monocotiledóneo, a *adj. / s.f.* Dícese de las plantas angiospermas, de raíces fibrosas y embrión con un solo cotiledón.
monocromo, ma *adj.* De un solo color.
monóculo *s.m.* Lente para un solo ojo. • Vendaje que cubre un solo ojo.
monocultivo *s.m.* Cultivo único o predominante de un vegetal.
monofonía *s.f.* Grabación y reproducción de los sonidos, registrados en un único canal.
monogamia *s.f.* Régimen familiar que prohíbe la pluralidad de esposas.
monografía *s.f.* Tratado sobre alguna materia o algún asunto.
monograma *s.m.* Dibujo de las letras iniciales de dos o más nombres.
monolítico, ca *adj.* Relativo al monolito. • Hecho de una sola pieza.
monolito *s.m.* Monumento de piedras de una sola pieza.
monologar *v.intr.* Hablar una persona consigo misma.
monólogo *s.m.* Acción de hablar sin dirigirse a otro. • Obra teatral en que habla un solo personaje.
monomanía *s.f.* Locura en que predomina una única idea. • Obsesión.
monomio *s.m.* Polinomio de un solo término.
monopatín *s.m. América* Patineta.
monopétalo, la *adj. / s.f.* Dícese de la flor o la corola de un solo pétalo.
monoplano *s.m. / adj.* Avión que tiene una sola superficie de sustentación.
monopolio *s.m.* Privilegio exclusivo de una persona o empresa para comercializar un determinado producto.
monopolizar *v.tr.* Ejercer un monopolio.
monorriel *adj. / s.m.* Monocarril.
monosépalo, la *adj.* Dícese de la flor o del cáliz de un solo sépalo.
monosilábico, ca *adj.* De una sola sílaba.
monosílabo, ba *adj.* Que consta de una sola sílaba.
monospermo, ma *adj.* Dícese del fruto con una sola semilla.
monoteísmo *s.m.* Doctrina teológica que reconoce a un solo Dios.
monotipia *s.f.* Máquina que funde y compone caracteres de imprenta.
monotipo *s.m.* Monotipia.
monotonía *s.f.* Cualidad de monótono.
monótono, na *adj.* Sin variaciones en el tono, la voz o el estilo.
monseñor *s.m.* Título de dignidad dado a ciertos eclesiásticos.

monserga *s.f.* Lenguaje confuso.
monstruo *s.m.* Ser que nace con formas anormales. • En la literatura infantil, animal imaginario, grande y poderoso. • Persona muy cruel.
monstruosidad *s.f.* Cualidad de monstruoso. • Hecho monstruoso.
monstruoso, sa *adj.* Que está contra el orden de la naturaleza. • Excesivamente grande. • Muy censurable.
monta *s.f.* Acción de montar. • Valor o importancia de una cosa.
montacargas *s.m.* Ascensor para el trasporte de objetos muy pesados.
montado, da *adj.* Que va a caballo. • Establecido, instalado.
montador, ra *s.* Técnico especializado en el montaje de filmes. • *m.* Operario que monta máquinas.
montaje *s.m.* Acción de montar una máquina. • Preparación del escenario y los atuendos de los actores en una obra teatral. • Ajuste y selección en el ritmo y sucesión de imágenes de una película.
montante *s.m.* Soporte o refuerzo. • Listón que divide el vano de una ventana. • Ventana sobre una puerta.
montaña *s.f.* Elevación natural del terreno. • Terreno montañoso.
montañés, sa *adj./s.* Que habita una región montañosa o procede de ella.
montañismo *s.m.* Alpinismo.
montañoso, sa *adj.* Relativo a las montañas. • Que abunda en montañas.
montar *v.intr./tr./prnl.* Subir encima de un animal o un vehículo. • *intr./tr.* Cabalgar. • *intr.* Importar cierta cantidad de dinero. • *tr.* Armar un aparato o máquina. • Engastar. • Representar un espectáculo teatral.
montaraz *adj.* Que anda por los montes o se crió en ellos.
monte *s.m.* Montaña aislada. • Tierra inculta cubierta de árboles. • Cierto juego de naipes.
montepío *s.m.* Establecimiento para ayuda mutua.
montera *s.f.* Gorro del torero.• Techo de cristales sobre un patio.
montería *s.f.* Caza de animales de gran tamaño. • Arte de cazarlos.
montero, ra *s.* El que interviene en una montería.
montés, sa *adj.* Montaraz. • Dícese de una especie de gato salvaje, de pelaje gris rojizo con bandas negras.
montevideano, na *adj./s.* De Montevideo (Uruguay).
montículo *s.m.* Monte pequeño y aislado.
monto *s.m.* En finanzas, suma de varias partidas.
montón *s.m.* Conjunto de cosas desordenadas y encimadas. • *fam.* Gran cantidad de alguna cosa.
montonero, ra *s.* El que, por cobardía, provoca una lucha cuando está rodeado de sus partidarios. • *s.* En América del Sur, grupo de gente armada que combatía contra el gobierno.
montuno, na *adj.* Relativo al monte.
montuoso, sa *adj.* Montuno. • Que tiene muchos montes.
montura *s.f.* Cabalgadura. • Arreos de una caballería. • Montaje de una máquina. • Armazón que sostiene algo.
monumental *adj.* Relativo al monumento. • Muy grande o imponente.
monumento *s.m.* Obra arquitectónica o escultórica, de gran tamaño, que conmemora algo. • Objeto o documento históricos. • Altar donde, en Jueves Santo, se expone la urna con la hostia consagrada.
monzón *s. ambig.* Viento periódico que sopla en varios lugares de la Tierra.
moño *s.m.* Lazo de cintas. • Rodete hecho en el pelo. • Penacho de ave.
moquear *v.intr.* Segregar mocos.
moqueta *s.f.* Tela fuerte de lana, que se usa para alfombras y tapices.
moquete *s.m. fam.* Puñetazo dado en la cara.
moquillo *s.m.* Catarro que padecen algunos animales. • Cierto tumor que suelen tener las gallinas.
1. mora *s.f.* Tardanza, dilación.
2. mora *s.f.* Fruto del moral. • Fruto de la morera.
morada *s.f.* Casa u hogar. • Estada.
morado, da *adj./s.m.* Dícese del color mezcla de rojo y azul.
morador, ra *adj./s.* Que mora.

1. moral *s.f.* Normas que regulan el comportamiento humano desde el punto de vista del bien. • Estado anímico. • Moralidad. • *adj.* Relativo a la moral.
2. moral *s.m.* Árbol frutal de porte mediano, cuyo fruto es la mora.
moraleja *s.f.* Enseñanza que se deduce de un cuento, una fábula, etc.
moralidad *s.f.* Cualidad de moral. • Conformidad con las reglas morales.
moralista *s.m. y f.* El que trata de moralizar las costumbres de otros.
moralizar *v.tr.* Introducir moralidad. • *intr.* Reflexionar sobre la moral.
morar *v.intr.* Residir en un lugar.
moratoria *s.f.* Plazo otorgado para cumplimentar una deuda vencida.
morbidez *s.f.* Cualidad de mórbido.
mórbido, da *adj.* Que causa o puede causar enfermedad.
morbo *s.m.* Enfermedad.
morbosidad *s.f.* Cualidad de morboso.
morboso, sa *adj.* Relativo a la enfermedad o que la causa. • Que revela un estado síquico insano.
morcilla *s.f.* Embutido hecho con sangre cocida y otros ingredientes.
mordacidad *s.f.* Cualidad de mordaz.
mordaz *adj.* Que corroe. • Áspero al paladar. • Que critica con acritud.
mordaza *s.f.* Cualquier cosa que se pone en la boca para impedir el habla. • Dispositivo que sujeta algo.
mordedura *s.f.* Acción de morder. • Herida o señal producidas al morder.
mordente *s.m.* Mordiente (sustancia).
morder *v.tr.* Clavar los dientes en una cosa. • Corroer.
mordiente *adj.* Que muerde. • Que corroe. • *s.m.* Sustancia cáustica para fijar los colores.
mordiscar *v.tr.* Mordisquear.
mordisco *s.m.* Mordedura leve. • Trozo que se saca de algo al morderlo.
mordisquear *v.tr.* Morder algo repetidas veces.
1. morena *s.f.* Pez parecido a la anguila.
2. morena *s.f.* Material heterogéneo depositado por un glaciar.
moreno, na *adj.* De color oscuro que tira a negro. • De color menos claro que el de la raza blanca.
morera *s.f.* Árbol de porte mediano e infrutescencias blancas o rojas.
morería *s.f.* Territorio, región o barrio habitados por moros.
moretón *s.m. fam.* Cardenal (mancha).
morfema *s.f.m.* Unidad mínima de la morfología de una lengua, dotada de significado.
morfina *s.f.* Alcaloide blanco, tóxico y narcótico, extraído del opio.
morfinómano, na *adj. / s.* Que se inyecta morfina, por hábito.
morfología *s.f.* Parte de la biología, que estudia las formas de los seres orgánicos. • Parte de la gramática, que estudia la estructura de las palabras y sus variaciones.
morganático, ca *adj.* Dícese del matrimonio entre una persona de rango real y otra que no lo es.
moribundo, da *adj. / s.* Que está por morir.
morigerado, da *adj.* Moderado en sus costumbres y gustos.
morigerar *v.tr. / prnl.* Moderar los excesos de las acciones.
morillo *s.m.* Caballete de hierro para apoyar la leña en el hogar.
morir *v.intr. / prnl.* Dejar de vivir. • *intr.* Extinguirse. • Cesar algo en su curso o movimiento.
morisco, ca *adj. / s.* Dícese de los moros bautizados que se quedaron en España. • *adj.* Moruno.
morisqueta *s.f.* Ardid, treta. • Burla, desprecio. • Mueca.
mormón, na *s.* El que profesa el mormonismo.
mormonismo *s.m.* Cierta secta protestante estadounidense.
moro, ra *adj.* Mauritano. • *adj. / s.* Mahometano; en especial, los que invadieron España.
morocho, cha *adj. fam. América* Que tiene la piel morena.
morondanga *s.f. fam.* Mezcla de cosas inútiles y sin valor.
morondo, da *adj.* Sin cabellos o sin hojas.
moroso, sa *adj.* Que se mueve con lentitud, o se detiene. • Que se atrasa en el pago o la devolución de algo.

morral *s.m.* Bolsa con el pienso, que se cuelga de la cabeza de las caballerías. • Bolsa que se cuelgan del hombro los cazadores y los pastores.
morralla *s.f.* Conjunto de cosas inútiles y sin valor. • Conjunto de personas despreciables.
morrena *s.f.* En geología, morena.
morriña *s.f.* Tristeza, melancolía.
morrión *s.m.* Casco de la armadura. • Gorro militar, con visera.
morro *s.m.* Hocico de los animales. • Cualquier cosa redonda y saliente. • Monte pequeño.
morrocotudo, da *adj. fam.* Muy importante o dificultoso.
morrón *adj. / s.m.* Dícese del pimiento de punta roma.
morrudo, da *adj. fam.* De labios abultados. • *América* Robusto.
morsa *s.f.* Mamífero de los mares árticos, parecido a la foca. • *América* Torno.
mortadela *s.f.* Embutido de carne de cerdo y de vaca.
1. mortaja *s.f.* Sábana u otra prenda con que se cubre un cadáver para enterrarlo.
2. mortaja *s.f.* Muesca en una pieza de madera para encajar otra.
mortal *adj.* Que ha de morir. • Que causa la muerte. • Penoso, abrumador. • *s.m.* Por antonomasia, el hombre.
mortalidad *s.f.* Cualidad de mortal. • Número proporcional de muertes en un lugar y lapso determinados.
mortandad *s.f.* Gran número de muertes causadas por una guerra, una epidemia, etcétera.
mortecino, na *adj.* Sin vigor, débil.
mortero *s.m.* Recipiente en que se machacan especias, drogas, etc. • Pieza de artillería de gran calibre, para lanzar proyectiles.
mortífero, ra *adj.* Que causa la muerte; letal, mortal.
mortificar *v.tr. / prnl.* Privar de vitalidad a alguna parte del cuerpo. Hacer sufrir física o espiritualmente.
mortuorio, ria *adj.* Relativo a la muerte o a las honras fúnebres.
morueco *s.m.* Carnero destinado a la reproducción.
mórula *s.f.* Segunda etapa del desarrollo embrionario, después de la segmentación del huevo.
moruno, na *adj.* De moro o como de moro.
mosaico *s.m.* Revestimiento decorativo hecho con pequeños fragmentos irregulares de piedra, vidrio, etc., de distintos colores.
mosaico, ca *adj.* Relativo a Moisés.
mosaísmo *s.m.* Conjunto de preceptos dictados por Dios a los israelitas por medio de Moisés, y que constituyen la religión de los judíos.
mosca *s.f.* Insecto díptero de color negro, muy molesto, que puede ser trasmisor de enfermedades.
moscardón *s.m.* Mosca grande y vellosa que deposita sus huevos entre los pelos de algunos animales. • Moscón.
moscatel *s.ambig. / adj.* Uva muy dulce, blanca y rosada. • *s.m. / adj.* Vino hecho con esa uva.
moscón *s.m.* Mosca grande y zumbadora.
moscovita *adj. / s.m. y f.* Ruso.
mosquear *v.tr. / prnl.* Espantar las moscas. • Ofenderse.
mosqueta *s.f.* Variedad de rosal de flores pequeñas.
mosquete *s.m.* Arma de fuego antigua, más larga que el fusil.
mosquetero *s.m.* Soldado armado con mosquete y espada.
mosquitera *s.m.* Mosquitero.
mosquitero *s.m.* Colgadura de tul o gasa, para cubrir la cama como protección contra los mosquitos.
mosquito *s.m.* Insecto díptero que tiene un aguijón con el que pica y chupa la sangre de personas y animales.
mostacera *s.f.* Recipiente para servir la mostaza en la mesa.
mostacero *s.m.* Mostacera.
mostacho *s.m.fam.* Bigote.
mostacilla *s.f.* Munición de caza muy pequeña. • Conjunto de cuentecillas usadas en bordados y adornos.
mostaza *s.f.* Planta cuyas semillas se emplean en medicina y como condimento. • Pasta que se hace con esas semillas.
mosto *s.m.* Zumo extraído de la uva, antes de fermentar.

mostrador, ra *adj.* Que muestra. • *s.m.* Mesa o tablero donde se presentan las mercaderías a los compradores.
mostrar *v.tr.* Poner a la vista una cosa. • Manifestar alguien un sentimiento. • Explicar cómo se hace u ocurre algo.
mostrenco, ca *adj.* Dícese de los bienes o cosas que no tienen dueño.
mota *s.f.* Nudo que se forma en el paño. • Partícula que se pega en la ropa. • Defecto. • *América* Mechón de pelo muy ensortijado.
1. mote *s.m.* Frase o sentencia con un significado oculto. • Apodo.
2. mote *s.m. América* Maíz desgranado y cocido con sal.
motejar *v.tr.* Censurar con motes o apodos.
motel *s.m.* Hotel situado en las proximidades de las carreteras.
motín *s.m.* Rebelión contra la autoridad.
motivación *s.f.* Acción de motivar. • Factor síquico que hace actuar en cierto sentido.
motivar *v.tr.* Causar, determinar.
motivo *s.m.* Cosa o suceso que determinan que se haga o exista algo. • Tema de una composición musical.
moto *s.f.* Apócope de *motocicleta.*
motobomba *s.f.* Conjunto formado por una bomba para líquidos y el motor que la acciona.
motocicleta *s.f.* Vehículo de dos ruedas, propulsado por un motor.
motociclista *s.m. y f.* Persona que maneja una motocicleta.
motón *s.m.* En marina, polea con roldanas por donde pasan los cabos.
motonáutica *s.f.* Navegación con embarcaciones menores con motor.
motonave *s.f.* Buque propulsado por motores.
motopropulsor, ra *adj./s.m.* Dícese del conjunto de órganos mecánicos que sirven para mover un vehículo.
motor, ra *adj.* Que mueve. • *s.m.* Máquina que convierte cualquier clase de energía en energía cinética.
motorista *s.m. y f.* Persona que conduce un vehículo automóvil.
motorizar *v.tr./prnl.* Dotar de medios mecánicos de tracción o trasporte a una industria, un ejército, etc.
motriz *adj.f.* Que mueve.
movedizo, za *adj.* Fácil de mover. • Inseguro, por falta de firmeza.
mover *v.tr./prnl.* Hacer que un cuerpo deje el lugar que ocupa y pase a ocupar otro. • *tr.* Hacer funcionar una cosa. • Impulsar, incitar. • Causar compasión, risa, etc. • Desencadenar, promover.
movible *adj.* Que puede moverse.
movido, da *adj.* Que se ha desarrollado con agitación.
móvil *adj./s.m.* Que se mueve. • *s.m.* Lo que impulsa a alguien a actuar de determinada manera. • En mecánica, cuerpo en movimiento.
movilidad *s.f.* Cualidad de movible.
movilización *s.f.* Acción de movilizar.
movilizar *v.tr.* Poner en actividad tropas, capitales, etc.
movimiento *s.m.* Acción de mover. • Agitación. • Arrebato, impulso. • Corriente de opinión o tendencia artística en cierta época. • En música, velocidad. • Parte de una sonata, sinfonía, etcétera.
moyuelo *s.m.* Afrecho muy fino.
mozalbete *s.m.* Muchacho.
mozárabe *adj./s.m. y f.* Dícese de los cristianos que en la época de la Reconquista vivían entre los moros. • *s.m.* Dialecto hablado por esos cristianos.
mozo, za *adj./s.* Dícese del hombre o mujer jóvenes. • *s.m.* Hombre que presta ciertos servicios domésticos.
muaré *s.m.* Tela gruesa de seda, algodón o lana, que forma aguas.
mucamo, ma *s. América* Criado, sirviente.
muceta *s.f.* Esclavina usada por prelados, magistrados, etc.
muchachada *s.f.* Acción propia de muchachos. • Conjunto de muchachos.
muchacho, cha *s.* Persona adolescente. • Niño que aún no ha llegado a la adolescencia.
muchedumbre *s.f.* Multitud
mucho, cha *adj./s.* Pronombre indefinido que expresa cantidad, número o intensidad grande. • *adv.* En alto grado, en gran número.
mucilaginoso, sa *adj.* Que contiene mucílago o tiene sus propiedades.

mucílago o **mucilago** *s.m.* Sustancia viscosa de origen vegetal.
mucosidad *s.f.* Materia de la misma naturaleza del moco y semejante a éste.
mucoso, sa *adj.* Semejante al moco. • Que tiene mucosidad o la produce. • *s.f. / adj.* Membrana que reviste cavidades orgánicas que tienen comunicación con el exterior.
mucus *s.m.* Mucosidad.
muda *s.f.* Acción de mudar. • Ropa interior que se cambia de una vez.
mudanza *s.f.* Acción de mudar. • Acción de cambiar de casa. • En la danza, cada conjunto de movimiento.
mudar *v.intr. / tr.* Ponerse diferente de como se era; cambiar. • Dejar una cosa que se tenía y tomar otra en su lugar. • *prnl.* Dejar el sitio que se ocupaba o habitaba, y pasar a otro.
mudéjar *adj. / s.m. y f.* Dícese de los musulmanes que vivían en España, en territorio reconquistado por los cristianos, sin cambiar de religión.
mudez *s.f.* Estado de mudo.
mudo, da *adj. / s.* Privado de la facultad de hablar. • *adj.* Callado.
mueble *s.m.* Objeto trasportable para usos prácticos o para adorno de una casa. • *adj.* Dícese de los bienes que pueden llevarse de un lugar a otro.
mueblería *s.f.* Taller donde se hacen muebles. • Establecimiento donde se venden.
mueca *s.f.* Gesto violento del rostro.
muela *s.f.* Piedra giratoria en los molinos. • Rueda para afilar herramientas. • Muela (diente).
1. muelle *adj.* Suave, blando. • Cómodo. • *s.m.* Pieza elástica de metal.
2. muelle *s.m.* Construcción en la orilla del mar o de un río para embarque o desembarque y para atrapar embarcaciones. • Andén de una estación de ferrocarril.
muérdago *s.m.* Planta de hojas verdes y carnosas, que vive sobre las ramas de los árboles.
muerte *s.f.* Cese de la vida; fallecimiento. • Homicidio. • Destrucción.
muerto, ta *adj. / s.* Que ya no vive. • *adj.* Dícese de la cal o el yeso apagados. • Dícese de la lengua que no se habla como natural de un país o región.
muesca *s.f.* Hueco pequeño hecho en una cosa.
muestra *s.f.* Porción de una mercancía para conocer su calidad. • Cosa que se ha de copiar. • Prueba, señal. • Letrero donde se anuncia el nombre de un establecimiento comercial.
muestrario *s.m.* Conjunto de muestras o mercancías.
mugido *s.m.* Voz de las reses vacunas.
mugir *v.intr.* Emitir mugido.
mugre *s.f.* Suciedad acumulada.
mugriento, ta *adj.* Lleno de mugre.
mugrón *s.m.* Sarmiento de la vid que se entierra para que arraigue y forme una nueva planta.
muguete *s.m.* Planta herbácea de flores blancas y perfumadas.
mujer *s.f.* Persona del sexo femenino. • Esposa.
mujeriego, ga *adj.* Mujeril. • Dícese del hombre muy aficionado a las mujeres.
mujeril *adj.* Relativo a la mujer.
mújol *s.m.* Pez de aguas cálidas, de carne y huevas muy apreciadas.
muladar *s.m.* Lugar donde se arroja el estiércol o la basura.
muladí *adj. / s.m. y f.* Dícese de los cristianos que, durante la Reconquista española, se convertían al islamismo.
mular *adj.* Relativo al mulo.
mulato, ta *adj. / s.* Dícese de la persona nacida de padre negro y madre blanca, o viceversa.
muleta *s.f.* Palo con un travesaño en uno de los extremos, para apoyarse el que tiene dificultad para caminar. • Palo cubierto con un paño rojo, que usan los toreros para engañar al toro.
muletilla *s.f.* Muleta del torero. • Palabra o expresión repetidas sin necesidad.
muleto, ta *s.* Mulo pequeño, joven o sin domesticar.
muletón *s.m.* Tela gruesa y afelpada.
mulita *s.f. América* Armadillo pequeño.
mullido, da *adj.* Blando y esponjoso. • *s.m.* Material esponjoso para rellenar colchones o almohadones.
mullir *v.tr.* Esponjar.

mulo, la *s.* Animal híbrido nacido del asno y yegua, o de caballo y asna.
multa *s.f.* Pena pecuniaria impuesta por una falta o contravención.
multar *v.tr.* Imponer una multa.
multicelular *adj.* Formado por múltiples células.
multicolor *adj.* De muchos colores.
multicopiar *v.tr.* Reproducir en copias mediante una multicopista.
multicopista *s.f. / adj.* Máquina para obtener copias de escritos, dibujos, etc.
multiforme *adj.* De varias formas.
multilateral *adj.* De múltiples lados, partes o aspectos.
multimillonario, ria *adj. / s.* Que tiene muchos millones.
múltiple *adj.* Dícese de las cosas de las que hay varios ejemplares, o que suceden repetidas veces. • *pl.* Muchos o varios.
multiplicación *s.f.* Acción de multiplicar. • Operación de multiplicar.
multiplicador, ra *adj. / s.* Que multiplica.• *adj. / s.m.* Dícese del número que multiplica a otro.
multiplicando *adj. / s.m.* Dícese del número que se multiplica por otro.
multiplicar *v.tr. / prnl.* Aumentar el número de cosas de un conjunto. • *tr.* Sumar un número tantas veces como lo indica otro.
multiplicativo, va *adj.* Que multiplica o aumenta.
multiplicidad *s.f.* Cualidad de múltiple.
múltiplo, pla *adj. / s.m.* Dícese del número que contiene a otro un número exacto de veces.
multitud *s.f.* Gran número de personas o cosas: muchedumbre
multitudinario, ria *adj.* Propio de la multitud.
multívoco, ca *adj.* En matemática, dícese de las relaciones que no son unívocas.
mundanal *adj.* Relativo al mundo.
mundano, na *adj.* Mundanal. • Que frecuenta fiestas de sociedad.
mundial *adj.* De todo el mundo.
mundillo *s.m.* Conjunto de personas que se dedican a determinada actividad.
mundo *s.m* Conjunto de todo lo que existe; universo. • El planeta que habitamos. • Totalidad de los seres humanos. • Vida secular.
munición *s.f.* Pertrechos. • Proyectil para las armas de fuego.
municipal *adj.* Del municipio.
municipalidad *s.f.* Municipio, ayuntamiento.
municipio *s.m.* Unidad territorial administrativa, formada por una población y cierta extensión de terreno alrededor de ella. • Organismo administrativo que la gobierna.
munificencia *s.f.* Generosidad con ostentación.
munificiente *adj.* Munífico.
munífico, ca *adj.* Generoso.
muñeca *s.f.* Parte del miembro superior por donde se articula el brazo con la mano. • Pequeño bulto de trapo que, embebido en un líquido, se usa para frotar, lustrar, etc.
muñeco, ca *s.* Figura humana hecha con diversos materiales, que sirve de juguete o de adorno.
muñeira *s.f.* Danza popular de Galicia.
muñequear *v.tr. América* Mover influencias para conseguir algo.
muñequera *s.f.* Tira de cuero con que se ajusta o venda la muñeca.
muñón *s.m.* Parte de un miembro cortado que queda adherida al cuerpo.
mural *adj.* Del muro. • *s.m.* Pintura hecha sobre un muro.
muralla *s.f.* Muro alto que rodea un castillo, una fortaleza, etc.
murallón *s.m.* Muralla muy gruesa.
murar *v.tr.* Rodear de muros o murallas una fortaleza, ciudad, etc.
murciélago *s.m.* Mamífero parecido a un ratón, con las extremidades unidas por una membrana, lo que le permite volar.
murga *s.f.* Banda de músicos ambulantes.
muriático, a *adj.* Clorhídrico.
múrice *s.m.* Molusco marino del que se extrae una sustancia colorante usada antiguamente para teñir de rojo.
murmullo *s.m.* Ruido suave y confuso de algunas cosas.
murmuración *s.f.* Acción de murmurar de alguien.

murmurar *v.intr.* Producir un murmullo el viento, las hojas de los árboles, etc. • *intr/tr.* Hablar en voz muy baja y confusa. • *intr.* Decir cosas que perjudiquen a alguien.
muro *s.m.* Pared o tapia.• Muralla.
murria *s.f.fam.* Melancolía, tristeza.
murtón *s.m.* Fruto del arrayán.
murucuyá *s.m.* Pasionaria.
mus *s.m.* Cierto juego de naipes.
musa *s.f.* Cada una de las deidades que protegían las ciencias y las artes. • Inspiración de los poetas y artistas.
musaraña *s.f.* Mamífero insectívoro nocturno, parecido al ratón.
muscarina *s.f.* Alcaloide muy venenoso obtenido de ciertos hongos y del pescado putrefacto.
muscívoro, ra *adj.* Dícese del animal que se alimenta de moscas.
muscular *adj.* De los músculos.
musculatura *s.f.* Conjunto de los músculos.
músculo *s.m.* Órgano formado por tejido que tiene la propiedad de contraerse bajo la influencia de un estímulo.
musculoso, sa *adj.* Que tiene los músculos muy desarrollados.
muselina *s.f.* Cierta tela de tejido muy fino y poco tupido.
museo *s.m.* Lugar donde se guardan y exponen objetos artísticos, científicos, históricos, etc.
museografía *s.f.* Conjunto de técnicas relativas al funcionamiento de los museos.
museología *s.f.* Ciencia que estudia los museos, su historia y las técnicas de conservación y catalogación.
muserola *s.f.* Correa de la brida, para asegurar el bocado.
musgo *s.m.* Planta pequeña que crece en lugares húmedos.
musgoso, sa *adj.* Cubierto de musgo.
música *s.f.* Sucesión de sonidos instrumentales o vocales que producen emoción estética. • Arte y técnica de componer y reproducir esos sonidos. • Composición o partitura musical.
musical *adj.* Relativo a la música.
musicalidad *s.f.* Cualidad o carácter musical.
músico, ca *adj.* Musical. • Persona que se dedica a la música.
musicología *s.f.* Estudio científico de la música.
musitar *v.intr./tr.* Hablar en voz muy baja.
muslo *s.m.* Parte superior de la pierna, desde la cadera hasta la rodilla.
mustio, tia *adj.* Marchito. • *fam.* Triste, melancólico.
musulmán, na *adj./s.* Mahometano.
mutabilidad *s.f.* Cualidad de mutable.
mutación *s.f.* Cambio, mudanza.
mutar *v.tr.* Mudar, trasformar.
mutilación *s.f.* Acción de mutilar.
mutilar *v.tr.* Cortar un miembro o un órgano a un ser vivo. • Quitar una parte a una cosa.
mutis *s.m.* Acción de retirarse de escena un actor.
mutismo *s.m.* Actitud del que no habla o no dice cierta cosa.
mutual *adj.* Mutuo. • *s.f. América* Mutualidad (asociación).
mutualidad *s.f.* Cualidad de mutuo. • Asociación de personas para ayuda mutua efectuada gracias al aporte monetario de sus integrantes.
mutualismo *s.m.* Doctrina social que propugna la formación de mutualidades.
mutualista *adj.* De la mutualidad. • *s.m. y f.* Socio de una mutualidad.
mutuo, tua *adj.* Dícese de las acciones hechas o los sentimientos tenidos por dos o más personas; recíproco.
muy *adv.* Mucho, en gran medida.
my *s.f.* Duodécima letra del alfabeto griego (μ).

N

n *s.f.* Consonante, decimocuarta letra del abedecario español. Su nombre es *ene*. • Letra con que se suple en un escrito a quien no se quiere nombrar, o no se conoce.

naba *s.f.* Planta herbácea, de raíz carnosa y comestible.

nabiza *s.f.* Hoja tierna del nabo. • Raicillas tiernas de la naba.

nabo *s.m.* Planta herbácea anual o bienal, de raíz comestible.

naborí *s.m. y f.* Indígena libre que en América realizaba trabajos domésticos.

nácar *s.m.* Sustancia blanca, dura e iridiscente, que reviste el interior de algunas conchas.

nacarado, da *adj.* De aspecto de nácar, nacarino.

nacarino, na *adj.* De nácar. • Nacarado.

nacer *v.intr.* Salir del claustro materno, o del huevo. • Brotar las hojas, flores, etc., en una planta. • Salir vello, pelo o plumas en un animal. • Surgir un manantial o un río. • Aparecer un astro en el horizonte. • Originarse; proceder.

nacido, da *adj. / s.* Dícese de todos los seres humanos que existen o han existido.

naciente *adj.* Dícese del Sol cuando está saliendo. • *s.m.* Este (punto cardinal).

nacimiento *s.m.* Acción de nacer. • Origen, principio. • Representación del nacimiento de Jesucristo.

nación *s.f.* Conjunto de los habitantes de un país regido por un mismo gobierno. • Territorio de ese país.

nacional *adj.* Relativo a la nación.

nacionalidad *s.f.* Carácter peculiar de los pueblos e individuos de una nación. • Estado jurídico de esos individuos.

nacionalismo *s.m.* Apego a la propia nación.

nacionalista *adj. / s.m. y f.* Partidario del nacionalismo.

nacionalizar *v.tr.* Hacer pasar al Estado bienes y empresas. • *prnl.* Adquirir una persona la nacionalidad de un país que no es el suyo.

nacionalsocialismo *s.m.* Nazismo.

naco *s.m. América* Hoja del tabaco enrollada, para masticar.

nada Pronombre indefinido que denota inexistencia o ausencia. • Adverbio de negación. • *s.f.* Negación del ser. • Cosa mínima.

nadador, ra *adj. / s.* Que nada.

nadar *v.intr.* Mantenerse y avanzar sobre el agua. • Abundar en algo

nadería *s.f.* Cosa de poco valor o importancia; bagatela.

nadie Pronombre indefinido que equivale a "ninguna persona".

nadir *s.m.* Punto de la esfera celeste opuesto al cenit.

nado (a) *loc.adv.* Nadando.

nafta *s.f.* Líquido combustible que se obtiene de la destilación del petróleo.

naftalina *s.f.* Hidrocarburo sólido que se obtiene del alquitrán de hulla y se usa contra las polillas.

nahua *adj. / s.m. y f.* Náhuatle.

náhuatle *adj. / s.m. y f.* Dícese de un pueblo indígena que habitó en la altiplanicie mexicana antes de la llegada de los españoles.

nailon *s.m.* Fibra textil sintética, elástica y resistente.

naipe *s.m.* Cada una de las cartulinas que se utilizan para varios juegos.
nalga *s.f.* Cada una de las dos partes carnosas de las asentaderas.
1. nana *s.f. fam.* Abuela. • Canción de cuna. • *América* Niñera.
2. nana *s.f. fam. América* Enfermedad leve y pasajera.
nansú *s.m.* Cierta tela de algodón.
nao *s.f.* Embarcación.
napa *s.f.* Cierta clase de cuero curtido. • Capa de agua subterránea.
napalm *s.m.* Líquido inflamable usado en lanzallamas y bombas incendiarias.
napoleónico, ca *adj.* Relativo a Napoleón.
napolitano, na *adj. / s.* De Nápoles (Italia).
naranja *s.f.* Fruto del naranjo. • *adj. / s.m.* Anaranjado.
naranjada *s.f.* Bebida de jugo de naranja, azúcar y agua.
naranjado, da *adj. / s.m.* Anaranjado.
naranjero, ra *adj.* Del naranjo o de la naranja. • *adj. / s.* Que vende naranjas.
naranjo *s.m.* Árbol frutal de hojas persistentes y flores blancas aromáticas; su fruto es la naranja.
narcisismo *s.m.* Excesiva complacencia en la consideración de las propias facultades u obras.
narciso *s.m.* Planta herbácea ornamental, de flores amarillas o blancas, muy perfumadas.
narcomanía *s.f.* Adicción a las drogas.
narcótico, ca *adj. / s.m.* Dícese de la droga que produce sopor.
narcotizar *v.tr.* Adormecer con narcóticos.
narcotráfico *s.m.* Comercio de drogas tóxicas.
nardo *s.m.* Planta de flores blancas, olorosas, en espiga.
narguile *s.m.* Cierta pipa para fumar, usada por los orientales.
narigón, na *adj.* Narigudo.
narigudo, da *adj.* Que tiene la nariz muy grande.
narina *s.f.* Cada uno de los orificios nasales externos.
nariz *s.f.* Parte saliente del rostro, entre la boca y la frente; es el órgano del olfato.
narración *s.f.* Acción de narrar. • Lo que se narra.
narrar *v.tr.* Contar, relatar.
narrativa *s.f.* Conjunto de las obras del género narrativo.
narrativo, va *adj.* Relativo a la narración. • Dícese del género literario que comprende obras en las que predomina la narración.
narval *s.m.* Cetáceo con un largo colmillo; se utilizan su grasa y el marfil de ese diente.
nasa *s.f.* Artificio para pescar consistente en una cesta con un embudo dirigido hacia adentro.
nasal *adj.* Relativo a la nariz.
nasofaríngeo, a *adj.* Dícese de lo que está situado en la faringe por encima del velo del paladar y detrás de las fosas nasales.
nata *s.f.* Sustancia grasa de la leche, de la que se obtiene la manteca. • Lo mejor de alguna cosa.
natación *s.f.* Acción de nadar. • Deporte que consiste en nadar.
natal *adj.* Relativo al nacimiento.• Nativo.
natalicio, cia *adj.* Del día del nacimiento. • *s.m.* Hecho de nacer o fiesta con que se celebra ese hecho.
natalidad *s.f.* Número proporcional de nacimientos en una población y tiempo determinados.
natatorio, ria *adj.* De la natación. • Que sirve para nadar. • Dícese de la vejiga que tienen muchos peces para ascender y descender en el agua. • *s.m.* Lugar destinado para nadar.
natillas *s.f. pl.* Plato dulce hecho con leche, huevos y azúcar, cocidos.
Natividad *s. prop. f.* Nacimiento de Jesucristo.
nativismo *s.m. América* Fomento y difusión de las cosas nativas.
nativo, va *adj.* Que nace naturalmente. • Relativo al lugar en que uno ha nacido. • Innato.
nato, ta *adj.* Dícese del título o cargo anexo a un empleo.
natura *s.f.* Naturaleza (modo de ser).
natural *adj.* Producido por la naturaleza. • Sin elaboración ni trasformación. • Nativo. • *s.m.* Condición, genio, índole.

naturaleza *s.f.* Modo de ser de una persona o cosa. • Conjunto de las cosas del universo físico. • Constitución física de una persona.
naturalidad *s.f.* Cualidad de natural. • Espontaneidad, sencillez.
naturalista *s.m. y f.* El que se dedica al estudio de las ciencias naturales.
naturalizar *v.tr.* Conceder a un extranjero los derechos de un natural del país. • *prnl.* Nacionalizarse.
naturismo *s.m.* Doctrina que propugna la vida natural, como medio de prevenir y curar las enfermedades.
naufragar *v.intr.* Irse a pique una embarcación. • Fracasar un intento.
naufragio *s.m.* Acción de naufragar.
náufrago, ga *adj./s.* Dícese del barco o de la persona que han naufragado.
náusea *s.f.* Ansias de vomitar. • Repugnancia que se siente contra algo.
nauseabundo, da *adj.* Que produce náuseas.
nauta *s.m.* El que navega.
náutica *s.f.* Ciencia y técnica de navegar.
náutico, ca *adj.* Relativo a la navegación.
nautilo *s.m.* Molusco marino con muchos tentáculos sin ventosas; es considerado un fósil viviente.
nava *s.f.* Tierra baja y llana, a veces pantanosa.
navaja *s.f.* Cuchillo plegable.
naval *adj.* Relativo a las naves o a la navegación.
nave *s.f.* Barco o buque. • En una iglesia, espacio entre muros o filas de columnas o arcadas. • *América* Hoja de una puerta o ventana.
navegable *adj.* Dícese del río, lago, canal, etc., por el que se puede navegar. • Que puede navegar.
navegación *s.f.* Acción de navegar.
navegante *adj./s.m. y f.* Que navega.
navegar *v.intr.* Ir un barco por el agua, o un avión, helicóptero, etc., por el aire. • Viajar en uno de esos vehículos.
Navidad *s. prop. f.* Nacimiento de Jesucristo. • Día en que se celebra.
navideño, ña *adj.* Relativo a la Navidad.
naviero, ra *adj.* De las naves o de la navegación. • *s.m.* Dueño de barcos.
navío *s.m.* Barco grande, de varias cubiertas y muy fortificado.
náyade *s.f.* En mitología, ninfa de los ríos y las fuentes.
nazareno, na *adj./s.* De Nazaret (antigua ciudad de Galilea). • *s.m.* Por antonomasia, Jesucristo. • *f.pl. América* Espuelas grandes que usaban los gauchos.
nazi *adj./s.m. y f.* Partidario del nazismo.
nazismo *s.m.* Doctrina política surgida en Alemania después de la guerra mundial de 1914.
neblí *s.m.* Especie de halcón.
neblina *s.f.* Niebla espesa y baja.
neblinoso, sa *adj.* Que abunda en niebla o neblina.
nebulización *s.f.* Acción de nebulizar.
nebulizar *v.tr.* Administrar por vía respiratoria un medicamento reducido a finísimas gotas.
nebulosa *s.f.* Materia cósmica celeste, difusa y luminosa, de contornos imprecisos, que abarca desde materias gaseosas y polvo hasta astros definidos.
nebulosidad *s.f.* Cualidad de nebuloso. • Ligera oscuridad.
nebuloso, sa *adj.* Con nubes o con niebla. • Falto de lucidez y claridad.
necedad *s.f.* Cualidad de necio.
necesario, ria *adj.* Que hace falta para determinado fin. • Imprescindible.
neceser *s.m.* Estuche con objetos de tocador, costura, etc.
necesidad *s.f.* Cualidad de necesario. • Impulso irresistible. • Pobreza, penuria. • Apuro, aprieto.
necesitado, da *adj.* Falto, escaso. • *adj./s.* Pobre, menesteroso.
necesitar *v.tr./intr.* Tener necesidad de una persona o cosa.
necio, cia *adj./s.* Que carece de inteligencia y discreción.
necrología *s.f.* Escrito biográfico sobre una persona fallecida recientemente. • Notificación de fallecimientos.
necrópolis *s.f.* Cementerio.
necropsia *s.f.* Autopsia.
necrosis *s.f.* Gangrena.
néctar *s.m.* Jugo azucarado que segregan las plantas. • Según la mitología, bebida de los dioses. • Licor muy agradable.

nectáreo, a *adj.* Que segrega néctar o sabe a néctar.
nectario *s.m.* Glándula de algunas flores, que segrega el néctar.
necton *s.m.* Conjunto de los animales marinos o lacustres que se mueven por propio impulso a través del agua.
neerlandés, sa *adj.* / *s.* Holandés.
nefando, da *adj.* Que no puede ser mencionado sin repugnancia y horror.
nefasto, ta *adj.* Funesto, aciago.
nefridio *s.m.* Riñón rudimentario de los invertebrados.
nefrítico, ca *adj.* Relativo a la nefritis. • *adj.* / *s.* Que la padece.
nefritis *s.f.* Inflamación del tejido renal.
nefrona *s.f.* Unidad anatómica y funcional del riñón.
negación *s.f.* Acción de negar. • Palabra que sirve para negar.
negado, da *adj.* / *s.* Incapaz, inepto.
negar *v.tr.* Decir que no es verdad una cosa. • No conceder; denegar. • No admitir la existencia de algo. • No confesar un delito. • *prnl.* Excusarse.
negativa *s.f.* Negación.• Denegación.
negativo, va *adj.* Que implica negación. • Dícese del adverbio que denota negación, como *no*. • Dícese del número precedido del signo *menos*. • *s.m.* / *adj.* Prueba fotográfica que reproduce invertidos los claros y oscuros del original.
negatrón *s.m.* Electrón negativo.
negligencia *s.f.* Dejadez, desidia.
negligente *adj.* / *s.m. y f.* Abandonado, descuidado.
negociable *adj.* Que se puede negociar.
negociación *s.f.* Acción de negociar.
negociado *s.m.* Sección de ciertas oficinas. • *América* Malversación de caudales públicos.
negociador, ra *adj.* / *s.* Que negocia.
negociante *s.m. y f.* Persona que se dedica a negocios; comerciante.
negociar *v.intr.* Comerciar en mercaderías o valores. • *tr.* Tratar un asunto. • Descontar letras u otros valores.
negocio *s.m.* Cualquier ocupación, empleo o trabajo. • Compra y venta de cosas; comercio. • Negociación.
negra *s.f.* En música, figura que equivale a dos corcheas.
negrero, ra *adj.* / *s.* Relativo a la trata de negros, o dedicado a ella.
negrilla *adj.* / *s.f.* Negrita.
negrita *adj.* / *s.f.* Dícese de la letra de trazos más gruesos que los comunes.
negro, gra *adj.* / *s.m.* De color totalmente oscuro. • *adj.* / *s.* Dícese del individuo de raza negra. • *adj.* Triste, melancólico.
negroide *adj.* / *s.m. y f.* Que tiene algunos de los caracteres de la raza negra.
negrura *s.f.* Cualidad de negro.
negruzco, ca *adj.* De color que tira a negro.
neguilla *s.f.* Planta herbácea que crece entre los sembrados.
neis *s.m.* Roca parecida al granito.
nema *s.f.* Cierre o sello de una carta.
nematoblasto *s.m.* Célula urticante de los celenterados.
nematodo *adj.* / *s.m.* Dícese del gusano de simetría bilateral y con aparato digestivo completo.
nemoroso, sa *adj.* Del bosque.
nemotecnia *s.f.* Arte de aumentar la capacidad retentiva de la memoria.
nemotécnico, ca *adj.* Que sirve para aumentar la memoria.
nene, na *s. fam.* Niño pequeño.
nenia *s.f.* Composición poética en alabanza de una persona que acaba de morir.
nenúfar *s.m.* Planta acuática de grandes hojas redondas y flores blancas.
neocelandés, sa *adj.* / *s.* De Nueva Zelanda (Oceanía).
neoclasicismo *s.m.* Corriente literaria y artística del siglo XVIII.
neoclásico, ca *adj.* Relativo al neoclasicismo.
neodimio *s.m.* Elemento químico perteneciente al grupo de las tierras raras (símbolo: *Nd*).
neófito, ta *s.* Persona recién convertida a una religión o nueva en cualquier actividad.
neolatino, na *adj.* Dícese de cada una de las lenguas derivadas del latín.
neolítico, ca *adj.* / *s.m.* Dícese del último período de la Edad de Piedra.
neologismo *s.m.* Palabra o expresión recién introducidas en una lengua.
neón *s.m.* / *adj.* Gas que se encuentra en pequeñas cantidades en la atmósfera terrestre.

neonato *s.m.* Recién nacido.
neoplasia *s.f.* Tumor generalmente maligno.
neopreno *s.m.* Caucho sintético.
neoyorquino, na *adj. / s.* De Nueva York (Estados Unidos de América).
neozelandés, sa *adj. / s.* Neocelandés.
nepente *s.m.* Planta enredadera que se cultiva en invernaderos.
nepotismo *s.m.* Desmedida preferencia que algunos gobernantes dan a sus parientes para los cargos públicos.
neptunio *s.m.* Elemento radiactivo artificial (símbolo: *Np*).
nereida *s.f.* En mitología, ninfa del mar.
neroli o **nerolí** *s.m.* Esencia que se extrae de las flores de cierto naranjo.
nervado, da *adj.* Con nervaduras.
nervadura *s.f.* En botánica, conjunto de los nervios de una hoja. • En arquitectura, moldura saliente.
nervio *s.m.* Cada uno de los cordones fibrosos que, partiendo del encéfalo, la médula espinal u otros centros, se distribuyen por todo el cuerpo y trasmiten los impulsos o sensaciones. • Tendón. • Fuerza, vitalidad. • Haz fibroso de las hojas, o de las alas de los insectos.
nerviosidad *s.f.* Nerviosismo.
nerviosismo *s.m.* Estado pasajero de excitación nerviosa.
nervioso, sa *adj.* Que tiene nervios. • Relativo a los nervios. • Irritable.
nervosidad *s.f.* Fuerza de los nervios.
nervudo, da *adj.* Que tiene mucha fuerza física.
nesga *s.f.* Pieza triangular para dar vuelo a una prenda de ropa.
nesgar *v.tr.* Cortar una tela en dirección oblicua a la de sus hilos.
neto, ta *adj.* Limpio, puro. • Dícese del valor o peso que resultan después de deducidos los gastos o la tara.
neumático, ca *adj.* Que opera con aire. • *s.m.* En las ruedas de algunos vehículos, tubo de goma lleno de aire, con una cubierta, que se coloca alrededor de la llanta.
neumococo *s.m.* Bacteria que produce la neumonía y otras enfermedades.
neumogástrico, ca *adj. / s.m.* Dícese del nervio que se extiende a las cavidades del tórax y del abdomen; vago.
neumología *s.f.* Estudio de las afecciones pulmonares.
neumonía *s.f.* Pulmonía.
neumotórax *s.m.* Enfermedad producida por la entrada de aire en la cavidad de la pleura.
neuralgia *s.f.* Dolor a lo largo de un nervio y sus ramificaciones.
neurálgico, ca *adj.* Relativo a la neuralgia • Se aplica al momento, lugar, etc., más importante en un asunto, problema, etc.
neurastenia *s.f.* Estado caracterizado por tristeza, cansancio, temor y emotividad.
neurasténico, ca *adj.* Relativo a la neurastenia. • *adj. / s.* Que la padece.
neurita *s.f.* Axón.
neuritis *s.f.* Inflamación de un nervio y de sus ramificaciones.
neurobiología *s.f.* Biología del sistema nervioso.
neurocirugía *s.f.* Cirugía del sistema nervioso.
neurología *s.f.* Estudio del sistema nervioso y sus enfermedades.
neurólogo, ga *s.* Médico especializado en neurología.
neurona *s.f.* Célula nerviosa, con sus prolongaciones protoplasmáticas y su axón.
neurópata *s.m. y f.* Persona que padece de los nervios.
neuropatía *s.f.* Enfermedad de un nervio o del sistema nervioso.
neurosis *s.f.* Conjunto de enfermedades que se manifiestan por trastornos nerviosos, sin que exista lesión orgánica.
neurótico, ca *adj.* Relativo a la neurosis. • *adj. / s.* Que padece neurosis.
neurovegetativo, va *adj.* Perteneciente al sistema nervioso de la vida vegetativa.
neuston *s.m.* Conjunto de pequeños organismos que viven en contacto con la película superficial de las aguas.
neutonio *s.m.* Castellanización de la palabra *newton*.
neutral *adj.* Que entre dos partes que contienden, no se inclina hacia ninguna. • Que no toma parte en un conflicto.
neutralidad *s.f.* Cualidad de neutral.

neutralizar *v.tr. / prnl.* En química, hacer neutra una sustancia. • Contrarrestar.
neutrino *s.m.* Cierta partícula eléctricamente neutra y de masa inapreciable.
neutro, tra *adj.* Dícese de las cosas que no tienen ni uno ni otro de los caracteres opuestos que pueden presentar. • En química, que no es ni ácido ni básico. • En gramática, dícese del género de los nombres que no son ni masculino ni femenino.
neutrón *s.m.* Partícula atómica fundamental, que tiene la misma masa que el protón, pero carece de carga eléctrica.
nevada *s.f.* Acción de nevar. • Cantidad de nieve que cae sin interrupción.
nevado, da *adj.* Cubierto de nieve.
nevar *v.intr. unipers.* Caer nieve.
nevera *s.f.* Heladera.
nevisca *s.f.* Nevada breve de copos menudos.
nevoso, sa *adj.* Dícese de los lugares de nieves abundantes o frecuentes.
newton *s.m.* Unidad de fuerza en el Sistema Internacional.
nexo *s.m.* Unión, vínculo.
ni Conjunción coordinante copulativa que se emplea con el significado de "y no" para unir preposiciones o elementos negativos.
nicaragüense *adj. / s.m. y f.* De Nicaragua (América).
nicaragüeño, ña *adj. / s.* Nicaragüense.
nicho *s.m.* Hueco hecho en el espesor de un muro para colocar algo.
nicotina *s.f.* Alcaloide que se extrae del tabaco.
nicotinismo *s.m.* Trastornos que causa el abuso del tabaco.
nictálope *adj. / s.m. y f.* Que ve mejor de noche que de día.
nidada *s.f.* Conjunto de los huevos o las crías en un nido.
nidal *s.m.* Lugar donde suelen poner sus huevos las aves domésticas.
nido *s.m.* Especie de lecho que hacen las aves para poner sus huevos y empollarlos. • Sitio donde procrean otros animales.
niebla *s.f.* Nube en contacto con la superficie terrestre. • Confusión.
nieto, ta *s.* Hijo o hija del hijo o de la hija.
nieve *s.f.* Agua que se desprende de las nubes y cae congelada en forma de copos blancos. • *pl.* Nevada.
nife *s.m.* Núcleo de la Tierra, formado por hierro y níquel.
nigromancia o **nigromancía** *s.f.* Acto supersticioso de evocar a los muertos para adivinar el futuro.
nigromante *s.m.* El que practica la nigromancia.
nigua *s.f.* Insecto parecido a la pulga.
nihilismo *s.m.* Movimiento político y filosófico radicalmente anarquista.
nilón *s.m.* Nailon.
nimbo *s.m.* Aureola, halo. • Nube baja que forma una capa oscura.
nimiedad *s.f.* Cualidad de nimio.
nimio, mia *adj.* Poco importante; insignificante. • Prolijo, minucioso.
ninfa *s.f.* Deidad mitológica de las aguas, bosques y selvas. • Insecto que ha pasado el estado de larva y prepara su última metamorfosis.
ninfea *s.m.* Nenúfar.
ningún *adj.* Apócope de *ninguno*, que se emplea antepuesta a sustantivos masculinos.
ninguno, na *adj. / s.* Pronombre indefinido que denota inexistencia o ausencia.
niña *s.f.* Pupila del ojo.
niñada *s.f.* Acción o dicho poco serios o poco razonables.
niñera *s.f.* Criada que cuida niños.
niñería *s.f.* Niñada. • Pequeñez.
niñez *s.f.* Primer período de la vida humana; infancia.
niño, ña *adj. / s.* Que está en la niñez. • *s. América* Tratamiento que se da a personas de más consideración social.
niobio *s.m.* Metal dúctil, de color gris (símbolo: *Nb*).
nipón, na *adj. / s.* Japonés.
níquel *s.m.* Metal de color plateado, duro y maleable (símbolo: *Ni*). • *América* Moneda de poco valor.
niquelado *s.m.* Acción de niquelar.
niquelar *v.tr.* Cubrir un metal con un baño de níquel.
nirvana *s.m.* En el budismo, suprema bienaventuranza eterna.

níspero *s.m.* Árbol de hojas caducas aserradas y fruto carnoso comestible.
níspola *s.f.* Fruto del níspero.
nitidez *s.f.* Cualidad de nítido.
nítido, da *adj.* Limpio o trasparente. • Bien definido. • Sin sombra.
nitrato *s.m.* Sal o éster del ácido nítrico.
nítrico, ca *adj.* Relativo al nitro. • Dícese de un ácido tóxico, muy corrosivo y fuertemente oxidante.
nitro *s.m.* Nitrato potásico que se halla en la superficie de terrenos húmedos y salados.
nitrocelulosa *s.f.* Nombre genérico de un grupo de sustancias que se obtienen tratando la celulosa con el ácido nítrico.
nitrógeno *s.m.* Gas incoloro, inodoro e inerte que constituye las cuatro quintas partes del aire atmosférico (símbolo: *N*).
nitroglicerina *s.f.* Líquido aceitoso, inodoro, más pesado que el agua; es un explosivo potente que entra en la composición de la dinamita.
nivel *s.m.* Altura que alcanza una cosa, o a que está situada una cosa. • Aparato para comprobar la horizontalidad de un plano.
nivelación *s.f.* Acción de nivelar.
nivelado, da *adj.* Horizontal.
nivelador, ra *adj./s.* Que nivela. • *s.f.* Máquina para alisar el terreno.
nivelar *v.tr.* Poner horizontal una superficie. • Igualar, equilibrar.
níveo, a *adj.* De nieve o como nieve.
no *adv.* Se emplea para expresar negación.
nobelio *s.m.* Elemento radiactivo artificial; se obtiene en el ciclotrón y tiene vida muy breve (símbolo: *No*).
nobiliario, ria *adj.* De la nobleza.
noble *adj./s.m. y f.* Dícese de la persona que goza de ciertos títulos. • *adj.* Que revela buenos sentimientos.
nobleza *s.f.* Cualidad de noble. • Conjunto de los nobles de un lugar. • Lealtad, hidalguía.
noche *s.f.* Tiempo comprendido entre la puesta y la salida del Sol.
Nochebuena *s. prop. f.* Noche que precede al día de Navidad.
nocherniego, ga *adj.* Noctámbulo.
nochero, ra *adj. América* Dícese de la persona que trabaja o viaja de noche.
noción *s.f.* Conocimiento o idea que se tienen de una cosa.
nocivo, va *adj.* Que causa daño.
noctámbulo, la *adj./s.* Que acostumbra andar por la noche.
noctiluca *s.f.* Protozoario con flagelos de los mares cálidos.
noctilucina *s.f.* Sustancia que se encuentra en la membrana de la noctiluca y que emite una luz azulada.
nocturno, na *adj.* Relativo a la noche. • *s.m.* Obra musical melancólica y dulce
nodal *adj.* Relativo al nodo.
nodo *s.m.* Cada uno de los dos puntos opuestos en que la órbita de un astro corta la eclíptica. • Tumor duro que se forma sobre huesos y tendones.
nodriza *s.f.* Mujer que cría o amamanta a un niño ajeno.
nódulo *s.m.* Concreción de poco volumen que se forma en cualquier cuerpo.
nogal *s.m.* Árbol de gran porte, de madera muy apreciada en ebanistería; su fruto es la nuez.
nómada *adj./s.m.y f.* Nómade.
nómade *adj./s.m. y f.* Dícese del pueblo o las personas que practican el nomadismo.
nomadismo *s.m.* Cambios regulares de lugar de residencia, realizados por un grupo humano.
nombradía *s.f.* Fama, renombre.
nombrado, da *adj.* Que es conocido por mucha gente.
nombramiento *s.m.* Acción y efecto de elegir a una persona para un cargo, empleo u otra cosa; designación.
nombrar *v.tr.* Decir el nombre de una persona o cosa; mencionar. • Elegir a alguien para cierto cargo; designar.
nombre *s.m.* Palabra con que se designa a una persona o cosa. • Fama.
nomenclador *s.m.* Lista de nombres.
nomenclátor *s.m.* Nomenclador.
nomenclatura *s.f.* Conjunto de palabras técnicas propias de una ciencia.
nomeolvides *s.f.* Planta ornamental de hojas ásperas y flores azules.
nómina *s.f.* Lista de nombres.

nominal *adj.* Del sustantivo, o del sustantivo y del adjetivo a la vez. • Solo de nombre, no efectivo.
nominar *v.tr.* Asignar un nombre.
nominativo, va *adj.* Dícese del título o documento extendidos a nombre de una persona. • *s.m.* Uno de los casos de la declinación; indica el sujeto.
nomo *s.m.* Ser fantástico.
nomon *s.m.* Indicador de las horas en los relojes de sol.
non *adj. / s.m.* Impar.
nonada *s.f.* Cantidad muy pequeña.
nonagenario, ria *adj. / s.* Que tiene entre noventa y cien años.
nonagésimo, ma *adj. / s.m.* Que sigue en orden al octogésimo noveno. • Dícese de cada una de las novecientas partes iguales en que se divide un todo.
nonato, ta *adj. / s.m.* No nacido naturalmente. • *adj.* Que no existe aún.
nonio *s.m.* Reglilla que se aplica sobre otra mayor para apreciar fracciones de las divisiones menores.
nono, na *adj. / s.m.* Noveno.
nopal *s.m.* Planta de tallos carnosos, con espinas; su fruto es comestible.
noquear *v.tr.* En boxeo, poner fuera de combate al rival.
nordeste *s.m.* Punto del horizonte equidistante del norte y el este.
nórdico, ca *adj. / s.* De los pueblos del norte de Europa.
noria *s.f.* Máquina para elevar agua.
norma *s.f.* Modo de hacer una cosa; regla, pauta.
normal *adj.* Que sirve de norma. • Que sucede como siempre. • *adj. / s.f.* En geometría, perpendicular. • *s.f. / adj.* Escuela de maestros.
normalidad *s.f.* Cualidad de normal.
normalista *s.m. y f.* Alumno de una escuela normal.
normalización *s.f.* Acción de normalizar.
normalizar *v.tr. / prnl.* Poner en orden lo que no lo estaba; regularizar.
normando, da *adj. / s.* De Normandía (Francia). • *adj.* Dícese de una raza de ganado bovino muy productora de leche.
normativo, va *adj.* Que sirve de norma.
normógrafo *s.m.* Regla que lleva perforados contornos de letras, números y signos.
nornordeste *s.m.* Punto del horizonte equidistante del norte y el nordeste.
nornoroeste *s.m.* Punto del horizonte equidistante del norte y el noroeste.
noroeste *s.m.* Punto del horizonte equidistante del norte y el oeste.
norte *s.m. / adj.* Punto cardinal que cae frente a un observador a cuya derecha está el este. • *s.m.* Ideal o meta.
norteamericano, na *adj.* De América del Norte. • *adj. / s.* De los Estados Unidos de América.
norteño, ña *adj. / s.* Del norte.
noruego, ga *adj. / s.* De Noruega (Europa).
nos *s.m. y f.* Forma del pronombre personal de primera persona del plural.
noseología *s.f.* Parte de la filosofía que estudia la posibilidad, el origen, etc., del conocimiento.
nosis *s.f.* Doctrina teosófica que intenta conciliar las religiones y hallar su sentido profundo.
nosocomio *s.m.* Hospital.
nosotros, tras *s.* Forma del pronombre personal que designa la primera persona del plural.
nostalgia *s.f.* Tristeza por alguien o algo queridos y ausentes; añoranza.
nostálgico, ca *adj.* Que siente nostalgia. • Que causa nostalgia.
nosticismo *s.m.* Doctrina filosófica y religiosa que pretendía tener un conocimiento intuitivo y misterioso de las cosas divinas.
nóstico, ca *adj.* Del nosticismo. • *adj. / s.* Adepto a él.
nota *s.f.* Marca o señal. • Explicación o comentario que van fuera de un texto escrito. • Calificación en un examen. • Comunicación diplomática. • Apunte. • En música, signo con que se representa un sonido. • Ese sonido.
notabilidad *s.f.* Cualidad de notable.
notable *adj.* Que llama la atención por alguna cualidad.
notación *s.f.* Signos convencionales que se usan en una ciencia o arte.
notar *v.tr.* Percibir. • *prnl.* Ser algo perceptible.
notariado *s.m.* Profesión de notario. • Cuerpo formado por notarios.

notarial *adj.* Relativo al notario.
notario, ria *s.* Funcionario público autorizado para dar fe de los contratos, testamentos y otros actos.
noticia *s.f.* Divulgación de un hecho. • Hecho divulgado. • Noción.
noticiario *s.m.* Emisión de sucesos de actualidad.
noticiero, ra *adj.* / *s.* Que da noticias por oficio. • *s.m. América* Noticiario.
notición *s.m. fam.* Noticia sensacional o muy impresionante.
noticioso, sa *adj.* Sabedor de cierta cosa. • *s.m. América* Noticiario.
notificación *s.f.* Acción de notificar. • Documento con que se notifica algo.
notificar *v.tr.* Hacer saber una resolución; comunicar.
notocordio *s.m.* Cordón celular a lo largo del cuerpo de ciertos animales.
notoriedad *s.f.* Cualidad de notorio. • Fama, nombradía.
notorio, ria *adj.* Sabido por todos. • Claro, evidente.
nova *s.f.* / *adj.* Estrella que sufre un aumento de brillo, repentino y temporal.
novato, ta *adj.* / *s.* Principiante.
novecientos, tas *adj.* / *s.m.* Nueve veces ciento.
novedad *s.f.* Cualidad de nuevo. • Suceso reciente; noticia. • Cambio, variación o mutación.
novedoso, sa *adj.* Que implica novedad.
novel *adj.* / *s.m. y f.* Principiante.
novela *s.f.* Obra literaria en prosa, en la que se narra una acción y se describen caracteres y costumbres. • Ficción, mentira.
novelar *v.tr.* Narrar un suceso en forma de novela.
novelería *s.f.* Cualidad de novelero.
novelero, ra *adj.* Aficionado a habladurías, fábulas o novelas.
novelesco, ca *adj.* Propio de la novela.
novelista *s.m. y f.* Persona que escribe novelas.
novelística *s.f.* Literatura novelesca. • Tratado sobre la novela.
novelón *s.m.* Novela muy extensa o muy dramática y mediocre.
novena *s.f.* Ejercicio devoto que se practica durante nueve días.
noveno, na *adj.* / *s.m.* Que sigue en orden al octavo. • Dícese de cada una de las nueve partes iguales en que se divide de un todo.
noventa *adj.* / *s.m.* Nueve veces diez. • Nonagésimo.
noventavo, va *adj.* / *s.m.* Dícese de cada una de las noventa partes iguales en que se divide un todo.
noviar *v.intr. América* Ser novio.
noviazgo *s.m.* Relación entre los novios y tiempo que dura.
noviciado *s.m.* Conjunto de novicios. • Situación de los novicios.
novicio, cia *s.* Religioso que aún no ha profesado. • Principiante.
noviembre *s.m.* Undécimo mes del año.
novilunio *s.m.* Conjunción de la Luna con el Sol.
novillada *s.f.* Conjunto de novillos. • Lidia de novillos.
novillero *s.m.* El que cuida novillos. • Lidiador de novillos.
novillo, lla *s.* Toro o vaca de dos o tres años.
novio, via *s.* Persona que mantiene relaciones amorosas con intención de casarse. • Persona recién casada.
novocaína *s.f.* Anestésico sintético, poco tóxico; no produce hábito.
nubarrón *s.m.* Nube grande y densa.
nube *s.f.* Masa de vapor de agua suspendida en la atmósfera. • Pequeña mancha blanca en la córnea.
núbil *adj.* Que está en edad de contraer matrimonio.
nublado, da *adj.* Con nubes. • *s.m.* Nube que amenaza tempestad.
nublar *v.tr.* / *prnl.* Ocultar las nubes el Sol.
nubosidad *s.f.* Presencia de nubes en la atmósfera.
nuboso, sa *adj.* Con nubes.
nuca *s.f.* Zona en que se unen la cabeza y el cuello, por la parte posterior.
1. nuclear *adj.* Del núcleo. • Perteneciente al núcleo de los átomos.
2. nuclear *v.tr.* / *prnl. América* Reunir en torno de alguien o algo.
nucleico, ca *adj.* Dícese de los elementos bioquímicos que integran el núcleo de las células.

núcleo *s.m.* Parte o punto central de alguna cosa. • Componente primordial de una construcción gramatical. • Corpúsculo esencial de la célula. • Parte central de la Tierra. • Masa central del átomo.
nucléolo *s.m.* Corpúsculo cromático del interior de un núcleo celular.
núclido *s.m.* Nombre con que se caracteriza a un átomo por la estructura de su núcleo.
nudillo *s.m.* Articulación de los dedos.
nudismo *s.m.* Desnudismo.
nudo *s.m.* Lazo difícil de desatar. • Ligadura, vínculo. • Dificultad, enredo. • Parte del tallo de los vegetales de donde nacen las ramas.
nudosidad *s.f.* Dureza que se forma en cualquier parte del cuerpo.
nudoso, sa *adj.* Que tiene nudos.
nuera *s.f.* Mujer del hijo.
nuestro, tra *adj. / s.* Pronombre posesivo de primera persona del plural.
nueva *s.f.* Noticia que no se había dicho u oído antes.
nueve *adj. / s.m.* Ocho y una. • Noveno día del mes.
nuevo, va *adj.* Recién hecho o fabricado. • Que se ve u oye por primera vez. • Otro o diferente. • No gastado.
nuez *s.f.* Fruto del nogal. • Prominencia en la laringe del varón. • *nuez moscada* Semilla de la mirística.
nulidad *s.f.* Cualidad de nulo.
nulo, la *adj.* Falto de valor legal. • Incapaz, inútil.
numen *s.m.* Deidad pagana. • Inspiración del artista o del escritor.
numerable *adj.* Que se puede numerar.
numeración *s.f.* Acción de numerar. • Sistema para expresar los números.
numerador, ra *adj. / s.* Que numera. • *s.m.* Instrumento para numerar. • Término de la fracción que indica cuántas partes de la unidad contiene.
numeral *adj.* Relativo al número.
numerar *v.tr.* Marcar con números. • Contar por números. • Expresar en números.
numerario, ria *adj.* Relativo al número. • *s.m.* Moneda corriente.
numérico, ca *adj.* Relativo a los números. • Compuesto o ejecutado con números.
número *s.m.* Expresión de la cantidad con relación a una unidad. • Signo o signos con que se representa. • Cantidad de personas o cosas de una especie. • Parte del programa de un espectáculo.
numeroso, sa *adj.* Que incluye gran número de personas o cosas. • *pl.* Muchos.
numismática *s.f.* Ciencia que estudia las monedas y medallas.
numismático, ca *adj.* De la numismática. • *s.* El que se dedica a ella.
nunca *adv.* En ningún tiempo, ninguna vez; jamás.
nunciatura *s.f.* Dignidad de nuncio. • Casa en que ejerce sus funciones.
nuncio *s.m.* Mensajero, enviado. • Representante diplomático del papa.
nupcial *adj.* Relativo a las nupcias.
nupcias *s.f.pl.* Casamiento, boda.
nurse (Anglicismo.) *s.f.* Niñera.
nutación *s.f.* Oscilación periódica del eje de la Tierra.
nutria *s.f.* Mamífero carnívoro de pelaje fino y espeso; su piel es muy apreciada en peletería.
nutricio, cia *adj.* Capaz de nutrir.
nutrición *s.f.* Acción de nutrir.
nutrido, da *adj.* Numeroso. • Copioso, denso.
nutrir *v.tr. / prnl.* Proporcionar a un ser orgánico las sustancias necesarias para su crecimiento y para reparar sus pérdidas. • Acrecentar.
nutritivo, va *adj.* Que nutre.
ny *s.f.* Decimotercera letra del alfabeto griego (ν).

Ñ

ñ *s.f.* Consonante, decimoquinta letra del abecedario español. Su nombre es *eñe.*

ñacaniná *s.m. América* Cierta culebra que habita en lugares húmedos.

ñacaratiá *s.m. América* Árbol de unos doce metros de altura y hojas caducas; sus frutos tostados son comestibles.

ñaco *s.m. América* Mazamorra de harina de maíz tostado con azúcar o miel.

ñacurutú *s.m. América* Especie de lechuza domesticable.

ñame *s.m.* Enredadera herbácea, con raíz tuberosa comestible.

ñandú *s.m.* Especie de avestruz americano, muy veloz.

ñandubay *s.m.* Árbol americano, de madera rojiza muy dura y resistente.

ñandutí *s.m. América* Encaje hecho a mano por las mujeres paraguayas.

ñangapiré *s.m. América* Arbusto ornamental, frutal y medicinal.

ñaña *s.f. América* Hermana mayor. • Enfermedad que se finge o exagera.

ñañigo *s.m.* Tambor de origen africano, con un solo parche.

ñapa *s.f. América* Yapa o pequeña propina.

ñapindá *s.m. América* Arbusto espinoso, con flores perfumadas de color amarillo claro.

ñaque *s.m.* Conjunto de cosas inútiles. • Compañía de dos actores ambulantes.

ñato, ta *adj. América* Dícese de la persona o animal de nariz roma. • *s.f. fam.* Nariz de las personas.

ñaupa *s.m. y f. América* Persona vieja y de costumbres anticuadas.

ñeque *adj. fam. América* Vigoroso o valiente. • Que tiene o trae mala suerte. • *s.m.* Fuerza, coraje. • Bofetada.

ñiquiñaque *s.m. fam.* Persona o cosa muy despreciables.

ñire *s.m.* Árbol de gran porte, originario de los bosques del sur de la Argentina y Chile.

ñirre *s.m.* Ñire.

ño, ña *s.fam. América* Forma de tratamiento.

ñoclo *s.m.* Cierto bollito aromatizado con vino y anís.

ñoñería *s.f.* Cualidad de ñoño. • Acción o dicho ñoños.

ñoñez *s.f.* Ñoñería.

ñoño, ña *adj. fam.* Sin gracia; soso.

ñoqui *s.m. América* Cada uno de los trocitos de puré de papas y harina, que se cuecen en agua y sal.

ñorbo *s.m. América* Planta ornamental, de flor pequeña y olorosa.

ñu *s.m.* Especie de antílope del sur de África, de cuerpo macizo como el de un equino.

ñudo *s.m.* Nudo. • *al ñudo: loc. adj. América* Inútil, sin objeto.

ñusta *s.f.* Entre los antiguos incas, princesa.

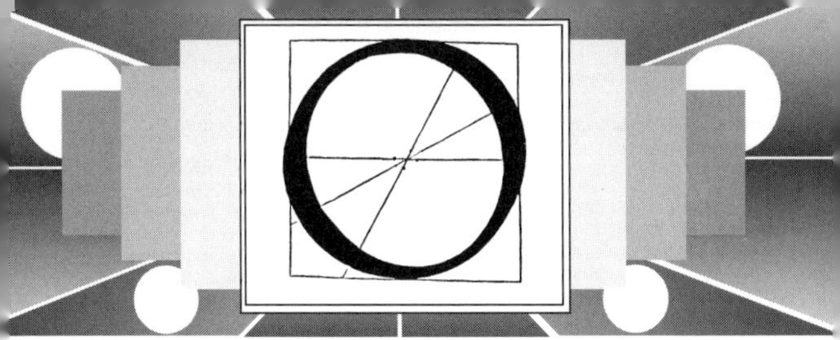

o *s.f.* Vocal, decimosexta letra del abecedario español (*pl.* oes). • *conj. coord.* Se usa con valor disyuntivo.

oasis *s.m.* En un desierto, sitio con vegetación y manantiales.

obcecación *s.f.* Estado de obcecado.

obcecado, da *adj.* Que no puede apreciar con claridad una cosa.

obedecer *v.tr.* Cumplir la voluntad del que manda; acatar. • Someterse, ceder.

obediencia *s.f.* Acción de obedecer.

obediente *adj.* Propenso a obedecer.

obelisco *s.m.* Monumento alto, en forma de tronco de pirámide.

obenque *s.m.* Cabo que sujeta el extremo de un palo a los costados del buque.

obertura *s.f.* Composición instrumental que da principio a una ópera.

obesidad *s.f.* Excesiva acumulación de grasa en el cuerpo.

obeso, sa *adj.* / *s.* Afectado de obesidad.

óbice *s.m.* Impedimento, obstáculo.

obispado *s.m.* Dignidad de obispo. • Jurisdicción de un obispo.

obispo *s.m.* Prelado superior de una diócesis.

óbito *s.m.* Fallecimiento.

objeción *s.f.* Reparo que se opone a una opinión, plan, etc.

objetar *v.tr.* Oponer objeciones.

objetivar *v.tr.* Dar carácter objetivo a una idea o un sentimiento.

objetivo, va *adj.* Perteneciente al objeto en sí, y no al modo de pensar o sentir del sujeto. • Imparcial. • *s.m.* Propósito. • Lente o sistema de lentes.

objeto *s.m.* Todo lo que puede ser materia de conocimiento o sensibilidad. • Cosa corpórea de poco tamaño. • Materia de una ciencia. • Finalidad, propósito.

oblación *s.f.* Ofrenda y sacrificio que se hacen a Dios.

oblar *v.tr. América* Pagar.

oblea *s.f.* Hoja muy delgada, de masa de harina y agua, cocida en molde.

oblicuángulo *adj.* Dícese del triángulo que no tiene ángulos rectos.

oblicuidad *s.f.* Cualidad de oblicuo.

oblicuo, cua *adj.* Que no es vertical ni horizontal.

obligación *s.f.* Acción de obligar. • Vínculo que obliga a algo. • Exigencia moral. • Documento en que se reconoce una deuda.

obligado, da *adj.* Forzoso, inexcusable.

obligar *v.tr.* Forzar a una persona a que realice una acción. • *prnl.* Comprometerse a hacer algo.

obligatoriedad *s.f.* Cualidad de obligatorio.

obligatorio, ria *adj.* Que obliga al cumplimiento de algo.

obliteración *s.f.* Acción de obliterar.

obliterar *v.tr.* / *prnl.* En medicina, obstruir o cerrar un vaso o un conducto.

oblongo, ga *adj.* Más largo que ancho.

obnubilación *s.f.* Acción de obnubilar.

obnubilar *v.tr.* / *prnl.* Impedir razonar con claridad o serenidad.

oboe *s.m.* Instrumento musical de viento, de madera, formado por un tubo cónico con agujeros y llaves.

óbolo *s.m.* Antigua moneda griega. • Cantidad con que se contribuye voluntariamente para un fin.

obra *s.f.* Cosa hecha por alguien; en especial, producción artística, científica, etc. • Edificio en construcción.
obrador, ra *adj. / s.* Que obra. • *s.m.* Taller de obras manuales.
obraje *s.m.* Trabajo hecho a mano o con máquina. • *América* Lugar donde se industrializa la madera.
obrar *v.intr.* Dedicar la actividad a un fin. • Existir, estar. • Causar efecto.
obrerismo *s.m.* Régimen económico basado en el predominio del trabajo obrero.
obrero, ra *s.* Trabajador manual retribuido. • *adj.* Dícese de la abeja estéril.
obscenidad *s.f.* Cualidad de obsceno.
obsceno, na *adj.* Ofensivo al pudor.
obscurantismo *s.m.* Oscurantismo.
obscurecer *v.tr.* Oscurecer.
obscurecimiento *s.m.* Oscurecimiento.
obscuridad *s.f.* Oscuridad.
obscuro, ra *adj.* Oscuro.
obsecuencia *s.f.* Sumisión.
obsecuente *adj.* Que muestra obsecuencia hacia alguna persona.
obsequiar *v.tr.* Hacer un obsequio. • Agasajar.
obsequio *s.m.* Regalo. • Agasajo.
obsequioso, sa *adj.* Muy atento.
observación *s.f.* Acción de observar. • Indicación, objeción.
observador, ra *adj. / s.* Que observa.
observancia *s.f.* Cumplimiento de lo que se manda ejecutar.
observar *v.tr.* Mirar algo con atención; examinar. • Advertir, notar. • Cumplir lo que manda una ley, una disposición, etcétera.
observatorio *s.m.* Edificio con instrumentos apropiados para la observación de los astros.
obsesión *s.f.* Idea tenaz y permanente.
obsesionar *v.tr. / prnl.* Causar obsesión.
obseso, sa *adj.* Que padece una obsesión.
obsidiana *s.f.* Mineral volcánico vítreo, de color negro y verde.
obsoleto, ta *adj.* Anticuado o caído en desuso.
obstaculizar *v.tr.* Poner obstáculos.
obstáculo *s.m.* Cosa que se opone a otra y la hace difícil o imposible.
obstante *adj.* Que obsta.
obstar *v.intr.* Ser una cosa obstáculo para otra.
obstetricia *s.f.* Parte de la medicina que se ocupa de la gestación y el parto.
obstétrico, ca *adj.* Relativo a la obstetricia.
obstinación *s.f.* Terquedad.
obstinado, da *adj.* Que se obstina.
obstinarse *v.prnl.* Mantenerse tenazmente en una opinión o actitud.
obstrucción *s.f.* Acción y efecto de obstruir.
obstruir *v.tr.* Estorbar el paso por un conducto o un camino. • Obstaculizar.
obtención *s.f.* Acción de obtener.
obtener *v.tr.* Alcanzar, lograr. • Fabricar o extraer un producto.
obturador, ra *adj. / s.m.* Que sirve para obturar.
obturar *v.tr.* Tapar o cerrar.
obtusángulo *adj.* Dícese del triángulo que tiene un ángulo obtuso.
obtuso, sa *adj.* Sin punta; romo. • Torpe. • Dícese del ángulo comprendido entre 90° y 180°.
obús *s.m.* Pieza de artillería para disparar granadas.
obviar *v.tr.* Quitar obstáculos o inconvenientes.
obvio, via *adj.* Evidente.
1. oca *s.f.* Ganso (ave). • Cierto juego de mesa.
2. oca *s.f.* *América* Planta perenne, de raíces tuberosas comestibles.
ocarina *s.f.* Instrumento musical de viento, de forma ovoide.
ocasión *s.f.* Momento o circunstancia favorables; oportunidad. • Causa o motivo de algo.
ocasional *adj.* Que sobreviene accidentalmente; casual.
ocasionar *v.tr.* Causar.
ocaso *s.m.* Puesta del Sol. • Occidente. • Decadencia, declinación.
occidental *adj. / s.m. y f.* De occidente.
occidente *s.m.* Oeste.
occipital *adj.* Relativo al occipucio. • *adj. / s.m.* Dícese del hueso del occipucio.
occipucio *s.m.* Parte posterior e inferior de la cabeza.
occiso, sa *adj. / s.* Muerto violentamente.

océano *s.m.* Totalidad del mar. • Cada una de sus grandes subdivisiones.
oceanografía *s.f.* Ciencia que estudia los mares.
ocelo *s.m.* Ojo simple de los insectos.
ocelote *s.m.* Mamífero carnívoro americano, de pelaje manchado; es arborícola, caza de noche y puede domesticarse.
ochava *s.f.* Octava parte de un todo. Chaflán.
ochavado, da *adj.* Dícese del octógono resultante de cortar las cuatro esquinas de un cuadrado sustituyéndolas por otros tantos lados más cortos que los demás.
ochenta *adj. / s.m.* Ocho veces diez. • Octogésimo.
ochentón, na *adj. / s.* Octogenario.
ocho *adj. / s.m.* Siete y uno. • Octavo día del mes.
ochocientos, tas *adj. / s.m.* Ocho veces ciento. • Octingentésimo.
ocio *s.m.* Estado de la persona que no trabaja.
ociosidad *s.f.* Haraganería, holgazanería.
ocioso, sa *adj.* Que no trabaja. • Inútil, sin provecho.
ocluir *v.tr. / prnl.* Cerrar un conducto u orificio.
oclusión *s.f.* Acción de ocluir.
oclusivo, va *adj.* Relativo a la oclusión. • Dícese de las consonantes para cuya pronunciación se interrumpe la salida del aire espirado.
ocre *s.m.* Óxido de hierro hidratado; es un mineral terroso de color amarillo. • *adj. / s.m.* De color mezcla de amarillo y pardo.
octaedro *s.m.* Poliedro de ocho caras.
octagonal *adj.* Octogonal.
octágono *s.m.* Octógono.
octano *s.m. / adj.* Unidad que expresa el poder antidetonante de la gasolina u otros carburantes.
octante *s.m.* Instrumento astronómico para observaciones marítimas.
octava *s.f.* Espacio de ocho días en que la Iglesia celebra algo. • Estrofa de ocho versos.
octavilla *s.f.* Cierta estrofa de ocho versos.
octavo, va *adj. / s.m.* Que sigue en orden al séptimo. • Dícese de cada una de las ocho partes iguales en que se divide un todo.
octeto *s.m.* Conjunto de ocho instrumentos musicales u ocho cantantes. • Música escrita para ese conjunto.
octingentésimo, ma *adj. / s.m.* Que sigue en orden al septingentésimo nonagésimo noveno. • Dícese de cada una de las ochocientas partes iguales en que se divide un todo.
octogenario, ria *adj. / s.* Que tiene entre ochenta y noventa años.
octogésimo, ma *adj. / s.m.* Que sigue en orden al septuagésimo noveno. • Dícese de cada una de las ochenta partes iguales en que se divide un todo.
octogonal *adj.* Relativo al octógono.
octógono *s.m.* Polígono de ocho lados.
octosílabo, ba *adj. / s.m.* De ocho sílabas.
octubre *s.m.* Décimo mes del año.
óctuple *adj.* Que contiene ocho veces una cantidad.
óctuplo, pla *adj. / s.m.* Óctuple.
ocular *adj.* Relativo a los ojos. • *s.m.* En un instrumento óptico, lente o sistema de lentes.
oculista *s.m. y f.* Médico especializado en enfermedades de los ojos; oftalmólogo.
ocultación *s.f.* Acción de ocultar.
ocultar *v.tr. / prnl.* Poner algo de manera que no sea visto. • *tr.* Callar o no mostrar.
ocultismo *s.m.* Doctrina que pretende conocer y utilizar todos los secretos y misterios de la naturaleza.
oculto, ta *adj.* Que no se deja ver, escondido. • Que no se sabe o no se comprende.
ocupación *s.f.* Acción de ocupar. • Trabajo habitual.
ocupacional *adj. América* Relativo a la ocupación o trabajo.
ocupar *v.tr.* Tomar posesión de un lugar. • Llenar un espacio. • Habitar. • Proporcionar trabajo. • *tr. / prnl.* Dedicar cierto tiempo a una actividad.
ocurrencia *s.f.* Cosa que ocurre. • Idea inesperada o graciosa.
ocurrente *adj.* Que tiene ocurrencias ingeniosas; gracioso, ingenioso.

ocurrir *v.intr.* Suceder, acontecer. • *prnl.* Venir a la mente.
oda *s.f.* Composición poética solemne.
odalisca *s.f.* Esclava al servicio de un harén.
odeón *s.m.* En la Grecia antigua, teatro destinado a los espectáculos musicales.
odiar *v.tr.* Tener odio.
odio *s.m.* Sentimiento de aversión hacia una persona o cosa.
odioso, sa *adj.* Que merece odio.
odisea *s.f.* Serie de trabajos o penalidades que pasa alguien.
odontología *s.f.* Rama de las ciencias médicas que estudia los dientes y el tratamiento de sus enfermedades.
odontólogo, ga *s.* Profesional que ejerce la odontología; dentista.
odorífero, ra *adj.* Que tiene buen olor a fragancia; aromático.
odre *s.m.* Cuero cosido y pegado, para contener líquidos.
oersted *s.m.* Unidad de intensidad de campo magnético en el sistema cegesimal.
oerstedio *s.m.* Castellanización de la palabra *oersted.*
oeste *s.m./adj.* Punto cardinal del horizonte por donde se pone el Sol; occidente.
ofender *v.tr.* Decir o hacer a una persona algo que signifique para ella desprecio o humillación. • Causar desagrado. • *prnl.* Enojarse por un dicho o hecho.
ofensa *s.f.* Acción de ofender.
ofensiva *s.f.* Acción de atacar.
ofensivo, va *adj.* Que ofende o puede ofender.
oferente *adj.* Que ofrece.
oferta *s.f.* Ofrecimiento, propuesta. • Mercancías que se ofrecen para la venta.
ofertorio *s.m.* Parte de la misa en que se ofrecen a Dios la hostia y el vino.
oficial *adj.* Que tiene su origen en el gobierno; que no es particular o privado. • Que está aceptado por quien tiene autoridad.
oficial, la *s.* El que terminó el aprendizaje de un oficio. • Militar con grado.
oficialidad *s.f.* Conjunto de oficiales de una fuerza militar.
oficialismo *s.m. América* Organización o partido que están en el poder.
oficializar *v.tr.* Dar carácter de oficial a lo que no lo tenía.
oficiante *s.m.* Sacerdote que celebra los oficios religiosos.
oficiar *v.tr.* Celebrar los oficios religiosos. • *intr.* Actuar.
oficina *s.f.* Sitio donde se hace o se gestiona algo. • Departamento donde trabajan los empleados.
oficinista *s.m. y f.* El que trabaja en una oficina.
oficio *s.m.* Trabajo para el que se requiere principalmente esfuerzo físico o habilidad manual. • Ocupación habitual. • Función propia de alguna cosa. Comunicación escrita. • *pl.* Ceremonias religiosas.
oficioso, sa *adj.* Que no tiene carácter oficial. • Amable y solícito.
ofidio, dia *adj./s.m.* Dícese de los reptiles –algunos venenosos– sin extremidades y con cuerpo alargado, cilíndrico y cubierto de escamas, como las víboras, las serpientes y las culebras.
ofrecer *v.tr.* Presentar y dar voluntariamente una cosa • Obligarse a dar, hacer o decir algo. • *tr./prnl.* Mostrar una virtud, un defecto o una posibilidad.
ofrecimiento *s.m.* Acción de ofrecer.
ofrenda *s.f.* Don que se ofrece a Dios o a los santos. • Dádiva.
ofrendar *v.tr.* Hacer una ofrenda.
oftalmia u **oftalmía** *s.f.* Inflamación de los ojos.
oftálmico, ca *adj.* Relativo a la oftalmia.
oftalmología *s.f.* Parte de la medicina que trata de las enfermedades de los ojos.
oftalmólogo, ga *s.* Oculista.
ofuscación *s.f.* Ofuscamiento.
ofuscamiento *s.m.* Turbación de la vista. • Oscuridad de las ideas.
ofuscar *v.tr./prnl.* Turbar la vista; deslumbrar, encandilar. • Trastornar, obnubilar.
ogro *s.m.* Personaje legendario que devoraba a las personas.
oh *interj.* Denota sorpresa, admiración, pena, alegría, etc.
ohm *s.m.* Unidad de resistencia eléctrica en el Sistema Internacional.
óhmetro *s.m.* Instrumento para medir resistencias eléctricas.

ohmio *s.m.* Castellanización de la palabra *ohm*.
oíble *adj.* Que se puede oír.
oídas (de) *loc. adv.* Solamente por haberlo oído.
oídio *s.m.* Hongo parásito de la vid. • Enfermedad que provoca.
oído *s.m.* Sentido que permite percibir los sonidos. • Aparato de la audición. • Aptitud para la música.
oír *v.tr.* Percibir los sonidos. • Atender un reclamo o un pedido.
ojal *s.m.* Hendidura por donde se pasa el botón.
ojalá *interj.* Denota vivo deseo de que suceda una cosa.
ojalar *v.tr.* Hacer ojales.
ojeada *s.f.* Mirada rápida.
ojear *v.tr.* Mirar con atención.
ojera *s.f.* Mancha amoratada alrededor del párpado inferior.
ojeriza *s.f.* Antipatía, animosidad.
ojete *s.m.* Ojal redondo.
ojiva *s.f.* Figura que forman dos arcos de circunferencia iguales, que se cortan enfrentando sus concavidades. • Arco que tiene esa forma.
ojival *adj.* En forma de ojiva. • Gótico.
ojo *s.m.* Órgano de la visión. • Agujero que atraviesa una cosa de parte a parte. • Manantial. • Cavidad pequeña en una cosa esponjosa.
ojota *s.f. América* Sandalia rústica usada por los indígenas.
okapi *s.m.* Mamífero parecido a la jirafa, pero de menor tamaño.
ola *s.f.* Onda de gran amplitud que se forma en la superficie de las aguas.
olé *interj.* Se usa para animar o aplaudir.
oleada *s.f.* Ola grande. • Afluencia impetuosa de gran cantidad de algo.
oleaginoso, sa *adj.* Dícese de las semillas ricas en aceite.
oleaje *s.m.* Sucesión continuada de olas.
oleicultor, ra *s./adj.* El que se dedica al cultivo del olivo y producción de aceite.
oleína *s.f.* Sustancia que constituye el principal componente del aceite de oliva.
óleo *s.m.* Aceite. • Pintura desleída en aceite. • Aceite consagrado que se usa en ciertas ceremonias religiosas.
oleoducto *s.m.* Tubería para conducir petróleo a gran distancia.
oleómetro *s.m.* Instrumento que mide la densidad de los aceites.
oleoso, sa *adj.* Aceitoso.
oler *v.tr.* Percibir los olores. • *tr./prnl.* Sospechar. • *tr./intr. fam.* Curiosear. • *intr.* Exhalar un olor.
olfatear *v.tr./intr.* Oler insistentemente. • *fam.* Curiosear.
olfativo, va *adj.* Relativo al olfato.
olfato *s.m.* Sentido con que se perciben los olores. • Sagacidad.
oligarca *s.m.* Miembro de la oligarquía.
oligarquía *s.f.* Gobierno de pocos. • Forma de gobierno en la cual el poder lo ejerce un grupo de personas de una misma clase social.
oligoceno, na *adj./s.m.* Dícese de la época del período terciario más moderna que el eoceno.
oligofrenia *s.f.* Deficiencia mental de origen congénito.
olimpiada u **olimpíada** *s.f.* Competición deportiva internacional, que se realiza cada cuatro años, a semejanza de las que se celebraban en la Grecia antigua.
olímpico, ca *adj.* Relativo a las olimpíadas. • Altanero, soberbio.
oliscar *v.tr.* Olfatear.
oliva *s.f.* Aceituna.
olivar *s.m.* Lugar plantado de olivos.
olivarero, ra *adj.* Del cultivo del olivo o de sus industrias derivadas. • *adj./s.* Que se dedica al cultivo del olivo.
olivicultor, ra *s.* Persona que se dedica al cultivo del olivo.
olivicultura *s.f.* Cultivo y mejoramiento del olivo.
olivo *s.m.* Árbol de tronco corto y grueso, originario de Asia, cuyo fruto, la aceituna, es una drupa de la que se obtiene aceite comestible.
olla *s.f.* Vasija redonda, con asas, que sirve para cocer alimentos. • Cocido.
olmo *s.m.* Árbol forestal y ornamental, de madera muy apreciada.
ológrafo, fa *adj./s.m.* Dícese del testamento hecho de puño y letra del testador. • Autógrafo.
olor *s.m.* Sensación que producen en el olfato ciertas emanaciones. • Lo que produce esa sensación.

oloroso, sa *adj.* Que huele bien; aromático, fragante.
olvidadizo, za *adj.* Que se olvida de las cosas con facilidad.
olvidar *v.tr. / prnl.* Perder la memoria de una cosa. • Dejar u omitir.
olvido *s.m.* Circunstancia de olvidar.
omaguaca *adj. / s.m. y f.* Dícese de un pueblo indígena que habitaba en la quebrada de Humahuaca (Argentina).
omaso *s.m.* Tercera cavidad del estómago de los rumiantes.
ombligo *s.m.* Cicatriz que se forma en el vientre después de caerse el cordón umbilical.
ombliguero *s.m.* Venda que se pone a los niños recién nacidos sobre el ombligo.
ombú *s.m.* Árbol originario de América del Sur, de madera poco consistente y copa muy densa.
omega *s.f.* Última letra del alfabeto griego (ω).
ómicron *s.f.* Decimoquinta letra del alfabeto griego (ο).
ominoso, sa *adj.* Que merece reprobación.
omisión *s.f.* Acción de omitir. • Falta, por no haber hecho algo.
omitir *v.tr.* Dejar de hacer o de decir una cosa.
ómnibus *s.m.* Vehículo de servicio público, para el trasporte de personas.
omnímodo, da *adj.* Que abarca y comprende todo.
omnipotencia *s.f.* Cualidad o hecho de ser omnipotente.
omnipotente *adj.* Que todo lo puede; todopoderoso. • Que tiene mucho poder.
omnipresente *adj.* Que está presente a la vez en todas partes; ubicuo.
omnisapiente *adj.* Omnisciente.
omnisciencia *s.f.* Cualidad de omnisciente.
omnisciente *adj.* Que tiene conocimiento de todas las cosas. • Que sabe mucho o sabe de todo.
omniscio, cia *adj.* Que tiene omnisciencia.
omnívoro, ra *adj.* Que se nutre con toda clase de alimentos.
omóplato u **omoplato** *s.m.* Hueso situado en la parte posterior del hombro.
ona *adj. / s.m. y f.* Dícese de una tribu que habitaba la región de Tierra del Fuego.
onagro *s.m.* Asno salvaje.
onanismo *s.m.* Masturbación.
once *adj. / s.m.* Diez y uno. • Undécimo día del mes.
onceavo, va *adj. / s.m.* Undécimo.
oncología *s.f.* Parte de la medicina que estudia los tumores.
onda *s.f.* Porción de agua que alternativamente se eleva y desciende en la superficie de un mar, río o lago. • Movimiento que se propaga en un fluido. • Curva que se forma en algunas cosas flexibles.
ondeado, da *adj.* Ondulado.
ondear *v.intr.* Moverse una cosa por efecto del viento; ondular.
ondina *s.f.* Según algunas mitologías, ninfa del agua.
ondulación *s.f.* Acción de ondular.
ondulado, da *adj.* Que forma ondas.
ondulante *adj.* Que ondula.
ondular *v.intr.* Ondear. • *tr.* Hacer ondas en algo.
ondulatorio, ria *adj.* Que se extiende en forma de ondas.
oneroso, sa *adj.* Que ocasiona gastos. • Pesado, molesto.
ónice *s. ambig.* Ágata listada de colores claros y oscuros.
onírico, ca *adj.* Relativo a los sueños.
ónix *s. ambig.* Ónice.
onomástico, ca *adj.* Relativo a nombres de personas o a la fecha del santo de alguien.
onomatopeya *s.f.* Fenómeno lingüístico que se produce cuando los sonidos de una palabra pretenden sugerir acústicamente lo que éstas significan. • Vocablo así formado.
ontogenia *s.f.* Estudio de la evolución de un individuo orgánico.
ontología *s.f.* Parte de la filosofía que trata del ser en general.
1. onza *s.f.* Unidad inglesa de masa equivalente a 28,7 gramos.
2. onza *s.f.* Mamífero carnívoro asiático semejante a la pantera.
onzavo, va *adj. / s.m.* Undécimo.

oosfera *s.f.* Célula sexual femenina de los vegetales.
opa *s.m. y f. / adj. América* Tonto, idiota.
opacar *v.tr. América* Oscurecer.
opacidad *s.f.* Cualidad de opaco.
opaco, ca *adj.* Que impide el paso de la luz. • Poco brillante.
opalescente *adj.* Parecido al ópalo o con reflejos semejantes.
opalino, na *adj.* Relativo al ópalo. • De color blanco y azulado con reflejos iridiscentes.
ópalo *s.m.* Mineral silíceo iridiscente, de diversos colores.
opción *s.f.* Libertad o facultad de elegir. • Derecho a cierta cosa.
opcional *adj.* Dícese de aquello a lo que se puede optar.
ópera *s.f.* Poema dramático puesto en música.
operación *s.f.* Acción de operar. • Acción de guerra. • Procedimiento de cálculo matemático que permite obtener un número, cantidad, función, etc. a partir de otros. • Intervención quirúrguica.
operador, ra *adj. / s.* Que opera. • *s.* Técnico en fotografía, radiotelefonía, cinematografía. etc.
operante *adj.* Que produce el efecto que está destinado a provocar.
operar *v.intr.* Producir efecto una cosa; actuar, obrar. • Negociar. • Realizar acciones de guerra. • Realizar una operación matemática. • *tr.* Efectuar una intervención quirúrgica.
operario, ria *s.* Obrero.
operativo, va *adj.* Operante.
opérculo *s.m.* Pieza que cierra ciertos orificios de un organismo.
opereta *s.f.* Obra teatral musical, de tema frívolo y carácter alegre.
opimo, ma *adj.* Fértil, abundante.
opinar *v.intr.* Formar o tener una opinión. • *intr. / tr.* Expresarla.
opinión *s.f.* Aquello que se piensa sobre una persona o cosa. • Modo de juzgar.
opio *s.m.* Alcaloide tóxico obtenido de la adormidera, que se usa como narcótico.
opíparo, ra *adj.* Dicho de comidas, abundante, espléndido.
oponer *v.tr. / prnl.* Utilizar algo contra una acción para estorbarla o impedir su efecto. • *prnl.* Ser una cosa contraria a otra.
oporto *s.m.* Cierto vino dulce.
oportunidad *s.f.* Cualidad de oportuno. • Circunstancia propicia; ocasión.
oportunismo *s.m.* Actitud del que se acomoda a las circunstancias sacando de ellas el mayor beneficio posible.
oportuno, na *adj.* Que se hace o sucede cuando conviene. • Ocurrente, ingenioso.
oposición *s.f.* Acción de oponer u oponerse. • Concurso de pretendientes a un empleo. • En una asamblea deliberante, minoría que se opone a la mayoría.
opositor, ra *s. / adj.* Persona que se opone a otra. • *s.* Pretendiente a un empleo que se ha de proveer por oposición.
opoterapia *s.f.* Empleo terapéutico de órganos animales.
opresión *s.f.* Acción de oprimir.
opresivo, va *adj.* Que oprime.
opresor, ra *adj. / s.* Que oprime o tiraniza.
oprimir *v.tr.* Ejercer presión sobre una cosa. • Tiranizar.
oprobio *s.m.* Deshonor, vergüenza.
oprobioso, sa *adj.* Que causa oprobio.
optar *v.intr.* Escoger, elegir. • Aspirar a un cargo.
optativo, va *adj.* Que admite opción.
óptica *s.f.* Parte de la física que estudia los fenómenos y las leyes de la luz. • Arte de construir aparatos ópticos.
óptico, ca *adj.* Relativo a la óptica. • *s.* El que fabrica o vende instrumentos ópticos. • *s.m. / adj.* Uno de los nervios del ojo.
optimismo *s.m.* Tendencia a ver y juzgar las cosas favorablemente.
optimista *adj. / s.m. y f.* Que tiene optimismo [antón.: *pesimista*].
óptimo, ma *adj. superl. irreg.* de *bueno.*
opuesto, ta *adj.* Que se opone; contrario.
opulencia *s.f.* Abundancia de bienes.
opulento, ta *adj.* Que tiene opulencia.
opúsculo *s.m.* Obra literaria o científica de poca extensión.
oquedad *s.f.* Espacio hueco.
ora *conj. coord.* Se usa con valor disyuntivo.
oración *s.f.* Discurso. • Súplica que se hace a Dios o a los santos. • La menor unidad del habla con sentido en sí misma.

oráculo *s.m.* Respuesta divina. • En la Grecia antigua, respuesta de los dioses.
orador, ra *s.* El que ejerce la oratoria.
oral *adj.* Dícese de lo que se expresa mediante el habla. • Bucal.
orangután *s.m.* Mono antropoide de pelaje pardo rojizo y miembros superiores muy largos.
orar *v.intr.* Pronunciar un discurso. • Rezar.
orate *s.m. y f.* Loco, demente.
oratoria *s.f.* Arte de hablar con elocuencia.
oratorio *s.m.* Lugar destinado para orar. • Drama religioso musical.
orbe *s.m.* Redondez o círculo. • Esfera celeste o terrestre. • Todo lo creado; universo.
orbicular *adj.* Redondo o circular.
órbita *s.f.* Curva que describen los astros alrededor de su centro de gravedad. • Ámbito. • Cuenca del ojo.
orbital *adj.* Relativo a la órbita.
orca *s.f.* Mamífero marino muy feroz, que vive en aguas frías.
orden *s.m.* Colocación de las cosas en el lugar que les corresponde. • Regla para hacer las cosas. • Circunstancia de funcionar algo con regularidad. • Categoría en la clasificación de animales y plantas. • En la arquitectura clásica, conjunto de la columna y el entablamento. • Sacramento por el cual reciben su consagración los ministros de la Iglesia. • *f.* Mandato que se debe obedecer y ejecutar.
ordenación *s.f.* Acción de ordenar u ordenarse. • Modo de estar ordenada alguna cosa.
ordenada *s.f.* Coordenada cartesiana vertical.
ordenado, da *adj.* Que hace las cosas con orden.
ordenador *s.m.* Máquina electrónica, provista de una memoria de gran capacidad, que puede resolver problemas lógicos y aritméticos mediante el uso de programas [sinón.: *computador*].
ordenamiento *s.m.* Acción de ordenar.
ordenanza *s.f.* Disposición dictada por una autoridad. • *m.* Empleado subalterno. • Soldado a las órdenes de un oficial.
ordenar *v.tr.* Poner en orden. • Disponer algo; mandar. • Encaminar. • *tr./prnl.* Conferir el sacramento de la Iglesia, que da el poder para ejercer funciones eclesiásticas.
ordeñadora *s.f.* Máquina eléctrica para ordeñar.
ordeñar *v.tr.* Extraer la leche exprimiendo las ubres.
ordinal *adj./s.m.* Dícese de los números naturales que expresan idea de sucesión y orden.
ordinariez *s.f.* Falta de urbanidad y cultura.
ordinario, ria *adj.* Que ocurre o se hace la mayoría de las veces; común, corriente. • Tosco, vulgar. • Sin refinamiento; basto • Dícese de la fracción que no es decimal.
orear *v.tr.* Poner una cosa al aire.
orégano *s.m.* Planta aromática, herbácea, que se usa como condimento.
oreja *s.f.* Parte externa del órgano del oído. • Pieza saliente en un objeto cualquiera.
orejano, na *adj.* Dícese de la res que no tiene marca.
orejera *s.f.* Pieza de la gorra que cubre la oreja.
orejón *s.m.* Trozo de fruta secado al aire y al sol. • Entre los incas, persona perteneciente a la nobleza.
orejudo, da *adj.* Que tiene orejas grandes o largas.
orfanato *s.m.* Asilo de huérfanos.
orfandad *s.f.* Estado de huérfano.
orfebre *s.m. y f.* Persona que trabaja en orfebrería.
orfebrería *s.f.* Arte de labrar objetos artísticos en oro, plata, etc.
orfeón *s.m.* Sociedad de canto coral.
organdí *s.m.* Tela de algodón muy fina, trasparente y rígida.
orgánico, ca *adj.* Dícese de los seres vivientes. • Formado por partes que constituyen un conjunto. • Relativo a los órganos y al organismo.
organigrama *s.m.* Gráfico de la estructura de una organización o una tarea.
organillo *s.m.* Órgano pequeño portátil.
organismo *s.m.* Conjunto de los órganos del cuerpo animal o vegetal, y de las le-

yes por las que se rige. • Conjunto de dependencias que forman una institución.
organista *s.m. y f.* Músico que toca el órgano.
organización *s.f.* Acción de organizar. • Cosa organizada.
organizado, da *adj.* Orgánico (formado por partes).
organizar *v.tr.* Disponer algo de manera que sus partes cumplan una función o contribuyan a un fin.
órgano *s.m.* Parte de un animal o vegetal que desempeña una función determinada. • Instrumento musical de viento, compuesto de tubos, teclado y pedales. • Pieza o conjunto de piezas que forman parte de una máquina.
organoléptico, ca *adj.* Dícese de los caracteres de los objetos que pueden percibirse por los sentidos.
orgánulo *s.m.* Parte de la célula con función propia.
orgía *s.f.* Fiesta en la que se cometen excesos. • Desenfreno.
orgullo *s.m.* Exceso de estimación propia; arrogancia, vanidad. • Sentimiento elevado de la dignidad personal.
orientación *s.f.* Acción de orientar.
orientado, da *adj.* Colocado en determinada posición. • Dícese del segmento, recta o vector, a los que se asigna un sentido (positivo o negativo).
oriental *adj. / s.m. y f.* Del este u oriente. • De Oriente (Asia y regiones del este de Europa y África). • Uruguayo.
orientalista *s.m. y f.* Persona dedicada al estudio de las lenguas, historia, etc., de los pueblos de Oriente.
orientar *v.tr.* Poner algo en determinada dirección. • Determinar la posición de algo respecto a un punto cardinal. • Encaminar. • Informar.
oriente *s.m.* Este (punto cardinal). • *prop.* Nombre dado a Asia y las regiones inmediatas a ella de Europa y África.
orificio *s.m.* Abertura que atraviesa una cosa; agujero.
oriflama *s.f.* Estandarte o bandera.
origen *s.m.* Principio de una cosa. • Causas. • Procedencia.
original *adj.* Que pertenece al origen. • Que no es imitación. • Distinto de lo acostumbrado. • *s.m.* Escrito que se da a la imprenta o del cual se hacen copias. • Persona retratada, respecto de su retrato.
originalidad *s.f.* Cualidad de original.
originar *v.tr. / prnl.* Producir algo; causar, provocar.
originario, ria *adj.* Oriundo, procedente.
orilla *s.f.* Límite o extremo de una superficie; borde. • Faja de tierra contigua al agua. • *pl. América* Arrabal.
orillar *v.tr.* Adornar las orillas de una prenda de vestir. • Bordear. • Evitar alguna dificultad.
orillo *s.m.* Orilla del paño.
1. orín *s.m.* Óxido rojizo que se forma sobre el hierro.
2. orín *s.m.* Orina.
orina *s.f.* Líquido secretado por los riñones.
orinal *s.m.* Recipiente para recoger la orina.
orinar *v.intr. / prnl.* Expeler la orina.
oriundo, da *adj.* Que procede de determinado lugar, originario.
orla *s.f.* Orilla adornada en vestidos o telas. • Adorno que rodea un escrito, retrato, etc.
orlar *v.tr.* Adornar con orlas.
ornamentación *s.f.* Acción de ornamentar.
ornamental *adj.* Relativo a la ornamentación.
ornamentar *v.tr.* Adornar.
ornamento *s.m.* Conjunto de cosas que sirven para decorar, adorno. • *pl.* Vestiduras sagradas que usan los sacerdotes, y adornos del altar.
ornar *v.tr.* Adornar.
ornato *s.m.* Adorno, atavío.
ornitología *s.f.* Parte de la zoología que estudia las aves.
ornitólogo, ga *s.* Persona especializada en ornitología.
ornitorrinco *s.m.* Mamífero originario de Australia, con el hocico terminado en un pico como el del pato, y patas palmeadas.
oro *s.m.* Metal precioso amarillo, brillante, dúctil y maleable (símbolo: *Au*). • *pl.* Uno de los palos de la baraja española.

orogénesis *s.f.* Proceso debido a fuerzas que actúan sobre las rocas y determinan cierto tipo de montañas.

orogenia *s.f.* Parte de la geología que estudia el origen y formación de las montañas.

orografía *s.f.* Parte de la geografía que trata de la descripción de las montañas.

orondo, da *adj.* Satisfecho, ufano.

oropel *s.m.* Lámina de latón que imita al oro. • Cosa de mucha apariencia y poco valor.

oropéndola *s.f.* Pájaro de plumaje amarillo, con alas y cola negras.

orozuz *s.m.* Arbusto que crece en lugares húmedos; de sus rizomas se saca un jugo dulce de uso medicinal.

orquesta *s.f.* Conjunto de músicos que tocan diversos instrumentos en los teatros y otros lugares.

orquídea *s.f.* Nombre común de un gran número de plantas herbáceas con flores de formas y colores muy variados, como la vainilla. • Flor de una de esas plantas.

orticón *s.m.* Tubo de la cámara de televisión.

ortiga *s.f.* Planta herbácea de hojas aserradas cubiertas de pelos que segregan un líquido irritante.

orto *s.m.* Salida del Sol u otro astro, por el horizonte.

ortocentro *s.m.* Punto de intersección de las tres alturas de un triángulo.

ortodoncia *s.f.* Rama de la odontología que procura corregir los defectos de los dientes.

ortodoxo, xa *adj./s.* Conforme con el dogma católico o con la doctrina fundamental de cualquier sistema. • *adj.* Dícese de la religión cristiana de ciertas naciones.

ortogonal *adj.* Dícese de las rectas que se cortan formando ángulo recto. • Dícese de dos curvas cuyas tangentes son perpendiculares en un punto de intersección.

ortografía *s.f.* Manera correcta de escribir las palabras. • Uso correcto de los signos de puntuación.

ortología *s.f.* Rama de la gramática de una lengua que se ocupa de la pronunciación correcta.

ortopedia *s.f.* Técnica de corregir o evitar las deformaciones del cuerpo humano por medio de ciertos aparatos o de ejercicios corporales.

ortopedista *s.m. y f.* Persona que ejerce la ortopedia.

oruga *s.f.* Larva de la mariposa. • Planta herbácea anual, comestible. • Banda de caucho que se adapta a las ruedas de ciertos vehículos para facilitar su marcha por terrenos accidentados.

orujo *s.m.* Hollejo de la uva. • Residuo de la aceituna prensada.

orzuelo *s.m.* Divieso pequeño en el borde del párpado.

os *s.m. y f.* Forma del pronombre personal de segunda persona del plural (*vosotros*), que desempeña la función oracional de complemento directo o indirecto.

osadía *s.f.* Cualidad de osado. • Acción osada.

osado, da *adj.* Que no se detiene ante peligros o dificultades; valiente.

osamenta *s.f.* Esqueleto. • Los huesos sueltos del esqueleto.

osar *v.tr./intr.* Atreverse.

osario *s.m.* Lugar donde se ponen los huesos sacados de las sepulturas.

oscilación *s.f.* Acción de oscilar.

oscilador, ra *s.m./adj.* Aparato destinado a producir oscilaciones eléctricas.

oscilar *v.intr.* Efectuar movimientos de vaivén como un péndulo. • Crecer y disminuir alternativamente la intensidad, valor, tamaño, etc. de alguna cosa; fluctuar. • Titubear, vacilar.

oscilatorio, ria *adj.* Relativo a las oscilaciones. • Que oscila.

ósculo *s.m.* Beso.

oscurecer *v.tr.* Privar de luz y claridad. • Hacer que algo parezca menos valioso o estimable. • Ofuscar la razón. • *intr. unipers.* Anochecer.

oscurecimiento *s.m.* Acción de oscurecer.

oscuridad *s.f.* Cualidad de oscuro.

oscuro, ra *adj.* Sin luz • Dícese del color que tiende al negro o se contrapone a

tro más claro. • Incierto. • Confuso. • Humilde, poco conocido.
seo, a *adj.* De hueso. • De la naturaleza del hueso.
sezno *s.m.* Cachorro del oso.
sificación *s.f.* Acción de osificarse.
sificarse *v.prnl.* Convertirse en hueso, o adquirir consistencia de hueso, una sustancia orgánica.
smanlí *adj./s.m. y f.* Turco.
smio *s.m.* Metal gris azulado parecido al platino (símbolo: *Os*).
smosis u **osmosis** *s.f.* Paso recíproco de líquidos de distinta densidad a través de una membrana porosa.
so, sa *s.* Mamífero carnívoro, plantígrado, muy corpulento y de pelaje espeso.
steína *s.f.* Sustancia que forma los huesos y tendones.
steítis *s.f.* Inflamación de los huesos.
stensible *adj.* Que se puede mostrar.
stentación *s.f.* Acción de ostentar. • Jactancia.
stentar *v.tr.* Mostrar o hacer patente una cosa. • Lucir con orgullo.
stentoso, sa *adj.* Lujoso, suntuoso.
steología *s.f.* Parte de la anatomía que estudia los huesos.
steopatía *s.f.* Nombre general para designar las enfermedades óseas.
stra *s.f.* Molusco marino con concha de valvas desiguales, rugosas por fuera y anacaradas por dentro. • Concha de la madreperla.
stracismo *s.m.* Alejamiento, voluntario o forzoso, de los cargos públicos.
stricultura *s.f.* Arte de criar ostras.
suno, na *adj.* Relativo al oso.
talgia *s.f.* Dolor de oídos.
taria *s.f.* Mamífero marino; es veloz nadador y se alimenta de peces y moluscos.
tario, ria *adj. fam. América* Tonto e incauto.
tear *v.tr.* Mirar desde cierta altura. • Escudriñar.
tero *s.m.* Cerro aislado.
titis *s.f.* Inflamación del oído.
tólogo, ga *s.* Médico especialista en afecciones del oído.
tomán *s.m.* Tejido que forma cordoncillos.
otomana *s.f.* Especie de sofá.
otomano, na *adj./s.* Turco.
otoñal *adj.* De otoño.
otoño *s.m.* Estación del año que empieza en el equinoccio del mismo nombre y termina en el solsticio de invierno.
otorgamiento *s.m.* Acción de otorgar.
otorgar *v.tr.* Acceder a algo. • Dar una cosa como premio.
otorrinolaringología *s.f.* Parte de la medicina que estudia las enfermedades de oído, nariz y garganta.
otoscopio *s.m.* Aparato para examinar el oído.
otro, tra *adj./s.* Pronombre indefinido que se aplica a la persona o cosa distintas de aquella de la cual se habla.
otrora *adv.* En otro tiempo.
otrosí *adv.* Además.
ova *s.f.* Alga filamentosa. • Elemento arquitectónico de forma oval.
ovación *s.f.* Aplauso entusiasta.
ovacionar *v.tr.* Tributar una ovación.
oval *adj.* Ovalado.
ovalado, da *adj.* En forma de óvalo.
ovalar *v.tr.* Dar forma de óvalo.
óvalo *s.m.* Curva cerrada simétrica respecto de uno o dos ejes, con la convexidad hacia afuera.
ovario *s.m.* Cada uno de los dos órganos genitales femeninos donde se forman los óvulos. • Parte inferior del gineceo de la flor, que contiene los óvulos.
oveja *s.f.* Hembra del carnero.
ovejero, ra *adj./s.* Que cuida de las ovejas.
ovejuno, na *adj.* De las ovejas.
overa *s.f.* Ovario de las aves.
overo, ra *adj./s.* Dícese del caballo con pelaje mezclado de blanco y rojo.
overol *s.m. América* Mono (prenda de vestir).
oviducto *s.m.* Conducto por el que el óvulo sale del ovario.
ovillar *v.intr.* Hacer ovillos.
ovillejo *s.m.* Cierta combinación métrica de diez versos.
ovillo *s.m.* Bola que se forma devanando hilo. • Enredo.
ovino, na *adj.* Dícese del ganado lanar.
ovíparo, ra *adj.* Dícese de los animales cuyas hembras ponen huevos.

ovoide *adj.* De forma de huevo.
ovovivíparo, ra *adj.* Dícese de los animales cuyos huevos no salen del cuerpo de la hembra hasta que está muy adelantado su desarrollo embrionario, como algunos reptiles.
ovulación *s.f.* Desprendimiento natural de un óvulo.
1. ovular *adj.* Relativo al óvulo o a la ovulación.
2. ovular *v.intr.* Realizar la ovulación.
óvulo *s.m.* Célula sexual femenina que, fecundada, da origen a un nuevo ser. • En botánica, rudimento de la semilla, que se forma en el ovario.
oxiacetilénico, ca *adj.* Dícese de la mezcla de oxígeno y acetileno.
oxidación *s.f.* Acción de oxidar.
oxidar *v.tr. / prnl.* Transformar un cuerpo por la acción del oxígeno.
óxido *s.m.* Combinación del oxígeno con un metal. • Capa de esa combinación formada sobre un metal.
oxigenación *s.f.* Acción de oxigenar.
oxigenado, da *adj.* Que contiene oxígeno.
oxigenar *v.tr. / prnl.* Combinar una sustancia con oxígeno. • *prnl.* Respirar el aire libre.
oxígeno *s.m.* Gas incoloro, inodoro e insípido, que forma parte del aire, del agua y de casi todas las sustancias orgánicas; es el agente de la combustión (símbolo: *O*).
oxiuro *s.m.* Cierto gusano parásito del intestino.
oxte *interj.* Se usa para rechazar a una persona o animal que molestan.
oyente *s.m. y f. / adj.* El que oye. • Alumno que asiste a clase sin estar matriculado.
ozonador, ra *adj. / s.m.* Dícese del aparato que produce ozono.
ozonizador, ra *adj. / s.m.* Ozonador.
ozono *s.m.* Estado del oxígeno, producido por la electricidad; es un gas azul muy oxidante y oloroso.

P

p *s.f.* Consonante, decimoséptima letra del abecedario español. Su nombre es *pe*.
pabellón *s.m.* Tienda de campaña cónica. • Dosel plegadizo. • Edificio aislado que depende de otro mayor. • Ensanche del tubo de ciertos instrumentos de viento. • Bandera nacional.
pabilo o **pábilo** *s.m.* Mecha de las velas.
pábulo *s.m.* Alimento. • Motivo, ocasión.
1. paca *s.f. América* Mamífero roedor de carne comestible.
2. paca *s.f.* Fardo prensado.
pacato, ta *adj.* Asustadizo o tímido. • Muy pudoroso; timorato.
paceño, ña *adj./s.* De La Paz (Bolivia).
pacer *v.intr.* Comer el ganado la hierba en los campos; pastar.
pachorra *s.f. fam.* Calma, flema.
pachorrudo, da *adj. fam.* Flemático.
paciencia *s.f.* Capacidad para sufrir sin desesperarse; resignación. • Tranquilidad o lentitud.
paciente *adj.* Que tiene paciencia • *s.m. y f.* El que padece una enfermedad.
pacificar *v.tr.* Establecer la paz. • *prnl.* Apaciguarse.
pacífico, ca *adj.* Apacible, tranquilo.
pacifismo *s.m.* Doctrina que propugna la paz entre las naciones.
pacifista *adj./s.m. y f.* Partidario del pacifismo.
pacotilla (de) *loc. adj.* De calidad inferior.
pactar *v.tr.* Acordar, concertar.
pacto *s.m.* Acuerdo, convenio.
padecer *v.tr./intr.* Sentir un dolor físico, una pena, etc.; sufrir. • *tr.* Soportar cierta acción.
padrastro *s.m.* Marido de la madre, con respecto a los hijos tenidos por ella en un matrimonio anterior. • Pedacito de pellejo que se levanta junto a las uñas.
padre *s.m.* Hombre, o macho de cualquier especie, con respecto a sus hijos. • Forma de tratamiento dada a los sacerdotes y frailes.
padrenuestro *s.m.* Oración enseñada por Jesucristo, que comienza con las palabras “Padre nuestro”.
padrillo *s.m. América* Caballo semental.
padrinazgo *s.m.* Circunstancia de ser padrino. • Protección.
padrino *s.m.* Hombre que presenta o asiste a otra persona en ciertas ceremonias. • El que protege a otro.
padrón *s.m.* Nómina de los habitantes de una localidad.
paella *s.f.* Guisado de arroz, carne, pescado, mariscos, etc.
paga *s.f.* Sueldo.
pagadero, ra *adj.* Que se ha de pagar en cierto tiempo estipulado.
pagado, da *adj.* Ufano, satisfecho.
pagador, ra *adj./s.* Que paga. • *s.* Empleado encargado de pagar sueldos, créditos, etc.
paganismo *s.m.* Conjunto de las creencias paganas. • Cualidad de pagano.
pagano, na *adj./s.* Dícese de los que profesaban religiones anteriores al cristianismo, excepto los hebreos. • Dícese de los idólatras y politeístas.
pagar *v.tr.* Dar a una persona dinero u otra cosa que se le debe. • Retribuir. •

tr. Satisfacer una falta cometida, con la pena correspondiente. • *prnl.* Jactarse.
pagaré *s.m.* Documento por el cual alguien se compromete a pagar cierta cantidad de dinero en fecha determinada.
pagel *s.m.* Pez comestible, común en el mar Mediterráneo.
página *s.f.* Cada lado de la hoja de un libro, cuaderno, etc.
1. pago *s.m.* Pequeño pueblo. • División de un término municipal. • *América* Lugar donde alguien ha nacido.
2. pago *s.m.* Entrega de lo que se debe. • Satisfacción o recompensa.
pagoda *s.f.* Templo de algunos países de Oriente.
paidología *s.f.* Conjunto de disciplinas que estudian el desarrollo físico e intelectual del niño.
paila *s.f.* Vasija grande de metal, redonda y poco profunda.
pailebot *s.m.* Pailebote.
pailebote *s.m.* Goleta pequeña.
país *s.m.* Territorio que forma una unidad geográfica o política.
paisaje *s.m.* Porción de terreno considerada como espectáculo. • Pintura o dibujo que lo representa.
paisajista *s.m. y f. / adj.* Pintor de paisajes.
paisanaje *s.m.* Conjunto de paisanos.
paisano, na *s. / adj.* El que es del mismo país, región, etc., que otro. • Campesino.
paja *s.f.* Tallo seco de los cereales, después de separado del grano. • Conjunto de esos tallos.
pajar *s.m.* Sitio donde se conserva la paja.
pájara *s.f.* Ave pequeña. • Pajarita. • *s.f. / adj.* Mujer astuta, ladrona, etc.
pajarera *s.f.* Jaula grande donde se crían pájaros.
pajarita *s.f.* Papel doblado en forma como de pájaro.
pájaro *s.m.* Nombre dado a las aves voladoras de pico recto y cuatro dedos, como el gorrión. • Ave pequeña.
pajarraco *s.m.* En sentido despectivo, ave grande.
paje *s.m.* Criado joven que hacía en los palacios quehaceres domésticos, acompañaba a sus amos, etc.
pajizo, za *adj.* Hecho de paja. • De color o de aspecto de paja.
pajonal *s.m.* *América* Sitio pantanoso, abundante en malezas y totoras.
pajuerano, na *s. / adj.* *América* Campesino que va a vivir a la ciudad.
pala *s.f.* Herramienta formada por una plancha de hierro o madera adaptada a un mango. • Parte ancha de ciertos instrumentos. • Parte superior del calzado.
palabra *s.f.* Conjunto de sonidos articulados o letras que forman la menor unidad de lenguaje con significado; vocablo, voz. • Facultad de hablar. • Promesa.
palabrería *s.f.* Abundancia de palabras vanas o inútiles.
palabrerío *s.m.* Palabrería.
palabrero, ra *adj. / s.* Que habla mucho. • Que promete y no cumple.
palabrota *s.f.* Dicho ofensivo o indecente.
palacete *s.m.* Palacio pequeño.
palaciego, ga *adj.* Perteneciente al palacio real o a la corte. • *s.* Cortesano.
palacio *s.m.* Casa grande y suntuosa; en especial, la destinada a residencia de reyes o nobles.
paladar *s.m.* Parte interior y superior de la boca. • Gusto.
paladear *v.tr.* Tomar poco a poco el gusto de algo; saborear.
paladín *s.m.* Caballero que se distinguía por sus hazañas. • El que defiende con denuedo a alguien o algo.
paladino, na *adj.* Claro, evidente.
paladio *s.m.* Metal muy dúctil, de color blanco plateado (símbolo: *Pd*).
palafito *s.m.* Vivienda lacustre primitiva, hecha sobre estacas.
palafrenero *s.m.* Criado que llevaba del freno el caballo de su amo.
palanca *s.f.* Barra que se apoya sobre un punto, y puede girar alrededor de él para trasmitir una fuerza.
palangana *s.f.* Recipiente de metal, loza, etc., ancho y poco profundo, usado para lavarse; jofaina.
palán-palán *s.m.* *América* Arbusto o pe-

queño árbol, de hojas de color verde claro y flores amarillas.

palanquear *v.tr. América* Mover algo mediante una palanca. • *fam.* Ayudar a alguien una persona influyente.

palanqueta *s.f.* Palanca pequeña para forzar puertas o cerraduras.

palanquín *s.m.* Especie de andas usadas en Oriente para llevar gente.

pala-pala *s.m. América* Cierta danza quechua.

palastro *s.m.* Chapa sobre la que se coloca el pestillo de una cerradura. • Chapa de hierro o de acero laminados.

palatal *adj.* Relativo al paladar.

palatino, na *adj.* Perteneciente al paladar. • *adj. / s.m.* Dícese del hueso situado por detrás del maxilar superior.

palco *s.m.* Pequeño tablado donde se coloca la gente para presenciar un espectáculo. • En los teatros, departamentos parecidos a balcones, donde hay varios asientos.

palenque *s.m.* Valla de madera con que se cierra un terreno. • *América* Serie de postes donde se atan los caballos.

paleoceno, na *adj. / s.m.* Dícese de la época más antigua del período terciario.

paleografía *s.f.* Ciencia que estudia los escritos antiguos.

paleolítico, ca *adj. / s.m.* Dícese de la primera parte de la Edad de Piedra.

paleología *s.f.* Ciencia que estudia los seres orgánicos fósiles.

paleozoico, ca *adj. / s.m.* Dícese de la era siguiente a la proterozoica.

palestino, na *adj. / s.* De Palestina (Asia).

palestra *s.f.* Lugar para realizar competiciones o torneos.

paleta *s.f.* Pala pequeña. • Tabla pequeña de madera donde un pintor dispone los colores. • En una máquina, pieza plana que mueve algo, o es movida por el agua, el viento, etc. • Omóplato.

paletó *s.m.* Gabán de paño grueso.

paletón *s.m.* Parte de la llave en que están los dientes.

paliar *v.tr.* Aliviar, mitigar. • Tratar de justificar una acción.

paliativo, va *adj. / s.m.* Que sirve para paliar o aliviar.

palidecer *v.intr.* Ponerse pálido.

palidez *s.f.* Cualidad de pálido.

pálido, da *adj.* Que no tiene en la cara el color rosado propio de las personas sanas. • Falto de expresión o colorido.

palier *s.m.* Cada uno de los semiejes que trasmiten el movimiento a las ruedas de un automotor. • *América* Rellano de las escaleras al que se abren diversos apartamentos.

palillero *s.m.* Objeto de mesa donde se colocan los mondadientes.

palillo *s.m.* Varilla que se sujeta a la cintura, y donde se encaja la aguja de hacer media. • Mondadientes. • Varilla para tocar el tambor. • Palito usado por los escultores para modelar el barro.

palíndromo *s.m.* Palabra o frase que se leen igual de izquierda a derecha o de derecha a izquierda.

palinodia *s.f.* Retractación pública de algo que se ha dicho.

palio *s.m.* Especie de dosel colocado sobre cuatro o más varas largas, bajo el cual va el papa, un rey, etc. • Insignia pontifical que da el papa a los arzobispos.

palique *s.m. fam.* Charla.

palisandro *s.m.* Madera muy valiosa por sus vetas y color.

palito *s.m. América* Danza folclórica de ritmo animado.

paliza *s.f.* Zurra de golpes.

pallar *s.m. América* Especie de judía, cuya semilla es gruesa, redondeada y blanca.

palma *s.f.* Parte interna y algo cóncava de la mano. • Parte inferior del casco de las caballerías. • Palmera. • Hoja de la palmera. • Gloria, triunfo.

palmada *s.f.* Golpe dado con la palma de la mano.

1. palmar *adj.* Perteneciente a la palma de la mano o a la del casco. • *s.m.* Lugar poblado de palmeras.

2. palmar *v.intr. fam.* Morir.

palmarés *s.m.* Lista de vencedores en una competición.

palmario, ria *adj.* Claro, evidente.

palmatoria *s.f.* Utensilio para sostener la vela, con mango y pie.

palmeado, da *adj.* De figura de palma. • Dícese de las patas de los animales que tienen los dedos ligados por una membrana, lo que las hace aptas para nadar.

palmear *v.tr. / intr.* Dar palmadas.

pálmer *s.m.* Instrumento de precisión para medir pequeñas longitudes.

palmera *s.f.* Árbol de tronco recto sin ramas, hojas grandes, y cuyos frutos son los dátiles.

palmeta *s.f.* Vara con la que los maestros castigaban a los alumnos pegándoles en la palma de la mano.

palmípedo, da *adj. / s.f.* Dícese del ave acuática con patas palmeadas, como el pato.

palmito *s.m.* Palma alta, de tronco no ramificado y frutos negros. • Cogollo comestible de esa planta.

palmo *s.m.* Antigua unidad de longitud, equivalente a la cuarta parte de la vara.

palmotear *v.tr.* Dar palmadas.

palo *s.m.* Trozo de madera, más largo que grueso y cilíndrico. • Golpe dado con un palo. • Cada una de las cuatro series en que se divide la baraja. • Trazo largo y recto de algunas letras. • Madero que sostiene las velas en un barco.

paloma *s.f.* Ave doméstica, pequeña, buena voladora, de la que existen muchas variedades.

palomar *s.m.* Lugar donde se crian palomas.

palometa *s.f.* Cierto pez comestible de América.

palomo *s.m.* Macho de la paloma.

palote *s.m.* Cada uno de los trazos que los niños hacen para aprender a escribir.

palpable *adj.* Que se puede tocar con las manos. • Evidente, manifiesto.

palpar *v.tr.* Tocar algo con las manos para examinarlo o para orientarse; tantear.

palpebral *adj.* Relativo a los párpados.

palpitación *s.f.* Acción de palpitar.

palpitar *v.intr.* Contraerse y dilatarse alternativamente el corazón; en especial, cuando se acelera por diversas causas. • Manifestarse con vehemencia un sentimiento.

pálpito *s.m. fam.* Presentimiento.

palpo *s.m.* Pieza bucal articulada de los artrópodos.

palta *s.f. América* Fruto del aguacate.

palto *s.m. América* Aguacate.

palúdico, ca *adj.* Palustre. • Relativo al paludismo.

paludismo *s.m.* Enfermedad infecciosa propia de las regiones cálidas y pantanosas, caracterizada por ataques periódicos de fiebre.

palurdo, da *adj. / s.* Tosco o grosero.

palustre *adj.* Perteneciente a lagunas o pantanos.

pampa *s.f.* Llanura sudamericana, extensa y sin vegetación arbórea.

pámpana *s.f.* Hoja de la vid.

pámpano *s.m.* Sarmiento verde y delgado, o pimpollo de la vid. • Pámpana.

pampero, ra *adj.* Relativo a las pampas.

pamplina *s.f.* Planta herbácea, anual de flores anaranjadas o amarillas. • *fam.* Dicho o hecho sin importancia.

pan *s.m.* Alimento hecho con harina, agua y levadura, que después de fermentado se cocina al horno. • Sustento. • Lámina metálica delgada.

pana *s.f.* Tela gruesa de algodón parecida al terciopelo.

panacea *s.f.* Medicamento al que se atribuye eficacia para curar muchas enfermedades.

panadería *s.f.* Oficio de panadero. • Establecimiento donde se hace o vende pan.

panadizo *s.m.* Inflamación del extremo de un dedo.

panal *s.m.* Conjunto de celdillas que fabrican las abejas para depositar la miel.

panameño, na *adj. / s.* De Panamá (América).

panamericanismo *s.m.* Tendencia a fomentar las relaciones entre los países de América.

pancho *s.m. América* Emparedado de salchicha hervida.

pancho, cha *adj. fam.* Tranquilo y despreocupado.

páncreas *s.m.* Glándula abdominal que segrega enzimas digestivas y produce la insulina.

pancromático, ca *adj.* Dícese de la película fotográfica sensible a todos los colores del espectro.

panda *s.m.* Mamífero omnívoro de pelaje blanco y negro, que vive en el Tíbet.
pandear *v.intr./prnl.* Combarse.
pandemónium *s.m. fam.* Lugar en que hay mucho ruido y confusión.
pandeo *s.m.* Acción de pandear.
pandereta *s.f.* Pandero pequeño.
pandero *s.m.* Instrumento musical de percusión, formado por una piel tensa sobre un aro de madera con sonajas.
pandilla *s.f.* Conjunto de personas reunidas para molestar a otros. • Grupo de amigos que se reúnen para divertirse, conversar, etc.
pandillero, ra *s.* Persona que forma pandillas para molestar.
panegírico, ca *adj./s.m.* Dícese del escrito o discurso hechos en alabanza de una persona.
panegirista *s.m. y f.* Orador o escritor que hacen un panegírico.
1. panel *s.m.* Cada uno de los compartimentos en que se dividen una pared, las hojas de puertas, etc., con fines estéticos.
2. panel *s.m. América* Grupo de personas que discuten un asunto en público.
pánfilo, la *adj./s. fam.* Que es muy pausado para obrar.
panfleto *s.m.* Escrito difamatorio.
pangaré *adj./s.m. América* Dícese del caballo de color más claro en el hocico y las orejas.
pangolín *s.m.* Mamífero parecido a un lagarto, con el cuerpo cubierto de escamas duras y puntiagudas.
paniaguado *s.m.* El allegado a una persona y favorecido por ella.
pánico, ca *adj./s.m.* Dícese del miedo muy intenso.
panícula *s.f.* Inflorescencia compuesta, en forma de racimo, como la de la vid.
panificación *s.f.* Acción de panificar.
panificar *v.tr.* Convertir la harina en pan.
panizo *s.m.* Planta herbácea anual, cultivada como cereal en Oriente.
panoja *s.f.* Mazorca del maíz, del panizo o del mijo.
panoplia *s.f.* Armadura de guerra con todas sus piezas. • Colección de armas. • Tabla en forma de escudo donde se colocan distintas armas.
panorama *s.m.* Vista de un paisaje muy dilatado.
panorámico, ca *adj.* Relativo al panorama.
panqueque *s.m. América* Masa muy delgada de harina, leche, manteca y huevos, que se fríe y se cubre con dulce, queso, etc.
pantagruélico, ca *adj.* Dícese de las comidas muy abundantes.
pantalón *s.m.* Prenda de vestir, que se ciñe al cuerpo en la cintura y baja cubriendo cada pierna.
pantalla *s.f.* Lámina que se sujeta delante o alrededor de un foco de luz para dirigirlo en la dirección conveniente. • Plancha de metal colocada delante de las chimeneas. • Telón para proyectar fotografías o filmes. • *América* Instrumento para hacer aire.
pantano *s.m.* Hondonada con fondo cenagoso, en que se acumulan aguas. • Dificultad o momento difícil.
pantanoso, sa *adj.* Dícese del terreno donde hay pantanos o charcos.
panteísmo *s.m.* Doctrina filosófica que sostiene la identidad de Dios y el mundo.
panteón *s.m.* Monumento funerario destinado a sepultura de varias personas.
pantera *s.f.* Mamífero carnívoro, parecido al leopardo.
pantógrafo *s.m.* Instrumento para hacer copias, ampliaciones o reducciones de un dibujo.
pantomima *s.f.* Representación teatral con movimientos y gestos, sin usar palabras.
pantomimo *s.m.* Mimo.
pantorrilla *s.f.* Parte posterior de la pierna, más carnosa y abultada, que está debajo de la corva.
pantufla *s.f.* Calzado de suela liviana, que se usa dentro de la casa.
panza *s.f.* Vientre, barriga. • Primera de las cavidades del estómago de los mamíferos rumiantes.
panzada *s.f. fam.* Hartazgo, atracón.
pañal *s.m.* Trozo de tela en que se envuelve a los niños muy pequeños.
paño *s.m.* Tela de lana muy tupida. • Trozo de tela.

pañol *s.m.* Compartimento pequeño de un buque, donde se guardan víveres, pinturas, municiones, etc.
pañoleta *s.f.* Prenda triangular que usan las mujeres sobre los hombros.
pañuelo *s.m.* Trozo de tela cuadrangular para diferentes usos.
1. papa *s.m.* Jefe supremo de la Iglesia católica.
2. papa *s.f.* Planta herbácea originaria de América, muy cultivada por sus tubérculos.
papada *s.f.* Abultamiento carnoso que se forma debajo de la barbilla.
papado *s.m.* Dignidad de papa. • Institución de los papas.
papagayo *s.m.* Ave de pico fuerte y encorvado, de plumaje verde y rojizo; puede repetir palabras.
papaína *s.f.* Enzima digestiva obtenida del látex del papayo.
papal *adj.* Relativo al papa.
papamoscas *s.m.* Cierto pájaro insectívoro. • *m. y f. fam.* Papanatas.
papanatas *s.m. y f. fam.* Persona simple y fácil de engañar.
paparrucha *s.f. fam.* Cosa sin importancia o sin sentido.
paparruchada *s.f. fam.* Paparrucha.
papaverina *s.f.* Uno de los alcaloides del opio, usado en medicina.
papaya *s.f.* Fruto comestible del papayo.
papayo *s.m.* Árbol tropical de tronco recto y liso y hojas grandes.
papel *s.m.* Producto obtenido de las fibras de celulosa, en forma de hojas delgadas y flexibles, usado para escribir, envolver, etc. • Esas hojas, escritas o impresas. • Documento o credencial. • Parte de una obra que representa cada actor.
papelera *s.f.* Cesto para arrojar los papeles inútiles. • Fábrica de papel. • Mueble para guardar papeles.
papelería *s.f.* Tienda en que se vende papel. • Conjunto desordenado de papeles.
papeleta *s.f.* Cédula. • Cucurucho de papel.
papelón *s.m. fam.* Situación ridícula en que queda una persona. • *América* Azúcar sin refinar.
papera *s.f.* Enfermedad contagiosa que se manifiesta por hinchazón de las parótidas.
paperas *s.f.pl.* Papera.
papila *s.f.* Cada una de las pequeñas prominencias cónicas formadas en la piel y en algunas mucosas, o en la epidermis de ciertos órganos vegetales. • Prominencia del nervio óptico en el fondo del ojo.
papilar *adj.* Relativo a las papilas.
papilla *s.f.* Sopa cremosa que se da a los niños.
papiro *s.m.* Planta ornamental originaria de Oriente. • Lámina del tallo de esa planta, usada por los antiguos para escribir y dibujar sobre ella.
papista *adj. / s.m. y f.* Que observa rigurosamente las disposiciones del papa.
papo *s.m.* Parte abultada del animal entre la barba y el cuello. • Buche de las aves.
pápula *s.f.* Tumorcillo eruptivo de la piel, sin pus ni serosidad.
paquebot *s.m.* Paquebote.
paquebote *s.m.* Buque trasatlántico que lleva correo, carga y pasajeros.
paquete *s.m.* Lío o envoltorio bien dispuestos y no muy abultados.
paquetería *s.f. América* Lujo en el vestir o en el arreglo de la casa.
paquidermo *adj. / s.m.* Dícese del mamífero de piel gruesa y dura, como el elefante y el rinoceronte.
paquistaní *adj. / s.m. y f.* Del Paquistán (Asia).
par *adj.* Igual, semejante o simétrico. • Dícese del número natural divisible por dos. • *s.m.* Conjunto de dos personas o dos cosas de la misma especie.
para *prep.* Señala la dirección del movimiento; hacia. • Expresa finalidad, destino o utilidad.
parabién *s.m.* Felicitación.
parábola *s.f.* Narración alegórica que encierra una enseñanza moral. • Curva plana cuyos puntos equidistan de un punto fijo y de una recta.
parabólico, ca *adj.* Relativo a la parábola. • De figura de parábola.
parabrisas *s.m.* Cristal delantero del automóvil, que protege del viento.

paracaídas *s.m.* Artefacto de tela para aminorar la velocidad de caída de un cuerpo desde gran altura.
paracaidismo *s.m.* Práctica del lanzamiento en paracaídas.
paracaidista *s.m. y f.* Persona adiestrada en el descenso en paracaídas.
parachoques *s.m. / adj.* Cierto accesorio de los automóviles para amortiguar los efectos de un choque.
parada *s.f.* Acción de parar o detenerse. • Lugar donde se paran los vehículos para que suban y bajen los pasajeros.
paradero *s.m.* Sitio donde se para o se va a parar. • Final de una cosa.
paradigma *s.m.* Modelo o ejemplo.
paradisíaco, ca o **paradisiaco, ca** *adj.* Como del paraíso.
parado, da *adj.* Lento. • Sin trabajo. • *América* Que está de pie.
paradoja *s.f.* Expresión de una aparente contradicción. • Afirmación absurda que parece razonable.
paradójico, ca *adj.* Que incluye una paradoja.
parador *s.m.* Hotel o albergue de carretera.
parafina *s.f.* Masa blanca y traslúcida, derivada del petróleo, usada como aislante y para fabricar velas.
parafrasear *v.tr.* Hacer la paráfrasis de un texto.
paráfrasis *s.f.* Explicación o interpretación añadidas a un texto.
paragoge *s.f.* Adición de una letra al final de una palabra.
paragolpes *s.m. América* Parachoques.
parágrafo *s.m.* Párrafo.
paraguas *s.m.* Utensilio portátil para protegerse de la lluvia.
paraguayismo *s.m.* Palabra o expresión peculiares del español de los paraguayos.
paraguayo, ya *adj. / s.* Del Paraguay (América).
paragüero, ra *s.* El que hace o vende paraguas. • *m.* Mueble para colocar los paraguas y bastones.
paraíso *s.m.* Según la Biblia, jardín delicioso donde vivían Adán y Eva. • Sitio ameno. • Cielo eterno. • En algunos teatros, piso más alto. • *América* Cinamomo.
paraje *s.m.* Lugar, sitio.
paralaje *s.m.* Cambio aparente de la posición de un objeto —en especial de un astro celeste— cuando se varía de punto de observación.
paralelepípedo *s.m.* Poliedro cuyas seis caras son paralelogramos.
paralelismo *s.m.* Cualidad de paralelo.
paralelo, la *adj. / s.* Dícese de las rectas coplanares o de los planos que no son coincidentes o que no tienen ningún punto común. • *adj.* Correspondiente o semejante. • *s.m.* Círculo menor paralelo al ecuador. • Parangón. • *f.pl.* Barras paralelas para hacer ejercicios de gimnasia.
paralelogramo *s.m.* Cuadrilátero cuyos lados opuestos son paralelos.
parálisis *s.f.* Privación o disminución del movimiento y la sensibilidad de alguna parte del cuerpo.
paralítico, ca *adj./s.* Afectado de parálisis.
paralización *s.f.* Acción y efecto de paralizar.
paralizar *v.tr. / prnl.* Causar parálisis. • Inmovilizar a una persona.
paralogismo *s.m.* Razonamiento falso.
paramagnético, ca *adj.* Dícese de los materiales de cierta permeabilidad magnética que son ligeramente atraídos por los imanes.
paramecio *s.m.* Cierto animal unicelular ciliado, de forma alargada, que es frecuente en las aguas estancadas.
paramento *s.m.* Cualquiera de las dos caras de una pared o un muro.
parámetro *s.m.* Dato o conjunto de datos estables de una cuestión, que permiten caracterizarla.
páramo *s.m.* Terreno o lugar muy fríos, yermos o inhóspitos.
parangón *s.m.* Comparación entre dos personas o cosas.
parangonar *v.tr.* Hacer el parangón; comparar.
paraninfo *s.m.* Salón para actos académicos en centros de enseñanza.
paranoia *s.f.* Sicosis caracterizada por alucinaciones, inquietud, etc.
paranoico, ca *adj.* Relativo a la paranoia. • *adj. / s.* Que la padece.

paranormal *adj.* Se aplica a los fenómenos estudiados por la parasicología.
parapetarse *v.prnl.* Resguardarse con un paramento u otra cosa.
parapeto *s.m.* Pared o baranda para evitar caídas en los puentes, escaleras, etc. • Terraplén para defenderse los soldados del fuego enemigo.
paraplejía o **paraplejia** *s.f.* Parálisis de la mitad inferior del cuerpo.
parapsicología *s.f.* Parasicología.
parar *v.intr./prnl.* Dejar de ejecutarse un movimiento o una acción. • *intr.* Llegar a un término o a un fin. • Habitar u hospedarse. • *tr.* Detener o impedir un movimiento o una acción. • *prnl. América* Ponerse de pie.
pararrayo *s.m.* Pararrayos.
pararrayos *s.m.* Artefacto para proteger los edificios o barcos de las descargas eléctricas atmosféricas.
parasicología *s.f.* Parte de la sicología que estudia ciertos fenómenos de apariencia extrasensorial.
parasimpático, ca *adj./s.m.* Dícese de uno de los dos sistemas nerviosos neurovegetativos.
parasitario, ria *adj.* Relativo a los parásitos, o producido por ellos.
parásito, ta *adj./s.m.* Que se alimenta o crece a expensas de otro organismo vivo. • *s.m.* El que vive a costa ajena.
parasitología *s.f.* Parte de la biología que estudia los parásitos.
parasol *s.m.* Quitasol.
paratiroides *adj./s.f.* Dícese de las glándulas endocrinas que están detrás de la glándula tiroides.
parca *s.f.* La muerte.
parcela *s.f.* Porción pequeña de terreno.
parcelar *v.tr.* Dividir en parcelas.
parche *s.m.* Pedazo de tela, papel, etc., que se pega sobre una cosa. • Pedazo de lienzo con una sustancia medicinal, que se aplica a una herida. • Piel de los instrumentos de percusión. • Retoque mal hecho.
parcial *adj.* Relativo a una parte del todo. • No equitativo. • *adj./s.m. y f.* Partidario o seguidor.
parcialidad *s.f.* Cualidad de parcial. • Bando o facción.
parco, ca *adj.* Sobrio o moderado.
pardo, da *adj./s.m.* De color semejante al de la tierra. • *América* Mulato.
pardusco, ca *adj.* De color que tira a pardo.
parduzco, ca *adj.* Pardusco.
pareado, da *adj./s.m.pl.* Dícese del conjunto de dos versos aconsonantados.
parear *v.tr.* Aparear dos cosas. • Disponer las cosas de dos en dos.
1. parecer *v.intr.* Tener algo una determinada apariencia o aspecto. • Haber indicios. • *prnl.* Semejar.
2. parecer *s.m.* Opinión o juicio. • Aspecto físico de una persona.
parecido, da *adj.* Que se parece a otro. • Que tiene buen o mal aspecto físico. • *s.m.* Semejanza.
pared *s.f.* Obra de fábrica levantada verticalmente para cerrar un espacio. • Placa que divide un espacio. • Superficie que limita una cavidad o un órgano.
paredón *s.m.* Pared que queda en pie en un edificio en ruinas.
pareja *s.f.* Par de personas, animales o cosas. • Cada miembro de ese par en relación con el otro.
parejero, ra *adj.* Dicho de un caballo, adiestrado para correr apareado a otro.
parejo, ja *adj.* Que no tiene diferencias o desniveles; igual.
paremia *s.f.* Proverbio o refrán.
paremiología *s.f.* Estudio o tratado acerca de los refranes.
parénquima *s.m.* Cierto tejido vegetal. • En zoología, tejido de los órganos glandulares.
parentela *s.f. fam.* Conjunto de los parientes de una persona.
parentesco *s.m.* Cualidad de pariente. • Relación que vincula a los parientes.
paréntesis *s.f.* Oración o frase intercaladas en un período. • Signo ortográfico en que suelen encerrarse: ( ). • Suspensión o interrupción.
paresia *s.f.* Parálisis leve.
parestesia *s.f.* Sensación anormal causada por un trastorno nervioso.
parhelio *s.m.* Fenómeno luminoso que consiste en la aparición de imágenes del Sol reflejadas en las nubes.
paria *s.m.* Persona excluida de las ventajas de que gozan las demás.

parición *s.f.* Tiempo de parir el ganado.
paridad *s.f.* Igualdad de las cosas.
paridigitado, da *adj./s.m.* Dícese del animal ungulado que tiene en las patas un número par de dedos.
pariente, ta *s.* El que está ligado a otra persona por consanguinidad o afinidad.
parietal *adj./s.m.* Dícese de cada uno de los huesos que forman los lados y la bóveda del cráneo.
parihuela *s.f.* Artefacto para trasportar cosas entre dos personas. • Camilla o cama portátil.
parir *v.intr./tr.* Dar a luz.
parisién *adj./s.m. y f.* Parisiense.
parisiense *adj./s.m. y f.* De París (Francia).
parisino, na *adj./s.* Parisiense.
paritario, ria *adj.* Dícese del organismo formado por representantes de patronos y obreros en número igual y con los mismos derechos.
parkinsonismo *s.m.* Enfermedad de la edad adulta que ataca el sistema nervioso.
parla *s.f. fam.* Charla.
parlamentar *v.intr.* Hablar para acordar una paz, rendición, etc., o para resolver una diferencia.
parlamentario, ria *adj.* Relativo al parlamento político. • *s.* Persona que va a parlamentar. • Miembro de un parlamento.
parlamento *s.m.* Acción de parlamentar. • Asamblea legislativa. • Largo recitado de un actor teatral.
parlanchín, na *adj./s. fam.* Que habla mucho.
parlante *adj.* Que habla.
parlar *v.intr. fam.* Hablar mucho o decir lo que se debe callar.
parlotear *v.intr. fam.* Charlar mucho.
parnaso *s.m.* Conjunto de los poetas, su actividad y ambiente.
paro *s.m.* Suspensión de la jornada industrial o agrícola. • Huelga.
parodia *s.f.* Imitación burlesca.
parodiar *v.tr.* Hacer una parodia.
parónimo, ma *adj./s.m.* Dícese de los vocablos semejantes entre sí por su etimología, o por su forma o sonido.
parótida *s.f.* Cada una de las glándulas salivales ubicadas detrás de la mandíbula inferior.
parotiditis *s.f.* Inflamación de la parótida. • Papera.
paroxismo *s.m.* Exacerbación de una enfermedad. • Frenesí de una pasión.
parpadear *v.intr.* Pestañear. • Titilar.
párpado *s.m.* Cada uno de los dos repliegues movibles que protegen los ojos.
parpar *v.intr.* Emitir el pato su voz característica.
parque *s.m.* Terreno con árboles y plantas, para caza o recreo y ornato. • Sitio donde se almacenan aparatos, materiales, etc., para un servicio público. • Sitio en las ciudades para estacionar vehículos.
parqué *s.m.* Entarimado con maderas que forman dibujos geométricos.
parquear *v.tr.* Aparcar vehículos.
parquedad *s.f.* Cualidad de parco.
parquímetro *s.m. América* Aparato que mide el tiempo de estacionamiento de un vehículo en un lugar.
parra *s.f.* Vid; en especial, la que se extiende mucho.
párrafo *s.m.* Oración o conjunto de oraciones con unidad temática dentro de un escrito, que se señalan con letra mayúscula al principio del renglón y punto y aparte al final del trozo; parágrafo.
parral *s.m.* Sitio con parras. • Conjunto de parras.
parranda *s.f.* Fiesta, juerga.
parricidio *s.m.* Delito que consiste en matar a un ascendiente.
parrilla *s.f.* Utensilio de hierro en forma de rejilla para asar o tostar.
párroco *s.m./adj.* Cura encargado de una parroquia.
parroquia *s.f.* Iglesia de un determinado distrito, y territorio bajo su jurisdicción.
parroquiano, na *adj./s.* Perteneciente a determinada parroquia. • *s.* Cliente o comprador.
pársec *s.m.* Cierta unidad de distancia usada en astronomía.
parsimonia *s.f.* Moderación en los gastos. • Calma o tranquilidad.
parsimonioso, sa *adj.* Que tiene parsimonia.

parte *s.f.* División de un todo. • Cantidad que se da a cada uno en un reparto. • Cada una de las personas de los grupos de ellas que discuten o que negocian entre sí. • Papel de un actor. • Lugar o sitio. • *m.* Comunicación telegráfica o telefónica.

parteluz *s.m.* Columna que divide en dos un hueco de la ventana.

partenogénesis *s.f.* Reproducción en la cual el óvulo se desarrolla sin haber sido fecundado.

partero, ra *adj.* / *s.* Dícese del médico especialista en partos. • *s.f.* Mujer que asiste en un parto.

parterre *s.m.* En un jardín, macizo de flores.

partición *s.f.* Acción de partir o repartir.

participación *s.f.* Acción y efecto de participar.

participar *v.intr.* Tener parte en algo. • Compartir una opinión, cualidad, etc. • *tr.* Notificar.

partícipe *adj.* / *s.m. y f.* Que tiene parte en una cosa.

participio *s.m.* Derivado verbal que integra los verbos compuestos, o que funciona como adjetivo.

partícula *s.f.* Parte muy pequeña de algo. • En gramática, partes invariables de la oración.

particular *adj.* Privativo de una cosa. • Que está bien determinado. • Privado. • *s.m.* El que no tiene un cargo oficial. • Asunto o materia.

particularidad *s.f.* Cualidad que distingue a una cosa de otras.

particularismo *s.m.* Predominio del interés particular sobre el general.

particularizar *v.tr.* Detallar. • Referirse a una persona determinada. • *tr.* / *prnl.* Caracterizar, distinguir.

partida *s.f.* Registro de un bautismo, matrimonio, etc. • Copia certificada de esos registros. • Cantidad de una mercadería. • Débito o crédito. • Excursión, expedición. • Grupo de gente armada. • Acción de partir o salir.

partidario, ria *adj.* / *s.* Que adhiere a un partido, a una idea, etc.

partidismo *s.m.* Adhesión o sometimiento a las ideas de un partido.

partido *s.m.* Distrito. • Grupo de personas de una misma ideología. • Competición deportiva. • Provecho o ventaja. • Decisión que se adopta a favor de una persona.

partiquino, na *s.* Cantante que desempeña en la ópera una parte muy breve o poco importante.

partir *v.tr.* Dividir en partes. • *intr.* Ponerse en camino; irse.

partitivo, va *adj.* Que se puede partir o dividir. • *adj.* / *s.m.* Dícese del sustantivo o del adjetivo numerales que expresan división de un todo en partes.

partitura *s.f.* Texto completo de una obra musical.

parto *s.m.* Acción de parir. • Cualquier obra creada.

parturienta *adj.* / *s.f.* Dícese de la mujer que está pariendo o acaba de parir.

parva *s.f.* Montón de mies tendida en la tierra. • Montón o cantidad.

párvulo, la *s.* Niño pequeño.

pasa *s.f.* Grano de uva desecado.

pasada *s.f.* Acción de pasar de una parte a otra. • Puntada larga. • *fam.* Mal comportamiento de una persona con otra.

pasadizo *s.m.* Paso estrecho en las casas o calles.

pasado, da *adj.* / *s.m.* Dícese del tiempo que pasó, y de todo lo ocurrido en él. • Dícese de las formas verbales que se refieren a él.

pasador *s.m.* Cerrojo para puertas, ventanas, etc.

pasaje *s.m.* Acción de pasar. • Calle estrecha. • Precio de un viaje marítimo o aéreo. • Conjunto de los pasajeros de un barco o un avión. • Trozo de una obra literaria o musical. • *América* Boleto de viaje.

pasajero, ra *adj.* Que pasa o dura poco. • *s.* Persona que viaja.

pasamanería *s.f.* Adorno para vestidos hecho con galones, flecos, etc.

pasamano *s.m.* Listón superior de una barandilla de escalera. • Pasamanería.

pasamontañas *s.m.* Gorro de abrigo que cubre gran parte de la cabeza.

pasante *s.m.* El que asiste y acompaña a un maestro de una facultad para adquirir práctica.

pasaporte *s.m.* Documento requerido para viajar al extranjero.
pasar *v.intr.* Trasladarse de un lugar a otro. • Llegar o entrar. • Ser admitido. • Ir o andar. • Ser considerado de cierta forma. • Tener lo necesario para vivir. • Trascurrir el tiempo. • Terminar algo. • Ocurrir o suceder. • *tr.* Hacer pasar de un lugar a otro. • Atravesar, cruzar. • Dejar atrás. • Aventajar. • *fam.* Sufrir, tolerar. • *prnl.* Empezar a pudrirse.
pasarela *s.f.* Puente pequeño o provisional. • Parte del escenario.
pasatiempo *s.m.* Lo que sirve para entretener o divertir.
pascal *s.m.* Unidad de presión en el Sistema Internacional.
pascalio *s.m.* Castellanización de la palabra *pascal*.
Pascua *s.prop.f.* Fiesta de la resurrección de Jesucristo. • *com.pl.* Tiempo desde Navidad hasta el día de Reyes inclusive.
pascual *adj.* Relativo a la Pascua.
pase *s.m.* Permiso por escrito para transitar, viajar gratuitamente, etc.
paseandero, ra *adj. América* Que pasea mucho y con frecuencia.
paseante *adj./s.m. y f.* Que pasea.
pasear *v.intr./prnl.* Andar o ir a pie, a caballo, en coche, etc., por placer o por ejercicio • *tr.* Llevar de un lugar a otro, como distracción.
paseo *s.m.* Acción de pasear. • Sitio público para pasear.
pasible *adj.* Que puede padecer.
pasillo *s.m.* Pieza de paso, larga y angosta, de un edificio.
pasión *s.f.* Acción de padecer; en especial, la de Jesucristo. • Sentimiento muy fuerte que perturba el ánimo. • Amor muy intenso.
pasional *adj.* Relativo a la pasión.
pasionaria *s.f.* Enredadera ornamental cuyas flores tienen en la base de la corola una corona de filamentos y tres estigmas en forma de clavo.
pasividad *s.f.* Cualidad de pasivo.
pasivo, va *adj.* Que deja actuar a los otros sin intervenir. • Dícese de las formas gramaticales en que el sujeto recibe la acción. • *s.m.* Conjunto de deudas y cargas que gravan un patrimonio.
pasmado, da *adj.* Absorto.
pasmar *v.tr./prnl.* Causar pérdida de los sentidos. • Asombrar. • Enfriar mucho.
pasmo *s.m.* Efecto de un enfriamiento. • Asombro.
pasmoso, sa *adj.* Que causa pasmo o asombro.
paso *s.m.* Acción de pasar. • Lugar por donde se pasa. • Camino entre montañas. • Movimiento que hace cada pie al andar. • Modo de andar. • Cierta pieza dramática breve. • Progreso obtenido en algo.
pasodoble *s.m.* Composición musical popular, parecida a la marcha.
paspadura *s.f. América* Escoriación en la piel.
pasparse *v.prnl. América* Escoriarse la piel.
pasquín *s.m.* Escrito anónimo, satírico, que se fija en un sitio público. • *América* Publicación injuriosa o de estilo escandaloso y agraviante.
pasta *s.f.* Masa blanda hecha con una materia pulverizada y un líquido. • Masa comestible de harina, leche, huevos, etc.
pastaflora *s.f.* Pastel cubierto con dulce de membrillo.
pastafrola *s.f. América* Pastaflora.
pastar *v.tr.* Pastorear. • *intr.* Pacer.
pastel *s.m.* Masa horneada y rellena con crema, frutas, carne, etc. • Lápiz blando para pintar.
pastelería *s.f.* Local donde se hacen o venden pasteles o pastas.
pasterización *s.f.* Pasteurización.
pasterizar *v.tr.* Pasteurizar.
pasteurización *s.f.* Acción y efecto de pasteurizar.
pasteurizar *v.tr.* Esterilizar ciertos líquidos según el método ideado por el científico francés Luis Pasteur.
pastilla *s.f.* Porción de pasta endurecida.
pastizal *s.m.* Terreno con pasto.
pasto *s.m.* Acción de pastar. • Hierba que come el ganado.
pastor, ra *s.* Persona que cuida el ganado. • *m.* Sacerdote protestante.

pastoral *adj.* Pastoril. • Relativo a los prelados.
pastorear *v.tr.* Llevar el ganado al campo para que coma el pasto.
pastoreo *s.m.* Acción de pastorear.
pastoril *adj.* Propio de los pastores.
pastoso, sa *adj.* Blando y suave. • Dícese de la voz grave y dulce.
pastura *s.f.* Pasto del que se alimentan los animales. • Lugar donde pastan los animales.
pata *s.f.* Pierna y pie de los animales. • Pie de un mueble.
patacón *s.m.* Antigua moneda de plata, usada en Hispano América.
patada *s.f.* Golpe que se da con el pie o con la pata.
patagón, na *adj./s.* Dícese de varias tribus que habitaban la región patagónica.
patagónico, ca *adj.* Relativo a la Patagonia.
patalear *v.intr.* Dar patadas en el suelo. • Mover las piernas o patas con ligereza.
pataleo *s.m.* Acción de patalear.
pataleta *s.f. fam.* Ataque de nervios, a veces con convulsiones.
patán *s.m.* Hombre tosco y grosero.
patata *s.f.* Papa. • Batata.
patatús *s.m. fam.* Desmayo o ataque de nervios.
patay *s.m.* Pasta comestible hecha con los frutos del algarrobo.
pateadura *s.f.* Acción de patear.
patear *v.intr. fam.* Dar patadas. • *tr.fam.* Maltratar. • *fam. América* Hacer daño algo que se come o bebe.
patentar *v.tr.* Conceder u obtener una patente.
patente *adj.* Claro, evidente. • *s.f.* Documento que expide una autoridad para autorizar algo. • Documento oficial en que se reconoce propiedad y explotación de un invento.
patentizar *v.tr.* Hacer patente o evidente una cosa.
paternal *adj.* Propio del afecto del padre.
paternalismo *s.m.* Carácter paternal.
paternidad *s.f.* Cualidad o condición de padre.
paterno, na *adj.* Relativo al padre.
paternóster *s.m.* Padrenuestro.
patético, ca *adj.* Que infunde dolor, angustia o tristeza.
patí *s.m. América* Cierto pez de río, comestible.
patibulario, ria *adj.* Que, por su aspecto repugnante o de criminal, causa horror.
patíbulo *s.m.* Tablado donde se ejecuta a los condenados a muerte.
patilla *s.f.* Pieza de las gafas para sujetarlas en la oreja. • Pelo que se deja crecer delante de las orejas.
patín *s.m.* Aparato para deslizarse que consiste en una especie de suela con cuchillas o ruedas.
pátina *s.f.* Capa de óxido de color verdoso que se forma en el bronce. • Tono que da el tiempo a las pinturas y otros objetos.
patinaje *s.m.* Deporte que consiste en patinar sobre pistas de hielo o cemento.
1. patinar *v.intr.* Deslizarse con patines. • Resbalar las ruedas de un vehículo.
2. patinar *v.tr.* Dar pátina a un objeto.
patineta *s.f.* Juguete que consiste en una plancha con ruedas, para deslizarse apoyándose con un pie en ella.
patio *s.m.* Espacio cerrado con paredes o galerías, y descubierto.
patitieso, sa *adj. fam.* Que se queda sin movimiento; por ejemplo, por un accidente. • Asombrado, sorprendido.
patizambo, ba *adj./s.* Que tiene las piernas torcidas hacia afuera.
pato, ta *s.* Ave acuática, de patas palmeadas, pico ancho y chato, y cuello corto; su carne es comestible. • *m. América* Deporte que se juega a caballo, con una pelota de cuero con asas.
patógeno, na *adj.* Que causa enfermedad.
patología *s.f.* Parte de la medicina que estudia las enfermedades.
patológico, ca *adj.* Relativo a la patología. • Que constituye o implica enfermedad.
patólogo, ga *s.* Médico que se dedica a la patología.
patota *s.f. América* Grupo de jóvenes que se divierten cometiendo desmanes en lugares públicos.

patraña *s.f.* Embuste, mentira.
patria *s.f.* País donde se ha nacido.
patriada *s.f. América* Acción arriesgada o difícil.
patriarca *s.m.* En la antigüedad, jefe de una gran familia o tribu. • Título concedido a algunos prelados orientales.
patriarcado *s.m.* Dignidad y jurisdicción del patriarca. • Organización social primitiva en que la autoridad es ejercida por los varones jefes de familia.
patriarcal *adj.* Relativo al patriarca.
patriciado *s.m.* Dignidad de patricio. • Conjunto o clase de los patricios.
patricio, cia *s.* Descendiente de los primeros senadoress romanos. • Persona ilustre.
patrimonial *adj.* Relativo al patrimonio.
patrimonio *s.m.* Conjunto de bienes y deudas de una persona o entidad.
patrio, tria *adj.* Relativo a la patria o a los padres.
patriota *adj. / s.m. y f.* Que tiene amor a su patria y procura su beneficio.
patriotero, ra *adj. / s.* Que manifiesta patriotismo ostentosamente.
patriótico, ca *adj.* Que ensalza a la patria. • Relativo al patriota.
patriotismo *s.m.* Amor a la patria.
patrocinar *v.tr.* Amparar o favorecer.
patrocinio *s.m.* Amparo o protección dados por alguien con influencia o poder.
patrón, na *s.* Patrono. • Dueño de una pensión o casa de huéspedes. • *m.* Pieza que sirve de modelo para cortar otra igual. • *s.m. / adj.* Cuerpo que materializa una unidad de medida.
patronal *adj.* Relativo al patrono.
patronato *s.m.* Patrocinio. • Corporación encargada de una obra benéfica.
patronímico, ca *adj. / s.m.* Dícese de los apellidos que se formaron añadiendo sufijos a la raíz de ciertos nombres.
patrono, na *s.* Persona con poder o autoridad que protege a alguien. • Santo protector de una iglesia, un pueblo, etc. • Amo, señor.
patrulla *s.f.* Grupo de gente armada, o de buques o aviones, que patrullan un lugar.
patrullar *v.tr.* Recorrer un lugar para vigilarlo, defenderlo, etc.
patrullero, ra *adj./s.m.* Dícese del vehículo destinado a patrullar.
paulatino, na *adj.* Gradual.
pauperismo *s.m.* Existencia de un gran número de pobres en un país o región.
paupérrimo, ma *adj. superl. irreg.* de *pobre.*
pausa *s.f.* Interrupción breve de una acción o fenómeno. • Lentitud, tardanza. • En música, silencio.
pausado, da *adj.* Que obra con pausa o lentitud. • Que se produce con pausa.
pauta *s.f.* Norma o regla. • Raya en el papel para escribir.
pautar *v.tr.* Trazar pautas en un papel. • Dar pautas o reglas.
pava *s.f.* Recipiente de metal con tapa y pico, usado para calentar agua. • Fuelle grande empleado en metalurgia.
pavada *s.f.* Manada de pavos. • *fam.* Cosa sin importancia, tontería.
pavana *s.f.* Antigua danza de movimiento lento.
pavear *v.intr. América* Decir o hacer pavadas o tonterías.
pavero *s.m.* Sombrero de ala ancha y recta que usan los andaluces.
pavés *s.m.* Escudo oblongo que cubría casi todo el cuerpo del combatiente.
pavesa *s.f.* Partícula que salta de una materia inflamada.
pávido, da *adj.* Miedoso o lleno de pavor.
pavimentación *s.f.* Acción de pavimentar.
pavimentar *v.tr.* Revestir el suelo con un pavimento.
pavimento *s.m.* Revestimiento del suelo hecho con asfalto, cemento, madera, etcétera.
pavipollo *s.m.* Pollo del pavo.
pavo, va *s.* Ave de plumaje negruzco y cuello largo, fácilmente domesticable; su carne es muy estimada • *s. / adj. fam.* Persona tonta e incauta. • *pavo real.* El originario de Asia, de hermoso plumaje y larga cola.
pavón *s.m.* Color azul, marrón o negro con que se cubren objetos de ciertos metales para que no se oxiden.
pavonado, da *adj.* De color azulado oscuro. • *s.m.* Acción de pavonar.

pavonar *v.tr.* Cubrir con pavón.
pavonearse *v.prnl.* Hacer ostentación de gallardía o importancia.
pavor *s.m.* Miedo muy grande.
pavoroso, sa *adj.* Que causa pavor.
pavura *s.f.* Pavor o temor.
payada *s.f. América* Entre los gauchos, improvisación de un cantor, que se acompaña con guitarra.
payador *s.m. América* Entre los gauchos, cantor y poeta profesional.
payaguá *adj. / s.m. y f.* Dícese de un pueblo indígena que habitaba a orillas del Paraguay.
payar *v.intr. América* Cantar payadas.
payasada *s.f.* Acción o dicho propios de payasos.
payaso *s.m.* Artista de circo que divierte con trajes y gestos ridículos.
payé *s.m. América* Brujería. • Amuleto.
paz *s.f.* Situación en que no hay lucha o intranquilidad en un lugar. • Tranquilidad, sosiego.
pazguato, ta *adj. / s.* Que se asombra o escandaliza de cualquier cosa.
pe *s.f.* Nombre de la letra *p.*
peaje *s.m. América* Derecho de tránsito.
peal *s.m. América* Pial.
peana *s.f.* Plataforma para colocar encima una figura.
peatón, na *s.* Persona que marcha a pie.
pebete *s.m.* Pasta que, encendida, exhala un humo fragante.
pebete, ta *s.fam. América* Niño, muchacho.
peca *s.f.* Pequeña mancha de color pardo, que aparece en el cutis.
pecado *s.m.* Hecho, pensamiento u omisión condenados por los preceptos de la religión.
pecador, ra *adj. / s.* Que peca o puede pecar.
pecaminoso, sa *adj.* Relativo al pecado o al pecador. • Censurable o inmoral.
pecar *v.intr.* Cometer una falta condenada por la religión.
pecarí *s.m. América* Mamífero parecido al cerdo, cuya piel se usa en talabartería.
pecblenda *s.f.* Mineral rico en uranio, del que se extrae el radio.
pecera *s.f.* Recipiente de cristal para tener peces vivos.
pechar *v.tr. América* Abrirse paso atropellando. • *fam.* Pedir prestado.
pechera *s.f.* Parte de una prenda de vestir, que cubre el pecho.
pechero *s.m.* Babero.
pechicolorado *s.m.* Pájaro con la garganta y la pechuga rojas; su canto es fuerte y armonioso.
pechirrojo *s.m.* Pechicolorado.
pecho *s.m.* Parte del cuerpo del hombre y de los cuadrúpedos, que va desde el cuello hasta el abdomen. • Convencionalmente, lugar destinado a los sentimientos. • Mama de la mujer.
pechuga *s.f.* Pecho del ave.
pecina *s.f.* Cieno negruzco que se forma en los charcos y cauces donde hay materias orgánicas en descomposición.
pecíolo o **peciolo** *s.m.* Rabillo que une la hoja al tallo.
pecoso, sa *adj.* Que tiene pecas.
pectina *s.f.* Sustancia vegetal semejante a los hidratos de carbono.
pectoral *adj.* Relativo al pecho. • *adj. / s.m.* Dícese del medicamento que combate la tos. • *s.m.* Adorno que se llevaba sobre el pecho.
pectosa *s.f.* Sustancia que se encuentra en los frutos sin madurar.
pecuario, ria *adj.* Relativo al ganado.
peculado *s.m.* Robo de caudales públicos por quien los custodia o administra.
peculiar *adj.* Que caracteriza a una persona o cosa.
peculiaridad *s.f.* Cualidad de peculiar.
peculio *s.m.* Dinero o bienes que pertenecen a cada persona.
pecuniario, ria *adj.* Relativo al dinero.
pedagogía *s.f.* Ciencia de la educación.
pedagógico, ca *adj.* Relativo a la pedagogía.
pedagogo, ga *s.* Persona que se dedica científicamente a la enseñanza o a la pedagogía.
pedal *s.m.* Palanca que, oprimida por el pie, mueve un mecanismo. • Mecanismo de algunos instrumentos musicales, que se mueve con los pies.
pedalear *v.intr.* Mover los pedales; en especial, los de la bicicleta.
pedana *s.f.* En esgrima, espacio sobre el cual se mueven los combatientes.

pedante *adj.* / *s.m. y f.* Que alardea de sus conocimientos.
pedantería *s.f.* Cualidad de pedante. • Dicho pedante.
pedazo *s.m.* Parte de una cosa; trozo.
pedernal *s.m.* Variedad del cuarzo, de color gris amarillento, que produce chispas al ser golpeado.
pedestal *s.m.* Soporte, con molduras o sin ellas, que sostiene una columna, una estatua, etc.
pedestre *adj.* Que se hace a pie. • Ordinario, vulgar.
pediatra *s.m. y f.* Médico especializado en las enfermedades de los niños.
pediatría *s.f.* Estudio de las enfermedades de los niños.
pedicelo *s.m.* Rabillo que sostiene a la flor en algunas inflorescencias.
pedículo *s.m.* En botánica, cualquier rabillo que no sea pecíolo, pedicelo o pedúnculo.
pediculosis *s.f.* Enfermedad producida por la presencia de piojos, en especial en el cuero cabelludo.
pedicuro, ra *s.* Persona que tiene por oficio el cuidado de los pies.
pedido *s.m.* Acción de pedir. • Encargo de mercaderías.
pedigrí *s.m.* Genealogía de un animal de raza.
pedigüeño, ña *adj.* / *s.* Que pide con frecuencia e importunamente.
pedir *v.tr.* Rogar una persona a otra que le dé o haga una cosa. • Poner precio a la mercadería que se ofrece. • Requerir, necesitar.
pedo *s.m.* Ventosidad que se expele del vientre por el ano.
pedrada *s.f.* Acción de arrojar una piedra. • Golpe que se da con ella.
pedrea *s.f.* Acción de apedrear.
pedregal *s.m.* Terreno cubierto de piedras sueltas.
pedregoso, sa *adj.* Dícese del terreno en que hay muchas piedras.
pedregullo *s.m.* Conjunto de piedras pequeñas empleadas en la construcción.
pedrería *s.f.* Conjunto de piedras preciosas.
pedrisca *s.f.* Granizo grueso y abundante.
pedrisco *s.m.* Pedrisca.
pedrusco *s.m.* Trozo de piedra sin labrar.
pedúnculo *s.m.* Rabillo que sostiene a la flor.
pega *s.f.* Acción de pegar una cosa con otra. • Baño de pez que se da a algunos recipientes.
pegada *s.f.fam. América* Acierto casual.
pegadizo, za *adj.* Que se pega con facilidad. • Que se graba fácilmente en la memoria.
pegadura *s.f.* Acción de pegar. • Sitio por donde una cosa está pegada con otra.
pegajoso, sa *adj.* Que se pega con facilidad. • *fam.* Dícese de la persona demasiado amable.
pegamento *s.m.* Sustancia que se usa para pegar.
pegamiento *s.m.* Acción de pegar una cosa con otra.
pegar *v.tr.* Juntar dos cosas mediante una sustancia aglutinante. • Unir una cosa con otra atándolas, cosiéndolas, etc. • Dicho de un movimiento, hacerlo. • *tr.* / *intr.* Castigar dando golpes. • *intr. fam.* Armonizar.
pegote *s.m.* Emplasto hecho con alguna sustancia pegajosa.
pegotear *v.tr.* Pegar algo en forma imperfecta o sucia.
pehuén *s.m.* Árbol de gran porte originario del sur de Chile y Argentina; sus semillas son comestibles.
pehuenche *adj.* / *s.m. y f.* Dícese de un pueblo araucano que habita la zona cordillerana de Neuquén (Argentina).
peinada *s.f.* Acción de peinar.
peinado *s.m.* Arreglo del pelo.
peinador, ra *s.* El que tiene por oficio peinar. • *s.m.* Especie de bata corta que usan las mujeres cuando se peinan.
peinar *v.tr.* Alisar, desenredar o arreglar el pelo. • Desenredar el pelo o lana de algunos animales.
peine *s.m.* Utensilio con púas que se utiliza para peinar.
peineta *s.f.* Peine curvo que usan las mujeres para sujetar el peinado o como adorno.

pejerrey *s.m.* Pez marino muy abundante en España. • *América* Pez similar al anterior, comestible, que comprende especies marinas y fluviales.
pejesapo *s.m.* Pez marino de cabeza enorme y cuerpo pequeño, sin escamas.
peladilla *s.f.* Almendra confitada. • Guijarro menudo.
pelado, da *adj.* Que ha perdido el pelo. • Que carece de aquello que naturalmente lo cubre o adorna. • *adj. / s. fam.* Pobre o sin dinero.
peladura *s.f.* Acción y efecto de pelar. • Mondadura.
pelafustán, na *s. fam.* Persona holgazana y despreciable.
pelagatos *s.m. fam.* Persona sin posición social ni económica.
pelágico, ca *adj.* Que vive en las aguas o los fondos marinos.
pelagra *s.f.* Enfermedad crónica caracterizada por eritemas y alteraciones nerviosas y digestivas.
pelaje *s.m.* Naturaleza, calidad o disposición del pelo o de la lana que tiene un animal.
pelambre *s.f.*Conjunto de pelo o de lana.
pelar *v.tr.* Cortar o rapar el pelo. • Desplumar al ave. • Despellejar a un animal. • Mondar frutas u otra cosa. • *fam.* Quitar el dinero u otros bienes con engaño o violencia.
peldaño *s.m.* Cada una de las partes de un tramo de escalera.
pelea *s.f.* Acción de pelear.
pelear *v.intr. / prnl.* Utilizar la fuerza o las armas para imponerse o hacer daño. • *intr.* Esforzarse.
pelechar *v.intr.* Echar pelo los animales. • *fam.* Comenzar a mejorar de fortuna o a recobrar la salud.
pelele *s.m.* Muñeco grotesco. • *fam.* Hombre sin carácter.
peletería *s.f.* Oficio, comercio o tienda del peletero.
peletero, ra *s.* El que trabaja pieles finas o las vende.
peliagudo, da *adj.fam.* Que es difícil de resolver.
pelícano o **pelicano** *s.m.* Ave acuática de enorme pico, debajo del cual tiene una bolsa donde deposita los peces para alimentar a sus crías.
película *s.f.* Piel o membrana delgadas o delicadas. • Cierta cinta para fotografiar o filmar. • Cinta filmada; filme.
peligrar *v.intr.* Estar en peligro.
peligro *s.m.* Riesgo inminente.
peligroso, sa *adj.* Que encierra peligro o puede ocasionar daño.
pelirrojo, ja *adj.* Que tiene el pelo rojizo.
pella *s.f.* Masa apretada, por lo general redonda. • Manteca natural del cerdo. • Parte comestible de la coliflor y otras plantas.
pelleja *s.f.* Piel quitada del cuerpo de un animal. • Lana que se esquila.
pellejo *s.m.* Piel de un animal o de algunos frutos. • Odre.
pelliza *s.f.* Prenda de abrigo hecha o forrada de pieles finas.
pellizcar *v.tr.* Tomar con los dedos una pequeña porción de la piel del cuerpo, u otra cosa.
pellizco *s.m.* Acción de pellizcar. • Pizca que se toma entre los dedos.
pellón *s.m. América* Piel curtida de oveja que se coloca sobre la silla para montar.
pelma *s.m. y f. fam.* Persona tarda o torpe, y molesta o fastidiosa.
pelmazo *s.m. fam.* Pelma.
pelo *s.m.* Filamento córneo que nace de los poros de la piel de la mayoría de los mamíferos. • Conjunto de pelos de la cabeza de las personas. • Plumón de las aves. • En botánica, vello. • Cualquier filamento delgado de algunas cosas.
pelón, na *adj./s.fam.* Que no tiene pelo o tiene muy poco. • *fam.* Que tiene poco dinero.
1. pelota *s.f.* Bola esférica u ovoide de cualquier material —en especial, elástico—, usada para jugar.
2. pelota *s.f. América* Batea de piel de vaca para pasar los ríos.
pelotari *s.m. y f.* El que se dedica a jugar a la pelota en el frontón.
pelotear *v.intr.* Jugar a la pelota por entretenimiento. • Arrojar una cosa de una parte a otra. • Reñir violentamente.
pelotera *s.f. fam.* Riña violenta.
pelotón *s.m.* Conjunto de pelos o de hi-

los apretados o enredados. • Conjunto de personas sin orden. • Cuerpo pequeño de soldados.

peltre *s.m.* Aleación de cinc, plomo y estaño.

peluca *s.f.* Cabellera postiza.

peluche *s.m.* Felpa (tela).

peludear *v.intr. América* Atascarse un vehículo. • Hablar con torpeza.

peludo, da *adj.* Con mucho pelo. • *s.m.* Cierta estera afelpada. • *América* Mamífero con un caparazón cubierto de pelo abundante e hirsuto.

peluquería *s.f.* Tienda y oficio del peluquero.

peluquero, ra *s.* El que tiene por oficio peinar, cortar la barba y el pelo, etc.

peluquín *s.m.* Peluca pequeña.

pelusa *s.f.* Vello tenue de algunas frutas y plantas. • Pelo menudo que se desprende de las telas.

pelviano, na *adj.* De la pelvis.

pelvis *s.f.* Cintura ósea formada por el sacro, el coxis y los dos coxales, y sobre la que se articulan los miembros inferiores.

pena *s.f.* Castigo impuesto por una falta o un delito. • Tristeza causada por un suceso doloroso. • Lástima. • Dificultad, trabajo.

penacho *s.m.* Plumaje en la parte superior de la cabeza de un ave.

penado, da *adj.* Penoso. • *s.* Delincuente condenado a una pena.

1. penal *adj.* Que se relaciona con las penas y los delitos. • *s.m.* Cárcel o prisión.

2. penal (Anglicismo.) *s.m.* En el fútbol y otros deportes, falta más grave, y pena con que se sanciona.

penalidad *s.f.* Sinsabor. • Sanción impuesta por la ley.

penalista *adj./s.m. y f.* Dícese del abogado que se especializa en derecho penal; criminalista.

penar *v.tr.* Castigar con una pena. • *intr.* Padecer o sufrir.

penca *s.f.* Hoja carnosa de ciertas plantas.

penco *s.m. fam.* Jamelgo.

pendejo, ja *s. fam. América* Adolescente.

pendencia *s.f.* Pelea, riña.

pendenciero, ra *adj./s.* Aficionado a las riñas o pendencias.

pender *v.intr.* Estar colgada o inclinada alguna cosa. • Existir un peligro o una amenaza. • Estar por resolverse un pleito o negocio.

pendiente *adj.* Que pende. • *s.m.* Arete de adorno. • Terreno inclinado; declive.

péndola *s.f.* Péndulo de los relojes finos. • Reloj que tiene péndulo.

pendón *s.m.* Bandera, estandarte o divisa.

pendular *adj.* Propio del péndulo.

péndulo, la *adj.* Que pende. • *s.m.* Cuerpo que puede oscilar suspendido de un punto fijo.

pene *s.m.* Miembro viril.

penetración *s.f.* Acción de penetrar. • Sagacidad.

penetrante *adj.* Que penetra mucho; profundo. • Perspicaz, sagaz.

penetrar *v.intr.* Pasar al interior o colocarse dentro. • *tr.* Introducir un cuerpo en otro por sus poros, huecos, etc. • Experimentar una sensación con intensidad. • *tr./intr./prnl.* Descifrar, descubrir.

penicilina *s.f.* Sustancia usada en medicina como antibiótico.

penicíllium *s.m.* Hongo cuyo moho verde produce la penicilina.

península *s.f.* Tierra cercada de agua, unida a otra extensión mayor de tierra por una parte estrecha.

peninsular *adj.* De la península. • *adj./s.m. y f.* Natural de una península; en especial, de España.

penique *s.m.* Cierta moneda del Reino Unido.

penitencia *s.f.* Sacramento por el cual se absuelve de los pecados. • Pena impuesta por el sacerdote. • Mortificación impuesta como castigo.

penitenciaría *s.f.* Prisión donde se procura la enmienda de los penados. • Tribunal eclesiástico del Vaticano.

penitenciario, ria *adj.* Dícese del sistema adoptado para cumplir las penas impuestas.

penitente *adj.* Relativo a la penitencia. • *s.m. y f.* El que se confiesa con un sacerdote o hace penitencia.

penoso, sa *adj.* Doloroso o dificultoso.
pensador, ra *adj.* Que piensa. • *s.* El que se dedica a estudios elevados.
pensamiento *s.m.* Acción o facultad de pensar. • Idea o conjunto de ideas notables. • Idea central de una obra. • Planta de jardín, de flores de tres colores.
pensar *v.intr.* Formar o relacionar ideas. • *v.tr./intr.* Considerar o meditar. • *tr.* Creer u opinar. • Planear hacer algo.
pensativo, va *adj.* Que está absorto o medita con preocupación.
pensil o **pénsil** *adj.* Colgado en el aire. • *s.m.* Jardín delicioso.
pensión *s.m.* Cantidad anual o mensual asignada a una persona. • Auxilio pecuniario para realizar estudios. • Casa de huéspedes.
pensionado, da *adj./s.* Que tiene o cobra una pensión.
pensionar *v.tr.* Conceder una pensión.
pensionista *s.m. y f.* El que cobra una pensión. • El que paga por estar en un colegio o una pensión.
pentadecágono *s.m.* Polígono de quince lados.
pentaedro *s.m.* Cuerpo geométrico de cinco caras.
pentagonal *adj.* En forma de pentágono.
pentágono *s.m.* Polígono de cinco lados.
pentagrama o **pentágrama** *s.m.* Renglonadura para escribir música.
pentasílabo, ba *adj./s.m.* De cinco sílabas.
Pentateuco *s. prop. m.* Parte de la Biblia que comprende los cinco primeros libros del Antiguo Testamento.
pentatlón *s.m.* En el atletismo, conjunto de cinco pruebas básicas.
Pentecostés *s.prop.m.* Cierta fiesta de los judíos. • En la Iglesia católica, festividad de la venida del Espíritu Santo.
pentodo *s.m.* Válvula termoiónica compuesta por cinco electrodos.
pentotal *s.m.* Cierto narcótico usado en medicina.
penúltimo, ma *adj.* Inmediatamente anterior a lo último.
penumbra *s.f.* Sombra débil entre la luz y la oscuridad.
penuria *s.f.* Escasez o pobreza.
peña *s.f.* Trozo de piedra grande sin labrar. • Círculo de personas con una actividad en común.
peñasco *s.m.* Peña grande y elevada.
péñola *s.f.* Pluma de ave usada para escribir.
peñón *s.m.* Monte con muchos peñascos.
peón *s.m.* Obrero no especializado o que ayuda en algunos oficios. • Soldado de a pie. • Pieza de los juegos de damas, ajedrez y otros. • Trompo.
peonada *s.f.* Peonaje.
peonaje *s.m.* Conjunto de peones que trabajan en una obra.
peonía *s.f.* Planta ornamental de flores blancas, rosadas o rojas.
peonza *s.f.* Trompo.
peor *adj. compar. y superl.* de *malo.* • *adv. compar.* de *mal.*
pepino *s.m.* Planta herbácea anual, de frutos carnosos y comestibles.
pepita *s.f.* Semilla de algunas frutas. • Trozo de oro, plata u otros metales nativos.
pepona *s.f.* Muñeca grande de cartón usada como juguete.
pepónide *s.m.* Fruto carnoso rodeado por una cáscara dura, como el zapallo y la calabaza.
pepsina *s.f.* Cierta enzima del jugo gástrico.
péptico, ca *adj.* Relativo al estómago.
peptona *s.f.* Cualquiera de las sustancias que resultan de la trasformación de las proteínas por acción de la pepsina.
pequeñez *s.f.* Cualidad de pequeño. Cosa de poca importancia.
pequeño, ña *adj.* De poco tamaño. • De poca importancia. • *adj./s.* De muy corta edad.
pequinés, sa *adj./s.* De Pequín (China). • *s.m.* Dialecto chino hablado en Pequín. • *s.m./adj.* Perro faldero de origen chino.
pera *s.f.* Fruto del peral.
peral *s.m.* Árbol de flores blancas cuyo fruto, la pera, es carnoso y comestible.
peralte *s.m.* Desnivel que, en las curvas, tienen las vías ferroviarias, las carreteras, etc.

perca *s.f.* Pez de río cuya carne es comestible y delicada.
percal *s.m.* Tela de algodón para vestidos de mujer y otros usos.
percalina *s.f.* Tela semejante al percal pero de inferior calidad.
percance *s.m.* Suceso imprevisto o perjuicio de poca gravedad.
percatarse *v.prnl.* Darse cuenta.
percebe *s.m.* Crustáceo marino comestible que posee un pedúnculo para adherirse a las rocas.
percepción *s.f.* Acción de percibir.
perceptible *adj.* Que se puede percibir.
perceptivo, va *adj.* Que tiene la facultad de percibir.
percha *s.f.* Madero o palo largo para sostener una cosa. • Perchero para ropa.
perchero *s.m.* Conjunto de perchas. • Pieza o mueble con ganchos para poner ropa.
percherón, na *adj. / s.* Dícese del caballo o yegua de gran fuerza y corpulencia.
percibir *v.tr.* Tomar conocimiento de una cosa por medio de los sentidos. • Comprender o conocer. • Cobrar dinero.
percudir *v.tr.* Quitar el lustre. • Penetrar la suciedad en una cosa.
percusión *s.f.* Acción de percutir.
percusor *s.m.* Percutor.
percutir *v.tr.* Dar repetidos golpes a una cosa.
percutor *s.m.* Pieza para hacer detonar un arma de fuego.
perdedor, ra *adj. / s.* Que pierde.
perder *v.tr.* Dejar de tener o poseer. • Desperdiciar. • *tr. / intr.* Causar daño o sufrirlo. • Ser vencido en una competición. • *intr.* Desteñirse una tela. • *prnl.* Errar el camino. • Caer en el deshonor o los vicios.
perdición *s.f.* Acción de perderse o envilecerse. • Perjuicio. • Desarreglo en las costumbres.
pérdida *s.f.* Privación de lo que se poseía. • Daño que se recibe.
perdidamente *adv.* Con exceso, con vehemencia.
perdido, da *adj./s.* Libertino.
perdigón *s.m.* Pollo de la perdiz. • Grano de munición para cazar.
perdigonada *s.f.* Tiro de perdigones. • Herida que produce.
perdiguero, ra *s. / adj.* Cierto perro apto para la caza.
perdiz *s.f.* Ave silvestre de tamaño mediano y carne muy estimada.
perdón *s.m.* Acción y efecto de perdonar.
perdonar *v.tr.* Renunciar a castigar una ofensa o un delito, o a cobrar una deuda.
perdonavidas *s.m.* Bravucón.
perdulario, ria *adj. / s.* Vicioso o disipado • Muy descuidado en sus intereses o en su persona.
perdurable *adj.* Que dura siempre o mucho tiempo.
perdurar *v.intr.* Durar mucho o mantenerse en un mismo estado.
perecedero, ra *adj.* Que está destinado a acabarse.
perecer *v.intr.* Dejar de vivir; morir. • *prnl.* Desear mucho una cosa.
peregrinación *s.f.* Acción y efecto de peregrinar.
peregrinaje *s.m.* Peregrinación.
peregrinar *v.intr.* Andar por un país extraño. • Ir a un lugar santo. • *fam.* Ir de un lugar a otro para gestionar algo.
peregrino, na *s. / adj.* El que peregrina por un país extraño o va a un lugar santo. • *adj.* Extraño o pocas veces visto. • Extraordinario.
perejil *s.m.* Planta herbácea cuyas hojas se usan como condimento.
perendengue *s.m.* Arete. • *fam.* Adorno femenino de poco valor.
perengano, na *s.* Nombre para designar a una persona indeterminada.
perenne *adj.* Perdurable o sin interrupción. • Dícese del vegetal que vive tres o más años.
perennifolio, lia *adj.* Que conserva sus hojas verdes todo el año.
perentorio, ria *adj.* Dícese del último plazo que se concede. • Concluyente o decisivo. • Apremiante.
pereza *s.f.* Falta de ánimo o de voluntad para realizar una cosa.
perezoso, sa *adj.* Que tiene pereza. • *s.m.* Mamífero de miembros prensiles, que vive colgado de los árboles, con cuyas hojas se alimenta.

perfección *s.f.* Perfeccionamiento. • Cualidad de perfecto. • Cosa perfecta.
perfeccionamiento *s.m.* Acción de perfeccionar.
perfeccionar *v.tr.* Acabar completamente una obra, dándole el mayor grado de perfección, o mejorarla.
perfectible *adj.* Que puede ser perfeccionado.
perfecto, ta *adj.* Que tiene una cualidad en el mayor grado posible.
perfidia *s.f.* Cualidad de pérfido.
pérfido, da *adj.* / *s.* Desleal, infiel o traidor.
perfil *s.m.* Contorno de una cosa. • Postura que sólo permite ver una de las dos mitades laterales del cuerpo. • Corte o sección.
perfilado, da *adj.* Dícese de la cara adelgazada y larga, o de la nariz bien formada. • *s.m.* Acción de perfilar.
perfilar *v.tr.* Precisar el perfil de un dibujo. • Afinar o perfeccionar. • *prnl.* Colocarse de perfil. • Comenzar una cosa o presentarse con forma definida.
perfoliado, da *adj.* Dícese de la hoja cuya base rodea al tallo; pero sin formar una vaina.
perforación *s.f.* Acción de perforar. • Excavación profunda.
perforador, ra *adj.* / *s.* Que perfora. • *s.f.* Máquina para perforar.
perforar *v.tr.* / *prnl.* Hacer un agujero que atraviese una cosa.
perfumar *v.tr.* Sahumar o aromatizar. • Comunicar olor agradable.
perfume *s.m.* Cualquier sustancia aromática, natural o elaborada.
perfumería *s.f.* Arte de fabricar perfumes. • Establecimiento comercial donde se venden.
perfumista *s.m. y f.* Persona que elabora o vende perfumes.
pergamino *s.m.* Piel de res limpia de pelo, adobada y estirada, que sirve para diversos usos. • Documento escrito en esa piel.
pergeñar *v.tr.* Realizar un boceto o ejecutar una cosa en forma incompleta.
pérgola *s.f.* Armazón para sostener plantas. • Jardín que tienen algunas casas sobre la techumbre.
periastro *s.m.* Punto de la órbita de un astro, que está más próximo a otro alrededor del cual gira.
pericardio *s.m.* Bolsa serosa que envuelve al corazón.
pericarditis *s.f.* Inflamación aguda o crónica del pericardio.
pericarpio *s.m.* Pared del fruto, que rodea las semillas.
pericia *s.f.* Destreza o habilidad.
pericial *adj.* Relativo al perito.
perico *s.m.* Nombre de diversas especies de loros de Cuba y América del Sur.
pericón *s.m.* Abanico muy grande. • *América* Cierta danza folclórica ejecutada por varias parejas.
perieco, ca *adj.* / *s.* Dícese del que vive, con relación a otro, en el extremo opuesto de un diámetro del mismo paralelo terrestre.
periferia *s.f.* Circunferencia. • Zona que rodea a un cierto espacio.
perifollo *s.m.* Planta herbácea cuyas hojas aromáticas se usan como condimento. • *fam.* Adorno.
perífrasis *s.f.* Expresión que se vale de varias palabras para trasmitir el significado de una sola.
perigeo *s.m.* Punto de la órbita de la Luna más próximo a la Tierra.
perihelio *s.m.* Punto de la órbita de un planeta más cercano al Sol.
perilla *s.f.* Adorno en forma de pera. • Pelo que se deja crecer en la barbilla.
perímetro *s.m.* Longitud del contorno de una figura cerrada.
perimido, da *adj.* *América* Obsoleto.
perineo *s.m.* En anatomía, parte inferior de la pelvis.
perinola *s.f.* Trompo pequeño.
periodicidad *s.f.* Cualidad de periódico.
periódico, ca *adj.* Que sucede con intervalos regulares. • *adj.* / *s.m.* Dícese del impreso que se publica con determinados intervalos. • *s.m.* Publicación diaria.
periodismo *s.m.* Profesión de periodista.
periodista *s.m. y f.* El que tiene por oficio escribir en periódicos, o editarlos.
período o **periodo** *s.m.* Espacio de tiempo. • Tiempo que tarda en producirse un fenómeno que se repite con regularidad; fase, ciclo. • Cada una de las

épocas en que se dividen las eras geológicas. • Menstruación. • Conjunto de frases que en un texto componen un pensamiento unitario.

periostio *s.m.* Membrana fibrosa adherida a los huesos.

peripatético, ca *adj.* Dícese de la filosofía y escuela de Aristóteles, y de sus seguidores.

peripecia *s.f.* Suceso imprevisto.

periplo *s.m.* Circunnavegación.

periquete (en un) *loc. adv. fam.* En poco tiempo.

periquito *s.m.* Perico.

periscopio *s.m.* Instrumento óptico para observar por encima de un obstáculo que impide la visión directa; por ejemplo, en los submarinos.

peristáltico, ca *adj.* Dícese del movimiento de contracción de los órganos del aparato digestivo.

peristilo *s.m.* Galería de columnas que rodea un edificio.

peritaje *s.m.* Estudio o informe hechos por un perito. • Estudios o carrera de un perito.

perito, ta *adj. / s.* Entendido. • *s.m.* El que en alguna materia tiene título de tal.

peritoneo *s.m.* Membrana serosa que recubre la cavidad abdominal.

peritonitis *s.f.* Inflamación del peritoneo.

perjudicar *v.tr.* Causar perjuicio.

perjudicial *adj.* Dañino.

perjuicio *s.m.* Daño.

perjurar *v.intr.* Jurar en falso.

perjurio *s.m.* Acción de jurar en falso o de no cumplir un juramento.

perjuro, ra *adj. / s.* Que comete perjurio.

perla *s.f.* Concreción nacarada y esférica que se forma en el interior de algunos moluscos, en especial de la madreperla.

perlado, da *adj.* De color de perla.

perlón *s.m.* Nombre de ciertas fibras sintéticas.

permanecer *v.intr.* Estar sin cambios en un mismo lugar o estado.

permanencia *s.f.* Acción de permanecer.

permanente *adj.* Que permanece o dura mucho.

permanganato *s.m.* Sal del ácido permangánico.

permangánico, ca *adj.* Dícese de cierto ácido derivado del manganeso; es una sustancia inestable.

permeabilidad *s.f.* Cualidad de permeable.

permeable *adj.* Que puede ser penetrado por el agua, un fluido, etc.

permisible *adj.* Que se puede permitir.

permisión *s.f.* Acción de permitir.

permisivo, va *adj.* Que permite o consiente.

permiso *s.m.* Acción y efecto de permitir o autorizar una cosa.

permitir *v.tr.* No oponerse a que se realice algo; autorizar. • Hacer que algo sea posible.

permuta *s.f.* Acción y efecto de permutar; cambio, trueque.

permutación *s.f.* Permuta.

permutador, ra *adj./s.* Que permuta. • *s.m.* Conmutador para modificar la conexión de un circuito eléctrico.

permutar *v.tr.* Dar una cosa y recibir otra en reciprocidad. • Variar la disposición de las cosas.

pernada *s.f.* Golpe dado con la pierna.

pernera *s.f.* Parte del pantalón que cubre cada pierna.

pernicioso, sa *adj.* Que causa un gran daño, nocivo, perjudicial.

pernil *s.m.* Anca y muslo de un animal.

pernio *s.m.* Gozne.

perno *s.m.* Clavo grueso que se fija con una chaveta o una tuerca.

pernoctar *v.intr.* Pasar la noche en un determinado lugar.

1. pero Conjunción coordinante de valor adversativo. • *s.m.* Defecto o dificultad.

2. pero *s.m.* Variedad del manzano de fruto alargado.

perogrullada *s.f.* Afirmación o dicho que, por ser sabidos, es una tontería decirlos.

perol *s.m.* Vasija semiesférica que sirve para cocer diferentes cosas.

peroné *s.m.* Hueso largo y delgado de la parte externa de la pierna.

perorar *v.intr.* Pronunciar un discurso. • Hablar mucho y con énfasis.

perorata *s.f.* Exposición de ideas larga e inoportuna.

peróxido *s.m.* En la serie de los óxidos, el que tiene más oxígeno.

perpendicular *adj./s.f.* Dícese de las rectas que se cortan formando cuatro ángulos rectos.
perpendicularidad *s.f.* Cualidad de perpendicular. • Posición perpendicular.
perpetrar *v.tr.* Cometer o consumar un delito grave.
perpetuar *v.tr./prnl.* Hacer perpetua o perdurable una cosa.
perpetuidad *s.f.* Cualidad de perpetuo.
perpetuo, tua *adj.* Que dura o permanece para siempre. • *s.f.* Planta herbácea anual, cuyas flores se conservan varios meses después de cortadas.
perplejidad *s.f.* Cualidad de perplejo.
perplejo, ja *adj.* Que no sabe qué actitud o qué decisión tomar.
perrera *s.f.* Lugar donde se encierra a los perros.
perrería *s.f.* Muchedumbre de perros. • Acción desleal.
perro, rra *s.* Mamífero carnívoro, doméstico, de características variables según las razas; es inteligente y muy fiel al hombre. • *s./adj.* Persona servil o despreciable. • *adj.* Muy malo o indigno.
perruno, na *adj.* Relativo al perro.
persa *adj.s.m. y f.* De Persia (Asia antigua). • *s.m.* Lengua hablada por los persas.
persecución *s.f.* Acción de perseguir.
persecutorio, ria *adj.* Relativo a la persecución.
perseguir *v.tr.* Seguir al que huye para atraparlo. • Buscar con excesivo empeño. • Molestar, dañar o hacer sufrir.
perseverencia *s.f.* Cualidad del que persevera.
perseverar *v.intr.* Persistir en una manera de ser o de actuar para conseguir alguna cosa.
persiana *s.f.* Especie de celosía formada por tablillas.
pérsico *s.m.* Árbol originario de Persia, cuyo fruto es una drupa comestible.
persignar *v.tr.* Hacer la señal de la cruz; santiguar.
persistencia *s.f.* Cualidad del que persiste.
persistente *adj.* Que persiste. • En botánica, perenne.
persistir *v.intr.* Seguir en una actitud u opinión. • Perdurar.
persona *s.f.* Individuo de la especie humana. • Cada uno de los componentes de la Santísima Trinidad. • Accidente gramatical que hace referencia al que habla, al que escucha o a otra persona o cosa.
personaje *s.m.* Persona importante. • Cada uno de los seres creados que intervienen en una obra literaria.
personal *adj.* Propio de una persona. • Dícese de los pronombres que designan las personas gramaticales. • *s.m.* Conjunto de las personas empleadas en una empresa, casa, etc.
personalidad *s.f.* Conjunto de diferencias individuales que distinguen a una persona de otra. • Carácter personal y original.
personalismo *s.m.* Adhesión a una persona o a sus ideas. • Individualidad exagerada.
personalizar *v.intr.* Referirse expresamente a una persona.
personero *s.m.* Procurador que representa a alguien en un asunto.
personificación *s.f.* Acción de personificar.
personificar *v.tr.* Adjudicar a los animales o a las cosas acciones o cualidades propias de los seres humanos. • Encarnar, representar.
perspectiva *s.f.* Técnica que representa sobre un plano los objetos tal como aparecen a la vista. • Obra o representación realizadas con esa técnica. • Circunstancia que se puede prever.
perspicacia *s.f.* Cualidad de perspicaz.
perspicaz *adj.* Dícese de la vista que percibe muy bien. • Sagaz.
perspicuo, cua *adj.* Claro, trasparente. • Que se expresa claramente.
persuadir *v.tr./prnl.* Convencer a alguien de que crea o haga algo.
persuasión *s.f.* Acción de persuadir. • Convencimiento.
persuasivo, va *adj.* Que tiene fuerza y eficacia para persuadir.
persuasorio, ria *adj.* Persuasivo.
pertenecer *v.intr.* Ser algo propiedad de una persona. • Ser una cosa parte inte-

grante de otra. • Ser una cosa de la competencia de alguien.

pertenencia *s.f.* Acción de pertenecer. • Cosa que pertenece a alguien.

pértiga *s.f.* Vara larga y fuerte.

pértigo *s.m.* Lanza del carro.

pertinacia *s.f.* Cualidad de pertinaz.

pertinaz *adj.* Obstinado, tenaz. • Que dura mucho; persistente.

pertinente *adj.* Adecuado para la ocasión de que se trata. • Que atañe o se refiere a cierta cosa.

pertrechar *v.tr.* Abastecer de pertrechos. • *tr./prnl.* Preparar lo necesario para ejecutar algo.

pertrechos *s.m. pl.* Toda clase de municiones, armas, equipos, etc., necesarios para una acción militar. • Utensilios para algún fin.

perturbación *s.f.* Acción de perturbar.

perturbado, da *adj./s.* Que tiene alteradas las facultades mentales.

perturbar *v.tr.* Producir desorden o intranquilidad. • Quitar la tranquilidad. • Hacer perder el juicio.

peruanismo *s.m.* Palabra o expresión peculiares del español de los peruanos.

peruano, na *adj./s.* Del Perú (América).

peruviano, na *adj./s.* Peruano.

perversidad *s.f.* Cualidad de perverso.

perversión *s.f.* Acción de pervertir.

perverso, sa *adj./s.* Capaz de causar mucho daño a alguien.

pervertir *v.tr.* Viciar con malos ejemplos los hábitos, los usos, etc.

pervivir *v.intr.* Continuar viviendo a pesar de las dificultades.

pesa *s.f.* Pieza de determinada masa que sirve para pesar. • Pieza que, colgada de una cuerda, se usa como contrapeso.

pesacartas *s.m.* Balanza sensible, para pesar las cartas.

pesada *s.f.* Acción de pesar. • Cantidad que se pesa de una vez.

pesadez *s.f.* Cualidad de pesado o molesto. • Estado de un órgano del cuerpo cuando se siente pesado.

pesadilla *s.f.* Sueño angustioso. • Preocupación grave y continua.

pesado, da *adj.* Que pesa mucho. • Dícese del sueño profundo. • Muy lento o torpe. • Fuerte, violento. • Con mucha presión atmosférica. • Molesto o aburrido.

pesadumbre *s.f.* Preocupación, disgusto. • Motivo que los origina.

pésame *s.m.* Expresión de condolencia por la muerte de alguien.

pesantez *s.f.* Gravedad (atracción gravitatoria).

1. pesar *v.intr.* Tener gravedad o peso. • Constituir una carga moral o física. • Causar dolor o arrepentimiento. • *tr.* Determinar el peso de una cosa.

2. pesar *s.m.* Remordimiento. • Dolor, pena.

pesaroso, sa *adj.* Con pesadumbre o preocupación. • Arrepentido de haber hecho algo.

pesca *s.f.* Acción, oficio y técnica de pescar. • Lo que se pesca.

pescadería *s.f.* Lugar donde se vende pescado.

pescadilla *s.f.* Merluza pequeña.

pescado *s.m.* Pez comestible sacado del agua.

pescador, ra *s.* El que se dedica a pescar.

pescante *s.m.* En los coches, asiento delantero donde va el cochero.

pescar *v.tr.* Sacar peces del agua. • *fam.* Contraer una enfermedad, un vicio, etc. • *fam.* Lograr algo con astucia.

pescuezo *s.m.* Parte del cuerpo del animal desde la nuca hasta el tronco.

pesebre *s.m.* Especie de cajón donde comen los animales. • Nacimiento (de Jesucristo).

peseta *s.f.* Unidad monetaria de España.

pesimismo *s.m.* Propensión a ver las cosas en su aspecto más desfavorable.

pesimista *adj./s.m. y f.* Que tiene pesimismo.

pésimo, ma *adj. superl. irreg.* de *malo.*

peso *s.m.* Fuerza que por gravitación ejerce sobre un cuerpo la Tierra. • Cosa pesada. • Fuerza, eficacia. • Unidad monetaria de varios países americanos.

pespunte *s.m.* Costura con puntadas muy unidas.

pespuntear *v.tr.* Hacer pespuntes.

pesquería *s.f.* Conjunto de actividades relacionadas con la pesca.

pesquero, ra *adj.* De la pesca. • *s.m.* Barco destinado a la pesca.
pesquisa *s.f.* Gestión para averiguar algo; indagación.
pestaña *s.f.* Pelo que crece en el borde de los párpados. • Parte saliente y angosta en el borde de una cosa.
pestañear *v.intr.* Mover los párpados repetidamente.
peste *s.f.* Cualquier enfermedad epidérmica que causa gran mortandad. • Mal olor.
pestífero, ra *adj.* Pestilente.
pestilencia *s.f.* Peste.
pestilente *adj.* Que huele muy mal. • Que puede ocasionar peste o un daño grande.
pestillo *s.m.* Pasador plano que asegura una puerta o ventana. • Pieza prismática de la cerradura.
pesuño *s.m.* En los mamíferos ungulados, cada dedo con su uña.
petaca *s.f.* Caja de cuero o de madera, con tapa de piel. • Estuche para llevar cigarros o tabaco.
pétalo *s.m.* Cada una de las piezas que forman la corola de la flor.
petardo *s.m.* Cierto artefacto explosivo de tamaño pequeño.
petate *s.m.* Estera de palma usada para dormir. • Conjunto de ropa atada.
petenera. *s.f.* Canción popular española parecida a la malagueña.
peteribí *s.m. América* Árbol forestal, de madera muy valiosa por su veteado y aroma.
petición *s.f.* Acción de pedir. • Escrito con que se pide algo.
peticionario, ria *adj./s.* Que pide o solicita una cosa.
petigrís *s.m.* Nombre dado en peletería a la ardilla común y a su piel, de color gris plateado.
petimetre, tra *s.* Persona que se preocupa demasiado por seguir la moda.
petiribí *s.m. América* Peteribí.
petirrojo *s.m.* Pájaro de color verdoso, con la frente, el cuello, la garganta y el pecho rojos.
petiso, sa *adj./s. América* De baja estatura. • *s.m.* Caballo de poca alzada.
petitorio, ria *adj.* Relativo a la petición. • *s.m.* Solicitud, pedido.
petizo, za *adj./s. América* Petiso.
peto *s.m.* Parte de la armadura que pro tegía el pecho. • Adorno que va sobre e pecho.
petrel *s.m.* Ave palmípeda, más peque ña que el albatros, y muy buena vola dora; anida en las costas rocosas.
pétreo, a *adj.* De piedra o semejante ella.
petrificación *s.f.* Acción de petrificar.
petrificar *v.tr./prnl.* Convertir en pie dra.
petroglifo *s.m.* Inscripciones y dibujo antiguos hallados sobre rocas.
petrografía *s.f.* Ciencia que estudia la rocas.
petróleo *s.m.* Mezcla natural de hidro carburos, muy combustible, que se ha lla en el interior de la tierra.
petrolero, ra *adj.* Del petróleo. • *s.m* Buque que trasporta petróleo.
petrolífero, ra *adj.* Que contiene pe tróleo.
petroquímica *s.f.* Rama de la tecnologí química que industrializa los derivado del petróleo.
petulancia *s.f.* Cualidad de petulante.
petulante *adj./s.m. y f.* Engreído, fatuo pedante.
petunia *s.f.* Planta herbácea ornamen tal, de flores con forma de embudo, de variados colores.
peuquito *s.m.* Ave sumamente voraz del sur argentino y chileno.
peyorativo, va *adj.* Dícese del significa do de las palabras que manifiestan una opinión desfavorable.
1. pez *s.m.* Animal vertebrado acuático, de respiración branquial, cuerpo generalmente recubierto de escamas, y aletas aptas para nadar.
2. pez *s.f.* Sustancia viscosa y pegajosa, obtenida del alquitrán.
pezón *s.m.* Ramita de la hoja, la flor o el fruto de las plantas. • En los mamíferos, vértice de la mama, en forma de botón. • Parte saliente de algunas cosas.
pezonera *s.f.* Clavija que atraviesa la punta del eje de los carruajes.
pezuña *s.f.* Mano o pie de los animales con uñas o con casco.

phi *s.f.* Fi.
pi *s.f.* Decimosexta letra del alfabeto griego (π). • Número que es razón constante entre la longitud de una circunferencia y su diámetro.
piadoso, sa *adj.* Misericordioso. • Devoto, religioso.
piafar *v.intr.* Dar patadas en el suelo el caballo, cuando está inquieto.
pial *s.m. América* Cuerda que se arroja a las patas de los animales para enlazarlos.
pialar *v.tr. América* Enlazar a un animal con el pial.
piamadre *s.f.* Meninge que recubre el encéfalo y la médula.
piamáter *s.f.* Piamadre.
pian *s.m.* Cierta enfermedad tropical trasmitida por insectos.
pianista *s.m. y f.* Músico que toca el piano. • El que los fabrica o vende.
piano *s.m.* Instrumento musical de teclado y cuerdas.
pianola *s.f.* Piano que puede tocarse mecánicamente.
piar *v.intr.* Emitir su voz el pollo y otras aves.
piara *s.f.* Manada de cerdos.
piastra *s.f.* Moneda de plata, fuera de circulación, de Turquía, Egipto y otros países.
pibe, ba *s. fam. América* Niño, chiquillo.
pica *s.f.* Especie de lanza larga. • Garrocha del picador de toros.
picacho *s.m.* Punta aguda que tienen algunos montes o riscos.
picada *s.f.* Picadura o picotazo. • *América* Sendero abierto en la selva.
picadero *s.m.* Lugar donde se adiestran los caballos y se aprende a montar.
picadillo *s.m.* Cosa picada; en especial, una vianda. • Cierto guiso con carne, tocino, etc.
picado, da *adj.* Adornado con perforaciones. • Dícese del tabaco cortado muy fino. • *s.m.* Descenso casi vertical de un avión.
picador, ra *adj./s.* Que pica. • *s.m.* El que doma y adiestra caballos. • Torero que pica al toro.
picadura *s.f.* Acción de picar. • Pinchazo. • Mordedura de un ave, un insecto o un reptil.
picaflor *s.m.* Colibrí. • *fam. América.* Hombre muy galanteador.
picamaderos *s.m.* Ave trepadora que horada la corteza de los árboles.
picana *s.f. América* Aguijada. • Carne del anca del vacuno.
picanear *v.tr. América* Aguijonear con la picana.
picante *adj.* Que pica.
picapedrero *s.m.* Hombre que tiene por oficio picar piedras.
picapica *s.f.* Polvos, hojas o pelusas vegetales que provocan comezón en la piel.
picapleitos *s.m.* En sentido despectivo, abogado.
picaporte *s.m.* Dispositivo para cerrar puertas y ventanas. • Llave para abrir ese dispositivo.
picaposte *s.m.* Picamaderos.
picapuerco *s.m.* Ave trepadora, de plumaje negro brillante, con manchas blancas, cenicientas y rojas.
picar *v.tr.* Morder las aves, los insectos y ciertos reptiles. • Tomar las aves la comida con el pico. • Morder el pez el cebo. • Tomar trozos pequeños de algo, o cortarlos. • Pinchar. • Herir al toro con la garrocha. • Espolear. • Estimular o provocar. • Agujerear. • *tr./intr.* Producir escozor. • *intr.* Calentar mucho el Sol. • *prnl.* Cariarse los dientes. • Avinagrarse el vino. • Agitarse el mar. • Ofenderse o enojarse alguien por lo que le dicen o hacen.
picardía *s.f.* Acción engañosa o simuladora. • Travesura de muchachos o burla inocente.
picaresco, ca *adj.* De los pícaros. • Dícese de la obra que narra la vida de los pícaros.
pícaro, ra *adj./s.* Granuja, pillo. • *s.m.* Tipo de persona descarada y astuta.
picatoste *s.m.* Rebanada de pan tostada, con manteca, o frita.
picaza *s.f.* Urraca.
picazón *s.f.* Molestia que causa algo que pica en alguna parte del cuerpo. • Enojo o disgusto.
pichincha *s.f. fam. América* Cosa apreciable obtenida a bajo costo.
pichón *s.m.* Cría de la paloma.

pichón, na *s. América* Joven inexperto.
pico *s.m.* Parte saliente de la cabeza de las aves, terminada en punta y de consistencia córnea. • Punta en el borde de alguna cosa. • Cúspide aguda de una montaña. • Herramienta para remover la tierra. • Parte que excede a un número redondo.
picor *s.m.* Picazón.
picota *s.f.* Poste donde se exponían las cabezas de los ajusticiados.
picotazo *s.m.* Acción de picar un ave, un reptil o un insecto.
picotear *v.tr.* Golpear o herir las aves con el pico.
pícrico, ca *adj.* Dícese de cierto ácido que se usa para tratar quemaduras y en la fabricación de sustancias explosivas.
pictografía *s.f.* Tipo de escritura que se vale de pictogramas.
pictograma *s.m.* Signo gráfico consistente en un dibujo tosco, por medio del cual se representa una cosa.
pictórico, ca *adj.* Del arte de la pintura.
picunche *adj./s.m. y f.* Dícese de un pueblo araucano que habita en la cordillera chilena.
pie *s.m.* Parte terminal de la pierna o de la pata. • Parte de la media o la bota que cubre el pie. • Parte en la que se apoya una cosa. • Parte inferior de ciertas cosas. • Ocasión o motivo. • Medida de longitud equivalente a 304 milímetros.
piedad *s.f.* Compasión, lástima. • Amor y respeto por lo sagrado.
piedra *s.f.* Trozo de roca compacto y duro. • Pedazo de roca tallado para construir. • Granizo grueso.
piel *s.f.* Membrana que cubre el cuerpo del hombre y de los animales. • Epicarpio de ciertos frutos. • Cuero curtido, con su pelo.
piélago *s.m.* Mar. • Parte de él que dista mucho de la tierra.
pienso *s.m.* Porción de alimento seco que se da al ganado.
pierna *s.f.* Extremidad inferior del hombre. • Parte de esa extremidad comprendida entre el tobillo y la rodilla. • Muslo de los cuadrúpedos y de las aves.
pieza *s.f.* Cada una de las partes que forman un objeto. • Cada uno de los objetos que componen un conjunto. • Moneda. • Animal que se caza o pesca. • Tira de papel o porción de tejido que se hacen de una vez. • Cuarto, habitación. • Composición musical breve.
piezoelectricidad *s.f.* Electricidad manifestada al ejercer cierta presión sobre algunos cristales.
pífano *s.m.* Instrumento musical de viento, de sonido agudo.
pifia *s.f.* Golpe falso dado a la bola de billar. • *fam.* Error, descuido.
pifiar *v.intr.* Hacer una pifia.
pigmento *s.m.* Materia colorante que se halla en las células animales y vegetales.
pigmeo, a *adj./s.* Dícese de los individuos de cierto pueblo de África central, que son de muy poca estatura.
pignorar *v.tr.* Dar algo en prenda para asegurar el pago del préstamo obtenido; empeñar.
pignoraticio, cia *adj.* Relativo a la acción de pignorar.
pijama *s.m.* Conjunto de chaqueta y pantalón, usado para dormir.
1. pila *s.f.* Conjunto de cosas puestas una sobre otra. • Cada uno de los pilares que sostienen dos arcos contiguos o los tramos metálicos de un puente.
2. pila *s.f.* Recipiente grande y hondo donde se echa agua para varios usos. • Generador de electricidad.
pilagá *adj./s.m. y f.* Dícese de un pueblo indígena de la provincia de Formosa (Argentina).
pilar *s.m.* Especie de pilastra usada como apoyo o soporte.
pilastra *s.f.* Columna de sección cuadrada o rectangular.
pilca *s.f. América* Pirca.
pilcha *s.f. fam. América* Prenda de vestir.
píldora *s.f.* Bolita hecha mezclando medicamentos con un excipiente.
pileta *s.f.* Pila pequeña de agua bendita. • *América* Pila de cocina o de lavar. • Piscina.
pilífero, ra *adj.* Provisto de pelo.
pillada *s.f.* Pillería.

pillaje *s.m.* Robo o despojo. • Saqueo hecho en la guerra.
pillar *v.intr.* Saquear o robar; en especial, en la guerra. • *tr. fam.* Agarrar o aprehender. • *fam.* Sorprender a una persona en algo que no le convenía que se supiera.
pillastre *s.m. fam.* Pillo, granuja.
pillería *s.f.* Acción propia de un pillo.
pillo, lla *adj./s.* Que tiene inclinación a engañar; pícaro.
1. pilón *s.m.* Pan de azúcar refinado, de forma cónica. • Pesa que se mueve a lo largo del brazo de la romana.
2. pilón *s.m.* Receptáculo de piedra en una fuente para que sirva de abrevadero o para otros usos.
píloro *s.m.* Abertura inferior del estómago.
piloso, sa *adj.* Cubierto de pelo.
1. pilotaje *s.m.* Acción de pilotear un barco u otro vehículo.
2. pilotaje *s.m.* Conjunto de pilotes.
pilotar *v.tr.* Pilotear.
pilote *s.m.* Madero rollizo que se hinca en tierra para sostener los cimientos de una obra.
pilotear *v.tr.* Dirigir un barco, un avión, etcétera.
pilotín *s.m.* En marina, aprendiz de piloto.
piloto *s.m.* El que dirige un barco, un avión o un automóvil. • *adj.* Que tiene carácter experimental.
piltrafa *s.f.* Parte de carne flaca. • Persona de salud muy deficiente.
pimentero *s.m.* Arbusto trepador, de cuyos frutos se obtiene la pimienta. • Recipiente para poner la pimienta.
pimentón *s.m.* Pimiento colorado seco y molido.
pimienta *s.f.* Fruto del pimentero.
pimiento *s.m.* Planta de origen americano, cuyo fruto es una baya hueca comestible.
pimpante *adj.* Con aspecto satisfecho y saludable; rozagante.
pimpinela *s.f.* Planta herbácea forrajera y medicinal.
pimpollo *s.m.* Vástago o tallo nuevo de las plantas. • Capullo de rosa. • *fam.* Niño o mujer joven muy bellos.
pimpón *s.m.* Juego de pelota que se juega sobre una mesa, con una pelota de celuloide.
pinabete *s.m.* Abeto.
pinacoteca *s.f.* Galería o museo de pinturas.
pináculo *s.m.* Parte superior y más alta de un edificio o templo. • Apogeo, cima.
pincel *s.m.* Instrumento para pintar consistente en un manojo de pelos sujeto en un mango.
pincelada *s.f.* Cada uno de los trazos que se dan con el pincel.
pinchadura *s.f.* Acción de pinchar.
pinchar *v.tr.* Herir con una cosa aguda.
pinchazo *s.m.* Pinchadura.
pinche *s.m.* Ayudante de cocina.
pincho *s.m.* Punta aguda de hierro u otra materia.
pincullo *s.m. América* Flauta de caña de cinco agujeros.
pineal *adj.* Dícese de la glándula endocrina que actúa sobre la presión arterial y las glándulas mamarias.
pingajo *s.m. fam.* Trozo de tela desgarrado que cuelga de una cosa.
pingo *s.m. América* Caballo de buena calidad.
pingorotudo, da *adj. fam.* Que ocupa una posición muy elevada.
ping-pong *s.m.* Pimpón.
pingüe *adj.* Grasoso o gordo. • Abundante o cuantioso.
pingüinera *s.f. América* Lugar de la costa donde los pingüinos se reúnen cuando hacen los nidos y en la época de cría.
pingüino *s.m.* Ave de las regiones polares, de alas pequeñas adaptadas para la natación.
pinito *s.m. fam.* Cada uno de los primeros pasos que da el niño.
pino *s.m.* Árbol forestal y ornamental, rico en resina.
pinocha *s.f.* Hoja del pino.
pinole *s.m. América* Harina de maíz tostado diluida en agua.
1. pinta *s.f.* Mancha pequeña que tienen algunas cosas, o que se dibuja. • *fam.* Aspecto.
2. pinta *s.f.* Unidad de capacidad, equivalente a 568 centímetros cúbicos.

pintada *s.f.* Ave gallinácea de carne muy apreciada. • Acción de pintar en las paredes letreros, en particular, de tema social.
pintamonas *s.m. y f. fam.* Pintor de poca habilidad.
pintar *v.tr.* Representar algo con pinturas. • Cubrir con un color la superficie de las cosas. • Describir.
pintarrajar *v.tr.* Pintarrajear.
pintarrajear *v.tr.* Manchar de varios colores y de cualquier manera.
pintiparado, da *adj.* Adecuado para el fin propuesto. • Parecido a otro.
pintón, na *adj.* Dícese de la fruta que comienza a madurar.
pintor, ra *s.* El que se dedica a pintar.
pintoresco, ca *adj.* Dícese de los lugares de imagen agradable. • Dícese del lenguaje, estilo, etc., con que se mencionan animadamente las cosas.
pintura *s.f.* Arte de pintar con objetivos estéticos. • Obra pintada. • Sustancia para pintar. • Descripción literaria viva y animada.
pinturería *s.f.* Establecimiento donde se venden pinturas.
pínula *s.f.* En los instrumentos ópticos y topográficos, tablilla metálica con una abertura circular o lineal, usada para orientar la visual.
pinza *s.f.* Utensilio cuyos extremos se aproximan para sujetar algo. • Artejo articulado de los artrópodos.
pinzas *s.f. pl.* Pinza (utensilio).
pinzón *s.m.* Pájaro cantor de color pardo.
piña *s.f.* Fruto del pino y otros árboles semejantes. • Fruto del ananá.
piñata *s.f.* Olla llena de dulces que, en ciertas celebraciones, se cuelga del techo para jugar a romperla con un palo, con los ojos vendados.
1. piñón *s.m.* Semilla del pino.
2. piñón *s.m.* Rueda pequeña y dentada de una máquina, que engrana con otra.
pío *s.m.* Onomatopeya del sonido que emiten las aves.
pío, a *adj.* Inclinado al culto de la religión; devoto, piadoso.
piógeno, na *adj.* Que produce pus.
piojillo *s.m.* Insecto muy pequeño que vive parásito sobre las aves.
piojo *s.m.* Insecto hematófago, parásito externo de diversos animales y del hombre.
piojoso, sa *adj./s.* Que tiene muchos piojos. • *fam.* Miserable o mezquino.
piola *s.f.* Cuerda delgada.
piolín *s.m. América* Cordel delgado.
pionero, ra *s.* El que inicia la exploración de nuevas tierras o se adelanta a realizar cualquier actividad.
pionono *s.m.* Masa muy delgada, rellena y arrollada.
piorrea *s.f.* Flujo de pus; en especial; en las encías.
pipa *s.f.* Cuba, tonel. • Utensilio para fumar.
pipeta *s.f.* Tubo de vidrio que se usa para trasvasar pequeñas porciones de líquido.
pipiolo *s.m. fam.* Joven inexperto.
pique *s.m. fam.* Resentimiento o disgusto. • *fam.* Rivalidad. • *irse a pique* Hundirse en el agua un barco.
piqué *s.m.* Tela de algodón que forma dibujos en relieve.
piquera *s.f.* Agujero de los toneles y alambiques, por donde sale el líquido. • Agujero en las colmenas para que las abejas puedan entrar y salir.
piqueta *s.f.* Herramienta de albañilería con mango y dos bocas opuestas, una plana y otra aguzada.
piquete *s.m.* Grupo reducido de soldados. • Pequeño grupo de personas que exhibe carteles en lugares públicos.
pira *s.f.* Hoguera en que los antiguos quemaban los cuerpos de los difuntos y las víctimas de los sacrificios.
piragua *s.f.* Embarcación muy ligera, larga y estrecha, construida con un tronco de árbol.
piramidal *adj.* En forma de pirámide.
pirámide *s.f.* Poliedro cuya base es un polígono y cuyas caras son triángulos que poseen un vértice común. • Construcción monumental de esa forma.
piraña *s.f. América* Pez pequeño, muy voraz y feroz. • Vive en algunos ríos de América del Sur.
pirata *s.m.* Navegante que asalta y roba los barcos en el mar.
piratería *s.f.* Robo en el mar que hace el pirata.

irca *s.f. América* Muro de piedras a veces adheridas con barro.
irético, ca *adj.* Relativo a la fiebre.
irexia *s.f.* Estado febril.
irgüín *s.m.* Especie de sanguijuela que vive en aguas estancadas y que, al ser ingerida por las reses, les causa la muerte.
iriforme *adj.* De forma de pera.
irita *s.f.* Mineral de color amarillo, constituido por sulfuro de hierro.
iróforo, ra *adj.* Que se inflama en contacto con el aire.
irófugo, ga *adj.* Dícese de los aparatos o máquinas para extinguir incendios.
irograbado *s.m.* Procedimiento para grabar la madera con una punta metálica incandescente.
irómetro *s.m.* Instrumento para medir temperaturas muy elevadas.
iropo *s.m. fam.* Lisonja, requiebro.
iróscafo *s.m.* Nombre dado a los primeros barcos de vapor.
iroscopio *s.m.* Dispositivo para indicar temperaturas elevadas.
irosfera *s.f.* Masa de rocas fundidas del interior de la Tierra.
irosis *s.f.* Sensación de acidez y ardor que asciende desde el estómago hasta la faringe.
irostato *s.m.* Termostato de seguridad que interrumpe el funcionamiento de una instalación cuando aumenta mucho la temperatura.
irotecnia *s.f.* Técnica de combinar materias explosivas para fines militares o recreativos.
irotécnico, ca *adj.* De la pirotecnia. • *s.* El que practica la pirotecnia.
iroxilina *s.f.* Explosivo muy poderoso obtenido por la acción del ácido nítrico sobre la celulosa.
írrico, ca *adj.* Dícese del triunfo obtenido con más daño del vencedor que del vencido.
irueta *s.f.* Salto acompañado de un movimiento ágil del cuerpo.
irulí *s.m.* Caramelo de forma cónica, con un palito.
isa *s.f.* Acción de pisar ciertas cosas, como la uva.
isada *s.f.* Acción de pisar. • Huella o señal que deja el pie al pisar.
pisapapeles *s.m.* Objeto pesado que se pone sobre los papeles para que no se muevan.
pisar *v.tr.* Poner los pies sobre alguna cosa. • Apretar o estrujar algo con los pies u otra cosa. • Apretar con los dedos las cuerdas de un instrumento musical.
piscicultor, ra *s.* Persona que se dedica a la piscicultura.
piscicultura *s.f.* Actividad consistente en criar peces para mejorar las especies y su rendimiento.
pisciforme *adj.* En forma de pez.
piscina *s.f.* Estanque donde pueden nadar y bañarse varias personas. • Estanque para tener peces.
piscívoro, ra *adj.* Dícese del animal que se alimenta de peces.
pisco *s.m.* Aguardiente de uva, de origen peruano.
piscolabis *s.m. fam.* Comida ligera.
pisingallo *s.m./adj. América* Variedad de maíz de granos puntiagudos.
piso *s.m.* Pavimento de las habitaciones, calles, etc. • Cada una de las divisiones horizontales de un edificio; planta.
pisón *s.m.* Instrumento pesado para apisonar la tierra, apretar piedras, etc.
pisotear *v.tr.* Pisar repetidamente. • Maltratar, atropellar.
pisotón *s.m.* Pisada fuerte sobre el pie de alguien.
pispar *v.intr./tr. América* Espiar, observar atentamente.
pista *s.f.* Rastro que dejar los animales. • Conjunto de indicios. • Sitio para hacer carreras y otros ejercicios en circos, hipódromos, etc. • Terreno para el despegue y aterrizaje de aviones.
pistachero *s.m.* Alfóncigo.
pistacho *s.m.* Semilla del alfóncigo.
pistero *s.m.* Jarro pequeño con pico, para dar de beber a los enfermos que no pueden incorporarse.
pistilo *s.m.* Gineceo de la flor.
pisto *s.m.* Fritada hecha con pimientos, tomates, huevos, etc.
pistola *s.f.* Arma de fuego corta, que se maneja con una sola mano. • Aparato de aire comprimido para proyectar pinturas, barnices, etc.

pistolera *s.f.* Estuche de cuero en que se guarda una pistola.
pistolero, ra *s.* Delincuente que usa pistola para asaltar, robar, etc.
pistón *s.m.* Émbolo. • En las armas de fuego, pieza central de la cápsula, donde se coloca el fulminante. • Mecanismo de algunos instrumentos de viento de metal.
pit *s.m.* Horno para calentar los lingotes antes de laminarlos.
pita *s.f.* Planta textil de hojas grandes, carnosas, con espinas.
pitada *s.f.* Cada sonido emitido con el pito.
pitagórico, ca *adj./s.m.* Relativo a Pitágoras o a su escuela.
pitanza *s.f.* Ración de comida. • *fam.* Comida cotidiana.
pitar *v.intr.* Hacer sonar el pito. • *tr./intr. América* Fumar.
pitecántropo *s.m.* Homínido al que se considera uno de los antepasados del hombre.
pitido *s.m.* Silbido de un pito o de un pájaro.
pitillo. *s.m.* Cigarrillo.
pito *s.m.* Instrumento pequeño, con el que se produce, soplando, un sonido muy agudo; silbato.
1. pitón *s.m.* Cuerno que empieza a salir a los animales. • Punta del cuerno del toro.
2. pitón *s.m./adj.* Serpiente no venenosa de gran tamaño, originaria de Asia y África.
pitonisa *s.f.* Sacerdotisa del dios Apolo que daba los oráculos en el templo de Delfos.
pituco, ca *adj. América* Dícese de la persona de clase alta.
pituita *s.f.* Secreción de las membranas mucosas.
pituitario, ria *adj.* Que segrega pituita. • *s.f./adj.* Mucosa que reviste la cavidad de las fosas nasales.
pivotar *v.intr.* Girar una cosa sobre un punto de apoyo.
pivote *s.m.* Punto de apoyo de una pieza, sobre el que gira un eje.
piyama *s.m.* Pijama.
pizarra *s.f.* Roca de color gris oscuro, que se divide en láminas. • Tablero sobre el que se escribe o dibuja.
pizarrín *s.m.* Barrita de pizarra blanda usada para escribir en las pizarras de piedra.
pizarrón *s.m. América* Encerado para escribir o dibujar en él.
pizca *s.f.* Porción muy pequeña de una cosa.
pizpireta *adj.* Dícese de la mujer vivaz y expresiva.
pizza *s.f.* Masa de poco espesor, cubierta con queso y otros ingredientes, cocida al horno.
pizzicato *adj.* Dícese del sonido que se obtiene en los instrumentos de arco punteando las cuerdas con los dedos.
placa *s.f.* Porción delgada y plana de un material duro. • En fotografía, lámina de vidrio cubierta con una emulsión sensible a la luz, para obtener negativos. • Pieza calcárea del dermatoesqueleto de los equinodermos, reptiles, etcétera.
pláceme *s.m.* Felicitación.
placenta *s.f.* Órgano vascular, blando y redondeado, a través del cual se establece el intercambio nutritivo entre la madre y el feto.
placentero, ra *adj.* Agradable.
1. placer *s.m.* Banco de arena o piedra en el fondo del mar, llano y extenso.
2. placer *s.m.* Deleite. • Cosa que causa alegría, como una fiesta o un juego. • Gusto con que se hace algo. • *v.intr.* Agradar, gustar.
plácet *s.m.* Documento por el cual el gobierno de un país ratifica la designación de cierta persona como representante de otra nación.
placidez *s.f.* Cualidad de plácido.
plácido, da *adj.* Apacible, tranquilo.
plafón *s.m.* Adorno en el techo de una habitación, del que se suspende una lámpara.
plaga *s.f.* Daño grande y persistente. • Abundancia de una cosa nociva. • Organismo vegetal o animal que afecta a la agricultura.
plagar *v.tr./prnl.* Llenar de algo nocivo o inconveniente.
plagiar *v.tr.* Copiar obras ajenas, en es-

pecial literarias o artísticas, presentándolas como propias.
plagiario, ria *adj. / s.* Que plagia.
plagio *s.m.* Acción de plagiar.
plaguicida *s.m. / adj.* Sustancia para eliminar cualquier plaga de la agricultura.
plan *s.m.* Altitud o nivel. • Proyecto. • Programa de actividades.
plana *s.f.* Cada una de las dos caras de una hoja de papel. • Herramienta de albañilería en forma de paleta. • Porción extensa de un terreno llano.
plancha *s.f.* Porción delgada y plana de un material duro; en especial, de metal. • Utensilio de hierro para planchar. • *fam.* Desacierto o error.
planchada *s.f.* Tabla larga que sirve de puente para el embarque y desembarque de personas.
planchar *v.tr.* Pasar la plancha caliente sobre la ropa para quitarle las arrugas.
plancton *s.m.* Conjunto de organismos vivos que se hallan en suspensión en las aguas dulces o salobres.
planeador *s.m.* Aeroplano liviano con alas sustentadoras y sin motor.
planeamiento *s.m.* Acción de trazar un plan.
planear *v.tr.* Trazar el plan de una obra. • Hacer planes o proyectos; proyectar. • *intr.* Mantenerse un avión en el aire sin la acción del motor.
planeo *s.m.* Acción de planear un avión.
planeta *s.m.* Cuerpo celeste que no posee luz propia y que refleja la luz del Sol, alrededor del cual describe su órbita.
planetario, ria *adj.* Relativo a los planetas. • *s.m.* Aparato que representa los planetas del sistema solar.
planetoide *s.m.* Asteroide.
planicie *s.f.* Llanura extensa.
planificar *v.tr.* Someter una actividad a un plan estudiado.
planígrafo *s.m.* Instrumento para copiar planos.
planilla *s.f. América* Formulario.
planimetría *s.f.* Parte de la matemática que estudia la determinación de las superficies de las figuras planas.
planímetro *s.m.* Instrumento para medir superficies de figuras planas.
planisferio *s.m.* Representación de la superficie terrestre en un plano.
plano, na *adj.* Llano, liso o chato. • *s.m.* Cualquier superficie plana. • Parte plana de una cosa. • Representación gráfica de un terreno, una ciudad, etc.
planta *s.f.* Parte inferior del pie. • Ser orgánico que crece y se reproduce, pero no cambia de lugar por impulso voluntario. • Representacion gráfica de la sección horizontal de un edificio. • Piso de un edificio. • Establecimiento industrial.
plantación *s.f.* Acción de plantar. • Conjunto de lo plantado en un terreno.
plantar *v.tr.* Meter en tierra una planta, tubérculos, etc., para que arraiguen. • Colocar algo en el lugar donde le corresponde estar fijo. • Fijar y poner derecha una cosa. • *fam.* Dejar a alguien abandonado. • *adj.* Relativo a la planta de los pies.
planteamiento *s.m.* Acción de plantear.
plantear *v.tr.* Proponer o exponer problemas matemáticos, dudas, etc. • Hacer cálculos y previsiones sobre algo.
plantel *s.m.* Reunión de gente hábil en una profesión, actividad, etc. • Terreno donde se crían plantas. • *América* Conjunto de integrantes de un equipo deportivo.
planteo *s.m.* Planteamiento. • *América* Protesta, exigencia.
plantificar *v.tr. fam.* Dejar a alguien en un lugar contra su voluntad.
plantígrado, da *adj. / s.m.* Dícese del mamífero que camina apoyando toda la planta del pie, como el oso.
plantilla *s.f.* Lámina de metal, madera, etc., que sirve de patrón para cortar o labrar una pieza. • Trozo de cuero, tela, etc., con que se cubre interiormente la planta del calzado.
plantío, a *adj.* Dícese de la tierra plantada. • *s.m.* Lugar plantado de vegetales.
plantón *s.m.* Arbolito nuevo que va a ser trasplantado. • *fam.* Espera larga o inútil.
plañidero, ra *adj.* Propenso a quejarse. • *s.f.* Mujer que se contrataba para llorar en los entierros.
plañido *s.m.* Lamento y llanto.

plañir *v.intr.* Llorar y gemir.
plaqué *s.m.* Chapa de oro o plata que cubre otro metal.
plaqueta *s.f.* Corpúsculo de la sangre que interviene en la coagulación.
plasma *s.m.* Parte líquida de la sangre y la linfa. • Gas ionizado usado en investigaciones atómicas.
plasmar *v.tr.* Dar forma concreta a algo inmaterial.
plasta *s.f. fam.* Cosa blanda y pastosa.
plástica *s.f.* Arte de modelar o formar cosas en barro, yeso, etc.
plasticidad *s.f.* Cualidad de plástico.
plástico, ca *adj.* Relativo a la plástica. • Capaz de ser moldeado; dúctil. • *adj./s.m.* Dícese de diversos materiales formados por polímeros; son maleables al calor y tienen múltiples usos.
plastificar *v.tr.* Revestir o impregnar algo con plástico.
plastilina *s.f.* Mezcla plástica para modelar.
plastrón *s.m.* Pechera de camisa, sobrepuesta.
plata *s.f.* Metal precioso, maleable, de color blanco brillante (símbolo: *Ag*). • Dinero en general.
plataforma *s.f.* Sitio horizontal elevado sobre el suelo. • Parte anterior y posterior en los trenes, tranvías, etc. • *América* Andén.
platal *s.m.* Dineral.
plátano *s.m.* Árbol de gran porte cuya madera se usa para hacer muebles. • Planta tropical de frutos alargados y de suave sabor.
platea *s.f.* Parte baja de los teatros, ocupada por las butacas.
plateado, da *adj.* Recubierto de plata. • Del color de la plata.
platear *v.tr.* Cubrir con una capa de plata.
platense *adj./s.m. y f.* De La Plata (Argentina). • *adj.* Rioplatense.
plateresco, ca *adj.* Dícese de cierto estilo arquitectónico español del siglo XVI.
platería *s.f.* Establecimiento donde se venden objetos de plata.
plática *s.f.* Conversación.
platicar *v.intr.* Conversar.
platija *s.f.* Pez comestible, parecido al lenguado, de color pardo con manchas amarillas.
platillo *s.m.* Plato pequeño. • Pieza circular de las balanzas, donde se coloca el objeto para ser pesado. • *pl.* Instrumento musical de percusión, formado por dos platos ahuecados de metal.
platina *s.f.* Parte del microscopio en que se coloca lo que se quiere observar.
platinar *v.tr.* Cubrir con una capa de platino. • Teñir el pelo de rubio muy claro.
platino *s.m.* Metal precioso muy pesado, de color plateado; se usa en joyería, química, etc. (símbolo: *Pt*).
plato *s.m.* Recipiente redondo, de poca profundidad, en el que se sirve la comida. • Comida. • Nombre que reciben ciertos dispositivos circulares que tienen diversos usos.
platónico, ca *adj.* Relativo a la filosofía de Platón. • Dícese del amor espiritual y desinteresado.
platudo, da *adj. fam. América* Adinerado.
plausible *adj.* Digno de alabanza. • Justificado o atendible.
playa *s.f.* Arenal llano a la orilla de un mar o río. • *América* Espacio amplio sin edificación, destinado a diversos usos.
playero, ra *adj.* Relativo a la playa.
playo, ya *adj. América* Dícese de lo que tiene poco fondo.
plaza *s.f.* Lugar amplio, sin edificios, en el interior de una población. • Sitio fortificado. • Población de cierta importancia para operaciones comerciales. • Empleo.
plazo *s.m.* Término para hacer una cosa.
plazoleta *s.f.* Plaza pequeña.
pleamar *s.f.* Nivel máximo que alcanza la marea.
plebe *s.f.* Clase formada por los que no son nobles ni acaudalados. • En sentido despectivo, la clase social más baja.
plebeyo, ya *adj.* Relativo a la plebe. • *adj./s.* Que no es noble.
plebiscito *s.m.* Votación de todos los ciudadanos para legitimar una resolución política.

plectro *s.m.* Laminilla para pulsar las cuerdas de ciertos instrumentos.
plegable *adj.* Que puede ser plegado.
plegado *s.m.* Acción de plegar.
plegador, ra *adj.* / *s.* Que pliega. • *s.f.* Máquina empleada en encuadernación para doblar pliegos impresos.
plegar *v.tr.* Hacer pliegues. • *prnl.* Someterse, ceder.
plegaria *s.f.* Súplica, rezo.
pleistoceno, na *adj.* / *s.m.* Dícese de la primera época del período cuaternario.
pleitear *v.intr.* Contender en juicio.
pleitesía *s.f.* Muestra reverente de acatamiento.
pleitista *adj.* / *s.m. y f.* Que promueve pleitos o disputas.
pleito *s.m.* Disputa judicial; litigio. • Querella.
plenario, ria *adj.* Completo o total. • Con asistencia de todos los miembros de una asamblea.
plenilunio *s.m.* Fase de la Luna en que se la ve circular.
plenipotenciario, ria *adj.* Dícese de la persona enviada por un gobierno con plenos poderes para negociar.
plenitud *s.f.* Estado de pleno.
pleno, na *adj.* Completo, entero.
pleonasmo *s.m.* Empleo de palabras innecesarias para la comprensión de una oración, que pueden darle vigor o expresividad.
plesiosaurio *s.m.* Reptil marino gigantesco, de la era secundaria y del que solo se hallan restos en estado fósil.
plesiosauro *s.m.* Plesiosaurio.
plétora *s.f.* Exceso de sangre en alguna parte del cuerpo. • Gran abundancia de alguna cosa.
pletórico, ca *adj.* Que tiene gran abundancia de algo.
pleura *s.f.* Membrana serosa que envuelve a los pulmones.
pleuresía *s.f.* Inflamación de la pleura.
pleuritis *s.f.* Pleuresía.
plexiglás *s.m.* Resina sintética, incolora, que sustituye al vidrio.
plexo *s.m.* Red de vasos o de filamentos nerviosos.
pléyade *s.f.* Grupo de personas —generalmente, literatos— notorias y contemporáneas entre sí.
plica *s.f.* Sobre cerrado, con un documento en su interior que no debe conocerse hasta cierta fecha.
pliego *s.m.* Pieza de papel plegada, a veces impresa. • Documento que contiene las condiciones de un contrato, licitación, etcétera.
pliegue *s.m.* Doblez en una tela, papel, etc. • En geología, relieve resultante del proceso orogénico.
plinto *s.m.* En arquitectura, parte inferior de la basa.
plioceno, na *adj.* / *s.m.* Dícese de la última época del período terciario.
plisado *s.m.* Acción de plisar.
plisar *v.tr.* Formar pliegues pequeños e iguales en una tela.
plomada *s.f.* Pesa de plomo, colgada de una cuerda, que sirve para señalar la dirección vertical.
plombagina *s.f.* Grafito.
plomería *s.f.* Taller del plomero. • *América* Fontanería.
plomero *s.m.* El que hace trabajos con plomo. • *América* Fontanero.
plomífero, ra *adj.* Dícese del mineral, roca, etc., que contienen plomo.
plomizo, za *adj.* Que tiene plomo. • De color de plomo.
plomo *s.m.* Metal pesado, dúctil, de color gris, muy tóxico (símbolo: *Pb*). • Bala de las armas de fuego.
pluma *s.f.* Pieza córnea que cubre el cuerpo de las aves. • La que, cortada, servía para escribir. • Utensilio de metal que sirve para el mismo uso. • Mástil de una grúa.
plumada *s.f.* Rasgo hecho sin levantar la pluma del papel.
plumaje *s.m.* Conjunto de las plumas de un ave.
plumazo *s.m.* Trazo fuerte de pluma.
plumazón *s.f.* Plumaje.
plumbagina *s.f.* Grafito.
plúmbeo, a *adj.* Muy pesado.
plúmbico, ca *adj.* Relativo al plomo; en especial, a ciertos derivados de este metal.
plumero *s.m.* Conjunto de plumas atadas a un palo, que se usa para quitar el polvo.
plumífero, ra *adj.* Que tiene plumas.

plumín *s.m.* Parte de la pluma estilográfica con la que se hacen los trazos.
plumón *s.m.* Pluma fina y suave que tienen las aves debajo del plumaje exterior.
plural *adj./s.m.* Dícese de la categoría gramatical que indica pluralidad.
pluralidad *s.f.* Cualidad de ser más de uno; multiplicidad.
pluralizar *v.tr.* Poner en plural palabras que solo se usan en singular. • *intr.* Atribuir una cosa que corresponde a una persona a dos o más sujetos.
pluricelular *adj.* Dícese del organismo animal o vegetal constituido por muchas células.
plurilingüe *adj.* De varias lenguas. • Escrito en varias lenguas.
plus *s.m.* Cantidad suplementaria o remuneración adicional.
pluscuamperfecto *adj./s.m.* En gramática, dícese del pretérito que expresa anterioridad con respecto a un hecho pasado.
plusvalía *s.f.* En economía, aumento del valor de un bien por factores extrínsecos a éste.
plutocracia *s.f.* Preponderancia de los ricos en el gobierno de un estado.
plutócrata *s.m. y f.* Persona que tiene poder por su riqueza.
plutonio *s.m.* Elemento radiactivo artificial, muy tóxico (símbolo: *Pu*).
plutonismo *s.m.* Conjunto de fenómenos que producen las erupciones del magma y sus solidificaciones en el interior de la Tierra.
pluvial *adj.* Relativo a la lluvia.
pluviómetro *s.m.* Aparato para medir la cantidad de lluvia caída en cierto lapso.
pluviosidad *s.f.* Cantidad de lluvia que cae en un lugar en cierto lapso.
población *s.f.* Acción de poblar. • Conjunto de personas que habitan un lugar determinado. • Poblado.
poblado *s.m.* Villa o localidad.
poblador, ra *s.* Habitante.
poblar *v.tr.* Ocupar con habitantes un sitio. • Habitar. • *tr./prnl.* Ocupar un sitio con cualquier clase de seres vivos o de cosas.
pobre *adj.* Que tiene poco dinero o pocos bienes. • De poco valor, modesto. • Escaso. • *s.m.* Mendigo.
pobreza *s.f.* Cualidad o estado de pobre.
pocero *s.m.* El que hace o limpia pozos.
pocho, cha *adj.* Desvaído.
pocilga *s.f.* Establo para cerdos. • *fam.* Lugar sucio e inhabitable.
pocillo *s.m.* Pequeña vasija de loza u otro material.
pócima *s.f.* Cocimiento medicinal de materias vegetales.
poción *s.f.* Bebida medicinal.
poco, ca *adj./s.* Pronombre indefinido que indica intensidad o cantidad pequeñas de algo. • *adv.* Algo.
poda *s.f.* Acción de podar. • Tiempo en que se poda.
podadera *s.f.* Tijera o cuchilla para podar.
podar *v.tr.* Cortar a las plantas las ramas superfluas para que crezcan o fructifiquen mejor.
podenco, ca *s.m./adj.* Perro parecido al lebrel, pero más pequeño.
1. poder Verbo auxiliar que expresa la ausencia de obstáculos para hacer lo indicado por el infinitivo. • *intr.* Tener tiempo o no estar impedido. • Existir probabilidad de que suceda algo.
2. poder *s.m.* Capacidad para realizar alguna cosa. • Potencia o eficacia. • Posesión actual de una cosa. • Fuerza para dominar a otros. • Autoridad o dominio para hacer algo. • Conjunto de las facultades de gobierno de un estado. • Autorización que una persona da a otra para que la represente.
poderdante *s.m. y f.* Persona que otorga un poder a otro.
poderío *s.m.* Fuerza o poder que tienen una persona o un país.
poderoso, sa *adj./s.* Que tiene mucho poder. • Muy rico. • *adj.* Eficaz, activo.
podio *s.m.* Pedestal que soporta una serie de columnas. • Plataforma sobre la que se coloca una persona para presidir un acto, dirigir una orquesta, etc.
podología *s.f.* Rama de la medicina que trata de las afecciones de los pies.
podómetro *s.m.* Instrumento para contar los pasos dados por una persona.
podredumbre *s.f.* Estado de las cosas que se pudren.

podrir *v.tr./prnl.* Pudrir.
poema *s.m.* Composición poética en verso.
poesía *s.f.* Expresión artística por medio de versos. • Género de obras en verso. • Arte de componer obras en verso. • Obra en verso; poema. • Belleza o encanto de las obras artísticas.
poeta *s.m.* Hombre que compone obras poéticas.
poético, ca *adj.* Relativo a la poesía. • *s.f.* Tratado de los principios y reglas de la poesía.
poetisa *s.f.* Mujer que compone obras poéticas.
pogromo *s.m.* Matanza y robo de gente indefensa por una multitud enfurecida.
poiquilotermo, ma *adj./s.m.* Hemacrimo.
poise *s.m.* Unidad de viscosidad dinámica en el sistema cegesimal.
polaco, ca *adj./s.* De Polonia (Europa). • *s.m.* Lengua eslava hablada en ese país.
polaina *s.f.* Prenda de paño o de cuero que cubre la pierna hasta la rodilla.
polar *adj.* Relativo a los polos.
polaridad *s.f.* Comportamiento físico de ciertas cosas por el cual sus partes opuestas, llamadas polos, se complementan.
polarizar *v.tr./prnl.* Modificar los rayos luminosos por medio de refracción o reflexión. • *tr.* Suministrar una tensión fija a una parte de un aparato electrónico. • Atraer la atención.
polca *s.f.* Cierta danza originaria de Polonia.
pólder *s.m.* Superficie cubierta por el mar, que se rescata por medio de diques para ser cultivada.
polea *s.f.* Máquina simple constituida por una pequeña rueda con una ranura en su periferia, por la que pasan una cuerda o una cadena.
polémica *s.f.* Controversia.
polemista *s.m. y f.* Persona que sostiene polémicas.
polemizar *v.intr.* Sostener o entablar una polémica.
polen *s.m.* Conjunto de pequeños granos fecundantes contenidos en las anteras de la flor.
polenta *s.f.* Comida hecha con harina de maíz cocida.
poleo *s.m.* Planta herbácea que, en infusión, tiene uso medicinal.
poliandria *s.f.* Régimen que permite que la mujer tenga varios maridos.
policárpico, ca *adj.* En botánica, que tiene muchos carpelos.
polichinela *s.m.* Personaje burlesco de farsas y del guiñol.
policía *s.f.* Organización y conjunto de leyes establecidas en un estado para mantener el orden y la seguridad públicos. • Cuerpo encargado de cuidar el orden y la seguridad públicos. • *m. y f.* Empleado de ese cuerpo.
policíaco, ca o **policiaco, ca** *adj.* Relativo a la policía.
policial *adj.* Policíaco.
policlínica *s.f.* Establecimiento privado con distintas especialidades médicas.
policromía *s.f.* Cualidad de policromo.
policromo, ma *adj.* De varios colores.
polidipsia *s.f.* Necesidad de beber con mucha frecuencia.
poliédrico, ca *adj.* Relativo al poliedro, o que tiene su forma.
poliedro *s.m.* Cuerpo geométrico limitado por polígonos que no pertenecen a un mismo plano.
poliéster *s.m.* Éster obtenido por la condensación de ciertos ácidos con determinados alcoholes.
poliestireno *s.m.* Polímero del estireno.
polietileno *s.m.* Sustancia plástica obtenida del etileno, utilizada para fabricar envases y aparatos.
polifacético, ca *adj.* Que tiene varias facetas o aspectos.
polifonía *s.f.* En música, combinación de varias melodías simultáneas.
polifónico, ca *adj.* Relativo a la polifonía.
poligamia *s.f.* Estado de polígamo. • Régimen que lo permite.
polígamo, ma *adj./s.m.* Dícese del hombre que está casado con más de una mujer.
políglota, ta o **poligloto, ta** *adj./s.* Que habla varias lenguas. • *adj.* Escrito en varias lenguas.
poligonal *adj.* Relativo al polígono.

polígono *s.m.* Porción del plano limitada por una línea quebrada y cerrada.
poligrafía *s.f.* Arte de escribir de manera que se hace necesario tener una clave para descifrar lo escrito.
polígrafo, fa *s.* Autor que ha escrito sobre materias diferentes.
polilla *s.f.* Cierta mariposa cuyas larvas destruyen tejidos, semillas, frutos, etc.
polimería *s.f.* En química, propiedad de un cuerpo que tiene la misma composición centesimal que otro, pero un peso molecular mayor.
polímero *s.m.* Molécula gigante compuesta por un número indefinido de moléculas.
polimorfo, fa *adj.* Que puede tener varias formas.
polinización *s.f.* Acción de polinizar.
polinizar *v.tr. / intr.* Fecundar el polen a la flor.
polinomio *s.m.* Expresión algebraica entera que consta de varios términos o monomios.
polio *s.f.* Apócope de *poliomielitis.*
poliomielitis *s.f.* Enfermedad contagiosa producida por un virus que se fija en los centros nerviosos causando parálisis, atrofia de los músculos, etc.
polipasto *s.m.* Aparejo o sistema de poleas.
polipero *s.m.* Concreción caliza formada por acumulación de colonias de pólipos.
polipétala *adj.* Dícese de la corola y de la flor que tienen muchos pétalos.
pólipo *s.m.* Animal celenterado caracterizado por tener la boca rodeada de tentáculos. • Tumor fibroso.
polipodio *s.m.* Cierto género de helechos.
polisemia *s.f.* Pluralidad de significados o acepciones de una palabra.
polisépalo, la *adj.* Dícese del cáliz y de la flor que tienen muchos sépalos.
polisílabo, ba *adj. / s.m.* Que consta de varias sílabas.
polisón *s.m.* Almohadilla que, atada a la cintura, se ponían las mujeres para abultar sus vestidos.
polispermo *adj.* Que tiene muchas semillas.
polista *s.m. y f.* Jugador de polo.
politécnico, ca *adj.* Que abarca conocimientos de diversas ramas de la ciencia.
politeísmo *s.m.* Religión que admite la existencia de muchos dioses.
política *s.f.* Arte y actividad de gobernar un país. • Orientaciones que rigen la actuación de una persona o entidad.
político, ca *adj. / s.* Que interviene en el gobierno o en la política. • *adj.* Relativo a la política. • Dícese de nombres de parentesco cuando este es por afinidad.
politiquero, ra *s. / adj.* El que, en política, procede con intrigas y maquinaciones.
politizar *v.tr.* Dar contenido político a cosas que no lo tienen.
poliuria *s.f.* Emisión excesiva de orina.
polivalente *adj.* Dícese de lo que sirve para varios fines; en especial, de sueros y vacunas. • En química, dícese de los elementos que tienen varias valencias.
póliza *s.f.* Documento probatorio de un contrato de seguros, fletamientos, etc.
polizón *s.m.* El que viaja en un barco o en un avión clandestinamente.
polla *s.f. América* Suma total de las apuestas en una competición deportiva.
pollada *s.f.* Conjunto de pollos que tienen de una vez las aves.
pollera *s.f.* Lugar en que se crían los pollos. • Especie de cesto para criar y guardar pollos. • *América* Falda del vestido.
pollino, na *s.* Asno joven.
pollo, lla *s.* Cría de las aves, en especial de las gallinas.
1. polo *s.m.* Cada uno de los extremos del eje de rotación de la Tierra. • En los cuerpos magnetizados, cada uno de los dos puntos en que convergen las líneas de fuerza. • Cada una de las extremidades del circuito de una fuente de tensión eléctrica.
2. polo *s.m.* Deporte que se practica a caballo, en el que los jugadores golpean con un taco una bocha de madera para que atraviese la valla contraria.
polonés, sa *adj. / s.* Polaco. • *s.f.* Cierta danza popular polaca.
polonio *s.m.* Elemento radiactivo obtenido del bismuto (símbolo: *Po*).

poltrón, na *adj.* Haragán, holgazán. • *s.f.* Especie de sillón bajo.
polución *s.f.* Emisión involuntaria de semen. • Contaminación intensa del agua o del aire.
poluto, ta *adj.* Inmundo, sucio.
polvareda *s.f.* Gran cantidad de polvo que se levanta de la tierra.
polvera *s.f.* Caja que sirve para contener polvos cosméticos.
polvillo *s.m. América* Nombre que reciben varios hongos y bacterias que atacan a los cereales.
polvo *s.m.* Parte más menuda y deshecha de tierra seca, que se levanta con el aire. • Sustancia sólida reducida a partículas pequeñísimas.
pólvora *s.f.* Mezcla inflamable de nitrato de sodio o de potasio, azufre y carbón vegetal.
polvoriento, ta *adj.* Que tiene mucho polvo.
polvorín *s.m.* Lugar para guardar pólvora y otros explosivos. • Pólvora muy menuda de las armas de fuego.
polvorón *s.m.* Cierta pasta dulce que se deshace en polvo al comerla.
poma *s.f.* Manzana. • Variedad de manzana pequeña y verdosa.
pomada *s.f.* Cierto preparado pastoso usado en medicina y cosmética.
pomelo *s.f.* Árbol cuyo fruto es un hesperidio ácido y comestible.
pómez *adj.* Dícese de la piedra volcánica y esponjosa, usada para pulir.
pomo *s.m.* Fruto con mesocarpio carnoso, como la manzana y la pera. • Extremo de la guarnición de la espada. • Frasco pequeño.
pompa *s.f.* Burbuja. • Esplendor y suntuosidad. • Cortejo solemne, en especial, en fiestas o ceremonias fúnebres.
pompón *s.m.* Borla esférica de seda, usada como adorno.
pomposo, sa *adj.* Que se hace con pompa o gran ostentación.
pómulo *s.m.* Hueso y prominencia de cada una de las mejillas.
ponchada *s.f. América* Gran cantidad de cosas; en especial, de dinero.
ponche *s.m.* Bebida hecha con ron u otro licor, agua, limón y azúcar.
poncho *s.m.* Prenda de abrigo cuadrangular, con una abertura en el centro para pasar la cabeza.
ponderable *adj.* Que se puede ponderar. • Digno de ponderación.
ponderación *s.f.* Acción de ponderar o alabar. • Acción de pesar.
ponderado, da *adj.* Que obra con tacto y prudencia; mesurado.
ponderar *v.tr.* Alabar o elogiar. • Determinar el peso de una cosa.
ponencia *s.f.* Informe o dictamen del ponente. • Comunicación o propuesta sobre un tema sometidas al examen y resolución de una asamblea.
ponente *adj./s.m.* Que, en una asamblea, presenta un proyecto, redacta un informe, dictamen, etc.
poner *v.tr./prnl.* Colocar en un lugar o de cierta forma. • *tr.* Contribuir a una acción. • Presentar dificultades. • Disponer la mesa para comer. • Depositar el huevo las aves. • *prnl.* Ocultarse el Sol por debajo del horizonte.
póney *s.m.* Caballo de poca alzada usado en algunos deportes.
poni *s.m.* Póney.
poniente *s.m.* Oeste.
pontificado *s.m.* Dignidad y ejercicio del pontífice.
pontifical *adj.* Pontificio.
pontificar *v.intr. fam.* Decir algo con tono de suficiencia.
pontífice *s.m.* Obispo o arzobispo. • *Sumo Pontífice:* El papa.
pontificio, cia *adj.* Relativo al pontífice; pontifical.
pontón *s.m.* Barco de poco calado. • Puente flotante de maderas.
pontonero *s.m.* En milicia, el que construye o maneja pontones.
ponzoña *s.f.* Tósigo o veneno. • Palabra o acción insidiosas.
ponzoñoso, sa *adj.* Que contiene ponzoña.
pop *adj./s.m.* Se aplica a un tipo de música ligera y popular.
popa *s.f.* Parte posterior del casco de un barco.
pope *s.m.* Sacerdote de la iglesia ortodoxa griega.
popelina *s.f.* Cierto tejido de hilos finos

de seda o algodón, lisos y muy apretados.

poplín *s.m. América* Popelina.

populacho *s.m.* En sentido despectivo, pueblo, plebe.

popular *adj.* Propio del pueblo. • Que es grato al pueblo. • Muy extendido entre la gente.

popularidad *s.f.* Cualidad de popular.

popularizar *v.tr. / prnl.* Dar carácter popular.

populoso, sa *adj.* Dícese del lugar muy poblado.

popurrí *s.m.* Composición musical formada por fragmentos o temas de obras diversas.

poquedad *s.f.* Cualidad de poco o escaso. • Apocamiento o timidez.

póquer *s.m.* Cierto juego de naipes.

por *prep.* Denota el lugar de un movimiento o el tiempo en que se realiza una acción. • Señala lugar o tiempo aproximados. • Indica causa, medio o procedimiento, modo, equivalencia, precio, multiplicación de números, proporción, equivalencia o sustitución, etc.

porcelana *s.f.* Especie de loza fina, trasparente y lustrosa.

porcentaje *s.m.* Cantidad de rendimiento útil que dan cien unidades de alguna cosa en su estado normal.

porcentual *adj.* Relativo al porcentaje.

porche *s.m.* Construcción con cubierta y arcadas, que sirve de entrada a un edificio.

porcino, na *adj.* Relativo al puerco. • *s.m.* Cerdo pequeño.

porción *s.f.* Parte limitada de una cosa. • Parte que corresponde a cada persona en un reparto.

pordiosear *v.intr.* Pedir limosna.

pordiosero, ra *s.* El que pide limosna.

porfía *s.f.* Acción de porfiar.

porfiado, da *adj.* Obstinado, terco.

porfiar *v.intr.* Disputar con obstinación. • Continuar insistentemente una acción o repetir un intento, a pesar de la resistencia encontrada.

pórfido *s.m.* Roca compacta y dura, en general de color rojo oscuro y con cristales de feldespato y cuarzo.

pormenor *s.m.* Detalle o conjunto de detalles. • Circunstancia de poca importancia.

pormenorizar *v.tr.* Describir o narrar algo con pormenores.

pornografía *s.f.* Carácter obsceno de obras literarias o artísticas.

poro *s.m.* Espacio que hay entre las moléculas de los cuerpos. • Orificio microscópico en la superficie de los animales y los vegetales.

porongo *s.m. América* Calabaza de cáscara dura que, ahuecada, se emplea como vasija.

pororó *s.m. América* Rosetas de maíz.

porosidad *s.f.* Cualidad de poroso.

poroso, sa *adj.* Que tiene poros.

poroto *s.m.* Judía (planta).

porque *conj. subord.* Denota causa.

porqué *s.m.* Causa o motivo.

porquería *s.f. fam.* Inmundicia, suciedad. • *fam.* Acción sucia o indecente. • *fam.* Cosa de poco valor.

porqueriza *s.f.* Sitio donde se crían y recogen los puercos.

porra *s.f.* Clava o cachiporra usadas como arma. • *fam. América* Cabellera larga y enmarañada.

porrazo *s.m.* Golpe fuerte recibido por una caída o un choque.

porro *s.m.* Puerro.

porrón *s.m.* Botijo. • Vasija de vidrio, ancha y baja, con un pico largo para beber.

porta *s.f.* Abertura rectangular en los costados de los buques.

portaaviones *s.m.* Buque de guerra para trasportar aviones.

portada *s.f.* Adorno en la fachada principal de los edificios suntuosos. • Primera página de un libro impreso. • Cara principal de algo.

portador, ra *adj. / s.* Que lleva o trae algo. • *s.m.* Tenedor de un documento sin endoso.

portaequipaje *s.m.* Espacio de ciertos vehículos para guardar el equipaje.

portaestandarte *s.m.* En un regimiento de caballería, oficial que lleva la insignia o la bandera.

portafolio o **portafolios** *s.m.* Cartera de mano para libros, papeles, etc.

portal *s.m.* Zaguán. • Soportal de un edificio. • Pórtico de un templo.

portalámpara *s.m.* Dispositivo metálico para sostener la bombilla eléctrica.
portamantas *s.m.* Par de correas unidas por un asa, usadas en los viajes para llevar mantas o abrigos.
portaminas *s.m.* Utensilio con mina de lápiz recambiable.
portamonedas *s.m.* Bolsita o cartera para dinero; monedero.
portaobjeto o **portaobjetos** *s.m.* Lámina trasparente del microscopio, en que se coloca el objeto para examinarlo.
portaplumas *s.m.* Mango en que se coloca la pluma metálica para escribir.
portarse *v.prnl.* Comportarse, proceder.
portarretrato *s.m.* Marco de madera, metal, etc., para retratos.
portátil *adj.* Fácil de trasportar.
portavoz *s.m.* El que, por su prestigio o autoridad, representa a un grupo. • Funcionario autorizado para divulgar de manera oficiosa la opinión del gobierno sobre un tema.
portazo *s.m.* Golpe dado por una puerta cerrada con violencia.
porte *s.m.* Acción de trasportar una cosa. • Cantidad que se paga por el trasporte. • Aspecto de una persona. • Dimensión o capacidad de una cosa.
portento *s.m.* Lo que causa admiración o extrañeza.
porteño, ña *adj./s.* De las ciudades de Buenos Aires (Argentina), Puerto Barrios (Guatemala), Puerto Carreño (Colombia) y Valparaíso (Chile).
portería *s.f.* Garita o vivienda del portero. • En algunos deportes, marco por donde ha de entrar la pelota para marcar tantos.
portero, ra *s.* El encargado de vigilar la entrada y el cuidado de un edificio. • En algunos deportes, jugador que defiende la portería.
portezuela *s.f.* Puerta de carruaje.
portezuelo *s.m.* *América* Sendero entre cerros y montañas.
pórtico *s.m.* Sitio cubierto con columnas delante de los templos u otros edificios. • Galería con arcadas o columnas.
portillo *s.m.* Abertura en las murallas, paredes o tapias. • Camino angosto entre dos alturas. • Puerta pequeña practicada en otra mayor.
portón *s.m.* Puerta grande.
portorriqueño, ña *adj./s.* Puertorriqueño.
portuario, ria *adj.* Relativo al puerto.
portugués, sa *adj./s.* De Portugal (Europa). • *s.m.* Lengua hablada en ese país.
portuguesismo *s.m.* Palabra o expresión portuguesas empleadas en otra lengua.
porvenir *s.m.* Suceso, tiempo o hechos que vendrán, futuro.
pos de (en) *loc. adv.* Detrás, después de.
posada *s.f.* Hostería.
posadero, ra *s.* El que tiene una posada.
posar *v.intr.* Descansar o reposar. • Servir de modelo a un artista. • *intr./prnl.* Detenerse las aves, aviones, etc., después de volar. • *prnl.* Sedimentarse un líquido, o caer el polvo sobre algo. • *tr.* Apoyar suavemente.
posdata *s.f.* Lo que se añade a una carta ya concluida y firmada.
pose *s.f.* Postura que adopta una persona.
poseer *v.tr.* Ser el dueño; tener. • Saber o conocer.
poseído, da *adj./s.* Poseso. • Dominado por cierto estado de ánimo.
posesión *s.f.* Acción de poseer. • Cosa poseída.
posesionar *v.tr./prnl.* Poner en posesión de una cosa.
posesivo, va *adj.* De posesión. • *adj./s.m.* Dícese de los pronombres que expresan posesión.
poseso, sa *adj./s.* Endemoniado.
posesorio, ria *adj.* Relativo a la posesión.
posguerra *s.f.* Tiempo posterior a la terminación de una guerra.
posibilidad *s.f.* Cualidad de posible. • Cosa posible. • *pl.* Medios adecuados para lograr un fin.
posibilitar *v.tr.* Facilitar o hacer posible una cosa.
posible *adj.* Que puede ser o suceder. • Factible.
posición *s.f.* Postura de una persona o una cosa. • Situación o ubicación. •

Condición social o económica. • Lugar donde se instalan tropas.

positivismo *s.m.* Doctrina filosófica que admite la experiencia como única fuente de conocimiento.

positivo, va *adj.* Que demuestra la existencia de algo. • Cierto o real. • Que da buenos resultados. • En matemática, dícese del número de la expresión mayores que cero. • En gramática, que no es comparativo ni superlativo. • *adj./s.m.* En fotografía, dícese de la prueba que reproduce los colores del original.

positón *s.m.* Positrón.

positrón *s.m.* Partícula de masa igual a la del electrón, pero dotada de carga positiva.

posma *s.f. fam.* Calma, flema.

poso *s.m.* Sedimento.

posología *s.f.* Parte de la medicina que trata de las dosis en que deben administrarse los medicamentos.

posponer *v.tr.* Colocar a una persona o cosa después de otra. • Postergar a una persona. • Retardar.

pospretérito *s.m.* Tiempo verbal que expresa una acción posterior a otra trascurrida en el pasado.

posta *s.f.* Conjunto de caballerías apostadas en los caminos para renovar los tiros. • Lugar donde se encontraban apostadas.

postal *adj.* Relativo al ramo de correos. • *s.f./adj.* Tarjeta que se envía por correo sin sobre.

postdata *s.f.* Posdata.

poste *s.m.* Madero, piedra, etc., puestos verticalmente para apoyo o señal.

postema *s.f.* Absceso supurado.

postemilla *s.f. América* Postema en la encía.

postergación *s.f.* Acción y efecto de postergar.

postergar *v.tr.* Poner en un lugar posterior al que corresponde. • Diferir o retrasar.

posteridad *s.f.* Descendencia o generación venidera.

posterior *adj.* Que sucede después. • Que está o viene detrás o después.

posterioridad *s.f.* Situación de posterior.

postigo *s.m.* Puerta pequeña en otr mayor. • Puerta detrás del cristal d una ventana.

postillón *s.m.* Mozo que iba montad en uno de los caballos del tiro del ca rruaje.

postín *s.m. fam.* Lujo, elegancia. • *fam* Vanidad o presunción.

postizo, za *adj.* Que está añadido o e fingido. • *s.m.* Tejido de pelo postizo.

postmeridiano, na *adj.* Que es posterio al mediodía.

postoperatorio, ria *adj./s.m.* Que s produce después de una operació quirúrgica.

postor *s.m.* El que licita.

postración *s.f.* Acción de postrar.

postrar *v.tr./prnl.* Debilitar física o mo ralmente. • *prnl.* Hincarse de rodillas

postre *s.m.* Fruta, dulce, etc., que se sir ve al final de las comidas.

postrer *adj.* Apócope de *postrero.*

postrero, ra *adj.* Último.

postrimería *s.f.* Última parte de un pe ríodo de tiempo o últimos años de la vi da de una persona.

postrimero, ra *adj.* Postrero.

postulado *s.m.* Axioma.

postulante, ta *s.* El que pretende ser ad mitido en cierto lugar.

postular *v.tr.* Proponer.

póstumo, ma *adj.* Que nace o aparece después de muerto el padre o autor.

postura *s.f.* Modo de estar. • Modo de pensar o de actuar. • Precio ofrecido por el comprador en una subasta. • En ciertos juegos, cantidad apostada. • Huevo del ave, y acción de ponerlo.

potabilizar *v.tr.* Hacer potable.

potable *adj.* Apto para ser bebido.

potaje *s.m.* Caldo del cocido. • Guiso de legumbres.

potasa *s.f.* Carbonato de potasio.

potasio *s.m.* Metal liviano, blanco e inflamable (símbolo: *K*).

pote *s.m.* Vasija cilíndrica de barro, metal, etc.

potencia *s.f.* Fuerza o energía para hacer un trabajo o producir un efecto. • Cualidad de potente o poderoso. • Poderío. • Nación o estado que poseen poderío. • Facultad del alma. • Existencia posible. • Resultado de una potenciación.

potenciación *s.f.* Operación que consiste en multiplicar un número por sí mismo una, dos, tres o más veces.

potencial *adj.* Que existe en potencia. • Relativo a la potencia. • *adj./s.m.* Dícese del modo verbal usado para presentar la acción como posible o hipotética.

potencialidad *s.f.* Cualidad de potencial.

potenciómetro *s.m.* Aparato para medir diferencias de potencial.

potentado *s.m.* Persona muy rica y poderosa.

potente *adj.* Que tiene mucha potencia o poder. • Grande o desmesurado.

potestad *s.f.* Poder o dominio.

potestativo, va *adj.* No obligatorio.

potranca *s.f.* Yegua joven.

potrear *v.intr. fam.* Retozar.

potrero *s.m.* El que cuida potros. • Lugar para la cría de caballos. • *América* Terreno baldío.

potrillo *s.m.* Caballo joven.

potro, tra *s.* Caballo joven. • *m.* Antiguo aparato de tormento.

poyo *s.m.* Banco junto a las puertas de las casas.

pozal *s.m.* Cubo para sacar agua del pozo. • Brocal del pozo.

pozo *s.m.* Hoyo profundo cavado en la tierra para buscar agua o extraer petróleo o gas. • Cosa profunda o completa. • *América* Bache de las calles y caminos.

práctica *s.f.* Ejecución continua de un trabajo o un ejercicio, y destreza adquirida con ella. • Modo habitual de hacer una cosa.

practicante, ta *s.* El que ejerce la cirugía menor, o hace prácticas de cirugía y medicina.

practicar *v.tr.* Realizar algo habitual o repetidamente. • Ejercer una profesión. • Llevar a cabo.

práctico, ca *adj.* Relativo a la práctica. • Útil o beneficioso. • Experimentado y diestro en algo.

pradera *s.f.* Conjunto de prados. • Prado grande.

prado *s.m.* Campo donde crece la hierba. • Sitio usado como paseo.

pragmático, ca *adj.* Referido a la acción y no a la especulación. • *s.f.* Ley o reglamento dictados por un rey o una asamblea.

pragmatismo *s.m.* Doctrina filosófica que funda la verdad de una proposición en sus efectos prácticos.

praseodimio *s.m.* Elemento metálico amarillento perteneciente al grupo de las tierras raras (símbolo: *Pr*).

praxis *s.f.* Práctica.

preámbulo *s.m.* Prefacio. • Rodeo o digresión.

preaviso *s.m.* En un contrato, aviso que, con antelación, debe dar a la otra parte el que desea rescindirlo.

prebenda *s.f.* Renta anexa a un oficio eclesiástico. • Empleo o cargo lucrativos y de poco trabajo.

precámbrico, ca *adj./s.m.* Dícese de la formación anterior al período cámbrico.

precario, ria *adj.* Inestable, inseguro o escaso.

precaución *s.f.* Cautela para evitar un inconveniente o un peligro.

precautorio, ria *adj.* Que sirve de precaución; preventivo.

precaver *v.tr./prnl.* Tomar precauciones; prevenir.

precavido, da *adj.* Que obra con precaución.

precedente *adj.* Que precede. • *s.m.* Antecedente del asunto que se trata. • Resolución anterior que sirve de norma para otros casos.

preceder *v.tr.* Ir o estar una cosa delante de otra en el tiempo, orden o lugar. • Tener primacía.

preceptiva *s.f.* Conjunto de preceptos que se pueden aplicar a determinada materia.

preceptivo, va *adj.* Obligatorio.

precepto *s.m.* Disposición o mandato. • Regla para el conocimiento de un arte, la práctica de un juego, etc. • Cada uno de los mandamientos de la ley de Dios.

preceptor, ra *s.* El que enseña. • *América* Celador de un colegio.

preces *s.f.pl.* Oraciones o ruegos dirigidos a Dios, la Virgen o los santos.

preciado, da *adj.* Que se considera de mucho valor.
preciarse *v.prnl.* Jactarse.
precintar *v.tr.* Poner precinto.
precinto *s.m.* Ligadura sellada para atar cajones, baúles, etc.
precio *s.m.* Cantidad de dinero u otra cosa que hay que pagar por algo.
preciosidad *s.f.* Cualidad de precioso. • Cosa preciosa.
preciosismo *s.m.* Cuidado exagerado en el estilo y en el modo.
precioso, sa *adj.* De mucho valor. • Excelente, muy bonito.
preciosura *s.f. fam.* Persona o cosa bonitas.
precipicio *s.m.* Corte profundo en el terreno, limitado por paredes verticales.
precipitación *s.f.* Acción de precipitarse. • Nieve o lluvia que caen.
precipitado, da *adj.* Apresurado, atropellado. • *s.m.* Materia pulverulenta que se separa de un líquido y se deposita.
precipitar *v.tr.* Arrojar desde lo alto. • Acelerar o apresurar una cosa. • *tr./intr./prnl.* En química, producir un precipitado. • *prnl.* Lanzarse irreflexivamente a hacer o decir algo.
precisar *v.tr.* Fijar o determinar con exactitud. • Forzar, obligar. • *tr./intr.* Necesitar.
precisión *s.f.* Cualidad de preciso. • Obligación o necesidad.
preciso, sa *adj.* Expresado con todo rigor. • Exacto. • Que coincide exactamente con algo. • Necesario o indispensable.
precitado, da *adj.* Citado antes.
preclaro, ra *adj.* Esclarecido, ilustre, insigne.
precocidad *s.f.* Cualidad de precoz.
precolombino, na *adj.* Dícese de todo lo relativo a América, antes de su descubrimiento.
preconcebir *v.tr.* Proyectar algo con anterioridad.
preconizar *v.tr.* Recomendar una cosa en bien del interés común.
precordial *adj.* De la región del pecho que corresponde al corazón.
precoz *adj.* Que se adelanta en su desarrollo normal o acostumbrado.
precursor, ra *adj./s.* Que precede o se adelanta a una época.
predador, ra *adj.* Que saquea. • Dícese del animal que come a otros de distinta especie.
predecesor, ra *s.* Antecesor en un cargo o puesto. • Antepasado.
predecir *v.tr.* Anunciar algo que ha de suceder en el futuro.
predestinado, da *adj.* Elegido para un fin. • *adj./s.* Elegido por Dios para lograr la gloria.
predestinar *v.tr.* Destinar anticipadamente.
predeterminar *v.tr.* Determinar con anticipación.
prédica *s.f.* Discurso o perorata.
predicado *s.m.* En lógica y en gramática, lo que se afirma del sujeto.
predicador, ra *s.* Persona que predica en especial un sermón.
predicamento *s.m.* Influencia que alguien tiene por sus méritos sobre otros.
predicar *v.tr.* Pronunciar un sermón o aconsejar. • Reprender.
predicativo, va *adj.* Perteneciente al predicado o que tiene carácter de tal. • *adj./s.m.* Dícese del adjetivo o sustantivo que modifican a la vez, al verbo y a un sustantivo.
predicción *s.f.* Acción de predecir. • Cosa que se predice.
predilección *s.f.* Afición especial que se siente por alguien o algo.
predilecto, ta *adj.* Preferido entre varios por cariño o afición.
predio *s.m.* Tierra, hacienda o propiedad inmueble.
predisponer *v.tr./prnl.* Disponer con anticipación el ánimo para algo.
predisposición *s.f.* Hecho de estar predispuesto a cierta cosa.
predispuesto, ta *adj.* Dispuesto en favor o en contra de una persona o cosa. • Propenso.
predominar *v.intr.* Existir algo en mayor cantidad, grado, etc., que otras cosas.
predominio *s.m.* Hecho de predominar algo entre varias cosas.
preeminencia *s.f.* Situación preeminente. • Privilegio o ventaja que alguien goza con respecto a otros.

preestablecido, da *adj.* Establecido con anterioridad.
preexistente *adj.* Que preexiste.
preexistir *v.intr.* Existir algo antes de determinado momento o cosa.
prefabricado, da *adj.* Dícese de las construcciones cuyas partes esenciales se envían ya fabricadas al lugar de su emplazamiento.
prefabricar *v.tr.* Hacer construcciones prefabricadas.
prefacio *s.m.* Cosa que se dice o escribe como introducción a un discurso o tratado.
prefecto *s.m.* Cierto funcionario civil, militar o religioso.
prefectura *s.f.* Cargo, oficina y jurisdicción de un prefecto.
preferencia *s.f.* Hecho de preferir o ser preferido. • Ventaja, primacía.
preferente *adj.* Superior o principal.
preferir *v.tr.* Gustar más de una cosa, o querer más a una persona que a otras.
prefigurar *v.tr.* Fijar anticipadamente una cosa. • *prnl.* Imaginarse algo con anticipación.
prefijar *v.tr.* Señalar, determinar o fijar anticipadamente.
prefijo *s.m.* Afijo que se añade al comienzo de una palabra.
pregón *s.m.* Anuncio de algo en voz alta y en lugares públicos.
pregonar *v.tr.* Anunciar con un pregón. • Proclamar una noticia. • Divulgar lo que convenía callar.
pregonero, ra *adj./s.* Que publica o divulga algo.
preguerra *s.f.* Tiempo que antecede al comienzo de una guerra.
pregunta *s.f.* Palabras con las que se pregunta algo. • Tema en un programa de examen.
preguntar *v.tr.* Expresar alguien lo que desea saber, o pedir que le resuelvan una duda. • Interrogar.
preguntón, na *adj./s. fam.* Que pregunta con insistencia.
prehispánico, ca *adj.* Anterior a la conquista y colonización españolas.
prehistoria *s.f.* Ciencia que trata de las primeras manifestaciones culturales de la humanidad, anteriores a las fuentes escritas.
prehistórico, ca *adj.* De la prehistoria.
preincaico, ca *adj.* Anterior al imperio de los incas.
prejuicio *s.m.* Juicio que se hace de algo antes de conocerlo. • Idea preconcebida sobre la conveniencia o inconveniencia de ciertos actos.
prejuzgar *v.tr.* Juzgar algo antes de conocerlo, o sin tener los datos suficientes.
prelación *s.f.* Antelación o preferencia.
prelado *s.m.* Dignatario eclesiástico. • Superior de un convento.
preliminar *adj.* Que antecede a una acción, escrito, etc.
preludiar *v.tr.* Anunciar o iniciar algo. • *intr.* En música, ensayar la voz o un instrumento.
preludio *s.m.* Cosa que precede o sirve de entrada a otra. • Composición musical que precede a la ejecución de otra obra.
prematuro, ra *adj.* Que ocurre antes de tiempo, o que aún no está maduro.
premeditación *s.f.* Acción de premeditar. • Circunstancia agravante en la responsabilidad de un delito.
premeditar *v.tr.* Pensar una cosa antes de hacerla.
premiación *s.f. América* Distribución de premios en un concurso, competencia, etcétera.
premiar *v.tr.* Recompensar. • Entregar un premio.
premier (Galicismo.) *s.m.* Primer ministro o presidente del consejo ministerial.
premio *s.m.* Recompensa. • Remuneración dada como incentivo, estímulo, etc. • Cosa que se entrega en una rifa o sorteo.
premioso, sa *adj.* Que apremia. • Gravoso, molesto. • Que habla o escribe con dificultad.
premisa *s.f.* Proposición que sirve de base a un argumento. • Señal de donde se infiere algo.
premolar *s.m./adj.* Cada uno de los dientes que, en número de cuatro, están ubicados detrás de los caninos.
premonición *s.f.* Presagio o anuncio de un acontecimiento futuro.
premonitorio, ria *adj.* Que tiene carácter de premonición.

premura *s.f.* Prisa, urgencia.
prenatal *adj.* Que existe o se produce antes del nacimiento.
prenda *s.f.* Cosa mueble que se entrega o se toma como garantía. • Lo que se da o se hace como demostración de algo. • Cada una de las piezas del vestido. • Cualidad que posee una persona. • Lo que se ama mucho.
prendar *v.tr.* Tomar una prenda como garantía. • *tr. / prnl.* Gustar mucho una persona o cosa a alguien.
prendario, ria *adj.* Relativo a la prenda como garantía.
prendedor *s.m.* El que prende. • Alfiler o broche de adorno.
prender *v.tr.* Agarrar, asir. • Poner preso. • Sujetar con un alfiler. • Encender la luz o el fuego. • *intr.* Comunicar su cualidad una cosa a otra. • Arraigar la planta en la tierra. • *intr. / prnl.* Comunicarse el fuego a una cosa.
prensa *s.f.* Máquina para comprimir materiales. • Máquina de imprimir. • Conjunto de las publicaciones periódicas.
prensar *v.tr.* Apretar algo en la prensa.
prensil *adj.* Que sirve para agarrar.
prensor, ra *adj. / s.f.* Dícese del ave que tiene pico robusto y ganchudo y los dedos de las patas dirigidos hacia atrás, como el loro.
prenupcial *adj.* Que precede inmediatamente a la boda.
preñado, da *adj.* Dícese de la hembra que lleva el feto en su vientre. • Lleno, cargado.
preñez *s.f.* Estado de la mujer o la hembra preñadas, y tiempo que dura.
preocupación *s.f.* Pensamiento o cosa que preocupan. • Prevención del ánimo; prejuicio.
preocupar *v.tr. / prnl.* Tener el pensamiento ocupado por algo que produce temor o tensión. • *prnl.* Encargarse alguien de cierta cosa.
preopinante *adj. / s.m. y f.* Que manifiesta su opinión antes que otro.
preparación *s.f.* Acción de preparar. • Conocimientos sobre una materia. • Medicamento que se prepara de un modo determinado.
preparado, da *adj.* En condiciones de hacer algo o de ser usado. • *s.m.* Preparación medicamentosa.
preparar *v.tr.* Disponer algo para un fin • Prevenir a alguien sobre cierta cosa • Hacer las operaciones necesarias para obtener una sustancia química o farmacéutica.
preparativo, va *adj.* Preparatorio. • *s.m.* Cosa que se hace para preparar algo.
preparatorio, ria *adj.* Dícese de lo que prepara para algo.
preponderancia *s.f.* Cualidad de preponderante. • Cosa que prepondera.
preponderar *v.intr.* Predominar.
preposición *s.f.* Nexo subordinante que indica la relación de dependencia entre un modificador y el vocablo modificado.
prepositivo, va *adj.* De la preposición, o que cumple la misma función sintáctica que esta.
prepotencia *s.f.* Cualidad de prepotente.
prepotente *adj.* Que trata de imponerse a otros por la fuerza.
prepucio *s.m.* Prolongación de la piel del pene, que cubre el bálano.
prerrogativa *s.f.* Privilegio de que gozan una persona, un cuerpo político, etcétera.
presa *s.f.* Acción de prender o tomar una cosa. • Cosa apresada. • Muro construido a través de un río o canal para conducir el agua fuera del cauce, o detenerla y embalsarla. • Colmillo de ciertos animales. • Porción de una cosa comestible.
presagiar *v.tr.* Pronosticar con ciertos signos algo que va a ocurrir.
presagio *s.m.* Augurio, pronóstico. • Adivinación de hechos futuros.
presbicia *s.f.* Defecto de acomodación del ojo, por lo que se ven mejor los objetos lejanos que los cercanos.
présbita *adj. / s.m. y f.* Présbite.
présbite *adj. / s.m. y f.* Afectado de presbicia.
presbiterianismo *s.m.* Rama del protestantismo que no reconoce la autoridad episcopal sobre los presbíteros.
presbiteriano, na *adj.* Relativo al presbiterianismo. • *adj. / s.* Adepto al presbiterianismo.

presbiterio *s.m.* En una iglesia, área del altar principal.
presbítero *s.m.* Eclesiástico que dice misa. • Sacerdote de una religión cristiana no católica.
presciencia *s.f.* Conocimiento de las cosas futuras.
prescindencia *s.f.* Acción de prescindir.
prescindible *adj.* Dícese de aquello de lo que se puede prescindir.
prescindir *v.intr.* Privarse de algo. • Dejar de lado o no necesitar de una persona.
prescribir *v.tr.* Disponer que se haga cierta cosa. • *intr.* Extinguirse un derecho, una obligación, etc., por haber trascurrido el tiempo debido.
prescripción *s.f.* Acción de prescribir.
preselección *s.f.* Selección previa.
presencia *s.f.* Hecho de estar una persona o una cosa delante de otra u otras. • Aspecto, figura.
presencial *adj.* Relativo a la presencia.
presenciar *v.tr.* Ver una cosa, o estar presente cuando ella ocurre.
presentable *adj.* Que está en condiciones de ser presentado.
presentación *s.f.* Acción de presentar.
presentar *v.tr.* Poner algo en presencia de una persona; mostrar. • Introducir a alguien en el trato de otro. • Proponer para un cargo. • *prnl.* Comparecer.
presente *adj.* / *s.m. y f.* Que está en presencia de alguien o de algo. • *adj.* / *s.m.* Dícese del tiempo en que se está y de las formas verbales que se refieren a ese tiempo. • *adj.* Dícese de las cosas que ocurren en ese tiempo. • *s.m.* Regalo, obsequio.
presentimiento *s.m.* Estado anímico que se siente como un anuncio de que va a ocurrir algo.
presentir *v.tr.* Adivinar que algo va a ocurrir por cierto estado anímico indefinido.
preservación *s.f.* Acción de preservar.
preservar *v.tr.* / *intr.* Evitar que alguien o algo sufran molestias, daños o peligros.
preservativo, va *adj.* / *s.m.* Que preserva o sirve para preservar.
presidencia *s.f.* Dignidad o cargo de presidente.
presidenciable *adj.* / *s.m. y f. América* Dícese del que puede llegar a ser presidente.
presidencialismo *s.m.* Sistema de gobierno en el que el presidente de la república lo es también del poder ejecutivo.
presidente, ta *s.* / *adj.* El que preside. • En un gobierno republicano, el jefe del Estado.
presidiario, ria *s.* El que cumple una condena en presidio.
presidio *s.m.* Establecimiento donde cumplen condenas los penados.
presidir *v.tr.* Ocupar el primer lugar en una asamblea, acto, etc. • Tener una cosa preponderancia sobre otras.
presilla *s.f.* Lazo con que se asegura un botón u otra cosa.
presión *s.f.* Acción de apretar, comprimir o empujar. • Influjo ejercido sobre una o más personas.
presionar *v.tr.* Ejercer presión.
preso, sa *adj.* / *s.* Que está en prisión.
prestación *s.f.* Acción de prestar una ayuda, un servicio, etc. • Servicio que se brinda a una persona.
prestamista *s.m. y f.* El que presta dinero con interés.
préstamo *s.m.* Acción de prestar o tomar prestado. • Cosa prestada.
prestancia *s.f.* Excelencia, superioridad. • Aspecto distinguido.
prestar *v.tr.* Entregar dinero u otra cosa con obligación de devolverlos. • Dar ayuda; auxiliar. • *prnl.* Ofrecerse a hacer algo.
prestatario, ria *adj.* / *s.* Dícese del que recibe un préstamo.
presteza *s.f.* Prontitud o diligencia.
prestidigitación *s.f.* Arte o habilidad de hacer juegos de manos y de ilusionismo.
prestigiar *v.tr.* Dar prestigio, autoridad o importancia.
prestigio *s.m.* Renombre o buen crédito.
prestigioso, sa *adj.* Que tiene prestigio.
presto, ta *adj.* Dispuesto o preparado. • Diligente, ligero. • *adv.* Con rapidez.
presumido, da *adj.* / *s.* Que presume o se jacta de algo.
presumir *v.tr.* Creer que algo va a ocurrir por ciertos indicios. • *intr.* Vanagloriarse.

presunción *s.f.* Acción de presumir.
presuntivo, va *adj.* Que se puede presumir.
presunto, ta *adj.* Supuesto.
presuntuoso, sa *adj.* Presumido, vanidoso.
presuponer *v.tr.* Dar por cierta una cosa para pasar a tratar otra. • Hacer el cálculo previo de gastos e inversiones.
presuposición *s.f.* Suposición previa.
presupuestar *v.tr.* Hacer el presupuesto de una cosa.
presupuesto *s.m.* Cálculo anticipado de los probables egresos e ingresos, para cierto tiempo. • Cómputo previo de los gastos de una obra.
presurización *s.f.* Acción de mantener una presión gaseosa satisfactoria en las cabinas de las aeronaves.
presuroso, sa *adj.* Que tiene prisa, o se hace con prisa.
pretal *s.m.* Correa que ciñe el pecho de la cabalgadura.
pretencioso, sa *adj.* Presumido, presuntuoso.
pretender *v.tr.* Desear la posesión o la realización de algo. Afirmar algo de lo que no se está seguro. • Cortejar un hombre a una mujer.
pretendiente, ta *adj./s.* Que pretende o solicita algo. • *s.m.* El que corteja a una mujer.
pretensión *s.f.* Acción de pretender algo. • Cosa que se pretende.
pretensioso, sa *adj.* Pretencioso.
pretérito, ta *adj./s.m.* Dícese del tiempo que ya no es presente, y de las formas verbales que se refieren a ese tiempo. • *adj.* Dícese de lo que sucedió en ese tiempo.
preternatural *adj.* Dícese de lo que está o sucede fuera de un orden natural.
pretextar *v.tr.* Valerse de algo como pretexto.
pretexto *s.m.* Motivo falso para no hacer algo; excusa.
pretil *s.m.* Baranda pequeña que se pone en puentes y otros parajes para evitar caídas.
pretina *s.f.* Par de tiras con una hebilla para sujetar prendas de vestir. • Lo que rodea algo.
pretor *s.m.* Magistrado romano que ejercía sus funciones en Roma.
pretoriano, na *adj.* Relativo al pretor.
preuniversitario, ria *adj.* Dícese de la enseñanza preparatoria para ingresar a la universidad.
prevalecer *v.intr.* Sobresalir o tener superioridad.
prevaler *v.intr.* Prevalecer. • *prnl.* Valerse de una cosa.
prevaricación *s.f.* Acción de prevaricar.
prevaricar *v.intr.* Dictar un juez resoluciones contrarias a las expresadas por la ley, o falsearlas.
prevaricato *s.m.* Delito por prevaricación.
prevención *s.f.* Acción de prevenir.
prevenido, da *adj.* Que está preparado para lo que pueda pasar. • Advertido.
prevenir *v.tr./prnl.* Preparar con anticipación. • Precaver. • *tr.* Advertir. • Inducir a prejuzgar. • Prever.
preventivo, va *adj.* Que sirve para prevenir.
preventorio *s.m.* Establecimiento hospitalario para combatir el desarrollo de ciertas enfermedades.
prever *v.tr.* Darse cuenta por anticipado de lo que va a suceder.
previo, via *adj.* Que sucede primero o sirve de preparación para algo.
previsible *adj.* Que se puede prever.
previsión *s.f.* Acción de prever.
previsor, ra *adj./s.* Que prevé las cosas.
prez *s. ambig.* Gloria, honor.
prieto, ta *adj.* De color muy oscuro o casi negro. • Muy apretado.
prima *s.f.* Cuerda más delgada de algunos instrumentos de música. • Premio concedido como estímulo. • Precio que se paga por un seguro.
primacía *s.f.* Superioridad, prioridad. • Cargo o dignidad de primado.
primado *s.m.* Primero de los obispos y arzobispos de un país o región.
primar *v.intr.* Prevalecer (sobresalir).
primario, ria *adj.* Primordial. • Dícese de la primera enseñanza sistemática que recibe un niño. • *adj./s.m.* Paleozoico.
primate *adj./s.m.* Dícese del mamífero terrestre, plantígrado, con cinco dedos,

de los cuales el pulgar se opone a los demás, por lo cual puede asir cosas, como el mono.

primavera *s.f.* Estación del año que comienza en el equinoccio del mismo nombre y termina en el solsticio de verano.

primaveral *adj.* De primavera.

primer *adj.* Apócope de *primero.*

primeramente *adv.* En primer lugar.

primerizo, za *adj. / s.* Que hace algo por primera vez o es poco experimentado.

primero, ra *adj.*/s. Que precede a los demás en tiempo, lugar, etc. • Que se destaca por sus cualidades. • *adv.* Antes.

primicia *s.f.* Primer fruto. • *América* Noticia adelantada.

primigenio, nia *adj.* Primitivo u originario.

primitivo, va *adj.* Que no se origina en ninguna otra cosa. • Perteneciente a los orígenes de algo • Dícese de los pueblos de civilización poco desarrollada, y de su cultura. • Rudimentario, elemental o tosco.

primo, ma *adj.* Primero, que precede. • *s.* Hijo de un tío. • *adj.* Dícese del número natural que sólo es divisible por sí mismo y por la unidad.

primogénito, ta *adj. / s.* Dícese del hijo que nace primero.

primor *s.m.* Habilidad y delicadeza con que está hecho algo.

primordial *adj.* Más importante o necesario que otra cosa. • Fundamental.

primoroso, sa *adj.* Que hace las cosas con primor. • Hecho con primor.

prímula *s.f.* Planta herbácea ornamental, de flores de variados colores.

princesa *s.f.* Mujer del príncipe. • Hija del rey.

principado *s.m.* Título, dignidad y territorio de un príncipe.

principal *adj.* Que se considera, o es, más importante que cualquier otra cosa. • Esencial o fundamental. • *adj. / s.f.* Dícese de la oración subordinante.

príncipe *adj.* Dícese de la primera edición de una obra. • *s.m.* El primero y más excelente. • Soberano de algunos estados. • Primogénito del rey.

principesco, ca *adj.* Que es o parece propio de príncipes.

principiante, ta *adj. / s.* Que empieza a aprender o ejercer una actividad.

principiar *v.tr.* Dar principio a una cosa. • *intr.* Tener principio.

principio *s.m.* Primer instante del ser de una cosa. • Primera parte de algo. • Fundamento de una idea. • Norma de conducta. • Momento primero de un proceso.

pringar *v.tr.* Manchar con pringue.

pringoso, sa *adj.* Que tiene pringue.

pringue *s. ambig.* Grasa. • Suciedad que se pega a la ropa.

prior, ra *s.* Superior o superiora de una orden religiosa.

prioridad *s.f.* Anterioridad. • Preferencia, primacía.

prioritario, ria *adj.* Que tiene prioridad respecto de algo.

prisa *s.f.* Prontitud o rapidez.

prisco *adj.* Dícese del pérsico que tiene la pulpa separada del hueso.

prisión *s.f.* Lo que ata o retiene físicamente. • Cárcel, presidio.

prisionero, ra *adj. / s.* Que está preso.

prisma *s.m.* Cuerpo geométrico limitado por dos polígonos iguales y paralelos, llamados bases, y por paralelogramos que unen dos a dos los lados de las bases.

prismático, ca *adj.* En forma de prisma.

prístino, na *adj.* Original, primigenio.

privación *s.f.* Acción de privar. • Carencia de algo.

privado, da *adj.* Personal, no público. • *s.m.* Hombre que goza de la preferencia de un rey o de un alto personaje e influye en sus decisiones.

privanza *s.f.* Situación de que goza el privado.

privar *v.tr.* Quitar. • Prohibir o vedar. • *intr.* Tener algo general aceptación. • *prnl.* Dejar voluntariamente algo que gusta o conviene.

privativo, va *adj.* Propio y exclusivo de una persona o cosa.

privatizar *v.tr.* Trasferir una empresa o actividad pública al sector privado.

privilegiado, da *adj.* Que está dotado de cualidades excepcionales.

privilegio *s.m.* Gracia o ventaja concedidas a alguien.
pro *s. ambig.* Provecho o ventaja. • *en pro de: loc. prep.* En favor de.
proa *s.f.* Parte delantera del barco.
probabilidad *s.f.* Cualidad de probable. • Circunstancia de ser probable.
probable *adj.* Que se puede probar. • Dícese de aquello que se cree que sucederá casi seguramente.
probado, da *adj.* Acreditado por la experiencia.
probador, ra *adj. / s.* Que prueba. • *s.m.* En los comercios, lugar para probar las prendas de vestir.
probar *v.tr.* Examinar las cualidades de una persona o cosa. • Catar, gustar. • Demostrar un hecho. • Intentar.
probatorio, ria *adj.* Que sirve para probar la verdad de algo.
probeta *s.f.* Tubo de cristal con pie, utilizado en los laboratorios.
probidad *s.f.* Cualidad de probo.
problema *s.m.* Cuestión que se trata de solucionar o aclarar.
problemático, ca *adj.* Dudoso, incierto. • *s.f.* Conjunto de problemas relacionados con una ciencia o una actividad.
probo, ba *adj.* Honrado, recto.
probóscide *s.f.* Prolongación tubular de la nariz de los elefantes.
procacidad *s.f.* Dicho o hecho procaces.
procaz *adj.* Desvergonzado, atrevido.
procedencia *s.f.* Lugar, persona, etc., de donde procede algo. • Cualidad de procedente.
procedente *adj.* Que procede de una persona, lugar, etc. • Conforme a la razón, la moral o el derecho.
proceder *v.intr.* Provenir, venir. • Actuar de un modo determinado. • Ser una cosa conveniente, razonable o conforme a una ley. • Poner en ejecución algo. • *s.m.* Comportamiento, conducta.
procedimiento *s.m.* Acción de proceder. • Serie de operaciones para realizar algunas cosas.
proceloso, sa *adj.* Tormentoso, agitado.
prócer *adj.* Eminente o majestuoso. • *adj. / s.m.* Dícese de la persona ilustre, respetada por sus acciones.
procesado, da *adj. / s.* Que está sometido a proceso.
procesal *adj.* Relativo al proceso.
procesar *v.tr.* Iniciar un proceso a una persona.
procesión *s.f.* Acto de ir ordenadamente de un lugar a otro; en especial, con un fin público o solemne.
proceso *s.m.* Acción de ir hacia adelante. • Conjunto de las fases sucesivas de un fenómeno u operación. • En derecho, juicio.
proclama *s.f.* Notificación pública. • Alocución política o militar, de palabra o por escrito.
proclamación *s.f.* Acción de proclamar.
proclamar *v.tr.* Hacer saber algo públicamente. • Aclamar. • *tr. / prnl.* Declarar a una persona investida de cierto rango, autoridad o mérito.
proclítico, ca *adj.* Dícese del monosílabo átono que se une prosódicamente a la palabra que sigue.
proclive *adj.* Propenso.
procónsul *s.m.* Entre los antiguos romanos, gobernador de una provincia.
procreación *s.f.* Acción de procrear.
procrear *v.tr.* Engendrar un nuevo ser los animales superiores.
proctología *s.f.* Parte de la medicina que estudia las afecciones del recto y el ano.
procurador, ra *adj. / s.* Que procura algo. • *s.m.* Persona con título habilitante, que representa ante los tribunales a un interesado en un juicio.
procuraduría *s.f.* Cargo del procurador. • Oficina donde trabaja.
procurar *v.tr.* Hacer esfuerzos para conseguir algo.
prodigalidad *s.f.* Cualidad de pródigo.
prodigar *v.tr.* Dar con exceso una cosa.
prodigio *s.m.* Suceso extraño y sobrenatural. • Cosa especial o rara.
prodigioso, sa *adj.* Maravilloso.
pródigo, ga *adj.* Derrochador. • Que da generosamente de lo que tiene.
pródromo *s.m.* Malestar que precede a una enfermedad.
producción *s.f.* Acción de producir. • Cosa producida.
producir *v.tr. / prnl.* Hacer salir algo de

sí, o tener existencia una cosa. • *tr.* Hacer objetos industriales. • Dar ganancia. • Causar algo cierto efecto.
productividad *s.f.* Cualidad de productivo.
productivo, va *adj.* Que produce cosas útiles.
producto *s.m.* Cosa producida. • Caudal obtenido de una cosa que se vende. • Resultado de efectuar la multiplicación de dos o más números.
productor, ra *adj./s.* Que produce.
proemio *s.m.* Prefacio.
proeza *s.f.* Hazaña.
profanación *s.f.* Acción de profanar.
profanar *v.tr.* Tratar sin respeto una cosa sagrada.
profano, na *adj.* Que no es sagrado. • *adj./s.* Ignorante, lego.
profecía *s.f.* Predicción hecha gracias a un don sobrenatural.
proferir *v.tr.* Emitir palabras o gritos violentamente.
profesar *v.intr.* Ingresar en una orden religiosa haciendo los votos correspondientes. • *tr.* Tener ciertas ideas, sentimientos, etc. • Enseñar alguna ciencia o arte. • Ejercer una profesión.
profesión *s.f.* Acción de profesar en una orden religiosa. • Actividad que cada uno tiene y ejerce públicamente.
profesional *adj.* Relativo a la profesión • *adj./s.m. y f.* Dícese de la persona que tiene una profesión.
profesionalismo *s.m.* Espíritu, interés, etc., propios de una profesión.
profeso, sa *adj./s.* Que ha profesado en una orden religiosa.
profesor, ra *s.* Persona que ejerce o enseña una ciencia o arte. • Músico ejecutante; en especial, en una orquesta.
profesorado *s.m.* Profesión o cargo de profesor. • Conjunto de profesores.
profeta, profetisa *s.* Persona que posee el don de hacer profecías.
profético, ca *adj.* De la profecía o del profeta.
profetizar *v.tr.* Hacer profecías.
proficuo, cua *adj.* Provechoso.
profiláctico, ca *adj.* Hecho para prevenir una enfermedad.
profilaxis *s.f.* Conjunto de medidas adoptadas para prevenir algo.
prófugo, ga *adj./s.* Que huye de la justicia.
profundidad *s.f.* Cualidad de profundo. • Parte profunda de una cosa.
profundizar *v.tr.* Hacer más profunda una cosa. • *tr./intr.* Examinar un tema para llegar a su perfecto conocimiento.
profundo, da *adj.* Dícese de los recipientes con el fondo muy distante del borde. • Hondo. • Difícil de comprender. • Intenso, muy vivo.
profusión *s.f.* Abundancia de algo.
profuso, sa *adj.* Abundante.
progenie *s.f.* Linaje, ascendencia.
progenitor, ra *s.* Pariente de una persona en línea recta ascendente; en especial, el padre.
prognosis *s.f.* Conocimiento anticipado de un suceso.
programa *s.m.* Exposición de la distribución y ordenamiento de las partes de un trabajo, una asignatura, etc. • Declaración de lo que se piensa hacer en alguna materia u ocasión. • Conjunto de instrucciones que permite realizar determinadas operaciones a un ordenador.
programación *s.f.* Acción de programar.
progresar *v.intr.* Hacer progresos.
progresión *s.f.* Acción de progresar. • En matemática, sucesión.
progresista *adj./s.m. y f.* Que es partidario del progreso.
progresivo, va *adj.* Que aumenta en cantidad o intensidad. • Que avanza o favorece el progreso.
progreso *s.m.* Acción de ir hacia adelante. • Acción de crecer o de perfeccionarse en algo; avance.
prohibición *s.f.* Acción de prohibir.
prohibir *v.tr.* Ordenar alguien con autoridad que no se haga algo.
prohibitivo, va *adj.* Que prohíbe.
prohijar *v.tr.* Adoptar como hijo.
prohombre *s.m.* Hombre eminente.
prójimo *s.m.* Cualquier persona respecto de otra.
prolapso *s.m.* En medicina, descenso de un órgano de su lugar normal.
prole *s.f.* Conjunto de los que descienden de una persona; en especial, sus hijos.

prolegómeno *s.m.* Escrito preliminar de una obra, con los fundamentos de la materia que se va a tratar.
proletariado *s.m.* Clase social constituida por los proletarios.
proletario, ria *adj./s.* Que no tiene bienes.
proliferación *s.f.* En biología, multiplicación de elementos orgánicos similares. • Hecho de proliferar algo.
proliferar *v.intr.* Reproducirse por proliferación o multiplicarse.
prolífero, ra *adj.* Prolífico.
prolífico, ca *adj.* Capaz de engendrar; fecundo. • Que produce abundantes obras.
prolijidad *s.f.* Cualidad de prolijo.
prolijo, ja *adj.* Demasiado extenso o detallado. • Que manifiesta mucho cuidado o esmero.
prologar *v.tr.* Escribir el prólogo de una obra.
prólogo *s.m.* Prefacio. • Lo que antecede inmediatamente a una cosa.
prologuista *s.m. y f.* Persona que escribe el prólogo de una obra.
prolongación *s.f.* Acción de prolongar. • Parte prolongada de una cosa.
prolongar *v.tr./prnl.* Alargar.
promecio *s.m.* Elemento radiactivo artificial (símbolo: *Pm*).
promediar *v.tr.* Calcular el promedio de algo. • Repartir algo en dos partes aproximadamente iguales. • *intr.* Llegar algo a su mitad.
promedio *s.m.* Cantidad que resulta de dividir la suma de varias cantidades por el número de ellas. • Punto en que algo se divide por la mitad.
promesa *s.f.* Acción de prometer. • Cosa prometida.
promesante *s.m. y f. América* El que visita un lugar santo.
prometer *v.tr.* Obligarse a hacer, decir o dar alguna cosa.
prometido, da *s.* Persona que tiene con otra la mutua promesa de casarse.
prometio *s.m.* Promecio.
prominencia *s.f.* Elevación del terreno.
prominente *adj.* Que se destaca sobre lo que lo rodea. • Ilustre.
promiscuidad *s.f.* Mezcla o confusión.
promiscuo, cua *adj.* Mezclado confusa o indiferenciadamente.
promisorio, ria *adj.* Que encierra una promesa.
promoción *s.f.* Acción de promover. • Acción de promocionar • Conjunto de las personas que han obtenido al mismo tiempo un título.
promocionar *v.tr.* Hacer valer o destacar personas, artículos comerciales, etc.
promontorio *s.m.* Elevación considerable en el terreno. • Punta rocosa que avanza dentro del mar.
promotor, ra *adj./s.* Que promueve.
promover *v.tr.* Iniciar o continuar una acción. • Ascender a alguien a una dignidad o empleo superiores. • Impulsar la venta de un producto.
promulgación *s.f.* Acción de promulgar.
promulgar *v.tr.* Publicar oficialmente una ley u otra disposición.
pronación *s.f.* Movimiento del antebrazo, que lleva la palma de la mano hacia abajo.
pronombre *s.m.* Clase de palabras no descriptivas y de significación ocasional.
pronominal *adj.* Relativo al pronombre.
pronosticar *v.tr.* Hacer pronósticos.
pronóstico *s.m.* Anuncio, hecho a partir de ciertas señales, de algo que va a ocurrir.
prontitud *s.f.* Rapidez, diligencia.
pronto, ta *adj.* Dispuesto, listo. • Dicho de personas, rápido, ligero. • *adv.* Sin que pase mucho tiempo. • Antes de lo acostumbrado.
prontuario *s.m.* Conjunto de datos sobre una ciencia, una persona, etc.
pronunciación *s.f.* Acción de pronunciar. • Manera de pronunciar.
pronunciamiento *s.m.* Rebelión militar. • Sentencia judicial.
pronunciar *v.tr.* Emitir y articular sonidos para hablar. • Decir algo en público. • *prnl.* Sublevarse, rebelarse. • Declararse partidario de cierta opinión, doctrina, etcétera.
propagación *s.f.* Acción de propagar.
propaganda *s.f.* Actividad desarrollada para dar a conocer una cosa. • Medios usados para ese fin.

propagandista *s.m. y f.* / *adj.* Persona que hace propaganda.
propagar *v.tr.* / *prnl.* Multiplicar por medio de la reproducción. • *tr.* Difundir.
propalar *v.tr.* Difundir, divulgar.
propano *s.m.* / *adj.* Hidrocarburo gaseoso que se obtiene del gas natural y del petróleo.
propasarse *v.prnl.* Excederse alguien de lo razonable en lo que hace o dice.
propedéutica *s.f.* Conjunto de enseñanzas preparatorias para el estudio de cierta disciplina.
propender *v.intr.* Tender hacia cierta cosa.
propensión *s.f.* Predisposición.
propenso, sa *adj.* Que propende a cierta cosa.
propergol *s.m.* Mezcla de sustancias químicas que, al reaccionar entre sí, desprenden gases muy calientes y comprimidos.
propiciar *v.tr.* Volver propicio. • Favorecer la ejecución.
propiciatorio, ria *adj.* Que sirve para propiciar.
propicio, cia *adj.* Benévolo, favorable.
propiedad *s.f.* Hecho de poseer una cosa. • Cosa, en especial inmueble, que posee alguien. • Cada aspecto que caracteriza a una cosa. • Cualidad de propio o conveniente.
propietario, ria *adj.* / *s.* Que posee cierta cosa en propiedad.
propileo *s.m.* Entrada monumental, con columnas, de ciertos edificios antiguos. • Vestíbulo de un templo.
propina *s.f.* Gratificación con que se recompensa un servicio.
propinar *v.tr.* Administrar una medicina. • *fam.* Dar golpes o una paliza.
propio, pia *adj.* Perteneciente a alguien que tiene la facultad exclusiva de ello. • Característico de cada persona o cosa. • Conveniente o adecuado. • Dícese del sustantivo que permite distinguir a un ser o cosa de otros de la misma clase.
proponer *v.tr.* Exponer a alguien un plan, trato, etc., para inducirlo a realizarlos. • Presentar a una persona para un cargo, empleo, etc.
proporción *s.f.* Correspondencia entre las dimensiones de una misma cosa o entre las de cosas relacionadas entre sí. • Tamaño de una cosa. • Ocasión propicia para hacer algo. • En matemática, igualdad de dos razones.
proporcionado, da *adj.* Que guarda la debida proporción.
proporcional *adj.* Que está en proporción con algo del mismo género. • De acuerdo con una proporción.
proporcionar *v.tr.* Disponer una cosa con la debida proporción entre sus partes. • *tr.* / *prnl.* Facilitar, suministrar.
proposición *s.f.* Acción de proponer. • Propuesta. • En gramática, unidad de sentido sin autonomía sintáctica. • En matemática, enunciado de lo que se va a demostrar.
propósito *s.m.* Intención. • Cosa a que se aspira; objetivo.
propuesta *s.f.* Cosa que se propone.
propugnar *v.tr.* Defender o apoyar la realización de algo.
propulsar *v.tr.* Impulsar algo hacia adelante.
propulsión *s.f.* Acción de propulsar.
propulsor, ra *adj.* / *s.* Que propulsa.
prorrata *s.f.* Cuota que corresponde pagar a cada persona en un reparto proporcional.
prorratear *v.tr.* Repartir según la prorrata.
prorrateo *s.m.* Acción de prorratear.
prórroga *s.f.* Tiempo por el cual se prorroga algo.
prorrogar *v.tr.* Extender una cosa por un plazo determinado.
prorrumpir *v.intr.* Emitir repentina y bruscamente gritos, sollozos, etc.
prosa *s.f.* Manera corriente de hablar o escribir, no sujeta a medida o cadencia determinadas.
prosaico, ca *adj.* Insulso o vulgar.
prosaísmo *s.m.* Cualidad de prosaico.
prosapia *s.f.* Abolengo, alcurnia.
proscenio *s.m.* Parte del escenario más inmediata al público.
proscribir *v.tr.* Desterrar. • Prohibir el uso de algo.
proscripción *s.f.* Acción de proscribir.
proscripto, ta *s.* Proscrito.

proscrito, ta *s.* Persona que ha sido expulsada de su país.
prosecución *s.f.* Acción de proseguir.
proseguir *v.tr./intr.* Continuar lo ya empezado.
proselitismo *s.m.* Actividad desarrollada para ganar prosélitos.
prosélito *s.m.* Partidario que se gana para una doctrina, facción, etc.
prosénquima *s.m.* Tejido orgánico formado por células alargadas.
prosificar *v.tr.* Poner en prosa una composición poética.
prosimio, mia *adj./s.m.* Dícese del mamífero pequeño, nocturno y arborícola, con cinco dedos en las cuatro extremidades.
prosista *s.m. y f.* Persona que escribe obras en prosa.
prosodia *s.f.* Parte de la gramática que señala la recta pronunciación y acentuación.
prosódico, ca *adj.* Relativo a la pronunciación o a la prosodia.
prosopopeya *s.f.* Figura retórica que consiste en atribuir a las cosas cualidades o acciones propias de los seres animados, o a los animales las propias del hombre. • Solemnidad afectada.
prospección *s.f.* Exploración y estudio del terreno para ubicar yacimientos petrolíferos, minerales, etc.
prospectiva *s.f.* Conjunto de estudios realizados para explorar el futuro en una determinada materia.
prospecto *s.m.* Impreso en que se anuncia algo. • Folleto explicativo del uso de un medicamento, máquina, etc.
prosperar *v.intr.* Tener prosperidad de una manera continuada.
prosperidad *s.f.* Buena situación económica.
próspero, ra *adj.* Favorable o venturoso.
próstata *s.f.* Glándula propia del macho de los mamíferos, situada entre la vejiga urinaria y la uretra.
prosternarse *v.prnl.* Arrodillarse o inclinarse por respeto o para suplicar.
prostitución *s.f.* Acción de prostituir.
prostituir *v.tr.* Corromper a una mujer, induciéndola a hacerse prostituta.
prostituta *s.f.* Mujer que por dinero tiene relación carnal con los hombres.
protactinio *s.m.* Elemento radiactivo natural (símbolo: *Pa*).
protagónico, ca *adj.* De protagonista.
protagonista *s.m. y f.* Personaje principal de una obra literaria. • El que desempeña la parte principal en un suceso.
protagonizar *v.tr.* Representar un papel en calidad de protagonista.
protección *s.f.* Acción de proteger.
proteccionismo *s.m.* Doctrina económica que protege la producción del propio país gravando la importación de productos extranjeros.
protector, ra *adj./s.* Que protege.
protectorado *s.m.* Función de protector • Soberanía parcial que una nación ejerce sobre otra que tiene autoridades propias.
proteger *v.tr.* Defender, resguardar.
protegido, da *s.* Persona que recibe la protección de otra.
proteico, ca *adj.* Que cambia constantemente de aspecto, forma, etc.
proteína *s.f.* Grupo de compuestos coloidales que constituyen las sustancias estructurales de las enzimas y de las células.
proteroglifo *adj./s.m.* Dícese de los ofidios que tienen un par o más de dientes cortos y rígidos, con canales conductores de veneno.
proterozoico, ca *adj./s.m.* Dícese de la era posterior a la azoica.
prótesis *s.f.* Pieza o aparato que remplazan a un órgano o parte de él. • Adición de una letra al principio de una palabra.
protesta *s.f.* Acción de protestar.
protestante *adj.* Relativo al protestantismo. *adj./s.m. y f.* Que sigue al luteranismo o a cualquiera de sus sectas.
protestantismo *s.m.* Conjunto de las doctrinas religiosas de Lutero y sus seguidores.
protestar *v.tr.* Confesar una persona su fe. • *intr.* Manifestar disconformidad. • Negar la validez o legalidad de algo. • Afirmar la verdad de algo.
protesto *s.m.* Requerimiento ante un escribano público por falta de pago de una letra o pagaré.

prótido *s.m.* Proteína.
protocolar *adj.* Relativo al protocolo.
protocolizar *v.tr.* Asentar algo en el libro de protocolo.
protocolo *s.m.* Conjunto de documentos que cada notario autoriza y custodia. • Libro de actas diplomáticas. • Ceremonial diplomático.
protón *s.m.* Partícula elemental del átomo, de carga eléctrica positiva.
protoplasma *s.m.* Sustancia principal de las células.
protosfera *s.f.* Capa superior de la atmósfera.
prototerio, ria *adj. / s.m.* Dícese del mamífero que carece de mamas externas, como el ornitorrinco.
prototipo *s.m.* Ejemplar que sirve de modelo. • Arquetipo.
protóxido *s.m.* Óxido que resulta de la combinación del oxígeno con un elemento en su menor grado de oxidación.
protozoario *adj. / s.m.* Dícese de los animales unicelulares generalmente microscópicos, algunos de los cuales son parásitos de los animales y las plantas.
protozoo *adj. / s.m.* Protozoario.
protráctil *adj.* Dícese de la lengua de algunos animales, que puede extenderse mucho fuera de la boca.
protuberancia *s.f.* Prominencia más o menos redondeada.
provecto, ta *adj.* Dícese de la persona de edad muy avanzada.
provecho *s.m.* Beneficio que se consigue o se origina de algo. • Efecto beneficioso producido por la comida en el organismo.
provechoso, sa *adj.* Que da provecho.
proveedor, ra *s.* Persona o entidad comercial encargada de proveer algo.
proveeduría *s.f.* Establecimiento donde se guardan y distribuyen las provisiones.
proveer *v.tr.* Preparar lo necesario para un fin. • Abastecer, suministrar • Conferir una dignidad, un empleo, etc.
proveniente *adj.* Que proviene de una cosa o lugar determinados.
provenir *v.intr.* Proceder una cosa de otra.
provenzal *adj. / s.m. y f.* De Provenza (antigua provincia de Francia). • *s.m.* Lengua que se hablaba en Provenza.
proverbial *adj.* Relativo al proverbio. • Muy conocido o muy notorio.
proverbio *s.m.* Frase que expresa un pensamiento de sabiduría popular.
providencia *s.f.* Cuidado que Dios pone en sus criaturas. • *prop.* Dios. • *com.* Precaución para enfrentar cierta situación. • Resolución menor dictada por un juez.
providencial *adj.* Relativo a la providencia divina. • Dícese de aquello que, por casualidad, evita un mal.
providente *adj.* Diligente para proveer lo necesario para cierto fin.
próvido, da *adj.* Providente.
provincia *s.f.* Cada una de las principales divisiones territoriales de algunos países.
provincial *adj.* Relativo a la provincia.
provinciano, na *adj. / s.* Dícese del habitante o del nativo de una provincia.
provisión *s.f.* Acción de proveer. • Conjunto de víveres u otras cosas preparados para un fin. • Precaución.
provisional *adj.* Que no es definitivo; interino.
provisorio, ria *adj.* Provisional.
provocación *s.f.* Acción de provocar. • Cosa o palabras con que se provoca.
provocador, ra *adj. / s.* Que provoca o es propenso a hacerlo.
provocar *v.tr.* Irritar o enojar a una persona con palabras o gestos. • Inducir a que se ejecute determinada cosa. • Causar, motivar.
provocativo, va *adj.* Que provoca.
proximidad *s.f.* Cualidad de próximo. • Lugar próximo.
próximo, ma *adj.* Cercano en el espacio o en el tiempo. • Que viene inmediatamente después.
proyección *s.f.* Acción de proyectar.
proyectar *v.tr.* Despedir, arrojar. • Reflejar sobre una pantalla las imágenes amplificadas de películas, diapositivas u objetos. • Hacer proyectos.
proyectil *s.m.* Cualquier objeto arrojadizo lanzado al espacio, como una bala, una flecha, etc.
proyectista *adj. / s.m. y f.* Dícese del dibujante de proyectos.

proyecto *s.m.* Plan para realizar alguna cosa. • Conjunto de dibujos, cálculos, etc., con que se planifica una cosa. • Redacción provisional de una ley, un reglamento, etc.
proyector *s.m.* Aparato para proyectar sobre una pantalla las imágenes registradas en diapositivas o filmes. • Aparato óptico que produce un haz luminoso. • Aparato que sirve para arrojar con fuerza un objeto.
prudencia *s.f.* Virtud que consiste en discernir lo bueno de lo malo. • Discreción, mesura.
prudencial *adj.* Relativo a la prudencia. • Dícese del cálculo de una cosa hecho con aproximación.
prudente *adj.* Que tiene prudencia.
prueba *s.f.* Acción de probar. • Cosa con que se quiere probar algo. • Ensayo o experiencia de una cosa. • Muestra. • En matemática, operación para controlar un resultado. • *América* Ejercicios de acrobacia, de malabarismo, etc.
pruriginoso, sa *adj.* Que provoca picazón.
prurito *s.m.* Picor. • Empeño excesivo en hacer una cosa con perfección.
prusiano, na *adj. / s.* De Prusia (antiguo estado de Europa).
pseudo *adj.* Seudo.
pseudopodio *s.m.* Seudopodio.
pseudópodo *s.m.* Seudópodo.
pseudorreflejo, ja *adj.* Seudorreflejo.
psi *s.f.* Vigésima letra del alfabeto griego (ψ).
psicastenia *s.f.* Sicastenia.
psicoanálisis *s.m.* Sicoanálisis.
psicofísica *s.f.* Sicofísica.
psicolingüística *s.f.* Sicolingüística.
psicología *s.f.* Sicología.
psicológico, ca *adj.* Sicológico.
psicólogo, ga *adj. / s.* Sicólogo.
psicometría *s.f.* Sicometría.
psicópata *s.m. y f.* Sicópata.
psicopatía *s.f.* Sicopatía.
psicopatología *s.f.* Sicopatología.
psicopedagogía *s.f.* Sicopedagogía.
psicosis *s.f.* Sicosis.
psicosomático, ca *adj.* Sicosomático.
psicotecnia *s.f.* Sicotecnia.
psicoterapéutico, ca *adj.* Sicoterapéutico.
psicoterapia *s.f.* Sicoterapia.
psiquiatra *s.m. y f.* Siquiatra.
psiquiatría *s.f.* Siquiatría.
psíquico, ca *adj.* Síquico.
psiquismo *s.m.* Siquismo.
psitacosis *s.f.* Sitacosis.
psoriasis *s.f.* Soriasis.
ptialina *s.f.* Tialina.
púa *s.f.* Cuerpo delgado y rígido que acaba en punta. • Apéndice epidérmico aguzado de ciertas plantas. • Espina epidérmica que cubre el cuerpo de algunos animales. • Diente de un peine.
púber, ra *adj. / s.* Que ha llegado a la pubertad.
púbero, ra *adj. / s.* Púber.
pubertad *s.f.* Época de la vida humana en que empieza a manifestarse la aptitud para la reproducción.
pubescente *adj.* Dícese del órgano vegetal cubierto de pelos finos y suaves.
pubis *s.m.* Parte inferior del abdomen. • Parte anterior e inferior del hueso coxal.
publicación *s.f.* Acción de publicar. • Obra publicada.
publicar *v.tr.* Hacer pública una cosa; difundir. • Editar. • Escribir algo y hacerlo imprimir.
publicidad *s.f.* Cualidad de público. • Conjunto de medios empleados para divulgar noticias, productos comerciales, etcétera.
publicista *s.m. y f.* Persona que escribe sobre temas de derecho público. • *América* Agente de publicidad.
publicitario, ria *adj.* Relativo a la publicidad comercial. • *s. América* Agente de publicidad.
público, ca *adj.* Manifiesto o sabido por todos. • Que es de todos o para todos. • Dícese de los organismos encargados de ejecutar la administración del gobierno. • *s.m.* Conjunto de personas que concurren a un determinado lugar con un fin común.
pucara o **pucará** *s.m.* Fortaleza de los indígenas que habitaron el Perú, Bolivia y el norte de la Argentina y Chile.
puchero *s.m.* Vasija para guisar. • Cocido de carne, verduras, etc. • *pl. fam.* Gestos que preceden al llanto.
puches *s. ambig. pl.* Gachas.

pucho *s.m. América* Resto pequeño de algo. • Colilla.
pudendo, da *adj.* Que causa pudor.
pudibundez *s.f.* Pudor afectado.
pudibundo, da *adj.* Afectada o exageradamente pudoroso.
pudicicia *s.f.* Virtud consistente en observar pudor.
púdico, ca *adj.* Pudoroso.
pudiente *adj.* Rico o poderoso.
pudín *s.m.* Budín.
pudor *s.m.* Vergüenza de exhibir el propio cuerpo o cualquier cosa íntima; recato.
pudoroso, sa *adj.* Que tiene pudor.
pudrición *s.f.* Putrefacción.
pudrir *v.tr./prnl.* Corromper una sustancia vegetal o animal.
pudú *s.m.* Especie de cabra de cuernos cortos que habita en los bosques andinos de la Argentina y Chile.
pueblerino, na *adj.* Relativo a un pueblo pequeño.
pueblo *s.m.* Conjunto de los habitantes de un lugar o un país • Conjunto de personas que tienen la misma raza, lengua e historia. • Población pequeña. • Gente humilde.
puelche *adj./s.m. y f.* Dícese de un pueblo indígena que vivía en el sur de la Argentina.
puente *s.m.* Construcción de piedra, madera, etc., que sirve para salvar un obstáculo natural. • En un buque, plataforma elevada donde se halla el puesto de mando. • Nombre que reciben diversas cosas que tienen forma o empleo semejantes a los de un puente.
puerco, ca *s.* Cerdo. • *s./adj. fam.* Persona muy sucia o grosera.
puercoespín *s.m.* Mamífero roedor cuyo cuerpo está cubierto de púas.
puericia *s.f.* Edad del ser humano, intermedia entre la infancia y la adolescencia.
puericultura *s.f.* Conjunto de reglas para la crianza de los niños.
pueril *adj.* Relativo a la puericia. • Propio de niños. • Trivial, fútil.
puerilidad *s.f.* Cualidad de pueril. • Hecho o dicho pueriles.
puerperio *s.m.* Tiempo que sigue inmediatamente al parto.
puerro *s.m.* Planta herbácea de bulbos alargados, comestibles.
puerta *s.f.* Cualquier abertura hecha en una pared, que permite entrar y salir. • Armazón de hierro, madera, etc., que cierra esa abertura.
puerto *s.m.* Lugar en la costa defendido de los vientos para que los barcos se refugien. • Lo que sirve de amparo o refugio. • Paso entre montañas.
puertorriqueñismo *s.m.* Palabra o expresión peculiares del español de los puertorriqueños.
puertorriqueño, ña *adj./s.* De Puerto Rico (América).
pues Conjunción ilativa. • Conjunción usada para denotar causa o razón.
puesta *s.f.* Acción de poner. • Acción de ponerse un astro. • Huevo del ave, y acción de ponerlo; postura. • En los juegos de azar, apuesta.
puestero, ra *s.* Persona que tiene un puesto de venta. • *América* Persona encargada de una parte de una estancia y del ganado que allí se cría.
puesto, ta *adj.* Vestido o arreglado • *s.m.* Sitio que ocupan una persona o cosa. • Empleo, cargo. • En milicia, lugar donde se emplaza la tropa. • Tienda en la calle o en un mercado. • *América* Vivienda del puestero de una estancia.
puf *s.m.* Taburete cilíndrico.
púgil *s.m.* Gladiador que luchaba con los puños. • Boxeador.
pugilato *s.m.* Lucha entre púgiles.
pugilismo *s.m.* Técnica y organización de los combates entre púgiles.
pugilista *s.m.* Luchador profesional; en especial, boxeador.
pugna *s.f.* Lucha. • Oposición de ideas, tendencias, etc.
pugnar *v.intr.* Luchar, pelear. • Hacer esfuerzos para lograr cierta cosa.
1. puja *s.f.* Acción de pujar o hacer esfuerzos.
2. puja *s.f.* Acción de pujar en una subasta. • Cantidad que ofrece el licitador.
pujante *adj.* Que tiene pujanza.
pujanza *s.f.* Fuerza o vigor.
1. pujar *v.intr.* Hacer esfuerzos para ejecutar o proseguir una acción.

2. pujar *v.tr./intr.* En una subasta, aumentar los licitadores el precio de una cosa.
pujo *s.m.* Sensación dolorosa consistente en ganas continuas de defecar u orinar.
pulchinela *s.m.* Polichinela.
pulcritud *s.f.* Cualidad de pulcro.
pulcro, cra *adj.* Aseado, esmerado.
pulga *s.f.* Insecto parásito de los mamíferos, con patas adaptadas para el salto, y sin alas.
pulgada *s.f.* Unidad inglesa de longitud, equivalente a 25,4 milímetros.
pulgar *adj./s.m.* Dícese del dedo primero y más grueso de los de la mano.
pulgón *s.m.* Insecto chupador, de cuerpo pequeño, que constituye una plaga de la agricultura.
pulido, da *adj.* Arreglado, pulcro.
pulidor, ra *adj./s.* Que pule o sirve para pulir.
pulimentar *v.tr.* Pulir, bruñir.
pulimento *s.m.* Acción de pulimentar. • Sustancia para pulimentar.
pulir *v.tr.* Quitar las asperezas de la superficie de una cosa. • Adornar o componer una cosa. • Quitar la rusticidad a una persona.
pulla *s.f.* Dicho agudo con que se zahiere a una persona. • Burla, chanza.
pulmón *s.m.* Órgano par y principal del aparato respiratorio del hombre y los vertebrados que viven fuera del agua. • *pulmón de acero* Cámara metálica donde se provoca la respiración artificial del paciente.
pulmonar *adj.* Relativo al pulmón.
pulmonía *s.f.* Inflamación del pulmón o de una parte de él.
pulmotor *s.m. América* Pulmón de acero.
pulpa *s.f.* Masa carnosa formada por tejido orgánico; en especial, la que constituye la carne de las frutas. • Parte blanda de los dientes. • Masa obtenida al triturar plantas o frutas.
pulpejo *s.m.* Pequeña masa carnosa de alguna parte del cuerpo.
pulpería *s.f. América* Establecimiento donde se venden bebidas, comestibles, etcétera.
pulpero, ra *s. América* Dueño de una pulpería.
púlpito *s.m.* En las iglesias, plataforma con antepecho, desde donde se predica.
pulpo *s.m.* Molusco comestible sin concha y con ocho tentáculos provistos de ventosas.
pulposo, sa *adj.* Que tiene mucha pulpa.
pulque *s.m.* Bebida alcohólica usada en América, que se obtiene del maguey.
pulquérrimo, ma *adj. superl. irreg.* de *pulcro.*
pulsación *s.f.* Acción de pulsar. • Latido de una arteria.
pulsador, ra *adj./s.* Que pulsa. • *s.m.* Botón que, al ser pulsado, abre o cierra un circuito.
pulsar *v.tr.* Tocar; en especial, las teclas o cuerdas de un instrumento musical. • Tomar el pulso.
pulseada *s.f. América* Acción de pulsear.
pulsear *v.intr.* Probar dos personas su fuerza asiéndose mutuamente una mano, y puestos los codos en un lugar firme.
pulsera *s.f.* Aro que se lleva alrededor de la muñeca como adorno.
pulsímetro *s.m.* Aparato para medir la frecuencia y la intensidad de los pulsos eléctricos.
pulso *s.m.* Latido intermitente de las arterias y del corazón. • Lugar donde se siente el pulso. • En física, corriente eléctrica de breve duración.
pulular *v.intr.* Abundar en un lugar insectos o sabandijas.
pulverización *s.f.* Acción de pulverizar.
pulverizador, ra *adj./s.* Que pulveriza. • *s.m.* Aparato que sirve para rociar con líquidos o lanzar polvos.
pulverizar *v.tr./prnl.* Reducir a polvo un material sólido. • *tr./intr.* Esparcir un líquido en partículas pequeñas.
pulverulento, ta *adj.* En forma de polvo.
puma *s.m.* Mamífero carnívoro originario de América, con pelaje de color pardo.
puna *s.f.* En la Argentina, Bolivia, Chile y Perú, altiplanicie próxima a la cordillera de los Andes. • *América* Malestar

que se suele padecer cuando se asciende a grandes alturas.

punción *s.f.* Acción de punzar. • Operación consistente en pinchar una cavidad orgánica llena de líquido.

pundonor *s.m.* Sentimiento de la honra o dignidad personales.

pundonoroso, sa *adj.* Que tiene pundonor.

punguista *s.m. América* Ladrón que hurta en vehículos y lugares públicos.

punible *adj.* Que merece castigo.

punición *s.f.* Castigo.

púnico, ca *adj.* Relativo a Cartago (antigua ciudad de África). • Dícese de las guerras entre Roma y Cartago ocurridas en los siglos III y II a.C.

punir *v.tr.* Castigar.

punitivo, va *adj.* Que tiene el fin de castigar.

punitorio, ria *adj. América* Dícese de lo que se aplica como castigo.

punta *s.f.* Extremo de una cosa; en especial, el adelgazado o afinado. • Lengua de tierra que penetra en el mar. • Gran cantidad de una cosa.

puntada *s.f.* Agujero hecho con una aguja, lezna, etc., cuando se cose • Porción de hilo que queda sobre la tela una vez pasada la aguja • Punzada.

puntal *s.m.* Madero hincado para sostener una cosa. • Cosa o persona que constituyen el apoyo de algo.

puntapié *s.m.* Golpe dado con la punta del pie.

punteado, da *adj.* Dibujado con puntos. • *s.m. o f.* Acción de puntear.

puntear *v.tr.* Marcar o dibujar con puntos. • Dar puntadas. • Tocar con un dedo las cuerdas de un instrumento musical. • *América* Remover la tierra con la puntada de la pala.

punteo *s.m.* Acción de puntear.

puntera *s.f.* En el calzado, parte que cubre la punta del pie.

puntería *s.f.* Acción de apuntar un arma. • Dirección del arma apuntada. • Destreza del tirador.

puntero, ra *adj./s.* Dícese del que va delante en una competencia. • *s.m.* Vara usada para señalar algo.

puntiagudo, da *adj.* Que tiene punta aguda.

puntilla *s.f.* Tira de encaje con que se adorna la ropa.

puntillo *s.m.* Amor propio puesto en cosas sin importancia.

puntilloso, sa *adj.* Que tiene un amor propio exagerado. • Minucioso, detallista.

punto *s.m.* Dibujo pequeño y redondeado que se usa como signo ortográfico para indicar el final de una oración, como signo de multiplicación en matemática, etc. • Unidad para contar jugadas favorables, calificar exámenes, etc. • Sitio, lugar. • Estado o fase en el desarrollo de una cosa. • Cada asunto en el desenvolvimiento de un examen, un discurso, etc. • Puntada. • Nudo o lazada que forman ciertos tejidos. • Manera de enlazar los hilos de un tejido.

puntuación *s.f.* Acción de puntuar. • Conjunto de signos empleados para indicar las pausas en un escrito.

puntual *adj.* Que tiene puntualidad.

puntualidad *s.f.* Cualidad de hacer las cosas en el tiempo debido.

puntualizar *v.tr.* Referir una cosa precisando sus detalles y circunstancias.

puntuar *v.tr.* Poner en un escrito los signos de puntuación.

punzada *s.f.* Dolor agudo, repentino y pasajero; puntada.

punzante *adj.* Que punza. • Hiriente o mordaz.

punzar *v.tr.* Herir con una cosa aguda; pinchar. • *intr.* Avivarse un dolor.

punzó *s.m./adj.* Color rojo muy vivo.

punzón *s.m.* Herramienta cilíndrica y puntiaguda para abrir agujeros, marcar centros, etc. • Buril.

punzonadora *s.f.* Máquina para perforar chapas por medio de un punzón.

puñado *s.m.* Porción de cualquier cosa que cabe en un puño.

puñal *s.m.* Arma de hoja de acero, que hiere de punta.

puñalada *s.f.* Herida hecha con el puñal.

puñetazo *s.m.* Golpe dado con el puño.

puño *s.m.* Mano cerrada. • En las prendas de vestir, parte que rodea a la muñeca. • Parte por donde se toma una espada, un bastón, etc.

pupa *s.f.* Estado intermedio entre el de

larva y el de adulto de ciertos insectos. • *fam.* Pústula o herida pequeña. • *fam.* Daño o dolor.

pupila *s.f.* Abertura que tiene el iris en su parte media; niña.

pupilo, la *s.* Huérfano menor de edad, respecto de su tutor. • *América* Alumno que reside en un internado.

pupitre *s.m.* Mueble con tapa ligeramente inclinada que sirve para escribir.

pupo *s.m. fam. América* Ombligo.

puquío *s.m. América* Manantial de agua.

puré *s.m.* Pasta de legumbres, papas, etc., cocidas y pisadas.

pureza *s.f.* Cualidad de puro.

purga *s.f.* Medicina que se toma para purgar los intestinos.

purgación *s.f.* Acción de purgar.

purgante *adj. / s.m.* Dícese de la medicina que sirve para purgar.

purgar *v.tr.* Limpiar, purificar. • Dar un medicamento para evacuar el vientre. • Expiar culpas o delitos.

purgatorio *s.m.* En la religión cristiana, lugar donde las almas de los que mueren en gracia terminan de purgar sus culpas.

puridad *s.f.* Pureza.

purificación *s.f.* Acción de purificar.

purificador, ra *adj.* Que purifica.

purificar *v.tr.* Quitar las impurezas. • En algunas religiones, someter cosas o personas a ciertas ceremonias para volverlas puras.

purista *adj. / s.m. y f.* Dícese de la persona que habla o escribe sin apartarse del uso tradicional de la lengua.

puritanismo *s.m.* Secta y doctrina protestantes separadas de la iglesia anglicana en el siglo XVII.

puritano, na *adj.* Relativo al puritanismo. • *adj. / s.* Dícese de la persona que observa con rigidez las virtudes morales.

puro, ra *adj.* Libre de toda mezcla con otra cosa, o de impurezas. • Mero, simple. • *s.m. / adj.* Cigarro. • *adv.* Excesivamente, sumamente.

púrpura *s.f.* Molusco marino del que se obtenía un tinte rojo. • Color rojo subido que tira a violado. • Dignidad imperial, real o cardenalicia que exigen la vestimenta color púrpura.

purpurado *s.m.* Cardenal de la Iglesia católica.

purpúreo, a *adj.* De color púrpura. • Relativo a la púrpura.

purpurino, na *adj.* Purpúreo. • *s.f.* Polvo de bronce o de metal blanco que se agrega a las pinturas.

purrete, ta *s. América* Niño pequeño.

purulencia *s.f.* Segregación de pus.

purulento, ta *adj.* Que contiene pus.

pus *s.m.* Humor espeso y amarillento que segregan los tejidos inflamados.

pusilánime *adj.* Falto de valor o ánimo; cobarde.

pústula *s.f.* Lesión cutánea que segrega pus.

putativo, va *adj.* Considerado o tenido por padre, hermano, etc., no siéndolo.

putrefacción *s.f.* Acción de pudrir. • Podredumbre.

putrefacto, ta *adj.* Podrido o corrompido.

putrescible *adj.* Que se pudre o se puede pudrir fácilmente.

pútrido, da *adj.* Putrefacto. • Relativo a la putrefacción.

puya *s.f.* Punta de la vara que usan los vaqueros y picadores para estimular o castigar a las reses.

puyo *adj. América* Dícese de un tipo de poncho corto y grueso.

puzzle *s.m.* Rompecabezas (juego).

q *s.f.* Consonante, decimoctava letra del alfabeto español. Su nombre es *cu*.

quásar *s.m.* Cuerpo celeste, cuyo espectro se caracteriza por líneas de emisión desplazadas hacia el rojo.

1. que *s.m.f. y n.* Pronombre relativo que equivale a *el cual, el que, la cual, la que*.

2. que Conjunción subordinante que encabeza proposiciones sustantivas y consecutivas.

qué *s./adj.* Pronombre interrogativo que equivale a *cuál, cuán, cuánto, qué cosa*. • *adj./adv.* Pronombre exclamativo.

quebracho *s.m.* Jabí. • Nombre de varios árboles forestales de madera muy dura y resistente, rica en tanino.

quebrada *s.f.* Paso entre montañas. • Línea formada por varios segmentos de recta consecutivos, de distinta dirección.

quebradizo, za *adj.* Que se quiebra con facilidad; frágil.

quebrado, da *adj.* Dícese del territorio o camino con grandes desniveles. • Que ha hecho quiebra o bancarrota. • *s.m./adj.* Número que expresa partes de la unidad [sinón.: *fracción ordinaria*].

quebradura *s.f.* Hendidura o rotura.

quebrantahuesos *s.m.* Ave rapaz de pico corvo y fuerte.

quebrantamiento *s.m.* Acción de quebrantar.

quebrantar *v.tr.* Romper o separar violentamente las partes de un todo. • Violar una ley; no cumplir una promesa u obligación. • *tr./prnl.* Debilitar, hace perder la fuerza o la resistencia.

quebranto *s.m.* Daño o pérdida en la salud o en la fortuna. • Pena o dolor muy grandes; aflicción.

quebrar *v.tr./prnl.* Quebrantar (romper una cosa; violar una ley). • Doblar, torcer. • *intr.* Declararse insolvente un comerciante.

quechua *adj./s.m. y f.* Dícese del pueblo indígena y de los individuos que habitan la zona andina del Perú y Bolivia. • *s.m.* Lengua de ese pueblo.

queda *s.f.* Acción de retirarse a sus casas los habitantes de una población, por orden de la autoridad.

quedar *v.intr./prnl.* Detenerse, no pasar, subsistir en determinado estado o situación. • Permanecer en un lugar. • *intr.* Acordar, convenir. • *prnl.* Retener algo propio o ajeno.

quedo, da *adj.* Quieto. • *adv.* En voz muy baja, suavemente.

quehacer *s.m.* Trabajo, ocupación.

queja *s.f.* Expresión de dolor, sentimiento o pena. • Acusación, querella.

quejarse *v.prnl.* Expresar dolor físico o moral. • Manifestar disgusto o disconformidad.

quejido *s.m.* Palabra o sonido con que se expresa pena o dolor.

quejoso, sa *adj.* Que se queja de otro, o es propenso a quejarse.

quejumbroso, sa *adj.* Que se queja mucho o con frecuencia.

quelonio, nia *adj./s.m.* Dícese de los reptiles con cuatro patas, cuyo cuerpo está cubierto por un caparazón duro, como la tortuga.

quema *s.f.* Acción de quemar. • *América* Lugar donde se quema la basura.

quemador, ra *adj. / s.* Que quema. • *s.m.* Aparato que facilita la combustión en el hogar de las calderas, hornos, etc.
quemadura *s.f.* Lesión causada en los tejidos orgánicos por el fuego, un elemento caliente o una sustancia corrosiva.
quemar *v.tr./prnl.* Destruir o consumir con fuego. • Calentar mucho. • Causar ardor. • Malvender una cosa. • Malgastar el dinero.
quemarropa (a) *loc. adv.* Desde muy cerca. • Sin rodeos.
quemazón *s.f.* Acción de quemar. • Ardor, comezón. • Calor excesivo. • *América* Incendio.
quena *s.f.* Flauta usada por algunos indígenas americanos para acompañar sus cantos.
quepis *s.m.* Gorra militar cilíndrica, con visera.
querandí *adj./s.m. y f.* Dícese del indio que habitaba la región comprendida entre el Río de la Plata y el Salado del Sur (Argentina).
queratina *s.f.* Sustancia fundamental de las uñas, pezuñas, pelos y plumas.
querella *s.f.* Queja. • Discordia, pendencia o riña. • Acusación hecha ante un juez.
querellado, da *s.* Persona acusada ante un juez o un tribunal.
querellante *adj./s.m. y f.* Dícese de quien querella.
querellar *v.tr./prnl.* Reñir, pelear. • *prnl./tr.* Presentar querella contra alguien, ante un juez competente.
querencia *s.f.* Cariño, afecto. • Afición del hombre y de algunos animales al sitio donde se criaron. • Ese sitio.
querendón, na *adj. América* Muy cariñoso.
querer *v.tr.* Amar, tener cariño. • Pretender, desear. • Tener voluntad de hacer o de que se haga algo.
quermes *s.m.* Insecto parecido a la cochinilla, que vive en la coscoja.
quermés *s.f.* Fiesta popular donde se baila, se rifan objetos y se realizan concursos diversos.
quermese *s.f.* Quermés.
querosén *s.m. América* Queroseno.
querosene *s.m. América* Queroseno.
queroseno *s.m.* Combustible obtenido de la destilación del petróleo.
querube *s.m.* Querubín.
querubín *s.m.* Cada uno de los ángeles que forman el primer coro. • Persona, en especial niño, de gran belleza.
quesería *s.f.* Lugar donde se fabrican o venden quesos.
queso *s.m.* Producto obtenido cuajando la leche, sacándole el suero y agregándole sal.
quetzal *s.m.* Ave trepadora centroamericana, de hermoso plumaje y larga cola. • Unidad monetaria de Guatemala.
quevedos *s.m. pl.* Anteojos sin patillas, con lentes circulares.
quia *interj.* Denota incredulidad o negación.
quicio *s.m.* Madero donde se fija con bisagras la hoja de una puerta o una ventana. • *sacar de quicio* Exasperar.
quiché *adj./s.m. y f.* Dícese del indígena de Guatemala, y de su cultura.
quichua *adj./s.m. y f.* Quechua.
quid *s.m.* Esencia o razón de una cosa.
quiebra *s.f.* Rotura, abertura, grieta. • Acción de quebrar un comerciante.
quiebro *s.m.* Ademán que se hace con el cuerpo, doblando la cintura. • Gorgorito.
quien *s.m. y f.* Pronombre relativo que se refiere a personas (*pl.* quienes).
quién *s.m. y f.* Pronombre interrogativo o exclamativo que se emplea para personas.
quienquiera *s.m. y f.* Pronombre interrogativo o exclamativo que se emplea para personas.
quienquiera *s.m. y f.* Pronombre indefinido que equivale a *cualquiera* y que se refiere a personas (*pl.* quienesquiera).
quietismo *s.m.* Inacción, quietud.
quieto, ta *adj.* Que no tiene o no hace movimiento. • Sosegado, pacífico.
quietud *s.f.* Inmovilidad, reposo.
quijada *s.f.* Cada una de las dos mandíbulas de los vertebrados, en que se insertan los dientes.
quijotada *s.f.* Acción propia de un quijote.
quijote *s.m.* Persona que lucha por amor a un ideal, o que defiende causas nobles, aunque no le atañan.

quijotería *s.f.* Quijotismo. • Quijotada.
quijotesco, ca *adj.* Propio de un quijote.
quijotismo *s.m.* Exageración en los sentimientos nobles y caballerescos.
quilate *s.m.* Unidad de masa para pesar perlas y piedras preciosas, equivalente a 205 miligramos. • Cada una de las veinticuatroavas partes de oro puro que contiene una aleación.
quilífero, ra *adj.* Dícese de cada uno de los vasos linfáticos del intestino.
quilla *s.f.* Pieza que va de popa a proa por la parte inferior de un barco. • Parte saliente y afilada del esternón de las aves.
quillango *s.m. América* Manta de pieles.
quillay *s.m. América* Árbol o arbusto cuya corteza se usa como jabón.
1. quilo *s.m.* Líquido que elabora el intestino con el quimo formado en el estómago.
2. quilo *s.m.* Kilo.
quilociclo *s.m.* Kilociclo.
quilográmetro *s.m.* Kilográmetro.
quilogramo *s.m.* Kilogramo.
quilohercio *s.m.* Kilohercio.
quilolitro *s.m.* Kilolitro.
quilometraje *s.m.* Kilometraje.
quilométrico, ca *adj.* Kilométrico.
quilómetro *s.m.* Kilómetro.
quilopondio *s.m.* Kilopondio.
quilovatio *s.m.* Kilovatio.
quilovoltio *s.m.* Kilovoltio.
quimera *s.f.* Animal fabuloso con cabeza de león, cuerpo de cabra y cola de dragón. • Creación imaginaria o irrealizable del espíritu.
quimérico, ca *adj.* Fantástico, ilusorio, sin fundamento real.
química *s.f.* Ciencia que estudia la composición de las sustancias y las trasformaciones de la materia y de la energía.
químico, ca *adj.* Relativo a la química. • *s.* Persona que se dedica a la química.
quimo *s.m.* Sustancia en que se trasforman los alimentos en el estómago, durante la digestión.
quimono *s.m.* Prenda de vestir femenina, usada en Japón, abierta por delante y con mangas anchas.
quina *s.f.* Corteza del quino, usada en medicina como febrífugo.
quincalla *s.f.* Conjunto de objetos de metal de poco valor.
quincallería *s.f.* Fábrica, tienda o comercio de quincalla.
quince *adj./s.m.* Diez y cinco. • Decimoquinto día del mes.
quinceavo, a *adj./s.m.* Quinzavo.
quincena *s.f.* Período de quince días. • Paga por cada quince días de trabajo.
quincenal *adj.* Que dura una quincena. • Que se repite cada quince días.
quincha *s.f. América* Conjunto de juncos y cañas recubiertos de barro con que se construyen techos y paredes.
quincho *s.m. América* Choza de quincha. • Construcción con techo de quincha apoyado sobre postes.
quincuagenario, ria *adj.* Que tiene cincuenta unidades.
quincuagésimo, ma *adj./s.m.* Que sigue en orden al cuadragésimo noveno. • Dícese de cada una de las cincuenta partes iguales en que se divide un todo.
quinesiología *s.f.* Movimientos y masajes que procuran la recuperación de la actividad normal del cuerpo humano.
quinesiólogo, ga *s.* Especialista en tratamiento de quinesiología.
quiniela *s.f.* Juego de apuestas mutuas sobre el resultado de los partidos de fútbol. • *América* Juego de apuestas sobre las últimas cifras de los números premiados en la lotería.
quinientos, tas *adj./s.m.* Cinco veces ciento.
quinina *s.f.* Alcaloide que se extrae de la quina.
quino *s.m.* Arbusto americano cuya corteza es la quina. • Esa corteza.
quinoto *s.m. América* Planta cuyo fruto, comestible, tiene pulpa amarga y corteza dulce.
quinqué *s.m.* Lámpara con tubo de cristal y depósito de combustible.
quinquenal *adj.* Que dura un quinquenio o se repite cada quinquenio.
quinquenio *s.m.* Período de cinco años.
quinta *s.f.* Casa de recreo en el campo.
quintaesencia *s.f.* Lo más depurado, fino o concentrado de una cosa.
quintal *s.m.* Medida antigua de masa, equivalente a unos 46 kilogra-

mos. • *quintal métrico* Unidad de masa equivalente a 100 kilogramos.
quintero, ra *s.* Persona que cultiva una quinta.
quinteto *s.m.* Conjunto de cinco instrumentos musicales o cinco cantantes. • Combinación de cinco versos, generalmente endecasílabos.
quintilla *s.f.* Estrofa de cinco versos octosílabos con dos consonancias.
quintillizo, sa *adj. / s.* Dícese de cada uno de los hermanos nacidos en un parto quíntuplo.
quinto, ta *adj./s.m.* Que sigue en orden al cuarto. • Dícese de cada una de las cinco partes iguales en que se divide un todo.
quíntuple *adj.* Quíntuplo.
quintuplicar *v.tr./prnl.* Multiplicar por cinco.
quíntuplo, pla *adj./s.m.* Dícese del producto de un número por cinco.
quinzavo, va *adj./s.m.* Dícese de cada una de las quince partes iguales en que se divide un todo.
quiosco *s.m.* Pequeño pabellón generalmente abierto por todos lados, en parques y jardines. • Pequeña construcción para vender periódicos, refrescos, etcétera.
quirie *s.m.* Invocación que —en la misa— se hace al Señor, llamándolo con esta palabra de origen griego.
quirófano *s.m.* Sala de cirugía.
quiromancia o **quiromancía** *s.f.* Adivinación por las líneas de las manos.
quiróptero, ra *adj./s.m.* Dícese del mamífero nocturno volador, provisto de alas membranosas, como el murciélago y el vampiro.
quirquincho *s.m. América* Armadillo pequeño.
quirúrgico, ca *adj.* Relativo a la cirugía.
quisquilloso, sa *adj. / s.* Que se ofende fácilmente [sinón.: *susceptible*].
quiste *s.m.* Formación membranosa que se desarrolla anormalmente en el cuerpo.
quitamanchas *s.m.* Sustancia para limpiar las manchas de la ropa.
quitar *v.tr.* Separar, apartar. • Hurtar. • Despojar o privar de una cosa. • *tr. / intr.* Impedir algo. • *prnl.* Dejar una cosa, apartarse de ella.
quitasol *s.m.* Sombrilla muy grande.
quite *s.m.* Movimiento defensivo para evitar un golpe o un ataque.
quiteño, ña *adj. / s.* De Quito (Ecuador).
quitina *s.f.* Sustancia de aspecto córneo que constituye el caparazón de los cangrejos, langostas, etc.
quivi *s.m.* Arbusto trepador, de hojas alternas, cuyo fruto es comestible.
quinoto *s.m. América* Arbusto con frutos.
quiyapi *s.m. América* Vestimenta de pieles con que los indios guaraníes se cubrían la espalda.
quizá *adv.* Acaso, posiblemente.
quizás *adv.* Quizá.
quórum *s.m.* Mínimo de votos necesario para dar validez a una elección o un acuerdo.

r *s.f.* Consonante, decimonovena letra del abecedario español. Su nombre es *erre* (o *ere*, cuando su sonido es menos vibrante).

rabadán *s.m.* Mayoral de pastores.

rabadilla *s.f.* Extremidad inferior de la columna vertebral.

rabanillo *s.m.* Cierta hierba que crece espontáneamente en los sembrados.

rabanito *s.m. América* Variedad hortense de rábano, de raíz pequeña y comestible.

rabaniza *s.f.* Semilla del rábano. • Cierta hierba que crece en terrenos incultos.

rábano *s.m.* Planta herbácea, cultivada por sus raíces carnosas, comestibles, de sabor picante.

rabí *s.m.* Rabino.

rabia *s.f.* Enfermedad infecciosa, grave, que se trasmite de ciertos animales al hombre; se manifiesta por convulsiones y parálisis, y provoca la muerte [sinón.: *hidrofobia*]. • Ira, enojo.

rabiar *v.intr.* Sentir enojo; enfadarse. • Desear con vehemencia.

rabieta *s.f. fam.* Disgusto o enojo grandes, que duran poco.

rabillo *s.m.* Prolongación delgada de una cosa. • Cabillo de una flor o de una inflorescencia.

rabínico, ca *adj.* Relativo a los rabinos.

rabino *s.m.* Doctor o maestro de la religión hebrea.

rabión *s.m.* Corriente vertiginosa del caudal de un río.

rabioso, sa *adj.* Que padece rabia. • Colérico, enojado. • Vehemencia.

rabo *s.m.* Cola de algunas animales, especialmente de los cuadrúpedos. • Pecíolo. • Cualquier apéndice delgado, que cuelga.

rabón, na *adj.* Sin rabo, o de rabo corto.

rabudo, da *adj.* De rabo grande.

racha *s.f.* Ráfaga súbita de viento. • *fam.* Período de buena o mala fortuna.

racial *adj.* Relativo a la raza.

racimo *s.m.* Conjunto de uvas —o de otras frutas, o de flores— unidas a un mismo tallo. • Conjunto similar de cosas menudas.

raciocinar *v.intr.* Usar la razón para conocer y juzgar; discurrir, razonar.

raciocinio *s.m.* Facultad de razonar. • Razonamiento.

ración *s.f.* Cantidad de alguna cosa —comida, dinero, especie— que corresponde a cada uno.

racional *s.m.* Relativo a la razón. • *adj./s.m.* Dotado de razón. • *adj.* Dícese del número entero o fraccionario (positivo o negativo).

racionalidad *s.f.* Cualidad de racional.

racionalismo *s.m.* Doctrina filosófica que se funda en la razón.

racionalista *adj./s.m. y f.* Que profesa el racionalismo.

racionalizar *v.tr.* Organizar el trabajo de manera que aumenten los rendimientos y bajen los costos.

racionamiento *s.m.* Acción y efecto de racionar.

racionar *v.tr.* Distribuir una cosa en raciones. • Distribuir equitativamente los artículos de primera necesidad, cuando son escasos.

racismo *s.m.* Doctrina según la cual algunas razas serían superiores a las demás.
rada *s.f.* Bahía, ensenada.
radar *s.m.* Aparato que, por medio de ondas cortas, sirve para detectar a distancia la presencia y posición de un cuerpo.
radiación *s.f.* Acción de radiar. • Haces de partículas elementales emitidas por un cuerpo.
radiactividad *s.f.* Energía que se origina en la desintegración de ciertos elementos químicos.
radiactivo, va *adj.* Relativo a la radiactividad. • Que emite partículas radiactivas.
radiado, da *adj.* Dispuesto en forma de rayos divergentes. • Emitido por radiotelefonía o radiotelegrafía.
radiador *s.m.* Aparato de calefacción constituido por tubos donde circulan agua caliente o vapor. • Dispositivo por el que circula agua fría, usado para refrigerar ciertos motores.
radial *adj.* De disposición semejante a la de los rayos de una rueda. • Relativo al radio. • Relativo a la radiotelefonía.
radián *s.m.* Unidad angular igual al ángulo central de una circunferencia cuyo arco correspondiente tiene la longitud del radio.
radiante *adj.* Que radia o es radiado. • Brillante, resplandeciente.
radiar *v.tr.* Irradiar. • Difundir música o noticias por radiotelefonía. • *América* Alejar a alguien de un lugar. • Dejar fuera de servicio.
radicación *s.f.* Acción y efecto de radicar. • En matemática, extracción de raíces.
radical *adj.* Relativo a la raíz. • Fundamental. • Completo, total. • *adj./s.m. y f.* Partidario de reformas extremas • *s.m.* Agrupamiento atómico que interviene como una unidad en un compuesto quimico.
radicalismo *s.m.* En política, economía, etc., doctrina de los radicales.
radicar *v.intr./prnl.* Estar en cierto lugar de manera fija. • *intr.* Consistir.
radicheta *s.f.* *América* Achicoria amarga, que se come en ensalada.
radícula *s.f.* Parte del embrión de una planta, que da origen a la raíz.
1. radio *s.m.* Segmento que une el centro de un círculo con un punto cualquiera de su circunferencia. • Rayo de la rueda. • Uno de los dos huesos del antebrazo. • Apócope de *radiotelegrama*. • *f.* Apócope de *radiodifusión, radiotelefonía* y *radiotelegrafía*.
2. radio *s.m.* Metal radiactivo, de color blanco brillante (símbolo: *Ra*).
radioaficionado, da *s.* Persona autorizada para emitir y recibir mensajes radiados privados.
radioastronomía *s.f.* Estudio de las radiaciones emitidas por los astros.
radiocasete *s.m.* Aparato electrónico que consta de una radio y un casete.
radiocompás *s.m.* Aparato que permite precisar el rumbo de una aeronave.
radiodifusión *s.f.* Emisión radiotelefónica de música, noticias, etc.
radiodifusora *s.f.* *América* Empresa dedicada a emisiones radiotelefónicas.
radioelectricidad *s.f.* Radiotecnia. • Estudio de las ondas hercianas.
radioeléctrico, ca *adj.* Relativo a la radioelectricidad.
radioescucha *s.m. y f.* Persona que escucha las emisiones radiotelefónicas.
radiofonía *s.f.* Radiotelefonía.
radiografía *s.f.* Imagen fotográfica obtenida por medio de los rayos X.
radiograma *s.m.* Mensaje trasmitido por radiotelegrafía.
radioisótopo *s.m.* Radisótopo.
radiología *s.f.* Parte de la medicina que estudia los rayos X y sus aplicaciones terapéuticas.
radiólogo, ga *s.* Médico especializado en radiología.
radionavegación *s.f.* Navegación por agua o por aire, asistida desde tierra por sistemas radioeléctricos.
radioscopia *s.f.* Examen, en especial del interior del cuerpo humano, por medio de los rayos X.
radioteatro *s.m.* *América* Obra difundida por radiotelefonía en emisiones sucesivas.

radiotecnia *s.f.* Técnica de las comunicaciones por radio.
radiotelefonía *s.f.* Sistema de comunicaciones telefónicas por medio de ondas radioeléctricas.
radiotelefónico, ca *adj.* Relativo a la radiotelefonía.
radiotelegrafía *s.f.* Sistema de comunicaciones telegráficas por medio de ondas radioeléctricas.
radiotelescopio *s.m.* Aparato que permite las observaciones astronómicas por medio de las ondas radioeléctricas que emiten los cuerpos celestes.
radioterapia *s.f.* Tratamiento de ciertas enfermedades por medio de los rayos X y las sustancias radiactivas.
radioyente *s.m. y f.* Radioescucha.
radisótopo *s.m.* Isótopo radiactivo.
radón *s.m.* Elemento químico gaseoso, radiactivo, de vida efímera (símbolo: *Rn*).
raedera *s.f.* Instrumento para raer.
raer *v.tr.* Quitar algo de una superficie, raspándola con un instrumento duro y cortante.
ráfaga *s.f.* Movimiento repentino de aire, violento y de poca duración. • Golpe de luz vivo e instantáneo. • Serie de proyectiles que dispara un arma automática.
rafia *s.f.* Palmera de la que se obtiene una fibra flexible y resistente. • Esa fibra.
raglán *adj.* Dícese de la manga que empieza en el cuello y cubre el hombro.
raído, da *adj.* Dícese de la ropa o tela muy gastadas por el uso.
raigal *adj.* Relativo a la raíz. • *s.m.* Extremo inferior del tronco de un árbol, donde termina la raíz.
raigambre *s.f.* Conjunto enmarañado de raíces. • Intereses, hábitos y afectos que, en conjunto, hacen estable una cosa.
raigón *s.m.* Raíz de una muela o de un diente.
raíl o **rail** *s.m.* Riel.
raíz *s.f.* Órgano de las plantas, generalmente subterráneo, que crece en sentido opuesto al del tallo y por el cual aquellas absorben las sustancias nutritivas. • Parte de una cosa que se incrusta en un sitio para fijarla. • Parte de los dientes engastada en los alvéolos. • En matemática, resultado de una radiación. • Parte de una palabra, que resulta de quitar los sufijos y prefijos.
raja *s.f.* Abertura, grieta, hendidura. • Tajada de una fruta, queso, etc.; rebanada.
rajá *s.m.* Soberano de la India.
rajar *v.tr./prnl.* Dividir en rajas. • Romper, cascar o cortar una cosa de modo que las partes queden apenas separadas. • *intr./prnl. fam.* Volverse atrás, acobardarse. *tr. fam. América* Echar a alguien de un lugar o empleo.
ralea *s.f.* Clase, raza o naturaleza, en especial en sentido despectivo.
ralear *v.intr./tr.* Hacerse ralo.
rallador *s.m.* Utensilio que se usa para raspar pan, queso, etc.
ralladura *s.f.* Partícula que resulta de rallar una cosa. • Surco que deja el rallador.
rallar *v.tr.* Desmenuzar una cosa raspándola con el rallador.
ralo, la *adj.* Dícese de las cosas cuyas partes están separadas más de lo común.
rama *s.f.* Parte de la planta que nace del tallo o tronco principal. • Serie de personas con un ascendiente común. • Parte de una cosa que deriva de otra principal. • Cada una de las partes en que se divide una ciencia, arte, etcétera.
ramaje *s.m.* Conjunto de ramas.
ramal *s.m.* Parte que arranca de la línea principal de una carretera, ferrocarril, cordillera, etc. • Cada uno de los cabos de una cuerda.
ramazón *s.f.* Conjunto de ramas cortadas o separadas de los árboles.
rambla *s.f.* Lecho natural de las aguas de lluvia. • Avenida o calle principal, con árboles.
ramificación *s.f.* Subdivisión de una planta en ramas. • Consecuencia de un hecho.
ramificarse *v. prnl.* Extenderse y dividirse en ramas. • Propagarse las consecuencias de un hecho.
ramillete *s.m.* Ramo pequeño de flores o

hierbas. • Conjunto de cosas bellas o exquisitas.

ramio *s.m.* Planta de la que se obtiene una fibra textil.

ramo *s.m.* Manojo de flores, ramas o hierbas. • Cada una de las partes en que se divide una actividad, ciencia, etcétera.

ramoso, sa *adj.* Que tiene muchas ramas.

rampa *s.f.* Plano inclinado para subir o bajar. • Plataforma para lanzar cohetes o proyectiles.

ramplón, na *adj.* Tosco, chabacano, vulgar.

ramplonería *s.f.* Cualidad de ramplón.

rana *s.f.* Batracio de color generalmente verde, ojos saltones y patas largas; nada, y anda a saltos.

ranchera *s.f.* Cierto baile popular americano por parejas, y su música.

ranchería *s.f.* Conjunto de ranchos o chozas.

rancherío *s.m. América* Ranchería.

ranchero *s.m.* El que cocina el rancho. • El que trabaja o vive en un rancho.

rancho *s.m.* Choza o casa pobre, con techo de ramas, paja y barro. • Comida hecha para muchos, especialmente en cuarteles y barcos. • *América* Granja donde se cría ganado.

rancio, cia *adj.* Dícese de ciertos productos alimenticios –vino, aceite, etc.– que con el tiempo toman olor y sabor fuertes. • Dícese de la estirpe o del abolengo antiguos.

ranglán o **ranglan** *s.m.* Raglán.

rango *s.m.* Categoría social; jerarquía, clase.

ranquel *adj./s.m. y f.* Dícese de una tribu araucana que habitaba las pampas argentinas.

ranúnculo *s.m.* Planta herbácea perenne, de tallo hueco, que crece en lugares húmedos.

ranura *s.f.* Canal estrecho y largo que se excava en un objeto.

rapacidad *s.f.* Cualidad de rapaz.

rapar *v.tr.* Cortar el pelo casi de raíz. • Afeitar.

rapaz *adj.* Inclinado al robo o a la rapiña. • Dícese del ave de rapiña, de pico encorvado y garras fuertes.

rapaz, za *s.* Muchacho o muchacha de corta edad.

1. rape *s.m.* Corte de barba hecho de prisa y sin cuidado.

2. rape *s.m.* Pejesapo.

rapé *s.m.* Tabaco en polvo.

rapidez *s.f.* Velocidad impetuosa; celeridad.

rápido, da *adj.* Veloz, impetuoso, pronto. • *s.m.* Rabión.

rapiña *s.f.* Robo con violencia.

rapiñar *v.tr.* Hurtar, arrebatar.

raposo, sa *s.* Zorro.

rapsoda *s.m.* Cantor popular de la Grecia antigua. • Recitador.

rapsodia *s.f.* Composición musical integrada por fragmentos de otras obras o de melodías populares.

raptar *v.tr.* Llevarse a una persona con violencia o engaño.

rapto *s.m.* Impulso, arrebato. • Delito de llevarse a una persona contra su voluntad. • Éxtasis.

raptor, ra *adj./s.* Dícese de la persona que comete delito de rapto.

raqueta *s.f.* Bastidor oval con mango y red de cuerdas, para practicar diversos juegos de pelota, como el tenis. • Calzado de forma semejante, para andar por la nieve.

raquídeo, a *adj.* Relativo al raquis.

raquis *s.m.* Columna vertebral.

raquítico, ca *adj./s.* Que padece raquitismo. • *adj.* Exiguo, insuficiente.

raquitismo *s.m.* Enfermedad infantil caracterizada por deformaciones óseas y debilidad general.

rarefacción *s.f.* Enrarecimiento.

rareza *s.f.* Cualidad de raro. • Acción extravagante. • Cosa extraña, fuera de lo común.

rarificar *v.tr./prnl.* Enrarecer.

raro, ra *adj.* Poco común. • Muy diferente de lo habitual. • Extravagante. • Escaso en su especie. • De poca densidad.

ras *s.m.* Igualdad en la superficie o nivel de las cosas.

rasante *adj.* Que pasa rasando.

rasar *v.tr.* Igualar con el rasero la superficie de un recipiente con el que se miden granos. • Pasar rozando apenas.

rascacielos *s.m.* Edificio muy alto y de muchos pisos.
rascar *v.tr.* Refregar la piel con las uñas u otra cosa áspera.
rasero *s.m.* Palo cilíndrico para rasar cereales.
rasgado, da *adj.* Dícese de los ojos alargados.
rasgadura *s.f.* Acción de rasgar. • Rasgón.
rasgar *v.tr.* Desgarrar, romper papeles, tejidos y otras cosas de poca consistencia. • Rasguear.
rasgo *s.m.* Línea de adorno en la escritura. • Peculiaridad del carácter. • Acción notable. • *pl.* Facciones del rostro.
rasgón *s.m.* Rotura de una tela.
rasguear *v.tr.* Tocar la guitarra u otro instrumento parecido, rozando varias cuerdas a la vez.
rasgueo *s.m.* Acción de rasguear.
rasguñar *v.tr.* Arañar o rascar con las uñas o con un instrumento cortante o agudo.
rasguño *s.m.* Arañazo.
raso, sa *adj.* Plano, liso, sin estorbos. • Dícese de las vasijas llenas hasta el borde. • Que carece de título, grado o distinción. • *s.m.* Tela de seda lustrosa.
raspa *s.f.* Espina de pescado. • Escobajo de las uvas. • Cascabillo del grano. • *América* Reprimenda.
raspador *s.m.* Instrumento para raspar.
raspadura *s.f.* Acción de raspar. • Partícula que se quita al raspar.
raspar *v.tr.* Raer levemente. • Pasar una cosa rozando otra.
raspón *s.m. América* Lesión superficial; rasguño.
rasposo, sa *adj.* Áspero al tacto. • *América* Pobre, miserable. • Tacaño, mezquino.
rasqueta *s.f.* Planchuela de hierro de cantos afilados para raer y limpiar. • *América* Chapa dentada para limpiar el pelo de los caballos.
rasquetear *v.tr. América* Limpiar algo con una rasqueta.
rastacuero *s.m. y f. América* Persona adinerada, inculta y ostentosa.
rastra *s.f.* Instrumento de labranza para recoger hierba, paja, etc. • Sarta de fruta seca; ristra. • *América* Cinturón ancho adornado con monedas de plata, que usan los gauchos.
rastreador, ra *adj./s.* Que rastrea. • *s.m.* Barco apto para hacer operaciones de rastreo.
rastrear *v.tr.* Seguir el rastro. • Averiguar, indagar. • Arrastrar algo por el fondo del agua. • *intr.* Volar casi tocando el suelo.
rastreo *s.m.* Acción de rastrear por el fondo del agua.
rastrero, ra *adj.* Que va arrastrándose. • Que avanza casi rozando el suelo. • Bajo, ruin, despreciable.
rastrillada *s.f.* Lo que se recoge de una vez con el rastrillo.
rastrillar *v.tr.* Arrastrar, apilar o limpiar con el rastrillo. • Pasar la rastra por los sembrados.
rastrillo *s.m.* Instrumento de labranza, con púas o dientes, que sirve para recoger hierba, paja, etc.
rastro *s.m.* Señal, vestigio, indicio. • Rastrillo.
rastrojar *v.tr./intr.* Arrancar el rastrojo.
rastrojo *s.m.* Residuo de las mieses que queda en la tierra después de segar.
rasurar *v.tr.* Afeitar.
rata *s.f.* Mamífero roedor, parecido al ratón, pero más grande, destructor y voraz. Puede trasmitir al hombre enfermedades infecciosas. • *m. fam.* Ratero.
ratear *v.tr.* Hurtar con maña cosas pequeñas. • *intr.* Andar con el cuerpo pegado a tierra.
rateo *s.m.* Acción de ratear o hurtar.
ratería *s.f.* Hurto de cosas de poco valor.
ratero, ra *s./adj.* Ladrón que roba cosas de poco valor, en especial de los bolsillos.
raticida *s.m.* Sustancia para exterminar ratas y ratones.
ratificación *s.f.* Acción de ratificar.
ratificar *v.tr.* Dar validez definitiva. • *tr./prnl.* Confirmar lo que se ha dicho o hecho.
rato *s.m.* Espacio de tiempo, en especial cuando es corto.
ratón, na *s.* Mamífero roedor pequeño, de color pardo, pelo corto y suave, hocico largo y orejas grandes. Es muy per-

judicial por su voracidad y por trasmitir enfermedades.

ratonera *s.f.* Madriguera de ratones. • Trampa para cazarlos. • *América* Vivienda miserable.

raudal *s.m.* Caudal de agua que corre rápidamente. • Abundancia de cosas que suceden de golpe.

raudo, da *adj.* Veloz.

raulí *s.m.* *América* Árbol de Chile y Argentina, de gran porte, cuya madera es de muy buena calidad.

ravioles o **raviolis** *s.m. pl.* Cuadradito de pasta relleno de picadillo de carne, verdura, queso, etc.

1. raya *s.f.* Línea larga y fina que no forma un dibujo determinado. • Señal que queda al separar los cabellos con el peine. • Límite, confín. • En la escritura, cierto signo de puntuación. • Pliegue del pantalón.

2. raya *s.f.* Pez marino de cuerpo romboidal y aplanado, y cola larga, delgada.

rayado, da *adj.* Con dibujo de rayas paralelas. • *s.m.* Acción de rayar.

rayador *s.m.* *América* Ave de pico delgado y aplanado que, cuando vuela sobre el mar, roza el agua y deja un surco en la superficie.

rayano, na *adj.* Que linda con una cosa. • Que está muy cerca o es muy parecido.

rayar *v.tr.* Trazar rayas. • Deteriorar una superficie haciéndole rayas o incisiones. • Subrayar. • *intr.* Sobresalir, descollar. • Limitar una cosa con otra.

rayo *s.m.* Línea de luz que emite un cuerpo luminoso. • Chispa eléctrica entre dos nubes o entre una nube y la tierra. • Cada una de las piezas que unen el centro y el aro de una rueda. • Persona lista, vivaz. • *rayos X* o *roentgen* Radiación electromagnética usada en medicina.

rayón *s.m.* Seda artificial.

rayuela *s.f.* Juego infantil que consiste en saltar sobre una figura trazada en el suelo.

raza *s.f.* Grupo humano con caracteres corporales propios, distintivos y hereditarios. • Casta o linaje. • Cada uno de los grupos en que se dividen algunas especies de animales y plantas.

razón *s.f.* Facultad de pensar y juzgar. • Motivo, causa o explicación. • Argumento, prueba. • Resultado de la comparación entre dos números o cantidades.

razonable *adj.* Conforme a la razón. • Prudente, sensato. • Justo.

razonador, ra *adj. / s.* Que tiene tendencia a razonar.

razonamiento *s.m.* Acción de razonar. • Serie de ideas o conceptos que se deducen unos de otros y que permiten demostrar una cosa o persuadir a alguien.

razonar *v.intr.* Deducir unas ideas de otras. • Explicar las razones o motivos de alguna cosa.

razia *s.f.* Incursión o correría. • Redada policial.

re *s.m.* En la escala musical diatónica sin alteraciones, segunda nota.

reabrir *v.tr.* Volver a abrir lo que estaba cerrado.

reabsorber *v.tr.* Absorber de nuevo.

reacción *s.f.* Acción opuesta a otra y que obra en sentido contrario. • En política, tendencia tradicionalista. • En química, acción mutua entre dos o más sustancias.

reaccionar *v.intr.* Responder a un estímulo. • Salir de un estado de postración. • Oponerse a algo inadmisible. • En química, producirse una reacción.

reaccionario, ria *adj. / s.* Que se opone a las innovaciones.

reacio, cia *adj.* Que se resiste a obedecer o a participar en una acción; remiso.

reactancia *s.f.* Aparato que permite limitar la corriente eléctrica en los tubos fluorescentes y otras lámparas de gas.

reactivo, va *adj.* Que produce reacción. • *adj./s.m.* Dícese de la sustancia química para detectar, medir o analizar otra sustancia.

reactor, ra *adj./s.m.* Reactivo. • *s.m.* En aeronáutica, motor sin hélice, basado en el principio de reacción. • Avión que utiliza ese tipo de motor. • Aparato para producir y regular la escisión del átomo.

readaptar *v.tr./prnl.* Volver a adaptar.
reafirmar *v.tr.* Afirmar nuevamente.
reagravar *v.tr. / prnl.* Agravar más.
reajustar *v.tr.* Volver a ajustar o a organizar una cosa.
reajuste *s.m.* Acción de reajustar.
1. real *adj.* Que tiene o ha tenido existencia verdadera. • Se aplica al número entero, positivo o negativo, racional o irracional.
2. real *adj.* Relativo al rey o a la realeza. • Regio, suntuoso. • Muy bueno, excelente.
realce *s.m.* Adorno de relieve. • Lustre, importancia.
realeza *s.f.* Dignidad real.
realidad *s.f.* Existencia real y efectiva de una cosa. • Sinceridad, verdad.
realismo *s.m.* Actitud del que considera las cosas tal como son. • Corriente estética que propugna representar la realidad tal como es, sin idealizarla.
realista *adj./s.m. y f.* Partidario del realismo. • *adj.* Relativo al realismo.
realización *s.f.* Acción de realizar.
realizador, ra *adj. / s.* Que realiza algo. • *s.* Director de un filme.
realizar *v.tr./prnl.* Hacer real una cosa. • *tr.* Vender, convertir en dinero mercadería u otros bienes.
realzar *v.tr.* Elevar una cosa más de lo que estaba, darle realce. • Dar brillo, engrandecer.
reanimar *v.tr./prnl.* Confortar, restablecer las fuerzas. • Dar ánimo.
reanudar *v.tr.* Continuar algo interrumpido.
reaparecer *v.intr.* Aparecer o mostrarse nuevamente.
rearmar *v.tr.* Armar más o de nuevo un país, un ejército, etc.
rearme *s.m.* Acción de rearmar.
reasumir *v.tr.* Volver a asumir.
reavivar *v.tr.* Avivar de nuevo o más intensamente.
rebaba *s.f.* Porción de materia sobrante en los bordes de un objeto.
rebaja *s.f.* Disminución, descuento.
rebajar *v.tr.* Hacer más bajo el nivel o la altura. • Disminuir, descontar. • *tr./prnl.* Humillar.
rebalsar *v.tr./prnl.* Detener y estancar un líquido. • *América* Rebosar un líquido en un recipiente.
rebanada *s.f.* Porción delgada, de espesor uniforme, que se corta de una cosa.
rebanar *v.tr.* Hacer rebanadas. • Cortar una cosa de una parte a otra.
rebañar *v.tr.* Recoger algo sin dejar nada.
rebaño *s.m.* Conjunto grande de reses de una especie. • Congregación de fieles.
rebarba *s.f.* Rebaba.
rebasar *v.tr.* Pasar o exceder de cierto límite. • En una marcha, dejar atrás cierta cosa o señal.
rebatible *adj.* Que se puede rebatir.
rebatir *v.tr.* Contradecir una opinión; refutar. • En geometría, abatir.
rebato *s.m.* Convocación de vecinos a una señal dada, para defenderse de un peligro.
rebelarse *v. prnl.* Levantarse contra la autoridad. • Oponer resistencia.
rebelde *adj./s.m. y f.* Que se rebela o subleva. • *adj.* Indócil, desobediente.
rebeldía *s.f.* Cualidad de rebelde. • Acción propia de un rebelde.
rebelión *s.f.* Acción de rebelarse. • Delito de levantarse en armas contra las autoridades constituidas.
rebenque *s.m. América* Látigo con que el jinete estimula al caballo.
reblandecer *v.tr./prnl.* Ablandar. • *prnl. América* Envejecer, chochear.
reblandecimiento *s.m.* Acción de reblandecer. • Disminución de la consistencia normal de ciertos tejidos orgánicos.
reborde *s.m.* Faja estrecha y saliente a lo largo del borde de una cosa.
rebosadero *s.m.* Lugar por donde rebosa un líquido.
rebosar *v.intr.* Derramarse un líquido por encima de los bordes de un recipiente ya lleno. • Abundar una cosa en demasía.
rebotar *v.intr.* Botar repetidamente un cuerpo elástico al chocar con otro. • *tr.* Rechazar un cuerpo a otro.
rebote *s.m.* Acción de rebotar.
rebozar *v.tr.* Cubrir casi todo el rostro con una prenda; embozar. • Bañar una

cosa comestible con huevo, pan rallado, miel, etcétera.
rebozo *s.m.* Embozo. • Simulación.
rebrotar *v.intr.* Brotar nuevamente las plantas; retoñar.
rebrote *s.m.* Retoño. • Acción de rebrotar.
rebudiar *v.intr.* Dar rebudios el jabalí.
rebudio *s.m.* Grito del jabalí.
rebuscado, da *adj.* Que carece de naturalidad; afectado.
rebuscamiento *s.m.* Cualidad de rebuscado.
rebuscar *v.tr.* Buscar con cuidado.
rebusque *s.m. América* Solución ocasional e ingeniosa para evitar dificultades cotidianas.
rebuznar *v.intr.* Dar rebuznos.
rebuzno *s.m.* Voz del asno.
recabar *v.tr.* Obtener con ruegos algo que se desea. • Solicitar ciertas cosas inmateriales.
recado *s.m.* Mensaje verbal. • Cosa o escrito que se envían. • Conjunto de cosas necesarias para algo. • *América* Apero.
recaer *v.intr.* Vover a caer. • Volver a enfermar un convaleciente. • Reincidir en vicios o errores. • Venir a caer en alguien beneficios o gravámenes.
recaída *s.f.* Acción de recaer en una enfermedad o vicio.
recalada *s.f.* Acción de recalar un buque.
recalar *v.tr./prnl.* Penetrar un líquido en los poros del cuerpo. • *intr.* Llegar un buque a un lugar de la costa.
recalcar *v.tr.* Apretar mucho una cosa con otra. • Decir algo con lentitud y acentuando cada sílaba para que se entienda bien. • *América* Dislocarse un hueso.
recalcitrante *adj.* Terco, obstinado.
recalentar *v.tr./prnl.* Calentar nuevamente. • Calentar con exceso.
recalzar *v.tr.* Arrimar tierra alrededor de las plantas. • Hacer un recalzo.
recalzo *s.m.* Reparación en los cimientos de un edificio, puente, etc.
recamado *s.m.* Bordado en realce.
recamar *v.tr.* Bordar en realce.
recámara *s.f.* En las armas de fuego, parte del cañón opuesta a la boca. • *América* Alcoba, dormitorio.
recambiar *v.tr.* Cambiar por segunda vez. • Sustituir una cosa por otra de la misma clase.
recambio *s.m.* Acción de recambiar. • Pieza destinada a sustituir a otra que está averiada.
recapacitar *v.intr./tr.* Pensar cuidadosamente antes de tomar una decisión; reflexionar.
recapitulación *s.f.* Acción de recapitular.
recapitular *v.tr.* Exponer en forma breve algo dicho con más extensión, compendiar, resumir.
recargado, da *adj.* Cargado en exceso. • Que tiene muchos adornos.
recargar *v.tr.* Aumentar una carga o cargar excesivamente. • Aumentar la cantidad que se debe pagar por algo. • Adornar con exceso.
recargo *s.m.* Acción de recargar.
recatado, da *adj.* Que actúa con recato. • Cauteloso, circunspecto.
recatar *v.tr.* Encubrir, ocultar. • *prnl.* Mostrar recelo.
recato *s.m.* Honestidad, modestia, pudor. • Reserva, cautela.
recauchutar *v.tr.* Volver a cubrir de caucho una cubierta desgastada.
recaudación *s.f.* Acción de recaudar. • Cantidad recaudada.
recaudar *v.tr.* Cobrar rentas o caudales. • Reunir fondos. • Asegurar, poner en custodia.
recaudo *s.m.* Cantidad recaudada. • Precaución, cuidado. • Custodia.
recazo *s.m.* Guarnición de la espada. • Borde del cuchillo opuesto al filo.
recelar *v.tr.* Sospechar cierta cosa. • *intr.* Sentir desconfianza.
recelo *s.m.* Temor, sospecha.
receloso, sa *adj.* Que tiene recelo.
recental *adj./s.m.* Dícese del cordero o ternero que maman.
recepción *s.f.* Acción de recibir. • Fiesta o ceremonia solemnes o de cierta etiqueta. • Lugar de la casa en el que se recibe a los invitados. • En hoteles, congresos, etc., oficina donde se atiende a los huéspedes, congresistas, etc.

recepcionista *s.m. y f.* Persona encargada de atender una oficina de recepción.
receptáculo *s.m.* Cavidad que puede contener algo; recipiente. • Extremo del pedicelo donde se insertan los verticilos de la flor.
receptividad *s.f.* Cualidad de receptivo. • Disposición para contraer una enfermedad.
receptivo, va *adj.* Que recibe o es capaz de recibir enseñanzas, impresiones, etcétera.
receptor, ra *adj. / s.* Que recibe. • *s.m.* Aparato que capta señales eléctricas, telegráficas, telefónicas o radiales.
receptoría *s.f.* Cargo y oficina del receptor.
recesión *s.f.* Depresión en las actividades industriales y comerciales.
recesivo, va *adj.* Que tiende a la recesión o la provoca. • En biología, dícese de los caracteres genéticos no dominantes.
receso *s.m. América* Suspensión temporaria de actividades.
receta *s.f.* Nota en que figuran los elementos con que se hace un medicamento o una comida, y la forma de hacerlo. • Prescripción médica.
recetar *v.tr.* Prescribir un medicamento indicando su dosis y uso.
recetario *s.m.* Registro de recetas.
rechazar *v.tr.* Apartar de sí a una persona o cosa que se aproximan. • Hacer retroceder al enemigo. • No aceptar una cosa.
rechazo *s.m.* Acción de rechazar. • Retroceso de un cuerpo al chocar con otro.
rechifla *s.f.* Acción de silbar un grupo de gente en señal de protesta o desaprobación.
rechinamiento *s.m.* Acción de rechinar.
rechinar *v.intr.* Hacer una cosa un ruido desagradable al rozar con otra.
rechoncho, cha *adj.* Dícese de la persona o animal gordos y bajos.
reciamente *adv.* Con fuerza o vigor.
recibidor *s.m.* Antesala.
recibimiento *s.m.* Acogida, buena o mala. • Antesala o vestíbulo.
recibir *v.tr.* Tomar alguien lo que le dan o envían. • Cobrar. • Incorporar una cosa a otra. • Aceptar, aprobar una cosa. • Admitir visitas. • Salir al encuentro de quien llega. • Padecer un daño. • *prnl.* Tomar el título para ejercer una profesión.
recibo *s.m.* Ación de recibir. • Antesala. • Documento escrito en que se reconoce haber recibido algo.
reciclar *v.tr.* Someter repetidamente una materia a un mismo ciclo para aumentar los efectos de este.
recidiva *s.f.* Reaparición de una enfermedad después de la convalecencia.
reciedumbre *s.f.* Cualidad de recio; fuerza, vigor.
recién *adv.* Hace poco, recientemente. • Apenas, sólo.
reciente *adj.* Acabado de hacer o suceder; nuevo, fresco.
recinto *s.m.* Espacio cerrado o limitado.
recio, cia *adj.* Fuerte, robusto, vigoroso. • Grueso. • Áspero de genio.
recipiente *adj.* Que recibe. • *s.m.* Cavidad o vasija.
reciprocidad *s.f.* Correspondencia mutua entre personas o cosas.
recíproco, ca *adj.* Que guarda reciprocidad. • Dícese de los verbos que denotan reciprocidad en la acción o en la significación.
recitación *s.f.* Acción de recitar.
recitado *s.m.* Recitación. • Entonación intermedia entre la declamación y el canto.
recital *s.m.* Concierto en que un solo artista ejecuta varias obras con un único instrumento. • Lectura o recitación de composiciones poéticas.
recitar *v.tr.* Referir en voz alta versos, oraciones, etc. • Decir de memoria lecciones, discursos, etc.
recitativo, va *adj.* Dícese del estilo intermedio entre el recitado y el canto. • *s.m.* Recitado (entonación).
reclamación *s.f.* Acción de reclamar.
reclamar *v.intr.* Oponerse a una cosa o pedir que sea revocada. • *tr.* Pedir o exigir con derecho.
reclame *s.m. América* Reclamo, propaganda.
reclamo *s.m.* Pedido o exigencia de algo justo. • Voz con que un ave llama a

otra. • En la caza, instrumento con que se imita esa voz. • Anuncio, propaganda.

reclinar *v.tr./prnl.* Inclinar una cosa apoyándola en otra, o inclinarse alguien en un sitio.

reclinatorio *s.m.* Mueble para arrodillarse sobre él y rezar.

recluir *v.tr./prnl.* Poner en reclusión; encerrrar.

reclusión *s.f.* Encierro voluntario o forzado; prisión. • Lugar en que alguien está recluido.

recluso, sa *adj. / s.* Dícese de la persona que está presa o prisionera.

recluta *s.f.* Reclutamiento. • *m. y f.* Joven alistado, voluntariamente o no, para el servicio militar. • Soldado bisoño.

reclutamiento *s.m.* Acción de reclutar. • Conjunto de reclutas de cada año.

reclutar *v.tr.* Buscar gente para realizar cierta obra o tarea, en especial para cumplir con el servicio militar.

recobrar *v.tr.* Volver a tener lo que se había perdido. • *prnl.* Volver a tener fuerzas; recuperarse. • Volver en sí después de un desmayo.

recocer *v.tr.* Cocer de nuevo o mucho una cosa. • Efectuar el recocido de un metal o vidrio.

recocido, da *adj.* Muy cocido. • *s.m.* Tratamiento térmico del vidrio y los metales para reducir su fragilidad.

recodo *s.m.* Ángulo de vértice redondeado que forma una cosa al cambiar de dirección.

recoger *v.tr.* Reunir nuevamente cosas dispersas. • Levantar algo que estaba caído. • Levantar la cosecha. • Buscar y juntar cosas. • Enrollar, plegar. • Dar asilo. • *prnl.* Retirarse a descansar o dormir.

recogido, da *adj.* Que vive retirado, en aislamiento voluntario. • *s.f.* Acción de recoger.

recogimiento *s.m.* Acción de recoger. • Compostura.

recolección *s.f.* Acción de recolectar. • Resumen, compendio. • Cosecha. • Recaudación. • Recogimiento.

recolectar *v.tr.* Juntar personas o cosas dispersas. • Recoger los frutos. • Recaudar.

recoleto, ta *adj.* Que vive en retiro y recogimiento. • Dícese del lugar retirado y solitario. • *adj. / s.* Dícese del religioso que observa recogimiento.

recomendable *adj.* Digno de ser recomendado. • Conveniente o prudente.

recomendación *s.f.* Acción de recomendar. • Alabanza de una persona. • Advertencia, consejo.

recomendar *v.tr.* Pedir a alguien que haga una cosa. • Hablar en favor de una persona.

recompensa *s.f.* Acción de recompensar. • Cosa que se da para recompensar.

recompensar *v.tr.* Compensar, resarcir, indemnizar. • Remunerar un servicio. • Premiar un favor o mérito.

recomponer *v.tr.* Componer de nuevo; reparar, arreglar.

recomposición *s.f.* Acción de recomponer.

reconcentrar *v.tr.* Hacer más densa una cosa; concentrar. • *tr./prnl.* Reunir en un punto. • *prnl.* Ensimismarse.

reconciliación *s.f.* Acción de reconciliar.

reconciliar *v.tr./prnl.* Restablecer la concordia entre personas enemistadas.

recóndito, ta *adj.* Muy escondido, reservado o íntimo.

reconfortante *adj.* Que reconforta.

reconfortar *v.tr.* Confortar, reanimar.

reconocer *v.tr.* Distinguir de las demás a una persona o cosa. • Examinar o registrar con cuidado. • Admitir la certeza de lo que otro sostiene. • Manifestar gratitud. • Examinar un médico a un paciente. • Aceptar la legitimidad de su propia firma. • *prnl.* Confesarse culpable de un error o una falta.

reconocido, da *adj.* Agradecido.

reconocimiento *s.m.* Acción de reconocer. • Gratitud. • Examen médico.

reconquista *s.f.* Acción de reconquistar.

reconquistar *v.tr.* En la guerra, conquistar de nuevo una posición perdida.

reconstituir *v.tr./prnl.* Rehacer. • Reproducir un suceso pasado valiéndose de ciertos datos. • Devolver al organismo sus condiciones normales.

reconstituyente *adj./s.m.* Dícese de la medicina que se usa para fortificar el organismo [sinón.: *tónico*].

reconstrucción *s.f.* Acción de reconstruir.
reconstruir *v.tr.* Reedificar. • Rehacer. • Reconstituir un suceso.
recontar *v.tr.* Contar cosas de nuevo. • Narrar algo nuevamente.
reconvención *s.f.* Cargo que se formula a alguien, amonestación.
reconvenir *v.tr.* Amonestar, censurar, reprender.
recopilación *s.f.* Resumen, compendio. • Conjunto de escritos diversos.
recopilar *v.tr.* Juntar cosas distintas dándoles unidad.
récord *s.m.* Resultado de una competición deportiva, que sobrepasa todos los del mismo género registrados anteriormente. • Resultado más alto en una actividad cualquiera.
recordación *s.f.* Acción de recordar.
recordar *v.tr.* Conservar en la mente una cosa que ya no está presente. • Rememorar. • Impedir que alguien olvide cierta cosa.
recordatorio, ria *adj.* Que sirve para recordar. • *s.m.* Aviso o comunicación para hacer recordar algo. • Estampa o tarjeta impresa en las que se recuerda una fecha conmemorativa.
recorrer *v.tr.* Pasar sucesivamente por las distintas partes de un lugar. • Inspeccionar sucesivamente una serie de cosas. • Leer un texto a la ligera.
recorrido *s.m.* Espacio que se recorre; trayecto.
recortado, da *adj.* Dícese de la hoja y otras partes de la planta cuyos bordes tienen muchas desigualdades.
recortar *v.tr.* Cortar lo que sobra. • Cortar figuras de un trozo de papel, madera o tela. • *prnl.* Dibujarse claramente el perfil de una cosa.
recorte *s.m.* Acción de recortar. • Parte que se recortó de una cosa. • Noticia que, por ser interesante, se recorta de un periódico.
recostar *v.tr./prnl.* Reclinar una cosa apoyándola en otra. • *prnl.* Acostarse por poco tiempo.
recova *s.f* Mercado de comestibles. • *América* Acera cubierta con una hilera de columnas.
recoveco *s.m.* Vuelta o cambio de dirección en el curso de un río, calle, pasillo, etc. • Escondrijo.
recreación *s.f.* Entretenimiento, diversión.
recrear *v.tr.* Divertir, deleitar, distraer. • *prnl.* Disfrutar con una sensación, actividad o hecho.
recreativo, va *adj.* Que recrea.
recreo *s.m.* Acción de recrearse. • En los colegios, intervalo de descanso entre dos clases. • Sitio destinado a entretenimiento o diversión.
recriminación *s.f.* Acción de recriminar.
recriminar *v.tr.* Reprochar. • Responder a unos cargos con otros.
recrudecer *v.intr./prnl.* Aumentar de nuevo algo malo o desagradable.
recrudecimiento *s.m.* Acción de recrudecer.
rectal *adj.* Del intestino recto.
rectangular *adj.* De figura de rectángulo. • Relativo al ángulo recto.
rectángulo *adj.* Que tiene ángulos rectos. • Dícese del triángulo que tiene un ángulo recto, del trapecio que tiene dos, y del paralelogramo que tiene cuatro. • *s.m.* Paralelogramo rectángulo cuyos lados consecutivos son desiguales.
rectificación *s.f.* Acción de rectificar.
rectificador, ra *adj./s.* Que rectifica. • *adj./s.m.* Dícese del aparato que trasforma la corriente eléctrica alterna en continua. • *s.f.* Máquina para rectificar superficies.
rectificar *v.tr.* Poner recta una cosa. • Corregir algo para que sea más exacto. • Purificar un líquido. • Determinar la longitud de una curva. • Trasformar una corriente eléctrica alterna en continua. • Pulir una superficie. • *prnl.* Enmendar sus actos una persona.
rectilíneo, a *adj.* De líneas rectas.
rectitud *s.f.* Cualidad de recto, justo u honesto.
recto, ta *adj.* Dícese de las cosas de forma lineal, sin ángulos ni curvas. • Justo, severo, íntegro. • Se aplica al ángulo formado por dos rectas o planos perpendiculares entre sí. • *adj./s.f.* Dícese de la línea más corta que une dos puntos. • *adj./s.m.* Se aplica a la última porción del intestino grueso.

rector, ra *adj.* Que rige, gobierna o sirve de guía. • *s.* Persona que dirige una comunidad, colegio o universidad. • *m.* Párroco.
rectorado *s.m.* Cargo del rector y tiempo en que lo ejerce. • Despacho del rector.
rectoría *s.f.* Rectorado. • Casa donde vive el rector o párroco.
recua *s.f.* Grupo de animales de carga. • Cantidad de personas o cosas que van unas detrás de otras.
recuadrar *v.tr.* Referido a una figura, trazar a su alrededor líneas que formen un cuadrado o un rectángulo.
recuadro *s.m.* Porción de una superficie en forma de cuadrado o rectángulo. • Entrepaño de una pared, puerta o ventana.
recubrir *v.tr.* Volver a cubrir. • Cubrir completamente.
recuento *s.m.* Acción de contar o de recontar.
recuerdo *s.m.* Acción de traer a la memoria alguna cosa pasada. • Cosa recordada. • Regalo. • *pl.* Saludos para alguien.
recular *v.intr.* Retroceder.
recuperación *s.f.* Acción de recuperar.
recuperar *v.tr.* Recobrar. • *prnl.* Volver en sí, recobrarse.
recurrente *adj.* Que retorna o vuelve al punto de origen. • Que vuelve a ocurrir después de un intervalo.
recurrir *v.intr.* Acudir a una persona o cosa para solucionar un problema o para afrontar una emergencia. • Volver al punto de origen. • Presentar una demanda ante un juez.
recurso *s.m.* Acción de recurrir. • Petición, memorial. • Acción de reclamar contra una medida. • *pl.* Bienes o medios de subsistencia.
recusación *s.f.* Acción de recusar.
recusar *v.tr.* Rechazar una cosa justificadamente. • No admitir la competencia de un juez, perito, funcionario, etc.
red *s.f.* Aparejo hecho de mallas para pescar, cazar, etc. • Redecilla. • Conjunto de caños, tubos, conductores eléctricos o vías de comunicación. • Conjunto de agencias, sucursales y servicios vinculados entre sí. • Engaño, ardid.
redacción *s.f.* Acción de redactar. • Conjunto de redactores de un periódico. • Oficina donde se redacta.
redactar *v.tr.* Poner por escrito una cosa.
redactor, ra *adj./s.* Dícese del que redacta, en especial si integra una redacción.
redada *s.f.* Acción de lanzar una red. • Conjunto de animales que se atrapan de una vez. • Acción policial en que se apresa a varias personas.
redecilla *s.f.* Prenda de malla usada para recoger el pelo. • Tejido de malla de las redes. • Segunda cavidad del estómago de los rumiantes [sinón.: *bonete*].
rededor *s.m.* Contorno.
redención *s.f.* Acción de redimir. • *prop.* Acción de redimir Jesucristo al género humano.
redentor, ra *adj. / s.* Que redime. • *s.prop.m.* Jesucristo.
redil *s.m.* Corral destinado al ganado.
redimir *v.tr./prnl.* Librar de una obligación, dolor o vejamen. • Comprar la libertad de un esclavo o cautivo. • *tr.* Dejar libre una cosa hipotecada. • Adquirir de nuevo una finca vendida.
rédito *s.m.* Renta o beneficio que produce un capital.
redituable *adj.* Que produce rédito.
redituar *v.tr.* Producir utilidad.
redivivo, va *adj.* Que ha vuelto a la vida; resucitado.
redoblante *s.m.* Tambor de caja alta usado en bandas y orquestas.
redoblar *v.tr.* Duplicar. • Repetir. • *intr.* Tocar redobles.
redoble *s.m.* Acción de redoblar. • Toque de tambor rápido y sostenido.
redoma *s.f.* Vasija de vidrio de fondo ancho y cuello largo y estrecho.
redomado, da *adj.* Cauteloso, astuto.
redomón, na *adj. / s. América* Dícese del animal no domado del todo.
redonda *s.f.* Comarca. • Figura musical equivalente a dos blancas. • *adj./s.f.* Dícese de la letra de forma más o menos circular. • *a la redonda: loc. adv.* En torno, alrededor.
redondeado, da *adj.* De forma más o menos redonda.

redondear *v.tr./prnl.* Hacer redonda una cosa. • *tr.* Dar una cantidad expresándola en un número exacto de unidades enteras.
redondel *s.m.* Círculo o circunferencia. • En las plazas de toros, lugar destinado a la lidia.
redondez *s.f.* Cualidad de redondo. • Superficie de un cuerpo redondo.
redondilla *s.f.* Composición poética de cuatro versos octosílabos. • *adj./s.f.* Letra de imprenta de rasgos derechos y casi circulares.
redondo, da *adj.* De forma circular o esférica. • Completo, perfecto. • Dícese del número que sólo expresa unidades enteras. • Referido a conceptos, claro, terminante.
reducción *s.f.* Acción de reducir. • Pueblo de indios convertidos al cristianismo. • Disminución. • Conversión de una cantidad en otra equivalente. • Uno de los métodos de resolución de un sistema de ecuaciones.
reducible *adj.* Que se puede reducir.
reducido, da *adj.* Pequeño, estrecho.
reducidor, ra *s. América* Persona que compra objetos robados para revenderlos.
reducir *v.tr.* Volver una cosa al lugar o estado que tenía. • Disminuir, estrechar. • Resumir, sintetizar. • Dividir un cuerpo en partes menudas. • Obligar a obedecer. • Expresar una cantidad en unidades distintas de las dadas. • Simplificar una fracción ordinaria. • Separar de un cuerpo parte del oxígeno que contiene. • Restablecer en su lugar los huesos dislocados. • *prnl.* Moderarse en el modo de vivir.
reductible *adj.* Reducible.
reducto *s.m.* Obra de fortificación.
reductor, ra *adj. / s.m.* Que reduce.
redundancia *s.f.* Excesiva abundancia de una cosa. • Repetición inútil de un concepto.
redundante *adj.* Que redunda.
redundar *v.intr.* Resultar una cosa en beneficio o daño de alguien.
reduplicar *v.tr./prnl.* Aumentar al doble; duplicar. • Hacer crecer o hacer más intenso algo inmaterial.
reedificar *v.tr.* Volver a edificar lo destruido; reconstruir.
reeditar *v.tr.* Editar nuevamente.
reeducación *s.f.* Acción de reeducar.
reeducar *v.tr.* Volver a enseñar el uso de los miembros u otros órganos, perdido por enfermedad o accidente.
reelección *s.f.* Acción de reelegir.
reelegir *v.tr.* Elegir de nuevo para un cargo a la persona que ya lo desempeña.
reembolsar *v.tr.* Rembolsar.
reembolso *s.m.* Rembolso.
reemplazante *adj./s.m.* y *f.* Remplazante.
reemplazar *v.tr.* Remplazar.
reemplazo *s.m.* Remplazo.
reencarnación *s.f.* Acción de reencarnar.
reencarnar *v.intr./prnl.* Volver a encarnar.
reencontrar *v.tr.* Encontrar de nuevo a una persona o cosa.
reencuentro *s.m.* Acción de reencontrar.
reenganchar *v.tr.* Enganchar de nuevo. • *tr./prnl.* Alistar nuevamente a un soldado.
reestrenar *v.tr.* Referido en especial a filmes u obras teatrales, volver a estrenar.
reestreno *s.m.* Acción de reestrenar, en especial una obra teatral o un filme.
reestructurar *v.tr.* Modificar la estructura de una obra, proyecto, empresa, etcétera.
reexpedir *v.tr.* Expedir una cosa que se recibe al lugar de donde proviene o a otro sitio.
reexportar *v.tr.* Exportar cosas importadas con anterioridad.
refacción *s.f.* Comida sencilla y moderada para reparar fuerzas.
refalosa *s.f. América* Resbalosa (baile).
refección *s.f.* Refacción.
refectorio *s.m.* Comedor de los conventos, colegios y otras comunidades.
referencia *s.f.* Acción de referirse o aludir a algo. • Remisión a lo dicho en otra parte. • *pl.* Información sobre los antecedentes profesionales o comerciales de una persona o una empresa.
referencial *adj.* En matemática, dícese del conjunto formado por todos los elementos del asunto de que se trata.

referendo o **referéndum** *s.m.* Acción de someter al voto popular directo alguna ley o acto de gobierno.

referente *adj.* Que se refiere o hace relación a otra cosa.

referir *v.tr.* Contar, relatar, narrar. • Remitir. • *tr./prnl.* Relacionar o aplicar. • *prnl.* Aludir.

refilón (de) *loc. adv.* De soslayo. • De paso, de pasada.

refinación *s.f.* Acción de refinar.

refinado, da *adj.* De buen gusto; esmerado. • Extremado en la maldad. • *s.m.* Acción de refinar.

refinamiento *s.m.* Cualidad de refinado. • Manera refinada de hacer algo. • Detalle de perfección.

refinar *v.tr.* Hacer más pura o más fina una cosa. • Perfeccionar algo. • Someter el petróleo a ciertas operaciones para obtener combustibles, lubricantes, etc. • *prnl.* Perder las costumbres vulgares; educarse.

refinería *s.f.* Establecimiento industrial donde se refina petróleo, azúcar, etc.

refino *s.m.* Refinación.

refirmar *v.tr.* Confirmar o ratificar. • Apoyar una cosa en otra.

reflector, ra *adj./s.* Que refleja. • *s.m.* Aparato que refleja con intensidad los rayos de luz.

reflejar *v.tr./intr./prnl.* Hacer retroceder o cambiar de dirección la luz, el calor, el sonido, etc. • *tr./prnl.* Devolver una superficie brillante una imagen. • Manifestar o hacer patente una cosa.

reflejo, ja *adj.* Que ha sido reflejado. • Dícese de los actos que obedecen a estímulos no percibidos por la conciencia. • Se aplica al verbo que tiene por complemento su mismo sujeto, y al pronombre que representa a este. • *s.m.* Luz reflejada. • Imagen reflejada.

reflexión *s.f.* Acción de reflejar. • Acción de reflexionar. • Consideración, advertencia, consejo.

reflexionar *v.intr.* Considerar algo detenidamente; meditar.

reflexivo, va *adj.* Que refleja. • Que obra o piensa con reflexión. • Reflejo (en gramática).

reflotar *v.tr.* Volver a poner a flote una nave sumergida o encallada.

refluir *v.intr.* Retroceder un líquido. • Redundar.

reflujo *s.m.* Movimiento de descenso de la marea.

refocilarse *v.prnl.* Divertirse groseramente o alegrarse maliciosamente.

refocilo *s.m. América* Refucilo.

reforestar *v.tr.* Poblar de nuevo un terreno con plantas forestales.

reforma *s.f.* Acción de reformar. • Movimiento religioso del siglo XVI que dio origen a las iglesias protestantes.

reformar *v.tr.* Volver a formar; rehacer. • Realizar un cambio. • *prnl.* Corregirse, enmendarse.

reformatorio, ria *adj.* Que reforma o enmienda. • *s.m.* Establecimiento para la corrección de jóvenes delincuentes.

reformista *adj./s.m.* y *f.* Partidario de reformas.

reforzado, da *adj.* Que tiene refuerzo o es muy sólido.

reforzar *v.tr.* Añadir nuevas fuerzas. • Fortalecer.

refracción *s.f.* Fenómeno por el cual un rayo cambia de dirección al pasar de un medio a otro.

refractar *v.tr./prnl.* Producir refracción [sinón.: *refringir*].

refractario, ria *adj.* Que resiste altas temperaturas sin modificarse. • Opuesto, rebelde. • Que rehúsa cumplir una obligación.

refractor *s.m.* Instrumento para medir el índice de refracción.

refrán *s.m.* Dicho popular, agudo y sentencioso.

refranero *s.m.* Colección de refranes.

refrangible *adj.* Que puede refractarse.

refregar *v.tr.* Frotar una cosa con otra. • Dar en cara a alguien con una cosa que le ofende.

refreír *v.tr.* Freír una cosa de nuevo o demasiado.

refrenar *v.tr.* Sujetar al caballo con el freno. • *tr./prnl.* Contener, reprimir.

refrendar *v.tr.* Autorizar o legalizar un documento.

refrendo *s.m.* Acción de refrendar. • Firma que ponen los ministros al pie de la del jefe del Estado.

refrescar *v.intr.* Ponerse más fresco el

ambiente. • *tr.* Atemperar o moderar el calor de una cosa. • Hacer que se recuerden las cosas olvidadas. • *prnl.* Salir a tomar el fresco. • Beber algo frío.

refresco *s.m.* Bebida no alcohólica, fría. • Refrigerio.

refriega *s.f.* Batalla o combate de poca importancia.

refrigeración *s.f.* Acción de refrigerar. • Enfriamiento de un espacio o una sustancia por debajo de la temperatura del ambiente.

refrigerador, ra *adj./s.m.* o *f.* Dícese de los aparatos e instalaciones que sirven para refrigerar. • *s.m.* o *f.* Heladera, nevera.

refrigerante *adj./s.m.* Que refrigera. • En los aparatos para destilar, dícese del baño frío en que se sumerge el alambique.

refrigerar *v.tr.* Enfriar un espacio o una sustancia por debajo de la temperatura del ambiente, para climatizar un lugar, conservar los alimentos, etc.

refrigerio *s.m.* Comida ligera para reparar fuerzas.

refringencia *s.f.* Propiedad de los materiales que refractan una radiación.

refringente *adj.* Que puede refractar.

refringir *v.tr./prnl.* Refractar.

refrito *s.m.* Comida hecha con trocitos de algo, fritos. • Cosa rehecha o modificada; en especial, una obra literaria.

refucilar *v.intr. América* Relampaguear.

refucilo *s.m.* Relámpago.

refuerzo *s.m.* Acción de reforzar. • Mayor grosor que se da a una cosa para aumentar su fuerza o resistencia. • Ayuda, socorro.

refugiado, da *s.* Persona que, obligada por guerras o persecuciones, debe vivir fuera de su país.

refugiarse *v.prnl.* Buscar refugio o amparo.

refugio *s.m.* Asilo, amparo. • Lugar adecuado para refugiarse.

refulgencia *s.f.* Resplandor.

refulgente *adj.* Resplandeciente.

refulgir *v.intr.* Despedir destellos o fulgor; resplandecer.

refundición *s.f.* Acción de refundir.

refundir *v.tr.* Volver a fundir. • Hacer de varias cosas una sola. • Dar nueva forma a una obra literaria.

refunfuñar *v.intr.* Expresar enojo diciendo cosas en voz baja. • Hablar entre dientes; rezongar.

refutación *s.f.* Acción de refutar. • Argumento con que se refuta.

refutar *v.tr.* Contradecir, impugnar, rebatir.

regadera *s.f.* Recipiente portátil para regar. • Reguera.

regadío, a *adj./s.m.* Dícese del terreno que se puede regar.

regalado, da *adj.* Cómodo y placentero. • Muy barato.

regalar *v.tr.* Dar una cosa en muestra de afecto. • Deleitar, agasajar, festejar. • *prnl.* Darse algún placer.

regalía *s.f.* Prerrogativa real. • Excepción, privilegio. • Sobresueldo.

regaliz *s.m.* Orozuz.

regalo *s.m.* Cosa que se regala; obsequio. • Placer o gusto proporcionados por alguna cosa. • Conveniencia, comodidad.

regalón, na *adj. / s.* Que se cría o es tratado con mucha complacencia.

regañadientes (a) *loc. adv.* De mala gana.

regañar *v.intr.* Mostrar enojo. • Reñir, disputar. • Gruñir el perro. • *tr.* Reprender.

regañón *s.m.* Reprimenda. • Parte del pan que, al cocerse, sale por una grieta abierta en la corteza.

regañón, na *adj. / s.* Que regaña o reprende por cualquier cosa.

regar *v.tr.* Esparcir agua u otro líquido, en especial sobre la tierra o las plantas. • Dicho de un río o un canal, atravesar un territorio.

regata *s.f.* Carrera deportiva entre dos o más embarcaciones.

regate *s.m.* Movimiento rápido del cuerpo con que se evita un golpe o un choque.

regatear *v.tr.* Discutir el precio de una cosa para conseguirla más barata. • Escatimar esfuerzo o ayudar. • *intr.* Hacer regates.

regatón *s.m.* Casquillo que protege el extremo inferior de bastones, patas de silla, etc. • Hierro con un gancho y una punta que tienen los bicheros.

regazo *s.m.* Hueco que, entre la cintura y las rodillas, forman la falda o el cuerpo de una mujer sentada.

regelación *s.f.* Nueva solidificación del hielo derretido por presión.

regencia *s.f.* Acción de regir o gobernar. • Cargo de regente. • Gobierno de una monarquía durante la minoría de edad del soberano.

regenerado, da *adj.* Dícese de cualquier producto obtenido de materiales recuperados.

regenerar *v.tr./prnl.* Restablecer, reconstituir una cosa degenerada o gastada. • Recuperar la moral perdida.

regentar *v.tr.* Regentear.

regente *s.m. y f.* Persona que desempeña una regencia. • Jefe de estudios de ciertas instituciones educacionales o religiosas. • El que, sin ser dueño, dirige una farmacia, una imprenta, etc.

regentear *v.tr.* Desempeñar un cargo de autoridad.

regicida *adj. s.m. y f.* Dícese del que mata o intenta matar a un rey o a una reina.

regicidio *tr.* Delito del regicida.

regidor, ra *adj. / s.* Que rige cierta cosa. • *s.* Concejal.

régimen *s.m.* Modo de gobernarse o regirse. • Conjunto de normas que rigen una actividad. • Regulación metódica de la dieta alimenticia. • Dependencia mutua de las palabras en la oración.

regimentar *v.tr.* Organizar tropas en regimientos. • *América* Organizar bajo un régimen.

regimiento *s.m.* Cuerpo militar formado generalmente por tres batallones.

regio, gia *adj.* Relativo al rey, o propio de él. • Suntuoso, magnífico.

región *s.f.* Porción de territorio que posee caracteristicas homogéneas. • Espacio. • Cada una de las partes en que se considera dividido el cuerpo del hombre y de los animales.

regional *adj.* De una región.

regionalismo *s.m.* Cualidad de regional. • Amor a determinada región. • Palabra o expresión peculiares de una región.

regionalista *adj./s.m. y f.* Muy adicto a su región. • Dícese del escritor o artista cuyas obras tienen carácter regional.

regir *v.tr.* Gobernar, dirigir, mandar. • En gramática, tener una palabra bajo su dependencia a otra. • *intr.* Estar vigente.

registrador, ra *adj.* Que registra. • Dícese del aparato que anota automáticamente la presión, la temperatura, las ventas, etc.

registrar *v.tr.* Inscribir algo en un registro. • Examinar con cuidado. • Marcar un aparato automático los datos propios de su función. • *prnl.* Hacerse inscribir o matricular.

registro *s.m.* Acción de registrar. • Libro en que se anotan ciertas cosas, como trasferencias de propiedad, nacimientos, datos electorales, etc. • Pieza que regula el movimiento de un mecanismo o modifica el timbre del sonido de un instrumento musical.

regla *s.f.* Instrumento para trazar líneas rectas. • Modo en que debe hacerse una cosa. • Precepto, principio. • Moderación, medida. • En matemática, método para efectuar una operación.

reglado, da *adj.* Templado, moderado. • Sujeto a regla o precepto.

reglaje *s.m.* Regulación o reajuste de un mecanismo.

reglamentación *s.f.* Acción de reglamentar. • Conjunto de reglas que se refieren a cierta cosa.

reglamentar *v.tr.* Establecer reglas para cierta cosa.

reglamentario, ria *adj.* De acuerdo con el reglamento.

reglamentista *adj.* Dícese de la persona celosa de cumplir y hacer cumplir los reglamentos.

reglamento *s.m.* Conjunto de reglas para el funcionamiento de un organismo, el cumplimiento de una ley, el desarrollo de una actividad, etc.

reglar *v.tr.* Someter a reglas. • *prnl.* Regirse conforme a cierta cosa.

regocijar *v.tr.* Causar júbilo o placer. • *prnl.* Sentir regocijo.

regocijo *s.m.* Alegría intensa; júbilo, placer.

regodearse *v.prnl.* Refocilarse.

regoldar *v.tr.* Eructar.
regolfar *v.intr./prnl.* Retroceder el agua contra su corriente, formando un remanso. • Cambiar la dirección del viento al chocar con un obstáculo.
regolfo *s.m.* Acción de regolfar. • Cala en el mar, entre dos cabos.
regordete, ta *adj.* Dícese de la persona, o de una parte de su cuerpo, pequeña y gruesa.
regresar *v.intr.* Volver al lugar de donde se salió.
regresión *s.f.* Retroceso.
regresivo, va *adj.* Que hace retroceder.
regreso *s.m.* Acción de regresar.
regüeldo *s.m.* Eructo.
reguera *s.f.* Canal para riego.
reguero *s.m.* Hilo de un líquido o cosa semejante que se va vertiendo sobre una superficie. • Señal que deja. • Reguera.
regulador, ra *adj.* Que regula. • *s.m.* Mecanismo que mantiene la uniformidad en el funcionamiento de una máquina o una instalación.
1. regular *adj.* Conforme a una regla o norma. • Que no tiene variaciones o cambios bruscos. • Ni grande ni chico; mediano. • No bueno. • Dícese de los polígonos cuyos lados y ángulos son iguales. • Dícese de los verbos que se ajustan a las reglas generales de conjugación.
2. regular *v.tr.* Medir, ajustar, reglar, poner en orden. • Regularizar.
regularidad *s.f.* Cualidad de regular.
regularizar *v.tr.* Poner en orden una cosa; ajustar, reglar.
régulo *s.m.* Reyezuelo. • Mineral libre de impurezas.
regurgitación *s.f.* Acción de regurgitar.
regurgitar *v.intr.* Expeler por la boca, sin esfuerzo de vómito, sustancias contenidas en el esófago o en el estómago.
rehabilitación *s.f.* Acción de rehabilitar.
rehabilitar *v.tr./prnl.* Habilitar de nuevo; restituir a su antiguo estado. • Hacer recuperar el buen nombre.
rehacer *v.tr.* Hacer otra vez lo deshecho. • *prnl.* Recuperar la fuerza, el valor, la serenidad, etc.
rehecho, cha *adj.* Robusto y de estatura mediana.
rehén *s.m.* Persona que queda en poder del enemigo como prenda o garantía.
rehielo *s.m.* Fenómeno por el cual dos fragmentos de hielo puestos en contacto se sueldan.
rehilete *s.m.* Pequeña flecha. • Banderilla del torero.
rehogar *v.tr.* Guisar o freír una vianda a fuego lento.
rehuir *v.tr.* Eludir, evitar.
rehundir *v.tr./prnl.* Hundir o sumergir a lo más hondo. • *tr.* Ahondar.
rehusar *v.tr.* No aceptar, rechazar. • No conceder, denegar.
reidero, ra *adj.* Que causa risa.
reimportar *v.tr.* Importar lo que se había exportado.
reimpresión *s.f.* Acción de reimprimir. • Conjunto de ejemplares reimpresos de una vez.
reimprimir *v.tr.* Imprimir de nuevo una obra.
reina *s.f.* Mujer que reina por derecho propio. • Esposa del rey. • Abeja maestra. • En el ajedrez, pieza más importante después del rey. • Persona, animal o cosa del género femenino que sobresalen por su excelencia.
reinado *s.m.* Tiempo en que gobiernan un rey o una reina. • Predominio de una persona o cosa sobre otras.
reinar *v.intr.* Ejercer su cargo un rey o una reina. • Predominar una persona o cosa sobre otras.
reincidencia *s.f.* Acción de reincidir.
reincidente *adj./s.m. y f.* Que reincide.
reincidir *v.intr.* Incurrir de nuevo en un error, falta o delito.
reincorporación *s.f.* Acción de reincorporar o reincorporarse.
reincorporar *v.tr./prnl.* Volver a incorporar. • Unir lo separado.
reingresar *v.intr.* Ingresar de nuevo.
reino *s.m.* Territorio gobernado por un rey o una reina. • Cada uno de los tres grandes grupos —animal, vegetal y mineral— en que se dividen los seres naturales.
reinstalar *v.tr.* Instalar de nuevo.
reintegrar *v.tr./prnl.* Reincorporar a una persona a un empleo. • Devolver íntegramente dinero u otra cosa. • *prnl.* Recobrar lo perdido.

reintegro *s.m.* Acción de reintegrar. • Pago de lo que se adeuda.
reinvertir *v.tr.* Referido a capitales, ganancias, etc., volver a invertirlos.
reír *v.intr./prnl.* Manifestar alegría o regocijo con ciertos movimientos de la boca y otras partes del rostro, a veces ruidosamente. • Hacer burla.
reiteración *s.f.* Acción de reiterar.
reiterar *v.tr.* Decir o hacer una cosa repetidas veces.
reiterativo, va *adj.* Que se repite.
reivindicación *s.f.* Acción de reivindicar.
reivindicar *v.tr.* Recobrar un derecho. • Reclamar alguien lo que le pertenece. • Restablecer a alguien en su buen nombre.
reivindicatoria *s.f.* Acción que promueve un propietario para recuperar la posesión de una cosa perdida.
1. reja *s.f.* Pieza del arado que rompe y remueve la tierra.
2. reja *s.f.* Conjunto de barrotes metálicos que se pone en las ventanas y otros huecos para seguridad o adorno.
rejilla *s.f.* Celosía, reja pequeña o tela metálica para cerrar ciertas aberturas. • Parte del fogón, que sostiene el combustible. • Tejido entrecruzado para respaldos y asientos de sillas, y otros usos.
rejo *s.m.* Punta o aguijón. • Tira de cuero.
rejón *s.m.* Barra de hierro que termina en punta. • Asta de madera con una moharra en la punta, para rejonear.
rejoneador *s.m.* Torero a caballo que usa rejón para herir al toro.
rejonear *v.tr.* Herir el jinete al toro con el rejón.
rejuvenecer *v.tr./prnl.* Dar a alguien el vigor de la juventud. • *tr.* Modernizar, renovar.
relación *s.f.* Conexión, correspondencia, enlace. • Trato o comunicación entre dos personas. • Acción de referir o contar. • *América* En ciertos bailes folclóricos, versos que se dicen los integrantes de una pareja.
relacionar *v.tr.* Poner en relación dos o más cosas. • *prnl.* Tener relación una persona o cosa con otra.
relajación *s.f.* Relajamiento.
relajado, da *adj.* Que ha sufrido relajamiento.
relajamiento *s.m.* Acción de relajar o relajarse. • Reducción de la tensión. • Período de descanso o esparcimiento.
relajar *v.tr./prnl.* Aflojar, laxar, distender. • Suavizar el rigor o la severidad. • *prnl.* Estar en reposo físico y mental. • *tr. América* Causar repugnancia la excesiva dulzura de algo.
relajo *s.m.* Cumplimiento poco estricto. • Degradación de las costumbres.
relamer *v.tr.* Lamer repetidas veces. *prnl.* Lamerse los labios. • Saborear por anticipado.
relamido, da *adj.* Muy acicalado o pulcro; afectado.
relámpago *s.m.* Resplandor muy intenso producido por una descarga eléctrica en las nubes. • *adj./s.m.* Dícese de una cosa breve y fugaz.
relampaguear *v.intr. unipers.* Haber relámpagos. • *intr.* Producir destellos, brillar mucho.
relatar *v.tr.* Contar, narrar, referir.
relatividad *s.f.* Cualidad de relativo. • Teoría de Einstein sobre el tiempo y el espacio.
relativizar *v.tr.* Considerar en un asunto aspectos que atenúan su importancia.
relativo, va *adj.* Que hace relación a una cosa. • Que no es absoluto. • Dícese de los pronombres que se refieren a personas o cosas de las cuales se ha hecho mención antes.
relato *s.m.* Narración.
relator, ra *adj. / s.* Que relata o refiere. • *s.* En los congresos y asambleas, persona que hace relación de los asuntos tratados.
relax *s.m.* Relajamiento físico o síquico causado por adecuados ejercicios.
relé *s.m.* Dispositivo que controla y regula el funcionamiento de un mecanismo.
releer *v.tr.* Leer de nuevo.
relegar *v.tr.* No hacer caso de una persona o cosa. • Apartar, posponer.
relente *s.m.* Humedad de la atmósfera en las noches serenas.

relevamiento *s.m. América* Descripción de una zona geográfica o de un yacimiento arqueológico.
relevancia *s.f.* Cualidad de relevante.
relevante *adj.* Sobresaliente o notable.
relevar *v.tr.* Liberar del cumplimiento de una obligación. • Quitar a alguien de un cargo. • Cambiar de guardia, centinela, etc. • Reemplazar.
relevo *s.m.* Acción de relevar. • Guardia o centinela que relevan.
relicario *s.m.* Lugar donde se guardan las reliquias. • Pequeño estuche para guardar un recuerdo.
relieve *s.m.* Cosa que sobresale en una superficie. • Mérito, renombre. • Conjunto de irregularidades en la superficie terrestre.
religar *v.tr.* Atar de nuevo o con más fuerza.
religión *s.f.* Conjunto de creencias sobre la divinidad y los cultos relacionados con ella. • Virtud que mueve a rendir culto a Dios. • Fe, creencia.
religiosidad *s.f.* Esmero en el cumplimiento de los deberes religiosos. • Puntualidad, exactitud.
religioso, sa *adj.* Relativo a la religión. • *adj./s.* Que tiene ideas religiosas. • *s.m.* Fraile, monje. • *f.* Monja.
relinchar *v.tr.* Dar relinchos.
relincho *s.m.* Voz del caballo.
reliquia *s.f.* Resto de algo que casi ha desaparecido. • Vestigio de cosas pasadas. • Parte del cuerpo de un santo, o cosa que él ha tocado.
rellano *s.m.* Descanso de una escalera. • Llano en una pendiente.
rellenar *v.tr.* Volver a llenar. • Llenar totalmente. • Llenar una vianda con carne u otros ingredientes.
relleno, na *adj.* Muy lleno. • *s.m.* Cosa con que se rellena algo.
reloj *s.m.* Instrumento para medir el tiempo y determinar la hora.
relojear *v.tr.fam. América* Observar con disimulo.
relojería *s.f.* Taller, oficio y comercio del relojero.
relojero, ra *s.* Persona que hace, compone o vende relojes.
reluciente *adj.* Que reluce; brillante.
relucir *v.intr.* Brillar, resplandecer.
reluctancia *s.f.* Oposición, resistencia. • Resistencia de un circuito al flujo magnético.
reluctante *adj.* Reacio, opuesto.
relumbrar *v.intr.* Brillar con intensidad; resplandecer.
relumbrón *s.m.* Golpe de luz instantáneo. • Lujo aparente, pero de escaso valor.
remachador, ra *adj./s.* Que remacha. • *s.f.* Máquina para fijar remaches.
remachar *v.tr.* Machacar la punta de un clavo ya clavado para darle más firmeza. • Martillar un remache para que quede sujeto. • Unir chapas mediante remaches. • Insistir mucho en una cosa para que no se olvide.
remache *s.m.* Acción de remachar. • Trozo corto de barra metálica con cabeza en un extremo que, después de pasado por los agujeros de las piezas que se quiere unir, se remacha por el otro extremo.
remallar *v.tr.* Componer o reforzar tejidos de punto.
remanencia *s.f.* Cualidad de remanente. • Persistencia de la imanación producida artificialmente.
remanente *adj./s.m.* Dícese de lo que queda o se guarda de una cosa.
remangar *v.tr./prnl.* Recoger hacia arriba las mangas, las faldas, etc. • *prnl. fam.* Prepararse con decisión para hacer una cosa.
remansarse *v.prnl.* Formar un remanso.
remanso *s.m.* Lugar donde la corriente de un líquido se detiene o se hace más lenta.
remar *v.intr.* Mover los remos para hacer avanzar una embarcación.
remarcar *v.tr.* Marcar de nuevo.
rematador, ra *s.* Subastador.
rematar *v.tr.* Terminar de matar. • Dar fin o remate a una cosa. • Terminar la subasta de algo, adjudicándolo al mejor postor. • Reforzar el final de una costura. • En el fútbol y otros deportes, tirar al arco. • *América* Comprar o vender en una subasta.
remate *s.m.* Acción de rematar. • Parte

final de una cosa. • Adjudicación de algo que se subasta. • Coronamiento de un edificio. • *América* Subasta.

rembolsar *v.tr./prnl.* Devolver, o recobrar, una cantidad de dinero desembolsada.

rembolso *s.m.* Acción de rembolsar.

remedar *v.tr.* Imitar, copiar. • Hacer los gestos y ademanes de otro, para burlarse.

remediar *v.tr.* Reparar un daño, o evitar que prosiga. • Socorrer una necesidad. • Evitar un riesgo.

remedio *s.m.* Acción de remediar. • Cosa que se usa para remediar. • Medicamento. • Corrección, enmienda. • Recurso.

remedo *s.m.* Imitación de una cosa.

remembranza *s.f.* Recuerdo.

remembrar *v.tr.* Recordar.

rememorar *v.tr.* Recordar.

rememorativo, va *adj.* Que recuerda o hace recordar.

remendar *v.tr.* Reforzar lo roto o viejo con algún remiendo. • Corregir o enmendar.

remendón, na *adj. / s.* Que tiene el oficio de remendar.

remera *s.f.* Pluma larga del extremo del ala de las aves. • *América* Especie de camiseta de mangas cortas, sin abotonadura.

remero, ra *s.* Persona que rema.

remesa *s.f.* Remisión de una cosa. • Cosa que se remite.

remezón *s.m.* *América* Terremoto de poca intensidad.

remiendo *s.m.* Trozo de tela u otro material que se aplica sobre lo que está roto o viejo. • Pequeña reparación.

remilgado, da *adj.* Que afecta excesiva delicadeza o compostura.

remilgarse *v.prnl.* Hacer gestos y ademanes afectados.

remilgo *s.m.* Delicadeza afectada; melindre.

reminiscencia *s.f.* Recuerdo impreciso. • Cosa que en una obra recuerda otra obra, estilo, etc.

remisible *adj.* Que se puede remitir o perdonar.

remisión *s.f.* Envío. • Referencia. • Perdón.

remiso, sa *adj.* Que pone poca voluntad reacio.

remitente *adj./s.m.* y *f.* Que remite.

remitido *s.m.* Artículo o noticia que un particular envía a un periódico para su publicación previo pago.

remitir *v.tr.* Enviar. • Perdonar. • Diferir, aplazar. • Indicar en un escrito el lugar donde consta lo que atañe al asunto tratado. • *prnl.* Atenerse a lo dicho o hecho.

remito *s.m.* Nota de remisión de alguna cosa, que debe firmar el que la recibe.

remo *s.m.* Pala larga y estrecha para mover las embarcaciones. • Brazo o pata de los cuadrúpedos. • Ala de las aves.

remoción *s.f.* Acción de remover.

remojar *v.intr.* Mojar íntegramente una cosa sumergiéndola en un líquido.

remojo *s.m.* Acción de remojar. • *América* Propina, gratificación.

remojón *s.m.* Mojadura, en especial cuando es accidental.

remolacha *s.f.* Planta herbácea de raíces fusiformes que sirven para la alimentación y para extraer azúcar.

remolcador, ra *adj.* Que remolca. • *s.m.* Barco usado para remolcar.

remolcar *v.tr.* Arrastrar una embarcación o un vehículo tirando de ellos con un cable o una cuerda.

remolinar *v.tr.* Remolinear.

remolinear *v.tr.* Mover una cosa en forma de remolino. • *intr./prnl.* Arremolinarse.

remolino *s.m.* Movimiento giratorio y rápido del aire, agua, humo, etc. • Porción de pelo que sale en distintas direcciones y no se puede alisar. • Amontonamiento de gente que se mueve en desorden.

remolón, na *adj. / s.* Que rehúye el trabajo; perezoso.

remolonear *v.intr./prnl.* Rehusar hacer algo por indolencia o pereza.

remolque *s.m.* Acción de remolcar o de ser remolcado. • Cabo o soga con que se remolca. • Vehículo remolcado por otro. • *América* Vehículo que remolca a otro.

remonta *s.f.* Compra, cría y cuidado de caballos para el ejército.

remontar *v.tr.* Superar un obstáculo o dificultad. • Proveer de nuevos caballos a la tropa. • Referido a la acción de volar, hacerlo a gran altura. • *tr./prnl.* Hacer subir una cosa por el aire. • *prnl.* Retrotraerse hasta determinada época.

rémora *s.f.* Pez marino que se adhiere fuertemente a los objetos flotantes y a grandes peces y cetáceos. • Lastre, estorbo.

remorder *v.tr.* Causar pesar una mala acción que se ha cometido. • *prnl.* Tener un sentimiento reprimido.

remordimiento *s.m.* Pesar de quien ha obrado mal.

remoto, ta *adj.* Distante, lejano. • Poco probable.

removedor, ra *adj./s.m.* Que remueve.

remover *v.tr./prnl.* Mover de un lugar a otro. • *tr.* Quitar o salvar un obstáculo. • Destituir a alguien de su cargo o empleo.

remozar *v.tr./prnl.* Rejuvenecer.

remplazante *adj./s.m. y f.* Que remplaza o sucede en un cargo o empleo.

remplazar *v.tr.* Poner a una persona o cosa en lugar de otra.

remplazo *s.m.* Acción de remplazar. • Renovación parcial del ejército.

rempujón *s.m. fam.* Impulso violento.

remuneración *s.f.* Acción de remunerar. • Lo que se da para remunerar.

remunerador, ra *adj. / s.* Que produce beneficio suficiente.

remunerar *v.tr.* Retribuir, pagar.

remunerativo, va *adj.* Remunerador.

remuneratorio, ria *adj.* Que se da o hace para remunerar.

renacentista *adj.* Del Renacimiento. • *adj./s.m. y f.* Que se dedica al estudio del Renacimiento.

renacer *v.intr.* Nacer otra vez. • Recobrar las fuerzas.

renacimiento *s.m.* Acción de renacer. • *prop.* Epoca histórica en que se desarrollaron extraordinariamente las artes y las ciencias y se despertó gran interés por la antigüedad clásica.

renacuajo *s.m.* Larva de la rana y otros anfibios.

renal *adj.* Relativo a los riñones.

rencilla *s.f.* Discusión o disputa que dejan rencor.

renco, ca *adj. / s.* Rengo.

rencontrar *v.tr.* Reencontrar.

rencor *s.m.* Resentimiento que perdura.

rencoroso, sa *adj.* Que siente rencor o tiene tendencia a sentirlo.

rendibú *s.m.* Acatamiento, agasajo.

rendición *s.f.* Acción de rendir o rendirse. • Rédito, renta.

rendido, da *adj.* Sometido a alguien. • Muy cansado.

rendija *s.f.* Abertura larga y estrecha; grieta, hendidura.

rendimiento *s.m.* Decaimiento de las fuerzas; fatiga, cansancio. • Sumisión, acatamiento. • Producto o utilidad que rinde una cosa.

rendir *v.tr.* Vencer al enemigo y obligarlo a entregarse. • Someter. • Cansar, fatigar. • Referido al arma o a la bandera, bajarlas en señal de sumisión. • *intr./tr.* Producir utilidad o provecho.

renegado, da *adj. / s.* Que abandona su religión o creencia.

renegar *v.tr.* Negar con insistencia. • *intr.* Abandonar una religión o creencia para adoptar otra; abjurar, apostar. • Hablar mal o quejarse de alguien.

renegrido, da *adj.* Que fue ennegrecido. • *América* Muy negro. • *s.m.* Pájaro parecido al tordo, de canto agradable y fácilmente domesticable.

renglón *s.m.* Serie de palabras escritas o impresas en una misma línea. • Parte de renta, beneficio o gasto. • *América* Cada una de las rayas de un papel, sobre las que se escribe. • *pl.* Cualquier escrito o impreso.

renglonadura *s.f.* Conjunto de rayas de un papel, sobre las que se escribe.

rengo, ga *adj. / s.* Dícese de la persona que cojea.

renguear *v.intr.* Andar como lo hace un rengo.

renguera *s.f. América* Cojera.

renio *s.m.* Metal denso, de gran poder de emisión electrónica (símbolo: *Re*).

reno *s.m.* Mamífero rumiante, de cuernos largos muy ramificados; se usa como animal de tiro.

renombrado, da *adj.* Muy conocido o famoso.

renombre *s.m.* Celebridad, fama. • Apellido o sobrenombre.
renovación *s.f.* Acción de renovar.
renovador, ra *adj./s.m.* Que renueva.
renovar *v.tr.* Hacer que una cosa quede como nueva. • Dar fuerza, intensidad o validez a algo. • Reanudar una cosa interrumpida. • Remplazar.
renquear *v.intr.* Renguear.
renquera *s.f. América* Cojera.
renta *s.f.* Utilidad o rédito anual. • Lo que paga un arrendatario. • Lo que se paga o recibe periódicamente como interés de un capital. • Deuda pública.
rentable *adj.* Que produce buena renta o interés.
rentado, da *adj.* Que disfruta de una renta.
rentar *v.tr.* Producir renta. • *América* Alquilar o arrendar algo.
rentista *s.m. y f.* Persona que vive de sus rentas. • Persona entendida en asuntos de hacienda pública.
rentístico, ca *adj.* Relativo a las rentas públicas.
renuencia *s.f.* Aversión o resistencia a hacer una cosa.
renuente *adj.* Indócil, remiso, reacio.
renuevo *s.m.* Vástago que echa el árbol podado. • Renovación.
renuncia *s.f.* Acción de renunciar. • Documento con que se renuncia.
renunciamiento *s.m.* Renuncia hecha con abnegación.
renunciante *adj./s.m. y f.* Dícese de la persona que renuncia.
renunciar *v.intr./tr.* Dejar voluntariamente de tener una cosa. • No reclamar algo a que se tiene derecho. • No admitir o no aceptar una cosa.
renuncio *s.m.* Mentira o contradicción en que se sorprende a alguien.
reñidero *s.m.* Lugar destinado a la riña de algunos animales.
reñido, da *adj.* Enemistado o disgustado con otro. • Encarnizado, muy disputado.
reñir *v.intr.* Atacarse dos o más personas o animales. • Discutir con violencia. • Enemistarse. • *tr.* Reprender.
reo *s.m. y f.* Persona acusada de un delito y sometida a juicio.
reo, a *adj. fam. América* De conducta o costumbres reprobables. • *fam.* Descuidado, mal vestido.
reóforo *s.m.* Cada uno de los dos conductores de un aparato eléctrico.
reojo (mirar de) *loc.v.* Mirar con disimulo por encima del hombro. • Mirar con prevención o desprecio.
reómetro *s.m.* Instrumento para medir la velocidad de una corriente de agua. • Galvanómetro.
reorganización *s.f.* Acción de reorganizar.
reorganizar *v.tr.* Organizar algo de modo distinto de como estaba.
reóstato *s.m.* Resistencia eléctrica regulable que se intercala en un circuito.
repantigarse *v. prnl.* Sentarse arrellanándose cómodamente.
reparación *s.f.* Acción de reparar. • Satisfacción por una ofensa; desagravio.
reparador, ra *adj./s.* Que repara o mejora. • Que desagravia. • Reparón. • *adj.* Que restablece las fuerzas.
reparar *v.tr.* Componer, arreglar o enmendar un daño, agravio o desperfecto. • Recuperar fuerzas. • *intr.* Mirar con cuidado; considerar, pensar. • Advertir, observar.
reparo *s.m.* Cosa que sirve para defensa o resguardo. • Objeción, reproche. • Dificultad causada por vergüenza o timidez. • Reparación.
reparón, na *adj./s.* Propenso a encontrar defectos en todo.
repartición *s.f.* Acción de repartir. • *América* Dependencia de la administración pública.
repartidor, ra *adj./s.* Que reparte. • *s.* Empleado que entrega mercaderías a domicilio.
repartija *s.f. fam. América* Reparto de bienes mal habidos.
repartir *v.tr.* Distribuir una cosa entre varios. • Extender algo sobre una superficie. • Dar a cada cosa su destino.
reparto *s.m.* Acción de repartir. • Distribución de los papeles de una obra teatral o un filme.
repasador *s.m. América* Tela de algodón para secar la vajilla.
repasar *v.intr.* Pasar varias veces. • *tr.*

Volver a examinar una cosa. • Releer lo que se estudia para recordarlo mejor. • Explicar de nuevo una lección. • Remendar la ropa.

repaso *s.m.* Acción de repasar. • Lectura ligera de lo que ya se ha estudiado.

repatriación *s.f.* Acción de repatriar.

repatriar *v.tr.* Hacer que vuelva a la patria el que está expatriado.

repechar *v.intr.* Subir por un repecho.

repecho *s.m.* Cuesta empinada y corta.

repelente *adj.* Que repele o rechaza. • Impertinente. • Repulsivo.

repeler *v.tr.* Apartar una persona o cosa a otra que se acerca o la ataca. • Rechazar una idea. • *intr.* Repugnar.

repello *s.m.* Revoque rústico de las paredes.

repelo *s.m.* Pelo, fibra o parte pequeña de una cosa que quedan levantados. • *América* Harapo.

repensar *v.tr.* Pensar detenidamente antes de tomar una decisión.

repente *s.m.* Movimiento súbito. • *de repente: loc. adv.* De pronto.

repentino, na *adj.* Súbito, no pensado, imprevisto.

repercusión *s.f.* Acción de repercutir.

repercutir *v.intr.* Producir eco el sonido; resonar. • Trascender, o causar efecto una cosa en otra.

repertorio *s.m.* Lista, catálogo. • Conjunto de obras teatrales o musicales representadas o ejecutadas por una compañía, orquesta, actor, etc.

repetición *s.f.* Acción de repetir. • Dispositivo de ciertos mecanismos que hace repetir su acción automáticamente, como en algunos relojes, fusiles, etc.

repetidor, ra *adj. / s.* Que repite. • *adj.* Dícese del alumno que vuelve al mismo curso por no haberlo aprobado. • *adj./s.f.* Dícese de la estación retrasmisora de radio o televisión.

repetir *v.tr.* Volver a hacer o decir lo hecho o dicho. • Volver al mismo curso escolar por no haberlo aprobado. • *tr. / intr.* Servirse otra vez de una comida. • *intr.* Volver a la boca el sabor de lo que se comió.

repicar *v.intr.* Tañer o sonar las campanas, castañuelas, etc., repetidamente y a compás.

repique *s.m.* Acción de repicar.

repiquetear *v.tr.* Repicar vivazmente. • Golpear repetida y rápidamente una cosa.

repisa *s.f.* Elemento que sobresale de la pared y sirve de soporte a algo; anaquel, estante.

replantear *v.tr.* Plantear de nuevo un asunto. • Trazar en el terreno el plano de una obra.

replanteo *s.m.* Acción de replantear.

replegar *v.tr.* Plegar o doblar varias veces. • *prnl.* Retirarse ordenadamente las tropas.

repleto, ta *adj.* Totalmente lleno.

réplica *s.f.* Acción de replicar. • Expresión o escrito con que se replica. • Copia exacta de una obra artística.

replicar *v.intr.* Contestar a una respuesta. • Poner objeciones a lo que se dice u ordena.

repliegue *s.m.* Pliegue doble o superpuesto. • Acción de replegarse las tropas.

repoblación *s.f.* Acción de repoblar.

repoblar *v.tr.* Poblar de nuevo un lugar con personas, plantas, etc.

repodrir *v.intr./prnl.* Repudrir.

repollo *s.m.* Variedad de col, de hojas apretadas y firmes. • Cabeza más o menos esférica que forman las hojas de ciertas plantas.

repolludo, da *adj.* De forma de repollo. • Rechoncho.

reponer *v.tr.* Volver a poner a una persona o cosa en el empleo, lugar o estado en que estaba. • Remplazar lo que falta. • Contestar, replicar. • Representar nuevamente una obra teatral. • *prnl.* Recuperar la salud, la serenidad, los bienes, etc.

reportaje *s.m.* Trabajo periodístico de carácter informativo, referente a un personaje, suceso o cualquier otro tema.

reportar *v.tr.* Dar beneficio o satisfacción. • Alcanzar, lograr. • *prnl.* Reprimir una pasión o un sentimiento; moderarse. • *tr.* Notificar algo.

reporte *s.m.* Noticia, suceso. • Chisme malintencionado.

reportear *v.tr. América* Entrevistar a alguien un periodista.

repórter (Anglicismo) *s.m.* Reportero.
reportero, ra *s.* Periodista que recoge y redacta noticias.
reposado, da *adj.* Tranquilo, sosegado. • Sereno, sensato. • Lento.
reposar *v.intr.* Descansar del trabajo o fatiga. • Descansar durmiendo un poco. • Yacer. • *prnl.* Posarse un líquido.
reposera *s.f. América* Silla que tiene las patas cruzadas en aspa y asiento y respaldo formados por una sola pieza.
reposición *s.f.* Acción de reponer.
repositorio *s.m.* Lugar donde se guarda algo.
reposo *s.m.* Acción de reposar; descanso.
repostería *s.f.* Oficio de hacer dulces, pasteles, fiambres, etc. • Establecimiento donde se fabrican o venden.
repostero, ra *s.* Persona que se dedica a la repostería.
reprender *v.tr.* Reconvenir, amonestar, retar.
reprensible *adj.* Que merece reprensión.
reprensión *s.f.* Reprimenda.
represa *s.f.* Detención o estancamiento del agua de un río o un lago, como en los embalses. • Presa (para el agua).
represalia *s.f.* Derecho que se atribuye el enemigo de hacer un daño igual o mayor que el recibido. • Acto de venganza o satisfacción de un agravio.
represar *v.tr.* Detener un curso de agua formando un embalse.
representación *s.f.* Acción de representar; en especial, una obra teatral. • Figura o imagen de una cosa. • Conjunto de personas que representan una entidad. • Autoridad, dignidad.
representante *s.m. y f.* Persona que representa a otra u otras, a una entidad o a una casa de comercio.
representar *v.tr.* Hacer presente una cosa con palabras o imágenes. • Ejecutar en público una obra teatral. • Ser imagen o símbolo de algo. • Sustituir a otro o actuar en su nombre. • Aparentar cierta edad.
representativo, va *adj.* Que sirve para representar. • Dícese de la forma de gobierno cuyas autoridades son representantes del pueblo. • Característico.
represión *s.f.* Acción de reprimir o contener.
represivo, va *adj.* Que reprime.
represor, ra *adj. / s.* Dícese de la persona o entidad que reprimen.
reprimenda *s.f.* Acción de reprender. • Palabras con que se lo hace.
reprimir *v.tr.* Contener, dominar, moderar. • *prnl.* Abstenerse de hacer o decir algo, o de manifestar un sentimiento.
reprobable *adj.* Que merece reprobación.
reprobación *s.f.* Acción de reprobar; censura.
reprobar *v.tr.* Censurar o desaprobar. • *América* No aprobar a un alumno en un examen.
réprobo, ba *adj. / s.* Condenado al infierno; maldito. • Dícese del que se aparta de una doctrina religiosa o de la convivencia normal.
reprochar *v.tr.* Censurar, reconvenir.
reproche *s.m.* Acción de reprochar. • Expresión con que se reprocha.
reproducción *s.f.* Acción de reproducir. • Cosa hecha copiando otra.
reproducir *v.tr./prnl.* Producir de nuevo. • Imitar, copiar, repetir. • *prnl.* Generar un ser otro de su misma especie, procrear.
reproductivo, va *adj.* Que produce beneficio o provecho.
reproductor, ra *adj. / s.* Que reproduce. • Dícese del animal seleccionado y reservado para procrear.
reptante *adj.* Que repta.
reptar *v.intr.* Andar ciertos animales rozando la tierra con el vientre por no poseer patas o tenerlas muy cortas.
reptil *adj./s.m.* Dícese del vertebrado ovíparo u ovovivíparo, de sangre fría, cuerpo cubierto de escamas córneas y respiración pulmonar, que anda reptando, como la serpiente y el lagarto.
república *s.f.* Cuerpo político de una nación. • Forma de gobierno en la que el poder lo ejerce el pueblo por medio de sus representantes.
republicano, na *adj.* Relativo a la república. • *adj. / s.* Partidario de esa forma de gobierno.

repudiable *adj.* Que merece ser repudiado.
repudiar *v.tr.* Rechazar o condenar una cosa, en especial desde el punto de vista moral. • Rechazar legalmente el marido a su esposa.
repudio *s.m.* Acción de repudiar.
repudrir *v.intr./prnl.* Pudrir mucho. • Producir mucho malestar un disgusto o pena que se ocultan.
repuesto, ta *adj.* Que se encuentra restablecido de una enfermedad o de una fuerte impresión. • *s.m.* Provisión. • Pieza de un mecanismo, aparato, etc., para reponer otra averiada.
repugnancia *s.f.* Sensación física desagradable producida por la vista, sabor u olor de ciertas cosas. [sinón.: *asco, repulsión*]. • Aversión moral. • Oposición entre dos cosas.
repugnante *adj.* Que repugna.
repugnar *v.tr./prnl.* Ser opuesta una cosa a otra. • *intr.* Causar asco o disgusto una cosa.
repujar *v.tr.* Labrar una lámina de metal o el cuero a golpes de martillo, dándoles relieve.
repulgo *s.m.* Dobladillo angosto. • Borde ondeado que se hace a las empanadas, tartas, etc.
repulsa *s.f.* Condena enérgica.
repulsar *v.tr.* Rechazar algo; repeler. • Denegar un pedido. • Condenar con energía.
repulsión *s.f.* Acción de repeler. • Repugnancia, aversión.
repulsivo, va *adj.* Que rechaza. • Repugnante, antipático.
repuntar *v.intr.* Comenzar la marea a subir o bajar. • *América* Recuperar una buena posición. • Mejorar o aumentar una actividad.
repunte *s.m.* Acción de repuntar la marea. • *América* Comienzo del aumento de una actividad. • Alza de los precios.
reputación *s.f.* Fama, crédito. • Celebridad, renombre.
reputar *v.tr.* Conceptuar, estimar o juzgar. • Apreciar.
requebrar *v.tr.* Lisonjear a una mujer. • Adular.
requecho *s.m. América* Cosa de poco valor o desperdicio.
requemar *v.tr./prnl.* Volver a quemar. • Tostar con exceso. • Causar ardor o calor una cosa en la lengua.
requerimiento *s.m.* Acción de requerir o intimar.
requerir *v.tr.* Necesitar cierta cosa. • Intimar con autoridad pública, avisar, ordenar. • Solicitar amorosamente a una persona.
requesón *s.m.* Masa mantecosa de la leche cuajada.
requiebro *s.m.* Piropo, lisonja.
réquiem *s.m.* Parte musical polifónica de la misa de difuntos.
requilorio *s.m.* Rodeo innecesario para hacer o decir algo obvio o fácil.
requisa *s.f.* Revista o inspección. • Requisición.
requisar *v.tr.* Hacer requisición de cosas; incautarse.
requisición *s.f.* Recuento y embargo de bienes para el ejército, en tiempo de guerra.
requisito *s.m.* Condición o circunstancia necesarias para una cosa.
requisitorio, ria *adj.* Dícese del requerimiento que un juez hace a otro. • *s.f.* Orden judicial que dispone la búsqueda o captura de alguien.
res *s.f.* Animal cuadrúpedo de ciertas especies domésticas, como vacunos, lanares, etc., o salvajes, como jabalíes, venados, etcétera.
resabio *s.m.* Sabor desagradable que deja una cosa. • Vicio o mala costumbre.
resaca *s.f.* Retroceso de la ola de mar al retirarse de la costa. • Residuos que quedan en la orilla al bajar las aguas del mar y de los ríos.
resalado, da *adj.* Que tiene gracia y donaire.
resaltar *v.intr.* Sobresalir, destacarse, distinguirse.
resalto *s.m.* Acción de resaltar. • Parte sobresaliente de una superficie.
resarcir *v.tr./prnl.* Compensar un daño o agravio; indemnizar.
resbaladizo, za *adj.* Que resbala fácilmente. • Dícese del lugar en que es fácil resbalar. • Que se presta a cometer deslices o equivocaciones.

resbalar *v.intr./prnl.* Moverse rozando una superficie; deslizarse.
resbalón *s.m.* Acción de resbalar con violencia. • Desliz.
resbaloso, sa *adj.* Resbaladizo. • *s.f. América* Baile de ritmo vivaz, muy popular en la Argentina, Chile y Perú en el siglo XIX.
rescatable *adj.* Que puede ser rescatado. • Dícese del material o envase de un producto que pueden ser utilizados nuevamente.
rescatar *v.tr.* Recobrar por la fuerza tropas y pertrechos capturados por el enemigo. • Liberar a alguien o recobrar algo pagando.
rescate *s.m.* Acción de rescatar. • Precio que se paga por liberar a alguien.
rescindir *v.tr.* Dejar sin efecto un contrato u obligación; anular.
rescisión *s.f.* Acción de rescindir.
rescisorio, ria *adj.* Que rescinde.
rescoldo *s.m.* Brasa menuda que se conserva bajo la ceniza. • Resquemor, recelo.
1. resecar *v.tr./prnl.* Quitar la humedad a una cosa.
2. resecar *v.tr.* Efectuar la resección de un órgano, tumor, etc.
resección *s.f.* Operación de cortar un órgano, un miembro, un tumor, etc., o parte de ellos.
reseco, ca *adj.* Demasiado seco.
reseda *s.f.* Planta herbácea de jardín, de flores amarillentas.
resentido, da *adj.* Dícese del que tiene o muestra resentimiento.
resentimiento *s.m.* Dolor contenido de quien se siente maltratado.
resentirse *v.prnl.* Sentir dolor por alguna afección pasada. • Disminuir las fuerzas de una persona o cosa. • Apenarse o enojarse por una injusticia o falta de consideración.
reseña *s.f.* Descripción, noticia o análisis sintéticos de un asunto, obra literaria, etcétera.
reseñar *v.tr.* Hacer una reseña. • Describir una cosa por escrito. • Dar una noticia crítica sobre un libro.
resero, ra *s.* Persona que cuida las reses, o que las compra para venderlas.
reserva *s.f.* Reservación de localidades, pasajes, comodidades en un hotel, etc. • Cosas que se guardan para cuando se necesitan. • Circunspección, discreción. • Tropas que no están en servicio activo, pero que pueden ser movilizadas.
reservación *s.f.* Acción de reservar una cosa.
reservado, da *adj.* Poco comunicativo; discreto, circunspecto. • Secreto, confidencial. • *s.m.* Lugar que se destina a ciertas personas o a determinados usos.
reservar *v.tr.* Guardar una cosa para cuando sea necesaria. • Retener una plaza en un hotel, teatro, barco, etc. • Destinar un lugar para determinados usos o personas. • Ocultar o callar algo.
reservista *adj./s.m. y f.* Dícese del soldado de la reserva.
resfriado *s.m.* Resfrío.
resfriar *v.tr.* Causar un resfrío. • *prnl.* Contraer un resfrío.
resfrío *s.m.* Catarro, constipado.
resguardar *v.tr.* Defender o proteger. • *prnl.* Precaverse, prevenirse contra un daño.
resguardo *s.m.* Acción de resguardar. • Cosa con que se resguarda; defensa, reparo. • Servicio contra el contrabando.
residencia *s.f.* Acción de residir. • Lugar donde se reside. • Permanencia habitual en una ciudad. • Acción de residenciar.
residencial *adj.* Reservado para viviendas; en especial, de cierto lujo.
residenciar *v.tr.* Pedir cuentas a un funcionario público.
residente *adj./s.m. y f.* Que reside en cierto lugar. • Dícese de ciertos profesionales o empleados que viven en el mismo sitio donde trabajan.
residir *v.intr.* Vivir habitualmente en cierto lugar. • Radicar en una persona algo inmaterial.
residual *adj.* Relativo al residuo.
residuo *s.m.* Resto, sobrante. • Resto de una división. • Resultado de una resta.
resignación *s.f.* Cesión de ciertos derechos en favor de otro. • Conformidad en la adversidad.

resignar *v.tr.* Renunciar a una cosa en favor de otro. • *prnl.* Conformarse.
resina *s.f.* Sustancia viscosa que segregan diversos árboles.
resinoso, sa *adj.* Que tiene o destila resina. • Que se parece a la resina.
resistencia *s.f.* Acción de resistir. • Capacidad para resistir; vigor, energía. • Defensa contra un ataque. • Causa que se opone a la acción de una fuerza. • Oposición de un conductor eléctrico al paso de la corriente.
resistente *adj.* Que puede resistir; fuerte, vigoroso.
resistir *v.tr.* Tolerar, sufrir. • Luchar contra una pasión. • *intr.* Rechazar, repeler. • *intr./prnl.* Oponerse una fuerza a otra.
resistividad *s.f.* Grado de oposición de un cuerpo al paso de la corriente eléctrica.
resistor *s.m.* Resistencia eléctrica.
resma *s.f.* Conjunto de quinientas hojas o pliegos de papel.
resol *s.m.* Luz del Sol que procede de un cuerpo que la refleja.
resolano, na *adj./s.f.* Dícese del sitio apropiado para tomar sol.
resollar *v.intr.* Respirar, en especial con ruido. • En frases negativas, hablar.
resolución *s.f.* Acción de resolver. • Energía para actuar; decisión. • Ánimo, valor. • Dictamen o fallo de una autoridad.
resolutivo, va *adj.* Que sirve para resolver.
resoluto, ta *adj.* Resuelto.
resolutorio, ria *adj.* Que procede analíticamente o por resolución.
resolver *v.tr./prnl.* Tomar una determinación definitiva. • *tr.* Hallar la solución de una duda, un problema, una ecuación, etc. • En química, disolver. • *prnl.* Venir a parar una cosa en otra.
resonador, ra *adj.* Que resuena. • *s.m.* Dispositivo sonoro que vibra al recibir determinadas ondas acústicas.
resonancia *s.f.* Persistencia de un sonido que va apagándose gradualmente. • Sonido producido por la repercusión de otro. • Notable difusión de un hecho.
resonante *adj.* Que resuena. • Que logra resonancia.
resonar *v.intr.* Repercutir el sonido. • Sonar mucho. • Tener repercusiones un suceso.
resoplar *v.intr.* Respirar fuerte y con ruido.
resoplido *s.m.* Acción de resoplar.
resorcina *s.f.* Derivado del benceno, de aplicación muy variada en la industria, farmacia, etc.
resorte *s.m.* Pieza elástica de metal; muelle. • Medio para lograr un fin.
respaldar *v.tr.* Servir de garantía o apoyo. • Escribir algo en el dorso de un documento. • *prnl.* Apoyarse en el respaldo de una silla. • *s.m.* Respaldo de un asiento.
respaldo *s.m.* Parte de la silla u otro asiento en que se apoya la espalda. • Dorso de un escrito. • Garantía, protección.
respectar *v.intr.* Relacionarse con algo; corresponder, pertenecer.
respectivamente *adv.* De modo que cada elemento de un conjunto tenga su correspondiente o semejante en otro conjunto.
respectivo, va *adj.* Dícese de cada cosa de un conjunto que corresponde con otra de otro conjunto.
respecto *s.m.* Relación o razón de una cosa con otra.
résped *s.m.* Lengua de la serpiente. • Aguijón de la abeja.
respetabilidad *s.f.* Cualidad de respetable.
respetable *adj.* Digno de respeto; honorable. • Importante.
respetar *v.tr.* Dar un trato considerado. • Cumplir las leyes, normas, etc. • Tolerar las opiniones o creencias ajenas.
respeto *s.m.* Sentimiento de estima hacia una persona; veneración, reverencia. • Actitud o trato considerados. • Actitud de tolerancia hacia los gustos y opiniones ajenos. • Acatamiento. • *pl.* Manifestaciones de cortesía.
respetuoso, sa *adj.* Que provoca respeto. • Que se comporta con respeto.
réspice *s.m.* Respuesta seca o áspera [sinón.: *exabrupto*]. • Represión fuerte.
respingado, da *adj.* Levantado o doblado hacia arriba.

respingo *s.m.* Sacudida violenta del cuerpo. • Expresión o movimiento de desagrado al recibir una orden.
respingona *adj. fam.* Dícese de la nariz respingada.
respiración *s.f.* Acción de respirar. • Aire que se respira. • Entrada y salida de aire de un lugar.
respiradero *s.m.* Abertura por donde entra y sale el aire.
respirar *v.intr./tr.* Absorber y expeler el aire los seres vivos. • Absorber cualquier sustancia por los pulmones. • *intr.* Cobrar aliento. • Descansar. • Vivir. • En frases negativas, hablar.
respiratorio, ria *adj.* Que sirve para la respiración. • Dícese del aparato que, en las personas, animales y plantas, permite realizar esa función vital.
respiro *s.m.* Alivio en un trabajo, pena o preocupación; descanso. • Prórroga para pagar una deuda.
resplandecer *v.intr.* Despedir mucha luz; brillar, deslumbrar. • Sobresalir una cosa. • Lucir mucho.
resplandeciente *adj.* Que resplandece.
resplandor *s.m.* Luz o brillo muy intensos.
responder *v.tr.* Contestar. • Acudir a un llamado. • Referido a animales, corresponder con su voz a la de otros de su especie. • *intr.* Repetir el eco. • Reaccionar. • Dar algo el resultado esperado. • Corresponder a una acción de otro. • Garantizar.
respondón, na *adj./s.* Que replica con poco respeto.
responsabilidad *s.f.* Cualidad de responsable. • Obligación de responder de algo.
responsabilizar *v.tr./prnl.* Hacer a alguien responsable de una cosa.
responsable *adj.* Culpable de cierta cosa. • Que está obligado a responder de algo o por alguien. • Consciente de sus obligaciones.
responso *s.m.* Rezo que se dice por los difuntos.
responsorio *s.m.* Responso. • Ciertos versículos que se dicen en el rezo.
respuesta *s.f.* Contestación. • Réplica. • Acción con que se responde a la acción de otro.
resquebradura *s.f.* Resquebrajadura.
resquebrajadizo, za *adj.* Que se resquebraja fácilmente.
resquebrajadura *s.f.* Grieta, hendidura, raja.
resquebrajar *v.tr./prnl.* Hendir o rajar levemente.
resquemar *v.tr.* Requemar.
resquemor *s.m.* Sentimiento que causa desasosiego o pena.
resquicio *s.m.* Grieta, en especial la que hay entre el quicio y la puerta. • Pequeña posibilidad u ocasión para conseguir un fin.
resta *s.f.* Operación aritmética en que se halla la diferencia entre dos números [sinón.: *sustracción*]. • Residuo o resto de la sustracción.
restablecer *v.tr.* Volver a establecer una cosa, o restituirla a su estado anterior. • *prnl.* Recuperarse de una enfermedad.
restablecimiento *s.m.* Acción de restablecer o restablecerse.
restallar *v.intr.* Chasquear, crujir.
restante *adj.* Que resta o queda.
1. restañar *v.tr.* Cubrir o bañar con estaño por segunda vez.
2. restañar *v.tr.* Detener el curso de un líquido, en especial la sangre de una herida.
restar *v.tr.* Hallar la diferencia entre dos números o cantidades. • Quitar, suprimir. • En el juego de pelota, devolverla. • *intr.* Faltar, quedar.
restauración *s.f.* Reparación, restablecimiento. • Reposición en un país de un régimen político anterior.
restaurador, ra *adj./s.* Que restaura.
restaurante *s.m.* Establecimiento donde se sirven comidas.
restaurar *v.tr.* Restablecer a alguien o algo que habían sido derrocados. • Reparar una cosa rota o estropeada.
restinga *s.f.* Banco de arena o piedra debajo del agua y a poca profundidad.
restitución *s.f.* Acción de restituir.
restituir *v.tr.* Devolver una cosa a su primitvo dueño. • Volver a poner una cosa en su estado anterior. • *prnl.* Volver al lugar de donde se había salido.
resto *s.m.* Parte que queda de un todo;

residuo. • Acción de restar, en el juego de pelota. • Resultado de la sustracción. • *pl.* Lo que queda del cuerpo humano después de muerto.
restorán *s.m.* Restaurante.
restregar *v.tr.* Frotar con fuerza.
restregón *s.m.* Roce fuerte.
restricción *s.f.* Limitación.
restrictivo, va *adj.* Que restringe.
restricto, ta *adj.* Limitado, preciso.
restringente *adj./s.m.* Que restringe.
restringir *v.tr.* Limitar, ceñir, reducir. • Astringir.
resucitar *v.tr.* Volver a la vida a un muerto. • Dar nueva vida a una cosa. • *intr.* Volver alguien a la vida.
resudar *v.intr.* Sudar ligeramente. • *intr./prnl.* Rezumar.
resudor *s.m.* Sudor ligero y tenue.
resuelto, ta *adj.* Que no retrocede o no duda ante las dificultades; decidido.
resuello *s.m.* Respiración violenta o ruidosa. • *América* Descanso breve.
resulta *s.f.* Resultado, consecuencia.
resultado *s.m.* Cosa que resulta de otra; consecuencia. • En matemática, valor que se obtiene al efectuar una operación o cálculo.
resultante *adj.* Que resulta. • *s.f./adj.* Fuerza que equivale al conjunto de otras varias.
resultar *v.intr.* Ser una cosa consecuencia de otra. • Derivar, deducirse. • Ser conveniente. • Causar buen o mal efecto una cosa. • Aparecer, comprobarse algo.
resumen *s.m.* Exposición resumida de otra; compendio.
resumidero *s.m.* *América* Sumidero, alcantarilla.
resumir *v.tr./prnl.* Reducir una exposición a lo esencial; condensar. • *prnl.* Resolverse una cosa en otra.
resurgimiento *s.m.* Acción de resurgir.
resurgir *v.intr.* Surgir de nuevo; reaparecer. • Volver a la vida. • Recuperarse.
resurrección *s.f.* Acción de resucitar; por excelencia, la de Jesucristo.
retablo *s.m.* Conjunto de figuras pintadas o talladas que representan un suceso; en especial, de la historia sagrada. • Representación teatral de un hecho de la historia sagrada.
retaco *s.m.* Escopeta corta.
retador, ra *adj./s.* Que reta o desafía.
retaguardia *s.f.* Tropa que marcha detrás [antón.: *vanguardia*].
retahíla *s.f.* Serie de cosas o nombres que resulta monótona o excesiva.
retal *s.m.* Pedazo sobrante de una tela, piel, chapa, etc.
retama *s.f.* Arbusto ornamental de hojas pequeñas y flores amarillas.
retamo *s.m.* *América* Retama.
retar *v.tr.* Desafiar. • Reprender, reprochar.
retardado, da *adj.* Dícese del movimiento cuya velocidad va disminuyendo. • *adj./s.* *América* De inteligencia poco desarrollada; retrasado.
retardar *v.tr./prnl.* Demorar, retrasar.
retardatario, ria *adj./s.* Que tiende a causar retardo.
retardo *s.m.* Demora, tardanza, retraso.
retazar *v.tr.* Dividir una cosa en pedazos.
retazo *s.m.* Trozo sobrante de una tela.
retemblar *v.intr.* Temblar con movimiento repetido.
retén *s.m.* Tropa siempre lista para reforzar un puesto. • Pieza que sirve para inmovilizar a otra.
retención *s.f.* Acción de retener. • Lo que se retiene de un sueldo o salario.
retener *v.tr.* Detener, conservar o no devolver. • Conservar en la memoria. • Conservar un empleo mientras se desempeña otro. • Suspender el pago de una parte del sueldo, salario, etc.
retentiva *s.f.* Memoria.
retentivo, va *adj./s.* Que es capaz de retener.
reteñir *v.tr.* Teñir otra vez.
reticencia *s.f.* Omisión voluntaria, y a veces maliciosa, de lo que se debería decir.
reticente *adj.* Que emplea reticencia o que la incluye.
retícula *s.f.* Hilos cruzados o paralelos que, en un instrumento óptico, permiten precisar la visual. • Red de puntos de un fotograbado, que reproduce los claroscuros de la imagen.
reticulado, da *adj.* Reticular.
reticular *adj.* De forma de red.

retículo *s.m.* Tejido en forma de red. • Retículas de un instrumento óptico. • En los rumiantes, redecillas.
retina *s.f.* Membrana interior del ojo, en la que se representan las imágenes.
retinte *s.m.* Acción de reteñir.
retintín *s.m.* Sensación persistente en el oído de un sonido agudo. • Tono irónico con que se dice algo.
retinto, ta *adj.* De color castaño muy oscuro.
retirada *s.f.* Acción de retirarse. • En la guerra, retroceso en orden.
retirado, da *adj.* Alejado, apartado, distante. • *adj. / s.* Dícese del empleado jubilado y del militar que no prestan servicio activo.
retirar *v.tr./prnl.* Separar, apartar. • Dejar el servicio activo un empleado o un militar. • *tr.* Sacar una cosa de donde está. • *prnl.* Irse a casa. • Irse a dormir.
retiro *s.m.* Acción de retirarse. • Lugar apartado y tranquilo. • Práctica de ciertas meditaciones religiosas, apartándose de las ocupaciones habituales. • Situación de estar retirado del servicio activo. • Pensión que percibe una persona retirada o jubilada.
reto *s.m.* Desafío, provocación. • Reprensión, reproche.
retobado, da *adj. América* Respondón, rezongón. • Obstinado. • Taimado, rencoroso, terco.
retobar *v.tr. América* Forrar o cubrir algo con cuero crudo. • *prnl.* Rebelarse un subalterno o un animal.
retobo *s.m. América* Acción de retobarse.
retocador, ra *adj. / s.* Que retoca, en especial fotografías.
retocar *v.tr.* Volver a tocar. • Corregir pequeñas imperfecciones, en especial de una fotografía o pintura.
retoñar *v.intr.* Dar nuevos brotes una planta.
retoño *s.m.* Tallo nuevo que echa una planta [sinón.: *brote, rebrote*].
retoque *s.m.* Acción de retocar.
retorcedura *s.f.* Retorcimiento.
retorcer *v.tr.* Torcer mucho una cosa dándole vueltas. • Interpretar maliciosamente una cosa. • *prnl.* Hacer gestos que expresan un dolor intenso.
retorcido, da *adj.* De intenciones o sentimientos malignos.
retorcijón *s.m.* Retortijón.
retorcimiento *s.m.* Acción de retorcer o retorcerse.
retórica *s.f.* Arte de hablar bien y con elegancia. • *pl. fam.* Razones que no son del caso.
retórico, ca *adj.* Relativo a la retórica. • Relativo a la oratoria. • *adj. / s.* Versado en retórica.
retornar *v.intr.* Volver al punto de partida; regresar, tornar. • *tr.* Poner algo en el lugar donde estaba.
retorno *s.m.* Acción de retornar.
retorsión *s.f.* Retorcimiento.
retorta *s.f.* Recipiente de cuello largo y curvado, que se usa en los laboratorios de química.
retortijón *s.m.* Retorcimiento rápido y enérgico. • Dolor intestinal breve y agudo.
retozar *v.intr.* Saltar y brincar alegremente. • Travesear o jugar entre personas o animales.
retozo *s.m.* Acción de retozar.
retozón, na *adj.* Inclinado a retozar, o que lo hace con frecuencia.
retracción *s.f.* Acción de retraer o retraerse. • Disminución del volumen de los tejidos orgánicos. • *América* Reducción de ciertas actividades mercantiles.
retractación *s.f.* Acción de retractarse.
retractar *v.tr./prnl.* Negar algo que se ha dicho o decir lo contrario de ello; desdecirse.
retráctil *adj.* Que puede retraerse o encongerse voluntariamente.
retracto *s.m.* Derecho que, en ciertos casos, tiene una persona de readquirir cosas que ha vendido.
retraer *v.tr.* Llevar un órgano o un miembro hacia el cuerpo, encogiéndolo. • *prnl.* Encogerse una cosa o meterse dentro de otra. • Hacer vida retirada.
retraído, da *adj.* Que rehúye el trato con la gente. • Poco comunicativo; tímido.
retraimiento *s.m.* Acción de retraerse. • Vida retirada. • Carácter poco comunicativo.
retranca *s.f.* Correa ancha que rodea las ancas de las bestias de tiro y sirve para frenar.

retransmisión *s.f.* Retrasmisión.
retransmitir *v.tr.* Retrasmitir.
retrasado, da *adj.* Dícese de la persona, planta o animal que no han alcanzado el desarrollo normal de su edad. • Dícese de los pueblos poco cultos. • *adj./s.* Dícese de la persona de desarrollo mental deficiente.
retrasar *v.tr./prnl.* Demorar, retardar. • *intr.* Referido a un reloj, marchar más lentamente; atrasar. • *prnl.* Andar menos aprisa de lo debido.
retrasmisión *s.f.* Acción de retrasmitir.
retrasmitir *v.tr.* Trasmitir de nuevo. • Difundir por radio o televisión lo que se ha trasmitido a ellas desde otro lugar.
retraso *s.m.* Hecho de haberse atrasado. • Situación de los pueblos retrasados.
retratar *v.tr.* Dibujar o fotografiar la figura de alguien. • Hacer la descripción del físico o carácter de una persona.
retratista *s.m.* y *f.* Persona que hace retratos.
retrato *s.m.* Dibujo, pintura o fotografía de una persona. • Descripción exacta —física o moral— de alguien.
retrechería *s.f.* *fam.* Artificio mañoso para eludir un deber. • *fam.* Zalamería para atraer.
retrechero, ra *adj.* *fam.* Que tiene habilidad para hacer o decir algo. • *fam.* Simpático, atractivo.
retreparse *v.prnl.* Echar el cuerpo hacia atrás. • Recostarse.
retreta *s.f.* Toque militar de clarín o de tambor para marchar en retirada o para alistarse a descansar. • *América* Concierto al aire libre.
retrete *s.m.* Lugar para orinar y evacuar el vientre.
retribución *s.f.* Acción de retribuir. • Dinero o cosa con que se retribuye algo; pago, remuneración.
retribuir *v.tr.* Pagar o remunerar por un trabajo o servicio. • *América* Corresponder a un favor.
retributivo, va *adj.* Que da ganancia.
retroactividad *s.f.* Cualidad de retroactivo.
retroactivo, va *adj.* Que obra o tiene aplicación sobre lo pasado.
retroceder *v.intr.* Ir hacia atrás. • Desistir.
retrocesión *s.f.* Acción de devolver a una persona el derecho que ella había cedido antes.
retroceso *s.m.* Acción de retroceder. • Cierto lance del juego de billar.
retrocuenta *s.f.* Acción de contar los números de mayor a menor.
retrogradación *s.f.* Acción de retrogradar, en especial un planeta.
retrogradar *v.intr.* Ir hacia atrás. • Retroceder aparentemente en su órbita un planeta.
retrógrado, da *adj.* Que retrograda. • Dícese del retroceso aparente de los planetas, vistos desde la Tierra. • *adj./s.* Opuesto al progreso.
retronar *v.intr.* Retumbar el trueno.
retropropulsión *s.f.* Propuesta producida por el escape violento de un chorro de gas que sale del vehículo en dirección opuesta a la de su marcha.
retroproyector *s.m.* Diascopio que proyecta la imagen hacia atrás.
retrospección *s.f.* Examen retrospectivo.
retrospectivo, va *adj.* Que se refiere al tiempo pasado, o lo evoca.
retrotraer *v.tr.* Retroceder imaginariamente hasta una época pasada.
retrovender *v.tr.* Devolver el comprador una cosa al vendedor, por el mismo precio.
retroventa *s.f.* Acción de retrovender.
retrovisor *adj./s.m.* Dícese del espejo que permite al conductor de un vehículo ver lo que viene detrás de él.
retrucar *v.intr./tr.* Emplear contra una persona un argumento usado por ella. • *fam.* *América* Replicar con prontitud y acierto.
retruco *s.m.* Retruque.
retruécano *s.m.* Chiste o juego de palabras utilizando parónimos.
retruque *s.m.* Acción de retrucar.
retumbante *adj.* Que retumba. • Ostentoso, grandilocuente.
retumbar *v.intr.* Resonar mucho o con mucho estruendo.
retumbo *s.m.* Acción de retumbar.
reubicar *v.tr./prnl.* *América* Volver a ubicar a una persona o una cosa en determinado lugar.
reuma o **reúma** *s. ambig.* Reumatismo.

reumático, ca *adj.* Relativo al reumatismo. • *adj./s.* Que lo padece.
reumatismo *s.m.* Enfermedad caracterizada por dolores articulares y musculares.
reumatología *s.f.* Parte de la medicina que estudia las enfermedades reumáticas.
reunión *s.f.* Acción de reunir. • Conjunto de personas reunidas. • En teoría de conjuntos, unir.
reunir *v.tr.* Volver a unir. • Congregar, unir, juntar. • Tener ciertas condiciones.
revacunación *s.f.* Acción de revacunar.
revacunar *v.tr.* Volver a vacunar.
reválida *s.f.* Revalidación. • Examen con que se revalidan estudios.
revalidación *s.f.* Acción de revalidar [sinón.: *reválida*].
revalidar *v.tr.* Dar nueva validez a una cosa, o confirmarla. • Rendir examen para dar validez a un título otorgado en otro país.
revalorizar *v.tr.* Devolver a una cosa el valor perdido. • Revaluar.
revaluación *s.f.* Acción de revaluar. • Aumento del valor de una moneda con respecto al patrón internacional.
revaluar *v.tr.* Volver a valuar.
revancha *s.f.* Desquite.
revelación *s.f.* Acción de revelar. • Manifestación de una verdad religiosa hecha por Dios al hombre.
revelado *s.m.* Operación de revelar una fotografía.
revelador, ra *adj./s.* Que revela. • *s.m.* Sustancia para revelar fotografías.
revelar *v.tr.* Descubrir lo secreto, oculto o ignorado. • Manifestar Dios una cosa a los hombres. • Hacer visible la imagen impresa en una placa o película.
revendedor, ra *adj./s.* Que revende.
revender *v.tr.* Vender lo que se ha comprado para lucrar con ello.
revenido *s.m.* Tratamiento de ciertos metales para eliminar su fragilidad.
revenir *v.intr.* Volver una cosa a su estado propio. • *prnl.* Encogerse, consumirse. • Acedarse o avinagrarse.
reventa *s.f.* Acción de revender.
reventar *v.intr./prnl.* Romperse bruscamente una cosa por una fuerza interior; estallar. • *intr.* Romper las olas del mar. • *fam.* Tener deseos muy fuertes de decir una cosa. • *tr.* Deshacer una cosa aplastándola con violencia. • *fam.* Molestar, fastidiar. • *prnl. fam.* Cansarse excesivamente.
reventón *adj.* Que revienta o parece que va a reventar. • *s.m.* Acción de reventar.
rever *v.tr.* Mirar o ver de nuevo.
reverberación *s.f.* Acción de reverberar. • Reflexión múltiple del sonido.
reverberar *v.intr.* Reflejarse la luz en un objeto brillante o el sonido en una superficie que no lo absorbe.
reverbero *s.m.* Reverberación. • Objeto bruñido o farol que hacen reverberar la luz.
reverdecer *v.intr./tr.* Cobrar nuevo verdor, lozanía o vigor.
reverencia *s.f.* Respeto, admiración, veneración. • Inclinación del cuerpo como muestra de respeto.
reverenciar *v.tr.* Respetar, venerar.
reverendísimo, ma *adj.* Se aplica, como forma de tratamiento, a los cardenales, arzobispos, etc.
reverendo, da *adj./s.* Se aplica, como forma de tratamiento, a las dignidades eclesiásticas.
reverente *adj.* Que muestra reverencia.
reversa *s.f. América* Marcha hacia atrás de un vehículo.
reversibilidad *s.f.* Cualidad de reversible.
reversible *adj.* Que se puede revertir. • Que puede usarse del derecho o del revés. • Que puede ejecutar dos funciones opuestas. • Dícese de las reacciones químicas y de las trasformaciones físicas que pueden realizarse en ambos sentidos.
reversión *s.f.* Restitución de una cosa a su estado anterior.
reverso *s.m.* Revés. • En las monedas y medallas, cara opuesta al anverso.
reverter *v.intr./prnl.* Salir una cosa de sus límites; rebosar.
revertir *v.intr.* Volver una cosa a su estado anterior. • Venir a parar una cosa en otra. • Pasar una cosa a un nuevo dueño.

revés *s.m.* Parte opuesta de una cosa; dorso, reverso. • Golpe dado con el dorso de la mano. • Infortunio, contratiempo, derrota.
revesado, da *adj.* Enrevesado. • Rebelde, travieso.
revestimiento *s.m.* Capa o cubierta que refuerza o adorna una superficie. • Material usado para ese fin.
revestir *v.tr./prnl.* Cubrir con un revestimiento. • Presentar una cosa determinado aspecto o cualidad.
revirado, da *adj. fam. América* Difícil de tratar.
revirar *v.tr.* Torcer o girar una cosa hacia otro lado.
revisación *s.f. América* Revisión.
revisada *s.f. América* Revisión.
revisar *v.tr.* Examinar cuidadosamente una cosa para corregirla o repararla.
revisión *s.f.* Acción de revisar.
revisionismo *s.m.* Movimiento que procura la reivindicación de personajes tradicionalmente condenados.
revisor, ra *adj./s.* Que revisa. • *s.* Persona que controla los billetes de los pasajeros de ciertos medios de trasporte.
revista *s.f.* Examen cuidadoso, inspección. • Formación de tropas para ser inspeccionadas. • Publicación periódica, generalmente con temas diversos. • Cierto espectáculo teatral frívolo.
revistar *v.tr.* Pasar revista a las tropas.
revitalizar *v.tr.* Dar más fuerza y vitalidad a alguna cosa.
revivificar *v.tr.* Vivificar, reavivar.
revivir *v.intr.* Volver a la vida, resucitar. • Volver en sí. • *tr.* Evocar.
revocación *s.f.* Acción de revocar o anular.
revocar *v.tr.* Dejar sin efecto una resolución, concesión, orden, etc.; anular. • Cubrir una pared con una capa de yeso, cal, etcétera.
revocatorio, ria *adj.* Que revoca o anula.
revolcar *v.tr.* Derribar a alguien y maltratarlo. • *fam.* Vencer y apabullar al adversario en una discusión. • *prnl.* Echarse en un sitio y dar vueltas sobre él.
revolcón *s.m. fam.* Acción de revolcar.
revolear *v.tr. América* Hacer girar en el aire una correa, un lazo, etc.
revolotear *v.intr.* Volar haciendo giros en poco espacio.
revoloteo *s.m.* Acción de revolotear.
revoltijo *s.m. fam.* Conjunto de cosas desordenadas o revueltas. • Confusión o enredo.
revoltillo *s.m. fam.* Revoltijo.
revoltoso, sa *adj.* Travieso, enredador. • Sedicioso, alborotador.
revolución *s.f.* Acción de revolver. • Alzamiento, rebelión, sedición. • Trasformación profunda. • Movimiento completo de un astro en su órbita. • Giro completo de una pieza alrededor de un eje.
revolucionar *v.tr.* Provocar un estado de revolución.
revolucionario, ria *adj.* Relativo a la revolución. • *adj./s.* Agitador, rebelde, sedicioso.
revolver *v.tr.* Sacudir o agitar una cosa. • Registrar moviendo, separando o buscando algo. • Desordenar. • Causar disturbios; inquietar, sublevar.
revólver *s.m.* Arma de fuego corta, con cilindro giratorio donde se alojan varios proyectiles. • Pieza giratoria de algunos instrumentos o máquinas (microscopios, tornos, etc.).
revoque *s.m.* Acción de revocar una pared. • Material con que se revoca.
revuelo *s.m.* Revoloteo. • Turbación, agitación. • Confusión.
revuelta *s.f.* Alteración del orden público; motín. • Riña. • Cambio de dirección de un camino.
revuelto, ta *adj.* En desorden. • Trastornado o perturbado. • Dícese del mar agitado y del tiempo borrascoso.
revulsión *s.f.* En medicina, irritación provocada en la piel o las mucosas para aliviar la congestión o inflamación de otra parte del cuerpo.
revulsivo, va *adj./s.m.* Que produce revulsión.
rey *s.m.* Soberano de un reino; monarca. • En el ajedrez, pieza principal. • Persona, animal o cosa que se destacan o sobresalen.
reyerta *s.f.* Riña, o discusión violenta.
reyezuelo *s.m.* Pájaro cantor, insectívoro, de plumaje vistoso.

rezagarse *v.prnl.* Quedarse atrás; retrasarse.
rezago *s.m.* Atraso. • Residuo que queda de una cosa.
rezar *v.tr.* Orar verbalmente. • Recitar o leer la misa, el oficio divino, etc. • *tr. / intr.* Estar redactado un escrito de cierta manera.
rezo *s.m.* Acción de rezar. • Oficio religioso que se reza diariamente.
rezongar *v.intr.* Manifestar disgusto; gruñir, refunfuñar.
rezongo *s.m.* Refunfuño.
rezongón, na *adj. / s.* Que rezonga con frecuencia.
rezumar *v.tr. / intr./prnl.* Salir un líquido por los poros del recipiente.
rhe *s.m.* Unidad de fluidez.
rho *s.f.* Decimoséptima letra del alfabeto griego (ρ).
ría *s.f.* Parte de un río próxima a su desembocadura, hasta donde penetran las aguas del mar.
riacho *s.m.* Riachuelo.
riachuelo *s.m.* Río pequeño.
riada *s.f.* Crecida de un río; avenida, inundación.
ribazo *s.m.* Porción de tierra con alguna elevación y declive.
ribera *s.f.* Orilla del mar o del río. • Tierra regada por el agua de un río.
ribereño, ña *adj.* De la ribera.
ribete *s.m.* Cinta o galón que refuerzan el borde de un vestido, calzado, etc. • *pl.* Asomo, indicio.
ribetear *v.tr.* Poner ribetes.
ribonucleico, ca *adj.* Dícese de uno de los ácidos fundamentales de los tejidos vivos.
ricacho, cha *adj. / s. fam.* Dícese de la persona acaudalada, pero vulgar.
ricachón, na *adj. / s. fam.* Ricacho.
ricino *s.m.* Planta de cuyas semillas se extrae un aceite purgante.
rico, ca *adj. / s.* Que tiene muchos bienes o dinero. • *adj.* Abundante en cierta cosa. • Muy valioso o de alto precio. • Agradable al paladar; sabroso, exquisito.
ricota *s.f. América* Requesón.
rictus *s.m.* Contracción de los labios que deja ver los dientes y parece una risa, sin serlo.
ricura *s.f. fam.* Cualidad de rico o agradable.
ridiculez *s.f.* Dicho o hecho extravagantes.
ridiculizar *v.tr.* Burlarse de una persona o cosa por sus defectos o extravagancias.
ridículo, la *adj.* Que mueve a risa. • Escaso, corto. • *s.m.* Situación rara o desairada en que cae una persona.
riego *s.m.* Acción de regar.
riel *s.m.* Barra de metal en bruto. • Carril, de una vía férrea. • Barra por la que se deslizan los anillos de una cortina, ciertas piezas de una máquina, etc.
rielar *v.intr.* Brillar con luz temblorosa.
rienda *s.f.* Cada una de las dos correas con que se gobierna la caballería. • *pl.* Gobierno o dirección de una cosa.
riesgo *s.m.* Contingencia o posibilidad de un daño; peligro.
riesgoso, sa *adj. América* Expuesto a riesgos o peligros.
rifa *s.f.* Sorteo de una cosa.
rifar *v.tr.* Adjudicar una cosa por medio de una rifa; sortear. • En marina, rasgarse una vela.
rifle *s.m.* Arma larga de fuego, portátil, con el cañón estriado.
rigidez *s.f.* Cualidad de rígido. • Resistencia de un material o un cuerpo a ser deformados. • Rigor, rectitud.
rígido, da *adj.* Que no se puede doblar o torcer. • Inflexible. • Riguroso, severo, exigente.
rigodón *s.m.* Antiguo baile de movimiento vivo, parecido a la contradanza.
rigor *s.m.* Severidad, dureza. • Extremo a que puede llegar una cosa. • Exactitud, precisión.
rigorismo *s.m.* Exceso de rigor o severidad.
rigurosidad *s.f.* Cualidad de riguroso o severo.
riguroso, sa *adj.* Implacable, inexorable o severo. • Estricto. • Extremado y duro de soportar; inclemente. • Exacto, preciso.
rima *s.f.* Coincidencia total o parcial de sonidos a partir de la última vocal acentuada de un verso.
rimar *v.intr.* Hacer rima. • Componer en

verso. • *tr.* Hacer rimar una palabra con otra.
rimbombante *adj.* Aparatoso o ridículamente solemne.
rincón *s.m.* Ángulo entrante formado por dos paredes, láminas, etc. • Lugar apartado u oculto; escondrijo. • Sitio pequeño.
rinconada *s.f.* Rincón formado entre dos calles, caminos, montes.
rinconera *s.f.* Mueble o estante de figura triangular, que se coloca en un rincón de la habitación.
ringle *s.m.* Fila o hilera.
ringlera *s.f.* Ringle.
ringlero *s.m.* Cada una de las líneas del papel pautado que sirve para aprender a escribir.
rinitis *s.f.* Inflamación de la mucosa de las fosas nasales.
rinoceronte *s.m.* Mamífero de gran tamaño, con piel gruesa y rugosa, y uno o dos cuernos sobre la nariz.
rinofaringe *s.f.* Parte superior de la faringe, que se comunica con las fosas nasales.
riña *s.f.* Pelea, pendencia, reyerta.
riñón *s.m.* Cada una de las dos glándulas que segregan la orina.
riñonada *s.f.* Tejido adiposo que cubre los riñones. • Lugar del cuerpo donde están los riñones. • Guiso de riñones.
río *s.m.* Corriente de agua de caudal apreciable que desemboca en otra, en el mar, en un lago, etc. • Gran cantidad de una cosa.
rioplatense *adj.* Del río de la Plata o de sus costas. • *adj./s.m. y f.* De la Argentina y el Uruguay (América).
riostra *s.m.* Pieza de refuerzo que asegura la rigidez de una armazón.
ripio *s.m.* Residuo de una cosa. • Fragmentos de piedra, ladrillo y otros materiales desechables. • Palabra superflua usada sólo para completar un verso.
ripioso, sa *adj.* Que abunda en ripios.
riqueza *s.f.* Abundancia de bienes materiales. • Opulencia. • Fertilidad del suelo. • Fecundidad de buenas cualidades, de ideas, etc.
risa *s.f.* Movimiento de la boca y del rostro que denota alegría. • Lo que hace reír.
risco *s.m.* Roca escarpada; peñasco.
riscoso, sa *adj.* Que tiene muchos riscos.
risible *adj.* Que causa risa.
risotada *s.f.* Risa estrepitosa; carcajada.
ríspido, da *adj.* Poco afable; áspero, brusco, malhumorado.
ristra *s.f.* Trenza hecha con los tallos de ajos o cebollas. • Hilera, fila.
ristre *s.m.* Hierro del peto de la armadura, donde se apoyaba la lanza.
risueño, ña *adj.* De semblante alegre. • Propenso a reír. • De aspecto agradable. • Favorable, propicio.
rítmico, ca *adj.* Que se hace con ritmo o compás.
ritmo *s.m.* Orden acompasado en la sucesión de sonidos, movimientos, etc. • Frecuencia con que ocurre una cosa. • Metro o verso. • Cadencia, compás.
rito *s.m.* Costumbre o ceremonia. • Conjunto de reglas para el culto y las ceremonias religiosas.
ritornelo *s.m.* Trozo instrumental que precede o sigue a un trozo cantado. • Repetición de una parte ya cantada. • Estribillo.
ritual *adj.* Que se hace siguiendo un rito. • *s.m.* Conjunto de ritos de una religión.
ritualismo *s.m.* Exagerada observancia de los ritos o de las formalidades.
rival *s.m.* y *f.* Persona que quiere obtener lo mismo que otra; competidor, contendiente.
rivalidad *s.f.* Oposición entre los que quieren obtener la misma cosa.
rivalizar *v.intr.* Competir.
rivera *s.f.* Arroyo o riachuelo.
rizado, da *adj.* Que tiene o forma rizos. • *s.m.* Acción de rizar.
rizar *v.tr./prnl.* Formar rizos en el pelo. • Formar olas pequeñas u ondas.
1. rizo *s.m.* Mechón de pelo en forma de bucle o tirabuzón.
2. rizo *s.m.* Cabo con que se asegura la vela de un barco.
rizófago, ga *adj.* Dícese del animal que se alimenta de raíces.
rizoide *adj.* En botánica, dícese del órgano parecido a una raíz. • *s.m.* Filamento que en ciertas plantas inferiores sustituye a la raíz.

rizoma *s.m.* Tallo horizontal y subterráneo, con raíces adventicias.
rizomatoso, sa *adj.* Dícese de la planta que tiene rizomas.
roano, na *adj./s.* Ruano.
robaliza *s.f.* Hembra del róbalo.
róbalo o **robalo** *s.m.* Pez marino, carnívoro, de carne muy estimada.
robar *v.tr.* Apoderarse de lo ajeno con violencia o con fuerza. • Hurtar. • Atraer el afecto o el cariño. • Tomar cartas del mazo en ciertos juegos de barajas, o fichas en el dominó. • *intr.* Cobrar muy caro una cosa.
robezo *s.m.* Gamuza (mamífero).
robín *s.m.* Herrumbre de los metales.
roble *s.m.* Árbol de gran porte, de madera resistente muy apreciada, y fruto en bellota. • Persona muy fuerte y resistente.
roblón *s.m.* Remache. • Lomo del tejado.
roblonar *v.tr.* Remachar.
robo *s.m.* Acción de robar. • Cosa robada.
robot *s.m.* Artefacto electrónico que puede realizar automáticamente operaciones o movimientos muy variados. • Autómata.
robótica *s.f.* Técnica de la construcción y empleo de robots.
robustecer *v.tr./prnl.* Dar robustez.
robustez *s.f.* Fortaleza, vigor.
robusto, ta *adj.* Dícese de las cosas fuertes o recias. • Dícese de la persona vigorosa, de buena salud.
roca *s.f.* Masa constituida por uno o varios minerales, que forma parte de la litosfera. • Cada especie, de características definidas, de esa masa. • Peñasco. • Cosa muy dura y sólida.
rocalla *s.f.* Conjunto de pequeños trozos desprendidos de las rocas.
rocalloso, sa *adj.* Abundante en rocalla.
roce *s.m.* Acción de rozar. • Rozamiento. • *fam.* Trato social frecuente.
rociada *s.f.* Acción de rociar. • Rocío. • Conjunto de cosas esparcidas.
rociador, ra *adj. / s.* Dícese de cualquier dispositivo usado para el riego por aspersión. • *s.m.* Utensilio para rociar la ropa. • Vaporizador.
rociar *v.intr.* Caer rocío. • *tr.* Esparcir un líquido en gotas menudas. • Arrojar cosas de modo que queden esparcidas.
rocín *s.m.* Caballo de mal aspecto y poca alzada.
rocinante *s.m.* Caballo flaco y endeble.
rocío *s.m.* Vapor de agua de la atmósfera que, por la temperatura baja, se condensa en gotas menudas.
rococó *adj./s.m.* Dícese del estilo barroco de decoración, cargado de adornos, espejos, guirnaldas, etc.
rocoso, sa *adj.* Formado por rocas, o lleno de ellas.
rocoto *s.m.* *América* Cierto tipo de ají, grande y algo soso.
roda *s.f.* Pieza gruesa y curva que forma la proa de un barco.
rodaballo *s.m.* Pez marino de cuerpo aplanado asimétrico, con dos ojos del lado izquierdo; su carne es muy apreciada.
rodada *s.f.* Señal que deja la rueda en la tierra. • *América* Acción de rodar un caballo.
rodado, da *adj.* Dícese del canto o trozo de piedra alisados a fuerza de rodar. • Dícese del tránsito de vehículos sobre ruedas. • *s.m.* *América* Cualquier vehículo con ruedas.
rodadura *s.f.* Acción de rodar.
rodaja *s.f.* Pieza circular y plana de cualquier material. • Ruedecilla. • Tajada o rebanada. • Pequeña rueda dentada que tiene la espuela.
rodaje *s.m.* Filmación. • Asentamiento de un motor haciéndolo funcionar a velocidad moderada. • Conjunto de ruedas o engranajes. • *América* Medida de la rueda de un automóvil.
rodamiento *s.m.* Cojinete (elemento mecánico).
rodante *adj.* Que rueda.
rodar *v.intr.* Moverse un cuerpo dando vueltas sobre una superficie, o por medio de ruedas. • Girar en torno de un eje. • *tr.* Filmar. • *América* Caer hacia adelante el caballo al correr.
rodear *v.tr.* Estar una cosa alrededor de otra. • *intr.* Andar alrededor de algo. • Ir por un camino indirecto.
rodela *s.f.* Escudo redondo y pequeño.

rodeo *s.m.* Acción de rodear. • Camino más largo que el directo. • Manera indirecta de hacer o decir una cosa. • Reunión o recuento del ganado disperso. • *América* Fiesta campestre en la que se hacen demostraciones de destreza con equinos y vacunos.

rodete *s.m.* Rosca del peinado femenino. • Rosca de paño u otro material que se pone en la cabeza para llevar algún peso. • Nombre de la parte móvil de algunas máquinas, como la rueda de paletas de la turbina hidráulica.

rodilla *s.f.* Articulación del fémur con la tibia. • Región exterior de la pierna, que corresponde a esa articulación.

rodillera *s.f.* Cosa que se pone en la rodilla para protección o abrigo. • Bolsa que suele formarse en el pantalón en la parte que cubre la rodilla.

rodillo *s.m.* Cilindro de madera de tamaño adecuado a sus diversos usos, como amasar pastas, hacer rodar un peso por el suelo, etc. • Cilindro muy pesado, de piedra o hierro fundido, para compactar la tierra. • En imprenta, cilindro para entintar la forma. • Cilindro de las máquinas de escribir que arrastra el papel y sirve de soporte para la impresión.

rodio *s.m.* Metal muy raro, blanco y duro, que, en pequeñísimas cantidades, se halla combinado con el platino (símbolo: *Rh*).

rodo *s.m.* Rodillo para arrastrar cosas muy pesadas. • Cilindro muy pesado para allanar el suelo. • Especie de rastrillo con goma en lugar de dientes, para arrastrar el agua en los pisos, cristales, etc.

rododendro *s.m.* Arbusto ornamental de hojas persistentes y flores rojas agrupadas en racimos.

rodrigón *s.m.* Palo que se clava al pie de una planta para sostenerla; tutor.

roedor, ra *adj.* Que roe. • *adj./s.m.* Dícese del mamífero, generalmente de pequeño tamaño y muy prolífico, provisto en cada mandíbula de dos incisivos de crecimiento continuo, como la rata y el conejo.

roedura *s.f.* Porción que se saca al roer, y señal que queda.

roentgen *s.m.* Unidad de la radiación en el Sistema Internacional. • *adj.* Dícese de los rayos X.

roentgenio *s.m.* Castellanización de la palabra *roentgen*.

roer *v.tr.* Cortar menuda y superficialmente con los dientes. • Quitar con los dientes la carne pegada a un hueso. • Gastar o desgastar poco a poco. • Molestar o afligir una cosa que se piensa.

rogar *v.tr.* Pedir por favor o gracia; suplicar. • Instar.

rogativa *s.f.* Oración pública con que se pide algo a Dios.

rojez *s.f.* Cualidad de rojo.

rojizo, za *adj.* Que tira a rojo.

rojo, ja *adj./s.m.* Dícese del color encarnado, muy vivo, como el de la sangre. • *adj.* Dícese del pelo rubio, casi colorado.

rol *s.m.* Lista, nómina. • Documento en poder del capitán de un buque, en el cual figura el nombre de los tripulantes. • Galicismo por papel de un actor.

rolar *v.intr.* Balancearse un buque por efecto del viento o del oleaje. • Variar el viento de dirección. • *América* Tener trato o relaciones. • Versar la conversación sobre cierto tema.

roldana *s.f.* Rodaja por la que corre la cuerda o cadena de un motón o garrucha.

rollizo, za *adj.* Redondo, en forma de rollo. • Gordo o robusto. • *s.m.* Madero en rollo.

rollo *s.m.* Cilindro formado por una hoja de papel u otro material a la que se da una o más vueltas. • Madero redondo sin labrar. • Tambor de ciertas máquinas. • Rodillo. • Película fotográfica o cinematográfica enrolladas en un pequeño tambor.

romadizo *s.m.* Catarro nasal.

romaico, ca *adj./s.m.* Dícese de la lengua griega moderna.

romana *s.f./adj.* Balanza formada por una palanca de dos brazos muy desiguales, con un pilón que corre sobre el brazo mayor.

romance *adj. /s.m.* Dícese de cada una de las lenguas modernas derivadas del latín, como el español, el francés, etc. • *s.m.* Composición poética en la que ri-

man los versos pares. • *América* Historia de amor o noviazgo.
romancero, ra *adj.* /s. Persona que compone o canta romances. • *s.m.* Colección de romances.
romancesco, ca *adj.* Novelesco.
romanear *v.tr.* Trasladar pesos de un lugar a otro del buque para mejorar su estabilidad.
romanesco, ca *adj.* Relativo a los romanos. • Novelesco.
románico, ca *adj.* /*s.m.* Dícese del movimiento artístico —preferentemente arquitectónico— que se desarrolló en Europa durante los siglos XI, XII y XIII. • Derivado del latín; romance.
romanismo *s.m.* Civilización romana.
romanizar *v.tr.* Difundir la civilización romana o la lengua latina.
romano, na *adj.* / *s.* De la antigua Roma o de los países que componían el antiguo Imperio Romano. • De Roma (Italia). • *adj.* Dícese de la religión católica. • Dícese de la numeración que usaban los antiguos romanos, que representa los números por medio de siete letras.
romanticismo *s.m.* Movimiento artístico y de ideas caracterizado por la supremacía del sentimiento sobre la razón y el espíritu práctico. • Cualidad de romántico.
romántico, ca *adj.* / *s.* Dícese de los escritores, músicos, etc., que reflejan en sus obras los caracteres del romanticismo. • *adj.* Sentimental, generoso y soñador.
romanza *s.f.* Composición musical sencilla y sentimental.
romaza *s.f.* Hierba de hojas comestibles y raíz medicinal; se la considera una maleza.
rombal *adj.* De figura de rombo.
rómbico, ca *adj.* Relativo al rombo.
rombo *s.m.* Paralelogramo de cuatro lados iguales, en especial si no es rectangular.
romboédrico, ca *adj.* Relativo al romboedro, o que tiene su forma.
romboedro *s.m.* Prisma oblicuo de bases y caras rombales.
romboidal *adj.* Relativo al romboide, o que tiene su forma.
romboide *s.m.* Trapezoide que tiene dos lados consecutivos iguales y los otros dos lados distintos de los anteriores, pero iguales entre sí. • En algunos países, paralelogramo cuyos lados forman dos ángulos agudos y dos obtusos.
romería *s.f.* Peregrinación. • Fiesta popular con motivo de una festividad religiosa. • Gran número de personas que acuden a un sitio.
romero *s.m.* Arbusto de hojas aromáticas y flores azuladas, que se usa en medicina y perfumería.
romero, ra *adj.* / *s.* Peregrino. • *s.m.* Pez marino de cuerpo fusiforme que sigue a los barcos y a los tiburones en busca de alimento.
romo, ma *adj.* Sin punta ni filo. • De nariz pequeña y chata.
rompecabezas *s.m.* Arma compuesta por dos balas de metal sujetas a un mango. • Juego que consiste en reconstituir una figura recortada en pedacitos. • Cosa difícil de entender o de resolver.
rompehielos *s.m.* Barco construido para navegar por mares cubiertos de hielo.
rompehuelgas *s.m. y f.* Trabajador que no se pliega a una huelga, o que sustituye a un huelguista.
rompenueces *s.m.* Cascanueces.
rompeolas *s.m.* Escollera que protege a un puerto de mar contra el embate de las olas.
romper *v.tr./prnl.* Separar en pedazos una cosa o partirla irregularmente. • Gastar, destrozar. • *tr.* Abrirse paso a través de un obstáculo. • Roturar. • Surcar, dividir. • Interrumpir la continuidad de algo no material. • *intr.* Deshacerse en espuma las olas del mar. • Empezar. • Abrirse las flores. • *prnl. fam. América* Esforzarse mucho una persona.
rompible *adj.* Que se puede romper.
rompiente *adj.* Que rompe. • *s.ambig.* Bajo, escollo o costa donde rompen y se levantan las olas del mar.
rompimiento *s.m.* Acción de romper; ruptura. • Desavenencia.
ron *s.m.* Licor alcohólico obtenido de la caña de azúcar.

ronca *s.f.* Grito del ciervo cuando está en celo.
roncador, ra *adj.* Que ronca. • *s.m.* Pez marino que produce un ronquido cuando se lo saca del agua. • *f. América* Espuela de rodaja grande.
roncar *v.intr.* Respirar con un sonido, ronco cuando se duerme. • Hacer ruido sordo y bronco el mar, el viento, etc. • Llamar el ciervo a la hembra.
roncear *v.intr.* Demorar la ejecución de una cosa, o hacerla de mala gana. • Moverse un barco muy lentamente. • *tr. América* Mover una cosa pesada inclinándola a un lado y a otro. • Atisbar, rondar.
roncero, ra *adj.* Lento, perezoso. • Dícese del barco pesado y lento.
roncha *s.f.* Pequeño bulto de color rojo que se forma en la piel después de una picadura. • Equimosis.
ronco, ca *adj.* Dícese del sonido muy grave y áspero. • Que padece de ronquera.
ronda *s.f.* Recorrida que se hace por la noche en servicio de vigilancia. • Reunión de jóvenes para tocar y cantar por las calles. • *América* Juego en que los niños forman un coro y cantan.
rondalla *s.f.* Conjunto musical de jóvenes que van de noche cantando y tocando, o que, eventualmente, lo hacen en un local público. • Cuento, patraña.
rondar *v.intr./tr.* Hacer ronda de vigilancia. • Ir los jóvenes de ronda por las calles. • *tr.* Dar vueltas alrededor de algo. • *fam.* Andar tras una persona para conseguir una cosa.
rondín *s.m.* Ronda que hace un cabo para controlar los centinelas. • Vigilante en los arsenales de marina.
rondó *s.m.* Composición musical de movimiento vivaz, cuyo tema se repite varias veces.
rondón (de) *loc.adv.* Sin pedir permiso, o sin avisar.
ronquera *s.f.* Afección de la garganta que vuelve ronca la voz.
ronquido *s.m.* Ruido que se hace al roncar.
ronronear *v.intr.* Producir el gato un sonido ronco en señal de satisfacción.
ronroneo *s.m.* Acción de ronronear.
ronzal *s.m.* Cabestro.
1. ronzar *v.intr.* Hacer ruido al masticar algo quebradizo.
2. ronzar *v.tr.* En marina, mover un peso grande con palancas.
roña *s.f.* Suciedad adherida fuertemente. • *fam.* Tacañería. • *m. y f. fam.* Persona tacaña.
roñería *s.f. fam.* Tacañería.
roñoso, sa *adj. fam.* Que tiene roña. • *fam.* Tacaño, mezquino.
ropa *s.f.* Prenda de tela, en especial para vestir. • *ropa blanca* La de uso doméstico, como sábanas, toallas, manteles, etc.
ropaje *s.m.* Conjunto de ropas. • Vestidura lujosa que se usa en ceremonias solemnes.
ropavejería *s.f.* Tienda del ropavejero.
ropavejero, ra *s.* Persona que vende ropa o cosas usadas.
ropavieja *s.f. América* Guiso o fritura de trozos menudos de carne, papa, tomate, etcétera.
ropería *s.f.* Tienda donde se vende ropa hecha. • Guardarropa.
ropero, ra *adj. /s.m.* Dícese del armario o cuarto donde se guarda ropa. • *s.* Persona que vende ropa hecha.
ropón *s.m.* Ropa larga y suelta que se pone sobre los demás vestidos.
roque *s.m.* Torre de ajedrez.
roqueño, ña *adj.* Rocoso.
roquete *s.m.* Sobrepelliz cerrada, de mangas cortas.
rorcual *s.m.* Nombre común de varias especies de ballenas de gran tamaño.
rorro *s.m. fam.* Niño pequeñito.
ros *s.m.* Gorro militar, más alto por delante que por detrás.
rosa *s.f.* Flor del rosal. • *adj. /s.m.* Dícese del color rojo poco subido. • *s.f.* Abertura circular de la tapa de algunos instrumentos musicales como la guitarra. • *rosa de los vientos* Instrumento que indica el rumbo en la navegación.
rosáceo, a *adj.* De color algo rosado.
rosada *s.f.* Escarcha.
rosado, da *adj. /s.m.* Dícese del color rosa y de las cosas que lo tienen.
rosal *s.m.* Arbusto ornamental de tallo

ramoso con aguijones, y flores hermosas de colores variados.
rosaleda *s.f.* Sitio plantado de rosales.
rosarino, na *adj. / s.* De Rosario (Argentina).
rosario *s.m.* Rezo católico dedicado a la Virgen. • Sarta de cuentas que se usa para ese rezo, • Serie de sucesos.
rosbif *s.m.* Carne vacuna asada al horno, algo cruda en su interior.
rosca *s.f.* Porción de cualquier materia de forma circular con un espacio vacío en el centro. • Pan o bollo de esa forma. • Cada una de las vueltas en espiral de un tornillo o una tuerca. • *fam. América* Confusión, disputa.
roscado, da *adj.* En forma de rosca. • *s.m.* Acción de roscar.
roscar *v.tr.* Labrar las espiras de un tornillo o una tuerca.
rosedal *s.m. América* Rosaleda.
róseo, a *adj.* De color rosa.
roséola *s.f.* Erupción cutánea de pequeñas manchas rosáceas.
roseta *s.f.* Mancha rosada de las mejillas. • Rosa de los instrumentos musicales. • *pl.* Granos de maíz que, al tostarse, se abren en forma de flor.
rosetón *s.m.* Vano o ventana circulares. • Pequeño adorno circular que suele ponerse en los techos.
rosicler *s.m.* Color rosado claro de la aurora.
rosillo, lla *adj.* Dícese de la caballería de pelo mezclado de blanco, negro y castaño.
rosmaro *s.m.* Morsa (mamífero).
roso, sa *adj.* De color rojo.
rosoli *s.m.* Licor de aguardiente azucarado, aromatizado con canela, anís u otros ingredientes olorosos.
rosquilla *s.f.* Rosca pequeña de masa dulce. • Larva de insecto que se enrosca al menor peligro.
rostrado, da *adj.* Que termina en punta semejante al espolón de un barco o al pico de un ave.
rostro *s.m.* Cara, semblante. • Pico de la aves. • Aparato bucal chupador de ciertos insectos. • Cosa terminada en punta. • Espolón de las naves antiguas.
rota *s.f.* Palma de la India con cuyos tallos se hacen bastones.
Rota *s.prop.f.* Tribunal del Vaticano para las causas eclesiásticas.
rotación *s.f.* Acción de rodar o girar. • Giro de un astro, o de un cuerpo cualquiera, en torno a su eje. • Siembra alternada de diversos cultivos en el mismo suelo.
rotar *v.intr.* Efectuar movimientos de rotación.
rotario, ria *s.* Miembro de una asociación filantrópica y de ayuda mutua de carácter internacional.
rotativò, va *adj.* Que puede rodar o girar. • *adj./s.f.* Dícese de la máquina impresora en la que un cilindro giratorio imprime a gran velocidad. • *s.m.* Periódico impreso en esa máquina.
rotatorio, ria *adj.* Que tiene movimiento circular.
rotisería *s.f. América* Establecimiento donde se venden comidas preparadas.
roto, ta *adj.* Dícese de lo que se ha partido o ha sufrido rotura. • Harapiento, andrajoso. • *s.m.* En Chile, persona de la clase social más baja.
rotograbado *s.m.* Huecograbado. • Impresión hecha con ese sistema.
rotonda *s.f.* Edificio o habitación de planta circular. • Plaza circular.
rotor *s.m.* Parte giratoria de cualquier máquina, en especial de dínamos y motores eléctricos. • Aspas de un helicóptero.
rotoso, sa *adj. América* Muy pobre; andrajoso.
rótula *s.f.* Hueso plano situado delante de la rodilla, por encima de la tibia.• Articulación esférica de un mecanismo.
rotulación *s.f.* Acción de rotular.
rotulador, ra *adj./s.m. o f.* Que rotula o sirve para rotular.
1. rotular *v.tr.* Poner rótulo a una cosa.
2. rotular *adj.* Rotuliano.
rotuliano, na *adj.* Relativo a la rótula.
rótulo *s.m.* Inscripción que se pone a una cosa para indicar lo que es; etiqueta, marbete.
rotundidad *s.f.* Cualidad de rotundo.
rotundo, da *adj.* Completo, categórico, terminante. • Dícese del lenguaje preciso y expresivo.

rotura *s.f.* Acción de romper algo. • Quiebra de un cuerpo sólido.
roturación *s.f.* Acción de roturar.
roturador, ra *adj.* Que rotura. • *s.f./adj.* Máquina para roturar.
roturar *v.tr.* Arar o labrar por primera vez tierras no cultivadas.
roya *s.f.* Pequeño hongo parásito de los cereales y otras plantas. • Enfermedad causada por ese hongo.
rozadura *s.f.* Acción de rozar. • Señal que queda en una cosa por haber sido rozada. • Erosión superficial en la piel.
rozagante *adj.* Vistoso o ufano.
rozamiento *s.m.* Acción de rozar, roce. • Disgusto leve entre personas. • En física, resistencia que se opone al movimiento de un cuerpo.
rozar *v.tr. / intr.* Pasar una cosa tocando levemente la superficie de otra. • *tr.* Limpiar la tierra de malezas. • *prnl. fam.* Tratarse socialmente las personas.
ruano, na *adj./s.* Dícese del caballo de pelo blanco, gris y bayo.
rubefacción *s.f.* Rubicundez producida en la piel por algo irritante.
rubéola *s.f.* Enfermedad infecciosa parecida al sarampión.
rubí *s.m.* Piedra preciosa de color rojo vivo, trasparente y brillante.
rubia *s.f.* Planta vivaz de cuya raíz se extraen colorantes.
rubicundez *s.f.* Cualidad de rubicundo. • Color rojizo, enfermizo, que suele presentar la piel.
rubicundo, da *adj.* Rubio que tira al rojo. • Que tiene buen color y aspecto saludable.
rubidio *s.m.* Metal blanco amarillento que se encuentra en el mar y en ciertas plantas marinas (símbolo: *Rb*).
rubio, bia *adj.* Del color del oro. • *adj./s.* Dícese de la persona que tiene el pelo de ese color. • *s.m.* Pez marino pequeño de carne poco estimada.
rublo *s.m.* Unidad monetaria de la ex Unión Soviética.
rubor *s.m.* Color rojo que sube a las mejillas por vergüenza o timidez. • Vergüenza.
ruborizar *v.tr./prnl.* Causar rubor o vergüenza a alguien.
ruboroso, sa *adj.* Que tiene rubor.
rúbrica *s.f.* Trazo invariable que cada persona agrega a su nombre como parte de la firma.
rubricar *v.tr.* Firmar, suscribir un documento.
rubro, bra *adj.* Rojo (dicho del color). • *s.m. América* Rótulo o título.
rucio, cia *adj. / s.* Dícese de los animales de color pardo claro o blanquecino. • Dícese de la persona entrecana.
ruda *s.f.* Planta subleñosa ornamental, aromática y medicinal.
rudeza *s.f.* Cualidad de rudo.
rudimentario, ria *adj.* Relativo al rudimento. • Poco desarrollado.
rudimento *s.m.* Embrión de un ser. • Parte de un ser imperfectamente desarrollado. • *pl.* Primeras nociones de una ciencia o un arte.
rudo, da *adj.* Sin pulimento. • Tosco, basto, grosero. • Fuerte, violento. • Poco inteligente.
rueca *s.f.* Utensilio para hilar.
rueda *s.f.* Disco o armadura circular que giran sobre un eje. • Círculo o corro de personas. • Pez marino de cuerpo circular y fosforescente. • Orden sucesivo; turno.
ruedo *s.m.* Acción de rodar. • Borde de una cosa redonda. • Redondel de una plaza de toros. • Estera pequeña.
ruego *s.m.* Petición, súplica. • Palabras con que se ruega.
rufián *s.m.* Individuo que trafica con prostitutas, o que vive engañando y estafando.
rufianesco, ca *adj.* Propio de rufianes.
rufo, fa *adj.* Rubio, rojo o bermejo.
rugido *s.m.* Acción de rugir. • Cada sonido emitido al rugir.
rugir *v.intr.* Emitir su voz ciertas fieras, en especial el león o el tigre. • Producir un ruido fuerte y ronco. • Gritar fuertemente una persona colérica.
rugosidad *s.f.* Cualidad de rugoso. • Arruga (pliegue).
rugoso, sa *adj.* Con arrugas o asperezas.
ruibarbo *s.m.* Hierba perenne cuya raíz se usa como purgante.
ruido *s.m.* Sonido inarticulado y confu-

so. • En radiotelefonía, señales parásitas. • Escándalo, alboroto.

ruidoso, sa *adj.* Que causa mucho ruido. • Dícese del hecho notable del que se habla mucho.

ruin *adj.* Abyecto, vil. • Avaro, mezquino. • Débil y poco desarrollado.

ruina *s.f.* Acción de caer o destruirse una cosa. • Pérdida de bienes de fortuna. • *pl.* Restos de una construcción destruida.

ruindad *s.f.* Cualidad de ruin.

ruinoso, sa *adj.* Que amenaza ruina. • Que causa ruina.

ruiseñor *s.m.* Pájaro con plumaje pardo rojizo y canto muy melodioso.

rulemán *s.m. América* Cojinete (mecánico).

ruleta *s.f.* Juego de azar en que se lanza una bolita sobre una rueda giratoria dividida en casillas numeradas. • Pequeña rueda dentada para marcar puntos sobre la tela, el cuero, etc.

rulo *s.m.* Rodillo para allanar la tierra. •Rizo de cabello.

ruma *s.f. América* Pila de cosas.

rumano, na *adj./s.* De Rumania (Europa). • *s.m.* Lengua hablada en ese país.

rumba *s.f.* Baile popular cubano, y su música.

1. rumbear *v.intr. América* Orientarse en la dirección debida.

2. rumbear *v.intr. América* Andar de juerga.

1. rumbo *s.m.* Dirección con que se camina o navega. • Conducta que sigue una persona. • Cada una de las divisiones de la rosa de los vientos.

2. rumbo *s.m.* Pompa, ostentación.

rumboso, sa *adj.* Dícese del que gasta sin miramientos. • Pomposo, ostentoso.

rumí *s.m./adj.* Nombre dado por los moros a los cristianos.

rumia *s.f.* Acción de rumiar.

rumiante *adj.* Que rumia. • *adj./s.m.* Dícese de los mamíferos herbívoros que pueden volver los alimentos a la boca para masticarlos nuevamente, como el camello y el carnero; tienen el estómago dividido en cuatro cavidades.

rumiar *v.tr.* Referido a los animales rumiantes, masticar nuevamente los alimentos, volviéndolos a la boca después de tenerlos en el estómago. • Cavilar mucho sobre una cosa.

rumor *s.m.* Noticia imprecisa que corre entre la gente. • Ruido confuso de voces. • Ruido sordo, vago y continuado.

rumorear *v.tr.* Circular un rumor entre la gente.

rumoroso, sa *adj.* Que produce rumor.

runa *s.f.* Cada uno de los caracteres de la antigua escritura escandinava.

runrún *s.m. fam.* Rumor.

rupestre *adj.* De las rocas. • Dícese de las pinturas y dibujos prehistóricos hallados en ciertas cavernas.

rupia *s.f.* Unidad monetaria de la India, Pakistán y otros países.

rupícola *adj.* Dícese del animal o vegetal que viven entre las rocas.

ruptor *s.m.* Interruptor de ciertas bobinas eléctricas.

ruptura *s.f.* Acción de romper.

rural *adj.* Relativo al campo.

ruralismo *s.m.* Cualidad de rural. • Palabra o expresión propias del uso lingüístico del campo.

ruso, sa *adj./s.* De Rusia (Europa). • *s.m.* Lengua eslava hablada en Rusia.

rusticidad *s.f.* Cualidad de rústico.

rústico, ca *adj.* Relativo al campo. • Tosco, grosero o rudo.

ruta *s.f.* Camino para ir de un lugar a otro; itinerario.

rutenio *s.m.* Metal raro, duro y quebradizo (símbolo: *Ru*).

rutilante *adj.* Muy brillante.

rutilar *v.intr.* Brillar mucho; resplandecer.

rutina *s.f.* Hábito inveterado de hacer las cosas por mera repetición, sin reflexionar.

rutinario, ria *adj.* Que se hace o practica por rutina.

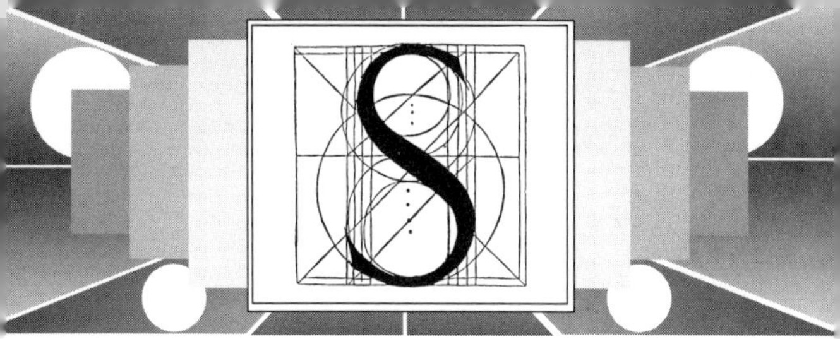

s *s.f.* Consonante, vigésima letra del abecedario español. Su nombre es *ese*.
sábado *s.m.* Séptimo día de la semana.
sábalo *s.m.* Pez de mar parecido al arenque, que remonta los ríos para desovar.
sabana *s.f.* En América, llanura extensa y sin árboles.
sábana *s.f.* Cada una de las piezas de lienzo que se ponen en la cama.
sabandija *s.f.* Cualquier reptil pequeño, o insecto, en especial los desagradables o molestos. • Persona despreciable.
sabanear *v.intr. América* Recorrer una sabana vigilando el ganado.
sabanero, ra *s. / adj.* Habitante de una sabana. • *s.m.* Pájaro parecido al estornino.
sabañón *s.m.* Inflamación acompañada de comezón, causada por el frío, en los pies, manos y orejas.
sabático, ca *adj.* Relativo al sábado.
sabatino, na *adj.* Relativo al sábado, o ejecutado en él.
sabedor, ra *adj.* Conocedor.
sabelotodo *s.m. y f. fam.* Persona que presume de saber de todo, y más que los otros.
1. saber *v.tr.* Tener conocimiento de alguna cosa. • Poseer habilidad para hacer algo. • *intr.* Tener semejanza con otra cosa. • *América* Acostumbrar, soler.
2. saber *s.m.* Conocimiento, sabiduría. • Ciencia o facultad.
sabiduría *s.f.* Conocimiento profundo en ciencias, artes o letras. • Cualidad de sabio. • Conducta sensata y prudente.
sabiendas (a) *loc. adv.* Con pleno conocimiento.
sabihondo, da *adj. / s. fam.* Que trata de mostrar que sabe más que los demás.
sabina *s.f.* Arbusto o árbol bajo, de ramas horizontales y madera olorosa.
sabio, bia *adj. / s.* Que posee sabiduría. • *adj.* Sensato, prudente.
sabiondo, da *adj. / s. fam.* Sabihondo.
sablazo *s.m.* Golpe o herida de sable. • *fam.* Acción de sablear.
1. sable *s.m.* Arma parecida a la espada, pero más larga y algo curva.
2. sable *s.m. / adj.* En heráldica, color negro.
sablear *v.intr. fam.* Sacar dinero a alguien con habilidad e insistencia.
sablista *adj. / s.m. y f. fam.* Que tiene el hábito de sablear.
saboga *s.f.* Sábalo.
sabor *s.m.* Cualidad de ciertas cosas por la cual estimulan el órgano del gusto. • Sensación que produce una sustancia en el paladar.
saborear *v.tr.* Paladear.
sabotaje *s.m.* Daño intencional de los medios de trabajo. • Entorpecimiento deliberado de una actividad.
saboteador, ra *adj. / s.* Que sabotea.
sabotear *v.tr.* Cometer actos de sabotaje.
sabroso, sa *adj.* Sazonado y grato al gusto. • Que causa deleite.
sabueso *s.m. / adj.* Perro de olfato muy fino, apto para la caza. • *s.m.* Detective.
sábulo *s.m.* Arena muy gruesa.
saburra *s.f.* Capa blanquecina o amarillenta que cubre la lengua en ciertos trastornos gástricos.
saburroso, sa *adj.* Con saburra.
1. saca *s.f.* Acción de sacar.

2. saca *s.f.* Saco grande de tela fuerte para trasportar correspondencia o mercaderías diversas.

sacabocado *s.m.* Herramienta de boca hueca y cortante, que sirve para taladrar cartones, chapas, etc.

sacabocados *s.m.* Sacabocado.

sacabuche *s.m.* Antiguo instrumento musical metálico, a modo de trompeta, que se alarga y acorta para variar los sonidos.

sacacorchos *s.m.* Utensilio para descorchar botellas; tirabuzón.

sacamanchas *s.m.* Quitamanchas.

sacamuestras *s.m.* Nombre de diversos instrumentos que se usan para obtener muestras de cereales, vinos, quesos, etc., a fin de apreciar su calidad.

sacapuntas *s.m.* Instrumento para afilar los lápices.

sacar *v.tr.* Hacer salir a una persona de un lugar, o poner una cosa fuera de donde estaba. • Librar a alguien de una situación difícil. • Obtener o conseguir algo. • Separar una cosa de un conjunto. • Hacer una fotografía. • Resolver un problema u operación por medio del cálculo. • *intr.* En ciertos juegos de pelota, lanzarla por primera vez.

sacarificar *v.tr.* Convertir en azúcar.

sacarímetro *s.m.* Instrumento para determinar la cantidad de azúcar de un líquido.

sacarina *s.f.* Sustancia blanca y pulverulenta cuyo poder edulcorante es quinientas veces mayor que el del azúcar.

sacarino, na *adj.* Relativo al azúcar, o que tiene azúcar.

sacarosa *s.f.* En química, nombre del azúcar común.

sacerdocio *s.m.* Dignidad y estado de sacerdote. • Misión o profesión nobles a las que alguien se consagra.

sacerdotal *adj.* Relativo al sacerdote.

sacerdote *s.m.* Hombre consagrado a Dios, ungido y ordenado para celebrar misa. • Ministro de una religión.

sacerdotisa *s.f.* En las religiones paganas, mujer dedicada al culto.

saciar *v.tr./prnl.* Satisfacer el hambre o la sed. • Satisfacer por completo.

saciedad *s.f.* Estado de satisfecho o harto.

saco *s.m.* Receptáculo de tela, papel o material plástico, abierto por un extremo. • Cavidad orgánica en forma de saco o bolsa. • Especie de gabán grande. • *América* Chaqueta del traje de hombre.

sacón *s.m. América* Abrigo de mujer, amplio y corto.

sacralizar *v.tr.* Atribuir carácter sagrado a lo que no lo tenía.

sacramental *adj.* Relativo a los sacramentos. • Consagrado por la ley o las costumbres.

sacramentar *v.tr.* Convertir el pan en el cuerpo de Jesucristo.

sacramento *s.m.* Signo sensible de un efecto espiritual que Dios obra en el alma.

sacrificar *v.tr.* Ofrecer o dar una cosa en honor de una divinidad; inmolar. • Matar las reses para el consumo. • *tr./prnl.* Renunciar a algo, o someterse a una privación o un esfuerzo.

sacrificio *s.m.* Ofrenda que se hace a Dios o a una deidad. • Acto de abnegación. • Ofrenda del cuerpo de Jesucristo, en la misa.

sacrilegio *s.m.* Falta grave de respeto hacia una persona, cosa o lugar sagrados.

sacrílego, ga *adj.* Que implica sacrilegio. • *adj./s.* Que comete sacrilegio.

sacristán *s.m.* El que ayuda al sacerdote en el cuidado de la iglesia.

sacristanía *s.f.* Cargo del sacristán.

sacristía *s.f.* Lugar donde los sacerdotes se ponen las vestiduras sagradas, y se guardan los objetos del culto.

sacro, cra *adj.* Sagrado. • *adj./s.m.* Dícese de la parte inferior de la columna vertebral.

sacrosanto, ta *adj.* Sagrado y santo a la vez.

sacudida *s.f.* Acción de sacudir o sacudirse.

sacudidor, ra *adj./s.* Que sacude. • *s.m.* Instrumento para sacudir el polvo de las alfombras.

sacudimiento *s.m.* Sacudida.

sacudir *v.tr.* Mover, agitar o golpear bruscamente una cosa. • Emocionar o alterar violentamente. • *prnl.* Sacarse una cosa de encima.

sacudón *s.m. América* Sacudida brusca.
sáculo *s.m.* Vesícula del oído interno.
sádico, ca *adj.* Que se complace en hacer sufrir.
sadismo *s.m.* Perversión del que siente placer haciendo sufrir a otros. • Crueldad refinada.
saduceo, a *adj. / s.* Dícese de los individuos de una secta judía que negaba la inmortalidad del alma.
saeta *s.f.* Arma arrojadiza que se dispara con arco o ballesta; flecha. • Manecilla del reloj.
safari *s.m.* Expedición de caza mayor.
saga *s.f.* Cada uno de los poemas mitológicos de la Escandinavia antigua.
sagacidad *s.f.* Cualidad de sagaz.
sagaz *adj.* Que prevé y previene las cosas; astuto, perspicaz.
sagita *s.f.* En geometría, segmento de recta cuyos extremos son el punto medio de una cuerda y el punto medio del arco correspondiente.
sagitado, da *adj.* En botánica, sagital.
sagital *adj.* En forma de saeta.
sagitaria *s.f.* Planta herbácea de hojas sagitadas y flores blancas.
sagrado, da *adj.* Que está dedicado a Dios y al culto divino. • Que inspira o merece veneración.
sagrario *s.m.* Lugar de la iglesia en el que se guardan las cosas sagradas.
sagú *s.m.* Nombre de varias plantas de las cuales se extrae fécula. • Esa fécula.
saguaipé *s.m. América* Gusano parásito que daña el hígado del ganado, en especial del ovino.
sah *s.m.* Sha.
sahumador *s.m.* Recipiente en que se queman perfumes.
sahumar *v.tr.* Quemar sustancias aromáticas en un lugar, para que huela bien.
sahumerio *s.m.* Acción de sahumar. • Sustancia con que se sahúma. • Humo aromático.
saí *s.m. América* Pájaro pequeño, arborícola, que vive en los trópicos.
saín *s.m.* Grasa de un animal.
sainete *s.m.* Pieza teatral jocosa, de carácter popular.
saíno *s.m.* Especie de pecarí sudamericano, sin cola y de carne sabrosa.
sajadura *s.f.* Acción de sajar.
sajar *v.tr.* En medicina, hacer un corte como medio curativo.
sajón, na *adj. / s.* De Sajonia (Alemania).
sajónico, ca *adj.* Relativo a los sajones.
sake *s.m.* Bebida alcohólica de origen japonés, obtenida por fermentación del arroz.
sal *s.f.* Sustancia blanca (cloruro de sodio) de sabor acre, que se usa en especial para condimentar las comidas. • En química, combinación de una base y un ácido. • Gracia, desenvoltura. • Agudeza en el habla.
sala *s.f.* Habitación de la casa, destinada a recibir gente. • Aposento de grandes dimensiones. • Lugar donde se reúne un tribunal de justicia.
salabardo *s.m.* Manga de red que se usa para sacar la pesca de las redes grandes.
salacot *s.m.* Sombrero de copa redondeada, usado en los países cálidos, con un aro interior que permite llevarlo sin que toque la cabeza.
saladero *s.m.* Lugar destinado a salar carnes o pescados.
salado, da *adj.* Dícese del agua de mar. • Que tiene demasiada sal. • Que tiene sal o gracia. • *América* Desdichado. • Muy caro.
saladura *s.f.* Acción de salar.
salamandra *s.f.* Batracio parecido al lagarto, que nace en el agua pero pasa el resto de su vida en tierra. • Estufa de carbón, de combustión lenta.
salamanquesa *s.f.* Reptil pequeño, de cuerpo comprimido, que vive entre las piedras.
salame *s.m. América* Embutido de carne de cerdo, que se come crudo.
salangana *s.f.* Pájaro parecido al vencejo, que abunda en las Filipinas.
1. salar *v.tr.* Curar con sal la carne, el pescado, etc. • Sazonar con sal. • Echar demasiada sal.
2. salar *s.m. América* Mina de sal.
salarial *adj.* Relativo al salario.
salario *s.m.* Remuneración diaria, quincenal o mensual que una persona recibe por su trabajo.

salaz *adj.* Inclinado a la lujuria.
salazón *s.f.* Acción de salar o curar con sal. • Industria y tráfico de alimentos curados con sal.
salchicha *s.f.* Embutido hecho con tripa delgada, rellena con carne de cerdo, que se consume fresco.
salchichón *s.m.* Embutido de jamón, tocino y pimienta, que se come crudo.
salcochar *v.tr.* Cocer alimentos sólo con agua y sal.
saldar *v.tr.* Pagar por completo una deuda o lo que resta de ella. • Vender a bajo precio una mercadería, para desprenderse de ella.
saldo *s.m.* Pago de una deuda. • Diferencia entre las ganancias y las pérdidas. • Resto de mercaderías que se venden a bajo precio.
saledizo, za *adj./s.* Que sobresale; saliente.
salep *s.m.* Fécula nutritiva que se saca de los tubérculos de ciertas orquídeas.
salero *s.m.* Recipiente para guardar la sal. • Gracia, donaire.
saleroso, sa *adj.* Que tiene salero o gracia.
salesiano, na *adj./s.* Dícese de los religiosos de la congregación de San Francisco de Sales.
salicaria *s.f.* Planta herbácea de uso medicinal.
salicilato *s.m.* Sal o éster del ácido salicílico.
salicílico, ca *adj.* Dícese de un ácido que, entre otras aplicaciones, se usa para la fabricación de aspirina.
salida *s.f.* Acción de salir. • Lugar por donde se sale. • Recurso, solución. • Parte que sobresale. • Dicho oportuno o gracioso; ocurrencia. • En contabilidad, partida de descargo.
saliente *adj./s. ambig.* Dícese de las cosas que sobresalen.
salificar *v.tr./prnl.* Convertir en sal.
salina *s.f.* Mina de sal.
salinidad *s.f.* Cualidad de salino. • Proporción de sal que contiene el agua de mar.
salino, na *adj.* Que contiene sal. • Que tiene sus cualidades.
salir *v.intr.* Pasar de la parte de adentro a la de afuera. • Irse de un sitio; partir. • Cesar en un cargo. • Aparecer, nacer o publicarse. • Desembocar. • Ser elegido en un sorteo o votación. • Tener buen o mal éxito. • Costar una cosa cierta cantidad. • Asemejarse a un ascendiente o maestro. • Ser el primero que juega. • *prnl.* Rebosar un líquido.
salitral *adj.* Salitroso. • *s.m.* Lugar donde hay salitre.
salitre *s.m.* Nitrato de potasio; nitro. • Cualquier sustancia salina, como la que aflora en tierras y paredes.
salitrera *s.f.* Salitral (lugar).
salitroso, sa *adj.* Que tiene salitre.
saliva *s.f.* Humor segregado por ciertas glándulas cuyos conductos excretores se abren en la cavidad bucal; sirve para ablandar los alimentos.
salivación *s.f.* Acción de segregar saliva.
salivadera *s.f. América* Recipiente para escupir en él.
salival *adj.* Relativo a la saliva. • Dícese de los tres pares de glándulas que segregan saliva y la vierten en la boca.
salivar *v.intr.* Segregar saliva. • Escupir saliva.
salivazo *s.m.* Porción de saliva que se escupe de una vez.
salmer *s.m.* En arquitectura, piedra de donde arranca un arco.
salmo *s.m.* Canto de alabanza a Dios.
salmodia *s.f.* Música que acompaña a los salmos. • Canto monótono.
salmodiar *v.intr.* Rezar o cantar los salmos. • Cantar con cadencia monótona.
salmón *s.m.* Pez de carne rosada muy apreciada, que desova en los ríos y después emigra al mar.
salmuera *s.f.* Agua cargada de sal.
salobre *adj.* Que tiene sabor de sal, o que la contiene.
salobreño, ña *adj.* Dícese de la tierra salobre.
saloma *s.f.* Canto rítmico con que ciertos trabajadores acompañan su tarea, para aplicar simultáneamente su fuerza.
salomónico, ca *adj.* Relativo a Salomón. • Dícese de las sentencias dictadas con gran sagacidad.
salón *s.m.* Sala grande, generalmente destinada a recepciones, reuniones pú-

blicas, etc. • Galería de arte. • Nombre que se da a diversos establecimientos, como los de té, de belleza, etc.

salpicadura *s.f.* Acción de salpicar.

salpicar *v.tr./intr.* Hacer que salte un líquido en gotas sobre una persona o cosa. • *tr.* Esparcir una cosa.

salpicón *s.m.* Salpicadura. • Comida hecha con carne, pescado o mariscos desmenuzados, con aceite, vinagre, sal y cebolla.

salpimentar *v.tr.* Aderezar con sal y pimienta. • Amenizar una conversación con algo gracioso o pícaro.

salpullido *s.m.* Sarpullido.

salsa *s.f.* Mezcla de varias sustancias comestibles desleídas, a veces cocidas, para condimentar la comida.

salsera *s.f.* Recipiente en que se sirve la salsa.

salsifí *s.m.* Planta herbácea cultivada por sus raíces, carnosas y comestibles.

saltador, ra *adj./s.* Que salta. • *s.m.* Cuerda para saltar.

saltamontes *s.m.* Nombre de varios insectos de patas posteriores muy largas y robustas, lo que les permite dar grandes saltos.

saltar *v.intr.* Levantarse del suelo con el impulso de las piernas, para dejarse caer o lanzarse de un lugar a otro. • Arrojarse desde una altura. • Romperse violentamente una cosa. • Responder vivamente o con enojo. • *intr./prnl.* Desprenderse bruscamente una cosa. • *tr.* Salvar de un salto un espacio. • Pasar de una cosa a otra, omitiendo las intermedias. • *América* Saltear una comida.

saltarín, na *adj./s.* Que salta o se mueve mucho. • Que danza o baila.

salteador, ra *s.* El que asalta o roba en despoblados o en caminos.

saltear *v.tr.* Asaltar a los viajeros en los caminos para robarles. • Hacer una cosa en forma discontinua. • Dorar una comida en aceite o manteca.

Salterio *s. prop. m.* Libro de la Biblia que contiene los salmos. • *com.* Instrumento musical antiguo, de caja prismática y cuerdas metálicas.

saltimbanqui *s.m.* Acróbata equilibrista que va de pueblo en pueblo.

salto *s.m.* Acción de saltar. • Distancia que se salta. • Competencia deportiva que consiste en salvar un espacio o un obstáculo, o arrojarse un nadador desde un trampolín. • Omisión en una serie de cosas. • Despeñadero profundo. • Caída de agua de un río donde hay un desnivel en el cauce.

saltón, na *adj.* Que anda a saltos o salta mucho. • Dícese de los ojos prominentes.

salubre *adj.* Bueno para la salud; saludable.

salubridad *s.f.* Cualidad de saludable. • Estado de la salud pública en cierto lugar.

salud *s.f.* Estado normal del organismo. • Buen estado físico o moral de una comunidad. • Estado de gracia espiritual. • Salvación después de la muerte.

saludable *adj.* Que conserva o restablece la salud. • De aspecto sano. • Moralmente provechoso.

saludar *v.tr.* Expresar o enviar un saludo. • En las fuerzas armadas, efectuar descargas de artillería en honor de alguien o algo.

saludo *s.m.* Palabra o gesto que se dirigen a una persona para demostrar cortesía al encontrarla o despedirla.

salutación *s.f.* Acción de saludar.

salutífero, ra *adj.* Que da salud o es bueno para ella.

salva *s.f.* Saludo hecho con armas de fuego. • Aplausos sostenidos.

salvación *s.f.* Acción de salvar o salvarse. • Bienaventuranza eterna.

salvadera *s.f.* Recipiente que se usaba para echar polvo secante sobre lo escrito con tinta.

salvado *s.m.* Cascarilla del grano de los cereales; afrecho.

salvador, ra *adj./s.* Que salva. • *s. prop. m.* Jesucristo.

salvadoreño, ña *adj./s.* De El Salvador (América).

salvaguardar *v.tr.* Defender, amparar o proteger.

salvaguardia *s.f.* Acción de amparar o proteger. • Salvoconducto.

salvajada *s.f.* Dicho o acción propios de un salvaje.

salvaje *adj.* Dícese de las plantas silvestres, de los animales no domesticados y de los terrenos agrestes o incultos. • *adj.* / *s.m. y f.* Dícese de los pueblos primitivos, no civilizados. • Rudo, desconsiderado. • Cruel.
salvajismo *s.m.* Cualidad de salvaje.
salvamento *s.m.* Acción de salvar.
salvar *v.tr.* Librar de un riesgo. • Superar un obstáculo o un peligro, o evitar un inconveniente. • Recorrer cierta distancia. • Aclarar un error u omisión. • Exceptuar algo de lo que se dice o hace. • *prnl.* Alcanzar la salvación eterna.
salvavidas *s.m.* Dispositivo para mantener a flote a un náufrago o a quien no sabe nadar.
salve *interj.* Se emplea para saludar. • *s.f.* Una de las oraciones con que se reza a la Virgen María.
salvedad *s.f.* Advertencia que limita el alcance de lo que se dice o hace.
salvia *s.f.* Subarbusto aromático y medicinal, de flores azules.
salvilla *s.f.* Bandeja con huecos donde se aseguran los vasos o tazas.
salvinia *s.f.* Planta acuática con dos tipos de hojas: unas flotadoras y otras que remplazan a las raíces.
salvo, va *adj.* Sin haber sido dañado; ileso. • *adv.* Excepto.
salvoconducto *s.m.* Licencia que autoriza al portador a transitar libremente por determinado lugar.
sámago *s.m.* Albura de un árbol.
samán *s.m.* Árbol americano de gran porte, cultivado para dar sombra, por su madera y por sus frutos, que son alimento del ganado.
sámara *s.f.* Fruto seco, de una sola semilla y con el pericarpio en forma de ala.
samario *s.m.* Metal del grupo de las tierras raras, usado en la industria atómica (símbolo: *Sm*).
samaritano, na *adj.* / *s.* De Samaria (antiguo reino de Israel). • Dícese de la persona abnegada.
samba *s.f.* Canción y danza originarias del Brasil.
sambenito *s.m.* Acusación difamatoria; descrédito.
samotana *s.f.* *América* Bulla, algarabía.
samovar *s.m.* Especie de tetera metálica, de origen ruso, con hornillo.
sampán *s.m.* Champán (embarcación).
samurai *s.m.* Guerrero japonés de una antigua casta feudal.
san *adj.* Apócope de *santo*.
sanar *v.intr.* / *tr.* Recuperar la salud; curar.
sanatorio *s.m.* Establecimiento para la estadía de enfermos sometidos a tratamientos clínicos o quirúrgicos.
sanavirón, na *adj.* / *s.* Dícese de un pueblo diaguita que vivía en Córdoba (Argentina).
sanción *s.f.* Confirmación de una ley o decreto por la autoridad competente. • Autorización, aprobación. • Pena o castigo.
sancionar *v.tr.* Dar fuerza ejecutiva a una ley o decreto. • Aplicar una pena o castigo.
sanco *s.m.* *América* Mazamorra hecha de harina de maíz o trigo.
sancochar *v.tr.* Cocer incompletamente una comida. • *América* Salcochar.
sancocho *s.m.* Comida a medio cocer. • *América* Guiso de carne, mandioca, plátano y otros ingredientes.
sandalia *s.f.* Calzado formado por una suela de cuero sujeta al pie con correas.
sándalo *s.m.* Árbol de madera amarillenta y muy perfumada.
sandáraca *s.f.* Resina usada principalmente para fabricar barnices.
sandez *s.f.* Estupidez, necedad.
sandía *s.f.* Planta herbácea de frutos comestibles, carnosos, grandes y de pulpa roja.
sandio, dia *adj.* / *s.* Tonto, necio.
sandunga *s.f.* *fam.* Gracia, donaire.
sandunguero, ra *adj. fam.* Que tiene sandunga.
saneado, da *adj.* Dícese de la renta o bienes libres de deudas.
saneamiento *s.m.* Acción de sanear.
sanear *v.tr.* Dar condiciones de salubridad a un edificio, terreno, etc. • Evitar la depreciación de la moneda, estabilizar su valor.
sanedrín *s.m.* Tribunal supremo de los antiguos judíos de Jerusalén.

sanforizar *v.tr.* Someter las telas a un proceso especial para que no encojan con el lavado.
sangley *s.m. y f.* Chino residente en Filipinas.
sangrar *v.intr.* Perder sangre por una herida. • *tr.* Sacar sangre de una vena. • Dar salida a un líquido. • Extraer alguna secreción de un árbol. • En imprenta, comenzar una línea más adentro que las demás.
sangre *s.f.* Líquido rojo que circula por las venas y arterias, y que trasporta los elementos nutritivos y los de desecho. • Linaje o familia.
sangría *s.f.* Acción de sangrar. • Corte que se hace para sangrar un árbol. • Bebida refrescante hecha con vino, agua, azúcar y limón. • Pliegue del brazo, opuesto al codo. • Pérdida de una cosa por sucesivas extracciones. • Blanco inicial en una línea de imprenta.
sangriento, ta *adj.* Que echa sangre. • Teñido de sangre. • Que causa derramamiento de sangre.
sanguijuela *s.f.* Gusano acuático de boca chupadora. • *fam.* Persona que poco a poco saca a otra dinero u otros bienes.
sanguina *s.f.* Lápiz rojo oscuro, fabricado con hematita. • Dibujo hecho con ese lápiz.
sanguinaria *s.f.* Piedra semejante al ágata, de color rojo oscuro.
sanguinario, ria *adj.* Feroz o cruel.
sanguíneo, a *adj.* Relativo a la sangre. • De color de sangre. • *adj. / s.* Dícese del temperamento o complexión caracterizados por una gran actividad y pasiones fuertes.
sanguinolento, ta *adj.* Sangriento.
sanguis *s.m.* En la liturgia católica, el vino trasformado en la sangre de Jesucristo.
sanidad *s.f.* Cualidad de sano. • Salubridad. • Conjunto de servicios encargados de la salud pública.
sanitario, ria *adj.* Relativo a la sanidad. • Dícese de los artefactos e instalaciones destinados a la limpieza y a usos higiénicos.
sanmartiniano, na *adj.* Relativo a la personalidad o a la obra del general argentino José de San Martín.
sano, na *adj.* Que goza de buena salud. • Que es bueno para la salud. • Entero, no roto. • Que no tiene vicios.
sansalvadoreño, ña *adj. / s.* De San Salvador (El Salvador).
sánscrito *s.m.* Antigua lengua de los brahmanes.
sanseacabó *fam.* Expresión con valor de interjección con que se da por terminado un asunto.
santabárbara *s.f.* En los buques de guerra, pañol donde se guardan las municiones.
santafecino, na *adj. / s.* Santafesino.
santafesino, na *adj. / s.* De Santa Fe (Argentina).
santarrita *s.f. América* Arbusto espinoso, trepador, cultivado como adorno.
santería *s.f. América* Establecimiento donde se venden objetos religiosos.
santero, ra *adj.* Dícese de la persona que tributa a las imágenes un culto exagerado o supersticioso. • *s.* El que vende objetos religiosos. • Persona que cuida un santuario.
santiaguino, na *adj. / s.* De Santiago (Chile).
santiamén (en un) *loc. adv.* Con mucha rapidez.
santidad *s.f.* Cualidad de santo. • *prop. m.* Tratamiento que se da al papa.
santificación *s.f.* Acción de santificar.
santificar *v.tr.* Hacer santa una cosa. • Hacer santo a alguien por medio de la gracia. • Rendir culto a las cosas santas.
santiguar *v.tr. / prnl.* Hacer con la mano la señal de la cruz.
santísimo, ma *adj. superl.* de *santo.* Se aplica al papa como tratamiento honorífico.
santo, ta *adj.* Que recibe veneración por motivos religiosos. • Dícese de los días de la semana que precede a la de Pascua. • Inviolable o sagrado. • *adj. / s.* Dícese de la persona a quien la Iglesia católica concede ese título. • Dícese de la persona virtuosa. • *s.m.* Imagen de un santo.
santodominguense *adj. / s.* De Santo Domingo (República Dominicana).

santón *s.m.* Asceta, en especial si es musulmán. • Hombre muy influyente.
santónico *s.m.* Planta herbácea de cuyos frutos se extrae la santonina.
santonina *s.f.* Sustancia amarga y acre que se emplea como vermífugo.
santoral *s.m.* Lista de los santos de cada día. • Libro que contiene vidas y hechos de los santos.
santuario *s.m.* Templo en que se veneran la imagen o reliquia de un santo.
santurrón, na *adj./s.* Dícese de la persona exagerada o afectadamente devota.
santurronería *s.f.* Cualidad de santurrón.
saña *s.f.* Insistencia extremada en el daño que se hace; ensañamiento. • Furia con que se hace algo.
sañudo, da *adj.* Que tiene saña o es propenso a tenerla.
sapidez *s.f.* Cualidad de sápido.
sápido, da *adj.* Que tiene sabor.
sapiencia *s.f.* Sabiduría.
sapiente *adj.* Sabio.
sapino *s.m.* Abeto.
sapo *s.m.* Batracio más corpulento que la rana, de piel gruesa y verrugosa, que vive en lugares húmedos y se alimenta de insectos y gusanos.
saponáceo, a *adj.* Que tiene la naturaleza o el aspecto del jabón.
saponificación *s.f.* Acción de saponificar.
saponificar *v.tr./prnl.* Trasformar un éster en la sal del ácido correspondiente. • Convertir un cuerpo graso en jabón.
saprofito, ta *adj.* Dícese de las plantas que viven a expensas de sustancias orgánicas en descomposición.
saque *s.m.* Acción de sacar, en especial en un juego de pelota. • Raya o sitio desde los que se hace ese saque.
saquear *v.tr.* Apoderarse violentamente los soldados, u otras gentes, de lo que hallan en un lugar.
saqueo *s.m.* Acción de saquear.
sarampión *s.m.* Enfermedad eruptiva, contagiosa, febril, propia de la infancia.
sarandí *s.m. América* Arbusto que crece en las orillas de los ríos; tiene propiedades diuréticas.
sarao *s.m.* Reunión elegante en la que se baila.
sarape *s.m. América* Manta que se suele usar como capa.
sarcasmo *s.m.* Burla con que se ofende o humilla. • Ironía amarga.
sarcocarpio *s.m.* Mesocarpio carnoso y de cierto espesor, como el del melocotón.
sarcástico, ca *adj.* Que denota sarcasmo. • Dícese de la persona que abusa de los sarcasmos.
sarcófago *s.m.* Monumento o urna, generalmente de piedra, construidos sobre el suelo y en los que se coloca el cadáver de una persona. • Cofre de madera de forma humana, en que los egipcios colocaban un cadáver.
sarcoma *s.m.* Tumor maligno.
sardana *s.f.* Danza tradicional de Cataluña, que se baila en corro.
sardina *s.f.* Pez marino, pequeño, de carne muy sabrosa.
sardinel *s.m.* Obra de ladrillos puestos de canto, con sus caras mayores tocándose.
sardio *s.m.* Ágata de color amarillento.
sardo, da *adj./s.* De la isla de Cerdeña (Italia).
sardónico, ca *adj.* Dícese de la risa amarga o sarcástica que no manifiesta alegría.
sarga *s.f.* Tela cuyo tejido forma líneas diagonales.
sargazo *s.m.* Alga marina que flota en el agua cubriendo grandes superficies del océano Atlántico.
sargentear *v.tr.* Mandar una tropa como sargento. • Capitanear, dirigir.
sargento *s.m.* Suboficial militar o policial con grado inmediatamente superior al de cabo.
sargentona *s.f. fam.* Mujer corpulenta y hombruna, o autoritaria y brusca.
sargo *s.m.* Pez marino de color plateado con manchas negras.
sarmentoso, sa *adj.* Semejante a un sarmiento.
sarmiento *s.m.* Tallo de la vid, largo, delgado, flexible y nudoso.
sarna *s.f.* Enfermedad contagiosa de la piel, producida por un ácaro.

sarnoso, sa *adj. / s.* Que tiene sarna.
sarpullido *s.m.* Erupción cutánea leve y pasajera.
sarraceno, na *adj. / s.* Moro, mahometano.
sarracina *s.f.* Gran mortandad.
sarro *s.m.* Sedimento que se adhiere al fondo de un recipiente. • Sustancia amarillenta que se adhiere a los dientes.
sarrusófono *s.m.* Instrumento musical de viento, de metal, usado en las bandas militares.
sarta *s.f.* Serie de cosas sujetas una tras otra por un hilo. • Serie de cosas no materiales que se suceden.
sartén *s.f.* Utensilio de cocina, poco hondo y con mango largo, para freír.
sartenada *s.f.* Porción de algo que se fríe de una vez en la sartén.
sartorio *adj. / s.m.* Dícese del músculo que cruza diagonalmente el muslo.
sasafrás *s.m.* Árbol de América del Norte, con propiedades medicinales; su madera se usa en la construcción.
sastre, tra *s.* Persona que tiene por oficio hacer trajes.
sastrería *s.f.* Oficio del sastre. • Establecimiento donde se hacen o venden trajes.
satánico, ca *adj.* Relativo a Satanás, el principal de los demonios. • Muy perverso; diabólico.
satanismo *s.m.* Maldad satánica; perversidad.
satélite *s.m.* Cuerpo celeste que sólo brilla por la luz refleja del Sol y gira alrededor de un planeta. • Artefacto que se lanza al espacio y se coloca en órbita alrededor de la Tierra o de otro planeta. • Persona o cosa que dependen de otra. • *adj.* Dícese del estado sometido a otro más poderoso.
satén *s.m.* Tela de seda o algodón, parecida al raso.
satinado, da *adj.* Semejante al satén. • *s.m.* Acción de satinar.
satinar *v.tr.* Dar brillo y tersura al papel o a la tela.
sátira *s.f.* Escrito o discurso para censurar y poner en ridículo. • Dicho agudo y mordaz.
satírico, ca *adj.* Relativo a la sátira. • *adj. / s.* Que escribe sátiras.
satirizar *v.tr.* Zaherir con sátiras.
sátiro *s.m.* Monstruo mitológico con cuerpo de hombre y patas de macho cabrío. • Hombre lascivo.
satisfacción *s.f.* Agrado, complacencia. • Cosa que satisface. • Desagravio o justificación de una ofensa.
satisfacer *v.tr.* Pagar lo que se debe. • Responder a una duda o pregunta. • Dar explicaciones; desagraviar. • Saciar un apetito. • Responder a ciertas exigencias. • *prnl.* Sentirse conforme o contento con cierta cosa.
satisfactorio, ria *adj.* Que puede satisfacer o es bastante bueno.
satisfecho, cha *adj.* Complacido o contento.
sátrapa *s.m.* Gobernador de una provincia de la antigua Persia • *fam.* Persona que gobierna arbitraria y despóticamente.
satrapía *s.f.* Dignidad de sátrapa. • Territorio sobre el que gobernaba.
saturación *s.f.* Acción de saturar. • Estado de los cuerpos saturados.
saturado, da *adj.* Dícese de los cuerpos que han llegado a la saturación.
saturar *v.tr. / prnl.* Hacer que un cuerpo o un material lleguen a estar completamente impregnados por alguna sustancia y no puedan normalmente admitir más. • Llenar, colmar.
saturnino, na *adj.* Dícese de la persona de temperamento taciturno. • Relativo al plomo. • Dícese de las enfermedades producidas por intoxicación con sales de plomo.
saturnismo *s.m.* Intoxicación causada por las sales de plomo.
saturno *s.m.* Plomo (metal).
sauce *s.m.* Árbol de gran porte, común en las orillas de los ríos.
saúco *s.m.* Arbusto o árbol pequeño, cultivados como adorno.
saudade *s.f.* Nostalgia o añoranza.
sauna *s.f.* Baño de calor a muy alta temperatura.
saurio, ria *adj. / s.m.* Dícese del reptil de cuerpo alargado cubierto de escamas, patas cortas y cola larga, como el lagarto.

savia *s.f.* Líquido que circula por los vasos de las plantas y del cual toman las células las sustancias nutritivas.

saxátil *adj.* Dícese de las plantas que viven entre las rocas o adheridas a ellas.

saxofón *s.m.* Instrumento musical de viento, de metal.

saxófono *s.m.* Saxofón.

saya *s.f.* Falda o enagua.

sayal *s.m.* Tela burda hecha con lana cardada de calidad inferior.

sayo *s.m.* Casaca larga, amplia y sin botones.

sazón *s.f.* Estado de completo desarrollo o de perfección; madurez. • Coyuntura, ocasión. • Sabor dado a las comidas, con ciertos ingredientes.

sazonado, da *adj.* Dícese de las comidas que tienen ciertos condimentos que les dan sabor.

sazonar *v.tr.* Dar sazón a las comidas. • *intr.*/*prnl.* Adquirir su sazón una cosa.

1. se Forma refleja de los pronombres de tercera persona —singular o plural—, que cumple en la oración la función de complemento directo o indirecto. • Forma seudorrefleja de los pronombres de tercera persona, que integra una frase verbal y no desempeña la función de objeto directo ni indirecto.

2. se Forma no refleja de los pronombres de tercera persona (él, ella, ellos, ellas) que sustituye a *le* y *les* ante *lo*, *la*, *los* y *las*.

sebáceo, a *adj.* Relativo al sebo. • *adj.*/*s.f.* Dícese de las glándulas de la dermis de la piel que producen sebo.

sebo *s.m.* Grasa sólida de las reses. • Gordura. • Sustancia amarillenta, untuosa y lubricante, segregada por las glándulas de la dermis.

seborrea *s.f.* Exceso patológico de la secreción de las glándulas sebáceas de la piel.

sebucán *s.m.* *América* Manga de esparto o de tela muy tosca en que se prensa y exprime la yuca rallada para eliminar el zumo tóxico que contiene.

seca *s.f.* Tiempo seco prolongado; sequía.

secadero, ra *adj.* Apto para ser conservado seco. • *s.m.* Lugar donde se ponen a secar ciertas cosas.

secado *s.m.* Acción de secar.

secador *s.m.* Lo que sirve para secar.

secano *s.m.* Tierra de labor que no se riega y se cultiva con el agua de lluvia.

1. secante *adj.* Que seca. • *fam.* Fastidioso o molesto. • *adj.*/*s.m.* Dícese del papel que se emplea para secar lo escrito.

2. secante *adj.*/*s.f.* Dícese de la línea o superficie que cortan a otra línea o superficie. • Dícese de cada una de dos circunferencias que tienen dos puntos comunes. • *s.f.* Función trigonométrica igual a la inversa del coseno.

secar *v.tr.* Hacer que una cosa quede seca. • *fam.* Fastidiar o irritar.

sección *s.f.* Acción de seccionar. • En matemática, acción de intersecar. • Figura que resulta de la intersección de una superficie con otra o con un cuerpo geométrico. • Parte o división de un todo.

seccionar *v.tr.* Dividir una cosa material.

secesión *s.f.* Acto de separarse de una nación parte de su pueblo y territorio.

seco, ca *adj.* No mojado, o falto de humedad. • Sin agua o falto de lluvia. • Sin jugo. • Flaco. • Inexpresivo. • Dícese del golpe fuerte.

secoya *s.f.* Secuoya.

secreción *s.f.* Función por la cual una célula, un tejido o una glándula producen una determinada sustancia.

secretar *v.tr.* Producir una secreción las glándulas, los tejidos, etc.

secretaría *s.f.* Cargo y oficina de secretario.

secretario, ria *s.* Persona encargada de escribir la correspondencia, extender actas, ayudar en asuntos de oficina, etcétera.

secretear *v.intr.* Hablar bajo dos o más personas para comunicarse un secreto.

secreteo *s.m.* Acción de secretear.

secreter *s.m.* Mueble para guardar papeles, con un tablero para poder escribir sobre él.

secreto, ta *adj.* Dícese de las cosas cuyo conocimiento se guarda entre un limitado número de personas. • *s.m.* Noticia o conocimiento que no se desean divulgar.

secretor, ra *adj.* Que secreta.

secretorio, ria *adj.* Secretor.
secta *s.f.* Conjunto de personas que siguen la doctrina enseñada por un maestro. • Esa doctrina.
sectario, ria *adj. / s.* Dícese del que sigue a cierta secta. • Que adhiere fanáticamente a una doctrina.
sectarismo *s.m.* Cualidad o actitud propias de un sectario.
sector *s.m.* Parte de un círculo limitada por dos radios y el arco que une sus extremos. • Cada parte con caracteres peculiares de una colectividad humana, un lugar, etc.
secuaz *s.m. y f.* Adepto, partidario.
secuela *s.f.* Cosa que sucede con posterioridad a otra y motivada por ella.
secuencia *s.f.* Serie ordenada de cosas. • Orden que siguen las palabras en la frase. • En cinematografía, sucesión de escenas referidas a un mismo aspecto del argumento.
secuestrador, ra *s. / adj.* Persona que secuestra a alguien.
secuestrar *v.tr.* Embargar. • Apoderarse de una persona para conseguir algo o pedir dinero por su rescate.
secuestro *s.m.* Acción de secuestrar.
secular *adj.* Que dura un siglo o desde hace siglos. • Que se repite cada siglo. • No eclesiástico; seglar.
secularizar *v.tr.* Hacer secular una cosa eclesiástica.
secundar *v.tr.* Ayudar a alguien en sus trabajos o esfuerzos.
secundario, ria *adj.* Que tiene el segundo lugar en cierta ordenación. • No principal o esencial.
secuoya *s.f.* Árbol gigantesco de América del Norte.
sed *s.f.* Deseo o necesidad de beber. • Deseo ardiente de algo no material.
seda *s.f.* Sustancia en forma de fibra que segregan las larvas de ciertos insectos. • Hilo formado por varias de esas hebras. • Tela hecha con con esos hilos.
sedal *s.m.* Hilo con que se ata el anzuelo a la caña de pescar.
sedalina *s.f.* Hilo de coser de algodón.
sedante *adj. / s.m.* Dícese de los medicamentos que calman un dolor o la excitación nerviosa.
sedar *v.tr.* Apaciguar o calmar un dolor o la excitación nerviosa.
sedativo, va *adj. / s.m.* Sedante.
sede *s.f.* Domicilio principal de un organismo. • Asiento o trono de un prelado. • Diócesis eclesiástica. • Capital de una diócesis.
sedentario, ria *adj.* Dícese de la actividad, oficio o vida de poco movimiento, y de la persona que lleva esa vida.
sedente *adj.* Que está sentado.
sedería *s.f.* Elaboración y comercio de la seda. • Tienda donde se venden telas.
sedero, ra *adj.* Relativo a la seda. • *s.* Persona dedicada a la producción y comercio de la seda.
sedicente *adj.* Dícese de la persona que se atribuye un nombre o título impropios.
sedición *s.f.* Levantamiento contra la autoridad.
sedicioso, sa *adj. / s.* Dícese del que promueve una sedición o toma parte de ella.
sediento, ta *adj.* Que tiene sed.
sedimentación *s.f.* Acción de sedimentar.
sedimentar *v.tr. / prnl.* Dejar un líquido, en el fondo del recipiente que lo contiene, alguna materia que estaba en suspensión.
sedimentario, ria *adj.* Relativo al sedimento. • Formado por sedimentos.
sedimento *s.m.* Sustancia que, habiendo estado en suspensión en un líquido, se sedimenta.
sedoso, sa *adj.* Semejante a la seda.
seducción *s.f.* Acción de seducir. • Cualidad de seductor.
seducir *v.tr.* Persuadir a alguien a que haga algo, generalmente malo. • Cautivar. • Atraer mucho una cosa a alguien.
seductor, ra *adj. / s.* Que seduce.
sefardí *adj. / s.m. y f.* Dícese del judío oriundo de España y de sus descendientes.
sefardita *adj. / s.m. y f.* Sefardí.
segador, ra *s.* Persona que siega. • *adj. / s.f.* Dícese de la máquina que siega.
segar *v.tr.* Cortar mieses o hierbas para recolectarlas. • Interrumpir el desarrollo de cosas inmateriales.

seglar *adj.* / *s.m. y f.* No eclesiástico.
segmentado, da *adj.* Dícese del animal que tiene el cuerpo formado por segmentos, como los gusanos.
segmentar *v.tr.* Partir en segmentos.
segmento *s.m.* Parte cortada o separada de una cosa. • Parte de una recta comprendida entre dos puntos. • Cada una de las partes dispuestas en serie del cuerpo de algunos animales. • Parte del círculo comprendida entre un arco y su cuerda.
segregación *s.f.* Acción de segregar.
segregar *v.tr.* Separar una cosa de otra de la que forma parte. • Secretar.
seguidilla *s.f.* Estrofa de cuatro o siete versos, muy usada en la lírica popular. • *pl.* Pieza musical española, que se canta y baila.
seguido, da *adj.* Que no tiene interrupción. • *adv.* Seguidamente.
seguimiento *s.m.* Acción de seguir.
seguir *v.tr.* Ir después o detrás de cierta persona o cosa. • Producirse una cosa después de otra. • Ir detrás de alguien o algo para alcanzarlos; perseguir. • Estar de parte de alguien o de ciertas ideas. • Estudiar cierta carrera; cursar. • Continuar, proseguir. • *prnl.* Deducirse, inferirse.
según *prep.* Denota conformidad con cierta cosa o con la opinión de alguien. • *conj. subord.* A medida que, en cuanto. • Indica conformidad o correspondencia. • Denota eventualidad o contingencia.
segundero *s.m.* Aguja del reloj que marca los segundos.
segundo, da *adj.* / *s.m.* Que sigue en orden al primero. • *s.m.* Sexagésima parte del minuto de tiempo o del minuto de circunferencia. • Unidad fundamental de tiempo en el Sistema Internacional.
segundón, na *s.* Hijo segundo de una familia, o cualquier hijo que no es el primogénito.
segur *s.f.* Hacha grande. • Hoz.
seguridad *s.f.* Cualidad de seguro.
seguro, ra *adj.* No expuesto a daño o peligro. • Que no puede desprenderse o caer fácilmente. • Que no falla. • Que ha de producirse. • Fiel. • *s.m.* Dispositivo de seguridad. • Contrato por el cual se asegura a una persona o cosa contra algún riesgo. • *adv.* Con certeza.
seibo *s.m. América* Árbol con flores rojas de cinco pétalos; crece a orillas de los ríos.
seis *adj./s.m.* Cinco y uno. • Sexto día del mes.
seisavo, va *adj.* / *s.m.* Dícese de cada una de las seis partes iguales en que se divide un todo.
seiscientos, tas *adj.* / *s.m.* Seis veces ciento.
seísmo *s.m.* Sismo.
selección *s.f.* Acción de elegir o separar entre varias cosas o personas las que se consideran mejores. • Conjunto de cosas elegidas de ese modo.
seleccionar *v.tr.* Elegir, escoger.
selectividad *s.f.* Cualidad de selectivo.
selectivo, va *adj.* Que implica selección.
selecto, ta *adj.* Dícese de lo mejor entre un conjunto de personas o cosas.
selector, ra *adj.* Que selecciona. • *s.m.* Dispositivo que clasifica y agrupa las tarjetas en los equipos de computación.
selenio *s.m.* No metal de color pardo rojizo y brillo metálico (símbolo: *Se*).
selenita *s.m. y f.* Supuesto habitante de la Luna. • *s.* Yeso cristalizado en láminas brillantes.
selenografía *s.f.* Parte de la astronomía que trata de la descripción de la Luna.
sellado, da *adj.* Dícese de lo que se sella. • *s.m.* Acción de sellar.
sellar *v.tr.* Poner el sello en una cosa. • Cerrar una cosa. • Dar algo por terminado.
sello *s.m.* Pedazo de plomo o de cera para asegurar el cierre de un documento. • Trozo pequeño de papel que se pega a documentos y a las cartas que circulan por correo. • Planchita de metal o caucho para estampar las letras, dibujos, etc., en ella grabados. • Marca dejada por esa planchita.
selva *s.f.* Terreno extenso, inculto y muy poblado de árboles.
selvático, ca *adj.* Perteneciente a la selva.
semáforo *s.m.* Aparato que regula la circulación de trenes, automóviles, etc., por medio de señales.

semana *s.f.* Lapso de siete días consecutivos, de los cuales el primero es el domingo y el último el sábado.
semanal *adj.* Que ocurre una vez por semana.
semanario, ria *adj.* Semanal. • *s.m.* Periódico que se publica una vez por semana.
semántica *s.f.* Estudio de la significación de las palabras.
semántico, ca *adj.* Relativo a la semántica o al significado de las palabras.
semblante *s.m.* Rostro, cuando expresa un estado de ánimo o físico.
semblantear *v.tr. América* Observar el rostro de una persona para descubrir sus intenciones.
semblanza *s.f.* Descripción física o moral de una persona.
sembradío, a *adj.* Dícese de la tierra que se destina a la siembra.
sembrado, da *adj.* Cubierto de cosas diseminadas. • *s.m.* Tierra sembrada.
sembrador, ra *adj./s.* Que siembra. • *s.f.* Máquina para sembrar.
sembrar *v.tr.* Esparcir o depositar las semillas en la tierra. • Esparcir o derramar una cosa material o no.
semejante *adj.* Que se parece a otra cosa; parecido, similar. • *s.m.* Con respecto a una persona, otra cualquiera.
semejanza *s.f.* Cualidad de semejante.
semejar *v.intr./prnl.* Tener una cosa el aspecto de otra.
semen *s.m.* Líquido portador de los espermatozoides; esperma.
semental *adj.* Relativo a la simiente. • *adj./s.m.* Dícese del animal macho destinado a la reproducción.
sementera *s.f.* Acción de sembrar. • Temporada propicia para sembrar. • Tierra sembrada.
semestral *adj.* Que ocurre cada semestre o dura un semestre.
semestre *s.m.* Período de seis meses.
semicircular *adj.* De figura de semicírculo.
semicírculo *s.m.* Cada una de las dos partes iguales en que un diámetro divide al círculo.
semicircunferencia *s.f.* Cada uno de los dos arcos iguales en que un diámetro divide a la circunferencia.
semiconductor, ra *adj.* Dícese de las sustancias aislantes que se trasforman en conductores por la adición de determinadas impurezas.
semiconsonante *adj./s.f.* Dícese de los sonidos cuya articulación consiste en una rápida transición desde una estrechez consonántica hasta una abertura vocálica.
semicorchea *s.f.* Figura musical equivalente a dos fusas.
semidiós, *s.m.* En la mitología, hijo de un dios y de un ser humano.
semifinal *s.f./adj.* Cada una de las dos penúltimas competiciones de un campeonato o un concurso.
semifinalista *adj./s.m. y f.* Que contiende en una semifinal.
semifusa *s.f.* Figura musical equivalente a media fusa.
semilíquido, da *adj.* Dícese del líquido medianamente espeso.
semilunar *adj.* En forma de media luna.
semilla *s.f.* Órgano del fruto que da origen a una nueva planta. • Cosa que es causa u origen de otra.
semillero *s.m.* Sitio donde se siembran y cultivan plantas que después se trasplantan.
seminal *adj.* Del semen o de la semilla.
seminario *s.m.* Establecimiento donde se educan niños o jóvenes o donde se forman los que han de ser sacerdotes.
seminarista *s.m.* Alumno de un seminario religioso.
semiología *s.f.* Ciencia que estudia el fenómeno de la comunicación. • Parte de la medicina que estudia los síntomas de las enfermedades.
semirrecta *s.f.* Cada una de las dos partes opuestas en que una recta queda dividida por uno de sus puntos.
semisólido, da *adj.* Que no alcanza totalmente el estado sólido.
semita *adj./s.m. y f.* Dícese de un grupo étnico que comprende principalmente a los asirios, caldeos, hebreos y árabes. • *fam.* Judío.
semítico, ca *adj.* Relativo a los semitas.
semitono *s.m.* En música, distancia mínima entre dos sonidos conjuntos.
semivocal *adj./s.f.* Dícese de los soni-

dos cuya articulación consiste en una rápida transición desde una abertura vocálica hasta una estrechez consonántica.

sémola *s.f.* Trigo u otro cereal reducidos a granos menudos.

sempiterno, na *adj.* Eterno.

sen *s.m.* Arbusto con cuyas hojas se prepara una infusión purgante.

senado *s.m.* En la Roma antigua, asamblea de patricios que formaba el consejo supremo. • Cámara que legisla junto con la de diputados.

senador, ra *s.* Persona que pertenece al senado.

senaduría *s.f.* Dignidad o cargo de senador.

senatorial *adj.* Del senado o de los senadores.

sencillez *s.f.* Cualidad de sencillo.

sencillo, lla *adj.* Compuesto por pocos elementos. • Fácil. • Sin adornos. • Simple. • Que no adopta una actitud de superioridad. • *s.m.* Dinero suelto.

senda *s.f.* Camino estrecho abierto por el paso de personas y animales.

sendero *s.m.* Senda.

sendos, das *adj. pl.* Dícese de ciertas cosas de las cuales hay una para cada uno.

senectud *s.f.* Ancianidad.

senescente *adj.* Que empieza a envejecer.

senil *adj.* Relativo a los viejos o a la vejez.

seno *s.m.* Cavidad o hueco. • Interior de una cosa. • Claustro materno. • Mama de una mujer. • Con respecto a un ángulo agudo de un triángulo rectángulo, razón entre el cateto opuesto y la hipotenusa.

sensación *s.f.* Efecto que producen en los sentidos las cualidades físicas de las cosas. • Acción o circunstancia de sentir cierta cosa. • Emoción o impresión muy intensas.

sensacional *adj.* Que causa sensación.

sensatez *s.f.* Cualidad de sensato.

sensato, ta *adj.* Dícese de la persona que se comporta de modo conveniente, y de sus actos o palabras.

sensibilidad *s.f.* Cualidad de sensible. • Facultad de percibir sensaciones o de experimentar sentimientos.

sensibilizar *v.tr.* Hacer sensible.

sensible *adj.* Capaz de sentir. • Que puede ser percibido por los sentidos. • Que conmueve. • Que mide o registra diferencias muy leves. • Alterable por ciertos agentes físicos.

sensiblería *s.f.* Cualidad de sensiblero.

sensiblero, ra *adj.* Exagerada o afectadamente sentimental.

sensitivo, va *adj.* Relativo a los sentidos. • Capaz de sentir.

sensor *s.m.* Dispositivo sensible a las ondas electromagnéticas, que permite la orientación de un vehículo espacial.

sensorial *adj.* Relativo a los sentidos.

sensorio, ria *adj.* Sensorial.

sensual *adj.* Dícese de los placeres de los sentidos, y de las personas inclinadas a ellos.

sensualidad *s.f.* Cualidad de sensual.

sentado, da *adj.* Dícese de la persona reflexiva y sensata.

sentar *v.tr./prnl.* Poner a alguien en una silla, banco, etc., apoyándolo sobre las nalgas. • *tr.* Dar por cierta o por supuesta una cosa. • *intr.* Caer bien o mal una comida o bebida. • *prnl.* Sedimentarse un líquido.

sentencia *s.f.* Opinión o juicio acerca de algo. • Adagio, máxima, proverbio. • Resolución de un juez o un tribunal.

sentenciar *v.tr.* Dictar sentencia.

sentencioso, sa *adj.* Que encierra una sentencia. • Dícese del tono de afectada gravedad.

sentido *s.m.* Cada una de las facultades por las cuales el hombre y los animales perciben impresiones de los objetos exteriores a través de ciertos órganos corporales. • Criterio, discernimiento. • Significado de una palabra o de un escrito. • Razón de ser o finalidad de una acción.

sentido, da *adj.* Dolido o resentido.

sentimental *adj.* Dícese del que es propenso a los sentimientos tiernos, y de las cosas que emocionan fácilmente.

sentimentalismo *s.m.* Cualidad de sentimental.

sentimiento *s.m.* Estado de ánimo. • Pena, pesar.
sentina *s.f.* Cavidad inferior de un barco. • Lugar donde se depositan las aguas sucias y las inmundicias.
sentir *v.intr.* Ser capaz de tener sentimientos. • *tr.* Percibir por medio de los sentidos. • Experimentar una impresión, un dolor, etc. • Tener cierto estado de ánimo. • *prnl.* Hallarse en cierto estado físico o anímico. • Resentirse. • *s.m.* Capacidad de sentir. • Parecer u opinión.
seña *s.f.* Nota, indicio, gesto, etc., para dar a entender algo. • *pl.* Indicación del lugar donde vive una persona. • *América* Señal (dinero que se adelanta).
señal *s.f.* Marca, distintivo. • Cosa que revela la existencia de otra. • Cicatriz. • Huella o vestigio. • Dinero que se adelanta como garantía de pago. • Nombre de diversos aparatos —discos, semáforos, etc.— con que se regula el tráfico urbano, vial, ferroviario o naval.
señalado, da *adj.* Notable o extraordinario.
señalamiento *s.m.* Acción de señalar.
señalar *v.tr.* Ser señal de una cosa. • Poner señales. • Marcar. • Mostrar algo a alguien. • Fijar. • En ciertos juegos, anotar los puntos. • *prnl.* Destacarse.
señalero *s.m.* El que maneja las señales ferroviarias.
señalización *s.f.* Acción de señalizar.
señalizar *v.tr.* Colocar señales para regular el tránsito.
señero, ra *adj.* Aislado, solitario. • Que sobresale entre los de su clase por su superioridad.
señor, ra *s.* Forma de tratamiento de respeto o cortesía. • Persona que no pertenece a las clases sociales populares. • *m.* En el régimen feudal, el que poseía y gobernaba cierto territorio. • *prop.* Dios.
señorear *v.tr.* Dominar o mandar.
señoría *s.f.* Tratamiento que se da a personas con cierta dignidad.
señorial *adj.* Majestuoso, noble.
señoril *adj.* Señorial.
señorío *s.m.* Mando o dominio sobre una cosa. • Gravedad en el porte.
señorita *s.f.* Tratamiento que se da a la mujer soltera.
señorito *s.m.* Tratamiento que los servidores dan al amo joven de la casa. • Joven rico y frívolo.
señorón, na *adj. / s.* Que afecta ser un señor importante o rico.
señuelo *s.m.* Lo que sirve para atraer a las aves, o para inducir a alguien a que haga cierta cosa.
sépalo *s.m.* Cada una de las piezas que forman el cáliz de la flor.
separable *adj.* Que se puede separar.
separación *s.f.* Acción de separar. • Distancia entre cosas separadas.
separar *v.tr.* Poner a una persona o cosa fuera del contacto de otra. • Destituir. • *prnl.* Dejar de tener cualquier tipo de relación con una persona.
separata *s.f.* Impresión por separado de un capítulo de un libro o de un artículo de una revista.
separatismo *s.m.* Doctrina política que busca separar de un estado parte de él.
separatista *adj. / s.m. y f.* Partidario del separatismo.
separativo, va *adj.* Que separa o divide.
sepelio *s.m.* Inhumación.
sepia *s.f.* Molusco comestible con una concha interna dura, cuerpo ovoidal y diez tentáculos. • Materia colorante que se obtiene de ese molusco. • *adj. / s.m.* Dícese del color ocre.
septentrión *s.m.* Norte (punto cardinal).
septentrional *adj.* Relativo al norte.
septeto *s.m.* Conjunto de siete instrumentos musicales o de siete cantantes. • Musica escrita para ese conjunto.
septicemia *s.f.* Infección generalizada del organismo.
séptico, ca *adj.* Que contiene gérmenes patógenos.
septiembre *s.m.* Setiembre.
séptimo, ma *adj. / s.m.* Que sigue en orden al sexto. • Dícese de cada una de las siete partes iguales en que se divide un todo.
septuagenario, ria *adj. / s.* Que sigue en orden al sexagésimo noveno. • Dícese de cada una de las setenta partes iguales en que se divide un todo.
sepulcral *adj.* Relativo al sepulcro.

sepulcro *s.m.* Monumento destinado a dar sepultura al cadáver de una persona.
sepultar *v.tr.* Poner en la sepultura a un muerto. • Ocultar o esconder.
sepultura *s.f.* Acción de sepultar. • Hoyo o lugar en que se entierra a uno o más muertos.
sequedad *s.f.* Cualidad de seco. • Falta de amabilidad.
sequía *s.f.* Falta prolongada de lluvias.
séquito *s.m.* Gente que acompaña o sigue a una persona importante.
1. ser Verbo copulativo que atribuye a un sujeto la cualidad o circunstancia expresadas por un adjetivo —o construcción equivalente— o por un sustantivo. • Como *auxiliar*, forma la voz pasiva de los verbos. • Usado como *unipersonal*, indica circunstancias de tiempo.
2. ser *s.m.* Lo que es, existe o puede existir. • Esencia o naturaleza de las cosas.
seráfico, ca *adj.* Relativo al serafín. • Pobre y humilde. • Plácido o bondadoso.
serafín *s.m.* Cada uno de los ángeles que forman el segundo coro. • Persona de hermosura extraordinaria.
serenar *v.tr. / prnl.* Poner sereno.
serenata *s.f.* Música que se toca al aire libre durante la noche.
serenidad *s.f.* Tranquilidad. • Cualidad de la persona que obra adecuadamente ante situaciones peligrosas o imprevistas.
sereno *s.m.* Humedad que durante la noche impregna la atmósfera. • Hombre encargado de vigilar las calles y los edificios durante la noche.
sereno, na *adj.* Sin nubes o sin niebla. • Sin viento. • Calmo, tranquilo.
seriado, da *adj.* En serie.
sericicultor, ra *s.* Persona que se dedica a la sericicultura.
sericicultura *s.f.* Cría de gusanos de seda para mejorar su rendimiento y la calidad de la seda.
serie *s.f.* Conjunto de cosas que están o se suceden una tras otra.
seriedad *s.f.* Cualidad de serio.
serio, ria *adj.* Poco propenso a la alegría; formal, grave. • Que actúa reflexivamente. • Que cumple sus obligaciones. • Importante. • Dícese de las cosas de colores poco llamativos, o sin adornos.
sermón *s.m.* Discurso religioso o moral. • *fam.* Reprensión insistente y larga.
sermonear *v.tr. fam.* Reprender o aconsejar insistentemente.
serosidad *s.f.* Líquido que segregan ciertas membranas del cuerpo. • Humor contenido en las ampollas y los edemas.
seroso, sa *adj.* Relativo al suero o a la serosidad, o semejante a ellos.
serpentario *s.m.* Ave zancuda, cazadora de serpientes, que vive en África. • Lugar donde se crían serpientes.
serpentear *v.intr.* Deslizarse o extenderse haciendo ondas.
serpentín *s.m.* En los alambiques y otras instalaciones, tubo largo en espiral por el que pasa un fluido que se debe enfriar o calentar.
serpentina *s.f.* Tira de papel arrollada que se arroja en carnaval y otras festividades.
serpiente *s.f.* Nombre con que se designan los reptiles ofidios, particularmente los de gran tamaño y los venenosos.
serpollo *s.m.* Retoño de una planta.
serrado, da *adj.* Dentado como una sierra.
serraduras *s.f. pl.* Aserrín.
serrallo *s.m.* Lugar de la casa donde los mahometanos tienen a sus esposas.
serranía *s.f.* Región con montañas y sierras no muy elevadas.
serrano, na *adj.* De la sierra. • *adj. / s.* Que ha nacido en la sierra o vive en ella.
serrar *v.tr.* Aserrar.
serrátil *adj.* Dícese de la sutura de dos huesos que imita los dientes de una sierra. • Dícese del pulso frecuente e irregular.
serrato *adj. / s.m.* Dícese de los músculos que se insertan en las costillas y el omóplato.
serrín *s.m.* Aserrín.
serruchar *v.tr. América* Aserrar.

serrucho *s.m.* Sierra de hoja rígida, con mango.
servicial *adj.* Pronto a hacer favores o a complacer.
servicio *s.m.* Acción de servir. • Organización destinada a satisfacer necesidades públicas o privadas. • Conjunto de cosas que se emplean para algo, como la vajilla. • Estado de criado o sirviente. • Acatamiento a alguien. • Retrete.
servidor, ra *s.* Persona que sirve a otro o a una entidad. • Criado, sirviente.
servidumbre *s.f.* Trabajo propio del siervo. • Estado o condición de siervo. • Conjunto de criados de una casa.
servil *adj.* De siervo. • Que se humilla ante los poderosos, o los adula.
servilismo *s.m.* Cualidad de servil.
servilleta *s.f.* Pieza de tela o de papel que usa cada comensal para limpiarse la boca o las manos.
servir *v.intr.* Ser apto para cierta función. • Ser soldado en actividad. • *intr./tr.* Estar al servicio de alguien. • Traer a alguien bebida o comida a la mesa. • *tr.* Rendir culto a Dios desempeñando el sacerdocio. • *prnl.* Utilizar a una persona o cosa como medio o instrumento para cierto fin.
servofreno *s.m.* Mecanismo auxiliar que permite frenar un vehículo con mayor facilidad y seguridad.
servomando *s.m.* Mecanismo auxiliar que maneja un sistema o distancia con energía externa.
servomecanismo *s.m.* Mecanismo que asegura automáticamente el funcionamiento de una máquina o instalación. • Nombre de cualquier dispositivo que con poca energía permite regular variaciones de energía mayores.
sésamo *s.m.* Ajonjolí.
sesear *v.intr.* Pronunciar con seseo.
sesenta *adj./s.m.* Seis veces diez.
sesentavo, va *adj./s.m.* Dícese de cada una de las sesenta partes iguales en que se divide un todo.
sesentón, na *adj./s.* Dícese de la persona de sesenta o más años, sin llegar a setenta.
seseo *s.m.* Pronunciación de la *z* y de la *c* —en *ce* y *ci*— con el sonido de la *s*.
sesera *s.f. fam.* Inteligencia.
sesgar *v.tr.* Cortar o colocar algo al sesgo.
sesgo, ga *adj.* Cortado o situado oblicuamente. • *s.m.* Rumbo o curso que toma un asunto.
sésil *adj.* Dícese de la hoja sin pecíolo y de la flor sin pedicelo.
sesión *s.f.* Cada una de las reuniones de una corporación, asamblea o congreso.
sesionar *v.intr.* Celebrar sesión.
seso *s.m.* Masa nerviosa contenida en la cavidad del cráneo. • *fam.* Discernimiento o sensatez.
sesquicentenario, ria *adj.* Que tiene ciento cincuenta años. • *s.m.* Día o año en que se cumple siglo y medio de un acontecimiento.
sestear *v.intr.* Dormir la siesta.
sestercio *s.m.* Antigua moneda romana de plata.
sesudo, da *adj.* Prudente o sensato.
seta *s.f.* Cierta especie de hongo. • Pelo de algunas plantas.
setecientos, tas *adj./s.m.* Siete veces ciento.
setenta *adj./s.m.* Siete veces diez.
setentavo, va *adj./s.m.* Dícese de cada una de las setenta partes iguales en que se divide un todo.
setentón, na *adj./s.* Dícese de la persona de setenta años o más, sin llegar a ochenta.
setiembre *s.m.* Noveno mes del año.
sétimo, ma *adj./s.m.* Séptimo.
seto *s.m.* Cercado hecho con palos o varas.
seudo *adj.* Supuesto, falso.
seudónimo *s.m.* Nombre empleado por un escritor o un artista en vez del suyo verdadero.
seudopodio *s.m.* Seudópodo.
seudópodo *s.m.* Prolongación protoplasmática emitida por ciertas células libres y por muchos seres unicelulares.
seudorreflejo, ja *adj.* Dícese de los verbos pronunciados cuando el pronombre no cumple la función de objeto directo o indirecto. • Dícese de los pronombres personales que se usan con esos verbos.
severidad *s.f.* Cualidad de severo.
severo, ra *adj.* Que no tiene benevolen-

cia. • Muy riguroso en la observancia de una regla. • Grave, serio.

sevicia *s.f.* Crueldad excesiva.

sevillana *s.f. América* Cierto tipo de navaja. • *pl.* Baile típico de Andalucía.

sexagenario, ria *adj./s.* Dícese de la persona de sesenta años o más, sin llegar a los setenta.

sexagesimal *adj.* Basado en el número sesenta, o que está dividido en sesenta partes iguales.

sexagésimo, ma *adj./s.m.* Que sigue en orden al quincuagésimo noveno. • Dícese de cada una de las sesenta partes iguales en que se divide un todo.

sexagonal *adj.* Hexagonal.

sexo *s.m.* Conjunto de las características físicas constitucionales de los seres orgánicos, por los cuales pueden ser machos o hembras. • Órganos sexuales.

sextante *s.m.* Antigua moneda romana de cobre. • Instrumento óptico para observaciones astronómicas con un sector graduado de un sexto de circunferencia.

sexteto *s.m.* Conjunto de seis instrumentos musicales o seis cantantes. • Música escrita para ese conjunto. • Estrofa de seis versos.

sexto, ta *adj./s.m.* Que sigue en orden al quinto. • Dícese de cada una de las seis partes iguales en que se divide un todo.

séxtuplo, pla *adj./s.m.* Dícese del producto de un número o cantidad por seis.

sexuado, da *adj.* Que tiene órganos sexuales.

sexual *adj.* Del sexo.

sha *s.m.* Soberano de los persas.

1. si *conj.subord.* Encabeza proposiciones condicionales y sustantivas que denotan una circunstancia dudosa.

2. si *s.m.* En la escala musical diatónica sin alteraciones, séptima nota.

1. sí *adj.* Se usa para afirmar respondiendo a una pregunta. • *s.m.* Consentimiento o aceptación.

2. sí *s.m. y f.* Forma del pronombre reflejo de tercera persona del singular y el plural.

sial *s.m.* Capa rígida y superior de la corteza terrestre.

siamés, sa *adj.* Dícese de una raza de gatos, originaria de Asia.

sibarita *adj./s.m. y f.* Aficionado a los placeres refinados.

siberiano, na *adj./s.* De Siberia (Rusia).

sibila *s.f.* Entre los antiguos griegos y romanos, mujer o sacerdotisa a las que se atribuía espíritu profético.

sibilante *adj.* Dícese de los sonidos que —como el de la *s*— se articulan haciendo pasar el aire a través de un estrecho canal formado por la lengua con los alvéolos superiores.

sibilino, na *adj.* Que encierra un sentido profético, oculto o misterioso.

sic *adv.* Voz latina que se usa para indicar que una palabra o frase son textuales; se usa en impresos o manuscritos.

sicalíptico, ca *adj.* Licencioso, erótico.

sicario *s.m.* Asesino asalariado.

sicastenia *s.f.* Enfermedad mental caracterizada por depresión, desconfianza, indecisión, angustia, etc.

sicoanálisis *s.m.* Método de investigación y terapia creado por Freud y basado en el descubrimiento del inconsciente como base para la interpretación de la personalidad.

sicofísica *s.f.* Estudio de las manifestaciones físicas o fisiológicas que acompañan a los fenómenos síquicos.

sicolingüística *s.f.* Disciplina que estudia las relaciones entre el lenguaje y la vida psíquica.

sicología *s.f.* Ciencia que estudia los fenómenos síquicos y la conducta humana y animal.

sicológico, ca *adj.* De la sicología.

sicólogo, ga *adj./s.* Dícese de la persona que se dedica a la sicología. • *adj.* Perspicaz para conocer a las personas, sus reacciones, etc.

sicometría *s.f.* Conjunto de métodos de medición y diagnóstico utilizado en el área de la sicología.

sicomoro *s.m.* Árbol de madera incorruptible usada en el antiguo Egipto para construir los sarcófagos de las momias.

sicópata *s.m. y f.* Persona mentalmente desequilibrada, pero sin disminución de sus funciones intelectuales.
sicopatía *s.f.* Trastorno mental que consiste en la exageración patológica de los rasgos del carácter.
sicopatología *s.f.* Parte de la siquiatría que estudia las causas y la evolución de los trastornos mentales.
sicopedagogía *s.f.* Pedagogía basada en la sicología evolutiva.
sicosis *s.f.* Desorden mental grave, con alteración del comportamiento del individuo.
sicosomático, ca *adj.* Dícese de la medicina que se basa en la interdependencia entre las funciones orgánicas y síquicas del enfermo, y de los trastornos de ésta índole.
sicotecnia *s.f.* Disciplina que aplica los datos de la sicología a los distintos campos de la actividad humana.
sicoterapéutico, ca *adj.* Relativo a la sicoterapia.
sicoterapia *s.f.* Grupo de técnicas empleadas para el tratamiento de enfermedades y trastornos síquicos, como la sugestión, el sicoanálisis, etc.
sida *s.m.* Enfermedad viral caracterizada por la ausencia de respuesta inmunitaria.
sidecar *s.m.* Cochecito de una rueda que se adosa al costado de una bicicleta.
sideral *adj.* De los astros.
sidéreo, a *adj.* Sideral.
siderosis *s.f.* Enfermedad producida por la inhalación de polvo de hierro.
siderurgia *s.f.* Técnica de la extracción y fundición del hierro y la producción de aceros y aleaciones ferrosas.
siderúrgico, ca *adj.* De la siderurgia.
sidra *s.f.* Bebida alcohólica que se obtiene por fermentación del jugo de manzanas.
siega *s.f.* Acción y época de segar.
siembra *s.f.* Acción y época de sembrar. • Tierra sembrada.
siemens *s.m.* Unidad de conductancia en el Sistema Internacional.
siemensio *s.m.* Castellanización de la palabra *siemens*.
siempre *adv.* En todo tiempo.
siempreviva *s.f.* Planta ornamental cuyas flores duran mucho tiempo después de cortadas.
sien *s.f.* Cada una de las dos partes laterales de la frente.
sierpe *s.f.* Serpiente.
sierra *s.f.* Herramienta consistente en una hoja de acero con dientes agudos y triscados en uno de sus bordes. • Cordillera con cumbres de crestas quebradas y accidentadas. • *América* Cordillera de poca extensión.
siervo, va *s.* Esclavo. • Persona completamente sometida a otra.
siesta *s.f.* Rato de sueño, o descanso, después de la comida de mediodía.
siete *adj./s.m.* Seis y uno. • Séptimo día del mes.
sietecolores *s.m. América* Pájaro insectívoro de plumaje de varios colores.
sietemesino, na *adj./s.* Dícese de la criatura que nace a los siete meses de engendrada.
sífilis *s.f.* Enfermedad infecciosa, contagiosa y virulenta de origen venéreo.
sifón *s.m.* Tubo para trasvasar líquidos de un nivel superior a otro inferior. • Botella herméticamente cerrada y provista de un sifón con llave para abrir y cerrar el paso del agua carbonatada que contiene.
sigilo *s.m.* Secreto con que se hace o trata una cosa.
sigiloso, sa *adj.* Que guarda sigilo.
sigla *s.f.* Letra inicial empleada como abreviatura. • Expresión formada por varias de esas letras.
siglo *s.m.* Período de cien años. • *fam.* Período largo.
sigma *s.f.* Decimoctava letra del alfabeto griego (σ).
sigmoideo, a *adj.* Dícese de una de las partes del intestino grueso. • Dícese de las válvulas de la aorta.
signar *v.tr.* Poner o imprimir el signo o sello en una cosa. • Firmar. • *tr./prnl.* Hacer la señal de la cruz.
signatario, ria *adj./s.* Firmante.
signatura *s.f.* Marca o señal. • Signos o números para indicar la colocación de un libro en la biblioteca. • Acto de firmar un documento.

significación *s.f.* Acción de significar. • Cosa significada o representada; significado. • Importancia o trascendencia.
significado, da *adj.* Conocido o importante. • *s.m.* Cosa significada o representada; significación.
significar *v.tr.* Representar por medio de algún signo. • Ser una expresión la representación de cierta cosa o idea. • Hacer saber. • *intr.* Tener importancia. • *prnl.* Hacerse notar.
significativo, va *adj.* Que tiene un significado particular, o mucho significado.
signo *s.m.* Medio por el cual se representa o evoca algo; señal. • Letra, número, etc., usados en la escritura. • Unidad de cualquier sistema de comunicación. • Cada una de las doce partes en que se considera dividido el zodíaco. • Hado, sino. • Cada uno de los dos tipos de carga eléctrica de un cuerpo.
siguiente *adj. / s.m. y f.* Que sigue en orden, espacio o tiempo.
sílaba *s.f.* Sonido o conjunto de sonidos que constituyen un núcleo fónico entre dos depresiones sucesivas de la emisión de la voz.
silabario *s.m.* Librito o cartel con sílabas sueltas y palabras divididas en sílabas para enseñar a leer.
silabear *v.tr. / intr.* Marcar la división entre las sílabas.
silabeo *s.m.* Acción de silabear.
silábico, ca *adj.* Relativo a la sílaba.
silba *s.f.* Acción de silbar en señal de protesta.
silbar *v.intr.* Producir el aire un sonido agudo al rozar cierta cosa. • Producir una persona un sonido agudo al hacer pasar con fuerza el aire entre los labios fruncidos. • *intr. / tr.* Manifestar protesta silbando.
silbatina *s.f. América* Silba.
silbato *s.m.* Pequeño instrumento de viento, de metal, que produce un sonido único muy agudo al soplar.
silbido *s.m.* Sonido que se produce al silbar.
silbo *s.m.* Silbido penetrante.
silenciador *s.m.* Dispositivo para amortiguar los ruidos en un automóvil, un arma de fuego, etc.
silenciar *v.tr.* Guardar silencio.
silencio *s.m.* Circunstancia de no escucharse ningún sonido, o de no hablar.
silencioso, sa *adj.* Que no hace ruido. • Dícese del lugar en que hay silencio.
silente *adj.* Silencioso.
silepsis *s.f.* Alteración de la concordancia gramatical de las palabras para atender al significado más que a la forma.
sílex *s.m.* Pedernal.
sílfide *s.f.* En la mitología, genio o espíritu del aire, femenino, o mujer fantástica de gran hermosura.
silicato *s.m.* Sal compuesta de ácido silícico y una base.
sílice *s.f.* Dióxido de silicio natural, que abunda en la naturaleza en forma de cuarzo, arena, etc., y se usa en la fabricación de vidrios, cerámicas, etc.
silíceo, a *adj.* De sílice o semejante a ella.
silícico, ca *adj.* Relativo a la sílice.
silicio *s.m.* No metal que se extrae de la sílice (símbolo: *Si*).
silicona *s.f.* Cada uno de los polímeros constituidos por cadenas de silicio y oxígeno; son muy lubricantes y resistentes a la oxidación.
silicua *s.f.* Fruto seco, formado por dos carpelos alargados.
silícula *s.f.* Fruto igual a la silicua pero tan ancho como largo.
silla *s.f.* Asiento individual con respaldo y patas. • Aparejo para montar a caballo.
sillar *s.m.* Cada una de las piedras labradas que forman parte de una construcción.
1. sillería *s.f.* Conjunto de sillas, sillones y sofás de una habitación. • Conjunto de asientos unidos unos a otros. • Taller o tienda donde se hacen o venden sillas.
2. sillería *s.f.* Fábrica de muros o paredes hechos con sillares asentados unos sobre otros y en hileras. • Conjunto de esos sillares.
sillín *s.m.* Asiento de la bicicleta y otros vehículos semejantes.
sillón *s.m.* Asiento con brazos.
silo *s.m.* Lugar seco destinado a conservar productos agrícolas.
silogismo *s.m.* Razonamiento que cons-

ta de tres proposiciones, la última de las cuales es la conclusión que se deduce de las otras dos.

silogístico, ca *adj.* Relativo al silogismo o propio de él.

silueta *s.f.* Dibujo de un objeto siguiendo el contorno de su sombra. • Contorno de una figura.

silúrico, ca *adj. / s.m.* Dícese del tercer período de la era paleozoica.

siluro *s.m.* Pez parecido a la anguila, sin escamas y con seis u ocho apéndices a los lados de la boca.

silva *s.f.* Colección de escritos no relacionados entre sí. • Composición poética de versos endecasílabos y heptasílabos en número, distribución y rima a gusto del autor.

silvestre *adj.* Que se cría naturalmente en el campo o en el bosque.

silvicultor, ra *s.* Persona que se dedica a la silvicultura.

silvicultura *s.f.* Conjunto de actividades y conocimientos relativos al cultivo, cuidado y explotación de los bosques.

1. sima *s.f.* Cavidad grande y profunda en la tierra.

2. sima *s.f.* Capa plástica que se halla en la base del sial hasta ciento veinte kilómetros de profundidad; ambos forman la litosfera.

simbiosis *s.f.* Asociación entre organismos vegetales o animales, en la que ambos se benefician, como la de los hongos y las algas, que forman los líquenes.

simbólico, ca *adj.* Que representa cierta cosa por medio de símbolos.

simbolismo *s.m.* Conjunto o sistema de símbolos • Cualidad de simbólico.

simbolizar *v.tr.* Representar algo por medio de un símbolo.

símbolo *s.m.* Cosa que representa a otra con la que tiene semejanza o correspondencia. • Señal o figura convencionales empleadas para representar números, unidades, etc. • Letra o letras con que se representa un elemento en la notación química.

simetría *s.f.* Proporción adecuada de las partes de un todo entre sí, y con el todo mismo. • Correspondencia de posición, forma y dimensiones de las partes de una figura con respecto a un punto, una recta o un plano.

simétrico, ca *adj.* Relativo a la simetría. • Que tiene simetría.

simiente *s.f.* Semilla.

simiesco, ca *adj.* Que se parece al simio o es propio de él.

símil *adj.* Similar.

similar *adj.* Parecido, semejante.

similitud *s.f.* Cualidad de similar.

simio, mia *s.* Mono (mamífero).

simpatía *s.f.* Actitud afectiva favorable hacia una persona.

simpático, ca *adj.* Que inspira simpatía.

simpatizante *adj. / s.m. y f.* Que simpatiza con determinada cosa.

simpatizar *v.intr.* Sentir simpatía.

simple *adj.* Constituido por un solo elemento. • Sencillo. • *adj. / s.m. y f.* Ingenuo. • Bobo o tonto.

simpleza *s.f.* Tontería.

simplicidad *s.f.* Cualidad de simple o sencillo.

simplificación *s.f.* Acción de simplificar.

simplificar *v.tr.* Hacer una cosa más sencilla o más fácil. • En matemática, convertir una fracción numérica o una expresión algebraica en otras equivalentes más sencillas.

simplista *adj. / s.m. y f.* Que ve las cosas o las resuelve en forma demasiado esquemática.

simplón, na *adj. / s.* Ingenuo o bobo.

simposio *s.m.* Reunión en que personas especializadas examinan y discuten determinados temas.

simulación *s.f.* Acción de simular.

simulacro *s.m.* Acción militar efectuada para instrucción y entrenamiento de las tropas.

simulador, ra *adj. / s.* Que simula.

simular *v.tr.* Aparentar, fingir.

simultaneidad *s.f.* Circunstancia de ser simultáneas dos o más cosas.

simultáneo, a *adj.* Que sucede o se hace al mismo tiempo que otra cosa.

simún *s.m.* Viento seco y caliente que sopla en los desiertos de África y Arabia.

sin *prep.* Indica falta o ausencia. • Señala la exclusión de algo.

sinagoga *s.f.* Congregación religiosa de los judíos. • Templo de los judíos.
sinalefa *s.f.* Fusión en una sola sílaba de la vocal o vocales finales de una palabra con la vocal o vocales iniciales de la siguiente.
sinapismo *s.m.* Medicamento externo que utiliza las propiedades revulsivas de la mostaza.
sinarquía *s.f.* Influencia de un grupo de personas o empresas poderosas en la política y la economía de un país.
sinartrosis *s.f.* Articulación inmóvil de los huesos del cráneo y de la cara, con excepción de la mandíbula.
sincerarse *v.prnl.* Hallar alivio por medio de una justificación o una confidencia.
sinceridad *s.f.* Cualidad de sincero.
sincero, ra *adj.* Que habla o actúa de acuerdo con lo que piensa o siente.
sinclinal *adj/s.m.* Dícese del pliegue cóncavo de la corteza terrestre.
síncopa *s.f.* Desaparición de uno o más sonidos en el interior de una palabra. • En música, enlace de dos sonidos iguales, el primero de los cuales se halla en un tiempo débil, y el otro, en uno fuerte.
sincopado, da *adj.* Dícese de la palabra resultante de una síncopa. • Dícese de la música en la que predomina la síncopa.
síncope *s.m.* Pérdida repentina del conocimiento y la sensibilidad, debida al cese súbito e instantáneo de la actividad del corazón.
sincronía *s.f.* Sincronismo.
sincrónico, ca *adj.* Dícese de las cosas que ocurren, se mueven o funcionan al mismo tiempo. • Dícese del satélite artificial que recorre su órbita en sincronismo con la rotación terrestre.
sincronismo *s.m.* Circunstancia de ocurrir dos o más cosas al mismo tiempo; sincronía.
sincronizar *v.tr.* Hacer que una cosa ocurra al mismo tiempo que otras.
sincrotón *s.m.* Aparato que comunica gran velocidad a los electrones, protones, etc.; se utiliza para la desintegración del átomo.
sindéresis *s.f.* Capacidad para pensar acertada o prudentemente.
sindical *adj.* Relativo al síndico. • Relativo a un sindicato.
sindicalismo *s.m.* Sistema de organización obrera en sindicatos.
sindicar *v.tr.* Hacer recaer sobre alguien una sospecha. • Asociar en un sindicato.
sindicato *s.m.* Organización integrada por personas de la misma profesión para defensa de sus intereses.
síndico, ca *s.* Persona encargada de fiscalizar el funcionamiento y los intereses de una sociedad.
síndrome *s.m.* Conjunto de síntomas que caracterizan una enfermedad.
sinécdoque *s.f.* Tropo que consiste en extender o restringir el sentido de las palabras.
sinéresis *s.f.* Fusión en una sola sílaba de dos vocales de una palabra que normalmente se pronuncian con hiato.
sinfín *s.m.* Número muy grande de cosas.
sínfisis *s.f.* Articulación de los huesos coxales entre sí a la altura del pubis.
sinfonía *s.f.* Composición musical de extensión y contenidos ajustados a una forma establecida.
sinfónico, ca *adj.* De sinfonía.
singladura *s.f.* Camino recorrido por un buque en veinticuatro horas.
single *s.m.* En el tenis, partido entre dos jugadores. • En remo, bote con un solo asiento corredizo.
singular *adj.* Solo o único. • Extraordinario, raro o excepcional. • *adj./s.m.* Dícese de la categoría gramatical que indica que una palabra se refiere a un solo ejemplar de seres o cosas.
singularidad *s.f.* Cualidad de singular. • Particularidad.
singularizarse *v.prnl.* Tener una persona o cosa cierta particularidad que las diferencia de las demás de su clase. • Distinguirse.
siniestra *s.f.* Mano izquierda.
siniestro, tra *adj.* Izquierdo. • Malintencionado o maligno. • Funesto. • *s.m.* Desgracia producida por un incendio, un naufragio, etc.
sinnúmero *s.m.* Gran número de cierta cosa.

1. **sino** *s.m.* Fatalidad o destino.
2. **sino** *conj.coord.* Se usa para contraponer a un concepto negativo otro afirmativo. • Se usa, a veces, para indicar excepción.
sinodal *adj.* Relativo al sínodo.
sínodo *s.m.* Concilio o reunión de obispos para tratar materias de dogma y disciplina.
sinología *s.f.* Estudio de la lengua, la literatura y las instituciones de China.
sinonimia *s.f.* Circunstancia de ser sinónimos dos o más vocablos.
sinónimo, ma *adj./s.m.* Dícese de las palabras y expresiones que tienen el mismo significado.
sinople *adj. / s.m.* En heráldica, dícese del color verde.
sinopsis *s.f.* Resumen. • Esquema.
sinóptico, ca *adj.* Hecho en forma de sinopsis.
sinovia *s.f.* Humor viscoso que baña y lubrica las articulaciones óseas móviles.
sinovial *adj.* Relativo a la sinovia.
sinrazón *s.f.* Acción injusta hecha fuera de lo razonable y debido.
sinsabor *s.m.* Pesadumbre causada por una pérdida moral o material.
sinsonte *s.m. América* Pájaro cantor que puede imitar el canto de otras aves y también la voz humana.
sintáctico, ca *adj.* Relativo a la sintaxis.
sintagma *s.m.* Encadenamiento de dos o más elementos lingüísticos. • Grupo de elementos lingüísticos que constituyen una unidad dentro de una oración.
sintaxis *s.f.* Estudio de las relaciones que vinculan a las palabras en la oración (concordancia, función, etc.). • Modo de enlazarse y ordenarse las palabras en la oración.
síntesis *s.f.* Reducción de la totalidad de una materia a lo esencial; resumen. • Conjunto de cosas que forman otra. • Operación química por medio de la cual se combinan ciertos cuerpos para formar otros. • Operación mental por la cual se acumulan datos para obtener un resultado intelectual.
sintético, ca *adj.* De síntesis o con características de síntesis. • Dícese de los productos obtenidos por síntesis químicas.
sintetizar *v.tr.* Extraer lo esencial de una cosa; resumir. • Reunir cosas en una síntesis.
sintoísmo *s.m.* Religión primitiva y popular de los japoneses.
síntoma *s.m.* Fenómeno que revela una enfermedad. • Señal, indicio.
sintomático, ca *adj.* De síntoma, o que constituye un síntoma.
sintonía *s.f.* Concordancia de la frecuencia de oscilación de un receptor con la de la fuente emisora.
sintonizar *v.tr.* Hacer que un receptor radiotelefónico o televisivo recoja las ondas emitidas por la estación emisora.
sinuosidad *s.f.* Cualidad de sinuoso. • Parte sinuosa de cierta cosa.
sinuoso, sa *adj.* Que tiene concavidades, ondulaciones o recodos. • Tortuoso.
sinusitis *s.f.* Inflamación de la mucosa de los senos del cráneo.
sinusoide *s.f.* Curva que se obtiene al representar gráficamente la función seno.
sinvergüenza *adj. / s.m. y f.* Que comete actos reprobables. • Desvergonzado.
sionismo *s.m.* Aspiración de los judíos a recobrar Palestina como patria. • Movimiento en favor de esa aspiración.
sique *s.f.* Alma humana.
siquiatra *s.m. y f.* Médico especializado en enfermedades mentales y nerviosas.
siquiatría *s.f.* Parte de la medicina que estudia las enfermedades mentales y nerviosas.
síquico, ca *adj.* Relativo a la mente o al siquismo.
siquiera *adv.* Indica conformidad con un mínimo.
siquismo *s.m.* Conjunto de todos los fenómenos que conforman la personalidad.
sirena *s.f.* Ninfa marina con busto de mujer y la mitad inferior del cuerpo de ave o de pez. • Instrumento que produce un sonido que se oye a gran distancia.
sirgar *v.tr.* Llevar una embarcación por la orilla del agua, tirando de ella desde tierra.

siringe *s.f.* Órgano sonoro que poseen las aves, muy desarrollado en las cantoras.

sirio, ria *adj. / s.* De Siria (Asia).

sirle *s.m.* Excremento del ganado lanar y cabrío.

siroco *s.m.* En el Mediterráneo, viento muy cálido.

sirte *s.f.* Bajo de arena movediza en el fondo del mar.

siruposo, sa *adj.* Que tiene aspecto o naturaleza de jarabe.

sirviente, ta *s.* Persona dedicada al servicio doméstico.

sisa *s.f.* Corte hecho en una prenda de vestir para ceñirla al cuerpo. • Corte curvo en una prenda de vestir, donde se cose la manga. • Parte que alguien hurta de cierta cosa que administra por cuenta de otro.

sisal *s.m.* Planta herbácea, perenne, cuyas fibras se usan para tejer bolsas.

sisear *v.intr. / tr.* Emitir repetidamente un sonido semejante a *chss* para llamar la atención o para desaprobar algo.

siseo *s.m.* Acción de sisear.

sísmico, ca *adj.* Relativo al sismo.

sismo *s.m.* Sacudida brusca de las capas de la corteza terrestre; terremoto.

sismógrafo *s.m.* Instrumento para registrar la intensidad, duración y otras características de los sismos.

sismología *s.f.* Estudio del origen y desarrollo de los sismos.

sismómetro *s.m.* Instrumento para medir la fuerza de las oscilaciones y sacudimientos de un sismo.

sismorresistente *adj.* Asísmico.

sistema *s.m.* Conjunto de reglas y procedimientos con que se hace o funciona una cosa. • Conjunto organizado de cosas para cumplir un objeto o una función. • En anatomía, conjunto de órganos que cumplen una función determinada.

sistemático, ca *adj.* Que constituye un sistema, o se ajusta a un sistema. • Que procede con sistema o método. • *s.f.* Taxonomía.

sistematizar *v.tr.* Organizar algo con sistema.

sístole *s.f.* Movimiento de contracción del corazón y las arterias, que alterna con la diástole.

sitacosis *s.f.* Enfermedad contagiosa de los loros y papagayos, trasmisible al hombre.

sitiador, ra *adj. / s.* Dícese del que sitia.

sitial *s.m.* Asiento de ceremonia.

sitiar *v.tr.* En la guerra, rodear con fuerzas propias otras del enemigo, o una plaza o fortificación.

1. sitio *s.m.* Porción del espacio que puede ser ocupada por algo; lugar. • *América* Finca pequeña, agrícola y ganadera.

2. sitio *s.m.* Acción de sitiar.

sito, ta *adj.* Situado.

situación *s.f.* Acción de situar. • Manera de estar una persona o una cosa. • Estado económico de una familia.

situar *v.tr.* Colocar. • Asignar a algo un lugar en el espacio o el tiempo.

1. so *fam.* Partícula que se antepone a un insulto dirigido a una persona.

2. so *prep.* Se emplea en algunas expresiones con el significado de bajo.

soasar *v.tr.* Asar ligeramente.

soba *s.f.* Acción de sobar. • *fam.* Paliza.

sobaco *s.m.* Axila.

sobajar *v.tr.* Manosear una cosa con fuerza ajándola.

sobar *v.tr.* Manosear una cosa ajándola. • Apretar y mover una cosa para amasarla. • *fam.* Castigar dando golpes.

soberanía *s.f.* Cualidad de soberano. • Autoridad suprema de gobierno. • Poder de decisión de un estado independiente.

soberano, na *adj. / s.* Que ejerce o posee la autoridad suprema. • *adj.* Dicho de una nación o estado, independiente.

soberbia *s.f.* Arrogancia, orgullo.

soberbio, bia *adj.* Dícese de la persona dominada por la soberbia. • Dícese de las cosas magníficas o grandiosas.

sobón, na *adj. / s. fam.* Dícese del que se hace fastidioso por sus excesivas caricias y halagos.

sobornar *v.tr.* Conseguir una persona con dádivas o dinero que alguien haga o deje de hacer algo en favor de ella.

soborno *s.m.* Acción de sobornar. • Dádiva con que se soborna.

sobra *s.f.* Circunstancia de sobrar una cosa. • *pl.* Lo que queda de la comida u otras cosas.
sobradillo *s.m.* Tejadillo que se pone encima de los balcones o ventanas.
sobrado, da *adj.* Bastante o demasiado. • *s.m.* Desván.
sobrador, ra *adj. fam. América* Dícese de la persona que exhibe aires de suficiencia.
sobrante *adj. / s.m.* Dícese de la cosa o parte de algo que sobra.
sobrar *v.intr.* Haber de algo más de lo necesario o conveniente. • Quedar algo de una cosa después de haber utilizado lo necesario.
sobrasada *s.f.* Cierto embutido hecho con carne de cerdo y pimentón.
1. sobre *prep.* Expresa que una cosa está situada más alta que otra. • Indica autoridad o dominio. • Además de. • Denota tema o argumento.
2. sobre *s.m.* Cubierta de papel en la que se encierran una carta, tarjeta, etc.
sobreabundar *v.intr.* Abundar mucho.
sobrealimentar *v.tr.* Dar a alguien más alimento del que necesita.
sobrecama *s.f.* Colcha.
sobrecarga *s.f.* Lo que se añade a una carga regular.
sobrecargar *v.tr.* Cargar con exceso.
sobrecargo *s.m.* Oficial que, en barcos y aviones, tiene a su cuidado el cargamento y supervisa funciones auxiliares.
sobrecogedor, ra *adj.* Que sobrecoge.
sobrecoger *v.tr. / prnl.* Causar una fuerte impresión o mucho miedo.
sobrecubierta *s.f.* Segunda cubierta para proteger una cosa.
sobreentender *v.tr.* Sobrentender.
sobreentendido, da *adj.* Sobrentendido.
sobreesdrújulo, la *adj. / s.f.* Sobresdrújulo.
sobreexcitar *v.tr. / prnl.* Sobrexcitar.
sobreexponer *v.tr.* Sobrexponer.
sobrehilar *v.tr.* Dar puntadas sobre el borde de una tela cortada, para que no se deshilache.
sobrehueso *s.m.* Tumor duro que se forma sobre un hueso.
sobrehumano, na *adj.* Que excede las posibilidades del ser humano.
sobreimpresión *s.f.* Impresión de dos o más imágenes diferentes en una misma película fotográfica o en el mismo cuadro de un filme.
sobrellevar *v.tr.* Soportar o aguantar un dolor, una enfermedad, etc.
sobremanera *adv.* Muy o mucho.
sobremesa *s.f.* Tapete que se pone sobre una mesa. • Tiempo que los comensales permanecen reunidos después de la comida.
sobrenadar *v.intr.* Mantenerse sobre la superficie de un líquido sin hundirse o sin mezclarse con él.
sobrenatural *adj.* Que no ocurre según las leyes naturales.
sobrenombre *s.m.* Nombre calificativo que se añade al nombre de una persona.
sobrentender *v.tr.* Entender una cosa que no está expresa, pero sí implícita en algo que se dice o escribe.
sobrentendido, da *adj.* Dícese de las palabras o expresiones elípticas.
sobrepaga *s.f.* Cantidad que se agrega a la paga ordinaria o acostumbrada.
sobrepasar *v.tr.* Exceder, superar.
sobrepelliz *s.f.* Vestidura blanca que se pone sobre la sotana.
sobrepeso *s.m.* Sobrecarga.
sobreponer *v.tr.* Superponer. • *prnl.* Dominar un impulso o no dejarse abatir por la adversidad.
sobreprecio *s.m.* Recargo en el precio ordinario de una cosa.
sobreproducción *s.f.* Exceso de producción.
sobrepujar *v.tr.* Ser una persona o cosa superiores a otras de su clase.
sobresaliente *adj. / s.m. y f.* Que sobresale. • *s.m.* Calificación máxima en un examen.
sobresalir *v.intr.* Ser una cosa más alta o estar más saliente que las que la rodean. • Descollar, destacarse.
sobresaltar *v.tr. / prnl.* Asustar o atemorizar.
sobresalto *s.m.* Alteración del ánimo producida por un suceso repentino e imprevisto.
sobresaturado, da *adj.* Dícese de las soluciones que tienen una concentración de soluto mayor que la normal.

sobresdrújulo, la *adj.* / *s.f.* Dícese de las palabras acentuadas en la sílaba anterior a la antepenúltima.
sobreseer *v.intr.* / *tr.* Resolver el juez la terminación de una causa por haberse demostrado la inocencia del imputado o no existir pruebas suficientes.
sobreseimiento *s.m.* Acción de sobreseer.
sobrestante *s.m.* Capataz de una obra.
sobrestimar *v.tr.* Estimar una cosa por encima de su valor.
sobresueldo *s.m.* Retribución que se añade al sueldo fijo.
sobretodo *s.m.* Prenda de abrigo, que se pone sobre el traje.
sobrevenir *v.intr.* Suceder una cosa repentina o imprevistamente.
sobreviviente *adj.* / *s.m. y f.* Que sobrevive.
sobrevivir *v.intr.* Vivir una persona después de la muerte de otra o después de determinada fecha o suceso.
sobrevolar *v.tr.* Volar sobre un lugar, ciudad o territorio.
sobrexcitar *v.tr.* / *prnl.* Excitar mucho la actividad de un órgano o un organismo.
sobrexponer *v.tr.* Exponer una película fotográfica a la acción de la luz durante mayor tiempo que el necesario.
sobriedad *s.f.* Cualidad de sobrio.
sobrino, na *s.* Hijo de un hermano o de un primo.
sobrio, bria *adj.* Que obra con moderación.
socarrón, na *adj.* / *s.* Que obra con socarronería.
socarronería *s.f.* Habilidad para burlarse de otros disimuladamente.
socavar *v.tr.* Cavar una cueva o galería subterráneas. • Excavar por debajo alguna cosa, dejándola sin apoyo.
socavón *s.m.* Cueva que se excava en la ladera de un monte.
sochantre *s.m.* Director del coro en los oficios religiosos.
sociabilidad *s.f.* Cualidad de sociable.
sociable *adj.* Dícese de la persona que gusta de la compañía de los demás.
social *adj.* De la sociedad humana. • Relativo a las clases en que ella se divide. • De una sociedad comercial.
socialismo *s.m.* Sistema de organización política y económica en el cual los medios de producción constituyen un bien colectivo.
socialista *adj.* Relativo al socialismo. • *adj.* / *s.m. y f.* Adepto al socialismo.
sociedad *s.f.* Reunión organizada de personas, familias, pueblos o naciones. • Asociación de personas que colaboran en trabajos comunes.
socio, cia *s.* Persona asociada con otra u otros para algún fin. • Miembro de una sociedad o un club.
sociología *s.f.* Ciencia que estudia las sociedades y los fenómenos humanos.
socorrer *v.tr.* Prestar ayuda a una persona que se halla en peligro o en una necesidad.
socorro *s.m.* Acción de socorrer. • Auxilio.
socrático, ca *adj.* Propio o característico del pensamiento de Sócrates. • *adj.* / *s.* Partidario de su filosofía.
soda *s.f.* Sosa. • Anglicismo con que se designa el agua carbonatada empleada como bebida.
sódico, ca *adj.* Relativo al sodio.
sodio *s.m.* Metal brillante, blando, de color blanco plateado, que reacciona violentamente con el agua (símbolo: *Na*).
sodomía *s.f.* Práctica de la homosexualidad.
soez *adj.* Ofensivo para las personas delicadas; grosero.
sofá *s.m.* Asiento con respaldo y brazos, para dos o más personas (*pl.* sofás).
sofisma *s.m.* Argumento que trata de demostrar como verdadero algo que es falso.
sofisticado, da (Anglicismo.) *adj.* Demasiado estudiado, falto de naturalidad.
sofisticar *adj.* Adulterar o falsificar un razonamiento con sofismas.
soflama *s.f.* Llama tenue o reverberación del fuego. • Rubor. • Arenga.
sofocar *v.tr.* / *prnl.* Impedir o dificultar la respiración; ahogar. • Avergonzar, abochornar. • *tr.* Apagar, extinguir.
sofocón *s.m.* *fam.* Disgusto o enojo muy grandes.

sofreír *v.tr.* Freír ligeramente.
sofrenar *v.tr.* Reprimir el jinete a la caballería, tirando de las riendas. • Refrenar. • Reprender enérgicamente.
soga *s.f.* Cuerda gruesa de esparto.
soja *s.f.* Planta herbácea, anual, de origen asiático, con fruto en legumbre, comestible y muy nutritivo.
sojuzgar *v.tr.* Imponer alguien su autoridad a otros con violencia; someter.
Sol *s. prop. m.* Estrella situada en el centro de nuestro sistema planetario, y cuya energía hace posible la vida en la Tierra. • *com.* Luz, calor o influencia de ese astro. • Unidad monetaria del Perú.
1. sol *s.m.* En la escala musical diatónica sin alteraciones, quinta nota.
2. sol *s.m.* Suspensión o solución coloidales.
solado *s.m.* Revestimiento de un piso con ladrillos, losas, etc.
solamente *adv.* Con exclusión de otra cosa.
solana *s.f.* Sitio o paraje donde el sol da de lleno.
solapa *s.f.* Cosa, o parte de una cosa, que va montada sobre otra. • Parte superior de los bordes delanteros de una prenda de vestir, que va doblada hacia afuera.
solapado, da *adj.* Que oculta maliciosamente sus intencioes u opiniones.
1. solar *s.m.* Terreno sobre el que se ha edificado o se piensa edificar. • Linaje noble.
2. solar *adj.* Relativo al Sol.
3. solar *v.tr.* Revestir el suelo con losas, ladrillos u otro material.
solariego, ga *adj.* / *s.* De linaje noble.
solárium *s.m.* Lugar destinado a tomar sol.
solaz *s.m.* Descanso placentero.
solazar *v.tr.* / *prnl.* Proporcionar solaz.
soldada *s.f.* Sueldo, salario.
soldadesco, ca *adj.* Relativo a los soldados. • *s.f.* Conjunto de soldados. • Tropa indisciplinada.
soldado *s.m.* Militar sin graduación. • El que sirve en la milicia.
soldador *s.m.* Operario que tiene por oficio soldar. • Instrumento con que se suelda.
soldadura *s.f.* Acción y efecto de soldar.
soldar *v.tr.* Unir sólidamente dos cosas, o dos partes de una misma cosa, fundiendo su propio material u otro similar.
solear *v.tr.* / *prnl.* Exponer al sol una cosa durante algún tiempo.
solecismo *s.m.* Error lingüístico que consiste en faltar a las reglas de la función y uso de las distintas partes de la oración.
soledad *s.f.* Circunstancia de estar solo. • Melancolía por ausencia o pérdida de una persona. • Lugar desierto. • Melodía, danza y copla andaluzas de carácter melancólico.
solemne *adj.* Celebrado o hecho públicamente con gran pompa. • Dícese del lenguaje o tono que se usan para comunicar algo grave o importante.
solemnidad *s.f.* Cualidad de solemne. • Acto solemne. • Festividad eclesiástica.
solenoide *s.m.* Bobina formada por varias espiras de alambre aislado, arrolladas sobre una armazón cilíndrica.
soler Verbo auxiliar que, seguido de un infinitivo, constituye frases verbales que expresan que una acción se hace ordinariamente o que un hecho sucede con frecuencia.
1. solera *s.f.* Madero horizontal sobre el que descansan otros. • Superficie del fondo de un canal. • Piedra del molino.
2. solera *s.f.* *América* Vestido femenino muy escotado, sin mangas.
solero *s.m.* *América* Solera (vestido).
solfa *s.f.* Conjunto de signos con que se escribe la música.
solfatara *s.f.* Abertura en los terrenos volcánicos, por donde salen emanaciones de vapores sulfurosos.
solfear *v.tr.* Leer música nombrando las notas, entonándolas o no.
solfeo *s.m.* Acción de solfear.
solicitar *v.tr.* Pedir algo en forma respetuosa o con las formalidades exigidas. • Llamar una cosa la atención. • Requerir.
solícito, ta *adj.* Diligente y cuidadoso.
solicitud *s.f.* Cualidad de solícito o actitud solícita. • Escrito en que se solicita algo.

solidaridad *s.f.* Circunstancia de ser solidaria una responsabilidad, obligación, etc. • Adhesión a la actitud o idea de otros.
solidario, ria *adj.* Dícese de las responsabilidades u obligaciones comunes a varias personas que deben ser cumplidas por cualquiera de ellas. • Que se solidariza con la actitud o idea de otro.
solidarizarse *v.prnl.* Mostrarse alguien de acuerdo con la actitud o idea de otros.
solideo *s.m.* Casquete que usan los eclesiásticos.
solidez *s.f.* Cualidad de sólido.
solidificación *s.f.* Acción de solidificar.
solidificar *v.tr./prnl.* Hacer sólido un líquido.
sólido, da *adj./s.m.* Dícese del estado de la materia caracterizado por la resistencia a los cambios de forma y volumen. • Firme, macizo. • *s.m.* Cuerpo geométrico.
soliloquio *s.m.* Monólogo.
solio *s.m.* Trono de rey o de papa.
solista *s.m. y f.* Cantante o instrumentista que tienen a su cargo los solos musicales.
solitario, ria *adj.* Sin compañía; solo. • Que gusta de la soledad. • No habitado o transitado. • *s.m.* Pasatiempo con naipes, para una sola persona.
soliviantado, da *adj.* Rebelde, hostil.
soliviantar *v.tr.* Hacer que alguien adopte una actitud rebelde u hostil.
sollado *s.m.* En los buques de guerra, alojamiento destinado a la marinería.
sollo *s.m.* Pez parecido al esturión, de carne comestible.
sollozar *v.intr.* Producir, al llorar, movimientos convulsivos y ciertos sonidos con la garganta.
sollozo *s.m.* Acción de sollozar.
solo o **sólo** *adv.* Solamente.
solo, la *adj.* Dícese de la cosa única. • Sin compañía; solitario. • *s.m.* Composición musical para un solo cantante o un solo instrumentista.
solomillo *s.m.* En las reses destinadas al consumo, tira de carne que se extiende por entre las costillas y el lomo.
solsticial *adj.* Relativo al solsticio.
solsticio *s.m.* Época en que el Sol se halla en uno de los dos trópicos.
soltar *v.tr./prnl.* Hacer que una cosa que estaba sujeta o sostenida deje de estarlo. • *tr.* Liberar. • *fam.* Decir algo con violencia o franqueza. • *prnl.* Empezar a realizar cierta acción.
soltería *s.f.* Estado de soltero.
soltero, ra *adj./s.* Dícese de la persona que no está aún casada.
solterón, na *adj./s.* Soltero que ha pasado la edad en que es común casarse.
soltura *s.f.* Agilidad, rapidez o facilidad con que se realiza algo.
solubilidad *s.f.* Cualidad de soluble.
soluble *adj.* Que se puede disolver o desleír. • Que se puede resolver.
solución *s.f.* Acción de disolver. • En química, mezcla uniformemente dispersa de una sustancia (soluto) en otra (solvente). • Modo de resolver una dificultad o problema.
solucionar *v.tr.* Hallar solución a un problema.
soluto *s.m.* Sustancia que está disuelta en otra —llamada *solvente*— en forma de moléculas o iones.
solvencia *s.f.* Acción de solventar. • Cualidad de solvente.
solventar *v.tr.* Dar solución a un asunto difícil. • Pagar una deuda o cuenta.
solvente *adj.* Libre de deudas. • Capaz de pagar deudas o cumplir obligaciones. • Capaz de cumplir con su cargo. • *adj./s.m.* En química, dícese de la sustancia capaz de disolver otra —llamada *soluto*— para formar una mezcla uniformemente dispersa.
soma *s.m.* La totalidad de la materia corporal de un organismo vivo.
somático, ca *adj.* Relativo al cuerpo humano.
sombra *s.f.* Proyección oscura que un cuerpo opaco produce en dirección opuesta a aquella de donde provienen los rayos luminosos. • Imagen oscura que proyecta un cuerpo opaco al interceptar la luz. • Oscuridad. • Espectro. • Suerte, buena o mala. • Gracia, donaire.
sombrajo *s.m.* Arreglo hecho con ramas, mimbres, etc., para proporcionar sombra.

sombrear *v.tr.* Hacer sombra una cosa a otra. • Poner sombra en un dibujo o una pintura.
sombrerería *s.f.* Fábrica o tienda de sombreros.
sombrerero, ra *s.* Persona que hace o vende sombreros. • *f.* Caja para guardar o trasportar sombreros.
sombrerito *s.m.* Danza y canción de ritmo animado, del centro y norte de la Argentina.
sombrero *s.m.* Prenda para cubrir la cabeza, que consta de copa y ala. • Techo que cubre el púlpito.
sombrilla *s.f.* Utensilio similar al paraguas, que se usa para protegerse del sol.
sombrío, a *adj.* Dícese de los lugares con sombra excesiva o desagradable. • Triste, melancólico.
somero, ra *adj.* Dícese de la superficie o cosa poco profundas. • Ligero, superficial.
someter *v.tr.* Dominar. • Conformar o subordinar la propia opinión, parecer o decisión a los de otros. • *tr./prnl.* Hacer que una persona o cosa reciban cierta acción. • *prnl.* Rendirse en una lucha.
somnífero, ra *adj./s.m.* Dícese de la sustancia que produce sueño.
somnolencia *s.f.* Estado de la persona que tiene sueño o no está bien despierta.
somorgujo *s.m.* Ave de pico recto y plumaje negro, blanco y castaño.
somormujo *s.m.* Somorgujo.
son *s.m.* Sonido agradable. • Manera de hacer una cosa. • *América* Nombre de diversos bailes que se acompañan con un estribillo.
sonajero *s.m.* Utensilio para entretener a los niños muy pequeños.
sonambulismo *s.m.* Sueño anormal durante el cual se pueden ejecutar ciertas funciones de la vida de relación, como levantarse y caminar.
sonámbulo, la *adj./s.* Que padece sonambulismo.
1. sonar *v.intr./tr.* Producir un sonido alguna cosa. • *intr.* Tener una letra determinado sonido.
2. sonar *s.m.* Aparato semejante al radar, que se utiliza para detectar y localizar objetos en el agua.
sonata *s.f.* Composición musical para uno o dos instrumentos.
sonatina *s.f.* Sonata corta.
sonda *s.f.* Acción de sondear. • Instrumento utilizado para sondear las cavidades del cuerpo. • Aparato para determinar la profundidad del mar. • Aparato que perfora la superficie terrestre para extraer muestras.
sondar *v.tr.* Sondear.
sondear *v.tr.* Medir la profundidad del agua de un río, mar, etc., y explorar el fondo con una sonda. • Introducir en el cuerpo instrumentos de formas especiales para distintos fines.
soneto *s.m.* Composición poética de catorce versos endecasílabos.
sónico, ca *adj.* Relativo a la velocidad del sonido.
sonido *s.m.* Sensación producida en el oído por las ondas acústicas o sonoras.
sonoridad *s.f.* Cualidad de sonoro.
sonorizar *v.tr.* Registrar la parte sonora de un filme.
sonoro, ra *adj.* Que suena o puede sonar. • Que suena agradablemente. • Dícese de lo que emite o refleja bien el sonido.
sonreír *v.intr./prnl.* Hacer gestos como los que se hacen al reír, pero sin emitir ningún sonido.
sonriente *adj.* Que sonríe.
sonrisa *s.f.* Gesto que se hace al sonreír.
sonrojarse *v.prnl.* Enrojecerse el rostro por efecto de la vergüenza.
sonrosado, da *adj.* Dicho del rostro, de color rosado.
sonrosar *v.tr.* Dar color rosado.
sonsacar *v.tr.* Conseguir que alguien diga o revele algo que sabe y quería reservarse.
sonsonete *s.m.* Sonido reiterado y sin variaciones; en especial, el que resulta al hablar o recitar con ritmo monótono.
soñador, ra *adj.* Dícese de la persona que, en su imaginación, falsea la realidad para hacerla más agradable.
soñar *v.tr./intr.* Imaginar durante el sueño hechos o escenas que se perciben como reales.

soñolencia *s.f.* Somnolencia.
sopa *s.f.* Pedazo de pan empapado en leche, caldo, etc. • Comida que se hace cocinando arroz, pasta, etc., en caldo.
sopapa *s.f.* Tapa móvil que abre o cierra un orificio por donde pasa un fluido.
sopapear *v.tr. fam.* Dar sopapos.
sopapo *s.m.* Golpe que se da con la mano en la cara de una persona.
sopera *s.f.* Recipiente hondo en que se sirve la sopa en la mesa.
sopero *adj./s.m.* Dícese del plato hondo, donde se sirve la sopa.
sopesar *v.tr.* Levantar una cosa para tantear su peso.
sopetón *s.m.* Golpe fuerte y repentino dado con la mano.
soplar *v.intr./tr.* Despedir aire con violencia por la boca, estrechando los labios. • *intr.* Despedir el aire que han recogido los fuelles. • Correr el viento. • *tr. fam.* Hurtar, quitar.
soplete *s.m.* Aparato con el que se obtiene una llama muy caliente; se usa para soldadura y corte de metales.
soplido *s.m.* Soplo brusco y fuerte.
soplo *s.m.* Acción de soplar una vez. • *fam.* Espacio de tiempo muy breve o que parece muy breve.
soplón, na *adj./s. fam.* Dícese de la persona que delata a otra.
soponcio *s.m. fam.* Desmayo.
sopor *s.m.* Somnolencia. • Estado morboso con privación de la sensibilidad y el movimiento.
soporífero, ra *adj./s.m.* Que provoca sueño. • *adj.* Que aburre.
soporífico, ca *adj.* Soporífero.
soportal *s.m.* Espacio cubierto de algunos edificios, que precede a la entrada principal. • *pl.* Galería con arcadas.
soportar *v.tr.* Servir una cosa de sostén a otra; sostener. • Tolerar.
soporte *s.m.* Cosa que sirve para sostener algo. • Apoyo, sostén.
soprano *s.m.* La más aguda de las voces humanas. • *m. y f.* Cantante que posee esa voz.
soquete *s.m. América* Calcetín.
sor *s.f.* Forma de tratamiento que se usa antepuesta al nombre de las religiosas.
sorber *v.tr.* Introducir un líquido en la boca aspirándolo. • Absorber.
sorbete *s.m.* Refresco azucarado, con cierto grado de congelación.
sorbo *s.m.* Acción de sorber de una vez. • Porción de líquido que se sorbe de una vez.
sordera *s.f.* Privación o disminución de la capacidad de oír.
sórdido, da *adj.* Miserable y sucio. • Avaro, mezquino.
sordina *s.f.* Pequeña pieza que se aplica a los instrumentos musicales para reducir la intensidad del sonido.
sordo, da *adj./s.* Dícese de la persona que no oye u oye mal. • *adj.* Dícese de las cosas que no hacen ruido. • Dícese del sonido del lenguaje articulado sin vibración de las cuerdas vocales, como el de *p*, *t*, etc.
sordomudez *s.f.* Cualidad de sordomudo.
sordomudo, da *adj./s.* Dícese de la persona privada de las facultades de oír y hablar.
sorgo *s.m.* Planta forrajera, y alimenticia para el hombre.
soriasis *s.f.* Cierta enfermedad de la piel.
sorna *s.f.* Tono irónico o mordaz con que se dice algo.
soroche *s.m. América* Puna (malestar). • Mineral quebradizo con algo de plata.
sorprendente *adj.* Que sorprende.
sorprender *v.tr./prnl.* Impresionar a una persona algo inesperado. • *tr.* Descubrir a una persona que no esperaba ser vista.
sorpresa *s.f.* Impresión producida por algo inesperado.
sorpresivo, va *adj. América* Que sorprende o que se produce por sorpresa.
sortear *v.tr.* Someter algo a la decisión de la suerte. • Evitar con habilidad el encuentro con una cosa, o un riesgo, un compromiso, etc.
sorteo *s.m.* Acción de sortear.
sortija *s.f.* Anillo de adorno.
sortilegio *s.m.* Adivinación hecha por artes mágicas.
sosa *s.f.* Carbonato sódico hidratado, de gran aplicación industrial.

sosegado, da *adj.* Quieto, apacible.
sosegar *v.tr.* / *intr.* / *prnl.* Poner calmo o quieto lo que estaba agitado.
sosegate *s.m. fam. América* Reprimenda.
sosera *s.f. fam.* Dicho o hecho insulsos y sin gracia.
sosería *s.f.* Cualidad de soso.
sosia *s.m.* Persona tan parecida a otra que puede ser confundida con ella.
sosiego *s.m.* Estado de lo que está quieto.
soslayar *v.tr.* Poner una cosa de soslayo. • Evitar una situación difícil.
soslayo, ya *adj.* Oblicuo.
soso, sa *adj.* Falto de sal, o de gusto. • Dícese de la persona carente de gracia y vivacidad.
sospecha *s.f.* Acción de sospechar.
sospechar *v.tr.* Creer en la existencia de algo basándose en indicios o conjeturas. • *intr.* Desconfiar de alguien.
sospechoso, sa *adj.* / *s.* Dícese de la persona cuya conducta o antecedentes inspiran sospechas o desconfianza.
sostén *s.m.* Acción de sostener. • Cualquier cosa que sostiene algo.
sostener *v.tr.* / *prnl.* Estar debajo de una cosa para que no se caiga. • Agarrar, sujetar. • Ayudar a alguien a conservar su posición. • Proveer a alguien de lo necesario para la vida. • *tr.* Tratar de probar una opinión.
sostenido, da *adj.* Que se sostiene sin desaparecer, cambiar o atenuarse. • *s.m.* En música, signo (#) que eleva la entonación de la nota un semitono.
sostenimiento *s.m.* Acción de sostener. • Conjunto de lo necesario para sostenerse o alimentarse.
sota *s.f.* Décima carta de la baraja española.
sotana *s.f.* Vestidura talar, negra, que usan algunos eclesiásticos.
sótano *s.m.* Piso de un edificio, situado por debajo del nivel de la calle.
sotavento *s.m.* Costado de la nave opuesto al barlovento.
sotechado *s.m.* Cobertizo, techado.
soterrar *v.tr.* Enterrar. • Esconder.
soto *s.m.* Arboleda en la ribera de un río. • Sitio poblado de matas y árboles.
sotobosque *s.m.* Vegetación arbustiva que crece en los bosques.
sotreta *s.m. América* Persona o animal con muchos defectos.
soviético, ca *adj.* / *s.* De la ex Unión Soviética (Europa y Asia).
soya *s.f.* Soja.
su *adj.* Apócope del adjetivo *suyo* cuando precede al nombre (*pl.* sus).
suasorio, ria *adj.* Propio de la persuasión o útil para persuadir.
suave *adj.* Liso y blando al tacto. • Tranquilo, reposado.
suavidad *s.f.* Cualidad de suave.
suavizar *v.tr.* / *prnl.* Hacer suave una cosa.
suba *s.f. América* Alza de precios.
subafluente *s.m.* Río o arroyo que desaguan en un afluente de otro.
subalterno, na *adj.* No principal o esencial. • *adj.* / *s.* Dícese de la persona que trabaja bajo las órdenes de otra.
subarbusto *s.m.* Arbusto pequeño, lignificado sólo en la base.
subarrendar *v.tr.* Dar o tomar en arriendo una cosa de alguien que, a su vez, la tiene arrendada.
subasta *s.f.* Venta pública de cosas que se ofrecen al mejor postor.
subastar *v.tr.* Vender efectos o contratar servicios, arriendos, etc., en subasta.
subatómico, ca *adj.* Dícese de las partículas constituyentes del átomo, y de los fenómenos relacionados con ellas.
subclavio, via *adj.* Que está debajo de la clavícula.
subcomisión *s.f.* Grupo de personas que forma parte de una comisión y tiene un cometido determinado.
subconciencia *s.f.* En sicología, conjunto de procesos mentales que escapan del campo de la conciencia.
subconjunto *s.m.* En matemática, conjunto incluido en otro.
subcutáneo, a *adj.* Que está o se hace debajo de la piel.
subdesarrollado, da *adj.* Dícese del estado, provincia o región de escaso desarrollo económico y social.
subdesarrollo *s.m.* Escaso desarrollo económico y social.

subdiácono *s.m.* Clérigo que ha recibido la primera de las órdenes mayores.
súbdito, ta *s./adj.* Ciudadano de un estado gobernado por un monarca. • Ciudadano sujeto a las autoridades de un Estado.
subdividir *v.tr.* Dividir las partes en que ya ha sido dividida una cosa.
subdivisión *s.f.* Acción de subdividir.
súber *s.m.* Tejido de protección, que sustituye a la epidermis en el tallo y la raíz.
suberoso, sa *adj.* Dícese de los órganos vegetales que tienen consistencia de corcho.
subestimar *v.tr.* Dar a una persona o cosa menos importancia o valor de los que realmente tienen.
subfluvial *adj.* Que se halla debajo del nivel de un río.
subida *s.f.* Acción de subir. • Sitio por donde se sube.
subido, da *adj.* Dicho de un color, un olor o un sabor, intenso, vivo. • Muy elevado.
subíndice *s.m.* Número o letra pequeños que se colocan a la derecha y en la parte inferior de un símbolo matemático.
subir *v.intr.* Pasar de un lugar a otro más alto. • Crecer la altura de ciertas cosas. • Llegar una deuda a cierta cantidad. • Montar una caballería. • *intr./tr.* Aumentar el precio de una cosa. • *tr.* Ir hacia arriba. • Aumentar la intensidad de algo.
súbito, ta *adj.* Inesperado o repentino.
subjetivo, va *adj.* Dícese de lo que pertenece al sujeto y es diferente para cada sujeto. • Dícese de la persona que actúa guiada por sus impulsos afectivos. • Relativo al sujeto gramatical, o que cumple esa función.
subjuntivo, va *adj./s.m.* Dícese del modo verbal usado para expresar una acción como deseable, dudosa o necesaria.
subleñoso, sa *adj.* Dícese del vegetal poco leñoso.
sublevación *s.f.* Acción de sublevar.
sublevamiento *s.m.* Sublevación.
sublevar *v.tr./prnl.* Hacer que alguien se niegue a obedecer al que manda y se disponga a resistirlo. • *tr.* Indignar.
sublimación *s.f.* Acción de sublimar.
sublimado *s.m.* Sustancia obtenida por sublimación.
sublimar *v.tr.* Ensalzar o exaltar a alguien. • *tr./prnl.* Hacer que un cuerpo sólido se volatilice y luego se condense, sin pasar por el estado líquido.
sublime *adj.* Dícese de las obras y acciones nobles, y de la persona que las realiza.
sublingual *adj.* Situado debajo de la lengua.
submarino, na *adj.* Dícese de lo que está o se realiza bajo la superficie del mar. • *s.m.* Embarcación capaz de navegar bajo la superficie del agua.
submúltiplo, pla *adj./s.m.* Dícese del número entero o cantidad que divide exactamente a otro.
suboficial *s.m.* Militar de carrera que pertenece a los cuadros subalternos.
subordinación *s.f.* Acción de subordinar. • Estado de subordinado. • En gramática, relación entre un núcleo y un modificador.
subordinado, da *adj./s.* Dícese de la persona que depende de otra. • *adj.* Dícese de todo elemento gramatical que es regido o gobernado por otro de diferente categoría. • *adj./s.f.* Dícese de la proposición que forma parte de una estructura sintáctica más extensa.
subordinante *adj.* Que subordina. • Dícese de todo elemento gramatical que rige o gobierna a otro de diferente categoría.
subordinar *v.tr.* Hacer que una persona o cosa dependan de otras. • Considerar una cosa como menos importante que otra. • *tr./prnl.* Regir un elemento gramatical a otro de diferente categoría. • *prnl.* Estar una proposición formando parte de una estructura sintáctica mayor.
subprefecto *s.m.* Funcionario inmediatamente inferior al prefecto.
subprefectura *s.f.* Cargo u oficina del subprefecto.
subproducto *s.m.* En un proceso industrial, producto secundario.

subrayado *s.m.* Acción de subrayar.
subrayar *v.tr.* Trazar una raya horizontal debajo de algo escrito para destacarlo. • Recalcar las palabras.
subrepticio, cia *adj.* Que se hace con ocultación malintencionada.
subrogar *v.tr.* En derecho, poner a una persona en lugar de otra.
subsanar *v.tr.* Compensar o remediar un desacierto, falta o defecto. • Resolver dificultades o problemas.
subscribir *v.tr.* Suscribir.
subscripción *s.f.* Suscripción.
subscriptor, ra *s.* Suscritor.
subsecretario, ria *s.* Empleado inmediatamente inferior al secretario. • Secretario general de un ministro para los asuntos ministeriales.
subsidiar *v.tr.* Conceder subsidios.
subsidiario, ria *adj.* Que se da como subsidio.
subsidio *s.m.* Contribución financiera que otorga el Estado a ciertos productores e industriales. • Socorro, ayuda.
subsiguiente *adj.* Que sigue inmediatamente a otra cosa.
subsistencia *s.f.* Circunstancia de subsistir. • Conjunto de lo necesario para vivir una persona.
subsistir *v.intr.* Existir algo todavía. • Vivir, o seguir viviendo.
substancia *s.f.* Sustancia.
substancial *adj.* Sustancial.
substanciar *v.tr.* Sustanciar.
substancioso, sa *adj.* Sustancioso.
substantivar *v.tr. / prnl.* Sustantivar.
substantivo, va *adj.* Sustantivo.
substitución *s.f.* Sustitución.
substituir *v.tr.* Sustituir.
substituto, ta *s./adj.* Sustituto.
substracción *s.f.* Sustracción.
substractivo, va *adj.* Sustractivo.
substraendo *s.m.* Sustraendo.
substraer *v.tr.* Sustraer.
substrato *s.m.* Sustrato.
subsuelo *s.m.* Capa de roca que se encuentra por debajo de la capa de tierra. • *América* Piso ubicado por debajo del nivel de la calle.
subsumir *v.tr.* Considerar algo como parte de un conjunto más amplio.
subte *s.m. América* Apócope de *subterráneo* (tren).
subtender *v.tr.* En matemática, unir los extremos de un arco de curva por medio de una recta o un segmento de recta.
subteniente *s.m.* Cierto grado de la jerarquía militar.
subterfugio *s.m.* Medio hábil con que se evita algo.
subterráneo, a *adj.* Que está debajo de la tierra. • *s.m.* Cualquier lugar que está debajo de la tierra. • *América* Tren subterráneo.
subtítulo *s.m.* Título adicional o complementario.
subtropical *adj.* Relativo a las zonas próximas a los trópicos.
suburbano, na *adj. / s.* De los suburbios.
suburbio *s.m.* Barrio en las afueras de una población.
subvención *s.f.* Cantidad con que se contribuye al sostenimiento de algo.
subvencionar *v.tr.* Otorgar una subvención.
subvenir *v.intr.* Acudir en auxilio de alguien, o remediar una situación.
subversión *s.f.* Acción de subvertir.
subversivo, va *adj.* Capaz de subvertir.
subvertir *v.tr. / prnl.* Hacer que algo deje de estar o marchar en orden o con normalidad.
subyacente *adj.* Que subyace.
subyacer *v.intr.* Estar debajo de algo.
subyugar *v.tr.* Dominar, someter. • *América* Atraer irresistiblemente.
succión *s.f.* Acción de succionar.
succionar *v.tr.* Absorber o chupar.
sucedáneo, a *adj. / s.m.* Dícese de la sustancia que, por tener propiedades parecidas a las de otra, puede remplazarla.
suceder *v.intr.* Producirse una acción o un hecho. • Heredar una persona a otra. • *intr. / prnl.* Llegar una cosa después de otra.
sucedido *s.m. fam.* Suceso, acontecimiento.
sucesión *s.f.* Acción de suceder o heredar. • Conjunto de cosas que se hallan o pasan unas después de otras.
sucesivo, va *adj.* Que sucede o sigue a otra cosa.

suceso *s.m.* Cosa importante que sucede o se produce.
sucesor, ra *adj./s.* Dícese de la persona que sucede o sustituye a otra.
sucesorio, ria *adj.* Relativo a la sucesión.
suciedad *s.f.* Cualidad de sucio.
sucinto, ta *adj.* Dícese de las narraciones, explicaciones, etc., realizadas con pocas palabras.
sucio, cia *adj.* Que tiene manchas o impurezas. • Hecho con poco esmero. • Innoble o soez.
sucre *s.m.* Unidad monetaria del Ecuador.
sucrense *adj./s.m. y f.* De Sucre (Bolivia).
sucucho *s.m.* Rincón. • Cuartucho o cuchitril.
suculento, ta *adj.* Sabroso y nutritivo.
sucumbir *v.intr.* Ser vencido por el enemigo. • Dejar de resistir contra cierta cosa. • Morir, perecer.
sucursal *s.f.* Cada uno de los establecimientos que una misma empresa tiene en distintos lugares.
sud *s.m.* Sur.
sudafricano, na *adj./s.* De la República Sudafricana.
sudamericano, na *adj./s.* De América del Sur.
sudar *v.intr./tr.* Expeler sudor. • Destilar, segregar. • *intr.* Salir agua por los poros de ciertas cosas impregnadas de humedad.
sudario *s.m.* Lienzo en que se envuelve un cadáver.
sudeste *s.m.* Punto del horizonte entre el sur y el este.
sudoeste *s.m.* Punto del horizonte entre el sur y el oeste.
sudor *s.m.* Humor acuoso segregado por las glándulas sudoríparas.
sudoríparo, ra *adj.* Dícese de las glándulas que segregan el sudor.
sudoroso, sa *adj.* Que suda mucho.
sueco, ca *adj./s.* De Suecia (Europa). • *s.m.* Lengua hablada en ese país.
suegro, gra *s.* Padre o madre del cónyuge.
suela *s.f.* Parte del calzado que toca el suelo. • Cuero vacuno curtido.
sueldo *s.m.* Remuneración o pago por un trabajo regular.
suelo *s.m.* Superficie sobre la que se camina. • Cubierta de algún material para hacer más llana y firme su superficie. • Superficie terrestre donde pueden vivir las plantas; campo, terreno.
suelto, ta *adj.* Separado de una totalidad. • No ajustado; flojo, holgado. • Que no está envasado. • Dícese del lenguaje ágil, sin trabas. • Poco compacto; disgregado. • *s.m.* Escrito periodístico breve.
sueño *s.m.* Acción de dormir o de soñar. • Deseo de dormir. • Cosa que se sueña. • Ilusión, fantasía.
suero *s.m.* Parte líquida de algunas sustancias orgánicas, como la sangre, la leche, etc. • Solución de ciertas sales en agua.
suerte *s.f.* Azar, casualidad. • Encadenamiento o serie de sucesos. • Buena o mala fortuna. • Hecho fortuito favorable. • Modo de vivir. • Lance en el toreo. • Estado, condición.
suertudo, da *adj. fam. América* Dícese de la persona afortunada.
suéter *s.m.* Prenda de vestir, de tejido de punto, que llega a la cintura.
suficiencia *s.f.* Aptitud, competencia, idoneidad. • Modo de comportarse de la persona engreída.
suficiente *adj.* En cantidad necesaria. • Apto, hábil, capaz. • Pedante o presumido.
sufijo *s.m.* Afijo que se pospone a una palabra o una raíz.
sufragáneo, a *adj.* Que depende de la jurisdicción y autoridad de alguien.
sufragar *v.tr.* Solventar los gastos; costear. • *intr. América* Votar por alguien.
sufragio *s.m.* Acción de votar; voto. • Sistema electoral. • Obra buena u oración por las almas del purgatorio.
sufrido, da *adj.* Que sufre con resignación.
sufrimiento *s.m.* Estado del que padece dolor físico o moral.
sufrir *v.tr.* Sentir cierto dolor o trastorno físico; padecer. • Llevar con resignación una pena física o moral. • Pasar por graves dificultades. • Permitir, tolerar.

sugerencia *s.f.* Acción de sugerir. • Cosa sugerida.
sugerir *v.tr.* Inspirar una idea.
sugestión *s.f.* Acción de sugerir. • Acción de sugestionar.
sugestionar *v.tr.* Ejercer poder sobre una persona para que piense o actúe en cierto sentido. • Dominar la voluntad de una persona hipnotizada para que haga cierta cosa.
sugestivo, va *adj.* Que sugiere o sugestiona.
suicida *s.m. y f./adj.* Persona que se suicida.
suicidarse *v.prnl.* Quitarse la vida voluntariamente.
suicidio *s.m.* Acción de suicidarse.
suizo, za *adj./s.* De Suiza (Europa).
sujeción *s.f.* Acción de sujetar. • Sometimiento. • Cosa que sujeta.
sujetador, ra *adj./s.m.* Dícese de cualquier cosa que sirve para sujetar.
sujetar *v.tr.* Mantener inmóvil a una persona o cosa; agarrar, afirmar. • Dominar o someter.
sujeto, ta *adj.* Susceptible de ser sometido a una cosa. • *s.m.* Individuo cualquiera. • Miembro de la oración en el que se designa al ser o a los que se atribuye la acción del verbo.
sulfamida *s.f.* Nombre de ciertos compuestos orgánicos que se usan para combatir algunas infecciones.
sulfatación *s.f.* Sulfatado.
sulfatado *s.m.* Acción de sulfatar.
sulfatar *v.tr.* Impregnar o bañar con algún sulfato.
sulfatiazol *s.m.* Sulfamida muy activa contra los estafilococos, neumococos y estreptococos.
sulfato *s.m.* Sal o éster del ácido sulfúrico.
sulfhídrico, ca *adj.* Relativo a las combinaciones del azufre con el hidrógeno. • Dícese del ácido que se forma en la putrefacción de materias orgánicas; es un gas muy tóxico, de olor repugnante.
sulfito *s.m.* Sal o éster del ácido sulfuroso.
sulfurar *v.tr.* Combinar una sustancia con el azufre. • *tr./prnl. fam.* Irritar, encolerizar.
sulfúreo, a *adj.* Relativo al azufre. • Que tiene azufre.
sulfúrico, ca *adj.* Sulfúreo. • Dícese del ácido líquido, muy corrosivo y que, diluido, disuelve casi todos los metales y destruye los tejidos.
sulfuro *s.m.* Sal o éster del ácido sulfhídrico.
sulfuroso, sa *adj.* Sulfúreo. • Dícese del ácido gaseoso derivado del azufre, tóxico e irritante, que se emplea como decolorante y desinfectante.
sultán *s.m.* Emperador turco. • Príncipe o gobernador mahometanos.
sultana *s.f.* Mujer del sultán.
suma *s.f.* Operación aritmética que consiste en reunir en uno solo varios números o cantidades homogéneas [sinón.: *adición*]. • Resultado de esa operación. • Conjunto de ciertas cosas. • Cantidad de dinero.
sumando *s.m.* Cada uno de los números o cantidades que se suman.
sumar *v.tr.* Efectuar la suma de dos o más números o cantidades homogéneas. • Agrupar o recopilar. • *prnl.* Agregarse, adherirse.
sumarial *adj.* Relativo al sumario.
sumariar *v.tr.* Instruir un sumario.
sumario, ria *adj.* Breve o sucinto. • Dícese de ciertos juicios o procedimientos de trámite muy rápido. • *s.m.* Compendio, resumen. • Índice.
sumarísimo, ma *adj.* Dícese de los juicios que por su gravedad o sencillez tienen tramitación brevísima.
sumergible *adj.* Que se puede sumergir. • *adj./s.m.* Dícese de ciertas embarcaciones que pueden navegar bajo el agua.
sumergir *v.tr./prnl.* Meter debajo del agua u otro líquido. • *prnl.* Concentrarse.
sumersión *s.f.* Inmersión.
sumidero *s.m.* Conducto por donde se van las aguas de lluvia o las residuales; desagüe.
sumiller *s.m.* En los grandes restaurantes, persona encargada del servicio de vinos.
suministrar *v.tr.* Proveer a alguien de cierta cosa que necesita.

suministro *s.m.* Acción de suministrar. • Cosa suministrada.
sumir *v.tr./prnl.* Hundir, sumergir. • *prnl.* Hundirse alguna parte del cuerpo, como la boca o los carrillos. • Adelgazar mucho. • Dedicarse por completo al estudio o a la meditación.
sumisión *s.f.* Acción de someter o someterse. • Actitud sumisa.
sumiso, sa *adj.* Que se deja mandar.
súmmum *s.m.* El mayor grado; el colmo.
sumo, ma *adj.* Superior a todo; supremo. • Mucho o muy grande.
suncho *s.m.* Zuncho. • *América* Nombre común de varias plantas, algunas de las cuales se usan como antídoto del veneno de las víboras.
suntuario, ria *adj.* Relativo al lujo.
suntuosidad *s.f.* Cualidad de suntuoso.
suntuoso, sa *adj.* Muy lujoso y magnífico.
supeditar *v.tr.* Hacer depender una cosa de otra determinada.
superabundancia *s.f.* Abundancia muy grande.
superación *s.f.* Acción de superar o superarse.
superar *v.tr.* Ser superior a otra cosa. • *prnl.* Hacer algo mejor que otras veces.
superávit *s.m.* Situación en la cual los ingresos son mayores que los egresos.
superchería *s.f.* Engaño o fraude.
superciliar *adj.* Que se halla sobre las cejas.
superdotado, da *adj.* Dícese de la persona cuyas cualidades, en especial las intelectuales, exceden de lo normal.
superficial *adj.* Relativo a la superficie. • Falto de seriedad o profundidad.
superficie *s.f.* Parte externa de un cuerpo. • Extensión de dos dimensiones, considerada sin espesor.
superfluo, flua *adj.* No necesario, que está de más.
superhombre *s.m.* Hombre de cualidades muy superiores a las de los demás.
superintendente *s.m. y f.* Persona que tiene la dirección superior de una cosa.
superior *adj.* Situado encima de otra cosa o más alto que ella. • Que es más que otra persona o cosa en cantidad, calidad, jerarquía, etc. • Excelente o excepcional. • *s.m. y f.* Persona que tiene autoridad sobre otra. • *m.* Director de una comunidad religiosa.
superiora *s.f.* Directora de una congregación o comunidad religiosa.
superioridad *s.f.* Excelencia, preeminencia. • Persona o grupo de personas de superior autoridad.
superlativo, va *adj.* Que tiene cierta cualidad en grado muy alto o en el más alto. • *adj./s.m.* Dícese del grado máximo en que los adjetivos o los adverbios expresan una cualidad, cantidad o intensidad.
supernumerario, ria *adj.* Que excede del número normal o establecido. • *adj./s.* Dícese del empleado que no figura en la lista del personal permanente.
súpero, ra *adj.* Dícese del ovario de la flor que está encima de la inserción de los otros verticilos.
superpoblación *s.f.* Exceso de población de un país o región con respecto a sus recursos económicos.
superponer *v.tr.* Poner una cosa encima de otra; sobreponer.
superproducción *s.f.* Con respecto a un artículo, exceso de la producción sobre la demanda.
supersónico, ca *adj.* De velocidad superior a la del sonido.
superstición *s.f.* Creencia irracional o contraria a la fe.
supérstite *adj.* En derecho, sobreviviente.
supervisar *v.tr.* Ejercer la vigilancia o inspección superior de un trabajo, una obra, etc.
supervisión *s.f.* Acción de supervisar.
supervisor, ra *adj./s.* Que supervisa.
supervivencia *s.f.* Acción de sobrevivir.
superviviente *adj./s.m. y f.* Sobreviviente.
supinación *s.f.* Posición de una persona tendida boca arriba, o de la mano con la palma hacia arriba.
supino, na *adj.* Que está tendido boca arriba. • Dicho de la ignorancia, enorme.
suplantación *s.f.* Acción de suplantar.
suplantar *v.tr.* Ocupar fraudulentamente el lugar de otro.

suplementario, ria *adj.* Que sirve para suplir, complementar o aumentar una cosa. • Dícese de los ángulos o arcos cuya suma es igual a 180 grados.
suplemento *s.m.* Cosa que sirve para complementar o perfeccionar otra. • Parte adicional de un periódico. • Con respecto a un ángulo, lo que le falta para valer 180 grados.
suplencia *s.f.* Acción de suplir.
suplente *adj./s.m. y f.* Que suple a otro.
supletorio, ria *adj.* Que suple la falta de cierta cosa.
súplica *s.f.* Acción de suplicar.
suplicar *v.tr.* Rogar o pedir con humildad y sumisión.
suplicio *s.m.* Lesión corporal o muerte, infligidas como castigo. • Intenso dolor físico o moral; tormento, tortura.
suplir *v.tr.* Remplazar a alguien en un cargo o empleo. • Completar lo que falta de una cosa, o remediar su carencia; sustituir.
suponer *v.tr.* Dar por sentada y existente una cosa. • Dar por real una cosa que no lo es.
suposición *s.f.* Acción de suponer. • Lo que se supone o se da por sentado. • Opinión no fundada en hechos positivos; conjetura.
supositorio *s.m.* Medicamento sólido que se introduce generalmente en el recto, y se funde con el calor del cuerpo.
suprarrenal *adj.* Situado arriba del riñón. • *adj./s.f.* Dícese de cada una de las glándulas ubicadas encima de cada riñón.
suprasensible *adj.* Que está fuera del alcance de los sentidos.
supremacía *s.f.* Grado, jerarquía o autoridad supremos.
supremo, ma *adj.* Que ocupa la posición más alta. • Insuperable. • Postrero, definitivo.
supresión *s.f.* Acción de suprimir.
suprimir *v.tr.* Hacer desaparecer; eliminar, anular.
supuesto, ta *adj.* Pretendido, fingido. • *s.m.* Suposición, hipótesis.
supuración *s.f.* Acción de supurar.
supurante *adj.* Que supura, o hace supurar.
supurar *v.intr.* Formar pus una herida, una llaga, etc.
supurativo, va *adj./s.m.* Dícese de lo que favorece la formación de pus.
sur *s.m./adj.* Punto cardinal diametralmente opuesto al norte.
sura *s.m.* Capítulo del Corán.
surá *s.m.* Tela de seda, fina y flexible.
surcar *v.tr.* Navegar un barco o cruzar el aire un ave o un avión.
surco *s.m.* Hendidura que el arado hace en la tierra. • Señal profunda y larga que deja una cosa que pasa sobre otra. • Arruga en el rostro.
sureño, ña *adj./s.* Del sur.
sureste *s.m.* Sudeste.
surgente *adj.* Que surge. • Dícese del agua subterránea que sale espontáneamente a la superficie.
surgir *v.intr.* Brotar un líquido hacia arriba. • Salir agua de cierto lugar. • Aparecer, manifestarse.
suroeste *s.m.* Sudoeste.
surtido, da *adj.* Dícese del artículo de comercio que se vende mezclando distintas variedades de la misma cosa. • *s.m.* Acción de surtir.
surtidor, ra *adj./s.* Que surte o abastece. • *s.m.* Chorro de líquido que brota hacia arriba. • Aparato para expender combustibles.
surtir *v.tr.* Proveer de una cosa; abastecer, aprovisionar. • Producir o causar.
surto, ta *adj.* Dícese de las embarcaciones que están quietas en el puerto.
surubí *s.m. América* Suruví.
suruví *s.m. América* Pez de río, variedad de bagre, comestible.
susceptibilidad *s.f.* Cualidad de susceptible.
susceptible *adj.* Capaz de ser modificado. • Dícese de la persona propensa a sentirse ofendida.
suscitar *v.tr.* Promover, causar. • Provocar interés, curiosidad, o ciertos sentimientos o reacciones.
suscribir *v.tr.* Firmar al pie de un escrito. • Adherir a una opinión o dictamen de otros. • *tr./prnl.* Abonar a una publicación periódica.
suscripción *s.f.* Acción de suscribir.
suscriptor, ra *s.* Suscritor.

suscritor, ra *s.* Persona que suscribe a alguien o se suscribe.
susodicho, cha *adj.* / *s.* Nombrado o mencionado antes; antedicho.
suspender *v.tr.* Levantar o sostener en alto. • Detener una acción o una obra, o no aplicar transitoriamente una orden. • Privar a alguien temporalmente de un empleo. • No aprobar a un alumno en un examen.
suspensión *s.f.* Acción de suspender. • Privación temporal de un empleo, beneficio, etc. • Expectación impaciente. • Estado en que se hallan las partículas que se mezclan con un fluido sin disolverse en él. • Conjunto de órganos mecánicos que hacen más suave la marcha de un vehículo.
suspensivo, va *adj.* Que causa la suspensión de algo. Dícese de los puntos (...) usados para indicar la interrupción del discurso o su sentido incompleto.
suspenso, sa *adj.* Colgado o pendiente de algo. • Desconcertado o perplejo. • No aprobado en un examen. • *s.m.* *América* Suspensión (expectación).
suspensorio, ria *adj.* Que sirve para suspender.
suspicacia *s.f.* Cualidad de suspicaz.
suspicaz *adj.* Propenso a desconfiar o sospechar; receloso.
suspirar *v.intr.* Dar suspiros. • Desear mucho una cosa.
suspiro *s.m.* Aspiración profunda y prolongada seguida de una espiración audible, que denota pena, tristeza, alivio, fatiga, etcétera.
sustancia *s.f.* Cosa con la que está hecha, o se puede hacer, otra cosa. • Parte nutritiva de un alimento. • Elemento o compuesto químico; materia. • Ser, esencia o naturaleza de las cosas. • Juicio, madurez.
sustancial *adj.* Esencial o importante.
sustanciar *v.tr.* Diligenciar una causa o proceso judiciales.
sustancioso, sa *adj.* Que tiene sustancia; nutritivo.
sustantivar *v.tr.* / *prnl.* Dar valor y significación de sustantivo a otra parte de la oración.
sustantivo, va *adj.* Relativo al sustantivo. • Que desempeña la función sintáctica de un sustantivo. • Que tiene existencia real e independiente. • *s.m.* Clase de palabras que designan seres o cosas.
sustentáculo *s.m.* Cosa que sustenta a otra; apoyo, sostén.
sustentar *v.tr.* / *prnl.* Sostener algo para que no caiga; soportar. • Mantener o alimentar. • *tr.* Tener y defender una opinión.
sustento *s.m.* Mantenimiento o alimento. • Lo que da vigor y permanencia a una cosa. • Apoyo, sostén.
sustitución *s.f.* Acción de sustituir. • En matemática, uno de los métodos para resolver un sistema de dos ecuaciones.
sustituir *v.tr.* Poner a una persona o cosa en lugar de otra; remplazar.
sustituto, ta *s.* / *adj.* Persona que sustituye a otra en un cargo o empleo.
susto *s.m.* Impresión súbita de miedo. • Temor.
sustracción *s.f.* Acción de sustraer. • En matemática, resta.
sustractivo, va *adj.* Que debe restarse.
sustraendo *s.m.* / *adj.* En una resta, término que se resta del minuendo.
sustraer *v.tr.* Apartar, separar, extraer. • Robar sin violencia; hurtar. • Restar.
sustrato *s.m.* Parte esencial de un ser. • Capa de rocas que ocupa la base de un terreno. • Origen, raíz, fondo.
susurrante *adj.* Que susurra.
susurrar *v.intr.* Producir un sonido suave y sordo. • Hablar en voz baja; murmurar. • Empezar a divulgarse una cosa.
susurro *s.m.* Acción de susurrar.
sutil *adj.* Muy fino, delicado o tenue. • Agudo, ingenioso, perspicaz.
sutileza *s.f.* Cualidad de sutil. • Dicho o concepto sutiles.
sutilizar *v.tr.* Adelgazar una cosa. • Escribir o hablar con sutileza.
sutura *s.f.* Costura con que se unen los bordes de una herida. • Línea de unión de ciertos huesos del cráneo.
suturar *v.tr.* Hacer una sutura.
suyo, ya *adj.* / *s.* Pronombre posesivo de tercera persona del singular.
svástica *adj.* / *s.f.* Esvástica.

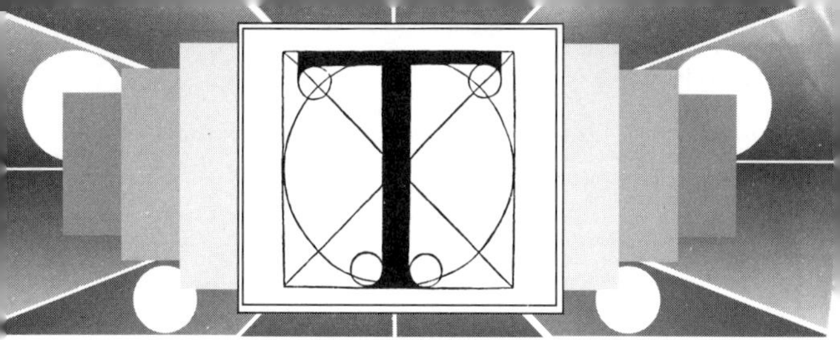

t *s.f.* Consonante, vigésima letra del abecedario español. Su nombre es *te*.
taba *s.f.* Astrágalo (hueso del tarso). • Juego en que se tira al aire un astrágalo de carnero.
tabacal *s.m.* Sitio plantado de tabaco.
tabacalero, ra *adj.* Relativo al cultivo, fabricación o venta del tabaco. • *adj. / s.* Dícese del que cultiva el tabaco o explota su industria.
tabaco *s.m.* Planta herbácea originaria de América, cultivada para utilizar sus hojas. • Hoja de esa planta, con la que se hacen cigarros y cigarrillos. • Cigarro.
tábano *s.m.* Insecto parecido a la mosca, pero más grande, cuya picadura es muy dolorosa.
tabaquero, ra *adj.* Tabacalero. • *s./adj.* Persona que trabaja en la industria del tabaco. • *s.f.* Caja, petaca o bolsa para tabaco.
tabaquismo *s.m.* Intoxicación producida por el abuso del tabaco.
tabardillo *s.m.* Enfermedad febril parecida al tifus. • Insolación.
tabardo *s.m.* Abrigo ancho y largo.
taberna *s.f.* Tienda modesta donde se expenden vinos y otras bebidas.
tabernáculo *s.m.* Lugar donde los hebreos guardaban el arca con el Testamento. • Sagrario donde los católicos guardan las hostias consagradas.
tabernario, ria *adj.* Propio de la taberna. • Grosero, vil.
tabique *s.m.* Pared delgada. • División plana y delgada que separa dos cavidades.
tabla *s.f.* Pieza de madera o de otra materia, plana, delgada y más larga que ancha. • Pliegue en la ropa. • Lista, catálogo o índice. • Cuadro de números de especie determinada. • *pl.* Escenario del teatro. • En ajedrez, situación de empate.
tablada *s.f.* *América* Sitio próximo al matadero, donde se reúne el ganado.
tablado *s.m.* Suelo de tablas construido a cierta altura sobre una armazón. • Suelo del escenario.
tablear *v.tr.* Dividir un madero en tablas. • Hacer tablas en una tela.
tablero *s.m.* Tabla o conjunto de tablas que forman una superficie plana. • Mostrador. • Tabla cuadrada dividida en cuadritos, para jugar al ajedrez, las damas, etcétera.
tablestaca *s.f.* Pilote que se hinca en el terreno para formar paredes de ataguía, muros de contención, etc.
tablestacado *s.m.* Muro formado con tablestacas.
tableta *s.f.* Pastilla. • *América* Especie de alfajor.
tabletear *v.intr.* Producir un ruido parecido al choque de tablas.
tabloide *s.m./adj.* *América* Periódico de dimensiones menores que las comunes.
tablón *s.m.* Tabla gruesa. • *América* Parcela de tierra preparada para sembrar.
tabú *s.m.* En algunos pueblos primitivos, prohibición de comer o tocar algún objeto. • Cualquier prohibición supersticiosa. • Persona u objeto sobre los que recae esa prohibición.

tabulador *s.m.* Dispositivo que en las máquinas de escribir sirve para sistematizar la presentación de textos y números en columnas.
tabuladora *s.f.* Dispositivo que, en las calculadoras electrónicas, traduce las instrucciones perforadas de las tarjetas, realiza operaciones e imprime los resultados.
tabular *v.tr.* Disponer valores, cantidades, etc., en forma de tabla. • *adj.* Con forma de tabla.
taburete *s.m.* Asiento individual, sin respaldo ni brazos.
tacada *s.f.* En el juego de billar, serie de carambolas.
tacañería *s.f.* Cualidad de tacaño. • Acción propia del tacaño.
tacaño, ña *adj./s.* Que no quiere dar o gastar; mezquino.
tacha *s.f.* Defecto, falta, imperfección. • Tachuela grande.
tachadura *s.f.* Acción de tachar algo escrito.
tachar *v.tr.* Encontrar en alguien o algo cierta tacha o defecto. • Hacer rayas sobre lo escrito, para anularlo.
tacho *s.m. América* Balde. • Cubo de la basura.
tachón *s.m.* Raya con que se tacha lo escrito.
tachuela *s.f.* Clavo corto de cabeza chata y grande.
tácito, ta *adj.* No expresado formalmente porque se deduce de lo dicho antes.
taciturno, na *adj.* Callado, silencioso. • Apesadumbrado.
taco *s.m.* Pedazo de madera corto y grueso. • Cilindro de tela, estopa, etc., para rellenar algún hueco. • Vara de madera para jugar al billar. • Bloc del calendario. • Tarugo. • *América* Tacón.
tacómetro *s.m.* Aparato que mide la velocidad de rotación de un órgano mecánico.
tacón *s.m.* Pieza semicircular unida a la suela del calzado en la parte correspondiente al talón.
taconear *v.intr.* Hacer ruido con los tacones al caminar.
táctica *s.f.* Ciencia y arte de disponer y emplear las fuerzas militares. • Modo de actuar para lograr un fin; estrategia.
táctico, ca *adj.* Relativo a la táctica. • *adj./s.* Dícese del experto en táctica militar.
táctil *adj.* Relativo al tacto.
tacto *s.m.* Sentido corporal con el que se perciben la forma y el exterior de los cuerpos. • Acción de tocar o palpar. • Habilidad y tino para hablar o actuar.
tacuara *s.f. América* Planta perenne con cañas resistentes que suelen exceder los diez metros de longitud.
tacuarembó *s.m. América* Planta con cañas largas que se utilizan en cestería.
tacurú *s.m. América* Especie de hormiga pequeña. • Montículo construido por esas hormigas.
tafetán *s.m.* Tela delgada y tupida.
tafilete *s.m.* Piel de cabra, curtida, delgada y flexible.
tagalo, la *adj./s.* Dícese de ciertos indígenas de Filipinas. • *s.m.* Lengua hablada por esos indígenas, que es uno de los tres idiomas oficiales de aquel país.
tahalí *s.m.* Correa, puesta en bandolera, para sostener la espada. • Caja para llevar reliquias.
tahona *s.f.* Molino de harina. • Panadería.
tahúr, ra *s.* Jugador diestro; en especial, el que hace trampas.
tailandés, sa *adj./s.* De Tailandia (Asia).
taimado, da *adj./s.* Dícese de la persona astuta y maligna.
taita *s.m. fam. América* Matón.
tajada *s.f.* Porción, en especial de algo comestible.
tajamar *s.m.* Defensa que, en la proa de un buque, hiende el agua. • Frente agudo de los pilares de un puente. • *América* Dique, malecón o presa. • Zanjón abierto en la ribera de los ríos para atenuar los efectos de las crecidas.
tajante *adj.* Que taja. • Categórico, cortante.
tajar *v.tr.* Cortar una cosa.
tajear *v.tr. América* Hacer varios tajos superficiales.
tajo *s.m.* Corte hecho con un instrumento afilado. • *fam.* Tarea.

tal *adj.* Igual, semejante. • Equivale, a veces, a un pronombre demostrativo, como *ese*. • *adv.* De esta manera.

1. tala *s.f.* Acción de talar los árboles. • Roda. • Juego de muchachos, en el que se hace saltar con un palo otro más pequeño, aguzado por los extremos.

2. tala *s.m. América* Árbol de buena madera y hojas medicinales.

talabartería *s.f.* Tienda o taller del talabartero.

talabartero, ra *s.* Persona que se dedica a hacer cosas de cuero.

taladradora *s.f.* Máquina para perforar. • Berbiquí.

taladrar *v.tr.* Agujerear, horadar. • Herir los oídos un sonido agudo.

taladro *s.m.* Instrumento agudo o cortante, giratorio, que sirve para agujerear. • Agujero hecho con él.

talaje *s.m. América* Campo destinado a que paste el ganado.

tálamo *s.m.* Lecho conyugal. • En botánica, receptáculo.

talante *s.m.* Actitud o estado de ánimo. • Disposición para hacer algo.

1. talar *adj.* Dícese de la vestidura que llega hasta los talones.

2. talar *v.tr.* Cortar por el pie grupos de árboles. • Destruir, devastar.

talasoterapia *s.f.* Uso terapéutico de los baños o del aire de mar.

talco *s.m.* Mineral muy suave al tacto que, reducido a polvo, se usa en farmacia y perfumería.

talega *s.f.* Bolsa de tela para guardar o llevar cosas. • *pl. fam.* Caudal monetario.

talento *s.m.* Aptitud o capacidad natural para hacer alguna cosa.

talero *s.m. América* Rebenque de correa corta y ancha.

talio *s.m.* Metal pesado, blanco azulado, parecido al plomo (símbolo: *Tl*).

talión *s.m.* Castigo consistente en hacer sufrir al culpable un daño igual al que causó.

talismán *s.m.* Objeto al que se le atribuyen virtudes mágicas.

talla *s.f.* Acción de tallar. • Estatua. • Obra de escultura; en especial, la de madera.

tallador, ra *s.* Grabador de medallas. • *m.* En ciertos juegos, de azar, el que lleva la banca.

tallar *v.tr.* Esculpir, labrar. • Grabar. • Tasar o valuar una cosa. • En algunos juegos de azar, llevar la banca.

tallarín *s.m.* Tira larga y estrecha de pasta alimenticia.

talle *s.m.* Cintura. • Apariencia general del cuerpo de una persona.

taller *s.m.* Lugar donde se trabaja en alguna actividad manual.

tallista *s.m. y f.* Artista o artesano que hacen esculturas talladas.

tallo *s.m.* Órgano de la planta que crece en sentido contrario al de la raíz.

Talmud *s. prop. m.* Libro de la religión judía.

talo *s.m.* Cuerpo de ciertos vegetales en el que no están diferenciados el tallo, la raíz ni la hoja.

talofito, ta *adj./s.f.* Dícese de ciertos vegetales que carecen de raíz, tallo, hojas y flores, como los hongos, las algas y las bacterias.

1. talón *s.m.* Parte posterior del pie humano. • Parte del calzado o calcetín que cubre esa zona. • Parte que queda adherida a un talonario al desprenderse el recibo, cheque, etc.

2. talón *s.m.* Patrón monetario.

talonario, ria *s.m./adj.* Libro o cuadernillo de donde se cortan cheques, recibos, etc., quedando adherido el talón.

talonear *v.tr. América* Espolear el jinete a la cabalgadura.

talud *s.m.* Inclinación del paramento de un muro, un terraplén o un dique.

tamal *s.m. América* Especie de empanada de harina de maíz envuelta en chala.

tamango *s.m. América* Zapato tosco o gastado.

tamaño, ña *adj.* Dícese de algo para hacer notar sus dimensiones materiales, su intensidad o su importancia. • *s.m.* Magnitud de un objeto que resulta del conjunto de sus dimensiones.

1. támara *s.f.* Palmera datilera. • *pl.* Racimo de dátiles.

2. támara *s.f.* Leña delgada o astillas.

tamarindo *s.m.* Árbol cuyos frutos se

emplean como laxante o para preparar refrescos.

tambalear *v.intr./prnl.* Moverse alguien o algo como si fueran a caerse.

tambero, ra *s. América* Persona que atiende un tambo.

también *adv.* Asimismo, igualmente. • Además.

tambo *s.m. América* Vaquería. • Corral donde se ordeña.

tambor *s.m.* Instrumento musical de percusión formado por una caja cilíndrica hueca, con ambas bases cerradas por membranas.

tamboril *s.m.* Tambor alto y de diámetro reducido.

tamborilear *v.intr.* Tocar el tamboril. • Dar golpes acompasados sobre alguna cosa.

tamiz *s.m.* Cedazo muy tupido.

tamizar *v.tr.* Pasar por tamiz.

tamo *s.m.* Pelusa de algodón, lino o lana. • Pelusa que se forma debajo de los muebles.

tampoco *adv.* Se usa para negar una cosa después de haber negado otra.

tampón *s.m.* Almohadilla para entintar los sellos para estampar, los de correos, etcétera.

tan *adv.* Apócope de *tanto*, que se emplea delante de adjetivos y de otros adverbios. • En correlación con *como*, denota igualdad o semejanza.

tanagra *s.f.* Estatuilla de barro cocido que se hacía en Tanagra (Grecia).

tanda *s.f.* Turno. • Cada capa de cosas superpuestas. • Cada uno de los grupos que se turnan en un trabajo.

tándem *s.m.* Bicicleta con dos asientos, uno detrás del otro.

tanga *s.f.* Traje de baño femenino de dimensiones muy reducidas.

tangencia *s.f.* Cualidad de tangente.

tangencial *adj.* Relativo a la tangente.

tangente *adj.* Dícese de lo que toca o roza otra cosa. • *adj./s.f.* Dícese de las líneas y superficies que tienen puntos comunes sin cortarse. • *s.f.* Con respecto a un ángulo, razón entre la ordenada y la abcisa. • En triángulo rectángulo, razón entre el cateto opuesto y el cateto adyacente de un ángulo agudo.

tangible *adj.* Que se puede tocar o percibir.

tango *s.m.* Cierto baile argentino. • Música de ese baile y letra con que se canta.

tanguero, ra *adj. América* Que tiene afición a cantar o bailar tango.

tanino *s.m.* Producto natural de la corteza y frutos de muchas plantas, que sirve para curtir pieles y para otros usos.

tano, na *adj. / s. fam. América* Dícese del inmigrante italiano.

tanque *s.m.* Depósito para líquidos. • Vehículo de guerra blindado y artillado que puede desplazarse por terrenos escabrosos.

tantalio *s.m.* Elemento metálico del grupo de las tierras raras, muy duro y resistente a los agentes químicos (símbolo: *Ta*).

tantán *s.m.* Instrumento musical de percusión, parecido al gong.

tanteador *s.m.* Marcador donde se anotan los tantos en los encuentros deportivos.

tantear *v.tr.* Calcular aproximadamente el valor, peso, tamaño, etc., de una cosa. • Explorar, examinar.

tanteo *s.m.* Acción de tantear. • Número de tantos.

tanto, ta *adj.* Pronombre indefinido que se emplea para destacar la cantidad, el grado o la intensidad de algo. • En correlación con *como* o *cuanto*, se usa para establecer comparaciones de igualdad. • *adv.* Se usa con el significado de "en tal cantidad" o "en tal grado".

tañer *v.tr.* Tocar un instrumento musical de percusión o de cuerda.

tañido *s.m.* Sonido de instrumento que se tañe; en especial, el de la campana.

tapa *s.f.* Pieza que cierra por la parte superior las cajas, ollas, etc. • Cubierta de un libro.

tapado *s.m. América* Abrigo de mujer o de niño.

tapar *v.tr.* Cerrar lo que está abierto. • Abrigar o cubrir. • Ocultar, disimular. • Taponar.

taparrabo o **taparrabos** *s.m.* Pedazo de tela que cubre las partes pudendas. • Calzón muy corto.

tape *s.m. América* Indio guaraní del sur de Brasil. • Hombre de aspecto aindiado.

tapera *s.f. América* Ruinas de un pueblo. • Rancho ruinoso.
tapete *s.m.* Alfombra pequeña. • Paño u otro material que protegen una mesa u otro mueble.
tapia *s.f.* Trozo de pared, hecho con tierra amasada y apisonada. • Pared formada de tapias. • Pequeño muro para cercar.
tapial *s.m.* Molde en que se hacen las tapias. • Tapia (pared).
tapiar *v.tr.* Cerrar con tapias.
tapicería *s.f.* Artesanía y taller del tapicero. • Conjunto de tapices.
tapicero, ra *s.* Persona que hace tapices, o cuyo oficio es tapizar.
tapioca *s.f.* Fécula blanca de la raíz de la mandioca.
tapir *s.m.* Mamífero de tamaño de un jabalí, con el hocico prolongado en forma de pequeña trompa.
tapiz *s.m.* Tejido grueso con dibujos, que se pone de adorno en las paredes.
tapizar *v.tr.* Cubrir con tapices. • Forrar con tela o cuero las paredes o los muebles.
tapón *s.m.* Pieza de corcho, plástico o madera para tapar botellas, toneles, etc. • Trozo de algodón o gasa con que se limpia o cierra una herida.
taponamiento *s.m.* Acción de taponar.
taponar *v.tr.* Obturar o tapar un orificio. • Cerrar una herida con un tapón.
taponazo *s.m.* Estampido que produce el tapón de una botella al saltar.
tapujo *s.m. fam.* Reserva o rodeo con que se disimula u oculta algo.
taquicardia *s.f.* Aumento de la frecuencia de los latidos del corazón.
taquigrafía *s.f.* Arte de escribir tan rápidamente como se habla, mediante signos especiales.
taquígrafo, fa *s.* Persona cuya profesión es la taquigrafía.
taquilla *s.f.* Armario para papeles. • Casillero para billetes de ferrocarril, teatro, etc. • Despacho de billetes.
taquillero, ra *s.* Persona que vende los billetes en la taquilla.
taquímetro *s.m.* En topografía, aparato para medir ángulos y distancias.
tara *s.f.* Masa o peso del envase o embalaje de una mercadería, o del vehículo en que se la trasporta. • Defecto físico o síquico.
taracea *s.f.* Incrustación hecha con pequeños trozos de madera, nácar, etc.
taracear *v.tr.* Adornar con taracea.
tarado, da *adj. / s.* Que padece una tara física o síquica.
tarambana *s.m. y f./adj. fam.* Persona irreflexiva y de poco juicio.
tarantela *s.f.* Danza popular napolitana. • Música de esa danza.
tarántula *s.f.* Cierta araña de picadura venenosa.
tarar *v.tr.* Señalar la tara de una mercancía.
tararear *v.tr. / intr.* Cantar a media voz y sin pronunciar las palabras.
tararira *s.f. América* Pez de río, de color negro, de carne apreciada.
tarascón *s.m. fam. América* Tarascada.
taray *s.m.* Cierto arbusto que se planta para fijar médanos.
taraza *s.m.* Molusco marino que horada la madera.
tarco *s.m. América* Jacarandá.
tardanza *s.f.* Demora, retraso.
tardar *v.intr.* Emplear cierto tiempo en hacer determinada cosa. • Demorarse, retrasarse.
tarde *s.f.* Tiempo desde el mediodía hasta el anochecer. • Últimas horas del día. • *adv.* Después de lo acostumbrado o convenido. • A hora avanzada.
tardío, a *adj.* Que llega tarde. • Que madura tarde.
tardo, da *adj.* Lento, perezoso. • Torpe.
tarea *s.f.* Obra o trabajo. • Trabajo hecho en tiempo limitado.
tarifa *s.f.* Tabla o escala de precios, derechos o impuestos.
tarifar *v.tr.* Señalar o aplicar una tarifa. • *intr.fam.* Enemistarse.
tarima *s.f.* Plataforma movible de madera.
tarjeta *s.f.* Pedazo de cartulina rectangular impreso con los datos personales o comerciales, con una invitación, etc.
tarlatana *s.f.* Tejido ralo de algodón.
tarot *s.m.* Baraja formada por setenta y ocho naipes con diversas figuras.
tarro *s.m.* Recipiente cilíndrico de boca ancha.

tarso *s.m.* Parte posterior del pie, que se articula con la pierna. • En las aves, parte más delgada de la pata. • Extremo de las patas de los insectos.
tarta *s.f.* Pastel grande relleno.
tártago *s.m.* Planta herbácea anual, con propiedades purgantes.
tartajear *v.intr.* Hablar con dificultad.
tartajoso, sa *adj. / s.* Que tartajea.
tartaleta *s.f.* Especie de pastel pequeño.
tartamudear *v.intr.* Hablar con pronunciación entrecortada y repitiendo las sílabas.
tartamudeo *s.m.* Acción de tartamudear.
tartamudez *s.f.* Cualidad de tartamudo.
tartamudo, da *adj. / s.* Que tartamudea.
tartán *s.m.* Tela de lana con dibujos de cuadros.
tartana *s.f.* Embarcación pequeña para pesca y cabotaje. • Carruaje de dos ruedas, con cubierta.
tartárico, ca *adj.* Relativo al tártaro o tartrato. • Dícese de un ácido que se encuentra en la uva y el vino.
tártaro *s.m.* Tartrato ácido de potasio.
tártaro, ra *adj. / s.* De Tartaria (ex Unión Soviética y China).
tartrato *s.m.* Sal o éster del ácido tartárico.
tarugo *s.m.* Trozo de madera corto y grueso, taco.
tarumá *s.m.* Árbol del Brasil y la Argentina, de fruto aceitoso.
tas *s.m.* Yunque pequeño.
tasa *s.f.* Acción de tasar. • Precio puesto a las mercancías por la autoridad. • Porcentaje. • Contribución que se paga por ciertos servicios estatales, provinciales, etc.
tasación *s.f.* Acción de tasar.
tasador, ra *adj. / s.* Dícese de la persona encargada de tasar el precio o valor de una cosa.
tasajo *s.m.* Pedazo de carne salada y seca para ser conservada.
tasar *v.tr.* Poner tasa. • Graduar el precio o valor de las cosas.
tasca *s.f.* Taberna.
tascar *v.tr.* Morder el caballo el freno. • Romper la hierba con los dientes los animales.
tata *s.m. fam. América* Padre, papá.
tatarabuelo, la *s.* Padre de uno de los bisabuelos.
tataranieto, ta *s.* Hijo de uno de los bisnietos.
tataré *s.m. América* Árbol de gran porte, de madera resistente.
tatetí *s.m. América* Juego de tres en raya.
tatú *s.m. América* Especie de armadillo.
tatuaje *s.m.* Acción de tatuar.
tatuar *v.tr.* Hacer dibujos en la piel humana, introduciendo materias colorantes bajo la epidermis.
tau *s.f.* Decimonovena letra del alfabeto griego (τ).
taumaturgia *s.f.* Facultad de realizar prodigios.
taumaturgo, ga *s.* Persona que hace milagros o prodigios.
taurino, na *adj.* Relativo al toro o a las corridas de toros.
tauromaquia *s.f.* Arte de lidiar toros.
tautología *s.f.* Repetición inútil de una misma idea al expresarla de distintas maneras. • Proposición cuyo predicado repite al sujeto.
taxativo, va *adj.* Que limita y reduce un caso a determinadas circunstancias.
taxi *s.m.* Apócope de *taxímetro* (vehículo de alquiler).
taxidermia *s.f.* Arte de disecar animales.
taxímetro *s.m.* Contador que, en los vehículos de alquiler, marca el importe del viaje. • Vehículo de alquiler provisto de ese contador.
taxismo *s.m.* En biología, movimiento de traslación que responde a un estímulo, como la luz, la temperatura, etc.
taxista *s.m. y f.* Persona que conduce un taxímetro.
taxonomía *s.f.* Parte de las ciencias naturales que trata de la clasificación de los seres vivos.
tayuyá *s.m. América* Enredadera perenne, común en los cercos, de raíz medicinal.
taza *s.f.* Vasija profunda y con asa, para tomar líquidos. • Receptáculo de las fuentes. • Receptáculo de un retrete. • Pieza cóncava de la guarnición de las espadas.

tazón *s.m.* Taza grande, generalmente sin asa.

1. te *s.f.* Nombre de la letra *t*.

2. te *s.m. y f.* Forma del pronombre personal de segunda persona del singular.

té *s.m.* Arbusto originario de Oriente. • Hojas de esa planta debidamente elaboradas e infusión que se prepara con ellas.

tea *s.f.* Astilla de madera impregnada en resina, que arde con llama viva.

teatral *adj.* Del teatro. • Que se hace para llamar la atención.

teatralidad *s.f.* Cualidad de teatral.

teatralizar *v.tr.* Dar forma teatral a una obra de otro género. • Dar carácter espectacular a una actitud.

teatro *s.m.* Edificio o sitio destinados a espectáculos públicos. • Género literario que comprende las obras para ser representadas.

teca *s.f.* Árbol de la India, de madera incorruptible.

techado *s.m.* Techo (parte superior de un edificio).

techar *v.tr.* Poner techo a un edificio.

techo *s.m.* Parte superior que cubre un edificio o una habitación.• Altura máxima a que puede llegar un avión.

techumbre *s.f.* Techo de un edificio, en especial cuando es alto.

tecla *s.f.* Cada una de las piezas que, presionadas con los dedos, hacen sonar ciertos instrumentos musicales o ponen en funcionamiento algunos aparatos o máquinas.

teclado *s.m.* Conjunto de las teclas de un instrumento o una máquina.

teclear *v.intr.* Pulsar las teclas. • Tamborilear. • *fam. América* Andar mal un negocio. • *fam.* Estar enfermo y débil.

tecnecio *s.m.* Metal que se obtiene en la fisión del uranio (símbolo: *Tc*).

técnica *s.f.* Conjunto de los procedimientos y recursos de que se sirven una ciencia o un arte. • Pericia para usarlos.

tecnicismo *s.m.* Cualidad de técnico. • Vocablo propio de una ciencia, arte, etc.

técnico, ca *adj.* Relacionado con la aplicación de la técnica. • Dícese del lenguaje propio de una ciencia, arte, etc. • *s. / adj.* Persona que se dedica a la técnica.

tecnicolor *s.m.* Procedimiento de filmación y proyección cinematográfica en colores.

tecnificar *v.tr.* Introducir tecnología en la producción no industrializada.

tecnígrafo *s.m.* Instrumento usado en dibujo técnico para el trazado de líneas paralelas, perpendiculares e inclinadas.

tecnocracia *s.f.* Gobierno de un país ejercido por técnicos.

tecnócrata *s.m. y f.* Partidario de la tecnocracia.

tecnología *s.f.* Conjunto sistematizado de conocimientos aplicables a un oficio o una industria. • Terminología o técnica de una ciencia, arte, etc.

tectogénesis *s.f.* Conjunto de procesos que determinan gran parte de la estructura de la Tierra.

tectónica *s.f.* Parte de la geología que se ocupa de la disposición y estructura de la corteza terrestre.

tectónico, ca *adj.* Relativo a la estructura de la corteza terrestre.

tectriz *s.f./adj.* En las aves, cada una de las plumas pequeñas de la cola y de la base de las alas.

tedéum *s.m.* Himno religioso en que se dan gracias a Dios.

tedio *s.m.* Aburrimiento.

tedioso, sa *adj.* Que causa tedio.

teflón *s.m.* Plástico muy resistente a los agentes químicos.

tegmen *s.m.* Ala anterior de ciertos insectos, quitinosa y dura.

tegucigalpeño, ña *adj. / s.* De Tegucigalpa (Honduras).

tegumento *s.m.* Tejido orgánico membranoso.

tehuelche *adj./s.m. y f.* Dícese de un pueblo indígena que habita la Patagonia.

teína *s.f.* Principio activo del té, idéntico a la cafeína del café.

teísmo *s.m.* Sistema filosófico y religioso que afirma la existencia de un solo Dios que ha creado, conserva y gobierna el mundo.

teja *s.f.* Pieza delgada de barro cocido, piedra o pizarra, para cubrir por fuera los techos y paredes.

tejado *s.m.* En un edificio, parte superior y por lo general en pendiente, cubierta de tejas.
tejano, na *adj. / s.* De Tejas (Estados Unidos de América).
tejar *v.tr.* Recubrir con tejas. • *s.m.* Sitio donde se fabrican tejas y ladrillos.
tejedor, ra *adj. / s.* Que teje. • *s.m.* Pájaro que construye su nido entretejiendo ramas, hilos, etc.
tejeduría *s.f.* Taller donde están los telares o trabajan los tejedores.
tejemaneje *s.m.fam.* Afán o agilidad con que hace una cosa. • *fam.* Manejo turbio, enredo o intriga.
tejer *v.tr.* Entrelazar regularmente hilos para formar telas, cestas, etc. • Formar la araña, el gusano de seda, etc., sus telas o capullos. • Ir preparando una cosa con método.
tejido *s.m.* Material hecho tejiendo fibras, tiras, etc. • En biología, conjunto de células semejantes que cumplen determinada función.
1. tejo *s.m.* Trozo de teja o cosa semejante para distintos juegos. • Disco grueso de metal. • Cospel.
2. tejo *s.m.* Pequeño árbol ornamental, siempre verde.
tejón *s.m.* Mamífero carnívoro de hábitos nocturnos, cuyo pelo se usa para hacer pinceles.
tejuelo *s.m.* Trocito de piel u otro material con el título impreso, que se pega en el lomo de un libro.
tela *s.f.* Tejido de hilos entrecruzados; en especial, el hecho en un telar. • Tejido de la araña. • Película que se forma sobre la leche y otros líquidos. • Galicismo, por "lienzo pintado".
telar *s.m.* Máquina para tejer. • Aparato usado por los encuadernadores para coser los libros.
telaraña *s.f.* Tela que teje la araña.
telecomunicación *s.f.* Trasmisión y recepción de señales, sonidos o imágenes realizados a distancia.
telecontrol *s.m.* Mando de un aparato ejercido a distancia.
telediario *s.m.* Información de los hechos más importantes del día, trasmitida por televisión [sinón: *noticioso*].
teledifusión *s.f.* Propagación a distancia –generalmente, inalámbrica– de noticias, programas sonoros o televisivos, etcétera.
teledirección *s.f.* Sistema de mando a distancia que permite guiar proyectiles y ciertos vehículos.
teledirigido, da *adj.* Dícese del aparato cuya dirección se fija, modifica y controla a distancia.
telefacsímil o **telefax** *s.m.* Sistema telefónico que permite reproducir a distancia escritos, gráficos, etc. • Documento recibido por este sistema.
teleférico *s.m./adj.* Vehículo suspendido por cables, para el trasporte a distancia salvando considerables alturas.
telefonear *v.tr.* Llamar a alguien, o comunicar algo, por teléfono.
telefonema *s.m.* Comunicación que se trasmite por teléfono.
telefonía *s.f.* Técnica de las comunicaciones a distancia por medio del teléfono.
telefónico, ca *adj.* Relativo al teléfono, o hecho por medio de él.
telefonista *s.m. y f.* Persona encargada del servicio de teléfono.
teléfono *s.m.* Conjunto de instalaciones e instrumentos destinados a la trasmisión de la voz y de los sonidos a distancia. • Aparato receptor y trasmisor usado para ese fin.
telefonograma *s.m.* Telegrama cuyo texto se dicta por teléfono a la central telegráfica.
telefotografía *s.f.* Sistema de trasmisión de fotografías a distancia. • Fotografía así obtenida.
telegrafía *s.f.* Construcción, instalación y manejo de los telégrafos.
telegrafiar *v.tr.* Comunicar algo por medio del telégrafo. • *intr.* Mandar un telegrama.
telegrafista *s.m. y f.* Persona encargada del servicio de telégrafos.
telégrafo *s.m.* Red de aparatos para efectuar comunicaciones a distancia mediante señales convenidas.
telegrama *s.m.* Comunicación que se trasmite por telégrafo.
teleguiado, da *adj.* Teledirigido.

teleguiar *v.tr.* Guiar a distancia.
telemando *s.m.* Gobierno a distancia de un mecanismo, una máquina, etc.
telémetro *s.m.* Instrumento óptico que permite medir la distancia a un objeto lejano.
telenovela *s.f.* Novela retrasmitida por capítulos a través de la televisión.
teleobjetivo *s.m.* Objetivo que permite observar o fotografiar con precisión objetos lejanos.
telepatía *s.f.* Percepción de fenómenos que tienen lugar fuera del alcance de los sentidos.
telera *s.f.* Travesaño del arado con que se gradúa la inclinación de la reja y la profundidad del surco.
telescópico, ca *adj.* Relativo al telescopio. • Dícese del instrumento cuyos elementos encajan unos dentro de los otros.
telescopio *s.m.* Instrumento óptico de gran aumento para observar objetos lejanos, en especial astros.
telesilla *s.f.* Asiento suspendido por un cable, para trasportar pesonas a un lugar elevado.
telespectador, ra *s.* Espectador de televisión; televidente.
telesquí *s.m.* Teleférico en el que los esquiadores ascienden hasta la cabecera de la pista de descenso.
teleteatro *s.m.* Teatro que se trasmite por televisión.
teletipo *s.ambig.* Sistema de telecomunicación que trasmite mensajes mecanografiados y los recibe reproduciéndolos de la misma forma.
televidente *s.m. y f.* Telespectador.
televisar *v.tr.* Trasmitir imágenes por televisión.
televisión *s.f.* Sistema de trasmisión y recepción de imágenes animadas y los correspondientes sonidos. • Televisor.
televisor *s.m.* Aparato receptor de televisión.
télex *s.m.* Sistema de comunicación telegráfica mediante teletipo, que permite el enlace directo entre dos abonados.
telón *s.m.* En el teatro, lienzo grande que cuelga de arriba abajo en el escenario, ya sea ocultando este a la vista del público, ya sea integrando la decoración.
telúrico, ca *adj.* Del planeta Tierra.
teluro *s.m.* No metal muy escaso, parecido al estaño; es quebradizo y muy fusible (símbolo: *Te*).
tema *s.m.* Asunto que se desarrolla en una conversación, discurso, escrito, etc. • Idea principal de una obra musical.
temario *s.m.* Conjunto de temas que se tratan en un congreso, una conferencia, etcétera.
temático, ca *adj.* Relativo a un tema. • Dícese del que sostiene tenazmente un tema o una idea.
tembladeral *s.m. América* Tremedal.
temblar *v.intr.* Agitarse con movimientos rápidos e involuntarios. • Tener mucho miedo.
tembleque *adj. fam.* Tembloroso. • *s.m. fam.* Temblor muy fuerte. • *fam.* Persona o cosa que tiemblan mucho.
temblequear *v.intr. fam.* Temblar mucho.
temblón, na *adj. fam.* Que tiembla mucho o fácilmente.
temblor *s.m.* Movimiento rápido involuntario y repetido del cuerpo. • Sismo.
tembloroso, sa *adj.* Que tiembla.
temer *v.tr. / intr.* Tener temor de sufrir un daño. • *tr./prnl.* Sospechar que sucede, ha sucedido o sucederá algo malo.
temerario, ria *adj.* Que se expone a los peligros imprudentemente. • Que se dice o hace sin fundamento.
temeridad *s.f.* Cualidad o actitud de temerario. • Acción temeraria.
temeroso, sa *adj.* Miedoso.
temible *adj.* Digno de ser temido.
temor *s.m.* Miedo moderados. • Sospecha de que pueda suceder o haya sucedido algo malo.
témpano *s.m.* Trozo plano de cualquier cosa dura. • Membrana del tambor. • Tapa de tonel. • Iceberg.
temperamental *adj.* Relativo al temperamento. • De reacciones fuertes.
temperamento *s.m.* Constitución física y mental de cada individuo, que determina su carácter y su conducta.
temperancia *s.f.* Templanza.
temperar *v.tr.* Atemperar, moderar. •

intr. América Pasar una temporada en un lugar de clima agradable.
temperatura *s.f.* Grado de calor de los cuerpos. • Temperie. • Fiebre.
temperie *s.f.* Estado atmosférico según los grados de calor y de humedad.
tempestad *s.f.* Violenta perturbación de la atmósfera o de las aguas del mar; temporal. • Fuerte agitación del ánimo.
tempestivo, va *adj.* Oportuno, adecuado.
tempestuoso, sa *adj.* Tormentoso.
templado, da *adj.* Moderado. • Tibio. • Dícese de cada una de las zonas geográficas comprendidas entre un trópico y el círculo polar correspondiente. • Valiente y sereno.
templador, ra *adj.* Que templa. • *s.m.* Llave para afinar ciertos instrumentos musicales de cuerda.
templanza *s.f.* Virtud teologal que consiste en moderar los apetitos, las pasiones, etc. • Moderación. • Benignidad del clima.
templar *v.tr.* Disimular la fuerza de una cosa. • Entibiar. • Dar a un metal, vidrio, etc., dureza o elasticidad. • Afinar los instrumentos musicales. • Poner tensa o apretada una cosa.
temple *s.m.* Acción de templar un metal, vidrio, etc. • Temperie. • Carácter, humor, talante. • Valentía o entereza para desafiar riesgos.
templete *s.m.* Armazón pequeña en forma de templo. • Pabellón o quiosco.
templo *s.m.* Edificio o lugar destinados a un culto religioso.
temporada *s.f.* Espacio de tiempo de varios días o meses.
1. temporal *adj.* Relativo al tiempo. • No eterno. • Que dura sólo por algún tiempo. • Profano, no religioso. • *s.m.* Tormenta. • Período persistente de lluvias.
2. temporal *adj.* Perteneciente a las sienes. • *adj./s.m.* Dícese del hueso par que forma las partes laterales de la bóveda y de la base del cráneo.
temporalidad *s.f.* Cualidad de temporal.
temporario, ria *adj.* Que dura solo por algún tiempo; temporal.
temporero, ra *adj. / s.* Dícese de la persona que realiza un trabajo solo por cierta temporada.
tempranero, ra *adj.* Madrugador.
temprano, na *adj.* Dícese de lo que madura, aparece o sucede antes de tiempo. • *adv.* En las primeras horas del día o la noche. • Muy pronto.
temu *s.m. América* Árbol de madera muy dura y flores blancas o amarillas.
tenacidad *s.f.* Cualidad de tenaz.
tenacillas *s.f. pl.* Tijeras para despabilar velas. • Tenazas pequeñas para diversos usos.
tenaz *adj.* Que se pega o adhiere con firmeza. • Que opone mucha resistencia a romperse o deformarse. • Perseverante.
tenaza *s.f.* Herramienta formada por dos brazos cruzados y articulados, para apretar, cortar, sacar clavos, etc.
tenazas *s.f. pl.* Tenaza.
tenca *s.f.* Pez de agua dulce, de carne muy sabrosa.
tendal *s.m.* Toldo de lona. • Tendedero. • *América* Gran cantidad de cosas diseminadas por el suelo. • Exceso de cosas.
tendedero *s.m.* Lugar o dispositivo donde se tiende la ropa.
tendel *s.m.* Cuerda horizontal que sirve de guía en la colocación de ladrillos, baldosas, etc.
tendencia *s.f.* Inclinación, propensión.
tendencioso, sa *adj.* Que manifiesta o incluye tendencia hacia determinados fines o doctrinas.
tender *v.tr.* Extender o desdoblar. • Colgar la ropa mojada para que se seque. • *intr.* Propender a algún fin. • *prnl.* Extenderse a lo largo. • *v.tr. América* Poner sábanas y cobijas en la cama. • Poner el mantel y la vajilla en la mesa.
ténder *s.m.* Vagón que sigue a la locomotora y lleva el agua y el combustible.
tendido, da *adj.* Dícese del galope más veloz del caballo. • *s.m.* Acción de tender algo. • Gradería de las plazas de toros.
tendón *s.m.* Haz de fibras que une los músculos a los huesos.
tenebrario *s.m.* Candelabro triangular con quince velas, usado en ciertos oficios religiosos.

tenebroso, sa *adj.* Sombrío, tétrico. • Hecho con intenciones malignas.

tenedor, ra *s./adj.* El que tiene una cosa. • *s.m.* Utensilio de mesa con varias púas en un extremo. • *tenedor de libros* Profesional encargado de los libros de contabilidad.

teneduría *s.f.* Cargo, actividad y oficina del tenedor de libros.

tenencia *s.f.* Acción de tener. • Ocupación o posesión de una cosa. • Cargo de teniente.

tener *v.tr.* Poseer una cosa. • Sostener, asir o sujetar. • Contener o comprender en sí. • *tr./prnl.* Considerar, juzgar. • *prnl.* Afirmarse o agarrarse para no caer.

tenia *s.f.* Gusano parásito del intestino del hombre y otros vertebrados.

teniente *s.m.* El que ejerce el cargo de otro como sustituto. • Grado militar inmediatamente inferior al de capitán.

tenis *s.m.* Deporte practicado entre dos o cuatro jugadores, quienes mediante raquetas, se lanzan alternativamente la pelota por encima de una red.

tenista *s.m. y f.* Persona que juega al tenis.

1. tenor *s.m.* Contenido literal de un escrito. • Constitución de una cosa.

2. tenor *s.m.* La más aguda de las voces masculinas. • Cantante que posee esa voz.

tenorio *s.m.* Hombre que galantea a muchas mujeres.

tensar *v.tr.* Poner tenso.

tensión *s.f.* Estado de un cuerpo sometido a fuerzas que lo estiran. • Presión de un gas o un vapor. • Grado de energía eléctrica de un cuerpo. • Estado de ánimo embargado por un gran interés o preocupación.

tenso, sa *adj.* Que soporta tensión.

tensor, ra *adj./s.m.* Que tensa o sirve para tensar.

tentación *s.f.* Impulso o estímulo que tientan a hacer algo no conveniente. • Persona o cosa que tientan.

tentacular *adj.* Relativo al tentáculo.

tentáculo *s.m.* Cada uno de los apéndices que tienen algunos animales y que les sirven como órganos táctiles o de prensión.

tentador, ra *adj. / s.* Que tienta. • *adj.* Apetecible.

tentar *v.tr.* Palpar. • Procurar, intentar. • Incitar a hacer algo.

tentativa *s.f.* Acción con que se ensaya o procura una cosa. • Principio de ejecución de un delito que no llega a consumarse.

tentativo, va *adj.* Que sirve para tantear o probar algo.

tentempié *s.m. fam.* Refrigerio. • Muñeco, con un contrapeso en la base, que siempre se mantiene en pie.

tenue *adj.* De poco espesor; delgado. • De poca intensidad.

teñido *s.m.* Acción de teñir.

teñir *v.tr.* Dar a una cosa color distinto del que tenía.

teobromina *s.f.* Alcaloide que se extrae del cacao y del té.

teocali *s.m.* Templo de los aztecas.

teocracia *s.f.* Sistema de gobierno en que la autoridad religiosa ejerce el poder supremo.

teocrático, ca *adj.* Relativo a la teocracia.

teodolito *s.m.* Instrumento óptico usado en topografía para medir ángulos.

teogonía *s.f.* En las religiones politeístas, genealogía de los dioses.

teologal *adj.* Relativo a la teología.

teología *s.f.* Doctrina sobre la esencia, existencia y atributos de Dios.

teológico, ca *adj.* Teologal.

teólogo, ga *s.* Persona que se dedica al estudio de la teología.

teorema *s.m.* En matemática, proposición que puede demostrarse.

teorético, ca *adj.* Teórico.

teoría *s.f.* Conocimiento puramente especulativo, independiente de toda aplicación práctica. • Principios generales de una ciencia o arte. • Serie organizada de conocimientos, ideas u opiniones.

teórico, ca *adj.* Relacionado con la teoría. • *adj. / s.* Dícese del que se ocupa de la teoría de una ciencia o arte.

teorizar *v.intr.* Tratar un asunto sólo en teoría.

teosofía *s.f.* Doctrina religiosa de quienes, despreciando la razón y la fe, presumen estar iluminados por la divinidad.

teósofo, fa *s.* Que profesa la teosofía.
tepe *s.m.* Trozo prismático de tierra cubierto de césped.
tequila *s. m.* Bebida alcohólica destilada de la pita.
terapeuta *s.m. y f.* Profesional que se dedica a la terapéutica.
terapéutica *s.f.* Parte de la medicina que enseña el modo de tratar las enfermedades.
terapia *s.f.* Terapéutica.
teratología *s.f.* Estudio de las anomalías de los organismos vegetales y animales.
terbio *s.m.* Metal perteneciente al grupo de las tierras raras (símbolo: *Tb*).
tercer *adj.* Apócope de *tercero.*
tercero, ra *adj. / s.* Que sigue en orden al segundo. • Que media entre dos o más personas. • *s.* Persona que no participa directamente en un asunto o negocio.
tercerola *s.f.* Especie de carabina corta.
terceto *s.m.* Estrofa de tres versos endecasílabos. • Conjunto de tres instrumentos musicales o tres cantantes. • Música escrita para ese conjunto.
terciado, da *s.m. o f./adj. América* Chapa de madera que resulta de encolar entre sí varias láminas del mismo material.
terciana *adj./s.f.* Dícese de la fiebre palúdica que repite cada tres días.
terciar *v.intr.* Mediar. • Agregarse a quienes están conversando o discutiendo. • *tr.* Dividir en tres partes. • Poner algo atravesado al sesgo. • *América* Agregar agua al vino. • Cargar un objeto sobre las espaldas.
terciario, ria *adj.* Tercero en orden o grado. • *adj./s.m.* Dícese del período más antiguo de la era cenozoica.
tercio, cia *adj./s.m.* Tercero (que sigue en orden). • Dícese de cada una de las tres partes iguales en que se divide un todo. • *s.m. América* Fardo de mercaderías. • Bolsa de yerba.
terciopelo *s.m.* Tela muy vellosa y tupida.
terco, ca *adj.* Que se empecina en sus ideas o actitudes; porfiado, testarudo.
terebinto *s.m.* Pequeño árbol que exuda trementina blanca.
tereré *s.m. América* Mate cebado con agua fría.
tergiversar *v.tr.* Desfigurar, falsear.
termal *adj.* Relativo a las termas.
termas *s.f. pl.* Establecimiento de baños de aguas minerales calientes. • Baños públicos de los antiguos romanos.
termes *s.m.* Insecto propio de zonas cálidas, con aparato bucal masticador; vive en colonias, y roe y destruye la madera, el papel, etc.
térmico, ca *adj.* Relativo al calor o a la temperatura. • Dícese de las máquinas o centrales eléctricas que convierten el calor en energía mecánica o eléctrica, respectivamente.
terminación *s.f.* Acción de terminar. • Parte final de una cosa.
terminal *adj.* Que pone término. • *adj./s.f.* Dícese de la última estación en el recorrido de un tren, un ómnibus, etcétera.
terminante *adj.* Concluyente, categórico.
terminar *v.tr. / intr.* Poner término a una cosa; acabar, concluir.
término *s.m.* Último punto o momento hasta donde llega una cosa; final. • Plazo. • Vocablo. • Palabra o grupo de palabras en los que termina la relación expresada por una preposición. • En matemática, cada uno de los números, cantidades o expresiones que componen un quebrado, una razón o un polinomio.
terminología *s.f.* Vocabulario propio de una ciencia, profesión, etc.
termiónico, ca *adj.* Relativo a la emisión de los electrones provocada por el calor.
termita *s.f.* Termes.
termite *s.m.* Termes.
termo *s.m.* Vasija de paredes dobles, que sirve para que las sustancias introducidas en ella conserven su temperatura.
termodinámica *s.f.* Parte de la física que estudia las relaciones entre el calor y las otras formas de energía.
termoelectricidad *s.f.* Energía eléctrica producida por el calor.
termofónico, ca *adj.* Dícese de los aparatos que producen sonidos por efectos del calor.
termografía *s.f.* Técnica para la obtención de imágenes de objetos basada en

las radiaciones infrarrojas que estos emiten. • Imagen así obtenida.
termología *s.f.* Parte de la física que estudia los fenómenos en que intervienen el calor y la temperatura.
termometría *s.f.* Medición de las temperaturas.
termómetro *s.m.* Instrumento para medir la temperatura.
termonuclear *adj.* Dícese de las trasformaciones nucleares que requieren gran elevación de la temperatura.
termopila *s.f.* Dispositivo que suministra energía eléctrica cuando se lo somete a la acción del calor.
termosifón *s.m.* Aparato para calentar el agua que luego se emplea en los baños, lavabos, etc., o en la calefacción.
termostato o **termóstato** *s.m.* Dispositivo que, automáticamente, mantiene constante la temperatura en los sistemas de calefacción y refrigeración.
terna *s.f.* Conjunto de tres personas propuestas para un cargo.
ternario, ria *adj.* Compuesto de tres elementos.
ternero, ra *s.* Cría de la vaca. • *f.* Carne de ese animal.
terneza *s.f.* Ternura. • *fam.* Requiebro.
terno *s.m.* Conjunto de tres cosas de la misma especie. • Traje compuesto de chaqueta, pantalón y chaleco.
ternura *s.f.* Cualidad de tierno. • Actitud de cariño hacia alguien.
tero *s.m. América* Ave zancuda pequeña, de pico corto, que vive en bandadas y puede domesticarse.
terquedad *s.f.* Cualidad de terco.
terracota *s.f.* Escultura de barro cocido.
terrado *s.m.* En algunos edificios, espacio descubierto y algo elevado, que suele estar cercado por una balaustrada.
terraja *s.f.* Pieza para hacer molduras de yeso. • Herramienta para labrar roscas de tornillo.
terral *adj./s.m.* En marina, dícese del viento que sopla desde tierra.
terramicina *s.f.* Cierto antibiótico que se extrae de un hongo.
terraplén *s.m.* Macizo de tierra o de mampostería que se levanta para construir una vía férrea, un camino, etc.
terráqueo, a *adj.* De la Tierra.
terrateniente *s.m. y f.* Dueño de tierras o haciendas.
terraza *s.f.* Azotea de un edificio. • Terrado. • Bancal (rellano de tierra).
terremoto *s.m.* Sismo.
terrenal *adj.* Perteneciente a la Tierra o a este mundo.
terreno, na *adj.* Terrenal. • *s.m.* Sitio o espacio de tierra. • Ámbito, campo.
térreo, a *adj.* De tierra, o parecido a ella.
terrera *s.f.* Terreno escarpado desprovisto de vegetación.
terrestre *adj.* Relativo al planeta Tierra. • Que anda por la tierra.
terrible *adj.* Que causa terror. • Difícil de soportar.
terrícola *s.m. y f.* Habitante de la Tierra.
terrífico, ca *adj.* Terrorífico.
territorial *adj.* Relativo al territorio.
territorialidad *s.f.* Cualidad de territorial. • Acuerdo internacional por el cual los barcos y los edificios diplomáticos de un país se consideran como parte del territorio de la nación a que pertenecen.
territorio *s.m.* Extensión de tierra perteneciente a una nación, provincia, etc. • División política y administrativa de algunos países.
terrizo, za *adj.* Hecho de tierra.
terrón *s.m.* Masa pequeña y compacta de tierra o de otra sustancia. • Residuo que deja la aceituna ya exprimida.
terror *s.m.* Miedo muy intenso.
terrorífico, ca *adj.* Que causa terror; aterrador.
terrorismo *s.m.* Dominación por el terror. • Sucesión de actos de violencia ejecutados para infundir terror.
terrorista *adj.* Relativo al terrorismo. • *adj./s.m. y f.* Que comete actos de terrorismo.
terroso, sa *adj.* Que tiene tierra, o participa de sus propiedades.
terruño *s.m.* Terrón de tierra. • Comarca donde se vive o se ha nacido.
terso, sa *adj.* Limpio y resplandeciente. • Liso, sin rugosidades.
tersura *s.f.* Cualidad de terso.
tertulia *s.f.* Conjunto de personas que se reúnen para pasar momentos agrada-

bles. • En ciertos teatros, galería con asientos, o corredor en la parte alta.
tertuliano, na *adj./s.* Que concurre a una tertulia.
teruteru *s.m. América* Tero.
tesis *s.f.* Opinión o conclusión sostenidas por medio de razonamientos. • Estudio sobre un tema determinado para acceder a ciertos títulos universitarios. • En un teorema, parte del enunciado que debe demostrarse.
tesitura *s.f.* Conjunto de sonidos propios de cada voz o instrumento musical; registro. • Actitud o estado de ánimo.
tesla *s.m.* Unidad de inducción magnética en el Sistema Internacional.
teso, sa *adj.* Tenso, tirante.
tesón *s.m.* Constancia, firmeza, perseverancia.
tesonero, ra *adj.* Que tiene tesón.
tesorería *s.f.* Cargo y oficina del tesorero.
tesorero, ra *s.* Persona encargada de custodiar y emplear los caudales de una entidad.
tesoro *s.m.* Cantidad de dinero o conjunto de joyas y cosas de mucho valor reunidos y guardados en cierto lugar, o descubiertos por casualidad. • Erario.
testa *s.f.* Cabeza.
testador, ra *s.* Persona que hace testamento.
testaferro *s.m.* Persona que presta su nombre en un contrato o un negocio para ocultar el del verdadero interesado.
testamentaría *s.f.* Ejecución judicial de lo dispuesto en un testamento. • Bienes que forman una herencia.
testamentario, ria *adj.* Relativo al testamento. • *s.* Albacea.
testamento *s.m.* Declaración que hace una persona disponiendo de sus bienes y asuntos para después de su muerte. • *prop.* Cada una de las dos partes —una anterior y otra posterior a la venida de Jesucristo— en que se divide la Biblia.
testar *v.intr.* Hacer testamento.
testarudez *s.f.* Cualidad de testarudo.
testarudo, da *adj./s.* Obstinado, terco, tozudo.
testículo *s.m.* Cada una de las dos glándulas masculinas que segregan los espermatozoides.
testificar *v.tr.* Afirmar o probar una cosa con testigos o documentos. • Declarar como testigo.
testigo *s.m. y f.* Persona que ha presenciado algo y da testimonio de ello. • *m.* Cosa por la cual es posible confirmar o inferir la verdad de un hecho.
testimonial *adj.* Con valor de testimonio.
testimoniar *v.tr.* Testificar.
testimonio *s.m.* Cosa que sirve para confirmar o probar algo. • Declaración de un testigo. • Documento legalizado en que se da fe de algo.
testuz *s. ambig.* Frente de algunos animales. • Nuca del buey, el toro o la vaca.
teta *s.f. fam.* En los mamíferos, mama o ubre de las hembras.
tetánico, ca *adj.* Relativo al tétano.
tétano *s.m.* Enfermedad infecciosa grave producida por un bacilo que penetra por las heridas contaminadas con tierra.
tétanos *s.m.* Tétano.
tetera *s.f.* Recipiente donde se hace y con el que se sirve el té.
tetilla *s.f.* En los mamíferos, cada una de las mamas de los machos. • Tetina.
tetina *s.f.* Especie de pezón del biberón, por donde chupa el niño.
tetraedro *s.m.* Poliedro de cuatro caras triangulares.
tetrágono *s.m.* Cuadrilátero.
tetralogía *s.f.* Conjunto de cuatro obras literarias o líricas.
tetrarca *s.m.* Antiguamente, señor de la cuarta parte de un reino.
tetrarquía *s.f.* Dignidad y jurisdicción del tetrarca.
tetrasílabo, ba *adj./s.m.* De cuatro sílabas.
tetrástrofo, fa *adj.* Se aplica a la composición de cuatro estrofas.
tetratómico, ca *adj.* Dícese de la molécula formada por cuatro átomos.
tétrico, ca *adj.* Que sugiere pensamientos tristes o deprimentes, o relacionados con la muerte.
tetrodo *s.m.* Válvula electrónica de cuatro electrodos.
teurgia *s.f.* Especie de magia de los antiguos griegos y romanos.

teutón, na *adj. / s.* Dícese de cierto pueblo de origen germánico. • *fam.* Alemán.
teutónico, ca *adj.* Relativo a los teutones.
tex *s.m.* Sistema de clasificación numérica de los hilados. • Unidad de medida de ese sistema.
textil *adj.* Relativo a la fabricación de tejidos. • Dícese de la materia o fibra que pueden ser tejidas.
texto *s.m.* Escrito con determinado contenido. • Cuerpo de una obra literaria o de una ley. • Libro que utilizan los alumnos para estudiar cada asignatura.
textual *adj.* Relativo al texto. • Dícese de las palabras que se repiten exactamente igual que como fueron dichas o escritas.
textura *s.f.* Disposición y orden de los hilos de un tejido. • Operación de tejer. • Estructura de un mineral.
tez *s.f.* Cutis.
theta *s.f.* Octava letra del alfabeto griego (ϑ).
ti *s.m. y f.* Forma del pronombre personal de segunda persona del singular.
tialina *s.f.* Principio activo de la saliva humana y la de algunos herbívoros.
tiamina *s.f.* Cierta vitamina esencial para el crecimiento.
tiara *s.f.* Gorro alto usado por los antiguos persas. • Mitra del papa.
tibetano, na *adj. / s.* Del Tíbet (Asia).
tibia *s.f.* Hueso de la parte anterior e interna de la pierna.
tibieza *s.f.* Cualidad de tibio.
tibio, bia *adj.* Entre frío y caliente; templado. • Poco fervoroso o poco cariñoso. • *América* Irritado, enfadado.
tibor *s.m.* Vaso grande de origen oriental.
tiburón *s.m.* Pez marino, de gran tamaño y voracidad.
tic *s.m.* Movimiento convulsivo habitual de ciertos músculos, en especial del rostro.
ticket (Anglicismo.) *s.m.* Tique.
tictac *s.m.* Voz onomatopéyica con que se imita el sonido acompasado de un reloj.
tiempo *s.m.* Magnitud física que expresa la sucesión y duración de los fenómenos. • Edad de un niño. • Oportunidad de hacer algo. • Estado atmosférico. • Tiempo libre. • Largo período de tiempo; época. • Cada una de las fases del ciclo de un motor de explosión. • Categoría del verbo que indica el momento en que trascurre la acción.
tienda *s.f.* Armazón de palos, cubierta con telas o pieles, que sirve de alojamiento en el campo. • Toldo protector del sol y de la lluvia. • Local donde se vende por menor. • *América* Local donde se venden ropas y telas.
tientas (a) *loc. adv.* Valiéndose del tacto.
tiento *s.m.* Acción de tentar o palpar. • Bastón con que se guían los ciegos. • Prudencia, tacto. • Pulso. • Varita que usa el pintor para apoyar la mano. • *América* Tira delgada de cuero sin curtir, que se usa para atar.
tierno, na *adj.* Blando. • De poco tiempo y delicado. • Propenso al llanto. • Cariñoso. • *América* Dícese de los frutos no maduros.
Tierra *s. prop. f.* Planeta del sistema solar, que habita el hombre. • *com.* Superficie de ese planeta no ocupada por el mar. • Sustancia orgánica que forma el suelo. • Suelo. • Terreno de cultivo. • País o región. • *tierras raras* Nombre de los óxidos de los metales del grupo de los lantánidos.
tieso, sa *adj.* Sin flexibilidad. • Orgulloso o petulante. • Falto de amabilidad.
tiesto *s.m.* Maceta para plantas. • Fragmento de una vasija. • *América* Vasija.
tífico, ca *adj.* Relativo o parecido al tifus. • *adj. / s.* Que padece tifus.
tifo *s.m.* Tifus.
tifoideo, a *adj./s.f.* Relativo al tifus, o parecido a este mal. • *adj. / s.* Que padece tifus.
tifón *s.m.* Huracán en el océano Índico y en el mar de la China.
tifus *s.m.* Enfermedad infecciosa grave ocasionada por un microbio trasmitido por un piojo.
tigre, esa *s.* Mamífero carnívoro muy feroz, de pelaje amarillento con rayas negras.
tijera *s.f.* Instrumento cortante formado por dos cuchillas entrecruzadas, con un

solo filo cada una. • Nombre de diversos aparatos parecidos a ese instrumento.

tijeras *s.f. pl.* Tijera.

tijereta *s.f.* Insecto nocturno, con el abdomen terminado en pinzas. • Zarcillo de la vid. • *América* Pájaro con cola de largas plumas que se cruzan entre sí.

tijeretear *v.tr.* Dar tijeretadas. • *América fam.* Criticar.

tila *s.f.* Tilo. • Flor del tilo. • Infusión de flores de tilo.

tílburi *s.m.* Carruaje liviano y descubierto, con dos ruedas grandes y dos asientos.

tildar *v.tr.* Poner tilde. • Atribuir a alguien cierto defecto.

tilde *s. ambig.* Signo que se pone sobre una letra para acentuarla o distinguirla de otra.

tilín *s.m.* Voz onomatopéyica con que se imita el sonido de la campanilla.

tilingo, ga *adj./s. América* Aturdido, irresponsable. • Dícese de la persona que pretende parecer de clase social alta.

tilinguería *s.f.* Dicho o hecho propios de tilingos.

tilo *s.m.* Árbol ornamental cuyas flores tienen propiedades medicinales. • *América* Tila (infusión).

timador, ra *s.* Persona que tima.

timar *v.tr.* Quitar o hurtar con engaño. • *fam.* Engañar a alguien con promesas.

timba *s.f. fam.* Partida de juego de azar. • *fam.* Garito.

timbal *s.m.* Instrumento musical de percusión, con caja metálica semiesférica. • Tamboril. • Tarta.

timbero, ra *s. fam. América* Persona que frecuenta las timbas.

timbó *s.m. América* Árbol ornamental y de sombra, muy corpulento, cuya madera se usa para hacer canoas.

timbrar *v.tr.* Marcar con un timbre o sello.

timbre *s.m.* Sello. • Aparato de llamada accionado por un resorte o por electricidad. • Cualidad característica del sonido de una voz o un instrumento musical.

timidez *s.f.* Cualidad o actitud de tímido.

tímido, da *adj.* Dícese de la persona que no puede hablar u obrar sin cohibirse.

1. timo *s.m. fam.* Acción de timar.

2. timo *s.m.* Glándula de secreción interna, que se atrofia en la pubertad.

timocracia *s.f.* Sistema de gobierno en que ejercen el poder los ciudadanos más ricos.

timol *s.m.* Sustancia desinfectante y antiséptica que se obtiene del tomillo.

timón *s.m.* Palo del arado al que se sujeta el tiro. • Pértigo. • Pieza en forma de tablón que tienen los buques en la popa, y que sirve para gobernarlos. • Cada uno de los planos movibles de los aviones, que regulan los movimientos horizontales y verticales del aparato.

timonear *v.intr.* Manejar el timón de un buque. • *tr.* Dirigir un negocio o un asunto.

timonel *s.m.* El que gobierna el timón de un buque.

timonera *s.f.* Habitáculo o caseta del timonel. • *adj./s.f.* Dícese de las plumas grandes de la cola de las aves, con las que dan dirección a su vuelo.

timonero, ra *adj.* Relativo al timón. • *s.m.* Timonel.

timorato, ta *adj.* Tímido o indeciso.

tímpano *s.m.* Tamboril. • Instrumento musical de percusión, formado por varias tiras desiguales de vidrio. • Membrana del oído. • Espacio triangular entre las cornisas de un frontón.

tina *s.f.* Tinaja. • Vasija en forma de medio tonel.

tinaja *s.f.* Vasija grande de barro cocido más ancha por el medio, para guardar líquidos.

tinglado *s.m.* Cobertizo. • Tablado. • Enredo o maquinación.

tiniebla *s.f.* Falta de luz. • *pl.* Confusión, o falta de conocimientos.

tino *s.m.* Facilidad para acertar a tientas. • Puntería. • Habilidad para conducirse en cualquier asunto.

tinta *s.f.* Líquido para escribir o dibujar. • Color para teñir. • Líquido oscuro que segregan algunos moluscos como medio de defensa.

tinte *s.m.* Teñido. • Sustancia con que se tiñe. • Colorido de una pintura. • Matiz.

tintero *s.m.* Recipiente en que se pone la tinta. • Depósito de tinta de las máquinas de imprimir.

tintín *s.m.* Voz onomatopéyica con que se imita el sonido de la campanilla, el cristal, etcétera.
tintinear *v.intr.* Producir el sonido llamado tintín.
tintineo *s.m.* Acción de tintinear.
tinto, ta *adj./s.m.* Dícese del vino de color rojo oscuro.
tintóreo, a *adj.* Dícese de las plantas de las que se extraen sustancias colorantes, y de estas mismas sustancias.
tintorería *s.f.* Oficio y establecimiento del tintorero.
tintorero, ra *s.* Persona que tiene por oficio teñir o limpiar prendas de tela. • *f.* Pez muy grande, voraz y peligroso.
tintura *s.f.* Teñido. • Sustancia con que se tiñe. • Solución alcohólica o acuosa de ciertas sustancias animales, vegetales o minerales.
tiña *s.f.* Enfermedad contagiosa parasitaria que ocasiona la caída del pelo. • *fam.* Pobreza, mezquindad.
tiñoso, sa *adj. / s.* Que padece tiña. • *fam.* Pobre, mezquino.
tío, a *s.* Hermano o primo del padre o de la madre.
tiovivo *s.m.* Plataforma giratoria con animales de madera, pequeños aviones, automóviles, etc., para diversión de los niños.
tipa *s.f.* Árbol de madera dura que se usa en carpintería y mueblería.
tipear *v.tr. América* Mecanografiar.
típico, ca *adj.* Característico de una persona, grupo, país, época, etc. • *América* Dícese de la orquesta que ejecuta tangos y milongas.
tipificar *v.tr.* Ajustar varias cosas semejantes a un tipo o norma comunes.
tiple *s.m.* La más aguda de las voces humanas. • *m. y f.* Cantante que posee esa voz. • *m.* Guitarrita de sonidos agudos.
tipo *s.m.* Ejemplar ideal; arquetipo. • Ejemplar característico de una especie; patrón. • Letra o carácter de imprenta. • Figura o traza de una persona. • Uno de los grupos taxonómicos en que se dividen los reinos animal y vegetal. • *fam.* Hombre.
tipografía *s.f.* Procedimiento de impresión con formas constituidas por tipos y grabados móviles. • Lugar donde se imprime por ese procedimiento.
tipógrafo, fa *s.* Operario que se ocupa de la tipografía.
tipómetro *s.m.* Regla para medir las líneas de tipografía.
tique *s.m.* Vale, bono o recibo. • *América* Billete, boleto.
tiquismiquis *s.m. pl. fam.* Escrúpulos o reparos poco importantes.
tira *s.f.* Pedazo largo y angosto de tela, papel u otra cosa delgada.
tirabuzón *s.m.* Sacacorchos. • Bucle.
tirada *s.f.* Acción de tirar. • Distancia considerable entre dos lugares. • Acción de imprimir. • Número de ejemplares de que consta la edición de un libro, una revista, etc.
tirador, ra *s.* Persona que dispara o lanza algo. • *m.* Instrumento con que se tira o estira algo. • Asa, mango, etc., del cual se tira. • *América* Cinturón ancho de campesino. • *pl.* Tirantes para sujetar una prenda.
tirafondo *s.m.* Tornillo de cabeza cuadrada para asegurar piezas metálicas en la madera.
tiraje *s.m.* Número de ejemplares impresos; tirada. • Corriente de aire; tiro.
tiralíneas *s.m.* Instrumento de dibujo para trazar líneas de tinta de distintos grosores.
tiranía *s.f.* Gobierno ejercido por un tirano. • Abuso del poder o de la fuerza.
tiránico, ca *adj.* Propio de un tirano o de una tiranía. • Que ejerce tiranía.
tiranizar *v.tr.* Ejercer un tirano el gobierno de un estado. • Dominar de manera tiránica.
tirano, na *s./adj.* Persona que ejerce el gobierno de un estado —a veces sin derecho— y lo rige sin justicia y arbitrariamente. • El que abusa de su poder. • *adj.* Dícese de la pasión que domina al ánimo.
tiranosaurio *s.m.* Reptil fósil gigantesco, de la era mesozoica, con larga cola y extremidades anteriores pequeñas.
tirante *adj.* Sin arrugas ni dobleces. • Dícese de las relaciones entre personas o países, que estan próximas a romperse. • *s.m.* Correa para tirar del carrua-

je. • *pl.* Tiras elásticas para sujetar los pantalones.

tirantez *s.f.* Cualidad o estado de tirante.

tirar *v.tr.* Impulsar una cosa en determinada dirección, o dejarla caer. • Desechar una cosa por inservible. • Malgastar. • Derribar o echar abajo. • Trazar líneas o rayas. • Imprimir. • *tr./intr.* Disparar un arma de fuego. • *intr.* Hacer fuerza para atraer hacia sí o llevar tras de sí una cosa. • Tener cierta cualidad. • *prnl.* Dejarse caer.

tirilla *s.f.* Tira pequeña que se cose en el cuello de la camisa.

tiritar *v.intr.* Temblar por efecto de la fiebre o del frío.

tiro *s.m.* Acción de tirar. • Disparo de un arma de fuego. • Estampido o herida que produce ese disparo. • Corriente de aire que se produce en una chimenea, un hogar, etc. • Conjunto de caballerías que tiran de un carruaje. • *América* Distancia que recorren los caballos en una carrera.

tiroideo, a *adj.* Relativo al cartílago o a la glándula tiroides.

tiroides *adj./s.m.* Dícese del mayor de los cartílagos de la laringe. • *adj./s.f.* Dícese de la glándula endocrina situada en el cuello.

tirón *s.m.* Acción de tirar violenta y bruscamente de algo.

tironear *v.tr. / intr.* Dar tirones.

tirotear *v.tr.* Disparar varios tiros contra una persona o cosa.

tiroteo *s.m.* Acción de tirotear.

tirria *s.f. fam.* Aversión inmotivada hacia alguien o algo.

tisana *s.f.* Bebida que se obtiene cociendo hierbas medicinales.

tísico, ca *adj. / s.* Que padece tisis.

tisiología *s.f.* Estudio de la tuberculosis pulmonar.

tisis *s.f.* Tuberculosis pulmonar.

tisú *s.m.* Tela de seda entretejida con hilos de oro o plata.

titán *s.m.* Gigante de la mitología griega. • Persona excepcional.

titánico, ca *adj.* Gigantesco.

titanio *s.m.* Metal de color gris oscuro, que se usa principalmente en aleaciones (símbolo: *Ti*).

titano *s.m.* Titanio.

titear *v.tr. América* Burlarse de alguien.

titeo *s.m. América* Acción de titear.

títere *s.m.* Muñeco que se mueve por hilos o metiendo una mano en su interior. • *fam.* Hombre de poco carácter, o informal. • *pl.* Espectáculo con títeres.

tití *s.m.* Mono americano, pequeño y ágil, con cola larga no prensil.

titilar *v.intr.* Temblar ligeramente determinada parte del cuerpo. • Despedir una luz oscilante.

titiritar *v.intr.* Temblar de frío o de miedo.

titiritero, ra *s.* Persona que mueve los títeres.

titubear *v.intr.* Tambalearse. • Hablar sin seguridad. • Dudar, vacilar.

titubeo *s.m.* Acción de titubear.

1. titular *adj.* Que tiene algún título o documento. • Que da su nombre por título a una cosa. • *adj./s.m. y f.* Dícese de la persona que tiene el nombramiento para el cargo que desempeña. • *adj./s.f.* En artes gráficas, dícese de la letra de imprenta con la que se componen los títulos, portadas, etc.

2. titular *v.tr./prnl.* Poner título a una cosa. • *tr.* En química, determinar el título o concentración de una sustancia en solución.

título *s.m.* Designación o nombre de una obra, o de cada una de sus partes. • Rótulo. • Dignidad nobiliaria. • Apartado de una ley. • Certificado de estudios que da derecho a ejercer una profesión. • Documento que acredita un derecho de posesión, la inversión de dinero en una empresa, etc. • En química, concentración de una sustancia en una solución.

tiza *s.f.* Arcilla blanca para escribir en el encerado, o para limpiar metales.

tiznar *v.tr.* Manchar con tizne.

tizne *s.m.* Humo negro; hollín.

tizón *s.m.* Palo a medio quemar. • Mancha en la fama u honra de alguien. • Enfermedad de los cereales provocada por un hongo.

toalla *s.f.* Tela esponjosa para secarse después de lavarse.

toallero *s.m.* Artefacto donde se cuelgan las toallas.

1. toba *s.f.* Roca formada por ceniza volcánica cementada. • Sarro de los dientes.

2. toba *adj./s.m. y f.* Dícese de un pueblo indígena que habita en el norte de la Argentina.

tobera *s.f.* Tubo de salida del conducto de descarga de un fluido. • Parte posterior de un motor de reacción. • Tubo por donde se insufla aire u oxígeno a ciertos hornos.

tobiano, na *adj. América* Dícese del caballo que tiene la piel con grandes manchas de dos colores.

tobillera *s.f.* Venda elástica con que se sujeta el tobillo.

tobillo *s.m.* Protuberancia formada por la tibia y el peroné. • Articulación de la pierna y el tarso.

tobogán *s.m.* Especie de trineo para deslizarse en las pendientes nevadas. • Rampa recta o helicoidal para la descarga de materiales. • Construcción semejante que sirve de diversión a los niños.

toca *s.f.* Prenda de tela para cubrirse la cabeza; en especial, la usada por las monjas.

tocadiscos *s.m.* Aparato electroacústico para reproducir los sonidos registrados en los discos fonográficos.

tocado *s.m.* Peinado y adorno de cabeza, en la mujer. • Prenda con que se cubre o adorna la cabeza.

tocador *s.m.* Mueble con espejo y otros elementos para hacerse el tocado. • Aposento destinado a ese fin. • Neceser.

tocar *v.tr.* Ejercitar el sentido del tacto. • Llegar a una cosa con la mano. • Hacer sonar un instrumento musical. • Avisar algo mediante el tañido de campanas, el sonido del clarín, etc. • Conmover, o causar cierta reacción espiritual. • *tr./intr.* Arribar a un lugar solo de paso. • *intr.* Pertenecer, corresponder. • Caer algo en suerte.

tocata *s.f.* Composición musical sin estructura determinada.

tocayo, ya *s.* Persona que tiene el mismo nombre que otra.

tocho *s.m.* Lingote de hierro o de acero.

tocino *s.m.* Carne gorda de cerdo; en especial, salada.

toco *s.m. fam. América* Cantidad considerable de alguna cosa; en especial, de dinero.

tocología *s.f.* Obstetricia.

tocólogo, ga *s.* Médico especializado en tocología.

tocón *s.m.* Parte del tronco que queda unida a la raíz cuando se corta un árbol por el pie.

todavía *adv.* Denota que en un momento determinado sigue produciéndose algo, o que no se ha producido lo esperado. • A pesar de eso.

todo, da *adj./s.* Pronombre indefinido que se aplica a lo que se toma en su integridad. • *adj.* Cualquiera. • *s.m.* Cosa entera. • *adj. pl.* Cada. • *adv.* Enteramente.

todopoderoso, sa *adj.* Que todo lo puede. • *s. prop. m.* Dios.

toesa *s.f.* Antigua unidad francesa de longitud, equivalente a 1.946 metros.

toga *s.f.* Prenda principal de la vestimenta de los antiguos romanos. • Ropón de paño negro usado por los magistrados, catedráticos, etc., en las ceremonias.

toldería *s.f. América* Campamento de toldos indígenas.

toldilla *s.f.* Cubierta superior de la popa del barco.

toldo *s.m.* Cubierta de lona u otro material para proteger del sol. • *América* Vivienda indígena hecha de pieles.

tole *s.m. fam.* Confusión y gritería populares. • *fam.* Rumor de desaprobación.

toledano, na *adj./s.* De Toledo (España).

tolerable *adj.* Que se puede tolerar.

tolerancia *s.f.* Acción de tolerar. • Respeto y consideración hacia la forma de actuar, pensar o sentir de los demás. • Propiedad del organismo para soportar algunos medicamentos.

tolerante *adj.* Que muestra tolerancia hacia los demás.

tolerar *v.tr.* No manifestarse en contra de algo. • Mostrarse indulgente. • Soportar.

tolete *s.m.* Estaquilla en el borde del bote, donde se apoya el remo.

toletera *s.f.* Pieza del bote para alojamiento del tolete.

tollo *s.m.* Cazón.
tolmo *s.m.* Peñasco elevado.
tolondro, dra *adj. / s.* Dícese de la persona aturdida. • *s.m.* Chichón.
tolondrón, na *adj. / s.* Tolondro.
tolteca *adj./s.m. y f.* Dícese de un pueblo indígena que habitó México hasta el siglo XII.
tolueno *s.m.* Líquido inflamable que se obtiene de la hulla, de gran aplicación en la industria.
tolva *s.f.* Depósito grande en forma de embudo, para cargar o descargar materiales.
toma *s.f.* Acción de tomar. • Porción de algo que se toma de una vez. • Lugar por donde se desvía parte de un caudal de agua, una corriente eléctrica, etc.
tomacorriente *s.m. América* Dispositivo para conectar un aparato o un conductor de corriente eléctrica.
tomador, ra *adj. / s.* Que toma. • *adj./s.m.* Dícese de la persona a la orden de quien se gira una letra de cambio o una carta de crédito. • *adj. / s. América* Aficionado a las bebidas alcohólicas.
tomar *v.tr.* Asir, agarrar. • Recibir o aceptar algo. • Comer o beber • Contratar a una persona. • En milicia, conquistar u ocupar un lugar. • Fotografiar algo. • Subir a ciertos vehículos. • Quitar, hurtar. • *tr. / intr.* Seguir una dirección.
tomate *s.m.* Fruto de la tomatera. • Tomatera.
tomatera *s.f.* Planta herbácea americana, anual, cultivada por su fruto, el tomate, que es muy nutritivo.
tómbola *s.f.* Rifa de objetos, generalmente con fines benéficos.
tómbolo *s.m.* Franja de tierra que une una isla o un islote a la costa.
tomento *s.m.* Estopa del lino o del cáñamo. • Vello de algunos vegetales.
tomillo *s.m.* Subarbusto aromático usado como condimento.
tomineja *s.f.* Colibrí.
tomo *s.m.* Cada una de las partes en que se divide una obra de cierta extensión, encuadernada separadamente.
tonada *s.f.* Composición poética para ser cantada. • Música para esa composición. • *América* Entonación que caracteriza el habla de una región. • Canción derivada de la zamacueca.
tonadilla *s.f.* Canción española de carácter alegre.
tonadillera *s.f.* Mujer que canta tonadillas.
tonal *adj.* Relativo al tono o a la tonalidad de la música.
tonalidad *s.f.* En música, sistema de organización de los sonidos. • En pintura, conjunto de colores y tonos.
tonante *adj.* Que produce truenos; dícese del dios Júpiter.
tonel *s.m.* Recipiente de madera para conservar y trasportar vino y otros líquidos.
tonelada *s.f.* Unidad de masa, equivalente a mil kilogramos.
tonelaje *s.m.* Capacidad o desplazamiento de un buque. • Número de toneladas de una flota mercante.
tonelero, ra *adj.* Relativo al tonel. • *s.* Persona que hace toneles.
tonelete *s.m.* Pieza de la armadura que cubría desde la cintura hasta las rodillas.
tongo *s.m.* En los deportes, acción de dejarse ganar a cambio de dinero.
tonicidad *s.f.* Grado de tensión o elasticidad de los tejidos vivos, en especial de los músculos.
tónico, ca *adj.* Relativo al tono. • Dícese de la vocal o sílaba acentuadas. • *adj./s.m.* Dícese del medicamento que se usa para fortalecer. • *s.f.* Primera nota de la escala diatónica.
tonificar *v.tr.* Dar vigor al organismo, o reanimarlo.
tonillo *s.m.* Tono monótono y desagradable con que se habla o lee. • Acento particular de las palabras o las frases, propio de una región.
tonina *s.f.* Atún. • Delfín (mamífero marino).
tono *s.m.* Grado de elevación de un sonido. • Modo particular de modular la voz. • Matiz. • En música, tonalidad. • Intervalo mayor entre dos sonidos de la escala musical diatónica. • Armonía entre todas las partes de una pintura. • Energía, vigor.

tonsura *s.f.* Acción de tonsurar. • Grado previo para recibir las órdenes menores clericales.
tonsurado *s.m.* El que ha recibido el grado de tonsura.
tonsurar *v.tr.* Cortar el pelo a las personas o la lana a los animales. • Cortar el pelo de la coronilla a los que reciben las órdenes menores clericales.
tontada *s.f. fam.* Tontería.
tontear *v.intr. fam.* Hacer o decir tonterías. • *fam.* Flirtear.
tontedad *s.f.* Tontería.
tontera *s.f.* Tontería.
tontería *s.f.* Cualidad o estado de tonto. • Cosa, dicho o hecho de poco valor o importancia.
tonto, ta *adj. / s.* Falto o escaso de inteligencia. • Que carece de habilidad o de malicia.
top *s.m.* Breve señal emitida por un aparato electrónico o de telecomunicaciones.
topacio *s.m.* Piedra preciosa, generalmente de color amarillo, muy dura, trasparente o traslúcida, y de brillo vítreo.
topar *v.tr. / intr.* Chocar una cosa con otra. • Embestir un animal con los cuernos. • Encontrar por casualidad. • *intr./prnl.* Tropezar con una dificultad. • *intr. América* Apostar en un juego.
1. tope *s.m.* Parte por donde una cosa puede chocar con otra. • Pieza de ciertos aparatos, armas, etc., que limita el movimiento de otra. • Obstáculo, dificultad.
2. tope *s.m.* Punto máximo que se puede alcanzar en cierta cosa.
topetar *v.tr. / intr.* Dar con la cabeza en algo, en especial un animal con los cuernos. • Chocar una cosa con otra.
topetazo *s.m.* Golpe dado con la cabeza. • Golpe al chocar dos cuerpos.
tópico *s.m.* Medicamento de uso externo. • Sentencia, opinión, tema, etc., a los que se recurre en una obra literaria. • *América* Tema de conversación.
topo *s.m.* Mamífero insectívoro que cava galerías subterráneas, donde vive. • *s.m./adj. fam.* Persona que ve muy poco.
topografía *s.f.* Ciencia que estudia la representación detallada de la superficie terrestre. • Conjunto de particularidades que presenta un terreno.
topógrafo, fa *s.* Persona que se dedica a la topografía.
toponimia *s.f.* Estudio del origen y significación de los nombres propios de lugar. • Conjunto de esos nombres.
toponímico, ca *adj.* Relativo a la toponimia. • *adj./s.m.* Dícese de los nombres propios de lugar.
topónimo *s.m.* Nombre propio de lugar.
toque *s.m.* Acción de tocar momentáneamente una cosa. • Pincelada ligera. • Operación con que se corrige o termina un trabajo artístico. • Tañido de las campanas o sonido del clarín.
toquetear *v.tr.* Tocar reiteradamente y con pesadez; manosear.
torácico, ca *adj.* Relativo al tórax.
tórax *s.m.* Pecho (parte del cuerpo). • Cavidad situada entre el cuello y el abdomen. • En los insectos, parte del cuerpo comprendida entre la cabeza y el abdomen.
torbellino *s.m.* Remolino de viento. • Cualquier materia sometida a un movimiento giratorio. • Concurrencia de muchas cosas que causa aturdimiento. • *fam.* Persona muy inquieta.
torcaz *adj.* Dícese de la paloma silvestre de tamaño algo mayor que la común.
torcedura *s.f.* Acción de torcer. • Distensión de las partes blandas que rodean las articulaciones.
torcer *v.tr./prnl.* Curvar o poner en ángulo una cosa recta. • Desviar o retorcer. • *tr. / intr./prnl.* Dar o tomar una cosa una dirección distinta de la que llevaba. • *tr.* Dar un sentido equivocado a lo que alguien dice. • *prnl.* Frustrarse un negocio que iba bien encaminado.
torcido, da *adj.* Que no es recto, que hace curvas o está inclinado. • Que carece de rectitud moral. • *s.m.* Acción de torcer. • *f.* Pabilo. • *adj. América* Dícese de la persona que sufre frecuentes desgracias.
torcijón *s.m.* Retorcimiento. • Retortijón.
torcimiento *s.m.* Torcedura. • Perífrasis o circunloquio.

tórculo *s.m.* Prensa; en especial, la de estampar grabados en cobre, acero, etc.
tordillo, lla *adj./s.* Dícese de la caballería que tiene el pelo mezclado de negro y blanco; tordo.
tordo, da *adj./s.* Tordillo. • *s.m.* Pájaro de cuerpo robusto y pico delgado y recto.
toreador *s.m.* El que torea.
torear *v.intr./tr.* Hacer el torero que el toro lo acometa, y sortearlo. • *tr. América* Provocar a una persona o a un animal hasta enfurecerlos.
toreo *s.m.* Acción de torear.
torero, ra *adj.* Del toreo o de los toreros. • *s.* Persona que torea. • *f.* Chaquetilla corta y ceñida al cuerpo.
tórico, ca *adj.* En forma de anillo de sección circular. • Dícese de los cristales cuya superficie interior es de doble curvatura.
toril *s.m.* Sitio de las plazas de toros donde están encerrados los toros de lidia.
torio *s.m.* Metal radiactivo que se usa como catalizador y para producir energía nuclear (símbolo: *Th*).
torito *s.m. América* Escarabajo de color negro; el macho tiene una especie de cuerno en la cabeza.
tormenta *s.f.* Perturbación violenta de la atmósfera, con truenos, rayos, lluvia, etc. • Agitación del ánimo.
tormento *s.m.* Tortura.
tormentoso, sa *adj.* Dícese del tiempo que amenaza tormenta. • De tormenta, o como de tormenta.
tormo *s.m.* Tolmo. • Terrón.
tornada *s.f.* Acción de volver a un sitio de donde se ha salido o donde ya se ha estado.
tornadizo, za *adj.* Que cambia fácilmente; voluble.
tornado *s.m.* Remolino de aire de gran intensidad, que se caracteriza por girar el viento en forma de hélice, hacia arriba.
tornar *v.tr.* Devolver una cosa. • *tr./prnl.* Hacer que alguien cambie. • *intr.* Regresar al lugar de donde se ha salido.
tornasol *s.m.* Variación de color de las partes de una cosa muy tersa, al recibir o reflejar una luz. • Materia colorante azul usada en química.
tornasolado, da *adj.* Que hace tornasoles.
torneado *s.m.* Acción de tornear.
tornear *v.tr.* Labrar una pieza en el torno, para darle forma, alisarla o pulirla.
torneo *s.m.* Combate a caballo. • Fiesta en la que se combatía a caballo. • Competición deportiva.
tornería *s.f.* Oficio y taller del tornero.
tornero, ra *s.* Persona que se dedica a trabajar con el torno.
tornillo *s.m.* Pieza cilíndrica con rosca, que entra en la tuerca. • Especie de clavo, ligeramente cónico y con rosca, que penetra en la madera.
torniquete *s.m.* Aparato giratorio con aspas de eje vertical, con el que se regula la entrada o la salida de un lugar permitiendo el paso de una persona por vez. • Instrumento quirúrgico para contener hemorragias.
torno *s.m.* Máquina simple formada por un cilindro horizontal, alrededor del cual se arrolla una cuerda; permite elevar cargas. • Máquina para tornear. • Instrumento para sujetar piezas mecánicas. • Movimiento circular o de rodeo.
toro *s.m.* Mamífero rumiante, bovino, corpulento y de cabeza grande, muy útil al hombre, en especial, por su carne. • *pl.* Corrida de toros.
toronja *s.f.* Cidra de forma esférica.
toronjil *s.m.* Toronjina.
toronjina *s.f.* Planta aromática perenne, con propiedades tónicas y antiespasmódicas.
toronjo *s.m.* Variedad de cidro que produce las toronjas.
torpe *adj.* Falto de maña o habilidad. • Que tiene dificultades para comprender o aprender. • Falto de agilidad. • Lascivo o deshonesto.
torpedear *v.tr.* Atacar lanzando torpedos desde un buque, un submarino, etc.
torpedero, ra *adj./s.m.* Dícese del buque de guerra cuya arma principal es el torpedo.
torpedo *s.m.* Pez carnívoro, capaz de

producir fuertes descargas eléctricas. • Arma submarina explosiva con sistema propio de teleguiado.

torpeza *s.f.* Cualidad de torpe. Acción o dicho torpes.

tórpido, a *adj.* Que reacciona con torpeza. • Dícese de las heridas que no cicatrizan. • Dícese de las enfermedades que permanecen estacionarias.

torpor *s.m.* En medicina, falta de reacción a los estímulos normales.

torrado, da *adj.* Tostado al fuego.

torrar *v.tr.* Tostar al fuego.

torre *s.f.* Construcción cilíndrica o prismática más alta que ancha, aislada o adosada a un edificio. • Edificio de mucha altura. • Una de las piezas del ajedrez.

torrefacción *s.f.* Acción de tostar al fuego. • Operación de desecar el café, el tabaco, etc.

torreja *s.f. América* Torrija.

torrencial *adj.* Semejante a un torrente.

torrente *s.m.* Corriente natural de agua, con crecidas súbitas, violentas e irregulares.

torrentoso, sa *adj. América* Dícese de los ríos o arroyos de curso rápido e impetuoso.

torreón *s.m.* Torre grande para la defensa de una plaza o un castillo.

torrero *s.m.* Hombre que tiene a su cuidado una atalaya o un faro.

tórrido, da *adj.* Dícese del clima o la temperatura muy calurosos.

torrija *s.f.* Rebanada de pan empapada en leche, pasada por huevo, y frita.

torsión *s.f.* Acción de torcer.

torso *s.m.* Tronco del cuerpo humano. • Escultura o pintura que lo representa.

torta *s.f.* Masa de harina, huevos, azúcar u otros ingredientes, que se cuece al horno o se fríe. • *fam.* Bofetada.

tortazo *s.m. fam.* Bofetada.

tortera *s.f.* Recipiente usado para hacer tortas.

tortícolis o **torticolis** *s. ambig.* Dolor y contractura de los músculos del cuello.

tortilla *s.f.* Fritura de huevos batidos, a la que suelen agregarse otros ingredientes. • *América* Pan ácimo de maíz. • Pan de trigo cocido en el rescoldo.

tórtola *s.f.* Ave parecida a la paloma, pero más pequeña, que vuela en bandadas.

tórtolo *s.m.* Macho de la tórtola. • *fam.* Hombre muy enamorado. • *pl.* Pareja de enamorados.

tortuga *s.f.* Reptil terrestre o acuático, con caparazón córneo muy resistente.

tortuosidad *s.f.* Cualidad de turtuoso.

tortuoso, sa *adj.* Que tiene vueltas y rodeos. • Solapado, cauteloso.

tortura *s.f.* Dolor físico muy intenso que se causa a alguien; tormento. • Angustia, dolor.

torturar *v.tr.* Causar tortura.

toruno *s.m. América* Toro reproductor. • Toro viejo. • Toro castrado a medias.

torvo, va *adj.* De aspecto que causa miedo.

torzal *s.m.* Cordoncillo de seda. • Unión de cosas retorcidas y dobladas unas con otras.

tos *s.f.* Espiración violenta, convulsiva y ruidosa del aire contenido en los pulmones.

tosca *s.f.* Roca caliza.

tosco, ca *adj.* Hecho con poca habilidad o esmero, o con materiales de mala calidad. • Sin enseñanza; inculto, rudo. • Sin pulir; áspero.

toser *v.intr.* Tener o padecer tos.

tósigo *s.m.* Ponzoña, veneno.

tosis *s.f.* Caída de un órgano de su lugar normal.

tosquedad *s.f.* Cualidad de tosco.

tostado, da *adj.* Dícese del color ocre oscuro. • *s.m.* Acción de tostar. • *f.* Rebanada de pan tostada.

tostador, ra *adj./s.m.* Que tuesta. • *s.m.* Aparato o dispositivo para tostar.

tostadura *s.f.* Acción de tostar.

tostar *v.tr.* Poner una cosa al fuego hasta que tome color dorado, sin quemarla. • *tr./prnl.* Broncear la piel.

tostón *s.m.* Trozo de pan frito para acompañar ciertas comidas. • Cosa demasiado tostada. • Cochinillo asado. • *fam.* Cosa fastidiosa.

total *adj.* Completo. • *s.m.* Suma numérica; adición. • Totalidad (conjunto). • *adv.* En resumen.

totalidad *s.f.* Cualidad de total. • Conjunto de todas las cosas o personas que forman un todo.

totalitario, ria *adj.* Que incluye la totalidad de las partes de una cosa. • Dícese del régimen político que conecta todos los poderes estatales en un grupo o partido.

totalitarismo *s.m.* Cualidad de totalitario. • Doctrina en que se apoya el régimen totalitario.

totalizador, ra *adj./s.m.* Dícese del dispositivo que realiza electrónicamente la suma de varios resultados parciales.

totalizar *v.tr.* Determinar el total que forman varias cantidades.

tótem *s.m.* Entre algunas tribus primitivas, objeto de la naturaleza, tomado como emblema protector.

totonaca *adj./s.m. y f.* Dícese de un pueblo indígena que habita en Veracruz (México).

totora *s.f. América* Anea.

totoral *s.m. América* Paraje poblado de totoras.

toxemia *s.f.* Estado morboso del organismo, provocado por la presencia de toxinas en la sangre.

toxicidad *s.f.* Cualidad de tóxico.

tóxico, ca *adj./s.m.* Dícese de las sustancias que ejercen una acción nociva sobre el organismo.

toxicología *s.f.* Estudio de los venenos.

toxicólogo, ga *s.* Especialista en toxicología.

toxicomanía *s.f.* Hábito patológico de la persona que abusa de sustancias tóxicas.

toxicómano, na *adj. / s.* Que padece toxicomanía.

toxina *s.f.* Nombre de las sustancias tóxicas elabordas por los seres vivos.

tozudez *s.f.* Cualidad de tozudo.

tozudo, da *adj.* Obstinado, terco.

traba *s.f.* Instrumento que une o sujeta dos cosas. • Ligadura con que se atan las patas de una caballería. • Impedimento, estorbo.

trabajado, da *adj.* Muy cansado o avejentado. • Hecho con mucho cuidado o sin olvidar detalles.

trabajador, ra *adj.* Muy inclinado al trabajo. • *s.* Persona que se gana la vida trabajando.

trabajar *v.intr.* Realizar una actividad física e intelectual; en especial, para obtener una retribución pecuniaria. • Funcionar una máquina. • *tr.* Someter una materia a cierta acción para darle forma. • *fam.* Tratar de influir sobre alguien.

trabajo *s.m.* Acción de trabajar. • Actividad que se desempeña habitualmente; en especial, la remunerada. • Cosa producida trabajando; obra. • Operación que realizan una máquina, una pieza o una herramienta. • *pl.* Estrecheces o penalidades.

trabajoso, sa *adj.* Que da o causa mucho trabajo o penalidades.

trabalenguas *s.m.* Palabra o frase difíciles de pronunciar.

trabar *v.tr.* Juntar o unir dos o más cosas para darles mayor resistencia. • Espesar o dar mayor consistencia. • Poner trabas. • Comenzar una batalla, una conversión, etc. • Evitar que una cosa se desarrolle naturalmente. • Embargar bienes o derechos.

trabazón *s.f.* Unión o enlace entre las partes de una cosa, o entre una cosa y otra. • Conexión de las ideas, de las partes de un discurso, etc. • Consistencia de un líquido.

trabucar *v.tr.* Cambiar la colocación correcta de las cosas. • Pronunciar una palabra o una sílaba por otras. • *tr./prnl.* Confundir ideas, datos o noticias.

trabuco *s.m.* Escopeta corta de mayor calibre que la común.

tracción *s.f.* Acción de tirar de algo para moverlo o arrastrarlo. • Esfuerzo aplicado a un resorte que se estira.

tracoma *s.m.* Conjuntivitis granulosa, grave y contagiosa.

tracto *s.m.* Trecho o lapso. • Trayecto orgánico. • Versículos que se rezan en la misa de ciertos días.

tractor *s.m.* Máquina que produce tracción. • Vehículo automotor potente cuyas ruedas se adhieren fuertemente al terreno, empleado en tareas agrícolas, de remolque, etc.

tradición *s.f.* Trasmisión de costumbres, creaciones artísticas, etc., hecha de generación en generación.

tradicional *adj.* Relativo a la tradición. • Mantenido o trasmitido por tradición.

tradicionalismo *s.m.* Apego a las cosas tradicionales. • Sistema político que propugna mantener o restablecer las instituciones antiguas.

tradicionalista *adj.* Muy apegado a lo tradicional. • *adj./s.m. y f.* Adepto al tradicionalismo.

traducción *s.f.* Acción de traducir. • Obra que resulta de traducir otra.

traducir *v.tr.* Expresar en un idioma lo escrito o dicho en otro. • Expresar una idea, un sentimiento, etc.

traductor, ra *adj. / s.* Dícese de la persona cuya profesión es la de traducir.

traer *v.tr.* Trasladar una cosa al lugar donde está el que habla. • Atraer hacia sí. • Causar, ocasionar. • Llevar encima o consigo.

tráfago *s.m.* Ajetreo, trajín.

traficante *adj./s.m. y f.* Que trafica.

traficar *v.intr.* Comerciar, negociar.

tráfico *s.m.* Acción de traficar. • Circulación de vehículos.

tragacanto *s.m.* Arbusto de cuyo tronco fluye una goma blanquecina. • *s.m./adj.* Esa goma.

tragaldabas *s.m. fam.* Persona que come excesivamente.

tragaluz *s.m.* Ventana en el techo o en la parte alta de la pared.

tragar *v.tr./prnl.* Hacer que una cosa pase de la boca al interior del aparato digestivo. • Comer mucho o vorazmente. • Absorber. • *fam.* Creer algo inverosímil.

tragedia *s.f.* Obra teatral de desenlace funesto. • Suceso fatal o desgraciado.

trágico, ca *adj.* De tragedia o de la tragedia. • *adj. / s.* Dícese del autor de tragedias o del actor que las representa. • *adj.* De consecuencias graves o irremediables.

tragicomedia *s.f.* Obra teatral que participa de lo trágico y lo cómico. • Suceso que causa risa y piedad.

1. trago *s.m.* Porción de líquido que se bebe de una vez.

2. trago *s.m.* Prominencia cartilaginosa de la oreja.

tragón, na *adj. / s. fam.* Dícese del que come excesiva o vorazmente.

traición *s.f.* Conducta de la persona que engaña o causa daño intencionadamente a quien confía en ella. • Delito que se comete sirviendo al enemigo del propio país.

traicionar *v.tr.* Cometer traición.

traicionero, ra *adj. / s.* Traidor. • *adj.* Hecho a traición.

traída *s.f.* Acción de traer.

traidor, ra *adj. / s.* Que comete traición, o es capaz de ello.

traílla *s.f.* Correa con que se ata el perro en las cacerías. • Par de perros atados así.

traje *s.m.* Vestido exterior completo de una persona.

trajear *v.tr.* Poner un traje.

trajín *s.m.* Accion de trajinar.

trajinante *adj./s.m.* Que se dedica a trajinar o trasportar mercaderías.

trajinar *v.tr.* Trasportar mercaderías de un sitio a otro. • *intr.* Ajetrearse.

trama *s.f.* Conjunto de hilos que, cruzados y entrelazados con los de la urdimbre, forman un tejido. • Cada uno de esos hilos. • Argumento de una obra literaria. • Confabulación o enredo.

tramar *v.tr.* Cruzar la trama con la urdimbre para hacer un tejido. • Preparar sigilosamente una cosa en la que hay mala intención.

tramitación *s.f.* Acción de tramitar. • Serie de trámites.

tramitar *v.tr.* Realizar los trámites sucesivos de un asunto; gestionar.

trámite *s.m.* Serie de actos necesarios para la resolución de un asunto. • Cada uno de esos actos.

tramo *s.m.* Trecho. • Parte de escalera comprendida entre dos rellanos.

tramojo *s.m. América* Triángulo de madera que se pone en el cuello de los animales para impedirles entrar en los cercados.

tramontano, na *adj.* Con respecto a un punto de referencia, otro situado del otro lado de los montes.

tramontar *v.intr.* Referido especialmente al Sol, pasar del otro lado de los montes.

tramoya *s.f.* Maquinaria teatral con la que se hacen cambios de decorado y efectos prodigiosos. • Confabulación o engaño.
tramoyista *s.m.* Operario encargado de manejar las tramoyas. • *s.m. y f./adj.* Persona mentirosa o enredadora.
trampa *s.f.* Puerta en el suelo. • Artificio para cazar. • Infracción intencionada de las reglas de juego. • Ardid para engañar. • Deuda cuyo pago se demora.
trampear *v.intr.* Vivir pidiendo prestado. • *tr.* Utilizar trampas para engañar a otro o eludir una dificultad.
trampolín *s.m.* Tablón fijo por uno de sus extremos, que impulsa al deportista que salta sobre él.
tramposo, sa *adj. / s.* Que tiene la costumbre de hacer trampas en el juego. • Dícese del que contrae deudas que no piensa pagar.
tranca *s.f.* Palo grueso y fuerte. • Palo grueso para asegurar el cierre de puertas y ventanas. • *fam.* Borrachera.
trancada *s.f.* Paso largo.
trancar *v.tr.* Atrancar (asegurar).
trance *s.m.* Momento crítico o difícil.
tranco *s.m.* Paso o salto largos. • Umbral.
tranquera *s.f.* Valla o cerca de trancas. • En un cerco, puerta rústica, generalmente más ancha que alta.
tranquil *s.m.* En arquitectura, línea vertical o de la plomada.
tranquilidad *s.f.* Cualidad o estado de tranquilo.
tranquilizante *adj./s.m.* Dícese de los medicamentos de efecto sedante.
tranquilizar *v.tr./prnl.* Poner tranquila a una persona.
tranquilo, la *adj.* Que no se altera o excita por nada. • Dicho de la conciencia, sin remordimientos.
transacción *s.f.* Acción de transigir. • Convenio comercial.
transalpino, na *adj.* Trasalpino.
transandino, na *adj.* Trasandino.
transar *v.intr. América* Transigir. • Efectuar transacciones comerciales.
transatlántico, ca *adj.* Trasatlántico.
transbordador, ra *adj./s.m.* Trasbordador.
transbordar *v.tr.* Trasbordar.
transbordo *s.m.* Trasbordo.
transcendencia *s.f.* Trascendencia.
transcendental *adj.* Trascendental.
transcendente *adj.* Trascendente.
transcender *v.intr.* Trascender.
transcendido *s.m. América* Trascendido.
transcontinental *adj.* Trascontinental.
transcribir *v.tr.* Trascribir.
transcripción *s.f.* Trascripción.
transcurrir *v.intr.* Trascurrir.
transcurso *s.m.* Trascurso.
transeúnte *adj./s.m. y f.* Que transita o pasa por un lugar. • Que está de paso.
transferencia *s.f.* Trasferencia.
transferir *v.tr.* Trasferir.
transfigurar *v.tr./prnl.* Trasfigurar.
transfixión *s.f.* Trasfixión.
transformación *s.f.* Trasformación.
transformador, ra *adj. / s.* Trasformador.
transformar *v.tr./prnl.* Trasformar.
tránsfuga *s.m. y f.* Trásfuga.
transfundir *v.tr.* Trasfundir.
transfusión *s.f.* Trasfusión.
transfusionista *s.m. y f.* Trasfusionista.
transgredir *v.tr.* Trasgredir.
transgresión *s.f.* Trasgresión.
transgresor, ra *adj. / s.* Trasgresor.
transición *s.f.* Paso de un estado, o de un modo de pensar, a otro. • Fase intermedia.
transido, da *adj.* Consumido por un dolor o una pena.
transigencia *s.f.* Acción de transigir. • Cualidad de transigente.
transigente *adj.* Que transige, o es propenso a transigir.
transigir *v.intr.* Consentir en parte con las opiniones, exigencias, etc., ajenas, en contra de las propias; ceder.
transistor *s.m.* Dispositivo de material semiconductor de ciertos circuitos electrónicos. • Radiorreceptor pequeño provisto de transistores.
transistorizado, da *adj.* Dícese de los aparatos de radiotelefonía y televisión provistos de transistores.
transitable *adj.* Dícese del lugar por donde se puede transitar.
transitar *v.intr.* Andar por una vía pública para ir de un lugar a otro.
transitivo, va *adj.* Dícese de lo que pasa o se trasfiere de uno a otro. • En mate-

mática, dícese de cierta relación entre tres elementos de un conjunto. • Dícese del verbo que se construye con complemento directo.
tránsito *s.m.* Acción de transitar. • Circulación, tráfico. • Lugar por donde se pasa.
transitorio, ria *adj.* Que no es permanente. • Perecedero.
translación *s.f.* Traslación.
translaticio, cia *adj.* Traslaticio.
transliterar *v.tr.* Trasliterar.
translúcido, da *adj.* Traslúcido.
translucirse *prnl.* Traslucirse.
transmigrar *v.intr.* Trasmigrar.
transmisible *adj.* Trasmisible.
transmisión *s.f.* Trasmisión.
transmisor, ra *adj. / s.* Trasmisor.
transmitir *v.tr.* Trasmitir.
transmutación *s.f.* Trasmutación.
transmutar *v.tr./prnl.* Trasmutar.
transoceánico, ca *adj.* Trasoceánico.
transpacífico, ca *adj.* Traspacífico.
transparencia *s.f.* Trasparencia.
transparentar *v.tr./prnl.* Trasparentar.
transparente *adj.* Trasparente.
transpiración *s.f.* Traspiración.
transpirar *v.intr./tr.* Traspirar.
transplantar *v.tr.* Trasplantar.
transplante *s.m.* Trasplante.
transponer *v.tr.* Trasponer.
transportador, ra *adj. / s.* Trasportador.
transportar *v.tr.* Trasportar.
transporte *s.m.* Trasporte.
transportista *s.m. y f.* Trasportista.
transposición *s.f.* Trasposición.
transubstanciar *v.tr./prnl.* Transustanciar.
transustanciar *v.tr./prnl.* Convertir totalmente una sustancia en otra.
transvasar *v.tr.* Trasvasar.
transversal *adj.* Trasversal.
transverso, sa *adj.* Trasverso.
tranvía *s.m.* Sistema de trasporte urbano y suburbano que emplea vehículos accionados por electricidad que circulan sobre rieles • Cada uno de esos vehículos.
tranviario, ria *adj.* Relativo a los tranvías. • *s.m.* Empleado u operario del servicio de tranvías.
trapacería *s.f.* Engaño, fraude.
trapacero, ra *adj. / s.* Trapacista.
trapacista *adj./s.m. y f.* Dícese del que usa o urde trapacerías.
trapajoso, sa *adj.* Que descuida su aseo y su apariencia.
trapecial *adj.* Relativo al trapecio. • Que tiene forma de trapecio.
trapecio *s.m.* Cuadrilátero que tiene solamente un par de lados paralelos. • Barra de madera suspendida de dos cuerdas, usada para ejercicios gimnásticos. • Músculo de la región dorsal.
trapecista *s.m. y f.* Acróbata de circo que trabaja en el trapecio.
trapero, ra *s.* Persona que compra y vende trapos.
trapezoidal *adj.* Relativo al trapezoide. • Que tiene forma de trapezoide.
trapezoide *s.m.* Cuadrilátero que no tiene ningún par de lados paralelos.
trapiche *s.m.* Molino para prensar caña de azúcar, aceitunas, etc., y extraerles el zumo. • *América* Molino para pulverizar minerales.
trapisonda *s.f. fam.* Bulla o riña. • *fam.* Embuste o lío.
trapo *s.m.* Pedazo de tela roto, viejo o inútil. • Pedazo de tela usado para limpiar, secar, etc. • Vela de una embarcación.
tráquea *s.f.* Conducto respiratorio que sigue a la laringe. • Aparato respiratorio de los insectos y algunos artrópodos. • En los vegetales, vaso conductor de la savia.
traqueal *adj.* Relativo a la tráquea.
traquearteria *s.f.* Tráquea.
traqueotomía *s.f.* Incisión hecha en la tráquea para facilitar la respiración en ciertos casos patológicos.
traquetear *v.intr.* Moverse repetidamente una cosa haciendo mucho ruido. *tr.* • Agitar una cosa. • *intr. América* Ajetrearse.
traqueteo *s.m.* Acción de traquetear.
tras *prep.* Indica posterioridad en el tiempo o en el espacio. • Expresa la adición de algo.
trasalpino, na *adj.* Del otro lado de los Alpes. • Que atraviesa los Alpes.
trasandino, na *adj.* Del otro lado de los Andes. • Que atraviesa los Andes.

trasatlántico, ca *adj.* Situado al otro lado del océano Atlántico. • Dícese del tráfico y medios de locomoción que atraviesan ese océano. • *s.m.* Buque grande destinado a viajes largos.
trasbordador, ra *adj./s.m.* Que trasborda. • *s.m.* Pontón (puente flotante).
trasbordar *v.tr.* Trasladar personas o cosas de un barco a otro, de un vehículo a otro o de una orilla del río a la otra.
trasbordo *s.m.* Acción de trasbordar.
trascendencia *s.f.* Acción de trascender. • Cualidad de trascendental.
trascendental *adj.* Que trasciende. • Que es de mucha importancia por sus consecuencias.
trascendente *adj.* Trascendental.
trascender *v.intr.* Exhalar olor intenso. • Empezar a ser conocido; difundirse. • *v.intr./tr.* Hacer sentir sus efectos o consecuencias una cosa.
trascendido *s.m. América* Noticia que se difunde sin confirmación oficial.
trascontinental *adj.* Que atraviesa un continente.
trascordarse *v.prnl.* Perder la noción de algo por olvido o confusión.
trascribir *v.tr.* Copiar algo escrito. • Poner por escrito una cosa oída o vivida. • Arreglar para un instrumento la música escrita para otro.
trascripción *s.f.* Acción de trascribir. • Cosa trascrita.
trascurrir *v.intr.* Pasar el tiempo.
trascurso *s.m.* Acción de trascurrir. • Período de tiempo.
trasdós *s.m.* Superficie exterior de un arco, una bóveda o una cúpula.
trasegar *v.tr.* Desordenar cosas. • Pasar un líquido de una vasija a otra. • *fam.* Beber mucho.
trasero, ra *adj.* Que está detrás. • *s.m.* Parte posterior del animal.
trasferencia *s.f.* Acción de trasferir.
trasferir *v.tr.* Trasladar. • Diferir un pago. • Ceder a otro el derecho o dominio sobre una cosa.
trasfigurar *v.tr./prnl.* Hacer cambiar de figura a una persona o cosa.
trasfixión *s.f.* Acción de herir atravesando de parte a parte.
trasfondo *s.m.* Lo que está más allá del fondo visible de una cosa, o detrás de la apariencia o intención de una acción.
trasformación *s.f.* Acción de trasformar.
trasformador, ra *adj./s.* Que trasforma. • *s.m.* Aparto para elevar, reducir o variar la tensión eléctrica.
trasformar *v.tr./prnl.* Hacer cambiar de forma. • Dar a una cosa un empleo o utilidad diferentes.
trásfuga *s.m. y f.* Persona que pasa de una ideología a otra, o de un partido a otro.
trasfundir *v.tr.* Trasegar un líquido poco a poco.
trasfusión *s.f.* Acción de trasfundir. • Técnica que consiste en pasar cierta cantidad de sangre de una a otra persona, directa o indirectamente.
trasfusionista *s.m. y f.* Especialista en trasfusiones de sangre.
trasgredir *v.tr.* Infringir, quebrantar, violar.
trasgresión *s.f.* Acción de trasgredir.
trasgresor, ra *adj./s.* Que comete una trasgresión.
trashumante *adj.* Que trashuma.
trashumar *v.intr.* Pasar el ganado de un terreno a otro, de acuerdo con el clima.
trasiego *s.m.* Acción de trasegar.
traslación *s.f.* Acción de trasladarse. • Movimiento de los astros a lo largo de sus órbitas; en especial, el de la Tierra alrededor del Sol.
trasladar *v.tr.* Llevar a una persona o cosa de un lugar a otro. • Cambiar de puesto a un funcionario. • Cambiar de fecha u hora la realización de un acto. • Traducir • Copiar un escrito.
traslado *s.m.* Acción de trasladar. • Copia.
traslaticio, cia *adj.* Dícese del sentido figurado que se da a las palabras.
trasliterar *v.tr.* Representar los sonidos de una lengua con los signos alfabéticos de otra, o con signos convencionales.
traslúcido, da *adj.* Dícese del cuerpo que deja pasar la luz, pero no permite ver con claridad lo que hay detrás de él.
traslucirse *v.prnl.* Ser traslúcido un cuerpo. • Inferirse una cosa en virtud de algún indicio.
trasluz *s.m.* Luz que pasa a través de un cuerpo traslúcido.

trasmano (a) *loc. adv.* Fuera de lugares corrientes y frecuentados.
trasmigrar *v.intr.* Emigrar. • Según ciertas teorías, pasar el alma de un cuerpo a otro.
trasmisible *adj.* Que se puede trasmitir.
trasmisión *s.f.* Acción de trasmitir.
trasmisor, ra *adj.* Que trasmite o puede trasmitir. • *s.m.* Aparato que sirve para trasmitir mensajes telefónicos, radiales, etcétera.
trasmitir *v.tr.* Comunicar. • *tr. / intr.* Emitir una estación de radio noticias, música, etc. • *tr.* Contagiar una enfermedad. • Traspasar.
trasmutación *s.f.* Acción de trasmutar.
trasmutar *v.tr./prnl.* Convertir una cosa en otra; cambiar.
trasnochado, da *adj.* Desmejorado, macilento. • Falto de novedad.
trasnochador, ra *adj. / s.* Que trasnocha.
trasnochar *v.intr.* Pasar la noche, o gran parte de ella sin dormir.
trasoceánico, ca *adj.* Situado al otro lado de un océano, o que lo atraviesa.
traspacífico, ca *adj.* Del otro lado del océano Pacífico o que lo atraviesa.
traspapelar *v.tr./prnl.* Perder alguna cosa entre otras; en especial un papel.
trasparencia *s.f.* Cualidad de trasparente.
trasparentar *v.tr./prnl.* Dejar ver algo a través de un cuerpo trasparente.
trasparente *adj.* Dícese del cuerpo a través del cual se puede ver claramente. • Traslúcido. • Que se deja adivinar.
traspasar *v.tr.* Pasar a la otra parte. • Ceder, trasferir. • Exceder los límites de lo debido. • Trasgredir.
traspaso *s.m.* Acción de traspasar.
traspié *s.m.* Cualquier resbalón o tropezón sufrido al caminar. • Equivocación o desacierto.
traspiración *s.f.* Acción de traspirar.
traspirar *v.intr./tr.* Sudar. • Destilar una cosa agua a través de sus poros.
trasplantar *v.tr.* Cambiar un vegetal del sitio donde está plantado. • Trasportar. • Insertar un órgano sano en un cuerpo humano o animal, para reemplazar un órgano enfermo.
trasplante *s.m.* Acción de trasplantar.
trasponer *v.tr.* Cambiar una cosa de lugar, en especial llevándola más allá. • Pasar una persona o cosa hacia el otro lado de un obstáculo. • Desaparecer u ocultarse pasando al otro lado de algo.
traspontín *s.m.* Traspuntín.
trasportador, ra *adj.* Que trasporta. • *s.m.* Instrumento circular o semicircular para medir o trazar ángulos.
trasportar *v.tr.* Llevar personas o cosas de un lugar a otro. • Portear. • Pasar una composición musical de un tono a otro. • *tr./prnl.* Embelesar, extasiar.
trasporte *s.m.* Acción de trasportar. • Buque destinado a llevar tropas, víveres, armas, etc. • *América* Guitarra grande de cinco cuerdas.
trasportista *s.m. y f.* Persona que tiene por oficio hacer trasportes.
trasposición *s.f.* Acción de trasponer.
traspunte *s.m. y f.* Apuntador.
traspuntín *s.m.* Asiento suplementario plegadizo de algunos coches. • Cada una de las colchonetas puestas trasversalmente debajo del colchón de la cama.
trasquilar *v.tr.* Esquilar. • Cortar mal el pelo.
trastabillar *v.intr.* Dar traspiés. • Tambalearse o vacilar.
trastada *s.f. fam.* Acción malintencionada que causa perjuicio.
trastazo *s.m. fam.* Porrazo.
1. traste *s.m.* Cada uno de los resaltos de la guitarra u otros instrumentos sobre los cuales se presionan las cuerdas con los dedos.
2. traste *s.m. fam. América* Nalgas.
trastienda *s.f.* Cuarto situado detrás de la tienda.
trasto *s.m.* Cualquiera de los muebles o utensilios de una casa, en especial, los que no sirven o no se usan. • *fam.* Persona inútil o informal. • *pl.* Utensilios o herramientas usados en una determinada actividad.
trastocar *v.tr.* Trastrocar. • *prnl.* Trastornarse mentalmente.
trastornar *v.tr.* Desordenar cosas o volverlas de arriba abajo o de un lado a otro. • Invertir el orden regular de una cosa. • Causar disturbios. • *tr./prnl.* Perder la razón o sufrir un problema mental menos grave.

trastorno *s.m.* Acción de trastornar.
trastrocar *v.tr.* Cambiar el orden, relación, sentido, etc., de algunas cosas.
trastrueque *s.m.* Acción de trastrocar.
trasudado, da *adj./s.m.* En medicina, dícese del líquido que ha atravesado una membrana sin que se hayan producido fenómenos inflamatorios.
trasudar *v.intr./tr.* Exhalar trasudor.
trasudor *s.m.* Sudor tenue y leve ocasionado generalmente por temor, ansiedad o fatiga.
trasuntar *v.tr.* Copiar un escrito de su original. • Compendiar o epilogar una cosa.
trasunto *s.m.* Copia o traslado de un original. • Imagen.
trasvasar *v.tr.* Pasar un líquido de un recipiente a otro.
trasversal *adj.* Colocado, dibujado, etc., atravesado una cosa en dirección de su ancho. • *s.f.* Recta secante de otras o de una figura.
traverso, sa *adj.* Colocado o dirigido al través.
trata *s.f.* Tráfico o comercio de negros esclavos.
tratable *adj.* Que se puede tratar fácilmente. • Cortés o accesible.
tratadista *s.m. y f.* Persona que escribe tratados sobre una materia.
tratado *s.m.* Escrito sobre una determinada materia. • Convenio o acuerdo trascendental entre dos o más países.
tratamiento *s.m.* Modo de referirse o dirigirse a una persona de acuerdo con sus títulos o su jerarquía. • Sistema o método para curar enfermedades, plagas, etcétera.
tratante *s.m. y f.* Persona que se dedica a comprar y vender cierta cosa.
tratar *v.tr. / intr.* Conversar o escribir sobre cierto asunto. • Gestionar, pretender. • *tr.* Manejar una cosa, usar de ella. • Someter una sustancia a la acción de un agente físico o químico. • Considerar a alguien bien o mal. • *tr. / intr. / prnl.* Relacionarse con una persona o con cierta clase de personas. • *intr.* Procurar. • Comerciar. • *intr. unipers.* Ser una cosa lo que interesa o lo que constituye el fin de algo.
tratativa *s.f. América* Acción de tratar o negociar algo.
trato *s.m.* Acción de tratar. • Modo de tratar a una persona. • Convenio entre dos o más personas.
trauma *s.m.* Traumatismo.
traumático, ca *adj.* Relativo al trauma.
traumatismo *s.m.* Trastorno o lesión causados en los tejidos orgánicos por agentes externos como un golpe, un choque, etcétera.
traumatología *s.f.* Parte de la cirugía que trata los traumatismos, en especial de huesos.
través *s.m.* Inclinación o torcedura de una cosa hacia algún lado. • Desgracia, fatalidad.
travesaño *s.m.* Pieza de madera u otro material que une dos partes opuestas de cierta cosa.
travesear *v.intr.* Hacer travesuras.
travesía *s.f.* Camino trasversal. • Viento perpendicular a la dirección de la costa. • Viaje por aire o mar. • *América* Desierto extenso. • Viento del oeste.
travestir *v.tr.* Vestir a una persona con ropa del sexo opuesto.
travesura *s.f.* Diablura. • Cualidad de travieso.
traviesa *s.f.* Cada uno de los maderos sobre los que se asientan los rieles de una vía férrea. • Lo que se juega además de la puesta. • Puntal que sostiene a un buque en un dique seco.
travieso, sa *adj.* Dícese del niño inquieto y revoltoso. • Dícese de la persona mayor maliciosa, sagaz o sutil y con ingenio.
trayecto *s.m.* Camino que hay que recorrer de un punto a otro. • Acción de recorrer ese camino.
trayectoria *s.f.* Línea descrita en el espacio por un punto o un cuerpo que se mueven; en especial, curva seguida por el proyectil de un arma de fuego. • Orientación en el modo de actuar.
traza *s.f.* Acción de trazar. • Diseño o proyecto de una obra o de un edificio. • Apariencia de una persona. • Punto de intersección de una recta con otra o con un plano. • Recta de intersección de dos planos.

trazado, da *adj.* Con los adverbios *bien* o *mal*, dícese de la persona que tiene buen o mal aspecto. • *s.m.* Acción de trazar.

trazar *v.tr.* Dibujar líneas o formar con ellas un cierto tipo de dibujo. • Idear o elaborar cierto proyecto. • Exponer los rasgos característicos de una persona o de un asunto.

trazo *s.m.* Línea que se hace al dibujar o escribir. • Cada línea de las que constituyen el contorno o el aspecto de una cosa que se ve.

trébede *s.m.* Aro o triángulo de hierro con tres pies, usados para poner vasijas al fuego.

trebejo *s.m. fam.* Instrumento o utensilio. • Cada una de las piezas de ajedrez.

trébol *s.m.* Hierba forrajera con hojas de tres foliolos.

trece *adj./s.m.* Diez y tres. • Decimotercer día del mes.

treceavo, va *adj./s.m.* Trezavo.

trecho *s.m.* Cada una de las partes de una cosa que se desarrolla o recorre linealmente.

trefilar *v.tr.* Hacer pasar un lingote metálico por orificios para que su sección tome forma y dimensiones prefijadas.

tregua *s.f.* Interrupción transitoria de la lucha, decidida de común acuerdo entre los beligerantes. • Descanso pasajero en algún trabajo o sufrimiento.

treinta *adj./s.m.* Veinte y diez. • Trigésimo día del mes.

treintañal *adj.* Que tiene treinta años.

treintavo, va *adj./s.m.* Dícese de cada una de las treinta partes iguales en que se divide un todo.

treintena *s.f.* Conjunto de treinta unidades.

treinteno, na *adj./s.m.* Trigésimo.

tremebundo, da *adj.* Capaz de producir terror, terrible, tremendo.

tremedal *s.m.* Terreno pantanoso y cubierto de césped, que tiembla cuando se anda sobre él.

tremendo, da *adj.* Capaz de atemorizar o aterrar, terrible. • *fam.* Muy grande o excesivo.

trementina *s.f.* Aceite esencial amarillento que fluye de los pinos y otros árboles; se emplea como disolvente para lacas, barnices, etc., y en ungüentos e insecticidas.

tremolar *v.intr.* Agitarse en el aire las banderas, estandartes, etc., movidos por el viento.

tremolina *s.f. fam.* Ruido y confusión entre personas que gritan, discuten o riñen.

trémolo *s.m.* En música, ejecución repetida y rápida de dos notas o dos acordes.

trémulo, la *adj.* Que tiembla.

tren *s.m.* Sucesión de vagones ferroviarios enlazados y arrastrados por una locomotora. • Modo de vivir con lujo.

trencilla *s.f.* Cinta de seda, lana o algodón, formada por hilos entrelazados.

trenza *s.f.* Conjunto de tres o más ramales entretejidos.

trenzar *v.tr.* Hacer trenza. • *prnl. América* Trabarse en una discusión o pelea.

trepador, ra *adj.* Que trepa. • Dícese de la planta que se encarama a un soporte. • *adj./s.f.* Dícese del ave de patas fuertes adaptadas para trepar.

trepanación *s.f.* Acción de trepanar.

trepanar *v.tr.* Horadar el cráneo u otro hueso con el trépano.

trépano *s.m.* Instrumento de cirugía para horadar. • Herramienta cortante para perforar el terreno.

trepar *v.intr.* Subir a un lugar algo valiéndose de los pies y de las manos. • Subir una planta a otra, a una pared, etc., por medio de zarcillos.

trepidación *s.f.* Acción de trepidar.

trepidar *v.intr.* Temblar fuertemente.

treponema *s.m.* Microbio en forma de espiral.

tres *adj./s.m.* Dos y uno. • Tercer día del mes. • *tres en raya* Juego infantil que consiste en colocar tres piezas en una misma línea de las que dividen un cuadrado.

trescientos, tas *adj./s.m.* Tres veces cien.

tresillo *s.m.* Cierto juego de naipes. • Grupo de tres notas musicales que se ejecutan en el tiempo correspondiente a dos.

treta *s.f.* Ardid, astucia.

trezavo, va *adj./s.m.* Dícese de cada una de las partes iguales en que se divide un todo.

tríada *s.f.* Conjunto de tres seres o cosas vinculados entre sí.

triangulación *s.f.* Acción de triangular. • Conjunto de operaciones para determinar la longitud de un arco de meridiano.

1. triangular *adj.* Relativo al triángulo, o que tiene su forma.

2. triangular *v.tr.* Ligar por medio de triángulos puntos de un terreno para levantar su plano. • Descomponer una superficie en triángulos.

triángulo, la *adj.* Triangular. • *s.m.* Polígono de tres lados. • Cierto instrumento musical de percusión.

triásico, ca *adj./s.m.* Dícese del período inferior de la era mesozoica.

tribal *adj.* De la tribu.

tribómetro *s.m.* Instrumento para medir la fuerza del rozamiento.

tribu *s.f.* Grupo social propio de pueblos antiguos. • Conjunto de familias nómadas, pertenecientes a un mismo pueblo.

tribual *adj.* Tribal.

tribulación *s.f.* Congoja o inquietud, o cosa que las produce.

tribuna *s.f.* Lugar elevado, desde donde un orador se dirige al público. • Profesión o actividad de orador. • *América* Gradería de un estadio deportivo.

tribunal *s.m.* Lugar destinado a los jueces. • Conjunto de funcionarios judiciales.

tribuno *s.m.* Cada uno de ciertos magistrados elegidos por el pueblo romano.

tributar *v.tr.* Pagar un tributo. • Profesar cierto sentimiento.

tributario, ria *adj.* Relativo al tributo. • Dícese del río que desemboca en otro principal. • *adj/s.* Que paga tributo.

tributo *s.m.* Carga u obligación de pago forzoso.

tricenal *adj.* Que dura treinta años, o se ejecuta cada treinta años.

tricentésimo, ma *adj./s.m.* Que sigue en orden al ducentésimo nonagésimo noveno. • Dícese de cada una de las trescientas partes iguales en que se divide un todo.

tríceps *adj./s.m.* Dícese de los músculos formados por tres masas.

tricerátopo *s.m.* Reptil fósil propio de la era mesozoica de América del Norte.

triciclo *s.m.* Vehículo de tres ruedas.

triclinio *s.m.* Lecho para tres personas, sobre el que los griegos y romanos se recostaban para comer.

tricolor *adj.* De tres colores.

tricomona *s.f.* Nombre de varios protozoarios que viven parásitos en cavidades del cuerpo humano y producen procesos patológicos.

tricornio *s.m./adj.* Sombrero cuya ala levantada forma tres picos.

tricota *s.f. América* Suéter.

tricotomía *s.f.* División en tres partes. • Trifurcación de un tallo o de una rama. • En matemática, propiedad por la que se admiten tres posibilidades: todo número es mayor, igual o menor que otro.

tricromía *s.f.* Procedimiento fotomecánico de reproducción por impresión gráfica basado en tres colores: amarillo, azul y rojo.

tricúspide *adj./s.f.* Dícese de una de las válvulas del corazón.

tridente *adj.* De tres dientes. • *s.m.* Cetro en forma de arpón de tres puntas.

tridimensional *adj.* Que tiene tres dimensiones.

triduo *s.m.* En religión, ejercicios devotos que se practican durante tres días.

triedro, dra *adj./s.m.* Dícese del ángulo poliedro de tres caras.

trienal *adj.* Que sucede o se efectúa cada trienio, o dura un trienio.

trienio *s.m.* Período de tiempo de tres años.

trifásico, ca *adj.* Que tiene tres fases. • Dícese de la distribución eléctrica con tres conductores principales.

trifoliado, da *adj.* En botánica, de tres hojas.

trifolio *s.m.* Trébol.

trifoliolado, da *adj.* Dícese de la hoja compuesta de tres folíolos.

triforio *s.m.* Galería que rodea el interior de una iglesia.

trifulca *s.f. fam.* Desorden y riña entre varias personas.

trifurcarse *v.prnl.* Dividirse una cosa en tres ramales o puntas.
trigal *s.m.* Campo sembrado de trigo.
trigémino *s.m.* Quinto par de nervios craneanos.
trigésimo, ma *adj./s.m.* Que sigue en orden al vigésimo noveno. • Dícese de cada una de las treinta partes iguales en que se divide un todo.
triglifo *s.m.* Elemento arquitectónico en forma de rectángulo saliente que decora el friso dórico.
trigo *s.m.* Planta herbácea anual, con espigas terminales de cuyos granos se obtiene harina para hacer pan.
trígono *s.m.* Triángulo.
trigonometría *s.f.* Rama de la matemática que estudia las relaciones entre los lados y ángulos de un triángulo.
trigonométrico, ca *adj.* Relativo a la trigonometría.
trigueño, ña *adj.* De color entre moreno y dorado.
trilingüe *adj.* Escrito en tres lenguas. • Que habla tres lenguas.
trilítero, ra *adj.* De tres letras.
trilito *s.m.* Monumento megalítico semejante a un dolmen.
trilla *s.f.* Operación de trillar. • Temporada en que se trilla. • Trillo.
trillado, da *adj.* Dícese del tema o asunto muy tratados y faltos de originalidad. • Común y sabido.
trillador, ra *adj. / s.* Que trilla. • *s.f.* Máquina para desgranar cereales.
trillar *v.tr.* Triturar la mies y separar el grano de la paja. • *fam.* Utilizar o manejar tanto una cosa que se la gasta o desgasta.
trillizo, za *adj. / s.* Dícese de cada uno de los hermanos nacidos de un parto triple.
trillo *s.m.* Instrumento para trillar consistente en un tablón con cuchillas de aceros.
trillón *s.m./adj.* Un millón de billones. • En algunos países, un millón de millones.
trilobite *s.m.* Fósil del paleozoico, con el cuerpo dividido en tres lóbulos.
trilogía *s.f.* En la Grecia antigua, conjunto de tres obras clásicas de un mismo autor. • Conjunto de tres obras literarias o líricas que tienen entre sí unidad temática.
trimembre *adj.* De tres miembros o partes.
trimensual *adj.* Que se repite tres veces en un mes.
trimestral *adj.* Que sucede cada trimestre o dura un trimestre.
trimestre *adj.* Trimestral • *s.m.* Período de tres meses. • Renta, sueldo, etc., que se cobran o pagan cada tres meses.
trimielga *s.f.* Torpedo (pez).
trimotor *s.m.* Avión provisto de tres motores.
trinar *v.intr.* Gorjear. • *fam.* Impacientarse o enfadarse mucho.
trinca *s.f.* Conjunto de tres cosas de la misma clase. • En marina, ligadura.
1. trincar *v.tr.* Partir o desmenuzar algo.
2. trincar *v.tr.* Sujetar o atar fuertemente. • En marina, sujetar con trincas.
trinchante *s.m.* Utensilio para trinchar. • En los palacios, el que trinchaba las viandas. • Mueble de comedor.
trinchar *v.tr.* Partir en trozos una vianda para servirla.
trinchera *s.f.* Zanja para la protección de los soldados. • Desmonte en el terreno para el paso de una vía de comunicación.
trinchete *s.m.* Chaira de zapatero.
trineo *s.m.* Vehículos con patines para deslizarse sobre el hielo o la nieve.
trinidad *s.f.* Conjunto de tres seres —en particular de tres divinidades— unidos por una relación especial.
trinitaria *s.f.* Pensamiento (planta).
trinitrotolueno *s.m.* Explosivo obtenido del tolueno.
trino, na *adj.* Que contiene tres cosas distintas, o participa de ellas. • *s.m.* Sonido repetido que emiten los pájaros al cantar.
trinomio *s.m.* Polinomio de tres términos.
1. trinquete *s.m.* Mecanismo para impedir el movimiento total o parcial de una rueda.
2. trinquete *s.m.* Frontón para jugar a la pelota. • Palo más próximo a la proa.
trío *s.m.* Terceto (en música). • Grupo de tres personas.

triodo *s.m.* Válvula compuesta por tres electrodos, utilizada en radiotecnia.
trióxido *s.m.* Óxido que contiene tres átomos de oxígeno en su molécula.
tripa *s.f.* Conjunto de los intestinos, o parte de intestino. • *fam.* Vientre.
tripanosoma *s.m.* Nombre de varios protozoarios parásitos de la sangre del hombre y algunos animales, que producen afecciones graves.
tripartito, ta *adj.* Dividido en tres partes, órdenes o clases.
tripe *s.m.* Especie de terciopelo basto, de lana o esparto.
triple *adj./s.m.* Igual a tres veces el número o la cantidad de algo. • *adj.* Que está constituido por tres elementos o partes, o que cumple tres funciones.
tríplex *s.m.* Vidrio de seguridad formado por dos láminas de vidrio y una de material plástico entre ellas.
triplicado *s.m.* Segunda copia de un escrito, documento, etc.
triplicar *v.tr.* Aumentar al triple una cosa. • Multiplicar por tres.
triplo, pla *adj./s.m.* Dícese del producto de un número o cantidad por tres.
trípode *s.m.* Cualquier mueble, utensilio, etc., de tres pies.
tripolar *adj.* Dícese del dispositivo eléctrico con tres polos.
tríptico *s.m.* Tabla para escribir formada por tres hojas articuladas entre sí. • Pintura, grabado o relieve articulado en la misma forma. • Libro o tratado que constan de tres partes.
triptongo *s.m.* Conjunto de tres vocales en la misma sílaba.
tripulación *s.f.* Conjunto de personas que prestan servicio en un barco o en un avión.
tripulante *s.m. y f.* Persona que forma parte de una tripulación.
tripular *v.tr.* Dotar de tripulación. • Ir la tripulación en el barco o avión donde presta servicios. • Conducir un barco o un avión.
triquina *s.f.* Gusano parásito, que vive enquistado en la carne del cerdo, y puede pasar al hombre.
triquinosis *s.f.* Enfermedad parasitaria grave producida por la triquina.
triquiñuela *s.f. fam.* Medio hábil o engañoso con que alguien realiza u obtiene algo.
triquitraque *s.m.* Ruido como de golpes repetidos.
trirreme *s.m.* Antigua embarcación de tres órdenes de remos.
tris *s.m.* Ruido de una cosa delicada al quebrarse. • Poca cosa. • Porción muy pequeña.
trisa *s.f.* Sábalo.
trisagio *s.m.* Himno en honor de la Santísima Trinidad.
triscado *s.m.* Acción de triscar los dientes de una sierra.
triscar *v.intr.* Hacer ruido pisoteando o pateando. • Saltar de un lugar a otro. • *tr.* Mezclar. • Torcer los dientes de la sierra.
trisecar *v.tr.* En matemática, dividir en tres partes iguales.
trisección *s.f.* Acción de trisecar.
trisílabo, ba *adj./s.m.* De tres sílabas.
trismo *s.m.* Contractura violenta de la mandíbula inferior; es uno de los primeros síntomas del tétano.
triste *adj.* Dícese de persona que se siente desanimada e inclinada a llorar. • *s.m. América* Canción nostálgica que se acompaña con guitarra.
tristeza *s.f.* Cualidad o estado de triste. • *América* Enfermedad de los bovinos, que les causa la muerte por destrucción de los glóbulos rojos.
tristón, na *adj.* Un poco triste o inclinado a estarlo.
tritio *s.m.* Isótopo radiactivo del hidrógeno.
tritón *s.m.* Deidad mitológica marina, mitad hombre y mitad pez. • Batracio pequeño parecido a la salamandra. • Núcleo del átomo del tritio.
trituración *s.f.* Acción de triturar.
triturar *v.tr.* Desmenuzar una materia sólida sin reducirla a polvo. • Masticar. • Maltratar, molestar.
triunfador, ra *adj. / s.* Que triunfa.
triunfal *adj.* De triunfo.
triunfante *adj.* Que triunfa o sale victorioso.

triunfar *v.intr.* Ganar, vencer.

triunfo *s.m.* Acción de triunfar. • En la Roma antigua, honores que se otorgaban al vencedor. • *América* Danza popular, con zapateo.

triunvirato *s.m.* En la antigua Roma, magistratura en la que intervenían tres personas. • Junta de tres personas.

triunviro *s.m.* Miembro de un triunvirato.

trivial *adj.* Relativo al trivio. • Común y sabido por todos. • Sin importancia, trascendencia o interés.

trivialidad *s.f.* Cualidad de trivial. • Hecho o dicho triviales.

trivio *s.m.* Punto en que confluyen tres caminos. • En la Edad Media, conjunto de las tres artes liberales relativas a la elocuencia.

triza *s.f.* Pedazo pequeño de una cosa rota.

trizar *v.tr.* Convertir en trizas.

trocánter *s.m.* Nombre de dos tuberosidades de la epífisis superior del fémur. • Segundo segmento de las patas de los insectos.

1. trocar *s.m.* Instrumento de cirugía para hacer punciones.

2. trocar *v.tr.* Cambiar una cosa por otra. • Equivocar. • *tr./prnl.* Mudar una cosa en otra distinta.

trocear *v.tr.* Dividir en trozos.

trocha *s.f.* Camino angosto, más corto que el principal. • Camino abierto en la maleza. • *América* Ancho de una vía férrea.

trochemoche (a) *loc. adv. fam.* Desordenadamente y sin medida.

trofeo *s.m.* Despojo obtenido en la guerra por el vencedor. • Monumento, insignia o cualquier señal de victoria.

trófico, ca *adj.* Relativo a la nutrición.

troglodita *adj./s.m. y f.* Cavernícola. • Dícese de la persona tosca o muy insociable.

troica *s.f.* Especie de trineo grande, tirado por tres caballos, usado en Rusia.

troj *s.f.* Espacio limitado por tabiques, donde se almacenan frutos; en especial, cereales.

troja *s.f. América* Troj.

troje *s.f.* Troj.

trola *s.f. fam.* Engaño, mentira. • *América* Cualquier cosa elegante.

trole *s.m.* Barra articulada en los techos de tranvías y trolebuses, para tomar energía eléctrica de los cables aéreos conductores.

trolebús *s.m.* Ómnibus eléctrico montado sobre neumáticos; no necesita vías y toma la corriente por medio de un trole.

tromba *s.f.* Remolino de aire que eleva a gran altura materiales del suelo. • Columna giratoria de agua que se eleva desde el mar.

trombo *s.m.* Coágulo de sangre en el interior de un vaso sanguíneo.

trombón *s.m.* Instrumento musical de viento, de metal, parecido a la trompeta, pero de mayor tamaño.

trombosis *s.f.* Obstrucción de un vaso sanguíneo a causa de la formación de coágulos de sangre.

trompa *s.f.* Instrumento musical de viento, de metal, con tubo enroscado y pabellón lateral. • Prolongación muscular de la nariz de algunos animales. • *fam. América* Boca u hocico.

trompada *s.f. fam.* Puñetazo. • *fam.* Trompazo. • *fam.* Choque de dos personas de frente.

trompazo *s.m.* Golpe dado con la trompa o con un trompo. • *fam.* Porrazo.

trompear *v.tr. fam.* Dar trompadas.

trompeta *s.f.* Instrumento musical de viento, de brillante sonoridad • *m. fam.* Hombre despreciable.

trompetazo *s.m.* Sonido chirriante de la trompeta o de otro instrumento semejante. • *fam.* Dicho o hecho inoportunos.

trompetero *s.m.* El que hace trompetas. • El que toca la trompeta. • Cierto pájaro parecido al gorrión.

trompetilla *s.f.* Instrumento en forma de trompeta, usado por los sordos para oír mejor.

trompicar *v.intr.* Tropezar repetidas veces.

trompicón *s.m.* Cada uno de los tropezones dados por el que trompica.

trompis *s.m. fam.* Puñetazo.

trompo *s.m.* Juguete con forma cónica, que gira al ser impulsado.

trompudo, da *adj. América* Dícese de la persona de labios gruesos y salientes. • Enojado, malhumorado.
tronada *s.f.* Tempestad con truenos.
tronado, da *adj.* Viejo o deteriorado por el uso. • *fam.* Arruinado.
tronar *v.intr. unipers.* Producirse truenos. • *intr.* Producir un ruido como de trueno.
troncal *adj. América* Dícese del camino o vía férrea que tienen ramales.
tronchar *v.tr.* Romper el tronco, tallo, etc., de una planta, sin herramientas.
troncho *s.m.* Tallo de las hortalizas.
tronco *s.m.* Tallo principal de los árboles y arbustos. • Cuerpo humano o de un animal, sin la cabeza ni las extremidades. • En geometría, cuerpo truncado. • *fam.* Persona poco inteligente o inútil.
troncocónico, ca *adj.* En forma de cono truncado.
tronera *s.f.* Abertura en barcos o murallas para disparar cañones.
tronido *s.m.* Trueno.
trono *s.m.* Asiento con gradas y dosel, usado por los reyes y soberanos. • Dignidad de rey o soberano.
tronzar *v.tr.* Dividir en trozos.
tropa *s.f.* Conjunto de soldados, reclutas, etc. • Toque de clarín o tambor. • *fam.* Grupo de gente. • *América* Recua de ganado. • Caravana de carretas.
tropel *s.m.* Muchedumbre de gente o de cosas que se mueven violenta y desordenadamente. • *América* Manada de ganado que se lleva de un sitio a otro.
tropelía *s.f.* Hecho ilegal o atropello por abuso de la fuerza o autoridad. • Atropellamiento.
tropero *s.m. América* Hombre que conduce una tropa de ganado.
tropezar *v.intr.* Chocar con alguien o algo, involuntariamente, al ir caminando. • *intr./prnl.* Topar.
tropezón *s.m.* Acción de tropezar.
tropical *adj.* Relativo a los trópicos. • Dícese de la región que se encuentra entre los dos trópicos terrestres, y del clima de ella.
trópico *s.m.* Cada uno de los círculos menores del globo terrestre, en ambos hemisferios, a 23°27' de latitud.
tropiezo *s.m.* Falta, error o indiscreción. • Obstáculo o dificultad. • Percance. • Discusión o desacuerdo entre dos personas.
tropilla *s.f. América* Manada de caballos.
tropismo *s.m.* Movimiento de los organismos determinados por un estímulo exterior, como la luz o el calor.
tropo *s.m.* Empleo de las palabras en un sentido distinto del habitual, como la metáfora y la metonimia.
troposfera *s.f.* Parte inferior de la atmósfera, que alcanza unos diez kilómetros de espesor.
troquel *s.m.* Molde para la acuñación de monedas, medallas, etc. • Instrumento o máquina para cortar planchas, cartones, etcétera.
troquelar *v.tr.* Acuñar una pieza por medio del troquel. • Recortar con troquel.
trotacalles *s.m. y f. fam.* Persona muy callejera.
trotamundos *s.m. y f.* Persona aficionada a viajar y recorrer países.
trotar *v.intr.* Andar una caballería con paso rápido. • Cabalgar en un caballo que va al trote. • *fam.* Andar mucho una persona.
trote *s.m.* Acción de trotar. • *fam.* Tarea muy intensa y fatigosa.
trova *s.f.* Poesía compuesta por los trovadores. • Composición métrica escrita para el canto.
trovador, ra *adj./s.* Que trova. • *s.m.* Poeta de la Edad Media.
trovar *v.intr.* Hacer versos. • Componer trovas.
troyano, na *adj./s.* De Troya (Asia antigua).
troza *s.f.* Tronco de árbol aserrado para sacar tablas.
trozar *v.tr.* Dividir en trozos. • Dividir un tronco en trozas.
trozo *s.m.* Parte de una cosa que se considera aparte del resto.
trucha *s.f.* Pez parecido al salmón, de carne muy apreciada.
truchimán, na *s./adj. fam.* Persona sagaz y astuta, y poco escrupulosa.
truco *s.m.* Maña o habilidad adquiridas en un oficio, arte o profesión. • Ardid o

estratagema para obtener algo. • *América* Truque.

truculencia *s.f.* Cualidad de truculento. • Cosa truculenta.

truculento, ta *adj.* Atroz, tremebundo.

trueno *s.m.* Ruido producido en las nubes por una descarga eléctrica. • Ruido fuerte o estampido.

trueque *s.m.* Acción de trocar.

trufa *s.f.* Hongo comestible que vive parásito en las raíces de la encina.

trufar *v.tr.* Rellenar una vianda con trufas.

truhán, na *adj. / s.* Dícese de la persona que vive de engaños y estafas.

truhanería *s.f.* Acción propia de truhanes. • Conjunto de truhanes.

trulla *s.f.* Bulla, jarana. • Muchedumbre.

trullo *s.m.* Ave parecida al pato.

truncado, da *adj.* Dícese de ciertos sólidos geométricos a los que se les ha quitado una parte por medio de una sección plana que corta todas sus generatrices o todas sus aristas laterales.

truncar *v.tr.* Cortar una parte o una cosa. • Interrumpir. • Evitar que llegue a hacerse algo; tronchar.

trunco, ca *adj.* Interrumpido o incompleto.

trupial *s.m.* Pájaro americano de plumaje negro con reflejos metálicos.

truque *s.m.* Cierto juego de baraja en el que se reparten tres cartas a cada jugador.

trust (Anglicismo.) *s.m.* Truste.

truste *s.m.* Unión de sociedades comerciales, industriales o financieras.

tsé-tsé *adj./s.f.* Dícese de una mosca trasmisora de graves enfermedades para el hombre y los animales.

tu *adj.* Apócope de *tuyo* cuando precede al nombre.

tú *s.m. y f.* Forma del pronombre personal de la segunda persona del singular.

tuba *s.f.* Instrumento musical de viento, de gran tamaño y sonido grave.

tuberculina *s.f.* Extracto de un cultivo de bacilos de la tuberculosis.

tubérculo *s.m.* Protuberancia natural de un hueso o un órgano nervioso. • Tumorcillo de los tejidos. • Tallo subterráneo grueso, como el de la papa.

tuberculosis *s.f.* Enfermedad infecciosa y contagiosa producida por un bacilo.

tuberculoso, sa *adj.* Relativo al tubérculo. • Con forma de tubérculo. • *adj. / s.* Que padece tuberculosis.

tubería *s.f.* Conjunto de tubos. • Sucesión de tubos acoplados para el trasporte de fluidos. • Fábrica, taller o comercio de tubos.

tuberosa *s.f.* Nardo.

tuberosidad *s.f.* Abultamiento, tubérculo o tumor.

tuberoso, sa *adj.* Que tiene tuberosidades.

tubo *s.m.* Pieza cilíndrica hueca, abierta en sus extremos. • *América* Auricular del teléfono.

tubular *adj.* En forma de tubo.

tucán *s.m.* Ave trepadora americana, de pico voluminoso y arqueado.

tuco *s.m. América* Salsa de tomate y otros ingredientes, para aderezar pastas.

tucura *s.f. América* Especie de langosta pequeña.

tucutuco *s.m.* Mamífero roedor, semejante al topo.

tudesco, ca *adj. / s.* De Sajonia inferior (Alemania). • Alemán.

tuerca *s.f.* Pieza perforada y roscada interiormente, que se adapta a un tornillo, alrededor del cual puede girar.

tuerto, ta *adj. / s.* Falto de la vista en un ojo, o que ha perdido un ojo. • *s.m.* Agravio o perjuicio.

tuétano *s.m.* Médula de los huesos.

tufarada *s.f.* Olor fuerte repentino.

1. tufo *s.m.* Emanación gaseosa producida por fermentaciones y combustiones imperfectas. • Olor más o menos intenso que despiden ciertas cosas.

2. tufo *s.m.* Mechón de pelo rizado que cae sobre la frente o delante de las orejas.

tugurio *s.m.* Choza o casilla de pastores. • Vivienda miserable.

tul *s.m.* Tejido delgado y trasparente, de mallas poligonales.

tulio *s.m.* Elemento metálico perteneciente al grupo de las tierras raras (símbolo: *Tm*).

tulipa *s.f.* Pantalla de vidrio de forma parecida a la del tulipán.

tulipán *s.m.* Planta herbácea, perenne, bulbosa, con flores solitarias de hermosos colores.
tullido, da *adj. / s.* Que ha perdido el movimiento del cuerpo o de algún miembro.
tullir *v.tr./prnl.* Hacer que alguien quede tullido.
tumba *s.f.* Sepulcro. • Cubierta arqueada de ciertos coches.
tumbar *v.tr.* Hacer caer. • *prnl.* Echarse, tenderse.
tumbo *s.m.* Sacudida violenta.
tumefacción *s.f.* Hinchazón de una parte del cuerpo.
tumefacer *v.tr.* Causar una tumefacción.
tumefacto, ta *adj.* En medicina, hinchado.
tumescente *adj.* Que se hincha.
tumor *s.m.* Aumento de volumen de una parte de un tejido o de un órgano. • Proceso morboso debido al crecimiento desordenado de células.
túmulo *s.m.* Sepulcro que sobresale del suelo. • Catafalco.
tumulto *s.m.* Alboroto o perturbación del orden producidos por una multitud.
tumultuario, ria *adj.* Tumultuoso.
tumultuoso, sa *adj.* Que causa tumultos o va acompañado de ellos.
tuna *s.f.* Nopal.
tunante, ta *adj. / s.* Dícese de la persona astuta para obrar en su provecho.
tunantería *s.f.* Cualidad de tunante. • Acción propia de un tunante.
tunda *s.f.* Paliza.
tundidor, ra *adj. / s.* Dícese de la persona que tunde los paños. • *s.f.* Máquina para tundir.
tundir *v.tr.* Cortar e igualar con tijera o máquina el pelo de los paños.
tundra *s.f.* Terreno sin árboles propio de zonas de clima muy frío.
túnel *s.m.* Paso subterráneo artificial a través de una montaña o debajo de un río, una ciudad, etc.
tung *s.m.* Árbol de cuyas semillas se extrae un aceite secante usado en la elaboración de barnices y tintas.
tungsteno *s.m.* Volframio.
túnica *s.f.* Vestidura amplia y larga. • Membrana que envuelve alguna parte de un organismo vegetal o animal.
tunicado, da *adj.* En biología, envuelto por una túnica.
tuno, na *adj. / s.* Tunante.
tuntún (al) *loc. adv. fam.* Sin reflexión o sin datos seguros.
tupé *s.m.* Copete de pelo. • *fam.* Atrevimiento, desfachatez.
1. tupí *adj./s.m. y f.* Dícese del pueblo indígena que habitaba las costas de las Guayanas y del Brasil.
2. tupí *s.m.* Máquina para hacer ranuras en las maderas.
tupido, da *adj.* Denso, espeso.
tupinambá *adj./s.m. y f.* Dícese de una tribu del pueblo tupí.
tupir *v.tr./prnl.* Hacer algo más tupido.
tur *s.m.* Excursión o gira por distracción.
1. turba *s.f.* Mineral fósil de aspecto terroso que arde con mucho humo. • Mezcla de estiércol y carbón vegetal, usada como combustible.
2. turba *s.f.* Muchedumbre de gente.
turbación *s.f.* Acción de turbar.
turbado, da *adj.* Que siente turbación.
turbante *s.m.* Tocado oriental consistente en una banda de tela que se arrolla a la cabeza. • Tocado femenino similar.
turbar *v.tr./prnl.* Alterar, trastornar. • Desconcertar.
turbera *s.f.* Yacimiento de turba.
turbina *s.f.* Máquina que trasforma la energía de traslación en energía de rotación.
turbinto *s.m.* Aguaribá.
turbio, bia *adj.* Falto de claridad o trasparencia. • Poco claro o confuso.
turbión *s.m.* Aguacero con viento fuerte. • Aluvión de cosas o de acontecimientos.
turbogenerador *s.m./adj.* Generador eléctrico movido por una turbina.
turbohélice *s.m.* Motor de aviación constituido por una turbina que mueve las hélices por medio de un reductor.
turbonada *s.f.* Turbión acompañado de truenos, relámpagos y rayos.
turbopropulsor *s.m.* Turbohélice.
turborreactor *s.m.* Motor que funciona a reacción debido a la acción de los gases de escape sobre las paletas de una turbina de gas, a las que hacen girar. •

adj./s.m. Dícese del avión de reacción provisto de ese tipo de motor.
turbulencia *s.f.* Estado de turbulento. • Perturbación del orden público. • Alteración del aire cuando se forman remolinos.
turbulento, ta *adj.* Agitado. • Dícese de la persona alborotadora.
turco, ca *adj. / s.* De Turquía (Europa y Asia). • *s.m.* Lengua hablada en ese país.
turgencia *s.f.* Cualidad o estado de turgente.
turgente *adj.* Muy lleno o abultado. • Dícese de la célula, tejido u órgano que tienen tensas sus membranas y paredes.
túrgido, da *adj.* Abultado, elevado.
turíbulo *s.m.* Incensario.
turiferario *s.m.* Hombre que lleva el turíbulo.
turión *s.m.* Vástago carnoso y alargado, que nace de un tallo subterráneo, como los del espárrago.
turismo *s.m.* Acción de viajar por placer. • Organización de los medios para realizar esos viajes.
turista *s.m. y f.* Persona que recorre un país por distracción y recreo.
turmalina *s.f.* Silicato de boro y aluminio con pequeñas cantidades de magnesio, hierro, etc., de color negro pardo.
turnar *v.intr./prnl.* Alternar con otros en un trabajo, un cargo, etc.
turno *s.m.* Orden o alternativa entre personas o cosas para ejecutar algo, recibirlo, etcétera.
turón *s.m.* Mamífero carnívoro, parecido al hurón; emite un líquido fétido cuando se asusta o irrita.
turpial *s.m.* Trupial.
turquesa *s.f.* Mineral amorfo de color azul verdoso, que se usa en joyería. • *adj./s.m.* De color semejante al de ese mineral.
turquí *adj./s.m. y f.* Turco. • *adj./s.m.* De color azul oscuro con mezcla de violeta.
turrón *s.m.* Golosina hecha con almendras, avellanas, etc., y miel o azúcar.
turulato, ta *adj. fam.* Pasmado, estupefacto.
tusa *s.f. América* Mazorca desgranada. • Hojas de la mazorca del maíz.
tusca *s.f. América* Árbol espinoso que se utiliza para leña y forraje.
tusón *s.m.* Vellón.
tute *s.m.* Cierto juego de naipes.
tutear *v.tr.* Hablar a una persona empleando el pronombre *tú*.
tutela *s.f.* Función y cargo de tutor. • Guía, amparo o defensa que una persona representa para otra.
tutelar *v.tr.* Ejercer tutela. • *adj.* Relativo a la tutela. • Que guía, ampara o defiende.
tuteo *s.m.* Acción de tutear.
tutor, ra *s.* Persona a quien se encarga el cuidado de otra. • Defensor, protector o guía de alguien.
tutoría *s.f.* Cargo de tutor.
tuya *s.f. América* Árbol de hojas escamosas y persistentes; es ornamental y forestal.
tuyo, ya *adj. / s.* Pronombre posesivo de segunda persona del singular.

u *s.f.* Vocal, vigésima segunda letra del abecedario español (*pl.:* úes). • *conj. coord.* Remplaza a *o* ante voces que empiezan con *o* o con *ho*.

ubajay *s.m. América* Árbol de flores blancas y fruto carnoso comestible.

ubérrimo, ma *adj.* Muy abundante o muy fértil.

ubicación *s.f.* Acción de ubicar. • Sitio donde está ubicado algo.

ubicar *v.intr. / prnl.* Estar en determinado lugar. • *tr. / prnl. América* Situar en determinado lugar.

ubicuidad *s.f.* Cualidad de ubicuo.

ubicuo, cua *adj.* Dicho de Dios, que está presente en todas partes al mismo tiempo. • Dícese de la persona muy activa que todo lo quiere presenciar.

ubre *s.f.* Mama de las hembras de los mamíferos.

ucase *s.m.* Mandato arbitrario e imperativo.

udómetro *s.m.* Pluviómetro.

uf *interj.* Denota cansancio, fastidio, sofocación y repugnancia.

ufanarse *v.prnl.* Ponerse ufano. • Jactarse.

ufano, na *adj.* Engreído, arrogante. • Contento y satisfecho con algo.

uh *interj.* Denota desilusión o desdén.

ujier *s.m.* Portero de estrados en un palacio o tribunal. • Empleado subalterno en algunos tribunales.

ukelele *s.m.* Instrumento musical parecido a la guitarra.

úlcera *s.f.* Lesión orgánica en la piel o en una mucosa, con destrucción gradual de los tejidos.

ulceración *s.f.* Acción de ulcerar.

ulcerar *v.tr. / prnl.* Causar úlcera.

ulceroso, sa *adj.* Que tiene úlceras.

uliginoso, sa *adj.* Dícese de los terrenos húmedos y de las plantas que crecen en ellos.

ulluco *s.m. América* Planta herbácea trepadora, cuyos tubérculos son ricos en almidón.

ulmo *s.m. América* Árbol de flores blancas y fruta en cápsula.

ulpo *s.m. América* Mazamorra de harina tostada de maíz o de algarroba, desleída en agua.

ulterior *adj.* Que está más allá de determinado territorio. • Que se dice, sucede o se hace después de otra cosa.

últimamente *adv.* En último lugar. • En el tiempo que acaba de trascurrir.

ultimar *v.tr.* Dar fin a algo; acabar. • *América* Matar.

ultimátum *s.m.* Última proposición, precisa y terminante, que un país hace a otro antes de la declaración de guerra.

último, ma *adj.* Dícese de lo que no tiene ninguna cosa que lo siga. • Dícese de lo más reciente entre varias cosas. • Dícese de lo más retirado o escondido.

ultracorto, ta *adj.* En física, dícese de la onda cuya longitud es de un centímetro o menos.

ultrajar *v.tr.* Ofender seriamente con palabras o acciones.

ultraje *s.m.* Acción de ultrajar.

ultramar *s.m.* Lugar situado al otro lado del mar.

ultramarino, na *adj.* De ultramar. • *s.m. pl. / adj.* Mercaderías traídas de otros continentes.

ultramicroscopio *s.m.* Microscopio que permite ver partículas muy pequeñas.
ultramontano, na *adj.* Que está del otro lado de los montes.
ultranza (a) *loc. adv. / adj.* Sin hacer concesiones.
ultrarrojo, ja *adj.* Infrarrojo.
ultrasonido *s.m.* Vibración acústica de alta frecuencia.
ultratumba (de) *loc. adj.* Que está más allá de la muerte.
ultravioleta *adj.* Dícese de las radiaciones electromagnéticas cuyas longitudes de onda son inferiores a las de los rayos X.
ultravirus *s.m.* Nombres dado a ciertos gérmenes patógenos que pasan a través de todos los filtros.
ulular *v.intr.* Dar alaridos continuados.
umbela *s.f.* Inflorescencia en forma de parasol.
umbilical *adj.* Relativo al ombligo. • Dícese del cordón que une al feto con la placenta.
umbráculo *s.m.* Cobertizo para proteger del Sol a las plantas.
umbral *s.m.* Parte inferior o escalón en la puerta o entrada de una casa.
umbrela *s.f.* Parte superior, en forma de campana o sombrilla, del cuerpo de las medusas.
umbrío, a *adj.* Dícese de un lugar con sombra.
umbroso, sa *adj.* Que tiene mucha sombra, o la causa.
un *adj.* Apócope de *uno.*
unánime *adj.* Dícese de un conjunto de personas que convienen en un mismo parecer, sentimiento, etc. • Dícese de ese parecer, sentimiento, etc., compartido por todos.
unanimidad *s.f.* Cualidad de unánime.
unciforme *adj. / s.m.* Dícese de uno de los huesos de la segunda fila del carpo o muñeca.
unción *s.f.* Acción de ungir. • Extremaunción. • Devoción, fervor.
uncir *v.tr.* Atar al yugo los bueyes, mulas, etcétera.
undecágono *s.m.* Polígono de once lados.
undécimo, ma *adj. / s.m.* Que sigue en orden al décimo. • Dícese de cada una de las once partes iguales en que se divide un todo.
undécuplo, pla *adj. / s.m.* Dícese del producto de un número o cantidad por once.
ungir *v.tr.* Untar la superficie de una cosa con una sustancia grasa. • Hacer la señal de la cruz a una persona con óleo sagrado.
ungüento *s.m.* Cualquier sustancia grasa para untar el cuerpo.
unguis *s.m.* Pequeño hueso plano situado en la cara interna anterior de las órbitas.
ungulado, da *adj. / s.m.* Dícese del mamífero que tiene el pie terminado en pezuña, como el caballo.
ungular *adj.* Relativo a la uña.
unicameral *adj.* Dícese del poder legislativo formado por una sola cámara de representantes.
unicaule *adj.* Dícese de la planta que tiene un solo tallo.
unicelular *adj.* Dícese del organismo de una sola célula.
unicidad *s.f.* Cualidad de único.
único, ca *adj.* Sin otro de su especie. • Excelente, extraordinario.
unicornio *s.m.* Animal mitológico de figura de caballo con un cuerno en mitad de la frente.
unidad *s.f.* Cualidad de lo que está unido. • Acuerdo o conformidad entre las partes de una cosa o entre varias cosas. • Cada cosa entera y distinguible de otras, que se encuentra en un conjunto contable. • Cantidad fija y definida de una magnitud, con la que se comparan otras cantidades de la misma clase que deben ser medidas. • En milicia, cada grupo de hombres al mando de un jefe.
unidireccional *adj.* De una sola dirección.
unido, da *adj.* Que está junto con otra cosa. • Que se tienen mucho cariño.
unificar *v.tr.* Hacer de varias cosas distintas una sola o un todo. • Hacer uniformes cosas de cierta clase.
unifoliado, da *adj.* Dícese de la planta que tiene una sola hoja.
uniformar *v.tr.* Hacer uniforme una cosa o varias cosas entre sí. • Vestir a una

persona con un uniforme, o hacer que lo lleve.

uniforme *adj.* De la misma forma. • Dícese de la cosa que no varía en toda su duración o extensión. • *s.m.* Vestimenta distintiva que adoptan los miembros de un cuerpo, colegio, etc.

uniformidad *s.f.* Cualidad de uniforme.

unigénito, ta *adj.* / *s.* Que ha sido el único hijo engendrado por sus padres.

unilateral *adj.* Dícese de lo que considera sólo un aspecto o una parte de determinada cosa.

unimembre *adj.* Que consta de un solo miembro. • Dícese de la oración que no puede dividirse en sujeto y predicado.

unión *s.f.* Acción de unir. • Situación de lo que está unido. • Casamiento.

unipersonal *adj.* Que consta de una sola persona. • De una o para una sola persona. • Dícese del verbo que se usa solamente en la tercera persona del singular sin referencia a un sujeto.

unipolar *adj.* Dícese de los dispositivos y aparatos eléctricos con un conductor único.

unir *v.tr.* Juntar dos o más cosas entre sí, haciendo que queden sujetas o formen un todo. • *tr.* / *prnl.* Hacer que actúen juntas o en armonía personas, cosas o entidades.

uniseminado, da *adj.* Dícese del fruto que tiene una sola semilla.

unisexual *adj.* Dícese del individuo animal o vegetal de un solo sexo.

unísono, na *adj.* Que tiene el mismo tono o sonido que otra cosa.

unitario, ria *adj.* Compuesto de una sola unidad. • *adj.* / *s.* Que propende a la unidad. • Partidario del unitarismo.

unitarismo *s.m.* Doctrina política que aspira a organizar el Estado en forma centralizada.

univalvo, va *adj.* Dícese de la concha, el molusco, el fruto, etc., de una sola valva.

universal *adj.* Del universo. • Que pertenece a todo el mundo o a todos los tiempos.

universalidad *s.f.* Cualidad de universal.

universidad *s.f.* Establecimiento de enseñanza superior, que comprende diversas escuelas o facultades.

universitario, ria *adj.* Relativo a la universidad. • *adj.* / *s.* Que realiza o ha realizado estudios en la universidad.

universo *s.m.* Conjunto de todas las cosas creadas. • Conjunto de todos los cuerpos celestes, y el espacio en el que están.

unívoco, ca *adj.* Dícese de la palabra que sólo puede entenderse de una forma. • En matemática, dícese de la relación entre dos conjuntos, tal que a todo elemento del primero, le corresponde sólo uno de los elementos del segundo.

uno, na *adj.* / *s.m.* Dícese del menor número entero. • Primer día del mes. • *s.* Pronombre indefinido que designa persona indeterminada. • *adj.* Antepuesto al sustantivo, indica que este designa algo no consabido. • Único.

untar *v.tr.* Cubrir la superficie de una cosa con una sustancia grasa. • *fam.* Sobornar.

unto *s.m.* Sustancia grasa, usada para untar. • Grasa de un animal.

untuoso, sa *adj.* Graso y pegajoso.

untura *s.f.* Acción de untar. • Sustancia con que se unta.

uña *s.f.* En el hombre y en muchos animales, formación córnea que cubre la punta de los dedos. • Punta corva en que terminan algunos instrumentos de metal.

uñero *s.m.* Inflamación del dedo en la raíz de la uña. • Herida que produce la uña cuando, al crecer indebidamente, se introduce en la carne.

uñeta *s.f.* Cincel de boca ancha que usan los canteros.

upa *interj.* Se usa para estimular a alguien a levantarse o a levantar un peso.

ura *s.f. América* Larva de cierta mosca, que se desarrolla bajo la piel de personas o animales produciendo dolorosos tumores.

urálico, ca *adj.* Relativo a los montes Urales.

uranífero, ra *adj.* Dícese de la vena, veta, yacimiento o mineral que contienen uranio.

uranio *s.m.* Metal radiactivo, blanco, brillante, dúctil y maleable (símbolo: *U*).

uranio, nia *adj.* Relativo a los astros o al espacio celeste.
uranografía *s.f.* Cosmografía.
uranolito *s.m.* Aerolito.
urato *s.m.* Sal del ácido úrico.
urbanidad *s.f.* Cortesía, buenos modales.
urbanismo *s.m.* Conjunto de conocimientos relacionados con el desarrollo, ordenamiento, etc., de las ciudades.
urbanista *s.m. y f.* Persona que se dedica al urbanismo.
urbanización *s.f.* Acción de urbanizar.
urbanizar *v.tr.* Hacer urbano a alguien. • Convertir un terreno en un centro de población, o prepararlo para ello.
urbano, na *adj.* De la ciudad. • Que se comporta con urbanidad.
urbe *s.f.* Ciudad; en especial, la que es muy grande y populosa.
urca *s.f.* Embarcación grande para trasportar granos y otros productos.
urchilla *s.f.* Cierto liquen que vive sobre las rocas de las costas del mar.
urdidera *s.f.* Máquina de devanar con que se preparan los hilos para la urdimbre.
urdidor, ra *adj.* Que urde. • *s.m. o f.* Urdidera.
urdimbre *s.f.* Conjunto de hilos paralelos que se colocan longitudinalmente en el telar para pasar por ellos la trama y formar un tejido. • Estambre urdido.
urdir *v.tr.* Preparar los hilos en la urdidera para pasarlos al telar. • Maquinar, tramar.
urea *s.f.* Sustancia orgánica que se encuentra en la orina.
uremia *s.f.* Aumento patológico de la proporción de urea en la sangre.
urente *adj.* Que quema o escuece.
uréter *s.m.* Cada uno de los dos conductos que llevan la orina de los riñones a la vejiga.
uretra *s.f.* Conducto por donde se expele la orina.
urgencia *s.f.* Cualidad de urgente. • Necesidad apremiante de algo.
urgente *adj.* Que urge.
urgir *v.intr.* Exigir una cosa su inmediata o rápida realización.
úrico, ca *adj.* Relativo a la orina. • Dícese del ácido que se encuentra en la orina.
urinario, ria *adj.* Relativo a la orina. • *s.m.* Lugar destinado para orinar.
urna *s.f.* Caja usada entre los antiguos para guardar ciertas cosas. • Recipiente donde se ponen las papeletas en los sorteos o en las votaciones. • Caja de cristal donde se ponen ciertas cosas para que sean visibles.
uro *s.m.* Mamífero extinguido parecido al toro.
uro, ra *adj. / s.* Dícese de un pueblo indígena que habita en las islas del lago Titicaca (Bolivia y Perú).
urobilina *s.f.* Pigmento biliar de color rojo que pasa a la sangre y luego a la orina.
urogallo *s.m.* Ave gallinácea que vive en los bosques de coníferas de Europa.
urología *s.f.* Estudio de las enfermedades de las vías urinarias.
urólogo, ga *s.* Médico especialista en urología.
urraca *s.f.* Ave parecida al cuervo, con plumaje de colores variados y larga cola.
urticante *adj.* Que produce una comezón semejante a la que causan los pelos de la ortiga.
urticaria *s.f.* Erupción cutánea caracterizada por comezón violenta, enrojecimiento y edema de la piel.
urubú *s.m.* Especie de buitre grande americano.
uruguayismo *s.m.* Palabra o expresión peculiares del español de los uruguayos.
uruguayo, ya *adj. / s.* De Uruguay (América).
urunday *s.m. América* Árbol de gran porte, cuya madera se usa en construcción y mueblería.
urutaú *s.m. América* Ave nocturna que emite un grito parecido a un lamento.
usado, da *adj.* Gastado y deslucido por el uso.
usanza *s.f.* Práctica o moda de una cosa.
usar *v.tr.* Hacer servir cierta cosa para algo; utilizar. • Disfrutar determinada cosa. • Practicar algo habitualmente.
usía *s.m. y f.* Contracción de vuestra señoría, usada como forma de tratamiento.

usina *s.f. América* Planta productora de energía eléctrica.
uso *s.m.* Acción de usar. • Costumbre, hábito. • Usanza.
usted *s.m. y f.* Forma de tratamiento para dirigirse a la persona a quien se habla, cuando no se la tutea.
ustorio, ria *adj.* Capaz de quemar.
usual *adj.* Que se hace, se usa, etc., según es costumbre o con frecuencia.
usuario, ria *adj. / s.* Que usa cierto servicio. • Que tiene derecho a usar una cosa ajena.
usucapión *s.f.* Adquisición de un derecho mediante su ejercicio en las condiciones y el tiempo previstos por la ley.
usufructo *s.m.* Derecho temporario que el propietario de una cosa concede a otra persona para que la use y disfrute sin deteriorarla. • Utilidades o provechos que se obtienen de algo.
usufructuar *v.tr.* Tener una cosa en usufructo.
usura *s.f.* Interés que se obtiene por un préstamo de dinero; en especial, cuando aquel es excesivo o ilegal.
usuario, ria *s.f.* Dícese de los préstamos, contratos, etc., en los que hay usura.
usurear *v.intr.* Dar o tomar un préstamo con usura.
usurero, ra *s. / adj.* Persona que presta algo con usura.
usurpación *s.f.* Acción de usurpar. • Cosa usurpada.
usurpar *v.tr.* Apoderarse de una cosa perteneciente a otro, con violencia o indebidamente.
usuta *s.f. América* Especie de sandalia.
ut *s.m.* Antiguo nombre de la nota *do*.
utensilio *s.m.* Cualquier objeto que sirve para un uso manual.
útero *s.m.* Órgano de la gestación en la mujer y en las hembras de los animales superiores.
útil *adj.* Que puede ser aprovechado en algún sentido. • *s.m.* Utensilio o herramienta.
utilería *s.f.* Conjunto de los enseres usados en el teatro para decorar el escenario.
utilero, ra *s.* Persona que se ocupa de la utilería.
utilidad *s.f.* Cualidad de útil. • Resultado del empleo de una cosa útil; provecho.
utilitario, ria *adj.* Que antepone a todo la utilidad.
utilitarismo *s.m.* Cualidad de utilitario. • Doctrina filosófica moderna que hace recaer el valor de las acciones humanas en su utilidad.
utilizar *v.tr.* Hacer servir cierta cosa para algo; emplear, usar.
utillaje *s.m.* Conjunto de los útiles necesarios para una industria, un oficio, etcétera.
utopía o **utopia** *s.f.* Plan, proyecto, etc., muy buenos, pero irrealizables.
utópico, ca *adj.* De utopía.
utrículo *s.m.* Vesícula del oído interno.
uva *s.f.* Fruto de la vid.
uvayema *s.f.* Variedad de vid silvestre.
uve *s.f.* Nombre de la letra *v*.
úvea *s.f.* Capa pigmentaria del iris del ojo.
uvero *s.m. América* Árbol que crece cerca del mar y produce frutos dulces de color morado.
úvula *s.f.* Apéndice muscular y membranoso que cuelga del velo del paladar.
uvular *adj.* Relativo a la úvula.
uxoricidio *s.m.* Delito de matar un hombre a su mujer.

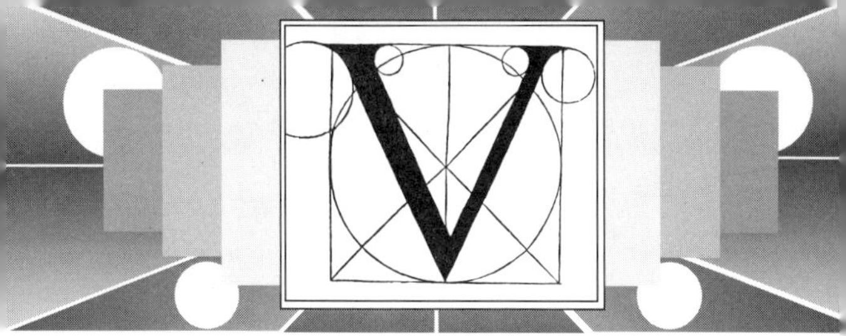

v *s.f.* Consonante, vigésima tercera letra del abecedario español. Su nombre es *ve* o *uve*. • Letra que, en la numeración romana, equivale a cinco.

vaca *s.f.* Hembra del toro. • Carne de vaca o de buey.

vacación *s.f.* Suspensión temporaria de la tarea para el descanso de las personas que trabajan en una institución, empresa, etc.

vacante *s.f.* / *adj.* Cosa destinada a ser ocupada, que no lo está.

vacar *v.intr.* Quedar vacante un empleo o un local.

vaciadero *s.m.* Sitio en donde se vacía el contenido de algo. • Conducto por donde se vacía una cosa.

vaciado, da *adj.* / *s.m.* Dícese del objeto que se obtiene vertiendo metal, yeso, etc., en un molde. • *s.m.* Acción de vaciar en un molde. • En arquitectura, excavación.

vaciar *v.tr.* Hacer que quede vacía una cosa. • Dejar hueca una cosa. • Formar un objeto vertiendo en un molde hueco metal derretido u otro material blando.

vaciedad *s.f.* Necedad, sandez.

vacilación *s.f.* Acción de vacilar.

vacilante *adj.* Que vacila.

vacilar *v.intr.* Oscilar, tambalearse. • Dudar, titubear.

vacío, a *adj.* Que no contiene nada. • Sin ocupantes o sin gente. • Frívolo. • *s.m.* Hueco en un cuerpo cualquiera. • Carencia de materia. • Espacio que no contiene aire.

vacuidad *s.f.* Cualidad de vacuo.

vacuna *s.f.* Cultivo de microbios o toxinas que, inoculado a un individuo, le da inmunidad contra una enfermedad determinada.

vacunación *s.f.* Acción de vacunar.

vacunar *v.tr.* Inocular una vacuna.

vacuno, na *adj.* Relativo al ganado bovino.

vacuo, cua *adj.* Falto de contenido; vacío.

vacuola *s.f.* Cavidad del citoplasma de la célula, que contiene diversas sustancias disueltas en una solución acuosa.

vadear *v.tr.* Atravesar un río por un vado.

vademécum *s.m.* Libro de consulta con los datos más necesarios relacionados con una ciencia o un arte.

vadera *s.f.* Vado ancho.

vado *s.m.* Lugar poco profundo de un río, por donde se puede pasar.

vagabundear *v.intr.* Andar vagabundo.

vagabundeo *s.m.* Acción de vagabundear.

vagabundo, da *adj.* Que anda errante. • *adj.* / *s.* Dícese de la persona sin domicilio y sin ocupación.

vagancia *s.f.* Situación del que está ocioso o sin ocupación.

1. vagar *v.intr.* Andar sin destino ni dirección determinados. • Estar ocioso o desocupado.

2. vagar *s.m.* Tiempo en que se está desocupado u ocioso.

vagido *s.m.* Llanto de un recién nacido.

vagina *s.f.* Conducto membranoso y muscular que, en la hembra de los mamíferos, se extiende desde la vulva hasta el útero.

1. vago, ga *adj.* / *s.* Haragán, holgazán.

2. vago, ga *adj.* Que vagabundea. • Impreciso, indefinido.

vagón *s.m.* Vehículo ferroviario de trasporte de pasajeros o cargas.
vagoneta *s.f.* Vagón pequeño y abierto, para trasportar cargas.
vaguada *s.f.* Parte más honda de un valle, por donde van las aguas de lluvia, de los ríos, etc.
1. vaguear *v.intr.* Holgazanear.
2. vaguear *v.intr.* Andar sin destino ni dirección; vagar.
vaguedad *s.f.* Cualidad de vago o impreciso. • Expresión vaga.
vahído *s.m.* Desmayo breve.
vaho *s.m.* Aliento despedido por la boca. • Vapor que despiden los cuerpos en determinadas condiciones.
vaina *s.f.* Funda para un objeto alargado. • Cáscara tierna y larga en que están encerradas algunas semillas.
vainilla *s.f.* Planta que produce frutos muy olorosos, usados para aromatizar licores, el chocolate, etc.
vainillina *s.f.* Sustancia olorosa que se extrae de la vainilla.
vaivén *s.m.* Movimiento alternativo de un cuerpo que, después de recorrer una trayectoria, vuelve a hacerlo en sentido contrario.
vajear *v.tr. América* Adormecer un reptil a su víctima con el aliento. • *América* Fascinar con malas artes.
vajilla *s.f.* Conjunto de platos, tazas, vasos, etc., para el servicio de la mesa.
vale *s.m.* Nota firmada que se ha de canjear por alguna cosa. • Documento por el cual se reconoce una deuda.
valedero, ra *adj.* Que vale para determinado tiempo.
valencia *s.f.* En química, valor numérico que expresa la relación según la cual se combinan entre sí los átomos, los radicales y los iones.
valentía *s.f.* Cualidad de valiente. Actitud valiente.
valentón, na *adj./s.* Que presume de valiente; bravucón.
valentonada *s.f.* Acción del valentón.
valer *v.intr.* Tener cierto mérito, utilidad o precio. • Ser útil cierta cosa para conseguir o evitar algo. • *tr.* Amparar. • *intr./tr.* Equivaler. • prnl. Servirse de una persona o cosa para algo.
valeriana *s.f.* Planta herbácea, con rizomas fragantes, usada en medicina.
valeroso, sa *adj.* Que tiene valentía; valiente.
valetudinario, ria *adj./s.* Dícese de la persona de poca salud.
valía *s.f.* Cualidad de la persona o cosa que valen.
validar *v.tr.* Dar validez.
validez *s.f.* Cualidad de válido.
válido, da *adj.* Que vale y tiene capacidad para producir su efecto.
valiente *adj.* Intrépido, valeroso. • Bravucón.
valija *s.f.* Caja de cuero u otro material, con un asa, para llevar cosas en los viajes; maleta. • Bolsa para trasportar la correspondencia.
valijería *s.f. América* Establecimiento comercial donde se venden valijas, bolsos, etcétera.
valimiento *s.m.* Acción de valer una cosa. • Privanza.
valioso, sa *adj.* De mucho valor.
valla *s.f.* Cerca, empalizada.
valladar *s.m.* Valla.
vallado *s.m.* Valla.
vallar *v.tr.* Cercar con valla.
valle *s.m.* Terreno más o menos llano entre dos montañas.
vallista *s.m. y f.* En deportes, corredor que se especializa en saltar vallas.
valor *s.m.* Cualidad de la cosa que tiene cierto mérito, utilidad o precio. • Importancia y significado de una cosa. • Cualidad de valiente. • En música, duración relativa de un sonido. • *pl.* Documentos que se cotizan en la bolsa.
valoración *s.f.* Acción de valorar.
valorar *v.tr.* Atribuir valor o mérito a una persona o cosa. • Tasar, valuar.
valoría *s.f.* Valía.
valorizar *v.tr.* Hacer que una cosa tenga valor. • Determinar el valor de una cosa.
valquiria *s.f.* Cada una de ciertas divinidades de la mitología germánica.
vals *s.m.* Música y danza de pareja enlazada, de origen alemán.
valsar *v.intr.* Bailar el vals.
valuación *s.f.* Acción de valuar.
valuar *v.tr.* Determinar el valor o precio de una cosa; tasar.

valva *s.f.* Cada una de las dos piezas que forman la concha de ciertos moluscos. • Cada una de las divisiones de las cápsulas, legumbres y otros frutos.
válvula *s.f.* Dispositivo móvil que sirve para interrumpir o establecer la comunicación entre dos piezas de una máquina, conducto, etc. • Lámpara de radio.
vampiresa *s.f. América* Mujer atractiva y coqueta.
vampiro *s.m.* Espectro que, según creencia supersticiosa, chupa por las noches la sangre humana. • Murciélago hematófago americano.
vanadio *s.m.* Metal dúctil, de color blanco plateado (símbolo: *V*).
vanagloria *s.f.* Jactancia.
vanagloriarse *v.prnl.* Jactarse.
vandálico, ca *adj.* Relativo a los vándalos o al vandalismo.
vandalismo *s.m.* Cualidad de vándalo.
vándalo, la *adj. / s.* Dícese de un pueblo germánico que en el siglo V invadió España. • *s.* Persona que comete acciones destructivas.
vanguardia *s.f.* Parte de una fuerza armada que va delante del cuerpo principal [antón.: *retaguardia*]. • Avanzada de un movimiento ideológico, político, literario, artístico, etc.
vanguardismo *s.m.* Conjunto de tendencias innovadoras en el arte y las letras del siglo XX.
vanidad *s.f.* Cualidad de vano. • Afán excesivo de ser admirado.
vanidoso, sa *adj.* Que tiene vanidad.
vano, na *adj.* Falto de realidad o sustancia. • Que carece de fundamento. • Ineficaz, inútil. • Vanidoso. • *s.m.* Parte de un muro que carece de apoyo. • Espacio comprendido entre dos vigas.
vapor *s.m.* Gas que resulta de la evaporación de un líquido, o de la sublimación de un sólido. • Barco impulsado por una máquina de vapor.
vaporización *s.f.* Acción de vaporizar.
vaporizador, ra *adj. / s.m.* Dícese del aparato para vaporizar.
vaporizar *v.tr. / prnl.* Convertir un líquido en vapor por la acción del calor. • *tr.* Dispersar un líquido en gotitas muy finas.
vaporoso, sa *adj.* Que emite vapores. • De material trasparente o muy fino y ligero.
vapulear *v.tr.* Golpear con fuerza e insistencia.
vapuleo *s.m.* Acción de vapulear.
vaquería *s.f.* Establecimiento donde se guardan o crían vacas y se vende leche.
vaquerizo, za *adj.* Relativo al ganado vacuno. • *s.* Vaquero (pastor).
vaquero, ra *adj.* Propio de los pastores de ganado vacuno. • *s.* Pastor de ganado vacuno.
vaqueta *s.f.* Piel de ternera, curtida y adobada.
vaquilla *s.f. América* Ternera de año y medio a dos años.
vaquillona *s.f. América* Vaca de dos a tres años.
var *s.m.* En electricidad, unidad de potencia reactiva equivalente a una corriente de un ampère.
vara *s.f.* Rama delgada y lisa. • Bastón que es insignia de autoridad. • Cada una de las dos barras de madera entre las que se engancha la caballería al carro o coche. • Antigua unidad de longitud, equivalente a 0,866 metros.
varada *s.f.* Acción de varar.
varadero *s.m.* Sitio donde se varan las embarcaciones para mantenerlas en seco, limpiarlas o repararlas.
varadura *s.f.* Varada.
varal *s.m.* Cada una de las varas donde encajan los travesaños que forman los costados del carro.
varar *v.intr.* Tocar un barco con su quilla el fondo del mar, de un río, etc., y quedar inmovilizado por falta de agua. • *tr.* Sacar a la playa un barco para resguardarlo.
varear *v.tr.* Golpear con una vara. • Derribar con una vara los frutos de los árboles. • En tauromaquia, herir al toro con vara. • *América* Ejercitar a los caballos de carrera en distancias cortas.
varenga *s.f.* Pieza curva atravesada sobre la quilla de un barco. • En los barcos de metal, refuerzo que une las cuadernas.
vareo *s.m.* Acción de varear.
vareta *s.f.* Cierto punto de croché.

vargueño *s.m.* Bargueño.
variable *adj.* Que varía.• Muy propenso a variar. • *s.f.* En matemática, cantidad que puede tomar diferentes valores.
variación *s.f.* Acción de variar.
variado, da *adj.* Que no es siempre igual. • Diferente.
variante *adj.* / *s.f.* Que varía.
variar *v.intr.* Cambiar, modificarse. • *tr.* Hacer diferente una cosa de lo que era antes. • Dar variedad.
várice o **varice** *s.f.* Dilatación permanente de una vena.
varicela *s.f.* Enfermedad infecciosa benigna, que se observa en especial en los niños.
varicoso, sa *adj.* Relativo a las várices. • *adj.* / *s.* Que padece várices.
variedad *s.f.* Cualidad de vario. • Conjunto de cosas diversas.
varilla *s.f.* Barra muy delgada. • Cada una de las tiras que forman la armazón del abanico, del paraguas, etc.
varillaje *s.m.* Conjunto de varillas.
vario, ria *adj.* Diferente, diverso. • *pl.* De cierta cantidad o número.
varioloso, sa *adj.* Relativo a las viruelas. • *adj.* / *s.* Que padece viruelas.
variómetro *s.m.* Instrumento para medir la velocidad en el ascenso o en el descenso de un avión.
varón *s.m.* Persona del sexo masculino.
varonil *adj.* Propio del hombre.
vasallaje *s.m.* Condición de vasallo.
vasallo, lla *adj.* / *s.* En la organización feudal, sujeto a la dependencia de un señor.
vasar *s.m.* Repisa para la vajilla.
vasco, ca *adj.* / *s.* De las provincias vascongadas de España, y de la Alta Navarra. • Del departamento francés de los Bajos Pirineos. • *s.m.* Vascuence.
vascongado, da *adj.* / *s.* De las provincias de Álava, Guipúzcoa o Vizcaya (España). • *s.m.* Vascuence.
vascuence *s.m.* / *adj.* Idioma hablado por los vascos.
vascular *adj.* Relativo a los vasos por donde circulan los flujos orgánicos. • Compuesto de esos vasos.
vaselina *s.f.* Sustancia obtenida del petróleo, que se usa como lubricante en farmacia e industria.
vasija *s.f.* Recipiente profundo, para líquidos o cosas comestibles.
vaso *s.m.* Vasija para contener flores. • Recipiente generalmente cilíndrico, para beber. • En el hombre y los animales, conducto por donde circulan los fluidos orgánicos. • En las plantas, conducto por donde circula la savia. • Casco de las caballerías.
vasoconstricción *s.f.* Contracción de los vasos sanguíneos.
vasodilatación *s.f.* Dilatación de los vasos sanguíneos.
vasodilatador, ra *adj.* / *s.m.* Dícese del medicamento que produce dilatación de los vasos del cuerpo.
vasomotor, ra *adj.* Dícese de los nervios que determinan la contracción o la dilatación de los vasos sanguíneos.
vástago *s.m.* Rama nueva que sale de la planta. • Persona que desciende de otra; en especial, hijo. • Barra articulada en un émbolo para trasmitir un movimiento a otro órgano mecánico.
vastedad *s.f.* Cualidad de vasto.
vasto, ta *adj.* De gran extensión.
vataje *s.m.* Watage.
vate *s.m.* Adivino. • Poeta.
vaticano, na *adj.* Del monte Vaticano. • Relativo al Vaticano. • *s. prop. m.* Palacio o corte del papa.
vaticinador, ra *adj.* / *s.* Que vaticina.
vaticinar *v.tr.* Predecir, profetizar.
vaticinio *s.m.* Acción de vaticinar. • Cosa vaticinada.
vatídico, ca *adj.* / *s.* Vaticinador. • *adj.* Relativo al vaticinio.
vatímetro *s.m.* Watímetro.
vatio *s.m.* Castellanización de la palabra *watt*.
vau *s.f.* Nombre dado a la *u* en diptongo.
ve *s.f.* Nombre de la letra *v*.
vecinal *adj.* Del vecindario o de los vecinos.
vecindad *s.f.* Cualidad de vecino. • Vecindario. • Alrededores.
vecindario *s.m.* Conjunto de los vecinos de un lugar.
vecino, na *adj.* / *s.* Dícese de la persona que habita con otras en una misma casa, barrio, población, etc. • *adj.* Cercano, próximo.

vector *s.m.* Representación geométrica de una magnitud por medio de un segmento de recta de determinada dirección, sentido y longitud.
vectorial *adj.* Relativo al vector.
veda *s.f.* Acción de vedar; en especial, la caza o la pesca. • Período que dura.
vedado, da *adj. / s.m.* Dícese del terreno acotado o donde está prohibido entrar o cazar.
vedamiento *s.m.* Acción de vedar.
vedar *v.tr.* Prohibir o impedir.
vedija *s.f.* Mechón de lana. • Mata de pelo enredada.
vedismo *s.m.* La más antigua religión de la India.
veedor, ra *adj. / s.* Que mira y registra las acciones de otros.
vega *s.f.* Terreno bajo, llano y fértil.
vegetación *s.f.* Acción de vegetar. • Conjunto de los vegetales de una región o de un terreno.
vegetal *adj.* De las plantas. • Que vegeta. • *s.m.* Ser orgánico que crece, vive y se reproduce, pero no cambia de lugar por impulso voluntario.
vegetar *v.intr.* Realizar las plantas sus funciones vitales. • Limitarse una persona a hacer lo necesario para vivir, sin otros intereses.
vegetarianismo *s.m.* Sistema de alimentación constituido exclusivamente por vegetales.
vegetariano, na *adj. / s.* Que se alimenta de vegetales únicamente. • *adj.* Del vegetarianismo.
vegetativo, va *adj.* Que tiene vigor para vegetar. • Relativo a las funciones de nutrición y reproducción.
vehemencia *s.f.* Cualidad de vehemente.
vehemente *adj.* Que obra o se mueve con mucha fuerza y eficacia. • Ardoroso, impetuoso.
vehículo *s.m.* Cualquier artefacto que sirve para trasportar personas o cosas. • Lo que trasporta o conduce algo.
veintavo, va *adj. / s.m.* Dícese de cada una de las veinte partes iguales en que se divide un todo.
veinte *adj. / s.m.* Dos veces diez. • Vigésimo día del mes.
veinteavo, va *adj. / s.m.* Veintavo.
veintena *s.f.* Conjunto de veinte unidades.
veinteñal *adj.* Que dura veinte años.
veinticinco *adj. / s.m.* Veinte y cinco. • Vigésimo quinto día del mes.
veinticuatro *adj. / s.m.* Veinte y cuatro. • Vigésimo cuarto día del mes.
veintidós *adj. / s.m.* Veinte y dos. • Vigésimo segundo día del mes.
veintinueve *adj. / s.m.* Veinte y nueve. • Vigésimo noveno día del mes.
veintiocho *adj. / s.m.* Veinte y ocho. • Vigésimo octavo día del mes.
veintiséis *adj. / s.m.* Veinte y seis. • Vigésimo sexto día del mes.
veintisiete *adj. / s.m.* Veinte y siete. • Vigésimo séptimo día del mes.
veintitrés *adj. / s.m.* Veinte y tres. • Vigésimo tercer día del mes.
veintiún *adj.* Apócope de veintiuno.
veintiuno, na *adj. / s.m.* Veinte y uno. • Vigésimo primer día del mes.
vejación *s.f.* Acción de vejar.
vejamen *s.m.* Vejación. • Sátira en que se destacan los defectos de una persona.
vejar *v.tr.* Someter a un trato desconsiderado y humillante.
vejatorio, ria *adj.* Que veja.
vejestorio *s.m.* En sentido despectivo, hombre o mujer viejos.
vejete *s.m. / adj.* Diminutivo despectivo de viejo. • Viejo ridículo.
vejez *s.f.* Cualidad o estado de viejo. • Edad en la cual se es viejo.
vejiga *s.f.* Bolsa muscular y membranosa que recibe la orina de los uréteres, la contiene y la expulsa por la uretra. • Ampolla en la piel.
vejiguilla *s.f.* Ampolla en la piel.
1. vela *s.f.* Acción de velar o permanecer despierto. • Cuerpo cilíndrico de una materia grasa, con una mecha en su interior, que sirve para alumbrar. • Tiempo destinado por la noche a trabajar en algo.
2. vela *s.f.* Pieza de lona que se iza en los mástiles de un barco y, desplegada, trasmite a este el impulso que recibe del viento.
velada *s.f.* Reunión nocturna destinada a la conversación, juego, etc.

velador, ra *adj./s.* Que vela. • *s.m.* Mesita de un solo pie. • *América* Lámpara de mesa, de luz tenue.
veladura *s.f.* Tinta trasparente para suavizar los tonos de una pintura.
velamen *s.m.* Conjunto de las velas de un barco.
1. velar *v.intr.* Permanecer despierto el tiempo destinado a dormir. • Cuidar solícitamente de una persona o cosa. • *tr.* Asistir de noche a un enfermo o acompañar el cadáver de una persona recién fallecida.
2. velar *v.tr./prnl.* Cubrir con un velo. • Disimular, ocultar.
3. velar *adj.* Del velo del paladar.
velatorio *s.m.* Acto de velar a un difunto.
veleidad *s.f.* Inconstancia, volubilidad.
veleidoso, sa *adj.* Que se caracteriza por su veleidad; inconstante.
velero, ra *adj./s.m.* Dícese de la embarcación que se mueve por medio de velas. • Dícese de la embarcación de vela muy ligera. • *s.* Persona que hace o vende velas para barcos.
veleta *s.f.* Pieza metálica giratoria que se pone en sitios altos para indicar la dirección del viento.
velete *s.m.* Velo delgado.
vello *s.m.* Pelos finos y cortos que cubren algunas partes del cuerpo humano. • Pelusilla que recubre algunos frutos y plantas.
vellocino *s.m.* Vellón de un carnero u oveja.
vellón *s.m.* Toda la lana de un carnero u oveja esquilados. • Zalea. • Guedeja de lana.
vellorita *s.f.* Planta herbácea, perenne, cultivada como ornamental.
vellosidad *s.f.* Abundancia de vello. • Cualidad de velloso.
vellosilla *s.f.* Planta herbácea vivaz, usada como astringente.
velloso, sa *adj.* Que tiene vello.
velludo, da *adj.* Que tiene mucho vello. • *s.m.* Felpa o terciopelo.
velo *s.m.* Tela trasparante con que se cubre ligeramente una cosa. • Prenda de tela muy fina usada por las mujeres para cubrirse la cabeza o la cara. • *velo del paladar* Porción muscular de la parte posterior del paladar.
velocidad *s.f.* Rapidez en el movimiento. • Cociente entre el espacio que recorre un cuerpo y el tiempo que tarda en recorrerlo.
velocímetro *s.m.* Aparato que indica en un vehículo la velocidad de traslación.
velocípedo *s.m.* Vehículo de dos o tres ruedas movido con pedales.
velódromo *s.m.* Lugar para carreras de bicicletas.
velomotor *s.m.* Ciclomotor.
velón *s.m.* Vela grande. • Lámpara de metal, para aceite, con uno o varios mecheros.
velón, na *adj./s. América* Que mira con ansiedad la comida o los bienes ajenos. • Pedigüeño.
1. velorio *s.m.* Velada pueblerina con diversiones. • Velatorio.
2. velorio *s.m.* Ceremonia de tomar el velo una novicia religiosa.
veloz *adj.* Ligero, rápido.
vena *s.f.* Vaso sanguíneo que lleva la sangre al corazón. • Filón metalífero. • En una planta, nervio de la hoja. • Conducto subterráneo, natural, por donde circula el agua. • Línea ondulada de ciertas piedras y maderas. • Disposición favorable para cierta actividad.
venablo *s.m.* Lanza corta arrojadiza.
venado *s.m.* Ciervo.
venal *adj.* Destinado a la venta. • Que se deja sobornar con dádivas.
venalidad *s.f.* Cualidad de venal.
venático, ca *adj./s.* Maniático, loco.
vencedor, ra *adj./s.* Que vende.
vencejo *s.m.* Lazo con que se atan las mieses. • Ave parecida a la golondrina, que anida en los aleros de los tejados.
vencer *v.tr.* Derrotar a un enemigo o competidor. • Imponer la voluntad. • Superar dificultades. • *intr.* Cumplirse un plazo. • *tr./prnl.* Rendir la fuerza o el peso de cosas físicas o morales.
vencetósigo *s.m.* Planta perenne que produce fibra para la industria textil.
vencimiento *s.m.* Inclinación de una cosa por el peso de otra. • Cumplimiento de un plazo.
venda *s.f.* Tira de gasa usada para ligar un miembro, cubrir una herida o sujetar un apósito.

vendaje *s.m.* Ligadura hecha con vendas.
vendar *v.tr.* Atar o cubrir con vendas.
vendaval *s.m.* Viento muy fuerte.
vendedor, ra *adj. / s.* Que vende.
vender *v.tr.* Entregar algo por un precio convenido. • Ofrecer mercaderías para ser compradas. • Traicionar. • *prnl.* Obrar con deshonestidad para sacar provecho.
vendimia *s.f.* Recolección de la uva. • Época en que se realiza.
vendimiar *v.tr.* Recolectar la uva.
veneciano, na *adj. / s.* De Venecia (Italia).
veneno *s.m.* Sustancia tóxica que, introducida en un organismo vivo en pequeñas cantidades, le ocasiona graves trastornos o la muerte. • Cosa que perjudica la salud o la moral.
venenoso, sa *adj.* Que contiene veneno.
venera *s.f.* Concha semicircular que se cosían en la ropa los peregrinos. • Insignia distintiva de algunas órdenes militares y eclesiásticas.
venerable *adj.* Digno de veneración.
veneración *s.f.* Acción de venerar.
venerando, da *adj.* Venerable.
venerar *v.tr.* Sentir respeto y devoción por una persona o una cosa. • Honrar a Dios y a los santos.
venéreo, a *adj.* Dícese de las enfermedades contagiosas que se contraen en una relación sexual.
venero *s.m.* Filón de un mineral. • Manantial de agua.
véneto, ta *adj. / s.* Veneciano.
venezolanismo *s.m.* Palabra o expresión peculiares del español de los venezolanos.
venezolano, na *adj. / s.* De Venezuela (América).
vengador, ra *adj. / s.* Que venga o se venga.
venganza *s.f.* Acción y efecto de vengar o vengarse.
vengar *v.tr. / prnl.* Causar un daño a una persona en respuesta al daño recibido de ella.
vengativo, va *adj.* Predispuesto a vengarse de un daño recibido.
venia *s.f.* Consentimiento, permiso. • *América* Saludo militar.
venial *adj.* Que infringe de manera leve una ley, un precepto moral o religioso, una norma, etc.
venialidad *s.f.* Cualidad de venial.
venida *s.f.* Acción de venir.
venidero, ra *adj.* Que ha de suceder o de existir en el futuro.
venir *v.intr.* Moverse hacia un lugar donde está el que habla. • Llegar a ocurrir una cosa. • Proceder, provenir. • Surgir en una persona un pensamiento, una sensación, etc. • Con *bien* o *mal*, resultar, sentar. • *prnl.* Caerse o hundirse una cosa.
venoso, sa *adj.* Relativo a las venas. • Que tiene venas en cantidad.
venta *s.f.* Acción de vender. • Posada para hospedar pasajeros.
ventaja *s.f.* Situación favorable. • Superioridad o mejora de una persona o cosa respecto de otra.
ventajear *v.tr. América* Obtener ventaja.
ventajero, ra *adj. / s América* Ventajista.
ventajista *adj. / s.m. y f.* Dícese del que procura obtener ventajas por cualquier medio.
ventajoso, sa *adj.* Que tiene u ofrece ventajas.
ventana *s.f.* Abertura que se deja en una pared para dar luz y ventilación.
ventanal *s.m.* Ventana grande.
ventanilla *s.f.* Abertura pequeña que hay en los bancos, despachos, etc., para distintos usos.
ventanillo *s.m.* Postigo pequeño de una puerta o ventana. • Mirilla.
ventarrón *s.m.* Viento muy fuerte.
ventear *v.tr.* Olfatear los animales el aire. • Indagar. • *prnl.* Agrietarse.
ventilación *s.f.* Acción de ventilar. • Abertura para ventilar.
ventilador *s.m.* Artefacto que impulsa o remueve el aire en una habitación. • Abertura hecha en una habitación para renovar el aire.
ventilar *v.tr.* Hacer circular o penetrar el aire en un recinto. • Exponer al aire libre. • Dilucidar.
ventisca *s.f.* Borrasca de viento y nieve. • Viento fuerte.
ventiscar *v.intr.unipers.* Nevar con viento fuerte.

ventisquero *s.m.* Sitio en las montañas donde se conservan la nieve y el hielo.
ventolera *s.f.* Golpe de viento fuerte.
ventolina *s.f.* Viento suave y variable.
ventosa s.f. Abertura hecha en un lugar para dar paso al aire. • Órgano de ciertos animales para adherirse, o para asir las presas. • Vaso que, después de haber enrarecido el aire en su interior, se aplica sobre la piel para su irrigación.
ventosear *v.intr.* Expeler gases del intestino.
ventosidad *s.f.* Gases intestinales; en especial, cuando se expelen.
ventoso, sa *adj.* Dícese del día o del tiempo en que hay viento.
ventral *adj.* Relativo al vientre.
ventricular *adj.* Relativo al ventrículo.
ventrículo *s.m.* Cavidad del corazón provista de paredes musculares, cuya contracción impulsa la sangre en las arterias.
ventrílocuo, cua *adj.* / *s.* Que tiene la habilidad de modificar la voz de manera que, sin abrir la boca, aquella parezca venir de distintos sitios.
ventriloquia *s.f.* Habilidad del ventrílocuo.
ventura *s.f.* Felicidad, dicha. • Suerte buena o mala.
venturoso, sa *adj.* Que disfruta de felicidad o la ocasiona.
venus *s.f.* Mujer muy bella. • Nombre de ciertos moluscos de concha oval.
venusto, ta *adj.* Muy hermoso.
ver *v.tr.* Percibir por el sentido de la vista.• Entender. • Observar, examinar. Visitar. • Investigar. • *prnl.* Encontrarse en determinado estado o situación; hallarse.
vera *s.f.* Orilla.
veracidad *s.f.* Cualidad de veraz.
veraneante *adj.* / *s.m. y f.* Que veranea.
veranear *v.intr.* Pasar las vacaciones de verano en algún sitio.
veraneo *s.m.* Acción de veranear.
veraniego, ga *adj.* Relativo al verano.
veranillo *s.m.* Tiempo breve de calor en otoño.
verano *s.m.* Estación del año que comienza en el solsticio del mismo nombre y termina en el equinoccio de otoño.
veras *s.f.pl.* Verdad o eficacia en las cosas que se hacen o dicen.
veraz *adj.* Que se atiene siempre a la verdad.
verba *s.f.* Labia o locuacidad.
verbal *adj.* Referente a la palabra. • Que se hace de palabra. • Del verbo. • Dícese de los sustantivos, adjetivos o adverbios derivados del verbo.
verbalismo *s.m.* Propensión a dar más importancia a las palabras que a los conceptos.
verbena *s.f.* Nombre de varias plantas herbáceas, ornamentales, de flores de varios colores. • Velada y fiesta popular.
verbigracia *adv.* Se usa para anunciar o corroborar un ejemplo.
verbo *s.m.* Palabra o lenguaje. • Clase de palabras que designan las acciones o estado de los seres y las cosas. • *prop.* Segunda persona de la Santísima Trinidad.
verboide *s.m.* Nombre dado por algunos gramáticos al infinitivo, al participio y al gerundio.
verborragia *s.f.* Locuacidad excesiva.
verborrea *s.f.fam.* Verborragia.
verbosidad *s.f.* Uso excesivo de palabras para expresar algo.
verboso, sa *adj.* Que usa exceso de palabras para expresar algo.
verdad *s.f.* Correspondencia perfecta del pensamiento con la cosa representada. • Conformidad de lo que se dice con lo que se siente o piensa. • Cosa cierta. • Realidad.
verdadero, ra *adj.* Conforme a la verdad. • Real o efectivo.
verdal *adj.* Dícese de ciertas frutas que tienen color verde aun después de maduras.
verde *adj.* / *s.m.* De color semejante al de la esmeralda. • *adj.* Dícese de las plantas que aún conservan savia. • No marchito ni seco. • No maduro. • *fam.* Inexperto. • *fam.* Obsceno e inconveniente. • *s.m.* Hierba de campo.
verdear *v.intr.* Tender al color verde. • Mostrar una cosa color verde. • Empezar a brotar las plantas.
verdecer *v.intr.* Reverdecer.
verdecillo *s.m.* Verderón.

verdegal *s.m.* Sitio muy verde en el campo.
verdemar *adj. / s.m.* De color semejante al verde que toma el mar.
verderón *s.m.* Pájaro cantor, parecido al gorrión, pero de plumaje verde y amarillo.
verdín *s.m.* Color verde de las plantas que aún no han madurado. • Esas plantas. • Capa formada por plantas criptógramas en aguas estancadas y sitios húmedos. • Cardenillo del cobre.
verdinegro, gra *adj.* De color verde muy oscuro.
verdinoso, sa *adj.* Cubierto de verdín.
verdolaga *s.f.* Planta herbácea anual de tallos y hojas carnosos, comestibles.
verdón *s.m.* Verderón.
verdor *s.m.* Color verde de las plantas.
verdoso, sa *adj.* Que tira a verde.
verdoyo *s.m.* Verdín.
verdugal *s.m.* Monte bajo que, después de cortado, se cubre de renuevos.
verdugo *s.m.* Renuevo o vástago del árbol. • El que ejecuta las penas de muerte. • Persona cruel.
verdugón *s.m.* Verdugo (renuevo). • Roncha en el cuerpo.
verdulería *s.f.* Tienda de verduras.
verdulero, ra *s.* El que vende verduras.
verdura *s.f.* Hortalizas; en especial, las de hojas verdes. • Verdor.
verdusco, ca *adj.* Que tira a verde oscuro.
verecundia *s.f.* Vergüenza.
verecundo, da *adj.* Que se avergüenza.
vereda *s.f.* Camino angosto por el que pasan continuamente personas o animales. • *América* Acera.
veredicto *s.m.* Fallo de un jurado sobre un caso sometido a juicio. • Juicio autorizado.
verga *s.f.* En marina, percha que sirve para fijar una vela.
vergé *adj.* Dícese del papel que tiene una filigrana de rayitas paralelas y perpendiculares.
vergel *s.m.* Huerto con variedad de flores y árboles frutales.
verglás *s.m.* Escarcha menuda.
vergonzante *adj.* Que tiene vergüenza. • Que por vergüenza procede de un modo encubierto.
vergonzoso, sa *adj.* Que se avergüenza con facilidad. • Que causa vergüenza.
vergüenza *s.f.* Deshonra, humillación, oprobio. • Timidez, recato. • Estimación de la propia dignidad. • Cosa indigna o escandalosa.
vericueto *s.m.* Sitio alto y escarpado por donde es difícil andar.
verídico, ca *adj.* Que responde a la verdad o tiene posibilidades de ser verdadero.
verificación *s.f.* Acción de verificar.
verificador, ra *adj. / s.* Que verifica.
verificar *v.tr.* Comprobar la exactitud de una acción, un resultado, etc. • Realizar una cosa. • Ejercer un control.
verija *s.f.* Pubis.
veril *s.m.* Orilla o borde de un canal, banco, etc.
verilear *v.intr.* Navegar por un veril.
verismo *s.m.* Doctrina estética según la cual el arte debe reflejar la realidad sin atenuarla.
verja *s.f.* Enrejado que sirve de puerta, ventana o cerca.
verjurado, da *adj.* Vergé.
verme *s.m.* Gusano.
vermicida *adj. / s.m.* Vermífugo.
vermicular *adj.* Que tiene gusanos o los produce. • Semejante a un gusano.
vermiculita *s.f.* Variedad de mica.
vermiforme *adj.* En forma de gusano.
vermífugo, ga *adj. / s.m.* Dícese del medicamento para combatir gusanos [sinón: *vermicida*].
vermis *s.m.* Gusano parásito.
vermú *s.m.* Aperitivo compuesto de vino blanco, ajenjo y otras sustancias. • *f. América* Función de cine o de teatro vespertinas.
vermut *s.m.* Vermú.
vernáculo, la *adj.* Propio del país o de la región.
vernal *adj.* Relativo a la primavera.
vernier *s.m.* Nonio.
veronal *s.m.* Barbitúrico usado como hipnótico.
verónica *s.f.* Nombre de diversas plantas herbáceas ornamentales. • Cierto lance del torero.
verosímil *adj.* Que tiene apariencia de verdadero.

verosimilitud *s.f.* Cualidad de verosímil.
verraco *s.m.* Cerdo macho que es dedicado a la procreación.
verraquear *v.intr.fam.* Llorar con rabia un niño.
verraquera *s.f. fam.* Llanto muy fuerte y con rabia de los niños.
verruga *s.f.* Excrecencia cutánea pequeña y redondeada. • Prominencia formada en la superficie de una cosa; en especial, de una planta.
versado, da *adj.* Que entiende de cierta cosa; entendido.
versal *adj. / s.f.* En imprenta, letra mayúscula.
versalilla *adj. / s.f.* Versalita.
versalita *adj. / s.f.* Dícese de la letra mayúscula del mismo tamaño que la minúscula.
versallesco, ca *adj.fam.* Dícese del lenguaje y de los modales muy galantes.
versar *v.intr.* Tratar determinada materia, o referirse a ella. • Dar vueltas.
versátil *adj.* Que se vuelve o dobla fácilmente. • Inconstante, voluble.
versatilidad *s.f.* Cualidad de versátil.
versículo *s.m.* Breve división de ciertos libros, en especial de la Biblia. • Verso de un poema sin rima.
versificación *s.f.* Acción de versificar y forma en que está versificada una obra. • Técnica de la composición de los versos y de sus combinaciones.
versificar *v.intr.* Componer versos. • *tr.* Poner en verso lo escrito en prosa.
versión *s.f.* Traducción de un texto. • Forma que adopta la narración de un suceso, un texto escrito, etc.
verso *s.m* Palabra o conjunto de palabras, sujetas a medida y cadencia, según ciertas reglas.
vértebra *s.f.* Cada uno de los huesos que forman la columna vertebral.
vertebrado, da *adj.* Que tiene vértebras. • *adj. / s.m.* Dícese del animal dotado de esqueleto interno, óseo o cartilaginoso, que tiene por eje la columna vertebral, como los peces, reptiles, aves, mamíferos, etc.
vertebral *adj.* Relativo a las vértebras.
vertedera *s.f.* Pieza del arado para voltear y extender la tierra.
vertedero *s.m.* Sitio por donde se vierte algo; en especial, escombros.
vertedor, ra *adj. / s.* Que vierte. • *s.m.* Canal para dar salida al agua.
verter *v.tr.* Derramar líquidos o cosas menudas de un recipiente a otro. • Inclinar una vasija para vaciar su contenido. • Traducir. • *intr.* Correr el agua por una pendiente.
vertical *adj. / s.f.* Dícese de la recta o plano perpendiculares al horizonte.
verticalidad *s.f.* Cualidad de vertical.
vértice *s.m.* Punto de intersección de los lados de un ángulo. • Punto en que concurren tres o más planos. • Cúspide de un cono.
verticilado, da *adj.* Dícese de las hojas, ramas, etc., dispuestas en forma de verticilo.
verticilo *s.m.* Conjunto de tres o más ramas, hojas, etc., dispuestas en un mismo plano alrededor de un tallo.
vertiente *adj.* Que vierte. • *s.ambig.* Declive por donde corre el agua. • *f.* Aspecto de algo.
vertiginoso, sa *adj.* Relativo al vértigo. • Que lo ocasiona.
vértigo *s.m.* Sensación de pertubación del equilibrio que sufren algunas personas al mirar hacia abajo desde cierta altura. • Apresuramiento anormal de las actividades.
vertisol *s.m.* Suelo rico en arcillas.
vesania *s.f.* Demencia, locura.
vesánico, ca *adj.* Relativo a la vesania. • *adj. / s.* Que la padece.
vesical *adj.* Relativo a la vejiga urinaria.
vesícula *s.f.* Órgano del cuerpo en forma de bolsa o saquito. • Ampolla en la piel. • Pequeña ampolla de ciertas plantas.
vesicular *adj.* Relativo a la vesícula. • En forma de vesícula.
vespertilio *s.m.* Murciélago.
vespertino, na *adj.* Del atardecer.
vestal *adj. / s.f.* Dícese de las doncellas romanas consagradas al culto de la diosa Vesta.
vestíbulo *s.m.* Portal de la entrada de un edificio. • Antesala.
vestido *s.m.* Lo que sirve para cubrir el cuerpo humano.

vestidura *s.f.* Vestido. • *pl.* Vestido que, sobrepuesto al común, usan los sacerdotes para el culto.
vestigio *s.m.* Señal o memoria que queda de un suceso. • Indicio.
vestimenta *s.f.* Conjunto de prendas de vestir de una persona.
vestir *v.tr.* Cubrir el cuerpo con el vestido. • Cubrir una cosa para protegerla. • *intr./prnl.* Llevar el vestido.
vestuario *s.m.* Vestimenta. • Conjunto de trajes necesarios para una representación teatral. • Lugar del teatro donde se visten los actores.
veta *s.f.* Franja de una materia distinguible de la masa en que se halla interpuesta. • Filón, vena.
vetar *v.tr.* Poner el veto a una proposición, acuerdo o medida.
veteado, da *adj.* Que tiene vetas. • *s.m.* Conjunto de las vetas que tiene un material.
vetear *v.tr.* Dibujar o pintar vetas en un material.
veteranía *s.f.* Cualidad de veterano.
veterano, na *adj./s.m.* Antiguo y experimentado en cualquier profesión; en especial, en la milicia.
veterinaria *s.f.* Ciencia que trata sobre la curación de las enfermedades de los animales.
veterinario, ria *adj.* Relativo a la veterinaria. • *s.* Profesional que la ejerce.
vetiver *s.m.* Planta herbácea, perenne, de cuyas raíces y rizomas se extrae una esencia aromática.
veto *s.m.* Derecho que tiene una autoridad para oponerse a la aprobación de una ley.
vetustez *s.f.* Cualidad de vetusto.
vetusto, ta *adj.* Muy antiguo, de mucha edad.
vez *s.f.* Cada realización de un suceso o de una acción en momentos y circunstancias distintos. • Ocasión en que se hace algo.
veza *s.f.* Algarroba.
vía *s.f.* Camino. • Apoyo y guía de las ruedas de los vehículos ferroviarios y tranviarios. • Conducto del cuerpo. • Procedimiento.
viabilidad *s.f.* Cualidad de viable.
viable *adj.* Capaz de vivir. • Que puede realizarse.
vía crucis *loc.s.m.* Ejercicio piadoso en que se conmemoran los pasos de Jesucristo en su camino al Calvario. • Padecimiento prolongado.
viaducto *s.m.* Obra arquitectónica a manera de un puente, hecha sobre una hondonada.
viajante *adj./s.m. y f.* Que viaja. • *s.m. y f.* Agente comercial que opera en distintas ciudades.
viajar *v.intr.* Trasladarse de un lugar a otro por cualquier medio de locomoción.
viaje *s.m.* Acción de viajar. • Ida de un lugar a otro.
viajero, ra *adj./s.* Que viaja.
vial *adj.* Perteneciente o relativo a las vías.
vialidad *s.f.* Conjunto de servicios pertenecientes a las vías públicas.
vianda *s.f.* Cualquier clase de comida preparada.
viandante *s.m. y f.* El que anda a pie, por un camino, una calle, etc.
viario, ria *adj.* Relativo a los caminos y carreteras.
viático *s.m.* Subvención que se paga a un empleado o funcionario que viaja. • Comunión administrada a un enfermo grave.
víbora *s.f.* Reptil de cabeza triangular, que tiene dos dientes por los cuales al morder sale veneno.
viborear *v.intr. América* Serpentear.
viborezno *s.m.* Cría de la víbora.
vibración *s.f.* Acción de vibrar.
vibrador, ra *adj.* Que vibra. • *s.m.* Aparato electromecánico para producir vibraciones.
vibráfono *s.m.* Instrumento musical similar al xilofón.
vibrante *adj.* Que vibra.
vibrar *v.intr.* Moverse las partículas de un cuerpo elástico en forma repetida y rápida a uno y otro lado de sus puntos de equilibrio. • *tr.* Dar un movimiento vibratorio a una cosa larga, delgada y elástica.
vibrátil *adj.* Que vibra; dícese, en especial, de ciertos órganos.
vibratorio, ria *adj.* Que vibra o es capaz de vibrar.

vibrión *s.m.* Clase de bacterias en forma de coma.
viburno *s.m.* Cierto arbusto, ornamental de flores blanquecinas y olorosas.
vicaria *s.f.* Segunda superiora en algunos conventos de monjas.
vicaría *s.f.* Oficio, dignidad y jurisdicción del vicario.
vicariato *s.m.* Vicaría. • Tiempo que dura el oficio de vicario.
vicario, ria *adj.* / *s.* Que sustituye a otro; en especial, dícese del religioso que sustituye a un superior.
vicealmirantazgo *s.m.* Dignidad de vicealmirante.
vicealmirante *s.m.* En la armada, grado inmediatamente inferior al de almirante.
vicecónsul *s.m.* Funcionario inmediatamente inferior al cónsul.
viceconsulado *s.m.* Cargo y oficina del vicecónsul.
vicegobernador, ra *s.* El que está facultado para suplir al gobernador.
vicenal *adj.* Que sucede o se repite cada veinte años. • Que dura veinte años.
vicepresidencia *s.f.* Cargo de vicepresidente.
vicepresidente, ta *s.* El que está facultado para suplir al presidente.
vicerrector, ra *s.* El que está facultado para suplir al rector.
viceversa *adv.* Con respecto a una afirmación, de manera inversa o recíproca.
viciado, da *adj.* Dícese del aire cargado de impurezas.
viciar *v.tr.* Hacer viciosas las costumbres o modos de vida. • Quitar validez a una cosa. • Falsificar, adulterar. • *prnl.* Enviciarse.
vicio *s.m.* Falta que quita valor a una cosa. • Hábito de obrar mal. • Defecto o alabeo de una superficie. • Placer censurable. • Cariño, mimo. • Frondosidad excesiva.
vicioso, sa *adj* / *s.* Que tiene algún vicio. • *adj.* Dícese de los usos del lenguaje imperfecto. • Vigoroso.
vicisitud *s.f* Alternacia de sucesos que se oponen. • Hecho que produce un cambio brusco.
víctima *s.f.* El que resulta dañado por una acción o un suceso. • En la antigüedad, persona o animal destinados al sacrificio.
victimar *v.tr.* Asesinar, matar.
victimario, ria *s.* Persona que asesina.
victorear *v.tr.* Vitorear.
1. victoria *s.f.* Acción de vencer.
2. victoria *s.f.* Coche de dos asientos, abierto y con capota.
victorioso, sa *adj.* Que ha conseguido una victoria. • Dícese de las acciones en que se consigue una victoria.
vicuña *s.f.* Mamífero rumiante, de pelo largo y sedoso muy estimado para fabricar tejidos.
vichar *v.tr.* / *intr. fam. América* Espiar, avizorar.
vichear *v.tr.* / *intr. fam. América* Vichar.
vid *s.f.* Planta perenne, trepadora, cuyo fruto es la uva.
vida *s.f.* Facultad de los hombres, los animales y las plantas, para desarrollarse, renovar la propia sustancia y reproducirse. • Espacio de tiempo desde el nacimiento hasta la muerte. • Duración de las cosas. • Biografía. • Actividad de un ser natural o de un organismo social. • Animación, viveza.
vidala *s.f.* Canción breve y nostálgica, del norte argentino.
vidalita *s.f.* Canción melancólica, del centro y del litoral argentinos.
vidente *adj.* / *s.m. y f.* Que es capaz de adivinar el porvenir.
vídeo *s.m.* Sistema que permite el envío y la recepción de imágenes televisadas.
videocinta *s.f.* Cinta magnética que registra señales de videofrecuencia.
videodisco *s.m.* Disco en donde se registran imágenes y sonidos, que pueden ser reproducidos en un televisor mediante un rayo láser.
videofrecuencia *s.f.* Señal de frecuencia apta para trasmitir programas de televisión.
vidicón *s.m.* Tubo electrónico analizador de las imágenes de televisión.
vidriado, da *s.m.* / *adj.* Revestimiento vítreo que recubre un objeto de cerámica. • *adj.* Quebradizo.
vidriar *v.tr.* Dar un vidriado a un objeto de cerámica.

vidriera *s.f.* Bastidor con vidrios con que se cierran puertas y ventanas. • Escaparate.
vidriera *s.f.* Establecimiento y actividad del vidriero.
vidriero *s.m.* El que trabaja en vidrios, o los coloca.
vidrio *s.m.* Sustancia sólida, dura, frágil y trasparente, que resulta de fundir sílice con sosa o potasa.
vidrioso, sa *adj.* Quebradizo. • Resbaladizo. • Dícese de los asuntos difíciles de tratar.
vidual *adj.* Relativo a la viudez.
vidueño *s.m.* Viduño.
viduño *s.m.* Variedad de vid.
vieira *s.f.* Cierto molusco comestible.
viejo, ja *adj./s.* Que tiene mucha edad. • *adj.* Antiguo. • Estropeado por el uso. • *s.f.* Cierto pez de los ríos de América del Sur.
vienés, sa *adj./s.* De Viena (Austria).
viento *s.m.* Corriente de aire producida en la atmósfera por causas naturales. • Rumbo de la rosa de los vientos.
vientre *s.m.* Cavidad del cuerpo que contiene los órganos del aparato digestivo y del genitourinario. • Vísceras que contiene dicha cavidad. • Parte abultada de algo.
viernes *s.m.* Sexto día de la semana.
vietnamita *adj./s.m. y f.* De Vietnam (Asia).
viga *s.f.* En construcción, elemento de diversos materiales que sirve para soportar una carga.
vigencia *s.f.* Cualidad de vigente.
vigente *adj.* Que rige en un momento determinado.
vigesimal *adj.* Dícese del sistema de numeración cuya base es veinte.
vigésimo, ma *adj./s.m.* Que sigue en orden al decimonoveno. • Dícese de cada una de las veinte partes iguales en que se divide un todo.
vigía *s.f.* Atalaya. • *m. y f.* Persona que vigila un lugar, en especial desde una atalaya.
vigilancia *s.f.* Acción de vigilar.
vigilante *adj.* Que está en actitud de vigilar. • *s.m.* El encargado de vigilar una cosa.
vigilar *v.tr.* Observar a una persona o cosa para evitar que hagan o reciban algún daño.
vigilia *s.f.* Estado del que está despierto o en vela. • Víspera de una festividad religiosa. • Comida con abstinencia de carne.
vigor *s.m.* Energía, fuerza. • Pujanza. • Expresión enérgica en una obra artística o literaria.
vigorizar *v.tr.* Dar vigor.
vigoroso, sa *adj.* Que tiene vigor.
vigueta *s.f.* Barra de hierro laminada usada en construcción.
vihuela *s.f.* Antiguo instrumento musical parecido a la guitarra. • *América* Guitarra.
vikingo *s.m.* Viquingo.
vil *adj.* Falto de nobleza; servil. • Falto de valor material o espiritual.
vilano *s.m.* Conjunto de pelos delgados que coronan el fruto de muchas plantas.
vilela *adj./s.m. y f.* Dícese de un grupo indígena que habitaba la región central y norte de la Argentina.
vileza *s.f.* Cualidad de vil. • Acción vil.
vilipendiar *v.tr.* Denigrar, insultar.
vilipendio *s.m.* Acción de vilipendiar. • Deshonra.
villa *s.f.* Casa de recreo en el campo. • Población más importante que una aldea.
villancico *s.m.* Canción popular y religiosa que se canta en Navidad.
villanesco, ca *adj.* De villanos.
villanía *s.f.* Condición de villano. • Acción vil.
villano, na *adj./s.* Plebeyo. • Que comete acciones innobles. • *adj.* Ruin, indigno.
villorrio *s.m.* Población pequeña y poco urbanizada.
vilo (en) *loc.adv.* Sin el apoyo necesario. • Con inquietud por alguna dificultad.
vilorta *s.f.* Arbusto trepador de flores blancas y perfumadas.
vilorto *s.m.* Vilorta.
vinagre *s.m.* Líquido agrio obtenido por la fermentación ácida del vino.
vinagrera *s.f.* Vasija destinada al vinagre de uso diario. • *pl.* Aceiteras.

vinagreta *s.f.* Salsa hecha con aceite, cebolla y vinagre.
vinagrillo *s.m. América* Planta herbácea, perenne, con rizomas comestibles de sabor ácido.
vinajera *s.f.* Cada una de las dos jarritas que contienen el agua y el vino usados en la misa.
vinal *s.m. América* Cierto árbol muy espinoso, usado para hacer carbón.
vinariego *s.m.* El que posee viñas y es práctico en su cultivo.
vinatería *s.f.* Establecimiento donde se vende vino.
vinatero, ra *adj.* Del vino. • *s.* El que vende vino.
vincha *s.f. América* Cinta para sujetar el cabello.
vinchuca *s.f. América* Insecto hematófago, que vive en los techos de paja; su picadura acarrea graves trastornos orgánicos.
vinculación *s.f.* Acción y efecto de vincular o vincularse,
vincular *v.tr./prnl.* Establecer vínculos entre una cosa y otra. • *tr.* En derecho, sujetar los bienes a vínculo.
vínculo *s.m.* Unión de una persona o cosa con otra. • Circunstancia de estar sujeta una propiedad, por disposición de su dueño, a ser trasmitida a un heredero expreso.
vindicar *v.tr.* Vengar. • Defender al que es atacado injustamente. • Reivindicar.
vindicativo, va *adj.* Vengativo. • Vindicatorio.
vindicatorio, ria *adj.* Que sirve para vindicar o defender.
vindicta *s.f.* Venganza.
vinería *s.f. América* Vinatería.
vínico, ca *adj.* Relativo al vino.
vinícola *adj.* Relativo a la elaboración de vinos.
vinicultor, ra *s.* El que se dedica a la elaboración de vinos.
vinicultura *s.f.* Elaboración de vinos.
vinificación *s.f.* Proceso de la elaboración del vino.
vinílico, ca *adj.* Relativo al vinilo.
vinilo *s.m./adj.* Radical orgánico formado por carbono e hidrógeno.
vino *s.m.* Bebida alcohólica obtenida de la fermentación del mosto de la uva.
vinoso, sa *adj.* Que tiene las propiedades o la apariencia del vino.
viña *s.f.* Terreno plantado de vides.
viñador, ra *s.* El que trabaja en las viñas.
viñatero, ra *adj. América* Relativo al viñedo. • *s.* Propietario de un viñedo.
viñedo *s.m.* Viña extensa.
viñeta *s.f.* Dibujo que se pone como adorno en el principio o al fin de los libros y capítulos.
viola *s.f.* Instrumento musical similar al violín, pero de mayor tamaño.
violáceo, a *adj./s.m.* Violeta (dicho del color).
violación *s.f.* Acción de violar.
violado, da *adj./s.m.* Violeta (dicho del color).
violar *v.tr.* Infringir o quebrantar una ley, precepto, etc. • Forzar sexualmente un hombre a una mujer.
violencia *s.f.* Cualidad de violento. • Acción violenta.
violentar *v.tr.* Obligar a hacer una cosa contra la voluntad. • Hacer fuerza sobre una cosa. • Interpretar el significado de un texto de un modo falso.
violento, ta *adj.* Que se hace o sucede con brusquedad o mucha fuerza. • Iracundo, irascible. • Que se hace a disgusto o de modo no natural.
violeta *s.f.* Planta herbácea ornamental, con flores casi siempre de color morado. • *adj/s.m.* De color parecido al de esas flores.
violín *s.m.* Instrumento musical de cuerda y de arco, de sonido muy dulce. • Violinista.
violinista *s.m. y f.* Músico que toca el violín.
violón *s.m.* Contrabajo.
violoncelista *s.m. y f.* Violonchelista.
violoncelo *s.m.* Violonchelo.
violonchelista *s.m. y f.* Músico que toca el violonchelo.
violonchelo *s.m.* Instrumento musical de cuerda y de arco, más grande que el violín.
viperino, na *adj.* Relativo a la víbora. • Como de víbora.
viquingo *s.m.* Normando.

vira *s.f.* Flecha delgada y de punta muy aguda.
viracocha *s.m.* Nombre aplicado por los indios peruanos y chilenos a los conquistadores españoles.
virador *s.m.* En marina, cabo grueso con diversos usos. • Baño usado en fotografía para virar.
virago *s.f.* Mujer varonil.
viraje *s.m.* Acción de virar.
viral *adj.* Relativo a los virus.
virar *v.intr.* Cambiar de dirección en su marcha un automóvil, un barco, etc. • *tr.* En fotografía, someter el papel impresionado a la acción de un líquido para fijar el color.
viravira *s.f. América* Planta herbácea, perenne, ornamental y medicinal.
virazón *s.f.* Viento suave que durante el día sopla del mar.
vireo *s.m.* Oropéndola.
virgen *adj./s.f.* Que no ha hecho unión sexual. • *adj.* Dícese de las cosas que conservan su integridad y pureza originales. • Dícese de la tierra que no ha sido cultivada. • *s.prop.f.* La madre de Jesucristo.
virgiliano, na *adj.* Propio y característico del poeta Virgilio.
virginal *adj.* De virgen o como de virgen.
virginidad *s.f.* Estado de virgen.
virgo *s.m.* Virginidad.
vírgula *s.f.* Vara delgada • Raya o línea muy delgadas.
virgulilla *s.f.* Cualquier signo ortográfico en forma de coma o pequeño trazo.
viril *adj.* De hombre; varonil.
virilidad *s.* Cualidad de viril.
virola *s.f.* Casquillo de metal que se pone en algunos utensilios, como navajas o espadas. • Anillo de hierro que se pone en la punta de la garrocha. • *América* Anillo de plata con que se adornan los arreos de la caballería.
virología *s.f.* Estudio de los virus y las enfermedades que producen.
virosis *s.f.* Nombre dado a las enfermedades causadas por virus patógenos.
virreinal *adj.* Del virrey o del virreinato.
virreinato *s.m.* Cargo de virrey y tiempo que dura. • Territorio gobernado por un virrey.
virrey, virreina *s.* Nombre del que gobierna un territorio con autoridad del rey. • *f.* Mujer del virrey.
virtual *adj.* Que puede ser algo o producir un efecto, pero no lo es ni lo produce realmente.
virtud *s.f.* Capacidad de producir un efecto determinado. • Cualidad considerada buena.
virtuosismo *s.* Dominio de una técnica artística.
virtuoso, sa *adj.* Que tiene virtudes y carece de vicios. • *s.* Artista que posee virtuosismo.
viruela *s.f.* Enfermedad infecciosa y eruptiva, que deja hoyuelos permanentes.
virulencia *s.f.* Cualidad de virulento.
virulento, ta *adj.* Producido por un virus. • Que tiene pus. • Violento o mordaz.
virus *s.m.* Agente infeccioso, microscópico, que es causa de muchas enfermedades.
viruta *s.f.* Hoja delgada que se saca con el cepillo al labrar la madera o los metales.
visa *s.f. América* Visado.
visado *s.m.* Acción de visar un documento.
visaje *s.m.* Gesto, mueca.
visar *v.tr.* Examinar un documento, pasaporte, etc., y darles validez. • Dirigir la visual a un lugar.
víscera *s.f.* Cada uno de los órganos encerrados en las cavidades del cuerpo.
visceral *adj.* Relativo a las vísceras.
visco *s.m. América* Árbol que se planta en calles y parques, y cuya corteza se usa para curtir.
viscosidad *s.f.* Cualidad de viscoso. • Sustancia viscosa.
viscosímetro *s.m.* Instrumento para medir la viscosidad de los aceites y otros líquidos.
viscoso, sa *adj.* Dícese de las cosas que se adhieren espontáneamente a lo que se pone en contacto con ellas.
visera *s.f* Parte del yelmo que cubría el rostro. • Pieza de las gorras para resguardar la vista.
visibilidad *s.f.* Cualidad de visible. • Grado de trasparencia de la atmósfera.

visible *adj.* Que se puede ver. • Muy perceptible o evidente.
visigodo, da *adj./s.* Dícese de un pueblo germánico que fundó un reino en España en el siglo V.
visigótico, ca *adj.* Relativo a los visigodos.
visillo *s.m.* Cortina para impedir la vista desde afuera, o la entrada del sol.
visión *s.* Acción de ver. • Cosa que se ve como si fuera real sin serlo.
visionario, ria *adj./s.* Que toma como reales cosas que imagina.
visir *s.m.* Ministro de un soberano musulmán.
visita *s.f.* Acción de visitar. • Persona que visita.
visitación *s.f.* Acción de visitar, en especial, la que hizo la Virgen María a su prima Santa Isabel.
visitador, ra *adj.* Que hace visitas con frecuencia. • *s.m.* Funcionario que hace visitas de inspección.
visitar *v.tr.* Ir a ver a alguien a su casa. • Ir el médico a casa de un enfermo. • Ir a conocer un sitio.
visivo, va *adj.* Relativo a la visión.
vislumbrar *v.tr.* Ver de manera imprecisa, o empezar a ver.
vislumbre *s.f.* Percepción leve o imprecisa de algo.
viso *s.m.* Reflejo brillante. • Tornasol que se forma en ciertos materiales. • Apariencia de las cosas.
visón *s.m.* Mamífero carnívoro con pelo muy suave y patas cortas; su piel es muy estimada.
visor *s.m.* Accesorio de una máquina fotográfica para ver con mayor nitidez.
víspera *s.f.* Día que antecede inmediatamente a otro. • *pl.* Una de las horas del oficio divino.
vista *s.f.* Sentido corporal con que se perciben los objetos. • Acción de ver. • Paisaje, panorama. • Trámite procesal en audiencia pública. • *m.* Empleado de aduanas que registra las mercancías.
vistazo *s.m.* Mirada superficial.
visto *s.m.* Fórmula que significa "examinado" o "considerado".
vistosidad *s.f.* Cualidad de vistoso.
vistoso, sa *adj.* Que atrae la atención por diversas causas.
visual *adj.* Relativo al sentido de la vista. • *s.f.* Línea recta imaginaria que une el ojo del espectador con el objeto que se ve.
visualización *s.f.* Acción de visualizar.
visualizar *v.tr.* Representar, mediante imágenes ópticas, fenómenos de otro carácter. • Formar en la mente una imagen visual de un concepto abstracto.
visura *s.f.* Examen visual de una cosa.
vital *adj.* De la vida. • De gran trascendencia. • Que está dotado de vitalidad.
vitalicio, cia *adj.* Que dura hasta el fin de la vida.
vitalidad *s.f.* Cualidad de tener vida. • Dinamismo para vivir y desarrollarse.
vitamina *s.f.* Sustancia existente en los alimentos, necesaria para el equilibrio de las funciones vitales.
vitamínico, ca *adj.* Relativo a las vitaminas.
vitando, da *adj.* Que se debe evitar. • Odioso o abominable.
vitela *s.f.* Especie de pergamino.
vitelina *adj./s.f.* Dícese de la membrana que envuelve al óvulo.
vitelo *s.m.* Conjunto de sustancias de reserva contenidas en el óvulo.
vitícola *adj.* Relativo al cultivo de la vid.
viticultor, ra *s.* El que se dedica al cultivo de la vid.
viticultura *s.f.* Cultivo de la vid.
vitíligo *s.m.* Falta de pigmentación en ciertas partes de la piel.
vitivinícola *adj.* Relacionado con la vitivinicultura.
vitivinicultor, ra *s.* El que se dedica a la vitivinicultura.
vitivinicultura *s.f.* Cultivo de la vid y elaboración del vino.
vito *s.m.* Baile andaluz muy animado y movido.
vitorear *v.tr.* Dar gritos de entusiamo; aclamar.
vítores *s.m.pl.* Exclamación de aprobación o entusiasmo.
vitral *s.m.* Superficie formada por vidrios coloreados que representan figuras.
vítreo, a *adj.* Hecho de vidrio o que tiene sus propiedades.

vitrificar *v.tr./prnl.* Convertir en vidrio o dar su apariencia.
vitrina *s.f.* Armario o caja con puertas y tapa de vidrio, usados para exhibir objetos.
vitriolo *s.m.* Nombre dado a algunos sulfatos de metales.
vituallar *v.tr.* Avituallar.
vituallas *s.f.pl.* Víveres o provisiones; en especial, en el ejército.
vituperable *adj.* Que merece vituperio.
vituperar *v.tr.* Reprobar a una persona o cosa mostrándolas indignas.
vituperio *s.m.* Lo que se dice vituperando a una persona o cosa.
viudez *s.f.* Estado de viudo.
viudo, da *adj./s.* Dícese de la persona a quien se le ha muerto su cónyuge. • *s.f.* Planta herbácea ornamental, de flores moradas.
viva *interj.* Expresa aprobación entusiasta.
vivac *s.m.* Campamento que instalan las tropas cuando descansan.
vivacidad *s.f.* Cualidad de vivaz.
vivaque *s.m.* Vivac.
vivaquear *v.intr.* Alojarse las tropas en un vivac.
1. vivar *s.m.* Lugar donde se crían los conejos.
2. vivar *v.tr. América* Aclamar o vitorear a una persona.
vivaracho, cha *adj. fam.* Muy vivo y alegre.
vivaz *adj.* Agudo, perspicaz. • En botánica, perenne.
vivencia *s.f.* Lo experimentado o vivido por una persona.
víveres *s.m.pl.* Comestibles necesarios para la alimentación.
vivero *s.m.* Terreno donde se crían plantas para ser luego trasplantadas. • Lugar donde se crían en el agua peces, moluscos, etc.
viveza *s.f.* Prontitud o agilidad. • Intensidad o fuerza. • Agudeza de ingenio; perspicacia.
vívido, da *adj.* Vivaz, intenso.
vividor, ra *adj/s.* Dícese del que vive a expensas de los demás.
vivienda *s.f.* Cualquier sitio donde viven personas o animales.
viviente *adj./s.m. y f.* Que tiene vida.
vivificante *adj.* Que vivifica.
vivificar *v.tr.* Dar vida a lo que estaba inerte. • Dar fuerzas; animar.
vivíparo, ra *adj.* Dícese del animal cuyo embrión se desarrolla dentro del cuerpo de la madre.
vivir *v.intr.* Tener vida. • Durar las cosas. • Tener cierta clase de vida. • Permanecer en la memoria. • Habitar, residir. • *tr.* Experimentar impresiones, sensaciones, etc. • *s.m.* Conjunto de los medios de vida.
vivisección *s.f.* Operación quirúrgica en un animal vivo para estudiarlo.
vivo, va *adj./s.m.* Que tiene vida. • *adj.* Intenso, fuerte. • Expresivo. • Astuto, listo. • Que dura o subsiste. • *s.m.* Cordoncillo de adorno en las prendas de vestir.
vizcacha *s.f. América* Mamífero roedor, herbívoro, de carne comestible.
vizcachera *s.f. América* Cueva subterránea que cavan las vizcachas.
vizcaíno, na *adj./s.* De Vizcaya (España).
vizconde, esa *s.* Título nobiliario inmediatamente inferior al de conde. • *f.* Mujer de un vizconde.
vocablo *s.m.* Palabra.
vocabulario *s.m.* Conjunto de las palabras de un idioma, o de las usadas en una actividad, una ciencia, etc. • Catálogo de palabras acompañadas de breves definiciones.
vocación *s.f.* Inclinación hacia cierta profesión o género de vida.
vocacional *adj.* Relativo a la vocación.
vocal *adj.* Relativo a la voz. • *s.f.* Sonido lingüístico que se pronuncia sin que el aire encuentre el obstáculo de algún órgano de la articulación. • Letra correspondiente a ese sonido. • *m. y f.* Individuo de una junta o consejo que no desempeña un cargo especial.
vocálico, ca *adj.* Relativo a las vocales.
vocalista *s.m. y f.* Artista que canta con acompañamiento de orquesta.
vocalización *s.f.* Acción de vocalizar.
vocalizar *v.intr.* Articular con la debida distinción los sonidos del lenguaje. • Solfear sin nombrar las notas.

vocativo *s.m.* Palabra o grupo de palabras que sirven para llamar o nombrar.
voceador, ra *adj./s.* Que vocea. • *s.m.* Pregonero.
vocear *v.intr.* Vociferar. • *tr.* Pregonar.
voceo *s.m.* Acción de vocear.
vocería *s.f.* Vocerío.
vocerío *s.m.* Confusión de voces altas y desentonadas.
vocero *s.m.* Portavoz.
vociferar *v.intr.* Hablar muy alto y sin moderación.
vocinglería *s.f.* Cualidad de vocinglero. • Ruido de muchas voces.
vocinglero, ra *adj.* Que habla mucho y en voz alta.
vodca *s. ambig.* Vodka.
vodevil *s.m.* Comedia ligera, cuyo argumento se basa en el equívoco.
vodka *s. ambig.* Especie de aguardiente originario de Rusia.
voladizo, za *adj./s.m.* Dícese de lo que sobresale de las paredes de los edificios.
volado, da *adj.* Dícese del tipo de imprenta de menor tamaño que se coloca en lo alto del renglón. • *s.m. América* Volante de tela.
volador, ra *adj.* Que vuela. • *s.m.* Cohete que se lanza al aire.
voladura *s.f.* Acción de hacer volar con un explosivo.
volandas (en) *loc.adv.* Por el aire o levantándolo del suelo. • *fam.* Rápidamente.
volandera *s.f.* Arandela para sujetar las ruedas de un carro. • Muela del molino.
volandero, ra *adj.* Que no está fijo o que va de un sitio para otro.
volanta *s.f. América* Coche de cuatro ruedas para seis personas. • Coche o carro tirado por un solo animal.
volante *adj.* Que vuela. • Que va o se lleva de una parte a otra. • *s.m.* En una máquina, cierto dispositivo que trasmite la energía. • Órgano mediante el cual se dirige un automóvil. • Máquina para acuñar. • Hoja de papel impresa para comunicar algo. • Trozo de corcho adornado con plumas que se lanza al aire con una raqueta. • Tira de tela fruncida para adornar prendas de vestir, de tapicería, etc.
volantín *s.m.* Cordel con uno o más anzuelos que sirve para pescar. • *América* Cometa de papel.
volar *v.intr.* Ir por el aire las aves y algunos insectos, sosteniéndose con las alas. • Moverse en el aire un aparato de aviación. • Ir por el aire una cosa impulsada o arrojada. • Moverse con gran rapidez. • Desaparecer. • *tr.* Hacer saltar una cosa mediante una sustancia explosiva.
volátil *adj./s.m.* Que vuela o puede volar. • *adj.* Dícese de la sustancia que se volatiliza fácilmente.
volatilidad *s.f.* Cualidad de volátil.
volatilización *s.f.* Acción de volatilizar.
volatilizar *v.tr./prnl.* Trasformar un cuerpo sólido en vapor o gas.
volatín *s.m.* Cada uno de los ejercicios del volatinero.
volatinero, ra *s.* Artista de circo que hace ejercicios de acrobacia.
volatizar *v.tr./prnl.* Volatilizar.
volcador, ra *adj./s.m.* Que vuelca o sirve para volcar un recipiente, un vagón, etc.
volcán *s.m.* Abertura en una montaña por donde salen al exterior materias ígneas y gases.
volcánico, ca *adj.* Relativo a los volcanes.
volcanología *s.f.* Vulcanología.
volcanólogo, ga *s.* Vulcanólogo.
volcar *v.tr./prnl.* Inclinar un recipiente u otra cosa, de modo que caiga su contenido. • Hacer cambiar de opinión. • *intr.* Tumbarse un vehículo.
volea *s.f.* Golpe dado en el aire a una cosa antes de que caiga al suelo.
volear *v.tr.* Golpear una cosa en el aire para darle impulso.
voleibol *s.m.* Deporte que consiste en golpear con las manos una pelota para hacerla pasar por encima de una red.
voleo *s.m.* Volea. • Acción de sembrar arrojando las semillas en el aire.
volframio *s.m.* Elemento metálico de color gris oscuro, duro y denso (símbolo: *W*).
volframita *s.f.* Mineral de volframio, que contiene hierro y manganeso.
volición *s.f.* Acto de voluntad.

volitivo, va *adj.* Relativo a la voluntad.
volovelismo *s.m.* Deporte que consiste en conducir planeadores o veleros sin motor.
volquete *s.m.* Vehículo con un dispositivo para volcar la carga.
volt *s.m.* Unidad de fuerza electromotriz o tensión eléctrica en el Sistema Internacional.
voltaico, ca *adj.* Dícese del arco luminoso producido por la descarga entre dos piezas con diferencia de tensiones eléctricas.
voltaje *s.m.* Tensión eléctrica expresada en *volts.*
voltámetro *s.m.* Aparato para demostrar la descomposición del agua por la corriente eléctrica.
volteada *s.f. América* Operación que realiza un jinete para reunir el ganado y conducirlo a un lugar.
voltear *v.tr.* Dar vueltas a una cosa poniéndola al revés de como estaba. • Hacer dar vueltas en el aire. • *América* Derribar.
volteo *s.m.* Acción de voltear.
voltereta *s.f.* Vuelta ligera dada en el aire.
volterianismo *s.m.* Manera de pensar volteriana.
volteriano, na *adj. / s.* Que –a la manera de Voltaire– se burla de cosas generalmente respetadas.
voltímetro *s.m.* Aparato para medir tensiones eléctricas.
voltio *s.m.* Castellanización de la palabra *volt.*
volubilidad *s.f.* Cualidad de voluble.
voluble *adj.* Que se puede enrollar con facilidad. • Inconstante, versátil.
volumen *s.m.* Cuerpo material de un libro. • Magnitud física de un cuerpo de tres dimensiones. • Intensidad de un sonido.
volumetría *s.f.* Ciencia que estudia la determinación y medida de los volúmenes.
voluminoso, sa *adj.* Que tiene mucho volumen o tamaño.
voluntad *s.f.* Facultad humana que mueve a hacer o no hacer una cosa. • Deseo o intención de hacer algo. • Perseverancia.
voluntario, ria *adj.* Que se hace por propia voluntad. • *s.* Persona que hace algún trabajo por propia voluntad.
voluntarioso, sa *adj.* Que se obstina en lograr sus caprichos. • Que hace una cosa con buena voluntad.
voluntarismo *s.m.* Doctrina filosófica que considera la voluntad como base del conocimiento.
voluptuosidad *s.f.* Cualidad de voluptuoso.
voluptuoso, sa *adj.* Que produce un placer intenso. • Que se complace en los placeres sensuales.
voluta *s.f.* Adorno en forma de espiral en los capiteles.
volver *v.tr.* Dar vueltas a una cosa. • Encaminar una cosa hacia cierto lugar; dirigir. • Entregar lo que excede de un pago. • *tr. / prnl.* Cambiar el estado o aspecto de alguien o algo. • *intr. / prnl.* Regresar, retornar. • *prnl.* Dirigir la cabeza o el cuerpo hacia una persona o cosa.
vómer *s.m.* Hueso plano e impar que forma el tabique de las fosas nasales.
vómico, ca *adj.* Que causa vómito.
vomitar *v. tr. / intr.* Arrojar por la boca lo contenido en el estómago. • *tr.* Arrojar de sí una cosa.
vomitivo, va *adj. / s.m.* Dícese de la sustancia que provoca el vómito.
vómito *s.m.* Acción de vomitar. • Cosa que se vomita.
voracidad *s.* Cualidad de voraz.
vorágine *s.f.* Remolino fuerte que hacen las aguas.
voraz *adj.* Que come mucho y ávidamente. • Que destruye rápidamente.
vormela *s.f.* Cierto mamífero carnívoro, parecido al hurón.
vórtice *s.m.* Remolino del agua o de la atmósfera. • Centro de un ciclón.
vorticela *s.f.* Nombre que reciben varias especies de infusorios que tienen la forma de un cono invertido.
vortiginoso, sa *adj.* Como de vórtice.
vos *s.m. y f.* Pronombre personal de segunda persona usado antiguamente como señal de respeto. • En la Argentina y algunas regiones de América, pronombre que remplaza a *tú.*

vosear *v.tr.* Tratar de *vos* a una persona.
voseo *s.m.* Acción de vosear.
vosotros, tras *s.* Forma del pronombre personal de segunda personal del plural.
votación *s.f.* Acción de votar. • Conjunto de votos emitidos.
votante *adj.* / *s.m. y f.* Que vota.
votar *v.intr.* / *tr.* Hacer un voto religioso. • *intr.* Dar una persona su voto en una elección.
votivo, va *adj.* Ofrecido por voto o exvoto, o relativo a ellos.
voto *s.m.* Promesa hecha a Dios, a la Virgen o a un santo. • Deseo del bien de una persona. • En un cuerpo deliberante o una elección, opinión emitida por una persona.
voz *s.f.* Sonido que produce el aire expelido por los pulmones al hacer vibrar las cuerdas vocales. • Grito. • Facultad de hablar en una asamblea. • Rumor. • Palabra o vocablo. • Categoría del verbo que indica si el sujeto ejecuta la acción denotada por el verbo o la recibe en sí.
vozarrón *s.m.* Voz muy potente.
vudú *s.m.* / *adj.* Conjunto de creencias y prácticas religiosas procedente de África, que incluye sacrificios rituales para comunicarse con sus deidades.
vuecencia *s.m. y f.* Contracción de *vuestra excelencia.*
vuelco *s.m.* Acción y efecto de volcar. • Cambio o trastorno de una cosa.
vuelo *s.m.* Acción de volar. • Espacio que recorre volando sin posarse un ave. • Amplitud de un vestido en la parte que no se ajusta al cuerpo. • En un edificio, parte que sobresale del paramento que la sostiene.
vuelta *s.f.* Movimiento de una cosa alrededor de un punto o sobre sí misma. • Circunvolución de una cosa alrededor de otra. • Curvatura en una línea. • Regreso. • Dinero que sobra de un pago. • Repetición de una acción. • Cambio o trastorno de una situación.
vuelto *s.m.* Vuelta o sobrante de un pago.
vuestro, tra *adj.* / *s.* Pronombre posesivo de segunda persona del plural.
vulcanismo *s.m.* Proceso geomórfico que expulsa las lavas hacia la superficie terrestre.
vulcanita *s.f.* Roca de origen volcánico.
vulcanización *s.f.* Proceso por el cual el caucho se combina con azufre, para hacerlo elástico y resistente.
vulcanizar *v.tr.* Someter el caucho a vulcanización.
vulcanología *s.f.* Parte de la geología que estudia los procesos volcánicos.
vulcanólogo, ga *s.* Persona que se dedica al estudio de la vulcanología.
vulgar *adj.* Propio del vulgo. • Dícese del lenguaje usado por las personas incultas. • Común, corriente.
vulgaridad *s.f* Cualidad de vulgar. • Dicho o hecho vulgares.
vulgarismo *s.m.* Palabra o expresión usada por el vulgo.
vulgarización *s.f.* Acción de vulgarizar.
vulgarizar *v.tr.* Hacer vulgar o común una cosa. • Hacer accesible una materia técnica.
vulgo *s.m.* Conjunto de la mayoría de las personas, en especial de las que no son cultas.
vulnerabilidad *s.f.* Cualidad de vulnerable.
vulnerable *adj.* Que puede ser dañado o conmovido por algo.
vulnerar *v.tr.* Dañar, perjudicar. • Trasgredir una ley o precepto.
vulpeja *s.f.* Zorro (mamífero).
vulpino, na *adj.* Relativo al zorro o que tiene sus características.
vultuoso, sa *adj.* En medicina, dícese del rostro que está congestionado.
vulva *s.f.* Conjunto de las partes genitales externas de la mujer y las hembras de los animales.

w *s.* Consonante, vigésima cuarta letra del abecedario español, usada sólo en palabras tomadas de otros idiomas. Su nombre es *ve doble* o *uve doble.*

wagneriano, na *adj.* Relativo al músico alemán Ricardo Wagner.

washingtoniano, na *adj.* / *s.* De Washington (Estados Unidos de América).

wataje *s.m.* Potencia eléctrica expresada en *watts.*

watímetro *s.m.* Instrumento para medir la potencia eléctrica que suministra o consume un aparato.

watt *s.m.* Unidad de potencia eléctrica en el Sistema Internacional.

wau *s.f.* Nombre dado a la *u* en diptongo.

weber *s.m.* Unidad de flujo magnético en el Sistema Internacional.

weberio *s.m.* Castellanización de la palabra *weber.*

widia *s.f.* Material que resulta de la mezcla de volframio, carbono y cobalto.

wistaria *s.f.* Arbusto trepador, con flores azuladas o violáceas en racimos colgantes.

wólfram *s.m.* Volframio.

wolframio *s.m.* Volframio.

wormiano, na *adj.* Dícese de cualquiera de los huesos supernumerarios del cráneo.

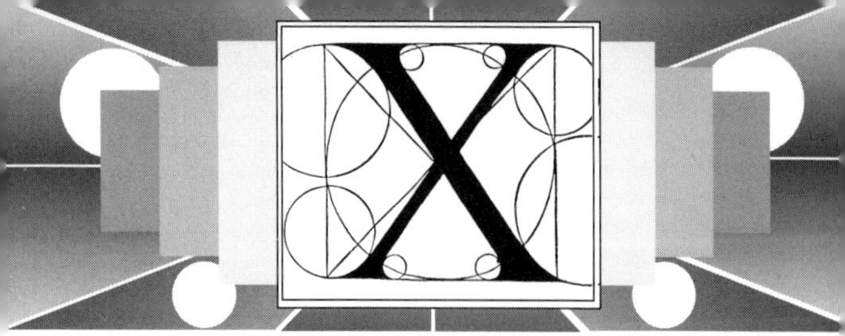

x *s.f.* Consonante, vigésima quinta letra del abecedario español. Su nombre es *equis.* • Letra que, en la numeración romana, equivale a diez.

xantina *s.f.* Éster de la purina, existente en la sangre, la orina y algunas plantas.

xantofila *s.f.* Pigmento amarillo que poseen ciertas células vegetales.

xara *s.f.* Ley de los mahometanos, derivada del Corán.

xenodoquia *s.f.* Albergue medieval para extranjeros, peregrinos y enfermos.

xenofilia *s.f.* Afición excesiva por lo extranjero.

xenofobia *s.f.* Odio u hostilidad hacia lo extranjero.

xenófobo, ba *adj. / s.* Que siente xenofobia.

xenón *s.m. / adj.* Elemento gaseoso denso e incoloro (símbolo: *Xe*).

xerocopia *s.f.* Copia fotográfica obtenida por medio de la xerografía.

xerófilo, la *adj.* Dícese de las plantas que viven en climas secos.

xerofito, ta *adj.* Dícese del vegetal adaptado a la vida en climas secos.

xerografía *s.f.* Procedimiento electrostático de reproducción de imágenes planas sobre papel. • Xerocopia.

xerografiar *v.tr.* Reproducir por medio de la xerografía.

xerográfico, ca *adj.* De la xerografía.

xerotropismo *s.m.* En botánica, tropismo ocasionado por la sequedad.

xi *s.f.* Decimocuarta letra del alfabeto griego (ξ).

xifoideo, a *adj.* Relativo al apéndice xifoides.

xifoldes *adj. / s.m.* Dícese del apéndice en que termina el esternón del hombre.

xilema *s.m.* En botánica, tejido lignificado por donde circula la savia.

xilófago, ga *adj.* Dícese del insecto que se alimenta de madera.

xilofón *s.m.* Xilófono.

xilófono *s.m.* Instrumento musical de percusión formado por láminas de madera escalonadas que se golpean con dos macillos.

xilógeno, na *adj.* Dícese de la planta que crece sobre un leño.

xilografía *s.f.* Arte de grabar en madera. • Grabado en madera.

xilolita *s.f.* Madera artificial incombustible y con propiedades de aislante acústico y térmico.

xisto *s.m.* Lugar cubierto donde se ejercitaban los atletas griegos y romanos.

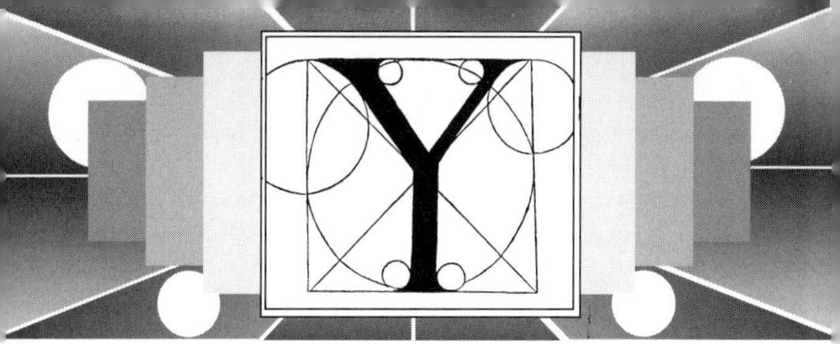

y *s.f.* Vigésima sexta letra del abecedario español, que tiene sonido consonántico ante vocal, o un sonido igual al de la letra *i* cuando es final de sílaba y cuando representa la conjunción. Su nombre es *ye*. • *conj. coord.* Enlaza o suma elementos.

ya *adv.* En tiempo pasado. • En el momento presente. • Enseguida.

yabi *s.m.* Mamífero casi extinguido que tiene el aspecto de un lobo.

yac *s.m.* Mamífero rumiante del Tíbet, que tiene pelo largo y grandes cuernos separados.

yacaré *s.m. América* Caimán.

yacente *adj.* Que yace.

yacer *v.intr.* Estar echada o tendida una persona. • Estar un cadáver en el sepulcro.

yacija *s.f.* Cama pobre.

yacimiento *s.m.* Lugar donde se halla naturalmente un mineral, un fósil, etc.

yagua *s.f. América* Cierta palma comestible, usada también para techar chozas y en cestería.

yaguar *s.m.* Jaguar.

yaguareté *s.m. América* Jaguar.

yak *s.m.* Yac.

yámana *adj./s.m. y f.* Dícese de un pueblo indígena que habitaba en el sur de Tierra del Fuego.

yanacona *adj./s.m.* Dícese del indio que, en la época colonial, estaba al servicio de los españoles, dedicado a tareas agrícolas.

yang *s.m.* En la filosofía china, fuerza activa o masculina.

yanqui *adj./s.m. y f.* De los Estados Unidos de América.

yapa *s.f. América* Azogue que se agrega al cobre argentífero. • Pequeño obsequio que hace el vendedor al comprador.

yaqué *s.m. América* Chaqué.

yarará *s.f. América* Víbora muy venenosa, de color pardo con manchas blancas en forma de cruz en la cabeza.

yaraví *s.m.* Canción de origen quechua, de carácter triste.

yarda *s.f.* Medida de longitud inglesa, equivalente a 91 centímetros.

yareta *s.f. América* Planta perenne de la cordillera de los Andes.

yaro, ra *adj./s.* Dícese de un pueblo charrúa que habitó en el Uruguay.

yatagán *s.m.* Sable curvo utilizado por los árabes y los turcos.

yatay *s.m. América* Palmera de hojas grandes y fruto comestible.

yate *s.m.* Embarcación de vela o propulsada por un motor, que se usa para paseo o para deporte.

yatismo *s.m.* Deporte de la navegación en yates.

yaz *s.m.* Música bailable derivada de ritmos y melodías de los negros de los Estados Unidos de América.

ye *s.f.* Nombre de la letra *y*.

yedra *s.f.* Hiedra.

yegua *s.f.* Hembra del caballo.

yeguada *s.f.* Rebaño de ganado caballar.

yeguarizo, za *adj.* Relativo a las yeguas. • *s.m. América* Conjunto de yeguas destinadas a la cría.

yegüerizo *s.m.* Yegüero.

yegüero *s.m.* El que guarda o cuida las yeguas.
yeísmo *s.m.* Pronunciación de la *ll* con el sonido de la *y*.
yelmo *s.m.* Parte de la armadura antigua que resguardaba la cabeza y el rostro.
yema *s.f.* En botánica, rudimento de un vástago. • En los animales ovíparos, parte central del huevo, en que se halla el embrión. • Parte de la punta del dedo opuesta a la uña.
yemenita *adj. / s.m. y f.* Del Yemen (Asia). • *s.m.* Lengua semítica antigua.
yen *s.m.* Unidad monetaria del Japón.
yerba *s.f.* Hierba. • Hojas de la yerba mate secas y molidas. • *yerba mate* Árbol de América Meridional, cuyas hojas se usan para preparar una infusión.
yerbal *s.m. América* Plantación de yerba mate.
yerbatero, ra *adj. América* Relativo a la yerba mate.
yerbera *s.f. América* Recipiente donde se guarda la yerba mate.
yermo, ma *adj. / s.m.* Despoblado, inhabilitado. • Dícese del terreno sin árboles o no cultivado.
yerno *s.m.* Respecto de una persona, el marido de su hija.
yero *s.m.* Planta herbácea que sirve para alimento del ganado.
yerra *s.f. América* Operación de marcar el ganado con el hierro.
yerro *s.m.* Falta o equivocación.
yérsey *s.m. América* Jersey.
yerto, ta *adj.* Rígido o inmóvil a causa del frío, el miedo o la muerte.
yesar *s.m.* Lugar en donde abunda el yeso. • Cantera de yeso.
yesca *s.f.* Materia muy seca, preparada de modo que cualquier chispa prende en ella.
yesería *s.f.* Fábrica de yeso. • Establecimiento donde se vende yeso.
yesero, ra *adj.* Relativo al yeso. • *s.m.* El que fabrica o vende yeso.
yeso *s.m.* Mineral formado por sulfato de calcio hidratado, que se emplea en la construcción.
yesquero *s.m.* Utensilio usado para encender lumbre.
yeta *s.f. fam. América* Mala suerte habitual.
yeyuno *s.m.* En los mamíferos, segunda porción del intestino delgado, entre el duodeno y el íleon.
yezgo *s.m.* Planta herbácea con propiedades tóxicas.
yiddish *s.m.* Dialecto alemán antiguo que se constituyó en la lengua de los judíos procedentes de Alemania.
yin *s.m.* En la filosofía china, fuerza pasiva o femenina.
yo *s.m. y f.* Forma del pronombre personal que designa a la primera persona del singular y desempeña en la oración la función de sujeto.
yod *s.f.* Nombre dado a la *i* en diptongo.
yodado, da *adj.* Que contiene yodo.
yodo *s.m.* No metal de color gris negruzco con brillo metálico (símbolo: *I*).
yodoformo *s.m.* Cuerpo sólido, cristalino, de color amarillo verdoso y olor penetrante, que se usa como antiséptico.
yoduro *s.m.* Cualquier cuerpo que se compone de yodo y otro elemento.
yoga *s.m.* Doctrina y sistema ascéticos de los adeptos al brahmanismo.
yogui *s.m. y f.* Asceta hindú adepto al sistema filosófico del yoga.
yogur *s.m.* Variedad de leche fermentada.
yola *s.f.* Embarcación de remo muy ligera, que se usa en regatas.
yóquey *s.m.* Jinete profesional de carreras de caballos.
yoqui *s.m.* Yóquey.
yoyó *s.m.* Juguete que consiste en un carrete que sube y baja a lo largo de un cordón.
ypsilon *s.f.* Ípsilon.
yterbio *s.m.* Iterbio.
ytrio *s.m.* Itrio.
yubarta *s.f.* Mamífero parecido a la ballena, con el vientre recorrido por surcos profundos.
yuca *s.f.* Planta americana cultivada como adorno. • *América* Mandioca.
yudo *s.m.* Antiguo sistema de lucha japonés, que hoy se practica como deporte.
yudoca *s.m. y f.* Luchador de yudo.
yugada *s.f.* Espacio de tierra de labor que puede arar una yunta en un día.

yugo *s.m.* Pieza de madera a la que se uncen las mulas o los bueyes formando yunta. • Dominio despótico sobre alguien.

yugular *adj.* Relativo al cuello. • *adj./s.f.* Dícese de las venas que recogen la sangre de la cabeza y el cuello.

yumbo, ba *adj./s.* Dícese de un pueblo de indígenas del este de Quito (Ecuador).

yunga *s.f.* Valle en una zona cálida de la cordillera de los Andes.

yunque *s.m.* Bloque de hierro sobre el que se golpean con martillo los metales para forjarlos.

yunta *s.f.* Par de bueyes, mulas, etc., que se uncen juntos y sirven en la labor del campo o en los acarreos.

yuquerí *s.m. América* Árbol de fruto parecido a la zarzamora.

yute *s.m.* Planta con cuyas fibras se elabora una materia textil. • Esa materia textil.

yuxtaponer *v.tr./prnl.* Poner una cosa junto a otra.

yuxtaposición *s.f.* Acción de yuxtaponer.

yuyero, ra *adj. América* Que toma hierbas medicinales. • *s.* Curandero.

yuyo *s.m. América* Hierba inútil o perjudicial. • Hierba medicinal.

z *s.f.* Consonante, vigésima séptima y última letra del abecedario español. Su nombre es *ceta* o *ceda*.
zabida *s.f.* Áloe (planta).
zabila *s.f.* Áloe (planta).
zabordar *v.intr.* Varar.
zafado, da *adj. / s. América* Descarado, malhablado.
zafadura *s.f. América* Luxación, dislocación.
zafaduría *s.f. América* Dicho o acción desvergonzados.
zafar *v.tr. / prnl.* Desembarazar. • *prnl.* Escaparse o esconderse para evitar un encuentro o un riesgo. • Excusarse de hacer una cosa.
zafarrancho *s.m.* En marina, acción de despejar una parte del buque para un fin determinado. • *fam.* Destrozo o trastorno.
zafiedad *s.f.* Cualidad de zafio.
zafio, fia *adj.* Tosco o grosero en sus modales o comportamiento.
zafiro *s.m.* Corindón de color azul; se usa en joyería.
zafo, fa *adj.* En marina, libre o suelto. • Libre y sin daño.
zafra *s.f.* Cosecha de la caña de azúcar. • Fabricación del azúcar de caña. • Tiempo que duran esa cosecha o esa fabricación.
zaga *s.f.* Parte posterior de algo.
zagal, la *s.* Muchacho adolescente. • Pastor joven.
zagual *s.m.* Remo corto de pala ovalada.
zaguán *s.m.* Especie de vestíbulo en la entrada de una casa.
zaguero, ra *adj.* Que queda o está atrás. • *s.m.* En ciertos deportes, el que juega en la retaguardia.
zaherir *v.tr.* Mortificar o humillar a una persona.
zahína *s.f.* Planta usada como forraje para el ganado; sus granos se emplean para hacer pan.
zahón *s.m.* Cierta prenda que resguarda los pantalones de algunos cazadores y hombres del campo.
zahorí *s.m.* Persona a quien se atribuye la facultad de ver lo oculto. • Persona perspicaz.
zahorra *s.f.* Lastre de una embarcación.
zahúrda *s.f.* Vivienda miserable y sucia.
zaida *s.f.* Ave africana domesticable, parecida a la grulla.
zaino, na *adj.* Dícese del caballo de pelaje castaño oscuro, y del ganado vacuno de pelaje totalmente negro.
zalagarda *s.f.* Emboscada sorpresiva. • Riña o acción con mucho alboroto o destrozo.
zalamería *s.f.* Demostración de cariño afectada o hecha con mimo.
zalamero, ra *adj. / s.* Que hace zalamerías.
zalea *s.f.* Piel de oveja o carnero, curtida para que conserve la lana.
zalear *v.tr.* Arrastrar con facilidad una cosa a un lado y a otro.
zalema *s.f.* Reverencia en señal de humildad o sumisión. • Zalamería.
zamacuco *s.m.* Hombre tonto o torpe. • Hombre solapado o artero.
zamacueca *s.f.* Cierta danza americana con coreografía elegante; cueca.

zamarra *s.f.* Especie de chaqueta de abrigo, hecha de piel con su pelo. • Piel de carnero.
zamarrear *v.tr.* Sacudir a un lado y a otro el perro o una fiera la presa asida con los dientes. • *fam.* Maltratar a una persona moviéndola con violencia de un lado a otro.
zamarreo *s.m.* Acción de zamarrear.
zamba *s.f. América* Zamacueca.
zambo, ba *adj. / s.* Que tiene juntas las rodillas y separadas las piernas. • *América* Mestizo de negro e india, o viceversa.
zambomba *s.f.* Cierto instrumento musical rústico de sonido ronco. • *interj. fam.* Manifiesta sorpresa.
zambra *s.f.* Fiesta morisca con regocijo y baile. • Alborozo.
zambullida *s.f.* Acción de zambullir.
zambullir *v.tr. / prnl.* Sumergirse de pronto en una actividad.
zampabollos *s.m. y f. fam.* El que come con exceso o voracidad.
zampar *v.tr.* Meter una cosa en otra de prisa y con brusquedad. • *intr. / prnl. fam.* Comer o beber con exceso y avidez. • *prnl.* Meterse de golpe en una parte.
zampatortas *s.m. y f. fam.* Zampabollos. • *fam.* Persona torpe.
zampeado *s.m.* Obra de cimentación para edificar en terrenos falsos o anegadizos.
zampear *v.tr.* En arquitectura, afirmar el terreno con zampeados.
zampoña *s.f.* Instrumento musical rústico semejante a una flauta o a varias flautas unidas.
zampuzar *v.tr.* Zambullir en un líquido. • Zampar una cosa en otra.
zanahoria *s.f.* Planta herbácea de raíces carnosas y alimenticias.
zanca *s.f.* Pata larga de las aves. • *fam.* Pierna larga y delgada. • Madero inclinado que sirve de apoyo a los peldaños de una escalera.
zancada *s.f.* Paso muy largo.
zancadilla *s.f.* Acción de cruzar la pierna delante de la de otra persona para derribarla. • *fam.* Treta para perjudicar.
zancajo *s.m.* Hueso del talón, o talón del pie. • Parte del zapato o de la media que cubre el talón. • *fam.* Persona de mala figura.
zancajoso, sa *adj. / s.* Que tiene los pies torcidos hacia afuera.
zancarrón *s.m. fam.* Hueso descarnado, en especial de las extremidades. • *fam.* Hombre viejo, flaco y desaseado.
zanco *s.m.* Cada uno de los palos altos con un soporte para los pies, para andar por lugares pantanosos.
zancudo, da *adj.*, Que tiene las zancas largas.
zanganada *s.f. fam.* Hecho o dicho impertinentes o torpes.
zanganear *v.intr. fam.* Andar vagando sin trabajar.
zángano *s.m.* Macho de la abeja. • *fam.* Hombre holgazán que vive de lo ajeno. • *fam.* Hombre torpe.
zangolotear *v.intr. / prnl. fam.* Moverse de una parte a otra sin ningún provecho. • *fam.* Moverse ciertas cosas por estar flojas. • *tr. fam.* Mover continua y violentamente una cosa.
zangoloteo *s.m. fam.* Acción de zangolotear.
zanguango, ga *adj. / s. fam.* Indolente o perezoso.
zanja *s.f.* Excavación larga y angosta hecha en la tierra.
zanjar *vtr.* Abrir zanjas. • Resolver las dificultades que impiden la realización de un asunto.
zanjón *s.m.* Zanja grande y profunda por donde corre el agua.
zanquear *v.intr.* Torcer las piernas al andar. • Andar mucho de una parte a otra.
1. zapa *s.f.* Especie de pala que usan los zapadores. • Excavación subterránea o zanja al descubierto.
2. zapa *s.f.* Piel áspera de algunos peces. • Piel trabajada de manera que imite a la anterior.
zapador *s.m.* Soldado destinado a los trabajos de excavación.
zapallito *s.m. América* Cierta calabaza verde y pequeña.
zapallo *s.m. América* Cierta calabaza de fruto comestible.

zapapico *s.m.* Herramienta con dos bocas opuestas, terminada una en punta y la otra en corte.
zaparrastrar *v.intr. fam.* Llevar arrastrando los vestidos.
zaparrastroso, sa *adj./s. fam.* Harapiento y desaseado.
zapata *s.f.* Calzado que llega a media pierna.
zapateado *s.m.* Figura de baile que consiste en golpear el suelo con la suela y el taco de los zapatos.
zapatear *v.intr./tr.* Practicar el zapateado.
zapateo *s.m.* Acción de zapatear.
zapatería *s.f.* Oficio, taller y tienda del zapatero.
zapatero, ra *s.* El que hace, vende o arregla zapatos.
zapateta *s.f.* Salto entrechocando los zapatos, o acompañado de un golpe dado con la mano en un zapato.
zapatilla *s.f.* Calzado de material blando, como tela, fieltro, etc.
zapato *s.m.* Calzado de cuero, gamuza, etc., que no pasa del tobillo.
zape *interj. fam.* Se usa para ahuyentar a los gatos.
zapote *s.m.* Árbol tropical americano de fruto comestible.
zapoteca *adj./s.m. y f.* Dícese de cierto pueblo indígena mexicano.
zaque *s.m.* Odre pequeño.
zaquear *v.tr.* Trasegar líquidos de unos zaques a otros. • Trasportar líquidos en zaques.
zaquizamí *s.m.* Desván o último cuarto de la casa. • Tabuco.
zar, zarina *s.* Título usado por el emperador de Rusia. • *f.* Esposa del zar.
zarabanda *s.f.* Antigua danza popular española. • Cosa que causa estrépito o molestia repetida.
zaragata *s.f. fam.* Pendencia, alboroto, tumulto.
zaragatona *s.f.* Planta herbácea cuyas semillas se usan en medicina.
zaramagullón *s.m.* Somorgujo.
zaranda *s.f.* Criba.
zarandaja *s.f.* Cosa sin valor o de poca importancia.
zarandar *v.tr.* Zarandear.
zarandear *v.tr.* Pasar algo por una zaranda. • *fam.* Mover o agitar una cosa con energía.
zarandeo *s.m.* Acción de zarandear.
zarapito *s.m.* Ave de patas muy largas y pico prolongado y curvo; vive en llanuras fangosas.
zaraza *s.f.* Tela de algodón muy fina, con listas de colores.
zarazo, za *adj. América* Dícese del fruto a medio madurar.
zarcillo *s.m.* Pendiente con forma de aro. • Órgano delgado y voluble que tienen las plantas trepadoras para fijarse a los objetos que les sirven de sostén.
zarco, ca *adj.* De color azul claro.
zarda *s.f.* Danza húngara con un movimiento lento y otro vivo.
zarevich *s.m.* Hijo primogénito del zar reinante.
zarigüeya *s.f.* Mamífero pequeño, propio de América, de hocico largo y cola prensil.
zarismo *s.m.* Sistema de gobierno absoluto, propio de los zares.
zarista *adj./s.m. y f.* Partidario del zarismo. • *adj.* Relativo al zarismo.
1. zarpa *s.f.* Garra de ciertos animales, como el león o el tigre.
2. zarpa *s.f.* Parte de un cimiento que excede al muro que está sobre él.
zarpar *v.intr.* Partir una nave.
zarpazo *s.m.* Golpe dado con la zarpa.
zarrapastroso, sa *adj./s. fam.* Zaparrastroso.
zarza *s.f.* Arbusto de tallos con aguijones y frutos comestibles.
zarzamora *s.f.* Fruto de la zarza. • Zarza.
zarzaparrilla *s.f.* Enredadera cuyas raíces son medicinales. • Bebida preparada con esa planta.
zarzo *s.m.* Tejido de varas, cañas o mimbres.
zarzuela *s.f.* Obra escénica española en la que se canta y declama.
zas Onomatopeya del ruido de un golpe.
zeda *s.f.* Ceda.
zedilla *s.f.* Cedilla.
Zendavesta *s.prop.m.* Conjunto de los libros sagrados de los persas.
zenit *s.m.* Cenit.

zepelín *s.m.* Globo dirigible rígido, con barquilla cerrada.
zeta *s.f.* Ceta.
zigomático, ca *adj.* Cigomático.
zigomorfo, fa *adj.* Cigomorfo.
zigoto *s.m.* Cigoto.
zigzag *s.m.* Serie de líneas que forman ángulos entrantes y salientes.
zigzaguear *v.intr.* Moverse una cosa en zigzag.
zinc *s.m.* Cinc.
zipizape *s.m. fam.* Riña ruidosa o con golpes.
zircón *s.m.* Circón.
zirconio *s.m.* Circonio.
zoantropía *s.f.* Género de locura en que el enfermo se cree convertido en un animal.
zócalo *s.m.* Cuerpo inferior de un edificio, que sirve para elevar los basamentos a un mismo nivel. • Franja inferior de una pared. • Parte inferior de un pedestal.
zoco *s.m.* En Marruecos, mercado.
zoco, ca *adj. / s.* Zurdo.
zodiacal *adj.* Relativo al Zodíaco.
Zodíaco o **Zodiaco** *s.prop.m.* Faja celeste que comprende las doce constelaciones consideradas como referencia para fijar la situación del Sol en su curso aparente. • *com.* Conjunto de figuras que representan dichas constelaciones.
zombi *s.m.* Según creencias de Haití, cuerpo inanimado que ha sido revivido por arte de brujería. • Atontado, tonto.
zona *s.f.* Banda o franja. • Terreno cuyos límites están fijados por razones climáticas, políticas, etc.
zonal *adj.* Relativo a la zona.
zoncera *s.f. América* Dicho o hecho propios de un zonzo.
zoncería *s.f.* Cualidad de zonzo.
zonda *s.m. América* Viento cálido y seco que sopla en las zonas andinas.
zonzo, za *adj.* Soso o insípido. • *adj. / s.* Tonto o simple.
zoófago, ga *adj.* Dícese del animal que se alimenta de otros animales.
zoófito, ta *adj. / s.m.* Dícese del animal que tiene la apariencia de planta.
zoogeografía *s.f.* Parte de la geografía que estudia la distribución de los animales en la superficie terrestre.
zoografía *s.f.* Parte de la zoología que trata de la descripción de los animales.
zoolatría *s.f.* Adoración o culto religiosos a los animales.
zoolita *s.f.* Roca formada por restos de animales.
zoología *s.f.* Ciencia que estudia los animales y lo relacionado con ellos.
zoológico, ca *adj.* Relativo a la zoología o a los animales. • *adj. / s.m.* Dícese del lugar donde se conservan y crían fieras y otros animales no comunes.
zoólogo, ga *s.* Persona que se dedica a la zoología.
zoomorfo, fa *adj.* Que tiene forma de animal.
zoonosis *s.f.* Nombre dado a las enfermedades propias de los animales que a veces se comunican a las personas.
zooplancton *s.m.* Plancton formado por organismos animales.
zoospermo *s.m.* Espermatozoide.
zoóspora *s.f.* Espora con flagelos.
zootecnia *s.f.* Conjunto de conocimientos relativos a la cría de animales domésticos.
zootopo *s.m.* Unidad ambiental donde vive una comunidad de animales.
zopenco, ca *adj. / s. fam.* Muy torpe o bruto.
zopilote *s.m. América* Aura (buitre).
zoquete *s.m* Trozo de madera sobrante. • Pedazo de pan. • *fam.* Persona tarda en aprender. • *América* Calcetín.
zorcico *s.m.* Composición musical que se canta y baila, popular en las provincias vascongadas.
zorongo *s.m.* Pañuelo que llevan los aragoneses alrededor de la cabeza. • Danza popular andaluza.
zorra *s.f.* Vehículo bajo y fuerte para llevar cargas. • *América* Vagoneta.
zorrear *v.intr.* Actuar con la astucia y el disimulo propios del zorro.
zorrería *s.f.* Astucia propia del zorro. • *fam.* Acción astuta y disimulada.
zorrino *s.m.* Mamífero carnívoro, de pelaje negro y blanco, que despide un líquido maloliente.

zorro, rra *s.* Mamífero carnívoro, de pelaje abundante y cola gruesa; es un excelente cazador. • *fam.* Persona astuta.
zorruno, na *adj.* Relativo al zorro o propio del zorro.
zorzal *s.m.* Pájaro americano parecido al tordo; es insectívoro y cantor.
zoster *s.f.* Culebrilla (enfermedad).
zote *adj.* / *s.m. y f.* Ignorante, torpe y tardo en aprender.
zozobra *s.f.* Acción de zozobrar. • Inquietud, intranquilidad.
zozobrar *v.intr.* Naufragar una embarcación. • Fracasar o frustrarse algo que se pretende.
zueco *s.m.* Zapato de madera hecho de una sola pieza. • Zapato con suela de corcho o de madera.
zulaque *s.m.* Betún en pasta para tapar junturas en las cañerías.
zulla *s.f.* Planta herbácea, vivaz, que sirve de pasto.
zulú *adj.* / *s.m. y f.* Dícese de un pueblo de raza negra que habita al sur de África.
zum *s.m.* Objetivo fotográfico y de cine o televisión cuya distancia focal puede ser modificada considerablemente.
zumaque *s.m.* Arbusto rico en tanino y usado para curtir.
zumaya *s.f.* Ave migratoria, de pico grueso y patas amarillas.
zumba *s.f.* Juguete que consiste en un rombo de madera que se hace girar mediante una cuerda. • Chanza, broma.
zumbador, ra *adj.* Que zumba.
zumbar *v.intr.* Producir un sonido sordo y continuado.
zumbido *s.m.* Sonido que produce lo que zumba.
zumbón, na *adj.* / *s.* Burlón.
zumo *s.m.* Líquido obtenido machacando o exprimiendo frutos, hierbas, etc.
zunchar *v.tr.* Colocar zunchos.
zuncho *s.m.* Abrazadera para reforzar o sujeta alguna cosa.
zurcido *s.m.* Acción de zurcir. • Costura de las cosas que se zurcen.
zurcidor, ra *adj.* / *s.* Que zurce.
zurcir *v.tr.* Coser la rotura de una tela con puntadas muy juntas.
zurdo, da *adj.* / *s.* Que usa generalmente la mano izquierda en lugar de la derecha.
zurear *v.intr.* Hacer arrullos la paloma.
zureo *s.m.* Acción de zurear.
zurito, ta *adj.* Dicho de las palomas, silvestre.
zuro *s.m.* Parte central de la mazorca del maíz.
zurra *s.f.* Acción de zurrar las pieles. • *fam.* Paliza, tunda.
zurrapa *s.f.* Sedimento que se halla en ciertos líquidos.
zurrar *v.tr.* Curtir y adobar las pieles. • *fam.* Castigar con golpes.
zurriaga *s.f.* Tira de cuero que se usa, por ejemplo, como látigo.
zurriburri *s.m.fam.* Barullo o confusión.
zurrir *v.intr.* Sonar una cosa de modo bronco y desagradable.
zurrón *s.m.* Bolsa grande que usan los pastores y cazadores.
zurullo *s.m.* Pedazo rollizo de materia blanda.
zutano, na *s.* Nombre con que se designa a una persona indeterminada.

Kapelusz Editora S.A. dio término a la presente tirada de 8.000 ejemplares de esta edición en el mes de Febrero de 2004 en Gráfica Pinter S.A.

KE 2073